Annual of Renmin University of China

中国人民大學年鉴 2014

《中国人民大学年鉴》编辑委员会

中国人民大学出版社
·北京·

▲ 2013年12月17日，第二届吴玉章人文社会科学终身成就奖颁奖典礼在中国人民大学世纪馆举行。本届终身成就奖分别授予著名历史学家、中国人民大学戴逸教授，著名经济学家、中国社会科学院张卓元研究员。中共中央政治局委员、国务院副总理马凯为获奖者颁奖并讲话。

▲ 2013年4月18日，中国人民大学党委书记任免宣布大会在逸夫会堂举行。中共中央组织部副部长潘立刚宣布了中共中央的任免决定，靳诺担任中国人民大学党委书记；因年龄原因，程天权不再担任中国人民大学党委书记职务。

▲ 2013年1月23日，中国人民大学举行仪式，授予黄顺基、孙国华、陈共、许征帆、周诚、何沁、李占祥、周升业、王作富、胡钧、许崇德、庄福龄、严瑞珍等13人荣誉一级教授称号。

▲ 2013 年 2 月 22 日，中国人民大学校长陈雨露与福建省委常委、组织部部长姜信治分别代表双方签订人才战略合作协议。福建省委书记尤权和中国人民大学党委书记程天权等出席签字仪式。

▲ 2013 年 6 月 22 日和 10 月 18 日，中国人民大学分别与福建省宁德市、福州市签订了合作协议。

▲ 2013 年 3 月 18 日，中国人民大学举行金铁霖中国声乐艺术研究院揭牌仪式暨音乐会。

▲ 2013年3月22日，世界贸易组织（WTO）总干事帕斯卡尔·拉米访问中国人民大学并发表演讲。

▲ 2013年3月25日，中国人民大学学生社会实践工作总结表彰暨“千人百村”社会调研主报告发布大会举行。大会对2012年度学校学生社会实践工作进行总结，并发布《2012中国农村民生状况调查》报告。

▲ 2013年4月7日，由中国人民大学承办的博鳌亚洲论坛2013年年会“公共外交与跨文化交流”分论坛在海南举行。

▲ 2013 年 4 月 17 日，中国人民大学第二届董事会第二次全体会议召开。

▲2013 年 4 月 19—20 日，中国人民大学第 54 届田径运动会在学校田径场举行。

▲ 2013 年 4 月 20 日，中国人民大学公共治理研究院揭牌成立。

▲ 2013 年 4 月 22 日，中国人民大学召开动员大会，部署实施本科人才培养路线图，面向本科教育教学推进“研究型学习制度体系”建设。

▲ 2013年5月5日，“我的中国梦”中国人民大学2013年“五四”主题青年日活动启动仪式举行。

▲ 2013 年 6 月 3 日，中央第十巡视组巡视工作动员会在中国人民大学召开。

▲ 2013年6月20日，首都大学生"学理论·读经典"活动启动仪式暨《资本论》研习读书会在世纪馆举行。

▲2013年6月20日，中国人民大学第七届青年教师教学基本功比赛表彰座谈会举行。

▲ 2013年6月23日，著名历史学家、教育家、中国人民大学原校长李文海同志追思会在中国人民大学举行。李文海同志于6月7日16时30分，因突发心脏病医治无效，在北京逝世，享年81岁。

▲ 2013 年 6 月 26 日，学校举行 2013 届毕业典礼。2013 年，全校共有 3 064 名本科生毕业，4 159 名研究生毕业。

▲ 2013 年 6 月 29 日，中国人民大学国家发展与战略研究院成立。

▲ 2013年6月29日，“联合国与中国 · 电影之旅”联合国电影节启动仪式在中国人民大学举行。

▲ 2013 年 6 月 30 日，中国人民大学中国共产党历史与理论研究院成立，顾海良教授任院长。

▲ 2013 年 7 月 3—30 日，中国人民大学举办 2013 年暑期学校（国际小学期）。128 门校级核心课程由 130 名教师承担。其中本校教师 29 名，国内其他单位教师 2 名。另有 99 名海外教师来自美国斯坦福大学、密歇根大学、哥伦比亚大学以及英国剑桥大学、伦敦国王学院等 17 个国家和地区的近 90 所一流大学和研究机构。国内外 3 583 名学生选修了校级核心课程。其中，外校学生 436 名，来自全球 38 个国家和地区。

▲ 2013 年 7 月 4 日，中国人民大学深入开展党的群众路线教育实践活动动员部署大会召开。

▲ 2013 年 7 月 24 日，第十八届全国大学生网球锦标赛学生组团体赛决赛举行，中国人民大学男子和女子网球队分获两组的团体冠军。

▲ 2013 年 8 月 21 日，中国人民大学重阳金融研究院承办的“大金融、大合作、大治理”国际智库研讨会在京举行。

▲ 2013年8月25日，“弘扬华北大学光荣传统”群众路线教育实践主题活动座谈会在华北大学旧址河北省正定县解放军256医院举行。

▲ 美国东部时间 2013 年 8 月 30 日至 9 月 3 日，中国人民大学形象片在美国纽约时报广场纳斯达克广告屏上播出。

▲ 2013 年 9 月 9 日，2013 级新生报到。9 月 11 日，2013—2014 学年开学典礼在世纪馆举行。

▲ 2013 年 9 月 10 日，芬兰共和国总理于尔基·卡泰宁访问中国人民大学，并发表题为《芬兰与欧盟前景展望》的演讲。

▲ 2013年9月26日，中央第十巡视组向中国人民大学领导班子和在职校务委员会成员反馈巡视情况。

▲ 2013 年 10 月 10 日，全国政协副主席、香港首任特首、中美交流基金会主席董建华在中国人民大学发表题为《中美交流及中美关系的重要性》的演讲，并与学生交流。

▲ 2013 年 10 月 15 日，中国人民大学 2013 年国际文化节开幕。

▲ 2013 年 10 月 17 日，澳大利亚总督昆廷·布赖斯访问中国人民大学，参观澳大利亚研究中心，并发表题为《中国的澳大利亚研究》的演讲。

▲ 2013年10月19日，以“挑战与创新——社会转型与社会管理”为主题的“中国人文社会科学论坛2013”在中国人民大学举行。

▲ 2013年10月19日，中国人民大学第二届体育文化节开幕式暨2013级新生田径运动会在学校体育场举行。

▲ 2013 年 10 月 21 日，台湾宗教界知名人士、佛光山开山宗长星云大师访问中国人民大学，接受名誉教授聘任并做学术演讲。

▲ 2013年10月30日，中华全国妇女联合会第十一届执行委员会举行第一次全体会议，选举全国妇联第十一届主席、副主席和常务委员。中国人民大学党委书记靳诺（左上）和孟晓驷（右上）、程红（左下）、宋鱼水（右下）三位校友当选全国妇联副主席。

▲ 2013年11月20日，中国人民大学与恒大集团签署合作协议，共建中国人民大学恒大足球学院。

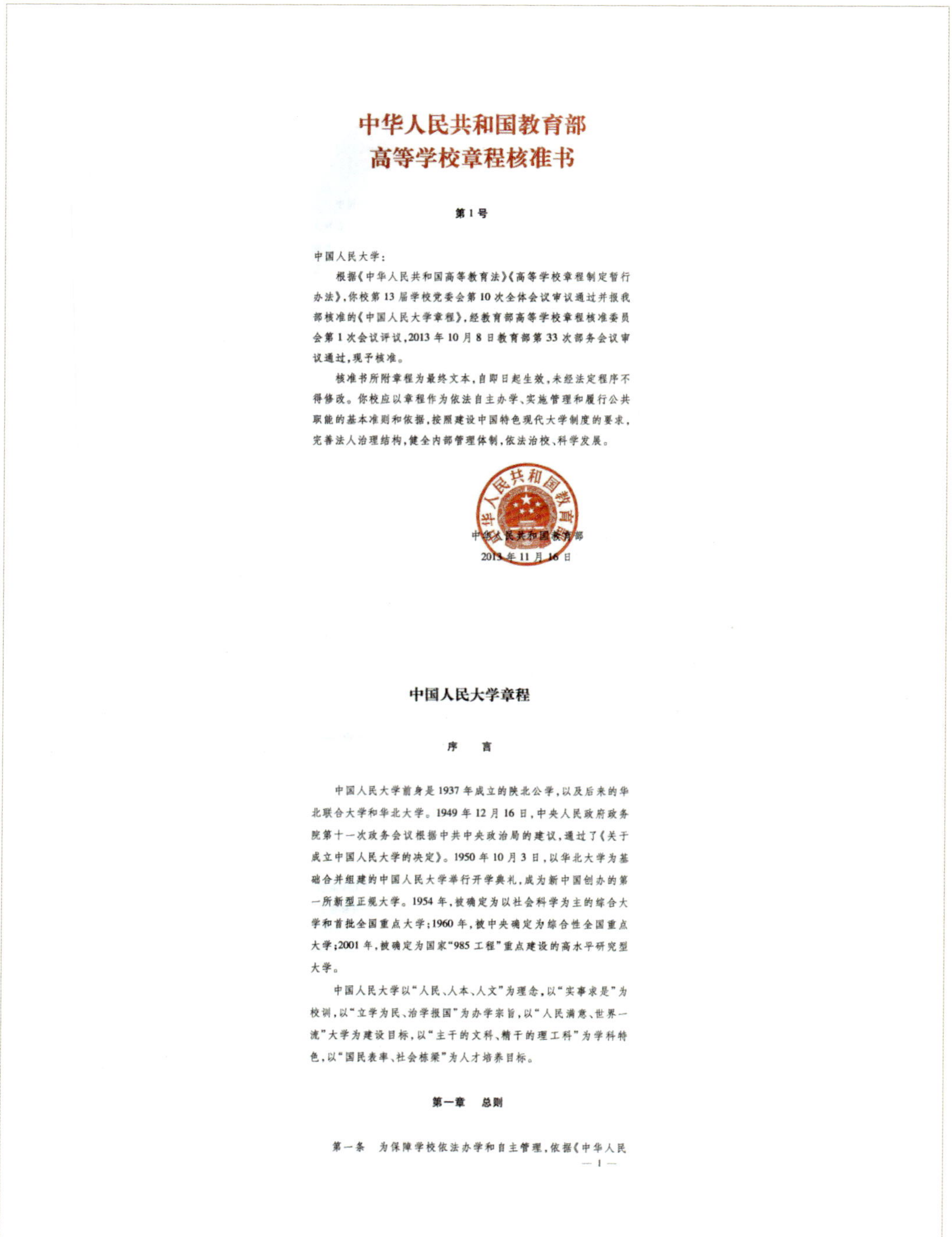

中华人民共和国教育部
高等学校章程核准书

第1号

中国人民大学：

根据《中华人民共和国高等教育法》《高等学校章程制定暂行办法》，你校第13届学校党委会第10次全体会议审议通过并报我部核准的《中国人民大学章程》，经教育部高等学校章程核准委员会第1次会议评议，2013年10月8日教育部第33次部务会议审议通过，现予核准。

核准书所附章程为最终文本，自即日起生效，未经法定程序不得修改。你校应以章程作为依法自主办学、实施管理和履行公共职能的基本准则和依据，按照建设中国特色现代大学制度的要求，完善法人治理结构，健全内部管理体制，依法治校、科学发展。

中华人民共和国教育部
2013年11月16日

中国人民大学章程

序　言

中国人民大学前身是1937年成立的陕北公学，以及后来的华北联合大学和华北大学。1949年12月16日，中央人民政府政务院第十一次政务会议根据中共中央政治局的建议，通过了《关于成立中国人民大学的决定》。1950年10月3日，以华北大学为基础合并组建的中国人民大学举行开学典礼，成为新中国创办的第一所新型正规大学。1954年，被确定为以社会科学为主的综合大学和首批全国重点大学；1960年，被中央确定为综合性全国重点大学；2001年，被确定为国家"985工程"重点建设的高水平研究型大学。

中国人民大学以"人民、人本、人文"为理念，以"实事求是"为校训，以"立学为民、治学报国"为办学宗旨，以"人民满意、世界一流"大学为建设目标，以"主干的文科、精干的理工科"为学科特色，以"国民表率、社会栋梁"为人才培养目标。

第一章　总则

第一条　为保障学校依法办学和自主管理，依据《中华人民

— 1 —

▲ 2013年11月28日，《中国人民大学章程》正式发布，成为我国首批由教育部核准的大学章程之一。

▲ 2013 年 11 月 30 日，2013 年世界艾滋病日主题宣传活动在中国人民大学举行。世界卫生组织艾滋病／结核病防治亲善大使、国家卫生计生委预防艾滋病宣传员彭丽媛等嘉宾，共同点亮爱心红丝带，倡议全社会共抗艾滋，共担责任，共享未来。

▲ 2013 年 12 月 1 日，台湾新党主席郁慕明访问中国人民大学。

▲ 2013 年 12 月 12 日，全国高校校园网站联盟正式成立。中国人民大学党委书记靳诺担任首任理事长。

▲2013 年 12 月 17 日晚，《台北—北京》“流行交响夜 2013”在中国人民大学举行，台湾师范大学师生和中国人民大学艺术学院师生联袂演出。

▲ 由新华社发起的“中国网事·感动2013”评选结果揭晓，中国人民大学2011届毕业生亓俊先（上图）、王树光（下图右二）分别获得第三季度、第四季度网络人物称号。

▲ 2013 年学校对中关村校区内老旧建筑物进行了大规模修缮，图为修缮后的人文楼（左上）、博物馆（右上）、公共教学二楼（左下）、公共教学三楼（右下）。

《中国人民大学年鉴（2014）》编辑委员会

《中国人民大学年鉴（2014）》编辑部

党委宣传部：韩宇
党委统战部：郝丽
纪委办公室：何文静
高教研究室：张伟
研究生院：任兵
发展规划处：陈英霞
教务处：蒋香仙
科研处：谷曙光
人才领导小组办公室：王帆
人事处：曹吉星
学生处：高梅红
招生就业处：朱婷
国际交流处：黄岩
财务处：赵健慧
保卫处：魏巍巍
资产与后勤管理处：戴羽
实验室建设与设备管理处：杨敏
校园建设管理处：曹辉林
审计处：袁璨
产业管理处：李春霞
离退休工作处：张铭勇
校工会：王东辉
校团委：康凤
校友工作办公室：孟繁颖
教育基金会：刘丽娅
文学院：吴壹香
历史学院：杨梅
哲学院：余开亮
国学院：刘永强
经济学院：陆美贺
财政金融学院：倪巽
汉青经济与金融高级研究院：曾妍
统计学院：张云
农业与农村发展学院：肖逸秋
法学院：郑小敏
马克思主义学院：朱胜利
社会与人口学院：阎玉蕊
国际关系学院：李佳伟

新闻学院：甘光千
艺术学院：赵朝平
外国语学院：严晓霞
环境学院：王　钧
信息学院：张国富
理学院：臧　虹　朱克然　周晓玮　刘国伟
商学院：干静文
公共管理学院：陈　夏
劳动人事学院：张石磊
信息资源管理学院：梁继红
教育学院：王亚敏
继续教育学院：罗　京
培训学院：王　菲
苏州校区（国际学院、中法学院）：任伟明
深圳研究院：赵　玲
体育部：布　超
图书馆：袁　园
信息技术中心：谢　琦
档案馆：杨文娜
校医院：耿晓琛
后勤集团：马秀芹
文化科技园：刘晶扬
出版社：张锁平
书报资料中心：高　寒
附属中学：邓丕来
附属小学：李会然

（图片由图片与视频中心等提供）

《中国人民大学年鉴（2014)》编辑说明

近年来，我校师生在学校领导班子的带领下，高举中国特色社会主义伟大旗帜，以邓小平理论、“三个代表”重要思想和科学发展观为指导，认真学习贯彻习近平总书记系列重要讲话精神，解放思想，实事求是，与时俱进，开拓创新，弘扬“立学为民、治学报国”的办学宗旨，贯彻“人民、人本、人文”的办学理念，全面推进人才培养体系改革、“思想库”建设、国际性提升、学校形象建设和美丽校园建设“五大战略”，努力创建“人民满意、世界一流”大学，取得了令人瞩目的成就。

我校已成功编辑出版了《中国人民大学年鉴》2002 版、2003 版、2004 版、2005 版、2006 版、2007 版、2008 版、2009 版、2010 版、2011 版、2012 版、2013 版，总字数达 920 万字，记录了学校发展，积累了重要资料，为校史研究提供了重要参考，受到了各级领导、各有关单位和兄弟院校的一致好评。2014 版《年鉴》在继承 2013 版《年鉴》整体框架、体例和风格的基础上，进一步深入细节，进行了调整和创新，力求全面、真实反映 2013 年学校各方面工作、各项事业发展的基本情况。

一、宗旨

忠实记录学校一年内各方面工作、各项事业发展的基本情况，为学校各项事业进一步发展提供基础资料，促进学校对外交流与宣传，推动学校管理水平不断提高，为全校师生员工服务。

二、定位

《年鉴》是一部逐年编辑、出版的兼具我校工作公报和编年史料性质的工具书。

三、选编的原则和内容

（一）原则

1. 客观、真实地反映学校发展全局。

2. 详略适度，前后统一。

3. 大事不漏，小事不收。

（二）内容

本版《年鉴》全面收录反映 2013 年度内（1 月 1 日—12 月 31 日）学校各方面工作状况的资料，包括学校改革、建设和发展过程中的重要事件、重大活动、重要人物、基本数据等。除特别标注外，全部统计数据截至 2013 年 12 月 31 日。

2014 版《年鉴》对部分篇章的标题及相关内容进行了凝练、精简，根据学校发展，提升了部分条目的规格层次，并将大事记作为一个相对独立、完整的单元，力求反映 2013 年各项重要工作。

四、编写的组织

本版《年鉴》由年鉴编辑部（挂靠于学校办公室）组织编写。所刊登内容由各单位确定专人负责提供，并经本单位负责人审定。

对于编写过程中各有关部门和单位给予的大力支持，在此谨表衷心感谢。

《中国人民大学年鉴》编辑部

2014 年 7 月

人大年鉴(2014)
RENDA NIANJIAN

目　录

中国人民大学简介　1

特　载　5

中国人民大学开展党的群众路线教育实践活动　5
附1：中国人民大学召开深入开展党的群众路线教育实践活动动员部署大会　7
附2：教育部鲁昕副部长到中国人民大学调研指导党的群众路线教育实践活动　8
附3：践行群众路线、弘扬优良作风、凝聚发展力量，加快建设“人民满意、世界一流”大学——在中国人民大学深入开展党的群众路线教育实践活动动员部署大会上的讲话　9
中国人民大学党委书记　靳诺（2013年7月4日）
附4：中国人民大学党委理论学习中心组（扩大）举行群众路线教育实践活动专题讨论会　15
附5：中央督导组回访中国人民大学群众路线教育实践活动整改工作　15
《中国人民大学章程》正式发布　成为我国首批由教育部核准的大学章程之一　16
附1：《中国人民大学章程》　17
附2：建设回归本位的大学章程，完善中国特色现代大学制度——《中国人民大学章程》制定与发布侧记　24

中央决定靳诺任中国人民大学党委书记 27
附1：在中国人民大学党委书记任免宣布大会上的讲话 30
中组部副部长　潘立刚（2013年4月18日）
附2：在中国人民大学党委书记任免宣布大会上的讲话 31
教育部部长、党组书记　袁贵仁（2013年4月18日）
附3：在中国人民大学党委书记任免宣布大会上的讲话 33
北京市委常委、秘书长、教育工委书记　赵凤桐（2013年4月18日）
附4：在中国人民大学党委书记任免宣布大会上的讲话 34
中国人民大学原党委书记　程天权（2013年4月18日）
附5：在中国人民大学党委书记任免宣布大会上的讲话 34
中国人民大学党委书记　靳诺（2013年4月18日）
附6：在中国人民大学党委书记任免宣布大会上的讲话 36
中国人民大学校长　陈雨露（2013年4月18日）
中国人民大学接受中央巡视组巡视 37
附1：在中央第十巡视组巡视中国人民大学工作动员会上的发言 38
中国人民大学党委书记　靳诺（2013年6月3日）
附2：在中央第十巡视组巡视中国人民大学情况反馈会上的发言 40
中国人民大学党委书记　靳诺（2013年9月26日）
中国人民大学重大国际交流活动 43
附1：芬兰总理卡泰宁访问中国人民大学并发表演讲 44
附2：澳大利亚总督昆廷·布赖斯访问中国人民大学并发表演讲 45
附3：WTO总干事拉米访问中国人民大学发表演讲　陈雨露校长会见拉米 46

专　文 48

重要讲话、文章 48
在2013年新年报告会上的讲话 48
中国人民大学校长　陈雨露（2013年1月10日）
在教育部、北京市共建5所大学新校区建设协议签署仪式上的讲话 53
中国人民大学校长　陈雨露（2013年1月18日）
在中国人民大学公共政策座谈会暨中国人民大学公共政策咨询中心成立大会上的致辞 53
中国人民大学党委书记　程天权（2013年3月2日）
在“中国低碳发展宏观战略研究项目子课题‘中国低碳技术发展战略研究’”启动会上的致辞 54
中国人民大学党委书记　程天权（2013年3月16日）
在中国人民大学学生社会实践工作总结表彰暨首届“千人百村”乡村调研主报告发布大会上的讲话 55
中国人民大学校长　陈雨露（2013年3月25日）
在中国人民大学第二届董事会第二次全体会议上的讲话 57
中国人民大学校长　陈雨露（2013年4月17日）
在本科人才培养路线图实施动员大会上的讲话 60
中国人民大学党委书记　靳诺（2013年4月22日）

在本科人才培养路线图实施动员大会上的讲话 61
中国人民大学校长 陈雨露(2013年4月22日)
在“五四”主题青年日活动启动仪式上的讲话 64
中国人民大学党委书记 靳诺(2013年5月5日)
在《中国统一战线教程》出版座谈会上的致辞 65
中国人民大学党委书记 靳诺(2013年5月9日)
在京津片区“高校文化传承创新研究座谈会”上的讲话 67
中国人民大学校长 陈雨露(2013年5月22日)
继承和发扬李文海同志的教育思想和治学精神
——在李文海老校长追思会上的致辞 68
中国人民大学校长 陈雨露(2013年6月23日)
青春的选择:梦想之光与泥土芬芳——在中国人民大学2013届毕业典礼上的讲话 69
中国人民大学校长 陈雨露(2013年6月26日)
深刻把握高校哲学社会科学发展新形势 加快建设“人民满意、世界一流”大学——在2013年党风廉政建设宣传教育月主题党课上的讲话 70
中国人民大学党委书记 靳诺(2013年6月27日)
在中国人民大学国家发展与战略研究院成立大会暨学术委员会第一次会议上的讲话 76
中国人民大学校长 陈雨露(2013年6月29日)
在“中国人民大学中国共产党历史与理论研究院”成立大会上的致辞 77
中国人民大学党委书记 靳诺(2013年6月30日)
在2013年学院工作会上的讲话 78
中国人民大学党委书记 靳诺(2013年7月8日)
在教育部直属高校党的群众路线教育实践活动座谈会上的发言 81
中国人民大学党委书记 靳诺(2013年8月15日)
金融服务实体经济 促进全球共同繁荣——在“大金融、大合作、大治理”国际智库研讨会开幕式上的主旨演讲 83
中国人民大学校长 陈雨露(2013年8月21日)
在“弘扬华北大学光荣传统”群众路线教育实践主题活动座谈会上的讲话 84
中国人民大学党委书记 靳诺(2013年8月25日)
在2012级本科学生军训闭营、2013年参军入伍学生欢送大会上的讲话 86
中国人民大学党委书记 靳诺(2013年9月4日)
在2013—2014学年开学典礼上的讲话 87
中国人民大学党委书记 靳诺(2013年9月11日)
胸怀理想 脚踏实地 品学兼修——在2013级博士生新生大会上的讲话 90
中国人民大学党委书记 靳诺(2013年9月18日)
在1989级校友毕业20周年返校活动上的讲话 92
中国人民大学校长 陈雨露(2013年10月3日)
充分运用马克思主义理论研究和建设工程教材——在马克思主义理论研究和建设工程座谈会上的发言 94
中国人民大学党委书记 靳诺(2013年10月20日)

在“全国高校校园网站联盟”成立会议上的讲话 96
中国人民大学党委书记 靳诺（2013年12月12日）
做褒奖人文社会科学大师的倡导者和践行者——在第二届吴玉章人文社会科学终身成就奖颁奖典礼上的致辞 97
中国人民大学校长 陈雨露（2013年12月17日）

重要文件 98
中国人民大学贯彻落实中央改进工作作风、密切联系群众《八项规定》和《实施细则》的实施办法 98
关于印发《中国人民大学领导干部因私出国（境）管理办法（试行）》的通知 100
关于印发《中国人民大学中层党政正职职务任期暂行规定》的通知 101
关于印发《中国人民大学学院（系）行政正职负责人遴选工作实施办法（试行）》的通知 103
中国人民大学加强马克思主义学科教师队伍建设若干意见 104
关于印发《中国人民大学领导干部因公出国（境）管理办法（试行）》的通知 105
关于印发《中国人民大学中层领导干部经济责任审计实施办法》的通知 107
关于印发《中国人民大学审计结果运用管理办法》的通知 110
关于调整中国人民大学人才工作领导小组及其办公室的决定 112
关于授予黄顺基等13位退（离）休老专家荣誉一级教授称号的决定 113
关于印发《中国人民大学学生公寓管理办法（修订）》的通知 113
关于印发《中国人民大学专利管理办法（试行）》的通知 118
关于印发《中国人民大学2012—2013学年第二学期工作计划要点》的通知 120
关于印发《中国人民大学“1320行动计划”工作方案》的通知 123
关于成立中国人民大学本科人才培养委员会的决定 126
关于印发《中国人民大学合同管理办法（试行）》的通知 127
关于印发《中国人民大学经济责任制》的通知 131
关于印发《中国人民大学财务管理办法》的通知 134
关于成立中国人民大学金铁霖中国声乐艺术研究院的决定 138
关于公布中国人民大学第十一届学术委员会组成人员名单的通知 138
关于印发《中国人民大学教师发展中心章程》的通知 139
关于成立食品安全治理协同创新中心的决定 141
关于印发《中国人民大学2013—2014学年第一学期工作计划要点》的通知 141
关于印发《中国人民大学非教师系列人员转为教师系列人员暂行办法》的通知 145
关于印发《中国人民大学本科生招生工作章程》的通知 147
关于成立中国人民大学重阳金融研究院的决定 149
关于印发《中国人民大学会计基础工作规范》的通知 149
关于印发《中国人民大学会计信息化工作管理办法》的通知 152

关于落实中央八项规定，厉行勤俭节约，严格开支标准，控制经费支出的通知 157
关于印发《中国人民大学本科生招生档案管理办法》的通知 158
关于印发《中国人民大学本科生招生网上录取工作管理办法》的通知 163
关于印发《中国人民大学高水平运动员招生管理办法》的通知 165
关于印发《关于加强二级单位财务管理工作的若干规定（试行）》的通知 168
关于印发《关于加强二级单位财务决策工作的规定（试行）》的通知 169
关于印发《关于二级单位经济责任制的规定（试行）》的通知 170
关于印发《中国人民大学自主选拔录取招生管理办法》的通知 171
关于印发《中国人民大学艺术类本科生招生管理办法》的通知 174
关于印发《中国人民大学本科生招生信息公开公示办法》的通知 176

2013 年统计资料 179

表一　教职员工人员构成一览表 179
表二　专任教师学历构成一览表 179
表三　本科生分学科学生数一览表 180
表四　研究生学生数一览表 180
表五　留学生情况一览表 180
表六　成人教育、网络教育学生数一览表 180
表七　校园与校舍面积、固定资产一览表 181
表八　学校基建投资状况表 181
表九　经费收入状况表 181
表十　经费支出状况表 181
表十一　科学研究基本状况一览表——文科 181
表十二　科学研究基本状况一览表——理科 182

机构与干部 183

中共中国人民大学第十三届委员会常委、委员和纪律检查委员会委员名单 183
中国人民大学校级领导干部名单 184
中国人民大学校长助理名单 184
中国人民大学第十一届学术委员会委员名单 184
中国人民大学第三届校务委员会委员名单 185
中国人民大学第八届学位评定委员会委员名单 185
中国人民大学第八届学位评定分委员会主席、副主席、委员名单 185
中国人民大学第六届教职工代表大会主席、副主席、秘书长、副秘书长及成员名单 187
中国人民大学工会第十五届委员会主席、副主席、委员名单 187
中国人民大学工会经费审查委员会主任、副主任、委员名单 187
校部机关、各学院（系、所）、直（附）属单位负责人名单 188

学院（部）简介 193
哲学院 193
文学院 194
历史学院 195
国学院 195
经济学院 197
财政金融学院 198
汉青经济与金融高级研究院 198
统计学院 199
农业与农村发展学院 200
法学院 201
马克思主义学院 202
社会与人口学院 203
国际关系学院 204
新闻学院 205
艺术学院 205
外国语学院 206
环境学院 207
信息学院 208
理学院 208
商学院 209
公共管理学院 211
劳动人事学院 212
信息资源管理学院 213
教育学院 214
继续教育学院 215
培训学院 215
苏州校区（国际学院、中法学院） 215
深圳研究院 216
体育部 217

教育教学和学科建设 218
本科生教育 218
一、概况 218
二、本科生招生工作 219
三、教材建设 219
四、教学改革与教学管理 220
五、教学质量监控 223
六、体育教学 223
七、艺术教育 224
附录 224
中国人民大学本科专业目录 224

2013年中国人民大学教育教学成果和获奖情况 226
2013年中国人民大学入选国家级精品视频公开课课程 229
2013年北京高等教育经典教材获奖书目 229
2013年北京高等教育精品教材获奖书目 229
中国人民大学2013大学生创新训练计划项目 230
2013年中国人民大学高水平运动队参赛成绩汇总 244
中国人民大学学校田径纪录 245

研究生教育 247
一、概况 247
二、研究生招生工作 248
三、培养工作 251
四、学位管理与学科建设工作 253
五、其他形式的研究生教育 256
附录 256
中国人民大学国家重点一级学科一览表 256
中国人民大学非国家重点一级学科内国家重点二级学科一览表 257
中国人民大学北京市重点一级学科一览表 257
中国人民大学北京市重点二级学科一览表 257
中国人民大学交叉学科北京市重点学科一览表 258
2013年中国人民大学获全国优秀博士学位论文提名奖名单 258
2013年中国人民大学获北京市优秀博士学位论文名单 258
2013年中国人民大学优秀博士学位论文名单 258
中国人民大学授予博士、硕士学位和培养研究生的学科、专业目录 259
中国人民学研究生交叉学科设置一览表（2013年） 264
中国人民大学研究生专业学位学科专业目录 264
2013年中国人民大学分专业学术型博士、硕士学位获得情况 265
2013年中国人民大学硕士专业学位获得情况 268

对外教育教学 269
一、概况 269
二、招生工作 269
三、留学生生活 270
附录 270
中国人民大学2013年秋季外国留学生类别统计 270
中国人民大学2013年秋季外国留学生国别统计 271
中国人民大学2013年留学生获奖名单 273

继续教育 274
☞成人高等教育 274
一、概况 274
二、招生工作 274

三、教学管理 274
☞网络教育 275
一、概况 275
二、考试情况 275
三、资源建设和教学研究 275
四、改革教学管理制度 276
五、校企合作、学历教育和非学历教育结合的新探索 276
附录 276
2013 年继续教育学院网络教育部招生人数统计表 276
2013 年继续教育学院网络教育部在读学生（学历教育）人数统计 278
2013 年继续教育学院网络教育部毕业生人数统计表 279
☞教育培训 280
一、概况 280
二、各类培训 280
附录 281
2013 年培训项目统计 281

实验室建设与仪器设备管理 281
一、概况 281
二、实验室建设工作和成果 282
三、仪器设备购置与管理工作 282
附录 283
中国人民大学 2013 年实验室情况一览表 283
中国人民大学 2013 年固定资产分类汇总表 288

图书馆 288
一、概况 288
二、文献信息资源建设 289
三、文献信息服务 289
四、古籍、特藏收集整理 289
五、教学、科研工作 289
六、分馆建设和全校的资源共建 290

科学研究 291
一、概况 291
二、科研机构 292
三、学术刊物 295
四、科研项目和科研经费 297
五、科研成果与奖励 298
六、学术活动 305

附录 315
党的十六大以来中国人民大学教授为中共中央政治局集体学习做辅导报告情况一览表 315
中国人民大学跨学院研究机构一览表 315
中国人民大学院属科研机构一览表 316
2013 年中国人民大学纵向科研项目一览表 321
中国人民大学教授考察团情况一览表（2005—2013 年） 330
中国人民大学教师在全国及北京市学术团体中兼职情况一览表（不完全统计） 331
2013 年学校及各院系举办的学术活动一览表 341

发展规划 348

学科和事业发展规划 348
一、概况 348
二、事业规划与发展战略研究 349
三、学科发展规划工作 349
四、统计信息管理工作 350

校园规划与建设 350
一、概况 350
二、在建及竣工项目情况 350
三、拟建项目情况 351

专项资金管理 351
一、专项资金管理机构 351
二、改善基本办学条件专项资金项目管理 352
附录 353
中国人民大学 2013 年度改善基本办学条件专项资金项目批复情况统计表 353

“985 工程”建设项目 353
一、概况 353
二、项目管理及进展情况 354

“211 工程”建设项目 354
一、概况 354
二、项目管理及进展情况 355

中央高校发展长效机制补助经费项目 355
一、概况 355
二、项目管理及进展情况 355

附录 356
中国人民大学2013年度长效机制补助经费项目批复情况统计表 356

“2011计划” 356
一、概况 356
二、项目管理及进展情况 356

高等教育研究 357
一、科研项目与成果 357
二、政策研究和决策咨询 358
三、学术活动与交流 358
四、其他工作 358
附录 359
2013年度中国人民大学教育管理科学研究基金项目立项名单 359
教育部文科教育改革发展研究基地2013年度研究成果 360
北京市高教学会第八次优秀高等教育科研成果获奖名单 360

对外交流与合作 361

一、概况 361
二、主要工作 362
附录 364
2013年校领导出访团组一览表 364
2013年重要来访一览表 364
2013年与中国人民大学签订校际交流协议的境外院校一览表 365
2013年与中国人民大学续签校际交流协议的境外院校一览表 366
中国人民大学海外孔子学院一览表 366
2013年中国人民大学通过校际交换生项目派出学生一览表 367
2013年中国人民大学通过国家公派项目派出学生一览表 368
2013年中国人民大学通过寒暑期境外项目派出学生一览表 368
2013年中国人民大学通过“校长奖学金项目”派出学生一览表 369
2013年中国人民大学聘请客座教授一览表 370
2013年中国人民大学授予名誉教授称号人员一览表 370
2013年中国人民大学因公短期出国/境人员统计表 370
2013年中国人民大学因公长期出国/境人员统计表 370
2013年中国人民大学主要国际会议汇总表 371
2013年中国人民大学国际会议资助汇总表 371

管理工作 378

行政管理工作 378
一、概况 378

二、信息工作 378
三、综合协调工作 379
四、规范管理工作 380
五、校史工作 380
六、董事会工作 381

人事工作 381
一、概况 381
二、教职工基本情况 381
三、制度建设 381
四、人才工作 382
五、教职工培训 385
六、专业技术职务评聘与岗位聘用工作 386
七、考核工作 387
八、薪酬、福利和离退休工作 387
九、教职工出国（境） 388
十、博士后工作 388
附录 388
中国人民大学 2013 年教职工增员情况表 388
中国人民大学 2013 年教职工减员情况表 389
中国人民大学博士后流动站名单 389

学生工作 392
一、概况 392
二、思想政治教育工作 392
三、心理健康教育与咨询 397
四、学籍管理工作 398
五、奖励与资助工作 398
六、国防教育工作 400
七、就业工作 401
附录 402
中国人民大学 2013 年本科专业招生计划 402
中国人民大学 2013 年各省（区、市）录取分数、招生计划和录取人数 404
中国人民大学 2013 年度在校学生分学院、类别、年级人数统计表 406
中国人民大学 2012—2013 学年学生奖助学金类别及额度 407
中国人民大学 2012—2013 学年主要奖学金获奖名单 408
2012—2013 学年“十佳班主任”优秀班主任名单 409
2012—2013 学年“优秀辅导员”“优秀学生兼职辅导员”名单 411
中国人民大学 2012—2013 学年先进班集体名单 412
2012—2013 学年“十佳宿舍”“文明宿舍”名单 416

中国人民大学2013届毕业生分院系人数统计表 418
中国人民大学2013届毕业生落实情况表 419
中国人民大学2013届毕业生就业地区分布情况表 419
中国人民大学2013届毕业生就业单位性质统计表 420
中国人民大学2013届毕业生就业供需情况表 420

资产管理工作 420
一、概况 420
二、拓展办学空间工作 420
三、房地产管理工作 421
附录 422
2013年房屋、土地、教职工住宅汇总表 422

财务与审计工作 426
☞**财务工作** 426
一、概况 426
二、年度收支及预算执行情况 426
三、财务状况专题分析 426
四、财务管理 427
☞**审计工作** 428
一、概况 428
二、主要工作 428
后勤工作 429
一、概况 429
二、后勤社会化改革 429
三、后勤经营管理和服务保障工作 429
四、专项改造与维修工作 433
五、节能管理工作 434
六、后勤管理工作 434
七、幼儿园工作 435

安全保卫和医疗保障工作 435
一、概况 435
二、治安、消防、交通安全等工作 436
三、医疗保障工作 437

档案馆、博物馆工作 440
一、概况 440
二、档案馆工作 440
三、博物馆工作 440
附录 441
2013年中国人民大学档案馆馆藏档案和档案利用情况统计表 441

网络信息管理工作 441
一、概况 441
二、常规工作 442
三、“微人大”建设 442

校友工作 443
一、概述 443
二、主要工作 443

教育基金会工作 446
一、概况 446
二、捐赠工作 446
三、其他工作 447
附录 448
2013年社会捐赠大额汇总表 448

校办产业 450
一、概况 450
二、校办产业管理工作 450
附录 451
中国人民大学校办产业名录 451

出版社 452
一、概况 452
二、选题策划工作 452
三、管理改革工作 453
四、对外合作和版权贸易工作 454
五、其他重要事项 454
附录 455
2013年度获奖图书目录（只汇总省、部级以上奖项） 455

书报资料中心 458
一、概况 458
二、管理工作 458
三、期刊编辑出版与销售 458
四、学术评价研究 459
五、数字化建设与改造 459
六、相关重要活动 459

文化科技园 460
一、概况 460

二、企业孵化机制与公共服务平台建设 461
三、国家版权贸易基地建设 462
四、创意产业技术研究院工作体系建设 462
五、文化产业研究院工作体系建设 462
六、其他重要活动 463

党建和思想政治工作 466

综合工作 466
一、概况 466
二、领导班子思想政治建设和理论学习 466
三、民主办学和依法治校 467
四、安全稳定工作 467
五、其他工作 467

组织工作 468
一、概况 468
二、开展党的群众路线教育实践活动 468
三、干部工作 468
四、深入学习贯彻党的十八大和十八届三中全会精神 470
五、基层党组织建设 471
六、党员队伍建设 471
七、评优表彰 472
八、党校工作 472
九、全国干部教育培训基地工作 472
附录 473
2013 年中国人民大学先进基层党委（党总支）、先进党支部名单 473
2013 年中国人民大学党校培训班一览表 475

宣传工作 475
一、概况 475
二、理论宣传工作 475
三、新闻宣传工作 476

统战工作 477
一、概况 477
二、各级人大代表和政协委员工作 477
三、各民主党派基层组织建设及侨联工作 477
四、侨联工作 478
五、理论研究工作 479
六、信息工作 479
七、其他工作 479

附录 479
2013 年中国人民大学全国人大代表、政协委员议案提案一览表 479
2013 年中国人民大学北京市人大代表、政协委员议案提案一览表 480
2013 年中国人民大学各民主党派组织机构情况 480
2013 年中国人民大学民主党派成员在其党内任职情况 481

纪检监察工作 481
一、概况 481
二、党风廉政建设 482
三、纠风和执法监察工作 483
四、信访信息和查办案件工作 483
五、其他工作 483

工会与教代会工作 484
一、概况 484
二、教代会工作 484
三、校园文化建设和文体社团工作 485
四、妇女、计划生育及职工互助保险工作 485
五、师德建设工作 486
六、组织宣传和其他工作 486

共青团工作 487
一、概况 487
二、组织建设 488
三、宣传工作 488
四、课外学术活动 488
五、社会实践 489
六、校园文化 489
七、学生社团 490
八、志愿者工作 490
九、学生会和研究生会工作 490
十、社会勤工助学工作 491
附录 491
中国人民大学 2013 年“创新杯”竞赛情况统计 491
中国人民大学 2013 年首都“挑战杯”竞赛获奖统计 492
中国人民大学参加 2012—2013 年全国“挑战杯”竞赛获奖情况统计 492

人　物 493
中国共产党全国代表大会代表、全国人大代表和政协委员 493
中国共产党北京市代表大会代表、北京市人大代表和政协委员 493

民主党派中央委员、北京市委委员 494
第七届国务院学位委员会委员 494
国务院学位委员会第六届学科评议组成员 494
第四届北京市学位委员会委员 494
北京市学位委员会第二届学科评议组成员 494
第二届教育部社会科学委员会委员 495
第五届教育部科学技术委员会委员 495
教育部社会科学委员会学风建设委员会委员 495
中央“马克思主义理论研究和建设工程”成员 495
第五届吴玉章基金委员会名单 497
北京市人民政府专家咨询委员会委员 498
中国人民大学荣誉教授 498
中国人民大学荣誉一级教授 499
中国人民大学首批一级教授 499
2013 年中国人民大学教授 499
2013 年逝世人员名单 503

附属学校 505

附属中学 505
一、概况 505
二、学校建设 505
三、各类成绩 509

附属小学 511
一、主要工作 511
二、主要成绩 512

附　录 514

附录一　中国人民大学 2013 年大事记 514
附录二　2013 年中国人民大学党发、校发文件目录 582
附录三　2013 年报刊报道中国人民大学的部分文章目录索引 591

Contents

人大年鉴(2014)
RENDA NIANJIAN

Brief Introduction to Renmin University of China (RUC) … 1

Special Issue …… 5

Renmin University of China Introduces Political Education Campaign on Mass Line …… 5

Appendix 1: RUC Holds General Assembly to Launch Education Campaign on Mass Line …… 7

Appendix 2: Vice Minister of Education LU Xin at RUC to Review Education Campaign on Mass Line …… 8

Appendix 3: Speech Given at the General Assembly on Advancing the Party's Mass Line Education Campaign: "Walking the Mass Line, Enhancing Work Quality, Driving Development, and Building a World-Class University" …… 9

JIN Nuo, RUC Party Secretary (July 4, 2013)

Appendix 4: RUC's Center for the Study of Party Theory Organizes Seminar on Mass Line Education Campaign …… 15

Appendix 5: Central Committee Supervisory Team Returns to RUC to Promote Reform Work on Mass Line Education Campaign …… 15

RUC Constitution Officially Published, Becoming One of the Nation's First University Constitutions Authorized by the Ministry of Education …… 16

Appendix 1: RUC Constitution …… 17

Appendix 2：Establishing a Standardized University Constitution，Improving Today's Higher Education with Chinese Characteristics：On the Specifications and Publication of the RUC Constitution …… 24

Central Committee Appoints JIN Nuo as RUC's New Party Secretary …… 27

Appendix 1：Speech Given at Appointment Ceremony for RUC Party Secretary …… 30
PAN Ligang，Vice Minister of the CPC Central Committee's Organization Department（April 18，2013）

Appendix 2：Speech Given at Appointment Ceremony for RUC Party Secretary …… 31
YUAN Guiren，Minister of Education and Secretary of the Party Leadership Group（April 18，2013）

Appendix 3：Speech Given at Appointment Ceremony for RUC Party Secretary …… 33
ZHAO Fengtong，Secretary of the Beijing Municipal Commission of Education（April 18，2013）

Appendix 4：Speech Given at Appointment Ceremony for RUC Party Secretary …… 34
CHENG Tianquan，Former RUC Party Secretary（April 18，2013）

Appendix 5：Speech Given at Appointment Ceremony for RUC Party Secretary …… 34
JIN Nuo，RUC Party Secretary（April 18，2013）

Appendix 6：Speech Given at Appointment Ceremony for RUC Party Secretary …… 36
CHEN Yulu，RUC President（April 18，2013）

RUC Receives Central Committee Supervisory Group for Inspection …… 37

Appendix 1：Speech Given at the Tenth Central Committee Inspection's Launching Meeting at RUC …… 38
JIN Nuo，RUC Party Secretary（June 3，2013）

Appendix 2：Speech Given at the Feedback Session Following the Tenth Central Committee Inspection …… 40
JIN Nuo，RUC Party Secretary（September 26，2013）

RUC Major International Events …… 43

Appendix 1：Finnish Prime Minister Jyrki Katainen Visits RUC and Delivers a Speech …… 44

Appendix 2：Australian Governor-General Quentin Bryce Visits RUC and Delivers a Speech …… 45

Appendix 3：WTO Director-General Pascal Lamy Visits RUC to Deliver Speech and Meet with RUC President CHEN Yulu …… 46

Featured Articles …… 48

Important Speeches and Articles …… 48

Speech Given at the 2013 Annual Report Meeting …… 48
CHEN Yulu，RUC President（January 10，2013）

Speech Given at the Signing of Agreement on Ministry of Education and Beijing Municipality's Joint Construction of Five New University Campuses …… 53
CHEN Yulu，RUC President（January 18，2013）

Speech Given at RUC Public Policy Symposium and Launching Ceremony of RUC's Center for Public Policy Consultation …… 53
CHENG Tianquan，RUC Party Secretary（March 2，2013）

Speech Given to Launch "National Low-Carbon Development Macro-Strategy Project：'Research on Developing China's Low Carbon Technology Sector'" …… 54
CHENG Tianquan，RUC Party Secretary（March 16，2013）

Speech Given at Meeting to Commend Student Volunteers and Mark the Release of

the First "One Thousand Citizens, One Hundred Villages" Village Survey Report ………………… 55
CHEN Yulu, RUC President (March 25, 2013)
Speech Given at the Second Session of the Second RUC Executive Committee Meeting ………… 57
CHEN Yulu, RUC President (April 17, 2013)
Speech Given at Meeting on Implementing Roadmap for Undergraduate Talent Development …… 60
JIN Nuo, RUC Party Secretary (April 22, 2013)
Speech Given at Meeting on Implementing Roadmap for Undergraduate Talent Development …… 61
CHEN Yulu, RUC President (April 22, 2013)
Speech Given at Opening Ceremony of "May Fourth" Youth Day ……………………………………… 64
JIN Nuo, RUC Party Secretary (May 5, 2013)
Speech Given at Publication of Textbook on "China's United Front" ……………………………… 65
JIN Nuo, RUC Party Secretary (May 9, 2013)
Speech Given at Beijing-Tianjin Symposium on "Cultural Inheritance and Innovation in Chinese Higher Education" ……………………………………………………………………………… 67
CHEN Yulu, RUC President (May 22, 2013)
"Passing on and Carrying forward LI Wenhai's Thought on Education and Academic Spirit" Speech Given at the Memorial Service for Former RUC President LI Wenhai …………………… 68
CHEN Yulu, RUC President (June 23, 2013)
"The Choice of Youth: The Light of Dreams and the Fragrance of the Earth." Speech Given at 2013 RUC Graduation Ceremony …………………………………………………… 69
CHEN Yulu, RUC President (June 26, 2013)
"Leading China's Higher Education in Philosophy and Social Sciences: On Becoming a World-Class University." Speech Given at 2013 Lecture Series during Higher Education Anti-Corruption Month …………………………………………………………………… 70
JIN Nuo, RUC Party Secretary (June 27, 2013)
Speech Given at the Opening of National Development and Strategy Institute and First Academic Committee Meeting ………………………………………………………………… 76
CHEN Yulu, RUC President (June 29, 2013)
Speech Given at the Opening of the "RUC Communist Party of China History and Theory Institute" ………………………………………………………………………………… 77
JIN Nuo, RUC Party Secretary (June 30, 2013)
Speech Given at the 2013 School Work Meeting …………………………………………………… 78
JIN Nuo, RUC Party Secretary (July 8, 2013)
Speech Given at Seminar on Mass Line Education Campaign in Universities under the Ministry of Education ……………………………………………………………………… 81
JIN Nuo, RUC Party Secretary (August 15, 2013)
"A Financial Sector Serving the Economy: Promoting Global Economic Prosperity." Keynote Address Given at the Opening Ceremony of the International Think Tank Conference "Great Finance, Great Cooperation, and Great Governance" ………………………… 83
CHEN Yulu, RUC President (August 21, 2013)
Speech Given at Mass Line Education Campaign Symposium "Enhancing the Prestigious Tradition of North China University" ……………………………………………………… 84
JIN Nuo, RUC Party Secretary (August 25, 2013)

Speech Given at the Closing Ceremony of 2012 Undergraduate Military Training and Farewell Meeting for Freshmen Entering Military ········ 86
JIN Nuo, RUC Party Secretary (September 4, 2013)
Address Given at Opening Ceremony of the 2013-2014 Academic Year ········ 87
JIN Nuo, RUC Party Secretary (September 11, 2013)
"Mind and Matter: Excellence in Life and Learning." Speech Given at General Meeting to Welcome 2013 Incoming PhD Students ········ 90
JIN Nuo, RUC Party Secretary (September 18, 2013)
Address Given at Twentieth Anniversary of Class of 1989 Alumni Homecoming ········ 92
CHEN Yulu, RUC President (October 3, 2013)
"Full Use of Teaching Materials on Marxist Theory Research and Construction." Speech Given at Symposium on Marxist Theory Research and Construction ········ 94
JIN Nuo, RUC Party Secretary (October 20, 2013)
Speech Given at the Launch Ceremony for "Association of China University Websites" ········ 96
JIN Nuo, RUC Party Secretary (December 12, 2013)
"As the Initiator and Practitioner of Awarding Masters of Humanities and Social Sciences." Speech Given at the Second WU Yuzhang Humanities and Social Sciences Lifetime Achievement Award Ceremony ········ 97
CHEN Yulu, RUC President (December 17, 2013)

Important Documents ········ 98
RUC Central Government Directives on Improving Work Style and Promoting Implementation of the "Eight Provisions" ········ 98
Publication Notice: "Administrative Measures for Management of RUC Leadership Private Overseas Travel" (trial version) ········ 100
Notice of Issuance: "Interim Directives on Mid-Level Party Administrative Duties at RUC" ········ 101
Notice of Issuance: "Directives on the Selection of Chief Administrator of RUC Schools (and Departments) " (trial version) ········ 103
Proposals on Reinforcing the Faculty Building of Marxist Education at RUC ········ 104
Notice of Issuance: "Administrative Measures for Management of RUC Leadership Official Overseas Travel" (trial version) ········ 105
Notice of Issuance: "Implementation Directives on Financial Audits of Mid-level RUC Leadership" ········ 107
Notice of Issuance: "Managing the Use of Audit Results at RUC" (trial version) ········ 110
Resolution on Adjusting RUC Personnel Work Team and its Office ········ 112
Resolution on Awarding Honorary Senior Professorship to 13 Retired Experts ········ 113
Notice of Issuance: "On the Management of Student Dormitories" (revised) ········ 113
Notice of Issuance: "RUC Patent Management" (trial version) ········ 118
Notice of Issuance: "Key Points of RUC Work Schedule for the Second Semester of 2013-2014 Academic Year" ········ 120
Notice of Issuance: "RUC '1320 Action Plan' Work Directives" ········ 123
Resolution on the Establishment of Committee for Undergraduate Education at RUC ········ 126

Notice of Issuance: "Directives on Managing Contracts" (trial version) …… 127
Notice of Issuance: "RUC System of Financial Accountability" …… 131
Notice of Issuance: "Finance Management at RUC" …… 134
Resolution on the Establishment of the JIN Tielin Chinese Vocal Arts Research Institute at RUC …… 138
Notice on the Members of RUC's 11th Academic Committee …… 138
Notice of Issuance: "RUC Regulations on Center for Teaching Development" …… 139
Resolution on the Establishment of Center for Coordination and Innovation of Food Safety Governance …… 141
Notice of Issuance: "Key Points of RUC Work Schedule for the First Semester of 2013-2014 Academic Year" …… 141
Notice of Issuance: "RUC Interim Provisions on Non-Faculty Personnel Switching to Faculty Positions" …… 145
Notice of Issuance: "RUC Regulations on Undergraduate Enrollment" …… 147
Resolution to Establish Chongyang Institute for Financial Studies at RUC …… 149
Notice of Issuance: "Standards for Accounting Work at RUC" …… 149
Notice of Issuance: "Methods for Informatization of Accounting at RUC" …… 152
Notice of Issuance: "On Implementing the 'Eight Provisions' and Rigorously Enforcing Strict Expenditure Standards" …… 157
Notice of Issuance: "RUC Management of Undergraduate Enrollment Records" …… 158
Notice of Issuance: "On the Administration of RUC's Undergraduate Online Recruitment" …… 163
Notice of Issuance: "Enrollment Procedures for Outstanding Athletes" …… 165
Notice of Issuance: "Provisions on Improving the Financial Management of Second-level Work Units" …… 168
Notice of Issuance: "Provisions on Strengthening Budget Decision-making Processes of Second-level Work Units" (trial version) …… 169
Notice of Issuance: "Provisions on Strengthening Financial Accountability System of Second-level Work Units" (trial version) …… 170
Notice of Issuance: "Administrative Measures for Independent Student Recruitment at RUC" …… 171
Notice of Issuance: "Enrollment Procedures for Undergraduate Students of Art at RUC" …… 174
Notice of Issuance: "Handling of Undergraduate Enrollment Notifications at RUC" …… 176

Statistics of 2013 …… 179
Table 1: List of Faculty and Staff …… 179
Table 2: Descriptions of Educational Background of all Full-time Teaching Staff …… 179
Table 3: Number of Undergraduate Students …… 180
Table 4: Number of Postgraduate Students …… 180
Table 5: Number of International Students …… 180
Table 6: Number of Mature Students and Distance-learning Students …… 180
Table 7: Physical Size of Campus, School Buildings, and Fixed Assets …… 181
Table 8: School Infrastructure Investment …… 181
Table 9: Earnings …… 181
Table 10: Expenditures …… 181

Table 11：Basic Information on Academic Research：Arts …… 181
Table 12：Basic Information on Scientific Research：Sciences …… 182

Institutions and Administrators …… 183

Name List of the Standing Committee Members of the 13th CPC Committee of RUC and Discipline Supervision Committee …… 183
Name List of the University-Level Administrators of RUC …… 184
Name List of the Assistant Presidents of RUC …… 184
Name List of the Members of the 11th Academic Committee of RUC …… 184
Name List of the Members of the Third University Council of RUC …… 185
Name List of the Members of the Eighth Academic Degree Review Committee of RUC …… 185
Name List of Chairman，Vice Chairman and Members of the Eighth Sub-Committee of Academic Degree Review of RUC …… 185
Name List of Chairman，Vice Chairman，Secretary-General，Vice Secretary-General and Members of the Sixth Faculty General Assembly of RUC …… 187
Name List of Chairman，Vice Chairman and Members of the 15th Committee of the Labor Union of RUC …… 187
Name List of Director，Deputy Director and Members of the Budget Review Committee of the Labor Union of RUC …… 187
Name List of Principal RUC Administrative Staff，Schools（Departments，Institutes），and Affiliated Work Units …… 188

Introduction to All Schools（Departments） …… 193

School of Philosophy …… 193
School of Liberal Arts …… 194
School of History …… 195
School of Chinese Classics …… 195
School of Economics …… 197
School of Finance …… 198
Hanqing Advanced Institute of Economics and Finance …… 198
School of Statistics …… 199
School of Agricultural Economics and Rural Development …… 200
School of Law …… 201
School of Marxist Studies …… 202
School of Sociology and Population Studies …… 203
School of International Relations …… 204
School of Journalism and Communication …… 205
School of Arts …… 205
School of Foreign Language …… 206
School of Environment …… 207
School of Information …… 208

School of Science …… 208
School of Business …… 209
School of Public Administration …… 211
School of Labor and Human Resources …… 212
School of Information Resource Management …… 213
School of Education …… 214
School of Continuing Education …… 215
School of Education and Training …… 215
Suzhou Research Institute (International College, Sino-French Institute) …… 215
Shenzhen Research Institute …… 216
Department of Physical Education …… 217

Education & Teaching and Discipline Construction …… 218
Undergraduate Education …… 218
1. Overview …… 218
2. Undergraduate Enrollment …… 219
3. Development of Teaching Materials …… 219
4. Teaching Reform and Management …… 220
5. Teaching Quality Supervision …… 223
6. Physical Education …… 223
7. Fine Arts Education …… 224
Appendix …… 224
List of Undergraduate Majors at Renmin University of China …… 224
RUC Educational Achievements and Awards in 2013 …… 226
RUC Video Courses Winning Outstanding National Video Open Courses in 2013 …… 229
Books Winning the Beijing Classic Higher Education Textbook Award in 2013 …… 229
Books Winning the Beijing Distinguished Higher Education Textbook Award in 2013 …… 229
2013 Student Innovation Training Programs at RUC …… 230
Competition Results of RUC Sports Teams …… 244
RUC Athletics Competition Results …… 245

Postgraduate Education …… 247
1. Overview …… 247
2. Enrollment of Postgraduate Students …… 248
3. Postgraduate Education …… 251
4. Degree Management and Discipline Development …… 253
5. Postgraduate Education in Other Forms …… 256
Appendix …… 256
List of the State-Level First-tier Key Subjects of RUC …… 256
List of the Second-tier Subjects under non-State First-tier Key Subject of RUC …… 257
List of the Beijing Municipal-Level First-tier Key Subjects of RUC …… 257
List of the Beijing Municipal-Level Second-tier Key Subjects of RUC …… 257

List of the Beijing Municipal-Level Key Interdisciplinary Subjects of RUC ······ 258
List of RUC Doctoral Dissertations Nominated for the National Excellent Doctoral Dissertation Award in 2013 ······ 258
List of Beijing Excellent Doctoral Dissertation Award Winners in 2013 ······ 258
List of National Excellent Doctoral Dissertation Award Winners in 2013 ······ 258
List of Subjects and Majors of Doctoral and Master Degree and other Postgraduate Education Programs Granted at RUC ······ 259
List of Postgraduate Interdisciplinary Subjects at RUC (2013) ······ 264
Index of Professional Postgraduate Degree Subjects at RUC ······ 264
Academic Doctoral and Master-level Degrees Awarded by Major at RUC in 2013 ······ 265
Professional Master Degree Awarded at RUC in 2013 ······ 268

International Students ······ 269
1. Overview ······ 269
2. International Student Enrollment Campaign ······ 269
3. International Student Campus Life ······ 270
Appendix ······ 270
Statistics of RUC International Students in the Fall Semester of 2013 by Type ······ 270
Statistics of RUC International Students in the Fall Semester of 2013 by Nationality ······ 271
Name List of International Student Award Recipients ······ 273

Continuing Education ······ 274
Adult Higher Education ······ 274
1. Overview ······ 274
2. Student Enrollment ······ 274
3. Teaching Management ······ 274
Online Education ······ 275
1. Overview ······ 275
2. Testing ······ 275
3. Teaching Resources Construction and Research ······ 275
4. Institutional Reform on Teaching Management ······ 276
5. Project on New Approaches to Combining Academic and Professional Education and Developing Cooperation between University and Enterprises ······ 276
Appendix ······ 276
Number of Students Enrolled in Online Education Department of the School of Continuing Education in 2013 ······ 276
Number of Students Enrolled in Online Education Department of the School of Continuing Education (Diploma Awarding) in 2013 ······ 278
Number of Students Graduating from the Online Education Department in the School of Continuing Education in 2013 ······ 279
Education & Training ······ 280
1. Overview ······ 280

2. Various Training Programs …… 280
Appendix …… 281
Statistics of Training Programs in 2013 …… 281

Laboratory Construction and Equipment Management …… 281
1. Overview …… 281
2. Laboratory Construction and Achievements …… 282
3. Purchase and Management of Laboratory Equipment …… 282
Appendix …… 283
State of RUC Laboratories in 2013 …… 283
Classification and Summary of RUC Fixed Assets in 2013 …… 288

Library …… 288
1. Overview …… 288
2. Documentation & Information Resources Construction …… 289
3. Documentation & Information Service …… 289
4. Collection of Ancient Books and Special Collection …… 289
5. Teaching & Research …… 289
6. Construction of Branch-Library and University-Wide Resources Usage …… 290

Research …… 291
1. Overview …… 291
2. Research Institutions …… 292
3. Academic Publications …… 295
4. Research Programs and Funds …… 297
5. Research Findings …… 298
6. Academic Activities …… 305
Appendix …… 315
List of Advisory Reports by Professors of RUC for the Study of the Political Bureau of CPC Central Committee Since the 16th CPC National Congress …… 315
List of Inter-School Research Institutions of RUC …… 315
List of Research Institutions Affiliated to RUC …… 316
List of Vertically-Planned Projects in Scientific Research of RUC in 2013 …… 321
List of RUC Professor Delegation for Observing and Studying (2005—2013) …… 330
List of RUC Teachers Holding Part-Time Positions in the National and Beijing Municipal Academic Societies (incomplete statistics) …… 331
Lists of Academic Activities Hosted by Schools and Departments of RUC in 2013 …… 341

Development Planning …… 348
Subject & Career Development Planning …… 348
1. Overview …… 348

2. Career Planning and Development Strategy Research …… 349
3. Academic Discipline Development Planning …… 349
4. Management of Statistical Information …… 350

Campus Planning and Construction …… 350
1. Overview …… 350
2. Projects under Construction and Completed Projects …… 350
3. Projects in the Pipeline …… 351

Special Funds Management …… 351
1. Organization Chart of Special Funds Management …… 351
2. Management of Special Funds for Improving Basic Educational Condition …… 352
Appendix …… 353
Special Funds for Repair and Purchase of RUC in 2013 …… 353

The Construction of "985 Project" …… 353
1. Overview …… 353
2. Project Management and Development …… 354

The Construction of "211 Project" …… 354
1. Overview …… 354
2. Project Management and Progress …… 355

Central Subsidy Program for Development in Higher Education …… 355
1. Overview …… 355
2. Management and Progress …… 355
Appendix …… 356
2013 RUC Stipulations on Approving Grant Applications for Project Funding …… 356

"2011 Plan" Projection …… 356
1. Overview …… 356
2. Management and Progress …… 356

Higher Education Research …… 357
1. Research Projects and Findings …… 357
2. Policy Research and Policy Making Consultation …… 358
3. Academic Activities and Exchanges …… 358
4. Other Work …… 358
Appendix …… 359
List of the Establishment of the Fund of Scientific Research in Educational Management of RUC in 2013 …… 359
2013 Ministry of Education Research Base for Liberal Arts Education Reform and Development …… 360

List of Recipients of Eighth Beijing Municipal Award for Outstanding Achievements in Higher Education ······ 360

International Exchanges and Cooperation ······ 361

1. Overview ······ 361
2. Major Activities ······ 362

Appendix ······ 364

Important Outbound Visits in 2013 ······ 364
Important Inbound Visits in 2013 ······ 364
List of Foreign Higher Education Institutions That Signed Intercollegiate Exchange Agreements with RUC in 2013 ······ 365
List of Foreign Higher Education Institutions That Extended Intercollegiate Exchange Agreements with RUC in 2013 ······ 366
List of RUC Overseas Confucius Institutes ······ 366
List of Students Sent out through University Student-exchange Programs in 2013 ······ 367
List of Students Sent out through the National Scholarship Program in 2013 ······ 368
List of Students Sent out through Overseas Summer and Winter Programs in 2013 ······ 368
List of Students Sent out through the "President Scholarship Program" in 2013 ······ 369
List of Visiting Professors Hosted by RUC in 2013 ······ 370
List of RUC Honorary Professorship Recipients in 2013 ······ 370
List of RUC Staff Sent Overseas in 2013 on Short-Term Assignments ······ 370
List of RUC Staff Sent Overseas in 2013 on Long-Term Assignments ······ 370
List of RUC's Major International Conferences in 2013 ······ 371
List of RUC Faculty Receiving Funding for International Conference Participation in 2013 ······ 371

Administration ······ 378

Administrative Work ······ 378

1. Overview ······ 378
2. Information-Related Work ······ 378
3. Comprehensive Coordinating Work ······ 379
4. Standardized Administration Work ······ 380
5. RUC's History-Related Work ······ 380
6. Work of the Board of Directors ······ 381

Human Resources ······ 381

1. Overview ······ 381
2. Basic Information on Staff ······ 381
3. System Construction ······ 381
4. Talent Training ······ 382
5. Staff Training ······ 385
6. The Appraising & Hiring of Professional & Technical Posts & Positions ······ 386

7. Appraisal …… 387
8. Salary, Benefits, and Retirement …… 387
9. Staff's Visits to Foreign Countries …… 388
10. Management of Post-doctoral Positions …… 388
Appendix …… 388
Overview of New RUC Staff in 2013 …… 388
Attrition of RUC Staff in 2013 …… 389
List of RUC Post-doctoral Positions …… 389

Student Administration …… 392
1. Overview …… 392
2. Education in Ideology and Politics …… 392
3. Psychological Consultation and Education …… 397
4. Administration of Students Enrollment Status …… 398
5. Awards and Financial Aids …… 398
6. Education for National Defense …… 400
7. Employment …… 401
Appendix …… 402
RUC Enrollment Plan for Bachelor's Degree Programs in 2013 …… 402
Enrollment Scores, Plan, and the Number of Enrolled Students of RUC in the Respective Provinces, Cities, and Autonomous Regions in 2013 …… 404
Statistics of RUC Enrolled Students in Terms of Schools, Majors, and Grades in 2013 …… 406
The Category and Amount of Student Scholarships and State-Loan Beneficiaries of RUC 2012-2013 …… 407
The Award Recipients of RUC's Major Scholarships 2012-2013 …… 408
List of "Top 10 Excellent Class Advisers" for the 2012-2013 Academic Year …… 409
List of "Excellent Instructors" and "Excellent Student Instructors" for the 2012-2013 Academic Year …… 411
List of RUC Excellent Classes for the 2012-2013 Academic Year …… 412
List of "Top Dormitories" for the 2012-2013 Academic Year …… 416
Statistical Data on 2013 RUC Graduates Number Based on Departmental Affiliation …… 418
Employment Status of 2013 RUC Graduates …… 419
Employment Status of 2013 RUC Graduates in Terms of Employment Destinations …… 419
Employment Status of 2013 RUC Graduates in Terms of Employers …… 420
Employment Status of 2013 RUC Graduates in Terms of Supply and Demand …… 420

Asset Management …… 420
1. Overview …… 420
2. Expansion of University Space …… 420
3. Management of Real Estate …… 421
Appendix …… 422
2013 Summary Sheet of Houses, Land, Staff Residence …… 422

Finance and Auditing ······ 426
Finance ······ 426
1. Overview ······ 426
2. Annual Income & Expenditure and Budgetary Performance ······ 426
3. Specialized Analysis of Financial Status ······ 426
4. Management of Finance ······ 427
Auditing ······ 428
1. Overview ······ 428
2. Major Work ······ 428

Logistics ······ 429
1. Overview ······ 429
2. Socialization Reform of Logistics ······ 429
3. Management of Logistics Operation and Logistics Service ······ 429
4. Specialized Refurbishment and Maintenance ······ 433
5. Management of Energy Saving ······ 434
6. Logistics Management ······ 434
7. Kindergarten ······ 435

Security and Health Care ······ 435
1. Overview ······ 435
2. Security, Fire-Fighting, Transportation Safety ······ 436
3. Medical Treatment and Health Care ······ 437

University Archive, University Museum ······ 440
1. Overview ······ 440
2. University Archive ······ 440
3. University Museum ······ 440
Appendix ······ 441
2013 Statistical Data on Archives and Utilization of Archives Held by the RUC Archive House ··· 441

Network Information Management ······ 441
1. Overview ······ 441
2. Regular Work ······ 442
3. Construction of VRUC ······ 442

Alumni ······ 443
1. Overview ······ 443
2. Major Work ······ 443

Educational Funds Council ······ 446
1. Overview ······ 446

2. Donations Management …… 446
3. Others …… 447
Appendix …… 448
2013 Summary of Donations …… 448

RUC-Run Enterprises …… 450
1. Overview …… 450
2. Management of RUC-Run Enterprise …… 450
Appendix …… 451
List of RUC-Run Enterprises …… 451

Publishing House …… 452
1. Overview …… 452
2. Selection and Discussion of the Topics …… 452
3. Management and Reform …… 453
4. International Cooperation and Copyright Trade …… 454
5. Other Important Activities …… 454
Appendix …… 455
2013 Catalogue of Prize-Winning Books (only includes provincial and ministerial level or higher prizes) …… 455

Information Center for Social Sciences …… 458
1. Overview …… 458
2. Management …… 458
3. Editing and Publishing of Periodicals …… 458
4. Academic Evaluation Study …… 459
5. Network Construction and Digitalization …… 459
6. Related Important Activities …… 459

Culture and Science &Technology Park …… 460
1. Overview …… 460
2. Enterprise Incubation Mechanism and Public Service Platform Building …… 461
3. The Development of National Copyright Trade Base …… 462
4. The Development of Creative Industry Technological Research Institute's Working System …… 462
5. The Development of Cultural Industry Research Institute's Working System …… 462
6. Other Important Activities …… 463

Party Organization and Political Ideology …… 466
Comprehensive Work …… 466
1. Overview …… 466
2. Political and Ethical Building and Theoretical Study of the Leadership Team …… 466

3. Running the University in a Democratic Way and in Accordance with the Law ………………… 467
4. Work for Security and Stability ………………………………………………………………… 467
5. Others ……………………………………………………………………………………………… 467

Organization Work ……………………………………………………………………………… 468
1. Overview …………………………………………………………………………………………… 468
2. Implementing the Party's Mass Line Educational Campaign ………………………………… 468
3. Cadre-Related Work ……………………………………………………………………………… 468
4. Studying and Implementing the Spirit of the 18th CPC National Congress and the Third Plenary Session of 18th CPC Central Committee ………………………………………… 470
5. Construction of Grassroots CPC Organizations ……………………………………………… 471
6. Construction of the CPC Party Member Groups ……………………………………………… 471
7. Awards and Honors ………………………………………………………………………………… 472
8. Party-related Work ………………………………………………………………………………… 472
9. National Training Base for Party Cadre ……………………………………………………… 472

Appendix ………………………………………………………………………………………… 473
2013 RUC Excellent Grassroots Party Committee (party division), Excellent Party Division, and Outstanding Party Members List …………………………………………………………… 473
Chart of the Party Training Sessions at RUC in 2013 ………………………………………… 475

Publicity Work …………………………………………………………………………………… 475
1. Overview …………………………………………………………………………………………… 475
2. Theory ……………………………………………………………………………………………… 475
3. Publicity and News ……………………………………………………………………………… 476

United Front ……………………………………………………………………………………… 477
1. Overview …………………………………………………………………………………………… 477
2. Work of the Members of the People's Congress and the Political Consultative Conference at all levels ……………………………………………………………………………… 477
3. Construction of Grassroots Organizations of Democratic Parties and Work of the Overseas Chinese Federation ……………………………………………………………………… 477
4. Overseas Chinese Federation …………………………………………………………………… 478
5. Theoretical Research ……………………………………………………………………………… 479
6. Information Work ………………………………………………………………………………… 479
7. Others ……………………………………………………………………………………………… 479

Appendix ………………………………………………………………………………………… 479
2013 List of Proposals by RUC Members of the People's Congress and the Political Consultative Conference ………………………………………………………………………… 479
2013 List of Proposals by RUC Members of the Beijing Municipal People's Congress and the Political Consultative Conference …………………………………………………………… 480
Organization of Democratic Parties at RUC in 2013 …………………………………………… 480
The Positions Held by RUC Members of the Democratic Parties in Their Respective Parties …… 481

Discipline Supervision …… 481
1. Overview …… 481
2. Construction of a Conduct of the CPC and Transparent Government …… 482
3. Law Enforcement and Correction of Unhealthy Tendencies and Malpractices …… 483
4. Petition Information and Case Investigations …… 483
5. Others …… 483

Trade Union and Teachers' Representative Committee …… 484
1. Overview …… 484
2. Work of Teachers' Representative Committee …… 484
3. Construction of University Culture and the Work of Cultural and Sports Organizations …… 485
4. Work Related to Women, Family Planning and Employee Mutual Insurance …… 485
5. Cultivation of Teachers' Professional Ethics …… 486
6. Organization Publicity and Others …… 486

The Communist Youth League …… 487
1. Overview …… 487
2. Construction of Organization …… 488
3. Publicity …… 488
4. Extracurricular Academic Activities …… 488
5. Social Practices …… 489
6. School Cultures …… 489
7. Student Organizations …… 490
8. Volunteers …… 490
9. Student Union and Postgraduate Union …… 490
10. Social Work-Study Program …… 491
Appendix …… 491
Statistics on RUC's 2013 "Innovation Cup" Competition …… 491
Statistics on RUC's 2013 "Challenge Cup" Winners …… 492
Statistics on RUC's 2012—2013 National "Challenge Cup" Winners …… 492

Important Figures …… 493
Representatives of the CPC National Congress, the National People's Congress and the Chinese People's Political Consultative Conference …… 493
Representatives of the CPC Beijing Municipal Congress, the Beijing Municipal People's Congress, and the Beijing Municipal Political Consultative Conference …… 493
Members of the Central Committee and the Beijing Municipal Committee of Democratic Parties …… 494
Members of the Seventh State Council Academic Degree Committee …… 494
Members of the Sixth Disciplinary Review Team of the State Council Academic Degree Committee …… 494
Members of the Fourth Beijing Municipal Academic Degree Committee …… 494

Members of the Second Disciplinary Review Team of the Beijing Municipal Academic Degree Committee …… 494
Members of the Second Social Sciences Committee of the Ministry of Education …… 495
Members of the Fifth Science and Technology Committee of the Ministry of Education …… 495
Members of the Study Spirit Committee of the Social Sciences Committee of the Ministry of Education …… 495
Members of the CPC Central Committee's "Marxism Theory Research and Building Project" …… 495
List of the Fifth WU Yuzhang Fund Committee …… 497
The Advisory Board of the Beijing Municipal Government …… 498
RUC Honorary Professors …… 498
RUC Distinguished Honorary Professors …… 499
RUC Distinguished Professors …… 499
List of RUC Professors in 2013 …… 499
List of Deceased Personnel in 2013 …… 503

Affiliated Schools …… 505

Affiliated Secondary School …… 505
1. Overview …… 505
2. Development of the School …… 505
3. Achievements …… 509

Affiliated Primary School …… 511
1. Basic Work …… 511
2. Achievements …… 512

Appendix …… 514

Appendix Ⅰ Chronicle of Important Events at RUC in 2013 …… 514
Appendix Ⅱ Catalogue of the Documents by CPC Committee of RUC and the University Office in 2013 …… 582
Appendix Ⅲ Directory for RUC Newspaper Articles and Media Reporting in 2013 …… 591

中国人民大学简介

中国人民大学（Renmin University of China）是一所以人文社会科学为主的综合性、研究型全国重点大学，直属于教育部，由教育部与北京市共建。学校的前身是1937年诞生于抗日战争烽火中的陕北公学，以及后来的华北联合大学和华北大学。1949年12月16日，中央人民政府政务院第十一次政务会议根据中共中央政治局的建议，通过了《关于成立中国人民大学的决定》。1950年10月3日，以华北大学为基础合并组建的中国人民大学隆重举行开学典礼，成为新中国创办的第一所新型正规大学。著名教育家吴玉章、成仿吾、袁宝华、黄达、李文海、纪宝成先后担任校长。现任党委书记为靳诺教授，校长为陈雨露教授。

在长期的办学实践中，中国人民大学广大师生秉持“立学为民、治学报国”的办学宗旨，始终奋进在时代前列，始终与党和国家同呼吸、共命运，勤俭办学，艰苦奋斗，积极探索，求真务实，使学校成为我国人文社会科学高等教育和研究的重要基地，为我国哲学社会科学的发展和繁荣，为我国社会主义革命、建设和改革事业做出了重要的贡献，被誉为“我国人文社会科学高等教育领域的一面旗帜”。从1950年至今，国家历次确立重点大学，中国人民大学均位居其中。目前学校是国家“985工程”和“211工程”重点建设的大学之一。

中国人民大学早已形成以本科教育为基础、研究生教育为重点、继续教育为辅助的全方位、多层次的办学格局，形成了“主干的文科、精干的理工科”的学科发展体系。学校是我国首批设立研究生院的高校之一，现有26个学院、24个跨学院研究机构，另设有体育部、继续教育学院、培训学院、深圳研究院等。学校设有学士学位专业75个，第二学士学位专业4个，硕士学位学科点183个（其中自主专业33个、交叉学科9个、专业学位20个），博士学位学科点124个（其中自主专业31个、交叉学科7个）。学校拥有硕士学位一级学科授权点15个，博士学位一级学科授权点20个，博士后流动站18个。

学校拥有8个国家重点一级学科，8个国家重点二级学科，在人文社会科学领域均居全国第一；拥有5个北京市重点一级学科，1个北京市重点交叉学科，4个北京市重点二级学科；拥有5个国家文科基础学科人才培养和科学研究基地和1个大学生文化素质教育基地；拥有13个教育部人文社会科学重点研究基地，名列全国高校第一；拥有2个教育部工程研究中心、重点实验室，3个国家级实验教学示范中心。在连续十五届全国百篇优秀博士学位论文评选中，中国人民大学获选29篇，占全国已入选人文社会科学优秀博士学位论文总数的12%，在所有高校和科研院所中位居第一。在教育部学位评估中心2013年初公布的新一轮全国一级学科评估结果中，中国人民大学的理论经济学、应用经济学、法学、政治学、社会学、新闻传播学、统计学、工商管理、公共管理9个学科排名第一，在人文社会科学领域位居全国高校首位，排名第一的学科总数位居全国高校第三位。

截至2013年12月，学校有专任教师1 852人，其中教授589人，副教授702人。学校拥有17名第六届国务院学位委员会委员和学科评议组成员，有14名教授入选教育部社会科学委员会（其中，黄达担任委员会顾问，罗国杰担任委员会副主任），人数居全国高校前列；有2人担任教育部高等学校教学指导委员会主任委员，11人担任副主任委员；17人荣获国家“有突出贡献的中青年专家”的称号；先后有446人享受国务院颁发的“政府特殊津贴”；有25位专家入选中央第一批“马克思主义理论研究和建设工程”课题组首席专家或主要成员，是全国入选人数最多的高校。

中国人民大学名师辈出，俊彦云集，已故名家大师吴玉章、成仿吾、范文澜、艾思奇、何思敬、何干之、何洛、胡华、尚钺、吴景超、李景汉、庞景仁、石峻、缪朗山、李秀林、徐禾、塞风、许孟雄、孟氧、佟柔、戴世光、刘铮、查瑞传、苗力田、吴大琨、萧前、林文益、阎达五、阎金锷、方生、高鸿业、钟契夫、吴宝康、彭明、彦奇、萨师煊、曾宪义、宋涛、刘佩弦、蓝鸿文、王思治、王传纶、李文海等为学校的学科发展、学术繁荣和人才培养做出了奠基性、开创性的贡献。老一辈著名学者黄达、戴逸、罗国杰、黄顺基、卫兴华、胡钧、周升业、陈共、周诚、严瑞珍、高铭暄、许崇德、孙国华、王作富、许征帆、庄福龄、何沁、高放、方汉奇、甘惜分、李占祥、赵履宽、邬沧萍、陈先达、夏甄陶、方立天、张立文、钟宇人、郑杭生、吴易风、胡乃武、周新城、赵中孚等成就卓著，耕耘不辍，为学校的学科建设、人才培养和科学研究奠定了坚实基础。一大批中青年学者学术精湛、锐意创新，成为国内外具有重要影响的著名学者和学术带头人，其中10人入选“千人计划”项目，5人入选“青年千人计划”项目，在人文社会科学领域当中位居全国高校首位，占全部入选人数的11%。12人入选“长江学者”讲座教授，22人入选“长江学者”特聘教授，6人被评为国家级教学名师，21人入选“跨世纪百千万人才工程”和“新世纪百千万人才工程”国家级人选，18人入选教育部哲学社会科学“跨世纪优秀人才培养计划工程”，10人荣获教育部“高校青年教师奖”，187人入选教育部“新世纪优秀人才支持计划”，61人入选首批“北京高校青年英才计划”。

截至2013年12月，中国人民大学共有全日制在校生25 310人，其中本科生11 774人，硕士研究生8 181人，博士研究生3 474人，外国留学生1 630人，在全国高校中位居前茅。此外，学校还有在职攻读硕士学位学生2 657人，成人高等教育学生6 991人，网络教育注册生56 001人。学校以“国民表率、社会栋梁”为人才培养目标，充分发挥人文社会科学学科在全国高校数量多、门类全、综合水平高的优势，积极培养高素质、高层次的理论型、管理型优秀人才，培养“人民共和国的建设者”。从陕北公学至今，学校共培养了20多万名高水平的优秀建设者和各行各业、各个层面的领袖人才，其中既有许多成就卓著的专家学者，又有许多闻名遐迩的企业家，政绩斐然的党政军高级领导干部，以及卓有建树的新闻、法律、文学艺术和科学技术工作者。

中国人民大学始终注重发挥人文社会科学认识世界、传承文明、创新理论、咨政育人、服务社会的作用，在不断发展学术、繁荣学术的同时，积极发挥“思想库”“智囊团”的作用，研究重大政治、经济、文化和社会问题，为国家经济建设和社会发展提供强大的理论保证与有力的智力支持。党的十六大以来，中国人民大学已有许崇德、王利明、曾湘泉、黄卫平、史际春、秦宣、李景治、翟振武、杨凤城、郭湛等教授10人11次为中央政治局集体学习做报告，是参加学者最多的高校。一大批教师为中央领导和中央国家机关提供决策咨询。学校先后承担或参与了“马克思主义理论研究与建设工程”“国家清史纂修工程”“北京2008年奥运会总体影响评估（OGGI）”等特大、重大项目。2001年以来学校共获得省部级以上科研成果奖274项，国家社会科学基金项目、国家自然科学基金项目、教育部人文社会科学规划项目、北京市社会科学规划项目等各级各类项目1万余项，共获得经费16亿余元，其中国家社会科学基金重大项目、教育部人文社会科学重大攻关项目立项数居全国高校第一位。学校教师发表的学术论文数量逐年增加，中文社会科学引文索引（CSSCI）收录学校论文数量2001、2002、2003年均居全国第二，2004—2011年连续八年保持全国第一。在2013年进行的第六届高等学校哲学社会科学研究优秀成果奖评选中，学校获奖40项，其中一等奖8项，居全国高校第一名，占一等奖总数的1/6。

中国人民大学是国内外学术文化交流的重要平台，先后同美国哈佛大学、耶鲁大学、哥伦比亚大学、密歇根大学，英国剑桥大学，日本早稻田大学，丹麦哥本哈根大学，瑞典斯德哥尔摩大学，奥地利维也纳大学，法国巴黎第一大学等54个国家和地区的211所大学建立了学术交流关系，与港澳台地区25所高校（研究机构）签订了合作协议。截至2013年12月底，作为中方合作伙伴，学校共参与了海外13所孔子学院的建设，其中欧洲6家，美洲5家，非洲1家，亚洲1家。学校自2009年始，每年举办暑期学校（国际小学期）。学校还引进、翻译出版了大量适应我国改革开放需要的教科书和学术著作，开展了一系列重要的交流合作项目，主办或承办了一系列高水平的国际学术会议。授予玻利维亚总统莫拉莱斯，世界知识产权总干事弗朗西斯·加利，诺贝尔奖获得者、著名经济学家约翰·哈桑尼、罗伯特·蒙代尔，阿根廷前总统费尔南多·德·拉·鲁阿，日本前首相竹下登等12位国际著名人士名誉博士称号，聘请诺贝尔奖获得者、著名经济学家约瑟夫·斯蒂格利茨、米切尔·斯宾思、约翰·纳什、莱因哈德·泽尔腾、托马斯·谢林，联合国经济政策特别顾问、著名经济学家贾格迪什·巴格沃蒂，世界银行高级副行长尼克拉斯·斯特恩，著名思想家、教育家池田大作，国际奥委会终身名誉主席胡安·安东尼奥·萨马兰奇等67位知名专家为名誉教授。

中国人民大学是我国重要的人文社会科学资料中心、信息中心和图书出版中心。学校图书馆共有藏书439.1万册（包括线装古籍40余万册），电子图书18 173GB，并设有“教育部文科文献信息中心”。中国人民大学书报资料中心是新中国最早从事人文社会科学文献搜集、整理、编辑、发布的信息资料提供机构，公开出版发行人文社会科学领域148种期刊和六大系列数据库产品，编辑的年度报刊资料索引是中国四大文献检索索引之一。中国人民大学出版社是新中国成立以后建立的第一家大学出版社，是我国高等学校文科教材和人文社会科学学术、理论著作的重要出版基地。

近年来，中国人民大学先后获得“全国‘五一’劳动奖状”“全国模范职工之家”“北京市高校党建与思想政治工作先进单位”“首都劳动奖状”“北京市教育创新先进单位”“首都文明单位标兵”“2001—2005年北京市法制宣传教育先进集体”“北京市依法治校示范校”“首都绿化美化花园式单位”“对口支援西部地区高等学校先进集体”“北京奥运会、残奥会先进集体”“北京奥运会、残奥会志愿者工作优秀组织单位”“北京奥运培训优秀组织奖”“首都教育系统奥运工作先进单位”和北京高校“十佳美丽校园”等。

新世纪以来，中国人民大学“十年基础”“固本强基、重塑形象”的阶段性目标已圆满实现，并已成功开启“十年腾飞”、建设世界一流大学的新阶段。目前，中国人民大学全体师生员工正高举中国特色社会主义伟大旗帜，以邓小平理论、“三个代表”重要思想、科学发展观为指导，解放思想，实事求是，与时俱进，开拓创新，弘扬“立学为民、治学报国”的办学宗旨，贯彻“人民、人本、人文”的办学理念，全面推进人才培养体系改革、“思想库”建设、学科国际性提升、学校形象建设和美丽校园建设“五大战略”，为把学校建成“人民满意、世界一流”大学而努力奋斗。

（除标注外，全部统计数据截至2013年12月31日）

特 载

中国人民大学开展党的群众路线教育实践活动

自2013年下半年开始，学校党委认真贯彻落实中央要求，在中央党的群众路线教育实践活动领导小组、中央第42督导组及教育部党组的领导和指导下，结合学校工作实际，深入开展了党的群众路线教育实践活动。

活动按照“照镜子、正衣冠、洗洗澡、治治病”的总要求，紧紧围绕保持党的先进性和纯洁性，以为民务实清廉为主要内容，以处级以上领导班子和领导干部为重点，把贯彻落实中央八项规定精神作为切入点，发扬“钉钉子”精神，进一步突出作风建设，坚决反对形式主义、官僚主义、享乐主义和奢靡之风，着力解决师生群众反映强烈的突出问题，提高做好新形势下群众工作的能力，建立健全促进党员、干部坚持为民务实清廉的长效机制。

一、创新学习教育方式方法，提高学习教育的实效性

一是学校领导班子带头讲、带头学，学校领导班子以常委会、党的群众路线教育实践活动领导小组会议、党委理论学习中心组会议等形式共开展学习活动10余次，认真学习了习近平总书记等中央领导同志一系列重要讲话和重要会议精神。二是干部自学与集中学习相结合开展学习，除了向各分党委发放三个读本，要求大家认真自学外，学校还组织了一系列集

中学习活动。三是理论教育与实践教育相结合开展学习，除了学文件、听报告等理论教育形式外，学校还组织广大党员师生利用暑期“教授考察团”“千人百村”等品牌活动开展实践学习。四是利用学校校史资源开展学习，利用分别位于陕西延安、河北正定的校史教育基地开展学习，在校史教育中进行党史、革命史教育。

二、坚持开门搞活动，充分听取群众意见

一是进一步畅通群众意见和诉求的表达渠道。教育实践活动伊始，学校就开通了“书记信箱”，优化了原有的“校长信箱”工作流程，设立了群众路线教育实践活动专用邮箱和信箱，用以听取群众意见。二是领导带头开展调查研究。在教育实践活动中，学校领导班子成员普遍做到了前往各自分管和联系单位，开展一次以上调研或现场办公活动，看望各单位教职员工，“面对面”听取大家的意见建议。三是群众意见反映充分。从9月开始，学校层面组织召开了15场涉及教授、青年教师、中层干部、管理干部、学生和党外人士代表等各个群体的座谈会，利用访谈、问卷等形式个别征求意见600余人次，形成了涉及11个方面37项百余条具体意见和建议。此外，各二级单位也通过座谈、访谈等形式广泛征集到了大量群众对单位工作的意见建议。

三、找准存在的突出问题，开展领导班子谈心活动

一是聚焦“四风”查摆问题，真心实意自画像。根据前期听取意见情况，形成了《党的群众路线教育实践活动征求意见情况汇总》，主要领导主动认领其中涉及个人和主管工作中的问题，把自己摆进去，认真查找“四风”问题。二是深入开展谈心谈话，做到谈实谈深谈透。学校党委要求把批评与自我批评贯穿谈心活动之中，校领导班子成员之间的谈心谈话普遍开展了两轮以上，达到了谈开谈透的效果。

四、对照检查深刻，用好批评和自我批评的有力武器

一是认真撰写对照检查材料。学校领导班子和成员个人的对照检查材料，都经过反复修改。特别是领导班子的对照检查材料，列入学校“一把手”工程，由党委书记亲自主持起草，全体班子成员参加，历时1个多月，校领导5次碰头酝酿讨论，17次修改完善，最终成稿。二是召开了高质量民主生活会。在专题民主生活会上，学校领导班子根据中央巡视组反馈意见、中央第42督导组反馈意见和全校师生干部提出的意见建议，查摆了“四风”方面存在的17个突出问题，从世界观人生观价值观、理想信念、宗旨意识、党性修养、政绩观等5个方面进行了深入分析，查摆了“四风”方面存在的问题共计133条，并围绕理想信念、宗旨意识、党性修养等方面，深入剖析自身存在的问题，做到了把准脉、画好像，触动了思想，受到了警醒。

五、以好的作风抓整改，结合实际解决突出问题

一是始终高度重视、统筹整改。制定了《中国人民大学关于中央巡视组反馈意见的整改方案》和《中国人民大学党的群众路线教育实践活动领导班子整改落实工作方案》，明确将整改落实工作作为当前和今后很长一段时间内头等重要的大事来抓，坚持“两个整改方案一起抓、两本整改台账抓到底”。二是坚持开门整改、形成合力。学校整改工作敞开大门，全过程置于群众监督之下。制定整改方案、出台有关制度都坚持请群众参与，特别是涉及师生员工切身利益时，充分听取师生员工意见或经过师生员工讨论。三是坚持即知即改、立说立改。教育实践活动开展以来，学校始终注重在推进学校事业发展中抓整改，从师生员工反映最强烈的问题改起，从关系师生员工切身利益的事做起，着力解决突出问题。

六、着力开展七个方面专项整治，实现以点带面

根据中央的部署要求，学校制定了《中国人民大学党的群众路线教育实践活动专项整治方案》，完成了整治文山会海、检查评比泛滥，整治“门难进、脸难看、事难办”，整治公款送礼、公款吃喝、奢侈浪费，整治超标配备公车、多占办公用房、滥建楼堂馆所，整治“三公”经费开支过大，整治“形象工程”和“政绩工程”，整治侵害群众利益行为等七个方面的重点专项整治任务。

七、着力开展制度体系建设，实现制度的落地生根

一是认真梳理已有制度。对照中央有关部门已经下发的系列党风廉政建设的制度文件，紧密结合学校实际，加强制度建设统筹规划，研究制定配套办法和措施。二是集中力量建立健全学校亟须完善的相关制度。制定了《中国人民大学党的群众路线教育实践活动制度建设计划》，其中列出的短期需要制定或修订的37项制度，已全部出台。

附1：中国人民大学召开深入开展党的群众路线教育实践活动动员部署大会

7月4日上午，中国人民大学深入开展党的群众路线教育实践活动动员部署大会在逸夫会堂第一报告厅召开。党的群众路线教育实践活动中央第42督导组组长、中山大学原党委书记李延保，副组长、教育部思想政治工作司副巡视员俞亚东及督导组其他成员，学校领导靳诺、陈雨露、牛维麟、冯惠玲、马俊杰、王利明、杨慧林、查显友、伊志宏、刘向兵出席动员大会。人民大学近期退出校级领导班子的老同志，学校党委委员、纪委委员，全体中层干部，一、二级教授，教代会主席团成员，民主党派负责人、无党派人士代表，各学院党支部书记代表共300余人参加大会。靳诺书记做动员报告，陈雨露校长主持大会。

靳诺书记在题为《践行群众路线、弘扬优良作风、凝聚发展力量，加快建设“人民满意、世界一流”大学》的动员报告中，就人民大学深入开展学习实践活动进行了全面部署。靳诺书记强调，要充分认识开展党的群众路线教育实践活动的重大意义。开展群众路线教育实践活动，是实现党的十八大确定的奋斗目标的必然要求；是保持党的先进性和纯洁性、巩固党的执政基础和执政地位的必然要求；是解决群众反映强烈的突出问题的必然要求；是加强我校党的建设和干部队伍建设的迫切需要。

靳诺书记指出，这次教育实践活动的总要求，就是“照镜子、正衣冠、洗洗澡、治治病”。“照镜子”，主要是对照党章、查找差距；“正衣冠”，主要是正视问题，改正缺点；“洗洗澡”，主要是听取意见、自我批评、相互批评；“治治病”，主要是对症下药、治病救人。“四句话”不是一个简单流程，而是有机整体，各有侧重、相互关联，核心是解决突出问题、密切党群干群关系。她强调，要通过这次教育实践活动，坚决反对形式主义、官僚主义、享乐主义和奢靡之风，进一步巩固和扩大前一段时间贯彻中央八项规定，推进作风建设的成果。反对形式主义，就是要教育引导党员、干部端正学风，改进文风会风，在大是大非面前敢于担当、敢于坚持原则，真正把心思用在推动学校发展建设上，把功夫下到察实情、出实招、办实事、求实效上；反对官僚主义，就是要教育引导党员、干部深入实际、深入基层、深入师生，着重解决在师生员工利益上不维护、不作为的问题，坚持民主集中制，改进调查研究，虚心向师生学习，真心对师生负责，热心为师生服务，诚心接受师生监督；反对享乐主义，就是要教育引导党员、干部牢记“两个务必”，克己奉公，勤政廉政，保持昂扬向上、奋发有为的精神状态；反对奢靡之风，就是要教育引导党员、干部坚守节约光荣、浪费可耻的思想观念，狠刹不良风气，做到艰苦朴素、精打细算、勤俭办学。

靳诺书记强调，要严格按照中央规定的方法步骤紧紧抓住三个重要环节，确保教育实践活动扎实推进，不走过场。这次教育实践活动从2013年7月开始，到2013年11月结束，在方法步骤上有三个环节。第一个环节，学习教育、听取意见。重点是搞好学习宣传和思想教育，深入开展调查研究，广泛听取干部群众意见。第二个环节，查摆问题、开展批评。重点围绕为民务实清廉要求，对照党章和廉政准则，对照改进作风要求，对照群众期盼和先进典型，通过群众提、自己找、上级点、相互帮，认真查摆“四风”方面的问题，进行党性分析和自我剖析，开展批评和自我批评。第三个环节，整改落实、建章立制。重点是针对作风方面存在的问题，提出解决对策，制定和落实整改方案；对一些突出问题，进行集中治理。

靳诺书记要求，要切实加强对教育实践活动的组织领导。我校作为第一批开展教育实践活动的单位，已经制定了实施方案，我们要先学一步、学深一步，当好活动的参与者和示范者。要坚持用好的作风组织开展教育实践活动，力戒形式主义，决不走过场，做到“不虚”；着力解决实际问题，做到“不空”；紧紧围绕为民务实清廉，做到“不偏”，确保教育实践活动沿着正确轨道深入推进。要坚持统筹兼顾，做到两手抓，两促进。要立足于学校发展的阶段性特征，把开展活动同做好当前各项工作紧密结合起来，安排好时间和精力，使活动每个环节、每项措施都为中心工作服务。

党的群众路线教育实践活动中央第42督导组组长、中山大学原党委书记李延保同志做了重要讲话，进一步明确了中央关于开展教育实践活动的基本要求，即贯彻“照镜子、正衣冠、洗洗澡、治治病”的总要求，聚焦作风建设，坚决反对“四风”，以整风精神开展批评和自我批评，坚持领导带头，注重建立长效机制。李延保同志对我校教育实践活动提出了几项具体要求：一是要学习领会中央精神；二是要保持良好精神状态；三是要采取务实管用措施；四是坚持开展教育实践活动与推动学校中心工作两手抓、两促进。李延保同志代表督导组表示，今后将紧紧依靠学校党委，认真履行督导工作职责，坚持以好的作风抓督导，按照中央要求，履职尽责，积极作为，扎实做好督导工作。

陈雨露校长在主持会议时表示，开展党的群众路线教育实践活动是新形势下坚持党要管党、从严治党的重大决策，是加强学习型、服务型、创新型马克思主义执政党建设的重大部署，是增强党自我净化、自我完善、自我革新、自我提高能力的重大举措，充分体现了我们党正视和解决自身问题的政治勇气，充分体现了我们党加强作风建设、密切联系群众的坚强决心。对这次教育实践活动，学校高度重视，我们有决心、有信心把教育实践活动搞好，希望大家能够严肃认真对待。我们将严格按照中央各项部署要求，在督导组的帮助指导下，把教育实践活动和当前学校中心工作紧密结合起来，以高度的政治自觉抓好教育实践活动的贯彻落实，转变作风，凝聚力量，为加快建设“人民满意、世界一流”大学提供坚强保证。

动员大会结束后，与会人员对学校领导班子及其成员进行民主评议。

（摘自人大新闻网2013年7月5日）

附2：教育部鲁昕副部长到中国人民大学调研指导党的群众路线教育实践活动

8月16日上午，按照教育部党组深入开展党的群众路线教育实践活动安排，教育部鲁昕副部长来到其基层联系点中国人民大学调研指导党的群众路线教育实践活动。陪同调研的有教育部发展规划司张泰青副司长，党的群众路线教育实践活动中央第42督导组副组长、教育部思想政治工作司俞亚东副巡视员等。校领导靳诺、陈雨露、牛维麟、王利明、杨慧林、查显友、伊志宏、刘向兵参加调研活动。陈雨露校长主持汇报会。

靳诺书记汇报了学校深入开展党的群众路线教育实践活动阶段性情况。她指出，中国人民大学党委认真贯彻落实中央要求，在中央第42督导组和教育部党组的领导和指导下，统筹中央正在学校开展的巡视工作，结合学校工作实际，严格按照中央规定的方法步骤，以高度的政治责任感，扎实推进教育实践活动，确保教育实践活动取得实效。

靳诺书记指出，学校将教育实践活动与事业发展紧密结合，努力做到“两手抓、两促进”；以干部自学与集中学习相结合、理论教育与实践教育相结合、利用学校校史资源开展学习等多种形式提升学习教育成效；通过基层调研、谈心谈话、专题会议、问卷调查、网上信箱等形式，坚持主要领导带头，广泛深入听取意见，找准问题自画像；坚持边学边查边改，从师生员工感受最直观、反映最强烈的问题改起，着力解决突出问题。靳诺书记还汇报了目前教育实践活动的工作体会和下一步工作安排的考虑。

牛维麟常务副书记汇报了近期听取意见环节学校师生群众反映最集中、最关切的通州校区建设等有关问题。

鲁昕副部长对学校群众路线教育实践活动开展情况予以充分肯定。她在讲话中强调，要深刻认识教育实践活动的重大意义，切实把思想和行动统一到中央决策部署上来，紧密结合学校实际，以强烈的责任感和使命感抓好教育实践活动。要把学习教育摆在突出位置，紧密联系实际开展活动，树立群众观点，提高群众工作能力，聚焦解决“四风”问题。高校的教育实践活动要体现大学的特点，除了要让领导干部和教师受教育外，还要为党和国家培养具有群众观点的社会主义建设者和接班人。

鲁昕副部长指出，中国人民大学作为中国共产党亲手创办的第一所以人文社会科学为主的重点大学，在中国经济社会发展进程和中国高等教育体系中具有特殊重要的地位和作用，在新时期中国人民大学应当在坚持和发展马克思主义、弘扬社会主义主流价值观、解决经济社会发展重大战略问题等方面发挥应有作用，做好党和国家“智库”。针对学校师生群众反映最集中、最关切的通州校区建设等问题，鲁昕副部长表示将加强与有关部门沟通，全力支持学校事业发展，积极回应师生关切，推动教育实践活动取得实实在在的成效。

学校群众路线教育实践活动领导小组办公室成员，部分学院院长、分党委书记、教授代表参加汇报会。

（摘自人大新闻网2013年8月16日）

附3：践行群众路线、弘扬优良作风、凝聚发展力量，加快建设“人民满意、世界一流”大学
——在中国人民大学深入开展党的群众路线教育实践活动动员部署大会上的讲话

中国人民大学党委书记　靳诺
（2013年7月4日）

同志们：

在全党深入开展以为民务实清廉为主要内容的党的群众路线教育实践活动，是党的十八大做出的一项重大部署。5月9日，中共中央下发了《中共中央关于在全党深入开展党的群众路线教育实践活动的意见》，明确这次活动中央政治局带头开展，从今年下半年开始自上而下分两批进行，明年7月基本完成。6月18日，中央召开了党的群众路线教育实践活动工作会议，习近平总书记出席会议并发表重要讲话，对全党开展群众路线教育实践活动进行全面部署。6月22日至25日，中共中央政治局召开专门会议，对照检查中央八项规定落实情况，讨论研究加强作风建设的措施和制度，为全党做出表率。根据中央安排，我校参加第一批教育实践活动，为保证教育实践活动顺利进行，中央派出以李延保同志为组长的督导组，对我校教育实践活动进行全程督导，同时，中央第十巡视组目前也正在

中国人民大学进行巡视，这些都体现了党中央对学校的重视。今天，中央第42督导组全体同志出席我校动员部署大会，让我们表示热烈的欢迎和衷心的感谢。

中央党的群众路线教育实践活动工作会议后，学校党委立即召开常委会学习传达研究部署工作，制定了《中国人民大学深入开展党的群众路线教育实践活动实施方案》，这个《方案》已报经督导组同意，并向中央党的群众路线教育实践活动领导小组备案。今天，我们召开大会，就是要以“践行群众路线、弘扬优良作风、凝聚发展力量，加快建设‘人民满意、世界一流’大学”为主题，对在全校党员中深入开展党的群众路线教育实践活动进行动员和部署。下面，李延保同志要做讲话，对我校教育实践活动提出重要指导意见。根据安排，我先讲几点意见。

一、充分认识开展党的群众路线教育实践活动的重大意义

群众路线是我们党的生命线和根本工作路线。开展党的群众路线教育实践活动，对保持党的先进性和纯洁性、巩固党的执政基础和执政地位，对全面建成小康社会，对人民大学弘扬优良作风、在新的历史条件下应对挑战、持续快速健康稳定发展具有重大而深远的意义。

一要深刻认识开展党的群众路线教育实践活动对加强执政党建设的重大意义。

开展群众路线教育实践活动，是实现党的十八大确定的奋斗目标的必然要求。实现党的十八大确定的奋斗目标和中国梦，要求全党同志必须有优良作风，必须紧紧依靠人民，充分调动最广大人民的积极性、主动性、创造性。开展群众路线教育实践活动，就是要使全党同志牢记并恪守全心全意为人民服务的根本宗旨，以优良作风凝聚人心，为实现党的十八大确定的目标任务而努力奋斗。开展群众路线教育实践活动，是保持党的先进性和纯洁性、巩固党的执政基础和执政地位的必然要求。党的先进性和党的执政地位都不是一劳永逸、一成不变的，过去先进不等于现在先进，现在先进不等于永远先进，过去拥有不等于现在拥有，现在拥有不等于永远拥有。这是用辩证唯物主义和历史唯物主义观察问题得出的结论。开展群众路线教育实践活动，就是要把为民务实清廉的价值追求植根于全党的思想和行动中，夯实党的执政基础，巩固党的执政地位，增强党的创造力凝聚力战斗力，使保持党的先进性和纯洁性、巩固党的执政基础和执政地位具有广泛、深厚、可靠的群众基础。开展群众路线教育实践活动，是解决群众反映强烈的突出问题的必然要求。人民大学在长期办学实践中秉承革命传统、发扬改革创新精神，形成了密切联系群众、尊重和服务群众的办学传承和优良传统。总体上看，当前学校党员、干部贯彻执行党的群众路线情况是好的，干部和广大师生、教职员工的关系也是好的，广大党员、干部在教学科研以及各项工作中冲锋陷阵、忘我奉献，发挥了先锋模范作用，赢得了师生员工的肯定和拥护。这是主流，必须充分肯定。同时，我们必须看到，面对世情、国情、党情的深刻变化，面对高等教育发展不断出现的新情况，面对学校不同阶段发展目标和发展任务的变化，我们也面临一些新问题新矛盾。2012年底，在学习贯彻中央八项规定的同时，学校曾调研了解师生员工对当前学校工作作风方面反映强烈的突出问题。今年6月，中央巡视组也就有关问题开展了调研，总体看，我校情况是比较好的，但师生员工也有一些反映和期待。从对党员、干部作风问题的反映看，有思想作风问题，也有学风问题，还有工作作风和不良风气方面的意见。这次群众路线教育实践活动为我们提供了一个契机，按照中央要求对作风之弊、行为之垢来一次大排查、大检修、大扫除，切实解决广大师生员工反映的突出问题，以作风转变带动教风、学风转变，努力形成对师生有凝聚作用、对社会有示范影响的良好校风。

二要深刻认识中央开展党的群众路线教育实践活动，改进工作作风的决心。

对于这次群众路线教育实践活动，国内外高度关注，全党关心，人民群众期盼值很高。但是在党员干部队伍中，也存在一些思想认识问题：有的人对当前作风方面存在问题严重性的认识还有待进一步深化，缺乏解决问题的紧迫性自觉性；有的人对解决问题的信心不足，认为作风问题积习难改；有的人虽然看到了八项规定颁布后作风建设取得明显成效，但又心存疑虑，担心是“一阵风”；有的人存在矛盾心理，怕上有政策、下有对策；还有的人担心活动牵扯精力，影响工作。这些情况对我们搞好这次教育实践活动或多或少会产生一些影响。对此，我们一定要清醒地认识到，对于开展教育实践活动，中央的态度是严肃的，决心是坚定的，是要动真格的。我们一定要认真学习领会习近平总书记一系列重要讲话和中央下发的意见精神，按照中央要求切实提高对开展群众路线教育实践活动重要性的认识，充分正视在我们党的队伍中存在的问题，看到党自我完善自我提高的能力，提高解决问题的信心，把思想认识统一到中央部署上，切实增强贯彻群众路线、改进作风的自觉性和坚定性。

三要深刻认识中央开展党的群众路线教育实践活动是加强我校党的建设和干部队伍建设的迫切需要。

作为中国共产党亲手创办的第一所新型正规大学，开展党的群众路线教育实践活动，是人民大学坚持"立学为民、治学报国"办学宗旨、坚持"人民满意"价值追求的必然要求。人民大学在办学初期，吴玉章老校长就提出要了解群众的需求，坚持向工农干部开门办学。学校始终坚持把"立学为民、治学报国"作为学校的办学宗旨，把"人民满意"作为价值追求，这必然要求我们坚持密切联系群众，把群众路线作为我们最根本的工作路线。

"立学为民、治学报国"强调学术的根基和目的是为最广大人民群众的根本利益服务，强调人才培养是为了报效国家、服务社会，是对我国高等教育事业的社会主义价值取向和人民性的重申和强调。"人民满意"，就是要求坚持社会主义的办学方向，立足于人民的根本利益和国家、民族的长远利益，牢固树立"以学生为本"理念，用一流的教育教学咨政育人。把人民大学建设成为"人民满意、世界一流"大学是学校在新的历史时期的神圣使命，这更加要求我们把群众路线作为学校党的工作的出发点，发扬光荣传统，依靠广大教职员工做好各项工作。学校的教育实践活动应当走在全国高校前列。我们要以教育实践活动为契机，着力提高党建工作的科学化水平，加强干部队伍建设，增强党组织的凝聚力、创造力、战斗力，这对于学校坚定正确的政治方向，办好人民满意的教育，更好地培养"国民表率、社会栋梁"具有重大意义。

学校在前期学习贯彻落实中央八项规定、加强作风建设的过程中，以实际行动改进党风，促进学风、教风和教风，取得了明显成效。这次教育实践活动就是以贯彻八项规定为切入点、以为民务实清廉为主要内容，突出作风建设，以作风建设强化党的建设和干部队伍建设，汇聚起推动学校持续快速健康稳定发展的强大力量。

根据中央关于群众路线教育实践活动的部署安排，学校党委认为开展教育实践活动不能等、不能拖，必须立即行动起来。党委常委会决定，统筹好目前与中央巡视组的工作安排，要求迅速把思想和行动统一到中央部署上来，统一全校党员干部的思想认识，使这项活动扎实、认真、有效地在学校展开。

二、准确把握党的群众路线教育实践活动的总体要求

中央对这次教育实践活动明确了指导思想，活动总要求是"照镜子、正衣冠、洗洗澡、治治病"；主要任务是着力解决形式主义、官僚主义、享乐主义和奢靡之风这"四风"问题。习近平总书记已经做了深刻阐述，我们要领会把握中央精神，贯彻落实到教育实践活动的整个过程和各个环节。

一是准确把握目标要求，确保教育实践活动的正确方向。中央明确这次教育实践活动的任务目标是教育广大党员干部特别是领导干部，强化宗旨意识和群众观点，弘扬优良作风，解决突出问题，保持清廉本色，密切党同人民群众的血肉联系，使党员干部的思想有进一步提高，作风有进一步改进，党群干群关系有进一步密切，为民务实清廉现象进一步树立。

要强化群众观点。这次活动的一个重要安排是学习教育。通过教育实践活动，要切实加强马克思主义群众观点和党的群众路线教育，牢记为人民服务是我们共产党人的根本宗旨和价值追求。宗旨意识强、群众观点强，才会有为民务实清廉的自觉，才会有好的精神状态，也才会在关键时刻把个人的利害得失置之度外。我们要坚持以师生为本，把群众观点贯穿到学校的人才培养、科学研究、社会服务、文化传承创新各项工作中，用马克思主义的群众观教育党员干部。

要解决突出问题。中央明确提出，这次教育实践活动的主要任务是作风建设，集中解决“四风”问题。学校也要通过这次教育实践活动，巩固和扩大前一段时间作风建设的成果，结合实际，完善制度，进一步把八项规定精神落到实处。反对形式主义，要教育引导党员、干部端正学风，改进文风会风，在大是大非面前敢于担当、敢于坚持原则，真正把心思用在推动学校发展建设上，把功夫下到察实情、出实招、办实事、求实效上；反对官僚主义，要教育引导党员、干部深入实际、深入基层、深入师生，着重解决在师生员工利益上不维护、不作为的问题，坚持民主集中制，改进调查研究，虚心向师生学习，真心对师生负责，热心为师生服务，诚心接受师生监督；反对享乐主义，要教育引导党员、干部牢记“两个务必”，克己奉公，勤政廉政，保持昂扬向上、奋发有为的精神状态；反对奢靡之风，要教育引导党员、干部坚守节约光荣、浪费可耻的思想观念，狠刹不良风气，做到艰苦朴素、精打细算、勤俭办学。

要建立长效机制。作风问题具有反复性、顽固性，抓一抓就好些，松一松就反弹。只有发挥制度的激励、约束作用，才能让好的作风得到弘扬，让不良作风受到遏制。活动中，要边实践、边总结，本着于法周延、于事简便的原则，梳理总结我校密切联系群众的好做法，把经过实践检验的群众认可的好做法固定下来，抓紧建立健全各种规章制度，针对薄弱环节，堵塞制度漏洞。要把中央要求、实际需要、新鲜经验结合起来，制定新的制度，完善已有制度，废止不适用的制度。既要立足当前，切实解决群众反映强烈的突出问题，又要着眼长远，强化制度执行力，用严明的制度、严格的执行、严密的监督，建立健全促进党员干部坚持为民务实清廉的长效机制，使贯彻党的群众路线真正成为党员干部的自觉行动。

二是切实贯彻整风精神，确保教育实践活动取得实效。

要明确总要求。这次教育实践活动的总要求，就是“照镜子、正衣冠、洗洗澡、治治病”。“照镜子”，主要是对照党章、查找差距；“正衣冠”，主要是正视问题、改正缺点；“洗洗澡”，主要是听取意见、自我批评、相互批评；“治治病”，主要是对症下药、治病救人。四句话不是一个简单流程，而是有机整体，各有侧重、相互关联，核心是解决突出问题、密切联系党群干群关系，是开展活动必须把握好的重要遵循。

要以整风精神严肃地开展批评与自我批评。整风是我们党解决自身问题的一大创举。中央反复强调，这次活动要贯彻整风精神，我们要拿起批评和自我批评这个有力武器，开展积极健康的思想斗争。批评和自我批评是我们党的优良传统，也是学校开展教育实践活动的基本原则之一。根据中央要求，我们要有抛开面子、揭短亮丑的勇气，有动真碰硬、敢于交锋的精神，有深挖根源、触动灵魂的态度。通过批评和自我批评，开展积极健康的思想斗争，让党员、干部红红脸、出出汗、排排毒，改正缺点、修正错误，真正让党员、干部思想受到教育、作风得到改进、行为更加规范。

要坚持开门搞活动。干部作风怎么样，存在哪些问题，广大师生群众看得最清楚，最有发言权。开展群众路线教育实践活动，一定要在解决师生员工最关心、最直接、最现实的利益问题上取得实效，切忌“自说自话、自弹自唱”，不搞闭门修炼、体内循环。要请师生参与，让师生评判，受师生监督，努力在解决作风不实、不正和行为不廉上取得实效，在提高群众工作能力、密切党群干群关系、全心全意为师生服务上取得实效。

要坚持领导带头。开展教育实践活动，领导干部既是活动的组织者、推进者、监督者，更是活动的参与者，要以普通党员身份把自己摆进去。要做到上级带下级、主要领导带班子成员、领导干部带一般干部，一级抓一级、层层抓落实。党员领导干部尤其是处级以上领导班子主要负责同志要带头学习、带头听取意见、带头谈心、带头开展批评和自我批评、带头进行整改。要认真查摆个人、领导班子、本单位在作风方面存在的突出问题，深刻剖析问题症结和原因，把整改方向和具体措施明确亮出来，力争认识高一层、学习深一步、实践先一着、剖析解决突出问题好一筹。

要在自选动作上探索创新。开展群众路线教育实践活动要把中央要求与学校职能结合起来，与党员干部思想工作实际结合起来，灵活掌握时间进度，探索务实管用的具体载体。在学习教育阶段，我们要结合学校党建工作实际，认真学习中国特色社会主义理论体系，学习党章和党的十八大报告，学习习近平总书记一系列重要讲话精神，学习党的光辉历史和优良传统，开展理想信念、党性党风党纪和道德品行教育，开展中国特色社会主义宣传教育，开展马克思主义群众观点和党的群众路线专题学习讨论，为对照检查和整改落实奠定思想基础。在听取意见的过程中，要采取召开座谈会、个别访谈、上门征求意见等多种形式，广泛听取广大师生员工的意见。对群众的意见、建议要高度重视、认真研究、认真整改。学校设置教育实践活动群众联系信箱和电子邮箱，收集群众意见，作为活动中领导班子和领导干部征求意见、查摆问题的重要参考。

三、严格按照中央规定的方法步骤紧紧抓住三个重要环节，确保教育实践活动扎实推进，不走过场

党的群众路线教育实践活动在全校师生党员中开展，重点抓好处级以上领导班子和领导干部。主要任务是教育引导党员、干部起到带头作用，以作风建设的新成效凝聚起加速建设“人民满意、世界一流”大学的强大力量。按照中央要求，这次教育实践活动从2013年7月开始，到2013年12月结束，在方法步骤上有三个环节。

第一个环节，学习教育，听取意见。重点是搞好学习宣传和思想教育，深入开展调查研究，广泛听取干部群众意见。主要有以下三方面工作。一是动员部署。学校于7月4日召开动员大会，向校院两级领导班子和党员领导干部等进行动员，公布实施方案。二是组织学习。从现在开始，校院两级领导班子和党员干部先学一步，通过理论中心组学习、学院工作会、干部培训考察、个人自学等形式，认真组织学习教育活动，为对照检查和整改落实奠定思想基础。各分党委、党总支要运用灵活多样、务实管用的方式，抓好基层党员的学习教育工作。三是听取意见。校院两级领导班子和机关部处，要征求关于本单位、本班子、本部门的意见建议。校级以上领导干部要本着务实的原则建立联系点，深入开展调研，广泛接触师生，通过座谈会、走访、谈心等方式，听取群众意见。

第二个环节，查摆问题，开展批评。重点围绕为民务实清廉要求，对照党章和廉政准则，对照改进作风要求，对照群众期盼和先进典型，通过群众提、自己找、上级点、相互帮，认真查摆“四风”方面的问题，进行党性分析和自我剖析，开展批评和自我批评。一是开展谈心谈话。学校党委主要负责人要与班子成员谈心谈话，班子成员之间要互相谈心。院系班子与机关部处也要开展谈心谈话工作。二是撰写对照检查材料。内容包括个人作风建设基本情况、存在的主要问题、原因分析、努力方向和改进措施等，要正面回应干部群众提出的意见。三是要组织召开一次高质量的专题民主生活会。会上既要进行深刻的自我批评，又要进行诚恳的相互批评；既要谈思想，也要正视问题，有深刻分析和认识，提出改进措施。学校督导组列席基层单位民主生活会，并在民主生活会后，会同单位主要负责同志对班子成员的对照检查材料、开展批评和自我批评情况进行评价。四是召开情况通报会。校院两级党组织要召开专门会议，通报民主生活会情况。在院系班子民主生活会情况通报会上，学校督导组要在参会人员范围内组织评议。五是各分党委、党总支要认真组织党员参加教育实践活动。每个党员都要参加所在党支部或党小组召开的专题组织生活会，针对发挥先锋模范作用、服务师生和做好党组织分配的工作等方面存在的问题，开展批评和自我批评，提出改进措施和办法。

第三个环节，整改落实，建章立制。重点是针对作风方面存在的问题，提出解决对策，制定和落实整改方案；对一些突出问题，进行集中治理。一是强化正风肃纪。针对“四风”问题，特别是针对服务师生方面存在的突出问题，从师生最不满意的事情改起，从师生最期盼的事情做起，在为群众办实事、提高群众工作能力上取得实效，加快推进“1320行动计划”，营造风清气正的校园环境。每个单位都要抓住重点问题，制定整改方案，实行一把手负责制，并在一定范围内公示。二是提高做群众工作的能力。各级党组织和党员领导干部要深入基层，摸清情况、摸清底数，倾听师生意见、集中全校智力，提高科学决策、民主决策能力；要加强理想信念教育的针对性和实效性，提高做好新形势下大学生思想政治工作的能力；要通过政治上主动引导、专业上着力培养、生活上热情关心，切实把加强青年教师思想政治工作摆到更加突出的位置，提高工作的主动性、积极性和创造性。三是加强制度建设。完善党员干部直接联系师生制度和畅通师生诉求反映渠道制度，建立健全体现师生意愿的科学民主决策机制，健全干部作风状况考核评价机制等，推动改进工作作风、密切联系师生常态化长效化。四是全面推进基层服务型党组织建设。围绕服务发展、服务民生、服务师生、服务党员要求，对发挥基层党组织核心作用方面存在的不足进行整改。

四、切实加强对教育实践活动的组织领导

我校作为第一批开展教育实践活动的单位，已经制定了实施方案，我们要先学一步、学深一步，当好活动的参与者和示范者。要坚持用好的作风组织开展教育实践活动，力戒形式主义，决不走过场，做到“不虚”；着力解决实际问题，做到“不空”；紧紧围绕为民务实清廉，做到“不偏”，确保教育实践活动沿着正确轨道深入推进。

一是建立机构，落实整改。学校教育实践活动在党委统一领导下进行。学校党委常委带头参加活动，建立联系单位，对联系单位的活动进行指导，示范带动和推进全校的教育实践活动。成立深入开展党的群众路线教育实践活动领导小组，由校党委书记和校长任组长，校党委副书记担任副组长，党委常委会其他成员担任成员。领导小组下设办公室，负责日常活动的组织协调。各分党委、党总支成立本单位教育实践活动领导小组，书记和党员院长（系主任）任组长。学校成立督导组，加强与基层单位的沟通和协调，做好各个环节的督导工作。领导班子成员结合分工，深入联系单位和主管部门，开展调查研究，指导活动开展。

各单位要参照学校实施方案制定本单位的实施方案，按照基本环节不能少、不变通的要求，把“规定动作”做到位。同时结合本单位实际，分类指导，区分教职工党员、学生党员、离退休党员等不同群体，找准各自需要解决的突出问题，灵活安排各个环节的工作，在解决问题上下功夫，使“自选动作”有特色。

要加强宣传引导工作。这次群众路线教育实践活动全党关心、全校关注、师生期盼，我们要围绕活动主题，充分利用校园媒体广泛宣传中央的精神，创新宣传形式和载体，重视发挥新兴媒体的作用，加强正面宣传和舆论引导，为教育实践活动营造良好舆论氛围。要发挥学校学科优势，积极开展理论研讨，努力推出高水平理论成果，为群众路线教育实践活动提供理论支持和贡献。

二是坚持统筹兼顾，做到两手抓、两促进。开展教育实践活动，要立足于学校发展的阶段性特征，把开展活动同做好当前各项工作紧密结合起来，安排好时间和精力，使活动每个环节、每项措施都为中心工作服务。

目前，学校正在全面推进人才培养体系改革、“思想库”建设、学科国际性提升、学校形象建设和美丽校园建设“五大战略”。开展教育实践活动，要和学校的发展战略、人才培养、学科建设、科学研究等工作相结合，要正确处理好开展教育实践活动与学校日常工作的关系，努力结合学校中心工作，把开展教育实践活动作为推动学校各项工作的重要助力，作为加强领导班子、干部队伍和基层党组织建设的重要机遇，做到两不误、两促进。把党员、干部在活动中激发出来的工作热情和进取精神转化为做好工作的动力，用学校发展建设成效检验教育实践活动成效。

同志们，这次党的群众路线教育实践活动意义重大、任务艰巨、使命光荣。教育实践活动的成效如何，取决于我们的共同努力，取决于每一个党员干部的积极参与。相信只要我们下决心、认真做，就能出成效。我们一定要统一思想认识，切实增强自觉性、坚定性，以强烈的责任感、使命感把教育

实践活动组织好开展好，以实际行动为加快建设“人民满意、世界一流”大学，为实现教育强国梦做出新的努力。

附 4：中国人民大学党委理论学习中心组（扩大）举行群众路线教育实践活动专题讨论会

9月5日下午，中国人民大学党委理论学习中心组（扩大）召开群众路线教育实践活动专题讨论会，查摆“四风”方面存在的问题。会议由校党委书记靳诺主持，中央第42督导组副组长俞亚东、成员陈进出席会议，校领导陈雨露、牛维麟、冯惠玲、马俊杰、王利明、杨慧林、查显友、刘向兵，校长助理，学校群众路线教育实践活动领导小组办公室各成员单位负责人参加讨论学习。

马俊杰副书记受党委委托在讨论会上做主旨发言，对人民大学领导班子在“四风”方面存在的问题进行梳理和分析。马俊杰副书记对查摆问题的依据、基本原则和采取的方式进行了说明，深刻阐述了对大学领导班子的思考和体会以及“四风”在大学的表现，并对照“四风”问题对校领导班子画像。

会上，与会校领导及校长助理分别对学校领导班子“四风”方面存在的问题进行补充并进行讨论。陈雨露校长表示，我们对中央的要求、对教育实践活动性质的认识还需要进一步提高认识，增强自觉性和主动性，要深刻认识教育实践活动对学校的发展是一个机遇，只要把查摆出的问题予以解决，人民大学就会向前迈出一大步，进一步回归大学本位。在教育实践活动下一步深入查找问题的过程中，要正确处理好三种关系，即批评和自我批评的关系，干部作风和师德、师风之间的关系，回归大学本位和提高高等教育办学质量的关系。

靳诺书记在总结发言中对中央精神和习近平总书记近一段时间对教育实践活动做出的重要讲话和批示进行了传达，并就学校教育实践活动下一阶段安排做出部署。她强调，下一步，领导班子要重点解决认识问题，聚焦“四风”，严格按照中央要求扎扎实实推进教育实践活动。“四风”自画像像不像要由广大师生评定，要充分调动领导干部和广大群众两个积极性，深化思想认识，找准找实问题，抓好整改落实，努力推动学校各项事业的发展。

中央第42督导组副组长俞亚东对人民大学开展教育实践活动所取得的成绩及本次学习讨论会的内容和成效予以了肯定，并指出，各高校要对教育实践活动的基本规定进行再梳理，同时，查摆问题要做到群众满意、班子满意、个人满意。

（摘自人大新闻网2013年9月11日）

附 5：中央督导组回访中国人民大学群众路线教育实践活动整改工作

12月27日，党的群众路线教育实践活动中央第42督导组对中国人民大学教育实践活动整改落实情况进行督导检查。中国人民大学党委书记靳诺、校长陈雨露与督导组组长李延保、副组长俞亚东一行进行了会谈，校党委副书记马俊杰、副校长刘向兵等陪同检查。

李延保组长表示，党的群众路线教育实践活动的开展与落实是一个长期持续过程，在中央巡视工作基础上，督导组将从群众的角度出发，对于学校未来的发展提出意见和希望，并与学校一起针对查摆问题落实好整改措施，以积极回应广大师生的期待。李延保指出，中国人民大学党委对于教育实践活动高度重视，在整改落实工作中态度诚恳，行动坚定，相信学校一定能够认真贯彻党的教育方针，保持大学定力，保持优秀传统，继续团结激励广大师生员工，积极面对挑战与机遇，发扬民主，真抓实干，努力实现过去光荣、现在光荣、未来更加光荣的发展。

靳诺书记表示，中央督导组到校开展工作是对中国人民大学的信任和支持，是与中央巡视工作的无缝对接，对于学校在建设发展过程中发现问题、分析问题、解决问题，从而更好地争取师生的信任与支持，共同推进学校改革建设具有重大意义。通过扎实查摆问题，坦诚交换意见，学校领导班子和广大师生员工看到了差距和不足，保持了正确认识和积极态度，也经受住了挑战和考验。学校一定认真按照中央巡视组和督导组的指导意见开展整改工作，并以此为契机，切入中国特色现代大学制度建设的主题，切实推动“人民满意、世界一流”大学建设。

督导组当天考察了法学院教师休息室及学生发展辅导室、新闻传播实验中心、商学院职业发展中心及学生活动中心、心理健康中心、校友之家、校史馆、图书馆、财务处和公共政策实验室，走访了学生宿舍和食堂，了解服务于师生学习、工作、生活的各项设施举措，以及结合开展教育实践活动实施“1320行动计划”和精细化管理的有关情况。

督导组对于学校认真贯彻落实群众路线，积极落实整改措施，注重解决师生群众反映强烈的学习、工作、生活问题，加强制度建设，推进精细化管理等工作给予充分肯定，同时提出了进一步改进工作的意见和建议。

（摘自人大新闻网2013年12月30日）

■《中国人民大学章程》正式发布　成为我国首批由教育部核准的大学章程之一

11月28日，教育部组织召开新闻发布会，正式发布了首批包括中国人民大学、东南大学、东华大学、上海外国语大学、武汉理工大学、华中师范大学在内的六校章程。

教育部政策法规司司长孙霄兵在介绍情况时指出：“推进高等学校章程建设，是教育部贯彻落实党的十八大、十八届三中全会精神和《教育规划纲要》要求，深入推进高等教育综合改革，建设现代大学制定的一项重要举措。教育部对此一直高度重视。在经过了深入研究、反复论证，广泛的民主参与和严格的程序要求后，教育部于11月16日核准了首批六校章程。这是教育部第31号令《高等学校章程制定暂行办法》实施以来，教育部第一批核准的高校章程，标志着高校章程建设取得了实质性进展，对于我国高等教育改革发展意义重大、影响深远。”

中华人民共和国教育部高等学校章程核准书第1号，正式核准了《中国人民大学章程》，核准书中指出：“核准书所附章程为最终文本，自即日起生效，未经法定程序不得修改。你校应以章程作为依法自主办学、实施管理和履行公共职能的基本准则和依据，按照建设中国特色现代大学制度的要求，完善法人治理结构，健全内部管理体制，依法治校、科学发展。”

由教育部最终核准的《中国人民大学章程》共9章、74条、8 269字。序言部分主要阐述了学校历史、传统、使命、愿景、校训、理念、特色、发展目标和定位等；第一章总则，明确了章程制定的依据、学校的名称、法定住所、基本职能、办学自主权、办学体制等；第二章学生，规定了学生的定义、学生的权利和义务、学生权益保障机制等；第三章教职员工，规定了教职员工的类型、权利和义务，教职工权益保障机制等；第四章管理体制和组织机构，规定了学校的管理体制及各组织机构的职责等；第五章教学科研机构，主要规定了学院的权利、职责和管理体制；第六章财务、资产、后勤，规定了学校的经费来源、财务和资产管理体制等；第七章学校与社会，规定了学校与社会交往的原则和服务社会的形式等；第八章学校标识，规定了学校的徽志、徽章、校旗、校歌和校庆日；第九章附则，规定了章程的制定和修改程序等。

附 1：《中国人民大学章程》

序言

中国人民大学前身是1937年成立的陕北公学，以及后来的华北联合大学和华北大学。1949年12月16日，中央人民政府政务院第十一次政务会议根据中共中央政治局的建议，通过了《关于成立中国人民大学的决定》。1950年10月3日，以华北大学为基础合并组建的中国人民大学举行开学典礼，成为新中国创办的第一所新型正规大学。1954年，被确定为以社会科学为主的综合大学和首批全国重点大学。1960年，被中央确定为综合性全国重点大学。2001年，被确定为国家“985工程”重点建设的高水平研究型大学。

中国人民大学以“人民、人本、人文”为理念，以“实事求是”为校训，以“立学为民、治学报国”为办学宗旨，以“人民满意、世界一流”大学为建设目标，以“主干的文科、精干的理工科”为学科特色，以“国民表率、社会栋梁”为人才培养目标。

第一章　总则

第一条　为保障学校依法办学和自主管理，依据《中华人民共和国教育法》、《中华人民共和国高等教育法》、《高等学校章程制定暂行办法》等规定，制定本章程。

第二条　学校名称为中国人民大学（英文名称为 Renmin University of China，简称 RUC）。

学校法定住所为北京市海淀区中关村大街59号。学校设有中关村校区、通州校区、老校区和苏州校区，学校经举办者批准可视需要设立和调整校区及校址。

第三条　学校由国家设立，是国务院确定由教育部管理，并由教育部与北京市共建的为国家和社会培养人才的非营利性组织。

第四条　学校以人才培养、科学研究、社会服务、文化传承创新为基本职能，实施普通高等教育，适当开展继续教育，积极拓展中外合作办学。

第五条　学校具有独立法人资格，独立承担法律责任，依法享有以下办学自主权：

（一）根据社会需求、办学条件和国家核定的办学规模，制定招生方案，自主调节系科招生比例；

（二）依法自主设置和调整学科、专业，按照国家学位制度的规定授予学士、硕士及博士学位；

（三）根据人才培养需要，自主制定人才培养计划，开展课程建设、教材建设和教学设施建设；

（四）根据自身条件，自主开展科学研究、技术开发和社会服务；

（五）依法自主开展与海内外大学、研究机构的交流和合作；

（六）根据实际需要和精简、效能的原则，自主确定教学、科学研究、行政职能部门等内部组织机构的设置和人员配备；按照国家有关规定，评聘教师和其他专业技术人员的职务，调整津贴及工资分配；

（七）对国家提供的财产、财政性资助、受捐赠财产依法自主管理和使用；

（八）依法获得的其他办学自主权。

第六条　学校实行中国共产党中国人民大学委员会领导下的校长负责制。

第七条　学校坚持党委领导、校长负责、教授治学、民主管理，坚持依法治校，坚持以师生为本，尊重学术自由，实行党务公开、校务公开和信息公开制度，依法接受监督。

第二章　学生

第八条　学生是指被学校依法录取、取得入学资格，具有学校学籍的受教育者。

第九条 学生享有下列权利：

（一）公平接受学校教育，参加学校教育教学计划安排的各项活动，平等利用学校提供的公共教育资源；

（二）参加素质拓展、社会服务、勤工助学，在校内组织、参加学生社团及文化体育等活动；

（三）公平获得在国内外学习深造和参加学术文化交流活动的机会；

（四）在思想品德、综合素质、学业成绩等方面获得公正评价，达到学校规定学业标准时获得相应的学历证书、学位证书；

（五）按国家及学校规定的标准和程序申请奖学金、助学金及助学贷款；

（六）知悉学校改革、建设和发展及其他涉及个人切身利益的事项；

（七）参与学校民主管理，对学校发展和教育、教学改革提出意见、建议和批评；

（八）对学校给予的处分或者处理进行陈述、申辩，向学校或者教育行政主管部门提出申诉；对学校、教职员工侵犯其人身、财产等合法权益的行为，依法申请复议或提起诉讼；

（九）法律、法规和规章规定的其他权利。

第十条 学生应履行下列义务：

（一）尊敬师长，努力学习；

（二）珍惜和维护学校名誉，维护学校利益；

（三）遵守学校的规章制度；

（四）按规定缴纳学费及有关费用；

（五）爱护并合理使用教育设备和生活设施；

（六）法律、法规和规章规定的其他义务。

第十一条 学校以立德树人为根本目标，引导学生养成良好的思想品德和行为习惯，为学生提供心理健康教育和文化体育设施及相关服务。

第十二条 学校建立和完善学生权利保护制度，维护学生合法权益。学校为在学习和生活中遇到特殊困难的学生提供必要的指导和帮助。

第十三条 学校对取得突出成绩和为学校争得荣誉的学生集体和个人进行表彰奖励；对违纪学生给予相应的纪律处分。

第十四条 学校鼓励、支持和保障学生参与学校的民主管理和监督，支持和保障由学生代表大会、研究生代表大会选举产生的学生会委员会和研究生会委员会按照其章程开展活动。

第十五条 在学校接受培训、成人教育、在职学习等其他类型的无学籍的受教育者，其权利义务由受教育者与学校按照平等自愿的原则依法另行约定。

第三章 教职员工

第十六条 学校教职员工由教师、其他专业技术人员、管理人员和工勤人员等组成。

第十七条 学校对教职员工实行下列任职制度：

（一）教师和其他专业技术人员实行资格认证和岗位聘用制度；

（二）管理人员实行岗位聘用制度；

（三）工勤人员实行劳动合同、岗位聘用制度。

第十八条 学校按照依法制定的人事管理制度对教职员工定期进行考核，考核结果作为续聘、解聘、晋升、奖励或者处分的依据。

第十九条 教职员工享有下列权利：

（一）按工作职责使用学校的公共资源；

（二）公平获得自身发展所需的机会和条件；

（三）在品德、能力和业绩等方面获得公正评价；

（四）公平获得各种奖励及荣誉称号；

（五）知悉学校改革、建设和发展及其他涉及切身利益的重大事项；

（六）参与学校民主管理，对学校工作提出意见、建议和批评；

（七）就职务聘用、福利待遇、评优评奖、纪律处分等事项表达异议和提出申诉；对学校侵犯其人身、财产等合法权益的行为，依法申请复议或提起诉讼；

（八）法律、法规、规章规定和合同约定的其他权利。

第二十条 学校教职员工应履行下列义务：

（一）尊重学生，爱护学生；

（二）爱岗敬业，勤奋工作；

（三）遵守学校规章制度；

（四）遵守职业道德和学术规范；

（五）未经学校批准，不得在校外兼任实职；

（六）珍惜和维护学校名誉，维护学校利益；

（七）法律、法规、规章规定和合同约定的其他义务。

第二十一条 教师是学校办学的主体力量，学校为教师开展人才培养、科学研究、社会服务、文化传承创新等活动提供必要的条件和保障。

第二十二条 学校逐步提高与学校发展水平相适应的教职员工福利待遇，建立和健全教职员工权利保护机制，维护教职员工合法权益。

第二十三条 学校建立教职员工发展制度，构建完整的培训体系，鼓励和支持教师开展国际学术交流与合作。

第二十四条 学校建立各类表彰奖励制度，对为国家及学校做出突出贡献的教职员工给予表彰、奖励。

第二十五条 学校鼓励和支持教职员工参加学校的民主管理和监督，对学校的工作提出意见或建议。

第二十六条 讲座教授、兼职教授、名誉教授、客座教授、在站博士后、访问学者、进修教师等其他教育工作者，在本校从事教学、科研、进修活动期间，依据法律规定、政策规定、学校规定和合同约定，享受相应的权利，履行相应的义务，学校为其提供必要的条件和帮助。

第四章　管理体制和组织机构

第二十七条 中国共产党中国人民大学委员会（以下简称学校党委）是学校的领导核心，统一领导学校工作，支持校长依法独立地行使职权并开展工作。学校党委实行“集体领导、民主集中、个别酝酿、会议决定”的议事和决策基本制度。其主要职责是：

（一）宣传和执行党的路线方针政策，宣传和执行党中央、上级组织和本级组织的决议，坚持社会主义办学方向，依法治校，依靠全校师生员工推进学校科学发展，培养德智体美全面发展的中国特色社会主义事业合格建设者和可靠接班人。

（二）审议确定学校基本管理制度，讨论决定涉及学校改革发展稳定以及教学、科研、行政管理中的重大事项。

（三）讨论决定学校内部组织机构的设置及其负责人的人选，按照干部管理权限，负责干部的选拔、教育、培养、考核和监督。加强领导班子建设、干部队伍建设和人才队伍建设。

（四）加强学校党组织的思想建设、组织建设、作风建设、制度建设和反腐倡廉建设。落实党建工作责任制。发挥学校基层党组织的战斗堡垒作用和党员的先锋模范作用。

（五）加强党员理论学习，坚持用中国特色社会主义理论体系武装头脑，坚定走中国特色社会主义道路的信念。组织党员学习党的路线方针政策和决议，学习党的基本知识，学习科学、文化、法律和业务知识。

（六）领导学校的思想政治工作和德育工作，促进和谐校园建设。

（七）领导学校的工会、共青团、学生会等群众组织和教职工代表大会。

（八）做好统一战线工作。对学校内民主党派的基层组织实行政治领导，支持他们依照各自的章程开展活动。支持无党派人士等统一战线成员参加统一战线相关活动，发挥积极作用。

在中国共产党中国人民大学委员会全体会议闭会期间，其职责由其常务委员会履行。

党委会和党委常委会由党委书记主持，实际到会人数达到应到会人数的4/5以上方可召开。党委会和党委常委会采取表决制作出决定，赞成人数超过应到会人数的1/2方为通过；重大议题或干部人事任免事项的表决采取票决制，赞成票超过应到会人数的2/3方为通过。

第二十八条 校长是学校的法定代表人和行政负责人，校长在党委领导下全面负责学校的教学、科研和其他行政管理工作。校长的主要职责是：

（一）拟订学校总体发展规划、整体运行方案和重大改革实施方案；

（二）组织有关学校招生、教学、科研、社会服务、管理运行的各项工作，审定相关规章制度；

（三）拟订内部组织机构的设置方案，推荐副校长人选，任免内部组织机构的负责人；

（四）聘任与解聘教师以及内部其他工作人员，对学生进行学籍管理并实施奖励或者处分；

（五）拟订和执行经费预算方案，管理学校资产，积极筹措办学经费；

（六）主持校长办公会议，决策、协调、处理学校行政工作中的重要事项；

（七）其他需要由校长决定的重要事项和法律、法规、规章规定的其他职责。

校长办公会由校长主持，实际到会人数达到应到会人数的4/5以上方可召开，会议决议根据多数人的意见作出，校长认为多数人的意见不正确的，可以决定另行讨论，也可以由其本人最后决定，但多数人的意见应记入会议记录。

第二十九条 学校重大决策、重要干部任免、重大项目安排和大额度资金的使用等重大问题，由学校党、政领导班子集体研究决定。

第三十条 中国共产党中国人民大学纪律检查委员会是学校的党内监督机构，在学校党委和上级纪委的领导下，围绕学校中心工作，检查党的路线、方针、政策、决议及学校重大决策的执行情况，保障和促进学校各项事业的健康发展。

第三十一条 学校设置人才培养委员会，由人才培养委员会主任主持开展工作。

人才培养委员会的主要职责是：

（一）研究人才培养方面的突出问题、重大趋势，并提出决策咨询建议；

（二）依据法律和有关规定，负责组织审定人才培养规划，人才培养方案，管理制度设计和重要表彰、处分方案；

（三）指导招生、专业建设、课程建设、教材建设、教学组织建设、教学设施建设、教师教学培训和学生管理等工作；

（四）听取和审议人才培养年度工作计划与年度质量报告，审阅人才培养状况基本数据，研究讨论人才培养质量改进及保障措施；

（五）其他需要人才培养委员会决策的重大事项。

人才培养委员会会议由委员会主任主持，实际到会人数达到应到会人数的2/3以上方可召开，采取表决制作出决定，赞成人数超过应到会人数的1/2方为通过。

第三十二条 学校依法设置学术委员会，由学术委员会主任主持开展工作并依据相关规定和章程组建、运行。学术委员会主任一般由不担任行政职务的资深教授担任。

学术委员会的主要职责是：
（一）对学校学术发展规划、科学研究和学科建设中的重大问题提出建议和意见；
（二）审议科研计划方案，审议推荐科研项目，审查评定科研成果；
（三）讨论审议校内科研机构设置；
（四）制定学术规范，维护学术道德，处理学术纠纷等事项；
（五）完成校长委托的其他学术事项；
（六）其他需要学术委员会决策的重大事项。
学术委员会会议由委员会主任主持，实际到会人数达到应到会人数的2/3以上方可召开，采取表决制作出决定，赞成人数超过应到会人数的1/2方为通过。
第三十三条 学校设置学位评定委员会，由学位评定委员会主席主持开展工作。
学位评定委员会的主要职责是：
（一）依据法律和有关规定审议学校学科、专业的设置和调整；
（二）作出批准授予学士、硕士、博士学位的决定；
（三）负责提名授予名誉博士学位的人员名单，报国务院学位委员会批准；
（四）制定研究生指导教师遴选标准和办法；
（五）作出撤销已授学位的决定，作出撤销研究生指导教师资格的决定；
（六）其他需要学位评定委员会决策的重大事项。
学位评定委员会会议由委员会主席主持，实际到会人数达到应到会人数的2/3以上方可召开，采取表决制作出决定，赞成人数超过应到会人数的1/2方为通过。
第三十四条 学校通过以教师为主体的教职工代表大会等组织形式，依法保障教职工参与民主管理和监督，维护教职工合法权益。校长定期或不定期向教职工代表大会报告工作。
教职工代表大会的主要职权是：
（一）听取学校章程草案的制定和修订情况报告，提出修改意见和建议；
（二）听取学校发展规划、教职工队伍建设、教育教学改革、校园建设以及其他重大改革和重大问题解决方案的报告，提出意见和建议；
（三）听取学校年度工作、财务工作、工会工作报告以及其他专项工作报告，提出意见和建议；
（四）讨论通过学校提出的与教职工利益直接相关的福利、校内分配实施方案以及相应的教职工聘任、考核、奖惩办法；
（五）审议学校上一届（次）教职工代表大会提案的办理情况报告；
（六）按照有关工作规定和安排评议学校领导干部；
（七）通过多种方式对学校工作提出意见和建议，监督学校章程、规章制度和决策的落实，提出整改意见和建议；
（八）讨论法律、法规、规章规定的以及学校与学校工会商定的其他事项。
教职工代表大会主席团是教职工代表大会的常设领导机构，由代表大会选举产生，在党委领导下开展工作。
教职工代表大会由主席团主席主持，实际到会人数达到应到会人数的2/3以上方可召开，采取表决制作出决定，赞成人数超过应到会人数的1/2方为通过。
第三十五条 中国人民大学学生代表大会、研究生代表大会是学生参与学校民主管理和监督的重要组织形式，按照各自章程行使职权、履行职责。
第三十六条 学校设置校务委员会，作为学校工作的咨议机构，依据其章程就学校重要事项和重大决策提出参考性的意见和建议。
第三十七条 学校董事会是由热心高等教育，关心、支持中国人民大学发展的各界人士自愿组成的咨议机构，旨在促进学校与社会建立广泛联系与合作、筹措学校办学资金，为学校非行政常设机构。

第三十八条 校内各民主党派、无党派人士依据法律和各自章程开展活动，参与学校民主管理。

第三十九条 学校依法设置工会、团委等群众组织，各群众组织在学校党委的领导下，依法履行各自的职责。

第四十条 学校根据工作需要，可设置、变更或者撤销学校的党委和行政部门，并可根据实际情况合理调整各部门的职能。各部门根据学校的授权，履行管理和服务职责，为全校师生员工提供优质服务，构建精细化管理模式。

第四十一条 学校附属的具有独立法人资格的单位，依据法律和学校规定实行相对独立的运营与管理。

第四十二条 学校依据国家有关规定，与其他高等学校、科研机构、国家机关和企事业单位签订协议，联合设立相关机构，开展合作办学、合作研究与技术开发、社会实践等。

第五章 教学科研机构

第四十三条 学校根据人才培养和学科建设的需要设置若干学院，并根据发展需要适时予以调整。学院可根据学校整体的发展目标和办学思路，提出设立学系、系级研究机构、院属教研室、实验室等机构的方案，报学校审批。

第四十四条 学院在学校有关规章制度范围内自主开展人才培养、科学研究、社会服务和文化传承创新等活动。学校本着事权相宜和权责一致的原则，在人、财、物等方面规范有序地赋予学院相应的管理权力，指导和监督学院相对独立地自主运行。

第四十五条 学院党委（总支）负责学院思想政治和党的建设工作，保证党和国家的各项方针、政策和学校的决定在本学院的贯彻执行，支持院长履行其职责。

第四十六条 院长是学院的主要行政负责人，受校长委托全面负责学院的学科建设、教学科研、队伍建设、行政管理、对外交流与合作等日常工作。

第四十七条 学院实行党政联席会议制度，对学院的教学、科研、人事、财务等方面的重大决策和重要事项安排进行集体讨论，表决决定或协商确定。党政联席会是学院最高决策机构，一般由院长主持。

第四十八条 学院设立以教授为主的人才培养委员会、学术委员会等专门委员会，充分发挥教授在教学、科研和管理中的作用。

第四十九条 校属研究机构是学校依据学科发展规划或重大研究任务需要而设置的、以科学研究为主要任务的学校直属机构。校属研究机构的负责人按有关程序由校长任命或聘任。

第六章 财务、资产、后勤

第五十条 学校的举办者应完善学校教育经费投入机制，保障学校办学经费的稳定来源和增长；监督管理学校依法合理地使用教育经费、国有资产，提高经费和资产的使用绩效。

第五十一条 学校经费来源以财政拨款为主，其他多种渠道筹措办学经费为辅。

学校积极拓展办学经费来源，筹集办学资金，不断加大办学投入。

对校友及社会各界友好人士的捐赠，学校本着节俭高效的原则加以使用，确保捐赠目的的实现。

第五十二条 学校实行统一领导、集中核算、分级管理的财务管理体制。建立健全学校各项财务管理制度，规范学校经济秩序；构建财务监督体系，严格控制和管理财务预算，防范财务风险，保障资金安全。

第五十三条 财政拨款、办学收入、社会捐赠等财务信息，学校按照法律、法规、规章的规定予以公开，接受有关部门和社会各界的监督。

第五十四条 学校坚持勤俭办学方针，努力节约支出，建设节约型校园，提高资金使用效益。

第五十五条 学校通过建立健全资产管理制度，加强学校资产管理，优化资源配置，提高资源使用效益，实现资产保值增值。

第五十六条 学校依据国家法律法规和学校有关规定，加强对学校无形资产的管理，维护学校的合法权益和良好形象。

第五十七条 学校后勤工作不断提高管理水平和服务质量，为教学科研服务，为师生员工服务。

第七章 学校与社会

第五十八条 学校依据国家法律法规及本章程自主管理学校内部事务，不受任何组织和个人的非法干涉。

第五十九条 学校主动接受社会监督和评价，依法实行信息公开制度，及时向社会发布办学信息。

第六十条 学校利用自身优势和办学条件，通过多种方式服务社会，推动协同创新，并积极争取各方面的支持和帮助。

第六十一条 学校利用现代化教育手段和多样化办学机制，开展多种形式的高等学历教育和非学历高等教育及培训，为社会提供多样化的优质教育服务。开展非学历教育及培训以不影响学历教育为前提。

第六十二条 学校加强与所在地方、社区的沟通与合作，根据自身条件为所在地方、社区的发展提供服务。

第六十三条 学校根据国家需要和自身能力，积极开展面向老少边穷地区的对口支援。

第六十四条 学校充分发挥教育基金会在吸引社会捐赠、募集资金等方面的积极作用，增加办学资源。

第六十五条 中国人民大学校友包括在中国人民大学（含原中国人民大学一分校、二分校）及前身学习或工作过的学生和教职员工，被学校授予各种荣誉学位和荣誉职衔的中外各界人士。

第六十六条 中国人民大学校友总会是学校依法注册成立的全国性非营利社会组织。学校建立校友工作委员会及其办公室，对校友事务实行专人管理，以多种方式联系和服务校友；优先为校友提供优质的继续教育和其他方面的服务；定期向校友通报学校发展情况与发展设想，听取校友的意见和建议。

第八章 学校标识

第六十七条 学校标识主要包括学校徽志和徽章。

学校徽志是圆形篆书人字徽标，以“人大红”为标准色，以三个并列的篆书“人”字图形为基础，寓意“人民、人本、人文”；下方有“1937”字样，代表学校建校时间；外环上方是“中国人民大学”的英文大写，下方是中国人民大学第一任校长吴玉章题写的校名。

学校徽章为印有学校徽志的圆形证章和题有校名的长方形证章。

第六十八条 学校校旗分为主旗和副旗。主旗为“人大红”色长方形旗帜，副旗为白色长方形旗帜，中央均印有学校徽志、吴玉章题写的校名以及学校英文大写的标准组合。

第六十九条 学校校歌是《中国人民大学之歌》。

第七十条 学校校庆日为10月3日。

第七十一条 学校的网址是http://www.ruc.edu.cn。

第九章 附则

第七十二条 本章程的制定和修改需提交教职员工代表大会讨论并征求意见，由校长办公会研究审议，最终由学校党委会讨论审定后，报教育部核准。

第七十三条 本章程由学校党委会负责解释。

第七十四条 本章程自教育部核准之日起生效实施。

附2：建设回归本位的大学章程，完善中国特色现代大学制度——《中国人民大学章程》制定与发布侧记

11月28日，教育部组织召开新闻发布会，正式发布了首批包括中国人民大学、东南大学、东华大学、上海外国语大学、武汉理工大学、华中师范大学在内的六校章程。

作为首批由国家主管部门核准的大学章程，从开始酝酿到正式发布，《中国人民大学章程》（以下简称《章程》）展现出的是一种“回归本位、彰显特色、专家支持、全员参与”的努力方向和永无止境、追求卓越的价值理念。

舍我其谁：十易其稿回归大学本位

“大学之道，在明明德，在亲民，在止于至善。”自古以来，大学就承载着国家兴亡、道德盛衰的社会重任。大学的精神和本质是支撑大学发展的不竭动力，紧紧抓住大学精神和本质所在，建设回归本位的大学章程，既是时代发展的客观要求，也是大学价值的自主选择。首批并以第1号《中华人民共和国教育部高等学校章程核准书》核准发布的《章程》，充分体现了人民大学在此方面舍我其谁、勇于担当的追求。

回顾《章程》的制定，7年间十易其稿，全面征求起草委员会委员意见3次，全面征求咨询专家意见3次，全面征求全校所有职能部门意见2次，先后召开各类专门会议近20次，个别征求意见和修改更是不计其数。

整个制定工作可以分为三个时期：早在2006年，在教育部的积极倡导下，学校就启动了《章程》制定工作，成立了由书记和校长挂帅的起草委员会，由知名法学、教育学教授领衔的咨询专家小组以及负责具体工作的起草小组，共同推进相关工作。2010年国家发布《国家中长期教育改革和发展规划纲要（2010—2020年）》，大力推行教育体制改革，积极倡导建立中国特色现代大学制度。2011年教育部印发了《高等学校章程制定暂行办法》，《章程》建设迎来了发展的新契机；与此同时学校的事业发展也进入新的阶段，《章程》制定的时机更加成熟，进入“提速”时期。从2012年下半年至今是“审议”阶段，学校先后将《章程》草案提交教职工代表大会、校长办公会和党委全委会审定，最后报教育部核准。2013年7月11日，在教育部部长袁贵仁同志主持的高等学校章程核准委员会第一次会议上，第一批提请教育部核准的中国人民大学等六所高校的章程接受了评议。

“推进高等学校章程建设，是教育部贯彻落实党的十八大、十八届三中全会精神和《教育规划纲要》要求，深入推进高等教育综合改革，建设现代大学制定的一项重要举措。”教育部政策法规司司长孙霄兵在11月28日的大学章程新闻发布会上说，核准首批六校章程经过了深入研究、反复论证，广泛的民主参与和严格的程序要求，此举标志着高校章程建设取得了实质性进展，对于我国高等教育改革发展意义重大、影响深远。

在探索改革高等教育管理方式、建设中国特色现代大学制度，引领我国大学章程建设步入法制化、标准化、规范化新阶段的道路上，人民大学当仁不让。而回归大学本位，守护大学精神也一直是中国人民大学章程建设工作的努力方向。《章程》制定工作从一开始就确定了“突出学校特色，守护大学精神，推进‘依法治校、民主办学’进程，为学校发展提供坚强有力制度保证，切实推进‘人民满意、世界一流’大学建设”的指导思想，坚持并不断强化学术本位、师生本位的理念：在制定过程中，保证各层面的师生都能参与其中，充分吸收他们的意见和建议；在内容方面，充分保证人才培养为先和师生的主体地位；在下一阶段的贯彻和实施过程中，也要让师生参与其中，把以学术为本、师生为本落到实处。

回溯《章程》的制定过程，陈雨露校长说，中国人民大学的章程建设始终以“回归大学本位”的理念为核心与灵魂，其目的就在于保证学校能够真正按照中国特色现代大学制度的要求，按照教育规律和学术逻辑办事，真正做到学术为魂、育人为本、师生为重。

彰显特色：光辉历史一脉传承

10月3日，中国人民大学校庆日，这一喜庆的日子正式载入《章程》，成为人大宪章的一部分，以后每年的这一天，都将成为人大人欢聚的节日。

这一日期的确定，与人民大学的光荣历史密不可分。展开《章程》，序言中写道：“中国人民大学前身是1937年成立的陕北公学，以及后来的华北联合大学和华北大学。1949年12月16日，中央人民政府政务院第十一次政务会议根据中共中央政治局的建议，通过了《关于成立中国人民大学的决定》。1950年10月3日，以华北大学为基础合并组建的中国人民大学举行开学典礼，成为新中国创办的第一所新型正规大学。1954年，被确定为以社会科学为主的综合大学和首批全国重点大学。1960年，被中央确定为综合性全国重点大学。2003年，被确定为国家‘985工程’重点建设的高水平研究型大学。”

从“新中国创办的第一所新型正规大学”到“综合大学”“首批全国重点大学”“综合性全国重点大学”，再到“国家‘985工程’重点建设的高水平研究型大学”，这段凝练的文字不仅庄重申明了人民大学的历史地位，还记载着人民大学与生俱来的光荣与使命。

大学是社会的良心，一流大学的核心理念，应当体现甚至引领社会的核心价值，对人民大学这样富有社会责任感的大学而言更是如此。对于学校与共和国同呼吸共命运的光辉历史，对于学校在76年办学历程中形成了独特的精神和传统，《章程》的制定者们从未忘记。他们把“新中国创办的第一所新型正规大学”的建校历史、“实事求是”的校训、“人民、人本、人文”的办学理念、“国民表率、社会栋梁”的人才培养目标都写入了章程。

胡锦涛同志2010年视察人民大学时充分肯定了学校“立学为民、治学报国”的办学宗旨，希望学校早日建成“人民满意、世界一流”大学。习近平同志2012年考察学校时也充分肯定学校建设“人民满意、世界一流”大学的目标……《章程》制定者时刻牢记这些嘱托，把这些重要内容都加以提炼，将“立学为民、治学报国”的办学宗旨、“人民满意、世界一流”的建设目标等体现学校核心价值追求的表述也都庄重地写进《章程》。

身为《章程》制定工作小组组长、7年间全程参与《章程》制定工作的刘向兵副校长介绍说，《章程》的内容非常注重学校核心价值追求与具体条款的呼应，例如为了突出体现“人民”“为民”理念，除了第一章“总则”中开宗明义强调学校“以人才培养、科学研究、社会服务、文化传承创新为基本职能”外，还专门辟出第七章“学校与社会”，凸显学校的社会责任，强调学校“通过多种方式服务社会”“主动接受社会监督和评价”“积极开展面向老少边穷地区的对口支援”“根据自身条件为所在地方、社区的发展提供服务”等，明确提出学校加强与所在地方、社区的沟通与合作，根据自身条件为所在地方、社区的发展提供服务，学校根据国家需要和自身能力，积极开展面向老少边穷地区的对口支援；同时，为了体现大学最本质的属性“育人”、体现培养“国民表率、社会栋梁”的理念，明确列出了“立德树人”“培养德智体美全面发展的中国特色社会主义事业合格建设者和可靠接班人”等内容，以及学校为打通本科生与研究生人才培养、打通第一课堂与第二课堂教育而创新设置的人才培养委员会及其重要职责。

刘向兵副校长认为，这些理念与人大建立之初确立的历史使命不谋而合，彰显了学校的特色和传统。学校通过制定并发布《章程》来进一步突出和宣传自身的办学特色和理念，加强全体师生员工的愿景建设，努力形成推动事业发展的持久合力，这些努力都使得我们的《章程》带有了鲜明的人大特色、人大气质。

推动改革：完善中国特色现代大学制度

关于大学章程建设对于完善中国特色现代大学制度的重要意义，靳诺书记有着自己的理解，“大学章程建设有着重要意义，我们就是要通过章程建设来更好地坚持党委领导、校长负责、教授治学、民主管理，更好地贯彻党委领导下的校长负责制，推进学校内部治理结构的改革；更好地加强学术组织的建设，让教授们通过这些学术组织来更好地行使学术权力；更好地拓展民主管理的渠道，让更多的师生员工参与到学校的管理当中。”

自2003年起，每年新春伊始，人大人都会分享自己独有的“文化年夜饭”——新年报告会，校长报告、分组讨论、提交议案、深度报道，教职工代表和全体师生会以各种形式关注一年一度的新年报告会，了解学校事业的最新进展和未来走向，这也成了师生员工共同参与学校管理的重要方式。

2007年10月，中国人民大学董事会正式成立，6年来董事会成功搭建了社会参与学校治理的平台，引入监督，推动了民主治校；同时也搭建了学校与社会联系沟通的平台，提高了学校服务经济社会发展的动力和能力。

2013年6月，在全校师生员工的共同努力下，中国人民大学正式发布本科人才培养路线图，在人才培养体系改革中面向本科教育教学推进“研究型学习制度体系”建设的理念和举措，而这一创举也是学校推进中国特色现代大学制度建设的一次有益尝试……

进入新世纪，人民大学已经在完善中国特色现代大学制度方面做出了一系列努力和探索。那么，如何把先进的办学理念和自身改革发展的现实基础紧密相结合？如何依托《章程》建设进一步完善中国特色现代大学制度？人民大学以创新的勇气回答了这一问题。

上述反映教职工参与学校管理的相关条款、董事会的作用以及人才培养委员会的设置及其议事规则等内容都写入《章程》，《章程》十分注重发挥学术委员会、学位评定委员会、人才培养委员会等学术组织在保障和推进教授治学方面的重要作用，注重发挥教职工代表大会、校务委员会、董事会、学生会、研究生会、校友会等组织机构在保障和推进民主管理方面的重要作用。

《章程》对学术委员会、学位评定委员会、人才培养委员会、教职工代表大会的职责和议事规则，对校务委员会、学生会、研究生会、校友会等的职权都做了规定。例如《章程》中对三大学术组织的议事规则做了统一的明确规定：“实际到会人数达到应到会人数的2/3以上方可召开，采取表决制做出决定，赞成人数超过应到会人数的1/2方为通过”；规定：“学院设立以教授为主的人才培养委员会、学术委员会等专门委员会，充分发挥教授在教学、科研和管理中的作用”；还明确提出“学术委员会主任一般由不担任行政职务的资深教授担任”，以此来保证学术权力的独立性，保证教授们在学科建设、人才培养、科研评审等学术活动中的发言权和决策权。

力求让所有的教职工、学生都能知晓并积极参与《章程》的制定和修改，做到集思广益，博采众长，体现作为办学依靠力量和培养对象的教职工和学生的群策性，也同样成为《章程》建设过程中的一大特色。2012年5月，来自学校各学院的236名教代会代表都收到了一份来自教代会秘书处的书面通知，就《章程》草案向他们征求意见。与此同时，学校正式印发了征求意见的通知、章程征求意见稿、教育部《高等学校章程制定暂行办法》以及学校已有的11项作为章程基本支撑的规章制度，学校主页、“数字人大”、通知公告栏全方位展示相关信息，学术委员会、人才培养委员会、学位评定委员会、教职工代表大会、校务委员会、董事会、学生会、研究生会及校友总会积极行动起来，广泛征求并及时报送基层组织和师生员工的修改意见。学校因此掀起了讨论和参与章程制定工作的热潮。

《章程》制定工作咨询专家小组组长、教育法学教授秦惠民认为，“大学章程对于学校的治理结构和制度建设有着十分重要的意义，一旦正式发布就应该成为指导学校各项工作的根本大法。”正因为如此，学校紧紧依托自身学科优势，汇聚法制史、教育法、宪法学、行政法学、公共行政学、公共政策、高等教育管理、教育政策法规等领域的著名学者和资深教授的力量为《章程》制定提供理论支持和实务指导，确保《章程》的每句话、每个提法言之有据，每个条文都与相关法律的规定相符。例如，在一次意见征求会上，行政法学专家莫于川教授提出，在教职员工义务中的“遵守职业道德”后面，应明确提出“遵守学术规范”，因为现在我国已存在一些由高校或行业组织制定的文件规定的学术规范，它们不仅仅是一种道德约束，而且逐渐被认为具有“社会法”的性质。这一建议最终得到了采纳。

莫于川教授所在的专家咨询组孜孜以求，为学校《章程》文本的起草工作提供了重要智力支持，专家们的指导性意见均在《章程》中得到了体现。在最后环节起草小组还请担任中国法律语言研究会会长的何家弘教授对《章程》文本进行了反复的审阅。

上下求索：大学章程重在制定，更重在执行

2013年11月16日，第1号《中华人民共和国教育部高等学校章程核准书》正式核准了《中国人民大学章程》，核准书中指出：“核准书所附章程为最终文本，自即日起生效，未经法定程序不得修改。你校应以章程作为依法自主办学、实施管理和履行公共职能的基本准则和依据，按照建设中国特色现代大学制度的要求，完善法人治理结构，健全内部管理体制，依法治校、科学发展。”

高校章程被视为大学“宪章”，在国际上，“立宪”推进高校制度现代化已成为共识。现在，已经有越来越多的国内高校认识到，只有通过制定学校章程，将学校的权利与义务、学校举办者与学校之间的权责关系、学校重大事务的决策程序、群众参与管理的具体形式和途径等重大事项加以规定，才能确保学校管理的民主化和科学化。

大学章程重在制定，更重在执行，章程建设最终一定要落实到推动学校事业科学发展上面。为此，学校在整个章程制定工作中增加了一个环节，命名为“章程的配套、运行和落实阶段”，也可以说是章程的铺开实施阶段。学校将按照核准书的要求，深入开展这一阶段的工作。据了解，学校将在扩大校务委员会的代表性、吸收更多学生参与学校治理等方面推出一系列措施。

为此，王利明副书记兼副校长在教育部的新闻发布会上强调，“在这个阶段，学校将重点抓好两个环节，一是要以章程为指导，进一步清理全校各类规章制度，健全以学校章程为核心的规章制度体系，这个体系一定是详尽的、全面的、具有高度可操作性的，是一套升级版的；二是要推进这个规章制度体系的执行和实施，狠抓落实，以此来推动学校内部治理结构和管理体制的改革，最终推动各项工作的开展和各项事业的科学发展。”

（摘自人大新闻网2013年12月2日）

■ 中央决定靳诺任中国人民大学党委书记

2013年4月11日中央批准靳诺同志任中国人民大学党委书记（副部长级）。由于年龄原因，免去程天权同志中国人民大学党委书记职务。

4月18日上午，中国人民大学党委书记任免宣布大会在中国人民大学逸夫会堂举行。中组部副部长潘立刚宣读了《中共中央关于中国人民大学党委书记调整的决定》并讲话。教育部党组书记、教育部部长袁贵仁，北京市委常委、秘书长、教育工委书记赵凤桐，中国人民大学原党委书记程天权，新任党委书记靳诺分别讲话。中国人民大学校长陈雨露主持会议。

中组部副部长潘立刚在讲话中指出，这次中国人民大学党委书记的调整，是党中央从中管高校党委书记队伍建设的全局和中国人民大学领导班子建设的实际出发，根据干部新老交替的有关规定、推进高校领导班子建设的有关精神，经过通盘考虑、慎重研究做出的决定。

潘立刚指出，程天权同志是我国高等教育战线的老同志，曾在三所重点大学担任过党委书记。他党性观念和大局意识强，坚决贯彻党的教育方针政策，坚持社会主义办学方向和马克思主义在高校的主导地位，自觉地与党中央保持高度一致。他热爱党的教育事业，熟悉高等教育规律和高校党建工作；党务工作经验丰富，善于做深入细致的思想政治工作；组织领导和协调能力强，处事稳妥。自2001年担任人大党委书记以来，他与党政领导班子一道，团结带领全校教职员工，积极谋划学校的改革发展，着力加强人才培养和干部队伍建设，不断推动教学科研水平提高，加强对外交流合作，积极改善校园面貌，拓展办学空间，进一步提升了学校办学实力和社会影响。他重视抓班子、带队伍，积极组织开展保持共产党员先进性教育，深入学习实践科学发展观和创先争优活动，不断地加强和改进基层党组织建设，提升干部、教师队伍整体素质，维护学校安定团结的良好局面。天权同志作风民主，认真贯彻执行党委领导下的校长负责制，发挥校党委的领导核心作用，积极地支持校长履行职责，自觉地维护班子的团结。他为人正派、处事公道、有亲和力，与学校教职员工结下了深厚的感情。12年来，他为学校的改革发展，倾注了满腔的热情，付出了艰苦的努力。天权同志为党和国家的教育事业，为中国人民大学的建设和发展做出了重要贡献。

潘立刚介绍了靳诺同志的基本情况。靳诺同志曾在中国人民大学马克思主义理论与思想政治教育专业攻读在职博士，并在高校、教育部机关和新疆维吾尔自治区任职。靳诺同志政治素质好，在重大原则问题上头脑清楚、立场坚定，熟悉高校思想政治工作，教育管理工作经验丰富，组织协调能力和开拓创新意识比较强。她工作热情高，有吃苦精神，作风民主，大局观念强，配合意识好。她为人正派，性格直爽，关心同志，要求自己严格。中央认为，靳诺同志担任中国人民大学党委书记是合适的。

潘立刚强调指出，这次中国人民大学党委书记的调整，是学校领导班子建设当中的一件大事。全校师生员工要统一思想、同心协力、相互支持、密切配合，在学校党政班子的带领下，深入学习领会党的十八大精神，高举中国特色社会主义伟大旗帜，继续秉持“立学为民、治学报国”的办学宗旨，坚定自信，增强自觉，实现自强，以良好的作风和扎实的工作，加快建设“人民满意、世界一流”大学的步伐，在我国高等教育事业振兴和经济社会发展的进程中，做出新的更大贡献。

教育部党组书记、教育部部长袁贵仁指出，中国人民大学的前身是诞生于抗日战争烽火中的陕北公学，是我们党创办的第一所新型大学，有着光荣的历史和优良的传统，在我国高等教育体系中占有特殊重要的地位，发挥着特别重要的作用。改革开放以来特别是进入新世纪以来，学校始终坚持以中国特色社会主义理论体系为指导，全面贯彻党的教育方针，大力弘扬“立学为民、治学报国”的优良传统，坚持走“内涵提高、特色强校、质量第一”的发展道路，不断深化改革、勇于创新，学科建设水平和人才培养质量明显提升，科研创新成果不断涌现，服务社会和文化传承创新能力显著增强，办学条件明显改善，党的建设和思想政治工作进一步加强。

袁贵仁在讲话中高度肯定了程天权同志任中国人民大学党委书记12年来所做的大量卓有成效的工作和表现出来的对党的教育事业、对中国人民大学高度负责的可贵品质。袁贵仁说，中国人民大学党委书记的调整是学校发展历程中的一件大事，全校师生员工要以高度的责任感和使命感，支持学校领导班子的工作，齐心协力、同心同德，把人民大学办好。

袁贵仁指出，当前，要把深入学习贯彻党的十八大精神和“两会”精神作为首要政治任务，准确把握中央对高等教育事业提出的新任务、新要求，坚持走内涵式发展道路。要充分发挥人民大学马克思主义教学研究和哲学社会科学的学科优势，大力推进理论创新、学术创新，为丰富发展中国特色社会主义理论体系，培育和践行社会主义核心价值观提供有力支撑。要坚持把立德树人作为根本任务，创新人才培养模式，提高教育教学质量，努力培养造就更多的“国民表率、社会栋梁”。要大力推进协同创新，全面提升学校科学研究、社会服务和文化传承创新能力。要立足中国国情，学习借鉴国内外高校成功的做法和经验，努力在建设世界一流大学进程中走出一条具有人民大学特色的发展之路，为实现中华民族伟大复兴的“中国梦”做出新的更大贡献。

袁贵仁指出，办好人民大学关键在把学校的领导班子建设好。希望领导班子全体同志按照社会主义政治家、教育家的要求，切实加强思想政治建设，不断提高办学治校水平，努力成为政治坚定、能力过硬、作风优良、奋发有为的坚强领导集体。要坚持和完善党委领导下的校长负责制，不断强化政治意识、大局意识、责任意识和忧患意识，倍加珍视和维护团结。要把作风建设摆在更加突出的位置，按中央八项规定的要求，联系学校实际，认真抓好落实。要完善联系群众的各项制度，深入院系，深入师生，及时了解真实情况，切实解决好实际问题。要切实加强党风廉政建设，全面落实党风廉政建设责任制，推进学校信息公开，带动整个校园更加风清气正，更加心齐气顺。

袁贵仁强调指出，学校领导班子成员特别是书记、校长要以身作则、率先垂范，不断增强职业意识和敬业精神，全身心地投入到学校的管理工作之中，始终以教育事业为重，以学校改革发展稳定为重，聚精会神、心无旁骛地推动学校建设发展，诚心诚意、实实在在地服务广大师生。

北京市委常委、秘书长、教育工委书记赵凤桐代表市委、市教育工委、市教委、市委组织部表示坚决拥护中央的决定。他说，中国人民大学有着光荣的革命传统，近年来，学校全面贯彻党的教育方针，坚持社会主义办学方向，在人才培养、科学研究、服务社会、文化传承创新等方面不断取得丰硕成果。学校各项事业欣欣向荣、蓬勃发展，同时积极支持和参与首都的改革发展，特别是在北京奥运会和新中国成立60周年庆典活动中，人大师生积极参与、无私奉献，受到各方面的高度好评。这些成绩是学校历届党政领导班子和全校师生不懈努力、共同奋斗的结果。北京市委市政府将一如既往地支持学校领导班子开展工作，努力为人民大学的创新发展做好服务工作，共同为实现伟大的“中国梦”做出重要贡献。

中国人民大学原党委书记程天权表示坚决拥护中央的决定。他满怀深情地回顾了自己在高等教育战线，尤其是中国人民大学工作期间的难忘经历和深切感悟。

程天权说，12年来，作为党委书记，他同人大党政班子的各位同志忠于党的教育方针，顾大局，识大体，精诚团结，开拓进取，一心一意为人民大学的发展奉献全部的才华与精力。

程天权指出，人大是一所伟大的学校，人大人以“立学为民、治学报国”为己任，实事求是，执着地追求真理。人大是为中华的兴盛而生的，人大人一定会永远保持谦虚与谨慎，一定会永远激荡着奋进在时代前列的勇气。

新任党委书记靳诺表示，她将与党政领导班子一起，坚决贯彻党的十八大精神和教育方针，准确把握党中央、国务院对高校发展的新要求、新任务，坚持走以提高质量为核心的内涵式发展的道路，全力实施好学校既定的“十二五”规划，把好方向、谋好大局、抓好大事，不辜负组织的信任，不辜负全校教职员工的期待。

靳诺对未来工作做了展望：一是要发扬传统，不断推动创新；二是要立德树人，不断提高办学质量；三是要以教师为本，不断提升办学治校的水平；四是要和领导班子团结协作，发挥好班子合力。

靳诺表示，有党中央的正确领导下，有教育部和北京市的关心支持，有学校领导班子的团结协作和全体师生的共同努力，中国人民大学一定会办得越来越好，一定会在全党全国人民实现伟大的“中国梦”征程中，早日实现“人民满意、世界一流”的“人大梦”。

中国人民大学校长陈雨露表示，党中央的决定充分体现了中央对中国人民大学领导班子建设和事业发展的高度重视，我们一定会全力支持靳诺书记的工作，同心同德，继续稳定高效地实现学校事业的新发展。

陈雨露强调指出，当前，中国人民大学正处于建设“人民满意、世界一流”大学历史进程的关键时期。在这一重要时刻，中央决定靳诺同志担任党委书记，对人民大学下一阶段的科学发展具有重要意义。中国人民大学将依靠全校师生的共同努力，汇聚领导班子的集体智慧，开创建设“人民满意、世界一流”大学的新局面，为我国高等教育事业的繁荣发展，为中华民族的伟大复兴做出新的、更大的贡献。

（摘自人大新闻网 2013 年 4 月 23 日）

附 1：在中国人民大学党委书记任免宣布大会上的讲话

中组部副部长　潘立刚
（2013 年 4 月 18 日）

各位老师、同志们：

受中央领导同志委托，今天，我们来到中国人民大学，宣布党中央关于中国人民大学党委书记调整的决定。

下面，我先宣读一下中央的通知。

中国共产党中央委员会《关于靳诺、程天权同志职务任免的通知》（中委 2013-245 号）

中共教育部党组：

中央批准靳诺同志任中国人民大学党委书记，免去程天权同志的中国人民大学党委书记职务。

中共中央
2013 年 4 月 11 日

这次中国人民大学党委书记的调整，是党中央从中管高校党委书记队伍建设的全局和中国人民大学领导班子建设的实际出发，根据干部新老交替的有关规定，推进高校领导班子建设的有关精神，经过通盘考虑、慎重研究做出的决定。

前两天，组织上分别与天权、靳诺两位同志谈了话。他们都表示坚决拥护中央的决定，搞好工作的交接。

中国人民大学是党中央直接关怀下创立和发展起来的一所社会主义新型大学，是我国著名的高等学府。在 70 多年的办学实践中，形成了优良独特的精神传统和实力雄厚的办学基础，培养输送了一大批优秀的人才，取得了一系列重大研究成果，为我国革命、建设和改革开放事业，做出了重要贡献，被誉为我国人文社会科学高等教育领域的一面旗帜。进入新世纪以来，学校坚定地树立以人为本的理念，坚持围绕中心、服务大局、巩固特色、开拓创新，在人才培养、科学研究、社会服务、文化传承创新等方面都取得了很大的成绩，圆满完成了“十年基础、固本强基、重塑形象”的阶段性目标，启动实施“十年腾飞”规划，向着建设“人民满意、世界一流”大学的目标不断迈出坚实的步伐。

这些成绩的取得，是在党中央、国务院正确领导和亲切关怀下，按照教育部和北京市委、市政府的工作部署，学校党政领导班子和全体师生员工共同努力的结果，是学校老领导及社会各界关心支持的结果，也凝聚了天权同志的大量心血。

天权同志是我国高等教育战线的老同志，曾在三所重点大学担任过党委书记。他党性观念和大局意识强，坚决贯彻党的教育方针政策，坚持社会主义办学方向和马克思主义在高校的主导地位，自觉地与党中央保持高度一致。他热爱党的教育事业，熟悉高等教育规律和高校党建工作，党务工作经验丰富，善于做深入细致的思想政治工作，组织领导和协调能力强，处事稳妥。

自2001年1月担任中国人民大学党委书记以来，他与学校党政领导班子和其他同志一道，团结带领全校教职员工，积极谋划学校的改革发展，着力加强人才培养和干部队伍建设，不断推动教学科研水平提高，加强对外交流合作，积极改善校园面貌、拓展办学空间，进一步提升了学校办学实力和社会影响力。他重视抓班子、带队伍，积极组织开展保持共产党员先进性教育，深入学习实践科学发展观和创先争优活动，不断地加强和改进基层党组织建设，提升干部、教师队伍整体素质，维护学校安定团结的良好局面。天权同志作风民主，认真贯彻执行党委领导下的校长负责制，发挥校党委的领导核心作用，积极地支持校长履行职责，自觉地维护班子的团结。他为人正派、处事公道、有亲和力，与学校教职员工结下了深厚的感情。12年来，他为学校的改革发展，倾注了满腔的热情，付出了艰苦的努力。

在这里，让我们为天权同志多年来为党和国家的教育事业，以及中国人民大学所做出的贡献表示衷心的感谢！相信天权同志作为学校的老领导，一定会一如既往地继续关心、支持中国人民大学的发展。

下面我向大家介绍一下靳诺同志的情况。

靳诺同志，1956年12月出生，1979年12月入党，1975年3月参加工作。她是中国人民大学马克思主义学院马克思主义理论与思想政治教育专业的在职博士研究生，曾任北京师范学院教师，国家教委思政司教职处处长、副司长，教育部社会科学研究与思想政治工作司司长，新疆维吾尔自治区政府主席助理、党组成员。2008年1月，任新疆维吾尔自治区政府副主席。

靳诺同志政治素质好，在重大原则问题上头脑清楚、立场坚定，熟悉高校思想政治工作，教育管理工作经验丰富，组织协调能力和开拓创新意识比较强。任自治区政府副主席以来，她紧紧围绕“科教兴新，人才强区”的战略部署，指导自治区中长期教育改革和发展规划纲要，组织实施学校标准化建设，积极地推动高等教育提高质量，努力推进自治区教育、科技事业实现科学发展。

靳诺同志工作热情高，有吃苦精神，作风民主，大局观念强，配合意识好。她为人正派，性格直爽，关心同志，要求自己严格。中央认为，靳诺同志担任中国人民大学党委书记是合适的。

这次中国人民大学党委书记的变动，是学校领导班子建设当中的一件大事。大家要把思想统一到中央决定上来，同心协力、相互支持、密切配合，确保各项工作衔接和平稳的过渡。

各位老师、同志们，党的十八大描绘了在新的历史条件下，全面建设小康社会，加快推进社会主义现代化，夺取中国特色社会主义新胜利的宏伟蓝图，强调要努力办好人民满意的教育，把立德树人作为根本任务，着力提高教育质量和推动高等教育内涵式发展，为民族振兴和社会进步奠定好基石。这为我们在新形势下，进一步做好高校工作指明了方向。

高校是科教兴国和人才强国的重要力量，是托举和实践伟大“中国梦”的重要力量。面对历史赋予的重大责任和光荣使命，希望中国人民大学广大师生员工在学校党政班子的带领下，深入学习领会党的十八大精神，高举中国特色社会主义伟大旗帜，继续秉持“立学为民、治学报国”的办学宗旨，坚定自信、增强自觉、实现自强，以良好的作风和扎实的工作，加快建设“人民满意、世界一流”大学的步伐，在我国高等教育事业振兴和经济、社会发展的进程中，做出新的更大的贡献。

谢谢大家！

附2：在中国人民大学党委书记任免宣布大会上的讲话

教育部部长、党组书记　袁贵仁
（2013年4月18日）

各位专家、老师们、同学们、同志们：

刚才，中央组织部副部长潘立刚同志宣布了中央关于靳诺、程天权同志职务任免的决定，并对学校的工作提出了要求。教育部党组完全拥护中央的决定，赞成立刚同志的讲话精神。

中国人民大学的前身是诞生于抗日战争烽火中的陕北公学，是我们党创办的第一所新型大学，有着光荣的历史和优良的传统，在我国高等教育体系中占有特殊重要的地位，发挥着特别重要的作用。改革开放以来特别是进入新世纪以来，学校始终坚持以中国特色社会主义理论体系为指导，全面贯彻党的教育方针，大力弘扬“立学为民、治学报国”的优良传统，坚持走“内涵提高、特色强校、质量第一”的发展道路，不断深化改革，勇于创新，学科建设水平和人才培养质量明显提升，科研创新成果不断涌现，服务社会和文化传承创新能力显著增强，办学条件明显改善，党的建设和思想政治工作进一步加强。这些成绩的取得离不开党中央、国务院的正确领导，离不开北京市市委、市政府的关心支持，离不开学校历届领导班子的不懈努力和全体师生员工的团结奋斗。

程天权同志长期担任高校主要领导职务，1995 年以来曾先后担任复旦大学、同济大学和中国人民大学三所高校的党委书记，把人生最美好的年华奉献给了我国高等教育事业。任人民大学党委书记的 12 年里，先后和纪宝成、陈雨露两位校长合作共事，与全体班子成员一起勤奋工作，抢抓发展机遇，锐意改革进取，紧密围绕中心任务抓好学校党的建设，在明确学校发展思路、加强干部人才队伍建设、完善内部治理结构、维护和谐稳定等方面做了大量富有成效的工作。他政治立场坚定，热爱党的教育事业，坚持社会主义办学方向，政策理论水平高；熟悉高等教育规律，办学治校经验丰富；工作中，恪尽职守，兢兢业业，能够时刻以大局为重；作风务实，热爱学生，关心同志，清正廉洁。由于年龄原因，天权同志多次提出退出学校领导岗位，让更年轻的同志接任，表现出对党的事业、对中国人民大学长远发展高度负责的可贵品质。在此，我代表教育部党组对天权同志表示衷心的感谢和崇高的敬意！

新任党委书记靳诺同志是人民大学培养的博士研究生，曾在高校和教育部机关工作多年，长期负责高校哲学社会科学研究、党的建设和思想政治工作以及维护稳定工作。2005 年 8 月，她作为优秀干部被选派到新疆维吾尔自治区挂职担任自治区主席助理，2008 年 1 月当选自治区副主席，今天又服从中央决定到人民大学任职。她思想政治素质好，领导经验丰富，工作有推动力，善于应对复杂局面；有强烈的事业心、责任感和开拓创新意识，视野开阔，勤奋敬业；待人诚恳，团结同志，作风民主，要求自己严格。我们相信，靳诺同志一定能够按照中央要求，不辜负人大全体干部师生的希望，与陈雨露同志一起，团结带领班子全体同志和广大师生员工，发扬中国人民大学光荣传统，继往开来，再接再厉，不断开创学校各项事业的新局面。

中国人民大学党委书记调整是学校发展历程中的一件大事，全校上下、社会各界都很关注。希望同志们以高度的责任感和使命感，把思想和认识统一到中央的决定上来，支持靳诺同志的工作，支持学校领导班子的工作，齐心协力，同心同德，把人民大学办好，让中央放心，让师生满意。当前，要把深入学习贯彻党的十八大精神和“两会”精神作为首要政治任务，准确把握中央对高等教育事业提出的新任务、新要求，坚持走内涵式发展道路。要充分发挥人民大学马克思主义教学研究和哲学社会科学的学科优势，大力推进理论创新、学术创新，为丰富发展中国特色社会主义理论体系，培育和践行社会主义核心价值观提供有力支撑。要坚持把立德树人作为根本任务，创新人才培养模式，提高教育教学质量，努力培养造就更多的“国民表率、社会栋梁”。要大力推进协同创新，全面提升学校科学研究、社会服务和文化传承创新能力。要立足中国国情，学习借鉴国内外高校成功的做法和经验，努力在建设世界一流大学进程中走出一条具有人民大学特色的发展之路，为实现中华民族伟大复兴的“中国梦”做出新的更大贡献。

办好人民大学关键在把学校的领导班子建设好。希望人民大学领导班子全体同志按照社会主义政治家、教育家的要求，切实加强思想政治建设，不断提高办学治校水平，努力成为政治坚定、能力过硬、作风优良、奋发有为的坚强领导集体。要坚持和完善党委领导下的校长负责制，不断强化政治意识、大局意识、责任意识和忧患意识，倍加珍视和维护团结。要把作风建设摆在更加突出的位置，按中央八项规定的要求，联系学校实际，认真抓好落实。要完善联系群众的各项制度，深入院系，深入师生，及时了解真实情况，切实解决好实际问题。要切实加强党风廉政建设，全面落实党风廉政建设责任制，推进学校信息公开，带动整个校园更加风清气正，更加心齐气顺。学校领导班子成员特别是书记、校长要以身作则、率先垂范，不断增强职业意识和敬业精神，全身心地投入到学校的管理工作之中，始终以教育事业为重，以学校改革发展稳定为重，聚精会神、心无旁骛地推动学校建设发展，诚心诚意、实实在在地服务广大师生。

我们相信，中国人民大学新的领导班子一定会紧紧依靠全体师生员工，全面贯彻落实党的十八大精神，振奋精神，凝聚力量，开拓创新，锐意进取，推动学校在建设“人民满意、世界一流”大学历史进程中再创新的辉煌！

谢谢大家！

附 3：在中国人民大学党委书记任免宣布大会上的讲话

北京市委常委、秘书长、教育工委书记
赵凤桐
（2013 年 4 月 18 日）

尊敬的各位老师、同志们：

刚才立刚副部长宣布了党中央关于中国人民大学党委主要领导同志任免的决定并做了重要讲话。袁部长也做了重要讲话。

对于中央的决定，我代表市委、市委教育工委、市教委、市委组织部表示坚决拥护。同时，我们要认真贯彻好两位领导同志的讲话精神。

中国人民大学有着光荣的革命传统，是我们党创办的第一所新型大学。建校以来，培养了大批高素质的优秀人才，产生了大批高质量的科研成果，为国家、为首都的发展做出了重要贡献。近年来，中国人民大学全面贯彻党的教育方针，坚持社会主义办学方向，在人才培养、科学研究、服务社会、文化传承创新等方面不断取得丰硕成果，学校各项事业欣欣向荣、蓬勃发展。同时积极支持和参与首都的改革发展，特别是在北京奥运会和新中国成立 60 周年庆典活动中，人大师生积极参与、无私奉献，受到各方面的高度好评。这些成绩是教育部正确领导的结果，是学校历届党政领导班子和全校师生不懈努力、共同奋斗的结果，其中也凝聚着天权同志所付出的心血和汗水。

天权同志政治素质强、工作经验丰富，有着很强的组织领导能力和创新精神。在担任人大党委书记期间，恪尽职守、兢兢业业、殚精竭虑，为学校的发展和首都的教育事业做出了不可磨灭的重要贡献，深受广大师生员工的信任和尊重。

由于年龄原因，天权同志不再担任党委书记的职务，但是天权同志对人民大学和首都的教育工作所做出的重要贡献，我们永远不会忘记。我们之间的深厚情谊将永远铭记在心。借此机会，我代表市委、市委教育工委、市教委、市委组织部对于天权同志表示衷心的感谢和崇高的敬意。

靳诺同志我们都很熟悉，是一位教育家，同时又是一位优秀的领导干部。我们对于靳诺同志担任人大党委书记表示热烈的欢迎和祝贺。我们相信，在教育部的正确领导下，以靳诺同志为书记、雨露同志为校长的人大领导班子，一定能够团结带领广大师生员工，认真贯彻落实党的十八大精神和习近平总书记关于“中国梦”的一系列重要讲话精神，解放思想、开拓创新，在创建一流大学的征途上不断迈出新的步伐。

市委市政府将一如既往地关心支持人大的建设和发展，一如既往地支持学校领导班子开展工作，努力为人民大学的创新发展做好服务工作，共同为实现伟大的“中国梦”做出我们的贡献。

谢谢大家！

附4：在中国人民大学党委书记任免宣布大会上的讲话

中国人民大学原党委书记　程天权
（2013年4月18日）

各位同志：

大家好！首先我坚决拥护中央的任免决定。今天对于我是一个很重要的日子，这不仅因为是我在人大工作了十二年多之后退出领导岗位，也是我连续不断在若干个高校和社会科学院的领导岗位上工作二十多年之后不再担任领导工作的日子。

回忆这个过程，我从一个普通家庭出身的孩子，从一名青年学生开始，受党和国家的栽培教育，有机会为教育研究事业做一点工作，何等幸运！何等幸福！心中充满着感激。其间如果没有各级组织的正确领导和支持，没有同事和朋友的理解和帮助，是不能想象这一路怎样走过来的。

刚才，潘立刚部长、袁贵仁部长和赵凤桐书记的讲话是组织上对我的肯定和鼓励，我非常感激。我自问一生勤勉公正，恪守党的教导，忠诚党的教育事业，爱惜知识分子，爱护青年学生，是尽心尽力的。

进入新世纪以来，正赶上我们国家改革发展新的腾飞阶段，我也正在此时千里单骑来到人民大学，人大人敞开胸怀热情地接纳了我，给了我极大的关怀与支持。人大人的博大与自强，人大人对党的教育事业的忠贞，对立德树人、对教育质量孜孜不倦的追求，都深深教育了我。党政班子的同志忠于党的教育方针，顾大局，识大体，精诚团结，开拓进取，一心一意为人民大学的发展奉献全部的才华与精力。纪宝成同志、陈雨露同志、袁卫同志、牛维麟同志、冯惠玲同志及其他各位同事以友谊、才智和努力，全力支持帮助我。如果没有这一切，人大在这十多年里就不会有令人刮目相看的新巨变，就不会有今天的声誉鹊起，就不会有人大人新的自豪与新的风貌。我由衷地感谢这个伟大的时代，感谢班子中前前后后一道工作过的每一位同志，感谢人大可敬的老师、干部、员工，感谢人大可爱的同学。

积我一生在教育一线工作的体会，我认为大学的根本任务与功能是传承文明、培育青年、培育理性、推动进步。这是国家、民族、社会、家庭、青年共同一致的意愿和长远根本利益之所在。为人民服务是人大的价值追求；风清气正、政通人和是事业发展的保证；实事求是、与时俱进是我们求真知的作风与动力。这些也是我个人工作中一贯的追求。

知识分子、知识青年是国家民族最可宝贵的财富，他们智慧勤奋，一心想报效国家人民，但由于生产方式和生活方式的原因以及认识过程上的差异，也存在着需要进步的地方。大学党委的工作就是要尊重知识、尊重人才，就是要造就有利于人才辈出的生态环境，团结、引导知识分子在社会主义道路上实现自己为人民服务的人生价值。

今天在我离开领导岗位之时，回顾过去，感到工作中存在很多失误与不足，这些已经没有机会改过了，只能请大家原谅，确信后来的同志一定会干得更好。

人大是一所伟大的学校，人大人以立学为民、治学报国为己任，实事求是，执着地追求真理。人大是为中华的兴盛而生的，人大人一定会永远保持谦虚与谨慎，一定会永远激荡着奋进在时代前列的勇气。我祝福中国人民大学，祝福所有的人大人！

谢谢各位领导，谢谢大家！

附5：在中国人民大学党委书记任免宣布大会上的讲话

中国人民大学党委书记　靳诺
（2013年4月18日）

尊敬的各位老师、同志们：

根据组织的安排，我调任中国人民大学工作，刚才潘立刚副部长宣布了中央的决定。袁贵仁部长代表教育部党组、赵凤桐书记代表北京市委分别做了重要讲话。在此，我坚决拥护中央的决定，感谢组织上对我的信任，我将忠实履职，为人民大学的发展、为党和国家的教育事业努力做出贡献。

中国人民大学是我们党自主创办的第一所新型大学，有着光荣的革命传统，深厚的人文底蕴和优良的校风、学风，是我们国家著名的高等学府。70多年来，遵循“实事求是”的校训，秉承“立学为民、治学报国”的宗旨，取得了一系列资政育人的重大成果，为党和国家的事业发展做出了重要的贡献。

近年来，老书记程天权同志带领学校领导班子和广大师生员工，推动学校事业发展，走“内涵提高、特色强校、质量第一”的道路，人民大学在改革发展中取得了优异的成绩，向着“人民满意、世界一流”大学目标迈出了重要的步伐，社会地位和国际声誉日益提高。

目前，全校上下正在全力实施教育事业发展“十二五”规划，正在向新的发展目标迈进，能在这样重要的发展阶段，加入到人民大学的行列中，与学校的领导班子成员和广大师生员工一起工作，倍感荣幸，也深感责任重大。在此，请允许我向程天权同志表示崇高的敬意和衷心的感谢。

真诚希望程天权书记在今后的工作中，继续关心学校的改革和发展，对我本人和新一届班子的工作继续给予关心、指导和支持。值此，我也向学校历任的老领导表示敬意，感谢你们为学校的发展付出的辛劳、智慧和做出的贡献，向学校广大师生员工，以及已经离休、退休的老同志、老教授、老教师表示慰问和敬意。在此，也对于学校领导班子成员和广大师生员工对我的欢迎表示衷心的感谢。

我与教育有着不解的渊源，对教育事业怀有深厚的感情，作为人民大学的校友，对学校也比较熟悉。但是从到中国人民大学工作的角度，我还是一个新兵，对组织上的信任，对大家的期待，我会倍加珍惜，也衷心希望能够得到大家的信任和支持，与班子成员和全体师生员工共同努力，把学校的工作做好。

前天，在中组部和教育部接受的任职谈话，以及刚才中组部、教育部、北京市委领导的讲话，都对学校的发展建设寄予了殷切的期望，提出了明确的要求。作为党委书记，我将与班子的成员一起，认真贯彻党的十八大精神，贯彻党的教育方针，牢牢把握高校科学发展的主线，坚持走以提高质量为核心的内涵式发展道路，准确把握中央对高校发展的新要求、新任务，全力实施好学校既定的教育事业发展“十二五”规划，把好方向、谋好大局、抓好大事，不辜负组织的信任，不辜负全校师生员工的期待。

我在这里表个态，我要同班子的成员一道，共同努力。

一是发扬传统，不断推动创新。当前我们国家进入全面建设小康社会的新阶段，对高等教育特别是哲学社会科学提出了新的课题、新的任务。人民大学作为我国人文社会科学高等教育领域的旗帜和排头兵，担负着重要的职责，理应起到引领和示范作用。我们一定要增强办好人民大学的责任感和使命感，发扬学校的优良传统，坚持社会主义办学方向，践行“立学为民、治学报国”的宗旨，坚持始终服从、服务于中国特色的社会主义事业，紧紧围绕国家经济社会的科学发展，资政育人，发挥好党和国家的智囊、智库的作用。解放思想、深化改革、加快发展，进一步巩固学校人文社会科学领域的整体优势，在坚持和发展马克思主义，研究和解决中国特色社会主义理论和实际问题中，发挥出应有的作用，努力为繁荣发展哲学社会科学做出新的贡献。

二是立德树人，不断地提高质量。培养人才是高校永恒的工作主题，是党和国家赋予高校最根本的任务，也是社会和家长对高校最关切的期望。多年来，人民大学的学生培养一直有着良好的基础，人民大学的毕业生在社会上也有着非常好的口碑。同时，面对时代的新变化、国家的新要求和学生的新期待，我们要更加重视人才培养工作，积极探索人才培养模式的创新，着力提升学生的社会责任感、创新精神和实践能力，努力办好人民满意的教育。

三是要以教师为本，不断提升办学治校的水平。教师是学校办学的主体。人民大学之所以有今天的地位和影响，是因为有一大批学风严谨、业务精湛、成果丰硕的学术大家和名师。人民大学未来的发展，取决于教师队伍的整体素质和水平，特别是要拥有一批年富力强的中青年学科带头人和学术骨干。我们要更加重视教师队伍建设，坚持以人为本，推进民主办学，努力改善教师的生活、工作条件，充分尊重和发挥教师的主人翁作用，为广大教师潜心治学、静心育人，创造良好的平台和环境。

四是要和班子团结协作，发挥好合力。领导班子是学校事业发展的火车头。人民大学领导班子有着团结合作谋事干事的良好传统。特别是刚刚卸任的天权书记，善于团结和带领班子成员，为我树立了很好的榜样，也留下了非常好的风气。我要与雨露同志一道，和班子的成员相互支持，配合好，更加重视班子的建设，坚持和健全民主集中制，按照制度规范党委工作，努力在班子内部营造团结合作、务实干事的环境和氛围。

作为党委书记，我要以身作则、爱岗敬业，把全部精力投放到管理工作岗位上来，敢于担当、务求实效；要发扬民主，主动加强与大家的沟通和交流，尊重班子成员、尊重教职员工，充分调动班子成员和广大师生员工的积极性、主动性和创造性，紧紧依靠广大师生员工做好工作；我还要加强学习，做好深入调查研究，尽快熟悉情况，努力提高履职尽责的能力；要廉洁自律、艰苦奋斗，自觉接受大家的监督，坚守共产党人的精神追求，努力做到让中央放心，让师生满意。

中国有梦，人大有梦。相信有中央的领导，有教育部和北京市的关心和支持，有学校班子团结协作，有全体教职员工和广大同学的期望和努力，中国人民大学一定会办得更好，一定会在全党、全国人民实现伟大的中国梦的征程中早日实现“人民满意、世界一流”的人大梦。

谢谢大家!

附6：在中国人民大学党委书记任免宣布大会上的讲话

中国人民大学校长　陈雨露
(2013年4月18日)

同志们：

刚才中共中央组织部副部长潘立刚同志宣布了中央关于靳诺同志担任中国人民大学党委书记，程天权同志不再担任中国人民大学党委书记职务的决定。教育部党组书记、部长袁贵仁同志高度评价了天权同志和靳诺同志，对人民大学的进一步发展做了重要讲话。

党中央的决定充分体现了对中国人民大学领导班子建设和事业发展的高度重视。在此，我代表学校党政班子和全体师生员工表示完全拥护党中央的决定。

程天权同志从2001年担任人民大学党委书记以来，深入贯彻落实科学发展观，认真执行党的基本路线和教育方针，发挥党委的领导核心作用，和纪宝成老校长一起，把握大局、抓住机遇、恪尽职守，为人民大学的发展提供了坚强、可靠的思想保证、政治保证和组织保证，带领全校教师、干部，为人民大学建设“人民满意、世界一流”大学做出了巨大的贡献。在此，我代表学校党政领导班子和全校师生员工，向天权书记表示我们最衷心的感谢和崇高的敬意。

靳诺同志政治素质好、理论水平高，历经中央部委和地方多个领导岗位，领导经验丰富、领导能力强，有很强的开拓创新意识和求真务实精神。靳诺同志曾在我们学校学习，攻读博士学位。在教育部工作期间，直接指导我校的工作，十分熟悉人民大学的校情。在此，我也代表学校党政领导班子全体和全校的师生员工，对靳诺同志回到人民大学担任党委书记表示最热烈的欢迎!

作为中国人民大学的党委书记，靳诺同志一定能够以其创新的教育理念、务实的工作作风、开拓的工作思路，为人民大学的事业发展注入强劲的动力。我们一定会全力地支持靳诺书记的工作，同心同德，继续稳健、高效地实现学校事业的新发展。

同志们，当前，中国人民大学正处于建设“人民满意、世界一流”大学历史进程的关键时期。在这个重要时刻，中央决定靳诺同志担任人民大学党委书记，对人民大学下一阶段事业的科学发展具有重要的意义。我们坚信，在党中央、国务院的坚强领导下，在教育部、北京市等有关部门的直接领导和大力支持下，依靠全校上下共同努力，汇集学校领导班子的集体智慧，中国人民大学一定能够开创建设“人民满意、世界一流”大学的新局面，为我国高等教育事业的繁荣发展、为中华民族的伟大复兴，做出人民大学新的、更大的贡献。

谢谢各位领导，谢谢大家！

■ 中国人民大学接受中央巡视组巡视

根据中央巡视工作统一部署，中央第十巡视组于 2013 年 6 月 3 日至 8 月 29 日对我校进行了巡视。这次中央巡视是对中国人民大学整体工作的一次“把脉会诊”，是对学校领导班子的一次“政治体检”，体现了中央对教育事业、对人民大学的高度重视、关心和支持，体现了对学校领导班子的信任和爱护。

一、巡视工作基本情况

2013 年 6 月 3 日，巡视工作动员会召开，中央第十巡视组正式进驻学校开展巡视工作。巡视组在人民大学工作期间，按照《巡视工作条例》有关规定，主要通过与人民大学党委领导班子成员和其他干部群众谈话，受理反映人民大学党委领导班子及其成员问题的来信、来电、来访，调阅、复制有关文件资料，听取有关工作汇报，列席有关会议等方式开展工作，并对有关重要问题进行深入了解。

9 月 26 日，巡视组向我校反馈了巡视意见，既充分肯定了学校近年来在加快建设“人民满意、世界一流”大学过程中所做的工作和取得的成绩，又严肃指出了学校在党风廉政建设和反腐败工作、惩防体系建设、执行中央“八项规定”和作风建设、贯彻执行党委领导下的校长负责制和民主集中制、干部选拔任用管理以及学校发展和管理等方面存在的突出问题，提出了明确的整改要求。

二、整改工作基本情况

中央巡视组向学校反馈意见后，学校党委高度重视，明确将整改工作作为当前和今后很长一段时间内头等重要的大事来抓，认真落实中央巡视工作领导小组和教育部党组的各项要求，抓好整改工作。

学校成立了由党委书记、校长担任双组长的整改工作领导小组，领导小组下设办公室。9 月 26 日反馈会当晚，学校即对照反馈意见逐条梳理制定了《整改工作台账》，台账含 5 大类、11 小类，共计 32 个方面的具体问题。9 月 27 日，召开党委常委会，针对台账中的 32 项问题，逐一细化明确校级分管领导、主责单位、整改要求和完成时限。9 月 30 日，向全校下发了《关于中央巡视组反馈意见的整改方案》（校党字〔2013〕40 号），要求各单位按照“明确目标、积极主动、实事求是、着眼长远”的原则和“统一思想，提高认识；加强领导，落实分工；细化任务，明确责任；扎实推进，促进工作”的要求，积极主动地落实整改各项要求，确保相关问题的集中整改按期保质完成。为期两个多月的集中整改期间，学校党委书记和校长就整改工作方案和整改过程中的相关问题，多次向中央巡视组和教育部党组汇报，得到了悉心指导和大力支持。

2013 年 11 月，学校党委在中央巡视组和教育部党组指导下，起草并反复修改、完善了《中共中国人民大学委员会关于落实中央巡视组反馈意见整改情况的报告》。12 月 11 日，正式向中央巡视工作领导小组报送了该《报告》，获得了中央领导的肯定。

三、集中整改阶段工作成效

在整改工作领导小组统一部署下，学校集中整改工作取得明显进展：召开8次党委常委会，专题研究、协调推进整改工作；召开校级整改专题办公会和协调会41次，制定或修订校级规章制度28项，截至2013年12月11日，正在研究或起草过程中的校级规章制度有30余项；整改主责部门级各类会议127次，自查整改报告81项，制定或修订部门级规章制度47项；向中央巡视办和教育部上报整改工作简报9期。

制定整改方案和落实过程中，学校充分征求各方意见，校领导和各主责部门与老领导、老教授及专家学者交流37人次，与中层干部谈心交流26人次，向347人次征求到各类意见487条，调研各类单位93家，整理、调阅档案65份，整理数据5 401条。

党委组织部和国际交流处，共收存因公护照和港澳通行证92本，因公证照零持有报告161份；因私护照、港澳通行证和赴台证414本，因私证照零持有报告280份。

纪委办公室分析排查纪检监察信访举报458件，结合巡视组移交的问题线索重点立案查处4件、调查处理一般问题31件；调查过程中，约谈涉及问题单位的主要领导和责任人30余人次，追缴违规支出23.14万元，免去相关责任人职务2人，同意相关责任人辞职2人，批评教育或做出书面检查7人。

在全校干部群众的共同努力下，《整改工作台账》列明的32项具体问题已有24项如期解决，其余8项列入中长期解决的问题，也在抓紧落实中。

我校整改工作虽然取得了一些进展，但还仅仅是整体工作改进的一个起点。学校党委决心把中央巡视反馈意见精神和党的群众路线教育实践活动的要求紧密结合起来，切实做好长期的深化改革工作。在解决当前突出问题的同时，也将着眼长远，把巡视的成果积极转化为作风建设和制度建设的成果，并进一步转化为促进学校科学发展，提升学校综合实力和核心竞争力的强大推动力。

附1：在中央第十巡视组巡视中国人民大学工作动员会上的发言

中国人民大学党委书记　靳诺
（2013年6月3日）

今天，我们在这里召开中央第十巡视组巡视中国人民大学工作动员会。这次中央巡视组到中国人民大学巡视，是经中央慎重考虑决定的，充分体现了中央对中国人民大学工作的高度重视和关心支持，充分体现了对中国人民大学党政领导班子的亲切关怀和爱护。首先，我代表学校党政领导班子和全校师生员工，对以陈际瓦同志为组长的巡视组全体同志的到来表示热烈的欢迎！

刚才，中央巡视组陈际瓦组长、中央巡视工作领导小组办公室副主任张本平分别做了重要讲话，深刻阐述了这次到我校开展巡视工作的重要意义、总体要求、主要任务和工作安排，对我们做好工作具有重要的指导意义。我们一定要认真学习、深刻领会、认真抓好贯彻落实。为此，我就配合中央巡视组的工作讲几点意见，提几点具体要求。

一、高度重视，努力提高对巡视工作重要意义的认识

建立巡视制度、开展巡视工作，是党中央在新的历史时期为从严治党，强化党内监督，严肃党的纪律，改进党的作风，保持党的先进性、纯洁性，提高党的执政能力而采取的一项重大举措。2009年，中央专门制定下发了《中国共产党巡视工作条例（试行）》，就加强党内监督，完善巡视制度，规范巡视工作做出了具体规定，提出了明确要求。党的十八大和十八届中央纪委第二次全会明确要求更好地发挥巡视制度监督作用。习近平总书记最近就加强巡视工作做出了重要指示，对新形势下建立完善巡视制度提出了新的更高要求，对于推进反腐倡廉工作，促进领导班子和干部队伍建设，加强党的执政能力建设、先进性和纯洁性建设，全面提高党的建设科学化水平，具有十分重要的意义。

高等学校担负着培养社会主义事业建设者和接班人的重任，加强高校党的建设特别是党风廉政建设具有特殊重要的意义。中央对高校巡视工作十分重视。2012年上半年，中央巡视组在浙江大学、四川大学开展了巡视工作试点，为在高校开展巡视工作探索总结、积累了很好的经验。

中国人民大学是我们党亲手创办的第一所新型大学，以创建“人民满意、世界一流”大学为目标，以培养“国民表率、社会栋梁”为己任，具有光荣的历史和优良的传统，学校的各项工作特别是在探索加强新时期高校党的建设方面，应当走在全国高校前列。2007年，教育部巡视组曾经到我校开展巡视工作，帮助学校查找和发现问题与不足，对学校的发展起到了非常积极的作用。实践证明，建立巡视制度，开展巡视工作，对于坚持党要管党、从严治党的方针，完善党内监督，保证党的路线方针政策和中央重大决策部署的贯彻落实，促进党风廉政建设和反腐败斗争的深入开展，加强领导班子和干部队伍建设，推动高等教育事业健康发展，都具有十分重要的意义。当前，中国人民大学各项事业发展势头良好，广大师生员工精神振奋，正按照新世纪初制定的“十年基础、十年腾飞”的战略规划，朝着到2021年即建党100周年之际实现“人民满意、世界一流”大学的目标努力奋斗。这次中央巡视组到中国人民大学开展巡视工作，对于我们深入贯彻落实十八大精神，进一步加强学校领导班子建设，更好地推动学校事业发展，加快“人民满意、世界一流”大学建设进程，必将起到十分重要的推动作用。对此，全校上下一定要从政治和全局的高度，认真学习贯彻中央关于加强巡视工作的精神，进一步提高对巡视工作重要性和必要性的认识，把思想和行动统一到中央的部署上来，统一到中央巡视组的要求上来，把接受巡视作为对中国人民大学整体工作的一次政治体检，作为对中国人民大学领导班子的一次政治体检，把支持配合中央巡视组工作作为学校当前的一项重要政治任务，正确对待、全力支持、积极配合做好巡视工作。

二、积极配合，确保巡视工作的顺利开展

巡视制度是党章规定的一项重要的党内监督制度。配合中央巡视组顺利完成这次巡视工作，是中央交给中国人民大学党政领导班子的一项政治任务。学校党政领导班子要切实增强对党中央负责的政治意识和党性意识，在自觉接受监督的同时，带头配合巡视组了解真实情况，如实反映在党风廉政建设、贯彻落实中央“八项规定”、严明党的政治纪律、执行民主集中制和干部选拔任用方面的情况。一是要积极主动配合巡视。中央巡视组到我校开展巡视工作，是中央的统一部署和安排，支持、配合好巡视组的工作，既是中央对我们的要求，也是我们应有的态度和应尽的责任，更是对我校各级领导干部政治意识、大局意识、责任意识的一次考验和检验。学校党政领导班子和全体干部，要本着对党、对人民大学高度负责的精神，积极支持、主动配合中央巡视组的工作。学校一定认真部署，周密安排，做好保障，努力营造良好的工作氛围，畅通信访渠道，鼓励和支持干部群众反映情况和问题；一定切实加强组织领导，按照中央巡视组要求，做好协调配合工作，协调处理好学校日常工作与配合巡视工作之间的关系，合理安排好各部门、各单位、各学院的时间，保证巡视组安排的汇报、谈话和调查等工作顺利进行，保持学校日常工作的平稳推进；按要求制定好巡视组在校期间信访工作应急预案，并成立信访工作领导小组协助处理有关工作，维护校园的和谐有序；对巡视组参加有关会议，到学校各基层单位实地考察、走访调研，查阅有关文件、档案、资料等，提供方便，创造良好条件，确保巡视工作的顺利、平稳、有序。二是要自觉接受巡视监督。开展巡视对领导干部既是一种有效的监督，也是一种积极的保护，对于一些苗头性、倾向性问题可以早发现、早提醒，起到防微杜渐的作用。希望我们每个人自觉增强接受监督的意识，全力支持配合巡视组的工作。学校党政领导班子成员首先要以身作则，率先垂范，起带头作用。要把接受巡视组监督检查的过程作为不断增强接受监督意识，提高自身拒腐防变能力的过程，作为查找问题和不足、推动和改进工作的过程，增强接受监督的自觉性和主动性。三是要实事求是反映情况。巡视工作是一项政治性、政策性很强的工作。在配合巡视工作的过程中，希望每个人本着对党负责、对学校负责、对同志负责、对自己负责的态度，讲真话、讲实话，向中央巡视组如实反映情况，对工作不拔高不夸大，对问题不回避不遮掩，切实做到实事求是、客观公正，使巡视组对我校的工作有一个客观全面、深入准确的了解，确保巡视工作取得良好的效果。

三、认真整改，充分体现巡视工作的实际效果

中央巡视组到我校巡视，既是对学校工作的监督和鞭策，又是对学校工作的支持和推动。我们要以中央巡视组巡视学校为重要契机，深入分析和总结学校的工作，认真查找工作中存在的差距和不足，深入分析存在问题的原因，认真制定和落实整改措施，明确整改目标、责任，真正使这次巡视成为推动学校各方面工作、实现学校事业发展的强大动力。一是要认真对待问题和不足。对巡视中发现的问题、差距和薄弱环节，要认真反思、严格对照、举一反三，诚恳接受批评监督，不回避问题和不足。二是要深入查找问题的原因。要针对存在的问题和不足，联系工作实际和思想实际，深刻查找和剖析问题的根源。既要查找历史的因素，更要查找当前的原因；既要查找客观的因素，更要查找主观的原因；既要查找班子集体的因素，更要查找领导干部个人自身的原因，切实把问题的真正原因、根源找到、找准。三是要认真抓好整改。在认真查找问题原因、深刻剖析问题根源的基础上，有针对性地制定整改方案，明确整改责任，细化整改任务，提出整改具体措施。学校党政班子成员要按照各自的职责分工，研究整改工作，确保整改工作落实到位。具体工作中要努力做到“三定”：要定目标，针对存在的问题与不足，确定整改的工作目标，明确整改的时间节点和具体要求，以及要达到的成效结果；要定项目，提出整改的具体项目，逐条明确各部门、各单位及领导干部本人需要整改的事项；要定责任，把整改任务细化分解到具体部门，落实到人，明确谁来抓落实、谁来抓监督、谁来抓检查，确保整改工作不走过场，取得实实在在的效果。

希望中央巡视组的各位领导和同志们，对中国人民大学的工作多批评指导，多提宝贵意见和建议，帮助学校深入查找问题、纠正不足、落实整改。相信，有中央巡视组的指导帮助，有学校党政领导班子成员和广大干部教师的积极配合，这次巡视工作一定能够顺利开展并达到预期的效果。学校领导班子要以此次巡视为契机，充分运用中央巡视组的巡视成果，进一步解放思想、深化改革、团结奋进、扎实工作，切实加强和改进学校党的建设，团结和带领全校师生员工，努力推进学校各项事业迈上新台阶，加快“人民满意、世界一流”大学建设的进程。

最后，再一次对中央巡视组来学校开展巡视工作表示热烈的欢迎和衷心感谢！衷心祝愿各位领导在中国人民大学巡视期间工作顺利，身体健康！

谢谢！

附2：在中央第十巡视组巡视中国人民大学情况反馈会上的发言

中国人民大学党委书记　靳诺
（2013年9月26日）

尊敬的陈际瓦组长、张化为副组长、玄洪云副主任、中央巡视办和中央第十巡视组的各位同志，
尊敬的王立英副部长，党的群众路线教育实践活动中央第42督导组俞亚东副组长，
各位领导，同志们：

根据中央统一部署，中央第十巡视组于今年6月3日至8月29日在中国人民大学开展了巡视工作。中央安排到中国人民大学巡视，体现了对学校的高度重视、关心和支持，体现了对学校领导班子的信任和爱护。在巡视过程中，我们充分感受到了巡视组对学校文化的尊重，对广大教职工的尊重，对学术传统的尊重，感受到了党中央始终重视和维护人民大学作为我党创办的第一所新型正规大学的

历史地位。对此，全校师生员工心存感激。我代表学校党委，对以陈际瓦主席为组长、张化为副部长为副组长的巡视组全体同志的辛勤工作、大力支持和精心指导表示感谢；对巡视组从学校实际出发，与党的群众路线教育实践活动中央第42督导组工作的无缝衔接表示感谢。在此，也要对广大教职员工从学校发展的大局出发配合做好巡视工作表示感谢。

刚才，陈际瓦组长代表中央第十巡视组向学校反馈了重要的意见，王立英副部长代表教育部党组做了重要讲话。巡视组的反馈意见客观全面，充分肯定了学校近年来在加快建设“人民满意、世界一流”大学过程中所做的工作和取得的成绩，也指出了发展中的不足。这是对学校全体教职员工最大的鼓舞、支持和鞭策，对促进学校健康科学发展具有重要的意义。巡视期间，巡视组对党和国家高度负责的精神，以及高度负责的工作态度，缜密务实、严格自律的工作作风给全校干部群众树立了良好的榜样。

在这里，我代表学校党委向中央巡视组以及教育部做一表态发言。学校上下将进一步统一思想，提高认识，按照中央巡视组的重要意见精神，尽快拿出整改方案，落实具体整改措施，把整改工作与党的群众路线教育实践活动以及学校的学科建设等各项工作结合起来，通过作风的转变、工作的改进，给中央交上一份满意的答卷，使师生员工看到实实在在的成效。

一、要进一步增强政治意识、大局意识、纪律意识，高度重视反馈意见，认真对待问题和不足，切实抓好巡视意见的落实和整改工作。

这次中央巡视是对中国人民大学整体工作的一次“把脉会诊”，是对学校领导班子的一次“政治体检”，中央巡视组严肃指出了学校在党风廉政建设和反腐败工作，惩防体系建设，执行中央“八项规定”和作风建设，贯彻执行党委领导下的校长负责制和民主集中制，以及干部选拔任用管理，学校发展和管理等方面存在的突出问题。巡视组指出的问题和不足，实事求是、客观中肯，提出的意见和建议具有很强的针对性和指导性。

对学校而言，这是一次查找和解决问题，促进加强制度建设，促进领导班子建设，促进反腐倡廉工作，促进学校科学发展的难得机遇。校领导班子要在思想上、政治上、行动上与中央保持高度一致，在原则问题上旗帜鲜明，把中央的要求贯彻整改工作始终，认真研究分析解决存在的问题，制定好整改措施，并确保落实。

抓好整改落实是学校全体领导班子成员共同的责任，学校每位党组成员都要从分管工作上查摆剖析问题，积极承担整改责任，结合任务分工抓好相关整改工作。对于巡视组的反馈意见，学校党委将结合正在开展的党的群众路线教育实践活动，认真对照检查，逐项研究，逐条整改，逐件督促，确保整改取得实效。昨天，在中央巡视组听取了有关巡视情况的意见后，学校即就有关整改工作制定了日程表。今天的反馈会结束后，校领导班子和有关部门将连夜加班，制定出整改措施的框架。明天将召开党委常委会，成立整改专项工作领导小组，就整改思路和措施进行研究，明确责任，形成方案，对需要解决的问题逐一列出“台账”，制定出解决“时间表”，限定最终完成时间。

整改措施将明确近期、中期、远期目标。对于近期能够解决的问题，要抓紧时间尽快解决；对于中期、远期解决的问题，要制定出具有可操作性的实施方案。通过工作，使中央看到学校整改的决心，使广大教职员工不断看到变化。两个月之内，学校将按要求将阶段性整改情况报送中央巡视工作领导小组，接受巡视组对整改落实情况的监督检查。

二、结合中央此次反馈意见，学校将根据整改方案，突出重点，分步骤，稳步有序落实整改措施。

一是切实贯彻实施好党委领导下的校长负责制并贯彻落实好民主集中制。

中央巡视组反馈意见中的很多问题是制度层面的，对学校加强制度建设提出了一系列新的要求。在高等教育改革发展中，建设中国特色现代大学制度要求切实加强民主集中制，实施好“党委领导下的校长负责制”，充分发挥党委的领导核心作用。加强民主集中制，就是倡导民主作风，加强集体领导。学校要坚持落实党委常委会、校长办公会、校务委员会、学术委员会、教职工代表大会等会议制度，自觉贯彻“集体领导、民主集中”的基本原则，促进民主集中制的贯彻执行，促进党内生活的严格规范，促进党性基础上的团结，切实提高领导班子发现和解决自身问题的能力，确保集中指导下的民主不走样，民主基础上的集中不越轨。

教育部正在推进的大学章程制定工作是中国特色现代大学制度建设的重要切入点。作为教育部核准的第一批发布大学章程的六所学校之一，学校将以此次中央巡视为重要契机，在中国特色现代大学制度建设上积极探索，坚持“党委领导、校长负责、教授治学、民主管理”，通过教授治学和民主管理体现学科建设在学校发展建设中的龙头地位，坚持依法治校，实行科学管理，切实贯彻落实好“党委领导下的校长负责制”和“民主集中制”。

二是进一步加强党风廉政建设和反腐败工作。

中央巡视组的反馈意见反映出学校在党风廉政建设和反腐败斗争方面存在比较突出的问题，要充分认识到问题的危害性和严重性。学校将结合党风廉政建设工作实际，切实加强对重要部门、关键岗位的监督，依法依规加大加快对违纪违法问题的查处。在廉政风险防范方面，我们将根据巡视组的反馈意见，对财务管理体制、领导干部薪酬管理、科研经费管理、自主招生等方面进行重点监督，并切实加强惩防体系建设。

学校将通过廉政风险防控体系规范权力运行，使领导干部慎重用权、有限用权、公正用权。同时，切实健全权力运行制约和监督体系，拓宽监督的渠道和途径，强化监督制度建设。通过加强师德师风建设和学术道德建设，深化校园廉政廉洁文化建设，营造人民大学“领导廉洁、干部敬业、教师重教、学生向学”风清气正的校园环境。

三是进一步认真贯彻落实中央“八项规定”。

中央巡视组的反馈意见表明，学校在深入贯彻落实“八项规定”方面的工作还需要不断加强。学校将根据中央巡视组的建议，进一步规范出国管理工作，抓紧制定年度因公出国计划，严格控制经费和规模；严格督查和处理个别院系、直属单位存在的公款吃喝和送礼等现象；加强财务监督，规范各类收费的管理和使用。结合群众路线教育实践活动的开展，学校要进一步将贯彻落实中央“八项规定”同反对“形式主义、官僚主义、享乐主义和奢靡之风”这“四风”紧密结合起来，深入查摆、认真梳理领导班子和领导干部在“四风”方面存在的突出问题，针对巡视组指出的问题“对号入座”，画好“自画像”，深入剖析问题实质、根源和危害。

结合正在开展的党的群众路线教育实践活动，学校将根据日前习近平总书记在参加“河北省委常委班子专题民主生活会”时的讲话精神，组织好校院两级领导班子的民主生活会，明确努力方向和改进措施，深化对群众路线的本质要求和价值取向认识，力争从根源上触动深层次思想作风问题；坚持对照“四风”，从巡视、纪检、组织、审计、信访反映的情况和师生员工提出的具体意见中查找问题，坚持边学边改；坚持治标和治本相结合，既注重解决当前突出问题，又立足学校长远发展，在理想信念、宗旨意识及健全完善体制机制等方面下功夫，努力做到学校的发展依靠师生，学校的管理行政工作服务于师生。

四是进一步加强干部队伍建设。

中央巡视组反馈的情况表明，学校教职员工对干部管理和任用工作有意见，有不满意。对干部队伍建设中存在的问题，群众反映比较强烈。对此，我们一定严肃对待。以此次巡视意见精神为契机，从学校的事业需要出发，贯彻习近平总书记最近在全国组织部长工作会议上的讲话精神，切实坚持正确的选人用人导向，加强干部队伍建设制度化。

整改中，要落实干部任期制，对长期未交流的干部尽快安排交流；对教职员工反映强烈的个别干部要对其岗位予以调整；改革职称评聘制度；对行政管理岗位转教学岗位要严格标准，规范程序。学校要通过改进工作机制，完善制度建设，进一步提高干部队伍的整体素质，要求每个干部都要回答和解决好“为了谁、依靠谁、我是谁”的问题，努力建设一支“作风正、素质高、结构好、执行力强”的管理干部队伍，切实维护好教师在办学中的主体地位，为人民大学在新的发展阶段的科学发展提供可靠的组织保证。

五是采取有效措施解决突出问题。

在这次中央巡视工作中，反映出学校有一些突出问题亟须解决。学校领导班子一定要从党和国家大局的需要出发，从全校教职员工的期盼出发，按照建设中国特色现代大学制度的要求，充分调动院校两级干部和广大教职员工的积极性，充分发挥校务委员会和教职工代表大会的作用，认真对待师生员工感受最直接、反映最强烈的问题。凡是能及早解决的就尽快解决，对于一时难以解决的，一方面要向教职员工做好说明，另一方面要积极创新思路、创造条件努力解决好。

学校各级领导班子都要坚持从自身做起，认真调查处理反映突出的问题，要让师生员工不仅有地方说话，说的话有人听，更要有回应。要做到积极主动，力争做好。多做雪中送炭的工作，少做锦上添花的事情，切实让教职员工看到希望，感受到变化和不同。尤其是对反馈意见中重点提到的招生、出国出访、财务管理、领导干部薪酬管理等方面有关问题，我们将尽快研究，提出意见。特别是要提高自主招生和特长生录取的公开度和透明度，使学校的各项工作都成为“阳光工程”，得到广大师生和社会的广泛信任。

六是认真研究、逐步解决学校在发展和管理中存在的问题。

中央巡视组认为，学校要针对问题认真研究分析，抓早抓小，确保整改实效。在工作中，我们要充分体现按教育规律办事，尊重师生意见，充分发挥教授治学、民主管理的作用；既要建设高效科学的行政管理体系，又要坚持“以学术为魂、以师生为本”，下大力气克服学校管理中的行政化倾向。要进一步规范科研经费管理，改进作风，增强服务学科建设、服务师生员工的意识。要深入调查研究并采取切实可行的措施，进一步巩固和发展学校马克思主义学科的传统优势和特色。

在解决当前突出问题的同时，也要着眼长远，力争为学校未来发展打好基础。要把巡视的成果转化为作风建设和制度建设的成果，把作风建设和制度建设的成果转化为促进学校学科发展，提升学校综合实力和核心竞争力的推动力。学校相关职能部门和各学科、各学院要形成合力，积极吸引师生的参与，通过深入调研和具体分析，在政策层面上形成一批具有可操作性的成果。

中央开展的巡视工作是涉及执政党全局的一件大事，这次中央巡视组到中国人民大学开展巡视，对加强学校领导班子建设，提高党风廉政建设科学化水平，加快建设“人民满意、世界一流”大学是强大的动力，对于学校领导班子统一认识，全校上下增强凝聚力具有重要作用。下一阶段，我们要把中央巡视意见精神和教育实践活动的要求结合起来，落实好整改工作，真正把巡视成果转化为推动学校科学发展的强大动力，使巡视的成果和教育实践活动的成果成为学校发展过程中的一笔宝贵财富。

相信这次巡视对于全校上下理顺情绪，形成共识，弘扬光大学校优良传统，完善现代大学制度建设，促进学校科学发展和谐发展具有重要意义；对于人民大学轻装上阵，实现“十年腾飞”具有重要意义。相信，若干年后再回首这段经历，我们一定会对中央在学校发展的关键时刻，做出这一重要举措的价值和意义有更深刻的认识。我们将凝心聚力，摒去浮躁，自信从容地面对创建一流大学进程中的竞争，全面加快推进世界一流大学建设的步伐，为把我们党“亲手创办的第一所新型大学”建设成特色鲜明的世界一流大学做出努力，向党中央提交一份满意答卷！

■ 中国人民大学重大国际交流活动

2013年，学校根据五大战略和《中国人民大学全面提升国际性规划纲要及实施细则》发展步骤，高层次国际交流不断，学校国际性显著提升。2013年，外国政要和一流大学校长来访频繁，学校的国际知名度和影响力进一步提升：9月、10月，芬兰总理于尔基·卡泰宁（Jyrki Katainen）、澳大利亚总督昆廷·布赖斯（Quentin Bryce）先后访问学校并发表演讲。5月、9月、10月，美国肯恩大学校长达伍德·法拉希（Dawood Farahi）、澳大利亚堪培拉大学校长斯蒂芬·帕克（Stephen Parker）、爱尔兰都柏林大学校长休·布雷迪（Hugh Brady）先后来校访问并商谈合作项目。

附1：芬兰总理卡泰宁访问中国人民大学并发表演讲

9月10日下午，芬兰共和国总理于尔基·卡泰宁访问中国人民大学，并发表题为《芬兰与欧盟前景展望》的演讲。

卡泰宁总理在演讲中介绍了芬兰的自然环境、人文环境以及政治经济发展的基本情况。他指出，芬兰高度重视教育对于国家发展的作用，教育应当为每一个人所享有，以激发人类的创造性，使人们更好地理解世界的变化并更好地改变世界。他同时强调，芬兰重视民众的自由权利，每个人都应该平等地享有权利，包括医疗和教育等各种社会保障和社会福利，而公共经济的有效运行为此提供了有力支持。

卡泰宁总理表示，当今世界经济发展面临着突出的环境和资源问题，希望能够推动芬兰在清洁技术使用方面与中国的合作。他指出，在后危机时代，中国与欧盟的合作显得更为重要。中国是欧盟的第三大贸易伙伴，在各个领域都存在很多发展机会，同时，中国的经济规模很大，对可持续经济和可持续产业有很大需求，尤其是在水处理、生物燃油、节能降耗、城市规划等清洁技术方面。对擅长提供清洁技术解决方案的芬兰企业而言，将迎来广阔的发展空间。

卡泰宁总理演讲在国学馆举行，由中国人民大学校长陈雨露主持，芬兰环境部部长维勒·尼尼斯托（Ville Niinistö）致辞。

尼尼斯托部长在致辞中表示，清洁技术正成为世界性的增长引擎，各国政府必须采取措施开发新能源。在中国，对环境保护的重视程度正不断增强，在中国的这段时间里，他对中国政府在环境保护方面所做的努力有深切感受。中芬两国在清洁技术方面加强合作，既是环境保护的需求，也是经济发展的需要。

“美欧贸易协定的利弊及其对芬兰发展的影响如何?”演讲会上，国际关系学院教师王义桅就此向卡泰宁总理提问。随后，法学院本科生赵小砚、国学院硕士研究生黄原一以及来自经济学院、国际关系学院等院系的师生分别就“芬兰的科技创新力和制造力与教育背景及相关政策的关系”“如何培养大学生的创新能力”“芬兰如何克服自身不足，在欧债危机中稳定自身经济”“芬兰对于传统企业的政策及其与自由贸易的关系”“关于中国经济发展的建议”“美丽北京计划”等问题与卡泰宁总理做了交流。

演讲会前，中国人民大学校长陈雨露会见卡泰宁总理，就进一步推进中芬两国的教育、文化交流做了交谈。

陈雨露校长介绍说，中国人民大学是新中国历史上第一所新型正规大学，在人文科学、社会科学和管理科学领域均位于中国最前列，在教育部学位中心组织的三次学科评估中排名第一的一级学科数均居全国第三，目前有9个一级学科排名全国第一，学校致力于培养具有全球视野、责任意识、跨文化沟通能力的杰出人才，在国家经济、社会、文化发展中发挥了重要作用。近年来，学校多措并举全面提升国际性，广泛开展国际交流与合作，与芬兰高校间的友好合作也在不断深化。

陈雨露校长回顾了2006年访问芬兰高校的经历，表示人民大学十分重视与欧洲著名大学包括芬兰高校之间的合作，卡泰宁总理的演讲将吸引更多人大学子到芬兰访问和学习，也必将推动双方合作进入新的阶段。

卡泰宁总理表示，非常高兴有机会到人民大学访问并与人大师生交流。芬兰一直致力于提升国际化开放程度，并推动创新发展。创新是人民的创造力，而创造力首先依赖于一个多元化的环境。中芬双方的交流合作对于推动未来发展具有重要意义，希望在芬兰看到更多的人民大学学生，并以此吸引更多芬兰学生来到人民大学学习，从而推动双方的文化交流。

卡泰宁总理特别顾问万斯卡（Antti Vänskä），芬兰外交部亚美司司长卡库（Elina Kalkku），芬兰驻华大使馆公使高宝兰（Paula Parviainen），芬兰驻华使馆教育参赞狄明嘉（Mika Tirronen）等陪同访问人民大学并参加会见。

中国人民大学副校长杨慧林陪同会见。学校办公室主任纪红波，国际交流处处长、农业与农村发展学院院长唐忠，环境学院院长马中，国际关系学院执行院长兼党委书记陈岳参加会见。

中国人民大学与芬兰高校间保持着长期友好合作，20 世纪 90 年代以来，先后与图尔库大学、赫尔辛基大学和拉普兰大学建立了校级合作关系，并开展了校际学生交换项目。自 1987 年至今，共有 92 名芬兰籍留学生从中国人民大学毕业或结业。近年来，双方校级互访频繁，并在法学、商学、艺术、国际关系等领域开展了院际合作。2006 年，赫尔辛基大学孔子学院成立，中国人民大学是中方合作伙伴。目前每年均有芬兰学生在中国人民大学就读或者参加暑期学校学习。

（摘自人大新闻网 2013 年 9 月 11 日）

附 2：澳大利亚总督昆廷·布赖斯访问中国人民大学并发表演讲

10 月 17 日上午，澳大利亚总督昆廷·布赖斯访问中国人民大学，参观澳大利亚研究中心，并发表题为《中国的澳大利亚研究》的演讲。

布赖斯总督在演讲中指出，中国人民大学是中国人文社会科学领域的最高学府之一，中国人民大学澳大利亚研究中心十分活跃且具有广泛影响力。她谈道，人民大学一批教授学者赴澳大利亚求学、工作，并于回国后开展相关教学研究活动，这正是中国与澳大利亚紧密联系的例证，也是过去几十年间两国友谊发展的缩影。她认为，正是无数有志于国际交流的中国青年学生共同缔结了国家之间交流的纽带，增进了相互之间的理解与信任。

布赖斯总督与师生们分享了两天来在北京和天津的访问经历。她表示，从中领略了古老中国的文化魅力，感受了中国的现代化成就，今天与青年一代畅谈共同的未来，更对两国美好的合作前景充满信心。希望今后有更多的中国青年到澳大利亚学习交流，澳大利亚也将继续鼓励本国青年到亚洲了解当地的文化，以扩大和深化澳大利亚与亚洲在文化、技术等领域的多层次交流。

演讲前，中国人民大学党委书记、校务委员会主任靳诺会见布赖斯总督，就推进中澳两国教育和文化交流做了交谈。

靳诺书记介绍说，中国人民大学澳大利亚研究中心是中国在澳大利亚研究领域开设最早、规模最大、影响最广的机构，作为集科学研究、人才培养、国际交流于一体的综合性平台，在中澳两国民间文化交流中发挥纽带作用。作为中国人文社会科学高等教育和研究的重要基地，人民大学十分重视和支持澳大利亚研究中心发展，以此推动两国文化和人文社会科学领域交流。靳诺书记向澳大利亚驻华使馆对于中心建设给予的大力支持表示感谢，对布赖斯总督作为杰出女政要做出的卓越政绩表示钦佩，相信布赖斯总督本次到访必将促进中澳两国文化教育交流。

布赖斯总督指出，人文交流在国家交往中具有重要作用，青年学生之间的交流尤为重要，他们通过共同学习和生活结下的友谊，有助于增进不同文化背景人民的相互理解，对于推进国家之间的政治、经济、文化交流大有助益。她表示，澳大利亚非常重视中文教育和学习，中文已经成为澳大利亚的第二大语言。目前，在澳大利亚的中国留学生人数众多，他们学业出色，受到澳大利亚学生的敬佩。同时，非常高兴看到澳大利亚研究在中国得到蓬勃发展，希望有越来越多的澳大利亚学生来到中国进行学习和研究。

布赖斯总督此行是应国家主席习近平邀请来华进行国事访问。在中国人民大学访问期间，布赖斯总督参观了澳大利亚研究中心，并与来自中国人民大学、北京大学、清华大学、北京外国语大学的师生以及澳大利亚在华留学生交流。

在明德国际楼举行的演讲会上，中国人民大学外国语学院党委书记、澳大利亚研究中心主任张勇先在主持辞中朗诵了澳大利亚著名诗歌“My Country”，分享了对于澳大利亚语言文化的理解，表达了增进中澳两国交往交流的美好愿望。澳大利亚研究中心教师李平、法学院博士研究生李响、国际关系学院博士研究生任若玚等师生分别就“布赖斯总督眼中的中国关键词”“对中国青年一代的印象”“我们应为维护女性权利做出怎样的努力”“对澳大利亚移民的看法”“澳大利亚是否会由联邦制走向共和制国家”“两国青年交流途径与未来”“布赖斯总督青年时代的职业梦想”等问题与布赖斯总督做了交流。

在澳大利亚研究中心，二年级硕士研究生张鸿陪通过计算机图文演示，介绍了中心教学科研、文化交流和社会影响力等有关情况。布赖斯总督对中心的发展和取得的成果表示肯定，希望中心继续为推动中澳文化交流发挥积极作用。

布赖斯总督丈夫迈克尔·布赖斯、澳大利亚驻华大使孙芳安、总督秘书 Stephen Brady AC、总督办公室活动经理 Nathan McKenzie、澳大利亚驻华使馆教育科研公使衔参赞 Cathryn Hlaka 等陪同访问并参加会见。中国驻澳大利亚大使马朝旭、中国人民大学副校长伊志宏出席会见及访问。澳大利亚驻华使馆官员参加访问活动。

中国人民大学与澳大利亚莫纳什大学、昆士兰大学、麦考瑞大学等多所高校均保持着长期友好合作和校际学生交流，已与澳大利亚 8 所高校签署合作协议。从 2012 年起通过校长奖学金项目共派出 23 名学生在澳高校学习一年，从 2011 年起共有 4 名中层干部和中层后备干部在澳高校完成为期三个月的挂职培训项目。自 1984 年以来，中国人民大学共培养 88 名澳籍留学生，目前有 2 名澳籍学生在读。

中国人民大学澳大利亚研究中心成立于 1999 年，是一所以研究澳大利亚社会、文化及澳大利亚英语为特色的研究与教学机构。秉承“帮助更多的人了解澳大利亚”的宗旨，中心已培养研究生 70 余名，举办了十二届“澳大利亚文化周”，出版了《澳大利亚与亚洲》《英语发展史》《我看中国》《澳大利亚研究纪念文集》等大量相关领域著作，并与北京大学、清华大学、北京外国语大学、迪肯大学、墨尔本大学等多所大学和学术机构广泛建立了友好合作关系，与多位国内外著名学者保持学术往来。

（摘自人大新闻网 2013 年 10 月 18 日）

附 3：WTO 总干事拉米访问中国人民大学发表演讲 陈雨露校长会见拉米

3 月 22 日上午，世界贸易组织（WTO）总干事帕斯卡尔·拉米访问中国人民大学并发表演讲。中国人民大学校长陈雨露与拉米会见，就世界贸易组织与人民大学开展研究合作交换意见。

陈雨露校长向拉米总干事介绍了中国人民大学的发展历史、学科特色和办学规模，结合学校参加

2012年全国一级学科评估的相关情况，重点介绍了人民大学为引领和推动中国人文社会科学发展所做出的努力和取得的成效。他表示，伴随着中国的发展，中国人民大学进入了一个新的发展时期，加强学科建设、提升人才培养质量和提升国际化水平是学校当前及未来工作的战略重点。拉米先生的到访是学校实施全面提升国际性战略的重要篇章，希望能够充分发挥学校的学科优势，更广泛、深入地与世界贸易组织等重要国际组织开展合作。

拉米总干事表示，中国人民大学是中国最重要的大学之一，衷心祝贺学校取得的优异成绩，并表达了世界贸易组织与人民大学在相关领域开展研究合作的意愿。

在随后于经济学院大讲堂举行的演讲中，拉米总干事回顾了世界贸易组织自1995年成立以来的发展历程，在促进国家间自由贸易和降低关税水平等方面所发挥的重要作用，同时指出，要通过改革与创新为世界贸易组织注入更强大的动力。

拉米总干事分析说，当前全球多边贸易体制面临着严峻挑战，主要体现为：随着国际贸易格局变化，世界贸易组织权利结构发生变化，新的平衡机制有所滞后；全球生产模式转变对国家贸易政策制定提出了新的要求；全球贸易规则如何跟进贸易增长发展步伐适时调整；双边及区域性自由贸易协议的发展对世界贸易组织产生影响。

他形象地将WTO比喻成一辆年代久远的大巴士，而PTA（特惠贸易协定）是新潮的小汽车，“虽然WTO前进得很慢，却忠诚地向所有成员国提供可靠的服务。WTO现在要做的只是要变得更加有效率”。

拉米总干事还与人大师生现场交流，就多哈谈判面临的困境、美国在WTO的角色、WTO贸易摩擦解决机制等问题做了讨论。经济学院院长杨瑞龙向拉米总干事赠送了在海外出版发行的《中国宏观经济分析与预测报告》。

中国世界贸易组织研究会会长、商务部原副部长、中国常驻世界贸易组织代表团首任常驻代表、中国常驻世界贸易组织代表团特命全权大使孙振宇，中国世界贸易组织研究会常务副秘书长任以锋一同出席访问和演讲活动。世界贸易组织总干事办公室参赞王晓东陪同来访。中国人民大学副校长伊志宏、国际交流处处长唐忠、经济学院院长杨瑞龙等参加会见。

拉米总干事此次是应中国世界贸易组织研究会会长孙振宇邀请来访的。2010年，中国人民大学成立世界贸易组织法研究中心，世界贸易组织相关机构成员受聘担任顾问；2011年，中国人民大学代表团访问世界贸易组织总部，拉米总干事与代表团就开展人员交流、合作研究、学生实习、合作出版等事宜进行了探讨。

（摘自人大新闻网2013年3月27日）

专　文

■ 重要讲话、文章

在 2013 年新年报告会上的讲话

中国人民大学校长　陈雨露
(2013 年 1 月 10 日)

各位老师、同学们：

首先向大家问新年好！

在大家的共同努力之下，2012 年人民大学继续在向前快跑。刚才冯惠玲常务副校长代表学校报告了这一年学校事业发展的一些大的事情、新的事情和亮点的事情，报告讲得很清楚，信息量很大，非常鼓舞人、激动人心，我完全同意。

在程天权书记最后做总结讲话之前，在冯惠玲校长刚才做的报告的基础上，我想向大家再报告两点。第一，2012 年的总结，最想跟大家说的事情。2012 年是继往开来的一年，我们国家虽然经历了很多事情，但是和世界主要大国一起完成了既定的政治议程，进入了一个新的发展时期。人民大学也和北京大学、清华大学、北京师范大学等等国内重要院校一样，经历了一个继往开来的过程。面向学校的未来发展，我们坚持三个不变。一是建设“人民满意、世界一流”大学的战略目标不变；二是“立学为民、治学报国”的办学宗旨不变；三是新世纪“十年探索、十年腾飞”的发展节奏不变。关键是我们怎么落实，这是一个巨大的任务，也是一个必须要完成的任务。学校领导班子共同认为，“十年腾飞”艰巨任务的完成，我们依靠两个基点。

一个方面是要依靠我们的比较优势，就是人民大学的优良学风。我们要依靠群众路线，依靠我们的师生，从师生当中来到师生当中去。非常感谢我回到学校之后，我们的老同志、各个学科的老师、管理部门的同志，还有我们的同学，在各种场合以各种形式所提出的宝贵的建议。没有这些好的建议就不可能有75周年校庆的新模式，就不可能让我知道我们应该为大家办些什么样的实事，也就不可能知道人民大学发展的战略重点应该在哪里。

我们要依靠、要坚持、要坚守实事求是的校训，这是75年来我们非常重要的精神财富和思想路线。确实这四个字影响了一代又一代的毕业生，这是我们非常重要的一个法宝。

我们要倡导和形成团结友爱的风尚，非常感谢我们的学生社团，正是因为大家的提议我们才通过义卖设立600多万元的关爱师生基金。涓涓爱心溪流汇成关爱老师的基金，现在由我们的老师代表、同学代表组成的委员会在负责正常运行，把钱用到该用的地方去。它确实让我们团结友爱的风尚在2012年找到了一个非常好的支点、一个载体、一种表现形式。也非常感谢后勤的同志，在最短的时间里克服了各种各样的困难，建好我们的教师中心餐厅，每天中午看到老师在那儿能够吃得好、能够聊得好，满面春风，我们都感觉大家心情舒畅了，会产生很大的促进学校发展的动力。

也感谢我们的老师们，尤其是老教师们对于青年教师的理解。学校坚持要想尽一切办法在未来十年的发展当中，改造好老校区，建设好新校区，同时工资薪酬也要涨。在这一次涨薪过程当中，我们没有完全按照原来的工资级差来涨，而是努力向低工资、向青年教职员工有所倾斜。现在40岁以下的青年教师占学校的60%多，已经成为学校发展的主力军，而且也代表着学校发展的未来。大家赞成对他们多照顾，体现出我们学校团结友爱的风尚一天比一天更好。

我们要坚持理论联系实际的学风，这也是我们从延安走来的时候所带来的优良的学风的禀赋。2012年我们有1 000位同学到100个中国的乡村去调研、去体验，这是很重要的。因为我们只有14%的同学来自农村，85%以上的同学，不太知道占中国人口多数的农村地区究竟是一个什么样子，农村民生的状况是什么样的。回来之后听他们的汇报会，我们非常欣喜、非常欣慰地看到我们的学生开始在冷静地考虑一些中国特有的问题、深刻的问题。

百位教授2012年走进了北京的社区，去做百场公益讲座，很多街道、很多办事处都表示非常激动，说这么多年还没有像人民大学这样著名大学的教授能够来到他们街道里面来给他们讲世界的事情，讲中国的大事情。

同时我们要发扬人民大学务实实干的作风，这种工作作风人民大学是有基础的。我们在新一届的中央领导集体倡导为民务实和清廉的感召之下，要继续向前做得更好。2012年的“1020行动计划”中“20”实际上就是根据大家的呼声所做的办20件实事行动。除了有一项因为有一些特殊的原因在3月能够完成之外，基本上都做到了。现在正在做“1320”办实事的计划，就是2013年20件实事。我想每年都这样做下去，这样人民大学实干的作风、创造性的实干的作风就能够得到持续，就能够养成一种习惯，就能成为我们重要的优良学风的有机组成部分。

另外一个方面是在坚持战略方向不变的情况下，要依靠、找准战略重点，也就是说要把有限资源用在刀刃上、用在节点上。

在大家共同讨论形成的共识中，要实现“人民满意、世界一流”大学和“十年腾飞”的发展战略重点，应该集中在五点。

一是人才培养体系的改革。就是按照2012年6月19日习近平同志视察人民大学的时候所提出来的，希望人民大学能够造就更多的厚重型的人才。我们高兴地看到，2012年在形成改革路线图的同时，已经先行推出了党员先锋营，也就是我们新生300多位党员所组成的中国人民解放军的炮兵预备役营。同时实行新生研讨课、新生导师制度，认真选拔 179 位优秀教师，作为同学人生的引导、学业的引导。在同学进入人民大学的校园，最需要有人生引导和学习引导的时候，人民大学最优秀的教授们正在等待着他们。我看到我们的老师所写的总结，我觉得老师还是付出了很多，同学在这个过程当中也收获了很多，所以我们迈出了非常重要的一步。

二是国家一流智库建设。在学校的高水平科研当中，智库的建设是未来十年要抓的一个战略重点。智库建设的需求很迫切，同时人民大学是最有条件建成国家智库的高校。在经济、政治、文化、社会和生态文明五大建设当中，面临的大问题、真问题、难问题，比比皆是。中央的决策迫切需要智库意见的参考，这可以让出台的政策不至于走弯路，不至于很被动。人民大学在人文社会科学领域当中，学科是最完整的，而且都是在高起点上。

中国面临的改革进入深水区，面临的问题需要多学科合作协同，以问题导向来解决。“2011 计划”对于人文社会科学来讲究竟意味着什么，学校想来想去就是要做解决中国真问题的智库建设。通过跨学科研究、先进的方法论来献计献策，要献高招，来化解这些问题。目前在破题方面、组织方面，学校已经走到了全国前列。

三是国际性的提升。在国际性的提升方面，2012 年有一些重要的国际性进展。国际小学期已经连续举办四年，去年在北京市教学成果奖的评审过程中，获得特等奖，并将继续申请国家级的特等奖。国际小学期是有创造性的、提升国际性的重大制度性创新。国际小学期的质量一年比一年好，包括国外的很多高校都向人民大学来学习学期制度建设。

2012 年学校的汉语国际推广因为两大成绩，被教育部、国家汉办评为国内十所优秀汉语国际推广院校的第一名。一个是学校连续举办三届影响很大的世界汉学大会，另外一个是在孔子学院的办学过程中，学校的制度创新为支持孔子学院的发展所做出的成绩。全球将近 400 家孔子学院 2012 年评了 26 家优秀孔子学院，人民大学参与承办的就占了 3 家。同时在这一年里，学校 59 位最优秀的同学，通过校长奖学金全额资助，到欧美和澳大利亚一流的大学深造。这些同学给我写信、写电子邮件表示，非常感谢在人民大学读书期间能够得到这样的资助。这 59 名同学将来绝大部分都会回到这些一流大学继续攻读研究生。经过若干年的努力，人民大学最好的学生在世界优秀大学的范围内，就能够越来越多，他们代表着人民大学的形象，宣传了人民大学。

感谢大家在学校商科教育的认证评估中、在学校作为核心成员参加的耶鲁大学发起的全球优秀商学院网络的建设过程中所做的工作。在人文社会科学领域，汉青研究院第一次发表了 A 类国际论文等等，这些都为学校提升国际性实现了重要的突破。

四是美丽校园建设。通过校友们的帮助、校园建设部门积极的努力，在基金会的支持之下我们做了传承之根——陕北公学旧址纪念馆的建设，并且以最快的速度开放，成为人民大学延安精神的教育基地。建设速度很快，大家也付出了很多，非常感谢。

学校把相关情况以照片和文字的书面形式报告李鹏同志，他也非常高兴。他说，在新闻联播里面也看到了，这是一件很有意义的事情，因为延安精神对于人民大学的发展来讲实在是特别重要。

随着中法学院的成立，苏州校区也正式设立。在 2013 年，苏州校区的资产有望以比较优惠的价格变成人民大学的资产。

通州校区在新成立的通州办公室和有关部门的共同努力之下，已经进入了征地的后期，我们希望能够在今年开春的时候把土地完全拿到，在今年年底或明年年初正式动工，希望能够在 2016 年一期正式建成。如果不开辟一个新的主校区，人民大学做千年学府的任务就很难完成。在这个地方我们还是施展不开，所以两个主校区是一个战略性的举措。

刚才讲到的三师北校区，实际上已经问题不大。尽管时间很长，还是要感谢首都师范大学的领导，为了能够在今年新学期开学之前，顺利地交到人民大学手里，他们把这个学期有意地缩短两周。感谢首师大的领导同志们对人民大学工作的支持。在未来的主校区建成之前，甚至在主校区建成之后这一块地方对人民大学的发展也是非常非常必要，非常非常重要。这个地方有53亩地，但在这个地方的53亩地顶得上在其他郊区的500亩地能够发挥的作用。

五是大学的形象建设。我们必须要充分地认识到大学形象建设已经是核心竞争力的指标。非常感谢所有为开创学校75周年校庆新模式做出贡献的同志，也要感谢为母校争光的校友们。据校友网统计，在党的十八大新的中央委员、候补委员和中央纪律检查委员会组成中，人民大学的校友，三项委员人数均名列第一位。这一点代表了学校人才培养的成就，其他学校非常羡慕、高度认同。

感谢为学校发展慷慨捐赠的裘国根校友、王玉锁校友、贾力校友等等，也非常感谢老校长们，从宝华校长，到黄达老校长和纪宝成老校长，还有其他校领导，共同开创了以吴玉章老校长命名的吴玉章人文社会科学终身成就奖，这个奖项应该说产生了巨大的影响，引起了高度的关注，它代表着人文社会科学领域的一种重要的学术气质。

感谢金灿荣教授、时殷弘教授、刘元春教授、向松祚教授和赵锡军教授等知名专家学者，他们经常出现在重要的媒体上，向社会来解读中央的战略方针、中央重大的政策，同时提出建议。这些优秀的学者，为人民大学的社会形象的建设和树立做出了巨大的贡献。

感谢各个学院、各个部门积极响应学校党委提出的节俭办学，尽管学校校庆是完全使用捐赠资金举行的，但是花的钱依然不多。同时在年底的一系列校庆总结会议中，也不再到校外、到五星级饭店去总结、开会、吃饭，基本上都在校内，基本都通过非常俭朴的形式在进行。大家依然非常欢乐、非常亲切。这些都代表着人民大学要树立一个风清气正的好形象，都是大学形象建设的重要内容。

第二，关于2013年的展望，冯校长让我提问题、讲问题。2013年我们所要做的，简单来说就是如何在贯彻十八大精神的过程当中，继续实现人民大学更快、更和谐地发展。十八大精神大家现在都在学习，习近平同志在中央党校为新当选的两委委员讲话的过程当中，提到了归根到底还是一句话，我们能不能够坚守中国特色的社会主义道路。对于学校来讲，就是能不能够非常明确地坚持为中国特色的社会主义事业培养合格的建设者和可靠的接班人，这对于人民大学来讲意义更加重大。

在这个意义上讲，我想有这样五个问题提出来，我也没有答案，大家一起思考，一起来给出最好的答案。

一是如何让全校教职员工的主要精力能够集中到育人上来，集中到人才培养上面来。

现在我们能够想到的是评价体系要做调整，同时要把学校在2012年评为国家级的教师教学发展示范中心做成响当当的国家示范中心，让老师们都能够在这里获得职业的规划、教学的规范、好的教学方法，共同进步。

在这个之前还有一个重要的认识问题，中国高等教育这艘大船要实现一个转型，实现一个向人才培养质量方面的转型，是需要时间的，调整偏差也是需要时间的。但是如果认识不到位，调整的时间就可能很长。我们不能到了去数两委委员校友的时候，到了需要捐赠的时候，到了需要新闻专业的校友帮助母校宣传的时候，才想到人才培养的重要性。这些情感的投入、人生引导、方法论的教导都是在他们在校期间应该全情投入的，这样才有可能诞生后面的向母校的回馈。

二是如何实现响应中央号召，如何来实现人文社会科学重大的理论创新，并且更好地为研究性和创新性人才培养服务，为我们学科可持续发展服务。我们的经济学科在历次评审当中位居全国第一，这些年来经济学科在智库建设上也在展开，但是具有中国特色、中国风格、中国气派的人大经济学派究竟在理论创新上做出核心的贡献是什么？我问过好几位我们经济学的带头人，都说不太清楚。我们学校自己创办的中国经济理论创新奖，现在已经进行到第五届了，吴敬琏教授团队，厉以宁教授团队等等都是获奖者，但是却看不到人民大学学者的身影，这些都应该引起我们的思考。实际上我们很多同志也都在思考伴随着以经济建设为中心的改革开放的伟大事业，人民大学最核心的重大理论创新、理论贡献究竟是什么，我们应当真正地树立起人大的经济学派，并且进入到世界经济学的舞台中央去。

三是如何吸引高水平的领军人才、高水平的外籍专家来到人民大学工作。我们“3231”的人才建设工作进展得不错，特别是2012年有68位很优秀的国际知名大学的毕业生和工作几年的青年教师来到人民大学，今年的情况据说又不错，或者说比去年报名的情况还好。长江学者去年获得大丰收，7位教授荣获了长江学者的称号，其中有5位是随中组部的“千人计划”来到人民大学。现在大家都认识到我们真正的领军型的人才还是不够，所以“3231”那个“1”就是说我们要每年至少引进1位将来能够成为大师级人物的领军人才或者是已经是大师级人物的领军人才，2012年这个任务没有完成，2013年非常有可能，但是需要加大力度，需要人才机制的创新。

另外，在引进高水平的外籍专家方面，也希望能够有重要的突破，校园新闻网上报道历史学院聘请的海外高层次文教专家唐纳德·沃斯特教授获美国历史协会所颁发的杰出学术终身成就奖，上面写的是中国人民大学教授，因为他现在是我们聘请的全职教授。他来到我们学校之后，创办了环境史研究中心，担任名誉主任，为我们的研究生开设全英文的环境史前沿课程，参与日常教研室活动，而且他在获奖的演讲当中，极力地介绍中国的生态史，介绍人民大学做出的贡献。所以，这样的人物的引进，尽管有很多困难，但并不是不可为。我们的历史学院、外国语学院、哲学院、法学院都已经成功地开始做这项工作，其他学院也一定能够做到，因为这样一项工作的力度和工作效益很高，它是把五个战略重点当中的四个都能够兼顾的，人才的培养，智库的建设，国际性的提升和人大的大学形象建设能够兼顾在一起的。当然，我们需要引进的高水平教授应该是政治倾向好的、对中国友好的。为此程天权书记做了很大的努力，捐的三千万就是用于这个方面。2013年，我们还需要做出努力，并且持续地努力，在这一项工作上走在前面，走在全国高校的前面，它一定会产生很大的推动力。如何走到前面，主要是靠我们各个学科、各个学院的院长们的重视努力。

四是如何更快地推进精细化管理。刚才冯惠玲校长讲到我们已经开始做精细化管理的工作，但只是一个开始，精细化管理谈何容易，在中国国内的高校中我们还没有看到成功的先例。所谓精细化管理在高校当中就是说，要无微不至地服务教学科研一线，我们的保障部门、管理部门提前半拍就已经准备好了，这叫无微不至，很难呀。在2012年落实实事过程当中我们也尝试这样做，大家都非常努力，但是多数还是做得有“欠账”，而不是想到了学科建设的前面。如何建立激励机制，如何建立考评机制，如何调动大家的积极性，如何让大家对学校的热爱能够转化成工作的热情，这还是一个巨大的问题。所以，我们也想看看哪个单位愿意作为试点先行，一个宏阔目标的实现，如果没有一个非常有力的服务保障体系是很难做到的。

五是未来两个主校区如何布局。因为它涉及我们东主校区的设计规划问题，两个主校区功能如何来配置。现在国内的模式，是本科生过去还是研究生过去，是文学院过去还是商学院过去，是基础理论学科过去还是应用学科过去，都有利有弊。所以需要我们创造性地工作，有没有第四种模式叫人大模式，能够兼顾以上三种模式的优点，规避以上三种模式的缺点。这只是第一步的概念设计，但是涉及功能，涉及哪个学院用什么楼，楼怎么设计，这是下一步的事情。可能2013年全年我们都在这个方案的深化设计过程当中，所以这一年希望大家都能够一起贡献力量、一起贡献智慧。

总而言之，2012年我们做出了成绩，这是大家共同努力的结果，但也只是一个开端。接下来我们“十年腾飞”的任务还是极其繁重的，但是我们有信心。十八大提出来一个“中国梦想”，建党百年全面小康，建国百年现代化中国，“中国梦”是强国富民之梦，是民族复兴之梦，中国也应该到了复兴的世纪，也应该勇敢地提出中国梦想。对于我们学校来讲，作为在中国具有极其特殊重要地位的一所大学，“中国梦”也是我们的梦想。作为“中国梦”的有机组成的一部分，人大的梦就是建成“人民满意、世界一流”的大学，也就是要培养具有全球领导力的社会栋梁，成为人才辈出的殿堂，要让我们人民大学变成一个世界级的大学、世界级的殿堂。我想这个目标跟我们国家的梦想目标是一样的，是完全有可能实现的。只要我们是一个团结向上的人大，只要我们是一个和谐奋斗的人大，只要我们是一个风清气正的人大，这个目标我们相信是一定能够如期实现的。谢谢大家。

在教育部、北京市共建5所大学新校区建设协议签署仪式上的讲话

中国人民大学校长　陈雨露
(2013年1月18日)

尊敬的鲁昕副部长、洪峰副市长、各位领导、各位来宾：

大家下午好！

刚才，我们怀着激动的心情，共同见证了一个鼓舞人心的历史时刻。在今天这个美好日子里，我谨代表参加今天仪式的5所高校的全体师生员工，向一直关怀和支持我们发展的教育部和北京市表示衷心的感谢！

“敬教劝学，建国之大本；兴贤育才，为政之先务。”刚刚结束的十八大上，党中央做出了实施创新驱动发展战略、努力办好人民满意的教育等一系列重大部署。教育部与北京市共建5所重点大学协议的签署，正是贯彻落实科学发展观、促进高等教育事业科学发展的具体行动，是实施科教兴国、人才强国战略的重要举措。

众所周知，在京的高校非常集中，仅教育部部属院校就有24所，其中很多高校均有建设新校区的需求。而北京市目前土地资源十分稀缺，土地使用成本非常高昂，市财政固定资产投资资金十分短缺。尽管如此，北京市委、市政府仍然高瞻远瞩、排除万难，做出了给5所高校建设新校区划拨土地并给予一定专项资金支持的重要决定，这充分展示了北京市在支持在京高校发展方面的力度和决心。

新校区的建设，从根本上解决了我们5所高校办学空间紧张这一制约未来发展的瓶颈问题，去除了我们“长安大，居不易”的后顾之忧，对学校建设发展具有重大历史意义。我们要牢牢抓住这一大有可为的战略机遇期，在服务全国的同时加强与北京市及新校区所在区域合作，充分发挥高校“思想库”“智囊团”的作用，为其提供强有力的智力支持和人才保障，为把北京建设成为国际活动聚集之都、世界高端企业总部集聚之都、世界高端人才集聚之都、中国特色社会主义先进文化之都、和谐宜居之都做出更大贡献。

对于人民大学而言，东校区建设将不仅仅会拓展学校的物理空间，更会带动学校在新时期办学思路和教育水平的变革与飞跃。学校将按照“新空间、新机制、新人大”的理念，通过理念创新、体制机制创新，把新校区打造成一个探索高等教育改革，全面提升人才培养质量的试验田。

冬去更筹尽，春随斗柄回。我们将充分认识到在北京建设新校区的特殊意义，慎始敬终、士气高昂地完成新校区筹建工作，向着建设世界一流大学全力迈进，用实干和智慧携手助力百年“中国梦”的实现！

在中国人民大学公共政策座谈会暨中国人民大学公共政策咨询中心成立大会上的致辞

中国人民大学党委书记　程天权
(2013年3月2日)

尊敬的铁力瓦尔地副委员长、尊敬的顾秀莲副委员长，
尊敬的各位来宾、各位朋友：

大家下午好！

2012年11月，举世瞩目的中国共产党第十八次党代表大会胜利召开，中国实现了政治权力的平稳交接转移，实现中国民族伟大复兴的“中国梦”正成为全国人民新的奋斗目标。在即将召开的全国“两会”上，中国新一届领导人将正式登上历史舞台，中国必将开启新的篇章和征程。

在这样的背景之下，我们举行“中国人民大学公共政策座谈会暨中国人民大学公共政策咨询中心

成立大会”，可谓“好雨知时节，当春乃发生”。中国人民大学是中国共产党亲手创办的第一所大学，秉行“实事求是”的校训，坚持“立学为民、治学报国”，培养“国民表率、社会栋梁”，始终奋斗在时代的前列，始终与党和国家同命运共呼吸。在教育部刚刚公布的一级学科评估中，中国人民大学九个一级学科排名第一，也是人文社会科学中拥有最多一级学科排名第一的学校。可以说，中国人民大学有责任，有义务，也有能力为中国转型、发展和改革所面临的问题提供政策咨询，给党和国家充当“智囊团”，发挥“思想库”的作用。中国人民大学当前每季度举行一次宏观经济论坛，发布有关宏观经济的报告，对宏观经济政策制定产生了较大的影响，在宏观经济政策咨询中已经发挥了较大的作用。中国人民大学出版的《问题与思路》将中国人民大学最新研究成果定期向中央有关部门报送，供中央决策参考。未来，中国人民大学将会在党和国家的重大政策和重要领域方面，尤其是公共政策、公共管理和政府改革等方面，努力为国家分忧解难，提供决策参考，进一步提升中国人民大学对决策的影响力。为此，“思想库”建设已经纳入中国人民大学新世纪实现“十年腾飞”的“五大发展战略”之一，学校将会在“思想库”建设方面给予更大的支持力度。

中国人民大学成立公共政策研究院，其宗旨就是为了促进对公共政策的跨学科研究，以加深我们对公共政策的理解和认识，总结公共政策实践中的理论和规律，为促进中国社会进步、改善公共政策质量提供知识基础。我们今天在公共政策研究院下设“公共政策咨询中心”，就是希望公共政策研究院能够以这一平台为基础，广泛联系政府官员、企业家、新闻媒体和社会大众等各界人士，增强研究院的资源吸取力、决策注意力和社会渗透力，提炼和建构中国转型时期涌现出的大量复杂政策问题，提出更多的具有科学理论、实际可操作和未来可持续性的政策建议和主张，在发挥“思想库”的作用方面迈出更大的步伐，发挥更大的作用，产生更大的影响力，成为中国人民大学“思想库”建设的“排头兵”和“典范”之一。中国人民大学也将一如既往地支持公共政策研究院的发展，认真考虑研究院在发展中面临的瓶颈和难题，尽可能地为研究院更好更快地成长提供良好的环境和土壤。

最后，我代表学校，希望公共政策研究院能够以成立“公共政策咨询中心”为契机，加强领导，精心组织，团结各方，筹集资源，形成合力，尽快形成具有人大特色的公共政策理论体系，回应社会和时代所面临的公共政策问题，为党和国家献计献策，成为具有高水平、高层次、国际化和有影响的中国公共政策智囊机构，为人文社会科学的“产学研”开创一条新道路。

在“中国低碳发展宏观战略研究项目子课题‘中国低碳技术发展战略研究’”启动会上的致辞

中国人民大学党委书记　程天权
（2013 年 3 月 16 日）

尊敬的各位领导和专家：

首先请允许我代表中国人民大学对各位领导和专家利用宝贵的周末休息时间拨冗出席“中国低碳发展宏观战略研究项目子课题‘中国低碳技术发展战略研究’”启动会表示热烈的欢迎和衷心的感谢！

党的十八大把生态文明建设放在突出位置，确立了经济建设、政治建设、文化建设、社会建设和生态文明建设“五位一体”的总布局，并提出“着力推进绿色发展、循环发展、低碳发展”。国家发改委根据李克强同志 2011 年有关批示精神组织实施了低碳发展宏观战略研究项目，将系统研究提出我国 2020、2030 和 2050 年低碳发展宏观战略目标及相关政策措施，对于落实党的十八大精神，加快我国经济发展方式转变，推进生态文明建设，具有重要意义。

低碳技术的研发、示范、推广和扩散是低碳发展的关键因素以及核心内容之一，将为中国未来经济结构调整和发展方式转变提供技术基础，有助于中国适应未来国际竞争新要求和提高长期竞争力。因此，低碳技术发展战略既是低碳发展总体战略的重要组成部分，也为我国确定低碳发展目标和在国际责任体系中的合理定位提供低碳技术水平方面的依据，为参加国际气候谈判、制定国际气候战略提供支持。

在国家发改委气候司的关心、指导和支持下，中国人民大学环境学院具体承担中国低碳发展宏观战略研究项目子课题中国低碳技术发展战略研究任务，并由我本人和国家气候战略中心邹骥教授共同担任课题负责人。能够承担这一具有战略意义的重大课题的研究任务，我们深感荣幸，也倍感责任重大。

我们提出的课题总体目标是，站在统筹低碳发展与应对气候变化国际和国内两个大局的高度，从提高中国绿色低碳发展长期竞争力出发，按照“政府主导、市场导向、企业与技术研发机构参与”的方针，紧密结合低碳技术的产业和市场背景，拟在综合集成的基础上，在中国温室气体控排的经济社会发展背景、目标、技术、减排潜力、成本、资金、政策、体制之间建立有机的联系，立足当前、着眼长远、谋划未来，提出中国发展低碳技术的一整套战略决策体系及符合中国国情、世界潮流的低碳技术发展战略建议。

中国人民大学在人力资源、方法学储备、数据信息、社会联系和科研经验等方面均具备了课题实施的条件。早在上世纪90年代，中国人民大学以环境学院为代表的相关院系，就及时跟踪联合国气候变化谈判，开展了与能源、气候变化和低碳发展相关的研究工作，成为国家相关决策部门的重要技术支持单位之一，并向国家部委、科研院所、企事业单位和社会团体输送了大量高级专门人才。近年来人民大学分别承担了联合国开发计划署“中国人类发展报告：迈向低碳经济和社会的可持续未来”、教育部哲学社会科学重大课题攻关项目“低碳经济若干重大问题研究”、国家社科基金重大招标项目“中国环境税收体系研究”、中国环境宏观战略“能源与温室气体”专题研究等几十项重大科研课题，为国家参与联合国气候变化谈判以及国家相关部门在能源与气候变化领域的一系列重要决策提供了技术支持。

在低碳技术领域，人民大学课题组承担的科技部“十一五”科技攻关课题“环境有益技术开发与转让国际合作创新机制研究”，针对技术开发与转让议题，为我国政府参与哥本哈根气候变化谈判提供了相关议题的概念基础和技术论证。人民大学课题组在编写中国人类发展报告过程中，开展的关于“中国中长期低碳发展路径和技术选择的情景研究”，为我国低碳技术战略、我国应对气候变化中长期战略的制定提供了部分理论和信息基础，初步提出中国低碳技术需求清单，为我国确定低碳投资和国际合作及技术转让的优先领域提供了分析支持。这些研究成果以及相应的方法学和数据的积累，都为本课题的顺利实施，奠定了坚实的基础。此外，为了从校级层面加强与低碳发展相关的科研力量的整理，并加强学科交叉与融合，人民大学也决定由我本人牵头，筹建中国人民大学低碳发展研究院。我们也希望继续得到各位领导和专家的大力支持。

接下来，邹骥教授将代表课题组汇报课题的前期研究进展以及课题的总体设计和研究思路。我们将认真听取和消化吸收各位领导和专家的意见和建议，对研究目标和研究内容进一步凝练，并根据项目办的整体工作部署和要求，加快研究进度，保质保量地完成各项课题研究任务，为国家制定和形成中长期低碳发展战略以及积极参与国际气候变化谈判提供坚实支撑。

谢谢大家！

在中国人民大学学生社会实践工作总结表彰暨首届“千人百村”乡村调研主报告发布大会上的讲话

中国人民大学校长　陈雨露
(2013年3月25日)

老师们、同学们：

大家下午好！

非常高兴来参加学生社会实践工作总结表彰大会暨首届“千人百村”乡村调研主报告发布大会。

首先，我代表学校，也代表程天权书记，热烈祝贺 2012 年学生社会实践暨首届“千人百村”乡村调研活动取得圆满成功！向郑杭生教授，及学校各学院、各部门的各位老师为 2012 年学生社会实践活动取得成功所付出的心血表示衷心的感谢。

习近平同志去年考察人民大学，对我校鲜明的理论联系实际的学风给予了高度的肯定，他还询问了近年来人大学生社会实践活动的开展情况。当听到每年有 5 000 余名人大学子奔赴祖国各地甚至海外开展社会实践和学校计划启动新的实践活动——“千人百村”乡村调研时，习近平同志非常高兴。每当回顾此情此景，总能感受到习总书记对人大、对青年学生的殷切希望。同学们今天所取得的佳绩，再一次证明了人大学子堪当大任，没有辜负总书记的重托。

目前，全校上下正在为整体提升办学质量而共同努力，首要的着力点就是以“厚重”为核心构建人才培养体系新的改革路线图。以“千人百村”乡村调研活动为代表的人民大学的学生社会实践工作，是学校人才培养体系的重要组成部分，对同学们深入基层、了解国情、坚定信念、锤炼意志、提升能力意义重大。首届“千人百村”活动很成功，聚焦民生，科学开展，扎实推进，细致总结，硕果累累。本次活动经《光明日报》、《中国教育报》、央视《新闻联播》等主流媒体报道后，引起了广泛反响。去年 10 月，我和程书记参加了“千人百村”报告会，对同学们的所见、所闻、所感印象很深。刚才我和大家一起，听取了费佳同志对社会实践工作的总结、展望和奂平清副教授代表课题组对“千人百村”主要学术成果的介绍，很有感触。我为同学们在接地气的过程中走上了真正的、重要的、科学的成长之路感到由衷的高兴！

为进一步做好学生社会实践工作，继续打造“千人百村”乡村调研的品牌活动，落实学校面向时代、面向世界、面向未来的战略目标和发展规划，我谈两点意见：

首先，希望同学们、同志们积极参与社会实践，在学习中实践，在实践中学习，切实增强服务基层、服务人民的担当意识，切实提升服务国家发展和人民福祉的能力。

习近平总书记在一系列重要讲话中反复强调了学习和实践对于国家命运和民族前途的重大意义和重要作用。习总书记提出，既要“温故知新”又要“学新知新”，要“在实践中不断有所发现、有所创造、有所前进”，要“大兴学习之风，坚持学习、学习、再学习，坚持实践、实践、再实践”，“在学习和实践中走向未来”。

当前，我国正在推进的伟大而波澜壮阔的中国特色社会主义事业，是前人没有做过的。事业的成功需要依靠兼具“接地气”与“跨文化自由行走”的厚重之才始终秉持全面的、系统的、富有探索精神的学习态度，扎实进取。人民大学就是要培养这样的人才，就是要树立这样的风气！希望同学们、同志们按照这个标准严格要求自己，共同努力。

其次，希望全校教师尤其是青年教师继承人大实事求是的光荣传统，通过参与社会实践，提升理论联系实际的能力，并进一步提升实践质量，推进成果转化。

人民大学是一所始终奋进在时代前列，始终与党和国家同呼吸、共命运的大学，广大教师要学以致用，要抓中国的真问题，不能远离实践。目前，以“千人百村”乡村调研为代表的社会实践系列活动已经成为师生共同学习、共同科研、共同服务社会的广阔平台。各部门、各学院要进一步加强对教师参与实践教学、指导学生活动的支持力度，进一步做好服务工作，要通过制度创新和平台建设，形成更多的实践成果，为国家和地方经济社会发展建言献策，为同学们的成长成才营造更好的氛围。

理论联系实际的学风是人民大学的优良的传统，希望同学们能够传承下去并且发扬光大，这是人民大学的学科特色，也是人民大学始终立于不败之地的最重要的资本之一。

习近平总书记说：“有梦想，有机会，有奋斗，一切美好的东西都能创造出来！”“全国人民一定要牢记使命，心往一处想，劲往一处使，用 13 亿人的智慧和力量汇集起不可战胜的磅礴力量。”让我们向实践学习，向人民群众学习，为早日实现“中国梦”做出人大人的贡献！谢谢大家！

在中国人民大学第二届董事会第二次全体会议上的讲话

中国人民大学校长　陈雨露
(2013年4月17日)

尊敬的张怀西副主席，

尊敬的各位董事：

首先，我代表学校，向各位董事表示热烈的欢迎，对各位领导和董事2012年给予学校发展的巨大支持表示诚挚的感谢！

下面，我向各位董事报告一下2012年学校事业发展状况，秘书处为董事准备了手册，基本情况就不一一赘述，主要是和大家分享一下2012年学校的五件大事。

第一，习近平同志第四次来到中国人民大学专程考察。2012年6月19日，习近平同志专程到我校考察高校党建工作和学校事业发展，与学生对话交流，并亲切看望教职员工。在视察过程中，习近平同志对人民大学厚重而光荣的历史传统、鲜明的办学特色、显著的改革发展成就和优秀的党建思想政治工作给予充分肯定和高度评价；勉励广大师生发扬光荣传统，坚守理想信念，培养中国特色社会主义事业优秀建设者，为建设“人民满意、世界一流”大学继续努力。习近平同志对人民大学的关怀极大地增强了全体师生的信心，表达了党和国家领导人对进一步办好人民大学，培养更多现代化建设需要的杰出人才的殷切期望。

第二，学科建设取得历史性成就。在教育部开展的全国第三轮一级学科整体水平评估工作中，我校获得了理论经济学、应用经济学、法学、社会学、新闻传播学、政治学、工商管理、公共管理和统计学9项第一名，排名全国第一的一级学科总数居全国第三，排名第一的人文社会科学类学科总数高居全国高校首位。从这次学科排名看，9个排名第一的学科几乎全部为社会科学和管理科学的主干学科，占我校现有的20个具有博士学位授权一级学科的45%；此外，进入前4名的学科总数达到14个，在社会科学领域全面领先于全国高校。这是人民大学历史上所达到的学科建设新的高度，充分说明人民大学在“办出特色、办出水平”上取得了突出成就，再次体现了人民大学在人文社会科学领域的雄厚优势和旗舰地位。这是几代人大人不懈奋斗的结果，是新世纪人民大学昂扬前进的集中体现。

第三，以“引领明天的聚会”为主题的75周年校庆成功举办。2012年，我校以“公益校庆、学术校庆、你我共同的校庆”为特色，举办了第六届吴玉章人文社会科学奖评选、百场社区公益讲座、“关爱师生基金”义卖、校园欢乐汇等一系列独树一帜的校庆活动。实现了师生、校友的广泛参与，使全体人大人沉浸在校庆所带来的强烈使命感、自豪感和幸福感之中，共同体会“人大精神”所富有的深刻含义；它向社会各界发出了“回归大学本位”的真诚呼唤；它带来了大规模、长时间的媒体报道和社会关注，持续提升了人民大学的整体形象。

第四，北校区资产成功移交。就在半个月前，《首都师范大学向中国人民大学移交海淀校区资产备忘录》正式签署，拓展办公空间工作取得重大实质进展。我想，很多董事都知道，北校区移交工作自2003年4月启动以来，历时已10年之久，在这期间，学校克服了重重困难，持续投入大量人力、物力。它的顺利完成，意味着人民大学增加了近3.6万平方米的校园面积，一定程度上缓解了学生宿舍、教室、实验室等用房严重不足的局面，学校办学条件得到进一步改善。

第五，中法学院正式成立。2012年6月，经教育部批准，由我校与法国巴黎索邦大学（巴黎四大）、法国保罗-瓦莱里大学（蒙彼利埃三大）、法国马赛商学院三所名校共同合作创办的中国人民大学中法学院正式成立，成为国内第一家以我为主、以人文社会科学为主的中外合作办学机构。中法学院的成立，是我们以开放的方式促进教育改革、探索高水平中外联合办学新模式、提升国际性的一次重要尝试；它将依托和发挥人民大学作为“中国人文社会科学重镇”的学科实力和比较优势，全力建设立足苏州、辐射全国的中法高水平国际化人才培养基地。

通过以上几件大事可以看出，2012年，学校的事业发展取得了持续的进步。“石蕴玉而山辉，水怀珠而川媚”。一个学校的历史是由关心、支持和热爱它事业发展的人来共同创造的。在目前的董事会组成成员中，既有长期关心和支持学校发展的老领导，也有对母校深怀感情的中青年校友；既有企业界叱咤风云的精英，也有学界、艺术界等领域的佼佼者。各位董事建言献策襄助事业发展，同心同德推动人大腾飞，款款真言、种种善举，使我们在感动之余真切地体会到大家对中国人民大学的深厚感情，对高等教育的热心关注，对国家民族的深切责任。在此，我谨代表全体师生员工对各位董事表示最崇高的敬意和最衷心的感谢！

各位董事，对于人民大学来说，2012年是各项事业持续快速发展的一年，是继往开来的一年。我们未来发展的任务依然极其繁重，要达到国家和社会对我们的期望，要发挥学校应有的引领作用，要实现2021年建党百年时人民大学的战略目标，我们面临诸多挑战。

首先，新的时代对人民大学的人才培养提出了更高的要求。2010年，《国家中长期教育改革和发展规划纲要（2010—2020年）》颁布，其中最关键的核心词就是“以人为本”，是要求中国的教育要面向世界的未来、面向人类社会的未来提高人才培养的质量。《纲要》同时提出了国家财政性教育经费支出占国内生产总值比例要实现4%的目标，这是推动教育大国向教育强国转变的强有力措施，也成为一个全球关注的跨越。人才培养始终是人民大学的中心工作，但是距离新的历史时期党和国家对高等教育改革和人才培养质量的高标准要求，我们的努力和探索还远远不够，在这方面，中国人民大学要发挥改革先锋作用。

第二，新的时代对人民大学的思想库建设提出了更高的要求。大学在社会经济发展、思想进步和文明传承过程中发挥着不可替代的作用。中国社会经济转型的伟大实践中，有无数的大问题、真问题需要突破，需要大学以国家智库的角色去努力破解。对此，人民大学应该作为一个思想者而出现，这既是一个名校应有的实力，应该扮演的角色，同时也是中央对人大的要求和期待，也是人民大学能不能够建成世界一流大学一个非常重要的标志。中国人民大学应该在中国历史发展和社会进步的进程中发出自己的声音，留下自己的思想的足迹。

第三，新的时代对人民大学的国际性提出了更高的要求。大学的竞争模式和竞争对手正在发生巨大改变，高等教育的国际竞争时代已经全面展开。面对这种形势，我校目前的国际性尚显不够，国际声誉虽有长足进步，但与国内地位相比仍不匹配：需要若干有能力引领中国学术走向世界的学科；需要一批达到国际学术前沿水平并为国际同行所认识的标志性成果；需要学贯中西、具有国际影响力的一批名师。

第四，新的时代对人民大学的形象建设提出了更高的要求。我们充分地认识到，社会形象已经成为体现一所大学办学水平的重要指标。为此，我们需要延续和发展人大声誉蒸蒸日上的好形势，按照世界一流大学的理念把人民大学应有的形象高高地树立起来，把每一项工作都按照高标准去做、按照时代的要求去做、按照人民满意的要求去做。人民大学的形象应当是人文社会科学进步的引领者、人文精神的弘扬者、社会进步的推动者。要树立并维护好这个形象，我们还要继续努力。

第五，现实要求我们必须打破办学空间严重不足的困局。不用说建设世界一流大学，就是要维持现在的办学水平，人民大学的发展空间也早已严重不足。北大，不包括北医，学生数量和我们差不多，有4 000多亩地；清华学生也比我们多不了多少，有6 000多亩地；而我们只有1 100亩，是“985高校”平均占地面积的1/3。办学用地不足已经严重影响到学校各项事业的发展，已经到了非解决不可的地步。

各位董事，面对新的形势和种种挑战，对于中国人民大学的未来发展，我们提出要坚持三个不变：一是建设“人民满意、世界一流”大学的战略目标不变；二是“立学为民、治学报国”的办学宗旨不变；三是新世纪“十年探索、十年腾飞”的发展节奏不变。为顺利完成“十年腾飞”的艰巨任务，积极应对上述挑战，我们认真研究，提出了推进学校事业发展的五大战略重点。

一是人才培养体系改革。人民大学一直视人才培养为学校的中心工作和生命线。2012年，在学校的整体战略目标和发展规划之下，我们更加强调了提升人才培养质量；习近平同志视察人民大学的时候也提出，希望人民大学能够造就更多的厚重人才。学校以本科教学为重点，以厚重为关键词，注重立德树人，构建研究型学习体系，稳步推进人才培养体系改革。我们的目标是要让学生拥有深厚的人文底蕴，科学精神和跨文化沟通能力；具备哲学功力与建设性思维；具备政治追求与理想坚持能力；具备大气自然风范与团结合作能力；具备体育精神与意志品质，能够真正成为在各行各业发挥核心骨干作用的“国民表率、社会栋梁”。经过一年的努力，中国人民大学人才培养路线图的实施框架已经成型，拟于本月正式发布，稳步实施。

二是思想库建设。在继续加强高水平基础研究的基础上，学校将以国家“2011计划”为契机，以重大问题为导向，推动智库建设。学校将统筹规划，认真组织，不断改革和创新有利于跨学科协同创新的体制机制。作为核心的支撑条件，在师资队伍建设方面，未来5年，我们要吸收300名左右拥有世界一流大学博士学位的青年学者；要支持各个学科来实施新一轮的“双百工程”，即在校内培养100名左右具有国际学术视野、具备相当学术实力的中青年学术骨干，同时引进100名具有一流学术水准的知名学者；要引进和培养30名左右国家杰出青年基金获得者、“千人计划”入选人；要引进和培养10名左右具有世界影响的战略科学家和世界级人文社会科学的学术大师。这就是我们的“3231”人才规划。这是相当沉重的挑战，需要巨大的精力和体力的投入。

三是国际性的全面提升。早在2008年，学校就制定了全面提升国际性行动计划及其实施细则。通过不懈努力，我们希望每一个学院，最好是每一个学科都能有一个一流的实质性的国际合作伙伴；我们计划在未来的5年里聘请到100名外籍全职特聘教授在人民大学授课；我们将全面总结国际小学期的办学经验，总结我校商学院成功获得欧美国际认证和成为耶鲁大学管理学院“全球高端管理联盟”成员的经验，深化汉青研究院、高礼研究院的示范作用，努力为更多的学生创造条件，使他们在校园内即可接受到跨文化的知识学习和能力训练；我们将继续强化人才培养的国际合作，办好“学生国际交流校长奖学金”等资助项目，进一步扩大学生参加国际学习交流的广度；我们将继续致力于国际学术话语权和影响力的提升，重点办好“当代中国人文社会科学学术精品外文翻译与海外推介”等项目；我们将继续加强海外孔子学院的建设，办好世界汉学大会等重大国际性会议，率先实施好新汉学研修计划，在传播中华先进文化的进程中提升人民大学的国际影响力。

四是学校形象建设。2012年，学校75周年校庆开辟了校庆新模式，引起了高度的关注，得到了充分的认可；学校开创的吴玉章人文社会科学终身成就奖，代表着人文社会科学领域一个崇高的学术荣誉；中国人民大学校友们的事业也都蒸蒸日上，在党的十八大新的中央委员、候补委员和中央纪律检查委员会组成中，人民大学的校友，三项委员人数均名列第一位。这些都对人民大学良好形象的树立起到了重要推进作用。在下一阶段的工作中，我们将充分听取各位董事、国内外专家的建议，充分发挥学校新闻校友专业委员会的积极作用，从战略上研究和规划在国家形象建设当中如何做好人民大学的形象建设。

五是美丽校园建设。2012年，以校庆为契机，在各位董事的帮助下，我们在中关村校区实施一期改造工程，校园面貌进一步改观；我们在1986级校友们的帮助以及各方力量的支持下做了传承之根——陕北公学旧址纪念馆的建设，并且以最快的速度对外开放，成为人民大学延安精神的教育基地；随着中法学院的成立，我们也正式组建了苏州校区，并有望于今年以比较优惠的价格转变成人民大学的资产；前面提到的北校区的移交工作也使学校办学条件得到有效改善。但是，这些都不足以从根本上打破办学用地严重不足的局面，唯有开辟新校区。为此，近十年来学校一直在积极开展相关工作，学校先后在海淀、昌平、大兴、房山等地寻找建设新校区的资源和空间，但始终未能确定合适意向。2009年底，北京市提出了建设通州国际新城的战略规划，我校把目光转向了这片热土。在刘延东同志的亲切关怀和直接批示下，在教育部和北京市的大力支持下，在有关部门的鼎力协助下，我校与通州区多次接洽、反复磋商，以对历史负责、对党的教育事业负责、对学校负责、对广大师生员工负责的态度，经过仔细斟酌、科学论证、广泛征求意见，最终确定了中国人民大学通州校区的选址。目前通州校区建设已经进入实质性的征地阶段。我们始终认为，人民大学建设新校区绝不是简单为了达到普通高校的基本办学条件指标，也不是为了达到“985高校”的平均水平，而是要通过高标准地建设一个卓越的新校区，形成一流的育人环境和学科建设环境，一举解决办学空间极其紧张这一最大的发展瓶颈问题，带动学科建设、队伍建设、人才培养、提升国际性等各项事业发展，努力实现创建“人民满意、世界一流”大学的目标，完成党和国家赋予人民大学的光荣使命，建设千年学府。

各位董事，十八大提出了万众向往的“中国梦”。“中国梦”是强国富民之梦，是民族复兴之梦。作为“中国梦”的有机组成部分，“人大梦”就是要建成“人民满意、世界一流”的大学，就是要培养具有全球领导力的社会栋梁，成为人才辈出的堂皇学府。古语云，“能用众力，则无敌于天下矣；能用众智，则无畏于圣人矣”。真诚地希望各位董事能够一如既往地关注和支持学校的改革发展，继续为学校的发展进步建言献策，继续为学校的建设贡献力量。我坚信，我们今日播下奉献的种子，若干年后，我们热爱并为之奋斗的这个地方，一定会成为世界著名的人才摇篮和学术圣殿。谢谢大家！

在本科人才培养路线图实施动员大会上的讲话

中国人民大学党委书记　靳诺
（2013年4月22日）

同志们、各位老师：

大家上午好，在人民大学第一天正式上班之日，就从本科人才培养这个主题切入工作，非常有意义，这也是我在人大开展的第一次工作调研。刚才雨露校长讲得非常好，提出了一个重大问题，即中国的研究型大学需要一个什么样的本科人才培养体系？围绕这个问题的研究和工作意义重大。人才培养是学校的中心工作，是人民大学已经确立的五大战略之首。今天这个会议是一个启动会议，也是一次动员会。

培养什么样的人，怎么培养人，始终是教育战线需要明确回答的首要问题。今天发布的路线图，明确以“立德树人”为理念，致力于建设“研究型学习制度体系”，促进学生的研究性学习，这涉及人民大学人才培养的一个重要问题，具有很强的现实针对性。刚才雨露校长谈到了七个关系，首先就谈到了传承、改革和发展之间的关系。这一点非常重要。人民大学的办学目标是“人民满意、世界一流”，确定这样的目标是符合人民大学光荣传统的，是符合国家和社会发展需要的，也是通过广大教职员工齐心协力有望达到的。实际上，人民大学在多年的办学实践中，取得了优异的成绩，积累了丰富的经验，这些是人民大学进一步发展的源头活水。我们需要守护这个源头，继承学校的传统，发挥学校的优势，促进更好的发展。本科人才培养路线图就很好地处理了传承、改革和发展的关系。认真贯彻落实路线图，将对实现我们的办学目标有重要的积极作用。

最近，教育部公布了一级学科评估结果，人民大学这样一所以人文社会科学为主的学校，有9个学科在全国取得了第一的成绩，非常不容易。但是，如何在人才培养中保证本科教学的中心地位，是研究型大学所面临的问题和难题，也是当前高等教育改革发展中需要破解的重要课题。因此，确实需要进一步加强研究，统一思想认识，面对过去所取得的成绩，保持清醒头脑，沉心静气，认真地研究和推进本科教育改革，把科研优势转化为教学优势，实现教学科研相互促进。

关于路线图本身，我有几点感受：一是路线图的制定思路非常清晰，立意很高，制度设计很周密，工作安排很扎实，工作要求很明确，印象深刻。历经一年多的时间，大家齐心协力，梳理了我校几十年的办学历史和经验，明确进一步改革的方向和任务，所付出的努力是巨大的。

二是实施路线图是有保障的。全校一盘棋，集中力量办大事。刚才分管组织工作的牛维麟副书记宣布了本科人才培养委员会组成人员名单，分管人事工作的王利明副书记兼副校长对教师职称晋升的调整政策进行了介绍，路线图最终由党政联席扩大会议研究确定，凝聚了大家的共识，这些措施保障了路线图得到充分有效实施。这项工作几乎整合了学校所有的资源，涉及每个老师、每个同学、每个学院、每个部门。如果组织、制度不能发挥保障作用，要落实路线图是很困难的。我们今天召开这个会，就是希望大家高度重视，全员参与，全过程推动。

三是路线图本身具有可操作性。刚才听了财政金融学院等四个学院负责人以及胡乃武老师的发言，感到实施本科人才培养路线图，学校有很好的基础。相信，在这样的条件下，路线图是能够顺利实施的，我对此充满信心。

四是做好路线图的贯彻实施，任务艰巨。刚才雨露校长也谈到了，实施路线图事情本身具有很高的难度，我们要积极推动，但又不是一蹴而就，而是需要大家真正静下心来，凝心聚力、踏踏实实去做。

总之，今天动员部署本科人才培养路线图是学校改革发展进程中的一件大事。希望继续努力，为保持人民大学的领先优势和促进人民大学未来的可持续发展添砖加瓦。谢谢大家！

在本科人才培养路线图实施动员大会上的讲话

中国人民大学校长　陈雨露
（2013 年 4 月 22 日）

同志们：

今天我们召开一个重要会议，即本科人才培养路线图实施动员大会，并成立首届本科人才培养委员会。学校党委高度重视这次会议。靳诺书记刚回新疆交接工作，也特意赶回来参加今天上午的大会，并且答应和我一起担任首届本科人才培养委员会的主任委员。刚才慧林副校长、利明副书记已经就路线图和相关人事考核政策做了详细的讲解和部署。五位学院负责同志和胡乃武老师也做了很好的发言，有很多富有建设性的思考和建议。

人才培养是学校五大战略之首，是大学各项工作的核心。我们经过一年多的调查研究，对人民大学本科人才培养进行了全面的总结、梳理，并提出了具有创新性的新路线图。应该说，这项工作难度巨大，成果取得确实来之不易。在过去的一年多的时间里，我们通过召开学院工作会议，开展学生问卷调查，举办 20 多场专题座谈会，并经过党政联席会议和学校党委常委会认真研究，最终最大程度地凝聚了大家的共识，通过了路线图框架和实施方案。在这个过程中，教务处、学生处、人事处、规划处，包括教育学院和高教研究室等，很多相关部门都做了大量工作，付出了巨大努力。特别是这项工作的常务主持人慧林副校长和路线图工作小组组长大用同志，为此付出了很多心血，也投入了很深的感情。在此，我代表学校向大家的辛勤工作表示衷心感谢！

在刚才大家发言的基础上，为了更好地、有效地实施路线图，我想重点讲一个问题，就是怎么样处理好路线图实施过程中的七对关系。大家应该能够直接地体会到，新路线图的核心是要回答这样一个问题：中国的研究型大学需要一个什么样的本科人才培养体系？

我要讲的第一对关系，就是传承、改革和发展之间的关系。在中国高等教育和人民大学的办学历史上，有很多好的传统。比如说，德智体美全面发展的社会主义事业的合格建设者和接班人，是大学长期以来的核心工作和一直坚持的人才培养目标，现在依然要坚持不变。我们还有着理论联系实际的学术传统以及洋为中用的学术开放原则，这些都是很好的，都应该加以继承并发扬光大。但是，我们也注意到，在过去的一些年里，高等教育工作在一定程度上确实出现了偏差，偏离了人才培养的工作中心。我们现在需要深化改革，但是在改革中应当注意明确并传承原来优秀的东西、本质的东西，特别是要回归大学本位，关注人才培养，改进人才培养。继承传统是为了明确改革的重点和方向，推动改革是为了在新的形势下促进学校的发展，培养更多更优秀的人才。在改革过程中，当然要突出创新。我们创新的方向是什么？我想就是在中国的研究型大学努力建立一个研究型学习制度体系，也就是实行“研习制”。我们认为建立健全这种制度体系是一种基础性的、根本性、系统性的变革。这样一种体系并不是凭空臆想，实际上既有传承，包括吸纳发达国家办学经验，又有结合我校实际的创新和发展，其核心内容就是推动原来以教师为本位的学生被动型学习，向以学生为中心、促进学生能力发展的主动型学习转变。这种转变更加强调学生问题意识和方法论的训练，更加强调跨学科的知识学习，更加强调跨文化沟通能力的培养，更加强调跨课堂内和课堂外的一体化学习。

第二对关系，就是我们要更好地处理教书和育人的关系。刚才胡乃武老师的发言中强调：教书是手段，育人是目的，这完全正确。我们要始终把立德树人作为大学的终极价值，要明确学校的一切工作都是为了育人、育好人。在路线图的研制过程中，工作组凝练了一个非常有智慧的英文词——lead，既是中文“立德”的谐音，表达了“立德树人”的核心理念，同时又体现了研究型大学培养领军人才的特殊使命，体现了人民大学培养具有厚重品质的高级管理人才，也就是“国民表率、社会栋梁”的目标取向。在此，学生人格的塑造，探究精神、学习能力和领导力的培养，得到了特别的强调。特别是，我们需要强化学生的厚重品质训练，强化学生洞察事物本质的能力和分析、解决问题的能力的培养。我们在路线图的实施过程中，一定要重新理解教书的内涵，高度重视将教好书与育好人结合起来。

第三对关系，是教学和科研的关系。协调好这种关系，在研究型大学中，可以说是一个世界性的难题，一个世界性的挑战。我们说大学以学术为中心，这是没有问题的。但是，学术应是对存在事物及其规律的学科化的分析论证，是指高等教育和高等教育中的科学研究。“学术”的英文词academic，来源于希腊语 akaδημaïkós，原是希腊雅典附近一片森林的名字，后来柏拉图带着弟子在这里建立了学园，研究学问。很明显，学术一开始就和教学直接相关。但是，当今时代，很多人把学术简单地等同于科学研究，特别是教师自身所开展的科学研究项目，过于忽视面向学生的学术探讨和科研活动，由此在一定程度上制造了教学和科研的对立。1998年，美国博耶研究型大学本科教育委员会发表了《重建本科教学：美国研究型大学的蓝图》，简称《博耶报告》，非常著名。它有一个重要结论：研究型大学在美国高等教育系统当中扮演着主导的角色，但是本科教育却是研究型大学常常忽视的问题，他们把自身的真正价值限定在科研方面，高深的研究和本科教育，存在于两个完全不同的平面上。高深的研究是愉悦、成名和奖励之源，而本科教育却只是用来维持大学的存在。大家可以看到，我们常常想借鉴和学习的美国大学、美国的高等教育，也存在这样严重的问题。所以，我们应回到学术的本意，更加全面地理解学术，在强调大学是以学术为中心的时候，千万不要忘记，学术活动的主体还包括学生，学术要为学生服务，大学应当以学生能力发展为本位。我们说处理好教学和科研的关系，实行研究型学习制度就是一个重要保障。这样一种制度体系正是充分发挥研究型大学的优势，努力地把教学和科研有机融合起来，而不是对立起来。实际上，这样一种观念并不是人民大学的独创，而是存在于欧洲将近200年的学术传统中。早在19世纪初，德国的教育家洪堡博士在创立柏林大学的时候，就明确提出教学和科研相结合。我们强调研究性学习，是针对当前中国研究型大学普遍存在的一种偏差，同时结合这类大学的科研优势，在反思大学的传统和本质的过程中而进一步明确的。我们相信，通过研究型学习制度体系建设，我们可以找到协调教学和科研，并实现二者相互促进的道路。

第四对关系，是学生基本功的训练和问题导向的学习之间的关系。人民大学有很好的学习传统，那就是强调“三基”，向学生传授基础理论、基本知识和基本技能，这个“三基”还要坚持，永远不过时。在人才的培养当中，我们要把学生的基本功打得牢牢的，只有在这基础上才能够培养出学生的优秀科研能力。不过，对于我们这样的学校而言，针对我们的学生素质，我们今后要更加强调教学方式和教学内容的调整，在重视学生基本功训练的同时，更加强调培育学生的问题意识和建设性批判的能力，更加强调学生学习的自觉性、主动性和创造性，更加强调理论联系实际，鼓励学生面向生动活泼的社会实践开展学习。

第五对关系，是学生主学科学习和跨学科学习的关系。以前我们的本科教育过于强化专业分割，在一定程度上存在着学生一个专业定终身的现象，学生跨专业学习存在制度性限制，不利于激发学生的学习兴趣和调动学生学习的主动性、创造性。我们前几年不断加强和改进的通识教育，在一定程度上缓解了这个问题，但是还没有解决到位。在我们新路线图的制度设计中，我们突出了名师学术沙龙和双选专业认证制度。双选专业认证制度是一个非常大的创新，它既要求学生把自己的第一专业，把主学科学扎实，同时又突出考虑了学生的学习兴趣和自主副修第二专业、第二学位的问题。我们把主修专业的毕业总学分精简了 10 学分左右，同时把原来 20 学分的专业选修课设计成专业选修课程群和跨专业选修课程群，把副修二学位和二专业总学分调整为 50 学分和 25 学分左右，这样做在一定程度上可以有效解决同学们希望转专业、跨专业学习的难题。鉴于目前的诸多条件限制以及学校办学的整体考虑，我们不可能让所有的同学都去学所谓热门专业，人民大学就是人民大学，不是人民商学院，也不是人民经济学院、人民金融学院之类的，我们要有专业多样性，要努力办好符合国家和社会需要的所有专业。但是，我们也要充分尊重学生的选择，设计双选认证制度就是出于这样一种考虑。我们实际上取消了原来的限制性的副修制度，鼓励学生跨专业、跨学科学习，并尽量为实现这种学习创造时间、空间和课程资源上的方便条件。事实上，这样一种跨学科、跨专业的学习，也是服务于我们研究性学习的制度设计的，我们期望通过跨学科和专业的学习，增强同学们的知识的张力、学术的张力以及融会贯通的思维能力，提升人才培养的质量。

第六对关系，是课堂内学习和课堂外学习的关系。同志们已经注意到，我们没有成立教学委员会，而是成立了本科人才培养委员会。这就是要强调我们的人才培养并不是简单的教学，特别是课堂教学，我们课堂内学习和课堂外学习应该是一体化的，在一定意义上具有同等的重要性。课堂内学习是当然的基础，我们需要传授系统的知识，需要在教学过程中注重学生自主学习能力的培养。我们减少了毕业要求总学分，但并不是减轻课堂学习负担，实际上，我们要加强教学深度，调整教学方式，促进学生参与。我们要制定与提升课堂教学质量相配套的新的课堂教学规范。研究性学习在课堂内如何有效地组织实施，这是一个难题，但是我们要切实推动，要提高学习的含金量，要全面实施符合研究性学习要求的课堂教学模式。在此基础上，我们把课堂外学习提到一个更加重要的位置，并且努力促进其和课堂内学习的结合，实现有机互补，实现一体化，要实行有学分的课堂外学习。在这方面，我们更加强调读史读经典、公共艺术教育、体育精神培养、社会调查研究、社会公益服务等，包括重视学习困难同学的课外支持指导、互助性的同学心理健康支持、国际交流学习，通过这些项目让课堂外教育内容更加充实，目标更加明确，不断提升同学们的综合能力和综合素质，同时也使学生更有选择性，自主性更强，从而更加有效地服务于我们的人才培养目标。

第七对关系，是改革的决心和行动的节奏之间的关系。对于这次系统的改革，我们知道是一个极其艰巨的任务，甚至可以说必将是一个艰苦卓绝的过程。要在当今大环境还不是很有利的高等学校中，实现人才培养基础模式的成功转型，不可能一蹴而就，对这一点我们有充分的心理准备，也有充分的韧劲和耐心。比方说实施双选专业认证制度，如果大家都跨学科地去学经济学、金融学特别是将其作为自己的副修专业，那么，这些学院一下子哪有这么多的老师，哪有这么多的课程资源？怎么办？我们要想办法，要有一个过程，有一个组织实施的过程，有一个充分动员周边的校友资源和其他资源，甚至是海外资源的过程。同时也要利用信息化手段，建设信息化学习平台，把我们老师讲课的课件、录音，还有教学的辅助材料在网上展示，我们其他专业的同学可以通过这个平台开展自主学习，只要最后通过课程教师组织的考试，就可以考虑认定学生的学习成绩。我认为形式是可以灵活多样的，要开动脑筋多方面地想办法，利用大资源，利用高科技。当然，我们也要注意教育、引导学生，树立理性的专业认识。我们实施全员导师制就有这样的考虑。我们本来想更加彻底地实施全员、全程导师制，希望所有本科生在校学习期间都有导师指导。但是，我们也认识到实际存在的困难。我们现在讲“全员导师制”，指的是在新生入学的时候组织开设新生研讨课，配备新生导师，实现全员覆盖。是否实施全程导师制，要看各学院的不同情况。文史哲类学院，还有本科生比较少的一些学院，应是可以提前实施的。本科生很多，而教师数量又有限的学院，如商学院、财金学院，要实行全程全员导师制，目前确实还有困难。不过，我们可以考虑做一些选择性安排，对于一些脱颖而出的学术苗子，可以考虑把他们组织起来，给他们配备优秀导师或导师组，精心培育指导。将来条件成熟时，再全面实施全员全程导师制。还有很多其他的方面，比如说小班授课，刚才庆旺同志也提出来了，现在我们可能还不完全具备条件，但是新校区建起来后，也就是条件一旦具备，小班教学制势在必行。

尽管有着种种困难与限制，但是无论如何，学校党委对于坚定地贯彻实施本科人才培养新路线图，是有充分决心的。在若干次的反复征求意见的过程中，全校上下已经凝聚了最大程度的共识，我们必须坚定不移地采取行动。对于人民大学来说，我们办学的显著成就不仅显示在学科排名上，也要体现在学生对老师、学生对院长，包括学生对于我们各级领导的满意度和热爱度上。没有这种满意和热爱，我们办学的成功就不可能是完整的成功。我们曾经明确提出，实施本科人才培养新路线图，最终目标就是要创建最美好的本科教育，也就是说努力让中国的学子，让天下的学子对于人民大学的本科教育心向往之。今年下半年或者明年上半年，教育部将组织开展新一轮的本科教学审核评估，我觉得现在启动新路线图正是一个大好时机，一个夯实基础、做好准备的时机。

总之，我们在坚定地贯彻实施路线图的过程中，要好好把握住“整体规划、稳健实施”这样一个节奏。我相信，只要我们有决心，只要大家齐心协力，只要大家始终记住学生的成长成才才是我们最终的价值实现，那么，我们就一定能把贯彻实施路线图的各项工作做好。所以，能否有效实施新的本科人才培养路线图，最为重要的一点，就是看我们各级干部和广大教师的心是不是和我们的学生在一起。

我就讲这么多，谢谢大家。

在“五四”主题青年日活动启动仪式上的讲话

中国人民大学党委书记　靳诺
（2013年5月5日）

同学们、老师们：

大家下午好！今天，能够与同学们欢聚一堂，以“我的中国梦”主题活动的形式来纪念“五四”青年节，非常有意义。在此，我谨代表学校向广大团员青年致以节日的问候，向辛勤奋斗在共青团工作一线的广大团的干部致以诚挚的感谢。

党的十八大以来，习近平总书记就“中国梦”发表了一系列重要讲话，得到了全体师生的热烈响应和衷心拥护。总书记关于“中国梦”的系列论述是我们大学做好青年大学生思想教育工作的重要依据。深入开展“中国梦”主题教育实践活动，加强对广大青年学生的思想引领，是我们学校当前和今后一个时期的重要任务。

长期以来，我校共青团工作在加强校园思想引领、服务青年成长成才、助力学校建设发展等方面做了大量扎实有效的工作。今年的“五四”青年日活动确定为“中国梦”主题教育实践系列活动，将进一步增强广大同学对“中国梦”“人大梦”“青春梦”的理解和认识，进一步激励我校广大青年学生积极投身实现“中国梦”“人大梦”“青春梦”的信心和决心。

梦想是人类独有的精神追求，人类的历史就是一个为实现梦想而不断奋斗的过程。梦想指向未来，指向幸福，指向美好，有着巨大的引领作用。失去了梦想的民族是一个没有希望和未来的民族，失去了梦想的人生是灰暗沉闷的人生。在长期的革命、建设和改革过程中，中华民族形成了伟大的“中国梦”；在长期的办学与探索过程中，中国人民大学也不断明确了自身发展的“人大梦”；在学习与实践过程中，每一名人大学子也都在更加坚定地追寻着自己的“青春梦”。

“中国梦”就是国家梦、民族梦，归根结底是人民的梦。实现中华民族伟大复兴的“中国梦”，就是要实现国家富强、民族振兴、人民幸福。中国人民大学作为中国共产党创办的第一所新型大学，始终与党和国家同呼吸、共命运，始终奋进在时代前列；一代又一代的人大学子也必将在实现“中国梦”的伟大事业中高扬时代旗帜、勇于担当责任、贡献巨大力量。

“人大梦”是我们全体师生员工和广大校友共同的梦。实现“人大梦”就是要坚持“立学为民、治学报国”的办学宗旨，努力建设“人民满意、世界一流”大学，培养具有全球领导力的社会栋梁，使学校成为人才辈出的堂皇学府。一代代朝气蓬勃的莘莘学子和青年才俊才是我们实现“人大梦”的源头活水。相信具有“厚重”品质的人大学子，必将在实现“人大梦”的进程中努力学习、奋勇争先，发挥积极的作用。

“青春梦”就是每个青年人的梦想，也是每一名人大学子的梦想，就是要不断提升自己的专业知识和综合素质，真正成为在各行各业发挥核心骨干作用的“国民表率、社会栋梁”。人大学子应该是一个充满青春活力、富有理想追求的群体。大家应该始终坚持将个人前途命运与学校的发展建设、与国家民族的命运紧密结合。相信每一名同学，都能够在追逐“青春梦”的过程中，为实现“中国梦”和“人大梦”添绘更加绚烂的色彩。

同学们，梦想不是想入非非虚幻之境，而是立足于现实并超越现实的理想之光，它将照亮我们前行的路。要让梦想变成现实，必须脚踏实地，埋头实干。借此机会，我想讲三点希望：要在实现“中国梦”的伟大事业中坚定理想信念；要在实现“中国梦”的伟大事业中坚持刻苦学习，不断增长才干，真正把自己锻造成为社会主义事业的合格建设者和接班人；要在实现“中国梦”的伟大事业中锤炼意志品质，坚持艰苦奋斗，到祖国和人民需要的地方去实现人生价值。

同学们，昨天，习近平总书记在同各界优秀青年代表座谈时强调，广大青年要努力在实现中华民族伟大复兴的“中国梦”的生动实践中放飞青春梦想。希望大家响应总书记的号召，能够把“中国梦”和“人大梦”联系起来，把“中国梦”和“青春梦”融合起来，把“你的梦”和“我的梦”汇聚起来，在党的领导下紧密团结、脚踏实地、开拓进取，到本世纪中叶，我们必将建成富强民主文明和谐的社会主义现代化强国，广大青年必将同全国各族人民一道，共同见证、共同享有“中国梦”的实现！

谢谢大家！

在《中国统一战线教程》出版座谈会上的致辞

中国人民大学党委书记　靳诺
(2013 年 5 月 9 日)

尊敬的陈喜庆副部长，
尊敬的各位领导、各位专家：

大家上午好！

中央统战部、中央党校、国家行政学院、中央社会主义学院组织编写的《中国统一战线教程》新近由中国人民大学出版社出版。这是深入推进中国统一战线事业和统一战线理论工作发展的一件大事，也是进一步规范统一战线教育培训工作，进一步顺应广大党政干部、统战干部学习需求的一件喜事。在此，我谨代表中国人民大学向中央统战部及参与编写工作的成员单位、各位专家表示热烈的祝贺，向中央统战部领导对于人民大学的信任表示衷心的感谢！

统一战线是我们党夺取革命、建设、改革事业胜利的重要法宝，是我们党执政兴国的重要法宝，是实现中华民族伟大复兴“中国梦”的重要法宝。党的十八大立足新的历史起点，强调指出：统一战线是凝聚各方面力量，促进政党关系、民族关系、宗教关系、阶层关系、海内外同胞关系的和谐，夺取中国特色社会主义新胜利的重要法宝。新时期的爱国统一战线，更是承担着调动一切积极因素、凝聚一切积极力量，实现全面建成小康社会奋斗目标，实现中华民族伟大复兴“中国梦”的历史责任。在这样一个历史大背景下，统一战线理论如何进一步发展创新，统一战线实践如何进一步深入推动，统一战线教育培训如何进一步规范化、制度化，成为统一战线工作亟待解决的重大课题。

《中国统一战线教程》的出版恰好科学、权威、生动地回答了这些问题。《中国统一战线教程》的出版得到了有关领导的高度重视，四部门历时两年联合编写，广泛征求相关单位的意见建议，十三易其稿。该教程共 11 章，36 万余字，涵盖了统一战线的基本理论、基本政策、基本知识，既注重统一战线理论知识的介绍，又注重统一战线实践工作的梳理；既注重教材编写的系统性、规范性、严谨性，又突出教材的可读性、生动性、实用性，并且融入了新时期统一战线新的实践发展和理论成果。可以说，该教程是加强统一战线教育培训的工具书，是提高统一战线理论政策水平的指南书，是了解党的统一战线工作的必备书。

高校统战工作是党的统一战线工作的重要组成部分，是高校党的工作的重要内容。做好高校统战工作，事关新世纪新阶段统一战线的巩固和壮大，事关高校的改革和发展，事关科教强国、人才强国战略的实施。中国人民大学是我们党创办的第一所正规大学。多年来，人民大学的统战工作在学校党委的领导下，取得了丰硕的成果。学校党委统战部积极加强民主党派组织建设及思想建设，协助各民主党派积极开展活动；积极开展侨联工作，为侨界人士和归国留学人员搭建平台；积极发挥我校学科优势，开展统战理论和政党理论研究工作。尤其是着力推进党外代表人士队伍建设，积极推荐优秀党外人士参政议政、建言献策，多个建议得到中央中央领导的批示或有关部门的采纳，并连续多年获得中央统战部六局党外知识分子信息工作第一名的奖励。

同时，人民大学积极配合中央统战部各项工作，与中央统战部、北京市委统战部等相关部门长期合作，为中国统一战线理论研究和统一战线工作做出了自己的贡献。人民大学原党委书记程天权担任了中国统一战线理论研究会副会长、中国统一战线理论研究会政党理论研究基地主任；2004 年，在中央统战部指导下，中国人民大学政党理论研究基地成立，至今已经召开过六届全国性学术会议，出版论文集六辑；从 2006 年起，人民大学已承担了七期爱国宗教界人士研修班，获得了中央统战部领导的高度评价；以周淑真教授为首席专家的研究团队，多次获得全国统战理论政策研究创新成果奖、北京市统一战线理论研究和调查研究优秀组织单位奖；周淑真教授参与中央统战部承担的马克思主义理论与研究工程《中国特色社会主义政党制度理论体系》，并担任首席专家等等。中国人民大学已成为全国高校统一战线理论研究的重要基地。

《中国统一战线教程》由人民大学出版社出版，是中央统战部领导对人民大学的高度信任和大力支持，是对人民大学多年来统战工作的肯定和鼓舞。今后，人民大学将继续支持统一战线事业，加强统一战线理论研究，充分发挥我校党外人士人才荟萃、智力密集的优势，通过教学科研、议政建言、服务社会等方式，为统一战线各方面输送更多优秀人才，为全面建成小康社会做出更大贡献。

最后，再次感谢陈喜庆副部长和各位领导、各位专家对人民大学及人大出版社的信任与支持，希望本次座谈会圆满成功，谢谢大家！

在京津片区“高校文化传承创新研究座谈会”上的讲话

中国人民大学校长　陈雨露
(2013年5月22日)

尊敬的李卫红副部长，
各位领导、各位专家：

首先，请允许我代表中国人民大学向出席座谈会的各位同仁表示热烈的欢迎。

在我国进入全面建成小康社会的决定性阶段，继十七届六中全会之后，党的十八大进一步明确了“文化强国”的发展战略，提出了“建设优秀传统文化传承体系”和“建设哲学社会科学创新体系”两个要求，指明了高校在“文化传承创新”中的未来发展方向。在这样一个关键的历史时期，教育部社科中心召集京津片区的高校代表，共同研讨“文化传承创新与高校哲学社会科学繁荣发展”这个主题，有着特别重要的现实意义。

文化的传承创新与高等教育事业的发展息息相关。一方面，高等学府自古就是文化阵地，仰慕古之遗风，继承古之精髓；另一方面，高校又是思想者的聚集地，是新锐想法和创新学说的主要制造地和辐射中心。强调高校在文化传承创新中的重要作用，既符合高等教育的本质，也符合高等教育的发展规律。在新的时代背景下，从建设文化强国的高度认识高校的使命，充分发挥高校在文化传承创新中的重要作用，也有助于推动高校自身事业的发展，有助于推动人才培养、科学研究和社会服务等高等教育各项事业的进步。

在高校实现文化传承创新使命的进程中，哲学社会科学的发展与其休戚相关，发挥着不可替代的重要作用。哲学社会科学虽然看似属于“形而上学”的“务虚”体系，但它不仅直接见证和参与了一次次进步文化思潮的诞生和勃兴，其博大精深的思想理论对于现实问题也有着重要指导意义。回顾历史，几乎每一次社会变革总是由哲学社会科学领域的思想涌动所开启的。

建校75年以来，中国人民大学始终致力于文化的传承创新和哲学社会科学的繁荣发展，始终注重发挥哲学社会科学认识世界、传承文明、创新理论、咨政育人、服务社会的作用：既不断发展学术、繁荣学术，成为我国哲学社会科学高等教育和研究的重要基地，为我国哲学社会科学的繁荣和发展贡献巨大力量，又积极发挥“思想库”“智囊团”的作用，致力于重大政治、经济、文化和社会问题研究，为国家经济建设和社会发展提供强大的理论保证和有力的智力支持。

新世纪以来，党和国家高度重视高校在文化传承创新中的重要作用，高度重视哲学社会科学的发展与繁荣，江泽民、胡锦涛、习近平等党和国家领导人先后多次亲临人民大学，发表重要讲话，并对学校的发展寄以殷切的希望。长期以来，在教育部的关心指导下，在兄弟院校和广大同仁的大力支持下，中国人民大学取得了长足的发展和可喜的成绩，为“人民满意、世界一流”大学的创建奠定了坚实的基础。可以说，没有这样一种逐渐形成的举国上下的共识，没有这样一个致力于文化传承创新的高等教育共同体的优质平台，没有这样一种为哲学社会科学繁荣发展而奋斗的精神，就没有中国人民大学的不断进步。

当前，我们正身处一个高等教育和哲学社会科学大发展的时代，可谓躬逢盛世。全面深入推进文化传承创新，高校责无旁贷、任重道远。作为党亲手创办的一所以人文社会科学为主的综合性研究型大学，我们深感责任在肩，使命光荣。我们将始终保持清醒的头脑，牢牢把握正确的政治方向和价值导向，始终坚持马克思主义的主导地位，坚持社会主义的办学方向，用社会主义核心价值体系指导工作；我们将紧紧依靠和发挥哲学社会科学在文化传承创新中的独特作用和比较优势，规范哲学社会科学的学术评价体系，继续致力于推动高校哲学社会科学的繁荣与发展；我们将紧密结合高等教育的发展规律，积极探索新型的文化传承创新模式，把人才培养、科学研究和服务社会的大学职能与文化传承创新有机结合起来；我们将大力推进“人民满意、世界一流”的国家级智库建设，多出思想、出办法，积极为经济社会的发展进言献策。通过与各位同仁的共同努力，我们要为提高高等教育质量、推动文化传承创新、建设社会主义文化强国做出更大贡献！

最后，预祝座谈会取得圆满成功！祝各位身体健康，工作顺利！

继承和发扬李文海同志的教育思想和治学精神
——在李文海老校长追思会上的致辞

中国人民大学校长　陈雨露
（2013 年 6 月 23 日）

尊敬的各位领导、各位前辈，
各位专家、各位老师、各位朋友：

2013 年 6 月 7 日下午，优秀共产党员、中国人民大学原校长李文海同志因病逝世。从此，党和政府失去了一位杰出的教育家，人民大学失去了一位优秀的领导者，历史学界失去了一位泰斗。由大敬而生大恸。今天，我们在这里，以无限缅怀和崇敬的心情，举行李文海老校长的追思会，我谨代表中国人民大学及全体师生向到会的各位表示衷心的感谢！

李文海同志于 1949 年 5 月从私立无锡中学高中毕业后，先后在中共前州区委、苏南农村工作团二队工作，从事减租减息、土地改革、“三反”、“五反”等运动。1952 年 2 月加入中国共产党。同年 9 月进入中国人民大学历史研究班学习，1955 年 7 月毕业后留校任教。1987 年 9 月起任中国人民大学党委书记兼副校长。1994 年 6 月任中国人民大学校长。2009 年被评为中国人民大学首批一级教授。回顾李文海同志的一生，我们看到了一个意志坚强的革命战士、成果丰硕的治史领袖和德高望重的教育大家。他襟怀坦白，廉洁奉公，严以律己，表现出一名共产党人的崇高品格；他博学睿智，谦虚儒雅，宽厚待人，深受史学同行的尊敬和师生员工的爱戴。他的办学成就有目共睹，学术建树令人景仰，道德文章堪称楷模。中国人民大学为拥有李文海同志而感到无上光荣和无比自豪。

李文海同志将自己的一生奉献给了党的教育事业和他所热爱的历史学。今天，缅怀李文海同志的人生轨迹和奋斗历程，追思他的崇高品格和卓越贡献，我们内心无不充满着崇敬和景仰之情。此时此刻，我想和大家共同思考的是：我们该如何继承和发扬李文海同志留下的教育思想和治学精神？

李文海同志在中国高等教育一线工作几十年，一生办教育，桃李满天下。在长期的办学实践中，他积累了丰富的教育经验，形成了先进的教育理念，凝结了深刻的教育思想。他在很多教育理论和实践问题上都有着自己独特的观点和思想，对中国人民大学和全国高等教育的发展做出了重要的贡献。担任人民大学主要领导期间，他始终坚持社会主义办学方向，坚决拥护和贯彻执行党的路线、方针和政策，在大是大非面前立场坚定、态度鲜明，始终与党中央保持高度一致。在任校党委书记和校长期间，他努力探索和总结新时期高校党建和思想政治工作的途径和方法，高度重视领导班子建设，着力提高领导班子的理论水平和科学决策能力。他带领全校师生员工团结奋进，克服办学中的各种困难，全面推动学校学科建设、人才培养、科学研究和国际交流等工作，主持通过了“211 工程”的预审和立项，为学校的建设和发展呕心沥血。他大力呼吁必须充分认识人文社会科学的地位与作用，必须对人文社会科学给予高度重视，先后在《人民日报》《求是》等报纸杂志上发表《重视基础文科的建设》《文科高教如何面对社会主义市场经济》等一系列重要文章，受到各界的高度关注和重视，产生广泛的社会反响。时至今日，李文海同志的很多教育思想、教育主张和教育观念，对当前中国人民大学的改革和发展依然有着鲜明的指导意义，需要我们进一步系统地整理、总结、挖掘和研究。

李文海同志在长期担任繁重行政工作的同时，从来没有松懈过自己的学术研究。他说：“不管担任什么工作，自己首先是一个教员、一位老师，这才是自己最重要、最带本质意义的角色。”他长期坚持从事中国近现代史的教学科研和全国历史学专业的规划发展，终生不辍，为改革开放以后中国历史学学科建设做出了卓越贡献。作为历史学家，他思想敏锐，治学严谨，学识广博，成就卓著。他坚持辩证唯物主义和历史唯物主义，对中国近代史研究中出现的诸多重大理论问题，毫不含糊、态度鲜明地表达自己的观点和意见，体现了一个马克思主义学者的坚定立场、远见卓识和高度责任感，成为近代中国社会史研究的先行者、中国近代灾荒史研究的开拓者、新中国清史纂修工程的主要倡导者和推动者。他不仅极为重视学术研究本身，还特别强调历史学的社会功能。对清代的官场腐败问题的深入研究就体现了他对历史研究与现实关怀机结合的重视。他于去年 8 月出版其最后一部著作《清代官德丛谈》，临终前一天还完成了《〈聊斋志异〉描绘的官场百态》这一学术论文。这种潜心治学的精神，不由得让我们肃然起敬，由衷景仰！作为后学之辈，我们要学习李文海同志的治学精神，以“板凳须坐十年冷”的治学态度和求学勇气，不求一时之荣显，一生潜心治史，志在立下“万世之功”。

旻天不吊，不遗一老。手抚李文海老校长的遗泽，感受他的精神风范，体悟他对党的教育事业的深厚感情。我们要把这种对李文海老校长的追思化为学校不竭发展的智慧和动力，矢志不移地推进“人民满意、世界一流”大学的建设，为中华民族伟大复兴的中国梦做出我们的贡献！我想，这就是对李文海老校长最真切的纪念和缅怀！谢谢！

青春的选择：梦想之光与泥土芬芳
——在中国人民大学 2013 届毕业典礼上的讲话

中国人民大学校长　陈雨露
（2013 年 6 月 26 日）

各位同学、各位老师、各位来宾：

今天，我们在这里欢聚一堂，为 2013 届同学举行毕业典礼，为即将启程的同学们升起征帆、启动梦想。在此，我谨代表学校，向同学们表示最热烈的祝贺！向付出心血和汗水培育你们的各位老师表示衷心的感谢！向抚养你们长大成人的家长们表示崇高的敬意！

四序寒暖、春华秋实，此时此刻，我相信同学们一定心潮澎湃，对未来充满无限期待。尽管我无法一一倾听，但我猜想人大学子的人生理想一定精彩纷呈、志存高远。那么，怎样实现自己的个人价值和人生理想呢？在这里，我有两位校友的故事与同学们分享。

第一位校友叫王树光，2011 年硕士毕业于我校公共管理学院。我想很多同学对他并不陌生，他就是那位曾经捐献骨髓拯救了另一个年轻生命的可爱的志愿者。

2005 年，这个从山东寿光农村走出来的小伙子，以优异的成绩考进了人民大学，没有手机、没有电脑、衣着朴素、生活艰苦，本科四年，他基本依靠国家助学贷款和勤工俭学维持学业。物质上的匮乏没有使王树光自卑，却锤炼出他坚强的意志和宽博的胸怀。他把班里分给他的助学金名额让给其他家庭贫困的同学；他作为班长在“甲流”期间贴身照顾突发高烧的同学就诊治疗；他签署了“自愿捐献造血干细胞”志愿书，并毅然接受极为痛苦的手术，捐献出自己的造血干细胞，原因很简单，就是去履行一名志愿者的义务。

王树光曾获得北京市优秀共产党员、“感动人大”特别贡献人物、“展示大爱情怀的人大学子”等多项荣誉，本可以找到一份一般人眼中的好工作，而他却毫不犹豫地选择“扎根”西部、前往新疆工作。他表示：“作为一名人大学子，就是要选择能够真正实现自己价值的工作”，“扎根西部，去做一个开拓者、实践者，而不是坐享其成者”，因为他坚信，“祖国终将选择那些选择了祖国的人”。

德不孤，必有邻。放弃优厚就业条件，选择扎根基层的还有另外一位人大学子，亓俊先。

亓俊先同样来自农村，在 2007 年拿到商学院的录取通知书后，因为家境贫寒甚至还差点放弃学业，是“国家西部助学工程”和乡亲们的捐助为他凑齐了学费。大学期间，成绩优异、表现突出的他屡获奖学金，圆满完成了学业。毕业面临选择时，尽管已经高分通过 GRE 和托福考试，所学专业在就业市场上也是供不应求，他却选择了去江苏农村，当起了大学生村官。

一年多的时间里，他走访了全村 700 多户村民，记下了 20 余万字的民情日记；他组织动员村民集资修路、清理河道；组织“温暖春芽”系列活动帮助留守儿童；利用专业优势，策划组织企业经营管理培训班，通过参加推介会和开辟网上销售渠道，使当地农产品销售额和利润大幅提高；他联合其他村官建立志愿服务联盟并发放连心卡5万余张，覆盖群众15万人，为民提供代办帮办服务3万余件次。

如今，村民早已把亓俊先当作了自己人，亲切地称他“青年书记”，而且推选他担任宿城区洋北镇第十七届人大代表、宿迁市第四届人大代表。谈起未来，亓俊先说：“我的中国梦就是农村梦。我希望能通过努力，改变一个贫穷落后的村子，让村里的老百姓过上好日子。”“农村是我的舞台，我愿在这里书写属于自己的故事！”

王树光和亓俊先两位年轻校友用实际行动为我们做出了榜样，他们将自己的青春从浮躁中剥离出来，深深地、踏实地植根在祖国基层的土地里，历经风吹雨打，积聚奔腾能量，绽放耀眼光辉。他们没有拘泥于小我的功利，却拥有了与人民在一起“大我”的厚重；他们没有流连于小家的安逸，却感受着广袤基层“大家”的温暖；他们没有执着于单纯的个人发展，却全心全意地追逐着社会大众的幸福，正是千百个、亿万个这种美丽的个人梦才托举出中华民族伟大复兴的中国梦。可见，真正的青春，从来都不是对美好年华的礼赞，也不是对未来虚无缥缈的空想，而是以脚踏实地的坚定足印，以昂扬向上的正能量，去面对困难与挫折。

同学们，毕业在即，青春曾在这里勃发，理想曾在这里塑造，未来正迎面向我们快速走来，多年以后，拿什么致我们终将逝去的青春？正如马克思在《青年在选择职业时的考虑》中所说：“如果我们选择了最能为人类福利而劳动的职业，那么，重担就不能把我们压倒，因为这是为大家而献身”。胸怀人民、服务基层、回报社会应该是我们每个人的理想。其实在很多时候，是我们自己悄然远离了理想，而不是理想弃我们而去。在我们这个时代，缺乏的不是成功的光鲜，而是专注自我之外的对于他人的关怀和对于理想的坚持。人民大学学子应当身怀为民分忧之心、坚守为民尽责之道，守护灵魂、守护信念，带领我们社会每一个人抓牢爱与责任这根维系社会进步的准绳，树立对于美好人生的情感寄托、对于社会公正的内心追求。只要你们内心充满光辉，你们周围的世界必将呈现精彩。

同学们，鼓起勇气去追寻，去奋斗，去实现你们的人生理想吧。在坚守心中梦想的同时，不要忘却脚下泥土的芬芳。前行的路上虽有诸多挑战，但母校会是你们最坚定的支持者和最忠诚的“合伙人”。作为“人大人”，请牢记，“立学为民、治学报国”是我们永不过时的精神契约，“行为精英、心为平民”是我们始终不渝的践行格言，“国民表率、社会栋梁”是我们坚守不变的奋斗承诺！

祝愿你们在新的征程上不断前行，超越自我，实现理想！谢谢！

深刻把握高校哲学社会科学发展新形势　加快建设“人民满意、世界一流”大学
——在2013年党风廉政建设宣传教育月主题党课上的讲话

中国人民大学党委书记　靳诺
（2013年6月27日）

同志们：

刚才，我们举行了纪念中国共产党成立92年表彰大会，对我校优秀基层党组织进行了表彰。根据学校组织部、纪委的安排，我就进一步贯彻落实十八大精神，推进我校事业发展特别是党风廉政工作讲几点意见。

主要讲三点。一是关于当前高校哲学社会科学面临的新形势；二是关于我校事业发展的几点思考；三是关于加强党风廉政建设的几点要求。

一、深刻认识和把握高校哲学社会科学面临的新形势

认清形势是做好工作的重要基础。今年是全面贯彻落实党的十八大精神的开局之年，也是我们全国上下向着“中国梦”进发的开局之年，高校哲学社会科学工作面临新形势新任务，我们必须深刻认识、准确把握。

一是实现中国梦，对高校哲学社会科学提出了新课题。2012年11月29日，党的十八大闭幕后不久，习近平总书记带领中央政治局常委和书记处的同志在参观复兴之路展览时，提出了实现中华民族伟大复兴中国梦的命题。2013年3月17日，在十二届全国人大一次会议闭幕时，习近平在当选国家主席后的讲话中，又一次系统阐述了中国梦，强调实现中国梦，必须走中国道路、弘扬中国精神、凝聚中国力量。5月4日，习近平在参加“实现中国梦、青春勇担当”主题团日活动，与各界优秀青年代表座谈时，系统阐述了中国梦与中国青年的关系。在一系列国内国际重大活动中，习近平总书记都谈到了中国梦。中国梦已成为新一届中央领导集体的执政战略，是党和国家未来发展的政治使命，是当代中国的精神旗帜。加强对中国梦的历史渊源、时代背景、重大意义、科学内涵、精神实质、实践要求等问题的研究，为深化中国梦的宣传教育、实现中国梦的伟大实践提供学理支撑，是高校哲学社会科学的新课题。

二是全面建成小康社会，对高校哲学社会科学提出了新课题。经过新中国60多年，特别是改革开放30多年来的快速发展，中国现在已经成为全球第二大经济体，进入了全面建成小康社会的新阶段。党的十八大首次明确提出全面建成小康社会，到2020年将实现国内生产总值和居民人均收入比2010年翻一番，全面推进经济建设、政治建设、文化建设、社会建设、生态文明建设“五位一体”建设，要求高校哲学社会科学深化对重大现实和理论问题的研究，更好地提供政策建议、理论依据和咨询服务，为全面建成小康社会提供理论支持。近日，习近平总书记就建设国家智库做出重要批示。他指出：“智库是国家软实力的重要组成部分，随着形势的发展，智库的作用会越来越大。目前，我国智库发展还相对滞后，要高度重视、积极探索中国特色新型智库的组织形式和管理方式，采取有效措施，引导各类智库加强自身建设，积极建言献策，为中央科学决策提供高质量的智力支持。”5月30日，刘延东副总理主持召开专题座谈会，强调要充分发挥高校学科齐全、人才密集的优势，以服务决策为导向，以提升能力为核心，以改革创新为动力，以哲学社会科学繁荣发展为依托，努力打造一批在国内外具有重要影响的高端智库。

三是提升中国国际话语权，对高校哲学社会科学提出了新课题。当前，世界多极化、经济全球化深入发展，科技进步日新月异。随着我国综合国力的显著增强和对外开放的不断扩大，中国同世界的联系日益紧密，越来越走到国际舞台的前沿，不可避免地牵动国际利益格局的变化。可以预见的是，随着中国发展的步伐不断加快、融入世界的程度日益加深，一方面发展空间会越来越大，发展机遇会越来越多，另一方面受到的外部牵制和阻力也会越来越大，遇到的风险和挑战会越来越多。如何统筹国际国内两个大局，更好地抓住机遇、应对挑战，趋利避害、把握主动；如何提升国际的话语权，增进国际社会对我国国情、发展道路、内外政策的了解和认识；如何扩大中华文化影响力，推动中华文化“走出去”，发出中国的声音，迫切需要高校哲学社会科学深入研究和回答。

四是推进党的理论创新，对高校哲学社会科学提出了新课题。中国共产党走过了90多年的奋斗历程，目前所处的内外环境与以前相比，已发生了历史性的变化，面临着复杂严峻的执政考验、改革开放考验、市场经济考验和外部环境考验，党的自身建设任务更加艰巨和繁重，迫切需要加强党的理论创新，进一步推进马克思主义中国化、时代化、大众化，用发展着的马克思主义来指导党的建设，使我们党能够永葆先进性、纯洁性，不断增强执政能力。这就要求哲学社会科学认真研究和总结党的建设经验，研究我们党治国理政的客观规律，进一步探索新形势下加强党的建设的有效途径和方法，以更多有价值的研究成果，推动党的建设不断取得新成就。

二、加快推进“人民满意、世界一流”大学建设

中国人民大学作为一所以人文社会科学为主的全国重点大学，在我国哲学社会科学事业中具有重要的地位，肩负着特殊的使命。我们要以学习贯彻十八大精神为契机，加快建设“人民满意、世界一流”大学进程，努力为我国哲学社会科学事业的繁荣发展做出新的更大贡献。

第一，以科学发展为主题，推进事业健康发展。十八大对科学发展观做出了新定位、新论述，指出科学发展观是中国特色社会主义理论体系最新成果，是中国共产党集体智慧的结晶，是指导党和国家全部工作的强大思想武器，并把科学发展观同马克思列宁主义、毛泽东思想、邓小平理论、“三个代表”重要思想一道，作为党必须长期坚持的指导思想写进党章。我们要以科学发展为主题，进一步处理好内涵发展与规模扩张、人文社会科学学科与理工学科、传统学科与新兴学科、硬件建设与软件建设等的关系，保证学校的事业在以提升质量为核心的办学道路上健康快速可持续发展。

第二，以立德树人为理念，培养厚重创新人才。解决好培养什么人、如何培养人的重大问题，是教育工作的永恒主题。十八大报告强调要“把立德树人作为教育的根本任务，培养德智体美全面发展的社会主义建设者和接班人”。习近平同志去年6月19日考察中国人民大学时要求造就“厚重”之才。今年4月22日，学校推出了本科人才培养路线图，坚持立德树人理念，以厚重为灵魂，推进人才培养机制改革，培养学生创造精神、实践能力，缔造出大批具有全球竞争力的人文社会科学领域的杰出人才，使他们具有深厚的人文底蕴，具有跨文化的沟通能力，具有哲学功力和建设性思维，具有政治上的追求和理想的坚持能力，具有坚强的意志品质和团结合作能力，真正成为“国民表率、社会栋梁”。

第三，以服务现实为导向，建设国家一流智库。学校将发挥学科和人才优势，依托“马克思主义与中国道路协同创新中心”“社会转型与社会管理协同创新中心”和13个教育部人文社会科学重点研究基地，建设中国一流智库，聚焦重大问题，服务国家战略，深入研究经济建设、政治建设、文化建设、社会建设和生态文明建设以及国防、外交、党的建设等重大理论和实践课题，不断推进学科体系、学术观点和科研方法创新，努力推出更多有针对性、有分量的理论成果和政策建议，为党和政府决策提供参考和依据。

第四，以扩大影响为目标，推进国际交流合作。我校国际学术交流与合作已经有比较好的基础，目前与53个国家和地区的202所大学建立了学术交流关系，参与了海外13所孔子学院的建设，下一步的目标是要提升水平，推进深度合作，增强学校的国际影响力。要确立各学科的实质性的国际一流合作伙伴关系，加强我校与世界知名学府和知名学者之间的联系和沟通，引进海外一流学者和优秀人才，增加学生国外交流访学的比例，提升教学科研的国际性。同时，在国际学术交流交往中要注意抵制错误学术思潮的影响，防范境外敌对势力西化、分化的政治图谋。

第五，以提升素质为根本，加强教师队伍建设。最近，中组部、中宣部、教育部联合印发了《关于加强和改进高校青年教师思想政治工作的若干意见》，就加强和改进高校青年教师思想政治工作做出部署。目前，45岁以下的青年教师已占我校教师队伍的57%之多。我们要从学校事业发展后继有人的高度，重视青年教师队伍建设，通过设立教师发展中心、青年教师学术沙龙、青年教师科研资助计划等途径，关心青年教师的健康成长，解决青年教师的实际困难，加强师德师风建设，提升青年教师的素质，改善教师队伍的结构，增强教师队伍的核心竞争力，引导广大教师以高尚师德、人格魅力、学识风范教育感染学生，做学生健康成长的指导者和引路人。

第六，以管党治党为原则，推进党建科学化水平。要进一步建立健全党委领导、校长负责、教授治学、民主管理的领导体制和工作机制，认真落实院系党政联席会议制度，更好地发挥学校党委的领导核心和学系党组织的政治核心作用。要加强学校领导班子和院系、部处管理队伍、服务队伍建设，创新基层党建工作，充分发挥党组织推动发展、服务群众、凝聚人心、促进和谐的作用，为学校事业发展提供坚强的思想政治和组织保证。

三、深入开展群众路线教育，加强党风廉政建设

党的十八大提出要坚定不移反对腐败，永葆共产党人清正廉洁的政治本色，努力实现干部清正、政府清廉、政治清明的目标。6月3日，中央第十巡视组到我校开展巡视工作。这次中央巡视组到中国人民大学巡视，充分体现了中央对中国人民大学工作的高度重视和关心支持，充分体现了中央对中国人民大学党政领导班子的亲切关怀和爱护，也充分说明了党风廉政建设的重要性。

（一）深刻认识高校党风廉政建设的特殊重要性

高校是教书育人的神圣殿堂，高校的风气始终为社会所关注，高校的党风廉政建设意义更为重要。如果其他领域的腐败可以用机体的腐坏来形容，那么高校的腐败则是大脑和心灵遭受腐蚀。其他行业的腐败现象和后果，可以用损失钱财物来衡量，而高校发生腐败现象，会在师生和社会上形成不良导向，并且会随着学生毕业离校而扩展到社会，更会关乎国家的前途和未来，其危害性都是不可估量的。高校党风主要体现在良好的干部作风，优良的师德师风、校风学风，高校人才培养质量受制于人才成长环境和氛围，特别取决于良好的师德师风、优良的校风学风，而这些风气的形成，无疑在很大程度上取决于高校反腐倡廉建设，取决于我们的党员领导干部是否真正发挥表率作用、廉洁自律，取决于我们的管理干部是否爱岗敬业、诚实守信，取决于我们的老师是否能够遵守学术道德、恪守学术规范。可以说，教师、干部、职工的一言一行，都会对学生产生潜移默化的影响和示范作用。所以，我们领导、干部、老师要特别注意自己的身份和在高校工作的特殊使命，希望通过大家的不断努力，共同营造人民大学“领导廉洁、干部敬业、教师重教、学生向学”的宁静圣洁、自由和谐的良好校风。

（二）抓好当前高校党风廉政建设的几项突出任务

结合我校党风廉政建设工作实际，贯彻落实党的十八大和十八届中央纪委二次全会精神，当前要抓好以下几项工作：一是关于严明政治纪律。习近平同志在十八届中央纪委二次全会上指出，纪律严明是党的光荣传统和独特优势，严明党的纪律，首要的就是严明政治纪律。严明政治纪律就要从遵守和维护党章入手。要自觉维护中央权威，在指导思想和路线方针政策以及关系全局的重大原则问题上，全党必须在思想上政治上行动上同党中央保持高度一致。我们学校以人文社会科学为主，师生员工思想活跃，所以我们党员领导干部要务必高度重视，始终保持高度的政治敏锐性和政治鉴别力，立场坚定、旗帜鲜明，学校有关职能部门要加强对课堂教学、讲座论坛、学术交流活动、校园网络、学生社团的管理，不给错误思想、政治谣言、反动言论传播的平台，确保意识形态领域的正确导向。二是贯彻落实中央八项规定，切实改进作风。新一届中央政治局集体上任后第一件事就是制定八项规定，抓作风建设。八项规定具有很强的针对性和操作性。习近平总书记强调，作风是否确实好转，要以人民满意为标准。要以踏石留印、抓铁有痕的劲头抓下去，善始善终、善做善成，防止虎头蛇尾，让全党全体人民来监督，让人民群众不断看到实实在在的成效和变化。我们学校认真落实八项规定，结合学校“回归大学本位”的导向，制定了具体的实施办法。其中包括改进工作方式、切实解决师生困难，加强信息公开、畅通意见渠道，厉行节俭、建设节约型校园，精简会议、文件，规范出访活动、改进新闻报道等等，很详细。例如，在厉行节俭方面，要求校内可举办的会议，尽可能不到校外组织，严禁到高档宾馆召开工作会，会议期间严禁高消费娱乐、旅游，等等。学校党委决定将把落实八项规定、改进工作作风作为一项经常性任务来抓，我们领导干部要自觉接受师生员工的监督。三是要深化廉政风险防控试点工作。上个月初，校党委启动了廉政风险防控试点工作，选择了学校办公室、科研处、人事处、财务处、公共管理学院和图书馆等6家单位，计划用半年多时间开展廉政风险防控试点工作。试点工作将于今年年底前完成，之后，将进入深化建设阶段和全校范围内全面推开阶段，力争在3～5年时间内全面实现工作目标。四是抓好干部的反腐倡廉工作。党的先进性和纯洁性，最终表现在每个党员身上，每个党员都从自身做起，从本部门、本单位做起，相信我们的党风整体肯定会有好转。

在这里，我主要向大家提出三点要求：

第一，加强学习，学以致用。我们党历来重视学习。在每一个重大转折时期，面对新形势新任务，我们党总是号召全党同志加强学习。1941年，毛泽东发表文章，题为《改造我们的学习》。1978年，邓小平在《解放思想，实事求是，团结一致向前看》中要求全党要善于学习。习近平同志在十八届中央纪委二次全会上要求领导干部通过学习党章，进一步坚定理想信念，进一步保持思想道德纯洁性。今年3月在庆祝中央党校建校80周年大会上，习近平同志再次强调要加强学习。他指出，全党面临的一个重要课题，就是如何正确认识和妥善处理我国发展起来后不断出现的新情况新问题。新问题每时每刻都在出现，是由世情、国情、党情的发展变化引起的。要认识好、解决好，唯一的途径就是增强我们自己的本领。增强本领就要加强学习，既把学到的知识运用于实践，又在实践中增长解决问题的新本领。我们在高校战线工作，要认真学习党章和掌握上级政策与要求。要真学、真信、真用，做到知行统一、言行一致。要把学习和实践结合起来，既要深入了解学校的实际情况，又要关注国计民生、关注社会发展的宏观大背景，要努力为国分忧、为民解难。人大精神是“立学为民、治学报国”，我们除了书本知识，要向社会实践学习，向人民群众学习。这里所说的学习，不仅是指知识和理论的积累，更是指加深了解、增进认同、掌握信息、提升判断力和解决问题的能力，是为科学决策和妥善处理各种矛盾和问题服务的一种研究或实践活动。这里的学习也指一种开放的思维和心态，多调研、多研究、多沟通，多掌握情况，才能够不僵化、不保守、不冒进。例如，前面提到贯彻落实“三重一大”决策制度，首先要经过深入的调查研究。各级领导班子在研究重大问题时，会前要通报会议议题，让班子成员有时间去了解情况、调查研究，做深入的思考，这就是一个学习的过程。再比如，各种规章制度，有关法规，高校财经管理制度，科研经费管理等，如果不认真学习，就有可能出现违法违规行为。学习到位了，制定出的方案和行动纲领才能切实可行，才能收得实效。

第二，求真务实、真抓实干。“空谈误国、实干兴邦”。真抓实干不只是工作作风问题，而且是个精神状态和个人价值取向的问题，说到底是个人的人生观、世界观的问题，尤其是事业观的问题。党员的先锋模范作用很大程度体现在实干精神上，希望大家以实干为荣，做事要了解实情，解决问题要出实招、说实话、办实事，每一项工作都要务求实效。务实并不是说务虚就不重要，而是要用实干精神来做好务虚工作。比如，做党务工作，要认真细致地去掌握师生的思想状况，要耐心地去做好学生的思想政治工作。要多倾听老师的意见，多听听学生的想法，只有这样，我们的管理和服务工作才能真正到位，真正让师生们满意。当前社会上的很多矛盾和问题主要在于工作不扎实、不细致、不具体，原则多，措施少；方案多，落实少。当然，工作实效最好的评价标准一个是历史的标准，另一个是群众的标准。对于我们高校来说，要真心实意、竭心尽力为师生办实事、办好事。针对师生所反映的问题，要深入进行研究，尽最大可能予以解决。要多到师生中间去倾听意见，多到教学科研一线了解情况。一个人的力量是有限的，真抓实干还必须有一个团结奋斗的良好氛围。我校的老班子集体有着团结干事的良好传统，我们要继续发扬。比如，我们强调“三重一大”决策制度，强调要民主决策、集体决策、科学决策，但是也听到一些干部反映，要达成完全一致很难，总是议而不决，越议越复杂，最后搁置了。在民主的基础上还是要集中，人与人之间的思想只能最大程度地统一，不可能完全一致，工作中不同看法、不同意见肯定是存在的，所以需要大家彼此间多商量、多通气，能够让多数人受益的事情就应该努力去办。团结并非一团和气，不干事永远不会得罪人，但是事业也不会发展。要全面、客观、历史地看待问题，要学会通过沟通、调研、协商等方式，尽最大可能达成共识，尽可能妥善地协调和处理好各种矛盾，把工作推动下去。在大的目标和方向一致的情况，存在些不同意见是可以理解的，也是非常正常的。彼此间要相互包容、彼此信任、真诚合作。班子内部要坚持发扬民主，增强党内生活的原则性，认真开展批评和自我批评，克服好人主义，坚决抵制和纠正上下级之间与干部之间逢迎讨好、互相吹捧、搞“小圈子”等庸俗作风。一个单位领导班子团结、和谐了，事业发展才会有动力、有基础、有方向。否则，一盘散沙、各自为政、互相拆台，不但彼此之间心情不好，也会贻误本单位发展的良好机遇，还会在周围的群众中造成不好的影响，特别影响一个部门的士气和风气。

第三，加强党性修养，严于律己。党性修养的内容很多，其中政治修养、群众意识和实干精神等，刚才我已经讲了一些，在这里主要想强调一下廉洁自律意识。一个人的精神境界、官德人品，都是一个逐渐养成的过程，党龄与党性不能画等号，权力与权威不能画等号，职务与觉悟不能画等号，要自觉学习党章，要自觉加强主观世界的改造。我们党是一个纪律严明的政党，这就要求每个党员要严格自律。加强自身修养是一个渐进的过程，腐化堕落如温水煮青蛙，也有一个不知不觉的从量变到质变的过程。所以要始终严格自律，要慎独、慎微、慎初，慎小事，拘小节，防微杜渐，筑牢思想道德和党纪国法两道防线。“巴豆虽小坏肠胃，酒杯不深淹死人”。在小恩小惠面前不能失原则、失人格。小事小节是一面镜子，能够反映人品，反映作风，小事小节中有党性、有原则、有人格。小事当慎，小节当拘，对我们每个人都适用。要常思贪欲之害，常除非分之想，常怀律己之心，要耐得住寂寞，抵得住诱惑，用思想武器管好自己，用人格魅力管好自己。要预防腐败，关键在于党员干部自身提高觉悟、境界、品格，在于加强党性修养，重在“强身健体”。要树立正确的权力观，权力不是地位，不是私利，而是一种责任、一种义务。公生明，廉生威，激浊扬清，正字当头，凡事出于公心，秉公用权。高校的社会环境相对较好，内部监督的空气也很浓，但毕竟今天的高校与以往相比，在经费、社会交往等方面发生了很大的变化。大家要清白做人、干净干事。不仅想干事、肯干事、敢干事，还要会干事、能干事、干成事，特别是要不出事。随着学校事业发展步伐加快，会出现一些新情况新问题，“有为”和“无为”发生了一些变化，更要怀着责任感，带着敬畏之心，认真干事，怀着如临如履的心态，给党和人民交上一份满意的答卷。

（三）关于开展群众路线教育

6 月 18 日，中央召开了党的群众路线教育实践活动工作会议，习近平总书记出席会议并发表重要讲话，对全党开展教育实践活动进行部署。习近平总书记强调指出，开展党的群众路线教育实践活动，是实现党的十八大确定的奋斗目标的必然要求，是保持党的先进性和纯洁性、巩固党的执政基础和执政地位的必然要求，是解决群众反映强烈的突出问题的必然要求。

习近平强调，总体上看，当前各级党组织和党员、干部贯彻执行党的群众路线情况是好的，党群干群关系也是好的。这是主流，必须充分肯定。同时，必须看到，面对世情、国情、党情的深刻变化，精神懈怠危险、能力不足危险、脱离群众危险、消极腐败危险更加尖锐地摆在全党面前，党内脱离群众的现象大量存在，集中表现在形式主义、官僚主义、享乐主义和奢靡之风这“四风”上。要对作风之弊、行为之垢来一次大排查、大检修、大扫除。

开展党的群众路线教育实践活动，要紧紧围绕保持和发展党的先进性和纯洁性，以为民务实清廉为主要内容，切实加强全体党员马克思主义群众观点和党的群众路线教育，把贯彻落实中央八项规定精神作为切入点，着力解决突出问题。这次教育实践活动的主要任务聚焦到作风建设上，集中解决形式主义、官僚主义、享乐主义和奢靡之风这“四风”问题。教育实践活动要着眼于自我净化、自我完善、自我革新、自我提高，以“照镜子、正衣冠、洗洗澡、治治病”为总要求。照镜子，主要是以党章为镜，对照党的纪律、群众期盼、先进典型，对照改进作风要求，在宗旨意识、工作作风、廉洁自律上摆问题、找差距、明方向。正衣冠，主要是按照为民务实清廉的要求，勇于正视缺点和不足，严明党的纪律特别是政治纪律，敢于触及思想、正视矛盾和问题，从自己做起，从现在改起，端正行为，自觉把党性修养正一正、把党员义务理一理、把党纪国法紧一紧，保持共产党人良好形象。洗洗澡，主要是以整风的精神开展批评和自我批评，深入分析发生问题的原因，清洗思想和行为上的灰尘，保持共产党人政治本色。治治病，主要是坚持惩前毖后、治病救人方针，区别情况、对症下药，对作风方面存在问题的党员、干部进行教育提醒，对问题严重的进行查处，对不正之风和突出问题进行专项治理。

教育实践活动要以县处级以上领导机关、领导班子、领导干部为重点。各级领导干部既是活动组织者、推进者、监督者，更是活动参与者，要以普通党员身份把自己摆进去，力争认识高一层、学习深一步、实践先一着、剖析解决突出问题好一筹。保持党同人民群众的血肉联系是一个永恒课题，作风问题具有反复性和顽固性，必须经常抓、长期抓，特别是要建立健全促进党员、干部坚持为民务实清廉的长效机制。要以这次活动为契机，制定新的制度，完善已有的制度，废止不适用的制度。制度一经形成，就要严格遵守，执行制度没有例外。

中央要求，各级党委要增强责任感和紧迫感，把开展好教育实践活动作为一项重大政治任务抓紧抓好抓实。要明确责任职责，主要领导亲自抓；深入调查研究，制定切实可行的实施方案；加强具体指导，确保正确方向；坚持统筹兼顾，做到两手抓、两促进；加强宣传引导，营造良好舆论氛围。

高校开展群众路线教育，中央组织部、教育部、北京市还将做出具体部署。我们要认真学习贯彻中央精神，做好开展群众路线教育的准备工作。

我们每年党风廉政建设宣传教育月都安排这么一次主题党课，给大家提提醒，也是为了保护干部、爱护我们的教职员工。党的建设最终有赖于每个党员的自我净化、自我完善和自我提高。毛泽东同志曾经说过："政治路线确定之后，干部就是决定的因素"。一个单位，主要领导的风气正，才能够团结多数，才能够形成团结干事的氛围，一个单位风气正，才能够凝聚大家的力量，多干事、干实事。学校的党风校风关键靠我们今天在场的所有党员干部，希望今后工作中大家一起努力，共同营造学校学风清气正的良好氛围，为学校事业持续健康发展提供坚实保障。

在中国人民大学国家发展与战略研究院成立大会暨学术委员会第一次会议上的讲话

中国人民大学校长　陈雨露
（2013 年 6 月 29 日）

尊敬的各位领导、各位来宾，各位专家、各位老师：

今天，我们在这里隆重举行中国人民大学国家发展与战略研究院成立大会暨学术委员会第一次会议。首先，我谨代表中国人民大学，向出席会议的各位领导、各位专家表示热烈的欢迎！向所有为研究院的筹建付出辛勤劳动的同志致以崇高的敬意！

思想可以强国。在中国社会转型进入关键时期、国际地位不断上升的今天，如何建设国家智库成为我们共同面临的重大时代课题。尚未完善的社会主义市场经济体制所催生的思想观念与几千年的传统政治文化交织在一起，限制和影响了国家智库的发展。高校作为传统智库，也不同程度存在着思想认识有待提高、问题意识有待增强、体制机制有待创新、创新能力有待提升等一系列问题。这就需要我们积极探索中国特色新型智库的组织形式和管理方式，重构大学智库，努力建立起大学智库与政府部门之间的"旋转门"机制，吸收各界精英，凝聚各方智慧，在研究者与决策者之间、在"知识"与"权力"之间、在"知"与"行"之间架起一座桥梁，把最优秀的思想与最紧迫的现实问题对接起来，在公共理性的引领下，破解发展难题，推动社会变革，实现社会进步。

在智库建设过程中，大学拥有独特的学科优势和人才优势，可以把队伍建设和科学研究的重点引向国家经济社会发展的战略性问题，形成自身在政策研究方面的特色和优势。长期以来，中国人民大学秉持"立学为民、治学报国"的办学宗旨，始终高度重视人文社会科学在认识世界、创新理论、政策咨询、社会服务方面的重要作用，积极研究重大政治、经济和文化问题，为国家建设和社会发展不断提供强大的理论保证和有力的智力支持。当前，学校已经把"思想库"建设上升到发展战略的高度，与人才培养、提升国际性、校园建设、形象建设共同组成了学校创建一流的"五大战略"。

作为知识和智慧的集散地，大学智库最重要的是要生产出符合社会发展趋势的新思想和新理论，并将之源源不断地转化为应用成果。成立国家发展与战略研究院，正是人民大学全面学习贯彻近平总书记、延东副总理关于建设中国特色新型智库相关指示的有力举措。研究院瞄准改革开放和社会主义现代化建设的重大战略性、前瞻性问题，设置了政治经济学与中国改革研究中心、世界经济与国际政治研究中心、能源与资源战略研究中心、社会转型与治理研究中心和城镇化研究中心等5个研究机构，以国家急需的重大问题为导向，以项目为载体组建跨学科和跨院系的研究团队，坚持对重大政策问题开展长期跟踪研究，对热点问题开展应急研究，对突发的重大问题开展快速研究，不断产出年度滚动的重大问题研究报告、专题研究报告、智库型成果要报、时事热点短评和公共政策评论等成果，提出具有战略性、综合性、科学性的理论支撑和政策建议。

我们深知，运行体制是智库的内在生命，科学合理的运行体制能够为智库发展提供强大的内部驱动。中国人民大学国家发展与战略研究院在运行体制方面进行了三项重大创新：一是依托学校门类齐全、实力雄厚的人文社会科学，以协同研究为基础，打破了高校智库学科约束的问题，解决了单一学科难以攻关国家急需重大问题的缺陷；二是对管理方式进行了全面创新，引入了项目中心制、开放滚动制和新型薪酬制，打破了传统智库科层管理体系的约束；三是大规模引进外部资深专家学者，强化与国家决策部门之间的联系和沟通。我们希望，这种学科知识与研究课题相结合的“矩阵研究机制”，能将跨学科的专家和研究团队结合起来，对中国面临的各类重大问题进行联合攻关和深度研究，以达到“服务政府决策、引领社会思潮、营造跨学科研究氛围”的目标。

各位领导、各位专家，研究院的成立固然不容易，但建设更难。如何建设好研究院，是我们一直思考的问题。我想，研究院在今后的建设运行中，要努力做到谋全局、抓重点、显特色、求实效。谋全局就是要有明确的理念和准确的定位，立足最新前沿，构建高端平台；抓重点就是要在研究中努力找准合适的突破方向，集中优势资源，突出重点和关键；显特色就是要有意识地培育和彰显研究院的自身鲜明特色，追求品牌效应，形成研究亮点；求实效就是要不搞花架子，注重干实事，一切立足实际，务求实在有效。这几个关键词做好了，也就意味着我们的研究院办成功了。

我们真诚期望，各位领导和专家一如既往地关心、支持人民大学，继续在政策解读、专项规划、重大课题、宏观信息等方面支持研究院的建设和发展。我们将以研究院的成立为契机，大力推动学术交流、理论创新和政策咨询，努力把研究院打造成国家社会发展领域的核心智库。

让我们从今天开始，从现在开始，更紧密地携起手来，一起努力！谢谢大家！

在“中国人民大学中国共产党历史与理论研究院”成立大会上的致辞

中国人民大学党委书记　靳诺
（2013年6月30日）

尊敬的各位领导、各位嘉宾、老师们、同学们：

大家上午好！

在中国共产党诞辰92周年之际，在这里举行“中国人民大学中国共产党历史与理论研究院”挂牌、正式成立大会，这是我校向党的生日献出的一份庄重厚礼。

出席今天大会的有研究院特聘学术顾问和支持指导单位领导，党史研究领域的著名学者，全国高校与党校党史党建学科博士点带头人，高校中共党史本科专业负责人，中共党史系杰出校友代表，阵容可谓壮观！在此，我谨代表学校党政领导对各位嘉宾和师生的到来表示衷心的欢迎和诚挚的感谢！

中国人民大学中国共产党历史与理论研究院是在中共中央党史研究室、中共中央文献研究室、中国社会科学院当代中国研究所、中央编译局等单位的支持、指导下成立的。这种支持和指导对我们弥足珍贵。在此，我代表中国人民大学向大家致以诚挚的谢意！

中国共产党92年的征程，波澜壮阔，史无前例。总结和研究党的历史是中国共产党人不断增强党性、始终保持先进性和纯洁性，提高领导水平和执政能力的基本要求。党的十八大强调要“学习党的历史”，以坚定共产党人的理想信念，坚守精神追求。今年6月26日，中共中央总书记习近平在主持中央政治局第七次集体学习时强调：“历史是最好的教科书。学习党史、国史，是坚持和发展中国特色社会主义、把党和国家各项事业继续推向前进的必修课。这门功课不仅必修，而且必须修好。”这些都为我们在新的形势下加强对党的历史的学习和研究提出了更高的要求。

中国高等教育开展中国共产党历史教学和研究工作是从中国人民大学开始的。早在延安时期，何干之同志就在陕北公学讲授中国革命运动史；新中国建立前夕，胡华同志在华北大学开设中共党史课程；新中国建立之初，中国人民大学甫一成立就在校部设置了直属的中国革命问题研究室；1956年5月，中国人民大学成立了以中国革命史和马列主义基础两个专业组成的历史系；1958年7月，中共党史系正式成立。60多年来，我校中共党史、中国革命史专业共培养本科毕业生2 200余名，研究生、进修生1 800多人，为党和国家输送了一大批人才。今天活跃在党史工作领域的很多同志都与中国人民大学中共党史专业有学缘、师承关系。改革开放以来，学校紧跟我们党不断前进的步伐，教学科研上取得很好成绩，努力适应我们党不断发展的进程。中共党史系师生近十年来，组织力量，集中攻关，出版三套24部专著和教材的系列丛书；承担了33项省部级以上项目，包括重大攻关项目。中共党史系教师近几年先后为中央政治局集体学习授课，为党政军机关、大型国企，以及在中共中央党校和国家行政学院做学术报告，产生了良好的社会反响。这为今天创建“中国人民大学中国共产党历史与理论研究院”奠定了良好基础。2010年6月中共中央下发了《关于加强和改进新形势下党史工作的意见》，为进一步加强我校中共党史研究，学校决定成立“中国人民大学中国共产党历史与理论研究院”。

今天，“中国人民大学中国共产党历史与理论研究院”正式宣告成立，这是中国人民大学的大事，也是中共党史研究领域的盛事。研究院成立后任重道远。在此，我代表学校表个态：

第一，把求真、创新的科学精神和坚持党性原则有机地统一起来。

第二，坚持将对党的光荣奋斗历史的研究，与对党的理论创新历史和党的自身建设历史研究结合起来。

第三，坚持开门办院，把院内外、校内外、国内外研究的优势资源整合起来，充分发挥跨单位、跨学科、跨领域的综合研究优势。

尊敬的各位领导、各位嘉宾、老师们、同学们，中国人民大学中国共产党历史与理论研究工作得到过你们的真诚关心、爱护和帮助。我真诚地希望今后各位能一如既往地支持我们的工作。研究院是中国人民大学的，也是我们大家的。让我们共同努力，把中国人民大学中国共产党历史与理论研究院办成具有深厚研究能力和重大国际影响力的研究机构！

谢谢大家！

在2013年学院工作会上的讲话

中国人民大学党委书记　靳诺
（2013年7月8日）

大家上午好！

我主要谈三个意思：

第一，关于这次会议的安排。

学院工作会是学校的一个惯例。这一次会议安排的主题和时间，与往年相比，有相同的地方，都是在7月学校国际小学期期间举行，8月份就放假了。但是今年7月这段时间，我们有四件事情，或者说是四项工作：一个是国际小学期；一个是学院工作会；第三件事，从6月3日开始，国家审计署对包括我们学校在内的十个省区部门和单位进行巡视，到8月3日才结束，同时这段时间还有中央巡视组的工作；第四件事，7 月 4 日，我们召开了群众路线教育实践活动的动员会。所以，实际上这一段时间工作上有些交叉，比如巡视工作和群众路线教育活动的交叉，中央群众路线教育实践活动督导组和中央巡视组的交叉。本来督导组还有一个大范围的谈话，后来说和中央巡视组的成果结合起来，结合起来以后就把这个环节给去掉了，由中央巡视组来进行谈话沟通。所以关于这次会议的主题，刚才冯惠玲常务副校长已经谈到了，群众路线教育实践活动的内容要有，另外还有一个主题。本来考虑会议分两个阶段进行，前面一个阶段是学科建设，第二个阶段讨论人才培养的问题，第二阶段安排在 2013 年群众路线教育实践活动的筹备和准备工作中。所以大家认为群众路线教育实践活动和学科建设这两个主题应该结合起来，按中央的要求叫作统筹兼顾，两手抓、两促进。我们这一次深入开展群众路线教育实践活动的成效落脚点就在推进学科建设上，这就是我们这次会议的主题。

关于会议的组织和安排问题，刚才冯惠玲常务副校长也谈到了。从 2011 年开始我们把院长和书记都请来参加，但今年的会议与往年相比，时间和地点不同。这次在校内，主要是考虑到巡视组的相关工作要求，安排到哪儿都不合适，还是放在学校比较好。另外巡视组也要求我们，有一些情况和内容他们也要了解，所以就放在学校里面开，毕竟方便中央巡视组和群众路线教育实践活动督导组跟我们联系，便于他们参与到工作里面来。

这个会议，别看开一天半，实际上牛维麟常务副书记牵头已经做了很多工作。根据巡视工作和群众路线教育实践活动两项要求，学校牵头安排部署开展相关工作，主要是了解师生员工对当前学校的教学、科研、管理以及党员干部队伍中存在问题的反映和期待，这个事情也一直在做，也是目前这段时间工作的安排。冯惠玲常务副校长根据安排做了一个深入调研，专门拿出四个半月的时间，逐一听取各学院的学科分析会。就是开会之前，陈雨露校长还专门召开了校长办公会，研究这个会议的开法和安排。

总体来看，这一次会议准备是充分的，安排也是实事求是的，指导思想也是务实的。所以，中心的想法是希望能够把这次会议的成果都体现在今年既定的学科建设工作安排上，还有体现在下一步群众路线教育实践活动中和中央巡视组对我们的要求上来。这是我今天开场白想说的第一个意思。

第二，关于群众路线教育实践活动与学科建设工作的关系。这是我个人的一些想法，与大家进行交流。

7 月 4 日，学校召开了群众路线教育实践活动动员会，活动主题定的是“践行群众路线，弘扬优良作风，凝集发展力量”，落脚点是加快建设“人民满意、世界一流”大学，这是我们的主线和主题。每一个学校，每一个单位，每一个部门在开展群众路线教育实践活动制定的方案里面，定的主题是不一样的。我们这个主题是学校经过慎重考虑确定的，同时报中央做了备案。所以这一次会议的主题主要还是要体现群众路线教育实践活动的成果，但最终要促进学校学科发展，最终落脚点是要到提升我们的综合实力和核心竞争力上来。

前期中央巡视组做了一个调研，谈话范围也比较大。调研表明，总体来看学校情况比较好。他们都认为学校有特色。同时，中央巡视组也提了四个作风方面的问题。应该说情况是比较好的，但有一点，比较集中的是对学校支撑能力的反映和期待，主要集中在大家最关心的青年教师住房问题、待遇问题等等。但他们发现，学校非常有凝聚力，广大教职工最关心的还是学校争创一流的问题。把学校建设成为一流大学是我们共同的目标。到目前为止，社会上对人民大学的评价，公认的是人文社会科学的重镇，是我们国家人文社会科学一面旗帜，中央领导也这样认可，所以在评价中引用这样的评价。而且多年来，学校有强烈的争一流的意识。应该说，这些年的努力没有白费，这些年的努力见到了效果。教育部新一轮一级学科评估结果，应该说是这些年来全校上下共同努力加强学科建设的一个结果，对学校是一个非常好的肯定。这本来是件很高兴的事情，但是喜悦之余，大家还是很理性科学地分析评估中的问题，全校上下充满了忧患意识。我上一次也讲了，我来了以后，也发现了这一点。实际上这也是非常难能可贵的。

为了这个会，冯惠玲常务副校长在陈雨露校长的安排下，花了四个半月的时间逐一听取大家的意见，我中间也抽空听了两段。我也感觉充满忧患的意识非常难能可贵。因为学科建设是学校最后的核心竞争力，你的办学水准，就是学科建设。以学科建设为着力点，有所为、有所不为。一方面把我们传统的优势保持下去，并且不断地有所创新，还要发挥我们已有的优势，比如说在交叉学科、新兴学科上面多做一些工作。这是人民大学办一流，提高我们竞争力非常重要的基础。所以这一次我们在考虑会议主题的时候，考虑到“人民满意”也好，“世界一流”也好，这是我们人民大学所有“人大人”的最核心的利益。“世界一流”反映了办学水平和核心竞争力的情况，“人民满意”反映价值标准。中央巡视组的要求与目的，群众路线教育实践活动的主题，应该说，和人民大学长期以来坚持的传统和办学宗旨是一脉相承的。这一次暑期的学院工作会议确立这个主题，也是和目前群众路线教育实践活动相一致的。这个会议虽然一天半，但还是要开好。

另外，关于一流大学和学科建设的关系。

一流大学确实不是一两天就能建设完成的。上个世纪国民政府时期就有人提出来，当时说不能都喝稀饭。50 年之后，我们党提出来一流大学建设目标，以“985 工程”名义正式实施。我从到任的第一天开始，人民大学关于一流大学建设的问题，就成了必须长期面对的重大问题。我来之前有的领导说到人民大学说什么，只有一件事可能说不错，就是要肯定大家创一流。因为在这个过程中，我感觉到，一流大学建设，与经费分配的多少相比，大家更关心的是资源配置机制的公正合理。到任以后，我发现从上到下，在这个问题上大家都在千方百计努力。我们班子十个成员，每个人都在通过自己分管的这一块工作，争取项目、争取经费、争取社会力量的支持，争取树立人大良好的形象，包括争取好的生源等等，应该说全校上下都在努力。当然你说世界一流大学是否建成，是不是那么容易？很难断言，一是建设的本身就漫长和艰苦，还有就是，什么就叫一流大学建成了？这也不是那么容易断言的。所以总的一个感觉，经过一定磨难，才能够成为一流。

最近有人采访了我们国内某知名的大学校长，他问的问题是，你这个学校是“985 工程”高校，拿了这么多钱，那么你有没有建成一流大学？这位校长回答得非常巧妙。他说，对于一个国家而言，世界一流大学是一个体系性的产物，不可能独立存在。他认为世界一流大学作为体系性的产物，需要加强学校之间、学科之间，包括学者之间的紧密协作，由重点建设转向整体提升。有人认为，这是中国一流大学校长教育观念的重大转变。但我看了那段以后，就在想，不管怎么样，建设世界一流大学离不开内生性的竞争压力和发展动力。最后保证你进入世界一流大学这个行列，保证在世界一流大学里面不被撼动、牢牢站稳脚跟，必须要靠内生的东西。所以我们召开学院工作会议，进行学科的分析，大家坐在一起一块想想怎么样能够把握住核心，提升学科建设的核心竞争力。

从国家层面上，有一个合理配置资源的问题；从学校的层面上，也有一个合理配置资源的问题。通过这样的会议和一系列这样的工作，我想特别是我们相关职能部门，可能要站在学校大的角度，通过宏观分析，能够从政策层面上，形成推动学科建设的一个可操作性的实际成果。因为学院工作会虽有务虚的成分，但它不仅是务虚，最终还是要落脚在对学科建设实实在在的推动上。

前人栽树，后人乘凉。我们现在取得的成绩，不管几个第一或第二的排名，都是前面几代人的积累；我们现在所做出的努力，也许在不久的将来能够很快地转化为学科建设的成果，也很有可能要很长的时间。但不管是通过自己的发展，还是外向型的合作和协同，我们首先都得办好自己的事情，不管别人在说什么、做什么，我们瞄准方向，最重要的是要构成有利于实现学校核心利益的核心竞争力和动力。

我想，这次会议，这样一个主题，做的这样一个安排，也是学校以务实的态度和精神，切切实实贯彻中央巡视和开展群众路线教育实践活动中一个非常实际的举措和行动。应该说，就这一次学院工作会的特点和安排，我们要达到的目的，应该是两项成果：一个是对学科建设直接形成一些很好的意见和建议。再有一个，也是我们结合学校的持续发展，就群众路线教育实践活动和学校的工作发展，做到互相统筹，两手抓、两不误。我就谈这么两点，作为这一次学院工作会议的开场白，陈雨露校长后面还有一个非常重要的总结。

谢谢大家。

在教育部直属高校党的群众路线教育实践活动座谈会上的发言

中国人民大学党委书记　靳诺
(2013年8月15日)

开展党的群众路线教育实践活动是新形势下坚持党要管党、从严治党的重大决策。中国人民大学党委认真贯彻落实中央要求，在中央第42督导组和教育部党组的领导和指导下，结合学校工作实际，以高度的政治责任感牢牢抓好全校党的群众路线教育实践活动。统筹中央正在学校开展的巡视工作，学校严格按照中央规定的方法步骤，紧紧抓住几个重要工作环节，扎实推进，确保教育实践活动取得实效。目前，教育实践活动开局良好、进展顺利。我们的主要做法是：

一、将教育实践活动与学校事业发展紧密结合，努力做到“两手抓、两促进”

学校党委第一时间传达、学习中央会议精神，从一开始就对在学校开展教育实践活动的重要意义和从严要求有着清醒认识，本着求实效的原则，认真谋划。经过充分调研，并充分运用中央巡视组的工作成果，明确教育实践活动与促进学校事业发展的关系，凝练活动主题为“践行群众路线、弘扬优良作风、凝聚发展力量，加快建设‘人民满意、世界一流’大学”。

学校一年一度的暑期学院工作会，是带有务虚性质的学校领导和各学院党政负责人共同研讨学校事业发展中重大问题的工作例会，今年，学校将学院工作会与已经启动的教育实践活动统筹安排，确定主题为“践行群众路线、全面推进学科建设”，会议深入研讨了教育实践活动如何与推动学校中心工作相结合，如何与回应广大师生员工对学校事业发展的关切相结合，引导把教育实践活动成果落实到凝聚人心，增进共识，提升学校综合实力和核心竞争力上来。

在6月19日下午举行的纪念习近平同志考察人大一周年师生座谈会上，广大师生一致表示，要以开展党的群众路线教育实践活动为契机，努力学理论、走基层、长才干，为建设“人民满意、世界一流”大学做出进一步贡献。

二、扎实开展学习教育，以多种形式提升学习教育成效

一是干部自学与集中学习相结合开展学习。除了向各分党委发放三个读本，要求大家认真自学外，学校还组织编写了《党的群众路线教育实践活动100题》。同时，学校领导班子通过党委理论学习中心组（扩大）专题报告会、常委会等形式，进行集中学习。我和陈雨露校长、牛维麟常务副书记先后以“群众路线”为主题为新上岗干部培训讲课。此外，各分党委、党总支也开展了多种形式的自学和集中学习活动。近期，学校还将举行4个单元的集中学习活动。

二是理论教育与实践教育相结合开展学习。除了学文件、听报告等理论教育形式外，学校组织广大党员师生利用暑期“教授考察团”“千人百村”等品牌活动开展实践学习。2013年的“千人百村”社会调研活动组织了1 200余名学生参与，在经过抽样产生的162个行政村开展，覆盖我国大陆所有31个省级行政区。陈雨露校长等多位校领导分赴福建宁德、辽宁铁岭、甘肃庆阳等地，参加“教授考察团”主题学习实践活动，看望在当地农村进行“千人百村”活动的师生。

三是利用学校校史资源开展学习。中国人民大学的前身是陕北公学、华北大学，学校利用分别位于陕西延安、河北正定的校史教育基地开展学习，在校史教育中进行党史、革命史教育。今年暑期，第20期新上岗处级干部培训班学员前往延安，通过参访革命圣地、聆听群众路线和为人民服务等专题讲座，接受了理想信念、党性党风党纪、道德品行和群众路线教育。本月下旬，学校还将在正定举

行“弘扬华北大学光荣传统”群众路线教育实践主题活动，充分发挥校史资源的学习教育功能。

三、广泛深入听取意见，找准问题自画像

一是听取意见的形式多样。（1）基层调研。校领导班子成员多次深入基层单位，进行广泛调研。（2）谈心谈话。校领导广泛开展谈心谈话，面对面征求师生员工的意见建议。（3）专题会议。组织召开专题会议，就教育实践活动如何开展、“四风”问题在学校有何体现等问题征求意见建议。（4）问卷调查。学校制作了“领导班子作风情况调查问卷”，向全校二级单位党政负责人发放，征集意见建议。（5）网上信箱。学校在7月开通并公布了教育实践活动专用邮箱；并在已开通“中国人民大学校长信箱”的基础上，开通了“中国人民大学书记信箱”，对信件进行回复和处理。

二是听取意见的范围广泛。学校领导听取意见的范围包括校领导班子成员、机关部处和直（附）属单位主要负责人、院系党政主要负责人、部分老教授、中青年教师、管理干部和职工，范围涵盖全校各个学院和部门。

三是主要领导带头听取意见。教育实践活动启动前后，靳诺书记和陈雨露校长先后前往学院和单位调研，听取意见建议。从8月1日开始，我和陈雨露校长带头开展谈心谈话，截止到今天上午，已经谈了100多人次。

四是领导班子找准问题自画像。领导班子在深入听取和征求群众意见的基础上，带头给自己“画像”，形成了《“四风”在大学的具体表现》和《“四风”问题领导班子主要表现》等材料。

四、坚持边学边查边改，着力解决突出问题

领导班子坚持立说立行立改，从自己做起，从师生员工感受最直观、反映最强烈的问题改起，做到有起色、有进展。学校实施“1320行动计划”，着力解决2013年全校师生最关心的20件实事；在全校范围内展开本科人才培养大讨论，全面绘制并实施本科人才培养路线图；在广泛征求全校教师意见基础上，制定了关于加强科研经费管理、完善科研项目管理细则等若干指导性文件，切实提高科研管理的制度化、规范化；成立国家发展与战略研究院、中国共产党历史与理论研究院，构建新型智库平台，加强中共党史党建学科建设；学校加快推进通州校区建设、北校区改造，全面推进师生综合服务平台建设，为学生宿舍安装空调，对锅炉房进行改造，对部分教学楼和学院办公楼进行改造，着力解决师生关心的突出问题。

五、目前存在的主要困难与问题

一是如何找准学校“四风”的问题。要聚焦师生反映强烈的、领导干部身上明显存在的、必须解决也能够解决的突出问题，防止同质化和一般化，防止上下左右一般粗、无特色。

二是师生期望值高、期待解决的问题层次多，有些是经年积累下来的，有些涉及面较广。要杜绝“找到不少问题，又不解决问题”的现象。整体上学校事业健康发展的局面可控，但要始终维持一个各方面均满意的和谐的氛围难度比较大。

三是整改落实环节也存在一定难度，主要在于有些问题的解决超出了学校能力范围，例如青年教职工的住房问题、教师职称比例问题等。

六、我们的工作体会和下一步工作安排的考虑

通过这段时间的学习，我们的主要工作体会是：

学习上提高“三个认识”。一是对领导干部与群众关系的认识；二是对提高群众工作能力的认识；三是“四风”问题要立足听到不同声音和意见的认识。

理念上解决“三个深化”。一是深化群众观点；二是深化基层工作的观点；三是深化对师生员工

满意度问题的重视。

学习教育环节把握“三个问题”。一是学习教育主题要聚焦于群众路线；二是学习教育落脚点要落在“实践”上；三是学习教育目标要切实提升基层党组织先进性。

下一步工作安排的考虑是：

找准“三个结合点”。一是教育实践活动与学校事业发展的结合；二是理论学习与改进作风实践的结合；三是找准与解决“四风”问题的结合。

做好“三方面工作”。一是兼顾各个层面，既要以学校领导班子为重点，又要全面推进学院、部处各个层面的工作；二是要聚焦“四风”问题，找准“四风”画像；三是要发动师生群众，进一步倾听意见。

为抓好教育实践活动重点群体和关键环节，学校及时调整今年暑期安排，对处级以上领导干部和校部机关工作人员提出更高要求，确保教育实践活动节奏科学“不断线”。下一步，学校党委将继续认真贯彻落实中央和教育部党组相关部署安排，抓好教育实践活动各个环节，做到早谋划、早部署，坚持高标准、严要求，将学校教育实践活动不断引向深入。

金融服务实体经济　促进全球共同繁荣——在“大金融、大合作、大治理”国际智库研讨会开幕式上的主旨演讲

中国人民大学校长　陈雨露
(2013年8月21日)

尊敬的李肇星部长、尊敬的各位嘉宾，女士们、先生们，下午好：

今天，由中国人民大学主办、中国人民大学重阳金融研究院承办的“大金融、大合作、大治理”国际智库研讨会在这里召开，来自20个国家智库的学者们，以及政界、商界、学界的朋友们共同为全球经济复苏与金融体系改革献计献策，我谨代表中国人民大学向参加会议的各位来宾表示最热烈的欢迎！

当前，世界经济处在深度调整中，国际金融环境更加复杂多变：发达经济体的复苏前景充满不确定性，新兴经济体的增长势头遇到了很多难题，竞争性货币贬值的阴影仍未消除，贸易保护主义的冲动不时抬头，金融危机的深层次后果不断显现，全球增长的可持续道路曲折艰难。西方国家发源的经济危机，是否还应由西方国家来主持应对？布雷顿森林框架下的金融海啸，是否还要依靠布雷顿森林框架去协调解决？这是来自全球20个最主要经济体的思考者们需要面对的根本问题。如何增强经济增长的动力和活力，实现稳固复苏？这是各国需要通力合作、共同面对的现实挑战。

在全球一体化日益深化、经济体系日趋复杂的当今时代，要应对经济和金融运行中的重大问题和挑战，仅靠每个国家的单独努力是不够的，仅靠政府一个层面的工作更是难以为继的。加强国与国之间的沟通与合作，加强从官方到民间多层次立体化的对话与协调，开放合作、互利共赢，是世界经济共同走出危机的必由之路。作为介于政府与民间之间的枢纽，智库对于每个国家的政策选择的重要性日益增加，而在世界需要更加密切地沟通与合作的大背景下，各主要经济体的智库之间加强协商、增进共识就显得尤为重要。当前，世界主要智库之间需要搭建更多的交流平台，尤其是探讨国际金融治理框架问题的平台，本次“大金融、大合作、大治理”国际智库研讨会希望能为各国智库提供这样一个平台。

在应对全球金融危机的过程中，中国几年来积累了很多经验，当然也有不少教训。2008年至2012年，中国贡献了全球新增GDP的约44%。在国际金融体系走上了过度虚拟化的“邪路”背景下，中国实体经济发展相对稳定。中国应对危机的重要经验之一就是：金融发展必须服务于实体经济需要。我们认为，“金融服务于实体经济”应该成为全球金融治理机制的核心价值。作为“金融服务

于实体经济”的具体主张，我们希望，各方都应限制金融过度虚拟化，确保资金流向实体经济部门，扩大生产，增加就业。应该大力推动国际新兴产业合作，积极培育世界经济新的增长点，充分依靠科技进步增强世界经济增长内在动力，使全球经济走出危机，实现共同繁荣。

下面我分几点阐述一下我的个人看法。

第一，大金融促进共同繁荣。任何一个经济体想要单独摆脱危机，在当今时代都是不切实际的幻想。全球经济共同走出危机，需要建立一个大金融合作框架，促进全球宏观政策的大协调。建立一个全新的大金融合作框架，除了货币政策之外，还应包括宏观经济政策、财政政策以及金融监管政策方面的相互协调机制及监督机制，并使金融政策与产业政策相结合，服务于实体经济发展。世界20个最大经济体内部，应该加强沟通与协调，努力形成相互支持、相互补充的政策措施，妥善化解主权债务、跨境资本大规模无序流动等金融风险，控制大宗商品价格波动，有效缓解全球通胀压力。

第二，大合作实现共同繁荣。促进经济稳固复苏是当前国际社会的首要关切，没有哪个国家能够独善其身。各国应加强合作，在追求本国利益时也要兼顾他国合理关切。竞争性货币贬值是以邻为壑，是死胡同。一个更加公正合理的国际经济新秩序需要更多地体现新兴经济体的关切，增加新兴经济体的发言权。推动全球金融治理的大合作，还需要建立一个全口径的国际金融监管体系。全口径的金融监管对象应涵盖银行、证券、基金、信托等全部金融机构，按照全口径的统计制度实施综合监管。我们认为，应该建立一个全球跨境资本流动监测网络，通过加强国际协作，严格管理衍生品交易、大宗商品交易等关系到全球金融稳定的高投机性国际市场，保障金融稳定。

第三，大治理保障共同繁荣。加强实体经济发展动力，一个业已全球化的世界才能共同走出危机。世界经济实现复苏、中国打造经济升级版，都需要依靠创新驱动带来更有质量和竞争力的发展。把创新与改革更好结合，我们就能赢得发展的未来。从根本上看，世界经济发展的最大瓶颈在于广大发展中国家未能实现充分发展，使世界范围内有效需求增长未能跟上生产力发展步伐。长期以来，发达国家和发展中国家资源占有失衡，财富分配不公，发展机会不均，形成“越不发展越落后，越落后就越难发展”的恶性循环，最终制约了世界经济持久稳定增长。我们认为，应加快发展中国家经济社会发展，推动联合国确定的千年发展目标，最终实现世界共同繁荣。

中国有句古话，“百姓昭明，协和万邦，黎民于变时雍。”从今天的视角来看，这句话给我们的启示在于：以民间层次为基础，加强国际合作，协力推进金融治理体系变革，才是走向世界和谐与经济共同繁荣的有效途径。

在“弘扬华北大学光荣传统”群众路线教育实践主题活动座谈会上的讲话

中国人民大学党委书记　靳诺
（2013年8月25日）

尊敬的许宁副省长、李毅副司令员，

尊敬的黄达老校长，

各位领导、各位老师、各位同学、各位校友，同志们：

大家上午好！

很高兴与大家相聚在正定古城、华大旧址，一起追忆华北大学的光荣传统，学习和践行党的群众路线。刚才听了各位领导、校友的讲话和发言，深受教育、感触良多。65年前的这个时候，中国人民大学的前身华北大学，在河北正定举行了简朴热烈的开学典礼，从此，这所我们党亲手创办、诞生于新民主主义革命进程中的大学，开始了她培育万千革命与建设干部、推动新中国创立的辉煌历程。这几天，我们踏访历史遗迹、追忆革命先贤、调研地方发展、倾听群众心声；今天上午，我们又一起参观了“根植人民群众、培育建国英才——华北大学纪念展”，再一次加深了对华北大学办学成就和历史影响的认识，也让我们感受到了河北正定这片热土对华北大学、对中国人民大学始终如一的支持与厚爱。在此，我谨代表中国人民大学，向河北省、石家庄市及正定县所给予的高度重视和大力支持表示衷心的感谢！向河北省军区、北京军区联勤七分部及256医院所给予的支持和帮助表示诚挚的谢意！向一直关心和支持中国人民大学发展与河北发展的人大校友及各界朋友致以崇高敬意和衷心感谢！

华北大学是党中央为迎接人民解放战争的胜利，培养解放全中国和建设新中国的革命干部与各类人才而亲手缔造的正规高等院校，被誉为“解放区最高学府”。她的办学时间虽然不长，但却以其鲜明的办学特色和卓越的历史贡献，在新中国高等教育史上谱写了辉煌的篇章。

华北大学是新民主主义革命教育的高地，她吸引成千上万名新解放区和国统区的大中学生汇聚正定，培养夺取全国政权、解放全中国的革命干部和建设人才。解放平津、南下湘桂、驰援西北……华北大学学员一时间奋战在全国各个战场；解放后多数同学又成为国家社会主义建设发展的骨干力量。据统计，在不到两年的办学时间里，华北大学为国家培养各类干部达2万多名，极大地支持了新中国解放和建设事业。

华北大学是社会主义教育事业人才辈出的沃土，她汇聚和培养了一大批教育家、知名学者：杰出的无产阶级革命家、教育家、华北大学校长、中国人民大学首任校长吴玉章以及成仿吾、范文澜、钱俊瑞等一批教育家殚精竭虑、治学报国；何干之、尚钺、艾思奇、胡华、李新、萧前、宋涛、黄达等众多名教授鞠躬尽瘁、立学为民。在他们的培养下，华北大学的学员中产生了一大批优秀学者，仅在人民大学工作的就有佟柔、孟氧、郑昌淦、张朝尊、戴逸、徐前、胡钧、方生、刘铮、查瑞传、阎达五、钟契夫、彦奇、钟宇人、陈共、卫兴华、李占祥、许征帆等，他们为社会主义教育事业和人民大学的发展做出了卓越的贡献。

华北大学是新中国高等教育的摇篮，她肩负建设新中国新型高等学校典范的重任，规范学院学科设置、开展学术研究、培养高校师资，为新中国高等教育的正规化、专门化发展做了大量奠基性、开创性的工作。根据中央的战略决策，华北大学的一些院、部、系、室划分出去，按照专业类别成立了一大批“华大式”的新兴院校、科研机构或文艺单位，除了以校本部等主体力量为基础命名组建新型的中国人民大学外，华北大学其他部分参与组建或与华北大学有一定亲缘关系的高校、科研机构、艺术单位达20多家。

回顾华北大学的历史贡献，我们在深深为之自豪和感动的同时，也一直在思索，是什么原因使得华北大学在极其恶劣的条件下、在极为有限的时间里，取得了如此巨大的办学成绩和丰硕的教育成果。原因能总结很多，主要的有两个方面。

首先，作为中国共产党亲手创办的新型高等院校，优良的办学传统是华北大学建设发展贯穿始终的精神内核。承接着陕北公学、华北联合大学和北方大学办学的历史和使命，应解放全中国的历史洪流而生、为建设全中国的宏伟蓝图而立，始终奋进在时代前列，始终与党和国家同呼吸、共命运是华北大学最显著的办学传统，也是吸引万千进步青年突破重围投奔华大最有力的精神感召；立足于新民主主义革命的现实，面向民族解放和社会主义建设的需要，实事求是、理论联系实际、密切联系群众则是华北大学最突出的优良作风，这也成为许多华大师生毕生践行的共同的价值观。此外，克服物质条件匮乏、勤俭办学和积极创造条件为教学科研服务、艰苦奋斗的精神成为华大能够支援解放战争、培养万千人才的重要保障。时至今日，这些依然是中国人民大学始终坚持不渝的传统，也是学校能够不断发展进步、不断攀登高峰的根本内因。

第二，作为诞生于战火中、根植于解放区的高等院校，人民群众的支持帮助是华北大学办学育人取之不竭的动力源泉。战时物资短缺、供给困难，是可敬可爱的华北人民用空前的热情和动力，为在后方办学的华大师生提供了最坚实的保障与支持；应对敌人袭扰，几番转移，是亲如一家的老乡群众主动掩护、提供食宿，为在战火中坚持教学的华大师生设立了最安全的屏障与保护。更为重要的是，对于主要来自城市家庭甚至剥削阶级家庭，群众观点和社会基层认识还不足的青年学生，深入群众生活、接受群众教育、树立群众观点、培养群众感情，真正形成全心全意为人民群众服务的意识与理念，是华北大学教学育人过程中最重要的一环。吴玉章老校长在华大开学典礼上提出的“忠诚、团结、朴实、虚心”八字校训，处处紧扣群众观点与方法，要求“尽我们的力量、老老实实，为广大群众服务”，这是华大师生投身全国解放和社会主义建设事业最根本的目标与动力。如今，我们鼓励和引导广大教师以“教授考察团”等方式深入改革开放最前沿调研交流，鼓励和引导学生以“千人百村”实践活动等方式深入农村基层调研学习，与华大的教育理念一脉相承，对人才培养的导引方向始终如一。

“落其实者思其树，饮其流者怀其源”。今天，我们在正定举行“弘扬华北大学光荣传统”群众路线教育实践主题活动，就是为了“寻根”，就是为了“固源”。何谓“寻根”？华大有中国人民大学的根，有新中国高等教育的根。回顾华大的发展历程，总结华大的办学育人经验，继承、保持、发展和弘扬华大的光荣传统，对于我们新时期办好人民满意的教育、培养中国特色社会主义优秀建设者和可靠接班人有着重要的意义和现实影响。何谓“固源”？华北大学旧址存于河北正定，有我们的源在这里。65 年前华大与新中国一同从这里走来，65 年来我们与河北、与正定始终血脉相连。1984 年，时任正定县委书记的习近平同志还在这里亲切接见了人民大学社会实践的学生代表，当时的人大学子就有幸感受了近平同志脚踏实地、联系群众的作风，领略了他理解阐释的群众观点。时至今日，华大旧址已经成为中国人民大学的宝贵精神财富，也成为河北省、正定县的历史财富与革命传统教育资源。我们感谢河北省、正定县及省军区、256 医院对于华大旧址多年来的保护与管理，同时希望以此次活动为契机，以省校合作的形式修复华大旧址、修建华大展览馆、建立起中国人民大学正定教育基地，使之成为联系人民大学师生、校友与河北省、正定县的纽带。与此同时，也将以此进一步激励人大人的历史使命感和社会责任感，更加关注河北，以学校特有的智力资源支持河北，为河北省及石家庄市、正定县的经济建设和社会发展，特别是河北省争创“四化同步”示范区贡献更多力量。

昨天，我们刚刚与河北省有关部门一同召开了“华北大学旧址保护暨中国人民大学华北研究院一体化建设”的会议，初步达成意向并着手启动有关工作。相信，随着双方战略合作的不断深入，我们一定能为推动河北省经济社会的发展与人民大学教育事业的进步，共同创造新的业绩！

最后，祝愿各位领导、嘉宾工作顺利、万事胜意，祝愿华大的各位老校友身心愉快、健康长寿！谢谢大家！

在 2012 级本科学生军训闭营、2013 年参军入伍学生欢送大会上的讲话

中国人民大学党委书记　靳诺
（2013 年 9 月 4 日）

尊敬的各位领导、各位嘉宾，
承训部队的全体教官、军训基地的领导和同志们，
老师、同学们：

大家上午好！

今天，我们隆重举行中国人民大学 2012 级本科学生军训闭营、2013 年参军入伍学生欢送大会。在此，我谨代表学校，向圆满完成军训任务的同学们表示祝贺；向全体承训教官、带队老师、后勤保障人员和军训基地的各位同志表示诚挚的慰问；对即将参军入伍的 11 位同学表示衷心的祝福！向长期以来给予人民大学军训、军事理论课和征兵等工作大力支持的各位领导和嘉宾表示由衷的感谢！

中国人民大学是一所与人民军队有着不解之缘的高等学府。自诞生于抗日烽火中的陕北公学起，就有一批又一批前辈校友携笔从戎，在风云战火和军旅生涯中铸就辉煌的人生。军人以报效国家和人民为己任，而做学业精深、体魄强健、志存高远、厚重大气的“国民表率、社会栋梁”是人大学子不

变的信念；成长为“国家、社会需要的杰出人才”是人大学子永恒的追求。军旅的绿色与人大的红色交相辉映，成为最令我们感动的壮美图景。

长期以来，中国人民大学高度重视军训和征兵工作。学校已经形成主管领导统筹、党委人民武装部牵头负责、相关部门协调工作的军训和征兵机制。中国人民大学2012级本科生军训于8月24日顺利开营，十几天来，在承训部队教官的悉心教导下，在军训基地全体同志、全体带队老师和各岗位工作人员的精心组织和共同努力下，全体同学团结协作、迎难而上、锤炼意志、磨炼品格，圆满完成了各项训练任务。你们整齐划一的行军队列和精彩纷呈的特色科目表演充分证明，身着军装的你们也是一支“钢铁之师”！

不仅如此，我还了解到，你们训练之余丰富多彩的文体活动也开展得有声有色。今年的军训团成立了临时党支部，开展了形式多样的群众路线教育实践活动；参加“红船领航——新生党员先进性熔铸计划”的同学们在队伍中奋勇争先，发挥了模范作用；军训团设立了心理援助室，积极帮助有困难的同学；你们还组织了精彩的篮球比赛、拔河比赛和文艺晚会，制作了军训专题网站和日报《迷彩青春》。相信所有这些活动，都会成为你们人生中弥足珍贵的经历和财富。

在同学们即将回校之际，我衷心希望你们珍藏军训生活所带给你们的这份感动与坚强，在面对学习、生活中的艰难险阻之时，能够迎难而上、奋力拼搏、勇攀高峰。也希望你们继续保持团结协作的优良作风，在集体生活中不断发挥自己的光和热，为个人和集体的进步挥洒青春、贡献力量。

值得一提的是，今年，经过报名、体检、政审、定兵等环节的层层筛选，我校有11名同学即将入伍，成为光荣的人民子弟兵。这是我校开展征兵工作十年来人数最多的一次。我相信，入伍参军的经历将在你们的生命中留下浓墨重彩的一笔。到军营后，希望你们尽快完成由学生到军人的角色转变，尽快树立“我是一个兵”的意识，迅速完成自身定位的转换；希望你们牢记母校教诲，秉持人大人“立学为民、治学报国”的精神追求，最大程度地发挥自身优势，在部队中迅速成长；希望你们不断学习，全面提高自身素质，在坚持专业知识自主学习的同时，在部队这个大学校虚心学习、磨炼意志，努力提高自己服务社会的本领。母校是你们永远的家，希望你们安心服役；参军期间，同学们如果有什么困难，一定要及时和学校联系，我们会做好后盾和保障，努力帮助大家解决困难和问题。

最后，衷心祝愿各位同学在未来的生活和工作中，能够潜心读书、刻苦钻研，永葆理想、砥砺品格，始终保持争做“国民表率、社会栋梁”的使命感和责任感，为国家和社会的进步做出自己的贡献！谢谢大家！

在2013—2014学年开学典礼上的讲话

中国人民大学党委书记　靳诺
(2013年9月11日)

亲爱的2013级同学们，
各位老师、各位家长、各位来宾：

大家好！

秋季是北京一年中最美的季节。同学们满怀着高考成功的喜悦，承载着家人朋友的祝福，带着对大学生活的美好憧憬，走进人民大学的校园。你们的到来，为学校注入了新的生机与活力。秋季也是一个收获的季节。刚才陈雨露校长讲道，昨天恰逢一年一度的教师节，借开学典礼的机会，学校对今年获得北京市优秀教师等称号的老师们和从事教育工作达30年的各位教职工进行了表彰，他们是学校优秀教职工的代表，正是这样一支由优秀的教师和教职员工组成的队伍撑起了中国人民大学这块校牌，撑起了学校的大楼。这个表彰为我们今天的开学典礼增加了喜庆的气氛，更为同学们认识我们的老师创造了一个很好的形式。

前天，我在报到现场看到你们年轻而充满朝气、充满憧憬的面孔，由衷地感到一种“得天下英才而育之”的喜悦。在此，我谨代表学校全体教职员工对大家的到来表示热烈的欢迎，并对大家成为一名光荣的“人大人”表示诚挚的祝贺，对含辛茹苦哺育和培养你们的家长们表示深深的敬意！

同学们，随着新生活的开始，你们会逐渐体会到学校为大家创造良好的学习和生活环境所付出的努力，体会到学校为建立完善的成才支持体系而精心打造育人平台的不懈辛劳，体会到学校办学76年形成的独有的文化氛围和独特的气质。随着学习生活的展开，相信每个人都会对人民大学有自己更深入的理解。走得远、飞得高是同学们共同的期望，但未来究竟能走多远、飞多高，能够实现怎样的人生价值，这是一个复杂的具有哲学意义的人生大课题。大学生活只是人生的一站，找到这个问题的答案可能需要一生的时间，但是四年的大学生活一定会使你们对这个问题不断有新的认识和收获。相信同学们进校前一定做了很多功课来了解学校、憧憬生活、展望未来。在今天这样一个迎新的场合，请同学们记住郑杭生教授送给大家的四句赠言，也请同学们记住孙大步先生作为家长代表对大家的寄语。在这里，我想借用校友和老师的三句话，和大家一同分享我们心目中的学校、学习和学校的生活，作为一名学长，和大家一同初步地交换如何成长为一名真正的“人大人”的看法。

第一句话，我想告诉同学们，你们跨进了一所什么样的大学。关于人民大学是怎样一所学校，不同的人会有不同的理解。1992级新闻系校友周兴旺的表述简短但被认为有相当的代表性，他比较准确地概括了学校的沧桑、使命和精神，比较清楚地说明了学校从哪里来、到哪里去。周兴旺校友在他所著的《使命——中国人民大学的世纪传奇》中说：“如果你了解这个国家和她的人民历经的苦难，你就会理解这所名字叫做‘中国人民’的大学的艰辛与坚强。”中国人民大学从诞生之日起就与党和国家同呼吸、共命运，她在挽救民族危亡的抗日烽火中诞生，在新中国的建设中成长，在“文革”的艰苦岁月中磨砺，在改革开放的大潮中新生，在新世纪的征程中腾飞。

在刚刚过去的8月，我和陈雨露校长、黄达老校长等一行到河北省正定县参观了人民大学的前身华北大学旧址和校史展览馆。在那里我感受到了当时同学们为了迎接全中国的解放与新中国的诞生和建设而奋发学习生活的场景，由此联想到更早在陕北延安，陕北公学在中华民族的解放事业中做出的贡献和具有的独特的地位。人民大学的前身陕北公学、华北联合大学、华北大学聚集了一批批中华民族优秀的青年人，他们当中很多人是在当时国内的著名高校读书的学生，为了国家和民族的事业，他们加入到人民大学的队伍行列中，成为解放全中国、建设新中国的骨干、中坚。从陕北延安，到河北正定，到首都北京，中国人民大学始终奋进在时代前列，始终与我们党和国家同呼吸共命运，始终与中华民族的进步同行。

步入新世纪的人民大学，为中国特色社会主义事业的发展、为哲学社会科学的发展繁荣、为党和国家智库的建设不断做出新的贡献。在前不久全国第三轮一级学科评估中，学校9个一级学科排名全国第一，排名第一的人文社会科学类一级学科总数位居全国高校之首，充分体现了学校的实力和水平，也充分体现了学校人文社会科学的特色。建议同学们到学校的校史馆看看，寻根溯源，感受学校与我们党的血脉关系，感受学校与国家和民族发展进步的紧密历程；也希望在座的每位同学也能将自己的学业和发展与国家富强、民族复兴、人民幸福，与习近平总书记谈到的“中国梦”紧紧相连。珍惜自己的“人大烙印”，不断续写人大的光荣和历史。

同学们，在大学生活开始后，你们将面临着环境和身份的转换，可能会不时有困惑和徘徊。在此，再和大家分享第二句话：“我们应该时刻准备着别人超越我们，我们也应该时刻准备着自己超越自己。”此话出自我校哲学院教授、我国著名的伦理学家罗国杰老先生。2008年，在人民大学复校30周年的座谈会上，他曾用这句话勉励同学们。

在座的各位都是经过了高考、考研等竞争激烈的人才选拔过程进入人民大学的，大家都是竞争的胜出者，每个人都可以自豪地说在人生奋斗的这个阶段自己是成功者。但是，不久之后你可能就会发现身边的每个同学都是那么优秀，也许会在某一天，不经意间你会发现，原来都处在同一起跑线上的同学中有人跑到了你的前面，后面还有人正在奋力追赶。这里的每个人都在努力表现出最为精彩的一面。

这也许就是我们每个人要面对的大学生活中非常真实的一面。四年的大学生活总共是 1 460 多天，想起来似乎漫长，但过起来会十分快，每天都有着充实的课内外安排，不仅丰富，而且多样。也许正是因为有了太多的选择，可能会让你觉得有压力，你想继续脱颖而出，却可能不知怎样使劲，朝哪个方向努力。罗国杰老师的话很值得大家思考。一方面我们不能放松对自己的要求，刻苦学习，勇于接受挑战，同时要有一颗平常心，不仅要在学业上你追我赶，更要在眼界、胸襟和境界上相互学习借鉴，不要太注重结果，更要珍惜体验过程。这个过程也许就是比较真实的人生。另一方面，我们也应该有一种时刻准备超越自己的自觉意识，不断有意识地修正找准自己的人生定位和人生追求，始终坚持远大的理想和独立的思考，努力将自己的“青春梦”和美丽的“中国梦”结合起来，从做一名优秀的大学生做起，不断要求并锤炼自己。我在这里给大家一个建议：建议大家给四年后的自己写一封信，装在一个盒子里，就像一个美好的约定，待毕业时回忆过往的 1 460 多天，我们曾希望自己是什么样子，入学时的自己和毕业季的自己有什么不同，收获了什么，失去了什么。我想，这个约定一定会在大学四年内时刻提醒自己：不忘初衷，活出最精彩的自己。

人民大学为大家提供的就是这样一个追梦的舞台。但是，在这里你必须知道要追求什么、实现什么，必须清楚自己应该具备怎样的品质。这就是我今天要讲的第三句话：“人大的史和诗，是大诗，是人民的诗。”这句话来自人大前身时期的华北联大校友、曾创作《白毛女》《南泥湾》等作品并被誉为“人民诗人”的贺敬之。

“人民”二字是我们这所大学最朴素的本色、最本源的特质，也是进入这所学校的每个青年学生应该具备的品质意识。早在新中国还未成立，中国人民大学还未命名组建的 1948 年，学校的前身华北大学就在一本介绍校情的册子里以“人民的大学”作为书名，讲述我们这所学校“来自人民、依靠人民、为了人民”的办学理念。这也是今天我们党作为执政党在新时期开展群众路线教育实践活动的主题，体现了中国共产党作为执政党始终坚持的执政理念。1950 年，新生的人民共和国赋予了我们这所学校最神圣的名字——中国人民大学，“中国”“人民”这两个词让这所“大学”格外响亮。今天的人民大学，更是明确以“人民满意、世界一流”为奋斗目标，我们所追求的“世界一流”，其前提和基础是“人民满意”。这是学校的价值标准和精神诉求，对于同学们而言，人民大学培养的学生必须心系国家民族的命运，心系人民大众的福祉，这是我们始终坚持的，也应该成为在座的每个同学和全体“人大人”的价值标准和精神追求。

今年，学校正式启动了“本科人才培养路线图”，以“立德树人”为目标，构建研究型学习制度体系；学校还启动了“千人百村”社会实践活动，努力提高学生理论联系实际的能力。在这里，再给同学们一个建议，在大学期间，用好图书馆，刻苦学习，用好体育场，强健体魄；同时多走出校门参加社会实践活动。我们学校是一所具有光荣革命传统的学校，也是国家重点支持、按照现代大学制度建设的学校，以人文社会科学为特色。深入农村、深入基层，认真研读中国社会这本最大最真实的书是人大学子必修的课程，是学业必修的课程，也是人生必修的课程。这种紧密结合实践的培养方式是人民大学最显著的特点和优势之一，是我们培养“厚重”之才的重要方式。厚重是什么？厚重就是有根基、脚踏实地，发展有潜力、有后劲，就是刚才郑杭生教授讲的“顶天立地”。

同学们，就在上周，中国人民大学的形象宣传片亮相纽约时报广场，引起人们关注的不仅是其播放的平台和中国特色的画面，更是其传达的学校“厚、德、雅、博、是”的培养理念。选择大学，就是选择文化，就是选择一种进取的方式。我相信四年大学生活的熏陶，一定会使“实事求是”的精神内化在你们每个人的身上，成为你们的优秀品质；相信在大家毕业离开学校、走向社会时，一定会为今天选择了人民大学，成为一名“人大人”而骄傲和自豪；相信大家一定能够满怀着对“祖国”的热爱、对“人民”的敬畏、对“大学”的景仰，在中国人民大学展开你们人生的绚烂画卷，为你们今后真正成长为“国民表率、社会栋梁”奠定良好的基础。

最后再次祝福大家学习进步、身体健康！谢谢大家！

胸怀理想　脚踏实地　品学兼修
——在2013级博士生新生大会上的讲话

中国人民大学党委书记　靳诺
（2013年9月18日）

各位老师、博士生同学们：

大家好！

今天的明德堂，博士新生济济一堂。全校上下为又得到一批英才感到由衷的高兴和喜悦。经过严格的选拔程序，同学们进入人民大学，我代表学校对大家的到来表示热烈的欢迎和诚挚的祝贺！

刚才，大椿教授深入浅出、娓娓道来，阐述了他的人生经验和学术体会。正如他所言，博士的培养和成长有个性也有共性，远不同于本科生和硕士生。在高等教育大众化的今天，博士生培养的宗旨是为国家造就高素质的学术科研队伍，培养具有崇高学术理想、立志在学术领域做贡献的人才。对人民大学这样一所以人文社会科学为特色的学校，就是培养愿意为繁荣和发展哲学社会科学做出毕生努力的高端学术人才。

博士阶段的学习，是一个人从学生到学者、破茧成蝶的重要阶段。博士生发展的外在动力是国家和民族的需要，内在动力则来自同学们自身。庄严的使命感，崇高的学术理想，实事求是、锲而不舍的精神，是学术研究、真理追求所应该具备的境界和灵魂。在今天这样一个迎新的场合，我想和大家初步交流如何成为一名合格的人民大学博士研究生。

首要的是使命感。这个使命就是为国家的发展以及人类文明的进步而治学。

人民大学是中国共产党创办的第一所新型正规大学，有着独特的经历、厚重的历史和特殊的学术地位，每一个人大人都为此而骄傲。不久前的8月25日，我和陈雨露校长、黄达老校长等一行到河北省正定县参观了中国人民大学的前身华北大学旧址和校史展览馆。在那里我感受到了当时的青年学子们为了迎接全中国的解放和新中国的建设而奋发学习的场景，由此联想到更早在延安，陕北公学在中华民族的解放事业中做出的卓越贡献和具有的独特地位。人民大学的前身陕北公学、华北联合大学、华北大学当时聚集了一批批中华民族优秀的青年人，他们当中很多人当时是正在北京大学、清华大学等学校读书的学生，为了国家和民族的解放事业，加入到人民大学，后来成为解放全中国、建设新中国的骨干、中坚。

从陕北延安，到河北正定，到首都北京，人民大学始终奋进在时代前列，始终与我们党和国家同呼吸共命运，始终与中华民族的进步同行。学校这种辉煌、光荣同时又非常独特的历史和传统是我们的天然禀赋，这种禀赋同样体现在学校人才培养的厚重上。对人民大学的博士而言，这种厚重首先表现在人生追求，表现在能够守护理想并为之奋斗。在中华民族的优秀传统中，知识分子义不容辞地要有济世情怀，要有社会担当。优秀知识分子承担的社会期望不仅仅局限于常规的科学研究、知识推广和社会服务，更是要着眼于国家富强、民族独立、人民幸福乃至整个人类文明的传承与进步。

76年前的中国社会，面临的是中华民族历史前进道路的抉择。在关乎民族存亡的关键时刻，陕北公学应运而生，在黄土高原的窑洞中，新文化运动的民主思想与马克思主义相结合，培养造就了一大批有抱负、有文化的进步知识分子，由此开启了中华民族复兴的伟大历程。中国近现代史上许多浓墨重彩的篇章都不同程度地与这批“陕公人”有渊源。

当今世界正面临着深刻的社会变革、知识体系的快速创新、文化价值的多元转型，我们的国家再一次处于历史的关键节点上，给了我们一个可以大有作为的重要战略机遇期。为此，真切地期盼在座的每一位博士生都能够充分领悟和时刻铭记人民大学的历史使命，始终秉持“立学为民、治学报国”

的人大精神，努力使自己成为中国一流乃至国际一流的知识人才和思想精英，为构筑习总书记多次谈到的“国家富强、民族复兴、人民幸福”的“中国梦”，孜孜不倦、治学成才。

其次是学术理想。这个理想要求我们涵养学术襟怀。

学术的繁荣是人类进步的阶梯，是文明进步的阶梯。过去有人讥讽功利主义的庸俗读书人，说他们是：“学书只为鸳鸯字，读经只为官府门。”有了锦衣玉食和权力，就忘记了学术的本分。带着功利性做学问，是学术大敌，是学术大家之大敌。我国的学位制度决定了博士培养的高层次以及社会的较高认可度，博士学位意味着对社会创新、财富创造的贡献和责任。选择读博士，就是选择学术，选择一种生活方式。

这是一个改革开放的时代，社会赋予每个人大有可为的机会。人们对高层次人才持有仰慕的眼光，希望大家倍加珍惜。要按照刚才大椿教授所说的“拓宽基础、加深专业、综合运用”的总目标，“使整个攻读博士的过程既有阶段性，又有整体性”，以牢固扎实的学术根基立身，尽己所能回馈社会。有坚守才能更长远，唯其如此，“博士”才能成其为博士。高等学校是人们心中学术的殿堂，大学理应成为纯洁、神圣的一方净土，这是大学的本分，也是社会的期望。在座的每一位博士生都有责任维护这份纯净和神圣。

希望我们人民大学的每一名博士生都能在明确学术目标的基础上，摈弃功利、戒除浮躁，培养一种沉静学习的内心境界；都能带着学术理想，强化自身修为，成为有良知和对社会有所贡献的知识分子。涵养学术襟怀，学习动力才会长久，才可以持之以恒，个人一定可以从学术过程中得到愉悦和感悟，也会使你的人生更有个性，生命更有意义。

三是科学精神。这是人民大学的校训——“实事求是”所蕴含的精神，即仰望星空，脚踏实地。

无论是自然科学还是哲学社会科学，对一个真正意义上的从事科学事业的学者来说，科学精神必然贯穿于你的价值取向和行为规范，包括追求真理的信念、勇于探索的精神、遵循事实讲求理性的态度等。人民大学的博士生应该成为“仰望星空”的人，就是要认识我们所处的社会，就是要思考国家民族的昨天、今天和未来。

同时，人民大学的博士生也要脚踏实地，要从读文献入手，注重调查研究，扎实做学问，打牢学术根基，使自己未来的学术有持久的影响和生命力。脚踏实地，首要的是树立正确的学术道德观。客观来看，当前价值多元和利益诉求多层次化不断冲击着学术道德取向，急功近利的社会风气在学界也有所反映，学术失范的现象，抄袭、剽窃、伪造数据等造假行为也不同程度地存在，对学术道德环境建设造成很大的冲击。对此，同学们要有所警惕。博士研究生作为我国高等教育人才培养的最高端，是建设创新型国家的重要依托。我们希望也相信大家作为人民大学的博士生一定会遵守学术道德，珍惜学术荣誉。

中国人民大学最朴素的本色是“人民”二字，最鲜明的特质是“求是”二字，“人民”和“求是”是进入这所学校的每位同学都应该具备的品质意识，也是我们所有人大人共同的价值取向和精神追求。希望大家都能成为良好学术风气的维护者、严谨治学的力行者和优良学术道德的传承者。人类社会在重复和超越中螺旋式上升和前进，做论文、写论著有选择地传承本身就是一种研究，在传承的基础上提出自己的见解、有创新是对博士生的学术要求。

四是吃苦精神。在这里想说，攀学术高峰一定是艰苦的过程。

世界上众多著名的学术大师当中，有不少人受到学界的关注和重视的直接因素是因为他们的博士学位论文。博士学位论文往往是有些人一生当中的一个学术高峰，有的人以后也许还会有第二或第三个以至更多学术高峰，但是对有的人，可能具有唯一性。更多的人会循着博士论文所涉及的领域深入下去，直至成为某个研究领域的大家，或成为学术水平一流的学者。在这里想说的是，完成一篇优秀的博士学位论文，应该是我们每个博士生最现实和最近的一个学术理想。同时，一篇高质量的学术论文也是对繁荣发展国家哲学社会科学或自然科学的贡献。

做学问是件苦差事。马克思曾经把科学研究比之为入地狱，他说，在科学的入口处，正像在地狱的入口处一样。足以说明科学研究的艰辛。要做出一篇高水平的博士学位论文需要一颗宁静的心，要耐得住寂寞，坐得了冷板凳。你们未来的3～6年注定是一个艰苦的奋斗过程，在专注研究课题方面，要“万里长江之水，我只取一瓢饮”。希望每一位博士生静下心来，十年磨一剑。

同时，同学们也要注意劳逸结合，保持一个良好的精神、心理以及身体状态。进入博士阶段学习，年龄往往偏大一些，有些同学已年过四十；有些同学还承载着结婚生子、养家糊口的现实压力。一方面要静下心来做学问，另一方面又脱不了俗，还要考虑其他问题。即便是应届生，很快也就会面临着就业选择和论文撰写的双重考验。大家都是成年人了，心智都已成熟，世界观、人生观、价值观早已形成。在这里想表达的是，请同学们在繁重的学习、生活压力下，别再给自己增加太重的思想负担。从某种意义上讲，学会放松，也是一种人生智慧。给自己制定一个合理明确的目标，形成清晰的思路，一步一步地往前走，相信无论以后是从教、从政、从事科研还是其他工作，在人民大学的这段博士生经历，一定会成为你们宝贵的人生财富。

“胸怀理想、脚踏实地、品学兼修”是学校对全体博士生的要求。就在上周，中国人民大学的形象宣传片亮相纽约时报广场，引起人们关注的不仅是其播放的平台和中国特色的画面，更是其传达的人民大学“厚、德、雅、博、是”的培养理念。选择大学，就是在选择文化，选择一种进取的方式。相信，经过在人民大学学习生活的熏陶，“立学为民、治学报国”的抱负一定会在你们心中占据重要位置；“实事求是”的校训一定会内化在你们每个人的身上，成为你们优秀品质的重要组成部分；“崇尚学术，追求真理”的精神也一定会在每个人的内心深处留下深刻的印迹，成为你们一生的追求。

谢谢大家！

在1989级校友毕业20周年返校活动上的讲话

中国人民大学校长　陈雨露
（2013年10月3日）

亲爱的1989级的校友们：

欢迎大家回来！1989年，对大家来说是一生当中最重要的时刻。对我来说，也是这样。1989年，我研究生毕业留校。1990年下半年，我第一次在人民大学的讲台上，作为一名正式的教师，为1989级讲国际金融的课程。当时，国际金融教研室的主任是陶湘教授。陶湘老师当时跟我说，在这一年的时间里，你作为一个实习的教员，至少要讲三次国际金融，才能作为正式的教师，给咱们学校的学生上课。所以在这一年的时间里，我一方面跟着陶老师听课，一方面由陶湘老师安排在校外讲了六次国际金融。然后才转正，正式在校内开始讲课。在这个过程当中，我在海淀走读大学、北京理工大学等，一个学期讲过三个课堂的国际金融。当时在海淀走读大学讲国际金融的时候，陶老师坐在下边听我讲。所以今天，在1989级的同学毕业20周年返校的时候，我们非常想念大家，同时也非常想念8年前已经过世的陶湘教授。因为这里边有值得我们非常敬重的东西，那就是什么是大学的本位，我们觉得是以学生为本，以学术为魂。

去年6月19日，近平同志第四次来到人民大学。他对在场的老师和同学讲，他这次到人大，这次到高校来视察，想了将近一年的时间，最终决定北大、人大和清华三所学校一个都不能少。他说，人民大学是一所厚重的大学。我想这种厚重并不仅仅是人民大学学科的地位。在今年年初，教育部公布全国高校一级学科的评估结果，人民大学有九个一级学科排在了全国第一。这个成绩在人文社会科学当中遥遥领先，排在了第一名，在全国高校中也稳居前三名。这不仅仅是因为人民大学培养出来了众多优秀的学子，在十八届中央全会选出的中央委员当中，中央委员、中央候补委员、中央纪律检查委员会委员三项，人民大学校友都居第一名。我想这当中更重要的是背后更深层次的东西，就是人民大学与党和国家同呼吸、共命运所拥有的核心价值追求。

1937 年，当时国共刚刚合作，边区政府、我党中央向国民政府申请在延安办两所大学：一，抗日军政大学，主要培养军事干部；二，陕北大学，主要培养文职干部。当时蒋介石只批了一家，说我们可以出预算，只批抗日军政大学，因为抗日当前，武装斗争为主，你们培养军事干部就可以了。但是主席说，我们共产党人历来都是两条腿走路，不光要有武装斗争，还要有党的建设和统一战线。正是基于这点，1937 年主席在陕北公学发表演讲时第一次向全党公开讲了三大法宝，还讲了那句著名的话：中国有了陕北公学就不会亡。

后来解放区来的大学都聚集到了正定，成立了华北大学。毛泽东主席在 1948 年华北大学的成立仪式上，正式任命吴玉章吴老为华北大学校长。1949 年初，华北大学随着中共中央进了北京，当时还叫北平。进来之后说，新中国的高等教育怎么办？解放区来的这些大学怎么办？请周恩来同志去征求民主人士和教育家的意见。当时一些民主党派的教育家说，共产党打仗可以，办教育、办现代教育恐怕办不了，最好是把华北大学来的这些老师和同学分到北大、清华和其他几所在京的高校去。恩来同志回来汇报后，毛主席非常坚定地说，不行，我们共产党人能够打天下，也照样能够办好新中国的高等教育。所以让在莫斯科的少奇同志在中苏合作的谈判当中，请斯大林同志援助即将诞生的新中国成立第一所中国共产党办的新型正规大学，这就是 1950 年的今天成立的中国人民大学。

大家有空可以去看一看，我们即将开始在明年上半年全面整修的人民大学的老校区，在中南海旁边铁狮子胡同，人民大学成立时的校区。我想，当时的主席，当时的中共中央把人民大学放在那样一个重要的位置，是有深意的。1977 年，当时小平同志复出工作之后，在教育界办的几件大事之一，就是非常坚定地要恢复中国人民大学。在《邓小平文选》当中，唯一提到名字的大学就是中国人民大学。为什么人民大学有如此重要的位置？就是因为人民大学与党和国家同呼吸、共命运，在几个历史阶段都是充分地追求党的核心价值。按照我们传统的价值观来说，传统的教育的核心价值观就是两句话，一句话是“万般皆下品，唯有读书高”，第二句话是“学而优则仕”。当了官以后做什么呢？传统的价值观就到这为止。中国共产党人、毛泽东主席回答了这个问题。1944 年 9 月 8 日，一篇政治美文也就是《为人民服务》诞生。在中国的重点大学里面，唯一允许用“人民”冠名的只有人民大学。

国外的朋友们很长一段时间不了解人民大学，在这些年里，因为对中国了解得多了，他们开始知道中国人民大学是对中国非常重要的一所大学。他们经常问我：“人民大学中的‘人民’是什么意思？”以前，有些人理解为党校，有些人理解为社区大学，但我们现在知道，这些理解都不对。他们问：“陈校长，你能不能告诉我，‘人民’是什么意思？”我说跟你们说也说不清楚，在新中国，当时允许以“人民”命名的机构是非常神圣的，你们可以这样理解，“英国皇家”是什么意思，这就是什么意思！

近平总书记讲到了三校，不光是他对中国文化极其深刻的理解，中国高等教育的第一团队不是一个，也不是两个，而是三个。也就是所谓，“一生二，二生三，三生万物”。

另外一个，就是刚才谈到的，人民大学在新中国高等教育当中极其特殊的位置。我们可以毫不犹豫地说，中国人民大学如果建不成世界一流大学，中国共产党领导下的中国高等教育就不可能成为世界一流的高等教育。所以现在我们所做的核心的事情，就是如何在这样的核心价值的追求下回归大学的本位。对人民大学来说，要成为世界级的大学，我们不光要有更好的校园、更多的大楼，也不光是看有许多盛大的活动，同时要追求的核心的东西，就是看人民大学有多少以人民为依归的学术大师和这些学术大师麾下优秀的学子。

我想，十年大家回来，二十年回来，将来三十年、四十年也要回到学校。那么母校对大家来讲意味着什么？有的同学开玩笑说，母校就是我高兴地抱着录取通知书到这里睡觉，一觉醒来，录取通知书变成了毕业证书，说明我在这里睡得很好；有的同学说母校对我来说，就是几个人用同样的钥匙开一扇门，几个人用同样的眼神跟空荡荡的宿舍说再见。我想恐怕不止这些。大家之所以不断地回到这里来看，是因为我们用四年的时间换来了一个在我们心底永远的回忆。我们不断回来，就是要找这个回忆，这个青春的回忆、这个缘分的回忆、这个我们精神世界的起点。刚才看了大家做的片子，看了大家一上午在明德广场的兴高采烈。我想这是一个纪念，是在大家到了不惑之年的时候，对自己青春的怀念、记忆，对缘分的珍惜。同时祝愿大家把它再次作为加油站，为我们共同建设一个强大的人民大学的理想，请所有人民大学的校友，共同努力，为这样一个“人大梦”，做出我们应有的贡献。谢谢大家！

充分运用马克思主义理论研究和建设工程教材——在马克思主义理论研究和建设工程座谈会上的发言

中国人民大学党委书记　靳诺
（2013 年 10 月 20 日）

中办转发的《中央宣传部关于马克思主义理论研究和建设工程实施情况和下一步工作的意见》，深刻论述了马克思主义理论研究和建设工程的重大意义，系统总结了工程实施以来取得的成绩，深入分析了工程面临的新形势，就进一步推进工程做出了全面部署。中国人民大学是我国马克思主义理论教学与研究的重镇，有 151 位教师参与工程重点教材编写工作，59 位教师担任工程重点教材编写课题组的首席专家。下一步，我们要进一步以高度的责任感与使命感加强和改进工作，抓好工程重点教材的运用，切实发挥工程重点教材的重大作用。现就工作的主要思路和措施汇报如下：

一、着力增强“三个意识”，进一步提高运用工程重点教材的主动性自觉性

一是增强运用工程重点教材的政治意识。高校是意识形态的重要阵地。工程重点教材的编写和运用事关马克思主义在意识形态的指导地位。实践中我们感受到，通过马克思主义理论研究和建设工程的实施，工程重点教材的编写与使用，在很大程度上改变了哲学社会科学教学与研究领域一度存在的马克思主义指导地位不同程度被弱化的状况。当前，全球思想相互激荡和国内社会思想更加多元的特点突出，如何构建与中国特色社会主义理论及丰富的实践相互适应的具有吸引力和感染力的学术范式和话语体系，切实增强马克思主义在意识形态的指导地位，面临许多新的不同以往特点的挑战，需要进一步加强工程重点教材的编写和使用工作，为坚持马克思主义在我国意识形态的指导地位奠定坚实的学理基础。

二是增强运用工程重点教材的战略意识。工程重点教材的运用，关系高校立德树人的根本任务。要切实提高对工程重点教材战略意义的认识，加强工程重点教材的运用，以真正推动马克思主义中国化最新成果进教材、进课堂、进学生头脑，帮助大学生树立正确的世界观、人生观、价值观，努力成为党和国家需要的合格建设者和接班人。

三是增强运用工程重点教材的责任意识。中国人民大学是我们党亲手创办的第一所新型大学，在全国最早创立了马克思主义理论学科、专业及课程，建国以后以及改革开放以来在编写和运用马克思主义理论教材方面曾经发挥了重要的示范和引领作用。学校认识到，新时期新阶段，中国人民大学要发挥优良传统，承担好新使命，继续担当马克思主义理论研究和建设工程的排头兵，进一步加强和巩固学校在哲学社会科学领域的综合优势。

二、大力推进“三个结合”，进一步创新运用工程重点教材的方式方法

一是把工程重点教材的运用与加强经典原著教学结合起来。工程重点教材的一个显著特点就是充分体现了马克思主义经典著作所论述的基本原理。深化工程重点教材的使用，要更加重视加强马克思主义经典著作的教学研究，总结近年来开设“共产党宣言”“资本论”“科学社会主义经典文献选读”

“中国特色社会主义经典文献选读”等一批“原著原典选读类”课程的经验，同时加强《资本论》教学与研究中心建设，在学生中推进“红船领航”马克思主义经典著作研读等活动，鼓励学生以阅读原著、写读书笔记、参加读书会等形式研习马列主义、毛泽东思想、邓小平理论和“三个代表”重要思想的经典著作，引导学生把握马克思主义科学的理论体系，掌握基本的立场、观点和方法。

二是把工程重点教材的运用与加强社会实践教学结合起来。工程重点教材充分体现了当代我国改革开放实践的最新经验和理论成果。运用好工程重点教材，要重视通过实践环节引导教师和学生认识并把握当代中国的实践经验与理论成果。要进一步加强社会实践教学，组织“教授考察团”和暑期学生“千人百村”等社会实践调研项目，引导师生到农村、工厂、社区基层一线，了解国情，了解实践，把理论教学与基层的实践调研结合起来，通过对党情国情社情民意的了解，增强中国特色社会主义道路自信、理论自信和制度自信。

三是把工程重点教材的运用与创新教学方式结合起来。工程重点教材的高质量，为课堂教学提供了很好的基础。学校认识到，把工程重点教材的内容优势转化为课堂教学的优势，必须创新教材运用的方式方法。要通过加强教学团队的培训，推进课堂教学手段方式的创新。加强以新闻学院、法学院、公共管理学院等学院为代表的文科实验室和案例库建设，充分运用案例式、互动式、情景式教学方法，组织“精彩一课”教学示范片和视频公开课，最大限度地努力把教材优势转化为教学优势。

三、努力实现“三个提升”，进一步提升工程重点教材运用的效果

一是要在提升教学效果上下功夫。目前，“90后”学生在我校占有绝大多数的比例，成为最主要的学生群体，他们在社会转型期的环境下成长，相比较以往的“70后”“80后”学生，显现出一些新的特点，对于新媒体的运用以及国情社情有着自己的理解，个人的交往方式、学习和思维方式、价值判断等都与以往产生了极大不同。加强工程重点教材的运用，要深刻把握青年学生的思想特点，进一步研究适应学生认知习惯和接受特点的教学方法，丰富教学内容，创新话语体系，增强教学的针对性、感染力和说服力。

二是要在提升科研水平上下功夫。中国人民大学是我国哲学社会科学领域的重镇，拥有教育部人文社会科学重点研究基地13个。在最近一次教育部学位中心一级学科评估工作中，理论经济学、应用经济学、法学、政治学、社会学、新闻传播学、统计学、工商管理、公共管理等9个学科全国排名第一，马克思主义理论、哲学、农林经济管理3个一级学科排名第二，排名第一的人文社会科学类一级学科总数位居全国高校之首。要进一步依托学校的学科优势，运用好工程重点教材对于建设好国家智库，深化中国特色社会主义和理论研究，深化重大理论和现实问题研究，大力提升学校科研水平，推出更多高质量的研究成果具有重要意义。

三是要在提升教师队伍上下功夫。教师队伍的能力和水平是用好工程重点教材的根本保证。要进一步依托学校的队伍优势，积极支持教师参加马克思主义理论研究和建设工程，把教材编写、课题立项与队伍建设结合起来，当前，学校要进一步重视加强和改进青年教师思想政治教育的工作，特别是要注重对中青年理论人才的培养和使用。

以上是我校关于用好工程重点教材的基本思路。为更好地提升工程重点教材运用效果，我们专门听取和收集了一线专家与教师的意见和建议。具体有：一是希望根据中国特色社会主义丰富的实践成果以及经济社会的新发展，进一步加强工程重点教材的编写和修订工作。在新中国成立60多年特别是改革开放30多年的伟大实践中，我们党成功探索了具有中国特色的社会主义道路、理论体系和制度，表现出独特的制度优势和治理能力，以及发展的价值取向和经验原则，丰富了人类社会发展的内涵和理念。马克思主义理论研究和建设工程的实施，对于摆脱盲目照搬西方哲学社会科学语词、概念、逻辑来分析中国现状的状态，坚持立足中国国情、时代特征，展示马克思主义中国化历史性飞跃的理论成果，构建新形势下的话语体系做出了重大贡献。根据十八大精神进一步进行理论概括和提炼，推进话语体系和哲学社会科学学术范式创新，似可在前十年工程的基础上，进一步修订工程重点教材，吸收理论创新和实践创新的新成果，概括出新概念新范畴新表述，增强重点教材的说服力和感染力。二是希望以工程重点教材为母本，编写多层次的教材和相应的教学参考书，更加贴近不同层次的教学科研需求。近年来中国高等教育取得了巨大的发展，形成了多层次的高等教育格局和学生群体。似可在已有的工作基础上，进一步结合不同高校、不同学生群体的特点，形成多层次的教材体系，增强教材的针对性和适应性。三是希望以工程教材使用为重点，进一步加大教师培训力度，帮助教师更好地理解把握工程重点教材的精神，运用好教材。特别是重视把中青年教师队伍建设放在更加突出的位置，依托重点学科、重点研究基地、重大研究项目，把优秀中青年理论教师吸引到工程中来，培养一大批政治坚定、业务精湛、学风端正的马克思主义理论家、中青年学科带头人和学术骨干。从哲学社会科学传承性较强的特点考虑，似可进一步发挥老一代理论工作者的传帮带作用。

在“全国高校校园网站联盟”成立会议上的讲话

中国人民大学党委书记　靳诺
（2013 年 12 月 12 日）

尊敬的杜玉波副部长、各位代表：

今天，我们共同见证了这一重要的时刻——“全国高校校园网站联盟”的成立。“联盟”的成立，标志着高校网络工作战线有了自己的全国性组织。刚才，教育部思想政治工作司冯刚司长介绍全国高校校园网站联盟筹备情况，高等教育出版社苏雨恒社长代表中国大学生在线上届理事会做工作报告。下面，教育部党组副书记、副部长杜玉波还将做重要讲话，充分体现了教育部对全国高校校园网站联盟的重视。我们有理由相信，在教育部指导下，联盟一定能为加强和改进全国高校网站建设和管理工作发挥应有的作用。这次会议推举我来做理事长，我深感责任重大，感谢教育部的信任。在此，就做好联盟工作的几点初步考虑向各位代表做一个汇报交流。

一是充分认识成立全国高校校园网站联盟的重大意义。习近平总书记在今年召开的全国宣传思想工作会议以及党的十八届三中全会的讲话中，深刻阐释了加强互联网管理和建设的重要性，明确指出“互联网已经成为舆论斗争的主战场。在互联网这个战场上，我们能否顶得住、打得赢，直接关系我国意识形态安全和政权安全”，“要加大依法管理网络力度，加快完善互联网管理领导体制，确保国家网络和信息安全”。联盟的成立是教育部党组对贯彻中央重要会议精神，创新网络思想政治教育工作的重要部署。

教育部党组对互联网宣传思想工作高度重视，在教育部、国信办《关于进一步加强高等学校网络建设和管理工作的意见》中，对加强高校网络建设和管理工作的重要意义、具体职责、主要方法以及队伍建设、后勤保障等方面做出了具体阐释。联盟的成立也是落实这一重要文件的重要举措。

近年来，国家对高校校园网站建设工作十分重视，高校校园网站在丰富发展校园文化、创新思想政治教育工作、维护高校稳定方面发挥了重要作用，也积累了一些宝贵的经验。进一步加强高校网站建设，在更高层面上的整合并更好发挥作用已经提到日程上。教育部主导的这项工作明确了工作要求，既是解决高校网站自身建设问题的内在需要，也是高校网站可持续发展的客观要求。

二是全国高校校园网站联盟不仅应该更好地发挥作用，相信也能够更好地发挥作用。联盟要在全国高校网络建设和管理工作上发挥主导作用，必须坚持并发挥以下优势：

发挥好联盟的定位优势。联盟要在教育部指导下，按照“共创、共建、共管、共用、共享”的原则，发挥组织和引导作用，加强对高校网络建设情况的分析研究，研究制定有关高校网络建设和管理文件的配套措施，配合教育部开展文件落实的督促检查，探索利用高校资源优势形成整体舆论引导合力的机制，促进校园网络文化建设，服务大学生的健康成长。

发挥好联盟的平台优势。联盟要立足于各高校的资源优势，充分发挥高校人才优势，依托高校校园网站，整合高校新闻资源，打造校园网络正面舆论宣传平台；组织协调高校网络舆论研究机构，建立高校网站舆情平台；建立辅导员网络工作系统、思政网络学习系统以及学生党团网络建设系统等思政平台；建设网络文化研究论坛等网络文化研究平台等。

发挥好联盟的机制优势。联盟是高校网站协调自身建设发展的重要组织力量。要健全联盟组织架构，协调好规划好联盟与各高校网站的关系，重点厘清与中国大学生在线的关系；要充分发挥联盟对各高校网站建设的指导作用，整合各高校网站，形成合力，探索一条畅运高效的高校网络整体运营机制；积极探索联盟网站的商业运营机制。

发挥好联盟的品牌优势。联盟要发挥自身资源优势，举办面向全国高校师生的网络文化产品大赛，如全国高校百佳网站网络评选活动、全国大学生摄影微电影大赛等主题活动等；要配合教育部年度工作重点特别是宣传工作整体部署，组织开展一系列针对全国大学生的大型活动，在网络宣传工作中突出品牌优势，唱响主旋律，传播正能量。

发挥好联盟的队伍优势。加强和改进高校网络建设和管理工作，最重要的是要培养和凝聚一大批互联网优秀人才。联盟要在教育部指导下，统筹各方资源，制定实施各方面各层级高校网络人才培训计划，积极培育服务高校网络发展的中坚力量。

三是关于保障联盟运行的有关工作考虑和建议。联盟的发展离不开教育部的坚强有力领导和指导，离不开各高校的积极参与和大力支持，离不开中国大学生在线的有力支撑。希望教育部领导继续给予工作指导、政策支持、经费保障等，在当前，帮助联盟建设纳入中央有关宣传思想工作支持计划。同时，希望各高校在人员配备、基础设施、技术支撑、经费保障等方面提供必备条件。相信有各高校之间的精诚合作、密切配合，有有效的政策措施、资源整合、相互协作，一定能够尽快形成协调联动、快速反应的校园网络运行机制。

尊敬的杜部长、各位代表，联盟刚刚成立，有很多工作还需要进一步深化、细化；联盟下设的几个机构，其工作职责和具体任务，也亟须讨论确定。人民大学作为全国高校校园网站联盟的理事长单位，一定履行好自身职责，积极推动联盟各项工作顺利开展。相信联盟的成立，必将促进高校校园网络平台的进一步搭建，在互联网行业打造一个整体的、整合的品牌。而这样一个品牌，必将增强高校间主流网络的互联互动，拓宽先进文化、正面声音的传播途径，共同推动高校校园网络文化健康有序发展。

做褒奖人文社会科学大师的倡导者和践行者——在第二届吴玉章人文社会科学终身成就奖颁奖典礼上的致辞

中国人民大学校长　陈雨露
（2013 年 12 月 17 日）

尊敬的马凯副总理，尊敬的各位领导，各位来宾，各位校友，
老师们，同学们：

今天我们在这里欢聚一堂，举行一个简朴、简短而又庄重的仪式——第二届吴玉章人文社会科学终身成就奖颁奖典礼。请允许我代表学校向出席典礼的各位领导、来宾和校友表示热烈的欢迎和衷心的感谢！向获得终身成就奖的前辈学术大家表示崇高的敬意！

中国人民大学已经走过 76 年的光辉历程，今年又适逢学校的首任校长吴玉章同志诞辰 135 周年。吴老是我国杰出的无产阶级革命家、教育家、历史学家、语言文字学家，自 1950 年担任人民大学校长，直到 1966 年逝世，他为学校的发展呕心沥血，做出彪炳史册的重大贡献。

回顾学校 76 年的办学历程，归结为一点，就是人民大学始终与党和国家同呼吸、共命运，始终保持对祖国、人民的无限忠诚和高度的使命感、责任感，立学为民，治学报国。作为一所以人文社会

科学为主的大学，我们一直为发展和繁荣具有中国特色的人文社会科学而努力奋斗。从这个理念出发，我们以胸怀天下、舍我其谁的勇气和责任感，设置了迄今为止人文社会科学领域极具影响力和奖励金额最高的重量级奖项——吴玉章人文社会科学终身成就奖。

去年，首届终身成就奖颁奖典礼的成功举办在海内外引起了巨大反响，这个奖已经成为向世界展示当代中国人文社会科学大师的窗口和富有权威性与公信力的学术年度盛事。这里我想讲三个关键词，即态度、尊重和导向。颁发终身成就奖，首先代表了我们的一种态度。经过多年的呼吁和努力，人文社会科学与自然科学同等重要，已经成为全社会的共识。但不必讳言，人文社会科学领域的学术大师，却没有得到如同自然科学家那么崇高的荣誉和奖励。我们感到有必要做点振臂一呼的开创性工作，于是在去年下决心设置了吴玉章人文社会科学终身成就奖，以褒奖人文社会科学领域的学术大师，引领中国人文社会科学繁荣发展的时代潮流。其次，这又代表了一种尊重。建国以来，涌现了一批对我国的人文社会科学发展做出开拓性、奠基性卓越贡献的学术大师，他们在历史的天空星光灿烂，理应得到崇高的荣誉和褒奖。设置这个奖，其实是在做一件早就应该做但一直没有做的事，将有力推动全社会对人文社会科学的重视和关心。再次，这更代表了一种导向。我们期待以终身成就奖为契机，让全国的人文社会科学研究者从中得到激励，培养一种沉潜学术、薪火相传的良好风尚，鼓励当代广大的人文社科学者做出无愧于时代的学术贡献。

“云山苍苍，江水泱泱。先生之风，山高水长。”今天的典礼虽然简朴，但是意义尤其重大；时间虽然简短，但影响会非常深远。吴玉章终身成就奖，搭建了一个平台，推举和表彰人文社会科学的大师；彰显了一种理念，向世界传达中国学术，展现大师风采；打造了一个品牌，以高端定位、权威公信力，确立影响中国学术的奖项；高扬了一面旗帜，让杰出的人文社会科学大师成为全体国人的榜样，增强全体国民构建并实现“中国梦”的坚定信心。

最后，祝愿中国人文社会科学的明天更加美好！谢谢大家。

■ 重要文件

中国人民大学贯彻落实中央改进工作作风、密切联系群众《八项规定》和《实施细则》的实施办法

（人大校党字〔2013〕16号）

为进一步改进工作作风，坚持以学术为中心、以教学科研为中心，把“回归大学本位”落实到日常工作中，推进精细化管理，提高工作效率，加快推进“人民满意、世界一流”大学的建设步伐，根据《十八届中央政治局关于改进工作作风、密切联系群众的八项规定》和中办国办《贯彻落实十八届中央政治局关于改进作风、密切联系群众的八项规定》《实施细则》以及《教育部贯彻落实〈十八届中央政治局关于改进工作作风、密切联系群众的八项规定〉和〈实施细则〉的实施办法》等文件精神，结合学校实际，制定本办法。

一、改进工作方式，切实解决实际困难

1. 改进工作方式。召开会议、印发文件、开展工作要始终以教学科研为中心、以师生员工为中心，科学安排，加强统筹，给各单位工作留出合理时间。

2. 解决实际困难。各级领导要深入教学科研一线，加强调研，亲自督导，落实解决每年度“师生关心的二十件实事”；坚持“校领导接待日”制度，完善重大信访案件校领导联系和督办机制，解

决实际问题。

二、主动服务师生员工，切实提高工作效率

3. 加强信息公开。对于涉及师生员工切身利益、需要师生员工广泛知晓或参与的事项，要通过多种方式予以公开；特别重大事项，要由主管校领导以全校通报会的形式予以公开并进行现场答疑。

4. 畅通意见渠道。进一步完善校务委员会、教职工代表大会、学生代表大会和研究生代表大会制度，加强校务委员会、教代会、学代会、研代会建设，加强代表提案的办理工作，建立起公开面对面答复的长效机制；健全维护师生员工合法权益的有效机制。

5. 加快事项办理。加快公文流转速度，职能部门对公文进行会签时，一般应于3个工作日内返回，紧急公文应于当日返回；校领导对各单位上报的请示和报告，一般应于5个工作日内予以批复；对于学校已经做出明确决定的事项，各单位要提高工作效率，坚决落到实处。

三、厉行勤俭节约，切实杜绝铺张浪费

6. 节约办公经费。进一步强化节水节电意识，大力倡导绿色办公，建设节约型校园；实行固定资产最低使用年限制度，严禁随意或超标配置办公设备和家具；各单位招待费需在2012年基础上予以压缩，公务接待一般在学校餐厅或相应标准校外餐厅安排工作餐，不用高档菜肴酒水，住宿一般安排在学校招待所或相应标准校外宾馆；各单位要严格执行公车管理有关规定，严禁公车私用；各学院、机关各部处及教辅单位的公车报废后不得重新购置新车，车牌号转归后勤集团统一管理和使用。

7. 降低活动成本。校内可举办的会议，尽可能不到校外组织，严禁到高档宾馆组织召开工作会议；会议期间严禁组织高消费娱乐、旅游，严禁以任何名义发放纪念品；工作会议不摆放花草，不组织专场文艺演出；各类会议、论坛原则上不得制作和摆设背景板，重大学术活动经相关校领导书面批准后可在指定地点摆设背景板。

四、做好会议管理，切实推动会风转变

8. 减少会议数量。各单位要本着务实高效的原则，大力精简会议，严格控制表彰会、庆祝会、纪念会等仪式性会议的召开；尽量减少各职能部门组织的全校性会议，确属工作需要的，必须提前由主管校领导批准，并在学校办公室报备；全校性会议能够合并召开的合并召开，由学校办公室统筹安排。

9. 控制会议规模。各类会议根据实际需要安排参会人数，不得安排与会议内容无关的人员陪会；校领导出席会议活动由学校办公室统一协调安排。

10. 提高会议实效。会议安排要杜绝形式主义，克服繁文缛节，事先充分准备，深入听取意见，大胆创新形式，科学安排议程，开短会、讲短话，力戒空话、套话。

五、加强文书管理，切实精简文件简报

11. 减少文件简报。严格控制各类文件和简报（含内部工作交流刊物），没有实质工作指导和经验总结交流意义、可发可不发的文件、简报（刊物）一律不发；由部门发文或部门联合发文能够解决的，不由学校印发红头文件；各单位不得自行编印纸质简报；充分利用电子网络平台，积极推进无纸化办公。

12. 提高文书质量。推行“短实新”文风，文件要观点鲜明、条理清晰、言之有物，突出针对性和可操作性，不搞“穿靴戴帽”，严格控制篇幅；简报要重点反映重要动态、经验总结、存在问题和意见建议等内容，减少一般性工作罗列和汇报。

六、注重统筹管理，切实规范出访活动

13. 加强统筹管理。各单位出国访问必须申报年度计划，严禁组织或参加无实质性内容的出国（境）考察，如非工作需要，不得安排临时出访；各单位组团出访，或单位主要领导参团出访（不含参加学术活动），需由学校党政主要负责人批准；团组出访结束后，均需提交书面报告和财务决算明细并在一定范围内公开；学院、部处领导出访要严格执行报批手续，严格执行请假制度；各级领导干部以学者身份出访进行个人学术交流活动应尽量安排在假期进行，严禁使用学校行政事业经费。

14. 规范出访活动。学校各级领导干部的出访次数、时间、国家数量、随行人员数量等严格按照有关规定执行，出访活动主要是为执行学校或上级主管部门安排的派出任务，根据工作需要尽量压缩在外停留时间，严禁擅自延长在外停留时间，不得变更出访路线或以任何理由绕道旅行。

七、关注教学科研一线，切实改进新闻报道

15. 改进校内新闻宣传。学校新闻宣传要以教学科研工作为重心，着重宣传学校人才培养、科学研究、社会服务、文化传承创新各方面的成绩，进一步面向学术，贴近师生，多宣传广大教师和学生的典型事迹，多宣传各单位的经验做法。要充分利用校园网、校报、电子显示屏等校园媒体，拓展新闻宣传平台，提升新闻宣传效果。

八、强化督促检查，切实保证执行效果

16. 狠抓工作落实。各级领导干部要以身作则，率先垂范，认真执行本办法，党委组织部要把执行情况纳入干部管理和考核；财务处要加强预算管理和财务审核，对于违反规定的开支不予报销；审计处要对各单位会议活动和公务接待等经费的使用情况进行抽查。

17. 加强监督检查。各单位要把改进工作作风、密切联系群众作为一项经常性工作来抓，自觉接受师生员工的监督；要充分发挥各级工会和教代会的监督作用；学校办公室、党委组织部、纪委办公室、监察处要定期督促检查各单位落实本办法，有关情况每年年底向校党委常委会汇报并在一定范围内通报，对违反规定的要严肃处理。

本办法自发布之日起施行，请各相关部门尽快拟定配套规章制度。此前发布的有关规定，凡与本办法不一致的，以本办法为准。

中共中国人民大学委员会
2013 年 4 月 17 日

关于印发《中国人民大学领导干部因私出国（境）管理办法（试行）》的通知

（人大校党字〔2013〕43 号）

各分党委、党总支：

现将《中国人民大学领导干部因私出国（境）管理办法（试行）》印发给你们，请遵照执行。

附件：《中国人民大学领导干部因私出国（境）管理办法（试行）》

中共中国人民大学委员会
2013 年 11 月 13 日

附件

中国人民大学领导干部因私出国(境)管理办法(试行)

第一条 为进一步加强对学校领导干部因私出国(境)的管理，根据中共中央组织部、中共中央金融工作委员会、中共中央企业工作委员会、公安部、人事部《关于加强国家工作人员因私事出国(境)管理的暂行规定》(公通字〔2003〕13号)和教育部相关文件精神，结合学校工作实际，制定本办法。

第二条 本办法适用于离退休的司局级干部和全体在职处级干部(含非领导岗位)。

校级领导因私出国(境)管理按教育部有关规定执行。

第三条 领导干部因私出国(境)的管理由分管组织工作的学校领导负责。由党委组织部牵头，协同相关部门具体组织实施。

适用于本办法的领导干部由党委组织部统一向北京市公安局出入境管理部门登记备案。

第四条 领导干部申领或使用因私出国(境)证照(包括护照、往来港澳通行证、大陆居民往来台湾通行证，下同)，需经学校审批同意后方能办理。

(一)单位正职负责人需经主管校领导和主要校领导批准，其他处级干部需经单位正职负责人同意后报主管校领导批准。

(二)申领因私出国(境)证照的，由党委组织部对申报材料进行审查，并负责在材料上加盖分管校领导的签名章；申领人持由党委组织部开具的介绍信到学校办公室加盖学校党委公章。

(三)使用因私出国(境)证照的，按规定办理完校内相关手续后，由党委组织部登记备案。

第五条 在职的领导干部因私出国(境)的，原则上只能在假期安排。

第六条 领导干部因私出国(境)证照按需申请使用，一律不得私自保存。

(一)单位正职负责人及正处级干部因私出国(境)证照由党委组织部集中保管，其他处级干部因私出国(境)证照由基层党组织集中保管。

(二)领导干部要在回国后10个工作日内将因私出国(境)证照交回。

第七条 领导干部要在每年报告个人事项时，如实填写因私出国(境)情况。

领导干部的配偶、子女申请出国定居或办理外国长期居留证、香港和澳门的永久性居民身份证的，要事先向党委组织部报告。

第八条 党委组织部每半年向学校党委报告有关干部出国(境)证照的使用和管理情况。

第九条 领导干部在境外期间应自觉维护国家安全和利益，严格遵守国家外事纪律，不从事与身份不符的活动。若违反规定，一经查实，要按规定严肃处理。

第十条 弄虚作假、隐瞒身份办理出国(境)证照的，不按规定上交出国(境)证照的，要对有关人员谈话诫勉，造成不良影响或损失的，要依纪依法给予党纪政纪处分。

第十一条 本办法由党委组织部负责解释，其他未尽事宜按上级相关部门规定执行。

第十二条 本办法自发布之日起施行。

关于印发《中国人民大学中层党政正职职务任期暂行规定》的通知

(人大校党字〔2013〕44号)

各分党委、党总支：

现将《中国人民大学中层党政正职职务任期暂行规定》印发给你们，请遵照执行。

附件：《中国人民大学中层党政正职职务任期暂行规定》

中共中国人民大学委员会
2013 年 11 月 14 日

附件

中国人民大学中层党政正职职务任期暂行规定

第一条 为规范中国人民大学中层党政正职职务任期和任期管理工作，根据中共中央《党政领导干部职务任期暂行规定》的精神，依据《中国人民大学中层党政领导干部选拔任用工作办法》等，制定本规定。

第二条 本规定适用于学校各部、处、室正职负责人，学校党委各部门正职负责人，各学院（系）、直（附）属单位的行政正职负责人。

学校党委下属的各基层党组织、校工会、校团委正职负责人的职务任期管理依照党章、工会法和团章的有关规定执行。

第三条 中层党政正职职务每个任期为 4 年。由党委常委会议讨论决定任职的干部，任期从学校党委常委会决定之日起计算。实行试用期的干部，试用期满正式任职的，其试用期计入任期。

第四条 中层党政正职干部在任期内应当保持稳定。除有下列情形之一的，应当任满一个任期：

（一）达到退休年龄的；

（二）由于健康原因不能或者不宜继续担任现职务的；

（三）不称职需要调整职务的；

（四）自愿辞职或者引咎辞职、责令辞职的；

（五）因受处分或处罚需要变动职务或者被罢免职务的；

（六）因工作需要调整职务的。

中层党政正职干部在一个任期内因工作需要调整职务，一般不超过一次。

第五条 中层党政正职干部在任期内和任期期满时要接受考核，对干部个人的考核要与对其所在单位领导班子的任期责任目标考核结合起来，考核结果是使用干部的重要依据。

第六条 中层党政正职干部原则上连任不得超过两个任期。专职管理干部在同一职位上任职满一个任期的，鼓励轮岗；任满两个任期的，必须轮岗。

确因工作需要的，经学校党委常委会讨论决定后可适当延长任职期限。

第七条 中层党政正职干部任期内调整职务，任职 3 年以上的，计算为一个任期；任职不足 3 年的，只计算任职年限，不计算任期数。

第八条 中层党政正职干部任期期满，如无特殊情况，进行交流调整。交流调整要考虑干部的结构和梯队建设需要，要考虑工作的连续性，同一单位的党政正职干部一般不同时调整。

第九条 需按党章、工会法和团章规定选举或者任免的干部，交流调整时应当按照有关程序办理。

第十条 在交流调整中未被继续任用的干部根据以下不同情况予以安排：

（一）“双肩挑”干部未继续任职的，回所在学院全职从事教学科研工作。有关“双肩挑”干部学术补偿期待遇办法另行制定。

（二）因年龄原因经学校研究决定退出领导岗位的专职管理干部，其待遇办法，另行制定。

（三）因其他原因未被继续任用的专职管理干部，原则上按照新岗位重新核定待遇。

第十一条 本规定由党委组织部负责解释。

第十二条 本规定自发布之日起施行。

关于印发《中国人民大学学院（系）行政正职负责人遴选工作实施办法（试行）》的通知

（人大校党字〔2013〕45号）

各分党委、党总支：

现将《中国人民大学学院（系）行政正职负责人遴选工作实施办法（试行）》印发给你们，请遵照执行。

附件：《中国人民大学学院（系）行政正职负责人遴选工作实施办法（试行）》

中共中国人民大学委员会

2013年11月14日

附件

中国人民大学学院（系）行政正职负责人遴选工作实施办法（试行）

第一条 为完善学校中层党政领导干部选拔任用制度，进一步做好学院（系）行政领导班子换届调整工作，根据上级有关文件精神，依据《中国人民大学中层党政领导干部选拔任用工作办法》等，制定本办法。

第二条 学院（系）行政正职负责人遴选方式包括：学院（系）内推荐提名、校内公开选拔、社会公开招聘等三种。

第三条 在遴选中实行遴选委员会推荐提名机制。遴选委员会对学院（系）工作情况进行评议，对下阶段工作思路提出意见；并受学校委托，按照“民主、公开、竞争、择优”的原则，根据实际情况，确定学院（系）行政正职负责人遴选方式，提出学院（系）行政正职负责人考察人选建议名单。

第四条 遴选委员会规模一般在25人左右，其中：

主任委员由校党委书记和校长担任。

副主任委员由校党委常务副书记、常务副校长、主管组织人事工作的校领导、联系学院（系）的校领导担任。

委员若干人，包括学院（系）学科带头人、学术骨干、资深教授代表（各学科方向的人数应当大体平衡），分党委书记，学校相关职能部门（组织人事、发展规划、教学科研等）负责人；也可邀请个别校友代表担任。

第五条 遴选委员会委员由有关学院（系）和党委组织部推荐，经学校党委研究批准。

遴选委员会办公室设在党委组织部，负责具体研究并提出工作程序及细则、整理有关材料、统计汇总遴选委员会投票结果等。

第六条 遴选委员会在主任委员（或委托副主任委员）主持下召开全体会议，讨论决定以下事项：

（一）在听取学院（系）上届行政正职负责人所作任期工作报告的基础上，对学院（系）新一届行政领导班子换届方案提出总体意见，确定学院（系）行政正职负责人遴选方式。

（二）根据行政班子任期考核、教职工民主推荐或公开选拔面试测评结果等，进行合议并提出学院（系）行政正职负责人考察人选建议名单。

第七条 遴选委员会提出的考察人选与选拔职位的比例一般应不低于2∶1。也可由遴选委员会根据实际情况决定。

第八条 遴选委员会在提出考察人选时，必须有三分之二以上的委员到会。与会委员以无记名投票方式推荐考察人选。考察人选的得票数需超过应到会遴选委员人数的一半。结果应当场统计并公布。

若被推荐人选得票均未超过半数时，由遴选委员会复议后再次投票。

第九条 遴选委员会提出的考察人选，经学校干部选拔工作小组研究确定后，按干部工作程序进行考察、酝酿和讨论决定。

第十条 遴选工作中须遵守以下纪律：

（一）严格按照工作程序操作，不准在实施过程中随意更改。

（二）有关人员要自觉遵守干部人事工作纪律，不得弄虚作假，搞非组织活动，不准泄露会议讨论、发言及投票情况。

（三）遴选委员会委员实行回避制度，凡被列入考察人选建议名单或报名参加公开选拔的，不再作为遴选委员。

第十一条 纪检、监察部门对工作全程进行监督。

第十二条 本办法由党委组织部负责解释。

第十三条 本办法自发布之日起施行。

中国人民大学加强马克思主义学科教师队伍建设若干意见

（人大校党字〔2013〕46号）

为巩固和提高马克思主义学科在我校的传统优势地位，进一步强化学校的办学特色，不断提升我校思想政治理论课教育教学质量，现就加强我校马克思主义理论学科教师队伍建设提出如下意见：

一、强化领导和统筹。学校成立由主管校领导和相应职能部门及学院负责人组成的马克思主义学科建设领导小组，领导全校马克思主义学科教师队伍工作，审核教师队伍建设规划，研究队伍建设政策，协调解决队伍建设中的重大问题，指导人才引进和培养工作。理顺工作机制，加强马克思主义学科队伍建设的统筹，在调动校内相关学院积极性的基础上，着力解决马克思主义学科队伍分散对学科建设的不利影响，努力形成队伍发展和学科建设的合力。

二、加强教师队伍规划。深入研究我校马克思主义学科教师队伍竞争状况，客观分析比较优势和相对劣势，合理确定教师队伍的规模、结构、方向、特色和水平，完善促进教师队伍发展的组织、制度、体制保障，制定符合发展要求的具体政策措施。

三、积极扩大教师规模。未来5年，每年保证马克思主义理论一级学科新增教师2～3人。学院要积极物色、吸引优秀人才，加大人才引进力度。既要引进国内优秀博士毕业生和其他单位中青年骨干教师，又要放眼海外，引进优秀海外留学博士。

四、加强高层次人才队伍建设。在各级人才项目评选、各类人才称号推荐、各种奖励项目评定时，同等条件下优先推荐马克思主义学科教师参评。积极协助马克思主义学科利用各级各类人才项目，培养和引进优秀人才。建立和完善人才数据库，发现和选拔优秀人才。设立人才队伍专项经费，保障和支持培养与引进优秀人才。未来5年，力争马克思主义学科有2～3人入选国家级或教育部人才项目，有4～5人获得各类人才称号或省部级及以上奖励，引进3～4名能够胜任学术带头人职责的高层次人才。

五、大力储备后备人才。实施青年教师发展支持计划，着力提高现有教师教学科研水平。试行教师博士后制度，发现、储备青年后备人才。以博士后流动站作为师资考察平台，综合考量博士后的教学、科研、团队合作精神和思想政治素质，并从中选留优秀人才任教。与海外知名大学联合培养师资博士。由学院挑选优秀博士或硕士研究生，利用“国家建设高水平大学公派研究生项目”或学校出资支持，到国外一流高校、专业，师从一流的导师学习深造，在派出前签署意向协议，学成归国后，若达到一定条件，则可受聘我校教师岗位。

六、深化教师分类管理。支持学院合理配置教师资源，根据教学科研任务情况和队伍发展规划，合理确定教学科研型、教学为主型、科研为主型岗位结构比例，对不同特点和专长的教师提供不同职业发展平台与通道，实行不同的考核评价方式，实现人尽其才，才尽其用。

七、调整职务评聘和岗位聘用政策。通过适当的政策倾斜，力争未来5年马克思主义理论一级学科新增8名左右教授。学校把未来5年副教授岗位资源核定给学院，学院根据队伍发展规划，合理确定每年的副教授晋升名额和人选。

八、调整管理重心和相关政策。实施教学整体考核，学院制定整体考核办法，根据教师专长合理确定教学工作量，发挥学院在教师管理和配置中的作用。调整教师职务评聘权限，合理配置教师各级岗位。学院制定职务评聘办法，严格任职标准和工作程序，建立开放竞争和体现教学科研高水平的评聘制度。学院整体考核办法和职务评聘办法经学校批准后实施，由学院自主考核、评聘。

九、充分发挥“马克思主义理论研究和建设工程”首席专家的作用。各级学术组织应充分吸纳“马克思主义理论研究和建设工程”首席专家，以充分发挥他们在人才培养、学科建设等各项工作中的作用。进一步落实“马克思主义理论研究和建设工程”首席专家优先受聘教授二级岗位制度，同时将其作为受聘教授三级岗位的任职条件之一，并在相关评奖、岗位及职务评聘时对担任首席专家的教师给予重视。“马克思主义理论研究和建设工程”首席专家在承担重大任务期间，可酌情对其教学科研工作量予以减免，以保证集中精力完成重大任务。工程首席专家按时完成并结项合格的，免于一个聘期的科研考核。结项评估优秀的，学校予以奖励。

十、重视思想政治理论课师资队伍建设。在教学名师、宝钢教学奖、十大教学标兵评选以及精品课程培育、教学改革立项、教材建设规划与立项等方面向思想政治理论课教师倾斜。承担思想政治理论课程教学的优秀教师在职称评定时给予一定的倾斜政策。在目前体制和不降低要求的前提下，对马克思主义理论一级学科教师在博士生导师遴选和招生名额上予以支持。设立教学奖励基金，对教学效果突出的思想政治理论课教师给予奖励。

十一、积极促进马克思主义学科教师科研水平提高。在校内科研项目立项等方面保证马克思主义理论研究领域立项率高于基础学科立项率，在明德青年学者、重大基础及品牌等项目类型中适当倾斜。设立专门类别对包括马克思主义研究基地在内的北京市哲学社会科学重点研究基地给予资助。设立科研奖励基金，对科研成果突出的马克思主义学科教师给予奖励。积极遴选推荐马克思主义理论研究优秀成果申报各类科研奖励。鼓励与支持教师参与政策咨询工作，重要的马克思主义理论研究咨询报告纳入学校科研考核范围，并择优予以奖励。充分利用各种科研项目，积极筹措资金，支持出版马克思主义理论教学与研究优秀成果。

十二、加强马克思主义理论学科团队建设。大力推动平台建设，继续加强建设教育部人文社会科学重点研究基地中国特色社会主义理论体系研究中心、北京市哲学社会科学重点研究基地马克思主义研究院，积极培育马克思主义与中国道路协同创新中心，建设好新成立的中国共产党历史与理论研究院，积极培育马克思主义理论研究骨干团队。

中共中国人民大学委员会
2013年11月8日

关于印发《中国人民大学领导干部因公出国（境）管理办法（试行）》的通知

（人大校党字〔2013〕52号）

各分党委、党总支：

现将《中国人民大学领导干部因公出国（境）管理办法（试行）》印发给你们，请遵照执行。

附件：《中国人民大学领导干部因公出国（境）管理办法（试行）》

中共中国人民大学委员会
2013年11月25日

附件

中国人民大学领导干部因公出国（境）管理办法（试行）

第一条 为贯彻落实中央有关外事管理规定，严格外事纪律、规范因公临时出国管理，根据《外交部、中央外办、中央组织部、财政部关于进一步规范省部级以下国家工作人员因公临时出国的意见》（中办发〔2013〕16号）、《教育部关于进一步加强教育外事管理的意见》（教外综〔2013〕63号）和《教育部办公厅关于切实做好严格出国（境）团组管理工作的通知》（教外厅〔2008〕2号）文件精神以及上级部门有关规定，结合我校实际，特制定本办法。

第二条 本办法适用于我校全体在职处级以上干部（含非领导岗位）因学校或学院工作需要所进行的因公临时出访。

第三条 领导干部因公临时出国（境）管理由学校外事工作领导小组统筹规划，分管国际交流的学校领导负责。国际交流处会同党委组织部具体组织实施。

第四条 学校每年年底制定次年学校领导因公临时出访计划，经校长办公会讨论通过后有关部门组织实施。对上级部门临时布置的出访任务，严格按有关程序审批。对无明确目的、无实质内容或无必要性的出访活动，一律不予批准。

根据学院发展建设规划，确需安排的出访（境）活动，也应于每年年底制定次年因公临时出国（境）计划，并报组织部、国际交流处备案。

第五条 学校副职领导出访，由学校正职领导审批。中层正职领导（随校领导代表团出访的除外）因公临时出访，应向分管校领导、主要校领导书面请假，经批准后方可开始办理其他外事手续。书面请假应说明出访目的、代表团组成人员、详细行程和经费安排。中层副职领导出访由正职领导同意后报分管校领导批准。

第六条 学校正职领导率团出访，代表团成员一般不超过6人，学校副职领导出访代表团成员一般不超过5人，各单位组团出访代表团成员原则上不超过4人。每次出访不得超过3个国家和地区（含经停国家和地区，不出机场的除外），在外停留不超过10天（含离、抵境当日）。出访2国不超过8天，出访1国不超过5天，赴拉美、非洲航班衔接不便的国家的团组，出访2国不超过9天，出访1国不超过6天。

第七条 校领导出访次数按上级规定执行。全体处级干部每学期因公临时出国（境）原则上不得超过1次，因个人学术研究需要出国（境）不得超过2次（不含假期）。国际交流处及各单位分管国际交流工作的领导每学年因公临时出国（境）次数严格按照需要安排。

第八条 因公出访应严格控制经费支出。出访前要有经费预算并报主管国际交流和财务的校领导批准。办理因公出访手续后、在出访前进行预算购汇，并在访问结束后一个月内完成结汇手续。

学校正职领导出访住宿标准按国家规定执行；学校副职领导出访原则上住宿宾馆不超过四星级。各单位领导率团出访期间，应尽量使用公共交通工具，原则上不包租车辆；因公出访所乘坐飞机舱位标准按照国家有关规定执行。财务部门应加强对因公出访团组的经费预算和使用管理，严格按照有关规定和标准履行报销手续。没有出国任务批件的出访费用，一律不予报销。

第九条 实行领导干部因公临时出国（境）信息公开制度。按照上级有关规定，学校领导及中层正职领导出访信息由国际交流处通过一定渠道在行前进行公示。出访团组回国后需提交出访考察报告，由国际交流处整理备案。

第十条 学校全体在职处级以上干部的因公护照，原则上由外事部门集中管理。在出访任务结束回国后15天内，持照人应主动将因公护照交回学校国际交流处。

第十一条 本办法由国际交流处负责解释，其他未尽事宜按照上级有关部门规定执行。

第十二条 本办法自公布之日起实施。

关于印发《中国人民大学中层领导干部经济责任审计实施办法》的通知

（人大校党字〔2013〕61号）

各分党委、党总支：

现将《中国人民大学中层领导干部经济责任审计实施办法》印发给你们，请遵照执行。

附件：《中国人民大学中层领导干部经济责任审计实施办法》

中共中国人民大学委员会

2013年11月14日

附件

中国人民大学中层领导干部经济责任审计实施办法

第一章 总 则

第一条 为规范经济责任审计工作，促进领导干部准确履行经济责任，加强管理监督，推进我校党风廉政建设，根据《中华人民共和国审计法》，中共中央办公厅、国务院办公厅《党政主要领导干部和国有企业领导人员经济责任审计规定》和教育部《关于做好教育系统经济责任审计工作的通知》以及其他相关法律、法规，结合我校实际情况，制定本办法。

第二条 本办法所规定的领导干部经济责任审计的对象包括：

（一）由学校任命或聘任的担任实职的中层正职领导干部或主持工作一年以上的副职领导干部；上级领导干部兼任部门、单位的正职领导且不实际履行经济责任时，实际负责本单位常务工作的副职领导干部。

（二）学校全资或控股企业的法定代表人或实际主持工作的总经理等。

第三条 本办法所称领导干部经济责任是指领导干部任职期间因其所任职务，依法对其所在部门、单位（以下简称单位）财务收支和有关经济活动应当履行的职责、义务。

第四条 领导干部履行经济责任的情况，应当依法接受审计监督。根据干部管理监督的需要，可以在领导干部任职期间进行任中经济责任审计，也可以在领导干部不再担任所任职务时进行离任经济责任审计。

第五条 领导干部的经济责任审计依照干部管理权限确定。学校任命或聘任的中层领导干部和企业领导人员，由党委组织部出具委托书，由审计处组织实施。

第六条 审计处依法独立实施经济责任审计，任何单位和个人不得拒绝、阻碍、干涉，不得打击报复审计人员。

第七条 审计处和审计人员对经济责任审计工作中知悉的国家秘密、商业秘密，负有保密义务。

第八条 审计人员在审计过程中应当遵守客观公正、实事求是、廉洁奉公的职业道德并遵循审计回避制度。

第九条 学校应当保证审计处履行经济责任审计职责所必需的机构、人员和经费。

第二章 组织协调

第十条 学校成立经济责任审计工作领导小组（以下简称领导小组），由分管校领导担任组长，成员单位由党委组织部、纪委办公室（监察处）、人事处、财务处、审计处等部门组成。领导小组下设办公室，挂靠审计处，负责日常工作。

第十一条 领导小组的主要职责包括研究制定有关经济责任审计的政策和制度，监督检查和交流通报经济责任审计工作开展情况，协调解决工作中出现的问题等。

第十二条 领导小组办公室的主要职责是研究起草有关经济责任审计的制度和文件，总结推广经济责任审计工作经验，督促落实领导小组决定的有关事项。

第三章 审计内容

第十三条 经济责任审计应当以促进领导干部推动本单位科学发展为目标，以领导干部守法、守纪、守规、尽责情况为重点，以领导干部任职期间本单位财务收支和有关经济活动的真实、合法和效益为基础，严格依法界定审计内容。

第十四条 事业单位领导干部经济责任审计的主要内容是：本单位贯彻落实“三重一大”制度情况；预算执行以及财务收支的真实、合法和效益情况；国有资产的管理和使用情况；有关内部控制制度的建立和执行情况；重要经济事项管理制度的建立和执行情况；对下属单位财务收支和有关经济活动的管理、监督情况以及需要审计的其他事项。

第十五条 校属企业领导人员经济责任审计的主要内容是：本企业财务收支的真实、合法和效益情况；有关内部控制制度的建立和执行情况；履行经济管理和监督职责情况；国有资产的管理、使用和保值增值情况；经济目标的完成情况；对外投资融资的效益、效果情况；企业经营风险、财务风险的防范情况以及需要审计的其他事项。

第十六条 在审计以上主要内容时，应当关注领导干部在履行经济责任过程中的下列情况：贯彻落实科学发展观，推动学校和本单位事业发展情况；遵守有关法律法规、贯彻执行党和国家有关经济工作的方针政策和决策部署情况；制定和执行重大经济决策情况；与领导干部履行经济责任有关的管理、决策等活动的经济效益、社会效益和环境效益情况；遵守有关廉洁从政（从业）规定情况。

第十七条 有关单位的主要领导干部由上级领导干部兼任，且实际履行经济责任的，对其进行经济责任审计时，审计内容仅限于该领导干部所兼任职务应当履行的经济责任。

第四章 审计实施

第十八条 领导干部经济责任审计根据干部管理、监督工作的需要和学校领导班子的意见，由学校党委组织部等部门按照管理权限下达“审计委托书”并报主管校领导批准后实施。

第十九条 审计处实施审计前，应当召开由委托单位负责人、审计处负责人及审计组主要成员、被审计领导干部及其所在单位有关人员参加的会议，通报审计工作具体安排和要求，并在被审计单位张贴审计公告。

第二十条 被审计领导干部及其所在单位或者原任职单位（以下简称所在单位）应当提供与被审计领导干部履行经济责任有关的下列资料并对所提供资料的完整性、真实性作出书面承诺：

（一）本单位建立的“三重一大”制度实施细则、内部财经管理制度以及其他内部控制制度；

（二）学校批准的本单位审计期间的预算、决算及财务收支相关资料；

(三)工作计划、工作总结、会议记录、会议纪要、经济合同、招投标文件及以往的考核检查结果等资料;

(四)固定资产明细账和使用、处置记录等资料;

(五)被审计领导干部履行经济责任情况的述职报告;

(六)与审计有关的其他资料。

第二十一条 对于提供虚假资料或隐匿有关资料和情况者,视为不配合审计工作,并依据国家内部审计工作规定的有关条款,追究其相应责任。

第二十二条 审计组要严格按照审计程序实施审计,充分利用上级主管部门、社会中介机构的审计或检查结果以及校内纪检、监察、财务的专项检查结果,认真编写审计工作底稿,规范获取相关证据。对审计过程中发现的问题要及时向审计处领导汇报,对重大问题审计处要及时向主管审计的校领导报告。对于应当由其他部门处理的问题,依法移送有关部门处理。

第二十三条 审计组实施审计后,应当编写审计报告并将其书面征求党委组织部、被审计领导干部及其所在单位的意见。被征求意见者应当自收到审计报告征求意见稿之日起10日内提出书面意见;10日内未提出书面意见的,视为无异议。

第二十四条 审计处按照规定的程序,对审计组提交的审计报告进行审定,出具经济责任审计报告。

第二十五条 审计处应当将经济责任审计报告等结论性文书报送主管校领导。经校领导批准的审计报告抄送委托审计单位和被审计领导干部及其所在单位。

第五章 审计评价及结果运用

第二十六条 审计组应当根据审计查证或者认定的事实,依照国家法律法规、学校有关规定以及责任制考核目标等,在内部审计职责范围内,对被审计领导干部履行经济责任的情况作出客观公正、实事求是的评价。审计评价应当与审计内容相统一,评价结论应当有充分的审计证据支持。

第二十七条 审计组对被审计领导干部履行经济责任过程中存在问题所应当承担的直接责任、主管责任、领导责任,应区别不同情况作出界定。

第二十八条 本办法所称直接责任,是指领导干部对履行经济责任过程中的下列行为应当承担的责任:

(一)直接违反国家法律法规、学校有关规定和单位内部管理规定的行为;

(二)授意、指使、强令、纵容、包庇下属人员违反国家法律法规、学校有关规定和单位内部管理规定的行为;

(三)未经民主决策、相关会议讨论而直接决定、批准、组织实施重大经济事项,并造成重大经济损失浪费、国有资产(资金、资源)流失等严重后果的行为;

(四)主持相关会议讨论或者以其他方式研究,但是在多数人不同意的情况下直接决定、批准、组织实施重大经济事项,由于决策不当或者决策失误造成重大经济损失浪费、国有资产(资金、资源)流失等严重后果的行为;

(五)其他应当承担直接责任的行为。

第二十九条 本办法所称主管责任,是指领导干部对履行经济责任过程中的下列行为应当承担的责任:

(一)除直接责任外,领导干部对其直接分管的工作不履行或者不正确履行经济责任的行为;

(二)主持相关会议讨论或者以其他方式研究,并且在多数人同意的情况下决定、批准、组织实施重大经济事项,由于决策不当或者决策失误造成重大经济损失浪费、国有资产(资金、资源)流失等严重后果的行为。

第三十条 本办法所称领导责任，是指除直接责任和主管责任外，领导干部对其不履行或者不正确履行经济责任的其他行为应当承担的责任。

第三十一条 学校应当建立健全经济责任审计情况通报、审计整改以及责任追究等结果运用制度，逐步推行经济责任审计结果公告制度。

第三十二条 被审计领导干部及其所在单位应重视经济责任审计结果，对审计提出的内部管理、控制方面的问题，积极进行整改，并自接到正式审计报告之日起60日内，将落实情况以书面形式反馈审计处。

第三十三条 党委组织部、纪委办公室（监察处）、人事处等单位应运用审计结果，将经济责任审计结果作为考核、任免、奖惩被审计领导干部的重要依据。并将经济责任审计结果报告归入被审计领导干部本人档案，将审计结果运用情况反馈审计处。

第六章 附 则

第三十四条 领导干部经济责任审计主要依靠内部审计，即在主管校领导的领导下，由审计处组织实施。必要时，可聘请兼职人员或委托社会审计机构协助。

委托社会审计机构进行审计的，审计费用原则上由被审计单位承担。

第三十五条 对学校中层以下领导干部的经济责任审计工作，由学校根据情况，经校领导批准后，参照本规定实行。

第三十六条 对学校其他领导干部的经济责任审计，按国家规定的管理级次、权限，经上级主管部门或学校主要负责人授权后实施。

第三十七条 本规定自发布之日起施行，由审计处负责解释。《中国人民大学领导干部任期经济责任审计制度》（2005—2006学年校政字41号）同时废止。

关于印发《中国人民大学审计结果运用管理办法》的通知

（人大校党字〔2013〕62号）

各分党委、党总支：

现将《中国人民大学审计结果运用管理办法》印发给你们，请遵照执行。

附件：《中国人民大学审计结果运用管理办法》

中共中国人民大学委员会

2013年11月19日

附件

中国人民大学审计结果运用管理办法

第一章 总 则

第一条 为规范审计结果运用工作，提高审计执行力，加强整改落实，充分发挥审计的作用，根据《中华人民共和国审计法》、《党政主要领导干部和国有企业领导人员经济责任审计规定》、《教育系统内部审计工作规定》、《教育部关于做好教育系统经济责任审计工作的通知》、《中国人民大学内部审计工作规定》等有关规定，结合我校实际，制定本办法。

第二条 本办法所称审计结果，是指审计处按照规定程序实施审计后，依法出具的审计报告、审计决定、管理建议书、审计整改通知书、移送处理书等结论性和建议性审计文书所反映的内容和事项。

第三条 本办法所称审计结果运用，是指校内相关单位实施的公开审计结果、审计整改落实以及责任追究等充分使用审计结果的管理活动。

第四条 建立健全审计结果通报、审计整改以及责任追究等审计结果运用制度，逐步探索和推行审计结果的校内公告制度。

第二章 审计结果运用的方式

第五条 审计处和被审计单位以适当的方式，在一定范围内公开审计结果。

第六条 被审计单位执行审计决定，整改存在的问题，落实审计意见和建议。

第七条 党委组织部、纪委办公室（监察处）、人事处等相关部门在干部管理监督、选拔任用、表彰奖励、单位及个人年度考核等工作中，将审计结果及其整改落实情况作为重要参考依据。

第八条 纪委办公室（监察处）在党风廉政建设工作中，将审计结果及其整改落实情况作为党风廉政建设责任制考核、干部廉政谈话的重要内容。

第九条 审计处向学校党政领导和职能部门提交特殊事项的专题报告、反映共性问题的综合性报告，在校内发布审计简报等。

第十条 党委组织部、人事处将经济责任审计结论材料存入被审计领导干部的组织人事档案。

第三章 审计结果公开

第十一条 审计处根据审计事项类型，将有关审计结果报送主管校领导。经校领导批准的审计报告抄送党委组织部、纪委办公室（监察处）、人事处、财务处，发送被审计单位。

第十二条 审计处根据《中国人民大学信息公开办法》等规定，经校领导批准，按照规定程序，以适当的方式，在一定范围内，将可以公开的审计结果主动公开或者依申请公开。

第十三条 审计结果公开依法保守国家秘密和被审计单位的商业秘密，并充分考虑可能产生的社会影响，不得危及国家安全、公共安全、经济安全和社会稳定。

第十四条 公开审计结果，应当在审计报告、审计决定等结论性文书生效后进行。

第十五条 公开审计结果，必须经审计处处长审核；涉及重大事项或者公开范围较大的，必须报请学校信息公开工作领导小组审议批准。

第十六条 审计处可综合利用校园网及相关网站、学校年鉴及信息刊物、教职工代表大会、中层干部会和其他相关会议、数字人大电子校务系统、信息公开栏、电子显示屏等方式公开审计结果。

第十七条 被审计单位及时在单位内部向领导班子、教职工通报审计结果及其整改落实情况。

第四章 审计整改落实

第十八条 被审计单位现任主要领导为审计整改落实工作的第一责任人。原任领导对任职期间的经济活动及财务收支的行为和结果负责，并须积极配合整改落实工作。

第十九条 被审计单位在审计结论性文书送达之日起 60 日内，将审计决定的执行、存在问题的整改、审计意见和建议的落实等情况书面反馈审计处。对于涉及现金管理问题的整改落实情况，须在审计整改通知书规定的时限内书面反馈审计处。

第二十条 整改落实的监督检查工作由审计处牵头负责，纪委办公室（监察处）、组织部、人事处、财务处、资产与后勤管理处、实验室建设与设备管理处、产业处等有关单位根据各自职责协助执行。

第二十一条 审计处建立健全内部责任制，对整改落实情况进行跟踪检查，并向学校报告年度审计整改落实情况。

第二十二条 审计处根据被审计单位的整改落实情况，决定是否实施后续审计。

第五章 责任追究

第二十三条 党委组织部、纪委办公室（监察处）、人事处、财务处、审计处等相关单位对领导干部不履行或不正确履行经济管理职责，单位或个人存在严重违反财经法规的问题，不认真整改落实审计结果等行为，根据有关法律法规和学校相关规定，报请学校批准后，追究相关人员的责任，给予相应的党纪政纪处分以及经济处罚；涉嫌犯罪的，移送司法机关依法处理。

第二十四条 对拒绝、拖延整改落实工作，或未按规定期限及要求整改落实的被审计单位，审计处要向主管校领导或经济责任审计工作联席会议汇报。

第二十五条 审计处发现重大违法违纪或经济案件线索，应及时移交纪委办公室（监察处）处理。

第六章 附 则

第二十六条 国家法律、法规和有关政策另有规定的，从其规定。

第二十七条 本办法自发布之日起施行，由审计处负责解释和修订。

关于调整中国人民大学人才工作领导小组及其办公室的决定

（人大校党字〔2013〕66号）

为进一步推动高端人才队伍建设工作，加强对人才工作的统筹领导，切实落实有关人才政策，完善精干高效的人才工作管理体制和运行机制，不断提高人才工作的服务水平和开发能力，经2013年12月17日第十三届党委第94次常委会议研究决定，对中国人民大学人才工作领导小组及其办公室做出如下调整：

一、调整人才工作领导小组并明确其主要职责

中国人民大学人才工作领导小组（以下简称领导小组）由党委书记、校长担任组长，常务副书记、常务副校长、主管副校长担任副组长，党委组织部、研究生院、发展规划处、教务处、科研处、人事处、理工学科建设处、国际交流处、财务处、资产与后勤管理处、实验室建设与设备管理处等单位正职负责人为小组成员。

领导小组的主要职责包括：

（一）根据学校发展战略，统筹全校人才工作，确定学校人才发展战略，研究审核人才队伍建设规划和各项人才政策；

（二）对全校人才工作和队伍建设进行宏观管理，协调解决人才队伍建设中的重大问题；

（三）审定人才队伍建设经费预算和决算；

（四）检查监督各院（系）执行人才政策和开展队伍建设的情况；

（五）审议省部级以上人才项目人选，讨论并决定与高端人才引进相关的各项事宜；

（六）决定学校人才工作其他重要事宜。

二、进一步明确领导小组办公室的工作职责

领导小组下设办公室（以下简称人才办）。人才办是领导小组的日常办事机构，在领导小组的领导下，承担以下主要任务：

（一）落实国家、主管部门和学校关于人才工作的重大决策和工作部署以及学校制定的人才队伍建设规划和政策，协助领导小组做好维护人才队伍稳定和发展的工作。

（二）研究人才战略、人才规划和人才政策，为领导小组规划人才工作、制定相应政策提供研究报告、咨询建议和参考方案；分析队伍状况，收集多方信息，做好宣传工作，建设人才库，为学校的人才引进、培养和开发营造良好环境。

（三）协调各相关职能部门，做好人才工作相关的各项服务与保障工作，统筹管理全校人才队伍建设资源，解决人才工作中的具体问题。

（四）协调校内各单位，引进海内外高端人才，培养校内拔尖人才，构建人才工作体系，统筹实施学校的人才工程，负责各类人才项目及其入选者的日常管理工作，落实拔尖人才、创新团队、外国专家和部分海外人才的选拔、聘用、考评等相关工作。

（五）负责博士后科研流动站和工作站的建设，将其建设为汇聚高端人才的平台、争取社会资源的渠道和开展实践活动的基地。

（六）加强教师与国际学术界和海外知名学者的联系，提升教师国际学术竞争力，组织海外归国博士参加锻炼与实习，培养理论联系实际的学风。

为更好地完成领导小组交办的任务，进一步理顺工作机制并充实力量，除直接向领导小组报告工作外，人才办独立对内对外开展工作。人才办为处级单位，设主任 1 人、副主任 1 人，科室设置待核定后另行发文，人员编制暂定 7 人（不增加编制，主要从人事处现有人员中抽调）。根据工作需要，人才办可配备非事业编制人员 2～3 人。

中共中国人民大学委员会
2013 年 12 月 23 日

关于授予黄顺基等 13 位退（离）休老专家荣誉一级教授称号的决定

（2012—2013 学年校政字 18 号）

为弘扬尊师重教的传统美德，激励广大教师从事人才培养工作的积极性，促进学科的繁荣与发展，经征求学院意见，学校党委常委会于 2012 年 12 月 25 日研究，决定按照《关于授予部分退（离）休老专家荣誉一级教授称号的决定》（2008—2009 学年校政字 14 号）文件精神，授予黄顺基、孙国华、陈共、许征帆、周诚、何沁、李占祥、周升业、王作富、胡钧、许崇德、庄福龄、严瑞珍等 13 人荣誉一级教授称号，以表彰他们长期以来为我校人才培养、学科发展、学术繁荣所作出的突出贡献。

广大教师都要认真学习他们淡泊名利、志存高远的品质，刻苦钻研、严谨笃学的作风，立德树人、甘为人梯的精神，回归育人本职，忠诚教育事业，做到以学生为本，弘扬静心教书、潜心育人的良好风气，以造就在东西方文化平台上自由往来的“国民表率、社会栋梁”为目标，以“厚重”为核心，切实提升人才培养质量，为建设“人民满意、世界一流”大学事业作出更大的贡献。

2013 年 1 月 11 日

关于印发《中国人民大学学生公寓管理办法（修订）》的通知

（2012—2013 学年校政字 19 号）

各学院（系），机关各部、处及直（附）属单位：

根据教育部相关文件和《北京高校学生公寓管理办法》精神，结合我校公寓工作实际，我校于近日完成《中国人民大学学生公寓管理办法》（2011—2012 学年校政字 10 号，以下简称“《办法》”）的修订工作。

《办法》的修订着重明晰学生公寓管理体制、工作机制和相关部门的职责；强化学生公寓的育人功能，强调学生工作部门开展住宿学生思想教育和日常行为管理的职能；明确落实学生公寓安全管理的职责。

《中国人民大学学生公寓管理办法（修订）》已经学校研究批准，现予以印发，请认真学习，遵照执行。

附件：《中国人民大学学生公寓管理办法（修订）》

2013年1月8日

附件

中国人民大学学生公寓管理办法（修订）

第一章　总　则

第一条　为进一步规范学生公寓的各项工作，不断提高学生公寓的管理水平和服务质量，强化学生公寓的育人功能，根据国家及北京市有关规定，结合学校实际，制定本办法。

第二条　学生公寓是学生生活和学习的重要场所，要将学生公寓建设成管理规范、文明安全、整洁舒适、环境优雅和提高学生综合素质的重要阵地。

第三条　学校加强对学生公寓工作的领导，建立健全各项管理制度和工作机制，提供与学生规模相适应的住宿资源和条件，为学生公寓管理服务工作的开展提供保障。

第四条　学生公寓的管理服务应坚持"管理育人、服务育人、环境育人"的宗旨和以学生为本的指导思想，做到后勤部门、学生工作部门、资产管理部门、保卫部门、财务部门及各学院（系）分工明确、各司其责、互相配合、齐抓共管。

第二章　机构与职能

第五条　学校建立学生公寓管理委员会，负责管理学生公寓。学生公寓管理委员会主任由分管后勤工作和学生工作的学校领导共同担任，其他成员还包括学校办公室、研究生院、教务处、实验室建设与设备管理处、学生工作部（处）、财务处、资产与后勤管理处、保卫处（部）、校团委、网络与教育技术中心、校医院、后勤集团的负责人，各学院（系）学生工作负责人和校学生会、校研究生会及公寓学生自我管理委员会（以下简称"自管会"）的代表等。

学生公寓管理委员会的职责是：制定和修改学生公寓管理办法；明确各职能部门对学生公寓齐抓共管的职责；定期召开会议，对学生公寓建设、管理和服务的重大事项、措施和问题进行决策；监督检查学生公寓管理、服务和收费工作。

第六条　学生公寓管理委员会下设办公室，其职责由后勤集团和学生工作部（处）共同承担；办公室主任由后勤集团和学生工作部（处）相关负责人共同担任。

学生公寓管理委员会办公室的职责是：落实学生公寓管理委员会和其他上级领导部门的政策和决定；建立健全相关管理规章制度；规划学生宿舍资源的使用方案；组织开展宿舍安全卫生文明检查；记录和考评学生在公寓的行为表现，提出对违纪行为的处理意见；定期收集和反馈学生对公寓建设、管理和服务的意见和建议。

第七条　后勤集团的职责：做好学生公寓的日常管理和服务工作，制定管理服务工作人员的职责；全面履行学校委托的学生公寓物业管理服务项目，对学生公寓实施物业管理和服务；负责学生宿舍资源的日常管理和宿舍分配调整方案的草拟；开展方便学生生活的服务；为开展学生教育和管理工作提供必要条件；与学生工作部门密切配合，共同做好住宿学生的日常行为管理工作。

第八条 学生工作部（处）的职责：开展住宿学生的思想教育和日常行为管理工作；制定辅导员在学生公寓工作的职责及管理、考核办法，选派辅导员进驻学生公寓，并对辅导员在学生公寓中开展工作的情况进行考评；指导自管会开展自我管理、自我教育和自我服务的工作和活动，建设特色公寓文化；开展文明宿舍评选和奖励工作；与相关部门共同开展住宿学生安全教育和培训。

第九条 资产与后勤管理处的职责：配置和管理学生公寓内的各项资产；负责学生公寓维修及设施设备改造的规划、施工和监管；负责学生公寓区绿化美化工程的规划和实施；为开展学生教育和管理工作提供必要条件。

第十条 保卫处（部）的职责：对学生公寓安全管理进行指导；联合相关部门开展师生员工的学生公寓安全教育和培训，并组织消防及各类安全演练；对学生公寓进行安全检查和外围区域的日常巡逻；负责灭火器等学生公寓消防器材的配备、维护和更新；负责学生公寓安防设备的规划和维护；配合公安机关处理学生公寓内治安及其他案件。

第十一条 财务处的职责：及时拨付学生公寓相关经费；指导学生公寓成本核算管理；按规定将学校拟定的学生公寓收费标准报市教委审查，并到物价部门办理相关审批手续；按核定标准每学年向学生收取住宿费，并使用符合国家规定的合法票据；进行住宿费收费公示。

第十二条 学院（系）的职责：开展本学院（系）住宿学生思想教育和日常行为管理工作；做好新生入学按班级住宿工作；指导班主任和辅导员定期走访宿舍，切实关心住宿学生的学习和生活状况；开展学院（系）文明宿舍创建活动；配合公安机关和保卫处（部）处理涉及学生公寓内本院（系）学生的治安和刑事案件。

第十三条 学校培育和发展学生公寓自我管理组织，组建公寓学生自我管理委员会作为立足学生公寓和社区的校级学生组织，充分发挥学生参与民主管理的作用；积极培养住宿学生自我管理、自我教育、自我服务的能力。

第三章 条件与设施

第十四条 学生公寓建设应符合《北京高校标准化学生公寓标准》（以下简称“《标准》”）相关要求。

第十五条 学生宿舍室内生均使用面积达到《标准》要求。实行男女生分楼居住。除为学生生活和学习提供服务的用途外，学生公寓不能兼做其他用途。

第十六条 学生宿舍应配备基本生活和学习设施，包括床具、桌椅、衣柜、书架、电源插座和网络接口等。每室安装智能限电装置。

第十七条 每栋学生公寓应设置专用的值班室、辅导员工作室和会客室（区），开设学生学习生活需要的成长辅导室、活动室、学习室等空间和场所。学生公寓区应开辟晾晒衣物场所和自行车停放场所。

第十八条 学生公寓区设置消防中控室，学生公寓内安装烟感报警系统、电子监控系统、电磁疏散门等安防设施设备。按照节能减排的要求，安装节水节电设施设备。

第十九条 学生公寓内的家具设施由实验室建设与设备管理处统一招标采购，后勤集团根据实际工作需要制定相应管理措施。学生宿舍床上用品由学校经过招投标确定企业进校销售，学生自愿购买。

第二十条 学生公寓应做到环境整洁优美，突出文化氛围和育人功能。学生公寓内设置校务和楼务公告栏等宣传设施。

第二十一条 学生公寓内各种生活服务设施的设置须符合政府有关部门的规定，并经学校学生公寓管理委员会批准。学生公寓区的餐饮服务和超市须符合食品卫生安全相关规定。

第四章 管理与服务

第二十二条 后勤集团开展的学生公寓物业管理和服务范围包括：门窗、家具、供水、供电、照明、排水设施的日常管理和维护；房屋及相关设施的维修与保养；学生公寓区内道路、公共场所、公寓内公共区域的日常保洁；学生公寓区内花草树木和绿化设施的养护管理；学生公寓区各类生活服务场所的经营和管理；在保卫处（部）的指导下做好学生公寓的消防和安保工作；本部门工作人员的招聘、培训和考核。

第二十三条 凡取得中国人民大学学籍、属于学校安排住宿的学生，均可申请在学生公寓住宿。学生入住前与学校签订《住宿协议》，明确各自的权利义务。

第二十四条 属于学校安排住宿的学生，未经学校批准不得私自到校外住宿。因特殊原因需要在校外租房的学生，须向所在学院（系）提出书面申请，得到批准后与学校签订书面协议。协议须学生本人和家长共同签字并报学生公寓管理委员会办公室备案。学院（系）对在校外租房的学生加强联系，严格教育管理。

第二十五条 学生公寓管理委员会办公室制定各项学生公寓管理制度。各项制度在执行过程中应保存相应的记录和档案。相关部门、学院（系）和团学组织加强对公寓管理制度的宣传，将与住宿学生相关的规章制度告知学生。

第二十六条 后勤集团和学生工作部（处）每半年至少组织一次本部门公寓管理和服务人员岗位技能培训，新聘和转岗工作人员须经过岗前培训方可上岗。

第二十七条 学生公寓管理委员会办公室定期通过宿舍访谈、座谈会、问卷调查、设置意见箱、网络调查等公开的渠道或方式主动征求和收集学生意见建议，并及时反馈。

第二十八条 学校加大对学生公寓信息化建设的投入，不断提高学生公寓信息化管理水平，为学生学习生活提供便利。网络与教育技术中心做好学生公寓的网络服务等信息化建设工作。

第五章 住宿辅导

第二十九条 学生工作部（处）统筹住宿学生成长发展辅导与服务体系的建设，指导公寓辅导员和自管会开展工作，建设辅导员工作室、成长辅导室、活动室和学习室等，使之成为住宿学生成长发展的重要平台。

第三十条 学校按照不少于住宿学生人数千分之二的比例，选派优秀干部、教师或研究生作为辅导员进驻学生公寓。学生工作部（处）制定公寓辅导员管理相关规章制度，做好公寓辅导员的招聘、培训、管理和考核工作，为其开展工作提供支持。

第三十一条 公寓辅导员的职责包括：关心和了解住宿学生的思想动态和日常生活状况，指导其解决相关住宿生活问题；开展校务、楼务信息发布和相关宣传工作；参与宿舍安全卫生文明检查等住宿学生日常管理工作；负责辅导员工作室、成长辅导室、活动室和学习室的日常管理，规划和实施成长辅导项目；协助做好住宿学生安全稳定工作。

第三十二条 在学生工作部（处）的指导下，自管会参与学生公寓的管理和服务工作；及时收集、整理并向有关部门反映学生的意见和建议，维护住宿学生的正当权益；监督学生公寓各项规章制度的执行；开展丰富多彩的公寓文化活动，倡导健康文明的生活方式，建设特色公寓和社区文化。

第三十三条 学院（系）将学生宿舍安全卫生管理和文明创建作为学生工作的重要内容；建立健全主管领导、专兼职辅导员、班主任及党团学组织共同做好住宿辅导工作的机制；做好对学生住宿生活的关心和辅导，开展经常性的思想教育工作；发挥班级、党团支部和学生社团在文明宿舍建设中的作用，发挥党员和学生骨干在宿舍中的示范作用。

第三十四条 学生须熟知并遵守各项住宿管理规定，自觉维护良好的公寓环境和秩序，积极创建文明宿舍。学校和学院（系）制定或修订相关文件，将住宿学生的日常表现纳入学生个人综合测评、评奖评优、入党考察，以及班级和党团支部评优、班主任和辅导员考核评优等工作体系中。

第六章　安全管理

第三十五条　学校组织保卫处（部）、后勤集团、学生工作部（处）、校团委、校医院等部门制定学生公寓消防、治安、自然灾害、疾病防控、群体性事件处置等各类安全预案，并定期对各类安全预案进行模拟演练，检验预案的可行性，不断提高师生应对突发事件的能力。

第三十六条　学生公寓须建立规范、完善的安全管理制度，实施必要的安全防护措施，加强技术防范设施建设。学生公寓管理和服务人员、住宿学生须熟知相关安全管理制度和措施。

第三十七条　学生公寓须配备各类消防器材和安防设施设备，保卫处（部）负责定期进行维修、保养和更新。各类消防器材、应急灯和安全指示灯应完好有效，消防器材摆放有位，各类警示标识位置正确醒目、设置齐全。

第三十八条　学生公寓消防、出入和疏散通道应保持畅通，严禁摆放任何物品。消防和疏散通道使用电磁疏散门，应急状态下迅速开启，尽快疏散学生。

第三十九条　在保卫处（部）的指导下，后勤集团建立本部门的学生公寓消防安全工作体系。每日进行防火巡查，并做好巡查记录；每月对消防设施设备进行一次全面检查，并保存检查记录；每年进行一次消防水压测试。加强高层学生公寓的安全管理；加强夜间和节假日的学生公寓内安全巡查，发现火灾立即组织扑救和疏散学生。

第四十条　学生公寓管理委员会办公室联合保卫处（部）定期开展住宿学生消防安全教育和消防知识普及工作，提高学生消防安全意识和自救逃生技能；对每届新生进行不低于4学时的消防安全教育和培训；每学年至少举办一次学生公寓消防安全专题活动；定期组织学生公寓消防演练，使学生熟练掌握消防器材使用和火灾逃生办法。

第四十一条　学生公寓管理委员会办公室联合保卫处（部）定期开展学生公寓管理与服务人员的安全教育和培训，普及消防知识，提高消防安全意识，着重提高扑救初期火灾、自救逃生和组织引导人员疏散逃生的能力。

第四十二条　学生公寓管理委员会办公室组建学生公寓消防志愿团队，并与保卫处（部）一同定期对其进行消防培训和逃生演练。

第四十三条　学生公寓内禁止吸烟。学生社区和公寓楼内应有醒目的禁烟标识。学生工作部（处）制定相关文件，将学生公寓禁烟情况作为学生个人、班级、党团支部、院系相关评优评先工作的重要参考指标。

第四十四条　学生公寓值班室实行24小时值班、会客登记和大件物品出入登记等制度。

第七章　费用管理

第四十五条　学校建立学生公寓经费的保障机制，保证学生公寓正常管理服务运行；建立经费使用的预（决）算制度，保证各项经费严格按预算执行，发挥资金效益；逐步建立学生公寓管理服务成本核算机制。

第四十六条　学生公寓的住宿费标准严格执行国家和北京市相关规定，并在学校予以公示。学校收取住宿费使用财政部门统一印制的收费票据，接受物价、财政、教育主管部门和学生的监督。

第四十七条　学生公寓住宿费按学年收取。学生因故办理退宿后，学校根据其实际住宿时间，按月计退剩余住宿费。

第四十八条　学校根据有关文件确定学生在学生公寓内的基本用电限额。学生在规定限额内使用水电不收取任何费用，超额部分自理；超额部分水电费按居民水电使用价格收取。

第四十九条 学生公寓内方便学生生活的代收费、服务性收费须坚持学生自愿和非营利原则，据实核算。

第五十条 学生损坏公物要按规定赔偿。后勤集团严格按照损坏和遗失公物照价赔偿的原则制定学生公寓设施设备损坏赔偿标准，不得随意设置罚款项目。

第八章 附 则

第五十一条 本办法中所指学生公寓不包括留学生公寓、苏州校区学生公寓和其他非全日制学生住宿所用学生公寓。

第五十二条 本办法由中国人民大学学生公寓管理委员会办公室负责解释。

第五十三条 本办法自发布之日起施行。

关于印发《中国人民大学专利管理办法（试行）》的通知

（2012—2013 学年校政字 21 号）

各学院（系），机关各部、处及直（附）属单位：

现将《中国人民大学专利管理办法（试行）》印发给你们，请认真研究，遵照执行。

附件：《中国人民大学专利管理办法（试行）》

2013 年 1 月 25 日

附件

中国人民大学专利管理办法（试行）

第一章 总 则

第一条 为促进科技创新与进步，提高全校师生发明创造及申报专利的积极性，根据《中华人民共和国专利法》及其实施细则，结合学校实际情况，特制定本办法。

第二条 本办法所称发明创造，是指《中华人民共和国专利法》规定的发明创造，即发明、实用新型和外观设计。

第三条 本办法适用于我校教职工、聘用人员及各类学生作为发明人或设计人作出的发明创造，包括但不限于《中华人民共和国专利法实施细则》第十二条所指情形：

（一）在本职工作中作出的发明创造；

（二）履行本单位交付的本职工作之外的任务所作出的发明创造；

（三）退休、调离我校工作后或者劳动、人事关系终止后 1 年内作出的，与其在我校承担的本职工作或者我校分配的任务有关的发明创造。

第四条 向其他国家和地区申请专利的管理工作不适用本办法，相关管理办法另行规定。

第二章 专利的申请与审批

第五条 专利申请前，发明人或设计人应填写《中国人民大学申请专利审批表》，由所在院系审核专利申请的可行性及权属后，报学校理工学科建设处。理工学科建设处审批备案后，将审核结果通知发明人或设计人。

第六条 发明人或设计人经理工学科建设处审批后，可以自行办理专利申请事宜，也可以通过理工学科建设处指定的专利代理机构办理专利申请事宜。

第七条 发明人或设计人未报理工学科建设处审批备案所提交的专利申请，学校不予资助与奖励，其专利申请对学校权益造成损害或其他不良影响的，学校将依法追究相关人员责任。

第三章 专利的资助

第八条 学校资助发明人或设计人在专利申请与授权过程中产生的主要费用，分为申请阶段的资助和授权后的资助两类。

第九条 申请阶段的资助。学校每年最多可资助发明人或设计人申请的专利两项，资助费用类别如下：

（一）申请费；

（二）发明专利申请审查费；

（三）发明专利申请维持费；

（四）专利申请代理费，最高资助 4 000 元。

第十条 授权后的资助。获得授权的专利资助内容为：

（一）登记印刷费、印花税；

（二）专利获得授权后第 1～3 年的年费。

（三）专利代理机构收取的授权后代理费，最高资助 300 元。

第十一条 我校与外单位合作完成的专利，专利申请及授权的各项费用由合作各方共同承担。

第十二条 发明人或设计人凭审批号及证明材料到理工学科建设处办理资助手续。相关资助费用由理工学科建设处于当年 12 月份统一报销。

第四章 实施与转让

第十三条 专利的实施与转化按以下几种方式进行：

（一）签订技术转让合同。

（二）学校自行实施或与其他单位合作实施。

（三）专利权作价入股投资企业或股权增资。

第十四条 专利转让或实施许可时，应以中国人民大学名义签订书面技术转让合同。

向外国人或外国机构转让专利权的，按国家有关规定执行。

第十五条 对经过国家有关部门认定为高新技术的专利成果，按高新技术的有关政策执行。

第五章 专利的奖励与报酬

第十六条 学校对获得授权专利的发明人或者设计人进行奖励；专利实施后，根据其推广应用的范围和取得的经济效益，对发明人或者设计人给予一定的报酬。

第十七条 授权专利的奖励标准如下：

（一）发明专利每项奖励 3 000 元；

（二）实用新型专利每项奖励 1 000 元；

（三）外观设计专利每项奖励 1 000 元。

第十八条 授权专利奖金的发放只面向专利的第一发明人或第一设计人，奖金的二次分配比例由第一发明人或第一设计人根据对此专利所作贡献大小自行确定。

第十九条 以技术转让方式将我校所有的专利提供给校外单位和个人实施的，学校剔除与技术转让直接相关的各类税费支出后，提取净收入的 50%奖励专利的发明人或设计人。

第二十条 以学校自行组织实施转化或与他人合作转化专利技术的，学校在项目成功投产后连续三年内，从实施该专利技术的营业利润中提取不低于5%的比例奖励发明人或设计人以及为专利实施做出主要贡献的人员。

第二十一条 以技术入股方式实施专利技术转化的，在按国家有关规定明确技术成果所占股份大小的基础上，学校用不超过专利技术入股时折股数量的20%，作为在研发和实施中作出主要贡献的人员的股份，持股人依据其所持股份分享收益。

第二十二条 根据本章规定给予奖励或报酬的，学校在公告授予专利权之日起三个月内发放奖金；学校许可他人实施或者转让专利的，在许可费、转让费到账后三个月内支付报酬；学校自行实施专利且以现金形式逐年支付报酬的，在每个会计年度结束后三个月内支付报酬；以股权形式支付报酬的，按法律法规和学校规章制度的规定予以分红。

第六章　专利的权属

第二十三条 学校师生完成的职务发明创造，专利申请权与专利权属于中国人民大学。未经学校同意，任何单位和个人都无权使用或转让。发明人或设计人对其职务发明创造享有在专利文件中署名的权利和获得奖励、报酬的权利。

发明人及设计人可以与学校协商专利申请权及专利权的归属。

第二十四条 我校与外单位合作或接受外单位委托完成的发明创造，除成果权属有明确规定外，我校独立完成的，专利申请权及专利权归属我校；与外单位合作完成的，归我校与合作完成单位共同所有。

第七章　附　则

第二十五条 本办法自发布之日起施行，由理工学科建设处负责解释。

关于印发《中国人民大学2012—2013学年第二学期工作计划要点》的通知

（2012—2013学年校政字29号）

各学院（系），机关各部、处及直（附）属单位：

现将《中国人民大学2012—2013学年第二学期工作计划要点》印发给你们，请结合本单位工作实际遵照执行。

附件：《中国人民大学2012—2013学年第二学期工作计划要点》

2013年3月5日

附件

中国人民大学2012—2013学年第二学期工作计划要点

一、指导思想

贯彻党的十八大精神，办人民满意的教育，注重内涵发展。贯彻落实国家中长期教育改革和发展规划纲要，努力提高教育质量。落实我校“十二五”规划、“十年腾飞”计划、提升国际性计划的目标和任务。牢牢抓住学科建设不放松，坚持以学生为中心，以教学科研为中心，把“回归大学本位”落实到日常工作中，实施人才培养体系改革、“思想库”建设、学科国际性提升、学校形象建设和美丽校园建设“五大战略”，开创崭新局面。

二、工作内容

（一）学科和人才队伍建设

1. 认真做好第三轮一级学科评估的总结工作。总结经验，增强信心；根据评估具体指标，全面深入分析各学科建设的优劣得失，找出短板、找准方向、找准对策。学校组织总结表彰和形势分析会，谋划学科发展新举措，推动学科整体水平再上新台阶。

2. 根据学校学科建设总体规划，认真做好“211”四期的规划、申报工作，高质量完成“985”三期最后一年的项目实施和结项工作，实现成果好、绩效好，资金零结余、合规范。以创新精神搞好“2011计划”协同创新平台的谋划、申报和建设，探索学科、人才、科研一体化的新体制、新措施，探索国家智库建设的新模式。检查评估学校“十二五”规划、“十年腾飞”计划、提升国际性计划的执行情况和指标体系，根据新情况研究完善学校学科布局，根据现有实践推出学科特区管理办法。

3. 做好新一轮理工学科发展规划。按照“高起点、相关联、入主流、高水平”的思路，面向国家在科技发展与基础研究领域的重大战略需求，进一步凝练学科方向、明确发展目标，学校加大支持力度，探索高效的管理模式。

4. 进一步加强高层次人才队伍建设。继续推进“3231”人才计划的实施，加大知名学者特别是学科领军人物的引进力度；试行“特聘研究员计划”，探索海外人才管理制度体系，积极引导更多海内外高层次人才通过各种形式为学校服务。

5. 改革职称评定和晋升考核体系。服务学校人才培养目标，突出育人导向，实施分类管理，合理配置资源；修订《中国人民大学教师考核管理办法》，注重教学业绩，强化激励，试行团队考核方式。

6. 加强国际交流与合作，进一步拓展与国外著名大学、学科的合作路径，充分利用自身优势和已有资源，加快实现每个学科、学院都有一个一流国际合作伙伴的目标并落实学院一级的学生交换项目。加大外籍专家的聘任力度，增强教研活动的国际性。

7. 制定实施青年教师队伍建设计划。充分发挥教师发展中心的作用，通过加强岗前培训、完善助教制度、开展中外交流和安排海归青年教师挂职等途径，在职业生涯规划、工作技能提升、身心健康保障、薪酬福利改善等方面给予青年教师支持。成立教师教学发展示范中心专家委员会，制定青年教师教学能力提高课程计划等，切实提升教师教学能力。

（二）人才培养体系改革

8. 继续完善人才培养体系改革路线图，研究推进培养方案调整、读史读经典、网络课程资源平台、教师教学能力建设、校园文化与公共艺术、学生心理健康关怀、英语口语能力提升计划、体育教学改革与体育精神培育等十六大项目。

9. 继续实施本科“一年级工程”，加强新生研讨课的课程建设，继续开展“精彩第一年”新生引航计划，对入学新生开展学业引导和人生引导；继续在新生党员中实行准军事化管理与训练，充分发挥新生党员的模范带头作用，引领和带动全体新生健康成长。

10. 采取有效措施，切实提高教授为本科生开设课堂的比例，进一步提升本科课堂教学水平。

11. 试点推行本科学分改革方案，贯彻“精实”学分理念，适当减少课堂讲授，提高并落实课外作业等深度学习要求，培养学生自主学习能力；精心打造并完善课外教育平台，试点第二专业、课堂外学分等改革措施。

12. 成立人才培养委员会，统筹学校人才培养工作，负责审定人才培养方案，指导招生工作、专业建设、教研室建设、课程建设、教材建设、教学条件建设、教师培训、学生社会实践、学生管理等各项工作，制定人才培养管理制度，评审各类人才培养奖项，处理人才培养事故。

13. 推进文科全员硕博连读，扩大理工学科直博比例；深化博士生初试改革，对于外语水平优异的考生，实施初试外语科目免试制度；继续推广研究生（主要是专业硕士）案例教学；继续推进人文学科博士生培养四年学制改革。

14. 继续办好国际小学期，打造核心的稳定的教学团队和课程，总结经验，深化其示范作用，努力为更多的学生创造条件，使他们在校园内即可接受跨文化知识学习和能力训练。

15. 加强英文课程建设和教材建设。规划组织英文课程建设；引进和出版海外一流教材；积极推动全英文硕士项目之间的资源共享。

16. 深入推进学生外语教学改革，提升学生的外语口语水平和学术交流能力，培养能在国际学术界自由交流的优秀学生和创新人才。

（三）科学研究

17. 以提升质量为导向，进一步完善科研考核和奖励办法，承认和鼓励教师以学术服务社会；制定有效措施切实提高 ESI 国际发文数量和质量，扩大研究成果的国际影响力。

18. 加强科研平台建设和管理，大力扶持调查与数据中心、公共决策实验室、案例中心、大数据中心等科研基础资源平台建设；鼓励跨学科研究，培育稳定的科研创新团队，冲击国家重大项目，争取增设教育部重点研究基地和重点实验室；制定并实施校内科研机构管理办法，定期考核，实行动态管理。

19. 加强校内项目体系管理，为青年教师提供更多更有效的项目支持，扩展和提升学校科研品牌，切实提高校内项目资金执行率。

20. 加强科研项目管理和服务，加强对特大、重大项目的全过程管理；加强科研经费管理，杜绝违规现象。

（四）精细化管理

21. 在全校管理系统建立精细化的管理和服务模式。在理念转变的基础上，做好制度设计，狠抓细节落实，通盘考虑、扎实推进，推动全校的管理系统尽早建立精细化的管理和服务模式。

22. 加强大学文化建设。系统推进包括精神文化、学术文化、制度文化和形象文化在内的大学文化建设，开展丰富多彩的校园文化活动，逐步推出校史展和专题文化展览，努力建设格调高雅、充满生机、底蕴深厚、特色鲜明的人大文化。

23. 加强管理干部培训，提升管理能力。推进机关和院系基层干部的岗位交流；继续实施基层调研、挂职锻炼、赴海外学习等干部培养措施；适时开展校内干部选学、专题培训等。

24. 全面推进信息化建设。依托电子校务系统实施“一张表”工程，为师生提供方便快捷的数据填报平台；推进教学信息化建设，完善本科教学管理信息系统，建设信息化课程教学资源平台和学生课程学习平台；加快实现无线网络校园全覆盖。

25. 探索教学楼精细化服务模式。为教师提供特色化服务；修缮部分教学楼设施，更新教学设施，严格日常管理、维护与保养。

26. 加强财务和资产管理。继续千方百计地筹集办学经费和资源，充分发挥董事会、校友会和教育基金会在吸引社会捐赠、募集资金等方面的积极作用；进一步加强财务和资产管理，提高资金和资产使用效益。

（五）美丽校园建设

27. 全力推进东校区建设。完成校园总体规划概念性方案设计、所选地块控规编制和报批等征地相关手续办理；督促通州区实质启动征地拆迁相关工作；适时启动东校区校园的修建性规划设计；适时启动东校区校园建筑群（单体建筑）的设计等。

28. 加快完成北校区（原首都师范大学海淀校区）移交接收工作，规划北校区使用，完成校舍维修改造；启动清华东路校区的修缮改造工程；回购苏州校区资产。

29. 高质量完成西校区改造。按照“环境优雅、建筑精美、色彩和谐、绿色环保”的整体要求完成人文楼、科研楼、理工楼、教学二楼、教学三楼等楼宇的外立面改造；完成教学二楼南侧、人文楼南北侧、新图书馆南侧的校园景观化改造；完成新一轮的教学科研行政办公用房和学生生活用房调整；完成锅炉房工程竣工验收和交付使用；完成东南区综合楼、留学生宿舍开工建设的各项准备工作。

30. 加快完成老校区改造。着力完成主楼（清陆军部和海军部）旧址加固修缮工程、配电室改造箱式变压器安装工程和红楼及新楼用户天然气入户工程。精心设计，打造中国人民大学“形象总部”和民国史博物馆。

31. 开展文明校园建设。贯彻落实与海淀区“共建文明校园，同创文明城区”战略合作意向书，结合校园环境整治，实施校园文明建设系统工程，设立“道德学堂”，组织各项志愿服务活动，创建“整洁、优美、安全、有序、文明”的校园环境。

（六）党建与思想政治工作

32. 持续加强基层党建工作。落实创先争优和基层组织建设的长效化、常态化机制，建立健全学习先进争当先进、党员承诺践诺、三亮三比三评、党支部晋位升级等工作机制；开展以为民、务实、清廉为主要内容的群众路线实践教育活动。

33. 进一步推进领导班子和干部队伍建设。加强干部工作的规范化和制度化建设，在制定实施学院（系）领导班子任期目标责任制等重点工作上取得突破；继续做好党风廉政建设宣传教育工作，全面推动廉政风险防范管理，推进惩防体系建设。

34. 进一步推进“民主办学、依法治校”。继续做好党务公开，做好校务委员会、教代会、工会和离退休职工工作，做好统战工作，充分调动广大师生员工的积极性。

35. 进一步加强和改进学生思想政治工作。“抓三班”（班主任、班集体、班干部）、“促三基”（基层、基础、基本）；全面实施思想政治理论课程方案，修订教材和教学大纲，改进教学方法，增强教学实效；创新网络思想政治教育，进一步做好心理健康教育和咨询服务，开好心理健康教育课程，加大辅导员培训力度。

36. 切实维护学校安全与稳定。开展矛盾排查化解，及时掌握影响校园安全的不稳定因素，完善校园治安防控体系，提高应急处置能力；做好信访工作，依法按政策及时化解师生反映的突出问题；广泛开展安全教育和法制教育，加强防范，坚决避免重、特大安全事故发生，确保校园安全。

关于印发《中国人民大学“1320行动计划”工作方案》的通知

（2012—2013学年校政字30号）

各学院（系），机关各部、处及直（附）属单位：

现将《中国人民大学“1320行动计划”工作方案》印发给你们，请结合本单位工作实际遵照执行。

附件：《中国人民大学“1320行动计划”工作方案》

2013年3月8日

附件

中国人民大学“1320行动计划”工作方案

序号	事项	工作内容	主责部门	协同部门
1	贯彻中央八项规定文件精神，精简文件、会议和活动	1. 精简文件简报；改进新闻报道、规范文稿发表。 2. 减少会议数量，提高会议效率和质量。 3. 减少、简化各种接待、庆祝活动。	学校办公室 党委宣传部 纪委办公室	机关各部处
2	建立广泛有效的干群沟通交流渠道	1. 大力弘扬密切联系群众的优良传统，围绕“党的群众路线”开展主题教育和实践活动。 2. 积极推进党务公开、校务公开、信息公开。 3. 建立校领导深入群众机制，开展意见征集和各项分析、整改工作。	学校办公室 党委组织部 校工会	机关各部处
3	改善学生居住环境，拓展课外活动空间	改善学生住宿条件和环境，增加课外活动场地（拟将明德楼地下广场开辟为学生活动场所）。	学生处 资产与后勤管理处 后勤集团	
4	建设住宿辅导中心，拓展学生成长空间	1. 成立住宿辅导中心，加强学生公寓住宿辅导工作。 2. 以知行社区为重点，拓展学生公寓中的成长发展公共活动空间。 3. 本科生公寓按楼设置辅导员工作室，研究生公寓按社区设置辅导员工作室，力争按社区设置朋辈小屋。 4. 在有条件的社区或学生公寓楼增设团体活动室、自习室或阅读室等。	学生处 后勤集团	
5	设立国际交流奖学金	1. 设立支持学生参加国际会议、国际比赛、国际问题交流、国际考察交流、观摩实践、志愿服务等活动的资助计划。 2. 设立专项的国际交流奖学金，并纳入学校奖学金体系，形成学生国际交流奖励资助的长效机制。 3. 奖励参加国际交换学习及其他短期国际交流活动且取得优异成绩的学生。	学生处 教务处 研究生院 国际交流处	
6	实施教师健康关爱计划	1. 加强教师健康管理服务。 2. 将教师纳入心理中心工作范围，开展教师心理健康关爱行动。 3. 建设相对独立的教师心理咨询与团体活动场所，改善心理中心专业化咨询服务设施，提升心理咨询师队伍专业能力。	学生处 校医院 校工会	
7	实施师生员工全员健身计划	1. 为师生员工制定科学、合理的健康健身计划。 2. 为师生员工发放健身券、会员卡，鼓励参与体育活动，倡导健康生活。 3. 大力支持师生体育俱乐部开展活动，充分发挥高水平运动队的引领作用，提高广大师生员工参与体育活动的广泛性、积极性、正规性。 4. 加强校内体育设施和场馆管理，延长开放时间，提高师生使用的比例。	体育部 校工会	明德物业公司 校医院

序号	事项	工作内容	主责部门	协同部门
8	为集中居住在世纪城的教职工、苏州校区的师生，提供医疗保健、转诊和医药费报销服务	设立世纪城医疗服务点和苏州校区医疗服务点。	校医院	
9	加强饮用水和开水供应管理	1. 加强校园内桶装水供应渠道的管理，确保桶装饮用水质量安全。 2. 更新部分楼宇电开水器，在具备条件的女生公寓安装电热水器，提供冬季生活用水，解决学生开水饮用和冬季使用热水困难。 3. 加强校园地下水水质监测，增添自备井水软化净化设施，进一步优化饮用水品质。	后勤集团	
10	深化治理校园环境，加强校园交通治理	1. 清理校园内游商、私搭乱建、无照经营等现象，清理废旧自行车。 2. 配合学校对居民区实施景观改造，对居民区进行绿化补植，对空闲土地进行绿化。 3. 对便民市场等居民区公共设施进行整体维修，整治与改造居民区自行车棚，改善校园、居民区道路和绿地照明。 4. 阻止遛狗、卖盒饭、拾荒、乱贴小广告等闲杂人员进入校园，减少摩托车进出校园。 5. 实施新的西门车辆进出管理办法，合理规划校园行车路线。 6. 整顿校园乱停车现象，规范快递服务秩序。	资产与后勤管理处 后勤集团 保卫处	
11	倡导勤俭节约办教育，建设节约型校园	1. 开展“节约型校园建设宣传月”活动，广泛宣传和强化节水、节电及资源综合利用的意识。 2. 制定和落实校内主要建筑的节能措施。 3. 加强知行区和品园 6 楼中水回收利用，节约用水。 4. 改造知行区学生楼群公共区域照明系统，校园和家属区 310 盏路灯改为太阳能或无极路灯，节约用电。 5. 东区学生浴室供热由燃气锅炉改为空气源热泵，节约用气。 6. 继续探索在我校建设和完善节能监测平台。	资产与后勤管理处 后勤集团 明德物业	
12	完成西校区改造二期工程	1. 总结西校区一期改造工程的经验，高质量如期完成二期改造工程。 2. 完成北校区接收、修缮改造、规划利用。 3. 完成清华东路校区整体修缮改造。	资产与后勤管理处	
13	加强管理干部培训，全面提升管理干部能力和水平	适应精细化管理需要，通过海外培训、定向培训和岗位培训等方式，全面加强管理干部培训，推动机关和院系基层干部交流。	组织部 人事处	
14	缓解理工学科实验室紧张问题	结合办学空间拓展和教学科研行政办公用房调整工作，切实解决理工学科实验室紧张问题。	资产与后勤管理处 实验室建设与设备管理处	

序号	事项	工作内容	主责部门	协同部门
15	探索教学楼精细化服务模式	1. 根据教学需要，为不同教师、课程提供特色化服务。 2. 修缮部分教学楼设施。 3. 更新各教学楼的教学设施，恢复扩音装置。 4. 淘汰老旧教学设备，购买新型设备，严格日常管理、维护与保养。	实验室建设与设备管理处 资产与后勤管理处 网络与教育技术中心	后勤集团 明德物业
16	建立和完善图书馆座位管理系统	引进图书馆座位管理系统，试用后在全馆实施，保证读者公平、合理地利用图书馆座位，提高学习空间使用效率。	图书馆	
17	实现无线网络校园全覆盖	加快推进安装布置工作，实现无线网络校园全覆盖。	网络与教育技术中心	
18	实施电子校务系统“一张表”工程	依托电子校务系统规划建设“一张表”工程，为师生提供方便快捷的数据填报平台。	网络与教育技术中心	
19	启动网络课程资源平台建设工程	1. 本着教学平台互动、教学环境个性、教学服务智能、应用便捷易控、多终端系统支持的建设目标，按照高清标准、稳妥可靠、模块结构、逐步扩大的原则，建设适度规模的教学资源管理平台和若干精品课程录制教室。 2. 通过整合校内资源、自主制作、购买第三方资源和资源共享等多种方式加强资源建设，逐步积累和丰富包括精品课程资源、视频公开课、系列公开讲座在内的我校教学科研相关资源，并面向全校和社会提供优质教育资源服务及数字教学平台服务。	教务处 研究生院 继续教育学院 实验室建设与设备管理处 出版社 网络与教育技术中心	
20	加强学校英文网站建设	配合学校中文网站改版，建设一流的学校英文网页。	国际交流处 网络与教育技术中心	

关于成立中国人民大学本科人才培养委员会的决定

（2012—2013 学年校政字 31 号）

为进一步深化本科教育教学改革，牢固树立本科人才培养工作中心地位，统筹本科人才培养各项工作，切实提高我校本科教育教学水平和人才培养质量，经学校 2012—2013 学年第二学期第 3 次党政联席（扩大）会议研究，决定成立中国人民大学本科人才培养委员会，以下简称“本科人才培养委员会”。

本科人才培养委员会是与学校学术委员会、学位评定委员会并列的专门机构。主要职责是落实学校关于本科人才培养工作的重大决策，统筹本科人才培养相关工作，研究本科人才培养方面的突出问题、重大趋势，并提出学校决策咨询建议。同时，依据法律和有关规定，负责组织审定人才培养方案、人才培养管理制度设计和重要表彰处分方案，指导学校招生工作、专业建设、课程建设、教材建设、教学组织建设、教学条件建设、教师教学培训和学生管理等工作。

本科人才培养委员会组成人员包括党委书记、校长及相关分管党委副书记、副校长，各学院院长或执行院长，相关职能部门主要负责人，其他专家和校友。

附件：第一届中国人民大学本科人才培养委员会组成人员名单

2013 年 4 月 12 日

附件

第一届中国人民大学本科人才培养委员会组成人员名单

（成员名单以姓氏笔画排序）

主　任：靳　诺　陈雨露

副主任：冯惠玲　马俊杰　王利明　杨慧林（常务）

成　员：马　中　孔祥智　方福前　伊志宏　孙　郁　孙家洲　吴晓求　张　斌　张勇先　张晓京　杜小勇　杨占武　杨伟国　杨瑞龙　陈　岳　武宝瑞　洪大用　胡　娟　费　佳　贺耀敏　赵国俊　赵彦云　郝立新　倪　宁　唐　忠　徐唯辛　秦　宣　郭庆旺　郭洪林　黄朴民　曾湘泉　董克用　韩大元　解思深　翟振武　蔡荣生

秘书长：洪大用（兼）

关于印发《中国人民大学合同管理办法（试行）》的通知

（2012—2013 学年校政字 32 号）

各学院（系），机关各部、处及直（附）属单位：

《中国人民大学合同管理办法（试行）》已于 2013 年 4 月 18 日经 2012—2013 学年第 4 次校长办公会讨论通过，现予以印发，请遵照执行。

附件：《中国人民大学合同管理办法（试行）》

2013 年 4 月 18 日

附件

中国人民大学合同管理办法（试行）

第一章　总　则

第一条　为加强学校合同管理工作，规范学校签订合同的行为，维护学校合法权益，依据《中华人民共和国民法通则》、《中华人民共和国合同法》和有关法律法规，结合学校实际，制定本办法。

第二条　本办法所称合同是指学校与自然人、法人或其他组织之间为设立、变更或终止民事权利义务关系而形成的协议或契约。

第三条　学校签订合同，必须遵守国家法律、法规，坚持平等互利、协商一致、诚实守信的原则，任何部门和个人不得利用合同损害学校利益。

第四条　学校合同管理工作实行统一指导监督、标准合同文本管理、分类管理的制度。

第二章　合同管理的基本制度

第五条　为加强对合同管理工作的领导，学校成立合同管理工作领导小组，领导小组成员由校领导、学校法律顾问和学校办公室、监察处、财务处、审计处等单位负责人组成。领导小组下设学校合同管理办公室，办公室设在学校办公室，与学校法律事务室合署办公，主任由学校办公室有关负责人兼任。合同管理办公室是学校的合同统一管理机构，其主要职责为：

（一）负责学校合同的统一管理，包括合同签署委托授权，合同执行情况的监督、总结，标准合同与非标准合同的具体界定，以及协调学校其他有关部门共同管理学校合同等工作。

（二）负责制定学校合同管理工作相关制度和规定，并组织实施，解释、修订合同工作管理办法，不断完善学校合同管理制度，根据需要组织相关的业务知识培训。

（三）负责组织或者参与学校重要合同的起草、会审、洽谈和签订，以及合同纠纷处理等工作。

第六条　实行合同分类归口管理制度，不同类型合同归口相应部门授权签署或追踪管理。根据学校不同部门的职能，对部门的合同管理职责进行分工和授权，对合同进行分类、归口管理。

第七条　实行标准合同文本管理制度，充分利用标准合同文本对外签约。学校依据合同的性质和内容，将其分为标准合同文本和非标准合同文本，按照不同流程进行分级审批管理。

第三章　合同分类归口管理

第一节　教育合作合同

第八条　教育合作合同，是指学校与校外单位开展合作办学、联合创建培训基地、共同从事科学研究、共同进行人才培养的过程中签署的各类合同。主要包括合作办学合同、联合培养合同、委托培养合同、战略合作合同等。

第九条　根据工作需要，学校可授权职能部门和院系对外签署不涉及学历教育的培训、职业教育等类型的教育合作标准合同。非学历教育的短期培训由学校授权教育培训管理办公室审核、签署，研究生课程进修班与研究生课程研修班由学校授权研究生院审核、签署，留学预科班由学校授权国际交流处，会同教育培训管理办公室审核、签署。

第十条　校际合作、涉及重大合作关系的教育合作非标准合同应当由学校统一审核和签署。

第二节　经济合同

第十一条　经济合同，是指学校在对外从事经济活动过程中签署的，以经济交往和资金给付为主要内容的各类合同。主要包括但不限于基建合同、采购合同、投资合同、担保合同、融资合同、维保合同、租赁合同、服务合同、委托合同、赞助合同、捐赠合同、股权转让合同等。

第十二条　经济合同实行标准合同文本管理。

（一）学校基建及与之相关的工程设计、规划、管理等合同，由学校按照相应程序决策后，授权校园建设管理处等部门签署。

（二）维保合同由学校按照相应程序决策后，授权资产与后勤管理处、校园建设管理处等部门签署。

（三）商业用房和校内周转房租赁合同、物资设备采购合同、图书采购合同等，由学校按照相应程序决策后，授权实验室建设与设备管理处、资产与后勤管理处等部门签署。

（四）非标准经济合同由学校按照相应程序决策后，合同管理办公室根据具体情况，建议学校签署或者授权承办单位签署。

第十三条　符合政府采购和招投标条件的基建、修缮、维修保养、采购等经济合同，应当遵守《中华人民共和国招标投标法》、《北京市招标投标条例》等相关法律规定，根据学校关于基建、修缮及维护工程招投标管理规定、物资设备采购招投标规定的程序进行管理。

第三节 人事与劳动合同

第十四条 人事与劳动合同主要包括人事管理合同和劳动（聘用）合同两类。人事管理合同是指学校与社会人才服务机构或其他合作单位签署的，有关人事管理方面的各类协议，主要包括人事代理协议、劳务派遣协议等。劳动（聘用）合同是指学校与在编教职工、非事业编制人员签署的，证明学校与之存在劳动（聘用）关系的合同，主要包括聘用合同和劳动合同。

第十五条 人事处根据国家和上级主管部门有关政策，经学校授权，代表学校签署人事管理合同和劳动（聘用）合同。

第十六条 校内用人部门与兼职人员、退休返聘人员等不存在劳动（合同）关系的人员签订各类工作合同，应当经人事处审核同意后，由学校授权用人单位签署，并报人事处备案。

第四节 科研项目合同

第十七条 科研项目合同，是指学校及其教职工在申请科研项目、开展科研工作、进行成果转化、资助出版等科研活动过程中，对外签署的各类合同。

第十八条 学校授权科研处、理工学科建设处依据相关法律法规负责科研项目合同的审核和签署。

第五节 其他类型合同

第十九条 校内管理合同，是指学校及其职能部门为实现办学目标、履行教学管理职责，与校内教职工或者在校学生签署的各类契约和协议。主要包括教职工在职攻读学位或进修协议、教职工出国任教（工作）协议、支教支边协议、校内周转房租赁协议、水电气使用协议等。校内管理合同由各承办单位（或业务归口管理部门）根据工作职责进行审核和签署。

第二十条 本办法未涉及的其他类型合同，应当报合同管理办公室审核，由合同管理办公室根据合同的性质、种类、标的金额、合同期限、社会影响等综合因素作出判断后，建议学校签署或者授权承办单位（或业务归口管理部门）签署。

第四章 标准合同文本管理

第二十一条 学校根据实际情况，组织制定合作办学、人事管理、商品与设备采购、工程设计监理及施工、学校与师生员工签订的专项事务等不同类型的标准合同文本，为各部门订立合同提供规范性指导和服务。

第二十二条 标准合同是指由学校业务归口部门负责管理的，具有固定的格式、内容和条款的常规性合同。标准合同由学校按照相应程序决策后，授权承办单位或业务归口管理部门审核、签署。

第二十三条 与标准合同格式、内容、条款等不一致的合同为非标准合同。非标准合同由学校按照程序决策后，由承办单位或业务归口管理部门报合同管理办公室，并经法律顾问审核后，报合同管理工作领导小组及学校领导会签审批。

第五章 合同的审批与签订

第二十四条 按照合同审签相应要求，相应的审批程序如下：

（一）由内设机构承办的标准合同，报业务归口管理部门审批后，由承办单位负责人签署合同；由法人单位承办的标准合同，自行审批，法人单位代表人签署合同，并盖法人单位章。

（二）非标准合同经承办单位报合同管理办公室，并经法律顾问审核后，报合同管理工作领导小组会签审批，校长签署合同或由校长授权专人签署合同，并加盖学校公章。

（三）合同管理工作领导小组各审核单位应在收到合同及签订合同所需的完整材料后 2 个工作日内完成会签。非标准合同要及时上报该项目主管校领导，必要时呈校长审定。

（四）非标准合同签署后，须报送合同正本一份，到学校合同管理办公室备案；标准合同签署后，由业务归口管理部门备案。

第二十五条 有关审核单位要分工协作，各负其责，共同为维护学校利益把好关。各审核单位主要职责如下：

（一）业务归口管理部门：对合同的必要性、可行性、合理性以及立项情况、合同内容、合同条款等进行审查；合同内容涉及多个职能部门的，须经相关职能部门会签。

（二）法律顾问：对合同内容和条款的合法性、合理性和规范性进行法律审查，对履行合同的法律风险进行提示，必要时出具法律意见书。

（三）合同管理办公室：汇总审查材料；对合同性质和内容进行初步判断；明确下一步的审签单位和流程；对法律顾问提示的风险进行评估和进一步分析；对按照程序通过审核的合同文本加盖学校公章，加盖相关领导签名章或提供合同签订授权委托书。

（四）监察处：对合同订立的程序及合规性进行审查；对相应风险进行提示。

（五）财务处：审查经济类合同条款是否符合学校有关财经政策和财务管理规定，合同款项支付是否有经费来源保障，资金结算及付款方式是否合理等。

（六）审计处：审查合同文本格式是否符合审计规范、合同的必要条款是否具备、内容是否合理合法等；对相应风险进行提示。

（七）校领导：对经有关审查部门审查后的合同签署意见。存在不确定事项或有争议的重要合同，应提交学校校长办公会或党委常委会研究后审定。

第二十六条 合同文本经审查需要修改的，起草单位应根据有关审查部门的修改建议，及时对合同进行修改，并送相关部门复查。

第二十七条 合同起草单位应对合同条款内容的真实性负责。

第二十八条 承办单位报送合同进行审查时，应指定本单位专人负责，不得由其他单位人员代办。

第二十九条 学校内设各院系部处以及教职工个人，未获得学校书面委托或授权的，一律不得以学校或者校内单位的名义对外签署合同。

第三十条 中国人民大学出版社、中国人民大学书报资料中心、中国人民大学附属中学、人大资产经营管理公司、人大文化科技园建设发展有限公司等具有独立法人资格的学校直附属单位，有权按照《公司法》和学校有关规定以本单位名义对外签署合同并以本单位自有资产为限对合同债务承担责任。

第六章 责任追究

第三十一条 有下列情形之一，未给学校造成损失的，对直接责任人或负有领导责任的负责人进行批评教育；给学校造成经济损失的，应由负有责任的当事人承担相应的赔偿责任，并根据情节轻重追究其他责任。

（一）违反程序和规定擅自对外签订合同的。

（二）承办单位超越学校委托权限签订合同的。

（三）应签订书面合同但未签订的。

（四）承办单位或业务归口管理部门未调查对方资信情况、未审查对方主体资格等，以致被骗的。

（五）合同审签部门、管理部门、履行单位和有关人员没有按本办法的规定履行职责的。

（六）未经业务归口管理部门签章确认，擅自给对方签收单据，或者私自补签单据的。

（七）丢失或者擅自销毁、隐匿合同或合同附件，以及合同履行过程中形成的各种函件、单据等相关材料的。

（八）在学校处理合同纠纷的过程中不及时汇报、消极应对或不及时提供必要支持的。

第三十二条 未经授权，擅自以学校名义签订合同的单位或者个人，应对该合同造成的不利后果承担全部责任。同时，学校将依照有关规定追究责任单位及责任人员的行政和经济责任；触犯法律的，移送司法机关追究法律责任。

第三十三条 在签订、履行合同中失职、渎职或以权谋私，损害学校利益的，学校依据有关规定追究当事人责任。

第三十四条 合同作为学校对外开展活动的重要法律依据和凭证，其内容涉及学校秘密的，有关人员应当严格保守合同秘密。当事人违反保密义务，对学校造成损害的，应承担相应责任。

第七章 附 则

第三十五条 本办法自发布之日起施行。

第三十六条 本办法由学校合同管理工作领导小组负责解释和修订。

关于印发《中国人民大学经济责任制》的通知

（2012—2013 学年校政字 36 号）

各学院（系），机关各部、处及直（附）属单位：

《中国人民大学经济责任制》已于 2013 年 4 月 18 日经 2012—2013 学年第 4 次校长办公会讨论通过，现予以印发，请遵照执行。

附件：《中国人民大学经济责任制》

2013 年 4 月 18 日

附件

中国人民大学经济责任制

第一章 总 则

第一条 为规范学校财务工作，确保财务管理职责得到依法履行，根据《中华人民共和国高等教育法》、《中华人民共和国预算法》、《中华人民共和国会计法》、《事业单位财务规则》、《高等学校财务制度》等法律、法规，结合学校实际情况，制定本办法。

第二条 经济责任是学校各级领导干部、单位（部门、项目）和相关责任人，依法对单位（部门、项目）财务收支以及有关经济活动应当履行的职责、义务。

第三条 经济责任制是学校财务工作的根本制度，是贯彻实施国家规定、规范经济活动、提升管理水平、提高资金使用效益、避免财务工作失误的必然要求和有效途径。实行经济责任制的核心是将权利和义务相结合。

第四条 根据学校管理层次，学校分别建立学校领导，各单位、部门、项目负责人，以及基层财务人员的多层次的经济责任制体系，按照“一级管好一级”的原则，将财务工作的任务和责任层层分解落实到单位（部门、项目）直至个人，各司其职，各负其责，把经济责任制贯穿于学校财务工作的全过程。

第五条 学校各经济责任人应当严格遵守并贯彻执行国家有关法律、法规以及学校财务制度，开展各类经济活动必须勤俭节约，保证学校的资金和资产安全，有效规避风险，注重绩效，按照权限和职责实行集体决策。

第六条 学校党委常委会、校长办公会按规定负责学校财务工作重大事项的决策与审批。

第二章 学校领导的经济责任

第七条 校长经济责任。校长是学校的法定代表人，全面领导和管理学校的财务活动。

第八条 分管财务的校级领导的经济责任。

（一）分管财务的校级领导协助校长领导学校的财务工作。

（二）组织完善学校财务管理制度和内部控制制度。监督检查重大决策和财经法规的执行和内部控制制度的实施。

（三）组织研究学校预算、资金筹措与使用计划、对外投资计划、专项资金使用计划、基本建设投资计划、经济分配政策等，对重大经济事项决策提出意见。

（四）组织落实审计意见，监督执行审计决定。

（五）国家法律法规和学校章程等规定的其他职责。

第九条 其他副校级领导的经济责任。

（一）负责领导分管范围内的部门、单位的财务活动，维护分管范围内国有资产的安全和完整。

（二）审查各分管单位（部门）的预算，组织研究分管范围内的重大投资、重大支出项目，督促检查分管范围内的预算执行。

（三）国家法律法规和学校章程等规定的其他职责。

第三章 单位（部门、项目）负责人的经济责任

第十条 财务处负责人经济责任。

（一）财务处负责人作为学校一级财务机构的负责人，负责学校的日常财务管理工作。

（二）对学校全部财务活动进行归口管理。

（三）负责校内财务管理制度、内部控制制度草案的提出、完善和实施工作，监督和落实财务有关法律法规，依法履行财务管理职责、规范校内财务行为。

（四）组织编制学校各类预算，积极组织各项收入，监督检查各类支出。按照学校大额资金支取管理的有关规定，负责授权范围内支出的审批。

（五）组织会计核算，提高会计核算质量，如实反映学校综合财务收支预算的执行情况，及时编制和报送决算，真实、完整、准确地提供各种财务会计信息。

（六）组织开展财务分析和预测，为学校多渠道筹措办学经费、开源节流提出建议、制订措施，参与编制学校各项经济规划，对学校重要财务事项的决策和重大收支项目等提出建议，拟定校内经济分配草案。

（七）配合拟订全校会计岗位的设置和聘任方案，具体组织会计人员的业务培训，并进行指导和考核；会同校内有关单位对基层财会人员的任用、职称（职务）评聘、后续教育、奖惩等实施管理；组织全校的会计档案工作。

（八）组织全校的财务监督和会计监督，监督检查学校各单位（部门、项目）的财务收支情况和财务制度执行情况，配合查处财务违纪问题，维护国家和学校财务纪律，规范学校财务秩序。对独立核算单位的财务机构进行业务指导和监督。

（九）国家法律法规和学校章程等规定的其他职责。

第十一条 部门负责人经济责任。

（一）作为本部门财务负责人，对本部门财务活动的合法性、真实性负责，努力提高资金使用效益。

（二）组织编制本部门预算，组织预算执行。

（三）按照管理权限，维护国有资产的安全和完整。

（四）接受学校有关部门的财务管理、监督、检查和审计。

（五）国家法律法规和学校章程等规定的其他职责。

第十二条 各学院（系）负责人经济责任。

（一）作为本单位财务负责人，对本单位财务活动的真实性、合法性负责，努力提高资金使用效益。

（二）根据国家财务法规和学校的财务规章制度，建立健全本单位的各项财务管理制度。

（三）组织编制本单位预算，组织预算执行，及时编制决算。

（四）建立健全内部国有资产管理制度，维护国有资产的安全和完整。

（五）接受学校有关部门的财务管理、监督、检查和审计。

（六）经批准单独设立独立核算财务机构的，还应组织做好会计相关档案的立卷、归档、保管、查阅和依法妥善销毁工作。

（七）国家法律法规和学校章程等规定的其他职责。

第十三条 科研项目负责人经济责任。

（一）作为科研经费的直接责任人，对经费使用的合规性、合理性、真实性和相关性承担法律责任。

（二）据实编制科研项目预算和决算，按照批复预算和合同（任务书）使用经费，执行国家有关法律法规和学校规章制度。

（三）维护使用科研经费购置的国有资产的安全和完整。

（四）接受上级和学校相关部门的监督检查。

第十四条 学校下属企业（含企业化管理的事业单位）负责人的经济责任制另行制定。

第四章 基层财务人员经济责任

第十五条 基层财务人员对经手的经济业务的真实性负责。

第十六条 基层财务人员对学校经济活动依法履行财务监督职责。

第十七条 基层财务人员应当遵守国家法律法规和学校财务规章制度，遵守职业道德，恪尽职守，协助本单位（部门）负责人建立健全内部控制制度，如实反映经济活动全貌。

第五章 监督与检查

第十八条 经济责任制执行的监督与检查由校长和分管校领导组织有关部门具体实施。

第十九条 经济责任制执行的监督与检查方式主要包括会计监督、审计监督、专项（联合）检查和监察。

第二十条 审计处、财务处、监察处根据专项检查计划，进行单独或者联合的检查或抽查，重点检查各单位经济责任制履行情况，披露发现的问题，提出整改意见和处理建议。

第二十一条 审计处按照有关规定对各经济责任人实施经济责任审计。

第二十二条 财务处依据国家《会计法》和其他有关法律、法规和规定，对学校全部财务事项及其运行过程实施会计监督。

第二十三条 监察处对各管理层的财务活动决策、执行的合法性和效益性实施专项监察，并提出监察意见和建议。

第二十四条 学校依据审计处、财务处、监察处等的检查结果，对各经济责任人经济责任履行情况进行奖惩。

第六章　附　则

第二十五条　学校各单位（部门）应制定本单位（部门）经济责任制实施细则，报学校备案。

第二十六条　本办法自发布之日起施行，由财务处负责解释和修订。

关于印发《中国人民大学财务管理办法》的通知

（2012—2013 学年校政字 37 号）

各学院（系），机关各部、处及直（附）属单位：

《中国人民大学财务管理办法》已于 2013 年 4 月 18 日经 2012—2013 学年第 4 次校长办公会讨论通过，现予以印发，请遵照执行。

附件：《中国人民大学财务管理办法》

2013 年 4 月 18 日

附件

中国人民大学财务管理办法

第一章　总　则

第一条　为规范学校财务行为，加强财务管理和监督，提高资金使用效益，促进学校事业可持续发展，根据《事业单位财务规则》、《高等学校财务制度》和国家有关法律、法规，结合我校实际情况，制定本办法。

第二条　学校财务管理的基本原则是：贯彻执行国家有关法律、法规和财务规章制度；坚持勤俭办学的方针；正确处理学校的发展需要和资金供给的关系，社会效益和经济效益的关系，国家、学校和个人三者利益的关系。

第三条　学校财务管理的主要任务是：合理编制学校预算，并对预算执行过程进行有效控制和管理，完整、准确编制单位决算，真实反映学校财务状况；依法多渠道筹集资金，努力节约支出；建立健全财务规章制度，加强经济核算和财务分析，实施绩效评价，提高资金使用效益；加强资产管理，合理配置和有效利用学校资产，防止资产流失；加强对学校经济活动的财务控制和监督，防范财务风险。

第四条　学校直（附）属单位可参照本办法制定本单位财务管理办法，报学校批准后执行。

第二章　财务管理体制

第五条　学校实行“统一领导、集中核算、分级管理”的财务管理体制。

第六条　学校财务工作实行党委领导下的校长负责制。分管财务的校级领导协助校长管理学校财务工作。涉及“三重一大”事项的，按照《中国人民大学“三重一大”制度规定》执行。

第七条　财务处作为学校财务管理的一级财务机构，在分管财务的校级领导的领导下，统一管理全校的各项财务工作。根据工作需要，经学校批准独立核算的非法人单位可设立二级财务机构，并遵守和执行学校统一制定的财务规章制度，接受学校一级财务机构的统一领导、监督和检查。

第八条　未设立二级财务机构的单位实行“分级管理、集中核算”，财务收支全部纳入财务处核算和管理。经批准设立二级财务机构的单位实行“分级管理、二级核算”，财务收支全部纳入本单位财务机构核算和管理。

第九条 学校各级财务机构应当相应配备专职财会人员。财会人员必须具备与其工作岗位相适应的资质和能力。财会人员的调入、调出、专业技术职务的评聘以及校内二级财务机构负责人的任免、调换或者撤换，应当由财务处会同有关单位办理。

第三章 预算管理

第十条 学校预算是指学校根据事业发展目标和计划编制的年度财务收支计划。

学校预算包括收入预算和支出预算。

第十一条 学校预算应当遵循“量入为出、收支平衡”的原则。收入预算应当坚持积极稳妥原则，实行“收支两条线”。支出预算应坚持统筹兼顾、保证重点、合理安排、量力而行、勤俭节约、讲求绩效的原则，在确保日常运转支出的前提下，审慎安排项目资金。

第十二条 学校参考以前年度预算执行情况，按照国家预算编制要求，根据预算年度事业发展目标、计划与财力可能，以及年度收支增减因素和措施、以前年度结转和结余情况、资产状况等进行测算，编制预算。

第十三条 每年 7 月，学校按照财政部预算编制的要求，根据学校各单位年度事业发展计划提出预算建议数，编制一上预算上报教育部。每年 11 月，学校根据教育部下达的预算控制数，组织各单位编制二上预算上报教育部，经财政部、教育部审核批复后执行。

第十四条 学校应当严格按照批准的预算执行，一般不予调整。确需调整的，按照国家有关规定办理审批和备案手续。

第十五条 学校应当按照规定编制年度决算，由教育部审核汇总后报财政部审批。对批复调整的事项，学校应当及时进行调整。

第十六条 学校应当加强决算审核和分析，保证决算数据的真实、准确，规范决算管理工作。

第四章 收入管理

第十七条 收入是指学校为开展教学、科研及其他活动依法取得的非偿还性资金。

第十八条 学校收入包括：

（一）财政补助收入，即学校按照经费领拨关系从教育部取得的各类财政拨款。

（二）教育事业收入，即学校开展教学及其辅助活动取得的收入。

（三）科研事业收入，即学校开展科研及其辅助活动取得的收入。

（四）上级补助收入，即学校从教育部取得的非财政补助收入。

（五）附属单位上缴收入，即学校附属独立核算单位按照有关规定上缴的收入。

（六）经营收入，即学校在教学、科研及其辅助活动之外，开展非独立核算经营活动取得的收入。

（七）其他收入，即本条上述规定范围以外的各项收入，包括捐赠收入、国有资产出租出借收入、利息收入等。

第十九条 学校应当严格按照国家有关政策规定，依法组织、管理收入。各项收费应当严格执行国家规定的收费范围和标准，并使用合法票据；各项收入应当全部纳入学校预算，统一核算，统一管理。

第二十条 学校对按照规定上缴国库或财政专户的资金，应当按照国库集中收缴的有关规定及时足额上缴，不得隐瞒、滞留、截留、挪用和坐支。

第五章 支出管理

第二十一条 支出是指学校开展教学、科研及其他活动发生的资金耗费和损失。

第二十二条 学校支出包括：

（一）事业支出，即学校开展教学、科研及其辅助活动发生的基本支出和项目支出。

（二）经营支出，即学校在教学、科研及其辅助活动之外开展非独立核算经营活动发生的支出。经营支出与经营收入配比。

（三）对附属单位补助支出，即学校用财政补助收入之外的收入对附属单位补助发生的支出。

（四）上缴上级支出，即学校按照财政部和教育部的规定上缴上级单位的支出。

（五）其他支出，即本条上述规定范围以外的各项支出。

第二十三条 学校应当将各项支出全部纳入学校预算，建立健全支出管理制度。

第二十四条 学校支出应当严格执行国家和学校有关财务规章制度规定的开支范围及开支标准。

第二十五条 学校从教育部取得的有指定项目和用途，并且要求单独核算的专项资金，应当按照要求报送资金使用报告，接受有关部门的检查、验收。

第二十六条 学校应当严格执行国库集中支付制度和政府采购制度等有关规定。

第二十七条 学校应当加强支出管理，进行支出绩效评价，提高资金使用的有效性。

第二十八条 学校应当依法加强票据管理。业务经办单位和个人等应当确保票据来源合法、内容真实、使用正确，不得使用虚假票据。

第六章　结转和结余管理

第二十九条 结转和结余是指学校预算年度收入与支出相抵后的余额。结转资金是指当年预算已执行但未完成，或者因故未执行，下一年度需要按原用途继续使用的资金。结余资金是指当年预算工作目标已完成，或者因故终止，当年剩余的资金。

第三十条 结转和结余资金包括财政拨款结转和结余、非财政拨款结转和结余。财政拨款结转和结余资金的管理，按照财政部的有关规定执行。非财政拨款结转按照规定结转下一年度由学校按照原用途继续使用。非财政拨款结余用于弥补学校以后年度收支差额，支持事业发展。国家另有规定的从其规定。

第三十一条 学校按照规定提取或者设置的有专门用途的专用基金，应当遵循先提后用、收支平衡、专款专用的原则，支出不得超出基金规模。

第七章　资产管理

第三十二条 资产是指学校占有或者使用的能以货币计量的经济资源，包括流动资产、固定资产、在建工程、无形资产和对外投资等。

第三十三条 流动资产是指可以在一年以内变现或者耗用的资产，包括现金、各种存款、零余额账户用款额度、应收及预付款项、存货等。

固定资产是指使用期限超过一年，单位价值在 1 000 元以上（其中：专用设备单位价值在 1 500 元以上），并在使用过程中基本保持原有物质形态的资产。单位价值虽未达到规定标准，但是耐用时间在一年以上的大批同类物资，作为固定资产管理。

在建工程是指已经发生必要支出，但尚未达到交付使用状态的建设工程。

无形资产是指不具有实物形态而能为使用者提供某种权利的资产，包括专利权、商标权、著作权、土地使用权、非专利技术以及其他财产权利。

对外投资是指高等学校依法利用货币资金、实物、无形资产等方式向其他单位的投资。

第三十四条 学校应当根据国家有关规定建立健全资产管理制度，按照科学规范、从严控制、保障事业发展需要的原则，合理配置和有效利用学校资产，建立资产共享共用机制，针对不同资产类型管理要求分类加强管理，提高资产使用效率和使用效益。

第三十五条 资产处置应当遵循公开、公平、公正和竞争、择优的原则，严格履行相关审批程序。

第八章 负债管理

第三十六条 负债是指学校所承担的能以货币计量，需要以资产或者劳务偿还的债务。负债包括借入款项、应付及预收款项、应缴款项、代管款项等。

第三十七条 学校应当对不同性质的负债分类管理，及时清理并按照规定办理结算，保证各项负债在规定期限内归还。

第三十八条 学校应当建立健全财务风险控制机制，科学分析偿债能力，规范和加强借入款项管理，按照财政部和教育部规定执行审批程序。

第九章 成本费用管理

第三十九条 费用是高等学校为完成教学、科研、管理等活动而发生的当期资产耗费和损失。

第四十条 学校在支出管理基础上，将效益与本会计年度相关的支出计入当期费用；将效益与两个或者两个以上会计年度相关的支出，按照有关规定，以固定资产折旧、无形资产摊销等形式分期计入费用。

第四十一条 学校应当按照教育部的规定和要求，加强经济核算，逐步建立成本核算制度。

第四十二条 成本核算是指按照相关核算对象和核算办法对学校业务活动中发生的各种费用进行归集、分配和计算。学校应正确归集实际发生的各项费用；不能直接归集的，应当按照一定原则和标准合理分摊。

第四十三条 费用按其用途归集，主要包括教育费用、科研费用、管理费用、离退休费用和其他费用。

第十章 财务清算

第四十四条 经学校批准，校内单位发生划转、撤销、合并、分立时，应当进行财务清算。

第四十五条 财务清算应当在财务处和有关职能部门的监督指导下，对单位的财产、债权、债务等进行全面清理，及时办理相关移交、接收、划转和管理工作。

第四十六条 划转、撤销、合并、分立的财务清算结束后，资产按照学校有关规定处理。

第十一章 财务报告和财务分析

第四十七条 财务报告是反映学校一定时期财务状况和事业发展成果的总结性书面文件。

学校应当按规定向教育部和财政部以及其他有关的报表使用者提供财务报告。

第四十八条 学校报送的年度财务报告包括资产负债表、收入支出表、财政拨款收入支出表等主表，有关附表以及财务情况说明书等。

第四十九条 财务情况说明书，主要说明学校收入及其支出、结转、结余及其分配、资产负债变动、对外投资、资产出租出借、资产处置、固定资产投资、绩效考评的情况，对本期或者下期财务状况发生重大影响的事项，以及需要说明的其他事项。

第五十条 学校应当建立健全财务分析指标体系，开展财务分析工作。

财务分析指标包括反映学校预算管理、财务风险管理、支出结构、财务发展能力等方面的指标。

第十二章 财务监督

第五十一条 财务监督的主要内容包括：预算管理监督、收支余管理监督、资产管理监督和负债管理监督等。

第五十二条 学校财务监督实行事前监督、事中监督、事后监督相结合，日常监督与专项检查相结合，接受教育部和财政、审计等部门的监督。

第五十三条 学校应当建立健全内部控制制度、经济责任制等监督制度，依法公开财务信息。

第五十四条 学校财务处、审计处、纪委（监察处）、教职工代表大会按规定履行相应财务监督职责。

第十三章 附 则

第五十五条 本办法按国家规定报教育部备案。

第五十六条 本办法自发布之日起施行，由财务处负责解释和修订。

关于成立中国人民大学金铁霖中国声乐艺术研究院的决定

（2012—2013 学年校政字 41 号）

为加强学校艺术学科建设，推动中国声乐艺术理论研究，培养声乐表演人才、教育人才及研究人才，创作具有中国风格的声乐作品，促进中国声乐学派的建立和发展，经学校研究，决定成立中国人民大学金铁霖中国声乐艺术研究院。

中国人民大学金铁霖中国声乐艺术研究院是校属研究机构，挂靠艺术学院。

中国人民大学金铁霖中国声乐艺术研究院应充分发挥资源与学科优势，大力推动声乐理论研究与人才培养，为促进学校建设“人民满意、世界一流”大学做出积极贡献。

2013 年 3 月 18 日

关于公布中国人民大学第十一届学术委员会组成人员名单的通知

（2012—2013 学年校政字 42 号）

各学院（系），机关各部、处及直（附）属单位：

中国人民大学第十一届学术委员会组成人员名单已于 2013 年 6 月 14 日经 2012—2013 学年第 5 次校长办公会讨论通过，现予公布。

附件：中国人民大学第十一届学术委员会名单

2013 年 6 月 14 日

附件

中国人民大学第十一届学术委员会名单

（按姓氏笔画为序）

主　　任：陈先达

副 主 任：王利明　冯惠玲（常务）　伊志宏　刘大椿　李路路　杨慧林　贺耀敏　温铁军　解思深

秘 书 长：杜　鹏

副秘书长：叶裕民　吴晓求　杜小勇　杨瑞龙　胡锦光　赵国俊　郭庆旺　黄兴涛

委　　员：乌云毕力格　孔祥智　毛基业　王利明　王孝群　王洪臣　冯惠玲
卢仲毅　叶裕民　伊志宏　刘大椿　刘小枫　孙　郁　孙家洲　何其莘
吴晓求　宋新宁　张成福　张志伟　张　杰　张积家　张雷声　李志平
李树旺　李路路　杜　鹏　杜小勇　杨伟国　杨瑞龙　杨慧林　谷克鉴
陈　岳　陈兴滨　陈先达　林　岗　林　勇　林　嘉　郑功成　金勇进
洪大用　胡锦光　贺耀敏　赵　方　赵　忠　赵国俊　郝立新　项贤明
倪　宁　唐　忠　秦惠民　郭　禾　郭庆旺　高德步　黄朴民　黄兴涛
喻国明　温铁军　解思深　翟振武

关于印发《中国人民大学教师发展中心章程》的通知

（2012—2013 学年校政字 44 号）

各学院（系），机关各部、处及直（附）属单位：

《中国人民大学教师发展中心章程》已经学校研究通过，现予以印发，请遵照执行。

附件：《中国人民大学教师发展中心章程》

2013 年 2 月 19 日

附件

中国人民大学教师发展中心章程

第一章　总　则

第一条　为建设具有学术创新能力和国际竞争力、符合国家战略需要和促进学校事业发展的教师队伍，成立中国人民大学教师发展中心（以下简称“中心”，英译为 Faculty Development Center，RUC）。为确定中心的工作规范和行为准则，保障中心各项工作的顺利开展，特制定本章程。

第二条　中心兼具研究、管理和服务职能，探索运转高效、全面协作的工作机制，调动多方资源，创新工作模式，围绕教师发展需要，在规划职业生涯、提高教学能力、推进学术创新、保障身心健康等方面开展扎实工作，推动教师能力全面提升，为构建以厚重为核心的人才培养体系，培养“能够在东西方两个文化平台自由行走”的“国民表率、社会栋梁”，为建设“人民满意，世界一流”大学提供坚实人才保障。

第三条　中心秉承“以人为本、弘扬奉献、互助共赢、追求卓越”的教师发展理念，坚持“加强能力建设，构筑发展平台，提高队伍水平”的工作方针。

第四条　中心的基本任务：

（一）加强师德建设，强化育人意识，坚持德能并重，促进教师全面发展。

（二）辅助规划职业生涯，推动教师职业发展。

（三）促进教师提高教学能力，推进学术创新，提升人才培养质量。

（四）关爱教师身心健康，增进职业幸福感。

第二章　机构设置

第五条　学校成立教师发展领导小组，指导中心工作。领导小组由学校党委书记、校长担任组长，主管人事、本科教学和研究生教学工作的校领导担任副组长，人事处、教务处、研究生院、科研处、党委组织部、学生工作部、校工会及信息技术中心等部门主要负责人为小组成员。领导小组负责确定中心的发展战略及基本思路、审定规划和项目、实施资源配置、决定人事任免等。

第六条 中心日常工作实行主任负责制，中心主任由学校主管人事、本科教学工作的校领导担任，中心副主任由人事处、教务处主要负责人担任。

第七条 中心下设分支机构包括：

教师教学发展中心，由教务处牵头负责；

促进职业发展工作小组，由人事处牵头负责；

促进科研发展工作小组，由科研处牵头负责；

促进研究生培养工作小组，由研究生院牵头负责；

教师关爱工作小组，由学生工作部、校工会牵头负责；

教师发展信息资源工作小组，由网络与教育技术中心牵头负责。

各分支机构设主任（或组长）一名，由各牵头部门主要负责人担任。设副主任（或副组长）一名，由各牵头部门确定人选。各分支机构设工作人员1～2名，原则上与现有队伍统筹考虑，完成各分支机构的日常工作，确保中心规划与项目等有效执行。

中心下设办公室，挂靠人事处，负责协调各分支机构相关工作及中心日常工作。

第八条 按照少而精的原则，聘请优秀教师代表组成专家委员会，负责对中心申请实施的项目进行评审，对项目进展情况进行评议，对中心工作提供专业化指导。专家委员会专家聘期三年。

第九条 聘请海内外知名专家组成专家咨询组，为中心建设和具体工作提供咨询意见和评估建议。专家咨询组专家聘期三年。

第十条 根据需要，经学校批准，可在规模较大的学院（系）设立教师发展分中心。分中心具体管理办法另行制定。

第三章 工作职责

第十一条 发挥教学名师“传”、“帮”、“带”作用，树立良好师德、师风。

第十二条 开展理论研究，总结和探索教师发展规律、模式和途径。依托校内外专家，通过设立名师工作室等形式，辅助教师规划职业生涯。

第十三条 通过教学基本功训练营、教学咨询室、名师观摩课等多种方式，为教师提供教育教学理论与教学技能培训，教学咨询、诊断与指导服务，组织推广教学改革创新成果。通过导师经验交流会、课程教学经验讨论会等方式，加强对学生成长规律和人才培养规律的研究，促进人才培养质量的提升。

第十四条 开展各类科研项目的咨询、服务工作，建立教师学术研讨会制度。通过举办科研方法研讨班、学科国际前沿培训、学术沙龙等多种形式，为教师提供专业化、精细化的科研服务。

第十五条 以设立心理咨询室、组织心理讲座和团队活动等形式，促进教师身心健康。

第十六条 建设教师发展专题网站，建立网络课程资源平台，为教师运用现代教育技术教学创造条件与提供帮助。

第十七条 鼓励和支持学院（系）、教研室积极参与，构建教师发展微观主体，组织开展各种活动。

第十八条 依靠广大教师，发挥教学名师、优秀团队以及基层组织的带动作用，形成互动；鼓励教师积极主动开展和参与中心活动，促进教师自主发展。

第十九条 为有利于促进教师发展的其他项目提供服务。

第四章 工作机制和保障措施

第二十条 领导小组每年定期召开中心工作会议，总结中心工作，规划中心工作要点和主要活动安排。

第二十一条 强化专家指导，依托专家委员会和专家咨询组，对各工作小组的工作进行指导和咨询。

第二十二条 对于承担中心工作任务并做出较大贡献、取得突出成果的教师，中心将出具鉴定意见，作为各项评优、评奖及职务评聘、岗位聘用时的参考依据。

第二十三条 建立教师发展档案，记录教师参加中心活动情况，作为续聘、考核、晋升及评奖评优的参考依据。

第二十四条 各工作小组根据实际情况，制定和完善工作实施细则与配套办法，为中心的有效运行提供制度保障。

第二十五条 根据工作需要，学校保障中心场地、人员、经费、设施等的落实。

第二十六条 学校设立教师发展基金，专门用于支持教师发展中心项目的开发与实施，经费从“211”、“985”工程经费及教职工培训基金等经费中列支。

第五章 附 则

第二十七条 本章程自发布之日起施行。

第二十八条 本章程由中国人民大学教师发展中心负责解释。

关于成立食品安全治理协同创新中心的决定

（2012—2013 学年校政字 45 号）

为有效汇聚创新资源和要素，探索更为有效完善的食品安全治理途径和方法，推进食品安全治理重大问题的解决，提升高等学校人才、学科、科研三位一体的创新能力，经学校研究，决定以我校为牵头单位成立食品安全治理协同创新中心。

食品安全治理协同创新中心是跨学校、跨学科的独立机构，是国家“2011 计划”协同创新体系的重要组成部分。

学校支持食品安全治理协同创新中心进行机制体制创新，协同国内外教育、科研、企业、政府等机构，以汇集国内外高层次人才，培养跨学科的创新人才，产生具有重大国际影响的创新成果，为国家食品安全治理重大问题的解决、治理水平的提升做出重大贡献。

2013 年 3 月 26 日

关于印发《中国人民大学 2013—2014 学年第一学期工作计划要点》的通知

（2013—2014 学年校政字 1 号）

各学院（系），机关各部、处及直（附）属单位：

现将《中国人民大学 2013—2014 学年第一学期工作计划要点》印发给你们，请结合本单位工作实际遵照执行。

附件：《中国人民大学 2013—2014 学年第一学期工作计划要点》

2013 年 9 月 22 日

附件

中国人民大学2013—2014学年第一学期工作计划要点

一、总体要求

以深入贯彻党的十八大会议精神为根本，以继续开展好党的群众路线教育实践活动为重点，以配合做好中央巡视总结和反馈阶段工作为抓手，把回归“学术为魂、育人为本”的大学本位落实到日常工作中，以“为民、务实、清廉”为主要内容，围绕学校中心工作，全面推进人才培养体系改革、思想库建设、学科国际性提升、美丽校园建设和学校形象建设“五大战略”，狠抓队伍、文化和制度“三大建设”，着力建设中国特色现代大学制度，努力开创“十年腾飞”新局面。

二、工作内容

（一）始终抓好学科和人才队伍建设

1. 制定学校“2011计划”的发展规划，组建、培育2013年拟申请国家认定的协同创新中心。通过协同创新平台的谋划、申报和建设，探索学科、教学、科研一体化的新路径和国家智库建设的新模式；组织开展国外著名智库的运作模式研究；开展ESI后续研究，为学校提供决策参考。

2. 做好“985”、“211”结项及新一期的筹划工作。开展“985工程”项目总结，迎接教育部结项验收并进行绩效评价；筹划新一期“211工程”、“985工程”申报工作；高质量做好2013年“改善基本办学条件”项目执行和日常管理工作。

3. 探索试点，对我校部分以率先建设世界一流为目标的学科实施学科国际评估。

4. 推动新一轮理工科发展。按照“高起点、相关联、入主流、高水平”的思路，明确发展目标，做好学科规划；规划和筹建数学研究院；继续做好重大仪器设备研制专项“冷中子非弹性散射谱仪研制”的过程管理与跟踪服务，实现项目周期内第一年的阶段性分解目标；进一步加强专利管理，推进全校专利申请数量与质量的明显提升，提高专利电子申请量；进一步推进理工科省部级重点实验室的建设工作。

5. 着力完善创新人事制度。健全教师职务评聘制度，对1998年制定的各级职务任职基本条件和相关程序进行总结、评估和完善，明确和完善教授二级岗位评价标准和岗位考核要求，完善教学准入制度、教师破格晋升制度等；完善离退休制度，对相关条件和程序进行规范；探索建立一套具有竞争力的人才政策，增强对人才的吸引力度；推进分类管理，根据总量控制及结构比例控制的原则，重新规划教学科研型、教学为主型、科研为主型岗位结构比例和任务结构，合理配置教师资源。

6. 进一步加强高层次人才建设。继续大力推进“3231人才计划”的实施，学校人事部门加强与相关院系的工作协同，帮助学院分析队伍建设情况并形成规划；加大知名学者特别是学科领军人物的引进力度，创新海外人才招聘工作机制，全职引进海外人才不少于15人，聘用兼职海外人才超过30人。

7. 认真抓好教师队伍的培训工作。继续推进教师发展中心建设，大力实施“青年教师发展支持计划”，通过岗前培训、完善助教制度、开展中外交流和安排海归青年教师挂职等途径在职业生涯规划、工作技能提升、身心健康保障、薪酬福利改善等方面给予青年教师支持；探索做实人才工作领导小组办公室，发挥其在人才培养和引进、人才项目申报、人才服务与保障等方面的工作，实现专人专岗；继续开展管理队伍的培训工作。

加强教师教学发展中心工作。修订教师手册、制定学生手册、规范教学环节、追踪学习效果；结合“名师工作坊”、青年教师和教学团队的培养，推出“研究型教学”试点；为教师教学提供过程性和诊断性评估，组织专家提出分析报告和调整方案；结合MOOCs的建设计划，重点培育示范性的精品视频课程；做好准备接受教育部评估。

（二）深入推进人才培养体系改革

8. 继续完善人才培养体系的改革路线图。近期内完成2013级本科生培养方案的第三轮修订，认真落实、严格执行，并重点督查工作开展情况。

9. 继续实施本科“一年级工程”（“新生工程”）。加强新生研讨课的课程建设，继续开展“精彩第一年”的新生引航计划，对于入学的新生开展学业引导和人生引导；继续完善“红船领航”——新生党员先进性熔铸计划，实行准军事化管理与训练，充分发挥新生党员的模范带头作用，引领和带动全体新生健康成长；开展学生领导力项目研究。

10. 做好学生社会实践项目总结工作。对“千人百村”及其他社会调研活动进行总结和成果转化，强化社会实践过程管理，提升社会实践质量。

11. 做好本科招生工作。配合本科人才培养路线图的实施，完善“英才选拔”计划；完成录取结果统计分析、各类新生入校跟踪调查工作；结合工作实际，面向各地中学有针对性地加强对学校本科人才培养路线图的宣传，建立起招生、教学和就业的互动机制。

12. 系统开展研究生教育综合改革。成立改革工作小组，制定改革方案，推动包括招生选拔制度、创新人才培养模式、导师责权机制、质量评价监督机制、开放合作、政策和条件保障六个方面的25项改革。将完善全员硕博连读机制、完善博士生选拔方法、改革入学外语考试、完善硕士生初试改革、推荐免试制度和完善助教选拔机制等措施纳入总体改革框架之中。在专业硕士培养方面，继续做好案例教学与案例库建设工作，开展专业学位研究生教学质量标准研究工作；加强对课程进修班的规范化管理，切实加强办班期间的学员管理、教务管理以及招生宣传管理等工作。

13. 完善苏州校区发展思路。制定并完善苏州校区发展规划纲要，明确学生规模、本硕生及专业结构、师资队伍规模与结构、行政队伍规模与结构、财务战略等；注重骨干管理队伍的建设，加大对基础课和部分专业课教师的支持；以开办风险管理方向金融硕士项目为契机，促进苏州校区研究生教育从延伸办学到自主办学和合作办学相结合的转型。

14. 办好中法学院，培养高水平的国际性人才。不断加强师资队伍建设，完善学生培养方案、中法协调沟通机制、学生海外管理体制及就业服务体系，帮助学生实现本硕衔接，进一步探索中外合作办学的新模式。

15. 加强国际交流与合作。紧紧围绕学科建设和人才培养，按照新的“人才培养路线图”的要求并针对学科评估中体现国际性的指标，重点推进建设学院国际合作伙伴、推广全英文项目、扩大交换生规模、提高留学生生源质量等工作。

16. 做好孔子学院建设工作。全面分析现有13所孔子学院工作开展情况，除承担国家的任务之外，如何进一步发挥孔子学院的潜能，为学校提升国际性做出贡献；充分发挥孔子学院负责人的作用，院长应该兼有学校驻外代表的身份，逐渐将孔子学院办成培养学校国际化队伍的平台；继续跟进“孔子新汉学计划”的相关工作。

（三）大力加强科学研究和社会服务

17. 加强科研机构管理与规划。根据教育部新一轮繁荣计划、国家科技中长期规划等重要文件，进一步加强各类科研机构的建设和管理，按学校统一部署，做好平台建设办公室的相关工作，研究论证科研院建设的可行性与方案；完成科研管理信息系统科研机构管理模块建设并投入运行；修订并颁布学校跨学院研究机构及院属研究机构管理细则；积极筹备申报教育部重点研究基地及重点实验室，建设好现有教育部重点研究基地及重点实验室，做好迎接评估准备工作。

18. 组织好重要学术活动。办好中国人文社会科学论坛2013；组织好第二届吴玉章人文社会科学奖评奖活动，办好吴玉章学术讲座；办好《教学与研究》创刊60周年纪念活动；继续组织好教授考察团工作。

19. 继续改进科研评价。修订并颁布科研奖励办法及奖励期刊目录，进一步突出质量导向，发挥正向激励作用，重心下移。鼓励学院制定符合本学院及学科特点的考核制度与奖励办法。

20. 加强学校学术委员会制度建设。修订并颁布学校学术委员会章程，召开第十一届校学术委员会全体会议；研究制定学院学术委员会制度，规范学术委员会的议事制度，切实履行学术委员会职责。

21. 建设有国际影响力的文化创新中心。结合文化科技园区的实践经验和理论积累，不断推进发展要素集聚、产业平台服务、科研成果转化、专业人才培养、政府政策咨询服务等工作，充分发挥学校在人文社会科学成果转化和国家文化创意产业方面的智库作用。

（四）加快推进美丽校园建设

22. 全力推进东校区建设。积极与国家及北京市、通州区政府有关部门积极沟通，尽早完成土地征地和立项审批工作。

23. 高质量推进校区改造和建设工作。在完成北校区校舍的维修改造的基础上，管好北校区，美化北校区；完成清华东路校区改造，做好继续教育学院搬迁工作，启动老校区改造工程；完成东南区综合楼、留学生宿舍开工建设相关准备工作；完成锅炉房工程安装调试、竣工验收和交付使用工作；争取在一年时间内有步骤、有创新地完成为全校所有学生宿舍安装空调工作。

（五）积极进行文化形象建设

24. 不断加强校园文化建设。系统推进包括精神文化、学术文化、制度文化和形象文化在内的大学文化建设。紧扣办学理念，不断规范形象识别系统，不断美化校园景观，做好博物馆、校史展、图书馆相关工作；随着延安陕北公学展览馆、正定华北大学展览馆陆续建成，更加注重发挥校史在立德树人、文化传承方面的功能；弘扬体育精神，树立“健康第一”的思想和“终生体育”的目标，全面落实“全民健身计划”。

25. 进一步加强学校国际形象建设。做好英文网页建设工作；策划并组织好“全球领袖论坛”等重大活动；根据《外交部、中央外办、中央组织部、财政部关于进一步规范省部级以下国家工作人员因公临时出国的意见》，出台实施细则，做好校级团组的出访安排工作，提高出访成效，提升国际形象。

26. 深入开展文明校园建设和节约型校园建设。继续做好校园环境整治工作，全面启动“平安校园”创建工程，创建文明、和谐、平安校园；逐步淘汰超标耗能设备，加大推广节约新技术、新设备投入力度，为节约型校园建设提供技术保障；健全科学合理的能源使用管理体系、评估审查体系、考核监督体系，进一步提高能源利用效率，为节约型校园建设提供制度保障；加强资源节约宣传和教育，培育校园节约文化，为节约型校园建设提供良好环境和舆论氛围。

27. 做好校友会、基金会搬迁“校友之家”的后续工作。以此为契机，探索校友会、基金会新的工作目标和工作机制；不断完善和更新现有校友会网站和数据库，做好优秀校友资源的收集和服务，以此促进学校事业的发展及优秀毕业生和杰出校友群体的成长；加强校友 QQ 群建设、公众微信和微博建设，加强校友与母校联系；进一步发挥校友资源优势，参与和支持重大活动与项目的组织，协助学校促成与更多省地市的战略合作。

（六）大力提升管理保障工作

28. 推进以章程为核心的制度建设系统工程。全面推进章程建设的配套、运行和落实阶段相关工作，以章程的制定和发布为契机，进一步梳理和规范全校的规章制度体系，推动学校现代大学制度的建设和管理体制的改革，为学校各项事业发展提供坚实保障。

29. 千方百计筹集办学经费，进一步规范财务管理，提高资金使用效益。根据目前的实际情况，进一步规范学校财务制度；进一步推进财务信息化建设；试点推行院系财务公开制度；重点抓好科研经费管理，解决科研经费管理中存在的突出问题。

30. 在全校管理系统逐步推进精细化的管理和服务模式。以做好后勤保障系统精细化管理试点中期评估为契机，继续推进36项产品（项目），使后勤系统试点成果进食堂、进宿舍、进教室、进网络，惠及广大师生。在理念转变的基础上，做好制度设计，狠抓细节落实，通盘考虑，逐步推进精细化管理和服务模式在全校管理系统的建立。

31. 探索多种方式缓解中青年教职工的住房困难。认真研究，充分利用好政府政策性住房政策，帮助教职工做好限价房、公租房申请配售和租用工作；充分利用好现有的有限的周转房；扩大住房市场化改革；努力从社会上寻找，扩大房源。同时着力做好房屋管理信息化系统建设。

32. 全面推进信息化建设。依托电子校务系统实施“一张表”工程，为师生提供方便快捷的数据填报平台；继续扩充网络出口带宽，调整网络链路，提高网络访问速度，提升网络体验。

（七）全面做好党建与思想政治工作

33. 加强和改进党的建设。以党的群众路线教育实践活动为契机，全面推进基层党的建设；以落实中组部选人用人工作检查反馈意见为抓手，进一步提高干部工作科学化水平；以提高党员干部教育实效性为目标，扎实做好各类教育培训工作。

34. 进一步强化宣传和思想政治工作。深入开展理论宣传与研究工作，以中国梦主题教育、党的群众路线教育实践活动为契机，提升我校理论工作的层次和水平；融入新媒体环境，探索新闻宣传新途径，坚持正确导向，不断提高舆论引导能力；进一步丰富创新“红船领航”新生党员先进性熔铸计划，完善形势与政策教育工作；发展住宿辅导，配合学校公寓标准化建设，推进住宿辅导工作的深入开展，拓展学生成长空间；继续做好心理健康教育工作。

35. 进一步做好党风廉政建设和反腐败工作。改进工作作风，贯彻落实八项规定；完成廉政风险防控管理试点，认真做好教育部专项检查我校科研经费管理的相关工作；进一步强化对重点领域、关键环节的各项监督检查工作。

36. 积极推进民主办学，维护师生利益，构建和谐校园。充分利用校务委员会、教代会、学代会、研代会等组织和途径，加强校务公开和民主办学；加强党外代表人士队伍建设，建立健全工作机制，加大党外代表人士培养、选拔、任用工作力度；贯彻落实“1320行动计划”为师生解决实际问题，同时加大对困难职工的帮扶工作，坚持探访慰问重疾、重困职工和先进劳模的长效机制。

关于印发《中国人民大学非教师系列人员转为教师系列人员暂行办法》的通知

（2013—2014学年校政字7号）

各学院（系），机关各部、处及直（附）属单位：

《中国人民大学非教师系列人员转为教师系列人员暂行办法》已经学校研究批准。现予以印发，请认真研究，遵照执行。

附件：《中国人民大学非教师系列人员转为教师系列人员暂行办法》

2013年11月9日

附件

中国人民大学非教师系列人员转为教师系列人员暂行办法

为规范我校非教师系列人员转为教师系列的工作，特制定本办法。

第一条 基本原则

坚持“重岗位、重水平、重贡献”的指导思想，严格掌握转系列评聘条件，原则上非教师系列人员不得转为教师系列。对于确因工作需要调整工作岗位的人员，需提出转系列申请，学校按照公开、公平、公正的评聘原则，坚持标准、严格程序，全面考核考察其品德修养以及在人才培养、科学研究和社会服务等方面工作能力和业绩，满足条件的方可转为教师系列。

第二条 处级及以上人员申请转为教师系列的程序

（一）申请人提出转为教师系列书面申请，经所在单位同意，提交学校党委常委会审批。

（二）学校党委常委会批准后，申请人按规定程序参加当年教师职务评聘：

1. 申请人根据公布的岗位信息，向相关学院（系）教师岗位聘用委员会分会提交申报材料。

2. 学院（系）教师岗位聘用委员会分会在全院（系）范围内对申请人个人材料进行公示，组织公开的述职和答辩，对申请人进行严格审查和评议，经集体评议和无记名投票确定是否推荐至学校评议。

3. 学校对学院（系）推荐人选材料进行复核，通过复核的，提交学校学部评议组和教师岗位聘用委员会审议。

4. 学校学部评议组审查评议和投票表决，并将通过人选报学校教师岗位聘用委员会审定。

5. 学校教师岗位聘用委员会审定通过的，进行校内公示。

（三）公示期满无异议者，正式转为教师系列，受聘上岗。

第三条 处级以下人员申请转为教师系列的程序

（一）申请人向所在单位提交书面辞职申请，辞去现任工作岗位。

（二）所在单位同意申请人辞职申请后，报学校审批。

（三）学校批准后，申请人按校外人员参加我校教师职务评聘：

1. 申请人根据公布的岗位信息，向相关学院（系）教师岗位聘用委员会分会提交申报材料。

2. 学院（系）教师岗位聘用委员会分会在全院（系）范围内对申请人个人材料进行公示，组织公开的述职和答辩，对申请人进行严格审查和评议，经集体评议和无记名投票确定是否推荐至学校评议。

3. 学校对学院（系）推荐人选材料进行复核，通过复核的，提交学校学部评议组和教师岗位聘用委员会审议。

4. 学校学部评议组审查评议和投票表决，并将通过人选报学校教师岗位聘用委员会审定。

5. 学校教师岗位聘用委员会审定通过的，进行校内公示。

（四）公示期满无异议者，按规定程序办理调动手续，受聘教师岗位。

第四条 申请条件

经学校批准可以申请转为教师系列的，除应满足学校教师职务评聘相关文件规定的各级教师职务任职基本条件外，还应符合以下条件：

（一）工作表现优秀，为学校事业发展做出突出贡献。

（二）确有研究能力，转为教师系列后有利于推动相关工作。

（三）获得博士学位满 3 年。

（四）承担申请受聘学科教学任务满 2 年且课堂教学评估优秀。

（五）已具备教师以外副高级专业技术职务且申报副高级职务时，达到我校当年副教授职务评聘条件的，方可申报副教授职务，未达到者只能申报讲师职务。

（六）已具备教师以外正高级专业技术职务且申报副高级、正高级职务时，分别达到我校当年副教授、教授职务评聘条件的，方可申报教授职务，未达到者只能申报副教授职务。

第五条 聘后管理

（一）学校与转系列人员在平等自愿、协商一致的基础上签订教师聘用合同，强化合同管理，约定试用期（试用期一般为 1 年）。

(二) 转系列人员受聘教师岗位后，需认真履行所聘岗位职责，完成学校规定的同级同类人员的教学、科研等任务，接受年度考核和聘期考核。

(三) 试用期或首个聘期考核不合格的，学校解除其受聘的教师职务。如申请继续在校内工作，需按规定程序应聘相应岗位。

(四) 申请人受聘教师各级专业技术职务的时间，从学校教师岗位聘用委员会批准之日算起。

第六条 本办法自发布之日起施行，由教师岗位聘用委员会负责解释。

关于印发《中国人民大学本科生招生工作章程》的通知

(2013—2014 学年校政字 9 号)

各学院（系），机关各部、处及直（附）属单位：

《中国人民大学本科生招生工作章程》已经学校研究批准。现予以印发，请认真研究，遵照执行。

附件:《中国人民大学本科生招生工作章程》

2013 年 12 月 13 日

附件

中国人民大学本科生招生工作章程

第一章 总 则

第一条 为规范学校本科生招生工作，保证学校本科生招生工作科学、持续、健康发展，根据教育部普通高校招生工作规定和《中国人民大学章程》，制定本章程。

第二条 本章程所指本科生招生工作包括内地统招本科生招生工作和台港澳侨本科生招生工作。

第二章 组织机构及职责

第三条 学校本科生招生工作组织机构由招生工作领导小组、本科生招生工作委员会、招生就业处三级机构组成。

第四条 招生工作领导小组是本科生招生工作的最高决策机构，统一领导学校本科生招生工作，组长为校长，副组长为学校纪委书记和分管研究生招生、本科生招生、留学生招生和学生工作的校级领导。其在本科生招生工作方面的主要职责是：

(一) 主持召开学校招生工作领导小组会议，听取本科生招生工作委员会的意见和建议。

(二) 领导学校本科生招生相关职能部门开展本科生招生政策制定、宣传和录取等工作。

(三) 审定本科生招生章程和网上录取、高水平运动员招生、艺术特长生招生、艺术类招生等分项工作管理办法。

(四) 审定本科生招生年度总计划、分专业计划、分省计划和专项计划。

(五) 审定本科生招生工作方案、招生宣传工作方案、各特殊类型招生工作方案。

(六) 审定各特殊类型招生资格名单。

(七) 确定各省（区、市）录取分数线和机动计划调整，审定各特殊类型录取名单。

(八) 审定新生专业调整原则和名单。

(九) 审定本科生招生工作委员会主任、副主任和委员名单。

(十) 授权本科生招生工作委员会工作小组决策本科生招生工作紧急事项。

（十一）其他需要招生工作领导小组决策的事项。

第五条 本科生招生工作委员会作为学校本科生招生工作的咨询机构，负责为招生工作领导小组提供决策咨询和指导学校相关职能部门开展本科生招生工作。

第六条 本科生招生工作委员会主任为主管本科生招生工作的副校长，副主任为主管学生工作的校级领导、监察处处长、招生就业处处长，委员由学校办公室、党委宣传部、发展规划处、教务处、学生处、国际交流处、保卫处、校团委、体育部、后勤集团等部门负责人，各学院主管本科教学的副院长组成。

第七条 本科生招生工作委员会的具体职责是：

（一）听取本科生招生工作情况汇报。

（二）讨论本科生招生工作方案和招生宣传工作方案。

（三）讨论本科生招生总计划和分专业计划。

（四）讨论本科生招生章程和各分项工作管理办法。

（五）指导开展本科生招生咨询宣传工作。

（六）指导开展本科生招生特殊类型招生考试工作。

（七）指导开展本科生招生其他工作。

第八条 招生工作小组是本科生招生工作委员会的常设机构。组长为本科生招生工作委员会主任，成员为监察处处长、招生就业处处长。涉及相关部门工作时，可根据需要请部门负责人列席会议。

第九条 招生工作小组的具体职责是：

（一）根据本科生招生工作委员会会议情况，向招生工作领导小组提交意见和建议。

（二）指导学校本科生招生相关职能部门开展本科生招生工作。

（三）指导学校本科生招生相关职能部门起草需要提交给招生工作领导小组决策的本科生招生工作事项。

（四）指导学校本科生招生相关职能部门开展本科生招生研究工作。

（五）根据招生工作领导小组授权，决策相关本科生招生工作事项。

第十条 招生就业处为学校本科生招生工作的执行机构。其具体职责是：

（一）负责执行教育部有关本科生招生工作的相关规定，衔接教育部本科生招生主管部门。负责执行招生工作领导小组和招生工作小组的决议。

（二）向本科生招生工作委员会汇报本科生招生工作进展，向本科生招生工作委员会委员通报招生工作领导小组的决策事项。

（三）起草本科生招生重大事项初步解决方案，收集、统计决策本科生招生重大事项所需材料。

（四）根据国家核准的年度招生规模及有关规定编制并报送学校分省分专业招生计划。

（五）起草、报批和公布本科生招生章程。

（六）开展招生咨询宣传工作，根据需要组建赴各省（区、市）招生工作组。

（七）组织实施本校普通本科生和第二学士学位生的录取工作，负责协调和处理本校录取工作中的有关问题。

（八）对录取的新生进行复查。

（九）支持有关招生管理部门完成本科生招生方面的其他工作。

第十一条 中国人民大学纪律检查委员会全面监督、检查本科生招生工作。纪委办公室、监察处负责具体执行，其主要职责是：

（一）制定和完善本科生招生工作监察制度。

（二）根据本科生招生工作需要成立招生监察办公室。

(三) 全程监督、检查本科生招生宣传、网上录取、特殊类型招生和信息公开等工作。
(四) 参与网上录取工作，检查网上录取名单。
(五) 做好本科生招生工作人员的招生纪律培训工作。
(六) 督促和指导招生就业处及时妥善地处理本科生招生录取工作的遗留问题。
(七) 其他需要监察处参与的本科生招生工作。

第三章 工作规程

第十二条 招生工作领导小组组长为招生工作领导小组会议召集人，负责主持召开招生工作领导小组会议。招生工作小组根据工作进度提出年度招生工作领导小组会议计划，报招生工作领导小组同意后实施。招生就业处处长负责向招生工作领导小组汇报提交议题的相关情况，记录会议内容和决策事项，形成会议纪要。遇有紧急事项，招生工作领导小组组长也可临时召开招生工作领导小组会议。

第十三条 本科生招生工作委员会主任为本科生招生工作委员会会议召集人，负责主持召开本科生招生工作委员会会议。本科生招生工作委员会原则上每学期召开一次。本科生招生工作委员会主任可根据实际情况临时召集本科生招生工作委员会会议。

第十四条 招生工作小组组长为招生工作小组会议召集人，会议时间可根据本科生招生工作进度安排。本科生招生办公室主任负责记录招生工作小组会议讨论内容和决策事项，并形成会议纪要。

第十五条 招生工作小组决策本科生招生工作事项时，需小组全体成员参会，原则上要求全体成员一致通过，决策事项方能生效。招生工作小组决策时如有不同意见，提交招生工作领导小组进行决策。

第十六条 招生就业处负责起草本科生招生重大事项初步解决方案，收集、统计决策本科生招生重大事项所需材料，提交招生工作小组研究。

第十七条 招生工作小组根据招生就业处提供的材料提出修改意见。需要进一步审议决策的，提交给招生工作领导小组审议，其他返回招生就业处进行处理。

第十八条 会议纪要由招生就业处按照学校公文办理程序起草、报批，形成学校正式文件；未形成学校正式文件的会议纪要由招生工作领导小组组长或招生工作小组组长签字后，留存招生就业处。

第四章 附 则

第十九条 本章程由本科生招生工作委员会负责解释。

第二十条 本章程自发布之日起施行。

关于成立中国人民大学重阳金融研究院的决定

(2012—2013 学年校办字 37 号)

为加强金融投资、宏观政策和资本市场研究，为政府及企业提供政策建议与咨询服务，经学校研究，决定成立中国人民大学重阳金融研究院，挂靠财政金融学院。

2013 年 1 月 17 日

关于印发《中国人民大学会计基础工作规范》的通知

(2012—2013 学年校办字 55 号)

各学院（系），机关各部、处及直（附）属单位：

《中国人民大学会计基础工作规范》已经学校研究批准。现予以印发，请认真研究，遵照执行。

附件：《中国人民大学会计基础工作规范》

2013 年 4 月 22 日

附件

中国人民大学会计基础工作规范

第一章　总　则

第一条　为加强学校会计基础工作管理，建立规范的会计工作秩序，提高会计工作水平，根据《中华人民共和国会计法》、《会计基础工作规范》、《中国人民大学财务管理办法》等相关法律、法规和规章制度，制定本规范。

第二条　学校各级会计机构的会计基础工作，都应当遵守本规范的规定。

第三条　学校各级会计机构应当依据有关法律、法规和本规范的规定，加强会计基础工作，严格执行会计法规制度，保证会计工作依法有序进行。

第四条　单位负责人对本单位的会计基础工作负有领导责任。

第二章　会计机构和会计人员

第五条　学校单独设置会计机构，在学校领导的领导下，统一管理学校的各项财务工作。

第六条　学校根据会计业务需要设置会计工作岗位。会计工作岗位一般可分为：会计机构负责人或者会计主管人员，出纳，财产物资核算，工资核算，成本费用核算；财务成果核算，资金核算，往来结算，总账报表，稽核，复核，会计信息化管理，档案管理等。会计工作岗位，可以一人一岗、一人多岗或者一岗多人。出纳人员不得兼管稽核、会计档案保管和收入、费用、债权债务账目的登记工作。会计人员的工作岗位应当有计划地进行轮换。

第七条　学校应当配备熟悉国家财经法律、法规、规章和方针、政策，掌握本行业业务管理有关知识，具备必要专业知识和专业技能的会计人员。

各单位领导人应当支持会计机构、会计人员依法行使职权；对忠于职守，坚持原则，做出显著成绩的会计机构、会计人员，应当给予精神和物质的奖励。

第八条　会计人员应当具备必要的专业知识和专业技能，熟悉国家有关法律、法规、规章和国家统一会计制度等，遵守职业道德，热爱本职工作，努力钻研业务，树立良好的职业品质和严谨的工作作风。

会计人员应当按照国家有关规定参加会计业务的培训。各单位应当合理安排会计人员的培训，保证会计人员每年有一定时间用于学习和参加培训。

第九条　会计人员应当按照会计法律、法规和国家统一会计制度规定的程序和要求进行会计工作，保证所提供的会计信息合法、真实、准确、及时、完整，为改善单位内部管理、提高经济效益服务。

第十条　会计人员工作调动或者因故离职，需将本人所经管的会计工作全部移交给接替人员。未办清交接手续的，不得调动或者离职。

第十一条　会计人员办理交接手续，必须有监交人负责监交。移交人员在办理移交时，要按移交清册逐项移交；接替人员要逐项核对点收。会计机构负责人、会计主管人员移交时，还必须将全部财务会计工作、重大财务收支和会计人员的情况等，向接替人员详细介绍。对需要移交的遗留问题，应当写出书面材料。

交接完毕后，交接双方和监交人员要在移交清册上签名或者盖章，并应在移交清册上注明单位名称，交接日期，交接双方和监交人员的职务、姓名，移交清册页数以及需要说明的问题和意见等。

第十二条 移交人员对所移交的会计凭证、会计账簿、会计报表和其他有关资料的合法性、真实性承担法律责任。

第十三条 经学校批准，二级会计机构发生划转、撤销、合并、分立的，其会计工作交接手续按照上述规定执行。单位撤销时，必须留有必要的会计人员，会同有关人员办理清理工作，编制决算。未移交前，不得离职。

第三章 会计核算

第十四条 各单位应当按照《中华人民共和国会计法》和国家统一会计制度的规定建立会计账册，进行会计核算，及时提供合法、真实、准确、完整的会计信息。

第十五条 会计核算应当以学校实际发生的经济业务为依据，按照规定的会计处理方法进行，保证会计指标的口径一致、相互可比和会计处理方法的前后各期相一致。

第十六条 会计年度自公历1月1日起至12月31日止。

第十七条 会计核算以人民币为记账本位币。

第十八条 会计人员应当根据审核无误的原始凭证填制记账凭证，做到科（项）目准确、内容完整、数字无误、依据充分。

第十九条 学校的会计机构、会计人员应当按照分类和编号顺序妥善保管会计凭证。

第二十条 会计人员应当设置会计账簿并根据审核无误的记账凭证登记会计账簿。会计账簿包括总账、明细账、日记账和其他辅助性账簿。

第二十一条 学校应当定期对会计账簿记录的有关数字与库存实物、货币资金、有价证券、往来单位或者个人等进行相互核对，保证账证相符、账账相符、账实相符。

第二十二条 学校应当将本期内所发生的各项经济业务全部登记入账，实行定期结账。

第二十三条 学校应当按规定向财政部、教育部以及其他有关的报表使用者提供财务报告。财务报告应当根据登记完整、核对无误的会计账簿记录和其他有关资料编制，做到数字真实、计算准确、内容完整、说明清楚。

单位领导人对财务报告的合法性、真实性负法律责任。

第四章 会计监督

第二十四条 学校的会计机构、会计人员对学校各项经济活动进行会计监督。

第二十五条 学校的会计机构、会计人员会计监督的主要内容包括预算编制的科学性，财务报告的真实性和完整性，各项收入、支出的合法性、合规性，结转和结余资金的使用情况，资产管理的规范性和有效性，负债的合规性和风险性，违反财务规章制度问题的检查纠正等。

第二十六条 学校应当依照法律和国家有关规定接受财政、审计、税务等机关的监督。因工作需要接受有关单位审计时，学校的会计机构、会计人员应当配合审计工作人员的工作，如实提供会计凭证、会计账簿、会计报表和其他会计资料以及有关情况。

第二十七条 学校审计处对学校及其所属单位财务收支进行例行审计，经主管审计工作的校领导批准，可以对经济活动中的重大事项、师生员工关注的热点问题、对学校决策有用的重点难点问题进行专项审计，并向学校报告审计调查结果。

第五章 内部会计管理制度

第二十八条 学校应当根据《会计基础工作规范》、《行政事业单位内部控制规范》等法律、法规的规定，结合学校实际，建立健全相应的内部会计管理制度。

第二十九条 学校应当建立内部会计管理体系。主要内容包括校领导对会计工作的领导职责，财务负责人或会计主管人员的职责、权限，会计机构与其他职能部门的关系，会计核算的组织形式等。

第三十条 学校应当建立会计人员岗位责任制度。主要内容包括会计人员的工作岗位设置，各会计工作岗位的职责和标准，各会计工作岗位的人员和具体分工，会计工作岗位轮换办法，对各会计工作岗位的考核办法。

第三十一条 学校应当建立账务处理程序制度。主要内容包括会计科目及其明细科目的设置和使用，会计凭证的格式、审核要求和传递程序，会计核算方法，会计账簿的设置，编制会计报表的种类和要求，会计指标体系。

第三十二条 学校应当建立内部牵制制度。主要内容包括内部牵制制度的原则，组织分工，出纳岗位的职责和限制条件，有关岗位的职责和权限。

第三十三条 学校应当建立稽核制度。主要内容包括稽核工作的组织形式和具体分工，稽核工作的职责、权限，审核会计凭证和复核会计账簿、会计报表的方法。

第三十四条 学校应当建立原始记录管理制度。主要内容包括原始记录的内容和填制方法，原始记录的格式，原始记录的审核，原始记录填制人的责任，原始记录签署、传递、汇集要求。

第三十五条 学校应当建立定期存款业务管理制度。主要内容包括定期存款岗位的设置，定期存款的起存，定期存款的日常管理，定期存款到期的转存（回），定期存款未到期提前支取，定期存款利息的确认等。

第三十六条 学校应当建立财产清查制度。主要内容包括财产清查的范围，财产清查的组织，财产清查的期限和方法，对财产清查中发现问题的处理办法，对财产管理人员的奖惩办法。

第三十七条 学校应当建立财务收支审批制度。主要内容包括财务收支审批人员和审批权限，财务收支审批程序，财务收支审批人员的责任。

第三十八条 学校应当建立成本核算制度。主要内容包括成本核算的对象，成本核算的方法和程序，成本分析等。

第三十九条 学校应当建立财务分析制度。主要内容包括财务分析的主要内容，财务分析的基本要求和组织程序，财务分析的具体方法，财务分析报告的编写要求等。

第四十条 学校应当建立印章管理制度。主要内容包括印章的主要类别，各类印章的使用范围等。

第四十一条 学校应当建立会计电算化管理制度。主要内容包括电算化岗位划分、岗位职责和权限，电算化软硬件管理，电子档案管理等。

第四十二条 学校应当建立票据管理制度。主要内容包括各类票据的申领、启用、核销、销毁应履行的手续，票据专管员岗位的设置，票据的顺序登记使用，票据的保管和序时登记工作等。

第四十三条 学校应当建立财务档案管理制度。主要内容包括财务档案管理岗位的设置，财务档案的含义及分类，财务档案的保管、销毁等。

第六章 附 则

第四十四条 本规范自发布之日起施行，由财务处负责解释和修订。

关于印发《中国人民大学会计信息化工作管理办法》的通知

（2012—2013 学年校办字 58 号）

各学院（系），机关各部、处及直（附）属单位：

《中国人民大学会计信息化工作管理办法》已经学校研究批准。现予以印发，请认真研究，遵照执行。

附件：《中国人民大学会计信息化工作管理办法》

2013 年 4 月 22 日

附件

中国人民大学会计信息化工作管理办法

第一章　总　则

第一条　为规范学校会计信息化工作，保障会计信息的及时性、可靠性和安全性，提高会计工作效率、工作质量和服务水平，支撑中国特色现代大学制度建设，推动学校各项事业的健康发展，根据《中华人民共和国会计法》、《国家中长期教育改革和发展规划纲要（2010—2020 年）》、《会计基础工作规范》、《关于全面推进我国会计信息化工作的指导意见》、《教育信息化十年发展规划（2011—2020 年）》等法律、法规和规章制度，结合我校实际情况，制定本办法。

第二条　会计信息化是应用电子计算机网络对经济业务进行记录、记账、转账和提供报表等自动化处理，并根据会计目标和管理需求，按照信息管理原理和信息技术重整会计流程，以实现业务核算、信息管理、动态监测、评估评价、决策分析、数据共享和使用等功能。

第三条　学校应当明确会计信息化发展任务与管理职责，完善技术支持服务体系，建立与学校事业发展需要相适应的统筹有力、权责明确的会计信息化管理体制和高效实用的运行机制。

第四条　各级财务机构使用的会计信息化软件应当符合相关国家标准和行业标准，达到《会计核算软件基本功能规范》的要求，软件生成的会计凭证、会计账簿、会计报表和其他会计资料符合国家有关法律法规规定。

第五条　学校应当建立会计信息标准与编码规范，建立数据采集、交换共享、管理与应用的技术平台与工作机制，建立会计信息安全保障体系，衔接会计信息系统与其他基础数据库，实现系统互联与数据互通。

第六条　二级独立核算单位应当参照本办法制定本单位会计信息化实施办法，经学校批准后执行。

第二章　管理机构和职责

第七条　财务处作为学校一级财务机构，是学校会计信息化工作的管理职能部门，负责对全校会计信息化工作进行规划、组织实施和指导检查。具体任务是：

（一）制定学校会计信息化工作发展规划和管理办法，经学校批准后组织实施。

（二）根据国家、学校对财务管理、会计核算的要求，组织对会计信息化工作进行改进和完善。

（三）制定学校会计信息化工作相关规范，包括会计编码、操作流程、岗位职责等。

（四）管理会计信息化工作相关硬件、软件以及形成的信息档案。

（五）保证会计信息的及时性、可靠性、完整性和安全性。

（六）协调与会计信息化工作相关的技术服务和相关技术问题的解决。

（七）依法组织会计信息公开。

（八）组织会计信息化工作人员培训工作。

（九）对二级核算单位会计信息化工作进行指导和监督。

第八条 网络与教育技术中心负责协助财务处管理会计信息化工作相关硬件，做好学校信息软件与会计专业软件的衔接，在保证信息安全的基础上实现系统互联和数据共享。

第九条 审计处负责对会计信息化工作进行监督，定期进行内控测试并将结果反馈财务处。

第三章 岗位设置及岗位职责

第十条 财务处处长主持会计信息化全面工作，负责建立健全信息化管理和内部控制制度体系，组织实施和完善会计信息化工作。

第十一条 各岗位设置根据实际情况可采取一人一岗、一人多岗、一岗多人的方式，但岗位之间应当内部牵制，符合不相容岗位设置的相关要求。

第十二条 会计信息化岗位可划分为信息化主管岗位、系统管理员岗位、审核岗位、复核岗位、记账岗位、结账岗位、出纳岗位、银行对账岗位、外汇管理岗位、信息维护岗位、信息稽查岗位、数据分析岗位、会计档案保管岗位等。

（一）信息化主管岗位。负责协调计算机及会计软件系统的运行工作，要求具备一定的会计专业知识、计算机知识以及相关的会计信息化组织管理工作经验。信息化主管由财务处处长（二级核算单位为会计主管）担任。具体职责如下：

1. 负责信息化工作的日常管理工作，监督指导工作的进度、系统运行情况以保障会计信息的准确性、完整性、可靠性和安全性。

2. 负责会计信息化工作岗位的设定和分配，确定每个岗位的职责和权限。

3. 制定系统软、硬件资源管理办法，规范信息数据的查阅、增加、修改、删除等审批制度。

4. 确定二级核算单位会计信息化系统应用相关事宜。

5. 监督相关业务流程和内控制度的有效实施。

6. 协调校内信息化工作。

（二）系统管理员岗位。负责会计信息化工作涉及的技术管理工作。主要职责包括：

1. 负责系统数据库、会计软件的管理与维护，保障系统的正常运行。

2. 掌握网络服务器及数据库的管理员权限，负责服务器的硬软件资源分配，监控网络的运行。

3. 掌握系统管理权限，按信息化主管的要求，为其他人员分配使用权限，对数据的安全保密负责。

4. 负责会计电算化工作与学校具体应用相结合，根据软件功能及学校标准编码，确定学校的系统应用模式。

5. 负责会计数据的备份、恢复，会计软件与其他软件系统互联和数据传输，会计数据应当定期备份。

6. 负责与会计软件系统开发商的沟通与协调，改进软件并进行系统升级换版的调试工作。

7. 对确需调整数据库数据的事项，由业务主办科室及人员签字确认并报信息化主管批准后执行。

8. 所有上岗审核人员必须经过系统管理员培训，经信息化主管批准并由系统管理员设置权限后，方能使用会计软件。

9. 其他信息化主管交办的事宜。

（三）审核岗位。负责根据审核无误的原始凭证输入或形成记账凭证等会计数据。具体职责如下：

1. 负责分管业务的数据输入及自检核对。

2. 打印记账凭证，与原始凭据一同交由复核岗位。

3. 及时处理复核岗位针对记账凭证及原始凭据提出的修改或补充要求。

4. 软件操作过程中发现的问题，完整记录故障情况并按照行政管理级次逐级汇报、反映。

5. 负责工资审核业务的岗位，还应当及时接收和处理各单位上传至“数字人大”的工资申报数据，协助系统管理员维护工资数据库及个人收入发放数据库。

6. 负责劳务费审核业务的岗位，还应当及时接收和处理各单位或个人上传至“数字人大”的劳务费申报数据。

7. 负责学生收费系统及补助金审核业务的岗位，还应当及时接收和处理各单位上传至“数字人大”的发放数据，协助系统管理员维护学生奖学金及补助金系统及相关数据库。

8. 负责结算中心审核业务的岗位，还应当协助系统管理员维护结算中心系统的运行和维护、数据备份、软件升级等工作。

9. 负责校园卡审核业务的岗位，还应当协助系统管理员维护校园卡财务系统的运行和维护、数据备份、软件升级等工作。

10. 负责校工会审核业务的岗位，还应当协助系统管理员维护新中大系统的运行和维护、数据备份、软件升级、硬件更新等工作。

（四）复核岗位。负责对审核岗位提供的记账凭证和原始凭据进行再次审核，以保证会计基础数据的合法性、准确性和完整性。具体职责如下：

1. 复核原始凭证的合法性、真实性、完整性以及记账凭证的规范性、准确性等，对不符合规定的，退回审核岗位要求修改或补充。

2. 根据复核无误的记账凭证在权限内执行网络支付手续。

3. 将复核无误的记账凭证及原始凭据及时交由凭证装订岗。

4. 软件操作过程中发现的问题，完整记录故障情况并按照行政管理级次逐级汇报、反映。

5. 负责工资复核业务、劳务费复核业务、学生收费系统及补助金复核业务的岗位，应当协助系统管理员维护相关系统及数据库。

6. 负责结算中心复核业务、校园卡复核业务、校工会复核业务的岗位，还应当协助系统管理员维护相关系统的运行和维护、数据备份、软件升级、硬件更新等工作。

（五）记账岗位。具体职责如下：

1. 负责对已复核的记账凭证，及时登记入账。

2. 根据系统设置，在期末生成、复核结转凭证。

记账岗位原则上由系统管理员担任。

（六）结账岗位。期末，在这一时期内发生的全部经济业务登记入账的基础上，负责计算并记录本期发生额和期末余额；年度终了，将全部科目、项目余额结转到下一年度。

结账岗位必须由系统管理员担任。

（七）出纳岗位。现金出纳负责即时确认收付款凭证，做到“日清月结”，保证现金日记账的余额与库存现金、网银对账单与资金日报表核对一致后，登记银行日记账和现金日记账。

（八）银行对账岗位。负责定期将各个银行存款账户收支情况与银行对账单进行核对，编制银行未达账项调节表，查找不一致原因，及时通知有关人员予以纠正，同时，做好相关对账数据的备份工作。

（九）外汇管理岗位。负责根据审核无误的涉外业务原始凭据，办理外汇结算，编制一般记账凭证以及与外汇额度有关的记账凭证。

（十）信息维护岗位。负责信息化系统软件、网络、硬件的管理与维护，定期检查，查杀病毒，及时排除出现的故障和安全隐患，保障系统的正常运行。

（十一）信息稽查岗位，负责监督计算机及会计软件系统的运行，防止利用计算机进行舞弊。具体职责如下：

1. 负责监督各类软件系统的运行，查缺补漏。

2. 审查信息化系统岗位设置是否合理，内控制度是否有效，是否存在越权使用等现象。

3. 定期审查系统内部数据与书面资料（凭证、账簿、报表等）的一致性。

4. 监督历史数据保存方式的安全性、合法性，防止对已存档数据的非法修改。

5. 防范其他影响财务会计数据真实性、完整性的问题发生。

6. 发现系统问题或隐患时，应及时向信息化主管反映，提出处理意见。

（十二）数据分析岗位。根据实际需求，使用适当的会计数据分析方法、分析模型等，对会计数据进行整理、分析和评价，按时、保质地提供分析数据。

（十三）会计档案保管岗位。负责对有关电子数据、会计软件资料等按照有关规定存档。

（十四）其他管理岗位。如凭证装订岗负责及时、准确地装订全部记账凭证，账簿管理岗位负责定期打印输出各类账簿。

第十三条 系统管理员根据经批准的岗位职责设置各操作人员权限。每个操作人员应当设定自己的密码，在自己权限范围内办理业务。密码应当定期更改，注意安全保密。

第十四条 各岗位人员工作量定期统计，纳入工作考核。

第四章 会计信息化软、硬件要求

第十五条 学校应根据实际情况和财力状况，选择与本单位信息电算化工作规划相适应的计算机机种、机型、系统软件及有关配套设备。

第十六条 学校会计信息化采用可扩充性强的客户机/服务器网络结构，会计软件为局域网络并实行物理隔离。

第十七条 会计软件的使用、升级、更新以及硬件设施的调整必须经信息化主管的同意，需上级部门审批的，必须获得批准后执行。

第十八条 学校应当做好计算机设备的日常保养维护工作，保持设备整洁，确保系统正常运行。为了保证机器设备稳定可靠的运行，机房环境必须满足计算机等微电子设备对温度、湿度、洁净度、电磁场强度、屏蔽、防漏、电源质量、振动、防雷、接地和安全保卫等方面的要求。机房基本要求如下：

1. 机房位置应根据各办公大楼实际情况，尽量选择大楼的中间楼层，同时横向为中间位置。

2. 根据办公楼自身情况，应选择一间 10～20 ㎡的独立专用房间作为机房，房间内必须安装空调。

3. 各单位机房内的窗户必须进行封闭和防水处理，内层使用铝塑板进行封闭，机房大门安装防盗门。

4. 机房装修色彩以白色为主。墙壁粉刷油漆，地板至少铺设浅米色地板砖。装修材料应考虑耐火、阻燃。

5. 机房供电系统必须要有稳压、防雷保护系统。

6. 机房内须有必要的消防措施。

7. 综合布线，内网布线要遵循“双网完全、物理隔离”的原则，也就是说“该套线路不得直接或间接地与国际互联网或者其他信息网络相连结，必须实行物理隔离”。连接该网络的设备必须是专用设备，连接该套网络的计算机必须是专门用于连接专网。严禁网络设备或计算机内外网线混插。布线点数根据各单位大楼实际情况而定，但应至少能满足五年内人员的办公需要。

第五章 信息安全规定

第十九条 信息安全是指信息不丢失，不损毁，不向无关人员泄露，不被非法增加、修改或删除，不被滥用。

第二十条 财务处应当建立健全内部控制制度，采取有效措施保障信息安全。

第二十一条 未经信息化主管和系统管理员许可，任何人员不得进行系统维护操作，不得在与会计信息化工作相关的机器上安装其他硬件、软件（可以安装有关的病毒防护软件），不得改变系统的运行环境。

第二十二条 未经信息化主管批准，禁止操作人员直接对数据库进行操作，禁止对数据和软件的非法操作。

第二十三条 对于对外提供的财务数据，一律按规定程序生成后，经信息化主管同意后方可报出。

第二十四条 未经信息化主管批准，运行会计软件的计算机禁止连接互联网。

第二十五条 系统运行中出现故障或出现不明意义的提示时，操作人员应保护现场，及时与系统管理员或信息维护人员联系后进行处理，不得擅自处理故障。

第六章 档案管理

第二十六条 学校应将存储在硬盘、磁盘、光盘等介质中的电子数据、会计软件资料等与纸质档案同步归档。

第二十七条 会计信息化工作档案包括：

（一）数据库备份。

（二）财务会计软件升级前的数据库备份。

（三）各期版本的系统、网络、数据库和相关软件。

（四）自行开发软件的开发文档、原程序。

（五）其他应存档的资料或数据。

第二十八条 对信息化会计档案要保存在防磁、防尘、防火、防潮的场所，重要数据应保存双份并存放在不同地点。

第二十九条 整套会计电算化文档资料及会计软件等档案，保管期截止到该软件停止使用或有重大更改后十五年。

第三十条 实行会计电算化的单位，从事该项工作的移交人员还应当在移交清册中列明会计软件及密码、会计软件数据磁盘（磁带等）及有关资料、实物等内容。

第七章 附 则

第三十一条 本办法自发布之日起施行，由财务处负责解释和修订。

关于落实中央八项规定，厉行勤俭节约，严格开支标准，控制经费支出的通知

（2013—2014 学年校办字 3 号）

各学院（系），机关各部、处及直（附）属单位：

学校党委于 2013 年 4 月 17 日下发了《中国人民大学贯彻落实中央改进工作作风、密切联系群众〈八项规定〉和〈实施细则〉的实施办法》（人大校党字〔2013〕16 号），已对落实八项规定工作进行了详细部署。根据中央巡视组反馈意见，学校一些院系和直属单位公款吃喝、送礼现象依然存在，公款消费控制不够严格，个别单位消费金额有所上升。为深入落实中央八项规定，厉行勤俭节约，控制三公经费开支，推进财务公开，现规定如下：

一、各单位必须认真贯彻中央“八项规定”精神，严格执行国家规定开支标准，控制各项经费支

出。经费支出纳入单位财务公开范围，接受群众监督。

二、逐步压缩公务接待费。一般应在学校餐厅安排工作简餐，不得安排高档菜肴、酒水。在学校招待所安排住宿，礼品、娱乐、景点门票等与公务无关的费用不得报销。财务处从严审核教学科研活动餐费，要求报销餐费时必须提供宴请任务、我校人数、客人人数等，涉外接待的还应提供外宾人数。

三、从严管理因公出国出境费，报销时应附出国出境任务批件、出国出境经费审核表、正式发票原件等，与出国出境公务无关的费用和超预算支出不得报销。

四、严格控制会议数量、会期、规模和经费，严格执行国家相关标准，降低会议成本。原则上会议在校内举办，校外举办的应当为政府采购定点饭店。一律不得在风景名胜区、度假区开会，开会一律不得发放纪念品，不得组织与会人员“游山玩水”。严格控制各类剪彩、奠基活动和庆祝会、纪念会、表彰会、研讨会及各类论坛。

五、不得委托旅行社、会议承办公司等代办会议、社会实习实践。因工作需要安排出国出境的，由国际交流处核定经费标准；确需委托旅行社代办的，出国出境标准不得超过学校核定的经费标准。

各单位应按照上述规定，制定本单位实施细则，严格控制公款消费，严格执行规定标准，并对本单位 2013 年 1 月 1 日至 9 月 30 日的支出情况开展自查。请各单位于 2013 年 10 月 31 日前将本单位的实施细则和自查报告报送财务处，由财务处、审计处、监察处在 11 月开展专项抽查，发现问题将严肃处理，并追究主要领导和直接责任人的责任。

特此通知。

2013 年 10 月 18 日

关于印发《中国人民大学本科生招生档案管理办法》的通知

（2013—2014 学年校办字 7 号）

各学院（系），机关各部、处及直（附）属单位：

《中国人民大学本科生招生档案管理办法》已经学校研究通过，现予以印发，请遵照执行。

附件： 1.《中国人民大学本科生招生档案管理办法》

2.《中国人民大学招生办公室档案管理明细》

2013 年 10 月 30 日

附件 1

中国人民大学本科生招生档案管理办法

第一章　总　则

第一条　为提高我校本科生招生档案管理水平，完整、准确地保存历史文件和数据，根据《中华人民共和国档案法》、《中华人民共和国档案法实施办法》、《普通高等学校档案管理办法》、《高等学校教学文件材料归档范围》和《中国人民大学档案管理办法》的规定，结合本科生招生工作情况，制定本办法。

第二条　本办法所称档案是指本科生招生办公室在自主选拔录取、保送生、艺术特长生、高水平运动员、艺术类、国防生、第二学士学位、台港澳侨等特殊类型招生工作，网上录取工作，招生咨询宣传工作及日常管理工作中直接形成的，具有保存价值的各种历史记录。

第三条 本科生招生档案管理工作实行专人负责，本着便于保管和利用的原则，以全面、细致、准确、高效的标准开展档案管理工作。

第二章 归档范围及分类

第四条 本科生招生档案分为重要和一般两级。重要档案归入学校档案馆，一般档案由本科生招生办公室留存。（具体范围及区分办法详见《中国人民大学本科生招生办公室档案管理明细》）

第五条 移交学校档案馆的档案应按照年份、发文机关、文件性质依次分类。发文机关分为教育部（上级机关）、省级招生考试机构、中国人民大学、校内平行机关、本科生招生办公室5个层次。

第六条 本科生招生办公室存档档案（含电子文本）依次按照年份、招生工作类别进行分类。

第三章 归档时间和要求

第七条 各类别档案归档时间。

（一）重要档案实行隔年归档制度，以备查用。本年度归档任务于下一年9月前完成。

（二）一般档案中各特殊类型招生过程中形成的档案实行实时归档制度，相关工作结束后立即归档保存；其他档案实行隔年归档制度，本年度文件于下一年9月完成归档。本科生招生考试试卷管理依照《中国人民大学本科生招生考试试卷管理暂行规定》执行。

第八条 归档的档案材料应质地优良，书绘工整，声像清晰，易于保存。纸质档案的分类应当清晰准确，便于查找；电子文本要定期备份，以防电脑损坏，数据丢失。

第四章 档案的立卷和移交

第九条 归档人应当对各类别档案材料按要求科学分类，系统整理组卷，并建立总目录及分项目录，以便查找和使用。

第十条 档案材料的移交、接收必须履行相应的手续。向学校档案馆移交的，需填写移交清册一式两份，并由交接双方签名盖章，其中1份留本科生招生办公室存档。本科生招生办公室自行存档的档案材料需登记备案，并及时记载于档案管理目录中。

第五章 档案的保存、利用与销毁

第十一条 档案的保存期限。

（一）移交学校档案馆保存的档案材料，依照《中国人民大学档案管理办法》中的相关规定执行。

（二）本科生招生办公室自行存档的档案材料，按照不同类别，保管期限分别为：

1. 反映本科生招生较重要活动，有长期考察利用价值的，保管期限为5年。

2. 各特殊类型招生考试资格生名单保存期限为5年，其他过程性档案保存期限一般为2年，相应电子文件保存期限为5年。确需长期保存的文件（如艺术类招生考试优秀试卷等），经招生就业处同意后，可不予销毁，由相关单位负责保存。

第十二条 对已归档的文件材料，未经许可，不得擅自涂改、撤换。

第十三条 借阅档案材料的，应作移交登记，使用完毕后及时归还。

第十四条 由本科生招生办公室存档的材料保存期满后，应由档案管理负责人提出销毁或延长保管期限的意见，提交招生就业处处长审批。准予销毁的档案材料应登记造册，方可销毁。销毁档案时，应确保去向安全，无泄露流失风险。

第六章　附　则

第十五条　本办法自发布之日起施行。

第十六条　本办法由招生就业处负责解释。

附件2

中国人民大学本科生招生办公室档案管理明细

<table>
<tr><th>档案分类</th><th>归档类别</th><th>归档部门</th><th>备　注</th></tr>
<tr><td rowspan="13">教育部下发文件</td><td>自主招生规定</td><td rowspan="13">学校档案馆</td><td></td></tr>
<tr><td>关于加强招生宣传、咨询工作的规定</td><td></td></tr>
<tr><td>网上录取工作规定</td><td></td></tr>
<tr><td>其他</td><td></td></tr>
<tr><td>体育特长生招生规定</td><td></td></tr>
<tr><td>艺术特长生招生规定</td><td></td></tr>
<tr><td>国防生招生规定</td><td></td></tr>
<tr><td>保送生招生规定</td><td></td></tr>
<tr><td>二学位招生规定</td><td></td></tr>
<tr><td>艺术类招生规定</td><td></td></tr>
<tr><td>港澳台保送、联招工作规定</td><td></td></tr>
<tr><td>关于编报事业计划的通知</td><td></td></tr>
<tr><td>关于编报分省来源计划的通知</td><td></td></tr>
<tr><td rowspan="3">上报教育部的文件</td><td>事业计划</td><td rowspan="3">学校档案馆</td><td></td></tr>
<tr><td>分省来源计划</td><td></td></tr>
<tr><td>其他报告</td><td></td></tr>
<tr><td rowspan="7">校内批文</td><td>各种特殊类型招生简章</td><td>学校档案馆</td><td></td></tr>
<tr><td>各种特殊类型招生录取标准、名单</td><td>招生办公室</td><td></td></tr>
<tr><td>各项招生工作的方案</td><td rowspan="5">学校档案馆</td><td></td></tr>
<tr><td>工作中其他报告、请示</td><td></td></tr>
<tr><td>各类组织机构成员名单</td><td>招委会委员名单、单项招生工作领导小组成员名单、表彰招生工作先进个人名单等</td></tr>
<tr><td>事业计划制定方案</td><td></td></tr>
<tr><td>分省来源计划制定方案</td><td></td></tr>
<tr><td rowspan="4">平行文</td><td>纪检复查通知及结果</td><td rowspan="4">招生办公室</td><td></td></tr>
<tr><td>各院系上报的分省来源计划</td><td></td></tr>
<tr><td>各院系上报的招生宣传材料</td><td></td></tr>
<tr><td>学校内部制定的与招生工作相关的其他文件和通知</td><td></td></tr>
<tr><td rowspan="4">各省文件</td><td>各省关于招生工作及录取工作的文件和通知</td><td rowspan="3">学校档案馆</td><td></td></tr>
<tr><td>各省招生计划文件</td><td></td></tr>
<tr><td>各省选考科目文件</td><td></td></tr>
<tr><td>各省关于招生咨询宣传工作的文件和通知</td><td>招生办公室</td><td></td></tr>
<tr><td>新生录取名册</td><td>各省审批表</td><td>学校档案馆</td><td></td></tr>
</table>

档案分类	归档类别	归档部门	备　注
招办形成的文档	日常工作文档		
	年度工作计划	学校档案馆	
	工作总结		
	录取情况统计表	招生办公室	
	网上录取记录表		
	各招生咨询组工作总结		
	录取数据统计资料	学校档案馆	含分省录取分数线、新增专业、招生工作创新等
	由招办制定的招生工作方案、各项规章制度	招生办公室	
	招办发出的各类文件、工作通知、会议通知、会议纪要		
	招办每月信息快报		
	各类组织机构成员名单	学校档案馆	招委会委员名单、单项招生工作领导小组成员名单、先进个人、先进集体表彰名单
	艺术特长生、体育特长生		
	招生简章	学校档案馆	含相关部门上报的招生项目及人数
	专业测试评委名单	招生办公室	
	专业测试打分表		
	专业测试成绩库		
	签约名单/预录考生名单		
	高考成绩库及志愿填报情况		
	艺术类		
	招生简章	学校档案馆	含学院上报的招生项目及人数
	专业测试评委名单	招生办公室	
	专业测试打分表		
	专业测试成绩库		
	签约名单/预录考生名单		
	预录考生高考成绩单		
	考试试卷（分数高的单列）		
	自主招生		
	招生简章	学校档案馆	
	招生计划	招生办公室	
	初选通过考生的报名表		按省份分开
	初选合格考生名单		
	笔试的空白试卷和面试题库		
	笔试评分标准		
	面试评分标准		
	命题、阅卷的保密协议		
	学生的试卷及面试成绩		
	经专家委员会确定录取名单有主管校长签字的文件		
	发放的拟录取通知书的回执单		
	正式发放通知书的存根		
	审核考生的档案，并将省市招办下发的单独审批表装入后存档案馆	学校档案馆	

档案分类	归档类别	归档部门	备　注
招办形成的文档	保送生		
	招生简章	学校档案馆	
	招生计划	招生办公室	
	初选通过考生的报名表		按省份分开
	初选合格考生名单		
	笔试的空白试卷和面试题库		
	笔试评分标准		
	面试评分标准		
	命题、阅卷的保密协议		
	学生的试卷及面试成绩		
	经专家委员会确定录取名单有主管校长签字的文件		
	发放的拟录取通知书的回执单		
	正式发放通知书的存根		
	审核考生的档案，并将省市招办下发的单独审批表装入后存档案馆	学校档案馆	
	国防生招生		
	招生简章	学校档案馆	
	国防生招生分省来源计划		
	合作培养协议		
	国防奖学金协议书		
	二学位招生		
	招生简章	学校档案馆	
	入学考试试题	招生办公室	
	入学考试成绩库		
	调档考生名单		
	放弃入学资格考生的申请		
	录取名单	学校档案馆	
	咨询、宣传工作		
	招生简章	学校档案馆	
	报考指南		
	咨询培训提纲	招生办公室	
	咨询工作方案		
	各省总结		
	新生入学指南和录取通知书	学校档案馆	
	宣传光盘	招生办公室	
	给中学的贺信和领导题辞		
电子文件	各类招生的网上报名库	招生办公室	
	各类考试库		
	各类预录库		
	新生库		
	各种音像、照片资料		
	以上各项存档文件可以形成电子版的		

关于印发《中国人民大学本科生招生网上录取工作管理办法》的通知

(2013—2014 学年校办字 8 号)

各学院（系），机关各部、处及直（附）属单位：

《中国人民大学本科生招生网上录取工作管理办法》已经学校研究通过，现予以印发，请遵照执行。

附件:《中国人民大学本科生招生网上录取工作管理办法》

2013 年 10 月 30 日

附件

中国人民大学本科生招生网上录取工作管理办法

第一章　总　则

第一条　为规范学校本科生招生网上录取工作，保证网上录取工作公平、公正、安全、有序，根据《教育部关于普通高等学校招生录取工作监督办法》（教监〔2003〕3 号)、《教育部关于实行高等学校招生工作责任制及责任追究暂行办法》（教监〔2005〕4 号)、《教育部关于深入实施高校招生阳光工程的意见》（教学〔2011〕9 号)、《教育部关于做好 2013 年普通高校招生工作的通知》（教学〔2013〕2 号)、《教育部办公厅关于进一步加强高校招生信息管理工作的通知》（教学厅〔2010〕6 号)、《教育部关于进一步推进高校招生信息公开工作的通知》（教学函〔2013〕9 号）等文件规定，制定本办法。

第二章　组织机构及职责

第二条　本科生招生工作领导小组（以下简称“领导小组”）负责决策网上录取期间重大事项，包括机动计划调整，特殊类型招生最终录取名单，分数线划定，新生专业调整名单等。遇有紧急事项时，也可由领导小组授权本科生招生工作委员会工作小组研究决策。

第三条　网上录取期间，学校党政主要领导为第一责任人，全面领导本科生招生录取工作；分管本科生招生工作的学校领导为直接主管责任人，承担领导、组织、协调和监管的责任；招生就业处负责人在规定职责范围内履行相应职责；招生工作人员严格执行录取程序和规定，依法正确履行职责。

第四条　网上录取期间成立招生监察办公室，由学校纪检监察干部、特邀监察员等相关人员组成，监察处处长担任办公室主任。招生监察办公室在学校招生工作领导小组领导下，具体实施对本科生招生网上录取的监督工作。

第三章　录取准备

第五条　招生就业处严格选拔参加网上录取的工作人员。工作人员要求选拔政策水平高、作风正派、工作能力强、无直系亲属参加当年高考的干部或教师。

第六条　招生就业处和监察处做好网上录取工作人员培训工作，明确网上录取的工作纪律和具体要求。网上录取工作人员签订公平、公正承诺书和保密协议。

第七条　网上录取现场实行封闭管理，学校保卫处、实验室建设与设备管理处、信息技术中心、后期集团等相关部门配合招生就业处做好场地布置、安全保卫等工作。

第八条 招生就业处起草网上录取工作实施细则并报领导小组审定。网上录取工作实施细则包括组织结构与分工、工作制度（权限制度、保密制度、应急反应机制、安全管理制度、信息管理制度）、网上录取详细流程等。

第四章 录 取

第九条 加强调档、阅档、计划调整、专业分配和录取等网上录取各环节的流程管理。每个录取环节责任到人，做好信息记录并由责任人签字确认。

第十条 武警国防生招生阅档工作由武警部队驻中国人民大学后备警官选拔培训工作办公室负责。

第十一条 招生就业处了解各省（区、市）生源情况后，及时汇报领导小组，由领导小组决定调档比例、计划调整等。

第十二条 调档考生分档单由学校监察处处长、本科生招生办公室主任签字确认后上传各省（区、市）招生考试机构。

第十三条 各省（区、市）招生考试机构审核通过后，招生就业处根据录取名册发放录取通知书。

第十四条 网上录取结束两小时内，招生就业处向社会公布调档线、录取分数线。

第十五条 加强录取期间招生信息管理，做好网上录取安全保密工作。录取期间，学校信息技术中心组织专门力量确保校园网的安全、畅通，建立管理制度、保密制度和值班制度，不断完善人防、技防相结合的信息安全保障机制，加强网络实时监控。招生就业处严格信息存储、检验、归档和备份管理，严格履行信息交接手续以及信息使用及更正审批制度，确保招生录取信息准确无误。网上录取期间，要充分利用“高校招生安全检测平台”进行安全漏洞检测，及时调整安全设置，采取安全措施，防止病毒感染和黑客非法入侵，严防本科生招生网站被挂马，确保录取管理系统（数据）的绝对安全，杜绝安全问题发生。

第十六条 网上录取期间，设立举报电话并向社会公布，招生就业处设立考生、家长接待室。

第十七条 网上录取期间形成的档案材料管理，按《中国人民大学本科生招生档案管理办法》执行。

第五章 新生专业调整

第十八条 新生专业调整坚持实事求是、严控规模、按类区分的原则。按照考生的实际情况，减少非技术性原因专业调整，原则上不跨学科大类进行专业调整。

第十九条 专业调整范围。

（一）因专业目录调整或网上录取技术性原因造成考生录取专业与应录专业不符。

（二）因招生咨询宣传争取生源给考生承诺，但在录取时按照录取规则无法进入承诺专业。

（三）因考生身体原因造成无法适应录取专业学习。

（四）考生确有某方面学科特长，经两名以上专家推荐并考察合格。

（五）其他合理原因。

第二十条 专业调整程序。

（一）因第十九条原因（一）造成的专业调整，由招生就业处整理名单报领导小组审批；因第十九条原因（二）造成的专业调整，须有各省（区、市）招生工作组出具的书面承诺材料，由招生就业处整理名单报领导小组审批；其余考生如需调整专业，须提交专业调整申请书及附加材料，家长和考生本人签字，招生就业处初审后报领导小组审批。

（二）领导小组审核招生就业处提供的专业调整名单，并决定最终专业调整名单。

（三）招生就业处根据最终专业调整名单，按程序更新新生入学材料。

第六章 违反规定行为处理

第二十一条 新生入校后3个月内，组织对新生进行复查，复查不合格的按《中国人民大学本科学生学籍管理规定》处理。新生复查期间的有关举报、调查及处理情况将在我校本科招生网公布。

第二十二条 网上录取工作人员在录取过程中的各种违规行为的处理，按照《国家教育考试违规处理办法》（教育部令第33号）和教育部普通高校招生工作规定执行。

第七章 附 则

第二十三条 本办法由本科生招生工作委员会负责解释，监察处负责监督，招生就业处及相关部门负责执行。

第二十四条 本办法自发布之日起施行。

关于印发《中国人民大学高水平运动员招生管理办法》的通知

（2013—2014学年校办字9号）

各学院（系），机关各部、处及直（附）属单位：

《中国人民大学高水平运动员招生管理办法》已经学校研究通过，现予以印发，请遵照执行。

附件：《中国人民大学高水平运动员招生管理办法》

2013年10月30日

附件

中国人民大学高水平运动员招生管理办法

第一章 总 则

第一条 为规范学校高水平运动员招生工作，保证相关工作公平、规范、安全、有序开展，根据《教育部关于普通高等学校招生录取工作监督办法》（教监〔2003〕3号）、《教育部关于实行高等学校招生工作责任制及责任追究暂行办法》（教监〔2005〕4号）、《教育部关于深入实施高校招生阳光工程的意见》（教学〔2011〕9号）、《2010年普通高等学校招收高水平运动员办法》（教学司〔2009〕33号）、《教育部关于进一步推进高校招生信息公开工作的通知》（教学函〔2013〕9号）等文件规定，制定本办法。

第二条 高水平运动员招生工作以扩大学校社会影响，促进大众健康体育为指导思想，遵循公平、公正、公开的原则，科学发展“少而精”的高水平运动队伍。

第二章 组织机构及职责

第三条 学校招生工作领导小组（以下简称“领导小组”）全面领导高水平运动员招生工作，负责决策高水平运动员招生过程中的重要事项。遇有紧急事项时，也可由领导小组授权本科生招生工作委员会工作小组（以下简称“招生工作小组”）研究决策。

第四条 招生工作小组作为本科生招生工作委员会的常设机构，负责指导高水平运动员招生工作。

第五条 学校体育运动委员会按照教育部审批的高水平运动员招生项目决定每年的高水平运动员招生项目（含新增高水平运动项目申请）和分项目招生计划。

第六条 招生就业处负责实施高水平运动员招生工作，体育部及其他相关部门协助。

第七条 监察处全程参与高水平运动员招生工作，包括初选、评委抽选、人员培训、专业测试、成绩录入和录取等环节。

第三章 招生简章

第八条 招生就业处负责起草、报批和公布招生简章，原则上公布简章及报名时间不少于3周。招生简章内容包括招生计划、招生项目、报名条件、报名程序、专业测试办法、文化课考试办法、录取标准、纪检监察程序等。招生简章公布前向监察处报备。

第九条 高水平运动员招生计划严格控制在学校当年招生计划总规模的1%以内，招生计划主要用于学校重点发展的运动队项目。

第十条 报名条件依教育部普通高等学校招收高水平运动员办法规定执行，同时参照中国大学生体育协会各项目竞赛规程有关要求。

第十一条 考生报名采取网上报名方式。

第十二条 科学、合理地设计招生项目专业测试内容，同时兼顾可操作性，以利于选拔优秀高水平运动员。

第十三条 招生简章明确文化课考试科目和范围。文化课测试以语文、数学等基础课内容为主，考试范围以《普通高等学校招收高水平运动员文化课考试大纲》（教学司〔2009〕33号）为参考依据。

第十四条 招生就业处负责广泛宣传高水平运动员招生政策并采取有效方式告知参加专业测试的考生。

第四章 初 选

第十五条 初选评委由体育部各项目专业教师组成。初选评委名单由体育部从现任专业教师中抽签产生，有直系亲属参加考试的必须回避。初选评委名单由招生就业处向监察处报备。

第十六条 运动项目初选通过人数原则上不能超过招生计划的10倍，原则上田径项目的一级运动员均可参加测试。

第十七条 严格核对考生运动员等级资格，报到时考生须提供证书原件和秩序册。

第十八条 体育部负责制定初选标准并报招生就业处。初选以考生运动等级为主，兼顾考生身体条件和比赛成绩。招生就业处负责核对初选初步结果，并向招生工作小组汇报。初选结果同时报监察处备案。

第五章 专业测试

第十九条 招生就业处负责起草专业测试工作手册并向招生工作小组报备，专业测试工作手册内容包括人员及分工、日程安排、各类人员工作纪律、注意事项及工作流程、工作用表及其他记录材料等。

第二十条 招生就业处负责起草考生测试手册，测试手册内容包括测试须知、日程安排、秩序表和注意事项等。

第二十一条 体育部根据运动队发展情况逐步建立专家评委库。

第二十二条 专业测试评委应具备专业资格，有较高的专业水平，来自高校的评委要求具备副教授以上职称。测试时原则上要求5位（含）评委以上，田径和网球根据实际情况安排评委。评委全部从校外专业院校或专业队聘请，评委库名单人数不得少于评委需求数的2倍，来源单位不得少于5个。评委库由体育部提供，监察处抽签产生。我校专业测试评委资格原则上不能连续超过2年。

第二十三条 评委和考试工作人员中有直系亲属参加考试的，必须回避。

第二十四条 招生就业处和体育部做好专业测试评委的培训工作，明确专业测试评分的具体要求。监察处负责向评委明确相关纪律要求。专业测试评委须签订公平公正承诺书。

第二十五条 招生就业处负责做好监考、裁判、工作人员等人员的培训工作。

第二十六条 高水平运动员专业测试现场全程录像。学校委托第三方对参加田径项目测试的考生进行兴奋剂抽检。

第二十七条 所有评委现场签字确认考生成绩。专业测试成绩现场公布，考生现场确认本人成绩并签字。

第二十八条 高水平运动员考试评分表、试卷等过程记录材料管理按《中国人民大学本科生招生档案管理办法》执行。

第六章 录 取

第二十九条 考生专业测试成绩须去掉最高最低分，取其余成绩平均分为考生最终成绩。

第三十条 田径、网球、武术等项目录取时，原则上严格按照考生专业测试成绩从高往低录取，篮球、足球、排球等项目分位置按照专业成绩从高往低录取。对于录取范围内文化测试成绩低于总分35%的考生，由领导小组决定是否录取。

第三十一条 资格生名单及降分标准由招生就业处根据录取规则拟定后报领导小组审核。最终资格生名单及降分标准由领导小组组长签字后，留存于招生就业处。

第三十二条 资格生名单公示后，缺额的资格生人数，不再向后递补。

第七章 报批及公示

第三十三条 资格生名单在我校本科生招生网公示1周后报教育部高校学生司备案。

第三十四条 资格生名单公示期间，监察处公布举报电话，接受社会监督。

第三十五条 资格生名单公示结束后，学校与考生本人签订录取协议。录取协议明确考生的降分标准和入校后的权利义务。

第八章 违反规定行为处理

第三十六条 新生入校后3个月之内，组织对新生进行复查。复查不合格的，按《中国人民大学本科学生学籍管理规定》处理。新生复查期间的有关举报、调查及处理情况将在我校本科招生网公布。

第三十七条 新生入校后，应积极参加学校运动队的训练和比赛活动，对拒不参加又无正当理由的，按退学处理。

第三十八条 考生、考试相关人员在考试过程中各种违规行为的处理，按照《国家教育考试违规处理办法》（教育部令第33号）和教育部普通高校招生工作规定执行。

第九章 附 则

第三十九条 本办法由本科生招生工作委员会负责解释，监察处负责监督，招生就业处及相关部门负责执行。

第四十条 本办法自发布之日起施行。

关于印发《关于加强二级单位财务管理工作的若干规定（试行）》的通知

（2013—2014 学年校办字 17 号）

各学院（系），机关各部、处及直（附）属单位：

《关于加强二级单位财务管理工作的若干规定（试行）》已经学校研究通过，现予以印发，请遵照执行。

附件：《关于加强二级单位财务管理工作的若干规定（试行）》

2013 年 11 月 25 日

附件

关于加强二级单位财务管理工作的若干规定（试行）

近年来，学校各学院（系）、机关部（处）及直（附）属单位（以下简称“二级单位”）的经费总量大幅增加，资金来源渠道愈加多元，经济活动涉及面更为广泛，财务关系日趋复杂。部分二级单位存在财务监管不严、制度建设不完善、制度执行不到位以及一些违反国家和学校财务规定的问题。

为实现“权责明确、行为规范、管理严格、监督到位、运行有效”的管理目标，完善财务监管制度，强化制度执行，解决管理中存在的问题和不足，根据国家有关财经法律法规等要求，现就我校二级单位财务管理工作做出如下规定：

一、认真贯彻执行民主集中制和“三重一大”制度。完善财务决策和会签制度，重大财务决策、重要项目资金安排和大额资金的使用必须经单位领导班子集体研究做出决定，并详细记录、形成纪要，领导班子签字存档备查。

二、落实经济责任制。明确单位行政负责人为财务负责人，按照“一级管好一级”的原则，将工作任务和责任层层分解落实到单位内部各个层级直至个人，各司其职，各负其责，权责结合。

三、健全内部控制制度，强化内部的监督制约机制。落实内部控制关键岗位责任制，规范业务工作流程和财务管理流程，完善合同管理制度和资金使用内部审签制度，提高内部管理水平和风险防范能力，防范单位的重大经济活动风险。

四、科学、合理编制单位预算，根据事业发展需要合理储备事业经费。对预算执行过程进行有效控制和管理，提高预算执行效率。完整、准确编制单位决算，真实反映财务状况。

五、依法组织、管理收入。严格按照国家有关政策规定，各项收费的项目、范围、标准等以及涉及银钱往来合作事项的，应当经学校报有关部门批准或备案后严格执行。不得私自签署合作协议、私设收费项目、任意扩大收费范围、提高或降低收费标准。各项收费应当使用合法票据。各项收入应当全部纳入财务机构统一核算、统一管理。

六、坚持厉行节约，严格支出管理。严格执行国家财经纪律，从严管理公务接待费、因公出国（境）费、公务用车运行经费。逐步推进公务卡结算制度。各二级单位应当设置辅助账，做好财务收支基础工作。

七、加强科研经费统一管理，明确各责任主体责任。健全“统一领导、分级管理、责任到人”的科研经费管理体制，规范科研经费预算管理，严格科研经费支出，强化监督检查，落实责任追究制度。

八、加强资产管理，明确资产国有属性。健全单位国有资产配置、使用、出租、出借和处置管理制度，健全公共资源有偿使用和大型仪器、设备共享、共用制度，加强对资产安全和有效使用的控制，提高资产的使用效益。

九、有序推进财务公开。建立健全主动财务信息公开工作机制和重大事项决策信息公开工作机制，细化单位财务信息公开范围和内容，采取多种方式提高单位工作的透明度，妥善处理主动公开事项，保障师生员工的知情权和监督权。

十、根据工作需要，选聘专人担任财务工作联系人，负责处理本单位相关财务事宜。该人员应当具备必要的专业知识和专业技能，了解国家有关法律、法规、规章和学校财务制度等，遵守职业道德，具有良好的职业品质和严谨的工作作风。

十一、接受学校内部审计以及外部巡视、审计、检查、调查等，主动配合提供相关材料，积极整改落实审计提出的审计意见，研究管理建议并加以改进。

关于印发《关于加强二级单位财务决策工作的规定（试行）》的通知

（2013—2014 学年校办字 18 号）

各学院（系），机关各部、处及直（附）属单位：

《关于加强二级单位财务决策工作的规定（试行）》已经学校研究通过，现予以印发，请遵照执行。

附件：《关于加强二级单位财务决策工作的规定（试行）》

2013 年 11 月 25 日

附件

关于加强二级单位财务决策工作的规定（试行）

为更好地贯彻执行民主集中制原则，完善各学院（系）、机关各部（处）及直（附）属单位（以下统称“二级单位”）内部议事和决策机制，强化二级单位内部监督制约机制，经学校研究，规定如下：

一、贯彻执行“三重一大”制度，重大财务决策、重要项目资金安排和大额资金的使用，必须经单位领导班子集体研究决定。

二、设有分党委、党总支、直属党支部的单位，党政联席会为决策机构。设立董事会的单位，董事会为最高决策机构。上述情况以外的单位，行政办公会为决策机构。

三、决策机构议事范围包括：

（一）年度财务预算、预算调整和决算。

（二）单位薪酬、奖助学金发放方案。

（三）国家专项经费分配方案。

（四）引进人才经费（学院承担部分）落实方案。

（五）大型仪器设备购置、共享方案。

（六）资产处置方案。

（七）财务公开的内容、方式、范围等。

（八）超过 1 万元（含 1 万元）的临时支出。

（九）党政领导班子认为应当集体研究决定的其他重要财务事项。

学院（系）引进人才经费落实方案，或者购置大型仪器设备（200 万元及以上）的，应经院学术委员会讨论通过后方能提请党政联席会审议。

四、各单位在财务决策过程中应当广泛征求本单位职工意见，决策机构会议应当详细记录、形成纪要，领导班子签字存档备查。

关于印发《关于二级单位经济责任制的规定（试行）》的通知

（2013—2014 学年校办字 19 号）

各学院（系），机关各部、处及直（附）属单位：

《关于二级单位经济责任制的规定（试行）》已经学校研究通过，现予以印发，请遵照执行。

附件：《关于二级单位经济责任制的规定（试行）》

2013 年 11 月 25 日

附件

关于二级单位经济责任制的规定（试行）

为规范各学院（系）、机关各部（处）及直（附）属单位（以下简称“二级单位”）经济活动，提升管理水平，落实各级领导干部、内设机构（或项目）和相关责任人依法对有关经济活动及相关财务收支应当履行的职责、义务，现就我校二级单位经济责任制规定如下：

一、各单位应当高度重视经济责任制建设，按照“一级管好一级”的原则，将财务工作的任务和责任层层分解落实到内设机构（或项目）直至个人，各司其职，各负其责，把经济责任制贯穿于单位财务工作的全过程。

二、各单位经济责任人应当严格遵守并贯彻执行国家有关法律、法规以及学校财务制度，开展各类经济活动必须勤俭节约，保证学校的资金和资产安全，有效规避风险，注重绩效，按照权限和职责实行集体决策。

三、各单位应当按照学校规定制定本单位经济责任制实施细则，报学校备案。

四、各单位行政负责人经济责任。

（一）作为本单位财务负责人，对本单位经济活动的真实性、合法性负责，努力提高资金使用效益。

（二）根据国家财务法规和学校的财务规章制度，建立健全本单位的各项财务管理制度。

（三）组织编制本单位预算，组织预算执行，及时编制决算。

（四）建立健全内部国有资产管理制度，维护国有资产的安全和完整。

（五）指派专人设立、管理财务辅助账，做好财务收支和财务公开基础工作。

（六）接受学校有关部门的财务管理、监督、检查和审计。

（七）经批准单独设立独立核算财务机构的单位，还应组织做好会计相关档案的立卷、归档、保管、查阅和依法妥善销毁工作。

（八）国家法律法规和学校、二级单位规定的其他职责。

五、各单位领导班子副职经济责任。

（一）负责领导分管范围内的机构、项目的经济活动，维护分管范围内国有资产的安全和完整。

（二）审查各分管机构（或项目）的预算，组织研究分管范围内的重大项目，督促检查分管范围内的预算执行。

（三）国家法律法规和学校、二级单位规定的其他职责。

六、各单位内设机构（或项目）负责人经济责任。

（一）作为本机构（或项目）业务负责人，对相关经济活动的合法性、真实性负责，并确保反映经济活动的各类票据、合同等凭据来源合法、内容真实、手续完备。

（二）按照管理权限，维护国有资产的安全和完整。

（三）二级单位规定的其他职责。

七、设立财务机构或岗位的二级单位财务人员经济责任。

（一）对经手的经济业务的合法性、真实性负责。

（二）对单位经济活动依法履行财务监督职责。

（三）遵守国家法律法规和学校财务规章制度，遵守职业道德，恪尽职守，协助本单位负责人建立健全内部控制制度，如实反映经济活动全貌。

（四）按规定做好财务辅助账的立卷、归档、保管、查阅和依法妥善销毁工作。

八、接受学校内部审计、检查以及外部巡视、审计、检查、调查等，主动配合提供相关材料，积极整改落实，并承担相应的经济责任。

关于印发《中国人民大学自主选拔录取招生管理办法》的通知

（2013—2014 学年校办字 25 号）

各学院（系），机关各部、处及直（附）属单位：

《中国人民大学自主选拔录取招生管理办法》已经学校研究通过，现予以印发，请遵照执行。

附件：《中国人民大学自主选拔录取招生管理办法》

2013 年 12 月 13 日

附件

中国人民大学自主选拔录取招生管理办法

第一章　总　则

第一条　为规范学校自主选拔录取招生工作，根据《教育部关于普通高等学校招生录取工作监督办法》（教监〔2003〕3 号）、《教育部关于实行高等学校招生工作责任制及责任追究暂行办法》（教监〔2005〕4 号）、《教育部关于深入实施高校招生阳光工程的意见》（教学〔2011〕9 号）、《教育部关于进一步深化高校自主选拔录取改革试点工作的指导意见》（教学〔2012〕12 号）、《教育部关于做好 2013 年普通高校招生工作的通知》（教学〔2013〕2 号）、《教育部关于进一步推进高校招生信息公开工作的通知》（教学函〔2013〕9 号）等文件规定，制定本办法。

第二条　自主选拔录取工作以明确定位、规范程序、创新办法和提高质量为指导思想，遵循公平、公正、公开的原则，招收适合我校相关学科培养的优秀高中毕业生。

第二章　组织机构及职责

第三条　学校招生工作领导小组（以下简称“领导小组”）领导自主选拔录取招生工作，负责决策自主选拔录取招生过程中的重要事项。

第四条 本科生招生工作委员会工作小组（以下简称“招生工作小组”）作为本科生招生委员会的常设机构，负责指导自主选拔录取工作的具体开展。

第五条 招生就业处负责实施自主选拔录取招生工作，学校其他相关部门协助。

第六条 监察处全程参与自主选拔录取工作，包括初选、抽选评委、人员培训、复试、评卷、成绩录入和录取等环节。

第三章 招生简章

第七条 招生就业处负责起草、报批和公布自主选拔录取招生简章。招生简章内容包括招生定位、招生类别、招生计划、报名条件、报名程序、选拔程序、降分标准、录取办法、纪检监察程序等。招生简章公布前报监察处备案。

第八条 自主选拔录取招生资格生人数和录取人数严格按照教育部自主选拔录取相关规定执行。

第九条 考生报名采取网上报名方式。

第十条 自主选拔录取招生考试分为初试和复试。初试以笔试为主，复试以面试为主。初、复试内容要求充分结合招生专业学科特色，有利于引导中学开展素质教育和促进我校本科人才培养改革。

第十一条 招生就业处负责广泛宣传自主选拔录取政策并采取有效方式告知参加考试的考生。

第四章 初 选

第十二条 招生就业处根据考生报考情况和自主选拔录取招生方案起草初选办法。初选办法报监察处备案。

第十三条 招生就业处建立初选评委库。初选评委以学校本科生招生工作委员会委员和各省（区、市）招生组组长为主。有直系亲属参加自主选拔录取招生考试的初选评委必须回避。

第十四条 招生就业处负责核对初选名单（草案）。初选名单（草案）报招生工作小组，审议通过后由招生工作小组组长签字后留存招生就业处。

第十五条 初选结果在本科招生网公示 1 周，接受社会监督。

第五章 初 试

第十六条 招生就业处负责起草初试工作手册。初试工作手册包括命题方案、人员及分工、日程安排、阅卷方案、复试名单确认办法等。初试工作手册报招生工作小组审定。

第十七条 招生就业处负责起草考生初试手册，初试手册内容包括测试须知、日程安排、考试地点和注意事项等。

第十八条 招生就业处根据考生初试成绩和复试名单确定办法拟定复试名单并报领导小组审定。招生就业处负责向社会公布复试分数线。

第六章 复 试

第十九条 招生就业处负责起草复试工作手册，复试工作手册包括评委产生办法、命题方案、复试模式、人员及分工、日程安排等。复试工作手册报招生工作小组审定。

第二十条 招生就业处负责起草考生复试手册，复试手册内容包括测试须知、日程安排、考试地点和注意事项等。

第二十一条 招生就业处根据考生报考情况和各学院（系）推荐人选建立复试评委库。

第二十二条 复试评委需具备较高的专业水平和较为丰富的教学经验，原则上需具备副教授以上职称。评委库人数不得少于评委需求数的 1.5 倍。招生就业处对评委库进行初步审核，监察处抽签产生复试评委名单（草案）。复试评委名单（草案）报招生工作小组审定。

第二十三条 复试评委和考试工作人员中有直系亲属参加考试的，必须回避。

第二十四条 招生就业处负责评委的培训工作，明确复试评分的具体要求。监察处负责向复试评委明确相关纪律要求。复试评委须签订公平公正承诺书。

第二十五条 招生就业处负责做好监考及其他工作人员的培训工作。

第二十六条 复试方案如包含笔试，管理办法参照初试。

第七章 体质测试

第二十七条 体质测试是自主选拔录取复试的组成部分。

第二十八条 体育部根据参加体质测试的考生规模及报考项目建立评委库。

第二十九条 体质测试评委应具备专业资格，有较高的专业水平，以我校在职体育教师为主。体质测试评委名单由监察处抽签产生。

第三十条 招生就业处和体育部做好体质测试评委的培训工作，明确体质测试评分的具体要求。监察处负责向评委明确相关纪律要求。体质测试评委须签订公平公正承诺书。

第三十一条 自主选拔录取考试评分表、试卷等过程记录材料管理按《中国人民大学本科生招生档案管理办法》执行。

第八章 录 取

第三十二条 考生成绩由初试、复试成绩加权组成，初复试成绩占比按照招生简章公布的方案执行，体质测试成绩作为参考依据。

第三十三条 自主选拔录取资格生名单及降分标准由招生就业处根据招生简章公布的录取规则拟定后，报招生工作小组审议。最终自主选拔录取资格生名单及降分标准需经领导小组审定。

第三十四条 录取资格公布后，缺额的资格生人数，不再向后递补。

第九章 报批及公示

第三十五条 自主选拔录取资格生名单在我校本科招生网公示 1 周后报教育部高校学生司审核。

第三十六条 自主选拔录取资格生名单经教育部学生司批准后，在教育部阳光平台、各省级考试机构、我校招生网和中学四级进行公示。

第三十七条 资格生名单公示期间，监察处公布举报电话，接受社会监督。

第三十八条 自主选拔录取资格生名单公示结束后，学校与考生本人签订录取协议。录取协议明确考生的降分标准和志愿填报要求。

第十章 违反规定行为处理

第三十九条 新生入校后 3 个月之内，对新生进行复查。复查不合格的，按《中国人民大学本科生学籍管理规定》处理。新生复查期间的有关举报、调查及处理情况将在我校本科招生网公布。

第四十条 考生、考试相关人员在考试过程中的各种违规行为的处理，按照《国家教育考试违规处理办法》（教育部令第 33 号）和教育部普通高校招生工作规定执行。

第十一章 附 则

第四十一条 本办法由本科生招生工作委员会负责解释，监察处负责监督，招生就业处及相关部门负责执行。

第四十二条 本办法自发布之日起施行。

关于印发《中国人民大学艺术类本科生招生管理办法》的通知

（2013—2014 学年校办字 26 号）

各学院（系），机关各部、处及直（附）属单位：

《中国人民大学艺术类本科生招生管理办法》已经学校研究通过，现予以印发，请遵照执行。

附件：《中国人民大学艺术类本科生招生管理办法》

2013 年 12 月 13 日

附件

中国人民大学艺术类本科生招生管理办法

第一章　总　则

第一条　为规范学校艺术类本科生招生工作，确保艺术类本科生招生公平、规范、安全、有序，根据《教育部关于普通高等学校招生录取工作监督办法》（教监〔2003〕3 号）、《教育部关于实行高等学校招生工作责任制及责任追究暂行办法》（教监〔2005〕4 号）、《教育部关于深入实施高校招生阳光工程的意见》（教学〔2011〕9 号）、《2010 年高校艺术类专业招生工作通知》（教学厅〔2009〕34 号）、《教育部关于做好 2013 年普通高校招生工作的通知》（教学〔2013〕2 号）、《教育部关于进一步推进高校招生信息公开工作的通知》（教学函〔2013〕9 号）等文件规定，制定本办法。

第二条　本办法所称艺术类本科生招生，包括美术类及音乐表演专业本科生招生。

第二章　组织机构及职责

第三条　学校招生工作领导小组（以下简称“领导小组”）领导艺术类本科生招生工作，负责决策艺术类本科生招生工作重要事项。

第四条　本科生招生工作委员会工作小组（以下简称“招生工作小组”）作为本科生招生委员会的常设机构，负责指导艺术类本科生招生工作。

第五条　招生就业处负责实施艺术类本科生招生工作，艺术学院及其他相关部门协助。

第六条　监察处全程参与艺术类本科生招生工作，包括命题、评委选拔及培训、专业测试、成绩录入和录取等环节。

第三章　招生简章

第七条　招生就业处负责起草、报批和公布招生简章（原则上公布简章及报名时间不少于 3 周）。招生简章内容包括招生专业与计划、报考条件、报名方式、考试科目及要求、录取规则、收费标准和纪检监察程序等。招生简章公布前向监察处报备。

第八条　考生报名采取网上报名方式。

第九条　招生简章明确专业考试科目和要求。专业考试内容科学合理，兼顾艺术专业的特殊性和人才选拔的可操作性。美术类专业除艺术管理与策划方向外，其余专业（方向）专业测试原则上采取写生的试题模式。音乐表演专业各专业方向选拔轮次最多不超过三试。

第十条　艺术管理与策划专业方向按照自主选拔录取招生办法招生。

第十一条　招生就业处负责广泛宣传艺术类本科生招生政策并采取有效方式告知参加专业测试的

考生。

第四章 专业测试

第十二条 招生就业处负责起草专业测试工作手册并向招生工作小组报备。专业测试工作手册内容包括命题方案、人员安排及分工、日程安排、阅卷方案等。

第十三条 招生就业处负责起草考生测试手册，测试手册内容包括测试须知、日程安排和注意事项等。

第十四条 艺术学院负责组织美术类和音乐表演专业命题，推荐命题人员。命题人员名单由招生就业处初审后向监察处报备。

第十五条 命题数量不少于试题需求数量的3倍，最终使用试题由监察处抽签产生。

第十六条 招生就业处做好命题、试卷印刷、保管和使用过程中的保密工作。因工作需要接触试卷的相关人员须签订保密协议。

第十七条 艺术学院根据各招生专业发展情况逐步建立专家评委库。

第十八条 各专业测试评委应具备较高的专业水平和丰富的从业经验，来自高校的评委要求具备副教授以上职称。

第十九条 艺术类本科生招生原则上要求每个工作组或项目评委数量为5名（含）以上（测试分多轮考试时，仅复试或三试作此要求）。美术类专业评委在阅卷时分组工作，原则上每组至少有1名校外评委。音乐表演专业各项目测试评委中本校评委数量不得超过2名。

第二十条 美术类专业阅卷评委库人数不少于评委需求数的2倍，音乐表演专业测试评委库人数不少于评委需求数的3倍。

第二十一条 评委库由艺术学院提供，当值评委由监察处从评委库中抽签产生。校外评委资格原则上不能连续超过2年。

第二十二条 评委和考试工作人员中有直系亲属参加考试的，必须回避。

第二十三条 招生就业处和艺术学院做好专业测试评委培训工作，明确专业测试评分的具体要求。监察处负责向评委明确相关纪律要求。专业测试评委须签订公平公正承诺书。

第二十四条 招生就业处负责做好监考及其他工作人员的培训工作。

第二十五条 艺术类音乐表演专业测试进行全程录像。

第二十六条 艺术类考试评分表、试卷等过程记录材料管理按《中国人民大学本科生招生档案管理办法》执行。

第五章 校考合格生

第二十七条 考生专业测试成绩须去掉最高最低分，取其余成绩平均分为考生最终成绩。

第二十八条 艺术类本科生校考合格生资格确认坚持宁缺毋滥的原则，美术类各专业按照不超过专业招生计划4倍的数量确定校考合格生；音乐表演专业按照各专业方向总数不超过招生计划4倍的数量确定校考合格生。

第二十九条 各招生项目原则上严格按照考生校考专业测试成绩从高往低给予校考合格生资格。音乐表演各专业方向须乐理、视唱练耳、面试合格，声乐方向还须嗓音检查合格。

第三十条 校考合格生名单及录取标准由招生就业处根据录取规则拟定后报招生工作小组审议。最终录取名单需经招生工作领导小组审议通过。

第三十一条 招生就业处负责向社会公布专业测试校考合格生分数线。

第三十二条 招生就业处负责向各省级考试机构报备艺术类校考合格生名单。

第三十三条 录取资格公布后，缺额的资格生人数，不再向后递补。

第六章　录　取

第三十四条　美术类各专业按照校考专业测试成绩和高考成绩各占一定百比分的录取模式进行录取，具体占比由招生工作小组根据美术类各专业的教学发展情况决定。

第三十五条　音乐表演专业各专业方向在校考合格生达到考生所属省（区、市）音乐表演专业控制分数线的情况下，依照校考专业成绩顺序按计划录取。

第三十六条　美术类各专业校考成绩排在招生计划前10%的考生，如高考成绩达到考生所属省（区、市）美术类专业控制分数线，可直接录取。

第三十七条　按照艺术类录取办法录取的学生，入校后不得转入非艺术类专业。美术类各专业学生与音乐表演各专业学生不得互转。

第七章　违反规定行为处理

第三十八条　新生入校后3个月之内，组织对新生进行复查，复查不合格的，按《中国人民大学本科学生学籍管理规定》处理。新生复查期间的有关举报、调查及处理情况将在我校本科招生网公布。

第三十九条　考生、考试相关人员在考试过程中的各种违规行为的处理，按照《国家教育考试违规处理办法》（教育部令第33号）和教育部普通高校招生工作规定执行。

第四十条　严禁学校各单位、个人、受聘命题人员和评委举办任何形式的与艺术类专业测试相关的辅导。对于违反规定的校内单位和个人，按照国家法规、教育部规定和学校相关规定进行处理；对于违反规定的校外人员，由纪委办公室、监察处通报当事人原单位，由原单位进行处理。

第八章　附　则

第四十一条　本办法由本科生招生委员会负责解释，监察处负责监督，招生就业处及相关部门负责执行。

第四十二条　本办法自发布之日起施行。

关于印发《中国人民大学本科生招生信息公开公示办法》的通知

（2013—2014学年校办字27号）

各学院（系），机关各部、处及直（附）属单位：

《中国人民大学本科生招生信息公开公示办法》已经学校研究通过，现予以印发，请遵照执行。

附件：《中国人民大学本科生招生信息公开公示办法》

2013年12月18日

附件

中国人民大学本科生招生信息公开公示办法

第一章　总　则

第一条　为落实国家高校招生信息公开的有关规定，提高本科生招生工作透明度，保障广大考生和家长的知情权、监督权，规范学校本科生招生信息公开工作，根据《教育部关于进一步推进高校招生信息公开工作的通知》（教学函〔2013〕9号）、《教育部关于深入实施高校招生阳光工程的意见》（教学〔2011〕9号）、《教育部关于高等学校招生工作实施阳光工程的通知》（教学〔2005〕4号）等文件规定，制定本办法。

第二条 本办法所指本科生招生信息是指学校在实施本科生招生过程中产生或获取的，以一定形式记录、保存的信息。

第三条 本科生招生信息公开公示坚持及时、准确、便民、合法合规的原则。

第二章 组织机构及职责

第四条 招生工作领导小组（以下简称“领导小组”）全面领导本科生招生信息公开公示工作，审定本科生招生信息公开公示内容、程序和计划。

第五条 本科生招生工作委员会工作小组（以下简称“招生工作小组”）推进、指导、协调本科生招生信息公开公示工作。

第六条 监察处监督、检查本科生招生信息公开公示工作是否及时、准确、合法合规。

第七条 招生就业处负责执行教育部及学校本科生招生信息公开公示的有关规定；负责本科生招生信息公开公示前的保密审查；负责本科生招生信息公开公示、维护和更新；负责起草本科生招生信息公开公示内容、程序。

第三章 信息公开公示范围

第八条 主动公开公示的信息范围：

（一）本科生招生工作章程和各类招生管理办法；

（二）本科生招生章程，包括学校基本办学情况、学历学位证书发放情况、招生计划编制原则、专业录取原则及实施办法、录取期间的机动计划使用原则和办法、学费标准等；

（三）各类型招生简章，包括各特殊类型招生的报考条件、招生计划、选拔程序、考核方式与内容及录取规则等；

（四）本科生招生来源计划、预留计划和使用原则、计划调整结果等；

（五）保送生、自主选拔录取、高水平运动员、艺术特长生等特殊类型招生资格生名单及资格确认分数线；

（六）各省（区、市）、各批次、各科类调档分数线、录取人数和录取分数线；

（七）咨询电话、网上录取查询热线和举报电话；

（八）新生复查期间的有关举报、调查和处理情况；

（九）教育部和学校相关文件规定的招生过程中需要公布公示的其他本科生招生信息。

第九条 公示的特殊类型资格考生信息应包括姓名、性别、所在中学（单位）、享受照顾政策类别、资格条件、测试项目等。

第十条 招生就业处可根据实际情况建议调整主动公开公示的信息范围，报领导小组批准后执行。

第十一条 除主动公开公示的本科生招生信息外，学校接受本科生招生信息公开申请。

第四章 信息公开公示方式和程序

第十二条 本科生招生信息公开公示的主要途径是本科招生网，网址：www.rdzs.com。考生、家长也可以通过电话、信函、邮件、网上咨询平台进行查询。

第十三条 招生信息属主动公开公示范围的，由招生就业处整理后报招生工作小组审定，并根据审定结果直接在本科招生网进行公布或公示。

第十四条 申请人申请公开信息的，填写招生信息公开申请表报招生就业处。

第十五条 对申请人的信息公开申请，由招生就业处统一受理、统一答复，答复期限为15个工作日。

第十六条 招生就业处及时处理信息公开申请，并会同监察处对申请公开的信息进行保密审查。

第十七条 招生就业处根据申请公开的信息属性进行处理。申请公开的信息属于公开范围的，应当告知申请人获取该信息的方式和途径；属于不予公开范围的，应当告知申请人并说明理由；不属于本科生招生办公室职责范围的或者该信息不存在的，应当告知申请人，能够确定该信息责任单位的，应当告知申请人该单位的名称、联系方式；申请公开的信息含有不应当公开的内容但能够区分处理的，应当告知申请人并提供可以公开的信息内容，对不予公开的部分，应当说明理由；申请内容不明确的，应当告知申请人作出更改、补充，申请人逾期未补正的，视为放弃本次申请；同一申请人无正当理由重复向本科生招生办公室申请公开同一信息，学校已经作出答复且该信息未发生变化的，应当告知申请人，不再重复处理。

第十八条 涉及国家秘密，涉及商业秘密，涉及个人隐私，法律、法规和规章以及学校规定的不予公开的信息，不予公开。而经权利人同意公开或者招生就业处认为不公开可能对公共利益造成重大影响的，经报招生工作小组审定后，可以予以公开。

第十九条 涉及到考生个人隐私信息及不宜广泛公开的信息，如考生成绩信息、录取结果等信息，考生可通过本科招生网站自助查询。

第二十条 招生就业处根据各特殊类型招生实际情况，将需要公示的本科生招生信息报教育部和省级考试机构进行公示，按照教育部规定需要中学公示的本科生招生信息还需通知中学，由中学在校内进行公示。

第二十一条 需要公示的本科生招生信息公示时间原则上不少于2周，其他公布的信息在本科生招生网至少保留至当年年底。

第五章 附 则

第二十二条 本办法由本科生招生工作委员会负责解释，监察处负责监督，招生就业处及相关部门负责执行。

第二十三条 本办法自发布之日起施行。

2013年统计资料

表一　　教职员工人员构成一览表　　单位：人

项目＼类别	合计	专任教师	行政人员	教辅人员	工勤人员	科研机构人员	校办企业职工	其他附设机构人员
总计	3 580	1 852	676	420	179	258	8	187
其中：女性	1 556	662	352	298	41	88	6	109
正高级	628	589	9	20	0	0	1	9
副高级	907	702	39	114	0	0	1	51
中级	1 090	531	0	229	0	258	1	71
初级	68	30	0	36	0	0	0	2
未定职级	887	0	628	21	179	0	5	54

表二　　专任教师学历构成一览表　　单位：人

项目	合计	研究生毕业		本科毕业	专科毕业及以下
		博士	硕士		
总计	1 852	1 495	268	85	4
其中：女性	662	520	114	28	0
正高级	589	506	59	23	1
副高级	702	573	87	40	2
中级	531	416	96	18	1
初级	30	0	26	4	0
未定职级	0	0	0	0	0

表三　　本科生分学科学生数一览表　　单位：人

学科	毕业生数	招生数	在校生数
总计	2 824	3 157	11 774
哲学	72	41	200
经济学	665	899	3 131
法学	431	442	1 712
文学	419	402	1 577
历史学	71	80	299
理学	268	415	1 427
工学	57	33	167
管理学	742	708	2 748
艺术学	99	137	513

表四　　研究生学生数一览表　　单位：人

	毕业生数	授予学位生数	招生数	在校研究生数			
				合计	一年级	二年级	三年级及以上
总计	4 032	4 028	4 427	11 655	4 427	4 915	2 313
其中：女生	2 314	2 312	2 511	6 359	2 511	2 776	1 072
博士生	766	765	903	3 474	903	868	1 703
硕士生	3 266	3 263	3 524	8 181	3 524	4 047	610
国家任务小计	3 214	3 212	3 550	9 598	3 550	3 883	2 165
博士生	744	743	873	3 267	873	836	1 558
硕士生	2 470	2 469	2 677	6 331	2 677	3 047	607
委托培养小计	276	275	68	333	68	217	48
博士生	10	10	0	46	0	0	46
硕士生	266	265	68	287	68	217	2
自筹经费小计	542	541	809	1 724	809	815	100
博士生	12	12	30	161	30	32	99
硕士生	530	529	779	1 563	779	783	1

注：另有在职人员攻读硕士学位在校学生 2 657 人。

表五　　留学生情况一览表　　单位：人

	当年毕业生	授予学位数	当年招生数	在校学生数
总计	1 144	355	1 094	1 630
博士生	16	16	21	108
硕士生	100	99	64	205
本科生	244	240	190	963
培训生	784	—	819	354

表六　　成人教育、网络教育学生数一览表　　单位：人

	当年毕业生数			招生数			在校学生数		
	合计	本科	专科	合计	本科	专科	合计	本科	专科
总计	17 464	10 650	6 814	21 138	12 695	8 443	62 992	41 552	21 440
成人教育	2 467	2 177	290	1 355	1 355	0	6 991	6 972	19
其中：函授	279	236	43	0	0	0	90	87	3
业余	2 188	1941	247	1 355	1 355	0	6 901	6 885	16
脱产	0	0	0	0	0	0	0	0	0
网络教育	14 997	8 473	6 524	19 783	11 340	8 443	56 001	34 580	21 421

表七　　校园与校舍面积、固定资产一览表

全校占地面积（平方米）	757 728.82
校舍面积（平方米）	1 065 233
一、教学科研及辅助用房	327 306
教室	65 046
图书馆	57 695
实验室、实习场所	67 342
专用科研用房	102 510
体育馆	21 024
会堂	13 689
二、行政办公用房	92 269
三、生活用房	330 475
学生宿舍（公寓）	210 796
学生食堂	26 563
教工宿舍（公寓）	20 000
教工食堂	0
生活福利及附属用房	73 116
四、教工住宅	124 656
五、其他用房	190 527
固定资产总值（万元）	346 617.56
其中：教学、科研仪器设备	50 295
图书（万册）	439.1

表八　　学校基建投资状况表　　单位：万元

	合　计	其　中		已完成投资中资金构成				竣工面积（平方米）	
		国家投资	自筹投资	建安工程		设备购置	其他	小计	其中：住宅
				小计	其中：住宅				
投资计划	68 499	1 344	67 155	—	—	—	—	3 030	—
完成投资	68 781	1 344	67 437	—	—	—	—	3 030	—

表九　　经费收入状况表　　单位：万元

总计	财政拨款	事业收入	其他收入
301 952.77	133 070.92	118 165.13	50 716.72

表十　　经费支出状况表　　单位：万元

总计	事业支出	基建支出
339 341.1	274 713.2	64 627.9

表十一　　科学研究基本状况一览表——文科

科技活动人员情况（人）			研究与发展课题数（项）				科研与发展成果情况			应用成果（项）		科研成果获奖情况（项）		研究与发展课题经费拨入（万元）
社科活动人员	研究与发展人员	研究与发展全时人员（人年）	合计	基础研究	实验与发展	应用研究	合计	出版著作（部）	发表论文（篇）	提交有关部门	鉴定成果	国家级	省部级	
1 767	1 722	547.8	3 817	1 458	22	2 337	3 678	414	3 264	19	0	0	43	17 314.11

表十二

科学研究基本状况一览表——理科

科技活动人员情况（人）		研究与发展课题数（项）				科研与发展成果情况				科研成果获奖情况（项）		研究与发展课题经费拨入（万元）
理科活动人员	研究与发展全时人员（人年）	合计	基础研究	应用研究	试验与发展	合计	出版著作（部）	发表论文（篇）	专利（项）	国家级	省部级	
257	103.7	222	129	38	55	132	7	117	8	0	0	9 432.8

说明：1. 表一至表七根据《中国人民大学高等教育基层统计报表（2013/2014 学年初）》填写，统计时点为 2013 年 9 月 1 日，统计时期为 2012 年 9 月 1 日至 2013 年 8 月 31 日。

2. 表八至表十二，统计时期为 2013 年 1 月 1 日至 2013 年 12 月 31 日，统计时点为 2014 年 1 月 1 日。

3. 表三、表四统计范围不含留学生；表九、表十统计范围含附中、附小，不含幼儿园；其余表格无特殊说明统计范围均不含附中、附小、幼儿园。

机构与干部

■ 中共中国人民大学第十三届委员会常委、委员和纪律检查委员会委员名单

党委常委（以姓氏笔画为序）

马俊杰　王利明　牛维麟　冯惠玲　伊志宏　刘向兵
杨慧林　陈雨露　查显友　程天权　靳　诺

党委委员（以姓氏笔画为序）

马俊杰　王利明　牛维麟　冯惠玲　伊志宏　刘向兵
刘彭芝　纪宝成　杨瑞龙　杨慧林　陈　岳　陈一兵
陈雨露　林　岗　周淑真　郑水泉　查显友　贺耀敏
秦　宣　袁　卫　徐志宏　郭洪林　程天权　温铁军
靳　诺

注：

1.2013 年 4 月 11 日，中共中央发文（中委〔2013〕245 号），批准靳诺同志（女）任中国人民大学党委书记，免去程天权同志的中国人民大学党委书记职务。

2.2013 年 4 月 15 日，中共教育部党组发文（教党任〔2013〕31 号），经研究并与中共北京市委商得一致，决定靳诺同志任中共中国人民大学委员会委员、常委；程天权同志不再担任中共中国人民大学委员会常委职务。

3.2013 年 4 月 18 日，中组部副部长潘立刚来校宣读了《中共中央关于中国人民大学党委书记调整的决定》。

纪委委员（以姓氏笔画为序）

马周年　王宏伟　牛维麟　龙翼飞　关　伟　吴美华　张晓辉　荆　新　涂光晋　董克用

中国人民大学校级领导干部名单

党　委　书　记：程天权（2013. 04 免）
靳　诺（2013. 04 任）
校　　　　长：陈雨露
党委常务副书记：牛维麟
常 务 副 校 长：冯惠玲
副　　校　　长：王利明（兼）　杨慧林　查显友　伊志宏　刘向兵
党 委 副 书 记：马俊杰　王利明
纪　委　书　记：牛维麟（兼）

中国人民大学校长助理名单

贺耀敏　黎玖高　吴晓求　郝立新　郭洪林　王孝群　杨伟国

中国人民大学第十一届学术委员会委员名单

（以姓氏笔画为序）

主　　任：陈先达
副 主 任：王利明　冯惠玲（常务）　伊志宏　刘大椿　李路路　杨慧林
贺耀敏　温铁军　解思深
秘 书 长：杜　鹏
副秘书长：叶裕民　吴晓求　杜小勇　杨瑞龙　胡锦光　赵国俊　郭庆旺
黄兴涛
委　　员：

王孝群　王利明　王洪臣　毛基业　乌云毕力格　孔祥智　卢仲毅　叶裕民
冯惠玲　伊志宏　刘大椿　刘小枫　刘元春　孙　郁　孙家洲　杜小勇
李志平　李树旺　李路路　杨伟国　杨瑞龙　杨慧林　吴晓求　何其莘
谷克鉴　宋新宁　张　杰　张成福　张志伟　张积家　张雷声　陈　岳
陈先达　陈兴滨　林　岗　林　勇　林　嘉　金勇进　郑功成　项贤明
赵　方　赵　忠　赵国俊　郝立新　胡锦光　洪大用　贺耀敏　秦惠民
倪　宁　高德步　郭　禾　郭庆旺　唐　忠　黄朴民　黄兴涛　喻国明
温铁军　解思深　翟振武

中国人民大学第三届校务委员会委员名单

名誉主任： 黄　达　李文海

主　　任： 程天权

副 主 任： 袁　卫　牛维麟　刘大椿　郑功成

委　　员：（以姓氏笔画为序）

马俊杰　王　珊　牛维麟　冯惠玲　刘大椿　纪红波　杨伟国　李　湘
李文海　李景治　何光沪　陈先达　陈雨露　易丹辉　周淑真　郑功成
郑保卫　胡乃武　费　佳　袁　卫　顾海兵　倪　宁　徐二明　徐庆平
郭海鹰　黄　达　黄卫平　董克用　程天权　曾湘泉　蓝志勇　戴　逸

其他有关单位负责人： 理学院　校研究生会　校学生会

中国人民大学第八届学位评定委员会委员名单

主　席： 陈雨露

副主席： 冯惠玲　袁　卫　刘大椿　吴晓求

委　员：（以姓氏笔画为序）

王利明　冯惠玲　伊志宏　刘大椿　刘春田　孙　毅　孙家洲　杜小勇
杨瑞龙　杨慧林　吴晓求　陈　岳　陈雨露　郑杭生　郝立新　胡乃武
洪大用　袁　卫　董克用　曾湘泉　鲍　威

秘书长： 吴晓求（兼）

中国人民大学第八届学位评定分委员会主席、副主席、委员名单

（委员名单以姓氏笔画排序）

一、哲学分会（9 人）

主　席： 郝立新

副主席： 张志伟

委　员： 干春松　刘晓力　张风雷　郑晓华　梁树发　韩东晖　焦国成

二、理论经济学分会（8 人）

主　席： 杨瑞龙

副主席： 高德步　翟振武

委　员：马　中　　方福前　　刘元春　　刘凤良　　陈享光

三、应用经济学分会（9 人）

主　席：曾湘泉

副主席：郭庆旺

委　员：孙久文　　谷克鉴　　张　杰　　金勇进　　郑超愚　　黄卫平　　瞿　强

四、法学分会（10 人）

主　席：刘春田

副主席：史际春　　韩大元

委　员：马小红　　龙翼飞　　朱文奇　　刘明祥　　汤维建　　李艳芳　　张志铭

五、政治学社会学分会（9 人）

主　席：陈　岳

副主席：秦　宣

委　员：杜　鹏　　李路路　　杨凤城　　时殷弘　　张雷声　　金灿荣　　黄嘉树

六、文学艺术学分会（9 人）

主　席：孙　毅

副主席：倪　宁

委　员：王贵元　　张永青　　张勇先　　袁济喜　　徐唯辛　　高　钢　　喻国明

七、历史学分会（8 人）

主　席：孙家洲

副主席：黄朴民

委　员：齐鹏飞　　陈　桦　　夏明方　　徐兆仁　　黄爱平　　魏　坚

八、理工分会（8 人）

主　席：杜小勇

副主席：鲍　威

委　员：王孝群　　王洪臣　　龙永红　　张　波　　张建平　　孟小峰

九、工商管理与农林经济管理分会（9 人）

主　席：伊志宏

副主席：孔祥智

委　员：王刊良　　孙健敏　　宋远方　　郑风田　　荆　新　　徐二明　　唐　忠

十、公共管理、图情档、教育学分会（9 人）

主　席：董克用

副主席：赵国俊　　郑功成

委　员：卢小宾　　叶剑平　　张　斌　　张成福　　秦惠民　　蓝志勇

中国人民大学第六届教职工代表大会主席、副主席、秘书长、副秘书长及成员名单

主　　席：马俊杰（兼）
副 主 席：胡乃武　林　嘉　洪　玫
秘 书 长：孙华玲
副秘书长：余　浩
成　　员：（以姓氏笔画为序）

马俊杰　仇雨临　牛维麟　田育英　龙永红　刘后滨　刘向兵　刘青建
刘彭芝　安小米　余　浩　吴晓求　宋远方　张伦传　张晓京　林　嘉
周淑真　郑水泉　胡乃武　查显友　洪　玫　洪大用　费　佳　徐金梅
高德步　郭星华　郭洪林　曾贤刚　黎玖高

中国人民大学工会第十五届委员会主席、副主席、委员名单

主　　　席：马俊杰（兼）
常务副主席：孙华玲
专职副主席：余　浩
兼职副主席：（以姓氏笔画为序）

李军林　李树旺　辛　逸　宋大我　武　雷

委　员：（以姓氏笔画为序）

马秀芹　马俊杰　王　飞　孔祥智　艾希成　华彦春　刘　震　孙　喆
孙华玲　李军林　李明霞　李树旺　余　浩　辛　逸　汪永红　宋大我
武　雷　周　勇　郑瑞芳　孟　超　赵朝平　郝中建　徐　飞　崔　军
葛秀珍

中国人民大学工会经费审查委员会主任、副主任、委员名单

主　任：孙茂竹
副主任：张　雁
委　员：王　健　史彤彪　刘桂香

校部机关、各学院（系、所）、直（附）属单位负责人名单

（截至 2013 年 12 月 31 日）

学校办公室（校长办公室、党委办公室）	主　任	纪红波
党委组织部	部　长	高德步（2013.12 免）
		杜　鹏（2013.12 任）
党委宣传部	部　长	郑水泉
党委统战部	部　长	周淑真（2013.05 免）
		齐鹏飞（2013.05 任）
纪委	书　记	牛维麟（兼）
	副书记	王　健
纪委办公室	主　任	王　健（兼）
监察处	处　长	王　健（兼）
研究生院	院　长	冯惠玲（兼）
	常务副院长	吴晓求（兼）
	副院长	刘凤良（2013.11 免）
	副院长	宋远方
发展规划处	处　长	杨伟国（2013.05 免）
		王　轶（2013.05 任）
教务处	处　长	洪大用
科研处	处　长	杜　鹏（2013.12 免）
		刘元春（2013.12 任）
人才工作领导小组办公室	主　任	郭洪林（兼，2013.11 任）
人事处	处　长	郭洪林（兼，2013.11 免）
		刘凤良（2013.11 任）
实验室建设与设备管理处	处　长	武宝瑞（2013.12 免）
		张　卯（2013.12 任）
学生工作部（处、武装部）	部（处）长	张晓京（2013.11 免）
		宋大我（2013.11 任）
招生就业处	处　长	蔡荣生（2013.11 免）
		王　鹏（2013.11 任）
国际交流处	处　长	唐　忠（2013.09 免）
		张晓京（2013.09 任）
财务处	处　长	顾　涛
资产与后勤管理处	处　长	林建荣（2013.11 免）
		黎玖高（兼，2013.11 任）
保卫处（部）	处（部）长	武龙生（2013.01 免）

		宋大我（2013.01 任，2013.11 免）
		白连永（2013.11 任）
产业管理处	处　　长	关　伟
校园建设管理处	处　　长	张　卯（2013.12 免）
		李　明（2013.12 任）
	总工程师兼副处长	肖淑梅
理工学科建设处	处　　长	王孝群（兼）
审计处	处　　长	赵永奎
离退休工作处	处　　长	葛秀珍（兼离退休党委书记）
校工会	主　　席	马俊杰（兼）
	常务副主席	孙华玲
校团委	书　　记	费　佳
机关党委	书　　记	牛维麟（兼）
	常务副书记	纪红波（兼）
校友工作办公室	主　　任	郭海鹰
教育基金会	秘书长	查显友（兼）
哲学院	院　　长	郝立新（兼，2013.09 免）
		姚新中（聘，2013.09 任）
	党委书记	葛晨虹
文学院	院　　长	孙　毅
	党委书记	王贵元（2013.01 免）
		孙　毅（兼，2013.01 任）
历史学院	院　　长	孙家洲（2013.07 免）
		黄兴涛（2013.07 任）
	党委书记	陈　桦（2013.07 免）
		刘后滨（2013.07 任）
国学院	名誉院长	冯其庸（聘）
	院　　长	纪宝成（兼）
	执行院长	黄朴民
	党委书记	徐　飞
经济学院	院　　长	杨瑞龙
	党委书记	张　宇
财政金融学院	院　　长	郭庆旺
	党委书记	王宏伟
	全国金融硕士专业学位教育指导委员会秘书处秘书长	庄毓敏
汉青经济与金融高级研究院	院　　长	马修·逊姆（Matthew Shum）
	执行院长	梁　晶
统计学院	院　　长	赵彦云
	党委书记	王晓军
农业与农村发展学院	名誉院长	陈锡文（聘，2013.07 任）
	院　　长	温铁军（2013.05 免）
		唐　忠（2013.05 任）

	党委书记	孔祥智
法学院	院　　长	韩大元
	党委书记	林　嘉
知识产权学院	院　　长	刘春田
马克思主义学院	院　　长	秦　宣（2013.05 免）
		郝立新（兼，2013.05 任）
	党委书记	张雷声（2013.05 免）
		杨凤城（2013.05 任）
社会与人口学院	院　　长	翟振武
	党委书记	郭星华
国际关系学院	名誉院长	陈　健（聘，2013.07 任）
	院　　长	陈　健（聘，2013.07 免）
		陈　岳（2013.07 任）
	党委书记	陈　岳（兼）
新闻学院	院　　长	赵启正（聘）
	执行院长	倪　宁
	党委书记	高　钢
艺术学院	院　　长	吴长江（名誉）（聘）
	执行院长	徐唯辛（2013.11 免）
		刘向兵（兼，2013.11 任）
	党总支书记	郑晓华
外国语学院	院　　长	何其莘（聘）
	常务副院长	张勇先（2013.05 免）
		王建平（2013.05 任）
	党委书记	张勇先（2013.05 任）
环境学院	名誉院长	李文华（聘）
	院　　长	马　中
	党委书记	刘　鹏
信息学院	院　　长	杜小勇
	党委书记	林　颐
理学院	院　　长	冯惠玲（兼，2013.01 免）
		解思深（聘，2013.01 任）
	党总支书记	杨燕萍
	物理学系主任	朱传界（聘，2013.05 免）
		卢仲毅（2013.05 任）
	化学系主任	张建平（2013.05 任）
	心理学系主任	孙健敏
商学院	院　　长	伊志宏（兼，2013.11 免）
	执行院长	毛基业（聘，2013.11 任）
	党委书记	荆　新
	全国会计硕士（MPAcc）专业学位教育指导委员会	
	秘书处秘书长	王化成

公共管理学院	院　　长	董克用
	党委书记	李家福
	全国公共管理硕士（MPA）专业学位教育指导委员会	
	秘书处秘书长	董克用
劳动人事学院	院　　长	曾湘泉
	党委书记	周　石
信息资源管理学院	院　　长	张　斌
	党委书记	王　丹
教育学院	执行院长	胡　娟（2013.11 免）
	党总支书记	秦惠民
高等教育研究室	主　　任	胡　娟（兼）
继续教育学院	院　　长	陈兴滨
	党委书记	刘夏阳
培训学院	名誉院长	陈一兵
	院　　长	李海彬（2013.01 任）
	党总支书记	刘京建
苏州校区	管理委员会主任	陈雨露（兼，2013.02 任）
	党委书记	陈甬军（2013.02 免）
		杨伟国（兼，2013.02 任）
国际学院（苏州研究院）	院　　长	王利明（兼，2013.02 免）
		杨伟国（兼，2013.02 任）
中法学院	院　　长	伊志宏（兼，2013.02 免）
		杨伟国（兼，2013.02 任）
深圳研究院	院　　长	冯惠玲（兼）
	常务副院长	陈　建
体育部	主　　任	杨占武
	党总支书记	张玲玲
图书馆	馆　　长	刘大椿
	党总支书记	汪永红
档案馆	馆　　长	杨慧林（兼）
	常务副馆长	李　惠
博物馆	名誉馆长	纪宝成（兼）
	馆　　长	杨慧林（兼）
	馆　　长	方　鸣（聘）（兼）
	副 馆 长	李　惠（兼）
信息技术中心	主　　任	顾　涛（兼）
校医院	院　　长	王桂云（2013.11 免）
	党总支书记	马秀芹（2013.11 免）
		李遵清（2013.11 任）
后勤集团	总 经 理	黎玖高（兼，2013.11 免）
		林建荣（2013.11 任）
	党委书记	裴　晟

	常务副总经理	陈建立
文化科技园管委会	办公室主任	彭　翊
出版社	社　　长	李永强
	总　　编	贺耀敏（兼）
	党委书记	李永强（兼）
学术期刊社	社　　长	贺耀敏（兼）
	副 社 长	段忠桥（兼）
	《经济与政治研究》主编	陈雨露（兼，2013.03 任）
	《经济理论与经济管理》主编	方福前
	《中国人民大学学报》主编	段忠桥
	《教学与研究》主编	齐鹏飞（2013.05 免）
		秦　宣（2013.05 任）
书报资料中心	主　　任	盛希贵（2013.11 免）
		武宝瑞（2013.11 任）
	总　　编	高自龙
	党委书记	李遵清（2013.11 免）
		武宝瑞（兼，2013.11 任）
人大资产经营管理公司 （人大世纪科技发展有限公司）	总 经 理	关　伟（兼）
印刷厂	厂　　长	董四湖
人大附中联合总校	校　　长（法定代表人）	刘彭芝（兼）
附属中学	校　　长	刘彭芝（兼）
	校　　长（法定代表人）	翟小宁（2013.07 任）
	党委书记	刘小惠
	常务副校长	翟小宁（2013.07 免）
附属小学	校　　长	郑瑞芳

学院(部)简介

■ 哲学院

哲学院成立于 2005 年 5 月，前身为中国人民大学哲学系，建系于 1956 年。现任院长为姚新中教授。

学院下设哲学系和宗教学系，有哲学、宗教学和伦理学 3 个本科专业，其中哲学和宗教学专业入选教育部和北京市“第一类特色专业建设点”。学院有马克思主义哲学、中国哲学、外国哲学、伦理学、美学、逻辑学、科学技术哲学、宗教学和管理哲学等 9 个硕士点和博士点，招收高级访问学者、外国留学生和港澳台学生。

学院现有教师 82 人，其中教授 46 人、副教授 28 人、讲师 8 人，博士研究生导师 48 人（包括兼职教授）。在校生 649 人，其中本科生 199 人，硕士研究生 254 人，博士研究生 188 人，留学生 8 人。

学院是国家文科基础学科（哲学）人才培养和科学研究基地、教育部“十五”“211 工程”重点基地、“985 工程”哲学社会科学创新平台，是国内最早可以授予硕士学位和博士学位、最早设立博士后流动站的学术机构之一，是国内第一批一级学科博士学位授权单位，拥有马克思主义哲学、伦理学和宗教学 3 个国家级重点学科，拥有伦理学与道德建设研究中心、佛教与宗教学理论研究所 2 个“教育部人文社会科学重点研究基地”。

2013 年，学院举办了“全球正义：中国在 21 世纪的道德领导力角色”“国际儒学论坛”“哲学分析论坛”“‘何为政治哲学’学术研讨会”“中欧哲学论坛”等一系列学术会议，影响广泛。

2013 年，学院获得国家社会科学基金重点项目 4 项、一般项目 3 项，获得教育部人文社会科学一般项目 3 项。同时，哲学院教师主持的五项成果获第六届高等学校科学研究优秀成果奖。

■ 文学院

2008 年 1 月，原文学院与原对外语言文化学院组建成立新的文学院；2008 年 12 月，跨学院研究机构“国剧研究中心”调整至文学院。现任院长为孙毅教授。

学院现有 12 个教学单位（文艺理论教研室、古典学教研室、中国古代文学及中国古典文献学教研室、中国现当代文学教研室、外国文学教研室、古代汉语教研室、现代汉语教研室、语言学及应用语言学教研室、对外汉语教学中心、创造性写作教研室、影视与多媒体教研室、戏剧戏曲学教研室）。此外，还设有 3 个校属研究所（国剧研究中心、汉语国际推广研究所、国际写作中心），4 个院属研究所（基督教文化研究所、文艺思潮研究所、比较文学研究所、语言文字研究所），1 个院属研究中心（文化产业研究中心）。

学院现有教师 106 人，其中教授 30 人，副教授 37 人，专任外籍教授 1 人；另有博士后 6 人。在校学生 1 035 人，其中本科生 293 人，硕士研究生 395 人，博士研究生 79 人，留学生 268 人。

学院是“国家文科基础学科人才培养和科学研究基地”“国家对外汉语教学基地”，并设有“中国语言文学”一级学科博士学位授权点、博士后流动站，拥有国家二级重点学科 1 个（文艺学）、北京市一级重点学科 1 个（中国语言文学）。

2013 年，学院新增国家社会科学基金项目 5 项（一般项目 4 项、青年项目 1 项）、后期资助项目 2 项，新增教育部重大攻关项目 1 项，新增北京市哲学社会科学重大攻关项目 1 项、重点项目 3 项。朱万曙教授著作《徽商与明清文学》入选 2013 年“国家哲学社会科学成果文库”；阎连科教授先后获得英国布克国际奖提名和第十二届马来西亚最高华人文学奖；王家新教授荣获韩国第四届昌原 KC 国际诗歌奖；刘震云教授《一句顶一万句》获得《当代》长篇小说论坛“五年五佳”奖与“五年最佳”奖。学院还主办了第十一届全国语言学暑期高级讲习班、“中德作家论坛”、“中国古代文学研究：视野与方法”学术研讨会，并协办“2013 北京文艺论坛：网络与文艺”。

2013 年，多位海归博士加盟学院。获得教育部第六届高等学校科学研究优秀成果奖（人文社会科学）的杨联芬教授和陈前瑞教授调入学院工作。龙国富副教授入选教育部 2013 年度“新世纪优秀人才支持计划”；陈倩、彭磊、苏涛、徐楠、张一帆等 5 位青年教师入选“北京市高校青年英才计划”。教育部“海外名师”项目入选者、英国格拉斯哥大学人文艺术学院大卫·贾斯柏（David Jasper）教授已来学院工作。

2013 年，成立“文学院学生新闻中心”，学生自办刊物《中文视窗》开始发行；承办第五届人文知识竞赛，学院 2011 级本科生李琦、张翼翔代表学校参赛，获得第五届北京市大学生人文知识竞赛一等奖。

2013 年，学院与英国格拉斯哥大学批评性研究学院、日本东京大学综合文化研究科·教养学部、台湾佛光大学等境外院校就师生交换、学术交流等内容达成或签署了合作协议；邀请了日本东京大学东洋文化研究所前所长尾琦文昭教授、英国爱丁堡大学神学院院长布朗（Stewart J. Brown）教授、国际比较文学学会会长汉斯·伯顿斯（Hans Bertens）教授等海外知名学者来学院讲学；阎连科教授 3 月至 4 月在哈佛大学、耶鲁大学、杜克大学等北美 10 所高校进行了有关文学创作的巡回演讲；杨慧林教授与耿幼壮教授 7 月赴法国巴黎参加 2013 年国际比较文学学会年会；杨慧林教授组织并主持了“经文辩读与比较文学”分论坛，并在会上做了主题发言；王家新教授在欧洲、北美、韩国等多个国家和地区进行了诗歌朗诵与主题演讲。

■ 历史学院

历史学院的前身是1948年成立的华北大学中国历史教研室，1956年正式建系，1978年复校后重建历史系和清史研究所。2005年组建成立历史学院，学院下设历史系和清史研究所；2013年10月，又增设考古文博系。学院是国内外知名的历史研究的学术重镇和历史学人才培养基地。现任院长为黄兴涛教授。

学院系教育部国家文科基础学科人才培养与科学研究基地（由历史系与清史研究所共建），现拥有中国史、世界史和考古学三个一级学科点，拥有中国史、世界史和考古学一级学科学位授予权。其中，中国史一级学科涵盖了6个硕士点和6个博士点（中国古代史、中国近现代史、专门史、史学理论及史学史、历史文献学、历史地理学），世界史和考古学一级学科下设二级学科也正在论证中。中国古代史及中国近现代史为国家级重点学科，历史学为北京市一级重点学科。学院还设有教育部文科人才培养与科学研究基地、教育部人文社会科学重点研究基地。

学院有专任教师80人，其中教授29人，副教授26人，讲师25人，90%以上的教师具有博士学位，50%的教师具有海外学术背景。学院现有学生414人，其中本科生127人，硕士研究生196人，博士研究生91人。

2013年，学院教师共获得国家级、省部级、学校等各类科研项目共计30项，其中包括国家社会科学基金项目5项，省部级项目5项。夏明方教授申报的国家社会科学基金重大项目“清代灾荒纪年暨信息集成数据库建设”获得立项，是学院立项的第二个国家社会科学基金重大项目。

2013年，学院教师共发表论文67篇，其中发表于核心期刊的47篇，出版专著11部，并有多项成果获奖。曹刚华著《明代佛教方志研究》获得北京市第十二届哲学社会科学优秀成果奖二等奖；李文海等编《中国荒政书集成》（12卷本）、黄兴涛著《“她”字的文化史——女性新代词的发明与认同研究》获得第六届高等学校科学研究优秀成果奖三等奖；张世明《法律、资源与时空构建：1644—1945年的中国》（5卷本）获得“首都法学优秀成果奖”特等奖等。

在人才建设方面，戴逸教授荣获第二届吴玉章人文社会科学终身成就奖，是人文社会科学领域的极高荣誉；特聘海外专家唐纳德·沃斯特教授荣获美国历史协会终身成就奖；包伟民教授入选教育部长江学者；丁超、刘贤博士入选首批北京高校青年英才计划。

2013年，学院学术交流活动频繁。“旱暵水溢：世界历史上的河流、洪涝与旱灾”国际学术研讨会、“典籍·社会与文化国际学术研讨会暨中国历史文献研究会第34届年会”、“首届国际满文文献学术研讨会”、“徐谓礼文书与宋代政务运行研究学术研讨会”、“考古文博系成立暨学科建设研讨会举行”、“世界史学科建设座谈会”等规模和影响较大的学术研讨会先后召开。“第三届北京高校研究生考古学论坛”和“清史研究所第八届青年学者论坛”等研究生学术活动也相继举行。

■ 国学院

国学院成立于2005年5月28日，是学校为探索和加强新时期国学学科的建设和国学人才的培养，弘扬中华民族优秀传统文化而做出的重大举措。现任名誉院长为冯其庸先生，院长为纪宝成教授，执行院长为黄朴民教授。

截至2013年底，学院共有专任教师34人（其中教授13人，副教授8人，讲师13人），特聘教授4人，讲座教授5人，学术顾问6人，专家委员会委员66人，兼职教授40人；共有在校学生285人，其中本科生178人，硕士研究生70人，博士研究生37人；有在站博士后2人。资料室有中文图书20 000余册，外文图书4 000余册，中文期刊60余种。

2013年度，学院深化国学的主题研究，召开“韩非子与子学国际学术研讨会”；与扬州大学联合举办“2013·国际经学与文学学术研讨会”；与邯郸学院联合举办“荀子思想与价值国际研讨会”；举办“中美核心价值与文明对话”高等论坛、成中英哲学思想学术研讨会、中国学术史编年与学术史研讨会等。学院关注学科前沿，举办“吐火罗问题”学术座谈会，蒙古、西藏政教关系研讨会。上述系列学术会议得到了媒体的广泛关注，《光明日报》《中华读书报》《中国社会科学报》等媒体都做了相关报道。学院还举办各类学术讲座多期，境内外知名学者如社科院赵广明教授、以色列希伯来大学尤锐教授、美国斯坦福大学艾朗诺教授、普林斯顿高等研究院狄宇宙教授、台湾世新大学王晓波教授、台湾大学文学院徐富昌教授、香港中文大学刘笑敢教授等先后在学院发表学术演讲。

2013年，学院教学、科研工作取得了丰硕的成果。学院“新型国学人才培养的机制及其成效”荣获2012年北京市高等教育教学成果奖获得一等奖；学院获得各级优秀学位论文的数量也有所增加；杨庆中教授荣获2013年宝钢优秀教师奖。学院正式出版国学院成立五周年学术论文集；国学文库丛书1种；《西域历史语言研究丛书》2种；《汉藏佛学研究丛书》3种；出版《国学学刊》4期、《西域历史语言研究集刊》1辑、《蒙古学问题与争论》1期、《国学新视野》4期，进一步扩大了国际影响；学院项目申报也实现了预期目标，获得国家社会科学基金重大项目1项、国家社会科学基金一般项目1项、决策咨询及预研委托项目6项、明德青年学者计划2项。学院在研的各项国家级、省部级、校级项目，进展良好，部分项目已经顺利结项，其中《光明日报》头版对西域历史语言研究所的事业与成绩做了专题报道。

2013年，学院继续努力强化和提升国际性。学院遴选和促成了2名学生赴荷兰莱顿大学、德国汉堡大学攻读博士学位；另有2名学生前往英国南安普顿大学、法国里昂第二大学攻读硕士学位，1名前国学院毕业生赴牛津大学攻读博士学位。此外，国学院今年有1名青年教师赴美进修，17名学生赴海外高校交流学习。

2013年，学院基础建设也取得了很大的进展。经过长时间的努力和修整，国学院资料室正式开馆使用，初步建立起了以西域学为特点，敦煌学、考古学、经学、古代文学、诸子学、古文字学等为主要内容的特色鲜明的国学资料室。新资料室占地面积700多平方米，设有双面书架240个，单面书架37个，双面书柜42个，期刊架24个，图书容量4万多册；有4人阅览桌15个，单人阅览桌6个，可同时容纳阅览者60余人。

2012年纪宝成国学教育基金奖学金设立，旨在鼓励、表彰有志于国学学习和研究，专业基础扎实，具备一定学术潜力、德智体全面发展的优秀学生。奖励对象为国内已开展国学专业本科教育的高校，评选对象为全日制在校本科三、四年级学生。2013年，基金会向国内10多所国学院所发出评选邀请。经过评审专家组评审、公示等环节，最终学校国学院2010级本科生马子木等12名同学获得首届纪宝成国学教育基金奖学金。

此外，学院顺利完成2010级本科生及2012级硕士研究生游学活动，编写《游学报告集》，圆满举办2013年度“国学院学生学术活动季”等活动。

■ 经济学院

经济学院成立于1998年，其前身可以溯源至1939年陕北公学设立的政治经济学研究室，后历经华北大学、华北联合大学的演进。经济学系是1950年中国人民大学成立时首设的“八大系”之一，是新中国经济学科的重要奠基者和开拓者之一。现任院长为杨瑞龙教授。

经济学院下设经济学系、国际经济系、国民经济管理系、能源经济系、经济研究所、区域与城市经济学研究所，拥有理论经济学、应用经济学2个国家重点一级学科，政治经济学、西方经济学、国民经济学和区域经济学4个国家重点二级学科，世界经济学为北京市重点二级学科。学院有教育部人文社会科学重点研究基地（中国经济改革与发展研究院）和国家经济学基础人才培养基地，设有政治经济学、西方经济学、国民经济学、经济史、经济思想史、世界经济、国际贸易、企业经济学、网络经济学、数量经济学、区域经济学、城市经济学等12个博士点，政治经济学、西方经济学、国民经济学、经济史、经济思想史、世界经济、国际贸易、国际商务、企业经济学、网络经济学、数量经济学、国防经济学、区域经济学、城市经济学等14个硕士点，理论经济学、应用经济学2个博士后流动站，经济学、国际经济与贸易、国民经济管理、能源经济等4个本科专业，拥有“经济学—数学”双学位实验班、“中国经济”全英文硕士班、理论经济学硕博连读实验班、政治经济学硕博连读实验班、中国人民大学—九州大学联合培养硕士研究生项目、中国人民大学—蒙特雷国际研究院国际商务专业硕士联合培养项目等6个人才培养平台。

学院现有在岗专任教师130人，其中教授53人，副教授57人，讲师20人，教师中博士学位获得者120人，海外博士学位获得者34人。现有学生约2 050人，其中本科生1 050人，硕士研究生550人，博士研究生300人，留学生规模约150人（其中本科生约90人，硕士研究生约40人，博士研究生约20人），海外学生比例每年以10%的速率增长。

2013年，学院教师共在《中国社会科学》《经济研究》等核心期刊上发表论文208余篇，在ESI，SSCI和SCI上发表高水平论文26篇。共获得国家社会科学基金重点项目1项；国家自然科学基金主任基金项目1项，青年科学基金项目2项、面上项目2项、国际合作与交流项目1项；教育部人文社会科学基金项目基地重大项目3项、青年项目1项、发展报告项目2项、思想政治工作项目1项、规划项目2项；1部专著入选“国家社科基金成果文库”。新入选“新世纪优秀人才支持计划”1人，北京市新世纪社科理论人才“百人工程”1人，北京高等学校青年英才计划项目5人。

2013年，学院与英国外交部、俄罗斯莫斯科国际关系学院、比利时布鲁塞尔自由大学、澳大利亚昆士兰科技大学、欧洲经济学会、美国范德比尔特大学、日本东京大学、美国宾州州立大学、欧洲中国经济学会、台湾政治大学、日本三井住友信托银行、法国巴黎第一大学、德国柏林-勃兰登堡科学院、加拿大多伦多大学、法国图卢兹经济学院、荷兰蒂尔堡大学、以色列耶路撒冷希伯来大学、中国留美经济学会、美国克拉克大学、美国蒙特雷国际研究院、美国财政部、日本同志社大学、瑞士苏黎世大学等世界著名高校和研究机构开展了广泛的交流与合作；与德国图宾根大学签署合作协议，举办第三届全国高校青年骨干教师微观计量经济学高级研修班，承办2期国家商务部援外人力资源开发合作项目。

2013年，学院先后独立或联合举办了第二届微观数据与实证方法国际研讨会、首席经济学家论坛、中国人民大学—汉阳大学联合学术研讨会、第五届海峡两岸财经前沿问题学术研讨会、宏观形势与金融市场研讨会、经济体制改革研讨会、能源经济学论坛、公共政策评论研讨会、中国经济学家年度论坛暨第六届中国经济理论创新奖颁奖大会等高水平国际国内会议，以及世纪经英论坛、杰出院友论坛、人大经济讲堂、组织经济学研讨会15期、能源经济学研讨会16期、宏观经济研讨会11期、劳动与发展经济学研讨会 14 期、数量经济学研讨会 7 期、政治经济学研讨会 7 期、国际商务论坛 16 期等高质量学术活动。成功举办中国宏观经济论坛 4 期，发布的中国宏观经济分析与预测报告受到有关部门高度重视。在本科生学术论坛、"经英杯"论文比赛、经英成长大讲堂、"我在经院"等特色鲜明的学生学术创新和文化平台上，也取得了良好效果。

■ 财政金融学院

财政金融学院成立于 1997 年，其前身是财政信用系，是学校创建伊始设立的八大系所之一，是新中国最早的财政金融教学科研基地。现任院长为郭庆旺教授。

学院下设财政系、货币金融系、应用金融系、保险系、财政与税收研究所、金融与证券研究所、风险投资研究所、国际并购与投资研究所、信托与基金研究所、投资研究所、保险研究所、金融与财税电子化研究所、国际货币研究所、艺术品金融研究所、重阳金融研究院以及教育部人文社会科学重点研究基地——中国财政金融政策研究中心。学院现有财政学、金融学、保险学、金融工程、税收学、信用管理等 6 个本科专业；财政学、金融学、金融工程、保险学等 4 个学术型硕士学位二级学科授权点；财政学、金融学、金融工程、保险学等 4 个学术型博士学位二级学科授权点；金融、税务、保险 3 个专业硕士学位授权点和 1 个应用经济学博士后流动站。

学院现有专任教师 73 人，其中教授 30 人，副教授 31 人，讲师 12 人，90%的教师拥有博士学位，并聘请国际一流学者、实业界知名人士作为学院兼职教授、名誉教授或客座教授。现有学生2 216人，其中本科生 1 335 人，硕士研究生 571 人，博士研究生 276 人，二学位学生 34 人。其中包含留学生 65 人。

2013 年，学院共举办各类会议 25 场，成功举办中韩财政金融问题、货币法制的意义及作用、日本财政的现状及其未来的展望、解析世界贸易格局变迁与人民币国际化、期货与衍生品市场等国际学术研讨会，顺利召开"第四届（2013）江山论坛""货币金融圆桌会议・2013 春""货币金融圆桌会议・2013 秋"等研讨会。

2013 年，学院周升业教授获 2013 年度"中国金融学科终身成就奖"；陈雨露教授、郭庆旺教授、张杰教授获第六届"高等学校科学研究优秀成果奖（人文社会科学）"二等奖，张成思教授获三等奖；何平教授荣获第九届北京市高等学校教学名师奖；张成思教授荣获"中国青年金融学者奖"；汪昌云教授入选 2013 年国家百千万人才工程；郑志刚教授、刘勇政讲师入选 2013 年度"新世纪优秀人才支持计划"；黄达教授的《金融学》（第三版）、陈雨露教授的《世界是部金融史》和张杰教授的《中国金融制度的结构与变迁》获首届金融图书"金羊奖"；郭庆旺、岳树民、何平、张成思、贾俊雪等 5 名教授完成的《财政金融专业拔尖创新人才培养体系的探索与推广》获第七届北京市高等教学成果一等奖；黄达教授的"财政信贷综合平衡理论"获得 2013 年"中国经济理论创新奖"；刚健华、何林、谭松涛、薛涧坡等 4 位教师入选首批北京高校青年英才计划。

2013 年，学院陈雨露教授、庄毓敏教授当选第十二届全国人大代表，参加第十二届全国人大一次会议。

■ 汉青经济与金融高级研究院

汉青经济与金融高级研究院是企业家赵汉青先生在中国人民大学捐资建立，于 2007 年 3 月正式揭牌成立，中国人民大学原校长纪宝成教授和诺贝尔经济学奖获得者斯蒂格利茨教授任名誉院长。加州理工学院马修·逊姆（Matthew Shum）教授任院长，梁晶教授任执行院长。研究院同时成立了由中国人民大学原校长黄达教授、普林斯顿大学邹至庄教授、全国人大财经委副主任吴晓灵教授、斯坦福大学洪瀚教授任主任的学术委员会。

研究院现有专任教师19人，其中教授2人，副教授3人，讲师14人，聘请国际一流学者、实业界知名人士作为学院兼职教授、名誉教授或客座教授。汉青研究院自2008年起开始招收和培养金融学、数量经济学专业的硕士研究生。2012年实行硕博连读项目。现有硕士研究生165人，博士研究生5人。

2013年，研究院实现毕业生百分之百就业，8人赴海外大学深造，1人进入本校硕博连读项目，30人进入金融机构、政府和国有企事业单位就业。2013年，研究院举办招生夏令营，通过严格选拔，60名学生入选。

2013年，研究院成功举办暑期国际学期，开设7个专题课程、7个前沿讲座，共计16学分，256课时。该项目师资由来自哈佛大学、斯坦福大学、哥伦比亚大学、普林斯顿大学、加州理工大学、约翰·霍普金斯大学、康奈尔大学、波士顿大学、剑桥大学等国际一流高等学府的十几位享有国际声誉的知名专家学者组成。

2013年，研究院首创“明星教师”评选，以学生无记名投票方式评选出6名明星教师。

2013年，研究院共举办各类学术会议45次，成功举办“微型金融在中国”高峰论坛，成功举办第三届汉青年会，探讨互联网金融前景。

2013年，研究院全职教师发表或被接受SSCI文章共计12篇。其中徐吉良的文章被经济类A类期刊*Journal of Econometrics*（《计量经济学杂志》）接收，汤珂教授的文章发表在金融学顶级期刊*Review of Financial Studies*（《金融研究评论》）上。

2013年，研究院深化国际交流工作，赴美招聘反响强烈，引进3名已在国外有任教经验的优秀教师。国外知名学者受邀访问增多，包括著名国际经济学家，哈佛大学教授理查德·库珀（Richard N. Cooper）教授，国际权威期刊*Management Science*（《管理科学》）主编、波士顿大学杰罗姆·德坦普尔（Jerome Detemple）教授在内的20余位学者访问研究院。10月，与美国芝加哥大学签署包括共同署名联办暑期学期，联合培养硕士，教师互访，学生交换学习与实习等领域的战略合作协议。与加拿大女王大学签署联合培养金融硕士项目的协议。

■ 统计学院

统计学院成立于2003年，系在成立于1952年的统计学系的基础上组建而成。统计学院是新中国统计学学科的奠基者和开拓者之一，也是全国统计学教学和研究的重要基地。现任院长为赵彦云教授。

学院现有统计学、应用统计学、经济统计学（含风险管理与精算）3个本科专业；统计学、概率论与数理统计、风险管理与精算、流行病与卫生统计学4个硕士学位点；统计学、风险管理与精算2个博士学位点。

2013年，学院共有专任教师38人，其中教授14人，副教授15人。聘请兼职教授和客座教授共11名，其中，兼职教授7人，讲座教授1人，长江学者讲座教授1人，教育部“海外名师”教授1人，国家外专局国家高端外国专家教授1人。在校生654人，其中本科生355人，硕士研究生224人，博士研究生75人。其中包含留学生2人。学院与美国哥伦比亚大学、台湾辅仁大学合办学术期刊《数据科学期刊》(*Journal of Data Science*)；承担了国家自然科学基金、国家社会科学基金、北京市社会科学基金和国家各部委、企事业单位的大量科研课题。

2013 年，学院教师申请获批的新立项目 62 个，已确定的新立项目经费达 1 105 万元。2013 年，学院教师在各类专业期刊杂志上发表论文 89 篇，出版著作 6 部。

2013 年，学院主办和协办国际国内学术会议 6 次，分别是：第五届旅游与环境可持续发展：创新、竞争力与合作国际会议；第五届临床评价方法与应用国际研讨会暨第四届东亚地区生物统计会议；第一届中国北区统计与优化建模研讨会暨高维数据与高频数据分析学术研讨会；海峡两岸 CATI 与数据挖掘合作 20 周年暨第十届中国数据挖掘与商业智能研讨会；第六届中国 R 语言会议；第七届临床医学研究中的统计方法学术研讨会。

■ 农业与农村发展学院

农业与农村发展学院成立于 2004 年，系在 1954 年成立的农业经济系的基础上组建而成。现任名誉院长为陈锡文教授，院长为唐忠教授。

学院现有农林经济管理与农村区域发展 2 个本科专业，技术经济及管理、农业经济管理、林业经济管理、农村发展、可持续发展管理、食品科学、食品安全管理 7 个硕士学位点，1 个农业推广硕士专业学位点，农业经济管理、林业经济管理、技术经济及管理、农村发展和可持续发展管理 5 个博士学位点，以及农林经济管理、公共管理博士后流动站。

学院现有专任教师 50 人，其中“千人计划”特聘教授 1 人、教授 16 人、副教授 17 人、讲师 16 人；高端外国专家项目团队 1 个；中国人民大学讲座教授 1 人；中国人民大学荣誉一级教授 2 人。共有学生 501 人，其中本科生 206 人、硕士研究生 217 人、博士研究生 78 人。其中包含留学生 3 人。

学院现承担各类科研项目 100 多项，其中国家社会科学基金、国家自然科学基金等研究项目 30 余项。2013 年获批国家社会科学基金重大项目 1 项、重点项目 2 项，自然科学基金面上项目 5 项、青年项目 3 项、国际合作与交流项目 1 项，教育部人文社会科学青年项目 4 项，北京市哲学社会科学重大项目 1 项、重点项目 1 项、青年项目 1 项。2013 年，朱信凯教授入选 2012 年度北京市中青年社会科学理论人才“百人工程”；周诚教授、严瑞珍教授被学校授予荣誉一级教授称号。

2013 年，学院主办北京农业经济学会 2013 学术年会、森林恢复与可持续经营转型国际学术研讨会、“东北亚森林与景观恢复”国际研讨会、“资源环境约束下的农业生产方式”中日韩国际学术研讨会、第十届中国合作经济发展论坛、首届北京青年农业经济学者论坛、教育部高等学校农业经济管理类专业教学指导委员会第一次工作会议、2013 年“REDD+研究和发展”国际研讨会、“草地制度变迁对牧区自然资源管理的影响”学术研讨会、发展中国家食品价值链发展与创新国际研讨会、亚太地区森林恢复与可持续经营国别比较研究国际研讨会、农业部青年联合会大学生村官界别全委会。成功举办中国优秀大学生村官走进中国人民大学活动、2013 年“全国优秀大学生夏令营”活动。

2013 年，加拿大不列颠哥伦比亚大学林学院、瑞士日内瓦大学、韩国农林特别问题委员会、巴西南里奥格兰德联邦大学、日本中村学园大学、台湾高雄国际花卉股份有限公司、联合国驻华机构等代表团先后访问学院。学院代表应邀出访英国伦敦大学皇家霍洛威学院、日本中村学园大学、韩国农协经济研究所、韩国农林水产食品教育情报研究院、韩国农林特别问题委员会、朝鲜人民民主共和国土地与环境部、香港中文大学、台湾“行政院”；参加美国农业与应用经济学会年会、联合国粮农组织（FAO）研讨会、中印女性经济学国际研讨会、亚太国际教育协会（APAIE）理事会、第 12 届亚太农业政策论坛、世界银行 2014 年“土地与贫困”年会等会议。

■ 法学院

法学院成立于1988年，其前身是1950年成立的法律系，是学校成立之初建立的八大系所之一，也是新中国诞生后党和政府创立的第一所正规的、新型的高等法学教育机构。现任院长为韩大元教授。

学院是全国首批获准在法学一级学科拥有博士学位授予权的单位，博士点和硕士点覆盖了全部二级学科。学院拥有国家一级重点学科1个、国家二级重点学科4个，拥有“985工程”国家重点创新基地、国家“211工程”项目法制信息港、教育部人文社会科学研究基地2个（中国人民大学刑事法律科学研究中心、中国人民大学民商事法律科学研究中心）。设有全国第一个法学博士后流动站，成立了作为二级学院的知识产权学院、律师学院和亚太法学研究院，拥有各类专业研究机构、教学实践基地、《法学家》杂志社等机构40余个。

学院现有教师116人，其中教授47人、副教授49人、讲师20人，教师中博士研究生导师77人（含返聘教授、校外兼职博导）；另有博士后39人。共有学生2 493人，其中本科生717人，双学士生34人，法学硕士研究生358人，法律硕士研究生929人，博士研究生375人，留学生80人。2013年在教育部法律硕士试点改革评估中，学院法律硕士专业名列全国第一。法律硕士新增亚太精英法律人才计划项目、人权法方向、食品安全治理方向。

2013年，学院教师在国内顶级法学期刊以及国际发文数量都有了大幅度提升，在《中国法学》《中国社会科学》《法学研究》上发表21篇论文，《中国法学》（英文版）发文8篇；在SSCI类期刊发文6篇。在教育部第六届高等学校科学研究优秀成果奖（人文社会科学）评奖结果中，王利明教授《法律解释学导论——以民法为视角》获一等奖，张新宝教授《侵权责任法立法研究》获二等奖，徐孟洲教授《耦合经济法论》获三等奖，黎建飞教授主编《身边的法律顾问：劳动合同与社会保障》获成果普及奖。学院获得国家社会科学基金重大项目1项，重点项目2项，一般项目1项，后期资助项目1项；教育部人文社会科学基地重大项目4项；中国法学会2013年度部级法学研究课题7项。

2013年，学院韩大元教授负责的《中国宪法学》、莫于川教授负责的《行政法与行政诉讼法》两门本科课程入选国家级精品资源共享课项目；曾宪义教授总主编的《中国传统法律文化研究》（10卷）获第四届中华优秀出版物（图书）奖；王欣新教授的《破产法》（第三版），徐孟洲教授的《金融法》（第二版），徐立根、李学军、刘晓丹教授的《物证技术学》（第四版）三项教材获评2013年北京高等教育精品教材。学院多项教学成果获第七届北京市高等教育教学成果奖，其中“因材施教分类培养——本科法律人才培养模式改革与创新工程”获北京市一等奖，《劳动法和社会保障法》、“法律经济学课程体系建设与成果转化”获北京市二等奖。孙国华、许崇德、王作富三位教授获得荣誉一级教授称号；肖建国教授入选2013年度教育部新世纪优秀人才支持计划；刘春田教授入选“2013年全球50位最具影响力知识产权人物”；郭禾教授获评首批全国知识产权领军人才；高仰光、王旭、徐阳光、程雷、朱虎五位青年教师入选“北京市高等学校青年英才计划”。

2013年，学院进一步提升国际学术对话层次，与国外一流院校合作举办高层次学术会，如“第一届日内瓦—哈佛—人大—悉尼”财产权学术研讨会、“现代立宪主义中的法治”中英研讨会，亚太食品安全圆桌会议、第一届中非法学院院长论坛等。学院进一步拓展与世界一流大学和国际机构的国际合作，与哈佛大学、牛津大学的远程视频课程顺利开展，与哈佛大学法学院的学生交换项目机制化，与牛津大学的学生交换项目已获得实质性进展，与悉尼大学、布鲁塞尔自由大学、阿姆斯特丹自由大学、苏黎世大学等签署院际学生交换协议，与巴塞罗那自治大学签署了双硕士联合培养协议，与巴黎第二大学商谈合作举办法学专业本科生“中外合作办学项目”，与联合国毒品与犯罪办公室建立常态的学生实习项目等。中国法全英文硕士项目进一步完善英文课程体系。学生国际模拟法庭比赛取得佳绩：Jessup代表队在2013年度世界参赛排名中位列第40名，是2013年大中华区唯一进入全球前50的代表队；学院代表队荣获EMCC WTO国际模拟法庭亚太区选拔赛亚军，并在国际总决赛中跻身总决赛八强，书面诉状位列国际第三名。本年度共派出152名学生出国出境学习交流，亚洲校园项目、院际学生交换项目共接收23名外国学生来学院交换学习。本年度出国、出境参加学术会议，进行学术访问的教师80余人次。

2013年，学院不断探索学科发展新机制，巩固基础学科优势，在教育部发布的学科评估结果中位居全国高校法学一级学科第一名。学院响应教育部“高等学校创新能力提升计划”（即“2011计划”），联合校内相关学院，与清华大学等高校和国家食品药品监督管理总局等机构共建“食品安全治理协同创新中心”。2013年，学院先后成立基础法学教研中心和社会法教研中心，加强基础法学、社会法学等学科建设，促进学科间的融合；成立海关与外汇法律研究所，促进海关和外汇管理法制工作的发展。

■ 马克思主义学院

马克思主义学院成立于2003年7月，系在成立于1996年12月的原马克思主义学院和成立于20世纪50年代的中共党史系的基础上组建而成。现任院长为郝立新教授。

学院下设马克思主义理论教育研究所、马克思主义发展史研究所和中共党史系；中国人民大学“三个代表”重要思想研究中心、当代中国研究中心和思想理论课教学办公室均挂靠在马克思主义学院。现有中国革命史与中国共产党党史1个本科专业，马克思主义哲学、思想政治教育、科学社会主义与国际共产主义运动、马克思主义基本理论、政治经济学、中共党史、当代中国史、中国特色社会主义理论、马克思主义发展史、马克思主义中国化研究、国外马克思主义等11个博士学位点和硕士学位点。学院的马克思主义理论学科是全国唯一的国家级重点一级学科，政治学一级学科之下的“中共党史”学科自1988年以来一直是国家级重点二级学科。

学院现有教师58人，其中教授22人，副教授18人，讲师18人。学院共有学生368人，其中本科生90人，硕士研究生135人，博士研究生141人，留学生2人。

6月30日，中国共产党历史与理论研究院成立。该研究院是学校整合校内优势资源，在中央有关研究单位支持、指导下建设的集学术研究、政策咨询与人才培养为一体的综合研究机构。中国共产党历史与理论研究院是以马克思主义学院为依托，在中共中央党史研究室、中共中央文献研究室、中央编译局、中国社会科学院（当代中国史研究所）等单位的支持、指导下建立的。研究院及各个共建单位在依托和发挥各自优势的基础上，携手并进，努力把研究院建设成为中共党史党建和马克思主义中国化的主要研究基地，发挥资政育人作用的重要机构，国内外中共历史与理论的学术研究和交流的最佳平台，培养一流党史党建研究人才的领军单位。

2013年，学院举办首期面向高中生的“明德英才夏令营”，招收营员50多名；举办面向大学生的“全国马克思主义理论学科优秀大学生夏令营”。这两项举措大大优化了学院的本科和硕士招生生源。同时，学院还举办“博士生论坛”，吸引校内外博士研究生参加。学院还积极开展形式多样的实践教学。在学校组织的各种社会调研活动中，马克思主义学院教师都发挥了重要作用。

2013年，学院继续举办多期中共党史学科青年教师工作坊、马克思主义视角——青年学术沙龙等活动。

■ 社会与人口学院

社会与人口学院成立于2003年4月，下设社会学系、人口学系、社会工作系、人类学研究所、老年学研究所，并设有法社会学研究所、女性研究所、性社会学研究所、社会心理学研究所、社会调查中心、英国研究中心等院属研究机构，同时拥有社会学理论和方法研究中心、人口与发展研究中心2个教育部重点研究基地，《人口研究》和《社会学评论》两个编辑部。现任院长为翟振武教授。

学院设社会学、社会工作、公共事业管理3个本科专业；设社会学、人口学、人类学、民俗学、老年学、人口资源环境经济学、社会工作、社会医学与卫生事业管理8个硕士学位点；设社会学、人口学、人类学、老年学、人口资源环境经济学5个博士学位点；设社会工作硕士专业学位（MSW）点；拥有社会学、人口学、人口资源环境经济学3个国家级重点学科，社会学一级学科授予权，社会学一级学科博士后流动站。

学院现有62名专任教师，其中教授22人，副教授25人，讲师15人，其中2013年引进海外知名大学归国博士2人。共有学生887人，其中有本科生377人，硕士研究生158人，博士研究生150人，留学生7人，社会工作专业硕士195人。

2013年，学院人口与发展研究中心老年学研究所建立我国首个老年体验中心。

2013年，学院获国家社会科学基金项目5项，其中一般项目2项，青年项目3项；教育部人文社会科学项目6项，其中重大课题攻关项目1项，基地重大项目4项，普及读物项目1项；国家自然基金项目面上项目2项；北京市哲学社会科学规划项目4项，其中青年项目1项；研究基地项目3项。段成荣教授带领的研究团队在新生代流动人口研究领域取得的成果，在国家相关政策制定中发挥了积极作用。

2013年，陶涛老师获北京市高校第八届青年教师教学基本功比赛文科组第一名；郭星华教授获选第九届北京市高等学校教学名师奖、"第三届钱学森城市学金奖"；洪大用教授荣获2012年宝钢优秀教师奖；何欣、齐亚强、巫锡炜三位教师入选首批北京高校青年英才计划；李路路教授、洪大用教授入选教育部教学指导委员会，李路路教授担任社会学类专业教学指导委员会主任，洪大用教授担任副主任委员兼秘书长；刘少杰教授、段成荣教授获批享受国务院特殊津贴；学院荣获学校2013年度教学优秀奖评选活动组织奖

2013年，学院各种学术交流活动不断。4月30日，段成荣教授在香港大学做英文学术讲演。5月15日，美国哥伦比亚大学卡罗尔·万斯（Carol Vance）教授来校举行专题讲座。5月30日，学院兼职教授、美国科学院院士、美国人文社会科学院院士、密歇根大学谢宇教授来校做"社会科学研究方法三原则与实证案例"专题讲座。6月1日，陈驾驭、高文灿、王健男、赵祯赴香港大学参加第十三届国际研究生学术会议并做会议报告。7月7—13日，学院与香港大学共同开展合作项目"Summer Institute 2013：Asia as the Global Future"，来自全球十余个国家和地区的35名学员来学院进行为期一周的学习交流。7月10—11日，段成荣教授出席非政府组织国际研讨会并做大会发言。10月1—2日，在台湾举办第四届中国人民大学社会学系与台湾辅仁大学社会学系、心理系研讨会。11月2—4日，参与主办第四届东亚环境社会学国际学术研讨会。11月5日，澳大利亚墨尔本大学马克·康西丁（Mark Considine）教授来院访问。

■ 国际关系学院

国际关系学院成立于2000年，是新中国成立后最早开展国际问题及政治学学科教学研究的高等教育机构之一。学院历史最早可以追溯至1950年学校正式命名组建时成立的外交系、1958年成立的马列主义基础系、1960年成立的政治系。在1964年根据中央指示正式在中国人民大学成立国际政治系和苏联东欧研究所（冷战后改为俄罗斯东欧中亚研究所）。2000年，国际政治系、俄罗斯东欧中亚研究所和1994年成立的欧洲问题研究中心合并成立国际关系学院。现任名誉院长为陈健教授，院长为陈岳教授。

学院现有国际政治、外交学、政治学与行政学3个本科专业以及国际政治（国际政治经济学）、政治学与行政学（政党政治）2个本科专业方向，世界经济、国际政治、国际关系、国际政治经济学、外交学、政治学理论、中外政治制度、中国政治、科学社会主义与国际共产主义运动等8个硕士学位点和博士学位点。学院下设国际政治系、外交学系、政治学系、世界社会主义研究所、俄罗斯东欧中亚研究所、欧洲问题研究中心等6个教学科研单位。此外还有联合国研究中心、国际能源战略研究中心、美国研究中心等以项目和课题方式组织的11个研究机构。

学院现有专任教师73人，其中教授26人，副教授30人，讲师17人。全部教师中具有博士学位者66人，获得海外高校博士学位者14人，外籍教师1人，港澳台教师3人。学院现有在读学生1 226人，其中中国学生949人（含外国学生277人，港澳台学生11人）。

2013年，学院正在进行的教育部和国家社会科学基金重大项目和重点项目有18项，一般项目及其他省部级项目20多项，国际合作项目6项。在研项目的科研经费总数超过600万元人民币。

2013年，学院重要学术平台“中国国际问题论坛”“中国国际问题高级讲坛”“东亚合作论坛”“两岸关系论坛”等继续开展，与韩国世宗研究所合作举办的第五届中美韩年度对话、与英国牛津能源研究所合办的北美能源独立对中国的影响国际会议及与英国国王学院战争研究系科学与安全研究中心合办的“中英下一代核对话”等陆续召开。与此同时，以欧洲问题研究为主题的多场学术会议相继召开，在国内外学术界产生了重要影响。而作为国家重要智库，学院发表了《中国能源国际合作报告》及《东北亚地区研究报告》等，受到相关部门的高度重视。

2013年，学院积极贯彻学校提升国际性的战略，广泛开拓各种形式国际合作交流项目，努力为师生创造国际交流、对话机会，全方位拓展师生的国际学术视野和国际交往能力。在2013年的暑期学校，学院邀请了近20名国际教师前来授课。学院学生交换项目初具规模，与12所大学有比较成熟的、稳定的、实质性的合作，2013年新建了3个学生交换项目，全年共接收外籍校级院级交换生近30人，学生各种项目出国（境）近80余次。2013年，学院教师出国（境）60余人次。

2013年，学院接待了如美国宾夕法尼亚大学、普林斯顿大学、芝加哥大学、康奈尔大学、波士顿学院，英国伦敦政治经济学院、国王学院、肯特大学、雷丁大学，荷兰阿姆斯特丹自由大学，德国柏林自由大学、科隆大学，波兰华沙大学，比利时布鲁塞尔自由大学，新加坡管理大学及以色列海尔兹利亚跨学科研究中心等多所学校和研究机构的来访，探讨多种合作形式，建立了合作意向。同时学院邀请了如印尼驻华大使、意大利前总理、巴西南里奥格兰德州州长以及多名学者和政府官员来院做了近20场精彩讲座。

新闻学院

新闻学院成立于1988年，系在1955年成立的新闻系的基础上组建而成。1958年，北京大学新闻专业并入中国人民大学新闻系。此前，创办于1924年的燕京大学新闻系于1952年并入北大新闻专业，因此从20世纪50年代末开始，新闻系集中国人民大学、燕京大学和北京大学三所大学新闻教育力量于一体。新闻学院是教育部人文社会科学重点研究基地“新闻与社会发展研究中心”所在单位。现任院长为赵启正教授，执行院长为倪宁教授。

学院现有新闻学、广播电视新闻学、广告学、传播学4个本科专业，新闻学、传播学、传媒经济学和广播电视传播学4个硕士学位点，新闻学、传播学和传媒经济学3个博士学位点，新闻传播学博士后流动站。学院现设四系一室（部），即新闻系、传播系、广告与传媒经济系、广播电视系、新闻传播史论教学与研究室（部）。

学院现有专任教师55人，其中教授18人，副教授23人；共有在校生1 261人，其中本科生707人，硕士研究生313人，博士研究生122人，留学生119人。

学院设有新闻传播实验中心和资料室，资料室保存有解放前的报刊样本3 765种、报纸影印本422本，建国后的报纸合订本1 400余本、期刊3 800本、中外图书资料23 000余册。截至2013年底，学院编辑出版全国中文核心期刊《国际新闻界》230期。

在海外交流与合作方面，学院与美国、加拿大、英国、德国、日本、韩国、新加坡和我国香港、台湾地区多所高校的相关院系建立了良好的长期合作关系。

2013年是学院“实践应用年”，学院举办了一系列活动。暑假期间组织2012级国际新闻传播研究生30人赶赴浙江省嘉兴市、江苏省常熟市进行暑期社会实践。组织学生开展“新闻学子走基层”学习实践活动，前往山东省、湖南省实地调研。举办“新媒介环境下广播电视产业转型与传播模式变革”论坛暨中国广播电视年会。定期举办教师学术沙龙，邀请国内外知名学者专家与本院教师交流新闻传播学前沿问题。

艺术学院

艺术学院成立于1999年，是集美术、音乐、艺术设计和艺术史论于一体的综合性艺术学院。现任名誉院长为吴长江教授，执行院长为徐唯辛教授（至2013.11）和副校长刘向兵（2013.11兼）。

学院设绘画系、艺术设计系、音乐表演系、艺术学系和徐悲鸿艺术研究院、东方艺术研究所、文化艺术策划与推广研究所、绘画材料研究与修复工作室、金铁霖中国声乐艺术研究院、佛教艺术研究所等研究机构。现有绘画、视觉传达设计、环境设计（景观建筑）、动画、新媒体设计、音乐表演、美术学等7个本科专业；艺术学、音乐学、美术学、设计艺术学、艺术硕士（音乐）、艺术硕士（美术）、艺术硕士（艺术设计）等7个硕士专业；在哲学院美学专业下招收东西方绘画的理论与实践、中国美术史研究、中国书画的理论与实践、文艺复兴绘画研究、中西艺术比较研究等方向博士研究生。

学院现有专任教师65人，其中教授11人，副教授18人。2013年，徐沛东等12位艺术家、申万胜等10位当代书坛名家受聘为学院特聘教授。学院现有学生676人，其中本科生520人，硕士研究生 131 人，博士研究生 15 人，留学生 10 人。

2013 年，学院闫平教授在中国美术家协会第八次全国代表大会连任理事，徐唯辛教授当选理事；郑晓华教授、徐唯辛教授入选教育部教学指导委员会委员；青年教师安姚舜主持的“城市图形导向系统标准化及应用研究”获国家质量监督检验检疫总局“科技兴检奖”一等奖，学院荣获团体单位一等奖；付阳华副教授参与撰写的《北京美术史》（明清部分）获第六届教育部高等科研优秀成果奖二等奖；吴文越副教授设计作品《七月茶》获“2014 韩中现代 Design 交流展”一等奖；暑期国际小学期书法课芬兰籍留学生江莎娜获“首届华文国际书法大赛”一等奖；艺术学 2009 级本科生王泓凯获中国人民大学 2013 年“毕业十星”之文艺之星；设计系 2010 级本科生李冰、郭芳冰，2011 级本科生冯强视频作品《水之越狱》获“第 6 届中国大学生计算机设计大赛”二等奖；音乐系 2012 级本科生刘博文获中国音乐“小金钟”奖——长江钢琴第一届全国钢琴比赛铜奖；设计系 2011 级研究生李思雨、刘婷作品《水工作——Gouwanus 湿地公园和空中走廊》《南礼士路公园新作》获“第三届国际景观规划设计大赛”银奖。

2013 年，中国人民大学金铁霖中国声乐艺术研究院、中国人民大学佛教艺术研究所成立；面向全国书法家招生的名家导师工作室开学。

2013 年，学院各种展示交流活动不断。成功主办“全球化与民族化：21 世纪的徐悲鸿研究及中国美术的发展”国际学术研讨会；与美国乔治城大学东亚系联合在华盛顿举办“第二届中国书法赴美交流展”；与美国亚利桑那大学在北京 798 艺术区联合主办“反相对话——中美师生作品展”；与韩国驻华文化院联合主办“第 8 届中韩书法名家邀请展”；与美国南犹他大学视觉与表演艺术学院实现教师互访；教师作品展在美国肯恩大学、密歇根大学举行，同时，肯恩大学内尔·塔古斯克（Neil Tetkowski）雕塑作品展在学院举行；中国人民大学教师室内乐团赴美国举办室内乐音乐会。此外，“我的中国梦”百人长卷绘制、敦煌壁画艺术精品高校公益巡展首展、《台北—北京》“流行交响夜 2013”双城新年音乐会、“中国人民大学 2014 新年音乐会”等活动也都成功举行。

■ 外国语学院

外国语学院成立于 2001 年 11 月，在原外语系基础上命名组建而成，前身为早期的俄文教研室、外语教研室和俄文编译室。现任院长为何其莘教授，常务副院长为王建平教授。

学院现有俄语、英语、日语、德语、法语 5 个本科专业，设有俄语语言文学、英语语言文学、日语语言文学、德语语言文学、外国语言学及应用语言学 5 个硕士点，拥有外国语言文学一级学科硕士和博士学位授予权，外国语言文学一级学科博士学位授权点下设英语语言文学、日语语言文学和德语语言文学 3 个二级学科博士授权点。

学院现有教师 123 人，其中教授 19 人，副教授 48 人。共有学生 889 人，其中本科生 599 人（含留学生 4 人），硕士研究生 268 人，博士研究生 22 人。

2013 年，学院德语语言文学二级学科博士点获批；完成增列翻译硕士专业学位授权点申报工作；有 1 位教师入选“教育部新世纪人才支持计划”；有 1 位教师入选“北京高等学校青年英才计划”；获得 2 项“国家社科基金项目”（一般项目）立项和 1 项“北京高等学校教育教学改革项目”立项；《大学体验英语综合教程 2》（第三版）被评为“2013 年北京高等教育精品教材”；启动 2013 年“985 工程”建设项目；学院重大科学研究项目“国剧海外传播工程”英文写本已陆续出版；制定并实施《中国人民大学英语口语能力标准》；设立“大学英语拔尖人才培养实验班”“英语专业副修第二学位班”和“研究生拔尖人才英语强化班”；为暑期学校学生开设了华裔美国文学、英语与全球化、现代美国文学、高级英语演讲和英语口语等四门课程。

2013年，学院学生在各类比赛中屡创佳绩。俄语专业2010级本科生吴石磊获得2013年“全国高校俄语大赛”高年级组第一名；在全国口译大赛——“永旺杯”第六届多语种邀请赛中，德语专业2010级本科生陈安琪荣获德语交传组二等奖，日语专业2012级硕士研究生张君获日语交传组优胜奖；德语专业2010级本科生冯书航、齐若遐荣获“第十届京津地区高校德语演讲比赛暨第二届IBZ杯德语演讲比赛”三等奖；在第25届“韩素音青年翻译奖”竞赛中，英语专业2012级硕士研究生王雯雯获得汉译英优秀奖；在2013年“北京市研究生英语演讲比赛”中，“研究生拔尖人才英语强化班”2013级行政管理专业博士生张桐获得一等奖；在2013年“全国大学生英语竞赛”中，2011级“大学英语拔尖人才培养实验班”学生郄艺、2012级“大学英语拔尖人才培养实验班”学生石泉在该项竞赛中获得C类特等奖；在2013年“北京市大学生英语演讲比赛”中，2012级“大学英语拔尖人才培养实验班”学生左振斌荣获三等奖；在2013年度中央电视台“希望之星”英语风采大赛北京赛区选拔赛大学组中，2011级“大学英语实验班”学生郄艺荣获二等奖；在2013年“外研社杯”全国英语演讲比赛中，2011级“大学英语拔尖人才培养实验班”学生解雯迦荣获北京赛区一等奖，并荣获全国决赛二等奖。

2013年，学院举办第五届“外语文化节”、第十三届“澳大利亚文化周”、“2013笹川杯全国高校日语语言文化知识大赛”等活动。

学院积极开展国际交流活动，与国外多所大学保持着良好的合作关系。学院已与美国麻省州立大学波士顿分校、俄罗斯莫斯科国立大学、德国科隆大学、英国肯特大学、日本共立女子大学、澳大利亚迪肯大学、美国应用语言学中心建立了院际合作关系。10月17日，澳大利亚总督昆廷·布赖斯来校访问，参观澳大利亚研究中心，并在中心发表其在中国高校的第一次演讲。2013年共有百余位教师和学生参与国际交流、交换项目。

■ 环境学院

环境学院成立于2001年11月，是多学科综合型环境教学科研机构。现任名誉院长为李文华院士，院长为马中教授。

环境学院拥有资源与环境经济学、公共事业管理、环境科学、环境工程4个本科专业；人口、资源与环境经济学，自然资源管理，环境工程，环境科学，生态学，地图学与地理信息系统，人文地理，环境政策与管理等8个硕士点；人口、资源与环境经济学和自然资源管理2个博士点，设有博士后流动站。其中人口、资源与环境经济学是国家级重点学科。

学院现有在职教师42人，其中教授13人（博士研究生导师7人），副教授19人，学院聘请美国俄勒冈州立大学、日本京都大学、荷兰瓦赫宁根大学、加拿大滑铁卢大学和美国纽约州立大学的教授共5人担任讲座教授，国家发展和改革委员会、国家环境保护部、国家林业局、中国科学院、中国气象局等单位21人担任兼职教授。学院共有学生532人，其中在校本科生323人，硕士研究生170人，博士研究生39人。

学院在环境与资源经济学理论与方法、环境政策、全球气候变化、环境评估和风险管理、循环经济、国家能源战略、可持续发展理论与实践、低碳水环境技术、生物能源技术等领域在国内居于领先地位。研究成果为政府提供了重要的决策支持，其中马中教授主持的国家科技重大专项课题“水环境保护价格与税费政策示范研究”研究成果成为我国水价改革提供了翔实可行的理论基础和实施方案；曾贤刚教授主持的国家社会科学基金项目重大项目“生态产品的供给机制与制度创新研究”为我国生态产品的保护和供给提供了理论创新；王洪臣教授主持的国家科技重大专项课题“城市污水处理厂节能降耗稳定运行技术集成研究与示范”为我国城市污水处理提供了技术创新。

学院设有实验分析中心，下设低碳水环境技术、环境能源、环境微生物学、环境生态学、环境信息与管理、资源环境与地理信息系统、环境监测7个实验室。目前中心拥有固定资产1 100余万元、设备1 145余台，专职工作人员2人（高级工程师1名，工程师1名）。学院在现有基础上正在进行环境科学与工程大型研究平台的建设，力争在基于高效曝气的低碳水污染治理理论与技术、基于环境基因组学的微生物分子生物学技术、基于污泥处理处置的生物柴油制取技术等热点前沿领域实现突破。学院还在安徽黄山区耿城镇、黑龙江宝清县七星河湿地和西藏林芝县等代表不同社会经济和生态特征的地区建立了3个教学科研基地，为科学研究和人才培养提供了重要的支持和保障。

2013年，学院成功举办第三届东亚环境与资源经济学年会、“中国城市空气质量管理绩效评估报告”发布会、“中国低碳技术发展战略研究”启动会等重大会议。学院新立项科研项目85项，项目总金额3 044.85万元，出版专著7部，发表学术论文78篇。

■ 信息学院

信息学院成立于1994年，由1978年成立的经济信息管理系和1986年成立的学校信息中心合并组建而成，现设经济信息管理系、计算机科学与技术系、数学系3个系。2005年经批准与本校信息资源管理学院合办教育部“数据工程与知识工程重点实验室”。现任院长为杜小勇教授。

学院现有信息管理与信息系统、计算机科学与技术、数学与应用数学、信息安全、软件工程5个本科专业；数学、计算机科学与技术2个一级学科博士学位授权点；系统科学、管理科学与工程、软件工程3个一级学科硕士学位授权点；计算机应用技术、计算机软件与理论、信息安全、基础数学、应用数学、概率论与数理统计6个博士点；计算机应用技术、计算机软件与理论、计算机系统结构、信息安全、软件工程、管理科学与工程、系统理论、运筹学与控制论、基础数学、应用数学、概率论与数理统计、计算数学12个硕士学位点；软件工程工程硕士专业学位点；计算机科学与技术博士后流动站。计算机应用技术为北京市重点学科。

信息学院现有教师（含教育部“数据工程与知识工程重点实验室”）107人，其中教授18人，已取得博士学位的教师92人。全院共有学生1 111人，其中本科生727人，硕士研究生265人，博士研究生119人。

2013年，学院第一届理科实验班（2009级本科）学生顺利毕业，“双选认证制度”培养模式初见成效。“软件工程”本科专业正式获得教育部批准。多位教师获得各类人才计划支持，其中文继荣教授入选国家“千人计划”，许伟副教授入选北京市科技新星，柯媛元副教授入选首批北京高校青年英才计划。由杜小勇教授担任联席首席专家的“云计算环境下的信息资源集成与服务研究”成为学院第一次主持的国家社会科学基金重大项目。学院学科竞赛再创佳绩：13个队伍获得美国大学生数学建模竞赛一等奖，3个队伍获得全国大学生数学建模竞赛一等奖；7月，ACM队赴俄罗斯圣彼得堡参加国际大学生程序设计竞赛（ACM-ICPC）世界总决赛；11月，ACM队获得ACM-ICPC长沙赛区金牌，连续两年拿到世界总决赛的入场券。

■ 理学院

理学院于2005年10月正式成立。化学系于2004年7月成立，现任系主任为张建平教授。物理学系于2005年9月成立，现任系主任为朱传界教授。2009年6月，在原社会与人口学院心理研究所基础上组建心理学系，现任系主任为孙健敏教授。

物理学系现有物理学和材料物理2个本科专业，1个一级学科硕士点，1个二级学科博士点。在编教学研究人员31人，其中教授16名，副教授9名，讲师6名，另有博士后3人。在现有队伍中，国家“千人计划”入选者1名、人事部等七部委“百千万人才”入选者2名、国家杰出青年基金获得者3名、中组部“青年千人计划”入选者2名、长江学者特聘教授获得者1名、教育部新世纪人才8名、北京市优秀人才1名、北京市科技新星入选者1名和全国百篇优博论文获得者1名。此外，拥有2个教育部长江学者创新团队和一个北京市重点实验室。共有学生314人，在校本科生205名，硕士研究生64名，博士研究生45人。在平台建设方面，已经建成和正在建设两个教学实验室：物理学教学实验室、材料物理教学实验室，五个研究型实验室：凝聚态物性研究实验室、高性能并行计算物理实验室、量子关联材料实验室、光电功能先进材料实验室以及微纳信息新功能材料和器件实验室。2013年，物理系共发表SCI论文57篇，其中在物理学顶级期刊《科学》(*Science*)上发表1篇，在《物理评论快报》上发表论文3篇，在《自然通讯》上发表2篇，并申请获得科技部、基金委和教育部等各种基金项目近1.200 4亿元人民币。

化学系现设有一个化学本科专业，化学一级学科硕士点及应用化学硕士点，以及化学一级学科博士点。全系目前共有教师27人，其中教授8人，副教授17人，讲师2人。教师队伍中包括博士研究生导师10人，硕士研究生导师23人；3人为中科院“百人计划”入选者，1人入选中组部“青年千人计划”，3人获教育部新世纪优秀人才计划项目资助。目前共有学生252人，其中本科生115人，硕士研究生103人，博士研究生34人。2013年化学系教师在《德国应用化学》(*Angew. Chem.*)、《先进材料》(*Adv. Mater.*)、《化学科学》(*Chem. Sci.*)、《欧洲化学》(*Chem. Eur. J.*)、《有机快报》(*Org. Lett.*)、《美国物理化学》(*J. Phys. Chem.*)、《美国无机化学》(*Inorg. Chem.*)等国际著名化学期刊共发表SCI论文40余篇，获得国家自然科学基金面上项目和其他科研基金12项，其中纵向课题9项，横向课题3项，新增科研经费总额630万元。

心理学系现有应用心理学1个本科专业，心理学硕士一级学科授予权，下设基础心理学、应用心理学和社会心理学3个专业，社会心理学（应用心理学）1个博士专业。现有教师19名，其中6名教授、5名副教授、8名讲师，全部拥有博士学位。2013年心理学系教师发表中文学术论文26篇，SSCI和SCI英文论文18篇，出版著作3部。参加心理学领域全国学术大会22人次，参加国际学术会议7人次。心理学系共申请科研项目9项，其中纵向课题6项，校级科研项目2项，横向课题1项，科研经费总额为146万元。2013年心理学系第一届本科生毕业，其中50%学生出国深造，40%学生保研和考研，学生培养质量受到好评。心理学系已建成心理学软件实验室、心理学行为观察室、基础心理学实验室、脑电实验室、眼动实验室、虚拟现实系统实验室和生物反馈实验室。心理学系在校本科生79人，硕士研究生37人，博士研究生16人。

■ 商学院

商学院前身为1950年建立的工厂管理系、贸易系和簿记核算教研室等机构。1988年学校成立工商管理学院，2001年，在工商管理学院和会计系的基础上组建“中国人民大学商学院”。商学院是中国最早开展工商管理硕士（MBA）、高级管理人员工商管理硕士（EMBA）和会计硕士（MPAcc）教育的商学院（管理学院）之一。现任执行院长为毛基业教授。

学院现设企业管理系、组织与人力资源系、管理科学与工程系、贸易经济系、市场营销系、会计系和财务与金融系 7 个系，并拥有管理案例与教学创新研究中心、工业经济与管理科学研究院、供应链战略管理中心、企业创新与竞争力研究中心、中国私营企业治理与发展中心 5 个研究中心/院。商学院实验中心是国家重点实验教学示范中心。

学院有工商管理 1 个国家重点一级学科，企业管理、产业经济学和会计学 3 个国家重点二级学科，在工商管理、市场营销、会计学、财务管理、贸易经济等专业的教学和研究领域一直保持全国领先地位。商学院囊括了工商管理学科从本科到博士的所有学位和培养项目，现有 6 个本科专业（工商管理、市场营销、会计学、财务管理、贸易经济、管理科学）、5 个专业硕士点（工商管理硕士、高级管理人员工商管理硕士、会计硕士专业学位、资产评估专业硕士、国际商务专业硕士）和 7 个博士点（企业管理、产业经济学、会计学、技术经济及管理、财务管理、市场营销管理、流通经济学），设有博士后流动站。

学院现有专任教师 147 人，其中教授 50 人，副教授 57 人，海外获博士学位教师人数占总数近 1/4。2013 年，学院财务与金融系、会计系分别设立学系联合系主任、学术顾问职位，企业管理系、营销系、组织与人力资源系也正在积极筹备之中。

全院共有学生 3 873 人，其中本科生 1 341 人，硕博连读生 230 人，博士研究生 331 人，会计硕士专业学位学生 324 人，国际商务硕士（MIB）学生 58 人，资产评估硕士（MV）学生 40 人，工商管理硕士学生 800 人，高级管理人员工商管理硕士学生 605 人，留学生 144 人。

3 月 27 日，学院正式通过国际精英商学院协会（The Association to Advance Collegiate Schools of Business，AACSB）国际认证。这一成就不仅是国际认证组织对中国人民大学商科教育质量和发展前景的高度肯定，更是学院拓展国际视野、践行国际化发展的重要体现。陈雨露校长指出全国高等院校在提升办学质量的旗帜之下，都在积极探索人才培养新路径，商学院以 AACSB 和 EQUIS 两个国际认证为抓手，扮演了探路者的角色。冯惠玲常务副校长和杨慧林副校长在 1 月 6—9 日现场评估期间率认证委员会与专家小组进行了座谈。

4 月 15 日，“全球高端管理联盟”（Global Network for Advanced Management）北京年会在学院召开。来自全球 23 家顶尖商学院的专家学者相聚一堂，共同探讨全球化背景下商学院在发展中面临的 4 个重大课题：如何进一步加强交流和合作；如何培养学生的全球视野；如何培养学生的跨文化管理能力；以中国为代表的新兴市场经济国家的商学院未来的发展。

4 月 12—13 日，商学院召开国际顾问委员会 2013 年年会。与会委员对学院过去几年特别是 2012 年取得的突出成就给予了高度评价，并就学院今后的发展目标和战略重点进行了认真讨论，提出了很多富有建设性的宝贵意见和建议。委员们高度认同商学院继续提升国际性，建设世界一流商学院的目标，对学院的未来发展寄予了热切期望。

2013 年，学院继续贯彻落实中国人民大学本科人才培养路线图，并制定 2013 级本科生培养方案；继续探索“全员硕博连读”培养模式，并在全校率先试点实施博士生招考“申请—审核—复试”制度；创办“商学院研究生学术能力构建论坛”，通过邀请国内外知名学者举办系列讲座活动，不断促进商学院研究生学术水平的提高。

2013 年，学院国际合作院校增至近 70 所，合作项目达 70 余项。合作院校质量进一步提升，其中 30 余所通过 AACSB，EQUIS 或 AMBA 国际认证。学院与美国耶鲁大学管理学院、美国康奈尔大学劳工学院、美国南卡罗来纳大学商学院、加拿大女王大学商学院、英国伦敦大学、英国兰卡斯特大学管理学院、爱尔兰都柏林大学奎恩商学院等院校合作，组织开展学生交换、博士生联合培养、海外模块学习等内容，进一步拓宽了院际交流合作的空间。2013 年 9 月，商学院正式设立百万国际交流基金，对所有赴海外合作院校交换学习的全日制本科生提供奖励。此外，学习成绩优异但家庭经济条件困难的学生将获得额外资助，工商管理—英文实验班的学生还将获得专门的经费支持。

2013年，学院举办各类国际会议、学术讲座及论坛、工作坊近70场。11月9日，商学院举办"中国企业管理案例与质性研究论坛（2013）"暨"第七届中国人民大学管理论坛"。本届论坛以"动态环境下的中国企业管理"为主题，涵盖主题报告、工作坊、分论坛和圆桌讨论等多种形式。来自清华大学、北京大学、复旦大学、新加坡国立大学、丹麦哥本哈根商学院等海内外105余所院校的300多名专家、学者参加了这一年度盛会。同年，学院各项目也分别开展了多项特色项目及活动。MBA项目承办全球高端管理联盟北京年会及第一、二届国际游学周活动，设立IMBA顾问委员会和国际招生评审委员会，制定"C+I"（中国管理实践与国际管理实践）特色模块课程，同时与美国耶鲁大学管理学院合作，设立"MBA+MAM"双学位项目。9月，EMBA项目加入全球EMBA理事会（EMBA Council），正式成为该组织成员。9—11月，MPAcc项目承办首届中国MPAcc学生案例大赛，MPAcc，MIB，MV项目陆续启动入学导向系列活动。高层管理教育项目与国资委干部教育培训中心签订战略合作协议，"人大商学在线"在线学习平台正式启动。

2013年，学院进行品牌传播模式转型，广告投放方式由从传统的以招生为主向学院整体形象转变，品牌传播方式由传统媒体向新媒体转变。本年度，学院正式启动项目国际排名。EMBA项目首次参加《金融时报》"2013全球EMBA排行"，获第61名。MBA项目获《福布斯》"2012中国最具价值全日制/在职MBA项目"第14名。

■ 公共管理学院

公共管理学院组建于2001年6月，目前下设行政管理学系、土地管理系、城市规划与管理系、卫生政策与管理系（筹）、公共财政与公共政策研究所、社会保障研究所、组织与人力资源研究所等教学科研机构。全国公共管理专业学位研究生（MPA）教育指导委员会秘书处挂靠在学院。现任院长为董克用教授。

学院现有行政管理、土地资源管理、房地产经济与管理、城乡发展与规划、公共财政与公共政策、社会保障、公共组织与人力资源7个博士学位点；行政管理、土地资源管理、房地产经济与管理、城乡发展与规划、公共财政与公共政策、社会保障、公共组织与人力资源、劳动经济学、社会医学与卫生事业管理9个学术型硕士学位点，1个公共管理专业学位硕士点（包括全日制MPA和在职MPA）；行政管理、土地资源管理、城市管理3个本科专业。同时，学院设有公共管理博士后流动站。在教育部全国第三轮一级学科评估中，公共管理一级学科名列全国高校第一。在学院现有二级学科中，行政管理为国家重点学科，土地资源管理、社会保障为北京市重点学科。

学院现有专职教师75人，其中教授28人，副教授33人，97%拥有博士学位，其中26.7%为海外归国博士；学院聘有20多位中央政府有关部门领导、专家和国内外知名学者担任兼职教授；另有博士后研究人员5人。截至2013年12月，学院在校学生1 863人（含留学生45人），其中本科生426人、学术型硕士研究生281人、专业学位硕士研究生950人、博士研究生205人。

学院设有14个MPA专业方向，招生规模位居全国前列，是我国MPA培养的重要基地。

学院与美国哈佛大学、密歇根大学、罗格斯大学，英国约克大学，日本一桥大学，澳大利亚墨尔本大学，荷兰伊斯拉姆斯大学等多所世界著名大学保持着广泛的学术交流关系。2013年，学院教师先后到国外著名高校和研究机构授课、交流考察、参加学术会议60余人次；先后邀请国外和我国香港、澳门、台湾地区的学者来访、讲学、参加会议60余人次。2013年，学院先后有36名硕士、博士研究生赴英国、美国、澳大利亚、荷兰、瑞士、芬兰、加拿大、日本等国和我国台湾地区参加长期交流，32名硕士、博士研究生赴新加坡、香港、澳门等地参加国际学术会议和短期交流活动。

2013年，学院的科研经费位居全校前列。学院教师获得国家社会科学基金重点项目1项、青年项目1项，国家自然科学基金面上项目3项，教育部人文社会科学重大委托课题1项，教育部博士点基金博导项目1项，公益性行业专项子课题1项。在校内科研基金资助项目中，学院教师获得研究品牌计划基础研究项目1项、决策咨询及预研委托项目3项、明德青年学者计划3项、新教师启动金项目3项、社会调查项目1项。

■ 劳动人事学院

劳动人事学院成立于1983年，由中国人民大学与原国家劳动人事部联合创办；2000年隶属关系归中国人民大学。现任院长为曾湘泉教授。

学院现有劳动经济学、人力资源管理、社会保障、劳动关系和职业开发与管理5个系（教研室）；设有中国就业研究所、中国社会保障研究中心、中国人民大学领导科学研究中心、劳动关系研究所、组织行为研究所、人力资源开发和评价中心等研究机构；建有劳动科学学术资料研究中心、劳动科学实验室和在职培训中心；拥有劳动与社会保障、人力资源管理和劳动关系3个本科专业；劳动经济学、劳动关系、人力资源管理和社会保障4个硕士点；劳动经济学、社会保障、人力资源管理、劳动关系交叉学科4个博士点；与其他院系共享1个应用经济学博士后流动站。其中劳动经济学为国家级重点学科，社会保障学科为北京市重点学科。

学院现有教授19人，副教授17人，返聘教授8人。其中博士研究生导师19人，硕士研究生导师43人。另有来自美、德、英、日等国和港台地区的近20位著名学者担任学院兼职教授。学院现有全日制学生1 011人（包括留学生66人），其中本科生648人，硕士研究生248人，博士研究生115人；同等学历在职研究生966人。

2013年，学院坚持“学术立院”“学术兴院”的指导思想，全面推进一个中心、两项举措和三个平台的建设（即致力于建设一个中心——全球中国劳动科学的人才培养、学术研究和决策支持中心，实施两项举措——教师与博士研究生国际发表提升计划、国际劳动科学研究十年合作计划，打造三大平台——数据平台、交流平台和模拟训练平台，努力成为在国内外有重大影响、特色鲜明、世界一流的劳动科学学院），在各方面取得了丰硕的成果。

学院举办各种学术活动近百场，如：“第五届东亚人力资源管理论坛——中日韩博士生学术研讨会”、“第二届中国劳动科学博士生论坛”、“第九届社会保障国际论坛”、“聚焦收入分配改革：中国劳动学会劳动科学教育分会2013年会”、“第三届全球劳动科学院长论坛”、“第五届CIER/IZA劳动经济学学术研讨会”、“东亚政策论坛：社会政策、项目和实践的创新”、“第七届劳动力市场工资价位调查研讨会”、“第八届中国人力资源管理新年报告会”、“劳动争议预防调解制度创新研讨会”、“北京行为科学年会2013年学术年会”、“中德社会保障法制研讨会”、“跨国公司领导力及能源行业人才预测研讨会”、劳动经济学双周论坛20期（49～68期）、就业形势季度分析会4期、民生名家讲坛3期（7～9期）、人力资源管理系学术半月谈9期（26～34期）和社会保障半月谈3期（13～15期）等。

学院认为全面提升国际性是建成“世界劳动科学领域当之无愧的顶级教学和科研机构”的关键。2013年，学院从美国迈阿密大学、加拿大康卡迪亚大学和澳大利亚新南威尔士大学引进博士毕业生3人，具有海外博士学历的教师达到15位，占学院教师总数的30.61%；学院继续拓展与国际一流院校和跨国公司的合作，与美国康奈尔大学、日本早稻田大学、英国卡迪夫大学、英国华威大学、意大利威尼斯大学等启动或商谈本科生交换、合作性研究等事宜；与壳牌（中国）有限公司开展人力资源科研课题成果汇报会，推进全面战略合作等；加拿大蒙特利尔大学产业关系学院和美国康奈尔大学产业与劳动关系学院的 17 位交换生来校学校交流学习 1 个月；美国罗格斯大学社会工作学院师生代表团第三次来访。5 名研究生入选国家建设高水平大学公派研究生项目。

2013 年，学院教师李育辉、刘松博、管延军等在 *Academy of Management Journal*，*Leadership, Quarterly*，*Journal of Vocational Behavior* 等国际一流期刊和 SSCI 期刊发表英文学术论文 16 篇，学院教师另撰写完成 40 余篇英文工作论文；学院教师在《中国社会科学》《管理世界》等中文核心期刊发表论文 80 篇；学院教师出版专著、教材、译著等 40 部；承担科研课题 41 项，共获得经费 521.63 万元，先后有 10 人次获得各类科研奖；由曾湘泉教授主持的"推动实施更高质量的就业研究"获得国家社会科学基金重点项目资助。学院赵忠教授与 Richard W. Evans（杨百翰大学）和胡颖尧（约翰·霍普金斯大学）合写的论文"The Fertility Effect of Catastrophe: U. S. Hurricane Births"获《人口经济学期刊》(*Journal of Population Economics*) 第六届库兹涅茨奖。

刘松博副教授夺得北京市高校青年教师教学基本功比赛一等奖和最受学生欢迎奖及中国人民大学十大教学标兵。学院 2011 级本科生佘卓霖、吴禹、周翔等的论文《迟暮之年，何处安放？——对失独家庭及其社会支持与服务的研究》获得第十三届"挑战杯"全国大学生课外学术科技作品竞赛一等奖。2010 级人力资源管理 2 班荣获北京市"优秀示范班集体"称号。

劳动科学数据平台的"中国雇主—雇员匹配数据追踪调查"项目第三阶段试调查在全国 12 个城市调查 440 家企业、4 500 名员工，并将申报国家自然科学基金项目；劳动科学实验室管理模拟平台的"人力资源管理沙盘推演（电子对抗）软件"培训面向师生展开。

学院在职培训中心完成北京、上海、广州、沈阳、青岛、柳州的学位班招生，完成云南建工北京班、云南建工昆明班、华融股份北京班、常州高新区北京班、中船北京班的培训，组织 172 人次进行硕士学位论文答辩。

2013 年 10 月 8 日，《中国人民大学劳动科学教育基金章程》由学院院务会讨论通过，1990 级本科生施久亮校友捐赠首笔 30 万元赠款。

■ 信息资源管理学院

信息资源管理学院成立于 2003 年 12 月，其前身是成立于 1952 年的中国人民大学专修科档案班。现任院长为张斌教授。

信息资源管理学院设档案学、政务信息管理 2 个系。现有档案学、信息管理与信息系统、信息资源管理 3 个本科专业，档案学、情报学、图书馆学、信息资源管理、信息分析、中外政治制度 6 个学术型硕士研究生专业，图书情报、公共管理政府 CIO 方向 2 个专业硕士研究生专业；档案学、图书馆学、情报学、信息资源管理、信息分析 5 个学术型博士研究生专业，以及 1 个一级学科博士后流动站。学院拥有图书馆、情报与档案管理博士学位一级学科授予权。学院为档案学国家重点学科点，图书情报与档案管理一级学科为北京市重点一级学科。

学院下设中国人民大学电子政务研究中心、中国人民大学电子文件管理研究中心、中国人民大学电子文件测试中心、中国人民大学信息分析研究中心和《档案学通讯》杂志社，还与兄弟单位合作建设数据工程与知识工程教育部重点实验室。2013 年学院成立中国人民大学 CIO 研究中心。

学院现有专任教师 36 人，其中教授 14 人、副教授 18 人、讲师 4 人。2013 年学院聘任兼职教授 11 名，引进海外人才 1 名。学院共有学生 562 人，包括本科生 325 人、硕士研究生 166 人、博士研究生 71 人，其中，留学生 5 人。

2013 年，学院教师出版学术著作 4 部，发表学术论文 70 篇、研究报告 18 篇，承担国家社会科学基金重大项目、国家自然科学基金项目、教育部科技发展中心项目、北京市哲学社会科学规划项目、中国科协项目等纵向项目13项、横向项目22项、校级项目6项。教师入选“新世纪优秀人才计划”1人，北京高校青年英才计划1人；获得高等学校科学研究优秀成果奖1项，北京市哲学社会科学优秀成果奖1项，入选“三个一百”原创图书出版工程1项，北京市优秀教师1项，中国人民大学教学奖3项。学院举办大数据环境下的信息资源管理学科专业建设、档案事业与中华文明、国家社会科学基金重大项目“云计算环境下的信息资源集成与服务研究”、“大数据·大战略·大未来——2013（首届）中国CIO论坛”、我国科技档案管理体制机制及存在问题研究项目启动会、第四届“中国电子文件管理论坛”、第三届“亚太地区档案教育国际学术研讨会”、“2013年中国信息资源管理论坛”、2013中国知识管理论坛、“北京城市记忆”数字资源库建设开题会等10次学术会议。学院还举办“档案工作在数字世界三个领域拓展面临的挑战”“电子政务公共价值理论及方法的应用”等国际学术交流讲座。学院教师赴美国、拉脱维亚、台湾等国家和地区参加学术会议、研修访问，计9人次。

学院与美国杜佩奇学院签署暑期赴美专业实习项目协议，与国家信息中心网络政府研究中心建立战略合作伙伴关系。学院还与重庆钢铁集团公司档案馆、绍兴市档案馆合作建立教学科研实践基地。

■ 教育学院

教育学院根据学校2011年4月6日的决定由公共管理学院教育研究所和学校的高等教育研究室组建而成。

学院具有教育学一级学科硕士学位授予权，目前在行政管理（教育行政管理）、教育法学、教育经济与管理、高等教育学4个学科点招收硕士研究生；在教育经济与管理、教育学2个学科点招收攻读博士学位研究生，教育经济与管理博士学位授权点2005年被评为北京市重点学科；2013年，增列了教育硕士专业学位。

学院的教学科研目前形成四个特色研究方向：教育发展战略、高等教育管理、教育法律与政策、教育经济与社会，另有比较教育、院校研究、教育调查与实验等研究组合。学院还有教育部中国人民大学教育发展与公共政策研究中心、教育部文科教育改革发展研究基地、教育部教育法制研究中心、同志社大学中国人民大学教育研究中心等挂靠机构。

学院现有专任教师22人，其中教授10人，副教授5人，讲师7人，其中20人具有博士学位，4人具有海外博士学位；另有多名双聘及兼职教授。学院3名教师入选教育部新世纪优秀人才。学院共有学生111人，其中硕士研究生71人，博士研究生40人。

学院主办《中国人民大学教育学刊》（季刊），还是人大复印资料《高等教育》的学术支持单位。

2013年，秦惠民教授等主持的“创立和发展教育法学学科”教学成果获得第七届北京市高等教育教学成果奖市级二等奖；纪宝成教授、秦惠民教授荣获“全国从事高教工作逾30年高教研究有重要贡献学者”称号。

2013年，学院共接待国外大学来访14次，与多所境外高校建立了国际交流与合作关系，与澳大利亚墨尔本大学、台湾政治大学、台湾暨南国际大学签订了正式的合作协议。学院长期出国2人，短期出国（境）18人次。学生代表团一行24人赴日本同志社大学进行文化教育短期学习。

2013年，学院与深圳市福田区、宝安区合作，先后为当地基础教育系统教师和管理干部组织了8

次教育培训，累计培训400余人。

■ 继续教育学院

继续教育学院成立于2004年10月，是在原成人高等教育学院和网络教育学院合并的基础上成立的，是具体实施成人高等教育和网络教育的教学单位。学院主要面向在职人员，以非全日制教育为主，适当开发各种层次和类型的继续教育。现任院长为陈兴滨教授。

继续教育学院下设学院办公室、成人教育部、网络教育部和教学研究部。成人教育部下设教学管理办公室、夜大学办公室、招生培训办公室、学生管理办公室、财务室和教学服务办公室。网络教育部下设行政管理中心、教学管理中心、学生服务中心、技术开发中心、网络教育与资源研发中心和教育推广中心。

■ 培训学院

培训学院成立于2003年9月25日，是在原教育培训中心基础上组建而成的，是学校非学历教育培训的主办单位。现任院长为李海彬副研究员。

学院下设学院办公室、国际合作部、高端培训部、艺术培训中心、课程研发部、英国高等教育文凭项目（HND）中心。学院现有员工85人。

■ 苏州校区（国际学院、中法学院）

苏州校区正式成立于2012年9月，全面负责国际学院（苏州研究院）和中法学院等教学科研机构与社会服务机构的管理。苏州校区是学校整体事业发展的重要组成部分和新的增长点，是面向华东地区的教学科研基地，面向国际、探索中外合作办学和培养高端人才的实验基地，优势学科的拓展与提升基地。校区管委会主任为陈雨露校长，国际学院、中法学院院长为校长助理杨伟国教授。

苏州研究院成立于2004年3月，2007年9月更名为国际学院（苏州研究院）。国际学院（苏州研究院）是学校在新的历史条件下与苏州市人民政府合作共建的高层次、国际性教学研究机构。国际学院（苏州研究院）采取“延伸办学”和“自主办学”相结合的模式运行，现有文学院、财政金融学院、法学院、社会与人口学院、商学院、公共管理学院在国际学院（苏州研究院）进行延伸办学，招收汉语国际教育硕士、金融硕士、法律硕士、社会工作硕士、会计硕士、公共管理硕士等专业硕士研究生，此外还招收博士研究生。

中法学院成立于2012年6月，由中国人民大学与法国巴黎索邦大学（巴黎四大）、法国保罗-瓦莱里大学（蒙彼利埃三大）、法国KEDGE商学院合作共建，是经教育部批准的中外合作办学机构，是属于中国人民大学的非独立法人办学单位。中法学院招收金融学专业、国民经济管理专业、法语专业的本科生。

此外，苏州校区与法国 KEDGE 商学院合作举办了中法财务金融硕士、国际高端品牌管理硕士等合作项目，与美国乔治·华盛顿大学合作举办了金融硕士、会计硕士等合作项目。

苏州校区还设有全球化研究中心，该科研平台包括了气候变化与低碳经济研究所、新兴产业发展研究院、东亚音乐考古研究所、经济法比较研究所、跨文化语言研究所等科研院所。中国人民大学生物医学统计研究中心、中国人民大学国家大学科技园（苏州分园）均设在苏州校区，同时，有中国人民大学出版社华东分社、中国人民大学书报资料中心华东分社等企事业单位入驻。

苏州校区按照校本部派驻教师、校区专任教师和聘任教师相结合的原则组建教师队伍，现有各类教师 43 人，含校本部派驻教师 15 人，其中教授 7 人、副教授 7 人、讲师 1 人；专任教师 10 人，其中副教授 1 人、讲师 9 人；聘任教师 18 人，其中教授 2 人、副教授 1 人、讲师 15 人。现有各类学生 1 668 人，含统招学生 1 266 人，其中本科生 470 人、硕士研究生 776 人、博士研究生 20 人；非统招学生 402 人。

苏州校区与法国、美国、加拿大、奥地利、德国、意大利、荷兰、英国、日本、新加坡、印度等国家以及香港、澳门、台湾等地区的院校建立了密切的人员互访和学术交流关系。

2013 年，苏州校区先后举办或承办了第一届东亚知识产权论坛、旅游与环境可持续发展国际会议、语言理论和教学研究国际学术研讨会、第一届亚太知识产权论坛、第四届独墅湖人大金融论坛等大型学术会议；举办“苏州历史文化概论”系列讲座、苏州校区学习大讲堂、独墅湖畔法学论坛、语言文化论坛、经济学论坛、法律实务大讲堂、职业生涯规划与就业辅导系列讲座等活动百余场；举行“高雅艺术进校园”之京剧演出、“高雅艺术进校园”之昆曲演出、“五四”青春歌会、“扩音青春”主持人大赛、“梦想舞台”校园十佳歌手大赛、“罗密欧与朱丽叶”主题舞会、“姑苏弦歌”新年晚会、“姑苏羽林”杯学生羽毛球赛、“新星杯”篮球赛、新生拔河比赛、“学生杯”足球赛、“宝盈杯”辩论赛、模拟面试、“华泰证券杯”模拟炒股大赛、“触梦计划——温暖同行助成长”活动等文艺、体育、实践类活动。其中，苏州校区首次参加学校“一二·九”合唱比赛，荣获 C 组二等奖；中法足球队苏州独墅湖高教区联赛折桂，收获三连冠。

■ 深圳研究院

深圳研究院成立于 2002 年 5 月，全权负责中国人民大学在深圳及华南地区的一切教学、科研、咨询活动，是中国人民大学在深圳的唯一代表机构。现任院长由冯惠玲常务副校长兼任，常务副院长为陈建教授。

全院共有教职员工 10 人，注册学生 631 人，其中博士研究生 42 人，非学历教育学员为 589 人。

学院依托学校的学科优势和师资队伍，配合深圳经济建设及社会发展需要，以各类学历教育和非学历教育为重点开展工作。学院成立以来，已开展 MBA、世界经济、民商法、经济法、公共组织与人力资源等 5 个专业的硕士研究生和经济、金融、法学、管理等 16 个研究方向的博士研究生学历教育；举办了民商法学、经济法学、人力资源管理、新闻学、国际贸易（现代国际物流管理方向）、金融学等专业的硕士学位课程进修班。学院同时还与英国、马来西亚等国家的大学开展合作办学，并先后与民航新疆管理局、广东省邮电培训中心、深圳市中小企业服务中心、深圳特区报业集团、深圳市龙岗区委等合作举办内部培训。学院推出中日经贸研讨会、中欧智能经济与战略研讨会等系列活动。同时，学院以深圳知识产权研究中心为平台，努力探索开展一系列高质量、高水平的知识产权中介、重大课题研究、信息服务和人才培训活动的新途径。

■ 体育部

体育部是负责中国人民大学体育教学、学生课外群体活动和高水平运动队训练的教学部门，下设基础教学教研室、课外群体教研室和竞技训练教研室。现任主任为杨占武。

体育部共有教师36人，其中教授职称1人，副教授职称25人，国际级裁判1人，国家级裁判5人。

校领导高度重视体育工作在培养创新人才、彰显当代大学生风采中的作用。1月7日，陈雨露校长在由教育部体育卫生与艺术教育司与中国青年报联合举办主题为“体质不强，何谈栋梁——加强高校体育工作座谈会”上提出：增强学生身体素质，才能确保培养出创新人才，为学校体育工作未来进一步的发展指明了方向。10月19日，靳诺书记、陈雨露校长出席第二届体育文化节开幕式暨2013级新生田径运动会，对学校进一步深化对体育工作重要性的认识，推动学校体育事业做出了重要的指示。

2013年，学校体育工作屡创佳绩。1月25日，经中国大学生体育协会网球分会会员代表大会选举并经中国大学生体育协会批准，学校担任主席单位。5月22日，学校担任北京市大学生体育协会篮球分会主席单位。7月25日，在兰州西北民族大学举行的第十三届全国大学生田径锦标赛上，2009级经济学院学生芦安以10秒50的成绩夺得男子百米专业组冠军，同时达到运动健将标准。这是时隔23年之后，学校在此项赛事中取得的又一优异成绩。7月20—28日，学校在国家网球中心成功举办第十八届全国大学生网球锦标赛暨全国高校“校长杯”网球比赛。12月6日，举办首届“健康学子”大赛并发起“首都四校健康达人展示活动”。

教育教学和学科建设

■ 本科生教育

一、概况

2013年，学校继续深入贯彻落实《国家中长期教育改革和发展规划纲要（2010—2020年）》，以《教育部关于全面提高高等教育质量的若干意见》等文件精神为指导，紧密围绕“1320行动计划”工作大局和本科人才培养路线图实施，认真开展与人才培养相关的重点工作，致力于保障和持续提升人才培养质量。

在抓实本科教学各项基础工作，确保本科教学系统优质高效运转的基础上，学校继续以提升人才培养质量为核心，发布实施本科人才培养路线图，推进研究型学习制度体系建设；以培养厚重人才为目标，制定并实施2013级本科生培养方案；制定并实施人大“大学英语口语标准”，全面深化大学英语教学改革；加强体育文化建设，培育体育精神，全面调整体育教学内容与模式；加强教学资源建设，为落实2013级本科生培养方案创造条件；组织名师沙龙和新生研讨课教师教学经验分享会，大力推进“国家级教师教学发展示范中心”建设；继续举办国际小学期，促进学生国际交换学习；不断完善实践教学，着力培育本科生的研究能力和实践能力；继续实施教育部本科教学工程和北京市共建项目；进一步改进毕业审核，顺利完成2013届本科毕业生学位授予工作；继续做好各项日常教学运行及管理工作，认真完成各项社会服务等方面的工作，取得一些成效和新进展。

2013年，教育部、北京市教委开展“本科教学工程”项目立项评选工作。学校有教育部精品视频公开课（4门）、精品资源共享课（5门）、北京市教学名师奖（4名）、教育部法学专业综合改革试点、新闻传播学类文科实践教育基地、信息技术与管理实验教学中心、西部受援高校教师和管理干部进修锻炼项目、大学生创新创业训练计划（国家级132项，北京市级50项）等项目入选并立项；教师教学发展示范中心被评为教育部首批“国家级教学示范中心”。学校共有199个项目入选，其中入选教育部的项目145个，入选北京市教委的项目54个。

此外，学校继续坚持教学表彰工作，注重发挥优秀教师的示范、引领作用，2013年，除了4名教师获北京市教学名师奖之外，还有4名教师获宝钢教育基金优秀教师奖，10名教师获学校教学标兵，19名教师获教学优秀奖。学生参加学科竞赛取得优异成绩：2013年，共有600余名本科生参与了各级校际学科竞赛及校内选拔赛，在各类学科竞赛中取得全国一等奖3项，全国二等奖5项，北京市一等奖23项，北京市二等奖24项。

2013年，学校共有34项教学成果荣获第七届北京市高等教育教学成果奖，其中特等奖1项，一等奖14项，二等奖19项。

二、本科生招生工作

2013年，学校共录取新生3 159人，其中男生1 296人，女生1 863人，男生比例为41.0%，比2012年上升0.6个百分点。在录取的3 159名新生中，普通本科生2 394人，中法学院224人，内地普通保送生102人，艺术特长生57人，高水平运动员48人，艺术类学生138人，港澳台侨生44人（含澳门保送生6人、台湾保送生9人、香港免试生13人），国防生115人，第二学士学位生37人。

2013年北京市的生源质量仍保持良好势头。北京文科录取分数线为637分（位列全市约550名），高出一本线88分，理科录取分数线为680分（位列全市1 041名），高出一本线130分。文科录取平均分653分，高出一本线104分；理科录取平均分688分，高出一本线138分。

全国其他省（区、市）的文理科统招生源也均取得了优异成绩。生源传统强省黑龙江、吉林、辽宁、河北、河南、四川、陕西、浙江、广东、广西、福建、湖北、湖南、江西、安徽、山东等省份录取线排名均略有提升，传统弱省新疆、甘肃、宁夏、贵州、云南等省份录取线排名大幅上升。从录取结果看，招生计划超过50人的省份，文科生源基本位列全省150名以内，理科生源基本位列全省500名以内；招生计划少于50人的省份，文科生源基本位列全省80名以内，理科生源基本位列全省200名以内。

三、教材建设

2013年，学校根据《教育部、中共中央宣传部关于高校哲学社会科学相关专业统一使用马克思主义理论研究和建设工程重点教材的通知》（教高函〔2013〕12号）文件精神，组织相关学院（系）做好马克思主义理论研究和建设工程重点教材选用工作，并实施对相关重点教材使用情况的年度通报制度。同时，认真组织重点教材任课教师参加中宣部、教育部组织的培训工作，迄今已有24位学科带头人和业务骨干参加了中央“马工程”哲学社会科学新教材任课教师示范培训和教育部高校思想政治理论课骨干教师研修，提高了教师理解与运用工程重点教材的教学能力，带动了教学队伍教学水平的整体提高。

2013年，学校共有26种教材获“北京高等教育精品教材”称号，1种教材获“北京高等教育经典教材”称号。

四、教学改革与教学管理

（一）发布实施本科人才培养路线图，推进研究型学习制度体系建设

2013 年 4 月 22 日，学校召开动员大会，部署实施本科人才培养路线图，推进研究型学习制度体系建设。路线图以“立德树人”为理念，通过 8 项核心制度和 16 个教学改革项目，完善人才培养方式，促进学生研究性学习，致力于培养具有厚重品质、始终奋进在时代前列、能在各行各业发挥引领作用的“国民表率、社会栋梁”。同时，学校成立本科人才培养委员会，作为与学校学术委员会、学位评定委员会并列的专门机构，由校党委书记、校长兼任主任，落实学校关于本科人才培养工作的重大决策，统筹本科人才培养工作，研究本科人才培养方面的突出问题、重大趋势，并提出决策咨询建议，为落实路线图提供组织保障。

此后，学校组织完成第一批 8 个管理制度文件的制定和修订工作。其中，新增的文件包括《关于加强本科课程教学大纲制定和使用工作的规定》《关于加强本科课程作业管理的暂行办法》共 2 个，修订的文件包括《中国人民大学本科学生副修制度实施办法》《中国人民大学本科学生赴境外大学学习及课程学分认定管理办法》《中国人民大学本科生推荐免试攻读硕士学位研究生实施办法》《中国人民大学本科学生社会研究和创新训练学分认定办法》《中国人民大学本科学生社会实践和志愿服务学分认定办法》和《中国人民大学本科新生研讨课课程规范》共 6 个。

（二）以培养厚重人才为目标，制定并实施 2013 级本科生培养方案

4 月 20 日，学校正式启动 2013 级本科生培养方案制定工作，要求各学院（系）按照《关于制定 2013 级本科生培养方案的指导意见》的基本原则和有关精神，做好本学院（系）各专业培养方案制定工作。11 月 9 日，中共中国人民大学第十三届委员会第 88 次常委会讨论通过 2013 级本科生培养方案。11 月 21 日，学校发布《关于印发〈2013 级本科生培养方案〉的通知》，培养方案正式颁布实施。

2013 级本科生培养方案紧密结合研究型学习制度体系建设，突出学生“厚重”素养和跨文化沟通能力的培养，努力为学生提供更为广阔的学习空间、更加丰富的学习内容和更加有效的学习方式。11 月 27 日，组织召开“本科人才培养路线图暨 2013 级本科生培养方案学生宣讲会”，加强与学生直接沟通，帮助新生了解路线图实施理念、课程设置情况、课外读史读经典、社会实践以及英语口语标准等方面内容。

（三）围绕落实本科人才培养路线图，积极推动英语、体育教学改革和课内外培养环节统筹

1. 制定并实施人大“大学英语口语标准”，全面深化大学英语教学改革

外语（英语）口语能力提升是落实路线图的重要内容之一。2013 级本科生培养方案的大学英语公共课程由原来的 14 学分增加至 16 学分，增加的 2 学分为提升学生的英语口语表达能力而专门设计。大学英语为非外语专业学生必修课程，课程继续实行分级教学，学生须参加“英语口语能力测试”（计 2 学分），并要求在第二学年秋季学期结束前达标完成。在课程安排方面，按照第一学期 4 学分、第二学期 6 学分、第三学期 4 学分安排教学内容，使大学英语教学内容能够与专业外语学习、国际小学期教学、国际交流学习等有效衔接，为施行本科生国际性人才培养四阶段接力模式奠定基础。学校外国语学院组织专门的教学团队承担本科生“大学英语读写”课程和“大学英语听说”课程的教学工作。为保证学生学习效果，“大学英语读写”课程采用课堂教学活动与课后学生自学相结合的教学方式，要求学生广泛阅读相关英文资料，撰写读书报告；“大学英语听说”课程采用分组教学形式，学生以小组为单位，完成特定的听说任务。同时，外国语学院还为学生提供新视野网络视听说学习系统平台，帮助学生在课后通过网络完成指定的视听说学习内容，并与教师互动、答疑。

2. 加强体育文化建设，培育体育精神，全面调整体育教学内容与模式

组织教师对体育教学进行全面梳理，从运动参与、身体健康、心理健康、运动技能、社会适应、文化熏陶等6个方面，重新定位大学体育的课程教学目标，以“一拳一泳”为核心必修课程，初步确立体育必修课程、俱乐部类课程、发展指导类课程三类课程共同发展的课程体系，形成层次清晰、结构互补、运动与文化相融合的具有人大特色的体育教学课程体系架构。

2013—2014学年第一学期，学校全面实施新的体育课程体系，太极拳作为体育必修课程面向全体2013级学生开设。体育部在14个时间段，共开设103个太极拳课堂，本科生选课人数为3 109人。

3. 加强培养学生厚重素养，将“经典历史著作阅读”课外学习环节纳入培养方案

为帮助学生掌握研究方法、夯实学术基础、涵养人文气质、发展表达与写作能力，在汲取人类智慧结晶的过程中实现智力与人格的双重发展，学校除在2013级本科生培养方案中设置原著原典选读课程群外，又将“经典历史著作阅读”课外学习环节纳入其中，计2学分，旨在通过课内外结合、教师指导与朋辈互助结合，带领学生深入、系统地研习经典。

（四）加强教学资源建设，为落实2013级本科生培养方案创造条件

2013年，学校继续加强课程、教材等教学资源建设，努力为落实新的培养方案创新条件。课程数量方面，一方面，学校结合2013级本科生培养方案，着重加强科学、人文与方法类课程（通识教育大讲堂课程）、原著原典选读课程以及公共艺术教育课程建设，扩大学生自主选择的空间。学校常态化开设的科学、人文与方法类课程（通识教育大讲堂课程）、原著原典选读课程、公共艺术教育类课程和发展指导类课程达600门左右。继续组织编制《2013—2014全校课程资源总汇》和课程教学大纲，并上传到选课系统，为学生选课提供指导。另一方面，学校要求各专业所有课程预留不低于本专业必修学生数15%的课量，按照一定程序面向全校学生开放，供有需求的学生自主选修。学院对学生跨专业选修课程提供指导意见，以实质性促进跨专业学习和复合型人才培养。

课程设置方面，为进一步充分体现“宽口径、厚基础”的人才培养理念，学校涉及经济学类专业的主要学院（包括财政金融学院、经济学院、商学院和统计学院）首次统一了经济学类专业核心学科基础课（包括微观经济学、宏观经济学、政治经济学、计量经济学、财政学、金融学、会计学和统计学），并集中优势力量建设学科基础课教学团队和学科基础课程教材等，为学生提供经济学学科专业的优质教学资源。

此外，学校教务处组织开展全校专业核心课程建设情况调查，形成关于专业核心课程建设情况的分析报告以及特色系列教材建设规划报告，为下一阶段继续加强课程和教材建设奠定基础。

2013年，按照课程教学与系列讲座相结合的理念，学校继续举办“通识教育大讲堂——跨文化沟通系列公开讲座”共12讲，先后邀请叶小文、张立文、金灿荣、高钢、杨慧林、时殷弘、陆建德、张志伟、涂光晋、向松祚、刘元春等校内外专家学者主讲，并联合继续教育学院对系列公开讲座进行全程录制，丰富数字化学习资源。

学校按照北京市教育委员会要求，继续北京市共建项目。2013年，大学英语、体育教育、商科教育以及研究型学习体系建设获准列为北京市教委2013年度教改项目；档案学、国际政治、哲学、历史学、社会学、统计学、中国共产党历史等部分本科专业纳入北京共建项目专业建设规划，争取了相应的建设经费和发展平台。

（五）组织名师沙龙和新生研讨课教师教学经验分享会，大力推进“国家级教师教学发展示范中心”建设

为进一步完善本科新生研讨课制度，2013年秋季学期学校继续组织开设本科新生研讨课，共遴选聘请197名（含苏州校区中法学院）本科新生导师担任新生研讨课主讲教师。9月，教务处和教师教学发展中心共同制定《中国人民大学本科新生研讨课课程指南（试行）》，编订并出版《2013级本科新生研讨课学生手册》和《2013级本科新生研讨课教师手册》，并通过组织系列的经验分享会，促

进教师教学交流，不断完善新生研讨课教学模式。靳诺书记、陈雨露校长和杨慧林副校长分别出席指导。教务处和教师教学发展中心还于2013年11月14日、12月18日共同主办2场“名师沙龙”，即法学院何家弘教授主持的“冤案解析——法学与文学的视角”与新闻学院涂光晋教授主讲的“新媒体时代的意见传播”沙龙，为促进师生交流进行了新的探索。

10月11日，陈雨露校长出席本科人才培养路线图实施工作专题会议，听取汇报并就加快推进教师教学发展中心建设做出指示，进一步落实中心的办公场地、人员编制和工作重点。中心与另外29家国际级示范中心形成资源共享机制，选派教师参加北京师范大学等兄弟高校教师教学发展中心的优质培训课程，开设“概念地图：理解型学习的起点”“MOOCs与在线教育”等教师教学发展系列沙龙，并接待了来自深圳大学、燕山大学、山西大学、全国高校教师网络培训中心、山西省高校师资培训中心等20多所兄弟高校及教学单位的来访。7月16—18日，中心举办“暑期教学发展工作坊”，来自上海交通大学、四川大学等10所高校的50余名教师参加。

（六）继续举办国际小学期，促进学生国际交换学习

2013年国际小学期于7月3—30日成功举办。共有26个学院（系、部）开设128门校级核心课程，其中，“中国研究”系列课程共28门，“学科通识和学科前沿”系列课程共91门，“中国文化普及”系列课程共2门；“语言培训”系列课程共7门，包括对外汉语培训和本校学生英语强化2个类别。

国际小学期校级核心课程由130名教师承担（未包括汉语培训系列课程13名教师）。其中本校教师29名，国内其他单位教师2名。另有海外教师99名，来自17个国家和地区的近90所一流大学和研究机构。国内外3 583名学生选修了国际小学期校级核心课程。其中，本校学生3 147人（研究生143人，本科生3 004人），外校学生436人。外校学生来自全球38个国家和地区。

作为学校提升人才培养国际性的一个重要内容，学校本科生境外交换学习项目逐年增多，学生参与度有所提升。2013年春季和秋季，共组织94个本科生境外学习项目的学生选拔工作，其中包括89个常规项目，4个校长奖学金项目，1个“人大—耶鲁暑期学校”项目。有963人次提出了项目申请，共选拔339人，参与项目申请的学生数较去年增长约8%。

（七）不断完善实践教学，着力培育本科生的研究能力和实践能力

继续开展“大学生创新实验计划”和“大学生创业训练计划”的项目实施工作，完成“大学生创新实验计划”2011项目、“大学生创业训练计划”2012项目的结项评审及表彰工作，完成两类项目2013年的立项评审工作。2013年，两类项目共有132个国家级项目、50个市级项目和46个校级项目予以立项，1 045名学生参与其中，学生平均每年受益面提升至36%。同时，通过组织学生创新论坛、优秀项目展览、系列方法论讲座、优秀项目表彰座谈会等活动，进一步加强项目辅导，提升学生的科研能力，推动创新创业教育工作的开展。

继续支持学院组织开展有特色的专业实习活动和社会实践活动，组织相关学院申报国家级和北京市级校外人才培养基地。牵头组织各类校际学科竞赛，带动广大同学参与。加强校内创新实践基地建设，围绕基地开展系列课外学术科研活动，活跃校园学术文化氛围。同时，结合人才培养改革路线图实施框架的制定与落实，参与学校改进第二课堂教学环节的研究设计，不断总结创新人才培养的经验和做法。

（八）进一步改进毕业审核，顺利完成2013届本科毕业生学位授予工作

2013年，继续做好一年一度的本科毕业审核和学位授予工作，加强毕业生成绩审定，确保毕业生质量及要求。6月，全校共有3 064名学生完成教学计划，修满规定学分，予以毕业。其中，77人获得哲学学士学位，792人获得经济学学士学位，479人获得法学学士学位，633人获得文学学士学位，62人获得历史学学士学位，206人获得理学学士学位，55人获得工学学士学位，760人获得管理学学士学位。除获得主修学位外，2013年共有135人获得副修学位。

6月24日，2013届学士学位授予仪式在学校世纪馆举行。校学位评定委员会主席、校长陈雨露及其他校学位评定委员会委员共12人出席学位授予仪式，为优秀学士学位获得者一一颁发学位证书、学位绶带并合影留念。

（九）继续做好各项日常教学运行及管理工作，认真完成各项社会服务工作

继续做好各项日常教学运行及管理工作，包括课程安排、选课、听课、转专业、免试推荐研究生、教学督导、各类考试安排、助教审批、新开课审批、兼职教授审批等；做好2013年、2014年北京市共建项目预算编制及历年项目运行管理工作；组织好各类学科竞赛、各级校外人才培养基地建设和申报工作；同时，继续做好教师进修访学、市属教师基地建设和自学考试管理等各项社会服务工作。

五、教学质量监控

（一）实施院（系）本科教学质量报告制度

2013年，学校继续实施院（系）本科教学质量报告制度，促使各院（系）开展本科教学自我评估工作，要求全校各院（系）对上一年度的本科教学工作围绕人才培养目标、教学基本建设、教学改革与教学质量保障开展自评，总结经验，查找问题，并编写本单位的年度本科教学质量报告，最终在学校校园内网上公布，便于广大师生的监督和检查。

（二）坚持和完善日常教学质量监控

2013年，学校继续开展日常教学质量的监控工作。坚持期初、期末本科教学工作的例会制度、校院两级领导的教学检查及日常教学巡视工作。学校督导员深入课堂听课共1 114课时，形成督导总结报告汇编2册。

同时，学校教务部门继续开展和完善本科课堂教学质量评价工作。与理学院共同研究制定了实验课程教学质量评价体系，并在2013—2014学年秋季学期的教学质量评估中实施。在2012—2013学年开展的课堂教学网络评估中，2012—2013学年秋季学期共有2 549个课堂参加评估，学生提交的问卷共106 168份，占应评问卷的87.22%，全校课堂总平均分95.03，91.49%的课堂在90分以上；2012—2013学年春季学期共有2 513个课堂参加评估，学生提交的问卷共88 737份，占应评问卷的83.82%，全校课堂总平均分95.33，92.36%的课堂在90分以上。学生对教师课堂教学满意度与上一学年相比有所提高。

国际小学期自2009年创办以来，每期也均开展教学满意度的问卷调查工作。2013年国际小学期课程教学质量评估工作中，学生提交问卷2 997份，参评课堂155个，统计结果表明在“课程整体”“教师评价”和“课堂效果”这三个方面的平均得分较前两期有明显提高，学生满意度也在逐年提高。

六、体育教学

2013年，以“一拳一泳”为核心课程的体育教学课程体系初具形态，各项教学管理制度逐渐完善。在2013—2014学年秋季学期，对2 800余名一年级新生开设太极拳必修课程，共开设105个课堂，有19位老师参与太极拳课程的教学任务。

设定教改课题，开展体育专选课的课程大纲研究和改革。在课程的分数结构中，更加注重对学生身体素质的考察，更加注重学生实际锻炼效果的评定。

加强体育教学的管理和教学规范的建设，出台《体育部关于成立体育教学指导委员会的决定》《体育部体育教学评议办法（试行）》《体育部教学优秀奖评选办法（试行）》三个教学管理文件。

完成全体本科生体质监测任务，并按期如实向教育部上报数据。举办首届中国人民大学“健康学子”大赛，开展“首都四校健康达人展示活动”。

2013年，按照学校本科人才培养路线图的要求，完善以春季运动会和体育文化节为核心，以足球、篮球、排球、乒乓球等球类联赛为支撑的校园群体活动体系。做好校内群体竞赛的组织工作和校外体育竞赛的培训选拔工作，承接北京市及全国性群体活动竞赛；做好普通学生代表队（啦啦队、健美操队、羽毛球队、高尔夫球队等）的组织，管理和竞赛工作；开展校内教职工的健身竞赛活动。

七、艺术教育

2013年，学校在2013级本科生培养方案中增设“公共艺术教育”课程群，由艺术学院、哲学院、文学院等开设，供学生自主选修2学分。目前，学校常态化开设的公开艺术教育课程包括“电影视听语言”“俄罗斯艺术专题研究”“国剧艺术大观”“舞蹈艺术修养”“音乐基础理论与视唱练耳（简谱）”等23门。

附录

中国人民大学本科专业目录

序号	学科门类	专业代码	专业名称	所属学院
1	哲学	010101	哲学	哲学院
2	哲学	010103K	宗教学	哲学院
3	哲学	010104T	伦理学	哲学院
4	艺术学	130201	音乐表演	艺术学院
5	艺术学	130310	动画	艺术学院
6	艺术学	130401	美术学	艺术学院
7	艺术学	130402	绘画	艺术学院
8	艺术学	130502	视觉传达设计	艺术学院
9	艺术学	130503	环境设计	艺术学院
10	管理学/工学	120102	信息管理与信息系统	信息资源管理学院/信息学院
11	管理学	120502	档案学	信息资源管理学院
12	工学	080901	计算机科学与技术	信息学院
13	工学	080904K	信息安全	信息学院
14	理学	070101	数学与应用数学	信息学院
15	文学	050301	新闻学	新闻学院
16	文学	050302	广播电视学	新闻学院
17	文学	050303	广告学	新闻学院
18	文学	050305	编辑出版学	新闻学院
19	文学	050101	汉语言文学	文学院
20	文学	050102	汉语言	文学院

序号	学科门类	专业代码	专业名称	所属学院
21	文学	050201	英语	外国语学院
22	文学	050202	俄语	外国语学院
23	文学	050203	德语	外国语学院
24	文学	050204	法语	外国语学院 中法学院
25	文学	050207	日语	外国语学院
26	经济学	020102	经济统计学	统计学院
27	理学	071201	统计学	统计学院
28	理学	071202	应用统计学	统计学院
29	法学	030301	社会学	社会与人口学院
30	法学	030302	社会工作	社会与人口学院
31	管理学	120101	管理科学	商学院
32	管理学	120103	工程管理	商学院
33	管理学	120201K	工商管理	商学院
34	管理学	120202	市场营销	商学院
35	管理学	120203K	会计学	商学院
36	管理学	120204	财务管理	商学院
37	经济学	020402	贸易经济	商学院
38	管理学	120301	农林经济管理	农业与农村发展学院
39	管理学	120302	农村区域发展	农业与农村发展学院
40	法学	030502	中国共产党历史	马克思主义学院
41	法学	030503	思想政治教育	马克思主义学院
42	历史学	060101	历史学	历史学院
43	理学	070201	物理学	理学院
44	理学	070301	化学	理学院
45	理学	071102	应用心理学	理学院
46	理学	080402	材料物理	理学院
47	管理学	120206	人力资源管理	劳动人事学院
48	管理学	120403	劳动与社会保障	劳动人事学院
49	经济学	020101	经济学	经济学院
50	经济学	020103T	国民经济管理	经济学院 中法学院
51	经济学	020106T	能源经济	经济学院
52	经济学	020401	国际经济与贸易	经济学院
53	管理学	120401	公共事业管理	环境学院 社会与人口学院
54	理学	082503	环境科学	环境学院
55	工学	082502	环境工程	环境学院
56	法学	030201	政治学与行政学	国际关系学院
57	法学	030202	国际政治	国际关系学院
58	法学	030203	外交学	国际关系学院
59	法学	030501	科学社会主义	国际关系学院
60	管理学	120402	行政管理	公共管理学院
61	管理学	120404	土地资源管理	公共管理学院

序号	学科门类	专业代码	专业名称	所属学院
62	管理学	120405	城市管理	公共管理学院
63	法学	030101K	法学	法学院
64	经济学	020201K	财政学	财政金融学院
65	经济学	020202	税收学	财政金融学院
66	经济学	020301K	金融学	财政金融学院 中法学院
67	经济学	020302	金融工程	财政金融学院
68	经济学	020303	保险学	财政金融学院
69	经济学	020306T	信用管理	财政金融学院
70	经济学	020104T	资源与环境经济学	环境学院
71	文学	50304	传播学	新闻学院
72	历史学	60103	考古学	历史学院
73	工学	80902	软件工程	信息学院
74	管理学	120211T	劳动关系	劳动人事学院
75	管理学	120503	信息资源管理	信息资源管理学院
		学校自设专业	国学	国学院

说明：专业代码后带“T”表示特设专业，专业代码后带“K”表示国家控制布点专业。

2013年中国人民大学教育教学成果和获奖情况

第七届北京市高等教育教学成果奖获奖成果名单（34项）

序号	获奖等级	成果名称	成果完成人	成果主要完成单位
1	市级特等奖	创办国际小学期，提升人才培养国际性	陈雨露　杨慧林　洪大用 郭洪林　唐　忠	暑期项目办公室
2	市级一等奖	因材施教　分类培养——本科法律人才培养模式改革与创新工程	韩大元　王　轶　肖建国 杜焕芳　宋　彪	法学院
3	市级一等奖	回归学术本源，夯实学术基础，全面建立博士点学科专业主文献制度	吴晓求　刘凤良　宋东霞 吕莉莎　李艳丽	研究生院
4	市级一等奖	经济学拔尖创新人才培养模式探索与实践——经济学—数学实验班创办十年总结	杨瑞龙　龙永红　陈彦斌 程　华	经济学院
5	市级一等奖	财政金融专业拔尖创新人才培养体系的探索与推广	郭庆旺　岳树民　何　平 张成思　贾俊雪	财政金融学院
6	市级一等奖	助力会计改革，强化能力培养，建设立体化会计精品教材体系（教材）	荆　新　支晓强　宋建波 周　华　叶康涛	商学院
7	市级一等奖	新形势下的“中共党史”本科特色专业建设与人才培养模式改革	齐鹏飞　杨凤城　杨德山 辛　逸　汪云生	马克思主义学院
8	市级一等奖	基于文化科技园区，培养学生创新创业能力	牛维麟　彭　翊　王国成 韩　莹　曾繁文	文化科技园
9	市级一等奖	全面提升国际性、推动国际政治本科人才培养体系改革	陈　岳　时殷弘　方长平 田　野　蒲　傅	国际关系学院

序号	获奖等级	成果名称	成果完成人	成果主要完成单位
10	市级一等奖	新型国学人才培养的机制及其成效	纪宝成　黄朴民　孟宪实　袁济喜　徐　飞	国学院
11	市级一等奖	精算统计复合型教学体系的建设与实践	袁　卫　王晓军　孟生旺　黄向阳　王　燕	统计学院
12	市级一等奖	新时期哲学专业人才培养体系的构建与创新	郝立新　韩东晖　张志伟　张风雷　魏德东	哲学院
13	市级一等奖	中国传播案例教学与案例库建设	蔡　雯　王　菲　彭　兰　陈　绚　马少华	新闻学院
14	市级一等奖	建立质量年报制度，推进高校继续教育质量保障体系建设	林　岗　李国斌　刘承邠　顾宗连　李福德　李　洋　孟　欣　田小梅　陈　雷	继续教育学院
15	市级一等奖	基于互联网的分布式社会化终身学习服务模式	岳俊芳　冯　霞　杨丛笑　张向阳　杜　蕾	继续教育学院
16	市级二等奖	创建具有中国气派中国风格的宏观经济学教学体系	方福前　杨瑞龙　刘元春　陈彦斌　于　泽	经济学院
17	市级二等奖	应用型社会科学专业创新人才培养模式的探索与实践	赵国俊　张　斌　纪红波　张晓京　王　丹	信息资源管理学院
18	市级二等奖	公共精神与专业能力——公共管理本科创新人才培养模式探索与实践	董克用　严金明　唐　钧　谭　峻　陈　红	公共管理学院
19	市级二等奖	完善高校自主选拔录取制度的探索与实践	蔡荣生　李向前　刘　甡　周　丽　黄宾华	招生就业处
20	市级二等奖	大学英语普及型与拔尖型分类人才培养模式研究	贾国栋　王　红　宋传民　唐启明　杨彩霞	外国语学院
21	市级二等奖	依托史学经典、创新通识教育：《资治通鉴》选讲的课程建设与教学实践	刘后滨　李晓菊　韩树峰　杨　梅	历史学院
22	市级二等奖	主体教育与全面发展：通识教育的“人大模式”	杨慧林　洪大用　蒋香仙　旋天颖　王　建	教务处
23	市级二等奖	大学生心理健康成长教育实践——通识教育、同伴教育、师资培训三合一的人大模式	马俊杰　张晓京　胡　邓　周　莉　侯瑞鹤	学生工作部
24	市级二等奖	参与式案例教学模式与农林经济管理专业人才培养体系建设	温铁军　孔祥智　刘金龙　朱信凯　谷　莘	农业与农村发展学院
25	市级二等奖	文科类高等院校大学计算机系列课程研究与建设	杨小平　曹淑艳　张　莉　尤晓东　龙永红　叶　向	信息学院
26	市级二等奖	EMBA 项目“中国实践管理领袖项目——CMPM”的设计与推广	伊志宏　宋　华　冯云霞　宋远方	商学院
27	市级二等奖	创立和发展教育法学学科	秦惠民　申素平　孙宵兵　陈立鹏　周　详	教育学院
28	市级二等奖	研究生教育质量保障机制探索与实践	冯惠玲　吴晓求　李　霞　宋东霞　李艳丽	研究生院
29	市级二等奖	基于知识复合与实践导向培养本科生创新能力	洪大用　旋天颖　王　建　蒋香仙	教务处
30	市级二等奖	法律经济学课程体系建设与成果转化	冯玉军　田宏杰　朱力宇　柯华庆　刘元春	法学院
31	市级二等奖	“当代中国社会变迁”课程建设	郭星华　奂平清　冯仕政　陆益龙　洪大用	社会与人口学院

序号	获奖等级	成果名称	成果完成人	成果主要完成单位
32	市级二等奖	西方伦理思想史课程建设	龚　群　葛晨虹　郭清香　李茂森　杨伟清	哲学院
33	市级二等奖	《劳动法和社会保障法》（教材）	林　嘉　杨　飞　范　围　许建宇　邓　娟	法学院
34	市级二等奖	新时期对港澳台学生开展国情教育的新思路和新方法	唐　忠　李贞实　周淑真　韩　飞　黄　岩	港澳台办公室

第九届（2013年）北京市高等学校教学名师奖

姓名	所在学院
郭星华	社会与人口学院
马　中	环境学院
何　平	财政金融学院
陈享光	经济学院

2013年宝钢教育基金优秀教师奖

姓名	所在学院
龚　群	哲学院
胡百精	新闻学院
杨庆中	国学院
王　芳	财政金融学院

2013年中国人民大学教学标兵

姓名	所在学院	姓名	所在学院
曹　刚	哲学院	唐　钧	公共管理学院
陈享光	经济学院	王文娟	艺术学院
宫晓东	信息资源管理学院	尤晓东	信息学院
郭庆民	外国语学院	张　岩	体育部
刘松博	劳动人事学院	朱子辉	文学院

2013年中国人民大学教学优秀奖

姓名	所在学院	姓名	所在学院
胡　波	财政金融学院	王晓琨	历史学院
李欢欢	理学院心理系	肖中华	法学院
李学军	法学院	姚欢庆	法学院
李　岩	环境学院	于　泽	经济学院
刘青建	国际关系学院	张恩忠	商学院
戚发全	信息学院	张　鹤	财政金融学院
宋友文	马克思主义学院	张齐明	国学院
唐　丹	社会与人口学院	周　勇	新闻学院
唐　杰	公共管理学院	周　禹	商学院
田丽丽	外国语学院		

2013 年中国人民大学入选国家级精品视频公开课课程

课程名称	课程负责人	所在学院
法学专业导论	杨　东	法学院
法经济学基本原理	冯玉军	法学院
金融学与中国金融发展系列讲座	张　杰	财政金融学院
西方伦理文化讲座	龚　群	哲学院

2013 年北京高等教育经典教材获奖书目

序号	教材名称	主编姓名	主编所在单位	出版单位
1	金融学（第三版）［货币银行学（第五版）］	黄　达	财政金融学院	中国人民大学出版社

2013 年北京高等教育精品教材获奖书目

序号	教材名称	主编姓名	主编所在单位	出版单位
1	财政管理	王秀芝	财政金融学院	中国人民大学出版社
2	金融计量学	张成思	财政金融学院	中国人民大学出版社
3	证券投资学	赵锡军　李向科	财政金融学院	中国人民大学出版社
4	破产法（第三版）	王欣新	法学院	中国人民大学出版社
5	金融法（第二版）	徐孟洲	法学院	高等教育出版社
6	物证技术学（第四版）	李学军　刘晓丹	法学院	中国人民大学出版社
7	公共政策导论	谢　明	公共管理学院	中国人民大学出版社
8	中级微观经济学	刘凤良　周业安	经济学院	中国人民大学出版社
9	当代中国经济	张　宇　卢　荻	经济学院	中国人民大学出版社
10	国际贸易实务	韩玉军	经济学院	中国人民大学出版社
11	绩效管理：技术与应用	林新奇	劳动人事学院	中国人民大学出版社
12	市场营销学（第四版）	吕一林	商学院	中国人民大学出版社
13	会计学	周　华	商学院	中国人民大学出版社
14	法社会学教程	郭星华	社会与人口学院	中国人民大学出版社
15	民族社会学概论（第二版）	郑杭生	社会与人口学院	中国人民大学出版社
16	老年学概论（第 2 版）	邬沧萍	社会与人口学院	中国人民大学出版社
17	统计学（第四版）	贾俊平	统计学院	中国人民大学出版社

序号	教材名称	主编姓名	主编所在单位	出版单位
18	统计学：思想、方法与应用	袁　卫	统计学院	中国人民大学出版社
19	大学体验英语综合教程2（第三版）	贾国栋	外国语学院	高等教育出版社
20	汉语史纲要	殷国光	文学院	中国人民大学出版社
21	新闻传播伦理与法规概论	陈　绚	新闻学院	高等教育出版社
22	广播电视新闻学导论	周　勇	新闻学院	高等教育出版社
23	文书学（第二版）	王　健	信息资源管理学院	中国人民大学出版社
24	外国档案事业史（第二版）	黄霄羽	信息资源管理学院	中国人民大学出版社
25	分布式系统及云计算概论	陆嘉恒	信息学院	清华大学出版社
26	逻辑与批判性思维	陈慕泽　余俊伟	哲学院	中国人民大学出版社

中国人民大学2013大学生创新训练计划项目

序号	项目所在单位	项目名称	项目负责人	项目其他成员姓名	指导教师姓名	立项级别
1	财政金融学院	“新农保”对农民人力资本投资影响的实证研究——基于甘肃省民勤县、四川省双流县两地的调查	张珂玮	李迪一　刘方玉　屈书恒　金梦迪	宋　玮	国家级
2	财政金融学院	后税费时代对农村“一事一议”政策实施的效用分析——基于河北、四川、黑龙江三地的实地调研	鄢梓遥	李尚颖　薛　平　张　睿　李　响	岳树民	国家级
3	财政金融学院	传统文化的商业价值研究——以北京胡同商业综合体为例	周　祺	易芳旭　陈之娴　陈　挺　许凌达	刚建华	国家级
4	财政金融学院	从校园网运营绩效看区域性垄断产品的提供问题——基于对北京六所高校的调查研究	王奕群	杜　鹏　刘伟杰　孙凌然	薛涧坡	国家级
5	财政金融学院	北京“市政交通一卡通”的推广现状及相关问题探究——基于与香港“八达通”的对比研究	王梦川	吴　琳　吴丽媚　许　新　古　禹	胡　波	国家级
6	财政金融学院	农村小型病险水库整改市场化融资的经济可行性研究——以湖北省随州市为例	沈　明	曹东明　王亦茗　王维钧　杜　榕	刘晓路	国家级
7	财政金融学院	关于政府改善农村饮用水安全措施的成本收益研究——基于山东三镇十二村农户对安全饮用水支付意愿及相关政策成本的调研	傅　荫	王　凯　黄纪元　王笑晴　张若雯	张　静	国家级
8	财政金融学院	我国农地流转实践中农民的突出问题与对策建议——基于重庆市九龙坡区与长寿区农村调研分析	杨斐滟	王可心　邓　爽　王　璐	张俊岩	国家级

序号	项目所在单位	项目名称	项目负责人	项目其他成员姓名	指导教师姓名	立项级别
9	财政金融学院	在京农民工异地医疗保险保障问题的现状调查	高　亢	王一鸣　王皓一 王海潮　卢　静	胡　波	国家级
10	财政金融学院	“政银保”合作农业贷款的实施效果以及对农业机械化推动作用研究——基于广东省佛山市的实地调研	姜力群	吕岑岑　蓝琦毓 何玥焜	宋　玮	国家级
11	财政金融学院	土地流转对农民收入的影响——基于上海市松江区家庭农场模式的调研	孟竹君	熊姗姗　穆云敏 梁嘉辉　李俊良	刘晓路	国家级
12	财政金融学院	我国金融专业硕士培养亟待解决的问题及对策研究——基于国外经验的对比分析	张　欣	朱玉婷　张琳子 越　光　王寅晓	吕冰洋	国家级
13	法学院	宗教活动场所财产权属的规范分析与实证调查——基于北京、四川两地的调研	杜嘉能	袁一格　申珠佩 蒋　礼　耿天鹏	冯玉军	国家级
14	法学院	法制视野下农村“三权”抵押融资风险控制机制研究——基于以重庆为主的四地实证调研	李勤峰	陶　玺　曹　颖 马嘉翎　钱　坤	肖建国	国家级
15	法学院	失独家庭权益保障现状及问题研究——以汶川、雅安和北京为例	宋柄君	王玉璇　秦玉斐 刘威建　董永豪	龙翼飞	国家级
16	法学院	执行在高墙之外：社区矫正执行主体现状的调查与研究——基于北京市、苏州市的实地调研	段宇琼	王斐然　孟　晗 郭　旭　姚芳萍	陈　璇	国家级
17	法学院	农民工医疗保险关系转移接续问题法律研究——以安徽、苏南地区、上海等地间农民工转移为例	刘昱含	洪倩雯　赖珺怡 赵轩毅　肖　寒	林　嘉	国家级
18	法学院	冲破藩篱：随班就读政策下残疾儿童受教育权益法律保障——以北京市各区县为例	赵　媛	孙　杨　郑小雨 林淡萍　李　鹤	韩大元	国家级
19	法学院	城镇化背景下的农地收益保证贷款融资的实践发展与法理证成——以吉林和重庆为中心的个案分析	吴雪华	谭冬楠　刘劭冕 张博君　孔　蕾	高圣平	国家级
20	公共管理学院	北京市公立医院“医药分家”改革政策效果的评价研究——基于五家试点医院患者满意度的调查	刘　畅	丁木桥　刘子萍 周雪薇　侯宇澄	蓝志勇 段　晖	国家级
21	公共管理学院	易地扶贫人口脱贫因素研究——基于商都县和化德县的调查	戴疏影	温婉玲　黄雪洋 汤小爱　李浩然	曹　琦	国家级
22	公共管理学院	广东省希望小学现状的调研分析——从规划建设的角度出发	于璐源	谢若曦　杨芷欣 陈中南　严　涵	郤艳丽	国家级
23	公共管理学院	西部欠发达地区农村撤点并校政策实施状况调研——基于甘肃省平凉市撤点并校政策不同实施模式的比较分析	丁悦玮	朱悦池　景丹阳 邱志伟　白　亮	董克用	国家级

序号	项目所在单位	项目名称	项目负责人	项目其他成员姓名	指导教师姓名	立项级别
24	国际关系学院	天保工程区划内的国有林区转型问题研究——以内蒙古大兴安岭国有林区为例	张博闻	刘雨兰 苏 晗 刘 欣 周 雪	闫 瑾	国家级
25	国际关系学院	现代农村社会建设路径与内生性城镇化研究——以浙江省绍兴市绍兴县荷湖村为对象	章一柳	余知琪 马方方 许 悦 孙 舟	王续添	国家级
26	国际关系学院	城市边缘地带文物保护性开发与地方民生建设的政策研究——以关中天水地区为例	李晨阳	蔡 妍 郑柏楠 李歆尧 郭维毅	闫 瑾	国家级
27	国际关系学院	对客家围龙屋文化保护与开发的相关政策的现状分析与对策研究——以广东省梅县围龙屋聚居区为例	文 强	杨 帆 邱倩婷 裴紫静 于心如	蒲 俜	国家级
28	国际关系学院	政府主导、社会参与下的“失独”家庭综合救助模式探究——以京津地区为例	刘天中	谭 畅 王晓玥 刘钠明 寿佳萍	闫 瑾	国家级
29	国学院	流失的艺术——传统吟诵文化在现代教育中的传承现状与发展方向（基于北京、江苏、浙江三地高等与初等教育阶段的实证分析）	王钰瑾	杨 静 张亚雄 王雪利 屈书恒	黄朴民	国家级
30	国学院	中国传统庙会的地域差异与文化认知——以河北赵县范庄庙会和台湾山街庙会为例	孟小帅	杜翘楚 刘安妮 刘晓珉 张 枭	袁济喜	国家级
31	环境学院	环境污染对健康的啃食：“癌症村”的现状调研与出路探究——基于河北、浙江两地调研的定量分析	章 凌	卢佳馨 范斯园 张 慧 黄婧溢	曾贤刚	国家级
32	环境学院	北京市落叶处理方法及其经济效益	王巧婷	徐 可 张紫嫣 霍 锴	齐 鲁	国家级
33	环境学院	高校用水指标体系及比较分析水平衡的研究——基于中国人民大学与北京师范大学的用水节水现状调查	石 侨	梁 爽 王宇澄 杨 月 李 敏	昌敦虎	国家级
34	经济学院	激励视角下乡镇教师流失原因及对策研究——基于安徽、四川两地的实地调研	卢丽阳	田 露 邓智威 谢 威 汪璐瑶	于春海	国家级
35	经济学院	城市化过程中失地农民满意度调查——幸福经济学的视角	郭辽林	洪 珊 王 祯 肖婉婷	赵 峰	国家级
36	经济学院	“房子”还是“票子”？——农村拆迁中的房产补偿与货币补偿对农民消费、投资及拆迁满意度的影响研究	孙鲲鹏	唐朝人 龚 琦 祁 琪 杜 冉	聂辉华	国家级
37	经济学院	“乡建生态乌拉邦”能走多远？——关于四川省大坪村“乐和家园”可持续性的研究	刘汉思	刘晓勇 冀 艺 彭爱乔 吴 浩	宋 枫	国家级

序号	项目所在单位	项目名称	项目负责人	项目其他成员姓名	指导教师姓名	立项级别
38	经济学院	农村土地整治对农民受益影响的实证分析——基于对湖北省荆门市的调研	张廷瀚	何雅莹　贾德音　陈宝林　刘文盛	胡　霞　易定红	国家级
39	经济学院	安全保障政策对矿工福利的影响——基于对山西省吕梁市矿区的调查	康　瑜	吴天昊　金饶逸琪　兰爽心　胡　杨	范志勇	国家级
40	经济学院	家庭农场主禀赋对其农业科技选择行为的影响——基于上海市松江区家庭农场试点的实证研究	黄　源	杨　渊　张宜遐　张宸颖　纪尹杰	胡　霞	国家级
41	经济学院	人口年龄结构对城镇住房需求影响的实证研究	李　一	顾宇豪　包一升　范晓冬　丁宇鑫	陈彦斌	国家级
42	经济学院	民族旅游对当地妇女经济地位的影响探究——基于贵州省黔东南苗族侗族自治州部分少数民族村寨的研究	郎倩旎	谢宇萌　杨都乐　鞠　彬　杨璐闻	Peter Kelly	国家级
43	经济学院	社区参与民族村寨旅游——农民利益走出边缘化——以云南新华村为例	金　茜	李姝蓉　黄德莉　张　睿	夏　明	国家级
44	经济学院	家庭农场的效率评价和影响因素分析——对于一种新型农业组织形式的实证研究	王　帆	彭　晨　蒋　蓉　蒋明睿　王　培	聂辉华	国家级
45	劳动人事学院	渔业产业转型升级背景下沿海渔民转产转业现状分析与可行方案探究	颜绿苑	冯　洋　李运然　宋亦君　刘雯婷	葛玉好	国家级
46	劳动人事学院	国内高校暑假小学期现状调研及发展道路探索——以中国人民大学等五所高校为例	叶津灼	隗青华　刘　行　肖栩岩　古梦洁	姚裕群	国家级
47	劳动人事学院	流动工作场所的劳资博弈——北京市出租车行业劳动关系研究	李　贞	廖慧珍　李波洋　李东辰　章乐乐	吴清军　张　维	国家级
48	劳动人事学院	我国政府购买社会公共服务现状的调查研究——以北京市为例	延子巾	李　彦　李雪飞	李　莹	国家级
49	劳动人事学院	“莫让无碍变有碍”：从残疾人日常活动需求透析北京市外部空间无障碍设施现状	禹文沂	李彦君　蔡　悦　刘尚宸	鲁　全	国家级
50	理学院（基地）	中外媒体对食品安全问题上举措的对比研究——以天然抗氧化剂对亚硝胺的抑制作用为例	何雨桥	官雪晖　周骊宸　崔家乐	王　鹏	国家级
51	理学院（基地）	证券金融系统的数据分析及建模——基于统计物理学方法的研究	邹士博	高泽峰　赵旭初　唐　雷	王　雷	国家级
52	理学院（基地）	超临界二氧化碳溶液体系中古籍文档的修复研究	朴雅慧	徐小为　俞意能　梁楚蕊　徐木贞	张小岗　张美芳	国家级
53	理学院化学系	稀土发光超分子器件的自组装	王　玉	张秋雅　陶行磊	于澍燕	国家级

序号	项目所在单位	项目名称	项目负责人	项目其他成员姓名	指导教师姓名	立项级别
54	理学院化学系	化学打印制备功能性纸芯片	赵　晶	符丹荣	王亚培	国家级
55	理学院化学系	声化学法制备磁性蛋白质微纳米胶囊	杨思洁	董晓川　黄诚一	金朝霞	国家级
56	理学院物理学系	化学气相输运法制备二维层状硫族化合物单晶	刘文尧	罗成龙　刘瑞金　卢嘉泽	夏天龙	国家级
57	理学院物理学系	具有自旋轨道耦合的费米体系中的拓扑超流	孙　宁	孙丽敏　廖　锐	张　威	国家级
58	理学院物理学系	磁性 skyrmion 材料的合成和物性研究	李运章	胡斯迪　刘妍琦　陈　岩	于伟强	国家级
59	理学院心理学系	不同择业期间重点高校大学生焦虑的注意偏差机制及其焦虑调节的追踪研究	张　彤	崔起超　牛正浩　李雪飞　宫　霄	张　晶	国家级
60	历史学院	八角殿村畲族语言调查	雷　望	胡　睿　李恬然　徐星星　余逸凡	吴永焕　伍婷婷	国家级
61	历史学院	湘西鼓舞变迁的心态史研究——基于湘西苗族地方民俗文化的田野考察	李晗雪	黄丽颖　王田昊　沈哲凡　刘乙江	赵旭东	国家级
62	马克思主义学院	私营企业工会在劳资问题中所起到的作用及其影响因素分析——以内蒙古蒙牛乳业集团、鄂尔多斯集团为例	李　玓	张　群　彭丽楠　米庆松　李璎珞	辛　逸	国家级
63	农业与农村发展学院	基于生存分析的 H7N9 爆发后消费者购买行为恢复实证——以北京地区为例	袁静婷	乔士容　黄伊婧　易梓芸　蔡世源	王志刚	国家级
64	农业与农村发展学院	食品安全威胁下的消费者自我保护——基于北京“一家两制”消费模式调研的对比分析	杨轶尘	郑茹怡　鲍含悦　陈正昊　李天宇	周　立	国家级
65	农业与农村发展学院	户籍制度下“非转农”特征、原因和现状分析——以浙江金华和河北衡水为例	张琬琦	纪尹杰　廖睿力　曾明锐　谢青远	曾寅初	国家级
66	商学院	传统老字号与现代连锁经营的适应性及实施策略的研究——以服饰类老字号企业为例	何金刚	常　成　刘晓洋　郝敏庄　曾　理	宋　林	国家级
67	商学院	大学生，你的实习真的有用吗？——雇主和大学生“最佳实习策略”的认知差异调研	李天宇	胡晓清　申思慧　方涵之　郑茹怡	李　智	国家级
68	商学院	新型城镇化背景下城乡共同生活圈创新模式与可行性研究——基于对江苏省邳州市和湖北省仙桃市城乡公共服务设施调研	庄慕平	向韵桦　刘相雨　罗　鋆　聂　昊	李　智　蒋　妍	国家级
69	商学院	研究分析师对股民投资决策形成的影响——基于股民信息需求的调查研究	陈国健	戴国晨　徐迎童　周羽风	荆　新	国家级

序号	项目所在单位	项目名称	项目负责人	项目其他成员姓名	指导教师姓名	立项级别
70	商学院	"屌丝"的市场"逆袭"——"草根文化—价值观—购买行为"传导机制问卷调查与营销应用	崔志鹏	董欣心　黄　硕 朱虹洁　蒋晓桓	李　智	国家级
71	商学院	"粉红经济"的新商机——基于生活型态理论对中国同性恋群体的消费行为调研	唐靖茹	王　莎　郭玉恬 钱坤豪　何立川	陈　冠	国家级
72	商学院	一线城市大学毕业生就业初期过渡性住房问题探究——以北京地区为例	王诗荮	卓　泓　金紫薇 方艺晓　李雁翎	马龙龙	国家级
73	商学院	隐形冠军当前的国际竞争力以及未来发展态势	刘畅娴	曾懿之　宋香佳 曹献文　丁　涛	梁雨谷	国家级
74	商学院	满意度视角下探究虚拟养老院的供需对接和功能实现——基于北京、苏州两地的调研	陈　曦	潘宇婷　吴伟平 刘　榴　孙绍恒	李　智	国家级
75	商学院	经济、管理、社会视角下营业税改增值税税收效率的实证分析——基于京、沪两地现代服务业的调研数据	吴　键	贺　薇　赖元杰 郭　帅　刘展硕	徐经长	国家级
76	商学院	如何在新型城镇化过程中实现以人为本的"农民上楼"？——基于北京、江苏、重庆三地的调查研究	赵龙毅	马梓洋　孙海清 项　微　刘琦童	陈甬军	国家级
77	商学院	高校本科毕业生租房现状研究及期望成因分析——以北京、武汉为例	杨露妍	陈　晨　陈同舟 陈雨辰　周　峰	俞明轩	国家级
78	社会与人口学院	现代性视野下的农民角色转换与农民联合社的制度创新——以对四川省犍为县农民专业合作社联合社的研究为例	黄　煦	何双廷　范赟赟 黄　竞	赵旭东	国家级
79	社会与人口学院	从"失独者联盟"切入看失独群体的社会支持——基于对武汉、天津、南京、成都四地的实证研究	李　姝	刘　露　曾诗培 李天策　张吴璠	孙鹃娟	国家级
80	社会与人口学院	文化视角下农民工创业地选择倾向的影响机制——基于鲁、湘两地新生代农民工的实证研究	李维特	李　杨　李天鹏 马敏祺	张耀军	国家级
81	社会与人口学院	老有所养后还能老有所为吗？——对社区老年志愿者问题的研究（基于北京市、青岛市的调查）	李孟睿	王一鹏　徐　睿 蒋　鹏　侯江槐	杜　鹏 李　丁	国家级
82	社会与人口学院	新媒体对新生代农民工城市文化融入的作用——基于北京、秦皇岛、黄石三地的调研	刘思园	杨心柔　陈怡含 石　泉　黄仕琪	段成荣 彭　兰	国家级
83	统计学院	大学生幸福感及其影响因素探究——基于北京、广东两地高校调研	廖慧玲	章　佩　姚天石 罗馨亭	易丹辉	国家级

序号	项目所在单位	项目名称	项目负责人	项目其他成员姓名	指导教师姓名	立项级别
84	统计学院	大学生短期支教效果及其影响因素研究——以河南和云南两地为例	聂宇威	宋　洁　张一哲　周伟伟　姚　艺	孟生旺	国家级
85	统计学院	从公民角度探究“限制三公消费”实施情况及影响公众评价因素研究——基于云南省玉溪市和江苏省泰州市的调研	王　佳	王　爽　杨思婕　吴煜垠　吴宇书	李静萍	国家级
86	统计学院	近35年经济社会发展背景下农民工就业观念代际变化的研究——基于北京、上海等七省市的调研	李　璐	陈田佳　宋　雄　许婧文　牛玉磊	高敏学　王　桢	国家级
87	外国语学院	中国高校跨文化交际人才培养现状研究——基于中国人民大学等5所高校国际化人才培养模式的探析	颜毅霖	樊昊成　陈洋洲　姚卓含　张　舵	徐　艳	国家级
88	外国语学院	大学生英语语音自我概念对语音学习策略与口语水平的影响研究	王子雨	郑黎媛　田　雨　陆小璇　吕中瑶	吴红云	国家级
89	外国语学院	中国古代文学在俄罗斯传播现状分析及受众调查——以莫斯科大学、圣彼得堡财经大学学生对《诗经》《论语》等20部文学经典的接受度调查为例	黄小轩	王　辰　贺　岩　张　原	陈　方	国家级
90	文学院	关于南通童子戏及神书生存现状的调查研究	杨　颖	陈雨瑶　张　瑜　朱彬雅　岳倩雯	郑志良　陈奇佳	国家级
91	文学院	赣南采茶戏的生存现状、发展和传承的调查研究——以安远县和信丰县为例	吴林华	冯海敏　邵梦竹	朱万曙	国家级
92	文学院	少数民族口头非物质文化遗产哈萨克民俗“巴塔”的调查——以阿勒泰地区富蕴县为中心	陈　圆	孟佳琳　徐林云　李斯羽　李静文	朱万曙　毛寿龙	国家级
93	文学院	天妃崇拜中“拴娃娃”“洗娃娃”等习俗的调查研究——以天津市南开区天后宫为例	高立娜	刘春菁　唐娴龙　张天宇　郑逸飞	孙　毅　饶　静	国家级
94	新闻学院	北京市大学生无偿献血的动员机制研究——基于计划行为理论和健康传播视角	马雪原	胡宏超　王玮琳　王子韬　何　浪	涂光晋　张　征	国家级
95	新闻学院	关于尘肺病农民工维权过程中使用媒介情况的调查研究——以山东肥城、兖州地区为例	王雅贤	柳长浩　尹艺斐　王成凤　刁　珊	彭　兰　姚欢庆	国家级
96	新闻学院	国家应急广播系统在突发灾难事件中的运用及前景研究——以四川雅安地震为例	杨熙伟	李　婧　杨雁翎　罗瑞兴　李子沾	周　勇　周小普	国家级
97	新闻学院	网络互助社群的发展模式与路径实证研究——以中国稀有血型网络互助社群为例	余星馨	孟令男　赵重睿　朱嘉华　孙锡淏	刘海龙	国家级

序号	项目所在单位	项目名称	项目负责人	项目其他成员姓名	指导教师姓名	立项级别
98	新闻学院	社交媒体在自然灾害中的公益动员和公众参与机制研究	王继乐	彭琤琳 夏菁菁 林毅坤 林星凯	胡百精	国家级
99	信息学院	基于移动互联的跨平台课程辅助学习交互系统开发与应用	唐月莹	王吉磊 黄斐然 王 怡 孙立人	杜小勇	国家级
100	信息学院	电子商务中基于网络评价的商品口碑智能分析系统研究	董闻达	梁俊卫 付一航 蓝玮毓 郭远鹏	杜小勇 许 伟	国家级
101	信息学院	互联网协同工作模式研究与支撑平台开发	徐凯强	徐明昭 张嘉洋 朱余韬	杜小勇	国家级
102	信息学院	基于数据挖掘的社会事件类微博可信度自动分析研究	何晓东	苏 蕉 江政宝 张文慧 曹 婍	孟小峰	国家级
103	信息学院	高覆盖率的 Android 应用测试驱动框架研发	蒋承晋	谢斯坷夫 孙天元 郝泽慧 陈宏程	梁 彬	国家级
104	信息资源管理学院	大数据背景下政府网站信息组织研究——以农业部门户网站为例	曹源翼	卢梦瑶 李 通 鲁文婷 韩雪冰	刘越男 夏 天	国家级
105	信息资源管理学院	基于用户体验的高校图书馆网络信息咨询服务的调查研究——以北京、上海为例	杨春天	平 硕 卢梦瑶 王若男	卢小宾	国家级
106	艺术学院	探究生态博物馆的生存现状及发展模式——以贵州省三处生态博物馆为例	翁雨晴	赵晶辰 梁雪莹 赵永良 刘俊杰	徐唯辛 王文娟	国家级
107	艺术学院	商业街语境下文化古街区传统文化问题研究——以北京、上海、杭州、桐乡文化古街区为例	王子卉	何俊楠 钱伊诺 冯显骏 张杰逸	王文娟 李宇宏	国家级
108	哲学院	寺庙收费与佛教信仰关系研究——以河南登封、山西忻州、福建厦门为例	张馨月	赵可意 马兰蕊 屠嘉逸 王 敏	魏德东	国家级
109	哲学院	从农村居民就医行为及观念的改变看新农合实施效果——以湖北、河南为例	洪博文	孔雯婧 林 旭 应 允 白子瑜	葛晨虹	国家级
110	团委	基于北京市早餐工程分析国家政策市场化操作效果	王青琳	张欣童 李珍妮 戴嘉兴 孙美婕	冉 冉	国家级
111	财政金融学院	消费者对食品质量安全信任的影响因素分析——基于对问题奶粉事件中北京、广州两地消费者的调查	邬丹丹	白 婷 侯怡玮 尚华茜	张俊岩	市级
112	财政金融学院	中国上市公司信息披露机制的优化研究——基于对北京市普通股民的调研分析	彭雪芳	柳 晗 方亦豪 张宗玥 刘雅婷	何 青	市级
113	财政金融学院	重庆农商行核桃联保贷款机制及绩效分析——基于重庆铜梁县的调研	柳 欣	张菡兮 朱心怡 李镏洋 李洪洋	宋 玮	市级

序号	项目所在单位	项目名称	项目负责人	项目其他成员姓名	指导教师姓名	立项级别
114	财政金融学院	林权抵押贷款“反担保”模式的可行性分析与制度创新——基于层次分析法的福建屏南、江西婺源、浙江丽水三地研究	帅嘉伟	袁静婷　陈紫璃 曾志轩	王　芳	市级
115	财政金融学院	对家庭农场经营模式与农场特征的调查研究——基于东部六县市的实地调查	任幸子	曹峻川　顾蕴文 韩艾迪　沈宇亮	岳树民	市级
116	财政金融学院	我国中部农村基础教育经费使用情况调查与评估——基于豫、鄂两省四镇十二校的实证分析	柳　鹏	丁一凡　孟诗棋 施胜男　王萌星	张　杰	市级
117	法学院	老有所依，更要老有所医：对医养结合式养老机构的现状和法律探究——以北京、天津、青岛、海口为例	王琼兴	王天雨　李麒玉 王范园　常　立	林　嘉	市级
118	法学院	我国小区业主大会法人化现状与发展趋势的研究——以温州市鹿城区为例	左振斌	隆　琛　廖高杰 王凤宇　徐烨琳	胡锦光 林　嘉	市级
119	法学院	由盗窃罪探究新《刑事诉讼法》颁布前后刑事和解的不同模式——以北京市为例	何　娇	张丽丽　张炜炜 康智城　沈　逸	黄京平	市级
120	公共管理学院	针对失独群体养老需求的养老方式对比研究——基于北京市朝阳区、宁波市海曙区的实证调研	龚琬岚	陈宇珂　李骏婷 刘　磊　陈永嘉	唐　钧 段　晖	市级
121	公共管理学院	城市化背景下异质社区中流动人口社区融入研究——基于北京、上海典型社区的调研分析	侯俊成	张晓涵　翟志杰	魏　娜	市级
122	国际关系学院	侨务公共外交的民间主体研究：基于对华侨观念及其参与公共外交方式的调查	高曦彤	胡杨婧　付筱宇 陈星雨　丛　林	李庆四	市级
123	国际关系学院	探究各国对中国公共外交实践状况——以美国、德国、日本、南非驻华大使馆为例	罗　菁	巴思齐　李惠宁 张峻铭　赵永良	李宝俊	市级
124	国学院	探究日韩高中教育对中国国学的重视——基于对其教科书中的中国国学内容的研究	曹绮婧	董建业　陈姝宇 李惠玲　宋浩铭	孟宪实	市级
125	环境学院	基于剩余污泥处理的生物燃料电池优化	蒋杭城	许　蕾　谢　静 刘昱含　肖　遣	张光明	市级
126	环境学院	巢湖流域面源污染调查研究	钱一夫	刘岚羽　李梓瑄 孙　震　王一笑	石　磊	市级
127	经济学院	蔬菜价格保险能让菜价不再坐过山车吗？——来自上海市、杭州市实地调研的证据	庄睿智	邵初萌　王　晶 黄婧溢　杨璐嘉	赵　勇	市级
128	经济学院	我国高校分校区建设前后人才培养水平的差异研究——基于对国内六所高校的研究	祝瑜蔚	赵昊旸　程　超 谢　鹏	张　晨 崔　盛	市级

序号	项目所在单位	项目名称	项目负责人	项目其他成员姓名	指导教师姓名	立项级别
129	劳动人事学院	中年空巢，翅膀还是枷锁？——基于北京市、武汉市、南宁市、衡水市中年空巢父母的扎根研究	乔　懿	赵欣欣　刘　意　和　美　刘　畅	刘尔铎　韩克庆	市级
130	劳动人事学院	教师资质感知过高与工作绩效相关性探究——基于安徽省四校中学教师的实证研究	彭宇翔	方　正　黄　壮　吕仙林　刘晨雯	刘松博	市级
131	理学院化学系	过渡金属催化的吲哚的氢转移还原反应研究	刘陆涵	庞鸿泽　王豆豆	徐立进	市级
132	理学院物理学系	基于新型透明陶瓷封装的超节能360度白光LED技术研发	杨斯琪	戚若阳	曹永革	市级
133	理学院心理学系	自传体记忆训练和应用行为分析疗法对儿童孤独症的干预效果研究	朱时尤	林梦瑶　李长治	李欢欢	市级
134	历史学院	成都洛带古镇客家宗祠祖先崇拜文化调查	洪　文	赵雅琦　吴雨蔚　周天一　朱俊霏	伍婷婷	市级
135	农业与农村发展学院	交易成本对农户选择小麦生产环节外包的影响分析——基于陕西省蒲城县和宁夏回族自治区永宁县的调查研究	谢　超	王倩茜　赵　云　姚炜航　臧曼君	陈传波	市级
136	农业与农村发展学院	政府服务平台对土地流转交易成本的影响分析——基于山东省滕州市和金乡县的对比研究	薛惠丹	朱凯悦　李歆尧　贾　宁　黄炜健	曾寅初	市级
137	商学院	老龄化下城市退休老年人参与社会志愿服务的激励探究	陈志强	金　洁　张　航　王　晨　曾　森	宋继文　王亚星	市级
138	商学院	电子商务动态差异定价模式探究——以Nike品牌鞋消费市场为例	魏兵全	陈麟瓒　陈　玮　戴　维　赵梦莹	王刊良　王保林	市级
139	商学院	论我国一二三线城市房价对政策要素敏感性的差异——基于房价调控政策要素解构与北京、大连、洛阳实地调研的实证研究	代亚西	王　远　李怡璇　辛昱杭　朱　涵	李　智	市级
140	商学院	网络发票推广背景下核心利益相关者研究	罗梦莹	高泽波　吉安琪　范维维　黄伊婧	仲理峰	市级
141	商学院	城市住宅社区物业服务NPO化趋势调研——以北京、西安、香港三地为例	郭文杰	李国雨　郝　浩　杜　芮　帅　克	荆　新	市级
142	商学院	剩女原因知多少——城市适龄女性未婚影响探究	张佳程	刘　璐　李　通　王景琪　何风行	郑新业　李　智	市级
143	社会与人口学院	社区矫正人员就业及其就业保障状况的调研——对北京地区的考察	任元奇	童飞飞　周孟珂　张彦卿　于博文	姜向群	市级
144	社会与人口学院	组织社会学视角下中国天主教“地下教会”发展现状及管理——以福建省L地为例	林鹏东	查　涛　程泽堃　林思成　张　辉	黄剑波	市级

序号	项目所在单位	项目名称	项目负责人	项目其他成员姓名	指导教师姓名	立项级别
145	苏州校区	中小企业消极贷款的调查——以十堰为样本的实证分析	龚　霄	李泽民　向伟夫　靳　佳	刘维熙	市级
146	统计学院	“家庭农场”农业生产模式的发展道路探究——基于云南五个县市家庭农场试点的调研	张陶陶	刘子烨　尹昆露	许王莉	市级
147	统计学院	新媒体对西北少数民族地区大学生“村官”工作的影响——以内蒙古自治区巴彦淖尔市、包头市，甘肃省酒泉市为例	黄　吉	刘铁欧　苏尼特　张　睿　郭　佳	倪　宁	市级
148	外国语学院	中国新时期小说推广情况研究——基于英德法俄四国的实地调研	宋美婧	刘星雨　姚又琳　岳天豪　袁　帅	朱　源	市级
149	外国语学院	法国社区公共图书馆运营模式对中国城市精神文明建设的借鉴意义分析——基于对巴黎、北京市公共图书馆的调研	付　迪	江诗琪　张灵玲　马诗桦	徐　艳	市级
150	文学院	北京地铁地域文化特色及其人文关怀理念研究——以首都北京为主研究对象，上海，香港，广州为辅例	萧璐璐	周　爽　钟玉婷　杨启鹏　李洪满	许　鹏	市级
151	文学院	民族音乐学视野下的澧水船工号子田野调研	刘启民	龚　敏　袁梦洁　王峻青　姜瑞瑞	孙　毅　徐　楠	市级
152	新闻学院	社会团体对失独者救助的效果调查与范式优化研究	杨鑫宇	陈丽媛　孙晓旻　王丽乐　吴　珊	翁昌寿	市级
153	新闻学院	互联网对城市居民现代生活理念的影响——以“低碳生活”理念的网络传播为例	陈文雪	翁宇君　朱荻伊　任佳慧　王煜源	彭　兰	市级
154	信息学院	破解家庭农场发展瓶：融资难问题——基于浙江宁波慈溪地区的调查分析	张力元	张天泽　李卓瑾　刘里欧　李晓雨	王　星	市级
155	信息学院	电子商务中基于多目标规划的商品差异化推荐	刘　莹	文　昊　李　函　金霭汐　王浩泊	许　伟	市级
156	信息资源管理学院	十八大社会主义核心价值观建设现状及影响因素初探——以首都大学生为例	郄　艺	李　政　田　冰　陈迅羽　孙秋婷	赵彦云	市级
157	信息资源管理学院	信息资源公益性开发的社会参与和共享机制研究——以城市拓荒者记忆的构建与运作为例	刘语叶	吴云鹏　权宇洁　郑　林　李雪君	赵国俊　刘越男	市级
158	艺术学院	中国传统发髻在影视创作中的应用	杨周霖	叶晓萌　黄胜男　刘　瑶　罗瑞麒	王文娟　王旭晓	市级
159	哲学院	当前我国临终关怀的现状、问题研究及伦理审视——以北京、天津、汕头三地实证调研为例	王　涵	裴钏玥　罗越文　李亚男　佘卓霖	葛晨虹	市级

序号	项目所在单位	项目名称	项目负责人	项目其他成员姓名	指导教师姓名	立项级别
160	团委	西南地区城乡留守儿童性格的理智特征对比分析	徐　立	洪昕宇　周俊余 陈　凡　张安心	唐　杰	市级
161	财政金融学院	大势所趋还是东施效颦？基于供需双方对P2P网络微贷的现状分析与展望	王　叶	张玉雪　张　雨 李　骊　王　琛	王　芳 陈　朴	校级
162	财政金融学院	我国跨省市高校分校区教育服务现状及优化研究——基于人大苏州校区等五校的调查	刘静南	刘　行　胡嘉奇 尚　劲　刘彤琰	张俊岩	校级
163	财政金融学院	北京综合性大学经管类本科生毕业选择影响因素研究——基于人、北、清三校五院的调查分析	李沐函	汪照菁　台　双 陈逸苇　阚文迪	黄文彬	校级
164	法学院	洋垃圾村社会背景与相关法律现状研究——以广东省碣石镇、贵屿镇为例	赵　倩	马莉娜　陈怡菁 陶君达　龚自力	周　珂	校级
165	法学院	法制背景下订单农业组织模式的类型化思考——以湘辽冀三地为例的实证研究	金恬昕	王　雯　倪　婕 张斯加　鲁裕鑫	王　轶	校级
166	公共管理学院	北京市高等院校校内机动车调配管理方案研究——基于对北京市十所高校机动车状况的调研	王立维	李云鸿　于博文 李　胡　张　婕	余华义	校级
167	国际关系学院	农村人口流动对村民自治的影响——基于浙江省金华市A村和山西省阳泉市B村的比较研究	应天宏	张志鹏　张继栋 武子杰　乔颖琪	丁　凡	校级
168	国际关系学院	朋辈心理咨询在高校中的推广与发展——以人大朋辈小屋为例	付　江	周　航　高祥晨 张　燕	徐　莹 胡　平	校级
169	国学院	日本动漫对中国青少年群体亚文化圈形成的影响——基于对北京、大连、成都三地的研究	李嘉哲	朱月婷　刘怡君 王悦昊　隋新然	辛亚民	校级
170	环境学院	探索全国高校用水定额及其节水潜能——以北京地区为例	吴雪莹	肖　垚　张峰源 李维熠　马　赫	沈大军	校级
171	经济学院	限购政策选择对机动车市场结构和公众接受度影响研究——基于北京、上海的摇号与拍卖政策的对比调查	黄炜健	饶德宇　许红周 靳蕊菲　薛惠丹	秦　萍	校级
172	经济学院	自主招生“双轨制”的有效性研究——基于湖北、山东两省县市级重点中学的调研	傅秋子	薛力荣　许　兰 衣雪洁　周　怡	宋　枫	校级
173	经济学院	农村“第六产业”发展模式探究——基于苏州旺山生态园“村村合作”的调查分析	许佳伦	朱卫江　邓子舒 裘孔莉　张经纬	胡　霞	校级
174	劳动人事学院	北京市老年人生活满意度与养老需求调研	刘培文	陈洁蕾　许小婷	郭　瑜	校级

序号	项目所在单位	项目名称	项目负责人	项目其他成员姓名	指导教师姓名	立项级别
175	劳动人事学院	家庭农场场主与专业大户胜任力模型构建与验证——基于湖北武汉与河南商丘的案例研究	贾　筱	李宇驰　黄宁宁 张　宇　张均捷	曾湘泉 王　桢	校级
176	理学院化学系	肿瘤靶向的 ERK 信号通路激酶抑制剂的研究	高楚昆	徐木贞　戴　玲 吴文豪　马步云	陈自立	校级
177	理学院物理学系	高频电子器件核心材料生长过程的动力学蒙特卡洛模拟	周霖蔚	霍春炜　那佐谛 吴雨璟　周谐宇	季　威 李茂枝	校级
178	理学院心理学系	社会距离对道德心理许可的影响——基于大学生道德行为的研究	潘荣桂	赵姝怡　徐一凡 冯慧泽	胡　平	校级
179	历史学院	探寻中国传统民间信仰在法律文化中的流变与意蕴——以城隍神判的历史考察为例	杜　雪	宫　柯　贾文青 于　聪　丛　聪	曹刚华 冯玉军	校级
180	马克思主义学院	医疗体制改革背景下医患关系的信息不对称分析及政策研究——以北京医院、北京市通州区潞河医院和张家湾镇卫生院为例	甄佳航	李沛蓉　鲁乐乐 李亚男　吴宇潇	杨凤城 李玉峰	校级
181	农业与农村发展学院	重庆市地票交易制度对人口城镇化的影响——基于重庆市綦江区隆盛镇四个村庄的研究	余　洋	席凯悦　李英儒 吴汶松	朱信凯	校级
182	商学院	消费者对企业绿色营销行为的感知研究——基于北京、上海、安徽三地	宋　鸽	李修宜　王钰芒 郑凯云	宋　林 金勇进	校级
183	商学院	国内青年旅舍的发展状况和运营模式的研究——基于北京、厦门、青海三地的调研	张　舒	胡椎芬　邓昕媛	李东贤	校级
184	商学院	中国城市“失独老人”经济、心理、社会生活状况及对政策改善建议的研究——基于北京、杭州、赤峰的调查	张晓宇	张天初　党　耘 聂司桐　何知遥	刘向东	校级
185	社会与人口学院	“撤点并校”对农村家庭人口流动的影响——以湖北省麻城市龟山乡为例	宋桐萱	潘忆濛　上官渺 孙　青　朴秀卿	宋月萍	校级
186	社会与人口学院	支持性就业项目对心智障碍者的就业改善情况研究——基于北京融爱融乐与慧灵支持性就业项目评估	吴林峰	谢　璐　徐靖雅 许文琼　严　姝	何　欣	校级
187	苏州校区	中外合作办学的绩效评价：基于各合作办学模式质量的比较研究	徐　达	陈煜莹　赵函筠 周国铸　张一桥	胡德宝 Sylvain Rouanet	校级
188	统计学院	“企业+家庭农场”模式中产销信息流动的分析与探讨——以湖北武汉地区为例	车明佳	韩玉锦　郑天和 周　晏　李　斌	赵　晶	校级
189	外国语学院	大学英语学习与社会英语契合度研究	陈子薇	陈砚清　董馨妍 罗嘉琪　郭程熹	杨　敏	校级

序号	项目所在单位	项目名称	项目负责人	项目其他成员姓名	指导教师姓名	立项级别
190	文学院	农村流动女性的文化困境及其出路探究——基于湖南省桃源县农村和北京市朝阳区两地的调研	刘杉杉	高艺瑜　廖　雯 郭陈琳	王　昕	校级
191	新闻学院	传统媒体与新媒体在气候传播中对受众认知及行为变化影响的比较研究——以北京市雾霾问题传播为例	刘晓阳	覃　思　闫佳慧 王纪文　张浩东	郑保卫 王润泽	校级
192	新闻学院	农村居民糖尿病知识传播现状及预防行为因素探究	赵雨思	高雯雯　郑馨怡 童　杰	张　迪	校级
193	信息学院	趣味音乐模拟体验软件的研究和开发	周　璇	张敏健　李诚鑫 齐展艺　曾连宇	许洁萍	校级
194	信息学院	基于音频挖掘技术的股市预测分析研究	史唯艳	王今今　王佳倩 朱梓睿　闫　晗	梁　循	校级
195	信息资源管理学院	高考咨询数据库的建立与应用——以北京部分高校为试点院校	徐　晗	余　前　胡燕华 曹源翼　黄　瑶	卢小宾 钱　毅	校级
196	艺术学院	博物馆教育视角下当代大学生对于博物馆的认知与态度调研——以北京地区十所高校为例	孟书宇	黄　越　王葆葆 林宏炜　武骁哲	郑晓华 唐克扬	校级
197	哲学院	人机对话软件的伦理学调研	毛昕彤	张　融　张惠洋 张世峥　钱煜然	李茂森	校级
198	团委	新型城镇化背景下广州市积分入户政策实施与效果分析	高　帆	蔡康鑫　何钧力	奂平清	校级
199	团委	区域城乡依附关系对城乡差距的影响探究	房　悦	范　舟　刘超凡 高　森	王晋斌	校级
200	团委	以农超对接下农户的生产销售现状探究该模式的可行性	杨润渤	卢俊旭　何丹宇 俞　成　吴双双	冯启娜	校级
201	团委	在新型农村合作医疗保险高参保率与低积极性的矛盾下对商业医疗保险在农村可行性的探究——基于四川省仁寿县、渠县多乡镇的实地调研	何金秋	江　舟　陈明婧 钟晓萍　车　倩	吕亚荣	校级
202	团委	医药产业集群内部政策引导农业转型问题研究——以辽宁本溪医药高新区为例	孟校臣	王天一　柳东鸣 赵元良　蔡孟含	岳树民	校级
203	团委	校车运营模式发展现状比较研究	林　易	杜心蕾　赵　航 刘思语	韩冬临	校级
204	团委	华北农村快递物流业“最后一公里”配送方案探索	刘禹君	李安宁　张璨心 崔　璨　李　扬	吴江华	校级
205	团委	农村公共文化服务有效供给与需求的对比研究	宋正亮	姚　曼	奂平清	校级
206	团委	农村经纪人之间的竞争与合作情况调查研究——以西安市周至县为例	刘平安	姚　楠　赵文心 陈政君	孔祥智	校级

2013年中国人民大学高水平运动队参赛成绩汇总

序号	时间	比赛名称	获奖情况
1	5月	中国大学生男子篮球超级联赛	男子东北区第六名
2	5月	中国大学生篮球联赛（CUBA）男子北京赛区	男子第二名，东北区第十二名
3	5月	中国大学生篮球联赛（CUBA）女子北京赛区	女子第四名
4	5月	首都高等学校第51届学生田径运动会	男子甲组800米第八名，5 000米第五名，3 000米障碍第七名，1 500米第五名和第六名，10 000米第四名，4×100米接力第六名，4×400米接力第七名，跳高第四名和第七名，三级跳远第七名和第八名，跳远第三名和第七名，110米栏第五名
			女子甲组400米第八名，4×100米接力第六名和第八名，七项全能第八名
5	5月	2013年首都高校武术比赛	男女团体第八名，女团第七名
			男子初级三路拳第四名，男子传统一类拳第四名，男子四类拳第一名，男子80公斤以上太极推手第三名，男子传统单器械第五名
			女子传统一类拳第一名，女子传统二类拳第一名，女子传统四类拳第一名，女子传统单器械第三名，女子传统双器械第五名，女子对练第二名
6	5月	2013年首都高校大学生网球联赛春季团体赛	男甲第五名，男乙第一名 女甲第三名，女乙第五名，女丙第二名
7	5月	“TST杯”2013年首都高校乒乓球锦标团体赛	男团第七名，女团第五名
8	6月	北京大学生篮球联赛（女子）	女子第二名
9	6月	中国大学生男子排球超级联赛	男子第六名
10	7月	2013年第27届世界大学生运动会	曹海伦入选男排队，孟冉入选网球队，于佳卉入选女足队
11	7月	2013年全国大学生田径锦标赛	男子100米冠军，男子800米第五名
			女子400米第四名
12	11月	北京市大学生排球联赛（男子）	男子第二名
13	11月	首都高校大学生排球超级联赛（男子）	男子第一名
14	11月	“TST杯”2013年首都高校乒乓球锦标赛单项赛	混双第五名，女双第三名

序号	时间	比赛名称	获奖情况
15	12月	北京市大学生第29届田径精英赛	男子60米冠军，800米第一名和第四名，500米第一名，5 000米第三名和第四名，10 000米第一名，4×400米接力第三名，跳高第二名和第三名，跳远第二名和第三名，三级跳远第五名，男团第六名
16	12月	2013年首都大学生女子五人制足球锦标赛	女子第六名

中国人民大学学校田径纪录

校最高纪录（男子）

项目名称	成绩	运动员	时间	地点	备注
100米	10″30	芦　安	2013/10	中国人民大学	手计时
	10″50	芦　安	2011/05	兰州大学	电计时
200米	21″80	亓宪鹏	2005/04/21	中国人民大学	手计时
	22″02	贾浩森	2002/05	北京航空航天大学	电计时
400米	50″40	杨　光	2003/10	中国人民大学	手计时
	49″36	亓宪鹏	2003/10	北京交通大学	电计时
800米	1′56″70	张　松	2012/04/21	中国人民大学	手计时
	1′54″50	王念裕	2003/10	北京交通大学	电计时
1 500米	4′09″20	孙天齐	2004/04/22	中国人民大学	手计时
	4′04″99	孙天齐	2002/08/01	东北财经大学	电计时
5 000米	15′40″03	徐庆凯	2012/04/21	中国人民大学	手计时
	16′04″17	孙天齐	2002/08/01	东北财经大学	电计时
10 000米	34′54″90	刘　雨	1998/05/01	北京体育学院	手计时
110米中栏	14″10	李　鹏	2003/10	中国人民大学	手计时
110米栏	14″32	王　申	2008/05	国家体育场	电计时
400米栏	54″80	李　鹏	1998/05/01	北京体育学院	手计时
4×100米接力	44″30		2003/10	中国人民大学	手计时
	41″86		2013/11/18	华中科技大学	电计时
4×400米接力	3′42″10		1997/04	中国人民大学	手计时
	3′24″54		1997/08/01	清华大学	电计时
3 000米障碍	9′56″90	韩景峰	1998/05/01	北京体育学院	手计时
跳高	2.15米	冯云光	2013/10	天津体育中心	
跳远	7.58米	张海滨	2005/05/21	北京师范大学	
三级跳远	16.13米	刘伟利	2005/05/22	北京师范大学	
铅球	15.20米	郭　岱	1994/08/01	山东师范大学	

项目名称	成绩	运动员	时间	地点	备注
铁饼	48.39 米	王　辉	2006/04/21	中国人民大学	
链球	44.90 米	马格努斯	1999/08/01	东北师范大学	

校最高纪录（女子）

项目名称	成绩	运动员	时间	地点	备注
100 米	12″40	孙　卓	2001/05/01	清华大学	手计时
	12″64	翁嘉嶷	2010/05	北京大学	电计时
200 米	25″80	孙　卓	2002/05	北京航空航天大学	手计时
	25″26	杨　晴	2004/04/22	北京交通大学	电计时
400 米	58″60	刘　念	2011/04/22	中国人民大学	手计时
	57″10	周　巧	2007/05	北京邮电大学	电计时
800 米	2′07″60	刘　念	2011/04/22	中国人民大学	手计时
	2′05″78	刘　念	2011/04/29	北京体育大学	电计时
1 500 米	4′11″22	何　盼	2007/11	湖北武汉	电计时
3 000 米	9′55″00	刘　念	2011/04/22	中国人民大学	手计时
5 000 米	15′08″03	何　盼	2007/11	湖北武汉	电计时
10 000 米	31′39″84	宋晓雪	2007/11	湖北武汉	电计时
3 000 米障碍	9′26″25	刘　念	2007/11	湖北武汉	电计时
100 米栏	14″70	白　静	2000/05/01	北京工业大学	手计时
400 米栏	1′02″00	杨　晴	2005/05	北京师范大学	电计时
4×100 米接力	50″20		2003/10	中国人民大学	手计时
	49″94		2003/10	北京交通大学	电计时
4×400 米接力	4′19″80		2007/05/13	中国人民大学	手计时
	4′05″42		1997/07/01	东北师范大学	电计时
跳高	1.74 米	殷　舜	1999/07/01	东北师范大学	
跳远	5.86 米	殷　舜	2001/05/01	清华大学	
三级跳远	12.55 米	孔　然	1992/05/01	北京奥体中心	
铅球	13.71 米	张　瑞	2005/04/22	中国人民大学	
铁饼	43.07 米	张　瑞	2004/04/22	中国人民大学	
标枪	38.18 米	张　扬	2000/05/01	北京工业大学	

校运会纪录（男子）

项目名称	成绩	运动员	队籍	时间
100 米	10″50	吴　冰	财政金融学院	2009/04
200 米	21″80	亓宪鹏	环境学院	2005/04/21
400 米	50″40	杨　光	经济学院	2003/10/01
800 米	1′59″80	付雨晨	历史学院	2011/04/22
1 500 米	4′09″16	孙天齐	法学院	2004/04/22

项目名称	成绩	运动员	队籍	时间
5 000 米	16′10″90	孙天齐	法学院	2003/10/01
110 米栏	14″10	李　鹏	财政金融学院	2003/10/01
4×100 米接力	44″30		商学院	2003/10/01
4×400 米接力	3′42″10		法学院	1997/04/01
跳高	2.04 米	冯云光	新闻学院	1996/04/01
跳远	7.46 米	张海滨	经济学院	2005/04/21
三级跳远	15.81 米	刘伟力	财政金融学院	2007/05/13
铅球	15.03 米	郭　嵩	经济学院	2003/10
铁饼	43.65 米	王　辉	法学院	2005/04/22
五项全能	495 分	刘大会	信息资源学院	1997/04/01

校运会纪录（女子）

项目名称	成绩	运动员	队籍	时间
100 米	12″40	杨　晴	商学院	2003/10/01
200 米	25″50	杨　晴	商学院	2004/04/22
400 米	58″60	刘　念	信息资源管理学院	2011/04/22
800 米	2′07″60	刘　念	信息资源管理学院	2011/04/22
1 500 米	4′34″80	宋晓雪	信息资源管理学院	2007/05/13
3 000 米	9′55″00	何　盼	信息资源管理学院	2011/04/22
100 米栏	15″00	白　静	财政金融学院	2003/10/01
4×100 米接力	50″20		商学院	2003/10/01
4×400 米接力	4′19″80		信息资源管理学院	2007/05/13
跳高	1.68 米	殷　舜	财政金融学院	1999/04/01
跳远	5.59 米	刘晓丹	公共管理学院	2003/10/01
三级跳远	12.31 米	张　娇	国际关系学院	2003/10/01
铅球	13.71 米	张　瑞	公共管理学院	2005/04/22
铁饼	43.07 米	张　瑞	公共管理学院	2004/04/22
五项全能	495 分	孔小燕	信息资源管理学院	2000/04/01

■ 研究生教育

一、概况

2013 年，研究生教育综合改革稳步推进。为贯彻落实教育部、国家发展改革委员会、财政部

《关于深化研究生教育改革的意见》(教研〔2013〕1号)精神，继续深化学校研究生教育改革，有效提高研究生培养质量，9月10日学校批准启动“中国人民大学研究生教育综合改革”工作，成立改革领导小组。研究生院协调相关部处、学院进行研究生教育综合改革工作的调研、分析，在形成征求意见稿后，专门组织以学院领导、机关部处领导、研究生导师代表、留学回国青年教师以及在校研究生为主体的四场座谈会听取意见，并通过各学院向全体教师征求修改意见和建议，最终形成《中国人民大学研究生教育综合改革方案》。该方案从人才选拔、培养机制、导师遴选、质量保障、国际交流、奖助体系以及政策保障等多方面对全校研究生教育提出了改革意见。12月11日，学校召开研究生教育综合改革方案专题会。靳诺书记指出，本次改革的核心是提升研究生培养质量，需要全校上下一起支持，合力推进。陈雨露校长指出，希望通过研究生教育综合改革工作，使人民大学潜在的巨大生产力真正迸发出来，在研究生教育方面逐渐形成一种“人大模式”，并实现本科教育与研究生教育的良好衔接。

3月19日，学校召开一级学科评估工作总结及表彰会，对学校参加全国第三轮一级学科评估工作进行总结，并表彰学科建设成效显著的一级学科。5月7日，学校召开一级学科分析工作部署会议。冯惠玲常务副校长就全校开展一级学科分析工作进行安排和部署。6月19日、20日，学校分经法、理工、管理、人文学科片（学部）召开学科建设座谈会，咨询学院院长对未来学科建设的具体思路和办法。各学院院长交流讨论一级学科与国内主要竞争对手相比存在的主要不足，提出未来学科建设和发展的工作重点和具体措施。经过反复讨论和修改，最后编写完成《中国人民大学一级学科整体实力分析报告》。

2013年，学校进一步改革和探索新的博士生选拔办法，将硕博连读生与普通招考博士生一起进行复试选拔，为开展全新的“申请—审核—复试”招考模式探索经验；同时，学校对已经具备一定外国语水平的博士生考生推行外国语免初试改革，以突出对考生专业基础和专业能力的考查。针对海外地区生源，学校积极推进接收国外知名大学非中国籍优秀应届本科毕业生推荐免试攻读研究生，启动“新汉学国际研修计划”项目招生，以增进国外学者及博士研究生的汉学和中国学研究水平。

2013年，学校正式在文学院、历史学院、哲学院、国学院等学院人文学科博士生培养中试行四年学制改革。同时，改革传统的英语公共课教育教学模式，让研究生充分了解学术论文国际发表的规范和技巧，培养语言沟通能力，为研究生参与国际竞争打下坚实基础。2013年底，学校召开专业学位研究生教育工作会议，就启动学校案例标准和案例库建设工作进行部署。

2013年，全校共授予博士学位783人，授予硕士学位5 818人（其中全日制学术型硕士2 046人，同等学力硕士1 689人，专业学位硕士2 083人）。学校有3篇论文获得全国优秀博士学位论文提名奖，2篇论文获得北京市优秀博士学位论文奖，23篇论文评为校级优秀博士学位论文。

二、研究生招生工作

2013年，学校全方位梳理招生制度，广泛拓展招生渠道，积极推进各项招生改革，在稳步发展中取得新的成绩。

（一）研究生报名、录取情况

1. 大陆硕士研究生招生

2013年，大陆共有17 473人（含“少数民族骨干人才计划”184人）报考中国人民大学硕士研究生，其中推荐免试1 284人，学术型全国统考9 230人，专业学位联考6 705人，单独考试171人，援藏计划83人。

最终，学校共录取硕士研究生3 578人（不含往年录取、本年资格返回59人），其中学术型硕士研究生 2 064 人，专业学位硕士研究生 1 514 人。接收优秀本科毕业生推荐免试攻读硕士学位 1 282 人（含“少数民族高层次骨干人才计划”1 人），其中接收本校推免生 615 人，接收外校推免生 667 人；全国统考、联考硕士研究生 2 202 人（含“少数民族高层次骨干人才计划”35 人）；单独考试硕士研究生 67 人；援藏计划专项硕士生 27 人。录取专业学位硕士研究生占录取硕士研究生总数的比例为 42.3%，较 2012 年提高 1.7 个百分点。录取的 3 578 名硕士生中包括男生 1 424 人，女生 2 154 人；党员 1 941 人，团员 1 452 人；汉族考生 3 319 人，少数民族考生 259 人。

2013 年，学校继续招收国际新闻传播方向硕士研究生，共录取 23 人。学校可持续发展研究院招收硕士研究生 8 人，中国经济改革与发展研究院招收硕士研究生 10 人。国际学院（苏州研究院）共招收专业学位硕士研究生 371 人，其中金融硕士 77 人、法律硕士（法学）62 人、汉语国际教育硕士 66 人、社会工作硕士 91 人、会计硕士 35 人、公共管理硕士 40 人。

2. 大陆博士研究生招生

2013 年，中国大陆共有 4 623 人报考中国人民大学博士研究生，其中男生 2 649 人，女生 1 974 人；党员 3 438 人，团员 534 人；汉族考生 4 343 人，少数民族考生 280 人。报名人数在 100 人以上的专业共 7 个，依次是金融学、民商法学、人力资源管理、企业管理、刑法学、行政管理、政治经济学。经过初试、复试、政审等环节，共录取 891 人，其中，男生 501 人，女生 390 人；党员 656 人，团员 150 人；汉族考生 837 人，少数民族考生 54 人；硕博连读 116 人，本科直博 16 人。

2013 年学校研究生招生专项计划中，“高校思想政治理论课教师在职攻读马克思主义理论博士学位”研究生专项计划，生源面向各高校从事思想政治理论课教学的业务骨干教师，学校单独组织该专项计划的招生工作，共有 17 人报考，录取 6 人；“少数民族高层次骨干人才”专项计划，共 99 人报考，录取 14 人，其中少数民族考生 12 人；录取对口支援院校新疆财经大学的教师 1 人，西藏民族学院的教师 2 人，井冈山大学的教师 3 人。中国改革与发展研究院招收博士研究生 8 人，可持续发展研究院招收博士研究生 4 人，深圳研究院招收博士研究生 15 人。

3. 港澳台地区招生

面向港澳台地区招收研究生是学校研究生招生工作的重要部分，是提升学校海外影响力的重要招生方式。2013 年，港澳台地区考生共 76 人报考中国人民大学研究生，其中，报考攻读博士学位研究生 28 人，报考攻读硕士学位研究生 48 人；香港特区考生 18 人，澳门特区考生 14 人，台湾地区考生 44 人。共录取港澳台地区研究生 34 人，其中录取博士研究生 16 人，录取硕士研究生 18 人。录取的 34 人中有香港考生 8 人，澳门考生 9 人，台湾考生 17 人；其中，接收境内外部分高校港澳台生源推免生 13 人。

4. 留学研究生招生

2013 年，学校的外国来华留学研究生招生模式改革全面推行，学校招收外国来华留学研究生主要有以下六种方式：(1) 政府交换来华公费留学生；(2) 面试招考；(3) 全英文硕士研究生项目；(4) 普通招考；(5) 推荐免试硕士留学研究生；(6)“孔子新汉学计划”。

共有 206 名外国来华留学生报考中国人民大学研究生。其中，报考硕士研究生考生 150 人，报考博士研究生考生 56 人。报考 (1) 政府交换来华公费留学硕士研究生 36 人、博士研究生 3 人；(2) 面试招考硕士研究生 47 人、博士研究生 36 人；(3) 全英文项目硕士研究生共 65 人；(4) 普通招考硕士研究生 21 人、博士研究生 16 人；(5) 推荐免试硕士研究生 12 人；(6)“孔子新汉学计划”博士研究生 1 人。共录取留学研究生 150 人。其中，录取硕士研究生 118 人、博士研究生 32 人。录取 (1) 政府交换来华公费留学硕士研究生 36 人、博士研究生 3 人；(2) 面试招考硕士研究生 29 人、博士研究生 21 人；(3) 全英文项目硕士研究生 34 人；(4) 普通招考硕士研究生 12 人、博士研究生 7 人；(5) 推荐免试硕士研究生 7 人；(6)“孔子新汉学计划”博士研究生 1 人。

5. 在职专业学位硕士研究生招生

2013 年，学校继续招收在职攻读法律硕士、公共管理硕士、农业推广硕士、工程硕士等硕士专业学位研究生。报考中国人民大学在职研究生共 1 777 人，其中法律硕士 189 人、公共管理硕士 908 人、农业推广硕士 511 人、工程硕士 169 人。共录取 410 人，其中法律硕士 48 人、公共管理硕士 130 人、农业推广硕士 166 人、工程硕士 66 人。录取高级管理人员工商管理硕士研究生 251 人。

（二）研究生招生改革情况

1. 继续稳定规模，改善结构，强化内涵发展和提高人才选拔质量

“稳定规模”的核心是稳定博士研究生招生规模，目的是为了保证博士生人才选拔质量，确保精中选优。2004 年以来，学校博士生导师人数增长 51.1%，而博士生录取人数始终保持 870 人左右。

“改善结构”，一方面是改善硕士生招生结构，双证学术学位硕士生占比由 2004 年的 78.6%下降至 57.7%，双证专业学位硕士生占比由 2004 年的 21.4%上升至 42.3%；另一方面是改善博士生招生结构，随着部分学院开始试点全员硕博连读制度，学校硕博连读和本科直博的博士生占比例达到 14.8%。

“提高质量”主要指通过优化推荐免试、全员硕博连读等招考模式，紧抓优质生源增长点，不断提高研究生人才选拔质量。2013 年，学校招收的博士生中，“985”院校硕士毕业生占录取总人数的 54.1%；招收的硕士生中，“985”院校本科毕业生占录取总人数的 46.2%。

2. 成功试点经济类专业学位考试科目改革，开创校际联合考试招生模式改革先河

“经济类联考综合能力”是为了招收 6 种经济类专业学位硕士生而设置的研究生入学考试联考科目，目的是科学、有效地测试考生是否具备攻读上述硕士专业学位所必需的基本素质和一般能力。自 2011 年开始，教育部授权中国人民大学试点开展经济类专业学位联合考试科目改革，2012 年起，学校联合全国 8 所高校开展试点，并联合组织“经济类联考综合能力”的命题、评卷等相关工作。2013 年 5 月，学校组织召开“经济类专业学位联考综合能力”科目改革总结研讨会，对改革方向、科目设置、考试内容等问题开展了深入研究和探讨。该项改革为构建我国专业学位人才选拔新模式做出了积极而有益的探索，开创了校际联合测试选拔优秀人才的先河，得到教育部、全国各经济类专业学位教育指导委员会和各相关试点高校的充分肯定。

3. 不断探索，尝试新的博士生人才选拔办法

2013 年，学校进一步改革和探索新的博士生选拔办法。首先，通过改革硕博连读生的选拔办法，将硕博连读生与普通招考博士生同时进行复试选拔，为开展全新的“申请—审核—复试”招考模式探索了经验；其次，2013 年学校对已经具备一定外国语水平的博士生考生推行外国语免初试改革，以突出对考生专业基础和专业能力的考查；第三，根据国务院学位委员会、教育部新颁布的《学位授予和人才培养学科目录（2011 年）》，结合学校博士生培养特点，在充分征求各学院、学科意见的基础上，制定新的符合各学科人才选拔和培养特点的《中国人民大学博士研究生复试加试工作管理办法》，同时将考核时间改在复试环节，以增强对博士生专业水平测试的针对性。

4. 创新港澳台、留学研究生招生模式，全面提升研究生教育国际性

在研究生招生环节，学校通过拓展境外生源的招生渠道，有效提升对境外优质生源的吸引力。针对港澳台地区生源，2013 年，学校在开展面向港澳台地区生源的公开招考模式的同时，继续积极推进港澳台地区部分高校港澳台生源优秀应届本科毕业生免试攻读硕士研究生工作，招生成果显著，宣传效果持续。2013 年，学校共招收港澳台地区推免生 12 人，有效提升了学校港澳台地区研究生生源质量。

针对海外地区生源，学校积极推进接收国外知名大学非中国籍优秀应届本科毕业生推荐免试攻读

学校硕士生、全英文硕士项目、海外知名大学面试招考、政府交换等多种方式，积极拓展海外优质生源接收渠道，扩大学校海外生源竞争力。2013年，学校启动“新汉学国际研修计划”项目招生，以增进国外学者及博士研究生的汉学和中国学研究水平。

5. 全面改革研究生招生宣传模式，升级宣传平台，着力提升研究生招生宣传效果

以博士生招生专业目录和导师介绍的改革为契机，改革研究生招生宣传模式，在博士生招生专业目录中增加导师在研项目或研究课题的简要介绍（项目名称、项目来源），同时增加导师对本年度招收博士生的研究方向要求，改革后的博士生招生专业目录更加突出科研导向，有助于提高博士生培养质量。

在充分调研和论证的基础上，2012—2013学年，学校全面升级研究生招生宣传平台，开发层级分明、导航清晰的研究生招生信息发布系统及其后台管理系统，并升级完善中国人民大学博士研究生网上报名系统、推荐免试生网上报名系统等12类、5个研究生网上报名系统，以及中国人民大学博士研究生现场确认信息系统。通过构建立体化的信息发布、信息检索、综合查询和信息交互的对外服务平台，为及时准确地传达招生信息和相关政策、高效吸引优质生源发挥了重要作用。

三、培养工作

（一）学术型研究生

1. 硕博连读研究生培养机制

学校自2012年开始试行全员硕博连读实验班培养制度，2013年继续推进。参与试点的学院有哲学院、汉青经济与金融高级研究院、统计学院、农业与农村发展学院、商学院。同时，继续实行在其他学院原有的硕士研究生入学一年后（第三学期）的硕博连读生选拔工作，经过学生本人申请、导师和学院审核、学校评审，2013年共选拔99人。

2. 在人文学科博士生培养中试行四年学制改革

结合学校的实际情况和学科特点，2013年正式在人文学科博士生培养中试行四年学制改革，具体试点学院为文学院、历史学院、哲学院、国学院。

3. 博士点学科专业主文献制度建设

2013年6月完成7个博士点主文献增订工作：政治哲学（哲学院）、劳动关系学（劳动人事学院）、国际政治经济学（国际关系学院）、广播电视学（新闻学院）、基础数学、概率论与数理统计、应用数学（信息学院），共计7卷9册。至此，主文献规模达到118卷189册。在北京市教委的支持下，积极配合图书馆推进博士点学科专业主文献电子信息化平台建设，发挥学校在人文学科博士生培养中的引领作用，提升学校的学术影响力。2013年9月，“回归学术本源，夯实学术基础，全面建立博士点学科专业主文献制度”获第七届北京市高等教育教学成果奖一等奖。

4. 开展研究生英语公共课教学改革

改革传统的英语公共课教育教学模式，为有志于提高自身英语交际能力、进行国际学术交流、进入国际组织任职的优秀研究生提供教学服务。通过学术写作、辩论演讲、学术报告等课程，让研究生充分了解学术论文国际发表的规范和技巧、锻炼听和说的语言沟通能力，提升研究生参与国际竞争所必需的跨文化视角、批判性思维等软性素质，为研究生参与国际竞争打下坚实的基础。2013年9月开始正式开设第一期研究生拔尖人才英语强化班，共4个班80人参加。

5. 研究生教育创新计划

2013年完成教育部研究生教育创新计划项目，举办“微观计量经济学及其在产业组织理论中的应用”、“中美欧暑期宗教学高级研讨班”全国研究生暑期学校和“中国特色社会主义法律体系之发

展”博士生学术论坛，共有来自国内外132所大学的221名优秀研究生和青年骨干教师作为学员参加学习。

6. 教育部“博士研究生学术新人奖”

博士研究生学术新人奖是教育部和学校拔尖创新人才培养的一项重要举措，目的是培养有学术理想、学术追求、学术兴趣和学术潜力的拔尖创新人才，鼓励他们选择基础理论和代表学术发展主流方向的课题进行研究。2013年教育部此项目停止申请，同年实行国家奖学金。2013年完成2012年25名获奖博士生的项目结项审核，其中正常毕业14人（1人博士后，13人在高校或科研单位教职），仍在读7人，延期毕业1年4人。

7. 提升国际性

积极与国家留学基金委、北京市教委沟通，充分调动学院、导师和研究生的积极性，切实推进研究生教育国际性的提升。2013年，学校“国家建设高水平大学公派研究生项目”共派出研究生94人，其中，攻读博士学位18人，攻读硕士学位16人，联合培养博士研究生55人，联合培养硕士研究生5人；“北京市国内外联合培养研究生项目”共派出研究生22人；资助研究生参加国际学术活动96人次；选拔派出研究生交换生78人。

2013年，学校7个全英文硕士项目正式开课，34名全英文硕士项目外国留学生报到入学。

8. 召开全校博士研究生新生大会

9月18日，“中国人民大学2013级博士生大会”在明德堂举行，靳诺书记、陈雨露校长出席会议并发表讲话，常务副校长兼研究生院院长冯惠玲主持，校长助理、研究生院常务副院长吴晓求做主题报告。2013级博士研究生新生和各学院主管研究生工作的副院长、教务秘书以及研究生院工作人员参加会议。

9. 研究生奖助工作

2013年共设立“三助”岗位2 860人次（助教1 004人次，助管1 208人次，助研648人次）。组织2013年研究生科学研究基金项目252个项目结项工作和2014年立项工作（批准立项130项）。逐一审核每个项目的结项材料，整理汇总，组织召开结项评审会，总结经验和存在的问题，对下一步工作提出改革意见和建议。252个项目中，131个项目的成果正式发表，65个项目的成果拿到刊物录取通知，其中96个项目的成果在核心期刊及以上期刊上正式发表。

10. 研究生培养方案修订和毕业审核工作

2013年组织制定196个学术型硕士研究生培养方案，其中全英文硕士研究生培养方案5个；组织制定131个博士研究生培养方案，8个直博生培养方案。

2013年共为4 197名毕业研究生办理培养计划审核和学历证书电子注册，为4 159名研究生发放毕业证书，为30名研究生发放结业证书。另外，还为8名研究生发放肄业证书。

11. 研究生教务工作

2013年，全校共开设研究生课程3 287门，处理调停课200门次，对全部课程进行课程评估，审核全校教师研究生课程工作量考核，组织和安排44门全校研究生期末考试和考场巡视工作，为57名研究生认证了142门赴境外大学学习的课程学分。

12. 研究生学籍管理

2013年，共办理研究生学籍异动手续1 000余人次，对即将达到最长学习年限的400余名研究生发放《研究生学业情况告知单》，并督促其在规定的时间内完成学业。

13. 研究生大学外语等级考试管理

2013年，共组织1 444名研究生参加全国英语四、六级考试和大学日语、俄语、德语、法语四级考试。

14. 北京市高教学会研究生教育分会秘书处工作

学校是北京市高等教育学会二级分会——研究生教育研究会的理事长单位、秘书长单位，常务副校长兼研究生院院长冯惠玲教授为研究会理事长，秘书处设在研究生院。研究生院承担了学会全部日常工作。4 月 11—12 日召开学术年会，50 余家会员单位（包括北京地区的高校、科研机构、军队院校、军队科研机构等）的 100 余位代表参加本次会议。

（二）硕士专业学位研究生

1. 召开专业学位研究生教育工作会议

12 月 16 日，学校召开 2013 年专业学位研究生教育工作会议。陈雨露校长指出，专业学位研究生教育工作要体现“守正创新”的原则，学校要加大教育投入，认真研究配套政策，做好顶层设计。冯惠玲常务副校长对学校专业学位研究生教育进行了总结，提出“明确定位、理顺机制、改革教学、加强师资、注重需求”的 20 字发展要求，并就启动学校案例标准和案例库建设工作进行了部署。会上分别介绍了工商管理硕士、法律硕士、公共管理硕士专业学位研究生教育情况和案例教学的经验。校部有关部处，学校案例中心，15 个专业学位培养单位和拟新增授权学院的院长或主管副院长、教务秘书等共 62 人参加会议。

2. 召开专业学位研究生案例教学经验交流会

12 月 26 日，学校召开 2013 年专业学位研究生案例教学经验交流会，会上介绍了商学院和法学院案例教学的经验。各学院专业学位研究生教师及相关教学管理人员 40 余人参加了会议。

3. 硕士专业学位研究生培养管理工作

2013 年，组织制定 19 种专业学位类型的 36 个培养方案，审核专业学位研究生材料 2 083 人；开设专业学位研究生课程 994 门，处理调停课 46 门；共毕业 2 083 人（其中单证 750 人，双证 1 333 人）。

四、学位管理与学科建设工作

（一）学科建设工作

1. 第三轮一级学科评估工作总结及表彰会

2013 年 1 月底，教育部学位与研究生教育评估中心公布全国第三轮一级学科评估结果，学校取得 9 个一级学科排名全国第一、3 个一级学科排名全国第二、1 个一级学科排名全国第三、1 个一级学科排名全国第四的成绩。这是继 2007 年全国第二轮一级学科评估后，学校学科建设取得的又一个丰硕成果。为此，学校组织召开全校性一级学科评估工作总结及表彰大会，对一级学科评估工作进行全面总结，表彰和奖励在本次学科评估中排名全国前列的一级学科，以鼓励各学院及其教师以更大的热情投入到学科建设工作中。

2. 学科发展状况分析

为有效推进学校学科建设工作，明确各一级学科的优势和不足，确定未来发展重点和措施，学校先后组织若干次分学科、分学院以及由部处主要领导和学校领导直接参与的学科分析座谈会，深入分析各一级学科发展的优势和不足，提出加强建设的步骤和计划。

3. 完成《中国人民大学一级学科整体实力分析报告》

为巩固优势，弥补不足，促进学校一级学科更快更好地发展，针对全国第三轮一级学科评估结果，全面开展学校一级学科的调研摸底和分析工作。经过近半年的反复讨论和修改，形成《中国人民大学一级学科整体实力分析报告》，为学校未来学科发展提供决策依据。《中国人民大学一级学科整体实力分析报告》主体分为四个部分。第一部分为学校一级学科基本情况概述，第二部分为学校参加前三轮一级学科评估排名结果的比较，第三部分是对学校一级学科整体实力的分析，第四部分是当前一级学科存在问题分析和应对建议。

4. 二级学科设置和撤销工作

（1）开展学校在具有博士学位授权的一级学科下自主设置目录内二级学科工作。经第八届校学位评定委员会第二次全体会议审议决定，通过外国语学院关于“德语语言文学”二级学科博士学位授予权的申请。

（2）开展学校“心理语言学”“创造性写作”2个目录外二级学科的自主设置工作。按照教育部规定，组织开展学科申报的论证工作，提交相关材料到“中国学位与研究生教育信息网”公示。

（3）经学院申请，开展撤销学校原有学位授权点“外国语言学及应用语言学”“旅游管理”的有关工作。

5. 北京市重点学科验收工作

2013年1—3月期间，根据《北京市教育委员会关于开展北京市重点学科验收工作的通知》要求，组织学校的3个一级学科北京市重点学科、6个二级学科北京市重点学科和1个交叉学科北京市重点学科开展学科建设状况验收工作。按要求编写“验收总结报告”“北京市重点学科建设项目验收申请表”“重点学科建设和管理规章制度”“学科建设标志性成果图片”等材料。学校以上10个北京市重点学科全部以优良成绩通过北京市教委的检查验收。

6. 北京市支持中央在京高校共建项目管理工作

根据北京市教委文件要求，完成了2013、2014年度北京市重点学科项目和北京市优秀博士学位论文指导教师项目的概算和预算工作，完成了2013年前项目运行情况的分析和总结工作。

（二）博士研究生指导教师管理工作

1. 制定《中国人民大学兼职博士生指导教师履职情况调研报告》和《中国人民大学兼职博士生指导教师管理办法》

为充分利用校外优质教育资源，促进学校人才培养质量有更大提高，学校于2013年4—5月对全校兼职博导履职情况进行摸底调研，形成《中国人民大学兼职博士生指导教师履职情况调研报告》，提交第八届校学位评定委员会第三次全体会议讨论。按照第八届校学位评定委员会第三次全体会议意见，研究生院起草撰写《中国人民大学兼职博士生指导教师管理办法》。

2. 形成《中国人民大学博士生指导教师选用和考核指导意见》（讨论稿）

在借鉴国内兄弟高校管理经验和在广泛征求各学院教师意见的基础上，学校对博士生导师核准制度进行深化改革，决定建立学院主导的博士生导师备案制，把研究生导师的资格确立权下放到学院。在反复调研的基础上，初步形成《中国人民大学博士生指导教师选用和考核指导意见》（讨论稿），用以强化研究生导师的岗位意识、责任意识和示范意识。

（三）学位管理工作

1. 博士学位论文匿名评审

为进一步提高博士学位论文质量，2013年学校继续组织开展博士学位论文匿名评审工作和学位论文质量软件检测工作。2013年上、下两个学期共有822人申请博士学位，共有323人次的博士论文参加匿名评审和检测。

2. 学位论文学术不端行为检测

为了进一步保证学位论文的质量，2013年各学院利用学术不端检测软件对即将毕业的900多名博士生的学位论文进行抽检。同时，在博士生完成答辩后，研究生院随机抽取近200篇论文进行检测，以进一步确保博士学位论文质量。此外，利用该软件对校学位评定委员会各分委员会上报的78篇优秀硕士学位论文进行了检测。

3. 全国、北京市、校级优秀博士学位论文评选推荐和匿名评审工作

完成2013年全国、北京市、校级优秀博士学位论文的各级评审和组织推荐工作。2013年学校有

3 篇论文获得全国优秀博士学位论文提名奖，2 篇论文获得北京市优秀博士学位论文奖，23 篇论文为校级优秀博士学位论文。

4. 校级优秀硕士学位论文推荐评选和证书颁发工作

组织开展 2013 年校级优秀硕士学位论文的评选和证书颁发工作。经过规定程序，2013 年全校评选出校级优秀硕士学位论文 78 篇。

5. 学位申请和授予工作

（1）博士和硕士学位论文答辩和学位授予工作。

2013 年共接受 6 286 人的博士和硕士学位申请，按照资格审查、专家评阅、学位论文答辩、分会审议、校学位会核准的程序进行了审核。2013 年共授予博士学位 783 人，授予硕士学位 5 818 人（其中全日制学术型硕士 2 046 人，同等学力硕士 1 689 人，专业学位硕士 2 083 人）。

（2）博士、硕士、学士学位授予仪式。

2013 年 6 月 24 日、25 日举办了全校 2013 年博士、硕士、学士学位授予仪式。

（3）硕士、博士研究生科技档案立卷归档和学位授予信息年报工作。

2013 年硕士、博士研究生科技档案的收集汇总、装订立卷的归档共计 6 601 卷；向国家图书馆、中国社会科学院情报中心等送交各类学位论文 13 202 套。

11 月，根据国务院学位委员会办公室的文件精神，学校开展 2012—2013 学年度学位授予信息年报工作，共上报 12 513 人的学位授予信息。

6. 形成《学位授予仪式举办形式调研报告》

为了进一步增强学位授予仪式的意义，举办更加具有荣誉感和归属感的学位授予仪式，2013 年上学期，研究生院联合校研究生会对全校学位授予仪式举办形式开展问卷调查，形成《学位授予仪式举办形式调研报告》。

（四）校学位评定委员会会议

1. 召开第八届校学位评定委员会第二次全体会议

1 月 14 日，召开第八届校学位评定委员会第二次全体会议。会议审议并通过了 2012—2013 学年第一学期授予学位人员名单，决定授予 102 人博士学位、1 234 人硕士学位（其中全日制学术型学位 14 人、硕士专业学位 476 人、同等学力硕士学位 744 人）、1 554 人学士学位（其中继续教育学院 922 人、北京市高等教育自学考试 632 人）；核准审定 2012 年增补博士生导师 38 人名单；审议并通过德语语言文学专业博士学位授予权；审议并原则通过学位评定委员会工作内容及办法。陈雨露校长指出，学校应通过梳理和自我评估，把学校发展的潜力从制度建设的层面上发挥出来。如通过对博士生导师（包括兼职导师）情况的摸底，提出导师制度调整的意见和优化建议，使我们的人才培养质量在这样的角度上有一个大的提高。

2. 召开第八届校学位评定委员会第三次全体会议

6 月 13 日，召开第八届校学位评定委员会第三次全体会议。会议审议并通过了 2012—2013 学年第二学期授予学位人员名单，决定授予 681 人博士学位、4 584 人硕士学位（其中全日制学术型硕士学位 2 032 人、硕士专业学位 1 607 人、同等学力硕士学位 945 人）、4 498 人学士学位（其中在校学士学位 3 199 人、成人教育学士学位 1 299 人）；通报兼职博士生导师履职情况调查结果；通报撤销“外国语言学及应用语言学”“旅游管理”二级学科学位授权点事宜；咨询《中国人民大学兼职博士生导师聘任管理办法》（征求意见稿）。陈雨露校长指出，今后学校要顺应市场需求对人才培养提出更高的要求，要通过制度设计，充分发挥兼职博士生导师在培育学校新的学科增长点、理论联系实际、培养高质量人才等方面的特殊作用。

3. 召开第八届校学位评定委员会第四次全体会议

12 月 9 日，召开第八届校学位评定委员会第四次全体会议，研究讨论教育学院教师博士学位事宜。

五、其他形式的研究生教育

（一）召开加强同等学力申请硕士学位管理工作专题会议

11 月 19 日，研究生院邀请财务处、各相关学院领导及具体负责人召开专题会议，传达《关于2013 年规范教育收费治理教育乱收费工作的实施意见》（教办〔2013〕4 号）、《关于进一步加强在职人员攻读硕士专业学位和授予同等学力人员硕士、博士学位管理工作的意见》（学位〔2013〕36 号）的文件精神，下发专门落实方案，强调各学院应按照“切实重视，责任到人，落实要求，严格管理”的总原则，根据办学条件严格控制学员规模，从资格申请、考试组织、论文答辩等各环节，对申请学位工作进行严格管控，切实保障学位授予质量。

（二）召开同等学力学位申请工作和学位管理信息系统培训会

9 月 17 日，组织召开全校同等学力学位申请工作和学位管理信息系统培训会，会上就同等学力人员申请硕士学位工作流程进行讲解和要求说明，对新研发的同等学力人员申请学位管理信息系统的使用进行培训。

（三）举办各类课程研修班

组织落实全校举办各类研修班计划，共开班上课 88 个；审核各学院申请结算办班学费报告；审核并组织颁发各类研修班结业证书，共计 8 550 人（本）。从 1995 年至 2013 年，全校累计颁发研究生进修、研修结业证书 97 219 人（本）。

（四）同等学力人员申请硕士学位课程考试的组织和管理工作

截至 2013 年底，全校接受同等学力人员申请硕士学位资格有效期内的人数 24 453 人，其中本年度认定资格并办理手续的 6 644 人；全部通过申请硕士学位规定的课程考试（包括全国水平考试），进入学位论文写作和答辩阶段的计 3 108 人；按同等学力类别通过学位论文答辩，并获得硕士学位的 1 724 人。

2013 年，全校共组织 28 873 人（门）次 211 门课程的学位课程考试，6 851 人通过 2013 年同等学力人员全国学科综合和外国语水平考试。

从 1995 年始，学校已接受同等学力人员申请硕士学位，累计达 54 244 人。17 864 人完成全部规定的课程考试（含全国水平考试），占 32.9%；其中 13 381 人通过学位论文答辩，获得硕士学位，占完成全部规定的课程考试人员的 74.9%。

附录

中国人民大学国家重点一级学科一览表

所属学科门类	国家重点一级学科（8 个）
哲学	哲学
经济学	理论经济学
	应用经济学

所属学科门类	国家重点一级学科（8个）
法学	法学
	社会学
	马克思主义理论
文学	新闻传播学
管理学	工商管理

中国人民大学非国家重点一级学科内国家重点二级学科一览表

一级学科	国家重点二级学科（8个）
政治学	中共党史
	国际政治
中国语言文学	文艺学
历史学	中国古代史
	中国近现代史
农林经济管理	农业经济管理
公共管理	行政管理
图书情报与档案管理	档案学

中国人民大学北京市重点一级学科一览表

所属学科门类	北京市重点一级学科（5个）
法学	政治学
文学	中国语言文学
历史学	中国史
管理学	农林经济管理
管理学	图书情报与档案管理

中国人民大学北京市重点二级学科一览表

所属一级学科	北京市重点学科（4个）
计算机科学与技术	计算机应用技术
公共管理	教育经济与管理
	社会保障
	土地资源管理

中国人民大学交叉学科北京市重点学科一览表

交叉学科北京市重点学科（1 个）
农村发展管理

2013 年中国人民大学获全国优秀博士学位论文提名奖名单

序号	专业名称	作者	导师	论文题目
1	宪法学与行政法学	李蕊佚	韩大元	议会主权下的英国违宪审查
2	中国古代文学	鞠　岩	傅璇琮	唐代中书舍人与文学研究
3	会计学	曾雪云	徐经长	公允价值计量与资产价格波动

2013 年中国人民大学获北京市优秀博士学位论文名单

序号	专业名称	作者	导师	论文题目
1	金融学	马　勇	陈雨露	金融稳定与宏观审慎：理论框架及在中国的应用
2	人力资源管理	王　震	孙健敏	领导—成员交换关系差异化的影响因素、影响效果及作用机制

2013 年中国人民大学优秀博士学位论文名单

序号	专业名称	作者	导师	论文题目
1	马克思主义哲学	沈江平	陈先达	历史唯物主义·现代性·哈贝马斯的重建论
2	中国哲学	增　光	彭永捷	晚明《孝经》学研究
3	宗教学	史经鹏	方立天	从法身至佛性——庐山慧远与道生思想研究
4	政治经济学	方明月	杨瑞龙	非财务利益相关者与资本结构——一个金融契约的视角
5	西方经济学	连洪泉	刘凤良	公共品自愿捐赠行为的偏好基础及合作机制研究
6	人口、资源与环境经济学	杨　凡	翟振武	人口转变的中国道路研究

序号	专业名称	作者	导师	论文题目
7	区域经济学	胡安俊	孙久文	地方化经济、城市化经济与中国制造业空间组织研究
8	金融学	马　勇	陈雨露	金融稳定与宏观审慎：理论框架及在中国的应用
9	统计学	罗幼喜	田茂再	线性混合效应模型的分位回归方法及其变量选择问题研究
10	宪法与行政法学	于文豪	韩大元	基本权利限制研究
11	民商法学	王　雷	王　轶	论民法学视野中的情谊行为
12	经济法学	赵忠龙	史际春	政府规制政策视角下公司治理的法律问题研究
13	国际政治	沈秋欢	时殷弘	格莱斯顿自由主义国际政治思想及实践研究
14	社会学	胡宝荣	郑杭生	中国社会的信任结构及其变迁研究
15	中国现当代文学	罗文军	李　今	晚清民初新教传教士西诗译介研究
16	文艺学	林志猛	刘小枫	立法者的宗教诗——柏拉图《法义》卷十研究
17	专门史	陈　力	张永江	从女真到“旗族”——试论八旗内部民族融合与旗人整体意识的演变
18	化学	薛面起	曹廷炳	柔性基底功能器件的非传统加工与制备
19	计算机软件与理论	王会举	王　珊	大规模可扩展的数据仓库关键技术研究
20	企业管理	于亢亢	宋　华	分销网络对关系满意度影响：适应性和前摄性柔性的中介作用
21	人力资源管理	王　震	孙健敏	领导—成员交换关系差异化的影响因素、影响效果及作用机制
22	社会保障	曹　琦	董克用	医疗保障服务包研究——基于制度比较的视角
23	公共组织与人力资源	高中华	吴春波	中国情境下组织成员知识分享机制——基于交互过程视角的研究

中国人民大学授予博士、硕士学位和培养研究生的学科、专业目录

制表日期：2013 年 12 月 30 日

学科门类	一级学科	专业代码、名称	博士点批准时间	硕士点批准时间
01 哲学	0101 哲学 ☆☆（1998/06/19） ★★（2007/08/20）	010101 马克思主义哲学	1981/11/03	1981/11/03
		010102 中国哲学	1981/11/03	1981/11/03
		010103 外国哲学	1984/01/13	1981/11/03
		010104 逻辑学	1998/06/19	1984/01/13
		010105 伦理学	1984/01/13	1981/11/03
		010106 美学	1998/06/19	1986/07/28
		010107 宗教学	1998/06/19	1993/12/17
		010108 科学技术哲学	1986/07/28	1981/11/03
		0101Z1 管理哲学	**2004 自**	**2004 自**
		0101Z2 政治哲学	**2011 自**	**2011 自**

学科门类	一级学科	专业代码、名称	博士点批准时间	硕士点批准时间
02 经济学	0201 理论经济学 ☆☆（1998/06/19） ★★（2007/08/20）	020101 政治经济学	1981/11/03	1981/11/03
		020102 经济思想史	1984/01/13	1981/11/03
		020103 经济史	1998/06/19	1981/11/03
		020104 西方经济学	1996/04/29	1993/12/17
		020105 世界经济	1981/11/03	1981/11/03
		020106 人口、资源与环境经济学	1998/06/19	1998/06/19
		0201Z1 网络经济学	**2002 自**	**2002 自**
		0201Z2 企业经济学	**2004 自**	**2004 自**
	0202 应用经济学 ☆☆（1999/06/10） ★★（2007/08/20）	020201 国民经济学	1984/01/13	1981/11/03
		020202 区域经济学	1986/07/28	1984/01/13
		020203 财政学	1984/01/13	1981/11/03
		020204 金融学	1981/11/03	1981/11/03
		020205 产业经济学	1984/01/13	1981/11/03
		020206 国际贸易学	1999/06/10	1993/12/17
		020207 劳动经济学	1993/12/17	1986/07/28
		020209 数量经济学	1999/06/10	1984/01/13
		020210 国防经济		1999/06/10
		0202Z1 保险学	**2004 自**	**2002 自**
		0202Z2 商业经济学	**2011 自**	**2011 自**
		0202Z3 房地产经济与管理	**2011 自**	**2011 自**
		0202Z4 城市经济学	**2004 自**	**2004 自**
03 法学	0301 法学 ☆☆（2003/07/01） ★★（2007/08/20）	030101 法学理论	1986/07/28	1981/11/03
		030102 法律史	1990/11/20	1981/11/03
		030103 宪法学与行政法学	1986/07/28	1981/11/03
		030104 刑法学	1984/01/13	1981/11/03
		030105 民商法学	1986/07/28	1981/11/03
		030106 诉讼法学	1993/12/17	1981/11/03
		030107 经济法学	1993/12/17	1990/11/20
		030108 环境与资源保护法学	2004/06/24	2000/12/07
		030109 国际法学	2003/09/01	1981/11/03
		0301Z1 知识产权法	**2005 自**	**2005 自**
		0301Z2 比较法	**2011 自**	**2011 自**
		0301Z3 中国法		**2012 自**
	0302 政治学 ☆☆（2000/12/29） ▲▲（2008/04/23）	030201 政治学理论	1986/07/28	1981/11/03
		030202 中外政治制度	2002/06/27	1986/07/28
		030203 科学社会主义与国际共产主义运动	1981/11/03	1981/11/03
		030204 中共党史★	1981/11/03	1981/11/03
		030206 国际政治★	2001/01/09	1981/11/03
		030207 国际关系	2000/12/29	1996/04/29
		030208 外交学	2002/06/27	1998/06/30
		0302Z1 中国政治	**2002 自**	**2002 自**
		0302Z2 国际政治经济学	**2011 自**	**2005 自**

学科门类	一级学科	专业代码、名称	博士点批准时间	硕士点批准时间
03 法学	0303 社会学 ☆☆(2000/12/29) ★★(2007/08/20)	030301 社会学	1993/12/17	1986/07/28
		030302 人口学	1984/01/13	1981/11/03
		030303 人类学	2000/12/29	1998/06/30
		030304 民俗学		2000/12/07
		0303Z1 老年学	**2002 自**	**2002 自**
		0303Z2 社会心理学	**2004 自**	**2004 自**
	0305 马克思主义理论 ☆☆(2006/01/25) ★★(2007/08/20)	030501 马克思主义基本原理	1990/11/20	1990/11/20
		030502 马克思主义发展史	2006/06/20	2006/06/20
		030503 马克思主义中国化研究	2006/06/20	2006/06/20
		030504 国外马克思主义研究	2006/06/20	2006/06/20
		030505 思想政治教育	1990/11/20	1990/11/20
		030506 中国近现代史基本问题研究	2008/06/20	2008/06/20
04 教育学	0401 教育学 ☆(2006/01/25)	040106 高等教育学		2006/06/20
		0401Z1 教育法学		**2012 自**
	0402 心理学(可授教育学、理学学位) ☆(2011/03/03)	040201 基础心理学		2011/06/13
		040203 应用心理学		2011/06/13
05 文学	0501 中国语言文学 ☆☆(2006/01/25) ▲▲(2012/04/25)	050101 文艺学★	1993/12/17	1984/01/13
		050102 语言学及应用语言学	2006/06/20	1981/11/03
		050103 汉语言文字学	2003/09/01	1986/07/28
		050104 中国古典文献学	2006/06/20	1998/06/30
		050105 中国古代文学	2003/09/01	1986/07/28
		050106 中国现当代文学	2006/06/20	1981/11/03
		050108 比较文学与世界文学	2006/01/25	1981/11/03
		0501Z1 古典学	**2012 自**	**2012 自**
	0502 外国语言文学 ☆☆(2011/03/03)	050201 英语语言文学	2011/06/13	1986/07/28
		050202 俄语语言文学		1998/06/30
		050204 德语语言文学	2013/01/14	2003/09/01
		050205 日语语言文学	2011/06/13	1996/04/29
	0503 新闻传播学 ☆☆(2000/12/29) ★★(2007/08/20)	050301 新闻学	1984/01/13	1981/11/03
		050302 传播学	1998/06/19	1998/06/19
		0503Z1 传媒经济学	**2002 自**	**2002 自**
		0503Z2 广播电视学	**2011 自**	**2011 自**
06 历史学	0601 考古学 ☆☆(2011/08/05)	060102 考古学及博物馆学	2007/01/26	2005/06/22
	0602 中国史 ☆☆(2011/08/05) ▲▲(2012/04/25)	060101 史学理论及史学史	2003/01/14	1981/11/03
		060103 历史地理学	2005/01/06	2003/01/14
		060104 历史文献学	2003/01/14	2000/12/07
		060105 专门史	2000/12/29	1998/06/30
		060106 中国古代史★	1981/11/03	1981/11/03
		060107 中国近现代史★	1986/07/28	1981/11/03
		0602Z1 当代中国史	**2002 自**	**2002 自**
	0603 世界史 ☆☆(2011/08/05)	060108 世界史	1998/06/19	1986/07/28

学科门类	一级学科	专业代码、名称	博士点批准时间	硕士点批准时间
07 理学	0701 数学 ☆☆（2011/03/03）	070101 基础数学	2011/06/13	2000/12/07
		070102 计算数学		2008/06/20
		070104 应用数学	2011/06/13	2003/09/01
		070105 运筹学与控制论		1998/07/03
	0701 数学（物理学）	0701Z1 物理学	**2011 自**	**2011 自**
	0701 数学（化学）	0701Z2 化学	**2011 自**	**2011 自**
	0702 物理学 ☆（2011/03/03）	070201 理论物理		2006/01/25
		070203 原子与分子物理		2011/06/13
		070205 凝聚态物理		2006/01/25
	0703 化学 ☆（2011/03/03）	070301 无机化学		2006/01/25
		070302 分析化学		2011/06/13
		070303 有机化学		2006/01/25
		070304 物理化学（含：化学物理）		2006/01/25
		070305 高分子化学与物理		2011/06/13
	0705 地理学 ☆（2011/03/03）	070502 人文地理学		2011/06/13
		070503 地图学与地理信息系统		2006/01/25
	0711 系统科学 ☆（2006/01/25）	071101 系统理论		2000/12/07
	0713 生态学 ☆（2011/08/05）	由原“071012 生态学”二级学科对应调整而来		
	0714 统计学（可授理学、经济学学位） ☆☆（2011/08/05）	由原“020208 统计学”和“070103 概率论与数理统计”二级学科对应调整而来		
08 工学	0812 计算机科学与技术（可授工学、理学学位） ☆☆（2011/03/03）	081201 计算机系统结构		2008/06/20
		081203 计算机应用技术▲	2000/12/29	1981/11/03
		0812Z1 信息安全	**2011 自**	**2011 自**
	0817 化学工程与技术	081704 应用化学		2000/12/07
	0830 环境科学与工程（可授工学、理学、农学学位） ☆（2011/03/03）	083001 环境科学		2003/09/01
		083002 环境工程		2006/01/25
	0832 食品科学与工程（可授工学、农学学位） ☆（2011/03/03）	083201 食品科学		1998/07/03
	0835 软件工程 ☆（2011/08/05）	由原“081202 计算机软件与理论”二级学科对应调整而来		
10 医学	1004 公共卫生与预防医学（可授医学、理学学位） ☆（2011/03/03）	100401 流行病与卫生统计学		2006/01/25
12 管理学	1201 管理科学与工程（可授管理学、工学学位） ☆（2011/03/03）	120100 管理科学与工程		2000/12/26

<table>
<tr><th>学科门类</th><th>一级学科</th><th>专业代码、名称</th><th>博士点
批准时间</th><th>硕士点
批准时间</th></tr>
<tr><td rowspan="24">12 管理学</td><td rowspan="6">1202 工商管理
☆☆（2000/12/29）
★★（2007/08/20）</td><td>120201 会计学</td><td>1986/07/28</td><td>1981/11/03</td></tr>
<tr><td>120202 企业管理</td><td>1986/07/28</td><td>1981/11/03</td></tr>
<tr><td>120204 技术经济及管理</td><td>2000/12/29</td><td>1986/07/28</td></tr>
<tr><td>1202Z1 人力资源管理</td><td>2002 自</td><td>2002 自</td></tr>
<tr><td>1202Z2 市场营销管理</td><td>2002 自</td><td>2002 自</td></tr>
<tr><td>1202Z3 财务学</td><td>2011 自</td><td>2011 自</td></tr>
<tr><td rowspan="4">1203 农林经济管理
☆☆（2000/12/29）
▲▲（2010/05/26）</td><td>120301 农业经济管理★</td><td>1986/07/28</td><td>1981/11/03</td></tr>
<tr><td>120302 林业经济管理</td><td>2009/01/07</td><td>2001/01/09</td></tr>
<tr><td>1203Z1 自然资源管理</td><td>2011 自</td><td>2002 自</td></tr>
<tr><td>1203Z2 农村发展
（农村发展管理（2008/04/23）为交叉学科北京市重点学科）</td><td>2004 自</td><td>2004 自</td></tr>
<tr><td rowspan="7">1204 公共管理
☆☆（2003/07/01）</td><td>120401 行政管理★</td><td>1998/06/19</td><td>1990/11/20</td></tr>
<tr><td>120402 社会医学与卫生事业管理</td><td></td><td>2005/06/22</td></tr>
<tr><td>120403 教育经济与管理▲</td><td>2003/09/01</td><td>2000/12/07</td></tr>
<tr><td>120404 社会保障▲（2010/05/26）</td><td>2003/09/01</td><td>19980619</td></tr>
<tr><td>120405 土地资源管理▲</td><td>2000/12/29</td><td>1998/06/19</td></tr>
<tr><td>1204Z1 公共财政与公共政策</td><td>2011 自</td><td>2011 自</td></tr>
<tr><td>1204Z2 公共组织与人力资源</td><td>2004 自</td><td>2004 自</td></tr>
<tr><td>1204 公共管理（教育学）</td><td>1204Z3 教育学</td><td>2011 自</td><td>2011 自</td></tr>
<tr><td rowspan="5">1205 图书情报与档案管理
☆☆（2006/01/25）
▲▲（2012/04/25）</td><td>120501 图书馆学</td><td>2006/06/20</td><td>1998/06/30</td></tr>
<tr><td>120502 情报学</td><td>2006/01/25</td><td>2000/12/07</td></tr>
<tr><td>120503 档案学★</td><td>1993/12/17</td><td>1984/01/13</td></tr>
<tr><td>1205Z1 信息资源管理</td><td>2008 自</td><td>2008 自</td></tr>
<tr><td>1205Z2 信息分析</td><td>2011 自</td><td>2011 自</td></tr>
<tr><td rowspan="6">13 艺术学</td><td>1301 艺术学理论</td><td>050401 艺术学</td><td></td><td>2003/09/01</td></tr>
<tr><td>1302 音乐与舞蹈学
☆（2011/08/05）</td><td>050402 音乐学</td><td></td><td>2009/01/07</td></tr>
<tr><td rowspan="2">1303 戏剧与影视学
☆（2011/08/05）</td><td>050405 戏剧戏曲学</td><td></td><td>2008/06/20</td></tr>
<tr><td>050406 电影学</td><td></td><td>2007/01/26</td></tr>
<tr><td>1304 美术学
☆（2011/08/05）</td><td>050403 美术学</td><td></td><td>2003/09/01</td></tr>
<tr><td>1305 设计学（可授艺术学、工学学位）</td><td>050404 设计艺术学</td><td></td><td>2003/09/01</td></tr>
</table>

说明：1. 加“☆☆”的一级学科表示该一级学科具有博士学位授予权；加“☆”的一级学科表示该一级学科具有硕士学位授予权；加“★★”的一级学科为国家重点一级学科；加“★”的专业为国家重点二级学科；加“▲▲”的一级学科为北京市重点一级学科；加“▲”的专业为北京市重点二级学科。

2. 学科点“批准时间”栏目内标注“年度＋自”并用黑字体显示的学科点是学校在一级学科授权范围内自主设置并上报教育部备案的学科点。其中博士点 24 个，硕士点 33 个。

中国人民大学研究生交叉学科设置一览表（2013年）

交叉学科代码、名称	相关一级学科	博士点批准时间	硕士点批准时间
99J1 金融工程	0202 应用经济学 0701 数学	2011 自	2011 自
99J2 风险管理与精算学	0202 应用经济学 0701 数学	2011 自	2011 自
99J3 劳动关系学	0202 应用经济学 0301 法学	2011 自	2011 自
99J4 中国特色社会主义理论	0302 政治学 0305 马克思主义理论 0201 理论经济学 0101 哲学	2011 自	2011 自
99J5 国学	0602 中国史 0501 中国语言文学 0101 哲学	2011 自	2011 自
99J6 城乡发展与规划	1204 公共管理 0303 社会学 0602 中国史	2011 自	2011 自
99J7 可持续发展管理	1204 公共管理 1203 农林经济管理 0202 应用经济学	2011 自	2011 自
99J8 环境政策与管理	1204 公共管理 0830 环境科学与工程		2011 自
99J9 食品安全管理	1204 公共管理 0832 食品科学与工程 1203 农林经济管理 0301 法学		2011 自

中国人民大学研究生专业学位学科专业目录

专业代码、名称	硕士点批准时间
0251 金融硕士	2010/09/02
0252 应用统计硕士	2010/09/02
0253 税务硕士	2010/09/02
0254 国际商务硕士	2010/09/02
0255 保险硕士	2010/09/02
0256 资产评估硕士	2010/09/02
0257 审计硕士	2011/08/19
0351 法律硕士	1996

专业代码、名称	硕士点批准时间
0352 社会工作硕士	2009/07/21
0453 汉语国际教育硕士	2007/06/06
0552 新闻与传播硕士	2010/09/02
0651 文物与博物馆硕士	2010/09/02
0852 工程硕士	2008/05
095110 农业推广硕士	2007/06/06
125101 工商管理硕士	1990
125102 高级管理人员工商管理硕士	2002/07
1252 公共管理硕士	2000/04/25
1253 会计专业硕士	2004/03
1255 图书情报硕士	2010/09/02
1351 艺术硕士	2010/09/02

2013 年中国人民大学分专业学术型博士、硕士学位获得情况

专业名称	博士	硕士 (其中：同等学力硕士)	合计
马克思主义哲学	18	17	35
中国哲学	9	10	19
外国哲学	5	8	13
逻辑学	3	3	6
伦理学	8	4	12
美学	12	9 (6)	21
宗教学	9	8	17
科学技术哲学	4	4 (1)	8
管理哲学	3	6 (1)	9
政治经济学	24	35 (9)	59
经济思想史	3	4	7
经济史	3	4	7
西方经济学	12	92 (44)	104
世界经济	12	85 (55)	97
人口、资源与环境经济学	8	42 (3)	50
网络经济学	9	8 (3)	17
企业经济学	4	11 (3)	15
国民经济学	16	83 (36)	99
区域经济学	6	26 (12)	32
财政学	14	38 (13)	52
金融学	36	397 (306)	433
产业经济学	15	5	20
国际贸易学	7	41 (14)	48
劳动经济学	6	50 (23)	56
统计学	13	34 (9)	47
数量经济学	1	22	23

专业名称	博士	硕士 （其中：同等学力硕士）	合计
国防经济	—	4	4
保险学	2	8（2）	10
商业经济学	7	5	12
房地产经济与管理	—	21（6）	21
城市经济学	4	19（13）	23
法学理论	6	21（4）	27
法律史	11	11	22
宪法学与行政法学	10	16（3）	26
刑法学	19	20（1）	39
民商法学	35	101（70）	136
诉讼法学	10	21（3）	31
经济法学	12	49（30）	61
环境与资源保护法学	3	8（3）	11
国际法学	8	16（2）	24
知识产权法	6	19（3）	25
中国法	—	7	7
政治学理论	3	14	17
中外政治制度	2	4	6
科学社会主义与国际共产主义运动	10	8	18
中共党史	7	21	28
国际政治	3	29（4）	32
国际关系	8	27（10）	35
外交学	9	46（17）	55
中国政治	6	21	27
国际政治经济学	—	8	8
社会学	23	70（24）	93
人口学	6	11	17
人类学	—	5	5
民俗学	—	1	1
老年学	2	7	9
社会心理学	4	12	16
马克思主义基本原理	6	5	11
马克思主义发展史	6	2	8
马克思主义中国化研究	6	9	15
国外马克思主义研究	1	5	6
思想政治教育	2	7（1）	9
中国近现代史基本问题研究	1	2	3
高等教育学	—	15	15
教育法学	—	4	4
文艺学	4	14	18
语言学及应用语言学	4	12	16
汉语言文字学	—	11	11
中国古典文献学	—	1	1
中国古代文学	12	22	34

专业名称	博士	硕士 (其中：同等学力硕士)	合计
中国现当代文学	5	19	24
比较文学与世界文学	8	18	26
英语语言文学	—	65（7）	65
俄语语言文学	—	8	8
德语语言文学	—	9	9
日语语言文学	—	4	4
新闻学	17	95（34）	112
传播学	5	82（56）	87
传媒经济学	4	12（3）	16
广播电视学	—	7	7
史学理论及史学史	1	2	3
考古学及博物馆学	—	1	1
历史地理学	2	1	3
历史文献学	1	1	2
专门史	6	20	26
中国古代史	5	23	28
中国近现代史	9	13	22
世界史	3	7	10
当代中国史	7	5	12
基础数学	—	3	3
计算数学	—	2	2
概率论与数理统计	—	22	22
应用数学	—	4	4
运筹学与控制论	—	8	8
物理学	5	0	5
化学	3	0	3
理论物理	—	6	6
凝聚态物理	—	7	7
无机化学	—	3	3
有机化学	—	4	4
物理化学（含：化学物理）	—	6	6
地图学与地理信息系统	—	6	6
生态学	—	4	4
系统理论	—	3	3
计算机系统结构	—	2	2
计算机软件与理论	6	9	15
计算机应用技术	5	23（2）	28
应用化学	—	2	2
环境科学	—	11	11
食品科学	—	4	4
管理科学与工程	—	12	12
流行病与卫生统计学	—	2	2
管理科学与工程	—	33（22）	33
会计学	20	122（92）	142

专业名称	博士	硕士 （其中：同等学力硕士）	合计
企业管理	17	399（365）	416
技术经济及管理	12	38（27）	50
人力资源管理	11	224（170）	235
市场营销管理	10	25	35
财务学	11	28	39
农业经济管理	13	32	45
林业经济管理	—	4	4
自然资源管理	—	5	5
农村发展	4	3	7
行政管理	14	101（45）	115
社会医学与卫生事业管理	—	11	11
教育经济与管理	4	5（1）	9
社会保障	14	37（1）	51
土地资源管理	12	24（12）	36
公共财政与公共政策	3	38（6）	41
公共组织与人力资源	6	33（21）	39
图书馆学	1	2	3
情报学	1	42（31）	43
档案学	6	50（15）	56
信息资源管理	2	8	10
艺术学	—	18（15）	18
音乐学	—	2	2
美术学	—	11	11
设计艺术学	—	23（10）	23
戏剧戏曲学	—	6	6
电影学	—	8	8
金融工程	4	26（14）	30
风险管理与精算学	4	16（6）	20
劳动关系学	—	19	19
城乡发展与规划	—	8	8
可持续发展管理	4	14	18
	783	3 735（1 689）	4 518

2013 年中国人民大学硕士专业学位获得情况

专业学位专业名称	人数
金融硕士	116
应用统计硕士	19
税务硕士	28
国际商务硕士	46

专业学位专业名称	人数
保险硕士	17
资产评估硕士	20
法律硕士	378
社会工作硕士	72
汉语国际教育硕士	120
新闻与传播硕士	24
文物与博物馆硕士	9
工程硕士	81
农业推广硕士	250
工商管理硕士	352
高级管理人员工商管理硕士	183
公共管理硕士	214
会计硕士	143
图书情报硕士	11
合计	2 083

■ 对外教育教学

一、概况

截至2013年12月，学校注册各类长期留学生共1 630人，其中包括：本科生963人，硕士研究生205人，博士研究生108人，普通进修生89人，高级进修生126人，语言生进修生139人。接受学历教育的留学生人数占长期在校留学生的78%。各类短期留学生共318人。学校在注重外国留学生招收规模的同时，更注重留学生的质量和结构，严格把好入学关，进一步完善培养环节。

2013年毕业学历留学生共407名，其中本科生293人，研究生114人，来自韩国、越南、马来西亚、日本、印度尼西亚、缅甸、泰国、柬埔寨、菲律宾、哈萨克斯坦、塔吉克斯坦、蒙古国、新加坡、土耳其、莫桑比克、安哥拉、阿曼、南非、乍得、喀麦隆、几内亚比绍、津巴布韦、佛得角、美国、加拿大、巴西、阿根廷、哥斯达黎加、牙买加、挪威、俄罗斯、英国、法国、意大利、瑞士、葡萄牙、马其顿、奥地利、爱尔兰、澳大利亚、新西兰等国家。

2013年共有183名外国留学生获得奖学金，其中41人获得中国人民大学外国留学生学习成绩奖，87人获得北京市在校外国留学生奖学金，71人获得北京市外国留学生新生奖学金，另有2人获得中国人民大学外国留学生社会活动奖，3人获得中国人民大学优秀留学生干部奖，8人获得中国人民大学留学生学习进步奖。2013年，学校通过“中国政府专项奖学金——高校研究生项目”获得招生名额25人，最终录取25人。

二、招生工作

2013年，学校自费本科生留学生报考人数612人，最终有193名本科新生报到，主要来自韩国、日本、印度尼西亚、蒙古国、柬埔寨、泰国、越南、新加坡、朝鲜、哈萨克斯坦、缅甸、菲律宾、老挝、马来西亚、俄罗斯、法国、瑞典、德国、比利时、塞尔维亚、土耳其、秘鲁、加拿大、巴西、美国、阿根廷、巴拿马、墨西哥。另有69名硕士研究生和25名博士研究生到校报到。2013年共有校级、院级的交换生321人次，分别来自韩国、日本、越南、新加坡、乌克兰、挪威、罗马尼亚、荷兰、芬兰、英国、瑞典、匈牙利、德国、菲律宾、丹麦、法国、哥伦比亚、加拿大、美国等国的协议学校。2013年共录取113名中国政府奖学金生来校学习，全校中国政府奖学金生总数达到284名；另有享受国家汉办奖学金的在校生40人。

全英文硕士招生取得实质进展，留学生规模进一步扩大。2013年，有10个全英文硕士项目，7个项目实现招生。2013年全英文硕士项目共录取外籍学生共45人，实际报到25人，分别进入国际关系学院、商学院、财政金融学院、经济学院、法学院和公共管理学院攻读2年制全英文授课的硕士项目。学生来自20个国家，其中美国5人，加拿大1人，阿根廷1人，智利1人，奥地利1人，波兰1人，法国1人，荷兰1人，西班牙1人，希腊1人，意大利1人，巴基斯坦1人，柬埔寨1人，尼泊尔1人，泰国1人，印度尼西亚2人，伊拉克1人，哥伦比亚1人，南非1人，津巴布韦1人。

在招生宣传方面，2013年学校参加了在马来西亚、白俄罗斯和蒙古国举行的教育展，发出了2 000余份招生简章，接待了大量的考生咨询。

三、留学生生活

为丰富外国留学生业余文化生活，学校积极组织全校留学生参加各级各类文体活动，如：2013年中国人民大学国际文化节、中华文化大讲堂、昆明湖长走等活动。其中2013年国际文化节以“YOUNG OR NEVER”为主题，活动内容包括开幕式、风情展和闭幕晚会，来自阿塞拜疆、厄瓜多尔、马来西亚、哈萨克斯坦、乌兹别克斯坦以及巴拿马等6个国家驻华使馆或机构的代表出席了国际文化节的活动。

附录

中国人民大学2013年秋季外国留学生类别统计

学院	学生类别						总计
	本科生	硕士研究生	博士研究生	普通进修生	高级进修生	语言进修生	
财政金融学院	54	11	8	1	—	—	74
法学院	53	29	22	9	13	—	126
公共管理学院	13	9	4	2	—	—	28
国际关系学院	177	56	30	12	6	—	281
国学院	—	—	—	1	—	—	1
经济学院	72	27	12	3	—	—	114
劳动人事学院	56	2	2	—	—	—	60
历史学院（含清史所）	11	7	—	—	2	—	20
马克思主义学院	—	1	2	—	1	—	4

学院	学生类别						总计
	本科生	硕士研究生	博士研究生	普通进修生	高级进修生	语言进修生	
农村与农业发展学院	1	2	—	—	—	—	3
商学院	104	16	8	52	25	—	205
社会与人口学院	22	3	2	1	3	—	31
统计学院	3	—	—	—	—	—	3
外语学院	5	—	—	—	—	—	5
文学院	260	29	11	5	—	139	444
新闻学院	117	1	1	—	—	—	119
信息资源管理学院	5	—	—	1	—	—	6
艺术学院	7	2	—	1	1	—	11
哲学院	3	10	6	1	1	—	21
中法学院	—	—	—	—	74	—	74
总计	963	205	108	89	126	139	1 630

中国人民大学2013年秋季外国留学生国别统计

国籍	学生类别						总计
	本科生	硕士研究生	博士研究生	普通进修生	高级进修生	语言进修生	
阿根廷	1	2	1	—	—	—	4
阿曼	1	—	—	—	—	—	1
阿塞拜疆	1	2	—	—	—	—	3
埃及	—	2	1	—	—	2	5
埃塞俄比亚	1	1	—	—	—	—	2
爱尔兰	—	1	—	19	—	1	21
爱沙尼亚	—	—	—	—	—	1	1
奥地利	—	1	1	1	—	—	3
澳大利亚	1	—	—	—	—	1	2
巴基斯坦	—	1	—	—	—	—	1
巴拿马	3	1	—	—	—	—	4
巴西	4	1	1	—	—	1	7
保加利亚	—	1	—	—	—	1	2
比利时	2	2	—	—	9	—	13
波兰	1	3	3	—	—	3	10
玻利维亚	1	—	—	—	—	—	1
博茨瓦纳	—	1	1	—	—	—	2
布隆迪	1	1	1	—	—	—	3
朝鲜	5	—	—	—	—	1	6
赤道几内亚	3	—	—	—	—	—	3
丹麦	—	—	—	—	1	—	1
德国	—	2	1	3	6	13	25
俄罗斯	9	9	1	1	1	17	38

国籍	学生类别						总计
	本科生	硕士研究生	博士研究生	普通进修生	高级进修生	语言进修生	
厄瓜多尔	—	1	—	—	—	—	1
法国	—	6	—	9	78	6	99
菲律宾	1	—	—	—	—	—	1
斐济	—	1	—	—	—	—	1
芬兰	1	2	—	1	—	5	9
刚果共和国	—	2	1	—	—	—	3
刚果民主共和国	2	—	—	—	—	—	2
哥伦比亚	—	3	—	—	—	—	3
哥斯达黎加	1	1	1	—	—	1	4
哈萨克斯坦	11	7	—	—	—	5	23
韩国	765	37	42	11	—	15	870
荷兰	—	2	1	8	2	—	13
吉布提	1	—	—	—	—	—	1
吉尔吉斯斯坦	9	—	—	—	—	—	9
几内亚比绍	1	—	—	—	—	—	1
加拿大	7	11	3	3	—	3	27
柬埔寨	2	—	1	—	—	1	4
捷克	—	1	—	—	—	1	2
津巴布韦	—	4	—	—	—	7	11
科特迪瓦	—	1	—	—	—	—	1
老挝	3	—	1	—	—	—	4
利比里亚	—	1	—	—	—	—	1
罗马尼亚	1	1	—	1	—	—	3
马达加斯加	—	1	—	—	—	—	1
马拉维	1	1	—	—	—	—	2
马来西亚	18	2	—	—	—	—	20
马里	3	1	—	—	—	—	4
马其顿	1	—	—	—	—	—	1
美国	9	18	5	6	6	7	51
蒙古国	20	5	—	—	—	—	25
孟加拉国	—	—	—	—	—	1	1
秘鲁	1	—	1	—	—	2	4
缅甸	3	—	—	—	—	—	3
摩尔多瓦	—	1	—	—	—	—	1
摩洛哥	—	—	—	—	2	—	2
墨西哥	1	1	—	—	—	—	2
南非	—	3	—	—	1	—	4
尼泊尔	—	1	1	—	—	—	2
挪威	—	—	—	—	4	—	4
帕劳	1	—	—	—	—	—	1
葡萄牙	—	—	—	3	1	—	4
日本	19	6	3	9	3	18	58
瑞典	—	1	—	—	2	—	3
瑞士	—	1	1	—	—	—	2

国籍	学生类别						总计
	本科生	硕士研究生	博士研究生	普通进修生	高级进修生	语言进修生	
萨摩亚	1	—	—	—	—	—	1
塞舌尔	2	—	—	—	—	—	2
沙特阿拉伯	—	—	—	—	—	3	3
斯洛伐克	—	1	—	—	—	—	1
斯洛文尼亚	—	—	—	1	—	—	1
塔吉克斯坦	3	—	—	—	—	—	3
泰国	7	8	2	—	1	1	19
坦桑尼亚	—	1	—	—	—	—	1
土耳其	3	2	—	—	—	1	6
土库曼斯坦	1	—	—	—	—	—	1
委内瑞拉	1	—	—	—	—	—	1
乌克兰	1	4	—	—	—	1	6
乌拉圭	2	—	—	—	—	—	2
乌兹别克斯坦	2	—	1	—	—	—	3
西班牙	—	2	1	4	1	6	14
希腊	—	—	1	—	—	—	1
新加坡	—	—	2	1	—	—	3
新西兰	3	—	2	—	—	—	5
匈牙利	1	1	—	1	—	—	3
亚美尼亚	—	1	—	—	—	—	1
也门	1	—	—	—	—	—	1
伊拉克	—	2	—	—	—	—	2
以色列	—	1	—	—	—	—	1
意大利	3	8	—	2	2	3	18
印度	—	—	1	—	—	—	1
印度尼西亚	8	5	—	—	—	1	14
英国	—	3	1	2	1	7	14
约旦	—	1	—	—	—	—	1
越南	3	10	25	—	—	1	39
赞比亚	2	—	—	—	—	—	2
乍得	3	—	—	—	—	1	4
智利	—	1	—	—	—	—	1
中国籍交换生	—	—	—	3	5	1	9
总计	963	205	108	89	126	139	1 630

中国人民大学2013年留学生获奖名单

奖励名称	获奖等级	获奖名单
北京市外国留学生奖学金（在校生）		陈紫璃等88人
北京市外国留学生奖学金（新生）		李天等42人

奖励名称	获奖等级	获奖名单
本科留学生学习成绩奖	一等奖	那杰克等 9 人
本科留学生学习成绩奖	二等奖	赵振琼等 11 人
本科留学生学习成绩奖	三等奖	宋仙才等 13 人
外国留学研究生学习成绩奖	博士一等奖	赵洙英 1 人
外国留学研究生学习成绩奖	硕士一等奖	卡斯等 4 人
外国留学研究生学习成绩奖	硕士二等奖	安仁慧等 3 人
留学生社会活动奖		萨一曼等 2 人
优秀留学生干部奖		金亨洙等 3 人
外国留学生学习进步奖		吴彩恩等 8 人

■ 继续教育

☞ 成人高等教育

一、概况

2013 年，继续教育学院成人教育部在云南省昆明市设有 1 个教学站点，北京市设有 3 个教学站，共开设 7 个专业。2013 年，夜大学有 8 个专业，共有学生 6 901 名；函授有 2 个专业，共有学生 90 人。从学历层次看，夜大专升本 4 452 人，高中起点本科 2 433 人，专科 16 人。

在校生共有 6 991 人，其中夜大生 6 901 人，函授生 90 人（高中起点本科）。2013 年共毕业学生 2 467 人。

二、招生工作

2013 年北京地区报考成教部的学生共 3 157 人，其中报考专升本 1 742 人，报考高中起点本科 711 人，报考专科 704 人。2013 年 12 月录取 2 611 人，其中专升本 1 471 人、高中起点本科 626 人、专科 514 人；注册人数为 2 377 人，其中专升本 1 351 人、高中起点本科 573 人、专科 453 人。

三、教学管理

（一）专业设置

2013 年，成人教育部共开设 16 个专业，其中专科升本科有会计学、国际经济与贸易、金融学、市场营销、工商管理、新闻学、人力资源、财务管理等 8 个专业；高中起点本科有会计学、国际经济与贸易、金融学、工商管理、市场营销、税务等 6 个专业；高中起点专科有会计、工商管理 2 个专业。

（二）课程及教材建设

2013 年，编写和更新的教材有：《政治》（第十版）、《证券投资学》、《儒学与中国宗教》、《组织行为管理》等。专著有：《中国食品安全风险管理研究》《旅游快乐体验宝典——享受旅游之美》。

☞ 网络教育

一、概况

2013年，继续教育学院网络教育部共有教职工156人，其中专职教师18人，教学管理人员31人，学务及考务人员33，招生人员和项目策划人员26人，研发、技术和运营人员31人，行政人员17人。

截至2013年底，共有学历教育在读学生59 824名，非学历教育在读学生10 226名。在全国建立校外教学服务中心129个，其中授权奥鹏远程教育中心建立的教学服务中心45个，自建或共建的教学服务中心84个。

2013年共有毕业生15 061名（其中本科毕业生8 655名，专科毕业生6 406名），优秀毕业生343人，本科毕业生中符合学士学位授予条件的有1 368名。

2013年春、秋两季学历教育报名22 641人，注册21 353人，非学历教育报读5 605人，其中专业进修8人，单科选修1 560人，开放课程生4 037人。

二、考试情况

2013年组织了4次课程考试，累计设立考点544个，安排考场12 958个，预约课程考试322 339门次，预约人数94 063人，人均预约为3.43门次/人。实考280 059门次，实考人数79 991人，缺考率为12.34%，处理各种违纪88人次，派出巡考员559人次。

2013年组织了3次现代远程教育试点高校网络教育部分公共基础课全国统一考试，报考人数共18 061人，26 048门次，平均及格率为76.94%。

2013年组织了2次成人本科学士学位英语统一考试，预约人数为9 008人，实考人数为5 952人，平均及格率26%，高于全国平均合格率6个百分点。

三、资源建设和教学研究

2013年资源建设的核心工作是采用新思路和新技术进行资源改造和建设。

首先，在完成社会工作专业收尾的3门课程建设后，共改造旧版课程30门。引进课程设计与制作软件Storyline，并完成了“劳动法和社会保障法”课程的设计和制作，在用户体验方面大有改观，弥补了院网络课程交互设计的不足。

其次，将校内通识大讲堂讲座录像进行包装设计，制作成2门小学分通识教育课程：通识讲堂——跨文化沟通、通识讲堂——经济与外交，作为网络教育学生的公共选修课。

截至2013年底，共开设网络课程208门，其中2011年以来开发的新平台课程97门，占47%。目前剩余需改造的单机版课程共95门。

第三，新出教材2种，修订教材7种。其中赵锡军编写的《证券投资学》被评为2013年北京市精品教材。截至2013年底，出版远程教育系列教材已达116种。

第四，完成课程素材信息库建设，采用数据库来管理课程素材信息。截至2013年12月，共有88门课程素材信息入库。

第五，为教育部制作精品资源共享课7门（350小时）；拍摄、剪辑教育部组织的“中国大学视频公开课”4门（24学时）；“北京名师奖课程”2门（12学时）；学校通识大讲堂课程11门（33学时）。

第六，国家社科课题“基于本体的知识型数字图书馆在网络教育中的应用研究”2013 年已有阶段成果；发表学术论文 7 篇；“网上人大远程学习者的网络学习策略水平调查与研究”成果获得中国高等教育学会优秀高教成果三等奖。

四、改革教学管理制度

推动教学环节改革，组建 17 个项目组，为 2014 年将启动的三期三考制度做技术平台、课程平台、教学辅导、考试、作业、其他学习支持服务等诸多环节的前期准备，这是继网上人大成立以来最重大的教学管理制度变革。

五、校企合作、学历教育和非学历教育结合的新探索

进一步发挥高等学校服务社会、推进终身教育发展的职能，加强通过网络教育手段促进企业从业人员的终身学习的探索。2013 年，学校在与富士康的校企合作中，扩大合作规模，同时摸索出一套适合企业和员工特性的培养方案，特别是通过网络教学与面授教学的结合，激发学习者的学习兴趣，改善学习体验，得到了合作单位和学习者的良好评价。

在学历教育和非学历教育的结合方面，2013 年与英国国际会计师公会（AIA）开展合作，面向社会开设会计学专业（AIA 国际会计师方向）专升本学历教育。在该项目中，双方对学历教育课程体系和认证课程体系进行了部分课程成绩互认。网络教育会计学（AIA 国际会计师方向）专业教学计划共设置 17 门课程，其中与 AIA 可互换的课程有 7 门。

附录

2013 年继续教育学院网络教育部招生人数统计表

层次	专业名称	报名人数	录取人数	注册人数
高中起点专科	财政学	37	29	24
	法学	869	851	836
	工商管理	2 717	2 684	2 654
	公共事业管理	606	586	569
	国际经济与贸易	239	216	196
	汉语言文学	259	243	230
	会计学	1 651	1 612	1 576
	金融学	1 003	968	936
	人力资源管理	1 825	1 793	1 764
	市场营销	918	899	883
	社会工作	198	185	175
	合计	10 322	10 066	9 843

层次	专业名称	报名人数	录取人数	注册人数
高中起点本科	财政学	13	5	0
	法学	37	29	24
	工商管理	45	37	32
	公共事业管理	23	15	10
	国际经济与贸易	20	12	7
	汉语言文学	20	12	7
	会计学	38	30	25
	金融学	27	19	14
	人力资源管理	44	36	31
	市场营销	26	18	13
	财务管理	19	11	6
	社会工作	16	8	3
	传播学	115	107	102
	合计	443	339	274
专科起点本科	财政学	48	40	35
	法学	787	759	734
	工商管理	1 862	1 826	1 793
	公共事业管理	688	652	619
	国际经济与贸易	244	227	213
	汉语言文学	474	460	449
	会计学	2 374	2 350	2 329
	金融学	1 522	1 501	1483
	人力资源管理	1 762	1 740	1 721
	市场营销	539	522	508
	财务管理	342	326	313
	社会工作	168	160	155
	传播学	206	198	193
	合计	11 016	10 761	10 545
本科第二学历	财政学	24	16	11
	法学	131	123	118
	工商管理	65	57	52
	公共事业管理	30	22	17
	国际经济与贸易	28	20	15
	汉语言文学	73	65	60
	会计学	202	194	189
	金融学	90	82	77
	人力资源管理	95	87	82
	市场营销	21	13	8
	财务管理	35	27	22
	社会工作	38	30	25
	传播学	28	20	15
	合计	860	756	691
学历教育招生合计		22 641	21 922	21 353

层次	专业名称	报名人数	录取人数	注册人数
非学历	专业进修	0	0	8
	单科选修	0	0	1 560
	开放课程生	0	0	4 037
非学历教育招生合计		0	0	5 605

2013年继续教育学院网络教育部在读学生（学历教育）人数统计

层次	专业名称	年度（每年含两个批次）							合计
		2007	2008	2009	2010	2011	2012	2013	
高中起点专科	财政学	0	0	4	7	7	14	24	56
	法学	0	1	112	106	352	699	830	2 100
	工商管理	0	2	187	251	879	1 913	2 395	5 627
	公共事业管理	0	0	40	72	292	616	559	1 579
	国际经济与贸易	0	0	34	41	95	113	146	429
	汉语言文学	0	1	51	57	92	190	227	618
	会计学	0	1	133	212	803	1 420	1 574	4 143
	金融学	0	1	129	151	395	576	594	1 846
	人力资源管理	0	2	127	158	732	1 386	1 736	4 141
	市场营销	0	0	102	138	364	739	875	2 218
	社会工作	0	0	0	0	0	68	168	236
	合计	0	8	919	1 193	4 011	7 734	9 128	22 993
高中起点本科	财政学	6	1	3	2	0	1	0	13
	法学	59	49	67	86	33	36	24	354
	工商管理	137	115	72	124	63	40	31	582
	公共事业管理	0	10	15	37	16	18	11	107
	国际经济与贸易	32	34	17	19	9	7	7	125
	汉语言文学	33	26	31	31	7	9	7	144
	会计学	61	65	58	96	41	29	25	375
	金融学	33	25	34	87	46	30	14	269
	人力资源管理	54	53	33	101	50	50	32	373
	市场营销	41	32	33	81	18	12	13	230
	财务管理	0	0	0	0	1	4	6	11
	社会工作	0	0	0	0	0	1	3	4
	传播学	0	0	0	0	0	25	101	126
	合计	456	410	363	664	284	262	274	2 713

层次	专业名称	年度（每年含两个批次）							合计
		2007	2008	2009	2010	2011	2012	2013	
专科起点本科	财政学	0	1	5	20	21	21	38	106
	法学	0	49	133	196	502	764	724	2 368
	工商企业管理	1	94	325	383	1 023	1 528	1 781	5 135
	公共事业管理	0	22	80	122	319	497	606	1 646
	国际经济与贸易	0	20	82	88	200	200	211	801
	汉语言文学	0	29	81	115	308	405	443	1 381
	会计学	0	72	397	555	1 416	1 970	2 316	6 726
	金融学	0	42	240	707	1 829	2 187	1 473	6 478
	人力资源管理	0	47	250	363	998	1 475	1 711	4 844
	市场营销	0	29	98	113	296	515	507	1 558
	财务管理	0	0	0	1	49	181	308	539
	社会工作	0	0	0	0	0	150	154	304
	传播学	0	0	0	0	2	160	194	356
	合计	1	405	1 691	2 663	6 963	10 053	10 466	32 242
本科第二学历	财政学	0	0	4	3	3	3	11	24
	法学	0	0	17	25	59	108	121	330
	工商企业管理	0	0	13	15	19	39	52	138
	公共事业管理	0	0	1	6	14	16	17	54
	国际经济与贸易	0	0	2	4	12	8	14	40
	汉语言文学	0	0	10	12	36	57	60	175
	会计学	0	0	26	32	89	138	192	477
	金融学	0	0	20	34	52	78	78	262
	人力资源管理	1	1	18	20	22	57	83	202
	市场营销	0	0	4	2	7	8	8	29
	财务管理	0	0	0	0	6	35	22	63
	社会工作	0	0	0	0	0	25	22	47
	传播学	0	0	0	0	1	19	15	35
	合计	1	1	115	153	320	591	695	1 876
学历教育的学生人数合计		59 824							

2013 年继续教育学院网络教育部毕业生人数统计表

学科门类	专业名称	毕业生人数		申请学位人数
		本科毕业生人数	专科毕业生人数	
管理学	会计	1 885	1 225	309
	工商企业管理	1 349	1 375	202
	市场营销	383	510	71
	公共事业管理	465	597	55
	人力资源管理	1 185	940	210

学科门类	专业名称	毕业生人数		申请学位人数
		本科毕业生人数	专科毕业生人数	
经济学	金融	1 882	812	228
	国际贸易	304	122	81
	财政学	35	14	8
法学	法学	729	597	128
文学	汉语言文学	438	214	76
合　计		8 655	6 406	1 368

说明：以上统计数字截至2013年12月31日。

☞ 教育培训

一、概况

培训学院是学校非学历教育培训的主办单位。经过几年的培训工作，培训学院进一步明确工作性质和工作定位，建成了向社会提供优质教育资源的平台，通过规范的教育服务，不断促进人文社会科学向社会生产力转化。

二、各类培训

（一）中央和国家机关司局级干部选学培训

2013年，继续开展中央和国家机关司局级干部选学工作，全年共举办8个专题班，学员854名。

（二）高端培训项目

2013年高端培训共开新班134个，企业内部培训和MBA研修班59个，干部培训班75个，服务对象9 497人次。

为中央组织部、教育部、全国妇联、中央直属机关事务管理局、九三学社中央、司法部煤矿管理局、北京市委组织部、北京市国土局、重庆市委组织部、重庆市两江新区管委会、重庆市巴南区政府、广东省委组织部、云南省委组织部、福建省委组织部、广西壮族自治区发改委、广西壮族自治区卫生厅、江西省直机关工委、湖北省地税局、哈尔滨市委组织部和宣传部、哈尔滨市工信委、武汉市委组织部、武汉市政法委、广州市人大常委会、深圳市地税局、洛阳市地税局、济南市财政局、石家庄市教育局、滨州市财政局、云南省楚雄州发改委、北京市海淀区委组织部、北京市海淀区委统战部、甘肃省白银市委组织部、甘肃省庆阳市委组织部、呼伦贝尔市委组织部、安徽省宣城市宣州区委组织部、广州市萝岗区人大常委会、云南省石林县委组织部、江苏省昆山市纪检委、广州市地税系统等单位提供干部培训。为中国光大银行总行、中国建设银行北京分行、中国建设银行辽宁分行、中国农业发展银行山东分行、中国农业发展银行四川分行、交通银行云南分行、中国光大银行北京分行、北京银行、辽宁银行、徽商银行、中华保险、百丽集团、中国中煤能源集团、中国医药会计协会等单位提供企业内训。

（三）国际合作项目

2013年，国际合作项目延续往届项目模式，分本硕两个层次三大类项目进行招生，报考学生可以在美国、英国、澳大利亚、加拿大、新加坡、挪威和阿根廷7个国家的多所高校间选择经济、管理、商务、文学文化领域的上百个不同专业，基本满足学生的多样性需求。2013年，国际合作项目开设本科和硕士项目共26个，其中，学士项目合作院校16所，硕士项目合作院校8所，涉及上百个不同的专业。2013年，新招学生346人，结业272人，出国243人，出国率89%。结业学生中，绝大部分获得合作院校录取通知书，其中经由学院提供途径获得签证的213人，获签率100%，已分别前往英国伦敦大学皇家霍洛威学院、英国伦敦大学玛丽皇后学院、英国伦敦城市大学、英国威斯敏斯特大学、英国布鲁内尔大学、澳大利亚国立大学、澳大利亚堪培拉大学、加拿大纽芬兰纪念大学、加拿大戴尔豪西大学、新西兰梅西大学、美国宾夕法尼亚州立大学、美国伊利诺伊大学香槟分校等诸多名校继续深造。

继续承办教育部留学服务中心引进的英国高等教育文凭项目。2013年，新招学生918人，结业学生949人。

（四）艺术培训项目

2013年，艺术培训项目新开办初中海工作室、岳黔山工作室、邹立颖工作室和诗书画印课题班暨名家工作室共4个工作室，整体规模扩大到13个工作室，学科内容涵盖书法及山水、花鸟、人物等画种，在校生达到187人。各工作室根据实际教学需要，先后分别奔赴云南省西双版纳、贵州省万峰林、江西省西递村等地实地开展春季写生活动。7月10—20日，2013届学员结业画展在校博物馆和汇贤大厦举办，展出各工作室师生作品170余幅，同期出版《丹青天地》结业画集。

2013年，在正常教学的基础上，学员们积极参加各种艺术交流活动，在全国性各类画展中入选40余人次，获奖13人次，5名学员成为中国美协会员。

附录

2013年培训项目统计

培训项目	人数（次）
企业培训、干部培训、MBA研修班	10 351
国际合作学生（新生）	346
英国高等教育文凭项目（新生）	918
艺术培训	187

■ 实验室建设与仪器设备管理

一、概况

2013年，实验室建设工作积极配合学校人才培养体系改革，系统分析学校实验室建设现状和存在的问题，制定详细工作计划，采取有效发展措施，扎实推进全校实验室建设。

2013年，仪器设备购置与管理工作认真执行上级主管部门及学校有关的各项规章制度，在学校招投标工作领导小组的领导下，以学校各单位的实际需求为主导，充分运用市场机制，加大采购预算的执行力度，规范采购程序，提高采购效率，较好地完成各类经费的仪器设备及家具的购置工作。

二、实验室建设工作和成果

2013年，学校决定依托新闻传播实验教学中心、经济与管理示范教学中心和信息技术与管理实验教学中心三个国家级实验教学中心，组建中国人民大学基于大数据文科综合训练虚拟仿真实验教学中心，参加国家级虚拟仿真实验教学中心评审。2013年底，中国人民大学基于大数据文科综合训练虚拟仿真实验教学中心已正式成为国家级虚拟仿真实验教学中心。学校信息技术综合实验室顺利通过北京市高校实验教学示范中心验收，正式成为北京市实验教学示范中心。法学实验实践教学示范中心、文科实验教学综合训练中心也正按评审规划稳步推进北京市实验教学示范中心建设工作。

2013年，建设校级理工科测试平台相关工作稳步推进。理工科测试平台的前期规划及建设有序开展，首批大型仪器设备的论证工作开始实施。

截至2013年底，学校独立运作的实验室数量已达到106个，其中在建实验室2个。实验课和实验教学项目基本覆盖学校全部本科学科发展方向。2012—2013学年全校开设实验项目348个，实验课时数达到14 296学时。学校以实验室建设为纽带、学科建设为支撑、学院为基础，充分利用现代化技术手段，建立起能够适应创新型人才培养目标的多层次、多视角、多维度、多媒体开放共享的实验教学平台。

截至2013年底，实验室新增设备资产1 647台（件），总值3 478万元。用于实验室单价为500元及以上的在用设备资产总量为13 083台（件），总值20 366万元。

三、仪器设备购置与管理工作

（一）稳步推进设备购置工作

2013年，学校在政府采购过程严格按照国家相关规定执行，积极响应国家支持民族品牌和节能减排的号召，不断完善政府采购的执行规范和监督机制。通过政府采购方式组织货物类购置总计14 877.4万元。其中，公开招标11 893.3万元，占采购金额的79.94%；单一来源谈判1 260.1万元，占采购金额的8.47%；询价购置1 107.6万元，占采购金额7.44%；竞争性谈判616.4万元、占采购金额的4.14%。2013年学校对计算机、服务器、空调、办公设备、数码产品等通用设备继续采取政府采购协议供货的方式组织购置。

（二）有序开展固定资产管理工作

2013年，固定资产管理系统进行调整和改进，规范工作程序，调整账务结构，为固定资产的网络化管理奠定了坚实的基础。固定资产管理继续做好新增教学、科研、行政办公仪器设备、家具、图书、软件的报增、审核、调拨和报废工作。2013年全年仪器设备类固定资产报增8 615（台）件，总价为9 841万元。截至2013年底，仪器设备类固定资产（价值500元以上）共64 234台（件），仪器设备总值达到69 897万元。

中国人民大学2013年实验室情况一览表

学院名称	实验室名称		实验室类别	建立时间（年份）	实验室地点	所属二级学科	备注
信息学院、信息资源管理学院	数据工程与知识工程实验室		综合	2006	信息楼4～5层	计算机科学与技术	教育部重点实验室
新闻学院	新闻传播实验教学中心	新闻与广告摄影实验室	教学	1955	明德新闻楼2层208～210，3层301～311，8层801～802	新闻学，广播电视新闻学，广告学，编辑出版学	国家级实验教学示范中心，北京市实验教学示范中心
		广播电视与多媒体出版实验室	教学				
		新闻采编与网络传播实验室	教学				
		思科网真演播室	教学				
	认知神经科学——传播学实验室			2011			
经济学院	经济与管理示范教学中心	经济组织与经济行为实验室	综合	2007	中国人民大学明德楼主楼5层508、510	经济学	国家级实验教学示范中心，北京市实验教学示范中心
商学院		CRM实验室	教学	2007	明德楼商学院5层509	工商管理	
		ERP实验室	教学	2006		工商管理	
		“@Task”项目管理实验室	教学	2009	明德楼商学院5层507	工商管理	
		工商管理综合实验室	教学	1996		工商管理	
		RFID卖场行为实验室	科研	2010	北京市金四季购物中心B1层HOLA（特力屋）、上海市龙之梦购物中心5楼黄中庭HOLA（特力屋）	工商管理	
统计学院		数据分析实验室	科研	1984	明德主楼5层513	应用统计学	
		电话调查实验室	科研	2000	明德主楼5层511	应用统计学	
		数据处理仿真研究实验室	科研	2006	明德主楼5层513	应用统计学	
财政金融学院		金融管理与工程实验室	综合	1997	明德楼5层507、509	金融学	
		财税政策与管理实验室	综合	1997		财政学	

学院名称	实验室名称		实验室类别	建立时间（年份）	实验室地点	所属二级学科	备注
信息学院、信息资源管理学院	信息技术与管理实验教学中心		综合	2012	信息楼 2、4、5 层，理工配楼 2 层	计算机科学与技术、计算机体系结构、计算机理论、软件工程、情报学、档案学	国家级实验教学示范中心
信息学院	信息技术综合实验室	ERP 沙盘实战实验室	教学	2006	理工配楼 2 层 205B、206B、207B、208B	电气工程及其自动化	北京市实验教学示范中心
		电工与电子实验室	教学	1999	信息楼 128、129，理工配楼 101	电气工程及其自动化	
		网络技术实验室	教学	1999	理工配楼 2 层 205B、206B、207B、208B	计算机科学与技术	
		嵌入式系统实验室	教学	2006	理工配楼 2 层 201B	计算机科学与技术	
		多媒体技术实验室	教学	2006	理工配楼 2 层 202B	计算机科学与技术	
		信息安全实验室	教学	2010	理工配楼 2 层 203B、204B、207B	计算机科学与技术	
	数据库与智能信息检索实验室		科研	2006	信息楼 4～5 层	计算机科学与技术	
	网络与移动数据管理实验室		科研		信息楼 1 层	计算机科学与技术	
	数据仓库与商务智能实验室				信息楼 4～5 层	计算机科学与技术	
	经济科学实验室		综合	1994	信息楼 4 层		
法学院	法学实验实践教学示范中心	法学院物证技术实验室	综合	1953	明德法学楼 6 层 603，7 层 701～705，710～711	诉讼法学	北京市实验教学示范中心
外国语学院	文科实验教学综合训练中心	外语教学课件开发研究室	综合	2008	明德国际楼 310	外国语言文学	北京市实验教学示范中心
		外语网络教学实验中心	综合	2008	明德国际楼 310	外国语言文学	
		视频点播实验室	综合	2009	明德国际楼 B111	外国语言文学	
网络与教育技术中心		文科实验中心网络教学平台	教学	2010	明德楼地下广场		

学院名称	实验室名称		实验室类别	建立时间（年份）	实验室地点	所属二级学科	备注
文学院	汉语语音实验室		科研	1989	人文楼1层125房间	汉语言	
社会与人口学院	人类学实验室		教学	2006	科研楼A202	劳动与社会管理	
	社工实验室		教学	2009	科研楼A201	劳动与社会管理	
	社工实验室（苏州）		教学	2010			
	社会调查与统计分析实验室		教学	2007	科研楼A610、611	劳动与社会管理	
国际关系学院	国政经济模拟联合国专业实验室		综合	2005	明德国际楼4层408	国际政治	
艺术学院	创意媒体实验室		综合	2003	老教工食堂		
环境学院	环境学院实验分析中心	仪器分析实验室	科研	2006	理工楼9层＋求是楼后边平房小院＋3个野外实验基地	环境科学＋环境经济	
		环境信息实验室	科研				
		环境监测实验室	科研				
		生态学实验室	科研				
		微生物实验室	综合				
		环境化学实验室	教学				
		低碳水环境技术实验室	科研				
		新能源实验室	科研				
		环境经济试验室	教学				
		西藏林芝野外基地	科研				
		黄山野外基地	综合				
		黑龙江七兴河国家级湿地保护区	科研				
理学院	化学实验教学中心	普通化学实验室	教学	2005	理工楼1、4层	普通化学	
		分析化学实验室	教学			分析化学	
		有机化学实验室	教学			有机化学	
		物理化学实验室	教学			物理化学	
		仪器分析实验室	教学			分析化学	
		化工基础实验室	教学			有机化学	

学院名称	实验室名称		实验室类别	建立时间（年份）	实验室地点	所属二级学科	备注
理学院	功能分子与材料动态结构实验室		综合	2006	理工楼1层		
	材料化学实验室	自组装实验室	科研	2005	理工楼2～3层	材料化学	
		微纳器件实验室	科研				
		高分子材料实验室	科研				
		非均相催化实验室	科研				
		超临界流体技术实验室	科研				
		有机化学方法学实验室	科研				
		计算化学实验室	科研				
		有机碳材料实验室	科研				
		不对称合成实验室	科研				
		生物结构实验室	科研				
	凝聚态物性研究实验室		科研	2006	理工楼6层	凝聚态物理	
	材料物理实验室		科研	2010	理工楼6层	材料物理与化学	
	计算物理实验室		科研	2006	理工楼地下室	理论物理	
	物理实验中心	普通物理实验室	教学	2006	理工楼5层		
		近代物理实验室	教学				
		电子学实验室	教学				
		物理演示实验室	教学				
公共管理学院	公共管理实验中心	GIS实验室	综合	2002	求是楼322、324、424、425		
		高绩效管理实验室	综合				
		土地利用规划实验室	综合				
		管理学实验室	综合				
		课件制作及网络管理实验室	综合				
	公共政策实验室		综合	2012	公共教学一楼	公共管理	

学院名称	实验室名称			实验室类别	建立时间（年份）	实验室地点	所属二级学科	备注
信息资源管理学院	信息资源管理学院实验中心	档案管理实验室		综合	1952	人大信息楼 0101、0102、0110～0114、0207、0315、0402～0406、0409、0413、0505、0507、0510～0511	档案学	
		档案保护实验室	缩微摄影技术实验室	综合				
			档案文献保护化学实验室	综合				
			档案修复实验室	综合				
			档案有害生物防止实验室	综合				
		信息认录技术实验室		综合	1952	人大信息楼 0101、0102、0110～0114、0207、0315、0402～0406、0409、0413、0505、0507、0510、0511	档案学	
		计算机应用实验室		综合				
		信息分析实验室		综合				
		电子文件管理研究中心		综合				
		web 开发室		综合				
		文件处理与档案管理实验室		综合				
		电子文件系统测试中心		综合				
		元数据数据元与知识管理工作室	数据永久性存储与恢复技术超净化室	综合				
			中国人民大学物证技术鉴定中心	综合				
			数据永久性存储与恢复实验室	综合				
农业与农村发展学院	农村调查与计量分析实验室			综合	2008	明德主楼 505	农村发展	
	乡村发展实验室			综合	2009	明德国际楼 B6	农村发展	
	农产品市场模拟实验室			综合	2005	明德主楼 506	农村发展	
劳动人事学院	劳动科学实验室							正在建设
心理学系	眼动实验室			科研	2013	汇贤大厦 D 座 908	基础心理学、应用心理学	
	虚拟现实实验室			科研	2013	汇贤大厦 D 座 911	应用心理学	
	脑电实验室			科研	2012	汇贤大厦 D 座 901	基础心理学、应用心理学	
	生物反馈实验室			科研	2012	汇贤大厦 D 座 9909	基础心理学、应用心理学	
	基于大数据文科综合训练虚拟仿真实验教学中心			综合	2013	信息楼 2 层		正在建设

中国人民大学2013年固定资产分类汇总表

金额单位：元

大类号	资产类名	年初数	年初额（元）	报增数	报增额（元）	报减数	报减额（元）	年末数	年末额（元）
1	仪器仪表	5 369	101 477 940.5	522	16 800 962.82	208	3 109 212	5 683	115 169 691.3
2	机电设备	7 857	86 166 098.32	1 268	11 125 450.44	337	2 739 918.3	8 788	94 551 630.46
3	电子设备	39 021	383 670 620.4	5 598	46 419 045.81	2 458	13 483 844.38	42 161	416 605 821.9
4	印刷机械	481	9 172 899.5	40	603 348	25	580 860	496	9 195 387.5
5	卫生医疗器械	257	8 768 338.55	126	16 035 280	0	0	383	24 803 618.55
6	文体设备	1 765	7 221 259.33	271	4 208 572.5	344	664 361	1 692	10 765 470.83
7	标本模型	79	400 692	12	110 000	0	0	91	510 692
8	工具、量具和器皿	100	257 752.7	2	4 260	2	4 656	100	257 356.7
9	行政办公设备	3 501	11 698 672.75	551	2 833 547	207	579 303.54	3 845	13 952 916.21
10	被服装具	701	1 124 096.44	225	267 135	11	90 194.72	915	1 301 036.72
11	文物及陈列品	80	11 854 490	0	0	0	0	80	11 854 490
12	合计	59 211	621 812 860.5	8 615	98 407 601.57	3 592	21 252 349.94	64 234	698 968 112.2

说明：以上数据不包括附属单位。

■ 图书馆

一、概况

中国人民大学图书馆由新馆、藏书馆两部分组成，馆舍总面积近55 000平方米，馆藏文献总量439.1万余册，设有10余个阅览区，阅览座位3 000余个。图书馆设有13个部室：办公室、总务与规划部、借阅部、报刊部、采编部、咨询部、多媒体信息部、系统部、古籍特藏部、技术服务部、文库工作部、藏书馆服务部、图工委秘书处。截至2013年底在职馆员134人。

图书馆紧紧围绕“师生满意、业界一流”的目标，着力建设“特色人图、数字人图、专家人图”，在新馆建设、资源建设、服务与管理水平提升、图书馆学研究等方面都取得了长足进步。

新馆投入使用后，图书馆在服务技术手段和服务内容等方面均有新的拓展。2013年，移动图书馆和座位管理系统正式启用。座位管理系统启用后，读者占座、争座现象得到有效抑制。同时，图书馆加强管理，合理安排开闭馆时间。图书馆由原来的早上8：00提早至7：00开馆，解决了读者入馆排队时间过长问题。藏书馆经装修，焕然一新，于年底正式向读者开放。

2013年，图书馆馆际交流活动日益频繁，国际及港澳台代表团组及个人来馆参观访问次数成倍增长。2013年，先后有美国杜克大学图书馆、日本一桥大学图书馆代表团来访；图书馆代表团先后到美国康奈尔大学图书馆访学，赴台湾参加第十一届图书馆管理研修班等。2013 年，图书馆接收了来自 21 个国家和地区赠送的书刊，与 65 个学校或科研机构的图书馆建立了书刊交换关系。

二、文献信息资源建设

（一）文献采集整理量

2013 年，共购进中文图书 31 979 种，75 827 册；外文图书 5 306 种，5 852 册；中文报刊 1 678 种，外文报刊 720 种，港台期刊 101 种。现有数据库 380 种。收集本校学位论文电子版 9 350 篇、印刷版 9 717 册。接受捐赠图书 11 753 册；捐赠期刊 595 册。全年编目加工上架中文图书 40 094 种，91 322册；西文图书 8 218 种，8 895 册。

（二）文献信息资源建设特色

按照丰富人图特藏的工作思路和大力推动文库建设的工作部署，图书馆继续加大人大文库建设力度。2013 年，共收到捐赠 1 036 种，1 457 册图书。截至年底，人大文库图书已达到 30 000 余册，论文约 60 000 册。

三、文献信息服务

2013 年图书馆各阅览室接待读者 2 052 707 人次，共借、还图书 1 087 586 册。复印量 3 410 000 余张；装订各类书刊 16 100 册；制作论文 30 000 余本。

2013 年，继续通过 CALIS，CASHL，BALIS 三个系统实现原文传递服务，文献传递发生量 12 615 篇。

为学校师生 448 人次提供查收查引服务，提供收录引用报告 448 份；为 21 项校内外科研项目提供科技查新服务。

为本科生、研究生、留学生及培训学院的新生提供入馆培训 48 场，共计 7 000 余人次。举办图书馆资源与服务利用专题讲座 49 讲，合计 590 人次。

2013 年图书馆学科馆员人数达到 43 人，服务覆盖所有院系。同时，图书馆积极开展学科服务平台建设，利用 LibGudies 平台建设完成 11 个学科的指南建设，涉及经济统计、环境学科、马克思主义理论、财务会计、科技哲学、物理学、图书馆/情报学等。

四、古籍、特藏收集整理

2013 年，图书馆古籍特藏部与法学院合作申请了学校重大基础研究项目“朝阳大学先贤文集及法学文库”，完成了北京区域的校史资料收集及《朝阳法学评论》的篇目索引等工作；校对修改《中国人民大学图书馆馆藏家谱提要》210 页 280 余种 90 000 余字；为出版社甄选馆藏家谱 87 种，商讨合作出版事宜。

为推进图书馆古籍保护与修复工作，古籍特藏部派馆员赴康奈尔大学图书馆学习“西文书籍的保护与修复”。

五、教学、科研工作

完成本科生“人文社会科学信息检索”课程，共计 7 个班 268 人 252 个学时的教学任务。2013

年，共发表学术论文 32 篇，开展 10 个馆内课题研究。

六、分馆建设和全校的资源共建

2013 年，深入院系组织 4 次外文原版书展，分别是：理工院系专题展、社科图书综合展、法政专题展以及博览会图书专题展。

图书馆与法学院签订资源共建共享协议，从 2013 年起，法学院图书馆所有资源采购与建设的工作全部纳入到图书馆工作中，包括资源的购置、编目、加工等；图书馆馆藏法律类外文新书和外文现刊放到法学院图书馆陈列，便于法学院师生利用。

科学研究

一、概况

2013 年，学校科研工作坚持以质量为导向，保持了持续健康发展的良好势头，在基础理论和应用对策研究方面都有长足的进展。

科研立项和经费方面，2013 年全校共获得各类科研项目 1 105 项，经费总额 25 468.48 万元。其中纵向项目 344 项，立项经费 10 912.2 万元，占经费总额的 42.85%；横向项目 518 项，到账经费 10 456.28 万元（含往年立项今年到款），占经费总额的 41.05%；校级项目 243 项，立项经费 4 100 万元，占经费总额的 16.10%。

科研成果方面，学校 2012 年在 CSSCI 源期刊上以第一署名机构发文数达 2 200 篇，连续第九年保持全国高校第一。陈先达教授等的 5 种专著入选国家社科基金成果文库。2012 年，学校教师国际发文数量持续增长，其中 SCI，SSCI，A&HCI 收录论文比 2011 年有较大幅度提高。

2013 年学校加强新型智库建设，注重智库类科研成果的报送和转化，咨政效果突出。上级信息直报全文刊发学校学者成果 17 篇，被中央领导直接批示的有 8 篇；全国哲学社会科学规划办公室《成果要报》采用学校学者成果 8 篇；《问题与思路》刊发 16 篇。学校已初步建立了多元化的智库成果上报渠道，批示率、采纳率和政策影响力均有所提升，多项智库成果获得习近平总书记、李克强总理等党和国家领导人的批示。

学校的科研平台建设取得进展，在重要研究领域布局不断完善。2013 年，根据“2011 计划”总体安排，学校整合资源，先后成立了新型城镇化协同创新中心、食品安全协同创新中心两个协同创新中心。

科研评奖方面，2013 年教育部公布了《关于颁发第六届高等学校科学研究优秀成果奖（人文社会科学）的决定》，学校共有 40 项成果获奖，其中一等奖 8 项，二等奖 10 项，三等奖 21 项，普及奖 1 项，一等奖总数居全国高校第一。2013 年，学校还举办了第二届吴玉章人文社会科学终身成就奖颁奖典礼，戴逸教授和张卓元教授获此殊荣。

二、科研机构

截至 2013 年底，学校共有 13 个教育部普通高等学校人文社会科学重点研究基地，1 个教育部重点实验室，1 个教育部工程研究中心，3 个北京市哲学社会科学研究基地，1 个北京市重点实验室；校内科研机构包括 24 个跨学院研究机构，170 个院属科研机构。

（一）中国经济改革与发展研究院

中国经济改革与发展研究院成立于 1996 年 1 月，1999 年 5 月重组为学校与国家发改委宏观经济研究院联合共建的经济研究机构。1999 年 12 月被批准为“教育部人文社会科学百所重点研究基地”之一。现任学术委员会主任由纪宝成教授和国家发改委常务副主任朱之鑫教授共同担任。院长为中国人民大学原副校长林岗教授和国家发改委宏观经济研究院常务副院长王一鸣研究员，常务副院长为刘元春教授和国家发改委宏观经济研究院副院长马晓河研究员。研究院下设经济形势分析与对策研究室、企业治理与结构优化研究室、财政货币政策研究室、产业与区域经济研究室等。现有专职研究人员 18 人，兼职研究人员 17 人。主要学术带头人有：林岗教授、黄泰岩教授、黄卫平教授、高德步教授、张宇教授、陈甬军教授、刘元春教授等。

（二）刑事法律科学研究中心

刑事法律科学研究中心成立于 1988 年 10 月，重新组建于 1993 年 12 月。现任主任为戴玉忠教授，名誉主任为高铭暄教授，专职顾问为王作富教授，执行主任为黄京平教授、陈卫东教授。中心下设中国刑法研究所、外国刑法研究所、国际刑法研究所、刑事程序法研究所、区际刑法研究所、犯罪和监狱学研究所、证据法研究所、刑事法律史研究所等子机构。中心现有专职研究人员 14 人；兼职研究人员 30 人。主要学术骨干有：高铭暄教授、王作富教授、戴玉忠教授、黄京平教授、陈卫东教授、刘明祥教授、冯军教授、朱文奇教授、何家弘教授、赵晓耕教授、谢望原教授、韩玉胜教授、张小虎教授等。

（三）伦理学与道德建设研究中心

伦理学与道德建设研究中心以 1987 年成立的伦理学研究所和 1996 年成立的道德科学院为基础，于 1999 年 12 月重新组建，现任主任为葛晨虹教授，常务副主任为龚群教授。下设伦理学理论研究所、中西伦理比较研究所、现实道德问题研究所、企业伦理研究所、经济伦理研究所和中国农村发展研究所。现有专职研究人员 18 人，兼职研究人员 9 人。主要学术骨干有：罗国杰教授、宋希仁教授、焦国成教授、夏伟东编审、龚群教授、葛晨虹教授、肖群忠教授、郝立新教授、安启念教授、刘建军教授、万俊人教授、廖申白教授、王小锡教授、樊和平教授等。

（四）佛教与宗教学理论研究所

佛教与宗教学理论研究所以 1991 年成立的宗教学研究所和 1996 年成立的基督教文化研究所为基础，于 1999 年 12 月重新组建，现任所长为方立天教授，执行所长为张风雷教授。下设佛教、宗教学理论、基督教、道教、当代宗教等研究室。现有专职研究人员 15 人，国内兼职研究人员 10 人，国外兼职研究人员 3 人。主要学术带头人有：方立天教授、何光沪教授、李秋零教授、杨慧林教授、张风雷教授、何建明教授、温金玉教授等。

（五）清史研究所

清史研究所成立于 1978 年 5 月，重新组建于 1999 年 6 月，名誉所长为戴逸教授，现任所长为黄兴涛教授。2005年以来，清史所为加强学科建设，根据各专业和研究方向的需要，进行了教研室的调整，下设中国古代史、中国近现代史、专门史、中外关系史、历史地理学、历史文献学等教研室。现有专职研究人员12人，兼职研究人员12人。主要学术带头人有：黄爱平教授、黄兴涛教授、张研教授、郭成康教授、夏明方教授等。

（六）中国财政金融政策研究中心

中国财政金融政策研究中心成立于1999年，于2000年9月获批成为“教育部人文社会科学百所重点研究基地”之一，著名经济学家黄达教授和陈共教授担任研究中心名誉主任，中国国际金融学会副会长、中国人民大学校长陈雨露担任学术委员会主任，现任中心主任为汪昌云教授。中心下设金融与证券研究所、财政与税收研究所、风险投资研究所、国际货币研究所等机构。现有专兼职研究员28人，国内客座研究员25人，国外客座研究员10人。这些研究员均来自财政部、中国社会科学院、国务院发展研究中心、北京大学、清华大学、中国人民大学、美国麻省理工学院、美国纽约大学、日本一桥大学等著名的学术研究机构。主要学术带头人有：安体富教授、陈共教授、陈雨露教授、郭庆旺教授、瞿强教授、汪昌云教授、吴晓求教授、张杰教授、张成思教授等。

（七）民商事法律科学研究中心

民商事法律科学研究中心成立于1999年9月，现任主任为杨立新教授。中心下设民法研究所、商法研究所、知识产权研究所、婚姻家庭法研究所、劳动和社会保障法研究所、民事诉讼法研究所、跨国商事法律研究所、地产研究所、金融证券法研究所、建筑房地产法律实务研究所、典当研究所、侵权法研究所等。现有专职研究人员17人，客座研究员10人，兼职研究人员32人。主要学术带头人有：王利明教授、杨立新教授、刘春田教授、龙翼飞教授、张新宝教授、董安生教授、姚辉教授、林嘉教授、汤维建教授、黎建飞教授、叶林教授等。

（八）人口与发展研究中心

人口与发展研究中心是2000年1月在原中国人民大学人口研究所的基础上重新组建而成的，2000年9月，中心被教育部正式确定为“教育部人文社会科学百所重点研究基地”之一，并且是国内唯一的人口学重点研究基地，现任主任为翟振武教授。中心现有专职研究人员11名，兼职研究人员7名。中心下设人口学与人口政策研究室、人口与可持续发展研究室、老龄研究室、资料室、办公室、健康实验室、电话调查室、人口学（老年学）数据库等。主要研究领域有：人口学理论与方法、中国人口问题与政策、老龄化与社会经济发展。主要学术带头人有：邬沧萍教授、翟振武教授、姚远教授、杜鹏教授、刘爽教授、段成荣教授等。

（九）新闻与社会发展研究中心

新闻与社会发展研究中心成立于1986年10月，重新组建于1999年11月，2000年9月被批准为“教育部人文社会科学百所重点研究基地”之一，现任主任为郑保卫教授。下设新闻传播研究所、舆论研究所、媒介经济研究所。现有专职研究人员15人，兼职研究人员6人。主要学术带头人有：方汉奇教授、郑保卫教授、涂光晋教授、高钢教授、喻国明教授、陈力丹教授、蔡雯教授、杨保军教授、彭兰教授等。

（十）应用统计科学研究中心

应用统计科学研究中心成立于1988年，重新组建于1999年，现任主任为金勇进教授。下设统计调查与数据分析研究室、经济与社会统计研究室、风险管理与精算研究室。现有专职研究人员16人，兼职研究人员13人。主要学术带头人有：袁卫教授、吴喜之教授、赵彦云教授、易丹辉教授、金勇进教授等。

（十一）欧洲问题研究中心

欧洲问题研究中心成立于1994年9月，系原国际政治系和国际经济系联合成立的系属研究中心，1996年9月改建为校属研究中心，1999年12月进行了重新组建，现任主任为杨慧林教授。研究中心下设欧洲政体与政治、欧洲对外关系与对外政策、欧洲经济与货币联盟、欧洲社会政策、欧洲共同体法等5个研究室。现有专职研究人员13人，兼职研究人员31人。主要学术带头人有：杜厚文教授、宋新宁教授、黄卫平教授、方福前教授、彭刚教授、邹骥教授、夏建中教授等。

（十二）社会学理论与方法研究中心

社会学理论与方法研究中心成立于1984年9月，重新组建于1999年6月，现任主任为郑杭生教授。下设理论社会学研究室、社会学方法研究室（CGSS）、社会工作研究室和分支社会学研究室（法律社会学、经济社会学）。现有专职研究人员10人，兼职研究人员8人。主要学术带头人有：郑杭生教授、李路路教授、潘绥铭教授、洪大用教授、刘少杰教授、郭星华教授、李迎生教授、夏建中教授。

（十三）中国特色社会主义理论体系研究中心（原“三个代表”重要思想研究中心）

“三个代表”重要思想研究中心成立于2002年11月29日，2004年12月被确认为教育部普通高等学校人文社会科学重点研究基地，2010年经教育部批准更名为“中国特色社会主义理论体系研究中心”。现任主任为程天权教授，秦宣教授任执行副主任。下设马克思主义理论创新研究室、全面建设小康社会研究室和执政党建设研究室3个研究室。中心现有专兼职研究人员32人，其中校内专职研究人员15人，校内兼职研究人员5人，校外兼职研究人员12人。主要学术带头人有：程天权教授、王顺生教授、秦宣教授、郝立新教授、张雷声教授、吴潜涛教授等。

（十四）人文北京研究中心

人文北京研究中心成立于2009年6月30日，其前身为人文奥运研究中心，是中国人民大学在与北京市政府合作的基础上组建的专门进行“人文北京”相关课题研究的校属跨学科研究机构，是北京市哲学社会科学重点研究基地。现任中心顾问为纪宝成教授、程天权教授，中心主任为冯惠玲教授，执行主任为郝立新教授、金元浦教授。主要学术带头人有：冯惠玲教授、郝立新教授。中心研究团队现有研究人员12名，承担着与人文北京建设有关的各类跨学科课题研究项目。

（十五）马克思主义研究院

马克思主义研究院成立于2006年12月21日，现任主任为林岗教授，刘大椿教授任研究院首席专家，副主任为李景治教授、秦宣教授、张宇教授。现有研究人员23人。主要学术带头人有：林岗教授、刘大椿教授、秦宣教授、张宇教授、张雷声教授、张新教授、安启念教授、梁树发教授、吴潜涛教授、马俊峰教授、李景治教授、杨凤城教授。研究院是国内马克思主义理论研究的重要阵地之一。

（十六）北京社会建设研究院

北京社会建设研究院成立于2008年4月18日，由北京市委社工委与中国人民大学联合成立，现任院长为纪宝成教授。研究院主要研究北京社会发展过程中出现的各种问题，开展专项调查、承担科研课题、建立数据资料中心等工作。研究院同时也是北京市社会建设研究基地。研究院现下设办公室、研究一部、研究二部、研究三部。主要学术带头人有：冯惠玲教授、翟振武教授等。

（十七）数据工程与知识工程教育部重点实验室

数据工程与知识工程教育部重点实验室于2005年12月经教育部批复开始筹建，2008年10月经教育部专家组验收通过，正式开放运行。实验室主任为杜小勇教授，副主任为赵国俊教授。中国科学院数学研究所陆汝钤院士为学术委员会主任，信息学院王珊教授为学术委员会常务副主任。实验室现有核心专家9人，专职研究人员8人，兼职研究人员28人。主要学术带头人有：王珊教授、周晓方教授、冯惠玲教授、杜小勇教授、赵国俊教授、孟小峰教授、陈红教授、石文昌教授、安小米教授等。

（十八）光电功能材料与微纳器件北京市重点实验室

光电功能材料与微纳器件北京市重点实验室于2013年6月获得北京市科委正式认定，实验室主任为卢仲毅教授，学术委员会主任为薛其坤院士。主要研究方向包括：数值模拟和理论建模研究、光电功能新材料的合成与制备、物性表征与谱学特征研究、微纳加工及其器件原型。实验室现有研究人员40名，教育部创新团队2个，20人具有高级职称，研究人员中包括中组部“千人计划”入选者1名，“百千万人才工程”入选者2名，教育部长江学者特聘教授1名，“青年千人计划”入选者3名，国家自然科学基金委杰出青年基金获得者3名，国家自然科学基金委优秀青年基金获得者2名，教育部“新世纪优秀人才支持计划”入选者8名，北京市优秀人才获得者1名和全国百篇优秀博士学位论文获得者1名。

三、学术刊物

中国人民大学现有学术期刊15种，复印报刊资料系列刊115种，文摘卡系列刊14种，报刊资料索引系列刊7种。

（一）《中国人民大学学报》

1987年1月创刊，双月刊，中国人民大学主办，教育部主管，是哲学社会科学综合性刊物。曾两次获得我国期刊界的最高奖——中国期刊奖，并于2004年首批进入“教育部高校哲学社会科学名刊工程”，2009年入选中国期刊协会、中国出版科学研究所组织评选的“新中国60年有影响力的期刊”。开设的主要栏目有：专题研究、经济学研究、哲学研究、应用伦理学研究、科技与社会、社会学研究、宗教学研究、管理学研究、政治学研究、法学研究、文学研究、历史学研究、当代学术思潮评介等。主编为段忠桥教授。

（二）《教学与研究》

1953年5月创刊，月刊，是教育部委托中国人民大学主办的理论刊物。主要栏目有：当代中国社会发展研究、教学与研究论坛、马克思主义与现时代、前沿问题、学术评论、研究述评、当代世界经济与政治、西方思潮评介、近现代中国社会研究、思想政治教育研究、教学难点解析、教材·教学·教改等。其中，“当代中国社会发展研究”入选“教育部高等学校哲学社会科学学报名栏”。《教学与研究》被新闻出版总署评为中国期刊方阵“双效期刊”，是全国中文核心期刊、中国人文社会科学核心期刊。主编为梁树发教授，2013年6月变更为秦宣教授。

（三）《经济理论与经济管理》

1981年1月创刊，月刊，中国人民大学主办，教育部主管，是中文核心期刊、中国人文社会科学核心期刊、经济学理论专业核心期刊、CSSCI来源期刊，并被国家级各类科研基金确定为科研成果发表认定期刊。主要栏目有：理论探索、学术前沿、经济热点、公共经济、金融研究、产业经济、区域经济、“三农”研究、工商管理、国际经济、动态与综述等。主编为方福前教授。

（四）《经济与政治研究》(*Economic and Political Studies*)

2012年1月创刊，半年刊，中国人民大学主办，教育部主管，是同行评议的英文学术刊物（收入中国人民大学核心期刊目录）。主要刊登国内外学者在经济学和政治学，尤其是二者交叉领域的英文原创论文。所刊文章以问题为中心，以创新为依归，侧重对中国问题的研究；鼓励跨学科视角，强调理论和经验研究并举、定量与定性方法兼容；旨在向国际学界展示中国学术动态，力争成为促进中外学者交流与对话的开放性平台。所设栏目有：研究论文、专题研究、学术述评、研究报告、书评等。执行主编为张成思教授。

（五）《档案学通讯》

1983年1月创刊，双月刊，中国人民大学主办，教育部主管，是《中文核心期刊要目总览》确定的档案学、档案事业类首位核心期刊，是CSSCI来源期刊，是我国唯一获国家社科基金学术期刊资助的档案学期刊。主要栏目有：档案学理论与档案管理、经济科技档案管理、档案现代化管理、档案资源开发利用、档案保护、研究生论坛、档案教育。杂志社社长为冯惠玲教授，主编为胡鸿杰教授。

（六）《国际新闻界》

1961年4月创刊，月刊，中国人民大学主办，教育部主管。是中文核心期刊、中国人文社会科学核心期刊、新闻专业核心期刊、CSSCI来源期刊，研究范围涉及新闻学、传播学领域，探讨大众传播业界、广电、编辑出版、广告、公共关系和传媒经济的各种理论与实践问题，探讨网络信息传播、传播科技的各种现象和问题，以及与传播相关的跨学科领域的研究。主要栏目有：本期话题、环球视窗、网络时代、传播论坛、媒介经济、比较研究、新闻教育、实务探讨、名人名作、公关广告、传播史话、学术动态、百草园等。杂志社社长为高钢教授，主编为陈力丹教授。

（七）《法学家》

1986年创刊，原名为《法律学与研究》，1993年第1期改名为《法学家》，双月刊，中国人民大学主办，教育部主管。是中文核心期刊、中国人文社会科学核心期刊、法学专业核心期刊、CSSCI来源期刊，主要栏目有：法学研究综述、法学专论、三大讲坛、本期视点、法制改革、法学争鸣与评论、域外法学、青年法苑、司法官谈法治、法学教育、外国法述评、法学信息等。主编为史际春教授。

（八）《人口研究》

1977年创刊，双月刊，中国人民大学主办，教育部主管。是人口与发展研究中心（教育部人文社科百所重点研究基地、原人口研究所）承办的学术刊物，是人口学专业唯一被国家新闻出版总署选定的国家期刊方阵（双效）期刊、中国人口学会会刊、CSSCI来源期刊、全国中文核心期刊，是我国最早创办、国内外公开发行的综合性人口学专业杂志，在国内外具有广泛的影响。2012年入选国家社科基金学术期刊第一批资助名单。主要栏目有：人口与发展论坛、人口与社会、老龄问题研究、人口调查与分析、人口流迁、人口资源与环境研究、社会医学、计划生育研究、世界人口、少数民族人口、数字人口等。主编为翟振武教授。

（九）《清史研究》

1992年3月创刊，季刊，中国人民大学主办，教育部主管。是中文核心期刊、中国人文社会科学核心期刊、史学专业核心期刊、CSSCI来源期刊。是清史研究领域的学术性、资料性和信息性刊物。主要刊载清史理论和清代政治、经济、社会、军事、民族、宗教、外交、人物文化、学术思想等方面的学术论文，并报道国内外清史研究动态。主编为祁美琴教授。

（十）《中国人民大学教育学刊》

1995年6月创刊，原名《成人高教学刊》，2011年1月正式更名为《中国人民大学教育学刊》，季刊，中国人民大学主办，教育部主管。是教育性理论期刊，注重学术性、理论性、政策性研究，并以论文的学术质量为唯一标准。目前设有专题研究、高等教育研究、基础教育研究、教育基本理论四大栏目。主要发表反映国内外教育发展的重要理论、重要政策和实践问题的学术论文、调查实验报告、政策报告；对特定时期国内外教育理论研究进行回顾、总结和前瞻的原创性研究成果；有学术品位的教育经典和教育新书评论等。主编为秦惠民教授，执行主编为胡娟教授、李立国教授。

（十一）《情报资料工作》

1980年创刊，双月刊，是中国社会科学情报学会学报、全国中文核心期刊、全国图书馆学情报学核心期刊。主要栏目有：理论探索、信息化与网络化建设、信息资源建设与管理、数字图书馆论坛、事业改革与发展、信息需求与服务等。主编为孟捷教授。

（十二）《政治经济学评论》

2010年1月创刊，季刊，致力于推进马克思主义政治经济学的中国化和时代化，发展具有中国特色、中国风格、中国气派和时代特点的经济学理论；反映国内外政治经济学的最新成果，探讨中国经济和世界经济中的重大现实问题，推动对中国经验、中国道路和中国模式的理论研究；提倡兼容并包，鼓励思想创新；促进国内外经济学界的对话、交流与合作，推动中国的政治经济学走向世界。主编为张宇教授。

(十三)《国学学刊》

2009年3月创刊，季刊，定位于大专院校和科研机构文史哲等相关专业教师学生、研究人员，以及中国传统文化关注爱好者，以研究中华民族的传统文化为宗旨，以经史子集和新出国学资料为研究对象，倡导百家争鸣、百花齐放的精神，为海内外国学研究者传播学术资讯、切磋学术心得、展示学术成果、贡献学术理念提供一个广阔的学术平台。主要栏目有：国学与文化、经学研究、国史研究、思想史研究、国文研究。主编为冯其庸教授，执行主编为黄朴民教授。

(十四)《基督教文化学刊》

1999年创刊，半年刊，中国人民大学基督教文化研究所主办，宗教文化出版社出版。2005年入选CSSCI来源期刊。研究范围涉及宗教学、比较文学、文艺理论、汉学等。主要栏目有：道无常名——理论与经典解读，混元之性——基督教思想家研究，化通玄理——基督教与社会、伦理问题研究，法浴水风——中国文化与基督教的对话，镜观物色——基督教文化与文学研究，法流十道——汉语基督教史料研究，书殿翻经——书评及新书介绍，和而不同——学术争鸣与回应，罄集明宫——学术动态。主编为杨慧林教授、罗秉祥教授。

(十五)《数据科学》(*Journal of Data Science*)

《数据科学》是由中国人民大学、辅仁大学、哥伦比亚大学于2003年1月共同创办的英文期刊(季刊)，主要接收国际学者在数据分析方面的原创性文章，包括理论、方法与应用等，目标是为数据工作者提供一个交流观点和想法的平台。执行主编为中国人民大学袁卫教授、辅仁大学谢邦昌教授和哥伦比亚大学Lo Shaw Hwa教授。

四、科研项目和科研经费

2013年度，全校共获得各类科研项目1 105项，经费总额25 468.48万元。其中纵向项目344项，立项经费10 912.2万元，占经费总额的42.85%；横向项目518项，到账经费10 456.28万元(含往年立项今年到款)，占经费总额的41.05%；校级项目243项，立项经费4 100万元，占经费总额的16.10%。

纵向项目是指由上级科技主管部门或机构批准立项的各类计划(规划)、基金项目，包括国家级项目、省部级项目以及市级和省厅局级项目等，主要经费来源性质属于中央或地方财政资金。2013年度，全校各类纵向项目按不同类别，情况分别如下：

国家哲学社会科学成果文库5项10万元，重大项目10项800万元，重点项目16项480万元，一般项目21项378万元，青年项目9项162万元，特别委托项目2项28万元，后期资助项目7项70万元；全国艺术科学规划项目一般项目1项15万元。

国家自然科学基金项目71项3 807.7万元，国际交流与合作项目2项6.5万元，国家重大科学仪器设备开发专项课题1项200万元，国家科技重大专项课题1项1 246万元，国家软科学研究计划1项10万元，其他自然科学基金项目子课题9项525.4万元，其他国家科技计划子课题15项732.57万元。

教育部人文社科重大课题攻关项目2项160万元，基地重大项目26项520万元，重大委托课题1项10万元，发展报告项目2项30万元，后期资助项目2项25万元，普及读物项目9项135万元，规划项目8项77.8万元，青年项目11项88万元，委托项目9项196万元，专项任务2项4万元，思想政治工作项目1项2万元。

北京市哲学社会科学规划项目重大项目4项60万元，重点项目6项48万元，一般项目13项65万元，青年项目8项18万元，研究基地项目10项97万元；北京市自然科学基金项目面上项目3项

40 万元；北京市教育科学规划重点项目 2 项 16 万元，青年专项 1 项 3 万元。

此外，还有教育部留学归国人员科研启动基金项目 16 项 33.5 万元，教育部科技发展中心项目高等学校博士学科点专项科研基金 8 项 96 万元，教育部其他司局委托项目 3 项 40 万元，北京市教育委员会共建项目 13 项 428.94 万元，北京市社科联项目 4 项 90 万元，北京市社科联项目青年社科人才资助项目 8 项 16 万元，北京市科委项目 3 项 97 万元，其他项目 2 项 28 万元。

五、科研成果与奖励

（一）入选国家社科基金成果文库成果介绍

1. 成果名称：问题中的哲学

作品类别：专著

作者：陈先达

出版社：北京师范大学出版社

出版时间：2014 年 3 月

成果简介：

全书共分上中下三篇。上篇：哲学与哲学问题。包括哲学中的问题与问题中的哲学，集中讨论哲学新变革与旧哲学的终结的问题；在哲学与生活、科学的关系中集中讨论哲学、生活、科学的关系，以及中西哲学的特点。在马克思主义基本原理的当代价值中，正确理解当代马克思主义基本原理应用的条件性，马克思主义原理的当代价值等问题；在马克思主义哲学关注现实的方式中，强调加强哲学与经济学的对话的必要性和迫切性。上篇其他各章包括马克思主义哲学的当代性与文本解读历史唯物主义的本质及其应用，历史唯物主义与辩证唯物主义的统一性，历史唯物主义的史学功能，社会发展的规律性与科学发展观，历史唯物主义视野中的财富观，以及农民战争与宗教关系的历史唯物主义分析。中篇：马克思主义中国化与历史周期率，专注研究马克思主义中国化问题。包括马克思主义中国化的历史进程，马克思主义中国化经验的实践解读，真理标准讨论意义的哲学蕴涵，马克思主义的社会形态理论与和谐社会的构建，中国特色社会主义理论与历史周期率等重要问题。下篇：文化与文化强国之路，专门讨论文化问题。包括社会历史考察中的文化视角，马克思主义与中国传统文化，中华文化经典与中华文化精神，马克思主义在社会主义意识形态中的指导地位，努力建设社会主义文化强国、关于普世价值等重要问题。全书以问题为核心，兼具现实性和理论性。

2. 成果名称：中国哲学思潮发展史

作品类别：专著

作者：张立文

出版社：人民出版社

出版时间：2014 年 3 月

成果简介：

该书是作者 50 多年来在从事中国哲学教学研究的基础上，深入仔细探索中国哲学思潮而有所领会和体悟的结果，是中国哲学新视野、新开拓的尝试。它把握住体现每一时代精神精华的哲学思潮的核心话题，在为道屡迁、为变所适中，赋予中国哲学智能创造的鲜活生命力。

该书主要特点有：（1）全方位、系统完整地梳理、总结了中国哲学思潮，在中西比较中，凸显中国哲学思潮的特点、性质、神韵，因而具有创新性。（2）探索了中国哲学与中国哲学思潮的关系。（3）在研究梳理中国哲学思潮发展的内在逻辑结构中，发现了中国哲学思潮转生的规则：核心话题的转换，体现时代意义追寻和价值创造。诠释文本转变，是哲学思潮的符号踪迹，是智能觉解的文字报告。人文语境的转移，是中华民族精神及其生命智慧历史变迁的集中体现。这三条规则逻辑地蕴含在每个时期哲学理论思维转生之中，是中国哲学创新的标志。(4) 澄明了中国哲学思潮发展演变是一种螺旋式上升、深入的运动，抓住哲学思潮的主题，才是抓住真正的哲学话题，即标志时代精神的核心话题。先秦的“道德之意”，其宗旨是追求没有战争的和平、安定、统一的生存世界。两汉的“天人相应”，是追究人之所以生存的根源，天人互相制约的关系。魏晋的“有无之辩”，是回应人为什么活着，活着有无意义，以什么样式实现人生价值。隋唐的“性情之原”，是追究灵魂安顿的终极关切问题。宋元明清的“理气心性”，其标的是建构价值理想、安身立命的精神家园问题。(5) 创新中国哲学思潮史的研究方法，包括实事求是法、生生法、创新法等。(6) 中国哲学思潮发展史相对于“照着”或“接着”西方哲学讲，更应“自己讲、讲自己”。

3. 成果名称：内需可持续增长的结构基础与政策选择

作品类别：专著

作者：杨瑞龙

出版社：中国人民大学出版社

出版时间：2014 年 3 月

成果简介：

该书从我国宏观经济在外需冲击下所暴露的现实问题出发，探讨国内投资增长与出口增长之间的相互强化机制及其形成原因，分析我国宏观经济这一特殊的平衡和增长机制的不可持续性以及对外需冲击的脆弱性，由此提出内需可持续增长的重要意义；从供给层面探讨国内消费需求提升的制约因素，分析 1990 年代中期以来我国制度变迁和结构调整过程中产业政策、公共服务供给政策以及宏观经济政策的变化与相互作用，从中探询我国供给结构的变化原因及其对国内消费和投资可持续增长的制约；最后，兼顾国内供给和国内需求的结构性特征及两者之间的动态制约关系，探讨服务于内需持续增长和经济长期可持续增长的一体化政策选择。

该书认为：第一，不能就改革谈改革，改革的重点不是重新界定收入分配结构，而是重新界定政府权力与市场权力。通过政府自身改革，打破政府、企业和家庭之间的传统利益分配格局，使得政府角色从“与民争利”转变为“为民创利”。第二，不能就分配谈分配，分配关系的调整不仅在于权力关系的调整，同时也在于生产方式的调整。因此政府一方面应当通过现有权力体系的大调整来实现收入分配关系的调整，另一方面也应当重视中国的发展阶段，建立起与生产方式相适应的分配模式，市场力量也是调整分配关系的核心力量之一。第三，防止一些理想主义的激进做法。中国的发展阶段决定了短期内消费占比不能模仿美国，警惕福利刚性加重中国经济前行的负担。第四，要尊重经济发展的自然演进规律与民间智慧，防止政府过度干预经济对经济增长内生能力的扼杀。第五，“稳投资”与“扩消费”的组合是内需可持续发展的结构基础，不能简单化。

4. 成果名称：秦汉称谓研究

作品类别：专著

作者：王子今

出版社：中国社会科学出版社

出版时间：2014 年 2 月

成果简介：

该书作为结项鉴定等级“优秀”的国家社科基金资助课题的研究成果，其内容有填补学术空白的意义。正如结项鉴定专家意见所指出的，这部著作“显示了作者独到的学术视野”，“具有重要的创新意义”，“对秦汉称谓所做的研究，目前应当是第一部比较完整和系统的成果”。赵翼《廿二史札记》说：“秦汉间为天地一大变局。”由于经历了社会变动、政体新创、文化交汇和民族融合，社会文化面貌发生了显著的变化，秦汉称谓因此多有新生和复变。该书比较细致地分析了部分秦汉时期称谓生成的条件、使用的状况以及所反映的社会历史文化现象。作者从“称谓与等级秩序”“称谓与职业身份”

“称谓与家庭结构”“称谓与行政控制”“称谓与社会风尚”等几个方面对数十种称谓进行了重点研究，所涉及对象以秦汉新出称谓为主，如“皇帝”“太上皇”“粪土臣”“寒吏”“车父”“就人”“译人”“偏妻”“下妻”“叚大母”“恶少年”“客民”“海贼”“幻人”“神童”“达人”等，分别论及相关社会背景和文化条件。该课题前期成果和阶段性成果共计论文79篇（立项之后发表的阶段性成果60篇），凡所涉及的内容，均有认真的考论。该书对于认识和理解秦汉社会历史文化，有比较重要的学术意义。相关考察结果的面世，也有一定的应用价值。例如，以秦汉历史为主题的影视作品和其他艺术形式，制作过程中都可以在称谓使用方面通过这部著作得到比较可靠的依据。

5．成果名称：徽商与明清文学

作品类别：专著

作者：朱万曙

出版社：人民文学出版社

出版时间：2014年3月

成果简介：

该书侧重从文学史的视角研究明清时期的徽商与文学的关系，分为上、下两编。上编通过对大量资料的爬梳，着重论述和分析徽商以及商人群体的扩增对于明清文学生态的影响，包括：徽商与文人的密切交往及文人对商人态度的改变；徽商积极从事文学刊刻，举办各种文事活动以及商路、阅读等对文学传播的推动；徽商家族的文学氛围对文学家的培育；徽商对戏曲艺术及戏曲创作的推动；明清文学中徽商题材的创作。下编着重研究徽商文学创作，在总体把握以徽商为代表的明清时期商人文学创作特点的基础上，分别选择了明代的方承训、方于鲁、汪汝谦和清代的程梦星、“扬州二马”、江春以及近代徽商詹鸣铎的自传小说作为个案进行分析。

对于商人与文学的关系，以往的研究者较多注重挖掘文学作品中的商人题材和商人形象，而对于明清时期商人群体扩增以后之于文学的影响以及商人的文学创作却缺少系统深入的探讨，该成果弥补了这一不足，以明代兴起的具有代表性的徽商为主，通过大量的资料梳理，勾勒、探析了商人阶层与明清文学之间双向互动的关系，丰富了对明清文学面貌及其内在发展规律的认识。

（二）中国人民大学获第六届高等学校科学研究优秀成果奖（人文社会科学）简况

编号	成果名称	作者	颁奖单位	成果形式	获奖等级
1	法律解释学导论——以民法为视角	王利明著	教育部	著作奖	一等奖
2	中国社会保障改革与发展战略：理念、目标与行动方案	郑功成等著	教育部	研究报告奖	一等奖
3	行政伦理的观念与视野	张康之著	教育部	著作奖	一等奖
4	中国特色社会主义史（上下卷）	秦宣主编	教育部	著作奖	一等奖
5	电子文件风险管理	冯惠玲等著	教育部	著作奖	一等奖
6	精神交往论——马克思恩格斯的传播观	陈力丹著	教育部	著作奖	一等奖
7	康德著作全集（多卷本）	李秋零主编	教育部	著作奖	一等奖
8	马克思主义基础理论若干重大问题研究	陈先达等著	教育部	著作奖	一等奖
9	侵权责任法立法研究	张新宝著	教育部	著作奖	二等奖
10	Design and Analysis of Diagnostic Service Centers（诊断服务中心的设计与分析）	王晓芳著	教育部	论文奖	二等奖
11	中国农村金融论纲	陈雨露著	教育部	著作奖	二等奖
12	公共教育政策、经济增长与人力资本溢价	郭庆旺著	教育部	论文奖	二等奖
13	银行制度改革与人民币国际化：历史、理论与政策	张杰著	教育部	著作奖	二等奖

编号	成果名称	作者	颁奖单位	成果形式	获奖等级
14	最低工资管制的就业效应分析——兼论《劳动合同法》的交互影响	丁守海著	教育部	论文奖	二等奖
15	中国居民消费需求不足原因研究——基于中国城乡分省数据	方福前著	教育部	论文奖	二等奖
16	中国产业竞争力研究	赵彦云著	教育部	著作奖	二等奖
17	中国伦理思想史（上下卷）	罗国杰主编	教育部	著作奖	二等奖
18	思想的攻防：另类科学哲学的兴起和演化	刘大椿著	教育部	著作奖	二等奖
19	耦合经济法论	徐孟洲著	教育部	著作奖	三等奖
20	中国上市公司盈余质量研究	王化成著	教育部	著作奖	三等奖
21	战略问题三十篇——中国对外战略思考	时殷弘著	教育部	著作奖	三等奖
22	日本大国化趋势与中日关系	黄大慧著	教育部	著作奖	三等奖
23	汇率变化与中国产业结构调整研究	谷克鉴著	教育部	著作奖	三等奖
24	基尼系数组群分解新方法研究：从城乡二亚组到多亚组	程永宏著	教育部	论文奖	三等奖
25	马克思主义经济学与西方经济学比较研究	吴易风主编	教育部	著作奖	三等奖
26	滞后效应、多重均衡与反向软着陆：中国需求管理经验	郑超愚著	教育部	论文奖	三等奖
27	社会主义和谐社会利益关系研究	胡乃武主编	教育部	著作奖	三等奖
28	中国证券分析师的盈余预测行为有效性研究	郭杰著	教育部	论文奖	三等奖
29	中国通胀惯性特征与货币政策启示	张成思著	教育部	论文奖	三等奖
30	中国加入区域经济一体化研究	黄卫平著	教育部	著作奖	三等奖
31	“她”字的文化史——女性新代词的发明与认同研究	黄兴涛著	教育部	著作奖	三等奖
32	郭店竹简与思孟学派	梁涛著	教育部	著作奖	三等奖
33	中国荒政书集成（12卷本）	李文海主编	教育部	著作奖	三等奖
34	社会性别视角下的中国社会政策：冲突与协调	“社会性别视角下的中国社会政策：冲突与协调”课题组编	教育部	研究报告奖	三等奖
35	农民中国——后乡土社会与新农村建设研究	陆益龙著	教育部	著作奖	三等奖
36	新闻道德论	杨保军著	教育部	著作奖	三等奖
37	中国社会舆情报告（2010）	喻国明主编	教育部	研究报告奖	三等奖
38	马克思主义公正观的基本向度及方法论原则	马俊峰著	教育部	论文奖	三等奖
39	文学讲稿：“八十年代”作为方法	程光炜著	教育部	著作奖	三等奖
40	身边的法律顾问：劳动合同与社会保障	黎建飞主编	教育部	成果普及奖	普及奖

获一等奖成果简介

1.《法律解释学导论——以民法为视角》

中国人民大学出版社2009年版

中国人民大学王利明著

著作类，法学一等奖

该书包括“导论”“法律解释方法的基本理论”和“法律解释的具体方法”三个部分，共78万余字。从民法这一部门法的视角出发，首先对法律解释的主体、目标、对象、方法与意思表示的解释以及基本原则等有关法律解释方法的基本理论进行了全面阐释。在此基础上，将法律解释的具体方法与民法的具体制度和理论相结合，对各种具体的法律解释方法逐一进行分析，对其内涵以及具体运用方法进行了详细剖析。同时，该书还针对不确定概念和一般条款的具体化、法律漏洞的填补以及解释方法的综合运用及顺序等问题进行了系统、深入的分析与论证，并对我国法律解释学的研究现状和未来发展进行了深入探讨。该书出版后受到学术界与实务界的广泛欢迎和好评，对于法律解释学的有关理论研究有着极高的参考价值，有利于学者充分结合部门法加深对法律解释学的理解和研究，并成为司法审判实践的参考工具书。同时，该书对于法学教育也具有极大的参考价值，已经成为国内诸多高校法学方法教学的重要参考书目。

2.《中国社会保障改革与发展战略：理念、目标与行动方案》

人民出版社 2008 年版

中国人民大学郑功成主笔，参与者鲁全、彭宅文、杨立雄

研究报告类，管理学一等奖

该报告是一项立足国家战略层面并集全国众多专家学者集体智慧的重大战略成果，创作过程历经 11 个省市专题调研、19 次专家研讨会、16 次征求意见会（四部委及 12 省），从理论上为我国社会保障体系建设及其健康、持续发展战略规划了全景式蓝图，是对我国社保制度改革与发展面向未来的顶层设计。报告从国家战略视角出发，梳理了社保制度发展的客观规律，澄清了诸多认识误区，确立了“公平、正义、共享”的建制理念与六大原则，科学阐述了中国特色社保制度选择中的重大理论问题，提出了中国特色社保体系建设与长远发展的战略目标和制度框架，界定了社会保障中国模式，论证了中国特色福利社会“三步走”战略及宏观政策建议，并对养老保险、医疗保障、社会救助等基本制度的未来发展做出了清晰的理论规划。温家宝总理、张德江副总理等国家领导人分别对报告做出过重要批示，认为该报告“具有指导性和可操作性，可作为政府制定社会保障制度及相关政策的重要参考依据”，并称“这一成果必定会为我国社会保障制度及相关政策的制定与长远发展提供重要的理论背景，并对与之相关的经济社会转型与长远发展产生深远的影响”。

3.《行政伦理的观念与视野》

中国人民大学出版社 2008 年版

中国人民大学张康之著

著作类，管理学一等奖

该书的主要观点包括：人类历史经历了农业社会向工业社会的转变，现在正处在向后工业社会的转变中，现有的社会治理方式已不再适用，我们正面临着建构具有后工业社会性质的治理方式之任务；农业社会的治理方式是以权力为基础的治理，工业社会的治理是以法律为基础的治理，平等关系决定了法律以及法的精神能够得以张扬，社会治理选择了法治；工业社会的治理结构是一个“中心—边缘”结构，有效率但反公平；伦理平等是实质平等，它要求在治理领域建立起一种道德制度（德制），确立起平等的框架；后工业化的进程是与全球化的进程同步的，早期资本主义世界化是与工业化同步的，而全球化则是在民族国家自主的前提下展开的，所要造就的是一个平等的世界。该书的创新之处在于提出了“德制”构想，探讨了如何从法制（法律制度）走向德制（道德制度）的问题，对德制产生的历史必然性和未来可能性进行了论证。该书于 2010 年获得了“北京市哲学社会科学优秀成果奖”一等奖，自出版以来，有 9 篇书评发表。

4.《中国特色社会主义史》（上下卷）

高等教育出版社 2009 年版

中国人民大学秦宣主编

著作类，马克思主义理论一等奖

该书共分上下两卷，除总论和结束语外，分四编，分别论述毛泽东对适合中国国情社会主义道路

的初步探索、邓小平与中国特色社会主义理论的初步形成、江泽民对中国特色社会主义理论的发展，以及党的十六大以来中国特色社会主义理论的新发展。该书坚持理论与实践、历史与逻辑相统一的原则，通过回顾中国共产党成立以来的理论创新和实践创新的历史，对中国特色社会主义的形成和发展进行了历史性的研究，深化了人们对中国特色社会主义道路、理论体系和制度的认识，也深化了对中国特色社会主义主要内容、精神实质、历史地位和指导意义的认识。该书2009年入选国家新闻出版总署、中宣部评选的庆祝新中国成立60周年重点书系《辉煌历程》，并获教育部人文社会科学基金专项资助。出版后受到学术界的广泛欢迎和好评，曾被《人民日报》《光明日报》等多家媒体全力推介，并获得“第六届吴玉章人文社会科学优秀奖”。

5.《电子文件风险管理》

中国人民大学出版社2008年版

中国人民大学冯惠玲等著

著作类，图书馆、情报与文献学一等奖

该专著共分为五个部分，分别从电子文件风险的管理导论、管理规划与监控，以及识别、评估和应对五个方面进行论述。创建了电子文件风险管理的概念框架，深入剖析了电子文件的诸多风险及其复杂多变的深层原因，提出了电子文件风险管理规划的内容框架；阐述了电子文件风险监控的特点、依据、方法和预警机制，全面、精确地识别了电子政务系统中的文件风险、风险因素和风险事故的具体表现，梳理出含100多项风险因素在内的风险分类清单，从宏观、中观、微观三个层面，全面构建了严密、系统、立体的电子文件风险应对体系，是国际上首部基于风险管理视角，系统、深入、集中研究电子文件的专著，在国际档案界居于突出的领先地位。该专著得到党政军领导机关、各级档案管理机构、高校及科研机构的一致好评和国际档案界的赞誉，被视为电子文件风险管理理论与实践研究的科学力作，在中国电子文件管理与档案管理领域具有开创意义，是国际文件、档案管理领域具有开拓性的前沿成果，具有重要的理论与实践指导价值。

6.《精神交往论——马克思恩格斯的传播观》

中国人民大学出版社2008年版

中国人民大学陈力丹著

著作类，新闻传播学一等奖

《精神交往论——马克思恩格斯的传播观》从信息传播的角度，系统展现了马克思和恩格斯开放的思想体系。全书16章75节，共45万字，论证了历史唯物主义的传播理论和世界交往的基本理念，详尽地阐述了马克思、恩格斯所谈到的几乎所有涉及人类传播的现象和形态，诸如思维、语言、文字、印刷术、宗教、文艺、宣传、新闻、报刊等等，还论证了他们关于传播与法、传播心理、工人政党内部的精神交往、人类传播历经的三个发展形态等的观点。作者写作此书历时十年，通读马克思恩格斯的全部著作，作名目索引约1万条、卡片3 000张和提要笔记一本，书中介绍的马克思和恩格斯的许多传播观点，是人们所不熟悉的，对于开阔思想很有教益。一些大学新闻传播院系已将该书列入研究生马克思主义新闻学基础理论书目。

7.《康德著作全集》（多卷本）

中国人民大学出版社2010年版

中国人民大学李秋零主编

著作类，哲学一等奖

《康德著作全集》是康德思想研究的一个大工程，历经十年而成。《全集》依据德国权威版本科学院版，收录了康德生前发表的全部作品，涉及形而上学、伦理学、美学、宗教学、政治哲学、历史哲学、法学、教育学、自然科学等诸多领域，计340余万字，全部从原文（德文、拉丁文）翻译，对已有汉语版本的著作也一律重译，使汉语学界第一次拥有了完整的康德著作汉语文本。编译者以当代汉语流畅地表达康德思想，并在一定程度上统一了汉语语言中的康德哲学术语，弥补了以往康德著作汉译中的转手翻译、版本不统一、译名不统一等缺陷，并纠正了以往译本中的一些错误，提出了一些新的译法，从而全面地、准确地提供了康德思想研究的文本基础，并借翻译之际展现了编译者对康德思想的一些特殊理解。该书出版后受到学术界的广泛欢迎和好评，《光明日报》曾以整版介绍《康德著作全集》及其翻译情况，其他媒体亦有广泛宣传，将其誉为“学界之盛事，译林之功德”。《全集》已成为学界康德研究普遍采用的文本，各卷亦一版再版。

8.《马克思主义基础理论若干重大问题研究》

经济科学出版社 2009 年版

中国人民大学陈先达、马俊峰、张雷声、林岗、郝立新、梁树发等著

著作类，哲学一等奖

该书是教育部社会科学研究重大课题攻关项目的最终成果。全书共分四篇，分别从马克思主义的本质与创新、马克思主义哲学问题、马克思主义经济学和社会主义理论与实践四个方面进行讨论。该书在马克思主义整体性问题上，对什么是马克思主义做了符合马克思主义科学性和创造性本性的解答；对当代发展着的马克思主义哲学进行了探讨，科学地估计了实践在马克思主义哲学中的地位和作用，反对唯实践论、实践本体论、实践超越论，正确地处理了辩证法、唯物主义和实践在马克思主义哲学中的相互关系与作用；着重经济学的方法论研究，力图在马克思主义经济学分析范式和当代现实关系上有所突破。该书有利于深化对马克思主义中国化的研究，有助于在重大原则问题上澄清理论是非，推进马克思主义理论研究工作，有利于马克思主义理论学科和思想政治教育课的理论建设。

（三）2013 年吴玉章人文社会科学终身成就奖

获奖者：戴逸　张卓元

戴逸　著名历史学家。1926 年 9 月出生，江苏常熟人，中共党员，现为中国人民大学清史研究所名誉所长、历史学院教授、博士生导师。曾担任第四第五两届中国史学会会长、第七届全国人民代表大会代表、东方文化研究会副会长、北京满文书院名誉院长、国务院学科评议组召集人、国家社科基金评审组成员以及国务院古籍规划小组成员，现任中央文史研究馆馆员、北京市文史研究馆馆长、北京市社科联副主席和中华炎黄文化研究会副会长等职。

戴逸是当代中国少有的兼通清代前后期历史的清史大家。无论是以其个人学术成果开拓重要研究领域，还是以其声望与影响推动中国历史研究大业的发展，他都卓有建树，贡献巨大。早在 1958 年，他即出版《中国近代史稿》第一卷，享誉全国。1977 年，主编主撰《一六八九年的中俄尼布楚条约》，产生重要影响。1980 年代初期，主编主撰 70 余万字的《简明清史》，是国内第一部以马克思主义唯物史观为指导，系统、深入研究鸦片战争前清代历史的典范性著作。1980 年代中期，他主持编写了《中国历史大辞典·清史卷》《中国大百科全书·历史卷》清史部分等。1990 年代，出版《步入近代的历程》《乾隆帝及其时代》和《甲午战争与东亚政治》等重要著作，并先后主持编写《18 世纪的中国与世界》《清通鉴》等大型史书。2006 年，主持编写《中国西部开发与近代化》。发表文章数百篇，主要论文集有《履霜集》《繁露集》《语冰集》等。

自建国起，戴逸始终在中国人民大学从事第一线教学与研究工作，曾先后担任吴玉章校长的学术秘书、历史系主任、清史研究所所长等职。长期以来，戴逸大力呼吁国家编纂清史，领导清史研究所全体同仁为之竭力奋斗，矢志不渝。2002 年 8 月，国家清史纂修工程正式启动，戴逸受命担任清史编纂委员会主任至今，他说：“能够为此尽绵薄之力，是人生最大的幸事。”近十年来，他为该工程呕心沥血，其指导清史纂修工作的重要思考，大多收入《涓水集》一书出版。

戴逸 1959 年曾参加全国群英会，1961 年被推举为高教战线先进工作者，1985 年获吴玉章科研奖。1986 年被评为全国教育系统劳动模范，获人民教师奖章。1994 年获国家五个一工程奖、香港柏宁顿中国教育基金会首届孺子牛金球奖和中国图书奖等。1995 年获北京市社科优秀研究成果一等奖。

因其曾在越南综合大学授课，又于1960年被越南政府授予胡志明勋章。

张卓元　著名经济学家。1933年出生，广东梅县人，中共党员，中国社会科学院首批学部委员，经济研究所研究员。先后担任中国社会科学院财贸经济研究所、工业经济研究所、经济研究所所长，《财贸经济》《经济研究》主编，“孙冶方经济科学基金会”秘书长、理事长。他是第九、第十届全国政协委员。多次荣获孙冶方经济科学论文奖和著作奖、中国社会科学院优秀成果奖。

张卓元毕生从事商品、市场经济理论研究，在中国改革和发展的各个历史时期，他都做出了突出的理论贡献。在传统体制下，他致力于系统探讨价值规律的科学体系，并结合中国国情，就社会主义条件下的价值决定、等价交换、价值形式及其发展、价值和价格的关系、生产价格的形成过程、价值规律调节资源配置的作用等，进行富有创造性的探讨，努力为革除传统体制弊端贡献绵薄之力。改革开放之后，张卓元的学术研究进入了第二个高潮时期。凭借着对市场经济的精深研究和深刻理解，他广泛涉及了我国经济改革的很多重要领域，在价格改革、控制通货膨胀、统一国内外市场、社会主义市场经济资源配置机制形成、宏观调控体系设计、重塑政府与市场关系、企业改革与治理机制现代化等诸多领域，他的研究都具有开创性。

作为我国最负盛名的优秀经济学家之一，张卓元参与了我国重要改革阶段的理论创新过程。1984年，他提出并从理论上论证了“价格改革是经济体制改革成败关键”的重大命题；1987年，他成为“稳中求进”改革和发展理论的重要代表人物；1992年，他为在中国建设社会主义市场经济体制模式的伟大转型，提供了重要的理论论证；1993年，他成为国有企业改革的理论家之一；2000年后，他又殚精竭虑设计政府职能转变的有效途径。30余年不间断地紧跟改革步伐的理论探讨，成就了他“稳健改革派”的尊崇地位。他有关中国改革的一系列理论研究成果，构成中国转型经济学的重要内容。

作为我国最重要的市场经济专家，张卓元多次直接参与了我国经济改革路线图和时间表的制定过程。从1991年参加江泽民总书记主持的11次市场经济座谈会算起，到2013年止，张卓元参与了党的十五大、十六大、十七大报告和十四届三中全会、十六届三中全会、十八届三中全会文件的起草工作。

张卓元一生笔耕不辍，著述等身。他先后出版著作27部，发表论文500余篇。作为中国经济学界的资深学者，他主持编写了《中国经济学60年》和《新中国经济学史纲》，这两部鸿篇巨制，成为中国经济学的重要文献。

六、学术活动

2013年，中国人民大学举办各类学术研讨会共249次，其中国际会议83次，港澳台会议8次，全国性会议158次。兹介绍其中的部分重要学术会议：

（一）中国国际问题高级讲坛2013

2013年1月3日，由中国人民大学国际关系学院主办、全国高校国际政治研究会协办的“中国国际问题高级讲坛2013：大国关系与中国外交”在中国人民大学举行。著名国际关系和两岸问题专家王逸舟、时殷弘、秦亚青、朱成虎、黄嘉树、阮宗泽、黄大慧和金灿荣等出席会议，围绕“大国关系与中国外交”这一主题各自发表学术演讲，并与来自全国20余所高校和研究机构的100多名代表进行了深入的研讨。

专家们结合中美、中俄、中日等大国关系的前景走向，以及中国周边领土主权争端问题进行了深刻而独到的分析。经过讨论，专家们提出：在复杂而全新的挑战面前，中国要在经济、政治和安全等领域做好战略准备，创造性地介入世界事务；并对我国周边外交以及美国亚太再平衡战略提出了相应的应对策略。

（二）第十七届（2013 年度）中国资本市场论坛

2013 年 1 月 12 日，由中国人民大学金融与证券研究所、中国证券报社、财达证券有限责任公司和《资本市场》杂志社共同主办的“第十七届（2013 年度）中国资本市场论坛”在中国人民大学逸夫会堂举行。本次论坛的主题为“中国资本市场：变革与成长”。中国证监会副主席姚刚发表主旨演讲；中国社会科学院副院长李扬、中国人民大学校长助理吴晓求教授分别做了主题报告；经济学家韩志国发表专题演讲。来自中央国家机关、高校、研究机构等的有关负责人和国内外著名专家学者及证券公司、基金公司、上市公司嘉宾共计 500 余人出席了论坛。

本次会议指出，全球经济状况随着阶段性量化宽松迂回在增长与衰退之间，而中国经济随着人口红利的逐渐消隐而游走在中等收入陷阱的边缘。面对这种情况，在新的历史时期，从“投资与出口拉动”的外延式增长向“投资、出口、消费协同发展”的内涵式增长转型，是实现“双倍增”计划、使我国步入高收入国家行列的必经之路。另外，中国资本市场全面改革的时机已经成熟，因此要实现资本市场与实体经济的良性互动和协调发展。

（三）中国农民工“生存感受”2013 年度报告研讨发布会

2013 年 2 月 27 日，由中国人民大学终生学习研究中心和工众网主办、中国人民大学心理学系支持的“中国农民工‘生存感受’2013 年度报告研讨发布会”在中国人民大学逸夫会议中心举行。中国人民大学心理学系主任孙健敏教授、工众网总裁李久鑫博士等嘉宾出席会议。

本次会议发布的报告显示，与 2011 年度的调查结果相比，2012 年中国农民工群体的总体幸福感显著提升，但这种幸福感更多地来自对个人较低层次生存需要的满足，与社会生活和社会地位有关的幸福感仍相对较弱，同时反映人际关系、社会参与以及社会地位有关的幸福感数据也同比下降。

（四）海峡两岸 CATI 与数据挖掘合作 20 周年暨第十届中国数据挖掘与商业智能研讨会

2013 年 3 月 29 日至 30 日，由中国人民大学统计学院、台湾辅仁大学管理学院、中华资料采矿协会、首都经贸大学统计学院、中央财经大学统计学院以及对外经贸大学统计学院联合主办的“海峡两岸 CATI 与数据挖掘合作 20 周年暨第十届中国数据挖掘与商业智能研讨会”在中国人民大学逸夫会议中心举行。中国人民大学袁卫教授、台湾“中央研究院”赵民德教授、台湾辅仁大学李天行教授和谢邦昌教授分别向大会致辞。

此次会议中，国际及海峡两岸的业界与学界精英不仅做了报告，而且分享了有关数据挖掘与统计学习以及商务智能等方面的研究成果。其中，有关学者和企业从业者对围绕着大数据时代统计、数据挖掘在云端计算的应用、大数据在企业的应用与发展等话题做了相关报告，并以主题报告的形式介绍了其行业内部的最新数据挖掘应用研究成果；而来自全国各高校的教授学者、在读学生、业界专家则分享了关于数据挖掘在金融、保险、市场调查、互联网应用等方面的研究，以及与数据挖掘有关的理论研究，如纵向数据的聚类、变量选择、不平衡数据的处理等，并引进了相关的先进理论。

（五）中国农村贫困与社会发展论坛 2013

2013 年 4 月 20 日，由中国人民大学中国社会保障研究中心与华北电力大学人文社会科学学院联合主办的“中国农村贫困与社会发展论坛 2013”在华北电力大学举行。来自中国人民大学、清华大学、南开大学、中山大学、武汉大学、加拿大里贾纳大学、美国斯坦福大学、台湾中正大学以及香港理工大学等 40 多所高等院校和研究机构的专家学者，民政部、农业部、国务院扶贫办、中国残联等单位的代表，以及世界银行、联合国儿童基金会等国际组织的代表等 100 多人出席了会议。论坛开幕式及全体大会由华北电力大学副校长杨勇平教授主持；华北电力大学党委书记吴志功致欢迎词；中国人民大学郑功成教授致辞并发表演讲；并有中国残联、国务院扶贫办有关负责人和里贾纳大学副校长大卫·马洛伊（David Malloy）教授在开幕式及全体会议上发表演讲。本次论坛围绕“中国农村贫困与社会发展”的主题，在全体大会以外分设了“农村贫困理论与实践”“农村贫困与社会保障”“农村贫困综合论坛”“农村贫困与弱势群体”“农村贫困与能源、环境”以及“农村贫困与劳动力转移”六个分论坛。与会专家学者认为，减少贫困人口、减轻贫困程度是国家发展进程中必须努力完成的繁重任务，也是建设公正社会应当追求的重要目标。

（六）第二届公共政策年会

2013年4月27日至28日，第二届公共政策年会在南京大学召开，来自中国人民大学、北京大学、复旦大学、南京大学、武汉大学、中山大学、中国政法大学、西安交通大学等高校以及中国社会科学院的知名学者参加了本次会议。

本次年会的主题是“治道变革的挑战与回应：中国公共政策研究的过去与未来”。与会学者围绕这一主题进行了深入的探讨，形成了一系列富有启发性的观点，反映了我国公共政策学研究的新进展。中国人民大学公共管理学院教授毛寿龙表示：首先，从社会需求角度来讲，改革开放政策的研究，一直是公共政策研究的重点；其次，从经济政策来讲，学界的关注点有所不同，20世纪80年代主要关心农村改革和价格改革，90年代主要关注资本市场和国有企业改革，而最近十多年来则主要关注全球化和金融危机的应对；最后，从社会政策角度来讲，民生政策研究成为学界新的关注热点。此外，应急管理也成为学界关注的另一重点。

（七）大数据·大战略·大未来——2013（首届）中国CIO论坛

2013年5月23日上午，由中国人民大学信息资源管理学院主办的“大数据·大战略·大未来——2013（首届）中国CIO论坛”在中国人民大学国学馆报告厅举行。论坛由中国人民大学信息资源管理学院院长张斌教授主持，冯惠玲常务副校长致辞，国家信息中心常务副主任杜平先生做了题为《大数据创造公共价值》的主题报告。中国人民大学信息资源管理学院学术委员会主任赵国俊教授、党委书记王丹老师、副院长卢小宾教授，各知名企业CIO以及高校师生等近200人出席了本次论坛。

在本届论坛“高峰对话”环节中，来自政府主管部门的代表与企业负责人围绕“大数据未来的核心创新点”“大数据对不同行业、企业带来的机遇与挑战”以及“关于大数据与大风险”三个议题进行了对话。此外，在“集团企业论坛”“互联网金融论坛”“电子商务论坛”三个分论坛中，与会专家学者还就涉及大数据在信息化规划中的整合、大数据如何创造新的政府业态、未来大数据对金融行业商业模式的巨大冲击等领域的议题展开了积极的讨论。

（八）《走向核心国家——中国的“大金融”战略与发展路径》研究报告发布会

2013年5月25日，中国人民大学重阳金融研究院为其《走向核心国家——中国的“大金融”战略与发展路径》研究报告举办了发布会。中国人民大学校长陈雨露、副校长查显友、财政金融学院院长郭庆旺，中国银监会副主席阎庆民，中国证监会主席助理张育军，上海证券交易所总经理黄红元，上海重阳投资管理有限公司董事长裘国根、总裁王庆、前总裁莫泰山，上海虹口区区长吴清、高华证券首席执行官章星、美国哈佛大学费正清研究中心主任柯伟林等出席会议。

本次发布会前，重阳金融研究院理事举行了闭门会议，深入讨论《走向核心国家——中国的“大金融”战略与发展路径》研究报告。中国人民银行货币政策委员会委员、中国人民大学校长陈雨露在报告中提出，应将金融提升至国家战略层面，构建中国的“大金融”宏观调控体系。未来40年，中国的金融发展应结合技术创新与产业结构周期、国家经济崛起周期以及货币金融替代周期，全面支持中国完成产业升级、经济复兴和货币金融崛起，成为全球“第六个长周期”中的核心国家。报告不仅首次将金融提升至国家战略层面的高度，构建了中国的“大金融”宏观调控体系，还首次提出创立“金融失衡指数”以取代传统的CPI，PMI等经济数据等理论。

（九）中国老龄化与发展政策对话研讨会

2013年5月28日，由全球老龄联盟（Global Coalition on Ageing，GCOA）、中国人民大学老年学研究所以及中国人民大学社会转型与社会管理协同创新中心共同主办的“中国老龄化与发展政策对话研讨会”在中国人民大学召开。会议由GCOA执行理事迈克尔·霍丁（Michael Hodin）博士主持，中国人民大学科研处处长、社会与人口学院老年所所长杜鹏教授致开幕词并发表了题为《中国与发展中世界的老龄化转变》的主题演讲，详细介绍了中国人口老龄化的背景与老年人现状。

来自全球老龄联盟、全国老龄工作委员会、世界卫生组织、联合国人口基金会、亚洲开发银行、跨国企业以及国内外高校的30余位中外学者、专家和基层老龄工作者出席了本次会议，他们就“全球发展议程”“新兴发展中国家市场的老龄化需求”“中国老龄化现状与机遇”以及“人口转变、经济复苏与财政挑战”等老龄政策领域的重要议题发表了演讲，并就延迟退休年龄、缩小城乡差异等问题与参会者展开了积极的讨论。

（十）“中国金融学科终身成就奖”颁奖典礼暨中国金融学科发展论坛

2013年6月1日下午，由刘鸿儒金融教育基金会和中国人民大学联合举办的2013年度“‘中国金融学科终身成就奖’颁奖典礼暨中国金融学科发展论坛”在中国人民大学世纪馆北大厅举行。著名经济学家、中国人民大学财政金融学院荣誉一级教授周升业获此殊荣。全国人大财经委副主任委员吴晓灵，中国人民银行副行长兼国家外汇管理局局长易纲，中国社会科学院副院长、“中国金融学科终身成就奖”评奖委员会副主任委员李扬，以及中国人民大学校长陈雨露教授等出席了颁奖典礼。周升业教授是中国人民大学第三位获此殊荣的学者。

在颁奖典礼后，中国金融学科发展论坛按照议程安排正常进行。本次论坛由中央财经大学校长、“中国金融学科终身成就奖”评奖委员会副主任委员王广谦教授主持，中国国际金融学会副会长吴念鲁、北京大学曹凤岐教授、中国人民大学校长助理吴晓求教授、华夏银行副行长黄金老先后在会议上发言。各位金融专家、学者分别从不同的角度切入，对我国金融学研究史、教育史的发展脉络进行了清晰的梳理，并提出一系列专业见解，如：金融学要回归本源，应创立“人大财政金融学派”，以及指出中国金融的结构性变革的紧迫性等，并对当下的一系列学术前沿热点问题做出了生动解读。

（十一）“人民币国际化报告2013”发布会

2013年6月16日上午，由中国人民大学和交通银行联合主办、中国人民大学财政金融学院和国际货币研究所承办的“‘人民币国际化报告2013’发布会”在中国人民大学世纪馆举行，本次报告的主题为“世界贸易格局变迁与人民币国际化”。中国人民银行研究局局长纪志宏，国家外汇管理局资本项目管理司司长孙鲁军，国家发展和改革委员会对外经济研究室主任曲凤杰，交通银行国际部副总经理付之琳、副高级经理赵永芳，华夏银行副行长黄金老，以及中国人民大学财政金融学院副院长赵锡军等出席发布会。

中国人民大学校长、著名金融学家陈雨露在发布会上指出，尽管2012年人民币国际化进程增长迅猛，同比增长达到49%，但是人民币在国际使用水平方面仍然处于起步阶段，人民币国际使用水平和国际化进程还将面临三重障碍。本次报告指出，对人民币国际化指数（RII）持续快速上升的数据结构分析表明，人民币的国际使用已经开始从单纯贸易计价功能的“前驱”模式，发展成为贸易计价与金融计价的“双驱”模式，从而呈现出更为合理、稳健的格局。此外，报告还分析了当前影响人民币国际使用水平和国际化进程的主要障碍，并对人民币国际化发展战略提出了政策建议。

（十二）第六届京津冀研究生人口与发展论坛

2013年6月22日，“第六届京津冀研究生人口与发展论坛”在中国人民大学逸夫会议中心举行。

本届人口与发展论坛共分为两个部分进行。第一部分是由研究生报告和展示研究成果，主要包括“人口变动对区域消费水平影响研究”“婚居模式对农村妇女生育孩子性别的影响”以及“撤点并校背景下的人口流动意愿”等课题。这些课题不仅涉及人口学、老年学和环境经济学，还涵盖了社会学、社会工作、法学、医学与公共卫生以及地理学等其他专业领域。中国社会科学院郑真真研究员、首都经济贸易大学童玉芬教授以及北京大学陆杰华教授分别针对同学们的发言进行了点评。第二部分是以“人口、经济、资源”“人口、社会、政策”以及“生育、死亡、迁移变动”为主题的三个分论坛。来自中国人民大学、北京大学、南开大学、河北大学等高校的研究生在分论坛下各抒己见，分别对自己的研究成果进行了汇报。南开大学陈卫民教授、中国人民大学杨菊华教授、北京大学任强副教授以及北京行政学院尹德挺副教授对这些同学的汇报展示进行了点评。

（十三）首都可持续发展战略国际研讨会

2013年7月6日，"'首都经济'学科群建设项目结项评审暨首都可持续发展战略国际研讨会"在中国人民大学逸夫会议中心举行。北京市委副秘书长张建明，国家宏观经济研究院国土开发与地区经济研究所所长肖金城研究员，北京市规划委员会研究室主任郭培宜，中国人民大学科研处处长杜鹏、劳动人事学院赵忠教授以及旧金山大学 Le Gates 教授等国内外20余名专家学者出席了会议。中国人民大学常务副校长冯惠玲会见了出席会议的国内外专家学者。

本次会议全面回顾和总结了"首都经济"学科群建设项目（2010—2012）在科学研究、人才培养和社会服务等方面取得的成果，与会专家对项目取得的成果给予了高度肯定。随后，与会国内外专家围绕"首都经济可持续发展""社会可持续发展""生态可持续发展""首都可持续发展的空间支持"以及"首都可持续发展的公共政策体系构建"等一系列问题进行了研讨。

（十四）第五届临床评价方法与应用国际研讨会暨第四届东亚地区生物统计会议

2013年7月6至7日，由中国人民大学、国际生物统计学会中国分会（IBS-China）联合主办，国际生物统计学会韩国分会（IBS-Korea）、印度分会（IBS-India）、日本分会（IBS-Japan）、新加坡分会（IBS-Singapore），世界中医药学会联合会临床疗效评价专业委员会以及中华资料采矿协会等单位协办的"第五届临床评价方法与应用国际研讨会暨第四届东亚地区生物统计会议"在中国人民大学逸夫会议中心召开。中国人民大学校长陈雨露教授、原常务副校长袁卫教授，澳大利亚国立大学教授 Alan Welsh，美国密歇根大学生物统计系 Richard D. Remington 学院教授 Roderick J. A. Little，美国华盛顿大学生物统计教授周晓华等出席会议。

本次研讨会的讨论主题包括临床试验、全基因组关联研究、医学研究中的统计方法、医学与公共卫生研究中与统计相关的问题、中医药学研究中的统计方法以及疾病预防控制的统计方法等各个方面。本次会议吸引了来自美、日、印、新、韩、泰等多个国家和地区的专家学者参会，其中国内外八位知名教授在会上做了主旨演讲，从不同角度论述了临床评价方法与应用以及生物统计等前沿问题。通过本次会议，与会者了解了临床评价方法与应用以及生物统计在国内外特别是东亚地区的发展，对该领域的方法创新和应用研究具有很好的借鉴和指导意义。

（十五）第二届"大数据视点"研讨会

2013年7月8日，中国人民大学萨师煊大数据研究中心"第二届'大数据视点'研讨会"在中国人民大学逸夫会议中心第一报告厅举行。会议以"大数据视点"为主题，围绕不同领域中大数据应用的挑战、大数据的基础科学和技术问题以及如何进行大数据学术研究等议题进行了深入探讨，分享经验与资源，推动大数据领域的学科交叉与合作。华为诺亚方舟实验室杨强教授，加拿大西安大略大学凌晓峰教授，加拿大蒙特利尔大学聂建云教授，中科院计算所程学旗博士，微软亚洲研究院聂再清博士，百度深度学习研究院余凯，美国纽约大学宾汉姆顿分校孟卫一教授，美国佐治亚理工学院刘伶教授、Calton Pu 教授等国内外大数据领域一流专家学者参加本次会议并发表演讲或参与讨论，中国人民大学信息学院杜小勇院长、周晓方教授以及文继荣教授分别致辞。

与会专家学者在研讨过程中，分别从各自的角度畅谈了对大数据的理解、大数据的发展趋势及深刻影响并对传统和新兴的数据处理方法进行了分析对比。会议不仅提出了大数据处理真正要解决的问题，分享了大数据处理的应用场景和方法，而且对大数据研究的现状和未来趋势进行了预测。

（十六）第五轮中美韩三边战略对话会议

2013年7月13日，由中国人民大学国际关系学院中国对外战略研究中心与韩中智库网共同主办的第五轮中美韩三边战略对话会议在中国人民大学明德国际楼813会议室召开。参加本次会议的美方人员为国防大学中国军事事务研究中心主任菲利浦·桑德斯（Philip C. Saunders）高级研究员，战略研究中心高级研究员詹姆斯·普里萨特（James J. Przystup），以及美国驻华使馆政治处杰·本森（Jay Benson）；韩方参会人员为韩国政府人权事务大使金庸弘（Kim Young Ho），韩中智库网主席、世宗区域研究部主任李泰桓教授，国防大学副校长、韩中智库协会副主席韩庸燮教授，韩国统一研究院朝鲜研究中心主任全星勳，国民大学教授朴熙海（Park Hwee Rhak），庆熙大学教授柳泰吴（Joo Jae Woo），以及韩国防务分析研究院申宝春（Shin Neom Chul）；中方参会人员为世界发展研究所副所长丁一凡，清华大学国际关系系副主任孙学峰副教授，对外经贸大学国际政治系主任熊李力副教授，以及中国人民大学国际关系学院金灿荣副院长和成晓河副教授。

本次会议以“朝鲜半岛信任进程与东北亚和平倡议”（Korean Peninsula Trust-building Process and Northeast Asia Peace Initiative）为议题，对“中美新型大国关系”“中美韩在朝鲜半岛非核化问题上的合作”以及“东北亚地区和平与合作”三个话题进行了较为深入的探讨。

（十七）第七届冷原子物理和量子信息青年学者学术讨论会

2013 年 7 月 27 日至 31 日，由中国人民大学理学院物理系、中国科学技术大学量子信息重点实验室、清华大学高等研究院和中科院物理研究所联合主办的“第七届冷原子物理和量子信息青年学者学术讨论会”在安徽屯溪召开。

本次会议的内容涵盖了玻色-爱因斯坦凝聚、超冷费米气体、囚禁冷粒子、低维量子结构、量子力学、量子光学和量子信息等研究领域和相关课题。

（十八）食品安全治理协同创新中心签约暨食品安全面临挑战研讨会

2013 年 8 月 9 日，“食品安全治理协同创新中心签约暨食品安全面临挑战研讨会”在中国人民大学明德法学楼 601 学术报告厅举行。“食品安全治理协同创新中心”由中国人民大学、清华大学以及中国农业科学院等机构签约共建，旨在响应教育部“高等学校创新能力提升计划”（2011 计划）的号召，有效聚集社会创新要素和资源。

中国人民大学常务副校长冯惠玲、清华大学副校长姜胜耀、中国农业科学院农业质量标准与检验技术研究所副所长钱永忠、中国法学会食品安全法治研究中心暨法律信息部主任李仕春以及中国科学院地理科学与资源研究所主任陈同斌等出席会议。此外，来自清华大学、中国农业科学院、中国科学院、中国法学会等多所高校和科研机构的专家学者，以及中国人民大学发展规划处、科研处和法学院、农业和农村发展学院、环境学院、公共管理学院、新闻学院以及国际关系学院等单位的代表也共同出席了会议。参会人员就食品安全所面临的挑战和问题，以及协同创新中心运行机制和建设平台等问题展开了研讨。出席会议的专家学者提出食品安全治理工作要做到软件与硬件、自然科学与人文社会科学、人文社会科学不同学科之间等方面的结合，并就该中心的运行机制、研究平台设计以及研究课题落实问题发表了意见。

（十九）“大金融、大合作、大治理”国际智库研讨会

2013 年 8 月 21 日至 22 日，由中国人民大学主办、中国人民大学重阳金融研究院承办的“大金融、大合作、大治理”国际智库研讨会在中国人民大学举行。来自 20 国的智库代表首次齐聚中国北京，包括国家政要、驻华使节、国际组织代表、专家学者、中外企业家代表以及 20 国智库代表等在内的 100 余人参加了本次会议。中国外交部前部长李肇星、中国人民大学校长陈雨露教授、诺贝尔经济学奖得主罗伯特·蒙代尔教授、全球中小企业联盟主席卡洛斯·马格里诺斯等进行了主旨演讲；中国人民大学副校长伊志宏主持开幕式，冯惠玲常务副校长出席闭幕式并致辞。

在本次论坛上，与会学者就“后金融危机时代的全球治理”“新兴经济体的作用”以及“中国的发展与 G20 的未来”等三大议题展开讨论。同时，各国智库代表和学者通过反思金融危机，也探讨了如何构建更加有效稳定的金融体系，研究和完善全球经济治理的对策，着眼策略性、战略性规划以应对能源、安全、环境等方面长期的挑战，并为各国领导人提供了经济治理的参考意见。

（二十）中德社会保障法制研讨会

2013 年 8 月 30 日至 31 日，由中国人民大学中国社会保障研究中心与德国艾伯特基金会联合举办的“中德社会保障法制研讨会”在中国人民大学逸夫会堂举行。中国人民大学党委副书记兼副校长王利明教授和艾伯特基金会驻中、蒙代表师人杰先生为会议致辞；德国驻华使馆社会文化参赞施伯德先生出席会议；中国人民大学中国社会保障研究中心主任、劳动人事学院郑功成教授主持会议。与会者包括德方的驻华使馆、马普协会、慕尼黑大学、耶拿大学、闵斯特大学、艾伯特基金会、布兰登堡州政府，中方的民政部、国务院法制办、社科院、全国总工会、国家行政学院、北京大学、清华大学、北京师范大学、北京理工大学、北京航空航天大学，以及伦敦经济学院、台湾政治大学等 20 多所高校和机构的代表共计 60 多人。

本次会议围绕“社会保障立法的历史与现状”“社会保险中的行政管理”“社会保障争议解决机制”以及“社会保障法律体系与协调机制”四个专题展开。与会者认为，中国的社保体系建设正在从长期试验性状态向定型、稳定、可持续发展转变，养老保险的顶层设计、医疗保险制度整合也在进行当中，而强化社保法制建设既是社保制度稳定安全的依据与保障，也是建设法治国家的重要内容。

（二十一）世界侵权法学会成立大会暨第一届学术研讨会

2013 年 9 月 14 日至 15 日，由世界侵权法学会主办，中国人民大学民商事法律科学研究中心、欧洲侵权法与保险法研究中心和欧洲侵权法研究所（奥地利）承办，黑龙江大学中俄人文合作协同创新中心协办的“世界侵权法学会成立大会暨第一届学术研讨会”在黑龙江省哈尔滨市召开。包括中国人民大学、英国牛津大学、美国纽约大学、法国巴黎第二大学、加拿大渥太华大学、奥地利维也纳大学、日本京都大学、澳大利亚英格兰大学、意大利博科尼大学、俄罗斯远东联邦大学、印度国立大学以及马来西亚国民大学等在内的 22 个国家的 30 所大学和学术研究机构的 40 余名法学家参加了本次会议。世界侵权法学会是由中、英、美、奥等国的著名法学家共同发起的国际性学术组织，旨在聚集全球最权威的侵权法学者，探讨全世界关注的侵权法课题，提出具有影响力的研究结论，并为各国立法机构和司法机关提供可供参考的侵权法规则。

本次会议的主题是“国际视野下产品责任法的现状与统一”。与会者结合案例，分别介绍了所在国的立法模式与司法判例，并阐述了有关研究成果和学术观点。通过本次会议，与会的各国法学家进一步深入掌握了当前世界侵权法的前沿问题和理论发展动态，对推动侵权法理论研究发展具有深远意义。

（二十二）第十届法官与学者对话论坛暨第四届国际民法论坛

2013 年 9 月 27 日，由中国人民大学民商事法律科学研究中心与人民法院出版社共同主办、西南政法大学承办的“第十届法官与学者对话论坛暨第四届国际民法论坛”在重庆召开。本次论坛的主题为“市场经济下的民刑界限”，由与会法官和国内外学者就当前市场经济环境下民法与刑法在法理、立法、司法过程中的关系问题展开研讨。参加这次论坛的国内外嘉宾共 70 余人，其中有来自德国、挪威、印度、日本、韩国的嘉宾 5 人，台湾地区嘉宾 3 人，大陆民刑领域的学者 25 人、法官 31 人，其他参会人员 10 余人。西南政法大学校长付子堂教授，人民法院出版社副总编辑刘德权，中国人民大学民商事法律科学研究中心主任杨立新教授、副主任姚辉教授出席论坛并致辞。

本次会议分别就“关于民刑关系的一般讨论”“民刑界限：主观评价上的异同”“民刑界分：金融活动中的民刑问题”以及“民刑融合：共同的使命与相互影响”等主题展开讨论，国内各位学者和法官分别从理论和实务的角度区分了民刑部门法对某些行为所采取的不同价值判断，外国学者则对本国相关法律问题的情况做了详细介绍。另外，杨立新教授在本次会议的闭幕式上发言，总结了论坛 10 年来的发展历程。

（二十三）2013 气候传播国际会议

2013 年 10 月 11 日至 13 日，由中国气候传播项目中心，耶鲁大学气候传播项目，中国人民大学新闻与社会发展研究中心、新闻学院，乐施会联合主办，中国人民大学环境学院、统计学院，欧洲学院，联合国气候变化与环境主题工作组以及中国新闻出版研究院协办的“2013 气候传播国际会议”在中国人民大学举行。这是气候传播领域的首次大规模专门性会议，本次会议主题是“气候传播：角色定位与全球合作”。中国气候传播项目中心顾问委员会主任、中国人民大学新闻学院院长赵启正，中国人民大学新闻与社会发展研究中心主任郑保卫，国家发改委应对气候变化司司长苏伟，中国人民大学常务副校长冯惠玲，耶鲁大学气候传播项目主任安东尼在开幕式上致辞；中国人民大学荣誉一级教授方汉奇出席开幕式。来自英国、美国、俄罗斯、印度、瑞典、比利时、墨西哥等国的专家学者、媒体、NGO 和企业人士，以及联合国机构和政府部门代表出席会议。

本次会议明确了“气候变化归根到底是个发展问题”“气候变化的治理和应对离不开媒体与传播”“气候传播的核心主体是公众”以及“借助气候传播的纽带建立友谊加强联系开展合作”等 10 项共同认识。会议旨在使这些认识成为共识，为气候传播研究扫清认识上的障碍，同时为与国内外加强联系、建立友谊和开展合作奠定基础。

（二十四）中国人文社会科学论坛 2013

2013 年 10 月 19 日，由中国人民大学主办、社会转型与社会管理协同创新中心承办的“中国人文社会科学论坛 2013”在中国人民大学国学馆举行。本次论坛的主题是“挑战与创新——社会转型与社会管理”。第十一届全国人大常委会副委员长华建敏、中国人民大学校长陈雨露教授出席开幕式并致辞；国家卫生和计划生育委员会流动人口服务与管理司司长王谦、中国人民大学中国社会保障研究中心主任郑功成教授、中国人民大学新闻学院党委书记高钢教授、南京大学社会风险和公共危机管理研究中心主任童星教授以及北京大学社会学系张静教授做了主题演讲。中国人民大学副校长杨慧林主持开幕式及主论坛。

本次会议就“流动人口与城镇化问题”“网络媒体与社会发展”以及“社会冲突治理”等主题进行研讨，来自北京大学、复旦大学、南京大学、中国政法大学、中国传媒大学以及芝加哥大学等院校的学者在分论坛上展开了积极对话。与会专家学者认为，社会管理是当前经济社会发展面临的紧迫问题；社会保障的新目标应是增进公平性和保障可持续性；在农业转移人口市民化过程中，要以政府为主导，发挥市场作用，从而实现公共服务均等化；当下互联网信息传播已经介入并深刻影响社会运行，社会管理应该防范于未然，并逐步建立化解社会矛盾的制度。

（二十五）中国企业法治论坛（2013）

2013 年 10 月 20 日，由中国航天科工集团公司、中国人民大学民商事法律科学研究中心以及企业法治研究所共同举办的“中国企业法治论坛（2013）”在中国人民大学法学院举行。本次论坛的主题为“创新发展与企业法治”，旨在通过探讨中国企业法治发展的理论与实践问题，思考企业法治发展面临的挑战与未来走向。来自国资委、司法部、国务院发展研究中心、中国企业联合会、中国航天科工集团公司、中国航空集团公司以及中国钢研科技集团公司等单位的共 80 多位嘉宾参加了本届论坛。中国人民大学副书记兼副校长王利明教授到会并致开幕词。航天科工集团副总法律顾问王耀国、司法部法制宣传司查庆九司长、中国企业联合会常务副理事长于吉、国务院发展研究中心研究员王忠宏、中钢集团总法律顾问汤建新、军工企协法律委员会理事长李申田、维诗律师事务所主任杨安以及国联律师事务所主任许涛等出席论坛并发言。

在本次会议上，与会代表一致认为，法治在企业创新发展中发挥的作用越来越明显，因此要进一步强化法治在企业经营中的地位。本次论坛释放了法治精神的正能量，有效地联合了企业界和法学界的力量，来共同推进企业法治进程以及国家的法治建设。

（二十六）“如何治理村官腐败”公共政策评论会

2013 年 10 月 28 日，由中国人民大学国家发展与战略研究院主办的“如何治理村官腐败”公共政策评论会在中国人民大学国学馆举行。

本次会议是在密集的舆论监督和反腐败的高压态势下，“村官腐败”又一次引起社会各界高度关注的背景下举行的。中国村社发展促进会常务理事曹国英、北京师范大学社会学系董磊明教授和人民大学国家发展与战略研究院研究员仝志辉副教授三位专家进行了主题发言，从村官腐败的形式和危害、防治村官腐败的政策反思、防治村官腐败的工作目标以及防治村官腐败的新思路等几个角度展开研讨，并与参会的媒体记者以互动的形式探讨了如何遏制村官腐败的多发态势这一问题。

（二十七）第二届期货与衍生品市场国际会议

2013年11月9日，由中国人民大学、北京航空航天大学和上海期货与衍生品研究院联合主办，中国人民大学财政金融政策研究中心和财政金融学院承办，《期货市场杂志》和《管理世界》编辑部协办的“第二届期货与衍生品市场国际会议”在中国人民大学世纪馆北大厅举行。本次会议以“期货及衍生品市场”为主题，旨在就全球衍生品市场的理论及应用，以及中国新兴期货衍生品市场等问题进行讨论。中国人民大学校长陈雨露教授，美国斯坦福商学院 Myron Scholes 教授，中国证监会研究中心主任祁斌，上海期货交易所副总经理、上海期货与衍生品研究院执行院长霍瑞戎，以及弗吉尼亚大学 *Journal of Futures Markets* 主编 Robert I. Webb 教授等嘉宾出席了本次会议。本次会议吸引了美、英、挪、意、澳、智利、韩、印度等国近百位优秀学者参会和金融业界关注。

在本次会议上，与会学者分析了未来十年全球市场和中国经济转型的发展趋势，提出了“引入做市商制度以提高期权流动性的顶层设计”“完善技术和基础建设以稳定中国衍生品市场”“促进‘动态风险管理模型’和股票市场的完善，并增加个人投资者的流动性”以及“改善金融结构，建立多层次、宽领域的资本市场”等政策建议。

（二十八）中国宏观经济论坛（2013—2014）

2013年11月23日，由中国人民大学经济研究所、中国诚信信用管理有限公司主办的“中国宏观经济论坛（2013—2014）”（第28期论坛）在中国人民大学逸夫会堂举行。中国人民大学校长陈雨露教授，中国国际经济交流中心常务副理事长郑新立研究员，国务院参事室特约研究员姚景源教授，中国社会科学院学部委员、财经战略研究院院长高培勇教授，国家发改委宏观经济研究院常务副院长王一鸣教授，中国人民大学经济研究所联席所长毛振华教授，中国人民大学经济研究所联席副所长、经济学院副院长刘元春教授，经济学院副院长郭杰、王晋斌，研究生院副院长刘凤良，以及中诚信集团执行副总裁闫衍博士等专家学者出席了论坛。中国人民大学经济研究所联席所长、经济学院院长杨瑞龙教授主持了开幕式。

在本次论坛上，刘元春教授代表经济研究所课题组发布了《中国宏观经济形势分析与预测报告（2013—2014）——大改革与大转型中的中国宏观经济》。报告提出以下重要观点：首先，中国宏观经济目前的状态有利于大改革的推出，并将重树市场信心，助推宏观经济转好；其次，货币政策和宏观审慎监管要强化存量管理，还要配合中期定位的策略治理流动性过剩，同时充分考虑宏观经济下行压力、地方隐性支出下滑以及建立补偿机制等因素；最后，报告从城镇新增就业、GDP、CPI、M2以及财政赤字等方面提出了2014年的建议水平。

（二十九）第六届国际催化和精细化工研讨会

2013年12月1日至5日，由中国人民大学理学院化学系主办的“第六届国际催化和精细化工研讨会”（International Symposium on Catalysis and Fine Chemicals 2013）在中国人民大学逸夫会议中心举行。来自世界12个国家和地区的265名化学家和研究生参加了本次会议。本届大会的会议主席由中国人民大学理学院化学系李志平教授担任。中国人民大学常务副校长冯惠玲教授、理学院化学系主任张建平教授参加了本届会议的开幕式并分别致辞。理学院院长解思深院士参加了会议闭幕式。

本次研讨会主题覆盖了均相和非均相催化、有机化学、有机金属、无机化学、高分子化学以及生物无机化学等学科领域，会议主要围绕催化和精细化学品领域的最新科研进展与思路，进行了多种形式的学术报告和墙报展示活动。

（三十）"新型城镇化：整体规划与突破重点"高级研讨会

2013 年 12 月 8 日，由新型城镇化协同创新中心主办，中国人民大学、清华大学承办的"'新型城镇化：整体规划与突破重点'高级研讨会"在中国人民大学逸夫会堂举行。会议由中国人民大学经济学院院长杨瑞龙主持，中国人民大学校长、新型城镇化协同创新中心主任陈雨露教授出席会议并致辞，全国人大财经委员会副主任委员、民建中央副主席辜胜阻，中国农业经济学会会长尹成杰，国家开发银行业务发展局局长刘勇，中国地理学会副理事长、清华大学建筑学院顾朝林教授，中国人民大学公共管理学院城市规划与管理系主任叶裕民教授等出席研讨会并发表演讲。另有国家发改委，财政部，清华大学建筑学院，中国人民大学发展规划处、经济学院、财政金融学院、农业与农村发展发学院、公共管理管学院、环境学院等机构代表参加了研讨会。

在本次会议上，与会专家对于当前我国城镇化存在的问题展开了研讨，从新型城镇化的特征与中国特色、新型城镇化的路径选择、新型城镇化的投融资问题、国家城镇空间发展布局以及以人为本促进城乡一体化等角度，研讨了新型城镇化的理论基础与战略设计、空间规划与发展战略、产业转型与就业问题研究、投融资体制改革、农业现代化和城乡统筹以及流动人口市民化等一系列问题。

（三十一）第八届中国人力资源管理新年报告会

2013 年 12 月 15 日，"第八届中国人力资源管理新年报告会"在中国人民大学如论讲堂举行，本次报告会围绕"迎接改革红利：市场决定与人力资源制度创新"的主题，邀请来自政界、学界和企业界的人士，以及在校学生共计 1 000 余人参加。中国人民大学校长陈雨露教授、中共北京市委组织部副部长闫成等领导和嘉宾出席了本届新年报告会开幕式并致辞。中国人民大学劳动人事学院院长曾湘泉教授以《迎接改革红利：市场决定与人力资源制度创新》为题向大会做了主旨报告。中国人民大学时勘教授，北京同仁堂（集团）有限责任公司党委副书记王泉先生，美世全球合伙人中国区总经理张世东博士，中国人民大学校长助理兼国际学院、中法学院院长杨伟国教授做了主题演讲。

本次会议不仅盘点和回顾了 2013 年我国人力资源市场的重大事件、解读和分析了人力资源管理领域的热点问题，而且探讨和预测了中国人力资源管理的发展趋势。与会专家认为，通过加强协同创新，贯彻落实十八届三中全会重要精神和"十二五"规划纲要，要进一步发挥市场配置的决定性作用；未来中国人力资源管理要在市场化和改革趋势下，推动人力资源制度创新、以获取改革红利。

（三十二）"全面深化改革与中国特色社会主义"理论研讨会

2013 年 12 月 18 日，由中国人民大学马克思主义与中国道路协同创新中心、中国特色社会主义理论体系研究中心和马克思主义学院共同主办的"'全面深化改革与中国特色社会主义'理论研讨会"在中国人民大学图书馆第一会议室举行。中国人民大学校长助理、马克思主义学院院长郝立新教授主持会议；校党委书记靳诺教授出席研讨会并致辞；教育部教育发展研究中心主任张力教授，中国人民大学顾海良教授、陈先达教授、郭湛教授等嘉宾出席研讨会并致辞。中国社会科学院、清华大学、武汉大学、中山大学、复旦大学以及山东大学等高校的专家学者出席会议并参与研讨。

在本次会议上，围绕"全面深化改革与中国特色社会主义"这一主题，与会者就当前我国深化改革和中国特色社会主义理论建设等问题展开了研讨，并就如何深化认识三中全会精神做了主题发言。与会学者认为，中国特色社会主义建设的实践离不开马克思主义理论的指导；全面深化改革、发挥人民群众的主体作用以及解决复杂社会矛盾都需要掌握历史唯物主义原理和方法论。此外，与会学者还就下一阶段如何开展马克思主义与中国道路研究的协同创新进行了深入的交流，并对下一阶段工作做出部署。

附录

党的十六大以来中国人民大学教授为中共中央政治局集体学习做辅导报告情况一览表

时间	会议	主题	主讲或发言人
2002 年 12 月 26 日	十六届中共中央政治局第 1 次集体学习	认真贯彻实施宪法和全面建设小康社会	法学院 许崇德教授
2003 年 3 月 28 日	十六届中共中央政治局第 3 次集体学习	世界就业发展趋势和我国就业政策研究	劳动人事学院 曾湘泉教授
2004 年 4 月 26 日	十六届中共中央政治局第 12 次集体学习	法制建设与完善社会主义市场经济体制	法学院 王利明教授
2005 年 5 月 31 日	十六届中共中央政治局第 22 次集体学习	经济全球化趋势与当前国际贸易发展	经济学院 黄卫平教授
2005 年 12 月 20 日	十六届中共中央政治局第 27 次集体学习	行政管理体制改革和完善经济法律制度	法学院 史际春教授
2007 年 3 月 23 日	十六届中共中央政治局第 40 次集体学习	制定和完善物权法的若干问题	法学院 王利明教授
2008 年 9 月 28 日	十七届中共中央政治局第 8 次集体学习	中国特色社会主义理论体系研究	马克思主义学院 秦宣教授
2009 年 6 月 29 日	十七届中共中央政治局第 14 次集体学习	积极推进党内民主建设	国际关系学院 李景治教授
2011 年 4 月 26 日	十七届中共中央政治局第 28 次集体学习	世界人口发展和全面做好新形势下我国人口工作	社会与人口学院 翟振武教授
2011 年 6 月 28 日	十七届中共中央政治局第 30 次集体学习	保持和发展党的先进性	马克思主义学院 杨凤城教授
2013 年 12 月 3 日	十八届中共中央政治局第 11 次集体学习	历史唯物主义基本原理和方法论	哲学院 郭湛教授

中国人民大学跨学院研究机构一览表

序号	机构名称	成立时间	依托单位
1	清史研究所	2004 年 12 月 31 日	历史学院
2	中国经济改革与发展研究院	2006 年 7 月 12 日	经济学院
3	国学研究院	2006 年 7 月 12 日	国学院
4	马克思主义研究院	2006 年 7 月 12 日	马克思主义学院
5	公共政策研究院	2006 年 7 月 12 日	公共管理学院
6	汉语国际推广研究所	2006 年 11 月 2 日	文学院

序号	机构名称	成立时间	依托单位
7	残疾人事业发展研究院	2007 年 6 月 13 日	劳动人事学院、社会与人口学院等学院
8	国剧研究中心	2007 年 10 月 25 日	文学院
9	中国合作社研究院	2008 年 3 月 24 日	农业与农村发展学院
10	北京社会建设研究	2008 年 4 月 27 日	社会与人口学院
11	中国调查与数据中心	2008 年 12 月 31 日	统计学院
12	可持续发展高等研究院	2008 年 12 月 31 日	农业与农村发展学院
13	宗教高等研究院	2009 年 3 月 17 日	哲学院、文学院、国学院
14	人文北京研究中心	2009 年 6 月 30 日	哲学院
15	农村经济与金融研究所	2009 年 7 月 1 日	农业与农村发展学院
16	政府统计研究院	2011 年 3 月 16 日	统计学院
17	公共政策实验室	2011 年 4 月 18 日	公共管理学院
18	公共治理研究院	2012 年 5 月 21 日	公共管理学院
19	国家发展与战略研究院	2012 年 5 月 21 日	财政金融学院、经济学院
20	国家社会发展研究院	2012 年 5 月 21 日	社会与人口学院、公共管理学院
21	中国共产党历史与理论研究院	2012 年 6 月 13 日	马克思主义学院
22	中国社会科学案例中心	2012 年 6 月 13 日	商学院
23	社会发展与管理大数据中心	2012 年 9 月 15 日	信息学院、信息资源管理学院
24	金铁霖中国声乐艺术研究院	2013 年 3 月 18 日	艺术学院

中国人民大学院属科研机构一览表

序号	名　称	成立时间
哲学院		
1	美学与现代艺术研究所（原名为美学研究所）	1986/11/10
2	现代逻辑与科技哲学研究所（原名为现代逻辑与人工智能应用开发研究所）	1992/12/19
3	马克思主义哲学与当代世界问题研究中心	2002/01/23
4	外国哲学研究所（原名为希腊哲学与欧洲古典哲学研究中心）	2002/05/28
5	人文社会科学发展研究中心	2004/01/12
6	管理哲学研究中心	2007/01/05
7	国际中国哲学与比较哲学研究中心	2008/07/10
8	国际佛学研究中心	2010/11/24
文学院		
9	文艺思潮研究所	1987
10	比较文学研究所	1990
11	华人文化研究所	1993/12/03
12	基督教文化研究所	1996/01/09
历史学院		
13	史学理论研究所	1991
14	北方民族考古研究所	2005/01/04
15	清代皇家园林研究中心	2008/07/10

序号	名　称	成立时间
16	生态史研究中心	2012/07/04
经济学院		
17	太平洋经济研究所	1987/03/01
18	运筹学与数量经济研究所	1988
19	风险资本与网络经济研究中心	2000/04/26
20	俄罗斯研究中心	2004/01/12
21	中国民营企业研究中心	2005/01/04
22	发展中国家经济研究中心	2007/01/04
23	产业经济与竞争政策研究中心	2007/01/04
24	比较政治经济学研究中心	2007/01/04
25	企业与组织理论研究中心	2008/07/10
26	微观数据与实证方法研究中心	2010/11/24
27	公共经济与治理研究中心	2010/11/24
28	世界经济研究中心	2012/07/04
财政金融学院		
29	投资与房地产研究中心	1992/09/01
30	金融与证券研究所	1996/11/26
31	投资研究所	1998/05/27
32	风险投资发展研究中心	1999/09/06
33	财税研究所	2000/01/14
34	金融与财税电子化研究所	2000/04/04
35	信托与基金研究所	2002/09/11
36	金融工程研究所	2008/07/10
37	国际货币研究所	2009/11/18
38	国际并购与投资研究所	2011/07/13
39	重阳金融研究院	2013/01/17
统计学院		
40	风险管理与精算研究中心	1996/07/16
41	调查技术研究所	1997/12/22
42	竞争力与评价研究中心	1998/12/21
43	概率论与数理统计研究所	2007/01/05
44	国民经济核算研究所	2007/01/05
45	统计咨询研究中心	2007/01/05
46	地理空间信息研究中心	2012/07/04
农业与农村发展学院		
47	农村发展研究所	1987/06/10
48	土地经济研究所	1988/01
49	不动产研究中心	1994/12/28
50	西部开发中心	2000/04/29
51	中国农村金融研究所	2007/01/05
52	反贫困问题研究中心	2009/09/25
53	中国畜牧饲料产业研究中心	2011/07/13
法学院		
54	台湾法律问题研究所	1989/02/01

序号	名 称	成立时间
55	经济法学研究中心（原名为金融法研究所）	1991/01/01
56	不动产法研究中心（原名为国际刑法研究所）	1993/10/31
57	中日比较法律文化研究中心	1994/09/05
58	犯罪与监狱学研究所	1994/09/05
59	法律文化研究中心（原名为比较法律文化研究中心）	2005/01/04
60	朝阳法学研究中心	2005/01/04
61	法律与全球化研究中心	2005/01/04
62	国际法研究所	2005/01/04
63	国际人道法研究中心	2005/01/04
64	婚姻家庭法研究所	2005/01/04
65	劳动法和社会保障法研究所	2005/01/04
66	诉讼制度与司法改革研究中心	2005/01/04
67	宪政与行政法治研究中心	2005/01/04
68	信息法研究中心	2005/01/04
69	诊所式法律教学与研究中心	2008/07/10
70	纠纷解决研究中心	2010/11/24
71	破产法研究中心	2010/11/24
72	亚太法学研究院	2011/07/13
73	法律与宗教研究中心	2012/07/04
马克思主义学院		
74	比较文明理论研究所	1991/05
75	台港澳研究中心	1993/12/21
76	思想政治教育研究所	1997/05/12
77	社会发展研究中心	1998/05/05
社会与人口学院		
78	心理科学研究中心	1987
79	社会调查中心	1990
80	女性研究中心	1994/02/26
81	性社会学研究所	1994/03/24
82	社会心理学研究所	1994/05/04
83	老年学研究所	1994/12/28
84	法律社会学研究所	1999/01/20
85	人类学研究所（原名为人类学民族学研究所）	2002/04/25
86	健康科学研究所	2004/01/12
87	基金会研究所	2007/01/15
88	环境社会学研究所	2009/04/13
89	体育与社会发展研究中心	2012/07/04
国际关系学院		
90	国际事务研究所	1987/01/01
91	联合国研究中心	1994/01/07
92	政治思想文化研究所	1994/05/25
93	当代中国政党研究中心	2000/01/04
94	美国研究中心	2000/10/26
95	联合国教科文组织研究中心	2004/01/08

序号	名　称	成立时间
96	比较政治制度研究所	2007/01/05
97	国际能源战略研究中心	2007/01/05
98	廉政建设研究中心	2008/07/14
99	中国对外战略研究中心	2012/07/04
新闻学院		
100	舆论研究所	1986/10/01
101	现代广告研究中心	1993/12/02
102	传播媒介管理研究所	1995/09/04
103	视听传播研究中心	1996/09/19
104	危机传播管理研究中心	2006/09/05
105	新闻伦理与传媒法律研究所	2007/01/05
106	公共传播研究所	2008/07/10
107	网络舆情研究中心	2010/11/24
108	公共外交研究中心	2012/07/04
艺术学院		
109	东方艺术研究所	2005/01/04
110	文化艺术策划与推广研究所	2010/11/24
111	绘画材料研究与修复工作室	2011/07/13
112	佛教艺术研究所	2013/11/09
外国语学院		
113	澳大利亚研究中心	1999/05/26
114	德国研究中心	2000/10/13
115	日本人文社会科学研究中心	2002/01/10
信息学院		
116	萨师煊大数据管理与分析国际研究中心（原名为数据工程与知识工程研究所）	1987
商学院		
117	工业经济与管理科学研究所	1987
118	财务会计研究所	1992/02
119	市场调查所	1992/04/07
120	政策科学研究中心	1992/10
121	中国市场营销研究中心	1995/06/08
122	中小企业发展研究中心	1999/01/20
123	中国供应链战略管理研究中心（原名为中国医药物流研究中心）	2002/03/26
124	中国贝迩工商管理与可持续发展研究中心	2005/01/04
125	国民幸福（生活方式与产业经济）研究中心	2010/11/24
126	粮食产业研究中心	2010/11/24
127	高礼研究院	2011/09/20
128	企业创新与竞争力研究中心	2012/07/04
公共管理学院		
129	政府管理与改革研究中心（原名为社会公共事务管理与发展研究中心）	1995/12/27
130	人力资源开发与管理研究中心	2000/02/25
131	商品储备与流通研究中心	2001/09/01
132	房地产信息中心	2002/05/15
133	危机管理研究中心	2005/01/04

序号	名　称	成立时间
134	土地规划研究中心	2006/09/05
135	公共管理定量分析研究所	2007/01/05
136	卫生医疗体制改革与发展研究中心	2007/01/15
137	土地政策与制度研究中心	2007/02/02
138	非营利组织研究所	2009/09/25
139	城乡发展规划与管理研究中心	2009/09/25
140	公共治理与和谐城市研究中心	2010/11/24
141	地方政府发展战略研究中心	2012/07/04
劳动人事学院		
142	组织行为学研究所	1988
143	劳动关系研究所	1991
144	人力资源开发与评价中心	1993/04/15
145	中国社会保障研究中心（原名为社会保障研究所）	1997/12/04
146	领导科学研究中心	2002/12/27
147	中国就业研究所	2004/01/12
148	中国人力资本审计研究所	2011/07/13
信息资源管理学院		
149	电子政务研究中心	2004/01/08
150	电子文件管理研究中心	2010/10/24
151	信息分析研究中心	2012/07/04
继续教育学院		
152	休闲经济研究中心	2004/01/12
环境学院		
153	环境政策与环境规划研究所	2009/04/13
154	低碳水环境技术研究中心	2011/07/13
心理系		
155	终身学习研究中心	2011/07/13
156	中国企业员工心理援助研究中心	2011/07/13
科研处		
157	韩国研究中心	1996/09/03
招生就业处		
158	大学生就业问题研究所	1996/04/26
国际交流处		
159	亚洲研究中心	2003/02/27
图书馆		
160	古籍整理研究所	1986/05/06
出版社		
161	教材研究与开发中心	1999/05/20
162	出版研究中心	2004/01/08
书报资料中心		
163	管理信息研究中心	1993
164	人文社会科学学术成果评价研究中心	2008/10/31
博物馆		
165	家书文化研究中心	2009/09/25

序号	名　称	成立时间
国际学院（苏州研究院）		
166	气候变化与低碳经济研究所	2009/09/25
167	全球化研究中心	2011/07/13
可持续发展高等研究院		
168	历史与社会高等研究所	2009/09/25
文化科技园管委会办公室		
169	文化产业研究院（原名为文化创意产业研究中心）	2009/11/18
数据工程与知识工程教育部重点实验室		
170	电子文件系统测试中心	2011/11/16

2013年中国人民大学纵向科研项目一览表

序号	项目名称	负责人	所属单位
国家哲学社会科学成果文库			
1	秦汉称谓研究	王子今	国学院
2	内需可持续增长的结构基础与政策选择	杨瑞龙	经济学院
3	徽商与明清文学	朱万曙	文学院
4	问题中的哲学	陈先达	哲学院
5	中国哲学思潮发展史	张立文	哲学院
国家社会科学基金重大项目			
6	法学方法论与中国民商法研究	王利明	法学院
7	我国健康国家建设和慢性病社会经济危害预测与治理研究	王虎峰	公共管理学院
8	生态产品的供给机制与制度创新研究	曾贤刚	环境学院
9	中共党史学科基本理论问题研究	杨凤城	马克思主义学院
10	推动“三农”问题解决的城乡发展一体化体制机制与政策研究	马九杰	农业与农村发展学院
11	清代灾荒纪年暨信息集成数据库建设	夏明方	历史学院
12	我国养老保障体系应对人口老龄化挑战的对策研究	王晓军	统计学院
13	中华民族伟大复兴的社会心理促进机制研究	时　勘	心理学系
14	微博微信公共事件与社会情绪共振机制研究	陈力丹	新闻学院
15	国家数字档案资源整合与服务机制研究	安小米	信息资源管理学院
国家社会科学基金重点项目			
16	中国民间家书的文化价值与抢救性收藏研究	张　丁	档案馆
17	全口径预算决算管理改革及其法治化进程研究	朱大旗	法学院
18	国有企业改革与国有资产保护法律问题研究	刘俊海	法学院
19	秦汉时期的海洋探索与早期海洋学研究	王子今	国学院
20	未来20年我国经济增长基本条件的变化趋势研究	林　岗	经济学院
21	推动实现更高质量的就业研究	曾湘泉	劳动人事学院
22	中国社会核心价值观变迁历程研究	邱　吉	马克思主义学院
23	农业灾害风险评估研究	朱信凯	农业与农村发展学院
24	农业现代化体制机制创新及其与工业化、信息化、城镇化同步发展研究	孔祥智	农业与农村发展学院

序号	项目名称	负责人	所属单位
25	大数据时代统计学理论的重构与创新研究	田茂再	统计学院
26	秦汉六朝字形专题研究	王贵元	文学院
27	媒介融合时代新闻传播教育研究	蔡　雯	新闻学院
28	现代西方管理思想的演进逻辑及其范式转换研究	彭新武	哲学院
29	18 世纪末以来西方隐喻理论视域转换与问题意识研究	牛宏宝	哲学院
30	当代后果主义伦理研究	龚　群	哲学院
31	儒家博爱论研究	向世陵	哲学院
国家社会科学基金一般项目			
32	财政民主理念下的房产税制度改革研究	姚海放	法学院
33	唐代军事制度研究	孟宪实	国学院
34	城乡统筹背景下我国医疗保障制度转型与路径选择研究	仇雨临	劳动人事学院
35	社会救助目标定位研究	杨立雄	劳动人事学院
36	中世纪后期英国贵族群体社会政治活动研究	孟广林	历史学院
37	《武义南宋徐谓礼文书》与宋代政务运行机制研究	李全德	历史学院
38	马克思主义中国化进程中经典著作编译与传播问题研究（1919—1949）	王海军	马克思主义学院
39	后林改时期农户林地经营决策机理及营林效率差异研究	柯水发	农业与农村发展学院
40	开放情境下企业自主创新及实现方式问题研究	王保林	商学院
41	“收入倍增”框架下创新农村零售业态与开拓农村市场研究	王　强	商学院
42	新生代流动人口健康状况及健康风险意识调查研究	和　红	社会与人口学院
43	转型期社会分层对国民健康的影响及其后果研究	齐亚强	社会与人口学院
44	个人信用评级的统计建模研究与应用	何晓群	统计学院
45	多克特罗小说艺术研究	陈世丹	外国语学院
46	类型学视野下的汉语连动式研究	高增霞	文学院
47	英国文学名著的汉译形象研究	李　今	文学院
48	精神分析学的文学批评维度	马元龙	文学院
49	西方马克思主义悲剧理论的价值批判研究	陈奇佳	文学院
50	弗罗洛夫新人道主义研究	安启念	哲学院
51	经典逻辑与非经典逻辑的哲学基础研究	余俊伟	哲学院
52	亚里士多德《形而上学》核心卷研究	聂敏里	哲学院
国家社会科学基金青年项目			
53	公立医院改革追踪评估研究	曹　琦	公共管理学院
54	基于内部债务机制的养老保险基金投资管理模式研究	杨　俊	劳动人事学院
55	周代的“东土”研究	曹　斌	历史学院
56	回归与超越：国际前沿理论中的马克思主义公正观演进逻辑考察	张晓萌	马克思主义学院
57	信贷约束下劳动力转移对农户参与新型农业生产经营组织的影响研究	李　宾	农业与农村发展学院
58	妇女生命历程对男孩偏好的影响研究	杨　凡	社会与人口学院
59	农村留守老人心理适应追踪研究	唐　丹	社会与人口学院
60	农村留守老年人的生活质量状况与养老服务需求研究	孙鹃娟	社会与人口学院
61	汉语构式省略的理论建构与实证研究	董正存	文学院
国家社会科学基金特别委托项目			
62	中国梦的基础理念研究	陶文昭	马克思主义学院
63	涉藏信息传播的路径依赖及效果生成	周　勇	新闻学院
国家社会科学基金后期资助项目			
64	地方政府债务研究	类承曜	财政金融学院

序号	项目名称	负责人	所属单位
65	民变、邪教与清中叶的政治、学术与社会——以天理教事件为中心的考察	张瑞龙	历史学院
66	中国现代农业经营与建设主体研究	朱信凯	农业与农村发展学院
67	会计规则的由来——对美国经验的辩证分析	周　华	商学院
68	基于语义 Web 的知识处理方法研究	朝乐门	数据工程与知识工程教育部重点实验室
69	尚秉和易学思想研究	韩慧英	文学院
70	实践与历史内在论——历史唯物主义的存在范畴	罗　骞	哲学院
全国艺术科学规划一般项目			
71	中国传统节日的当代走向及保护对策研究	林　慧	外国语学院
国家重大科学仪器设备开发专项课题			
72	水中有毒污染物多指标快速检测仪器	龙　峰	环境学院
国家自然科学基金国家杰出青年科学基金			
73	金融学	汤　珂	汉青高级经济与金融研究院
国家自然科学基金重点项目			
74	在线个性化定制系统的设计特性对消费者定制行为的影响研究	王刊良	商学院
国家自然科学基金国际合作与交流项目			
75	变化市场中农产品价值链转型及价格、食品安全的互动关系——以蔬菜、渔产品和乳制品为例	Thomas Reardon	农业与农村发展学院
76	IT 服务外包供应商应对环境剧变的过程和影响因素研究	毛基业	商学院
国家自然科学基金面上项目			
77	隶玻色子技术在多轨道强关联电子系统中的推广与应用	俞　榕	物理学系
78	面向大数据的税收微观数据体系构建与政策效应分析应用	谢波峰	财政金融学院
79	低碳导向的北京城市空间结构优化研究	秦　波	公共管理学院
80	基于政策网络视角的城市战略性规划决策与实施过程研究	李东泉	公共管理学院
81	互动视角的组织社会化动态跟踪研究	李超平	公共管理学院
82	基于光热转换构筑近红外光响应的形变高分子微粒	王亚培	化学系
83	溶胀——嵌段共聚物纳米颗粒的制备与结构重整的新方法	金朝霞	化学系
84	电荷迁移态在有机稀土发光配合物敏化发光过程中的作用机制研究	付立民	化学系
85	光致电子转移反应的飞秒光谱研究	于安池	化学系
86	过渡金属催化的温和条件下酰胺的氢化和氢转移反应研究	徐立进	化学系
87	基于 CVM 的城市大气细颗粒物（PM2.5）健康风险评估及风险管理策略研究	曾贤刚	环境学院
88	农业政策与湿地保护政策对三江平原湿地影响的空间计量分析	刘子刚	环境学院
89	面向创新驱动发展战略的高校人才培养模式改革研究	周光礼	教育学院
90	贸易地理特征与中国出口国内附加值低下之“谜”	张　杰	经济学院
91	相对收入的行为影响及其在政策设计中的应用	王湘红	经济学院
92	农民工的住房保障、在外居住抉择与家乡住房投资行为研究	陈传波	农业与农村发展学院
93	社区支持农业消费者食品信任发展的纵向研究	陈卫平	农业与农村发展学院
94	食品安全威胁下的一家两制与社会自我保护研究	周　立	农业与农村发展学院
95	中国食品价格上涨的非对称性调整研究	刘晓鸥	农业与农村发展学院
96	经济增长、制度变迁与文化传承视角下的中国森林转型研究	刘金龙	农业与农村发展学院

序号	项目名称	负责人	所属单位
97	集团管控模式与内部资本市场运作	王化成	商学院
98	组织中的领地性：理论探讨与实证检验	刘　军	商学院
99	中国大型企业集团管控模式的多样性与演进路径研究——基于管理实践的演化论视角探索	王凤彬	商学院
100	中国企业创业中制度缺失与战略反应的研究	徐二明	商学院
101	基于社会学习理论的中国企业服务型领导多层垂滴效应的纵向研究	宋继文	商学院
102	人力资源管理、领导力与人力资本促进组织二元创新平衡的联结机制研究	周　禹	商学院
103	基于顾客选择的医疗呼叫中心的设计与优化	王晓芳	商学院
104	房价波动与房贷违约风险	况伟大	商学院
105	基于异质企业贸易模型研究中国企业创新行为异质性与国际化战略	易靖韬	商学院
106	主体功能区规划背景下人口有序流动及合理分布研究	张耀军	社会与人口学院
107	中国农村计划生育家庭发展能力研究	杜本峰	社会与人口学院
108	企业异质性与最优货币政策研究	肖争艳	统计学院
109	临床试验中的创新设计及统计方法	胡飞芳	统计学院
110	铁基超导材料的结构、磁性和超导的关联性质研究	于伟强	物理学系
111	量子杂质模型的精确计算方法及其在多量子点系统中的应用	魏建华	物理学系
112	量子杂质系统的数值重整化群研究	同宁华	物理学系
113	不确定微分博弈及其应用	高金伍	信息学院
114	面向移动用户的 Web 数据集成技术研究	孟小峰	信息学院
115	基于关联书目数据的分层聚合与导航机制研究	索传军	信息资源管理学院
国家自然科学基金青年科学基金项目			
116	主权债务问题研究	钱宗鑫	财政金融学院
117	基于微纳尺度图案化电荷标记研究聚合物弛豫性质	关　丽	化学系
118	剩余污泥脂类图谱及特性初探	朱芬芬	环境学院
119	新能源产业空间布局模式与风险的空间传导路径研究	徐　瑛	经济学院
120	食品安全监管问题的新规制经济学分析	李三希	经济学院
121	地方政府土地供给行为研究：财政激励、土地用途组合与产业结构影响	张清勇	农业与农村发展学院
122	粮食主产区土地用途管制的耕地保护绩效与政策优化研究——基于农户分化的视角	王雨濛	农业与农村发展学院
123	环境不确定条件下的农产品供应链柔性匹配机制研究	于亢亢	农业与农村发展学院
124	中国企业职场排斥的成因、结果及影响机制：基于社会影响与社会认同视角的研究	杨　俊	商学院
125	服务行业中预售退订的价格歧视机制及价格承诺的影响	张泽林	商学院
126	基金的投资分散化行为与决定因素研究	王　雪	商学院
127	组织间合作情景下管理控制体系与企业吸收能力的交互影响及制度约束	戴　璐	商学院
128	政府监管、市场监督与公司信用债券定价	孟庆斌	商学院
129	基于网上弱标注数据的个性化图像标注研究	李锡荣	数据工程与知识工程教育部重点实验室
130	复杂空间和时空数据的统计模型研究	褚挺进	统计学院
131	预测模型的结构化变量选择方法研究	李　扬	统计学院
132	白光 LED 用硅基氮化物荧光粉体的非平衡制备新技术及其光谱调控研究	袁轩一	物理学系

序号	项目名称	负责人	所属单位
133	悬挂石墨烯中高效自旋注入和输运的研究	王　乐	物理学系
134	图的群染色的研究	李　昊	信息学院
135	满足开集条件的自相似结构上的分析	倪天佳	信息学院
136	基于使用满意理论的微博瘾形成过程和影响因素研究	李　倩	信息学院
137	面向企业的商品评论代表性意见提取策略研究	任　明	信息资源管理学院
国家自然科学基金重大研究计划培育项目			
138	应对非常规突发事件的抗逆力模型集成方法	时　勘	心理学系
139	非常规突发事件应急管理本体建模与时空数据集成研究	许　伟	信息学院
国家自然科学基金主任基金项目			
140	促进农村土地流转、增加农民收入的改革政策与配套措施研究	陶　然	经济学院
141	自然科学基金委管理科学部网站及项目查询数据库开发及维护	王卫东	社会与人口学院
142	关于国家自然科学基金加强资助经济学研究的报告	袁　卫	统计学院
143	基于互联网的学术专家信息感知、挖掘与集成技术研究	文继荣	信息学院
国家自然科学基金国际合作与交流项目			
144	铁催化功能性有机过氧化合物的合成及其应用	李志平	化学系
145	“绿色经济”研讨会	陈彦斌	经济学院
国家科技重大专项课题			
146	水体污染控制与治理——城市污水处理厂节能降耗稳定运行技术集成研究与示范	王洪臣	环境学院
国家软科学研究计划			
147	农村科技创新创业金融体系建设与服务创新研究	马九杰	农业与农村发展学院
教育部人文社科项目重大课题攻关项目			
148	中国流动人口社会融合研究	杨菊华	社会与人口学院
149	京剧百部经典英译系列工程	孙　萍	文学院
教育部人文社科重点研究基地重大项目			
150	人口转变、产业转型与中国经济社会可持续发展研究	杨成钢	社会与人口学院
151	佛教文献研究译丛（第一辑）	侯　冲	哲学院
152	影子银行、信用扩张与系统风险	瞿　强	财政金融学院
153	结构性减税的效果评估	吕冰洋	财政金融学院
154	刑事证据问题研究	陈卫东	法学院
155	构建有中国特色保安处分制度研究	时延安	法学院
156	民法总则研究	朱　岩	法学院
157	合同法理论与规范问题研究	李永军	法学院
158	中国与欧洲的国际关系理论视角：中欧学术对话	吴　勇	国际关系学院
159	欧债危机中的中东欧国家：中国与中东欧国家关系发展面临的机遇与挑战	程大为	经济学院
160	中国经济的结构性减速与结构性改革	杨天宇	经济学院
161	中国宏观经济困境的形成机理与应对策略	陈彦斌	经济学院
162	近些年来国外学者对中国道路的研究及评析	郑吉伟	马克思主义学院
163	新时期中国宗教公益慈善问题研究	何虎生	马克思主义学院
164	十七世纪西班牙文献中的郑成功家族史料辑录、翻译与研究	张先清	历史学院
165	大英图书馆藏清代珍稀史料辑录及考释	王天根	历史学院
166	社区建设与社区社会组织发展研究	夏建中	社会与人口学院
167	国际比较视野下的中国城乡居民环境意识研究	洪大用	社会与人口学院

序号	项目名称	负责人	所属单位
168	中国第六次人口普查资料分析研究	宋 健	社会与人口学院
169	中国统计学科史研究	袁 卫	统计学院
170	面板数据模型的随机效应和序列相关性检验理论及其应用研究	苏为华	统计学院
171	新媒体环境下新闻教育改革研究	蔡 雯	新闻学院
172	清代新闻传播史	周建明	新闻学院
173	科学发展观与转变经济发展方式研究	张 旭	哲学院
174	西方现代政治伦理思想研究	张传有	哲学院
175	马克思主义经典作家政治伦理思想研究	詹世友	哲学院
教育部人文社科重大委托课题			
176	教育部直属单位领导班子和干部队伍建设研究	张成福	公共管理学院
教育部人文社科发展报告项目			
177	中国经济改革发展报告	林 岗	经济学院
178	中国区域经济发展报告	孙久文	经济学院
教育部人文社科后期资助项目			
179	荷兰民法典（译著）	高圣平	法学院
180	《周易》本经注译辨析	李炳海	文学院
教育部人文社科普及读物项目			
181	法律解释学读本	王利明	法学院
182	社会保障理论与政策解析	郑功成	劳动人事学院
183	中国特色社会主义简明读本	秦 宣	马克思主义学院
184	中国工业化历程简明读本	温铁军	农业与农村发展学院
185	图解中国市场	马龙龙	商学院
186	品味社会学	郑杭生	社会与人口学院
187	GDP 的科学性和实际价值在哪里	赵彦云	统计学院
188	数说经济与社会	袁 卫	统计学院
189	微博时代的舆情管理——领导干部通俗读本	喻国明	新闻学院
教育部人文社科规划项目			
190	农产品产销调控机制创新研究	杨 晶	继续教育学院
191	高等教育的溢出效应研究——个体教育获得对家庭流动的影响	秦惠民	教育学院
192	我国产业经济转型的路径研究	杜朝晖	经济学院
193	管制、过度医疗与新医改背景下的付费机制改革	刘小鲁	经济学院
194	农业生产领域的资本主导型经营模式对生产要素配置的影响研究	吕亚荣	农业与农村发展学院
195	解释水平视角下道德情绪对道德心理许可的影响研究	胡 平	心理学系
196	马克思政治哲学的基本问题研究	张文喜	哲学院
197	日本当代的中国佛教研究	张文良	哲学院
教育部人文社科青年项目			
198	开放经济条件下资本流动对中国经济的影响	张 鹤	财政金融学院
199	食品安全问题的信息经济学分析	李三希	经济学院
200	高绩效工作系统对员工态度作用机制的跨层研究：基于不同社会交换关系	苗仁涛	劳动人事学院
201	海外中国特色社会主义研究	路克利	马克思主义学院
202	我国农村地区儿童零食食品安全风险分析及监管制度创新研究	李佳洁	农业与农村发展学院
203	以资产为基础的农村家庭动态贫困及福利分析	尤 婧	农业与农村发展学院
204	土地用途管制下不同类型农户福利损失与补偿机制研究	王雨濛	农业与农村发展学院

序号	项目名称	负责人	所属单位
205	国际趋同背景下的争议性会计规则：规范分析、实证检验与改进策略	周　华	商学院
206	近代戏曲译介与跨文化评价个案研究	江　棘	文学院
207	全程管理框架下的电子文件与档案分类：模型构建与实证研究	马林青	信息资源管理学院
208	伦理学视域下的人的尊严问题研究	王福玲	哲学院
教育部人文社科委托项目			
209	教育部人文社会科学研究管理平台 2012	陈　健	出版社
210	高校人文社科网建设经费 2012	李永强	出版社
211	关于新形势下大中小学开展中华优秀传统文化教育研究	郑水泉	党委宣传部
212	普通法传统对“一国两制”及香港基本法实施的影响研究	黄明涛	法学院
213	学习宣传贯彻党的十八大精神理论研究课题 1	喻国明	新闻学院
214	学习宣传贯彻党的十八大精神理论研究课题 2	方立天	哲学院
215	教育部社科委哲学学部 2012 年度活动经费	郭　湛	哲学院
216	教育部社科委哲学学部 2013 年度活动经费	郭　湛	哲学院
217	“2011 协同创新计划”总体规划和管理办法研究	郝立新	哲学院
教育部人文社科项目专项任务项目			
218	中国梦的基本内涵和主要特征研究	陶文昭	马克思主义学院
219	《实践论》《矛盾论》与马克思主义哲学教学体系之间关系研究	陈世珍	哲学院
教育部人文社科项目思想政治工作项目			
220	自媒体时代下高校宣教网络建设探究	丁　凯	经济学院
教育部留学归国人员科研启动基金项目			
221	青少年健康对其教育程度的影响：来自中国农村水项目的经验研究	张　静	财政金融学院
222	高速公路特许经营制度中的政府监管法律责任研究（留学）	喻文光	法学院
223	网络空间中的言论自由及其宪法界限	郑海平	法学院
224	地方政府在生态文明建构中的角色：中国、德国和美国的比较视角	冉　冉	国际关系学院
225	房价波动对老年家庭耐用品消费的影响	孙　伟	汉青高级经济与金融研究院
226	高分辨率土壤微生物基因解析法的建立与应用	刘国华	环境学院
227	中国城市居民对大气细颗粒物（PM2.5）健康风险的认知及支付意愿研究	曾贤刚	环境学院
228	“以明代清”：清初死刑监候制度研究	胡祥雨	历史学院
229	农产品供应链柔性与市场环境的匹配机制研究	于亢亢	农业与农村发展学院
230	中国农村贫困的动态变化研究——基于家庭资产的视角	尤　婧	农业与农村发展学院
231	投资集中度与投资业绩：基于国际共同基金的研究	王　雪	商学院
232	社会网上图像检索若干关键问题研究	李锡荣	数据工程与知识工程教育部重点实验室
233	互联网跨媒体信息的本体抽取和语义描述	陈跃国	数据工程与知识工程教育部重点实验室
234	纵向数据边际化随机效应模型的理论和应用	李　扬	统计学院
235	德语第三格系列研究	杜　荣	外国语学院
236	中美新闻发布会媒体关系维护策略比较研究	张　迪	新闻学院
教育部科技发展中心项目高等学校博士学科点专项科研基金			
237	中国式分权视角下的房地产租税、城市公共品供给与住房价格关系研究——基于嵌入式资产定价模型的分析	黄燕芬	公共管理学院
238	粮食主产区农户测土配方施肥技术的认知、采纳、绩效及其创建长效发展机制研究	王志刚	农业与农村发展学院

序号	项目名称	负责人	所属单位
239	基于省级面板数据的中国绿色增长预测	尤　婧	农业与农村发展学院
240	粮食主产区内不同类型农户农业技术需求与推广机制研究	王雨濛	农业与农村发展学院
241	基于分类的社会化标签与图像相关度估计方法研究	李锡荣	数据工程与知识工程教育部重点实验室
242	复杂分层结构数据的统计推断及应用	田茂再	统计学院
243	云计算环境下的在线聚集技术研究	孟小峰	信息学院
244	基于网络的科技论文学术生命周期测度方法与推荐策略研究	索传军	信息资源管理学院
教育部其他司局委托项目			
245	中小学心理辅导室基本标准研究	俞国良	社会与人口学院
246	中小学心理健康教育指导纲要	俞国良	社会与人口学院
247	中小学心理健康教育示范校标准研究	俞国良	社会与人口学院
北京市哲学社会科学规划项目重大项目			
248	实现中华民族伟大复兴“中国梦”研究	郑水泉	党委宣传部
249	推进首都经济结构战略性调整研究	刘　瑞	经济学院
250	中国特色社会主义制度体系研究	秦　宣	马克思主义学院
251	北京率先形成城乡发展一体化新格局研究	郑风田	农业与农村发展学院
北京市哲学社会科学规划项目重点项目			
252	北京市旅游竞争力研究	王琪延	继续教育学院
253	经济学发展报告——中国经济热点前沿、国外经济热点前沿	黄泰岩	经济学院
254	共产党人理想信念信仰问题研究：以当代北京市为例	杨德山	马克思主义学院
255	北京都市型现代农业新型经营主体发展与支持政策研究	孔祥智	农业与农村发展学院
256	公共外交视野下“中国梦”的国际传播研究	钟　新	新闻学院
257	党性和人民性一致性研究	陈力丹	新闻学院
北京市哲学社会科学规划项目一般项目			
258	人民币国际化对北京市金融产业竞争力的影响研究	涂永红	财政金融学院
259	中国特色社会主义文化国际传播策略及效果研究	郭晓明	出版社
260	北京市最低生活保障标准对低收入群体收入影响的实证研究	杨立雄	劳动人事学院
261	北京市重大集体劳动争议处理机制研究	程延园	劳动人事学院
262	国际粮食市场“金融化”背景下北京市粮食价格形成机制与稳定对策研究	辛　毅	农业与农村发展学院
263	北京市农产品产销协同一体化模式研究	李先国	商学院
264	“中国梦”与中国精神研究	高旭东	文学院
265	北京话历时语法研究	龙国富	文学院
266	“中国梦”的科学内涵及实现路径研究	胡　平	心理学系
267	北京市影视剧产业的融资环境与制度创新	张辉锋	新闻学院
268	北京城市形象的国际传播研究	赵永华	新闻学院
269	北京居民消费价格指数驱动因素、波动规律及监测预警研究	许　伟	信息学院
270	网络环境中的个人信息安全保护研究：以北京市为例	安小米	信息资源管理学院
北京市哲学社会科学规划项目青年项目			
271	北京市保障房建设与住宅商品房市场协调发展研究	张　鹤	财政金融学院
272	北京母公司与地方子公司集团内部资金转移研究	许　荣	财政金融学院
273	北京历史文化研究	李左峰	国际学院
274	改革开放以来中国共产党群众路线理论和实践与保持党的纯洁性之研究	夏　璐	马克思主义学院

序号	项目名称	负责人	所属单位
275	社会主义平等观——全球语境中的核心价值体系建设	张晓萌	马克思主义学院
276	北京创新农业经营体制机制研究	毛　飞	农业与农村发展学院
277	北京社会企业的培育与发展策略研究	祝玉红	社会与人口学院
278	北京市突发公共事件在自媒体中的传播和线下动员机制研究	李　彪	新闻学院
北京市哲学社会科学规划项目研究基地项目			
279	首都城镇化进程中的农民工劳动报酬影响因素研究：以建筑业为例	孙咏梅	经济学院
280	建设中国特色社会主义的总布局研究	张云飞	马克思主义学院
281	首都市民低碳生活价值观研究	邱　吉	马克思主义学院
282	新形势下北京城乡结合部党群关系研究	赵淑梅	马克思主义学院
283	网络化条件下北京市职业群体社会管理创新研究	刘少杰	社会与人口学院
284	北京市“失独”家庭生存状况及相关政策研究	宋　健	社会与人口学院
285	北京市完善养老服务体系研究——对居家养老的现状分析和供需预测	陶　涛	社会与人口学院
286	“北京城市记忆”数字资源库建设研究	冯惠玲	信息资源管理学院
287	视觉北京——都市形象与空间逻辑	吴　琼	哲学院
288	全球化背景下的境外媒体管理政策研究	孙维佳	哲学院
北京市自然科学基金项目面上项目			
289	北京市碳排放影响因素、削减潜力及低碳发展策略研究	柯水发	农业与农村发展学院
290	面向跨平台微博的复杂社区发现和用户网络结构关系研究	梁　循	信息学院
291	基于文献推荐的科研选题决策支持系统	余　力	信息学院
北京市教育委员会共建项目			
292	行政过程论视野中的法治政府建设研究	杨建顺	法学院
293	提高首都文化竞争力研究——基于国际比较视野	王琪延	继续教育学院
294	北京市文化科技融合发展战略研究	牛维麟	教育学院
295	提升北京创新能力，打造环渤海经济新引擎	杨瑞龙	经济学院
296	北京市专业学位研究生学位授予研究	刘凤良	经济学院
297	2013—科学研究与研究生培养共建项目—科研基地（马克思主义研究基地）	秦　宣	马克思主义学院
298	多层次资本市场体系促进首都经济结构转型升级的路径和机制研究	伊志宏	商学院
299	2013—科学研究与研究生培养共建项目—科研基地（社会建设研究基地）	翟振武	社会与人口学院
300	2013年基地项目—北京市家庭幸福状况及影响因素研究	宋　健	社会与人口学院
301	社会转型和媒体转换期集体记忆构建研究	冯惠玲	信息资源管理学院
302	中国文档管理的传统经验与现代启示	梁继红	信息资源管理学院
303	2013—科学研究与研究生培养共建项目—科研基地（人文北京研究基地）	郝立新	哲学院
304	2013年基地项目—北京市城市发展进程中的制度创新研究	徐尚昆	哲学院
北京市教育科学规划重点项目			
305	新形势下高等学校廉政文化体系建设研究	牛维麟	教育学院
306	2020—2030年基础教育学龄人口变化预测研究	李　丁	社会与人口学院
北京市教育科学规划青年专项			
307	社会生态视角下的社会工作专业硕士就业意向与对策研究	张会平	社会与人口学院
北京市社科联项目			
308	首都金融业发展问题研究	涂永红	财政金融学院
309	实现中华民族伟大复兴“中国梦”研究	郑水泉	党委宣传部

序号	项目名称	负责人	所属单位
310	首都进一步发挥法治在国家治理和社会管理中的作用研究	史际春	法学院
311	中国特色社会主义制度体系研究	秦　宣	马克思主义学院
北京市社科联项目青年社科人才资助项目			
312	北京市城镇养老保险体系的可持续性研究	李时宇	财政金融学院
313	北京市消费者食品安全风险认知研究	李三希	经济学院
314	北京市城乡统筹养老保障制度研究	鲁　全	劳动人事学院
315	北京社区党组织联系群众常态化机制研究	赵淑梅	马克思主义学院
316	党的理论工作者与《正处》的宣传（1957—1960）	欧阳奇	马克思主义学院
317	大师与大城：侯仁之的北京研究及其思想资源	丁　超	历史学院
318	社会拒绝对北京农民工子女社会适应的影响	张登浩	心理学系
319	健康北京：北京居民健康素养和健康行为研究	李　彪	新闻学院
北京市科委项目			
320	光电功能材料与微纳器件北京市重点实验室2013年度科技创新基地培育与发展工程专项项目	卢仲毅	物理学系
321	北京市科技新星	许　伟	信息学院
322	北京市战略性新兴产业集群发展报告	许　伟	信息学院
其他项目			
323	生态文明建设与农业发展方式转变	曾贤刚	环境学院
324	法学重点学科资源云标准规范建设	刘　桃	数据工程与知识工程教育部重点实验室

中国人民大学教授考察团情况一览表（2005—2013年）

序号	团长	地点	时间	主要内容
1	冯惠玲	浙江杭州	2005年4月11日至13日	政府部门座谈、研究项目
2	袁　卫	湖北宜昌	2005年6月6日至9日	政府部门座谈、学术报告
3	牛维麟	广西南宁	2005年6月12日至15日	政府部门座谈、看望挂职干部
4	王新清	吉林长春	2005年7月9日至17日	政府部门座谈、学术报告、农村调研
5	纪宝成	新疆乌鲁木齐	2005年7月10日至19日	政府部门座谈、学术报告
6	程天权	西藏拉萨	2005年7月19日至27日	政府部门座谈、学术报告、硕士学位授予
7	王新清	福建三明	2005年8月21日	政府部门座谈、研究项目、合作协议
8	冯惠玲	黑龙江哈尔滨	2005年12月15日至17日	政府部门、企业座谈、研究项目
9	纪宝成	安徽安庆	2005年12月20日至22日	政府部门座谈、学术报告、合作协议
10	王新清	陕西延安	2006年9月21日至24日	学术报告、合作协议
11	冯惠玲	山东济宁	2007年1月10日至15日	政府部门座谈、研究项目
12	冯惠玲	山东寿光	2008年5月18日至20日	政府部门座谈、学术报告
13	冯惠玲	贵州遵义	2008年7月10日至14日	政府部门座谈、研究项目、农村调研
14	纪宝成	江西鹰潭	2008年7月21日至25日	政府部门座谈、学术报告、研究项目、合作协议
15	纪宝成	江苏扬州	2008年4月23日至24日	政府部门座谈、学术报告、合作协议
16	袁　卫	广西南宁	2009年6月30日至7月2日	政府部门座谈、学术报告
17	牛维麟	贵州毕节	2009年7月14日至17日	政府部门座谈、学术报告

序号	团长	地点	时间	主要内容
18	牛维麟	内蒙古多伦县	2009年7月22日至24日	政府部门座谈、学术报告及文化科技园签署战略合作协议
19	牛维麟	安徽合肥	2009年8月12日至13日	政府部门座谈、学术报告
20	纪宝成	西藏拉萨	2009年8月21日至26日	政府部门座谈、合作备忘录
21	杨慧林	山西大同	2010年8月19日至21日	政府部门座谈、学术报告、研究项目、大型国企调研
22	纪宝成	重庆	2010年10月11日至14日	政府部门座谈、学术报告、研究项目、区县企业调研
23	牛维麟	安徽滁州	2010年12月22日至24日	企业农村调研、学术报告、研究项目、合作协议
24	牛维麟	海南	2011年3月2日至5日	政府部门座谈、研究项目
25	冯惠玲	四川成都	2011年4月13日至16日	政府部门座谈、学术报告、区县企业调研
26	纪宝成	贵州	2011年7月25日至29日	政府部门座谈、学术报告、研究项目
27	程天权	福建	2013年2月22日至23日	政府部门座谈、合作协议
28	陈雨露	福建	2013年8月2日至6日	政府部门座谈、挂职干部赴任、学术交流
29	刘向兵	河北正定	2013年8月23日至24日	政府部门座谈、农村调研

中国人民大学教师在全国及北京市学术团体中兼职情况一览表（不完全统计）

姓名	单位	学会名称	职务
罗国杰	哲学院	中国伦理学会	会长
宋志明	哲学院	中国哲学史学会	秘书长
陈先达	哲学院	全国历史唯物主义学会	会长
葛荣晋	哲学院	中国实学研究会	会长
		中华孔子学会	副会长
郭　湛	哲学院	中国辩证唯物主义研究会	副会长
夏甄陶	哲学院	中国辩证唯物主义研究会	副会长
		中国人学学会	副会长
张立文	哲学院	中国周易学会	副会长
焦国成	哲学院	中国伦理学会	秘书长
孙中原	哲学院	中国逻辑学会	副会长
		中国墨子学会	副会长
段忠桥	哲学院	中国国外马克思主义研究会	副会长
		全国高等学校文科学报研究会	副理事长
		全国经济哲学研究会	副会长
安启念	哲学院	中国马哲史协会	常务理事
		中国俄罗斯哲学研究会	会长
马俊峰	哲学院	北京市哲学会	副会长
		全国辩证唯物主义学会	常务理事、副秘书长
		价值哲学研究会	副会长
李　萍	哲学院	中华日本哲学会	常务理事
张志伟	哲学院	中华全国外国哲学史学会	理事长
		北京市哲学会	副会长

姓名	单位	学会名称	职务
林美茂	哲学院	中华日本哲学会	常务理事
方立天	哲学院	中国宗教学会	顾问
		中国哲学史学会	顾问
		中国佛教协会	顾问
		中华宗教文化交流协会	常务理事
张风雷	哲学院	（中日韩）东亚宗教文化学会	常务理事
		中国东亚宗教文化学会	副会长
王鸿生	哲学院	北京自然辩证法研究会	理事长
杨武金	哲学院	中国逻辑学会辩证逻辑专业委员会	副主任、秘书长
		北京市逻辑学会	副会长
		中国墨子学会	常务理事
		中国逻辑学会因明专业委员会	常务理事
张　法	哲学院	中华美学学会	副会长
刘晓力	哲学院	中国逻辑学会	副会长
		中国自然辩证法研究会科学哲学专业委员会	理事长
		中国自然辩证法研究会数学哲学专业委员会	主任
韩东晖	哲学院	中华外国哲学史学会	秘书长
臧峰宇	哲学院	全国应用哲学研究会	副秘书长
欧阳谦	哲学院	中国现代外国哲学学会	常务理事
张立波	哲学院	北京市哲学会	副秘书长
陆贵山	文学院	全国马列文论研究会	名誉副会长
		中国中外文艺理论学会	顾问
周忠厚	文学院	全国马列文论研究会	顾问
张永青	文学院	全国马列文论研究会	副会长、秘书长
李　今	文学院	中国现代文学研究会	副秘书长
刘小枫	文学院	中国比较古典学学会	会长
潘天强	文学院	全国马列文论研究会	副秘书长
孙　郁	文学院	中国鲁迅研究会	常务副会长
高旭东	文学院	中国比较文学学会	副会长
		中国现代文学研究会	常务理事
杨慧林	文学院	中国比较文学学会	会长
		中国宗教学会	副会长
金元浦	文学院	中国中外文艺理论学会	常务副会长
		北京科技美学协会	会长
程光炜	文学院	中国当代文学研究会	副会长
		中国闻一多研究会	副会长
成崇德	历史学院	国家清史编纂委员会	副主任
张永江	历史学院	中国蒙古史学会	秘书长
孟广林	历史学院	中国世界中世纪史研究会	常务副秘书长
刘后滨	历史学院	中国唐史学会	副秘书长
孙家洲	历史学院	中国秦汉史研究会	副会长
包伟民	历史学院	中国宋史研究会	副会长
魏　坚	历史学院	中国蒙古史学会	副理事长
		中国元史研究会	副会长
		中国岩画学会	副会长
		北京市考古学会	副会长

姓名	单位	学会名称	职务
王子今	国学院	中国秦汉史研究会	会长
		中国河洛文化研究会	副会长
		中国岩画学会	副会长
袁济喜	国学院	中国《文心雕龙》学会	副会长
		中华美学会	常务理事
乌云毕力格	国学院	中国蒙古史学会	理事长
黄朴民	国学院	中国史学会	副秘书长
		中国孙子兵法研究会	常务理事
诸葛忆兵	国学院	中国词学研究会	副会长
林　岗	经济学院	中国《资本论》研究会	会长
		北京经济学总会	会长
刘凤良	经济学院	中华外国经济学说研究会	副秘书长
		北京高等学会师资管理研究会	副理事长
		中国高等教育分会薪酬管理研究分会	副秘书长
		中国高等教育学会师资管理研究分会	常务理事
黄泰岩	经济学院	中国经济发展研究会	会长
		全国高校社会主义经济理论与实践研讨会年会	秘书长
杜厚文	经济学院	中国世界经济学会	顾问
雷　达	经济学院	中国世界经济学会	副会长
吴易风	经济学院	中华外国经济学说研究会	名誉会长
		全国马克思主义经济学说史学会	副会长
贺耀敏	经济学院	中国大学出版社协会	副理事长
		中国图书评论协会	副会长
		中国出版协会	常务理事
方福前	经济学院	中华外国经济学说研究会	副会长
		北京外国经济学说研究会	会长
姚开建	经济学院	全国马克思主义经济学说史学会	副会长
吴汉洪	经济学院	北京外国经济学说研究会	副会长
		中国世界贸易组织研究会	常务理事
		中华外国经济学说研究会	常务理事
陈　璋	经济学院	中国投入产出学会	常务副理事长
刘　瑞	经济学院	中国宏观管理教育学会	会长
		韩中社会科学学会	副会长
侯景新	经济学院	全国经济地理研究会	副会长
孙久文	经济学院	中国区域科学学会区域经济委员会	副理事长
		全国经济地理研究会	会长
张可云	经济学院	中国区域科学学会区域经济委员会	常务理事
魏权龄	经济学院	中国运筹学会	常务理事
黄　达	财政金融学院	中国金融学会	名誉会长
安体富	财政金融学院	中国财政学会	顾问
		中国税务学会	顾问
		中国税务学会	学术委员会副主任
		中国税收教育研究会	名誉会长

姓名	单位	学会名称	职务
陈雨露	财政金融学院	中国金融学会	副秘书长、常务理事
		中国国际金融学会	副会长
高　钢	新闻学院	首都互联网协会	副会长
周　勇	新闻学院	高等教育学会新闻学与传播学专业委员会	秘书长
蔡　雯	新闻学院	中国新闻教育史研究会	副会长
		北京市新闻工作者协会	常务理事
杨保军	新闻学院	全国新闻学研究会	常务理事、秘书长
赵永华	新闻学院	中国新闻史学会外国新闻史研究会	副会长
倪　宁	新闻学院	中国高等教育学会广告学专业委员会	副理事长
彭　兰	新闻学院	中国新闻史学会网络传播史分会	副会长
喻国明	新闻学院	中国传媒经济学会	会长
		中国传播学会	副会长
		中国电视艺术家协会高校分会	副会长
周小普	新闻学院	中国新闻教育学会广播电视分会	副会长
袁　卫	统计学院	中国统计学会	顾问
		中国统计教育学会	副会长
		中国统计教育学会高教分会	会长
		北京市统计学会	名誉会长
赵彦云	统计学院	中国国民经济核算研究会	顾问
		中国统计教育学会	常务理事
		中国统计教育学会高教分会	副会长
		中国统计学会	副会长
		全国工业统计教学研究会（一级学会）	会长
高敏雪	统计学院	中国国民经济核算研究会	副理事长
		北京市统计学会	副秘书长
金勇进	统计学院	北京市统计学会	副会长
		中国商业统计学会市场调查与分析研究会	会长
何晓群	统计学院	中国现场统计研究会	常务理事
		中国现场统计研究会多元统计分析专业委员会	理事长
易丹辉	统计学院	中国医疗保险研究会	常务理事
		世界中医药学会联合会第二届临床疗效评价专业委员会	常务理事
		北京市企业评价协会	副理事长
		中国现场统计研究会生物医学统计分会	秘书长
陈一兵	统计学院	北京高教学会后勤管理研究会	副理事长
唐　忠	农业与农村发展学院	中国农业经济学会	副秘书长
叶秋华	法学院	全国外国法制史研究会	副会长
		中国法学教育研究会	秘书长
朱景文	法学院	中国立法学会	常务副会长
		中国法理学会	副会长
王振东	法学院	中国法学会法律史分会老庄与传统中国法文化研究会	秘书长

姓名	单位	学会名称	职务
韩大元	法学院	中国法学会	常务理事
		中国法学会宪法学研究会	会长
		中国法学会法学教育研究会	常务副会长
		海峡两岸法学交流促进会	副理事长
		中国检察学研究会	副会长
胡锦光	法学院	中国法学会宪法学研究会	副会长
		北京市法学会宪法学研究会	副会长、常务理事
杨建顺	法学院	中国法学会行政法学研究会	副会长
		北京市法学会行政法学会	副会长
莫于川	法学院	中国法学会行政法学研究会	副会长
		中国法学会行政法学研究会政府法制专业委员会	副主任
李元起	法学院	中国法学会宪法学研究会	副秘书长
韩玉胜	法学院	中国监狱学会	副会长
黄京平	法学院	中国法学会犯罪学研究会	常务理事
		中国青少年犯罪研究会	副会长
		中国法学会刑法学研究会	副会长
王利明	法学院	中国法学会民法学研究会	会长
		中国法学会	副会长
		中国国际经济贸易仲裁委员会	副主任
		中国消费者权益保护协会	副会长
龙翼飞	法学院	中国法学会航空法学研究会	副会长
		中国法学会婚姻家庭法学研究会	常务副会长
		北京市法学会民商法研究会	会长
		北京市法学会房地产研究会	副会长
杨大文	法学院	中国婚姻家庭研究会	副会长
		中国法学会婚姻家庭法学研究会	名誉会长
杨立新	法学院	中国法学会民法学研究会	副会长
		北京市消费者权益保护法学会	会长
林　嘉	法学院	中国劳动法学研究会	副会长
		北京市劳动法和社会保障法研究会	副会长
		中国法学会社会法学研究会	常务副会长
叶　林	法学院	中国法学会商法学研究会	副会长
		北京市法学会民商法学研究会	副会长
姚　辉	法学院	中国法学会民法学研究会	副秘书长
		中日民商法研究会	副会长
邢海宝	法学院	北京市法学会民商法学研究会	副秘书长
刘春田	法学院	中国知识产权法学研究会	会长
		中国版权协会	副会长
		跨国公司促进会知识产权委员会	副主席
		中国知识产权研究会	副会长
刘文华	法学院	北京市法学会经济法研究会	会长
史际春	法学院	中国法学会经济法学研究会	副会长
张新宝	法学院	中国法学会民法学研究会	常务理事、秘书长

姓名	单位	学会名称	职务
徐孟洲	法学院	中国法学会银行法研究会	副会长
		中国法学会经济法学研究会	副秘书长、常务理事
		中国商业法学会	副会长
朱大旗	法学院	中国财税法学研究会	副会长
		中国法学期刊研究会	副会长
郭寿康	法学院	中国法学会世界贸易组织研究会	副会长
余劲松	法学院	中国国际经济法研究会	副会长
陈卫东	法学院	中国法学会刑事诉讼法学研究会	常务副会长
		中国法学会审判理论研究会	副会长
		国际刑法学会中国分会	副主席
汤维建	法学院	中国法学会民事诉讼法学研究会	副会长
		中国行为法学会执行行为研究会	副会长
		中国检察学研究会	副会长
何家弘	法学院	中国行为法学会	副会长
		中国警察法学研究会	副会长
戴玉忠	法学院	中国法学会	常务理事
程天权	法学院	中国高校校报协会	理事长
余民才	法学院	北京市国际法学会	副秘书长、常务理事
王　铁	法学院	中国民法学研究会	常务理事、秘书长
邵　明	法学院	中国法学会民事诉讼法学研究会	副秘书长
刘俊海	法学院	中国消费者协会	副会长
		中国法学会消费者权益保护法研究会	副会长、秘书长
		中国法学会商法学研究会	常务理事
		中国法学会证券法学研究会	常务理事
		中国工商行政管理学会	常务理事
		中国个体劳动者协会	常务理事
丁相顺	法学院	中国比较法研究会	常务理事
		北京市比较法学会	副会长
贾林青	法学院	中国保险法研究会	副会长
范　愉	法学院	中国比较法学会	副会长
		中国法律社会学专业委员会	副会长
梁树发	马克思主义学院	中国马克思主义哲学史学会	会长
秦　宣	马克思主义学院	中国科学社会主义学会	副会长
		北京市科学社会主义学会	副会长
郝立新	马克思主义学院	中国马克思主义哲学史学会	副会长
		中国历史唯物主义学会	副会长、秘书长
		中国马克思恩格斯研究会	副会长
		中国高教学会马克思主义研究会	会长
		北京市高等教育学会研究生思想政治理论课研究会	理事长
杨凤城	马克思主义学院	中共党史人物研究会	副会长
		中共党史学会	常务理事
		高校学科建设委员会	会长
		中华人民共和国史学会	常务理事
		中华人民共和国史学会高校教学与研究理事会	会长
		北京市中共党史学会	会长

姓名	单位	学会名称	职务
齐鹏飞	马克思主义学院	中华人民共和国史学会高等院校教学研究专业委员会	秘书长
张云飞	马克思主义学院	中国自然辩证法研究会编辑出版工作委员会	副主任
		中国自然辩证法研究会未来哲学与发展哲学专业委员会	副理事长
张　旭	马克思主义学院	全国马克思列宁主义经济学说史学会	常务理事、副秘书长
		中国经济规律研究会	常务理事
		首都经济学家论坛	常务理事
		北京市高等教育学会研究生思想政治理论课研究会	秘书长、副会长
张　新	马克思主义学院	中国马克思主义哲学史学会	常务理事
		全国高校马克思主义理论学科教学研究会	副秘书长
张雷声	马克思主义学院	全国高校马克思主义理论学科研究会	副会长
耿化敏	马克思主义学院	中国中共党史学会党史学科建设专业委员会	副秘书长
翟振武	社会与人口学院	中国人口学会	副会长
段成荣	社会与人口学院	中国人口学会	常务理事、副秘书长
		北京市人口学会	副会长
邬沧萍	社会与人口学院	中国老年学学会	名誉会长
		中国人口学会	顾问
		中国老教授协会	顾问
杜　鹏	社会与人口学院	中国老年学学会	副会长
		北京市老年学会	会长
		北京市人口学会	副会长
郑杭生	社会与人口学院	中国社会学会	名誉会长
		北京市社会学学会	名誉会长
		北京市社会科学界联合会	顾问
洪大用	社会与人口学院	中国社会学学会	副秘书长
		中国社会学会环境社会学专业委员会	会长
		北京市社会学学会	副会长
		北京市社会科学界联合会	常委
沙莲香	社会与人口学院	中国社会心理学会	常务理事
庄孔韶	社会与人口学院	中国人类学与民族学研究会	副会长
		中国影视人类学学会	副会长
		中国人类学民族学研究会中国宗教人类学专业委员会	会长
李路路	社会与人口学院	中国社会学会	副会长
俞国良	社会与人口学院	中国教育学会教育心理学分会	副会长
		中国职教学会德育工作委员会	副主任
		中国家庭教育学会	常务理事
刘少杰	社会与人口学院	中国社会学会经济社会学专业委员会	理事长
		中国社会学会理论社会学专业委员会	副理事长、秘书长
赵旭东	社会与人口学院	中国人类学民族学研究会海外文化研究专业委员会	副主任
郭星华	社会与人口学院	中国社会学会法律社会学专业委员会	会长
陈　岳	国际关系学院	中国高教学会国际政治研究专业委员会（全国高校国际政治研究会）	理事长

姓名	单位	学会名称	职务
李景治	国际关系学院	中国国际共运史学会	副会长
宋新宁	国际关系学院	中国欧洲学会	常务理事
黄嘉树	国际关系学院	中国战略文化促进会	副会长
		北京市台港澳交流促进会	副会长
周淑真	国际关系学院	全国统一战线理论研究会	常务理事
		北京市统一战线理论研究会	副会长
蒲国良	国际关系学院	中国国际共运史学会	副秘书长
		中国科社学会世界社会主义专业委员会	副会长
		北京市国际共运史学会	会长
		北京市科学社会主义学会	常务理事
金灿荣	国际关系学院	中国国际关系学会	副会长
刘青建	国际关系学院	中国非洲史学会	常务理事
		中国亚非学会	常务理事
		中国拉丁美洲学会	常务理事
王续添	国际关系学院	中国现代史学会	常务理事
李庆四	国际关系学院	中国富布赖特学友会	常务副秘书长
郭春生	国际关系学院	北京市国际共运史学会	副会长、秘书长
方长平	国际关系学院	中国高等教育学会国际政治研究专业委员会	常务理事、常务副秘书长
陈　禹	信息学院	中国信息经济学会	名誉理事长
方美琪	信息学院	中国信息经济学会	名誉理事
龙永红	信息学院	全国经济数学与管理数学学会	副会长
		北京数学会	常务理事
		北京经济数学会	理事长
		北京旅游学会	常务理事
杨小平	信息学院	全国计算机基础教育研究会	副会长
		北京系统工程学会	副理事长、秘书长
尤晓东	信息学院	全国高等院校计算机基础教育研究会财经管理信息专业委员会	秘书长
付虹蛟	信息学院	中国信息经济学会	副秘书长
孟小峰	信息学院	中国计算机学会	常务理事
		中国计算机学会数据库专委会	秘书长
杜小勇	信息学院	全国高等院校计算机基础教学研究会文科专业委员会	主任
王明明	信息学院	中国信息经济学会	秘书长、副理事长
左美云	信息学院	中国信息经济学会	副理事长
		国际信息系统协会中国分会	副秘书长
宋远方	商学院	中国物流学会	副会长
刘凤军	商学院	中国市场学会	副秘书长
郭国庆	商学院	中国高校市场学研究会	副会长
徐二明	商学院	中国企业管理研究会	副理事长
		北京现代企业研究会	会长
李　平	商学院	中国工业经济研究与开发促进会	副理事长
邓荣霖	商学院	中国工业经济联合会	学术委员会副主任

姓名	单位	学会名称	职务
纪宝成	商学院	中国市场学会	副会长
		中国商业经济学会	副会长
		中国高校市场学研究会	会长
		中国高校市场营销研究会	副会长
		全国高校商业经济教学研究会	会长
		中国教育发展战略研究会	副理事长
		中国公共管理硕士（MPA）专业学位教育指导委员会	副主任委员
		中国高等教育学会	副会长
		中国教育国际交流协会	副会长
		中韩友好协会	副会长
		中国职业技术教育学会	会长
李金轩	商学院	中国商业高等教育学会	副会长
李占祥	商学院	北京现代企业研究会	名誉会长
吕一林	商学院	中国高校市场研究学会	秘书长
		中国商科高等教育学会	秘书长
黄国雄	商学院	中国商业经济学会	副会长
戴德明	商学院	中国会计学会	副会长
万　融	商学院	中国商品学会	会长
董克用	公共管理学院	中国劳动学会	副会长
		中国行政管理学会	副会长
		中国人力资源开发研究会	副会长
		中国行政体制改革研究会	副会长
		中国人才学会	副会长
		中国机构编制改革研究会	副会长
许光建	公共管理学院	中国价格协会高校价格理论与实践研究会	常务副会长
		中国国际经济关系学会	常务理事
		中国价格协会	常务理事
		北京市价格协会	副会长
陈秀山	公共管理学院	中国区域经济学会	常务理事
叶剑平	公共管理学院	中国房地产估价师与经纪人学会	顾问
毛寿龙	公共管理学院	全国政策科学研究会	副会长
唐　钧	公共管理学院	北京市城市管理志愿者协会	副会长
曲卫东	公共管理学院	世界华人不动产学会	常务副秘书长
		北京税收法制建设研究会	顾问
刘　昕	公共管理学院	中国人力资源开发教学与实践研究会	秘书长
魏　娜	公共管理学院	北京市志愿服务发展研究会	副会长
孙柏瑛	公共管理学院	中国行政管理教学研究会	副秘书长
		中国县级政府研究会	副秘书长
叶裕民	公共管理学院	北京市城市经济学会	副会长
		北京城市管理学会	副会长
吕　萍	公共管理学院	中国房地产估价师与房地产经纪人学会	副会长
		中国土地估价师协会	常务理事
		中国土地学会土地经济学分会	副主任委员

姓名	单位	学会名称	职务
牛维麟	教育学院	中国高等教育学会	常务理事
		中国高等教育学会产学研合作教育分会	副会长
		北京高教学会办公室工作研究分会	理事长
		北京市高校党建研究会	副会长
刘希明	教育学院	全国高校社科信息资料研究会	副会长
秦惠民	教育学院	中国教育学会教育政策与法律研究专业委员会	副理事长
		全国高等学校信息资料学会	名誉会长
郑功成	劳动人事学院	中国劳动学会	副会长
		中国社会保险学会	副会长
		中国医疗保险研究会	副会长
		中国社会福利协会	副会长
		中国残疾人事业发展研究会	副会长
		中国保险学会	副会长
马俊杰	劳动人事学院	中国领导科学研究会	常务理事
		中国艺术教育促进会	常务理事
曾湘泉	劳动人事学院	中国劳动学会	副会长
		中国劳动学会劳动科学教育分会	会长
		中国人力资源开发研究会	副会长
		中国就业促进会	副会长
		中国劳动学会薪酬专业委员会	副会长
常　凯	劳动人事学院	中国人力资源开发研究会	副会长
		中国人力资源开发研究会劳动关系分会	会长
		中国社会法学研究会	副会长
		中国劳动法学研究会	副会长
冯惠玲	信息资源管理学院	国家电子文件管理专家委员会	主任
张　践	继续教育学院	中国实学研究会	常务副会长
郑水泉	学校办公室	中国高校校报协会	副理事长
刘春鸿	图书馆	北京高教学会图书馆工作研究会期刊专业委员会	副主任委员
		北京高教学会图书馆工作研究会文献资源建设专业委员会	副主任委员
宋姬芳	图书馆	北京高教学会图书馆工作研究会	副理事长、秘书长
		北京高教学会图书馆工作研究会用户研究与服务专业委员会	主任委员
胡　宁	图书馆	北京高教学会图书馆工作研究会编目专业委员会	副主任委员
祝小静	图书馆	北京高教学会图书馆工作研究会信息素质教育专业委员会	副主任委员
		北京高教学会图书馆工作研究会用户研究与服务专业委员会	秘书长
朱小梅	图书馆	北京高教学会图书馆工作研究会用户研究与服务专业委员会	副秘书长
孙　涛	图书馆	北京自然辩证法研究会	副秘书长

2013年学校及各院系举办的学术活动一览表

序号	会议名称	会议类型	学科	举办时间
1	中国国际问题高级讲坛2013	国内	国际关系	1月3日
2	“中国雇主—雇员匹配数据追踪调查”项目第二次试点调查工作总结研讨会	国内	管理学	1月9日
3	2012年第四季度中国就业季度分析会	国内	管理学	1月10日
4	世界经济与政治发展论坛	国内	国际关系	1月12日
5	第十七届（2013年度）中国资本市场论坛	国内	金融学	1月12日
6	“低碳城市”小型国际研讨会	国际	管理学	1月14日
7	中英下一代核对话论坛	国际	国际关系	1月15日
8	“大数据环境下的信息资源管理学科专业建设”咨询研讨会	国内	图书馆、情报、文献学	1月17日
9	中国区域经济发展论坛	国内	经济学	1月19日
10	第四届“江山论坛”	国内	金融学	1月26日
11	中国社会保障30人论坛年会（2013）：社会保障与收入分配	国内	管理学	2月22日
12	中国农民工“生存感受”2013年度报告研讨发布会	国内	心理学	2月27日
13	公共政策论坛	国内	管理学	3月1日
14	看守所管理机制创新与新刑事诉讼法暨投诉处理机制与羁押巡视制度研讨会	国内	法学	3月9日
15	“多元主义视角下的规划评估”研讨会	国内	管理学	3月9日
16	“世界语境下的阴阳与中国哲学”研讨会	国内	哲学	3月11日
17	中国宏观经济论坛（2013年第一季度）	国内	经济学	3月16日
18	“马克思：浪漫主义与生态学”研讨会	国内	哲学	3月18日
19	中国人民大学《资本论》教学与研究中心发展建设研讨会暨2013年中国政治经济学发展论坛	国内	经济学	3月20日
20	中国人民大学澳大利亚研究中心文学周学术会议	国际	语言学	3月20日
21	“理解作为主体的自我”研讨会	国内	哲学	3月20日
22	“2014之后的阿富汗政治经济发展”研讨会	国际	国际关系	3月21日
23	“千人百村”社会调研主报告发布大会	国内	社会学	3月25日
24	“我们欠下一代什么？气候变化与代际公平”研讨会	国内	哲学	3月25日
25	“科学表征与虚构”研讨会	国内	哲学	3月28日
26	2013（第10届）中国数据挖掘与商业智能暨海峡两岸应用统计研讨会	港澳台	统计学	3月28日
27	海峡两岸CATI与数据挖掘合作20周年暨第十届中国数据挖掘与商业智能研讨会	港澳台	统计学	3月29日
28	“全国就业信息监测统计工具开发项目”专题研讨会	国内	管理学	3月30日
29	第二届中国劳动科学博士生论坛	国内	管理学	3月30日
30	2013·国际经学与文学学术研讨会	国际	国学	3月30日
31	“文学史的另一种可能”研讨会	国内	文学	3月31日
32	残疾人个性化服务模式研讨会	国内	管理学	4月6日
33	第一届东亚知识产权论坛	国际	法学	4月6日

序号	会议名称	会议类型	学科	举办时间
34	第五届“旅游与环境可持续发展：创新、竞争力与合作”国际会议	国际	统计学、社会学	4月9日
35	“追求智慧：古代哲学的六种生活方式”研讨会	国内	哲学	4月11日
36	货币金融圆桌会议·2013春	国际	金融学	4月13日
37	国家社会科学基金重大项目“中国档案事业史”学术讨论会	国内	图书馆、情报、文献学	4月13日
38	“住房发展规划与实施政策”研讨会	国内	管理学	4月14日
39	2013年第一季度中国就业季度分析会	国内	管理学	4月14日
40	中国农村贫困与社会发展论坛2013	国际	管理学	4月20日
41	《徐谓礼文书》与宋代政务运行研究学术研讨会	国内	历史学	4月20日
42	第二届公共政策年会	国内	管理学	4月27日
43	人大—辅大海峡两岸哲学论坛	港澳台	哲学	4月28日
44	《中国法律发展报告2012：中国法律工作者的职业化》发布会暨学术研讨会	国内	法学	5月4日
45	“笛卡尔哲学：语义学、认识论、形而上学和伦理学”研讨会	国内	哲学	5月5日
46	第五届海峡两岸财经前沿问题学术研讨会	港澳台	经济学	5月6日
47	第六届中国人民大学—汉阳大学联合学术研讨会：新兴市场经济下的政策问题	国际	经济学	5月10日
48	第四届“国家综合防灾减灾与可持续发展论坛”	国内	管理学	5月10日
49	理论指导发展，人道促进和谐——首都红十字理论研讨会	国内	社会学	5月14日
50	2013金融投资论坛	国内	金融学	5月15日
51	第六届中国R语言会议	国内	统计学	5月18日
52	“欧洲政党政治的演变与趋势”研讨会	国内	国际关系	5月21日
53	“两岸政治对话前景”研讨会	港澳台	国际关系	5月21日
54	中国人民大学青年经济论坛暨经济学院第二届本科生学术论坛	国内	经济学	5月22日
55	大数据·大战略·大未来——2013（首届）中国CIO论坛	国内	图书馆、情报、文献学	5月23日
56	“旱暵水溢：世界历史上的河流、洪涝与旱灾”国际学术研讨会	国际	历史学	5月23日
57	“货币法制的意义及作用”研讨会	国际	金融学	5月24日
58	让世界充满光亮——第八届中国人民大学模拟联合国大会	国内	国际关系	5月24日
59	《走向核心国家——中国的“大金融”战略与发展路径》研究报告发布会	国内	金融学	5月25日
60	“分析哲学与哲学史：理性重建思想的发展”研讨会	国内	哲学	5月27日
61	中国老龄化与发展政策对话研讨会	国际	社会学	5月28日
62	银行业消费者保护：监管与管理最新动态——消费者金融教育开创未来	国内	法学	5月28日
63	“慈善伦理：中西比较”高端学术论坛	国内	哲学	5月31日
64	“全球正义：中国在21世纪的道德领导力角色”研讨会	国际	国际关系	5月31日
65	“中国金融学科终身成就奖”颁奖典礼暨中国金融学科发展论坛	国内	金融学	6月1日
66	“国际并购与企业走出去”——第三次金融投资论坛	国内	金融学	6月5日
67	2013：重逢史铁生——“史铁生及写作的当下意义”研讨会暨《史铁生说》首发式	国内	文学	6月5日
68	“二元论者可以接受贝内特的策略吗？”研讨会	国内	哲学	6月6日
69	“2013年上半年国际形势和中国周边安全”研讨会	国内	国际关系	6月7日

序号	会议名称	会议类型	学科	举办时间
70	人口分布与城镇化全国学术研讨会	国内	社会学	6月12日
71	“行政管理学科发展”研讨会	国内	管理学	6月13日
72	“21世纪的中国与俄罗斯大众传媒”第九届会议	国际	新闻学	6月14日
73	“中国企业国际化与兼并重组”高峰论坛	国内	金融学	6月15日
74	“韩非子与子学”国际学术研讨会	国际	国学	6月15日
75	中国宏观经济论坛（2013年中期）	国内	经济学	6月15日
76	第八届“中国经济法治论坛”——探讨加快完善社会主义市场经济体制的法律问题	国内	法学	6月15日
77	“人民币国际化报告2013”研讨会	国内	金融学	6月16日
78	中国人民大学、北京大学、筑波大学日本语言文学联合学术研讨会	国际	语言学	6月16日
79	国际传播学会（ICA）第63届年会：国家身份认同与全球公民意识	国际	新闻学	6月17日
80	“新发现黄天道帛书与写经”学术研讨会	国内	历史学	6月20日
81	第五届中日佛学会议	国际	哲学	6月20日
82	第四届中国性研究国际研讨会	国际	社会学	6月21日
83	第六届京津冀研究生人口与发展论坛	国内	社会学	6月22日
84	第二届中日韩会议	国际	哲学	6月22日
85	第十一届海峡两岸民法论坛	港澳台	法学	6月23日
86	能源经济学论坛	国内	经济学	6月24日
87	青年学者公司金融与治理国际研讨会	国际	经济学	6月27日
88	全国第23个“土地日”专家座谈会	国内	管理学	6月28日
89	公司金融期刊家族企业治理特刊会议	国际	经济学	6月28日
90	典籍·社会与文化国际学术研讨会暨中国历史文献研究会第34届年会	国际	历史学	6月29日
91	中国人民大学私营企业治理与发展中心揭牌仪式暨家族企业治理国际研讨会	国际	经济学	6月30日
92	公立医院改革：试点及其成效评估研讨会	国内	管理学	7月6日
93	首都可持续发展战略国际研讨会	国际	管理学	7月6日
94	中国国际问题论坛2013：中国崛起的安全环境与对外战略	国际	国际关系	7月6日
95	第二届微观数据与实证方法国际研讨会	国际	经济学	7月6日
96	第三届国民收入与企业总体薪酬高峰论坛	国内	管理学	7月6日
97	第五届临床评价方法与应用国际研讨会暨第四届东亚地区生物统计会议	国际	统计学	7月6日
98	第三期城镇化论坛	国内	经济学	7月7日
99	第二届“大数据视点”研讨会	国际	计算机科学与技术	7月8日
100	2013年第二季度中国就业季度分析会	国内	管理学	7月12日
101	第五轮中美韩三遍战略对话会议	国际	国际关系	7月13日
102	首届国际满文文献学术研讨会	国际	历史学	7月13日
103	“后危机时代的欧洲一体化”研讨会	国际	国际关系	7月14日
104	第三届中国政治社会学讲习班	国际	社会学	7月17日
105	巴黎2013年国际比较文学学会年会	国际	文学	7月18日
106	“传统孝道的当代意义与多元对话”国际学术会议	国际	哲学	7月19日
107	2013年中国社会学年会“农村社会学”论坛	国内	社会学	7月20日
108	2013年中国社会学会“转型与创新：中国经济社会学发展的新阶段”论坛	国内	社会学	7月21日

序号	会议名称	会议类型	学科	举办时间
109	第七届冷原子物理和量子信息青年学者学术讨论会	国内	物理学	7月27日
110	北京“东亚古典读书会”	国内	语言学	7月27日
111	第九届两岸和平研讨会	港澳台	国际关系	8月1日
112	社区治理年会	国内	管理学	8月2日
113	第九届“人文学与神学”暑期国际研讨班	国际	文学	8月4日
114	第二届中国文化艺术策划论坛暨2013品牌中国（文化艺术）高峰论坛	国内	艺术学	8月9日
115	食品安全治理协同创新中心签约暨食品安全面临挑战研讨会	国内	法学	8月9日
116	第九届哈耶克经济学会年会	国内	管理学	8月15日
117	第五次中国社会保障史专题研讨会	国内	管理学	8月15日
118	“人之尊严与中国的特殊性”研讨会	国内	法学	8月17日
119	“大金融、大合作、大治理”国际智库研讨会	国际	金融学	8月21日
120	全国方言会议	国内	文学	8月22日
121	“全球化与民族化：21世纪的徐悲鸿研究及中国美术发展”国际学术研讨会	国际	艺术学	8月24日
122	第九届社会保障国际论坛	国际	管理学	8月25日
123	第五届少数民族地区信息传播与社会发展论坛	国内	新闻学	8月27日
124	海峡两岸O*NET工作分析研讨会	港澳台	心理学	8月29日
125	第四届中国电子文件管理论坛	国际	图书馆、情报、文献学	8月29日
126	中德社会保障法制研讨会	国际	管理学	8月30日
127	中德作家论坛	国际	文学	9月1日
128	海峡两岸暨内地中青年刑法学者高级论坛	国内	法学	9月7日
129	“荷兰养老金发展及其经验”研讨会	国际	管理学	9月8日
130	第九届中国老年学学科建设研讨会	国内	社会学	9月14日
131	世界侵权法学会成立大会暨第一届学术研讨会	国际	法学	9月14日
132	德国的联邦议会选举、德国对外政策以及中德关系研讨会	国际	国际关系	9月18日
133	首届政府经济学年会	国内	管理学	9月22日
134	中国宏观经济论坛（2013年第三季度）	国内	经济学	9月22日
135	公立医院改革新视角：有管理、连续的医疗服务体制及付费机制研讨会	国际	管理学	9月23日
136	四校公共管理学院卫生政策方向师生论坛	国内	管理学	9月24日
137	2013中国养老金国际研讨会	国际	管理学	9月25日
138	第十届法官与学者对话论坛暨第四届国际民法论坛	国际	法学	9月27日
139	新刑事诉讼法实施评估暨第六届中美刑事司法实证研究方法研讨会	国际	法学	9月28日
140	“论民主多元主义”研讨会	国内	哲学	9月28日
141	中国人民大学澳大利亚研究中心与迪肯大学联合主办学术会议	国际	语言学	10月1日
142	“中国房地产税的改革”研讨会	国内	管理学	10月6日
143	第三届“法律与社会高端论坛”	国内	社会学	10月8日
144	世界华文小说艺术国际学术研讨会——以阎连科小说作品为例	国际	文学	10月10日
145	中国知识产权六协会（研究会）战略合作会议第二次会议	国内	法学	10月11日
146	北京行为科学学会2013年学术年会	国内	管理学	10月11日
147	2013年中国社会发展高层论坛暨北京郑杭生社会发展基金会青年学者论坛	国内	社会学	10月11日

序号	会议名称	会议类型	学科	举办时间
148	2013 气候传播国际会议	国际	新闻学	10 月 11 日
149	首届老年节研讨会	国内	管理学	10 月 12 日
150	中国劳动学会劳动科学教育分会 2013 年年会	国际	管理学	10 月 12 日
151	第三届“全球劳动科学院长论坛”	国际	管理学	10 月 14 日
152	“教育与教育研究：共同提升”研讨会	国际	教育学	10 月 15 日
153	欧债危机与中欧关系研讨会	国内	国际关系	10 月 16 日
154	2013 年第三季度中国就业季度分析会	国内	管理学	10 月 18 日
155	大学校园民法问题研讨会	国内	法学	10 月 19 日
156	林增杰教授、严星教授合著《回望八十年》赠书仪式暨土地管理专业发展研讨会	国内	管理学	10 月 19 日
157	第一届“公共财政管理与政策”学术研讨会	国内	管理学	10 月 19 日
158	江浙沪流动人口比较研究研讨会	国内	社会学	10 月 19 日
159	“合同法的新发展”研讨会	国内	法学	10 月 19 日
160	社会工作与社会管理创新全国学术研讨会——第二届社会工作论坛	国内	社会学	10 月 19 日
161	中国人文社会科学论坛 2013	国内	管理学	10 月 19 日
162	中国企业法治论坛（2013）	国内	法学	10 月 20 日
163	中国地政系列论坛——城镇化与集体土地制度改革	国内	管理学	10 月 20 日
164	中国人民大学历史学院考古文博系成立暨学科建设研讨会	国内	历史学	10 月 20 日
165	中国人民大学公共管理创新与发展高层论坛	国际	管理学	10 月 22 日
166	“中国城市房价的溢出效应及房价对利率反应的区域异质性”研讨会	国内	管理学	10 月 23 日
167	第一期“马克思主义理论学科青年学者论坛”	国内	马克思主义	10 月 23 日
168	第三届亚太地区档案教育国际学术研讨会	国际	图书馆、情报、文献学	10 月 23 日
169	人口变化与经济发展全国学术研讨会	国内	社会学	10 月 23 日
170	中韩财政金融问题研讨会	国际	金融学	10 月 23 日
171	中日韩共用常见汉字国际学术研讨会	国际	文学	10 月 23 日
172	“欧盟外部行动的原则和影响”研讨会	国际	国际关系	10 月 25 日
173	“政策与法制：如何应对全球化背景下有组织犯罪的挑战”中英学术研讨会	国际	法学	10 月 25 日
174	第五届 CIER/IZA 劳动经济学学术研讨会	国际	管理学	10 月 25 日
175	“如何治理村官腐败”公共政策评论会	国内	管理学	10 月 28 日
176	“当前欧洲问题和中欧关系”研讨会	国际	国际关系	10 月 29 日
177	政策试点：发生机制与内在逻辑——基于我国公共部门绩效管理政策的案例研讨会	国内	管理学	10 月 30 日
178	中国社会保障制度改革面临的形势与发展趋势研讨会	国内	管理学	10 月 30 日
179	“西塞罗的伦理—政治哲学”研讨会	国内	哲学	10 月 30 日
180	“中国—北约理事会是否可行”研讨会	国际	国际关系	11 月 1 日
181	第四届东亚环境社会学国际学术研讨会	国际	社会学	11 月 2 日
182	第八届中日三校国际学术会议	国际	经济学	11 月 7 日
183	中国教育发展战略学会改革与发展规划专业委员会 2013 学术年会	国内	教育学	11 月 7 日
184	第二届期货与衍生品市场国际会议	国际	金融学	11 月 9 日
185	中国企业管理案例与质性研究论坛暨第七届中国人民大学管理论坛	国际	经济学	11 月 9 日
186	“《一代宗师》：数码时代与文化自觉”研讨会	国内	哲学	11 月 12 日
187	“玄学对佛教‘时间’概念的影响”研讨会	国内	哲学	11 月 12 日

序号	会议名称	会议类型	学科	举办时间
188	全国看守所实施新刑事诉讼法学术研讨会暨在押人员投诉处理机制现场会	国内	法学	11月13日
189	“改革时代的政治发展与政治稳定”研讨会	国内	管理学	11月13日
190	“文化强国与文化政策”研讨会	国内	管理学	11月16日
191	“何为政治哲学”学术研讨会	国内	哲学	11月16日
192	第一届亚太知识产权论坛	国际	法学	11月16日
193	中国社会保障史第六次专家研讨会	国内	管理学	11月16日
194	第四届独墅湖人大金融论坛	国内	金融学	11月16日
195	东亚合作论坛2013	国际	国际关系	11月18日
196	“政府采购从分散、集中、集成到整合的必然性——从行政生态学的视角”研讨会	国内	管理学	11月20日
197	学习十八届三中全会文件精神报告会	国内	管理学	11月20日
198	“至善与至善主义”研讨会	国内	哲学	11月20日
199	冷战时期中共外交史研究前沿（第2期中共党史学科青年教师工作坊）	国内	马克思主义	11月21日
200	第七届劳动力市场工资价位调查研讨会	国内	管理学	11月22日
201	“法、良知与世俗化”研讨会	国内	法学	11月23日
202	中国宏观经济论坛（2013—2014）	国内	经济学	11月23日
203	中国古代文学研究：视野与方法学术研讨会	国内	文学	11月23日
204	第二届京津研究生论坛	国内	哲学	11月23日
205	“中庸关于两种善的界定及其生存意义”研讨会	国内	哲学	11月25日
206	中国自然辩证法研究会北京青年学术论坛：绿色未来的权利	国内	哲学	11月25日
207	东亚政策论坛	国际	管理学	11月26日
208	劳动争议预防调解制度创新研讨会	国际	管理学	11月26日
209	“新加坡城市管理中的社会均衡发展”研讨会	国内	管理学	11月27日
210	“80后，怎么办?”研讨会	国内	文学	11月27日
211	“现代东亚教育的现状与变革”研讨会	国际	教育学	11月27日
212	纪念毛泽东诞辰120周年研讨会	国内	马克思主义	11月29日
213	管理哲学论坛第四期：儒家领导力的挑战	国内	哲学	11月29日
214	日本东洋史研究的回顾与反思：以增渊龙夫的研究与思考为中心学术研讨会	国内	哲学	11月29日
215	中国破产法论坛2013年专题研讨会	国内	法学	11月30日
216	斯大林、希特勒和1941年的战略转变	国际	国际关系	11月30日
217	2013年中国信息资源管理论坛	国内	图书馆、情报、文献学	11月30日
218	中国人民大学澳大利亚研究中心文化周学术会议	国际	语言学	12月1日
219	第六届国际催化和精细化工研讨会	国际	化学	12月1日
220	“全球化、国际主义和国家之间的合作”研讨会	国际	国际关系	12月2日
221	第七届临床医学研究中的统计方法学术研讨会	国内	统计学	12月7日
222	中日经济增长比较研究论坛	国际	经济学	12月8日
223	马克思主义与中国道路协同创新中心学术研讨会	国内	马克思主义	12月8日
224	全面深化改革与中国特色社会主义理论研讨会	国内	马克思主义	12月8日
225	“新型城镇化：整体规划与突破重点”高级研讨会	国内	经济学	12月8日
226	“欧洲政党与欧洲一体化”研讨会	国内	国际关系	12月10日

序号	会议名称	会议类型	学科	举办时间
227	“破解看病难的新视角——建立管理连续医疗服务体制”研讨会	国内	管理学	12月11日
228	“全面深化改革：为什么？怎么改?”研讨会	国内	管理学	12月11日
229	马克思主义理论研究的前沿问题（第二期“马克思主义理论学科青年学者论坛”）	国内	马克思主义	12月11日
230	中国人民大学第二次新生研讨课交流研讨会	国内	社会学	12月11日
231	“西方哲学的四个框架”研讨会	国内	哲学	12月11日
232	发现和思考技术：西方技术传统中的哲学，伦理和政治的系列讲座	国内	哲学	12月12日
233	人力资源管理第33期学术论坛	国际	管理学	12月13日
234	2013北京文艺论坛：网络与文艺	国内	文学	12月13日
235	2013年中国知识管理论坛	国内	图书馆、情报、文献学	12月14日
236	第八届中国人力资源管理新年报告会	国内	管理学	12月15日
237	“马克思政治哲学的苏格兰启蒙因素”研讨会	国内	哲学	12月17日
238	中国政府监管改革国际学术研讨会	国际	管理学	12月17日
239	“理解知识过程理论中人力资源管理的角色：学习型组织的系统观点”研讨会	国内	管理学	12月18日
240	“全面深化改革与中国特色社会主义”理论研讨会	国内	马克思主义	12月18日
241	中国人民大学2013人文社科论坛	国内	社会学	12月19日
242	“国家治理能力现代化与政府改革”研讨会	国内	管理学	12月22日
243	中国首届城乡规划实施学术研讨会	国内	管理学	12月22日
244	心灵哲学与认知科学专题研讨会	国内	哲学	12月23日
245	公共转移会否溢出家庭代际转移？基于全国数据的实证研究研讨会	国内	管理学	12月25日
246	青年流动人口健康问题学术研讨会	国内	社会学	12月25日
247	“刑事法律援助质量评估与控制机制”研讨会	国际	法学	12月26日
248	新中国刑法学教育的回顾与展望暨高铭暄、王作富刑法教育思想研讨会	国内	法学	12月28日
249	清史研究所第八届青年学者论坛	国际	历史学	12月29日

发展规划

■ 学科和事业发展规划

一、概况

2013年，学校规划工作平稳有序。学校“十二五”规划在教育部官方网站正式公开；学校多校区办学逐步展开，对多校区办学条件下的发展战略进行了研究，开展了东西校区的定位和布局规划研究工作；向教育部正式上报了多份关于苏州校区建设有关事项的请示。

学校以提升质量为核心，在学科规划建设方面继续进行探索创新。学校决定成立中国人民大学数学科学研究院，并明确其为学校学术特区，力求推动建设国际一流数学学科；学校颁布了进一步加强汉青经济与金融高级研究院建设的政策文件，加大政策支持力度，力求使之成为学校提升国际性的重要增长点；学校还开展了学科国际评估工作的前期论证研究。

学校继续扎实做好统计信息工作，及时、准确地填报了上级部门下发和其他机构发放的一系列综合性统计报表，面向校内进行了两次重要统计数据发布，编撰了学校事业发展年度数据，并创新开展了多项统计分析研究工作，为学校管理决策提供数据分析支撑。学校统计工作在北京市教委2013年的统计工作质量评估中获得优秀成绩。

二、事业规划与发展战略研究

（一）“十二五”规划公开

2013年初，教育部官方网站正式公开了学校及教育部各直属高校的“十二五”规划。

（二）发展战略研究

2013年，根据学校目前多个校区的建设发展情况，学校发展规划处对学校未来的整体发展战略进行了研究，对苏州校区的定位和发展战略进行了专项研究。

（三）东校区（通州校区）相关工作

2013年，根据学校东校区建设的进展，发展规划处对国内外多校区的经典案例进行了研究，对国内部分高校进行了实地调研，撰写了《中国人民大学东、西校区定位与布局规划（草案）》《关于学校东西校区定位与布局规划工作程序的请示》及多份相关研究报告，文件及相关研究报告均已上报主管校领导。

（四）苏州校区相关工作

为保障学校苏州校区的长远发展，围绕苏州校区的正式批复以及苏州校区房屋土地产权的回购，在教育部直接指导下，经过与苏州市有关部门协商，学校连续向教育部正式上报了多份请示。2013年1月，学校向教育部上报《中国人民大学关于办理苏州研究院房屋产权事宜的请示》，2013年5月，学校向教育部上报《中国人民大学关于建设苏州校区有关问题的请示》，期间十余次向教育部上报补充材料。教育部对相关材料表示认可，将与东校区（通州校区）建设统筹考虑进行批复。

三、学科发展规划工作

（一）组建数学科学研究院

为推动学校数学学科快速发展，提升数学学科国际性水准，创新数学学科科研和人才培养模式，学校经研究，决定成立中国人民大学数学科学研究院，并制定了《中国人民大学数学科学研究院管理实施方案》，对数学科学研究院的定位、发展目标、管理模式和体制机制等方面进行了规定，明确数学科学研究院为学校学术特区。建设国际一流的数学学科是学校基础学科发展目标的重要组成部分，是学校学科建设“十年腾飞”规划的有机组成部分，也是提升数学等基础学科对社会科学学科和其他相关学科支撑能力的重大举措。

（二）推动汉青经济与金融高级研究院进一步发展

在调整和完善汉青经济与金融高级研究院体制的基础上，为进一步促进汉青研究院的建设和发展，学校决定进一步凝聚共识，加大政策支持力度，将汉青经济与金融高级研究院建设成为学校提升国际性的重要增长点和学科建设体制机制创新的试验田。颁布了《关于进一步加强汉青经济与金融高级研究院建设的意见》（2012—2013学年校办字61号），从成立“学科特区”建设工作领导小组、加强规划与评估考核、加强师资队伍建设、加强创新人才培养、保障办学经费等方面进行了具体规定。

（三）开展学科国际评估前期论证研究

为进一步提升学校学科发展质量和国际性水平，继续巩固学校在教育部学位中心第三轮学科评估排名中取得的良好成绩，根据《教育部关于全面提高高等教育质量的若干意见》（教高〔2012〕4号）提出的“鼓励有条件的高校开展学科专业的国际评估”的要求，开展了学科国际评估工作的前期论证研究，分析国内外一流大学开展学科国际评估的经验，对学校开展学科国际评估工作提出了基本设想，形成《学科国际评估研究报告》。

四、统计信息管理工作

（一）数据填报

1. 组织、协调有关单位及时、准确地填报了上级部门下发的以及其他机构发放的一系列综合性统计报表，包括上报北京市教育委员会的《高等教育基层统计报表（2013—2014 学年初）》，上报教育部的《中国人民大学 2013 年普通高等教育招生计划初步方案》《中国人民大学 2013 年普通高等教育招生计划执行情况》《中国人民大学 2012 年成人高等教育招生计划执行情况》《中国人民大学 2014 年预算编制基础数据表》《中国人民大学 2013 年财务决算编制数据表》，以及报送给其他机构的《汤森路透全球教育机构概况项目数据调查表》《上海交通大学 GRUP 调查表》《QS 金砖五国大学排名中国人民大学相关数据》《QS 亚洲大学排名中国人民大学相关数据》等。

2. 完成《中国人民大学统计报表（2012—2013 学年第二学期）》调查、整理和填报工作，报表设有 70 张表格，包含学院、学校两个层级的数据，翔实记录了人才培养、师资队伍、学科建设、科学研究、国际交流、办学条件六个方面的发展状况。

（二）数据发布

面向校内进行两次数据发布，一次是 4 月发布的《中国人民大学 2012—2013 学年第二学期重要统计数据》（2012—2013 学年校办字 49 号），一次是 10 月发布的《中国人民大学 2013—2014 学年第一学期重要统计数据》（2013—2014 学年校办字 11 号）。

编撰《中国人民大学事业发展年度数据 2012》（2012—2013 学年校办字 65 号），内容涉及人才培养、师资队伍、学科建设、科学研究、国际交流、办学条件等六个方面。

（三）统计服务

为相关部门提供学校综合数据，方便完成专业性报表的填报。

（四）统计分析

为更好地发挥统计服务于学校的管理决策的职能，基于学校和其他高校数据，开展了统计分析工作，完成《“985 工程”高校拨款体系研究》《中国人民大学“985 工程”（2010—2013 年）建设情况报告的绩效分析篇》《“985 工程”（2010—2013 年）三期建设关键指标分析》。

（五）统计评估

学校积极参与北京市 2013 年教育事业统计工作质量评估工作，提交相关评估材料和论文《从第三轮学科评估结果看学校的学科发展》，被评为优秀集体一等奖。

■ 校园规划与建设

一、概况

2013 年，学校扎实推进“十二五”基本建设规划和建设有关工作。学校在建工程 1 项，在建面积共计 2 929 平方米；拟建项目 2 项，拟建面积 11 万余平方米。

二、在建及竣工项目情况

（一）锅炉房工程

锅炉房工程总建筑面积 2 929 平方米，为全地下锅炉房，地下 3 层，地上局部 1 层。

2013 年完成了锅炉房工程设计图纸范围内的土建、安装、燃气及室外工程施工，完成了各项设备、暂估材料、专业分包的招标采购工作，完成了各项系统调试验收工作；完成了锅炉房工程的电气检测、水质检测、消防检测、室内环境检测、避雷检测以及四方验收工作并顺利交付使用。

（二）竣工结算工作

2013 年解决了国际文化交流中心遗留争议问题；完成了图书馆新馆、国学馆、校医院三项工程的总包、精装修、消防、弱电、室外工程、绿化、网络及多媒体设备等大部分的结算工作。

（三）竣工工程后期维保工作

2013 年完成了已竣工工程国际文化交流中心、品园 6 楼、图书馆新馆、国学馆、校医院、锅炉房等工程后续维保工作。

三、拟建项目情况

（一）东南区建设项目

根据学校建设规划开展东南区建设项目工作，具体包括东南区综合楼、留学生宿舍工程。其中东南区综合楼规划总建筑面积 80 850 平方米，地上 21 层，地下 3 层；留学生宿舍项目规划总建筑面积 30 600 平方米，地上 16 层，地下 2 层。

2013 年取得了东南区综合楼、留学生公寓规划建设条件复函；完成了综合楼勘察设计招标代理的招标工作，完成了勘察设计招标的资格预审工作；完成了东南区建设项目设计方案优化和可行性研究报告初步编制工作。

（二）东校区

2013 年按照学校总体工作部署参与完成了东校区的总体规划设计等相关工作。

■ 专项资金管理

一、专项资金管理机构

专项资金管理办公室全面负责学校专项资金项目的管理，包括“985 工程”“211 工程”和中央高校改善基本办学条件专项资金项目（原“修购专项”资金项目）。

“2011 计划”办公室为学校“2011 计划”相关工作的办事机构，主要负责对外联络、规划设计、组织实施等各项工作。

2013 年，在已有的“985 工程”“211 工程”“改善基本办学条件”等专项项目基础上，国家新增中央高校发展长效机制补助经费项目。

2013 年度，按照教育部的要求和学校的总体部署，在创新工作机制、注重改革创新的工作思路下，围绕“重大项目—政策研究—制度建设”的工作主线，专项资金管理办公室顺利高效完成“985 工程”2010—2013 年阶段性检查验收工作，认真总结“211 工程”三期建设项目成效和经验，稳妥扎实完成“改善基本办学条件”、“中央高校发展长效机制补助经费”等专项资金项目的申报、评估工作。

“2011 计划”办公室卓有成效地完成了“2011 计划”社会转型与社会治理协同创新中心的运行工作，积极推动“新型城镇化协同创新中心”的组建运行和“食品安全治理协同创新中心”的培育组建，切实加强“马克思主义与中国道路协同创新中心”的整改建设，进一步推动学校宗教领域协同创新的论证，完成了2013年“2011计划”协同创新中心的各项工作。

二、改善基本办学条件专项资金项目管理

（一）概况

2013年，学校共有18个改善基本办学条件专项资金项目获得教育部批复（名单见附录），总预算10 000万元。与此同时，2013年度，学校共申报2014年改善基本办学条件专项资金项目47个，其中组织40个项目接受北京华盛中天咨询有限责任公司的现场调研评估，申报资金总额24 998.54万元，评估总额24 120.15万元。教育部批复34个项目，总额12 000万元，获得资金总额创历年新高。

（二）组织项目申报评估工作

1. 组织项目申报评估工作

2013年5月24日，在接到财政部、教育部《关于开展2014年度中央高校及附属中小学改善基本办学条件专项资金申报、评审工作的通知》（财教便函〔2013〕93号）文件后，立即着手组织各项目单位开展项目申报工作。为保证学校2014年度改善基本办学条件专项资金项目申报和评估工作顺利进行，2013年6月8日，学校邀请中介公司评估专家对学校拟申报项目进行预评估。通过校内预评估，及时发现并修正了相关问题，确保了申报项目的规范性。

2013年6月，在相关职能部门及项目单位的配合下，会同财务处整理了新报项目与往年已评估未立项项目，完成了学校2014年度改善基本办学条件专项资金项目申报书和项目排序表，并于2013年6月14日报送教育部。2013年学校共申报项目47项，申报金额总计24 998.54万元，其中新报项目40项，往年已评估未立项项目7项。

2013年7月10日，受教育部、财政部委托，北京华盛中天咨询有限责任公司对学校申报的2014年度改善基本办学条件专项资金项目进行了实地评估。学校共40项新报项目参加评估且全部通过评估，评估总额为24 120.15万元。

2013年7月24日，按照评估公司要求，专项资金管理办公室向评估公司报送了《中国人民大学2014年度中央高校改善基本办学条件专项项目分类分项评审意见汇总表》《2014年中央高校改善基本办学条件专项资金项目排序表》《项目学校基本情况表》《中国人民大学2012年中央高校改善基本办学条件专项资金项目调整情况表》《中国人民大学改善基本办学条件专项执行中存在的问题及相关建议》等材料。

2013年11月29日，根据教育部关于调整2014年改善基本办学条件专项资金项目顺序的电话通知，结合学校发展规划和项目的轻重缓急，会同财务处共同完成了学校2014年改善基本办学条件专项资金项目排序表，并报送教育部。

2013年12月23日，教育部下达学校2014年改善基本办学条件专项资金批复表，共批复34个项目，总额12 000万元。

2. 改善基本办学条件专项资金项目日常管理

2013年，专项资金管理办公室对2013年已经批准的18个改善基本办学条件专项资金项目进行日常管理，包括组织实施项目的立项批复、细化论证、预算批复等前期工作，参与并监督项目单位的设备招投标、受理项目单位的调整变更申请等过程管理工作。

附录

中国人民大学2013年度改善基本办学条件专项资金项目批复情况统计表

序号	项目名称
1	学生宿舍粉刷维修
2	艺术学院音乐教学排演厅改造
3	艺术学院音乐系教学用房改造
4	校园老旧建筑物加固及外立面改造工程（办公区）
5	明德楼、宿舍楼防水工程
6	科研、行政办公楼卫生间改造
7	学生活动中心大修
8	档案馆大修改造
9	物理学系微纳超净实验室改造
10	知行区空气源热泵热水系统设备及配套工程
11	校园绿化改造工程
12	校园安防智能监控系统
13	后勤集团购置学生家具项目
14	体育教学条件改造与师生体质锻炼平台建设项目
15	“数字人大”电子校务软件升级维护
16	“数字人大”电子校务硬件平台升级
17	多媒体教学计算机机房软硬件更新升级
18	图书馆老馆网络升级及设备更新

■“985工程”建设项目

一、概况

2013年是“985工程”（2010—2013年）建设的最后一年，学校结合“985工程”2010—2020年总体规划和2010—2013年建设方案的部署，在教育部、财政部相关要求指导下，继续坚持“内涵提升、特色发展、创新引领、质量第一”的科学发展道路，全面推进“学科建设”“拔尖创新人才培养”“学术领军人物和创新团队建设”“提升自主创新和社会服务能力”“国际交流与合作”等五个方面建设内容，努力引领哲学社会科学创新发展。

截至2013年12月31日，中国人民大学“985工程”新一期2010—2013年建设项目中央财政拨款累计到位76 000万元，其中2013年拨款9 000万元，包括学科建设经费2 290万元，拔尖创新人才培养经费810万元，学术领军人物和创新团队建设经费3 600万元，提升自主创新和社会服务能力经费1 500万元，国际合作与交流经费800万元。

二、项目管理及进展情况

（一）“985工程”2010—2013年阶段检查

2013年9月11日，在接到教育部《关于做好“985工程”（2010—2013年）阶段检查工作的通知》文件后，迅速制定《中国人民大学“985工程”阶段性检查工作方案》，以校内评估为契机，创新验收机制，采用“项目单位自查＋学校检查＋工作组评议”的形式，在校内首创“召集人＋学部专家＋学部同行”的专家组模式。根据财政部预留资金分配结果，学校获得“985工程”（2010—2013年）预留资金8100万元，超过学校新一期获得资金总额的10%。

2013年9月，制定工作方案，部署验收事项。制定《中国人民大学阶段检查工作方案》，组织校内验收，开展25个院系、11个公共部门及汉青研究院、重点实验室、国际学院总结检查工作；开创实地考察机制，以“召集人＋学部专家＋学部同行”的专家组模式，组织37位专家分赴五大学部进行实地考察。

2013年10月，撰写学校报告，提交国家部委。在整理院系、公共部门材料的基础上，撰写并上报了《中国人民大学“985工程”（2010—2013年）建设情况的报告》《标志性成果简介》等材料，并以通讯评审、召开会议评审形式，组织专家及工作组会对《中国人民大学“985工程”（2010—2013年）建设情况的报告》《标志性成果简介》等学校上报材料进行论证、评选。

2013年10月，选择评审专家，开展高校间评估。按照教育部要求，组织遴选校内专家组，完成对北京大学、南开大学、天津大学、大连理工大学、东北大学、吉林大学等6所学校建设情况的评审意见，并形成学校意见上传教育部信息平台。

2013年11月，根据教育部《关于就“985工程”（2010—2013年）预留资金分配测算因素征求意见的函》（教重办〔2013〕3号文件）要求，向教育部报送《中国人民大学关于“985工程”预留资金分配测算因素的意见和建议》。

（二）2013年预算资金的批复和执行

2013年1月至8月，学校按照国家“985工程”相关规定，完成学校项目单位“985工程”2013年预算资金的批复、执行及日常管理工作。

■“211工程”建设项目

一、概况

通过“211工程”三期建设，学校重点学科的综合实力和竞争力显著提升，师资队伍建设成绩显著，人才培养质量持续提高，基础研究、特色研究和交叉研究上都取得了一批高水平的优秀科研成果，在“211工程”三期国家验收中，得到教育部、国家发展和改革委员会、财政部组织的评审专家和第三方评审机构的认可，成为获得国家“211工程”三期奖励资金的28所高校之一。

2013年度，按照教育部的要求，学校认真总结“211工程”三期建设项目取得的成效和经验，认真抓好奖励资金的执行，以此为契机，以提高质量为核心，坚持内涵发展，加快推进学科重点学科建设，力争以重点学科建设为带动，全面提高学校办学质量，加快建设“人民满意、世界一流”大学。

二、项目管理及进展情况

（一）“211 工程”三期建设经验交流

2013 年 1 月至 3 月，根据《关于召开“211 工程”三期总结交流会的预通知》（教研司便字 20130101 号）文件精神，学校全面总结“211 工程”三期建设成绩和经验，分析存在的问题，提出下一步建设的思路，并参加教育部于 2 月 28 日分片召开的“211 工程”三期总结交流会。

（二）“211 工程”三期建设奖励资金执行

2013 年，按照教育部、国家发展和改革委员会、财政部“211 工程”三期奖励资金使用管理要求，学校认真抓好项目建设、抓好资金执行，将“211 工程”三期奖励资金主要用于重点学科、人才培养和孵化新兴交叉学科所需的基础设施建设以及支撑人才培养和学科建设的高水平实验室建设，力争以重点学科建设带动学校办学质量全面提高。

（三）“211 工程”四期建设项目设想

2013 年，按照“211 工程”的建设周期，国家即将启动四期建设，学校加强前期预研究，在四期建设中将着力推动质量提升和内涵建设，实现学科追赶向学科引领的战略转变。将进一步凝练学科方向、优化学科布局，实现优势学科在国际可比指标上重点突破；突出学科特色和优势，注重学科建设的深化和拓展，实现内涵提升；为实现学校总体发展目标提供坚实的学科保障。

■ 中央高校发展长效机制补助经费项目

一、概况

2013 年度，在已有的“985 工程”“211 工程”“改善基本办学条件”等专项项目基础上，国家新增中央高校发展长效机制补助经费项目，学校认真组织开展了 2013 年中央高校发展长效机制补助经费项目申报工作，共申报项目 6 个，总金额 16 892.66 万元，最终教育部批复项目 3 个，总金额 9 000 万元。

二、项目管理及进展情况

（一）组织项目申报

2013 年 7 月 16 日，学校接到财政部、教育部《关于建立健全中央高校发展长效补助机制的通知》（财教〔2013〕178 号）文件后，立即着手组织各项目单位开展项目申报工作。在整理报送项目的基础上，专项办会同财务处在相关职能部门及项目单位的配合下，完成了 2013 年发展长效机制补助经费预算申请汇总表及申报书，于 2013 年 7 月 25 日上报教育部。根据长效机制补助经费项目的遴选原则，结合项目评审意见，经学校领导协商决定，学校共上报 6 个项目，申请中央专项支持总计 16 880.68 万元。

（二）推动项目实施

2013 年 9 月 22 日，根据教育部、财政部的通知，学校 2013 年长效机制补助经费获得批复资金

9 000 万元，包含北校区整体修缮改造及设备购置、清华东路校区修缮改造、平安校园技防系统建设三个项目。根据教育部、财政部的资金使用要求，3 个项目单位相继启动 2013 年中央高校发展长效机制补助经费项目预算，各项目进展良好。

附录

中国人民大学 2013 年度长效机制补助经费项目批复情况统计表

序号	项目名称
1	北校区整体修缮改造及设备购置
2	清华东路校区修缮改造
3	平安校园技防系统建设

■ “2011 计划”

一、概况

国家自 2012 年起开始实施“高等学校创新能力提升计划”（简称“2011 计划”）。2013 年度，按照教育部要求，学校积极组织实施“2011 计划”，认真开展校内协同创新中心的组织培育工作，督促“社会转型与社会治理协同创新中心”按照新体制新机制开展运行，积极开展“新型城镇化协同创新中心”建设，培育组建“食品安全治理协同创新中心”，加强“马克思主义与中国道路协同创新中心”建设，完成 2013 年“2011 计划”协同创新中心的各项工作。

二、项目管理及进展情况

（一）推动校内“2011 计划”协同创新中心建设

2013 年 2 月，根据教育部“2011 协同创新中心”会议答辩要求，组织“社会转型与社会治理协同创新中心”参与教育部答辩。

2013 年 3 月至 11 月，建立稳定工作机制，推动“社会转型与社会治理协同创新中心”培育运行。组织协调成立由各平台联系人组成的工作小组。

2013 年 8 月，积极响应教育部“高等学校创新能力提升计划”的号召，有效聚集社会创新要素和资源，学校联合国家食品药品监管总局、清华大学、中国农业科学院等单位签约共建“食品安全治理协同创新中心”。

2013 年 11 月 4 日，马克思主义与中国道路协同创新中心召开工作会议，研究协同创新中心的制度建设、研究方向，通报马克思主义与中国道路协同创新中心组织架构的调整情况。初步确定继续沿用马克思主义与中国道路协同创新中心的名称，在具体研究方向上进一步聚焦，深入思考和发掘国家重大需求与人民大学及各协同单位学科优势的聚焦点。

2013 年 12 月，组织并策划 2011 项目研究课题“中国养老保障制度优化研究”相关工作。

积极与北京工业大学“首都社会建设与社会管理协同创新中心”联系，促成学校与其签约共建社会中心，两校按照“国家急需、世界一流”的要求，以国家重大需求为牵引，以体制机制创新为核心，共同建设“社会转型与社会治理协同创新中心”和“首都社会建设与社会管理协同创新中心”，积极联合创新力量，聚集创新要素和资源，形成协同创新的新优势，并服务于地方区域经济发展和社会建设。

2013 年，推动新型城镇化协同创新中心培育运行，积极推动新型城镇化协同创新中心与河北省正定县、江苏省常熟市古里镇签订共建协议，协调学校与清华大学两个平台的沟通联络工作。协助新型城镇化协同创新中心组织召开理事会和“新型城镇化：整体规划与突破重点”高级研讨会等各项工作。推动宗教协同创新中心论证和实施工作。

（二）积极推动“2011 计划”有关工作

2013 年 3 月至 4 月，根据教育部相关文件精神，结合学科特点和优势，学校加强顶层设计，编撰《中国人民大学“2011 计划”战略规划纲要（草案）》，规划主要对学校的发展环境、指导思想、总体目标、重点任务、战略步骤、体制创新等进行了分析。同时，为进一步推动学校“2011 计划”实施工作，大力提升学校的协同创新能力，起草《中国人民大学“2011 协同创新中心”校内遴选工作机制（草案）》，对校内协同创新中心的遴选原则、遴选机制、遴选标准等进行了具体规范。

2013 年 5 月至 7 月，参与教育部规划编写，主要参与 2011 协同创新中心建设发展总体规划（文科类）重点领域的研究，就重点领域确定的原则、思路、依据等形成研究报告。

2013 年 8 月至 11 月，结合国家“2011 计划”建设，对智库的运行机制和制度建设进行深入研究，就人文社会科学领域的协同创新中心建设以及建设有中国特色的智库提出相关建议，并报送教育部相关部门参考；积极开展 ESI 研究，就学校 ESI 学科建设提出建议和意见。

2013 年 12 月，在广泛征求社会转型与社会治理协同创新中心、新型城镇化协同创新中心、食品安全治理协同创新中心、马克思主义与中国道路协同创新中心，以及学校部分学科领域专家意见的基础上，整理并形成了中国人民大学对《“2011 协同创新中心”建设发展规划（征求意见稿）》《教育部财政部关于“2011 协同创新中心”政策支持的意见（征求意见稿）》《“2011 协同创新中心”认定暂行办法（征求意见稿）》的反馈意见或建议。

■ 高等教育研究

一、科研项目与成果

2013 年，高等教育研究室继续推进高等教育改革与政策研究。6 月 18 日，“2013 中国大学 50 强”在《京华时报》正式发布，这是“中国大学评价”课题组连续第六次年度发布。

围绕教育热点和课题，高等教育研究室在《新华文摘》《中国高教研究》《中国教育报》《浙江大学学报（人文社会科学版）》《清华大学教育研究》《复旦教育论坛》《大学教育科学》《中国人民大学教育学刊》等核心学术期刊和国内重要报纸上发表了《什么是现代大学》《高等教育大众化视野中的大学募款制度研究》《关于新时期我国人文社会科学国际化发展若干问题的思考》等论文 10 余篇；出版学术专著 2 部。

此外，高教室继续推进“国家创新之路与高等教育改革发展”“关系营销视角下的我国大学校友捐赠行为理论与实证研究”“20 世纪 80 年代美国‘学校大辩论’研究”等一批国家自然科学基金课题、教育部人文社会科学基金课题、教育发展与公共政策研究中心重大课题的学术研究工作。

二、政策研究和决策咨询

2013 年，高等教育研究室积极参与教育部文科教育改革发展研究基地各项研究工作，持续推进 2012 年开始启动的《美国顶尖大学学科课程设置研究系列》，以《美新周刊》2013 年度全美大学排名为依据，选取 Top 3 的大学为重点研究对象，对美国顶尖大学的图书情报信息、公共管理学、英语语言文学、历史、艺术学共 5 个学科课程设置情况进行了系统分析与研究，撰写 5 份报告，报告成果以《简报》形式报送教育部和学校领导，以电子邮件发送至学院院长、主管教学的副院长和学校主要业务部处。同时，就学校学分学习量进行了初步研究，并印发《简报》。详情见附录。

以美国顶尖大学学科课程设置系列研究成果为基础，高等教育研究室于 2013 年 11 月开始着手《美国大学顶尖文科专业课程设置概要》的编辑出版工作。该书立足于大文科视野，对美国顶尖的法学、商学、经济学、新闻学、社会学、政治学、教育学、哲学、历史、英语语言文学、艺术学、公共管理学、图书情报信息 13 个专业课程设置进行了全面扫描与扼要分析，旨在为我国高等教育管理部门、高校管理部门及文科院系了解美国最高水平文科人才培养趋势与课程设置提供具有系统性、权威性的信息与资料，是一部具有重要参考价值的工具性书籍。

三、学术活动与交流

在对外学术活动与交流方面，高等教育研究室参加了中国高等教育学会、北京高等教育学会等组织召开的会议，其中包括：6 月 15 日，参加中国高教学会成立 30 周年纪念大会，会议对从事高教工作逾 30 年高教研究有重要贡献学者和第八次优秀高等教育科研成果、学会优秀工作者进行表彰。学校纪宝成教授、秦惠民教授荣获“全国从事高教工作逾 30 年高教研究有重要贡献学者”称号；同时，纪宝成教授的专著《大学的探索》荣获第八次优秀高等教育科研成果一等奖；中国人民大学高教学会李立国、张伟两位同志被评为“学会优秀工作者”。9 月 25 日，北京市高等教育学会召开第九次会员大会，表彰北京市高等教育学会第八次优秀高等教育科研成果，学校有 5 篇论文分获一、二、三等奖，详见附录。

四、其他工作

在项目管理方面，学校教育管理科学研究基金项目在经过双向匿名专家通讯评审、会议评审、中央资金领导小组会议审核等评审程序与公示后，于 1 月底完成了 2013 年度项目评审立项工作。在 43 项申报书中，2013 年度教育管理科学研究基金评审批准立项 32 个，其中，重点项目 15 个，一般项目 17 个，加上常设项目 1 项，立项总数共计 33 项，详见附录。

11 月 12 日，2014 年度中国人民大学教育管理科学研究基金项目申报与评审工作正式启动。此次项目申报工作明确定位于面向学校改革发展实践需要的校本研究，结合学校工作实际，项目组织申报时调整了课题指南，上调课题单项资助力度，进一步加强结项管理，强化研究氛围，鼓励精品成果。12 月中旬，经审核共收到有效的项目申请 66 项，其中重点项目申请 24 项，一般项目申请 42 项，申报数量创历史新高。

2013 年，高等教育研究室协同教育学院共组织、编辑《中国人民大学教育学刊》4 期；高等教育研究室与学校书报资料中心合作编辑复印报刊资料《高等教育》，出版12期。

附录

2013年度中国人民大学教育管理科学研究基金项目立项名单

序号	项目名称	负责人	所在单位	项目类型	项目批准号
1	中国大学评价	胡　娟	高等教育研究室	常设项目	10XND002
2	苏联专家与中国人民大学学科地位的形成	吴惠凡	学校办公室	重点项目	13XND001
3	经管类大学生就业能力模型构建及其对高校就业指导工作的启示	唐传英	农业与农村发展学院	重点项目	13XND002
4	高考录取机制改革政策的效应研究——基于79所重点大学高考录取数据的实证分析	沈　健	理工学科建设处	重点项目	13XND003
5	高校学术权力与行政权力的博弈：基于“教授治校”传统管理模式的历史考察	侯新立	科研处	重点项目	13XND004
6	大学章程对建立和完善现代大学制度的重要意义——以中国人民大学为例	刘向兵	学校办公室	重点项目	13XND005
7	中国一流大学校长学缘关系研究	舒颖岗	教育学院	重点项目	13XND006
8	中国人民大学数字资源评估	刘春鸿	图书馆	重点项目	13XND007
9	读图时代的大学形象构建——中国人民大学与几所中国顶尖大学校史展对照研究	刘春荣	档案馆	重点项目	13XND008
10	全球化视域下的中美大学本科核心课程比较研究	胡莉芳	教育学院	重点项目	13XND009
11	跨文化沟通能力的培养——基于欧洲社会文化视域的文化导向型英语教学模式研究	宿　琴	外国语学院	重点项目	13XND010
12	中国一流大学资产投入与大学质量相关性研究	康　琳	资产与后勤管理处	重点项目	13XND011
13	世界一流大学统计工作与统计指标体系研究	王红丽	发展规划处	重点项目	13XND012
14	基于移动互联技术的图书馆服务泛在化研究	宋姬芳	图书馆	重点项目	13XND013
15	基于ESI的人文社会科学发文策略研究	李飞宏	发展规划处	重点项目	13XND014
16	图书馆学科化服务实践与发展研究	祝小静	图书馆	重点项目	13XND015
17	中国人民大学专业学位研究生教学质量保证体系建设研究	马胜利	研究生院	一般项目	13XNE001
18	大学新生入学教育比较研究及模块建构——以美国、澳大利亚本科一年级项目（FYE）为视角	金　添	学生处	一般项目	13XNE002
19	青年教工立体保障体系的发展路径研究——以中国人民大学为例	孙华玲	校工会	一般项目	13XNE003
20	社交媒体时代高校宣传工作机制创新研究——以中国人民大学为例	杨维东	党委宣传部	一般项目	13XNE004
21	东亚地区大学国际性战略提升比较研究	冯鹏达	发展规划处	一般项目	13XNE005
22	人文社科背景下的工程硕士人才培养模式研究	娄蕙兰	信息学院	一般项目	13XNE006

序号	项目名称	负责人	所在单位	项目类型	项目批准号
23	女大学生性别角色认同现状调查与教育策略初探——以中国人民大学为例	徐紫薇	学生处	一般项目	13XNE007
24	基于不同学科类型的高校知识产权管理模式研究——以专利管理为例	杨青林	理工学科建设处	一般项目	13XNE008
25	文献计量学在学科化知识服务中的应用——以膜技术研究为例	于　淼	图书馆	一般项目	13XNE009
26	高校在国家创新体系中的地位和作用研究——基于人文社会科学科研成果转化与产业促进的视角	孔　然	产业管理处	一般项目	13XNE010
27	经济发展方式转变背景下的高等教育分类管理与结构调整研究	崔　盛	教育学院	一般项目	13XNE011
28	精细化管理模式下高校办公室人员素质和能力研究	李　珣	学校办公室	一般项目	13XNE012
29	中国人民大学教育学科沿革及其对中国教育的影响	王亚敏	教育学院	一般项目	13XNE013
30	大学生领导力发展项目的国内外比较及学校拓展项目研究	张晓京	学生处	一般项目	13XNE014
31	中外合作办学模式比较研究——以中国人民大学中法学院“第三种模式”为中心	齐晓丹	国际学院	一般项目	13XNE015
32	中国人民大学校友服务综合平台调查与研究	武　洋	校友工作办公室	一般项目	13XNE016
33	高校信息公开工作再审视	张　磊	学校办公室	一般项目	13XNE017

教育部文科教育改革发展研究基地2013年度研究成果

已完成研究	成果形式	开展时间
美国顶尖学科课程设置研究系列		
1. 美国顶尖大学图书情报信息人才培养课程设置报告	《简报》总第15期	2013年2—12月
2. 美国顶尖大学公共管理人才培养课程设置报告	《简报》总第16期	
3. 美国顶尖大学英语语言文学人才培养课程设置报告	《简报》总第17期	
4. 美国顶尖大学历史人才培养课程设置报告	《简报》总第18期	
5. 美国顶尖大学艺术学人才培养课程设置报告	《简报》总第19期	
6. 关于学校学分学习量的初步研究	《简报》总第20期	

北京市高教学会第八次优秀高等教育科研成果获奖名单

奖项	成果名称	获奖者
一等奖	跨学科研究系统建构及其对我国大学的启示	张　伟
二等奖	厘清权利性质是落实高校办学自主权的关键	胡　娟
三等奖	地区经济与研究生教育应保持协调发展	李　霞
三等奖	大学评价：一个公共领域——从大学排行榜说起	胡莉芳
三等奖	美国经济刺激计划中教育投入的政策导向及其影响	詹宏毅

对外交流与合作

一、概况

2013 年，学校与加拿大女王大学、土耳其考其大学、美国芝加哥大学、意大利罗马第一大学、意大利威尼斯大学、以色列耶路撒冷希伯来大学、意大利博洛尼亚大学、墨西哥国立自治大学、美国加州大学伯克利分校、英国约克大学、澳大利亚麦考瑞大学、芬兰坦佩雷大学、中国台湾东吴大学 13 所大学签署校际交流协议；与意大利那不勒斯费德里克二世大学、韩国高等教育财团、比利时布鲁塞尔自由大学、英国华威大学、中国台湾淡江大学 5 所大学和机构续签合作协议。截至 2013 年 12 月 31 日，学校共与境外 236 所高校签订了校际交流协议。

2013 年，全校出国及赴港澳台地区进行学术交流活动共计 3 166 人次，派出校级代表团 16 团次，先后访问了美国、比利时、以色列、印度尼西亚、柬埔寨、意大利、韩国、芬兰、法国、爱尔兰及中国港澳台地区的教育科研机构。接待国外高校副校长以上级别来访代表团 65 个；接待港澳台师生团组 800 人，成功承办 1 期“香港领袖生奖励计划：国情教育课程班”。学校全年主办或合办国际会议 21 次，聘请长期外籍专家及教师 74 人，邀请短期来华访问学者 179 人次，聘请客座教授 11 名，授予 3 人名誉教授称号。

2013 年，109 名教师获得学校国际会议资助，推动了中青年教师走向国际学术舞台，了解最新学术动态，加强与国际同行间的交流。本年度，学校继续组织落实“影子处长”海外培训项目，积极与海外名校谈判，将学校优秀干部派出学习，为提升管理干部的国际视野提供了保障。

2013年，通过“校长奖学金”项目派出学生52人，通过校际学生交换项目派出学生308人，通过院际学生交换项目派出学生323人，通过国家公派项目派出学生115人，通过寒暑期国际交流项目派出学生288人。

截至12月31日，学校参与共建海外13家孔子学院，其中欧洲6家，北美洲5家，非洲1家，亚洲1家。学校共有22名经验丰富的专职教师和35名志愿者在13家海外孔子学院任教。

二、主要工作

（一）学校国际知名度和影响力进一步提升

2013年，外国政要和一流大学校长来访频繁，学校的国际知名度和影响力进一步提升。9月、10月，芬兰总理于尔基·卡泰宁（Jyrki Katainen）、澳大利亚总督昆廷·布赖斯（Quentin Bryce）先后访问学校并发表演讲。5月、9月、10月，美国肯恩大学校长达伍德·法拉希（Dawood Farahi）、澳大利亚堪培拉大学校长斯蒂芬·帕克（Stephen Parker）、爱尔兰都柏林大学校长休·布雷迪（Hugh Brady）先后访问学校并商谈合作项目，凸显了学校的国际知名度和影响力。

（二）学校全球合作伙伴网络更趋合理

2013年，学校的海外合作伙伴院校达到236所。国际交流处根据《全面提升国际性规划纲要及实施细则》，经过整理、调研和筛选协议院校，编写了《各学院重点国际合作伙伴分析报告集》，初步形成了中国人民大学校级和院级重点国际合作伙伴，分布世界五大洲，代表着世界主要文明，加强并巩固了与重点合作伙伴长期、稳定、有效的合作关系。

（三）建设海外孔子学院，扩大学校海外存在，提升国际形象

海外孔子学院是国际交流的海外平台，也是传播中国文化和进行当代中国研究的重要平台。2013年学校承办海外孔子学院共13家，分布在四大洲8个国家。为充分发挥孔子学院的海外平台作用，促进与海外孔子学院所在大学的深入合作，2013年学校组织在津巴布韦大学孔子学院举办“孔子学院文化节”活动，以学术讲座和文化交流为载体，提升了学校在津巴布韦的影响力。

2013年4月，国际交流处副处长李贞实赴以色列特拉维夫大学孔子学院担任中方院长，打破了该院自成立以来无中方院长的局面，各项工作逐渐开展。学校承办的津巴布韦大学孔子学院和美国密歇根大学孔子学院在2013年荣获“全球先进孔子学院”称号；学校承办的德国莱比锡大学孔子学院中方院长、外国语学院赖志金教授的《环球同梦——莱比锡孔子学院手记》由国家汉办资助出版。

为推进孔子学院的可持续发展，2013年学校组织调研工作，撰写了《中国人民大学孔子学院发展规划（2012—2020年）实施方案》《中国人民大学孔子学院工作调研报告》和《中国人民大学孔子学院工作年度报告2013》，厘清了孔子学院的发展问题，总结了经验，规划了孔子学院未来发展蓝图。

（四）合作办学工作稳步推进，形成了覆盖本、硕、博三个层级的办学项目和机构

2013年合作办学有了进一步的发展，现拥有1个中外合作办学机构——中国人民大学中法学院，1个中外合作办学项目——中国人民大学与加拿大女王大学合作举办金融学专业硕士学位教育项目，1个内地与港澳台地区合作办学项目——中国人民大学与香港理工大学合作举办管理学博士学位教育项目。中外合作办学内容覆盖本、硕、博各个教育层次，在项目开展和机构运转中，不断探索中外合作办学的新模式，培养能够在东西方两个文化平台上自由行走的高层次、国际化人才。

（五）提高留学生培养质量、提升服务水平，推进多元化校园文化建设

为提升学校研究生教育的国际性，吸引高水平的外国来华留学生到学校攻读硕士学位，促进中西方文化的交流，扩大学校在国际上的学术影响。学校设立10个“全英文硕士研究生”项目，采用全

英文授课模式，按照国际惯例招生。2013年，学校有8个全英文硕士学位项目招生，包括当代中国研究、中国金融、中国经济、IMBA、IMPA、中国法学、中国哲学和中国国学。2013级全英文硕士新生22人，分别来自17个国家，分布在学校7个学院。

为提升服务管理水平，在借鉴学习国内外经验的基础上，组织留学生入学体验周活动，安排留学生接待大使，制作发放多语种的《留学生新生入学指南》，安排留学生体验中国传统文化，帮助他们尽快适应在中国的学习和生活。同时还联络学校相关部门，帮助留学生加入中国学生社团，组织留学生开展国际文化节活动，提高他们对学校的认同感和归属感，丰富学校校园文化建设。

（六）注重学生的国际能力培养，提供多渠道海外交流机会，创新人才培养模式

2013年学校学生交流项目呈现出项目多、形式新、参与人数多等特点。2013年学生赴境外交流规模达到1 724人，其中校际协议交换308人、院际协议交换323人、国家公派项目115人、北京市联合培养19人、自费留学320人、海外实习57人、国际会议102人、寒暑期项目288人、访问交流192人。为指导学生规划大学学习生活，外交部门制作了《学生海外学习项目》手册，向新生介绍交换生项目，学校联合境外合作院校举行多次宣讲会，帮助学生做好境外学习准备。

（七）利用各种媒介和机会宣传学校

为提升学校国际性，扩大学校海外影响，学校积极利用各种媒介和机会进行宣传。2013年9月，中国人民大学形象宣传片在纽约时报广场播放。形象片是学校提升国际性、加强大学形象建设的重要举措，通过形象片向世界传达人大开拓进取、昂扬向上的精神面貌。同时学校还注重利用纸版媒介和网络媒介，更新改版学校英文网，设计制作具有国际性、时代性和体现人大特色的对外宣传材料，通过考察出访、合作办学、合作研究、孔子学院等渠道，积极宣传学校的办学理念、办学特色、办学成就和人才培养及科学研究项目，展示学校在学科建设、人才培养等方面的重大成就，提升学校的国际影响力。

（八）积极参与多边、双边国际教育组织，由参与者变为决策者

学校积极参与多边、双边国际教育组织，并踊跃献言献策，由国际组织参与者逐渐变为规则制定者。2013年，参加了美国国际教育工作者协会年会会展及论坛、欧洲国际教育协会年会会展及论坛、亚洲太平洋国际教育协会年会会展及论坛，利用三个年会平台，积极设展、参与论坛发言，宣传介绍学校，拓展合作伙伴和项目。学校是亚洲太平洋国际教育协会创始成员单位和理事会单位。

（九）港澳台学生交流项目依然如火如荼

2013年，学校继续巩固与港澳台地区的经典交流项目。共举办1期“香港领袖生内地交流计划”，1期“两岸学子彩虹计划”，1期“香港城市大学法律生暑期实习班”，参与师生人数近400人。这些学生交流项目经久不衰、历久弥新，在学生中有较高的口碑，得到了大陆与港台地区学生的积极参与，并且已经成为对港台的品牌项目。除巩固经典项目外，学校还拓展交流项目，联系台湾师范大学艺术团访问学校并演出，组织曾经参加对港澳台地区交流项目的优秀志愿者赴台湾文藻外国语大学和高雄师范大学交流。

（十）建章立制，强化外事纪律、规范外事工作程序，谋求制度性和长远性发展

2013年，学校深入学习党的群众路线教育实践活动，结合中央巡视组对学校提出的整改要求，强化外事纪律、规范外事工作程序，梳理学校外事规章制度22个，梳理并补充国际交流处工作流程38个，制定了《中国人民大学领导干部因公出国（境）管理办法（试行）》，完善了《学院外事工作联系人制度》，指导学院有计划、科学地开展外事工作，调动了师生参与外事工作的积极性和主动性。

附录

2013 年校领导出访团组一览表

序号	校领导	出访时间	访问机构	团组成员
1	程天权	5 月 12 日—20 日	印度尼西亚大学 柬埔寨皇家科学院 柬埔寨金边大学	唐 忠、杜 鹏、林 嘉、江晓丽、杨维东
2	陈雨露	4 月 8 日—12 日	美国哥伦比亚大学 美国芝加哥大学	王润泽、金灿荣、耿幼壮、黄卫平、郭洪林、唐 忠、张大淼
3		6 月 6 日—9 日	意大利博洛尼亚大学	唐 忠、林 媛
4		9 月 22 日—25 日	韩国首尔大学 韩国高丽大学 韩国高等教育财团	唐 忠、申淑子、陈 璞
5		10 月 12 日—17 日	美国耶鲁大学 美国加州大学伯克利分校	张晓京、毛基业、张大淼
6	王利明	8 月 20 日—24 日	芬兰赫尔辛基大学 芬兰拉普兰大学	郭洪林、石佳友、卞小玥
7	杨慧林	4 月 23 日—27 日	比利时布鲁塞尔自由大学（VUB）	闫 瑾、程 鑫
8		4 月 30 日—5 月 5 日	以色列特拉维夫大学	杨瑞龙、沈卫荣、耿幼壮、宋利芳、陶 然、房乐宪、崔守军、谢婷婷
9		7 月 15 日—24 日	法国巴黎四大	
10		9 月 28 日—30 日	美国西肯塔基大学	
11		10 月 20 日—22 日	以色列特拉维夫大学	
12		11 月 19 日—23 日	爱尔兰都柏林大学	肖淑梅、曾 彤、盛希文、卞小玥
13	伊志宏	3 月 10 日—14 日	香港中文大学	唐 忠、韩 飞、杜尘程
14		7 月 8 日—14 日	法国巴黎高等商学院 法国巴黎四大 法国巴黎二大 法国蒙彼利埃三大 法国马赛商学院	杨伟国、唐 忠、刘 姓、徐 艳
15		8 月 30 日—9 月 1 日	韩国第四届中韩大学校长论坛	程 鑫

2013 年重要来访一览表

序号	国家/地区	职务	姓名
政要			
1	法国	法国经济和财政部长	皮埃尔·莫斯科维奇（Pierre Moscovici）
2	澳大利亚	澳大利亚驻华大使	弗朗斯·亚当森（Frances Adamson）
3	印度尼西亚	印度尼西亚驻华大使	易慕龙

序号	国家/地区	职务	姓名
4	瑞士	世界贸易组织总干事	帕斯卡尔·拉米(Pascal Lamy)
5	新加坡	新加坡驻华大使	罗嘉良
6	英国	英国驻华大使	吴思田(Sebastian Wood)
7	韩国	韩国高等教育财团总长	朴仁国
8	美国	美国参议员	本·卡丁(Ben Cardin)
9	美国	联合国贸易和发展会议秘书长	素帕猜(Supachai Panitchpakdi)
10	蒙古	蒙古和平友好联合会主席	德·扎格德扎布
11	澳大利亚	首都领地首席部长	凯蒂·加拉赫女士(Katy Gallagher)
12	芬兰	芬兰总理	卡泰宁(Jyrki Katainen)
13	瑞士	前欧盟贸易委员	彼得·曼德尔森(Peter Mandelson)
14	澳大利亚	澳大利亚总督	昆廷·布赖斯(Quentin Bryce)
15	比利时	欧洲委员会就业、社会事务和机会均等委员	拉迪斯洛·安德(László Andor)
16	意大利	意大利前总理、欧洲进步研究基金会主席	马西莫·达莱马(Massimo D'Alema)
17	韩国	韩国银行货币政策委员会委员	郑淳元
18	荷兰	欧洲专利局局长	本诺伊特·巴蒂斯蒂利(Benoit Battistelli)
19	中国台湾	台湾新党主席	郁慕明
20	巴西	巴西南大河州州长	塔索·吉罗(Tarso Genro)
21	韩国	韩国特许厅厅长	金荣敏

高校领导

序号	学校名称	职务	姓名
1	美国肯恩大学	校长	达伍德·法拉希(Dawood Farahi)
2	以色列耶路撒冷希伯来大学	校长	穆罕默·本-萨森(Menahmem Ben-Sasson)
3	哥斯达黎加国立大学	代理校长	弗朗西斯科·刚佐勒兹(Francisco González)
4	英国贝德福特大学	校长	比尔·拉姆(Bill Rammell)
5	巴西南大河州联邦大学	校长	卡洛斯·亚历山大·尼图(Carlos Alexandre Netto)
6	澳大利亚堪培拉大学	校长	史蒂芬·帕克(Stephen Parker)
7	以色列特拉维夫大学	校长	约瑟夫·克拉夫特(Joseph Klafter)
8	荷兰阿姆斯特丹自由大学	校长	拉你·斯密特(René Smit)
9	爱尔兰都柏林大学	校长	休·布雷迪(Hugh Brady)
10	意大利都灵大学	校长	吉尔马拉·雅尼(Gianmaria Ajani)
11	荷兰蒂尔堡大学	校长	科尼·贝克金(Koen Becking)
12	加拿大卡尔顿大学	校长	罗森·雷利·鲁特(Roseann O'Reilly Runte)
13	美国华盛顿大学	校长	麦克·杨(Mike Yang)
14	英国雷丁大学	校长	大卫·拜尔(David Bell)
15	土耳其伊斯坦布尔大学	校长	宇纳斯·索利特(Yunus Söylet)
16	津巴布韦大学	校长	莱维·尼亚古拉(Levi Nyagura)
17	意大利博洛尼亚大学	校长	伊万诺·迪奥尼基(Ivano Dionigi)
18	台湾师范大学	校长	张国恩
19	台湾佛光山大学	开山宗长	星云法师

2013年与中国人民大学签订校际交流协议的境外院校一览表

序号	国家/地区	学校名称	签署时间
1	加拿大	女王大学	3月18日
2	土耳其	考其大学	3月22日

序号	国家/地区	学校名称	签署时间
3	美国	芝加哥大学	4月10日
4	意大利	罗马第一大学	4月16日
5	意大利	威尼斯大学	4月16日
6	以色列	耶路撒冷希伯来大学	5月13日
7	意大利	博洛尼亚大学	6月7日
8	墨西哥	国立自治大学	7月10日
9	美国	加州大学伯克利分校	10月15日
10	中国台湾	东吴大学	10月30日
11	英国	约克大学	11月5日
12	澳大利亚	麦考瑞大学	12月7日
13	芬兰	坦佩雷大学	12月18日

2013年与中国人民大学续签校际交流协议的境外院校一览表

序号	国家/地区	学校名称	首签时间	续签时间
1	意大利	那不勒斯费德里克二世大学	1998年6月	2013年3月
2	韩国	高等教育财团	2003年3月	2013年5月
3	比利时	布鲁塞尔自由大学	1991年1月	2013年6月
4	中国台湾	淡江大学	2005年9月	2013年10月
5	英国	华威大学	2010年4月	2013年12月

中国人民大学海外孔子学院一览表

（截至2013年12月31日）

序号	地区（数量）	孔子学院名称	国家	外方合作院校	成立时间
1	欧洲（6）	爱尔兰都柏林大学孔子学院	爱尔兰	都柏林大学	2006年9月
2		芬兰赫尔辛基大学孔子学院	芬兰	赫尔辛基大学	2006年9月
3		德国莱比锡大学孔子学院	德国	莱比锡大学	2007年10月
4		丹麦哥本哈根商务孔子学院	丹麦	哥本哈根商学院	2007年11月
5		意大利博洛尼亚大学孔子学院	意大利	博洛尼亚大学	2008年7月
6		瑞士日内瓦孔子学院	瑞士	日内瓦大学	2010年12月
7	北美洲（5）	美国麻州大学波士顿分校孔子学院	美国	麻州大学波士顿分校	2006年3月
8		哥斯达黎加大学孔子学院	哥斯达黎加	哥斯达黎加大学	2008年11月
9		美国密歇根大学孔子学院	美国	密歇根大学	2009年6月
10		美国哥伦比亚大学孔子学院	美国	哥伦比亚大学	2009年9月
11		美国芝加哥大学孔子学院	美国	芝加哥大学	2009年9月
12	非洲（1）	津巴布韦大学孔子学院	津巴布韦	津巴布韦大学	2006年8月
13	亚洲（1）	以色列特拉维夫大学孔子学院	以色列	特拉维夫大学	2007年5月

2013年中国人民大学通过校际交换生项目派出学生一览表

洲别	国家/地区	学校名称	派出长期交换生人数
欧洲	法国	巴黎政治学院	10
		巴黎十大	5
	德国	莱比锡大学	10
		图宾根大学	4
		哥廷根大学	10
	丹麦	哥本哈根商学院	5
		阿尔堡大学	1
		哥本哈根大学	3
	奥地利	维也纳大学	4
	意大利	欧洲大学学院	1
	瑞士	日内瓦大学	5
	爱尔兰	都柏林大学	2
	荷兰	阿姆斯特丹自由大学	6
	芬兰	赫尔辛基大学	3
		图尔库大学	1
		拉普兰大学	6
	匈牙利	卡尔文纽什大学	3
	英国	曼彻斯特大学	5
		伦敦国王学院	10
		肯特大学	5
		华威大学	8
	西班牙	马德里卡洛斯三世大学	5
		巴塞罗那自治大学	9
	卢森堡	卢森堡大学	1
	瑞典	斯德哥尔摩大学	5
	俄罗斯	林奈大学	4
		圣彼得堡国立财经大学	10
北美洲	加拿大	麦吉尔大学	2
	美国	麻州大学波士顿分校	2
亚洲	韩国	高丽大学	16
		东国大学	2
		釜山大学	1
		首尔国立大学	5
	日本	一桥大学	2
		龙谷大学	3
		琦玉大学	2
		明治大学	1
		早稻田大学	1
		庆应大学	1

洲别	国家/地区	学校名称	派出长期交换生人数
亚洲	日本	同志社大学	2
		神户大学	2
		爱知大学	4
	香港	香港大学	10
		香港城市大学	5
		香港岭南大学	5
	澳门	澳门大学	3
	台湾	辅仁大学	19
		台湾大学	4
		台湾师范大学	4
		政治大学	10
		中国文化大学	9
		东吴大学	4
		台湾“清华大学”	4
		台北大学	4
		高雄师范大学	4
		中正大学	9
		文藻外国语学院	8
		逢甲大学	19
总计			308

2013 年中国人民大学通过国家公派项目派出学生一览表

项目名称	派出人数
2013 年国家建设高水平大学公派研究生项目	76
中法欧洲法项目（2013 年第十三期）	6
新闻专业硕士研究生赴海外实习项目	3
全国俄语大赛获奖者赴俄罗斯公派留学	1
俄罗斯政府单方奖学金项目	2
国际区域问题研究及外语高层次人才培养项目	1
本科生赴加拿大实习项目	2
中美富布赖特联合培养博士生子项目	2
中韩政府互换奖学金项目	1
公派硕士项目	21
总计	115

2013 年中国人民大学通过寒暑期境外项目派出学生一览表

项目名称	派出人数
哥伦比亚大学暑期学期项目	5
麦吉尔大学暑期学期项目	1

项目名称	派出人数
耶鲁大学暑期项目	20
法国 EDHEC 高等商学院暑期学校项目	1
法国巴黎十大暑期学校项目	6
英国伦敦国王学院	31
英国曼彻斯特大学	2
比利时布鲁塞尔自由大学项目	2
加拿大英属哥伦比亚大学项目	13
美国 CYDP 中国青年发展项目寒假学校	5
美国加州大学伯克利分校暑期学校项目	36
美国加州大学欧文分校暑期学校项目	5
美国加州大学戴维斯分校暑期学校项目	2
美国乔治敦大学暑期学校项目	13
日本九州大学暑期学校项目	4
日本明治大学暑期学校项目	2
韩国釜山大学暑期学校项目	1
韩国梨花女子大学项目	5
韩国全北大学项目	3
韩国东亚大学项目	2
德国科隆大学项目	3
统计学院赴台湾辅仁大学交流团	17
人大—辅大学生交流团	22
台湾佛光大学暑期项目	30
台湾文化大学暑期项目	18
外国语学院赴台湾交流团	9
台湾文藻外国语学院暑期项目	10
踏寻孔子行脚支教团（台湾交流团）	13
体育部赴台湾交流团	7
总计	288

2013 年中国人民大学通过“校长奖学金项目”派出学生一览表

学校名称	派出人数
英国爱丁堡大学	6
美国芝加哥大学	2
美国加州大学戴维斯分校	20
美国加州大学伯克利分校	10
澳大利亚麦考瑞大学	6
英国伦敦国王学院	5
荷兰阿姆斯特丹自由大学	3
总计	52

2013 年中国人民大学聘请客座教授一览表

姓名	国家/地区	职称/职务	授予日期
乌尔斯·金德霍伊泽尔（Urs Kindhauser）	德国	波恩大学法学院教授	2013 年 3 月
克里斯多夫·毛赫（Christof Mauc）	德国	慕尼黑大学教授	2013 年 5 月
周晓方	澳大利亚	昆士兰大学教授	2013 年 6 月
于旭	中国香港	香港中文大学教授	2013 年 6 月
拉马默哈纳劳·科塔基里（Ramamohanrao Kotagiri）	澳大利亚	墨尔本大学教授	2013 年 6 月
克里斯蒂娜·金森（Khristian Jensen）	丹麦	奥胡斯大学教授	2013 年 6 月
张成奇	澳大利亚	悉尼科技大学教授	2013 年 6 月
王克	加拿大	西蒙弗雷泽大学教授	2013 年 6 月
卡尔顿·普（Calton Pu）	美国	佐治亚理工学院教授	2013 年 6 月
杨强	中国香港	香港科技大学教授	2013 年 6 月
刘伶	美国	佐治亚理工学院教授	2013 年 12 月

2013 年中国人民大学授予名誉教授称号人员一览表

授予人姓名	国家/地区	时任职称/职务	授予日期
星云	中国台湾	佛教大师	2013 年 10 月
伯努瓦·巴迪斯戴利（Benoît Battistelli）	法国	欧洲专利局局长	2013 年 11 月
麦格雷戈·诺克斯（Macgregor Knox）	英国	伦敦政经学院国际史教授	2013 年 11 月

2013 年中国人民大学因公短期出国/境人员统计表

单位：人次

合计	访问考察	合作研究	国际会议	短期讲学	学生交流	其他
2 847	471	162	853	19	1 255	87

2013 年中国人民大学因公长期出国/境人员统计表

单位：人次

合计	（高级）访问学者	讲学	学生留学
319	49	12	258

2013年中国人民大学主要国际会议汇总表

序号	会议名称	主办单位	举办期
1	发展中国家食品价值链发展与创新国际学术研讨会	农业与农村发展学院	4月10日—12日
2	2013年全球高端管理联盟北京会议	商学院	4月14日—16日
3	现代性与中国法律文化：中西对话国际研讨会	法学院	5月26日
4	中国人口老龄化与发展政策对话国际学术会议	社会与人口学院	5月28日
5	家族企业治理国际研讨会	商学院	6月28日
6	临床评价方法与应用国际研讨会	统计学院	7月7日
7	“传统孝道的当代意义与多元对话”国际研讨会	哲学院	7月19日—20日
8	“大金融、大合作、大治理”国际智库研讨会	财政金融学院	8月20日—22日
9	“全球化与民族化：21世纪的徐悲鸿研究及中国美术发展”国际学术研讨会	艺术学院	8月24日—25日
10	中国养老金国际研讨会	公共管理学院	9月25日—26日
11	气候传播国际会议	新闻学院	10月11日—13日
12	劳动科学院长学科建设研讨会——全球化对劳动关系、人力资源管理教育的挑战	劳动人事学院	10月13日—14日
13	东北亚森林景观恢复国际学术会议	农业与农村发展学院	10月14日—16日
14	IB国际文凭组织亚太区域培训会	附中	10月18日—20日
15	森林恢复与可持续经营转型的政策需求和路线图国际学术会议	农业与农村发展学院	10月21日—23日
16	中日韩共用常见汉字国际学术研讨会	文学院	10月23日—25日
17	2013年高校职业发展教育和生涯辅导服务国际学术研讨会	学生就业中心	10月25日—29日
18	期货与衍生品国际学术会议	财政金融学院	11月9日—10日
19	国际儒学论坛2013	哲学院	11月30日—12月1日
20	催化和精细化工国际研讨会	化学系	12月1日
21	亚太食品安全治理圆桌会议	法学院	12月18日

2013年中国人民大学国际会议资助汇总表

序号	姓名	所在学院	参加会议	会议时间	提交论文题目
1	俞平康	财政金融学院	美国社科联盟年会	1月4日—6日	有价筛选、自主和选择和信贷市场中混同均衡的存在性
2	孙彩虹	信息学院	第46届夏威夷系统科学国际会议	1月7日—10日	他们为什么会上瘾
3	许　伟	信息学院	第46届夏威夷系统科学国际会议	1月7日—10日	基于常频集的科研项目申请聚类研究

序号	姓名	所在学院	参加会议	会议时间	提交论文题目
4	吴　蕾	社会与人口学院	第17届社会工作研究年会	1月16日—20日	农业流动人口在北京的社区就业：就业意愿及影响因素
5	梁　坤	文学院	澳大利亚和新西兰斯拉夫学会2013年年会、第11届澳大利亚共产主义和后共产主义研究学会研讨会	2月4日—8日	俄罗斯文化传统中女性崇拜的思想基础对"社会主体现实主义"理论在中国的接受和变异的反思
6	赵永华	新闻学院	澳大利亚和新西兰斯拉夫学会2013年年会、第11届澳大利亚共产主义和后共产主义研究学会研讨会	2月4日—8日	社会转型背景下俄罗斯新闻教育观念转变研究
7	聂敏里	哲学院	尼各马可伦理学研讨会	2月14日—15日	古典学的兴起及其现实意义
8	杨庆中	国学院	首届国际东西方诠释学学术研讨会	2月22日—24日	本体诠释学述评
9	胡向婷	汉青研究院	西部经济学会第10届亚太区会议	3月14日—17日	通过不对称需求信息下的最优私有化市场力量
10	张　旭	马克思主义学院	商业和社会科学2013年国际研讨会	3月15日—17日	科技革命、分工与现代世界经济体系的变迁和当代格局
11	李文钊	公共管理学院	美国公共行政学年会	3月15日—19日	中国事业单位人事制度改革：一个概念性框架
12	刘　颖	公共管理学院	美国公共行政学年会	3月15日—19日	中国公共组织实践：现状与未来——国有企业团队构成对团队绩效的影响研究
13	程延园	劳动人事学院	第31届国际劳动过程大会	3月18日—20日	变革中的劳动关系研究：中国劳动争议的特点与趋向
14	曹　巍	信息学院	第16届国际扩展数据库技术会议	3月18日—22日	Appsleuth：应用程序级别的数据库调优工具
15	汤　珂	汉青研究院	联合国贸发会议	3月20日—21日	关于金融化和投机行为对大宗商品价格的影响
16	李萌昀	国学院	美国亚洲研究学会年会	3月21日—24日	文学对抗戏剧：金西厢中的反戏剧倾向
17	石慧敏	经济学院	美国中西部地区经济学年会	3月22日—24日	引力或是扭曲引力——基于中国数据的事例
18	崔守军	国际关系学院	中非能源合作会议	3月22日—29日	加纳布维水电项目及其环境和社会影响：中国对非援助的范例研究
19	乔　梁	国际关系学院	政治研究学会2013年年会	3月25日—27日	对省委宣传部长的职业流动性研究：以政治经济发展的视角
20	陆方文	经济学院	英国皇家经济协会2013年年会	4月3日—5日	降低交通违规：来自随机实验的证据
21	尤　婧	农业与农村发展学院	英国皇家经济协会2013年年会	4月3日—5日	小额信贷对儿童教育的影响：中国农村的准实验证明
22	叶茂亮	汉青研究院	欧洲公共选择学会会议	4月3日—6日	渐进主义能否建立信任？——一种多元尝试的证明

序号	姓名	所在学院	参加会议	会议时间	提交论文题目
23	江晓丽	外国语学院	国际英语教师协会年会	4月8日—12日	视频点播环境中提高学习者的兴趣
24	常　凯	劳动人事学院	第8届亚太地区国际劳动关系年会	4月9日—12日	中国的罢工合法性与法律管理：对南海宏大罢工的案例分析
25	张　维	劳动人事学院	第8届亚太地区国际劳动关系年会	4月9日—12日	作为政治经济手段的健康改革：以2003—2012中国为例
26	吴清军	劳动人事学院	第8届亚太地区国际劳动关系年会	4月9日—12日	共同磋商与配额管理：政府领导模式在中国能否收获和谐的劳工关系？
27	苏明明	环境学院	美国地理协会2013年年会	4月9日—13日	中国自然保护区的生态旅游：保护与发展
28	曲卫东	公共管理学院	美国不动产学会2013年年会	4月10日—13日	深化房地产税改革对地方公共财政改进的实证分析
29	陈泰昌	公共管理学院	美国人口学年会	4月12日—13日	中国城乡老年人收入对代际转移支付的影响研究
30	曹睿昕	苏州学院	儿童发展研究会2013双年会	4月16日—20日	潜在冲突情景下中加儿童的资源获得行为
31	戴稳胜	财政金融学院	第3届运筹与统计国际会议	4月22日—23日	衡量人民币国际化新指标
32	张云飞	马克思主义学院	第7届生态文明国际论坛	4月26日—27日	生态理性：建设生态文明的哲学诉求和精神动力
33	罗安宪	哲学院	第7届生态文明国际论坛	4月26日—27日	中国道家关于生态文明的智慧
34	温铁军	农业与农村发展学院	第7届生态文明国际论坛	4月26日—27日	全球危机与新农村建设
35	章　欣	文学院	2013普林斯顿大学第21届对外汉语教学研讨会	4月27日	初级汉语语法项目的任务选择初探
36	张新勇	信息学院	第31届ACM人机交互年度学术会议CHI2013	4月27日—5月2日	用于视线交互的二维目标动态扩展技术可用性评价研究
37	赵丽秋	劳动人事学院	第11届国际产业组织年会	5月16日—20日	资本和劳动的调整成本
38	吴征宇	国际关系学院	大西洋讨论国际会议	5月17日—18日	中国与海权转换
39	涂永红	财政金融学院	第3届国际管理与服务科学国际会议	5月19日—20日	中国货币国际化程度衡量研究
40	董正存	文学院	法国中文研究与教学学会第11届学术年会	5月24日—25日	汉语全量表达句法格式的五种比用构件
41	江庆心	外国语学院	亚洲第3届文化研究国际会议	5月24日—26日	文化异化与文化可持续性案例研究
42	方福前	经济学院	世界政治经济学学会第8届论坛	5月24日—27日	抓好三个转变，促进收入分配改革
43	郑晓红	艺术学院	日本色彩学会第44届年会	5月25日—26日	敦煌图案的色彩构成原理研究
44	戴田甜	汉青研究院	加拿大经济学协会2013年年会	5月30日—6月2日	多阶段生产的作用对货币传导机制

序号	姓名	所在学院	参加会议	会议时间	提交论文题目
45	汪叔夜	商学院	加拿大经济学协会 2013 年年会	5 月 30 日—6 月 2 日	在零售投资主导的新兴市场下的体制化贸易行为
46	周　珂	法学院	权利、基本人权和对正义的追求国际会议	5 月 30 日—6 月 2 日	中国可持续发展法制化的分析语展望
47	刘　鹏	公共管理学院	国际行政科学学会——国际行政科学院校协会联合年会	6 月 1 日—6 日	国际行政科学
48	郑　国	公共管理学院	第二届新城市会议	6 月 4 日—6 日	繁荣还是泡沫？中国技术开发区经济影响的评估
49	秦　波	公共管理学院	第二届新城市会议	6 月 4 日—6 日	中国的城市化于耕地保护——以成都为例
50	刘维熙	苏州学院	巴布森学院创业研究会会议	6 月 5 日—8 日	全球经济危机下中小企业成长意愿及融资渠道对企业绩效的影响
51	姜　栋	法学院	法国青年法律史学家协会第一届学术会议	6 月 6 日—7 日	中国婚姻史
52	赵玉兰	马克思主义学院	左翼论坛 2013 年年会	6 月 7 日—9 日	梁赞诺夫的政治悲剧及 MEGA1 的终结
53	李德英	信息学院	IEEE 团体协会 2013 年年会	6 月 9 日—13 日	与手机协同的感官网络的最小花费
54	曹　琦	公共管理学院	第九届太平洋论坛	6 月 12 日—19 日	国际背景下中国城市公共服务提供体系改革
55	宋　枫	经济学院	第 36 届国际能源经济协会年会	6 月 16 日—20 日	中国能源效率与能源消费的模型与预测：基于固定效应随机前沿方法
56	钟　新	新闻学院	国际传播协会年会	6 月 17 日—21 日	国家形象战略：中国主流媒体眼中的伦敦奥运会开幕式分析
57	喻国明	新闻学院	国际传播协会年会	6 月 17 日—21 日	中国报业发展的现状与进路
58	张　迪	新闻学院	国际传播学学会年会	6 月 17 日—21 日	国际记者的侵略性与中国政府公开性——影响外媒报道正面性的因素
59	余　艳	信息学院	2013 年亚太信息系统大会	6 月 19 日—21 日	基于概念地图的课堂互动系统的学习影响力研究
60	余　力	信息学院	2013 年亚太信息系统大会	6 月 19 日—21 日	面向群体评价的个人评判信息协同继承
61	魏柯玲	外语学院	米莱耶、卡尔-格鲁伯，文学与艺术的承诺国际会议	6 月 20 日—21 日	陪伴的承诺：面向阳光的写作
62	周春来	信息学院	美国计算机协会计算机逻辑年会及第 29 届程序语义数学基础国际会议	6 月 23 日—25 日	马尔可夫进程模拟逼近理论
63	宋云伟	历史学院	文理杂志国际会议	6 月 23 日—26 日	从社会工作的角度重塑居委会在中国城市生活中的作用
64	张文娟	社会与人口学院	第 20 届世界老年学暨老年医学大会	6 月 23 日—27 日	中国老年人的健康状况和行为能力

序号	姓名	所在学院	参加会议	会议时间	提交论文题目
65	唐　丹	社会与人口学院	第20届世界老年学暨老年医学大会	6月23日—27日	老年人的抑郁量表在中国老年人中的使用
66	张东辉	教育学院	世界比较教育学会第15届年会	6月24日—28日	适应与融合：中国流动儿童在城市公立学校的就读经历
67	孟向京	社会人口学院	第7届国际人口地理大会	6月24日—29日	中国三江源生态移民的风险与重建评估
68	魏德东	哲学院	2013年国际宗教社会学会年会	6月25日—7月5日	中国传统宗教的组织变迁
69	秦　萍	经济学院	欧洲环境经济学年会	6月26日—29日	限行会减少小汽车的使用？——北京经验研究
70	丰　雷	公共管理学院	亚洲房地产学会2013年年会	6月28日—7月1日	土地供应、土地政策与房价决定：以中国为例
71	张正峰	公共管理学院	亚洲房地产学会2013年年会	6月28日—7月1日	土地整治项目带来的变化及其资源环境效应
72	薛涧波	财政金融学院	美国西部经济学2013年年会	6月28日—7月2日	平衡预算法则与宏观经济稳定：在货币经济中消费税的作用
73	姜神怡	汉青研究院	美国西部经济学2013年年会	6月28日—7月2日	性别比例和女性的讨价还价能力在中国的婚姻市场
74	陈　朴	经济学院	美国西部经济学2013年年会	6月28日—7月2日	中国石油效应的宏观经济因素
75	刘相波	汉青研究院	美国西部经济学2013年年会	6月28日—7月2日	对外援助、休闲、努力程度选择与经济增长
76	魏　丽	财政金融学院	第17届保险、数学和经济学国际会议	6月30日—7月4日	中国车险市场的逆向选择
77	叶光亮	汉青研究院	欧洲组织学年会	7月1日—7日	消费者价值对企业利润：企业目标如何影响利润及市场结构
78	文余源	经济学院	第23届环太平洋国际区域协会年会	7月2日—4日	特大城市的能源反弹效应：以北京上海对比研究
79	孙久文	经济学院	第23届环太平洋国际区域协会年会	7月2日—4日	1965—2011年新疆消费重心转移路径分析：GIS法的应用
80	宋　常	商学院	2013年国际商务年会	7月3日—6日	公司社会责任与高管薪酬：基于中国的实证研究
81	黄盈盈	社会与人口学院	第二届国际艾滋病社会科学与人文会议	7月7日—10日	把社会科学的知识运用到艾滋病的防治：以中国性工作为例
82	温海明	哲学院	亚洲与比较哲学国际学术会议	7月8日—11日	二十世纪中国启蒙运动中的儒家文化归谬主义
83	张泽林	商学院	2013营销科学会议	7月11日—13日	对于产品线的多时段促销排期模型
84	王　霞	商学院	informs营销科学会议	7月11日—13日	中国内用消费品业软文对销售量的影响

序号	姓名	所在学院	参加会议	会议时间	提交论文题目
85	刘　玮	哲学院	第10届柏拉图大会	7月15日—20日	苏格拉底的美与丑
86	耿幼壮	文学院	国际比较文学学会2013巴黎年会	7月18日—23日	“经文辨读”如何能进入中国语境及中西之间“经文辨读”是否可能
87	焦国成	哲学院	第19届国际中国哲学学会年会	7月21日—24日	《管子·内业》心灵哲学探微
88	蔡　林	社会学院	第31届国际系统动力学会议	7月21日—25日	系统动力学在中国大城市垃圾管理中的应用：以北京为例
89	牛宏宝	哲学院	第19届国际美学大会	7月21日—27日	案上画与架上画：中西绘画的跨文化分析
90	王湘红	经济学院	国际行为经济学研究会年会	7月25日—29日	不平等——被意识到的冲突，与其对中国幸福感的影响
91	孙　伟	汉青研究院	亚太风险与保险协会年会	7月28日—31日	长期养老保险的动态分析
92	张　巍	环境学院	第11届国际汞污染大会	7月28日—8月2日	室内生物质燃烧分形态汞的排放研究
93	张瑞君	商学院	美国会计学会2013年年会	8月3日—7日	债权治理与股价崩盘风险：来自中国的证据
94	张　博	商学院	美国会计学会2013年年会	8月3日—7日	业绩评估指标是否会影响研发投入?
95	吕　捷	农业与农村发展学院	美国农业与应用经济学2013年年会	8月4日—6日	中国粮食贸易政策对稳定国内粮价有效吗?基于结构性突变模型的研究
96	黄继锋	马克思主义学院	第23届世界哲学大会	8月4日—10日	人是历史主体吗?
97	马俊峰	哲学院	第23届世界哲学大会	8月4日—10日	公正概念的价值论分析
98	龚　群	哲学院	第23届世界哲学大会	8月4日—10日	价值哲学论
99	张晓萌	马克思主义学院	第23届世界哲学大会	8月4日—10日	政治哲学视角下的生态学马克思主义
100	宋继文	商学院	2013年美国管理学会年会	8月8日—14日	中国的收入与主观幸福感——女性地位自评和男性地位的中介作用
101	李育辉	劳动人事学院	2013年美国管理学会年会	8月8日—14日	员工嫉妒和感知到的公平对其破坏性工作行为的作用：基于社会支配视角的分析
102	陶　涛	社会与人口学院	2013年美国管理学会年会	8月8日—14日	中国的收入与主观幸福感——女性地位自评和男性地位的中介作用
103	秦志华	商学院	2013年美国管理学会年会	8月8日—14日	员工参与对中国企业创新产生和商业化的作用分析
104	于亢亢	农业与农村发展学院	第73届美国管理学年会	8月9日—13日	服务化过程中服务采购对客户感知价值的影响
105	宋　扬	经济学院	第8届德国劳动经济研究所/世界银行年会	8月22日—23日	构建中国劳动力市场模型

序号	姓名	所在学院	参加会议	会议时间	提交论文题目
106	钱宗鑫	财政金融学院	第69届国际税收协会年会	8月22日—25日	美国和英国的税收与息差的关系研究
107	陈　红	信息学院	第19届欧洲并行与分布式计算国际会议	8月26日—30日	传感器网络多微循环下的高效时间预警
108	杨　凡	社会与人口学院	国际人口科学联盟第27届世界人口大会	8月26日—31日	中国的低生育率：普查数据质量有多可信?
109	陈　浩	马克思主义学院	英国政治学年会2013马克思主义分会	9月1日—8日	黑格尔和马克思论私有财产权

管理工作

■ 行政管理工作

一、概况

新世纪以来，中国人民大学“十年基础”“固本强基、重塑形象”的阶段性目标已圆满实现，2013 年是“十年腾飞”、建设“人民满意、世界一流”大学新阶段的重要一年。学校行政综合管理部门继续围绕学校创建“人民满意、世界一流”大学的战略目标和中心工作，继续高举“发展、创新、和谐”的旗帜，积极发扬顽强拼搏意识并保持良好精神风貌，以师生为中心，以服务教学科研一线为中心，充分发挥作为学校领导班子的参谋助手、学校的信息枢纽的职能综合协调部门院系工作、督促落实各项工作并做好对内对外、对上对下的服务工作，继续着力建设“充满活力，充满智慧，规范、高效、成熟的学习型、服务型办公室”，为推动全校建立“校令畅通、反应灵敏、运转规范、运作高效、服务优良”的管理体系，助推学校“五大战略”实施做出了新的贡献。

二、信息工作

2013 年，学校办公室继续积极发挥信息枢纽作用，做好常规刊物的编写工作，以信息刊物为内宣手段，做好学校事业发展的宣传工作，积极发挥《情况反映》《工作简报》的宣传作用，通过上报教育部、面向兄弟高校和全校师生的《工作简报》等公开信息渠道，积极宣传学校事业发展情况，及时向上级部门、兄弟高校和全校师生汇报学校各项工作所取得的新成绩、新进展。通过进一步理顺信息工作机制，有效协调宣传部门、安全保卫部门、学生管理部门、网络管理部门之间的关系，努力拓宽信息渠道，明确校内信息编写、采集、宣传和监管等环节的责任制度，强化信息枢纽作用，畅通校内信息报送渠道，在实施“1320行动计划”、第二届吴玉章人文社会科学终身成就奖颁奖典礼等重大活动和任务中，保证重要信息及时上报、重大活动及时宣传、重点问题及时解决。

2013年，共编发《综合快报》47期（约15万字）、《情况反映》40期、《工作简报》1期、《舆情快报》9期，并完成2万余条信息记录的整理分类，为领导决策、下情上达、相互沟通、推进有关职能部门和院系工作提供了有力支持。

2013年，学校办公室进一步认真贯彻落实《高等学校信息公开办法》和《中国人民大学信息公开办法》，维护信息公开网站的运行，按照《中国人民大学信息公开目录》及时更新相关信息，主动公开各类信息1 950余条，通过受理有效信息公开申请1件，并认真接受信息公开的电话申请和电子邮件申请，依据相关规章办法在规定期限内予以回复。

在各类资料编辑、汇编方面，学校办公室编辑《中国人民大学大事记（2013）》9万余字，编辑《北京教育年鉴》（中国人民大学部分）、《中国教育年鉴》（中国人民大学部分）2万余字，起草重要汇报材料10篇，重要工作总结12篇，重要讲话稿及讲话参考资料100余篇，文件和会议纪要近200篇，上报重要文件200余篇，印发各类文件近200件，贺信、感谢信、唁电、总结、计划、会议材料、学校有关情况介绍等400多篇（封）；审核各类活动讲话稿、有关文稿近100篇。

2013版《年鉴》编辑工作继续采用模板方式，压缩编写审稿周期，提高编辑质量，并对部分内容做了适当调整。

三、综合协调工作

2013年，各种彰显学校实力的高层次活动不断在学校举行，学校办公室继续发挥协调、保证、规范和参谋作用，综合协调、积极配合有关部门开展工作，做到日常协调规范有序，紧急协调及时有效，有力保障了学校重要工作和重大活动的顺利开展。

在重要工作的推进落实方面，配合深入开展群众路线教育实践活动、全面提升国际性、推动“十年腾飞”计划，完成配合中央巡视组巡视、接待芬兰共和国总理于尔基·卡泰宁访问等重大工作任务，学校办公室立足大局，服务基层，充分发挥了综合协调、积极推进的作用。

在各类重大活动组织管理方面，参与协调了2013年吴玉章终身成就奖颁奖典礼，2013年世界艾滋病日主题宣传活动，第十八届全国大学生网球锦标赛暨全国高校“校长杯”网球比赛，全国政协董建华副主席访问中国人民大学并做演讲，星云大师中国人民大学名誉教授聘任仪式暨学术演讲会，九三学社中央常务副主席邵鸿一行访问中国人民大学，福建省人民政府、青岛市人民政府、宁德市人民政府、福州市人民政府分别与中国人民大学签署合作协议等大型活动。

在突发事件的处理方面，学校办公室从容、有效地加以应对，积极向上级报送动态信息，并及时调配人力，为确保学校在各种突发事件中秩序井然做出了贡献。2013年，总值班室在夜间和节假日共接传上级重要来电、传真千余件次；安排紧急会议40余次，通知有关人员、接待来访和来电咨询数百次。加强在元旦、春节、“五一”、“十一”等假期和“两会”期间的值班工作，保证了全校工作的顺利进行。

四、规范管理工作

2013 年，行政综合管理部门继续积极推进全校规范管理工作。学校办公室组织召开校长办公会 7 次，专题办公会 35 次，党委全委会 1 次，党委常委会（含扩大会）27 次。学校继续推进公文处理规范化工作，严把公文的入口关、流转关、出口关和保密关，接收并处理已登记文件 3 800 余件，其中校内来文 2 600 余件，校外来文 1 200 余件；共核发各类文件 555 件；承担学校其他部门大量的材料印制工作；办理外籍来华审批 159 件次，出国政审 1 196 批次、2 174 人次。

学校以公文流转无纸化推进学校公文处理规范化。从 2012 年 11 月启动公文流转无纸化筹备工作以来，共召开流程设计讨论会 9 次，调研校外单位 19 家，试点测试校内单位 10 家，形成了《公文处理模式设计方案》，建成了全新的公文处理系统，制定了详细的《公文处理系统测试提纲》，为新公文处理系统的顺畅运行打下了坚实的基础。

五、校史工作

2013 年，在校史编纂工作委员会的指导和相关部门的支持下，学校办公室（校史研究室）紧密围绕学校中心工作，发挥校史“存史、资政、育人”的功能，进一步创新工作形式，丰富工作内容，在校史研究、宣传、育人三方面取得了较大的进展。

继续开展口述史工作。《求是园名家自述（第三辑）》采编工作有序开展。校史研究室联系采访或整理了刘大椿、石永义、胡绳武、葛荣晋、王正泉、萧燕、余学本、郑兴东、罗舜泉、周生亚等 10 位拟收录于《求是园名家自述（第三辑）》人物的口述史稿。

继续做好校史研究工作。进一步加大专题研究的力度，多名研究人员的成果被转载或发表，如：《吴玉章与中国人民大学建校初期的办学方针》《实事求是：中国人民大学的教育理念溯源》《“人大学派”考释》《新中国文科高等教育的“工作母机”——20 世纪五六十年代中国人民大学的办学探索与贡献》《苏联专家与中国人民大学学科地位的形成——1950—1957 年苏联专家在中国人民大学的工作与贡献》等。

进一步加强校史宣传。为新生开学典礼、“人大使者家乡行”、新入职人员岗前培训等活动及公共管理学院、体育部等单位做校史知识讲座。8 月 23 日至 25 日，学校在其前身华北大学旧址河北省正定县举行“弘扬华北大学光荣传统”群众路线教育实践主题活动，校史研究室负责华北大学校史展览相关工作。继续通过新浪官方微博“人大校史笔记”宣传校史，定期发布“校史上的今天”和“校史课播报”，不定期发布“人大校史故事”“人大名家轶事”“人大校友故事”“人大映像故事”“人大之最”“校史问答”“从诗词看校史”等，更新微博 3 000 余条，粉丝数逾 8 000 人，有关院系沿革、名家大师等话题引起师生、校友及社会各界人士的广泛关注和热烈讨论。同时，校史研究室参与中国人民大学校史展脚本撰写和相关设计布展工作。

积极创新校史育人形式。校史研究室于 2013—2014 学年第一学期继续开设全校校史选修课，这是自全校校史选修课设立以来的第四次开课，选课学生 48 人。本次课程在原有基础上进一步丰富教学内容，拓展教学手段，在内容安排上更加注重理论与实践相结合、历史脉络梳理与专题研究讲授相结合，在学习形式上更加注重教师讲授与课堂讨论相结合、课堂学习与实地考察相结合，并于 11 月 10 日组织选课学生参观学校老校区（张自忠路 3 号），同时邀请老校区建筑特色及历史变革的专题研究老师进行现场讲座。

继续完善内部学习和外部交流机制，不断提高业务水平。按照北京教育志编纂委员会的要求，收集整理《北京教育志》第二阶段的有关资料逾 11 万字。先后接待西南财经大学档案馆、复旦大学校史研究室、郑州大学校史编纂工作负责人、河北省正定县文史委员会等有关人员进行了校史研究方面的交流。

六、董事会工作

2013年，在继续做好为董事服务的各项工作的同时，董事会不断加强内部建设，通过组织董事参加座谈会、咨询会，参加学校学术会议及大型活动等多种形式，广泛听取董事对学校发展的意见建议，推动民主办学、依法治校工作的开展，推动学校办学治理结构的优化改革，同时加强与社会各界的联系，积极宣传学校发展建设情况，广泛介绍董事会相关政策，扩大学校以及董事会的社会影响力，为学校发展建设助力。

2013年，董事会举办了陈经纬、刘强东、裘菊兰等董事的聘任仪式。截至2013年12月31日，董事会共有141个董事或董事单位。

■ 人事工作

一、概况

2013年，学校人事工作围绕“人民满意、世界一流”的办学目标，以“1320”行动计划为指导，贯彻“精细化管理、人性化服务”的要求，紧抓队伍建设，不断深化人事制度改革，努力探索新形势下人事管理的模式和机制，为学校全面推动人才培养体系改革，加快推进学科建设，大力提升教学、科研工作水平提供有效的人力资源支持。2013年，学校人事工作在制度建设、队伍建设、专业技术职务评聘与岗位聘用、考核管理、薪酬福利、教职工培训等方面工作取得了明显成效。

二、教职工基本情况

(一) 在职人员情况

截至12月31日，学校在职教工共计4 270人（包括附属中学、附属小学），比2012年实际减少16人，其中专业技术人员3 250人，管理人员793人，工勤人员227人。

(二) 增员情况

截至12月31日，学校在职人员新增219人。

(三) 减员情况

截至12月31日，学校在职人员减少235人。

三、制度建设

(一) 研究制定人事制度系列文件

1. 制定《中国人民大学非教师系列人员转为教师系列人员暂行办法》

根据中央巡视组反馈的整改意见和学校整改工作的统一部署，在深入分析、总结学校非教师系列人员转为教师系列人员的经验与问题以及调研其他院校相关做法的基础上，本着“从严管理、严格标准、规范程序”的原则，制定《中国人民大学非教师系列人员转为教师系列人员暂行办法》，管理办法就转系列的基本原则、程序、申请条件、聘后管理等做了明确规定。该文件由学校第十三届党委会第88次常委会审议通过后颁布实施。

2. 制定《中国人民大学关于加强马克思主义学科教师队伍建设的若干意见》

根据中央巡视组反馈的整改意见和学校整改工作的统一部署，认真听取马克思主义学院教师关于加强队伍建设的意见和建议，结合学院实际情况，制定《中国人民大学关于加强马克思主义学科教师队伍建设的若干意见》。该文件就加强对马克思主义学科教师队伍的领导和统筹、队伍规划、人才引进、教师培养、教师分类管理、调整管理重心和职务评聘相关政策以及充分发挥“马克思主义理论研究和建设工程”首席专家的作用等提出了具体意见。该文件由学校第十三届党委会第88次常委会审议通过后颁布实施。

3. 形成《关于试行教学整体考核的指导意见》

为推进教学整体考核工作，起草了《关于教学整体考核的指导意见（草稿）》，向哲学院等10个学院的领导征求了意见。在系统梳理、研究学院（系）相关方案和意见的基础上，起草了《关于试行教学整体考核的指导意见》，文件主要从指导思想、文件依据、考核要求、考核程序、考核结果、拨款与奖励、监督检查、争议处理等方面对试行教学整体考核提出明确要求。

（二）规范选留毕业生和优秀人才调入工作

根据《中国人民大学聘用应届毕业生管理办法》《教师选聘工作实施细则》等文件规定，进一步规范人员选聘工作。注重新兴学科、重点学科及紧缺岗位的教师补充，加大引进海外优秀博士的力度。严格考核标准，健全审批程序，充分发挥专家学者在选聘教师中的作用，确保选聘质量。在学院考察的基础上，学校继续聘请相关学科专家进行审核评议并投票表决；对应聘副高级及以上职务者，继续坚持校外同行专家评审制度。

本年度校本部选聘教师44人，其中应届毕业生11人；此外，配合附属中学选聘应届毕业生34人，调入教师31人；附属小学调入教师2人。选聘教师中正高级职务6人（其中1人同时为海归博士），副高级职务9人（其中5人同时为海归博士），海外优秀博士25人。

为调整管理职员、教师以外专业技术队伍和结构，更好地为教学、科研服务，2013年新选留应届毕业生34人，均具有硕士研究生及以上学历；校外调入27人，其中18人具有硕士研究生及以上学历。

（三）加快用人制度的完善和创新

2013年，继续对新入校人员全部实行聘用合同管理，与新选留的79名应届毕业生签订人事代理合同。同时，进一步探索教师聘用中专职与兼职、固定与流动、短期聘任与长期聘任相结合的用人模式，增加用人形式的多样性。做好聘任名誉教授、聘任客座教授工作，2013年共聘任名誉教授3人，客座教授13人。做好课程教师聘用工作，以合理配置教师资源，提高人才培养质量，2013年聘用课程教师32人次。做好邀请海外回国博士来校讲学工作，共邀请10位海外留学博士来校讲学。

2013年，为进一步探索管理岗位设置的科学性与合理性，逐步实现管理重心下移，提升学校管理干部队伍素质，根据“1320行动计划”工作方案要求，学校组织开展了机关与院系管理干部岗位交流工作，最终确定8名干部交流到相应岗位，其中6名干部交流到院系或后勤集团工作，院系2名干部交流到机关工作。

四、人才工作

（一）制度建设

1. 健全制度，打造科学、系统的人才管理系统

起草、修订文件，加强内部制度建设。起草了《关于对〈中国人民大学“教师国际培训支持计

划”实施办法〉进行修订的若干建议》《中国人民大学学术导师聘任制度实施细则》《“青年教师国际培训支持计划”实施细则》《中国人民大学教师博士后工作实施细则》，制定了《中国人民大学“青年骨干教师出国研修项目”实施规划（2013 年—2015 年）》和《中国人民大学国际区域问题研究及外语高层次人才培养项目 2013—2017 年人才培养计划（教师部分）》等文件。此外，学校还审议通过了《关于中国人民大学讲座教授岗位待遇的几点说明》。各项制度不断完善，为开展人才工作提供坚实的制度保障。

深入调研，统筹思考，为国家有关部门建言献策。在广泛调研兄弟高校及系统总结近年来学校人才队伍建设诸多成功经验的基础上，起草《关于国家公派出国留学工作的几点建议》并向国家留学基金委提交，建议实施人文社会科学优秀学科带头人国际培训计划、邀请人文社会科学优秀留学生回国开展学术交流计划和人文社会科学海外名师合作计划。

此外，为进一步做好引进人才通讯评审工作，2013 年，启动了评审专家库建设工作，在各学院（系）的积极协助下，已初步汇总形成专家库。

2. 调整人才工作领导小组及办公室，进一步完善人才工作管理机制

2013 年 11 月，学校对人才工作领导小组及其办公室进行调整。人才工作领导小组由党委书记、校长担任组长，常务副书记、常务副校长、主管副校长担任副组长，党委组织部、研究生院、发展规划处、教务处、科研处、人才工作领导小组办公室、人事处、国际交流处、财务处、资产与后勤管理处、实验室建设与设备管理处等单位正职负责人为小组成员。

人才工作领导小组统筹全校人才工作，确定学校人才发展战略，研究审核人才队伍建设规划和各项人才政策；对全校人才工作和队伍建设进行宏观管理，协调解决人才队伍建设中的重大问题；审定人才队伍建设经费预算和决算；检查监督各院（系）执行人才政策和开展队伍建设的情况；审议省部级以上人才项目人选，讨论并决定与高端人才引进相关的各项事宜。

为更好地完成人才工作领导小组交办的任务，发挥应有的作用并履行主要职责，进一步理顺工作机制并充实力量，除直接对领导小组报告工作外，人才工作领导小组办公室独立对内对外开展工作。

（二）人才工作

1. 现有教师队伍中有一批优秀学者入选国家人才项目

其中，有 5 位教师当选“长江学者”特聘教授，分别是：马克思主义学院刘建军、商学院王化成、历史学院包伟民、经济学院刘元春、物理系卢仲毅。截至 2013 年底，学校已有 34 位“长江学者”，其中特聘教授 22 位，讲座教授 12 位，在人文社会科学领域位居全国高校首位，入选人数占人文社会科学领域全部入选人数的十分之一强。

法学院王利明、马克思主义学院刘建军和张雷声、经济学院张宇、历史学院徐兆仁、社会与人口学院洪大用入选第一批“万人计划”哲学社会科学领军人才。法学院韩大元入选第一批“万人计划”教学名师。经济学院聂辉华、汉青经济与金融高级研究院汤珂、法学院张翔、商学院许年行入选第一批“万人计划”青年拔尖人才。

财政金融学院汪昌云入选 2013 年国家百千万人才工程，并获得“有突出贡献中青年专家”荣誉称号。截至 2013 年底，学校共有 22 位国家百千万人才工程项目入选者。

经济学院郑新业等 17 位教师入选 2013 年度“新世纪优秀人才支持计划”，其中海外人选 4 位。截至 2013 年底，学校共有 187 位“新世纪优秀人才支持计划”入选者，其中海外人选 19 位。

哲学院李科林等 61 名青年教师入选首批北京高校青年英才计划。

在团队建设方面，2013 年 10 月，物理学系鲍威“稀土—过渡金属化合物量子关联新功能材料及其新奇量子效应的研究”团队入选 2013 年度教育部“创新团队发展计划”，资助期限为 2014 年至 2016 年，资助额度为 300 万元。截至 2013 年底，学校共有 3 个团队入选该计划，其余 2 个团队分别是物理学系王孝群“计算物理方法的发展及其在新奇量子现象研究中的应用”研究团队、经济学院杨

瑞龙“中国宏观经济分析与预测”研究团队。

2. 引进人才取得显著成效

3位“海外高层次人才引进计划”（简称“千人计划”）新入选者楼元、文继荣、杨开峰已正式来校工作。其中，楼元来校前为俄亥俄州立大学数学系教授，文继荣来校前为微软亚洲研究院高级研究员，杨开峰来校前为佛罗里达州立大学公共管理学院教授。3位均是长期项目入选者，之后3年将全职来学校工作并在教学科研、学科建设、人才培养及国际交流等方面发挥重要作用。截至2013年底，学校“千人计划”项目入选者共有10位，其中长期项目入选者有7位，短期项目入选者有3位。

根据学科建设需要，哲学院引进英国伦敦大学国王学院姚新中来校工作，并担任哲学院院长，是学校首位全职引进并担任院长的海外一流大学教授。姚新中来校前是英国伦敦大学国王学院伦理学教授、中国研究院院长，并入选教育部“长江学者奖励计划”和国家外国专家局“引进海外高层次文教专家重点支持计划”。

物理学系引进的俞榕博士入选第五批“青年海外高层次人才引进计划”（简称“青年千人计划”）。截至2013年底，学校共有5位“青年千人计划”项目入选者。

在2013年度国家外国专家局开展的首批人文社会科学领域“高端外国专家”项目评选中，学校统计学院推荐的荷兰马斯特里赫特大学 Pierre Mohnen 教授、美国芝加哥大学 Per Aslak Mykland 教授，农业与农村发展学院推荐的美国斯坦福大学 Scott Rozelle 教授，历史学院推荐的美国堪萨斯大学 Donald Worster 教授，汉青经济与金融高级研究院推荐的美国宾夕法尼亚大学 Joseph E. Harrington 教授以及外国语学院推荐的俄罗斯莫斯科国立师范大学 Vladimir Agenosov 教授等6人入选。2013年度全国共有83位“高端外国专家”项目入选者，其中人文社会科学类入选者不足20人，学校项目入选者位居全国前列。

历史学院推荐的美国堪萨斯大学 Donald Worster 教授、统计学院推荐的美国加州大学伯克利分校 Brian Wright 教授、哲学院推荐的英国伦敦大学国王学院姚新中教授入选国家外国专家局“引进海外高层次文教专家重点支持计划”。截至2013年底，学校共有12名“引进海外高层次文教专家重点支持计划”入选者。

组织开展了新一批中国人民大学讲座教授评审工作，共有香港科技大学吕宗力教授等6位海外知名高校教授入选，学校讲座教授总数已达78人。

同时，为全面提升学校教师队伍的国际竞争力，延揽海外高层次人才，在新奥集团的支持下，学校设立新奥国际教席，延揽对华友好、科学道德高尚、学风严谨、为人正派、身体健康的非华裔外国专家。2013年学校遴选了首批31名新奥学者，其中，新奥国际杰出教席16人，新奥国际中青年教席15人。

此外，学校还引进了42位海外一流大学博士毕业生全职来校工作，截至2013年底，全校共有海外一流大学博士毕业生178人。聘用5名兼职海外人才来校工作。还聘任3位名誉教授、13位客座教授。

3. 教师国际培训力度加大，积极推动人才发展

（1）认真组织各类教师公派出国项目的申报和遴选。

2013年学校进一步加大与国家留学基金管理委员会的合作力度，认真组织各教师参加公派出国项目的遴选推荐工作，全年共有26名教师入选青年骨干教师出国研修项目（1∶1配套资助）（其中1人为高等教育行政管理人员出国研修项目），1名教师入选国家公派高级研究学者项目，1名教师入选国际区域问题研究及外语高层次人才培养项目，2名教师入选中美富布莱特项目研究学者项目，3名教师入选博士生导师短期交流项目。此外，另有2名教师入选韩国高等教育财团国际学术交流学者项目，1名教师入选学术带头人出国研修（学校全额资助）项目，7名教师个人联系纳入单位公派的申

请获学校批准。

(2) 扎实做好教师派出及回国报到服务。

2013年，人才部门累计办理出国手续并实际派出的教师共37人，其中青年骨干教师出国研修项目（国家留学基金委和学校1∶1配套资助）22人，国家公派研究学者及访问学者（含博士后）项目（国家留学基金委全额资助）1人，国际区域问题研究及外语高层次人才培养项目2人，中美富布赖特项目2人，韩国高等教育财团国际交流学者项目2人，教育部新世纪优秀人才支持计划1人，个人联系纳入单位公派7人。此外，全年共有41名派出教师完成了海外研修计划并办理回国报到手续。

(3) 认真组织学科国际前沿教师培训项目申报和执行工作。

2013年通过组织实施“学科国际前沿教师培训”项目，累计邀请33名海外学者来校为教师开展学科国际前沿培训，参加培训教师达700余人次。

(4) 积极推进“百名海归挂职计划”的实施。

为加速青年海归教师成长，实现学校科研优势与企业研发优势的有机结合，人才部门组织开展了青年海归教师赴合作企业实践锻炼工作。经过前期准备，截至2013年底，已有22位青年海归教师提出了实践锻炼申请，有中国保监会等多家知名企事业单位的10多位高管愿意受聘兼职合作导师，挂职锻炼基地已初步建成。

五、教职工培训

(一) 中国人民大学教师发展中心工作扎实开展

1. 制定《中国人民大学教师发展中心章程》

为确定教师发展中心的工作规范和行为准则，研究起草《中国人民大学教师发展中心章程》，该章程于2013年2月经学校研究通过并印发。章程共分五章，对教师发展中心的工作方针、基本任务、机构设置、工作职责、工作机制和保障措施做出明确规定。

2. 制定《中国人民大学“青年教师发展支持计划”实施方案》

2013年8月，学校制定并印发《中国人民大学“青年教师发展支持计划”实施方案》。方案明确了青年教师发展支持内容包括职业道德、职业规划和职业能力等多个方面，具体措施共12项，涵盖教学、科研、国际交流、社会实践等内容，简称“121计划”。同时，《中国人民大学新教师助教制度实施细则》等实施细则也处于制定过程之中。

3. 其他工作

(1) 精心组织新教师岗前培训。

9月2日，2013年教师岗前培训开始，共有84名教师（其中海外归国人员50名）、31名博士后人员参加。此次培训，更加注重培训内容的完善，更加注重教师职业生涯指导，更加注重提升新教师的人才培养能力，更加关注海外归国人才的培训，培训总体上达到预期目标，取得良好效果。

(2) 继续实施并推进新入职教师助教制度。

针对2012年9月至2013年8月以来新入职的教师，组织实施第二、三期新入职教师助教制度，其中第二期16人，第三期60人。各学院（系）积极配合，组织专家对本单位新教师专业方向、学术特长、研究爱好进行研究分析，并结合每一位新教师的特点，制定了针对性强、方向明确的工作方案。各学院（系）指定的指导教师和旁听课程授课教师，大多为具有丰富一线教学经验的优秀教师，旁听课程不少为学科方向的精品课程。

(3) 成功举办学校第一届全英文授课展示交流活动。

5月，成功举办中国人民大学第一届全英文授课展示交流活动，此次活动是学校海外归国教师培训项目的重要组成部分，共有包括外籍教师在内的52名教师参加展示交流。

（4）推动教师培训工作。

举办第21、22期师资英语强化培训班，共有近39名教师参加培训。

（二）管理职员培训

1. 组织第一期管理干部信息技术素养培训班

2013年10月，组织第一期管理干部信息技术素养培训班。共有81名管理干部参加，内容主要包括互联网环境下的有效信息检索、Office办公软件的高级应用、多媒体软件的应用和视频处理软件的应用等。培训班学员普遍反映培训效果良好，有利于提高工作质量和工作效率。

2. 新入职党政教辅人员岗前培训

为便于新入校党政教辅人员尽快熟悉和融入学校的教学、科研及管理环境，为2013年新入校教职工举办岗前培训，共计47人参加。

3. 管理职员英语培训

为落实学校全面提升国际性行动计划，提高管理干部的外语应用能力和国际交流能力，学校举办第9、10期管理干部外语培训班，共41名干部参训。

六、专业技术职务评聘与岗位聘用工作

（一）教师专业技术职务评聘与岗位聘用工作

根据学校工作导向，在坚持原有办法特别是科研评价要求及标准的基础上，按照有利于执行学校本科人才培养改革路线图的要求，适度调整现有教师职务评聘制度。

1. 建立教学准入制度。制定《中国人民大学教师人才培养情况综合评价表》，学院首先通过此表对拟申报教授、副教授职务者进行综合评价，评价通过者方有资格申报。

2. 深化教师分类管理，为教学为主型教师开辟专门通道，逐步提高教学为主型教师高级职务比例。在现行单独设立评议组的基础上，对教学为主型教师进行名额单独分配。

3. 进一步推进副教授评聘权限移至学院的试点工作。降低管理重心，提高学院工作的自觉性和自主性。制定《关于副教授职务评聘权限移至学院实施指导意见》，在十个试点学院开展副教授职务评聘权限移至学院的工作。

2013年教师职务评聘工作继续坚持重岗位、重水平、重贡献的指导思想，坚持总量控制及结构比例控制的原则。学校教师岗位聘用委员会共评聘通过校本部各级职务教师164人（教授42人、副教授60人、讲师62人），其中：校外应聘的教授13人，副教授9人；中小学各级教师82人，其中中学正高级教师5人，中学高级教师19人，中学一级教师29人，中学二级教师25人，小学一级教师4人。

教师岗位聘用工作方面，根据国家关于事业单位实行岗位聘用制度的有关文件和精神，学校继续实行岗位聘用制度。2013年学校教师岗位聘用委员会审议通过各级教师岗位327人，其中教授二级10人，教授三级21人，教授四级38人，副教授一级15人，副教授二级27人，副教授三级60人；通过中小学及幼儿园各级教师岗位143人，其中中学正高级教师岗位5人，中学高级教师一级岗位9人，中学高级教师二级岗位12人，中学高级教师三级岗位18人。

（二）非教师专业技术职务评聘与岗位聘用工作

2013年，对申报教师以外高级专业技术职务和申报六级及以上管理职员岗位的人员，首次组织公开述职，以进一步确保评聘工作公开、公平、公正地开展，构建更加规范、透明的评聘机制。

2013年教师以外专业技术人员评审中，经过学校评审共通过42人，其中21人（含转系列1人）为高级专业技术人员。

2013年学校通过教师以外专业技术岗位聘用的有89人，其中聘用到教师以外专业技术岗位六级岗及以上岗位的有10人，占人员总数的11.2%。2013年通过管理职员岗位聘用的有109人（含直接

对应岗位 23 人），其中聘用到六级及以上管理职员岗位的有 36 人（含直接对应岗位 23 人），占人员总数的 33%。2013 年通过工勤技能岗位聘用的有 5 人。

2013 年，学校组织三级、四级管理职员岗位聘用工作，教育部已对学校 2 位三级管理职员和 4 位四级管理职员予以备案。

七、考核工作

（一）教师考核工作

2012—2013 学年学校共有 1 575 名教师参加年度教学考核，其中教学工作量完全达标 1 464 人，占参加考核教师总数的 92.95%；5 人年度考核不合格，占参加考核教师总数的 0.32%，教师队伍工作自觉性和积极性明显提高。

（二）非教师考核工作

2013 年，学校进行管理职员、教师以外专业技术人员及工勤技能人员年度考核，校本部参加年度考核的人员总数为 867 人（不含世纪明德物业公司、文化科技园、印刷厂、后勤集团、出版社、书报资料中心、附中、附小），其中考核等级为优秀的 137 人，良好的 694 人，合格的 35 人，不合格的 1 人。

2013 年，学校结束对 2011 年和 2012 年聘期到期教师以外专业技术人员的聘期科研考核，实际参加考核共 82 人，其中正高 1 人，副高 25 人，中级及以下 56 人。其中，考核结果优秀的 5 人，合格的 72 人，不合格的 5 人。

2013 年，学校结束对 2013 年聘期到期管理职员、工勤技能人员的岗位聘期考核，参加考核的管理职员共 67 人，其中考核结果优秀的 9 人，合格的 58 人；参加考核的工勤技能人员共 5 人，考核结果均为合格。

八、薪酬、福利和离退休工作

（一）关注教职工切身利益，提升教职工收入水平

根据社会物价变动情况，结合学校自身实际，完成学校收入增长方案制定，并经学校党委常委会通过。方案以调整校内补贴的形式，按照普遍调整、缩小差距的思路，确定各级各类人员的调资标准。

（二）提高离退休人员待遇，保障离退休人员生活

在提高在职教职工收入水平的同时，学校同步提高离退休教职工补贴标准。离退休人员与在职同类同级别人员增长水平一致，切实保障离退休人员生活待遇。此外，学校继续密切关注国家关于离退休人员生活待遇的相关政策，采取一切措施保障离退休人员生活水平。

（三）调整去世人员一次性抚恤金标准

学校参照国家和北京市有关政策，调整去世人员一次性抚恤金标准，由本人生前 20 个月基本工资或基本离退休费调整为上一年度全国城镇居民人均可支配收入的 2 倍加本人生前 40 个月基本工资或基本离退休费。新标准自 2011 年 8 月执行，学校共为符合条件的 100 多名死亡人员家属补发抚恤金 800 余万元。

（四）持续完成教职工福利工作，为教职工排忧解难

2013 年，学校为 1 141 名教职工发放子女医疗统筹款 220 336 元，为 31 名教职员工发放困难补助 51 300 元，为 66 名去世教职工家属发放丧葬费和抚恤金 7 927 112 元。

2013 年，学校共有 106 位教职工办理退休手续，截至 2013 年底，学校共有离退休教职工 2 648

人，其中离休干部 404 人。

九、教职工出国（境）

2013 年，学校共为教职工办理因公出国（境）政审达 1 040 人次，其中，为赴港澳教职工办理政审 323 人次；为 52 名教师长期出国办理政审手续。从派出教师所在学院（系）的分布情况看，派出人员较多的学院有法学院、公共管理学院、国际关系学院、商学院、社会与人口学院等。

十、博士后工作

（一）博士后进、出站情况

2013 年，学校进一步提升博士后招收质量，适度控制博士后招收规模，共招收博士后 80 人，其中一、二、六类博士后合计 53 人，企业博士后 23 人，分别进入 18 个院系的 14 个博士后科研流动站从事研究工作。全年共为 76 名博士后办理了出站手续。

（二）博士后流动站情况

截至 2013 年底，经国家人事部、全国博士后管理委员会批准，学校已相继设立了应用经济学，工商管理，理论经济学，法学，社会学，哲学，历史学，中国语言文学，政治学，新闻传播学，计算机科学与技术，农林经济管理，公共管理，图书馆，情报与档案管理学，马克思主义理论，统计学，世界史及考古学共 18 个博士后科研流动站。

（三）企业博士后工作

2013 年，学校与中国长城资产管理公司、中诚信国际信用评级有限公司、中国信达资产管理公司等 3 家单位新签订合作协议，全年共联合招收了 23 名企业博士后研究人员。截至 2013 年底，与学校签署合作协议联合招收博士后研究人员的单位已经达到 72 家。

（四）博士后科学基金申请情况

第五十三批中国博士后科学基金申请中，全校共 15 人获得博士后科学基金资助，共获资助经费 87 万元。

第五十四批中国博士后科学基金申请中，全校共 17 人获得博士后科学基金资助，共获资助经费 103 万元。

第六批中国博士后科学基金特别资助工作中，学校共有 7 人获资助，共获资助经费 105 万元。

附录

中国人民大学 2013 年教职工增员情况表

	类别
增员的系列分布	教学科研 98 人
	党政教辅 57 人
	工勤人员 0 人
	中小学、幼教 64 人

	类别
增员的学历分布	获博士学位 125 人
	获硕士学位 75 人
	获本科学历 16 人
	获专科学历 2 人
	专科以下学历 1 人
增员的来源分布	选留毕业生 79 人 其中：外校 49 人
	博士 29 人
	硕士 50 人
	调入 140 人 其中：海外归国 51 人

中国人民大学 2013 年教职工减员情况表

	类别
减员的类别分布	离退休 106 人
	调出校外 121 人
	辞职、辞退、自动离职 3 人
	在职死亡 5 人

中国人民大学博士后流动站名单

流动站 （一级学科）	所含二级学科	所在学院
0101 哲学☆☆ （19980619） ★★ （20070820）	010101 马克思主义哲学★	哲学院 马克思主义学院
	010102 中国哲学	哲学院 国学院
	010103 外国哲学	哲学院
	010104 逻辑学	哲学院
	010105 伦理学★	哲学院
	010106 美学	哲学院
	010107 宗教学★	哲学院
	010108 科学技术哲学	哲学院
	0101Z1 管理哲学	哲学院
	0101Z2 政治哲学	哲学院
	0101J1 国学	国学院

流动站 （一级学科）	所含二级学科	所在学院
0201 理论经济学 ☆☆ （19980619） ★★ （20070820）	020101 政治经济学★	经济学院 马克思主义学院
	020102 经济思想史	经济学院
	020103 经济史	经济学院
	020104 西方经济学★	经济学院 汉青研究院
	020105 世界经济	经济学院
	020106 人口、资源与环境经济学★	环境学院 社会与人口学院
	0201Z1 网络经济学	经济学院
	0201Z2 企业经济学	经济学院
0202 应用经济学 ☆☆ （19990610） ★★ （20070820）	020201 国民经济学★	经济学院
	020202 区域经济学★	经济学院
	020203 财政学★	财政金融学院
	020204 金融学★	财政金融学院 汉青研究院
	020205 产业经济学★	商学院
	020206 国际贸易学	经济学院
	020207 劳动经济学★	劳动人事学院
	020209 数量经济学	经济学院
	0202Z1 保险学	财政金融学院
	0202Z2 商业经济学	商学院
	0202Z3 房地产经济与管理	公共管理学院
	0202Z4 城市经济学	经济学院
	0202J1 金融工程	财政金融学院
	0202J2 风险管理与精算学	统计学院
	0202J3 劳动关系学	劳动人事学院
0301 法学☆☆ （20030701） ★★ （20070820）	030101 法学理论★	法学院
	030102 法律史	法学院
	030103 宪法学与行政法学★	法学院
	030104 刑法学★	法学院
	030105 民商法学★	法学院
	030106 诉讼法学	法学院
	030107 经济法学	法学院
	030108 环境与资源保护法学	法学院
	030109 国际法学	法学院
	0301Z1 知识产权法	法学院
	0301Z2 比较法	法学院
0302 政治学☆☆ （20001229） ▲▲ （20080423）	030201 政治学理论	国际关系学院
	030202 中外政治制度	国际关系学院
	030203 科学社会主义与国际共产主义运动	国际关系学院 马克思主义学院
	030204 中共党史 ★	马克思主义学院
	030206 国际政治★	国际关系学院
	030207 国际关系	国际关系学院
	030208 外交学	国际关系学院
	0302Z1 中国政治	国际关系学院
	0302Z2 国际政治经济学	国际关系学院
	0302J1 中国特色社会主义理论	马克思主义学院

流动站 （一级学科）	所含二级学科	所在学院
0303 社会学☆☆ （20001229） ★★ （20070820）	030301 社会学★	社会与人口学院
	030302 人口学★	社会与人口学院
	030303 人类学	社会与人口学院
	0303Z1 老年学	社会与人口学院
	0303Z2 社会心理学	心理学系
0305 马克思主义理论☆☆ （20070820） ★★ （20070820）	030501 马克思主义基本原理★	马克思主义学院
	030502 马克思主义发展史	马克思主义学院
	030503 马克思主义中国化研究	马克思主义学院
	030504 国外马克思主义研究	马克思主义学院
	030505 思想政治教育★	马克思主义学院
	030506 中国近现代史基本问题研究	马克思主义学院
0501 中国语言文学☆☆ （20060125）	050101 文艺学★	文学院
	050102 语言学及应用语言学	文学院
	050103 汉语言文字学	文学院
	050104 中国古典文献学	文学院
	050105 中国古代文学	文学院
	050106 中国现当代文学	文学院
	050108 比较文学与世界文学▲	文学院
	0501Z1 古典学	文学院
	0501J1 国学	国学院
0503 新闻传播学☆☆ （20001229） ★★ （20070820）	050301 新闻学★	新闻学院
	050302 传播学★	新闻学院
	0503Z1 传媒经济学	新闻学院
	0503Z2 广播电视学	新闻学院
0601 考古学	0601Z1 考古学及博物馆学	历史学院
0602 中国史☆☆ （20001229） ▲▲ （20080423）	0602Z2 史学理论及史学史	历史学院
	0602Z3 历史地理学	历史学院
	0602Z4 历史文献学	历史学院
	0602Z5 专门史	历史学院
	0602Z6 中国古代史★	历史学院
	0602Z7 中国近现代史★	历史学院
	0602Z1 当代中国史	马克思主义学院
	0602J1 国学	国学院
0603 世界史	0603Z1 世界史	历史学院
0714 统计学	0714Z1 统计学	统计学院
0812 计算机科学与技术☆ （20060125）	081202 计算机软件与理论	信息学院
	081203 计算机应用技术▲	信息学院
	0812Z1 信息安全	信息学院
1202 工商管理☆☆ （20001229） ★★ （20070820）	120201 会计学★	商学院
	120202 企业管理★	商学院
	120204 技术经济及管理	商学院 农业与农村发展学院
	1202Z1 人力资源管理	劳动人事学院
	1202Z2 市场营销管理	商学院
	1202Z3 财务学	商学院

流动站（一级学科）	所含二级学科	所在学院
1203 农林经济管理☆☆（20001229）	120301 农业经济管理★	农业与农村发展学院
	120302 林业经济管理	农业与农村发展学院
	1203Z1 自然资源管理	环境学院
	1203Z2 农村发展	农业与农村发展学院
1204 公共管理☆☆（20000701）	120401 行政管理★	公共管理学院
	120403 教育经济与管理▲	教育学院
	120404 社会保障	劳动人事学院 公共管理学院
	120405 土地资源管理▲	公共管理学院
	1204Z1 公共财政与公共政策	公共管理学院
	1204Z2 公共组织与人力资源	公共管理学院
	1204Z3 教育学	教育学院
	1204J1 城乡发展与规划	公共管理学院
	1204J2 可持续发展管理	农业与农村发展学院
1205 图书馆、情报与档案管理☆☆（20060125）	120501 图书馆学	信息资源管理学院
	120502 情报学▲	信息资源管理学院
	120503 档案学★	信息资源管理学院
	1205Z1 信息资源管理	信息资源管理学院
	1205Z2 信息分析	信息资源管理学院

说明：加“☆☆”的一级学科表示该一级学科具有博士学位授予权；加“☆”的一级学科表示该一级学科具有硕士学位授予权；加“★★”的一级学科为国家重点一级学科；加“★”的专业为国家重点二级学科；加“▲▲”的一级学科为北京市重点一级学科；加“▲”的专业为北京市重点二级学科。

■ 学生工作

一、概况

2013 年，学校学生工作部门坚持以邓小平理论、“三个代表”重要思想和科学发展观为指导，学习落实党的十八大精神，秉持学校“实事求是”校训，结合学校人才培养路线图与“1320 行动计划”工作方案，坚持从实际出发，从学生出发，立足学校人才培养工作，服务学生成长成才，构建和谐校园文化，加强内部队伍建设，通过科学调研、创新理念、开辟路径、完善机制，不断革新工作思路，创新工作模式，改进工作方法，提升工作精细化水平，真正促进学生成长成才，服务学校培育“国民表率、社会栋梁”的育人目标。

二、思想政治教育工作

（一）新生入学教育加大辅导力度，密切家校联系

2013 年学生工作部门继续实施“精彩第一年”新生引航计划，开展适应、融入、引领、发展四模块教育活动，依托学院深入开展入学辅导，同时在学校、学院不同层面举办家长会、专题工作坊等活动，密切与家长的沟通联系。2013 年首次随录取通知书发放“精彩第一年”项目介绍折页，于暑期启动入学导航咨询活动。

新生入学第一周，邀请靳诺书记主讲新生入校第一课“迈好大学生活第一步”，组织新生参加北京市政府安全宣讲团校园安全宣讲，举办“学习生活导航”专题报告，邀请教务处、国际交流处、外国语学院、校医院负责人前来为新生解读关于学习、出国交流、外语能力测试、公费医疗等方面的问题。同时，为家长举办“新生适应与家长角色转换”专题讲座。

依托朋辈学业发展中心开展系列辅导活动。举办“选择的碰撞”新生成长发展工作坊，录制“达人来啦——与吴玉章奖获得者面对面”主题访谈节目，举办“达人来啦——学习·学术·实践”系列专题经验分享会，开展“北京印象”“丹青写意”等两场语言学习类活动，组织前往新东方教育科技集团的企业参访活动。

利用网络和新媒体平台为新生提供个性化咨询。建设新生入学导航网，介绍“精彩第一年”新生引航计划各项活动内容，张贴新生常见问题回答，提供《星路历程——毕业十星的大学故事》电子书、“达人来啦”系列访谈节目视频等入学辅导材料下载。建设“新生i问”综合网络平台，选聘高年级学生骨干担任辅导员，自暑期开始，通过BBS、微博、QQ群、微信群等多种平台为新生答疑解惑，提供包括入学报到流程、奖励资助政策、入学适应困惑、校园生活指南、学习经验介绍、大学生涯规划等各方面的咨询和辅导，累计答疑12 500余条。

（二）“三班建设”工作稳步推进，成效显著

2013年，学生工作部门以“爱国爱校、遵纪守法好，发奋成才、学习风气好，团结友爱、同学感情好，活动丰富、综合素质好，组织得力、骨干示范好”的五好标准为基准大力开展班级活动，力促“五好”班集体建设；通过加大奖励力度、扩大奖励范围、改进评选程序、强化激励机制，完善北京市、学校、学院三级先进班集体评选活动；与美国加州大学伯克利分校开展合作，组织“明德领袖生培训计划”，促进学生骨干对外交流；修订改版《班主任工作手册》，完善班主任绩效考核机制；在优秀班主任评选中增加学生网上投票、述评交流会公开评选环节，增强了评选的民主性，促进经验交流与总结，推动“以评促建”工作的不断开展。

2013年，学校劳动人事学院2010级人力资源管理二班参与北京高校“我的班级我的家”优秀班集体建设评比活动并获得“北京市优秀示范班集体”荣誉称号及奖金，其余参评的4个班级各获奖金。学生工作部门再次荣获北京高校“我的班级我的家”优秀班集体创建活动优秀组织奖及奖金。

2013年，学生工作部门共组织班主任、辅导员培训近600余人次；向643名班主任发放津贴46.29万元；评选出“十佳班主任”10名、“十佳班主任”提名获得者12名、优秀班主任154名，发放奖金23.15万元；评选出校级先进班集体153个，其中11个最优秀的班级推荐为北京市先进班集体，发放奖金30万元。

（三）积极推进宿舍辅导工作，大力创建文明宿舍

2013年，学生工作部门落实学校“1320行动计划”要求，成立住宿辅导中心，负责统筹全校住宿学生的思想引领、行为管理、成长辅导、文化活动开展、安全稳定维护等工作。中心下设综合协调组、文宣信息组、宿舍督查组、东风—红楼社区辅导组、品园社区辅导组、知行社区辅导组、北园社区辅导组等部门，所有部门工作人员均由研究生兼职公寓辅导员担任。

1. 体制机制建设。以学生公寓管理委员会及其办公室为平台，构筑学校学生公寓工作体系。以学生成长发展辅导与服务为导向，建设具有人大特色的住宿辅导工作体系。

（1）一个理念：学生成长发展辅导与服务。

（2）两大核心：精细化管理、人性化服务。

（3）三支队伍：学校层面的公寓辅导员队伍，学院层面的住宿辅导工作队，学生层面的自管会、朋辈心理咨询员、宿舍长等队伍。

（4）四个平台：辅导员工作室、成长辅导室、活动室、学习室。

（5）五项目标：维护公寓安全稳定、提供优质生活服务、开展有效行为管理、繁荣特色公寓文

化、提升学生居住品质。

完善学生公寓管理委员会办公室的会议制度、文件会签制度，探索住宿辅导中心和国内公寓部联合工作的机制。一是在人员方面，实行两部门交叉任职，打通管理平台；二是在学生行为管理、宿舍督查等日常管理工作中推行联合工作机制；三是在开学迎新、标准化公寓申报、宿舍调整等重要工作领域实现共同协商和部署。

2. 制度建设。2013 年 1 月，发布《中国人民大学学生公寓管理办法（修订）》；2013 年 4 月，发布《中国人民大学公寓学生自我管理委员会章程》；2013 年 9 月，修订并使用《中国人民大学学生住宿协议》；2013 年下半年，启动《中国人民大学学生住宿管理办法》制定工作。

3. 队伍建设。一是完善学生兼职公寓辅导员为主、教师兼职公寓辅导员为辅的公寓管理服务队伍建设模式。住宿辅导中心有专职辅导员 1 人、兼职辅导员约 100 人（研究生兼职约 90 人，教师兼职约 10 人）；2013 年 5 月举办首届公寓辅导员技能大赛。二是加强自管会建设。自管会共设有 12 个部门，骨干稳定在 60 人左右，招新后成员总数近 300 人；2012 年建立公寓事务提案制度，2013 年建立“社区服务日”工作机制。三是加强学院住宿辅导工作队伍建设。2013 年上半年，学生工作部门为每个学院配置一名协助负责住宿工作的研究生辅导员。四是加强宿舍长队伍建设。学生工作部门设立“十佳宿舍长”和“优秀宿舍长”为校级个人荣誉称号。

4. 平台建设。继续建设各公寓辅导员工作室为住宿管理服务的重要平台。2012 年 12 月，建成并运营东风七楼“拾光小屋”，探索集成长辅导和自主阅读学习功能于一体的学生活动空间建设。2013 年底启动品园 1 楼、品园 2 楼、北园二楼“拾光小屋”建设。截至 2013 年 12 月底，共有公寓活动室、成长辅导室 10 间，总面积约 280 平方米。

5. 项目建设。开展“文明宿舍”“优秀宿舍长”评审工作。2012 年至 2013 年累计评选“十佳宿舍”21 个、“文明宿舍”136 个，发放奖金 89 000 元；评选“十佳宿舍长”和“优秀宿舍长”87 名。认真开展学生宿舍安全卫生文明督查工作。2012 年督查学生宿舍 10 523 间次，2013 年督查学生宿舍 11 563 间次；2013 年冬季，对所有学生宿舍进行安全专项检查。举办特色公寓文化活动。自 2012 年开始，每年举办公寓文化季活动；2013 年 5 月举办第一届宿舍美化大赛。积极做好师生交流沟通工作。2013 年设立住宿生活咨询与违纪行为举报热线。

（四）积极参加上级部门组织的培训，提高辅导队伍素养

2013 年，学生工作部门从学校辅导员队伍中推选 38 人参加上级部门组织的培训。其中 10 人参加教育部培训，21 人参加教工委专业培训，7 人参加教工委新上岗辅导员培训。

（五）“红船领航”新生党员先进性熔铸计划有序推进，不断完善

第二届“红船领航”新生党员先进性熔铸计划各项活动圆满完成，实现多项改进。军事训练方面，2013 年上半年组织体能训练 13 次，擒敌拳训练 10 次，运动会开幕式汇报表演 1 次，部队观摩实践 1 次，篮球对抗赛 1 次，结训联欢 1 次，体能测试 1 次。男女生分别完成了 3 000 米和 2 000 米跑的任务。军事训练各项训练任务顺利完成，圆满结训。2013 年 4 月，与中国人民解放军 66459 部队合作设立党员先锋营实践基地，组织实践活动，校外合作进一步拓展。政治学习方面，2013 年上半年完成马克思主义经典研习环节各项活动。落实阅读计划，保证新生党员人均阅读 10 篇文献，提交不少于 3 篇读书报告。加强阅读指导，组织经典研习辅导员逐一批改新生党员读书报告，逐一反馈答疑点评，组织阅读分享点评会。强化实践调研，组织各小组结合理论研习开展社会调研与参访实践活动，研讨撰写经典研习报告，学会应用理论解决实际问题。服务表率方面，2013 年上半年开展学雷锋、光盘行动表率示范等活动，推进服务实践环节模式改进。首次采取立项申报制，变一次性服务为长期连续服务，打造品牌活动传递服务接力棒，在提升党性修养同时锻炼综合能力。

第三届“红船领航”计划顺利启动，取得阶段成果。军事训练方面，2013 年下半年组织体能训练 16 次，队列训练 6 次，定向越野赛 1 次。男女生分别完成了 2 000 米和 1 600 米跑的任务。队列训

练按计划实施，擒敌拳学习基本完成。政治学习方面，邀请到宋鱼水校友担任项目顾问，并为新生党员做专题报告。组织新生党员参加“9·18”和“12·9”升国旗主题教育活动，观看话剧《毛泽东和他的长子》，参加学习十八届三中全会精神活动、郁慕明先生演讲会、第七届“国情知识竞赛”、十八届三中全会宣讲会、村干部报告会、学生应急避险安全教育实践，以及党性提升工作坊、观影讨论、党史党情学习、形势与政策话题讨论、国博参观、群众路线学习研讨、读书沙龙等活动。累计开展活动 30 场，收集微博式思想汇报 2 152 条。团队建设方面，各小组开展团队熔炼、入学导航等多种活动。小组辅导员逐一与本院新生党员谈心，答疑解惑，举办经验分享会、学业辅导等多项活动。加强辅导员队伍建设，在党员先锋营构建营、连、排三级干部梯队，加强了党员先锋营基层管理。

（六）形势与政策教育依托基层，深入开展

2013 年形势与政策教育采取依托基层深入开展，发挥学生主体作用丰富教育内容的模式全面推进。

深入开展“中国梦”主题教育实践活动。组织学生参加在人民大会堂小礼堂举行的首都大学生报告会，聆听教育部部长袁贵仁解析“中国特色社会主义和中国梦”。举办“中华民族的光荣与梦想——坚定不移地走中国特色社会主义道路”主题报告会，邀请王向明教授深刻解读“中国梦”的历史意义和丰富内涵。举办以“中国梦·我的梦”为主题的 4 场“理想人生”名家讲坛，邀请新东方副总裁沙云龙校友为同学们诠释“成长选择的智慧”；邀请著名表演艺术家、艺术学院荣誉教授六小龄童以“带你重走西游路”为主题分享人生经历和奋斗精神；邀请海淀区法院副院长宋鱼水校友以“做经济时代与法律时代的耕耘者”为主题分享人生感悟；邀请国家督学、云南省人民政府参事、原云南省教育厅厅长罗崇敏先生分享“如何构建自我尊严”。依托各学院党团班级、学生社团等基层组织累计开展“中国梦”主题学习分享、参观见学、社会实践、竞赛论坛等各类活动近 40 场。组织学生参加北京高校“中国梦·我的梦”主题宣讲活动学生代表选拔，姚思宇入选宣讲团。组织学生参加“中国梦”网上系列谈活动，推选刘文杰作为学校代表参加节目录制获好评。开展“中国梦”主题征文，推选学生参加“中国梦”主题演讲比赛，综合应用微博、人人网等社交网络平台，开展同学喜爱的讨论交流活动，鼓励学生讲述自己目睹和经历的“中国梦”，深化同学们对中国特色社会主义事业的认识。

全面推进十八届三中全会精神学习，举办以“全面改革新起点，助推美丽中国梦”为主题的第七届国情知识竞赛。认真学习贯彻习近平总书记五四重要讲话精神，要求班级、党团支部以主题班会、研讨等形式组织学习。开展正道沧桑主题教育活动，要求各学院支持并指导班级、党团支部、学生社团等基层组织观看《正道沧桑》。组织学生参加北京市“正道沧桑——社会主义 500 年”知识竞赛。开展学雷锋主题教育活动，举办“文明新风人人创，雷锋精神代代传”主题升国旗活动，以及“学雷锋、做好事、明明德”美丽心愿主题活动。组织学生赴中华世纪坛观看“永远的雷锋”大型主题展。号召各学院组织开展学雷锋系列活动，开展纪念、学习讨论、实践服务、宣传等各类活动 24 项。开展反对餐桌浪费“光盘行动”，要求学生党员模范带头、倡议表率，组织学生社团开展多种形式的宣传倡议活动。

开展升国旗主题教育系列活动。在 3 月 5 日、5 月 4 日、9 月 18 日举办重要纪念日升国旗主题教育活动。举办“当国歌响起的时候”新生升国旗活动和“国旗在召唤”毕业季升国旗活动。

此外，应学校和上级安排，组织学生参加芬兰总理于尔基·卡泰宁报告会、台湾新党主席郁慕明先生演讲会；组织学生聆听人力资源和社会保障部尹蔚民部长“我国就业形势与就业政策及高校毕业生就业工作”主题报告，参加“部长进校园”首都大学生形势政策报告会，聆听国家工商总局党组书记、局长张茅讲解我国工商政策；承办并组织学生参加市委教育工委“学理论·读经典”活动项目启动仪式暨《资本论》研习读书会，组织学生参加首都大学生“学理论·读经典”《社会主义从空想到科学的发展》《社会主义 500 年》研习读书会；组织学生收看“感动中国年度人物”颁奖典礼，观看“共和国的脊梁”汇演活动之话剧《钱学森》；组织学生参加“共建美丽家园　做文明有礼的北京人”第四届《大学生》杯动漫大赛，第三届首都大学生创意集市活动作品征集活动，“我的校园记忆”有奖征文活动，以及青少年互联网法律知识竞赛。组织学生参加大学生年度人物评选，国学院姚思宇获得提名奖。

（七）研究生科学道德与学风建设多措并举，提升实效

2013年，学生工作部门与研究生事务管理部门密切合作，从思想引领、榜样带动、能力提升、制度保障四个方面着手加强研究生科学道德与学风建设。组织研究生参加2场“科学道德与学风建设”专题报告，结合毕业宣誓、诚信教育月等活动强化学术诚信意识；举办“毕业十星”评选，通过“学术之星”和“诚信之星”的评选，挖掘诚信事迹，树立诚信典范；依托各学院及研究生会深入开展研究生新生入学教育辅导及学术沙龙等活动，增强研究生学术规范意识，提升研究生学术能力及学术素养；完善研究生论文查重机制，严查学术舞弊，以制度强化研究生诚信意识。

（八）“毕业季”概念不断丰富，内容推陈出新

2013年4—6月，学生工作部门在过去四模块毕业教育模式的基础上，进一步凝练毕业季理念，推出以毕业生（i）为主体，以使命（responsibility）、经历（uniqueness）、成长（completion）为核心关键词，依托学院，面向基层，党团联动，班级支撑，多层次开展，宽领域覆盖，精细化实施的毕业季真情互动系列活动，搭建以“iRUC”为主线，由“使命”“经历”“成长”三大模块，“信誓无悔”毕业宣誓、“校园记忆”毕业校园游、“书页留香”毕业生图书捐赠义卖、“明德修身”诚信教育月、“毕业季·我为自己代言”毕业十星评选、“Fashion Graduation”毕业设计展示、“感恩惜别·祝福母校”毕业感恩祝福、“人大瞬间·光影代言”毕业生摄影大赛、“时光掠影”毕业主题微电影大赛、“心灵按摩”毕业生心理减压与成长适应辅导等十项活动组成的全员参与真情互动平台。

2013年毕业季首次制作校园手绘地图拼图纪念明信片赠送毕业生。

2013年毕业典礼进一步丰富形式和内容，在毕业典礼现场布置中新增各学院毕业主题标语彩旗，在典礼开始前安排热场互动，在典礼结束后举行放飞梦想气球活动。

（九）“读史读经典”项目顺利启动，聘请24位学界泰斗担任顾问

2013年5月19日，举办第三届读书文化节暨“读史读经典”项目启动仪式，聘请24位校内外知名专家和荣誉一级教授担任项目特约顾问。启动仪式后，召开本科生“读史读经典”项目专题研讨会，十余位项目顾问就“读史读经典”项目进行研讨，提供设计和实施方面的宝贵意见。配合项目启动，依托学生社团举办线上线下“句评经典”活动，开展“人大社”杯史学经典评鉴大赛。

（十）“求是思源”优秀学生培养计划首期开班，探索提升学生领导力有效模式

2013年3月，通过简历筛选、实践展示、面试三个环节选拔30名优秀学生参加首期“求是思源”优秀学生培养计划，并圆满完成以“关爱和社会责任”为主题的第一阶段活动任务，前往内蒙古鄂尔多斯、呼和浩特等地开展支教调研活动。设计包含学习能力提升（study improvement）、个人心理成长（mental development）、创新思维塑造（innovative thinking）、文化素质培养（literacy education）、英语口语锻炼（english speaking）五个模块的“SMILE”微笑成长夏令营，促进学生在服务奉献同时的自我成长。2013年聘请宋鱼水、内蒙古大学经济管理学院副院长赵海东、新东方集团副总裁沙云龙3位校友担任“求是思源”计划校友导师。

（十一）规范学生事务管理，全面服务学生所需

2013年，学生工作部门不断完善管理机制，创新工作路径，全面做好公派出国（境）政审、研究生入学政审等各项工作。按学校规定，办理学生公派出国（境）政审共600余人，硕士研究生入学政审3 500余人，博士生入学政审800余人。

另外，学生工作部门按规定程序做好学生违纪处理工作，共处分29名违纪学生，批评教育学生40余人次。帮助同学提高自我管理、自我保护能力，协同做好学生突发事件的处理工作。

三、心理健康教育与咨询

（一）开设心理健康教育通识课，备受欢迎

2013年共有15个教学班、1 841名本科生（含留学生）修读了该课程。此外，共有493名本科生选修中心开设的4门选修课，分别是："自助旅行与心理素质教育"163人，"情感心理学"170人，"校园心理健康专题"80人，"朋辈心理辅导"80人。

（二）持之以恒做好日常心理咨询服务，加速推动咨询工作规范化进程

2013年，学校心理健康教育与咨询中心（简称"中心"）的咨询室每周开放15次（周一至周五每天上午、下午和晚上），每次至少3小时的咨询时间。在暑期学校（国际小学期）期间，中心也继续为留校学生服务。2013年度学生心理问题主要集中于情绪问题、情感问题、人际冲突、就业困惑和个人发展等方面。2013年，中心接待师生咨询1 399人次。同时，设置在学生宿舍楼的朋辈心理咨询中心的"朋辈小屋"接待咨询399人次。

2013年，心理健康中心为2012级、2013级74个班级共1 841人进行心理训练。此外，中心危机干预78人次，每人次约2小时。

（三）推进学生成长与发展服务体系精细化建设，中心搬迁新址

2013年9月中心由北区食堂的505室搬迁到环境学院北侧一层，面积由原来的130平方米扩大至近230平方米。学校2013年还进一步增加心理健康工作经费，为在校23 000名学生提供50万元心理素质教育经费，用于开展学生心理素质教育工作。从2013年开始拨付，2014年列入学生工作部门年度预算。

（四）继续深化朋辈辅导项目合作，提升朋辈服务专业化水平

朋辈心理咨询中心在岗咨询师23名。截至12月31日，朋辈心理咨询中心开展咨询399人次，接受电话咨询31人次。来访者的满意度超过90%，有58%的来访者愿意将"朋辈小屋"推荐给身边的同学。

2013年5月，8名朋辈学生骨干赴美国斯坦福大学心理咨询与服务中心以及"桥"朋辈心理咨询中心进行为期一周的交流访问。7月，斯坦福大学心理咨询中心高级副主任、朋辈心理咨询中心督导老师Dr. Martinez来校开设暑期课程。

（五）完成"5·25心理健康教育月"活动，提高心理健康意识

中心与理学院加强合作，举办第五届"心里乐翻天"心理健康知识比赛。该活动旨在以娱乐、趣味性的方式向同学们普及心理健康知识，以达到宣传和引导的作用，并促使学生提高心理健康意识，积极地关注自己的心理健康。同时，中心受邀参加北京部分高校的心理文化月相关活动，也积极邀请外校社团参加中心活动。中心获得北京市教工委"2013大学生心理健康月最佳组织奖"。

（六）积极参与教师发展中心工作，提高教师心理健康水平

2013年，中心积极参与教师发展中心工作，把心理健康知识普及到全校教师范围。1月9日中心胡邓为学校教师做题为《高校教师压力管理与阳光心态》的讲座。5月24日，邀请北京大学心理健康中心副主任徐凯文为学工系统教师做题为《心理健康危机识别与干预》的讲座。6月6日，侯瑞鹤为老师们做题为《发现而不是改变——父母如何偷偷影响孩子》的讲座。6月18日，邀请北京回龙观医院院长杨甫德做《精神卫生法》解读讲座。9月25日，胡邓为新入职教师做题为《新教师压力应对与情绪管理》的讲座。

中心也积极为教师及其直系家属提供心理咨询服务。截至12月31日，中心共接待41位教职员工及其家属。

2013年9月，心理咨询中心的"大学生心理健康成长教育实践——通识教育、同伴教育、师资

培训三合一的人大模式”获第七届北京市高等教育教学成果奖二等奖。

四、学籍管理工作

（一）学籍变动及备案

2013 年，学籍管理办公室为在校生办理学籍变动及备案手续共计 3 532 人次，其中休学 122 人、退学 220 人、复学 78 人、恢复学籍 258 人、转专业 183 人、保留学籍 433 人、专业分流 1 242 人、放弃入学资格 418 人、取消入学资格 3 人、保留入学资格 61 人、恢复入学资格 68 人、其他（死亡、改名、改专业名称、改身份证号等）446 人。

（二）新生电子注册和学期电子注册

2013 年，学籍管理办公室完成 7 613 名 2013 级新生的基本信息核对、数据整理和学籍注册操作，其中本科生 3 124 人，硕士研究生 3 586 人，博士研究生 903 人。

学期电子注册工作顺利开展。2012—2013 学年第二学期，学校学生电子注册率为 98.88%；2013—2014 学年第一学期，电子注册率为 90.35%。按照学籍管理规定，学籍管理办公室报请学校同意，分别于 2013 年 5 月底清退未注册学生 28 人、2013 年 11 月底清退未注册学生 90 人。

（三）2013 届毕业生基本信息核对

学籍管理办公室组织各学院核对了含延期毕业生在内的 7 000 名学生的基本信息，及时更新本地学籍数据库及市教委在校生管理平台的相关数据，确保毕业生的毕业基本数据准确无误。

（四）2014 届毕业生图像采集

学籍管理办公室组织 6 062 名 2014 届毕业生拍摄图像，用于毕业生学历证书制作、学历电子注册以及学历认证。

（五）各类数据统计服务

2013 年，学籍管理办公室向教育部、北京市以及校内各相关部门提供各类统计报表近 200 份；按各学院（系）要求提供各种类型的学生名单约 120 份；并遵照学校规定，为社会机构、企事业单位等提供数据查询服务。

（六）顺利完成 2013 年迎新工作

学籍管理部门协调各学院、机关部（处），安排人员、场地、物资，准备新生材料，于 2013 年 9 月 9 日顺利迎接 7 491 名 2013 级新生入学报到。

（七）做好学生学籍证明和相关证件办理工作

2013 年，学籍管理办公室累计办理新生学生证件 7 491 份，补办学生证件 1 094 份，为学生开具《学籍证明》《公派出国证明》等证明文件 1 247 份，办理学生公交卡 2 347 张。

（八）召开学籍管理工作会议

2013 年 5 月 7 日下午，学籍管理办公室组织 25 个学院和 11 个部处在明德主楼第一会议室召开学籍管理工作会议，副校长杨慧林以及各部处主管领导、各学院的主管院领导共同出席会议。会议总结近年来学校学籍管理工作的经验和不足，进一步规范学籍管理流程，促进各学院和相关部处的密切配合，提升工作精细化水平。

五、奖励与资助工作

（一）国家助学贷款

2013 年，学校有 456 名家庭经济困难学生新申请国家助学贷款，贷款合同金额达 368.65 万元。其中，生源地国家助学贷款人数为 333 人，贷款金额 106.57 万元（一年申请额），校园地国家助学贷款人数为123人，贷款金额262.08万元。为了做好231名贷款毕业生的还款服务工作，学校通过发放还款手册和组织培训会的方式，方便学生了解国家助学贷款还款的相关政策，其中，根据中西部就业政策规定，为9名去中西部基层就业的学生办理学费补偿和国家助学贷款国家代偿17.82万元，并每年跟踪调查该生在职在岗情况。2013年，学校还为11名参军入伍的同学发放学费补偿和贷款代偿款18.5万元。

2013年，协助完成456名国家助学贷款学生的学费缓缴和电子注册。同时，在续签借据工作中重视和加强对学生的诚信教育、感恩教育，将学生资助工作与思想政治教育工作良好结合起来。此外，结合毕业教育，继续推行中国人民大学"诚信教育月"系列活动，由学生工作部门主办、自强社承办的"诚信伴我行"活动在学生中反响强烈，效果良好。

（二）学生奖励

2013年，学校学生奖励项目分为个人奖项和集体奖项，个人奖项包括"奖学金""三好学生""优秀研究生""优秀毕业生""优秀学生兼职辅导员""优秀宿舍长"，集体奖项分为"先进班集体"、"优秀社团"和"文明宿舍"。奖学金共分为荣誉类、学习类和专项类三大类，涵盖学习、科研、基础学科、社会工作和志愿服务、文体优秀等多个方面，鼓励学生全面发展、积极成才。2013年，学校共评选奖学金项目30项，总金额超过1 840.84万元，获奖学生比例达50%，总计6 598人（次）；学校还评选出荣誉称号和集体类奖项8项，其中优秀研究生荣誉称号1 487人、三好学生荣誉称号1 344人、优秀毕业生荣誉称号1 408人、优秀学生兼职辅导员139人、优秀宿舍长87人，先进班集体152个、优秀社团15个、文明宿舍97个。

2013年，学校组织召开"中国人民大学学生奖励与'三班建设'表彰大会"，对全校的获奖个人和集体进行集中表彰，并制作中国人民大学学生奖励工作视频专题片。举行西班牙桑坦德银行开放日活动，使在校学生近距离了解西班牙文化。同时，邀请资助单位和个人到学校组织举行颁奖活动，包括光华奖学金、三星奖学金颁奖会等。在宣传方面，学校重新修订了《中国人民大学学生奖励与资助手册》和《中国人民大学学生奖励工作手册》，专门制作了中国人民大学2012—2013学年学生奖励暨三班建设光荣榜，在学生工作部门网站及《中国人民大学校报》《青年人大》等校内媒体对获奖的优秀学生典型进行宣传报道。

此外，学校还为2013届全体毕业生制作了毕业纪念衫，并在学生中进行了毕业纪念衫的创意征集活动。

（三）助学金

2013年，在全校开展了一次家庭经济困难学生认定工作，并以此为基础形成家庭经济困难学生数据库，学校在籍家庭经济困难本科生2 110人。学校举办了1次助学金颁奖会、2次受助毕业生联谊会、1次藏族学生藏历年联欢活动、1次新疆籍少数民族学生节日聚会。学校获助学生代表分别参加教育部曾宪梓奖学金颁奖会、立邦助学金颁奖会等。2013年，雁行人大助学金获助学生参加由雁行基金会组织的赴贫困山区中小学支教等活动。

2013年，学校共有1 623名同学获得了国家助学金，资助额度为465.6万元。学校为1 715名经济困难学生发放伙食及专项补助金47.61万元；为来自新疆的家庭经济困难学生发放节日补助6.16万元。社会捐资在学校设立助学金11项，共资助488名家庭经济困难学生，资助金额134万余元。

（四）困难补助

2013年，学校共为11名特困学生减免了学费，为11名退伍返校学生办理学费减免手续，为家庭经济困难学生1 167人（次）发放"五一""十一"节日困难补助29.26万元，为143名暑期旱涝灾害家庭受灾学生发放临时性困难补助8.64万元，为332名特困新生发放羽绒服，为在校385余名贫困学生统一购买了学生平安保险。2013年，学校继续举行"爱在中秋"贫困生联欢晚会、家庭经济困难学生"自强运动会"，为寒假留校学生开展"新春喜乐会"，留校师生共同欢度新春佳节。

（五）贷学金

2013 年，学校在新生绿色通道现场共为 122 名家庭经济困难学生办理奖励性贷学金，合计发放金额 12.3 万元。

此外，为培养青年学生的自立、自强意识，提高学生的社会责任感和诚信度，鼓励学生参与国际交流，提升国际视野，本年度学校共组织办理两批心平贷学金，在国际交流处、资产与后勤管理处和校基金会的协助下，共为 143 人次同学发放心平自立贷学金和心平留学贷学金 672.64 万元。其中，心平留学贷学金 75 人，合计批准额度 604.84 万元，占总金额的 89.9%。

（六）勤工助学

2013 年，学校共开展两批勤工助学活动，设立勤工助学固定岗位和临时岗位 900 余个。此外，继续积极拓宽勤工助学工作渠道，创新资助模式，为家庭经济困难学生参与勤工活动提供更多机会，组织开展了 2 期人大使者家乡行活动，共 400 余人（次）同学参加了回乡宣传、迎接考入学校新生以及探访家庭经济困难学生的工作。学校还在各学院中继续实行院系团队勤工助学项目，在该项目支持下，信息学院、艺术学院和外国语学院开展了“手拉手学生朋辈学业辅导项目”，包括“数学辅导”“艺术教育”和“外语辅导”三个子课题，受到同学普遍欢迎。秋季学期，学生工作部门还联合老干部处和宣传管理部门，开展了面向退休教师的“老少传情”活动，为学校退休教师发放校报，开展多层次帮扶，在退休教师中反响强烈。本年度，学校共为 3 992 人次发放勤工助学酬金 102.15 万元。

（七）家庭经济困难学生培养

家庭经济困难学生培养是学校学生资助工作的重要内容。2013 年，学校在不断丰富发展物质资助体系的基础上，还通过依托项目培养、心理帮扶、情感交流等途径，并借助家庭经济困难学生自强社，努力为学校家庭经济困难学生打造成长、发展平台。学校现已形成较为完善的家庭经济困难学生成长发展项目体系，老生新生结对交流项目从新生入学绿色通道家庭经济困难学生入学帮扶开始，到“爱在中秋”晚会、“师兄师姐经验谈”专题讲座，充分体现了学校、老生对新入学家庭经济困难学生的关心。“励志成才看世界”项目为新入学的家庭经济困难学生提供了开眼看世界和动手从事社会公益志愿服务活动的机会。“家庭经济困难学生素质提升计划”通过计算机讲座培训、英语口语培训、社会知名人士讲座及各种专项技能培训努力提升学校家庭经济困难学生综合素质。此外，学校还依托自强社为学校家庭经济困难学生营造和谐之“家”，通过加大社团组织建设为学生提供情感交流平台。

同时，学校还通过数学手拉手专项辅导、藏语互助学习课等形式为藏族学生提供学业帮扶，并支持藏族学生开展体育、文化活动。学校还通过“2013 年度穆斯林古尔邦节庆祝活动”等支持新疆少数民族学生开展活动。

（八）社会实践平台

学校积极拓展家庭经济困难学生社会实践平台，为家庭经济困难学生提供开阔视野、提升技能、增长才干的途径。首先，学校通过创新资助工作方式，为学生提供了“人大使者家乡行”“励志成才看世界”“爱心回馈报他人——院系团体勤工助学”等实践项目。其次，学校还与中国青少年发展基金会、中国扶贫基金会和其他高等学校开展合作，为学校贫困学生参与社会实践和高等学校之间家庭经济困难学生的交流合作赢得机会。迄今为止，已组织数百人次同学参与中国青少发展年基金会的“希望工程激励行动”项目和中国扶贫基金会的“新长城”项目，涵盖 30 多个子项目：“爱心传递，与梦齐飞”，“耐克爱超越”，“激励行动公益计划”，“激励行动·BC 计划”，“爱心包裹”，“爱心宿舍”等。

六、国防教育工作

（一）征兵和退役学生安置

2013 年 5 月至 9 月，顺利完成 2013 年夏秋季征兵工作。共有 11 名本科学生光荣入伍（其中本科毕业生4名)。

2013年，完成3名退役复学学生毕业安置工作、6名本科学生研究生推免工作和11名参军入伍士兵退役复学工作。为19名在校退役学生发放国防奖学金9.5万元。

(二) 军事理论课和军训

2013年9月至12月，完成2013级本科生军事理论课教学任务，共有3 078名学生参与课程学习。

2013年7月成立2012级本科学生军训团，以连为单位成立临时党支部。8月24日至9月4日，开展军训工作(国防生军训单独于7月27日至8月20日进行)。普通生参训人数为2 876名，共编为3个营、18个连，为历年人数最多、学院数最多、连队数最多的一次。承训基地为北京昌平盛华人才培训中心。共编辑出版《迷彩青春》日报12期，总计达25万字，军训广播总时长近60个小时；制作军训专题网站，实时发布军训动态，为72位军训期间过生日的同学和老师赠送长寿面与寿桃。军训期间就诊量共计2 576人次，因伤病停训52人。9月，评选“团嘉奖”学员184人，“连嘉奖”学员340人，授予56名教师“军训工作先进个人”荣誉称号。

(三) 国防教育活动

开展定向越野、国防知识竞赛、军事主题讲座等国防教育活动。指导军事爱好者协会开展工作，组建毛泽东军事思想研究会。组织20名同学参加第二炮兵预备役工作。

2013年学校被评为“北京高校国防教育工作先进单位”。

七、就业工作

2013年，学校毕业生总人数6 811人(就业工作学生数据均不含港澳台侨学生、留学生)，总体落实率为97.60%，其中本科生(含第二学士学位生)落实率96.06%，研究生落实率98.66%(截至2013年12月31日)。

(一) 毕业本科生(含第二学士学位生)就业情况

2013年，学校共有本科和第二学士学位毕业生2 770人。其中，就业990人(占35.74%)；攻读硕士研究生960人(占34.66%)；出国留学711人(占25.66%)；北京生源待分配、京外生源回生源地二次分配的毕业生共109人(占3.94 %)。

2013届已落实就业去向的990名毕业本科生(含第二学士学位生)中，到党政机关就业149人(占15.05%)；科研教学单位12人(占1.21%)；其他事业单位87人(占8.79%)；国有企业259人(占26.16%)；三资企业95人(占9.59%)；其他企业159人(占16.06%)；参军109人(占11.01%)；自主创业15人，自由职业105人(合计占12.12%)。

(二) 毕业研究生就业情况

2013年，学校共有硕士和博士毕业生4 041人，其中就业3 659人(占90.55%)；攻读博士研究生及博士后进站235人(占5.81%)；出国留学93人(占2.30%)；北京生源待分配、京外生源回生源地二次分配的毕业生共54人(占1.34%)。

2013届已落实就业去向的3 659名毕业研究生中，到党政机关就业684人(占18.69%)；科研教学单位498人(占13.61%)；其他事业单位525人(占14.35%)；国有企业1 381人(占37.75%)；三资企业131人(占3.59%)；其他企业399人(占10.91%)；参军9人(占0.25%)；自主创业、自由职业31人(占0.85%)。

附录

中国人民大学2013年本科专业招生计划

学院名称	专业名称	分流专业（方向）	计划数
法学院	法学		145
	法学（国防生）		30
新闻学院	新闻传播学类	新闻学、广播电视学、广告学、传播学	146
	新闻学（国防生）		30
外国语学院	德语		24
	俄语		16
	法语		24
	日语		24
	英语		56
哲学院	哲学类	哲学、宗教学、伦理学	40
文学院	中国语言文学类	汉语言文学、汉语言	60
历史学院	历史学类	历史学（含世界史方向）、考古学	38
国学院	人文科学试验班（国学）		40
国际关系学院	国际政治	国际政治（含国际政治经济学方向）、外交学、政治学与行政学（含政党政治方向）	140
信息资源管理学院	档案学		18
	信息管理与信息系统（政务信息管理）		18
	信息管理与信息系统（政务信息管理）（国防生）		30
	信息资源管理		18
信息学院	理科试验班（信息与数学）	计算机科学与技术、数学与应用数学、信息管理与信息系统、信息安全	185
商学院	工商管理类	工商管理、市场营销、财务管理、会计学	220
	管理科学		35
	贸易经济	贸易经济（含国际商务方向）	75
公共管理学院	公共管理类	行政管理、土地资源管理、城市管理	100
	行政管理（国防生）		30
劳动人事学院	劳动与社会保障		30
	劳动关系		25
	人力资源管理		85

学院名称	专业名称	分流专业（方向）	计划数
环境学院	公共事业管理（环境与资源管理）		25
	环境科学		15
	环境工程		15
	资源与环境经济学		30
财政金融学院	财政学		30
	金融学		176
	金融工程		30
	信用管理		25
	保险学		30
	税收学		25
社会与人口学院	社会学类	社会学、社会工作、公共事业管理（公共政策与人口管理）	91
经济学院	国际经济与贸易		95
	国民经济管理		50
	经济学		90
	能源经济		30
统计学院	统计学类	统计学、应用统计学、经济统计学	100
理学院	化学		35
	物理学（含材料物理）	物理学、材料物理	55
	应用心理学		25
农业与农村发展学院	农业经济管理类	农林经济管理、农村区域发展	50
马克思主义学院	中国共产党历史		20
艺术学院	艺术类（美术）	绘画（油画）、绘画（中国画）、视觉传达设计、环境设计、动画（新媒体方向）、美术学（艺术管理与策划方向）	101
	音乐表演		30
中法学院	法语（国际财经传媒）		30
	国民经济管理		50
	金融学		120
二学位	知识产权		25
	金融学		20
合计			3 100

中国人民大学2013年各省（区、市）录取分数、招生计划和录取人数

省份	录取总数		提前批（国防生）				提前批（外语类）				提前批（贫困专项）				中法学院				一批							
	文科	理科	文科		理科		文科		理科		文科		理科		文科		理科		计划数		文科			理科		
			调档线	录取线	调档线	录取线	调档线	录取线	调档线	录取线	调档线	录取线	调档线	录取线	调档线	录取线	调档线	录取线	文科	理科	最高	最低	平均	最高	最低	平均
北京	184	184					660	644	682	669					611	601	641	634	76	75	683	637	653	705	680	688
天津	33	30	557	557	590	590													22	20	650	637	642	674	651	661
河北	83	55									610	600	618	618	613	613	617	617	31	29	653	642	646	678	647	660
山西	45	43	516	516	536	536					552	553	494	494	538	533	554	554	22	20	592	578	585	626	604	614
内蒙古	32	32	501	529	575	591					557	557	628	608					18	17	594	579	585	670	632	647
辽宁	57	70	590	595	570	560	627	627	656	656					598	588	637	637	23	23	648	627	632	684	661	670
吉林	49	65	575	593	612	612									575	570	622	620	27	26	627	605	613	685	664	673
黑龙江	58	57	520	520	527	527	602	603			600	600	630	630	584	584	624	624	20	19	625	614	619	681	665	669
上海	20	16							483	483					482	482	446	446	12	10	522	496	503	494	477	483
江苏	68	58					376	376	381	381					358	358	367	367	29	29	391	381	384	402	390	394
浙江	68	67					689	689	701	701					662	662	685	685	36	36	704	693	696	730	718	722
安徽	58	59	562	562	574	532					610	610	601	610	582	582	554	554	31	30	632	622	626	639	614	622
福建	61	62					605	597	621	621					580	580	606	606	39	38	629	610	617	659	634	645
江西	41	47	570	571	555	518					600	600	629	629					28	28	619	603	610	658	635	642
山东	67	75					648	648	658	658									36	35	665	653	658	690	672	679
河南	76	64					597	597			580	588	612	612	558	538	564	548	38	38	616	603	608	652	624	631

省份	录取总数		提前批（国防生）				提前批（外语类）				提前批（贫困专项）				中法学院				一批							
	文科	理科	文科		理科		文科		理科		文科		理科		文科		理科		计划数		文科			理科		
			调档线	录取线	调档线	录取线	调档线	录取线	调档线	录取线	调档线	录取线	调档线	录取线	调档线	录取线	调档线	录取线	文科	理科	最高	最低	平均	最高	最低	平均
湖北	81	76	565	565	572	538			611	611					552	552	527	527	43	41	619	606	611	655	638	644
湖南	80	62	564	564	567	557	623	603			633	613	612	592	599	579	551	542	37	36	649	637	641	650	627	634
广东	78	58					649	649							629	626	642	632	39	38	667	655	659	678	663	668
广西	31	25									610	590	613	593					22	20	639	626	632	649	633	638
海南	10	11																	8	6	865	833	847	848	824	831
重庆	48	48	596	596	583	558					640	640	633	630					33	33	660	634	651	660	615	642
四川	63	69	578	576	605	605	631	611			626	616	657	632					37	36	647	634	639	674	662	667
贵州	25	23									624	608	601	596					20	18	665	641	648	644	620	629
云南	33	32	590	594	542	591					614	594	623	623					23	22	650	631	639	668	653	658
西藏（汉）	12	11	500	482	535	517													2	1	615	585	600	639	634	637
西藏（民）													388	378							404	404	404	417	417	417
陕西	43	38									613	612	612	612					28	28	641	630	635	680	658	665
甘肃	27	25	536	567	554	555					578	581	609	609					15	13	609	580	601	642	624	632
青海	3	2																	3	2	572	552	562	601	601	601
宁夏	7	7	502	472	586	586					592	582	600	570					5	5	617	580	594	651	613	625
新疆（汉）	36	30	463	453	553	578					545	552	584	609					14	13	601	589	597	639	625	632
新疆（民）																			6	4	576	536	550	650	616	635
港澳台	34	10																	—	—	641	618	627	665	611	636

说明：调档线含考生政策性加分，录取线为实考分。

中国人民大学2013年度在校学生分学院、类别、年级人数统计表

	总计	本科生					博士研究生				二学位			硕士研究生			
		共计	2010级	2011级	2012级	2013级	共计	2011级	2012级	2013级	共计	2012级	2013级	共计	2011级	2012级	2013级
总计	22 112	11 548	2 762	2 714	2 984	3 088	2 550	810	843	897	69	33	36	7 945	1 022	3 403	3 520
财政金融学院	2 038	1 266	328	308	319	311	180	55	59	66	34	15	19	558	18	265	275
法学院	2 154	712	188	176	182	166	363	139	126	98	35	18	17	1 044	224	407	413
公共管理学院	1 205	412	70	104	110	128	146	52	41	53				647	121	263	263
国际关系学院	887	551	137	138	134	142	119	36	36	47				217	4	103	110
国学院	275	171	44	42	42	43	33	10	11	12				71	1	37	33
汉青研究院	166						5			5				161	51	52	58
环境学院	519	318	71	66	87	94	31	7	9	15				170	31	71	68
教育学院	127						31	6	10	15				96		36	60
经济学院	1 758	1 030	237	278	254	261	280	93	95	92				448	13	213	222
劳动人事学院	913	582	150	141	146	145	87	26	27	34				244	2	112	130
理学院	692	419	97	96	106	120	77	22	18	37				196	54	72	70
历史学院	396	118	28	19	35	36	84	25	28	31				194	42	74	78
马克思主义学院	343	90	19	27	24	20	115	38	38	39				138	6	64	68
农业与农村发展学院	487	198	49	45	56	48	77	23	29	25				212	13	99	100
商学院	2 761	1285	315	320	320	330	239	82	76	81				1 237	34	591	612
社会与人口学院	817	356	88	84	95	89	101	33	32	36				360	1	188	171
统计学院	648	351	83	83	88	97	75	24	27	24				222	20	93	109
外国语学院	775	510	144	103	129	134	21		8	13				244	85	70	89
文学院	748	287	64	64	101	58	87	25	29	33				374	99	129	146
新闻学院	1 094	688	177	156	178	177	100	29	35	36				306	21	148	137
信息学院	1 046	719	174	174	175	196	65	14	31	20				262	69	98	95
信息资源管理学院	523	313	76	72	70	95	50	16	15	19				160		74	86
艺术学院	638	504	105	124	138	137								134	38	46	50
哲学院	632	198	61	57	39	41	184	55	63	66				250	75	98	77
中法学院	470	470	57	37	156	220											

中国人民大学2012—2013学年学生奖助学金类别及额度

序号	名称	金额　（元/人）	设立者
1	吴玉章奖学金	8 000	学校
2	校长特别奖学金	5 000	学校
3	宝钢奖学金	5 000～10 000	宝钢教育基金会
4	国家奖学金	8 000	教育部
5	国家励志奖学金	5 000	教育部
6	研究生国家奖学金	20 000～30 000	教育部
7	港澳及华侨学生奖学金	3 000～9 000	教育部
8	台湾学生奖学金	3 000～9 000	教育部
9	科研创新奖学金	3 000	学校
10	学习优秀奖学金	1 000～3 000	学校
11	国学基础奖学金	2 000	学校
12	基础学科奖学金	500～800	学校
13	优秀学生干部奖学金	500～1 000	学校
14	优秀班干部奖学金	500～1 000	学校
15	社会工作与志愿服务奖学金	200～400	学校
16	文体优秀奖学金	500～2 000	学校
17	爱心奖学金	200	学校
18	京东奖学金	1 000～3 000	京东商城
19	蒋震奖学金	10 000	蒋震工业慈善基金（香港）有限公司
20	中国石油奖学金	8 000	中国石油天然气集团有限公司
21	三星奖学金	5 000～7 000	三星（中国）投资有限公司
22	费孝通奖学金	4 000	费孝通教育基金会
23	东方毅奖学金	2 000～3 000	未来建设集团有限公司
24	时尚奖学金	2 000～3 000	时尚杂志社
25	华为奖学金	2 000	深圳华为技术公司
26	光华奖学金	1 000～1 500	光华教育基金会
27	嘉德徐邦达艺术教育奖学金	10 000	中国嘉德国际拍卖有限公司
28	通鼎奖学金	5 000	通鼎集团
29	住友商事奖学金	2 500	住友商事（中国）有限公司
30	恒生银行奖学金	4 000	香港恒生银行
31	优秀毕业生荣誉称号	—	学校
32	优秀研究生荣誉称号	—	学校
33	三好学生荣誉称号	—	学校
34	优秀学生兼职辅导员	—	学校
35	优秀宿舍长	—	学校
36	国家助学金	3 000	教育部
37	贫困农家学子助学金	10 800	农民日报社
38	博时助学金	5 000	博时慈善基金会
39	兴大助学金	4 000	兴大基金会

序号	名称	金额 （元/人）	设立者
40	曾宪梓优秀大学生奖学金	5 000	曾宪梓教育基金会
41	曾昭轩、张毓芬助学金	5 000	曾昭轩、张毓芬夫妇
42	深圳人大校友助学金	5 000	深圳校友
43	福临门助学金	5 000	中粮食品营销有限公司
44	京东助学金	4 000	京东世纪贸易有限公司
45	雁行人大助学金	3 200	雁行基金会
46	中海油助学金	3 000	宋庆龄基金会
47	立邦助学金	3 000	立邦公司
48	新疆少数民族学生助学金	300～2 000	新疆维吾尔自治区学生办公室
49	新长城自强助学金	1 840	中国扶贫基金会

中国人民大学 2012—2013 学年主要奖学金获奖名单

奖励名称	奖励等级	获奖名单
吴玉章奖学金	校级	郭栋、何颜玎、李珊、曹颖、刘斯旸、李天启、干艳桃、杨达、吕利丹、楼栋 10 人
吴玉章奖学金提名奖	校级	洪佩升、张牧云、裴钏玥、李竞一、陈国韵、马雪静、田玉铎、张煦昀、章逸然、潘祺、李黎力 11 人
宝钢奖学金	部级	林宇洁、赵越、沈睿、林翼、李雅菁、庄健、孙升芸、陈鹏、姚东旻、张天培、杨逸然、林耀、张筠、郑丽芳、黄琛娉、杨乐颖、陈慧欣、江东谦、陈绍锋、马希雯、秦子紘、叶修文、薛立琦 23 人
三好学生荣誉称号	校级	2011 级财政金融学院赵芸淇等 1 347 人
校级优秀学生干部奖学金	一等	2011 级环境学院周航等 73 人
	二等	2010 级法学院蔡灵刚等 181 人
	三等	2010 级国际关系学院孔令轩等 328 人
科研创新奖学金	校级	刘志洋、孟凡壮、王悦、边晓慧、辛洪波、陈兆源、袁超、丁俊、谢边岑、邸敬涵、谢清、赵戈翰、黄林、宋强、王亚楠、裴积全、应翔宇、朱宽、王世崇、徐立成、安愫宁、吴克平、齐钊、黄小琳、王莹、王亚欣、石敏力、陆佳怡、张勇锋、崔洪铭、张沐辰、李厚羿、孙道元 33 人
基础学科奖学金	一等	2010 级马克思主义学院左锐等 6 人
	二等	2013 级历史学院胡俊焘等 155 人
国学基础奖学金	校级	2013 级国学院冯春晖等 244 人
优秀研究生荣誉称号	校级	2012 级公共管理学院冉馨等 1 487 人
学习优秀奖学金	特等	2010 级经济学院章逸然等 32 人
	一等	2010 级劳动人事学院苏小舟等 469 人
	二等	2011 级农业与农村发展学院邓智威等 855 人
	三等	2010 级商学院钟静菡等 1 274 人
优秀班干部奖学金	一等	2012 级中法学院周国铸等 44 人
	二等	2012 级外国语学院赖映彤等 129 人
	三等	2011 级文学院王宁等 245 人

奖励名称	奖励等级	获奖名单
文体优秀奖学金	特等	2012级汉青研究院郭琦等40人
	一等	2010级新闻学院赵晓晴等61人
	二等	2011级哲学院蔡婧等126人
社会工作与志愿服务奖学金	一等	2011级信息资源管理学院刘磊等438人
	二等	2010级财政金融学院赵厉等1 000人
国家奖学金	国家级	2010级法学院吴维肖等167人
国家励志奖学金	国家级	2011级信息学院王奇等381人
东方毅奖学金	一等	2011级马克思主义学院王明哲等9人
	二等	2012级马克思主义学院崔龙浩等11人
光华奖学金	校级	2012级国际关系学院葛傲天等203人
三星奖学金	校级	2012级法学院简爱等18人
华为奖学金	校级	2012级商学院艾文卫等8人
中国石油奖学金	校级	2012级文学院杨力轩等30人
时尚奖学金	校级	2010级新闻学院孙媛等20人
费孝通奖学金	校级	2012级国际关系学院王启蛟等8人
台湾学生奖学金	一等	2012级公共管理学院李秉谦等18人
	二等	2012级法学院马家淳等8人
	三等	2013级劳动人事学院王屏等6人
港澳及华侨学生奖学金	一等	2011级国际关系学院林文诗等9人
	二等	2010级信息资源管理学院卢晓彤等14人
	三等	2011级商学院高尧等30人
恒生银行内地学生奖学金	校级	2012级环境学院陈晨等6人
华夏聚龙奖学金	校级	2010级财政金融学院李霄阳等27人
嘉德徐邦达艺术教育奖学金	校级	2010级艺术学院魏浩轩等2人
京东奖学金	校级	2012级经济学院高印时等290人
聚芳奖学金	校级	2012级商学院王悦昊等10人
通鼎奖学金	校级	2012级统计学院王海淘等20人

2012—2013学年“十佳班主任”优秀班主任名单

“十佳班主任”名单（10人）

姓名	所带班级
刘　鹏	国际关系学院2012级国际政治本科3班 国际关系学院2012级国际政治—新闻实验2班
韩　松	经济学院2010级经济学数学实验班
石　磊	环境学院2010级公共事业管理本科班
陶　涛	社会与人口学院2010级社会学本科班
张会平	信息学院2012级理科实验6班
张　磊	哲学院2012级硕士班
唐　杰	公共管理学院2010级城市管理本科班 公共管理学院2011级城市管理本科班

姓名	所带班级
田　鑫	苏州校区中法学院 2012 级国民经济管理本科班 苏州校区国际学院 2013 级公共管理 MPA 班
辛亚民	国学院 2012 级人文实验班
蒋　妍	统计学院 2012 级研究生班

“十佳班主任”提名奖名单（12 人）

姓名	所带班级
李英武	理学院 2012 级应用心理学本科班
田　园	外语学院 2010 级法语本科班
毛　飞	农业与农村发展学院 2012 级本科 1 班
赵淑梅	马克思主义学院 2011 级博士班
喻文光	法学院 2010 级法学 1 班
任　明	信息管理学院 2010 级档案本科班
肖　刚	汉青经济与金融高级研究院 2011 级金融班
易靖韬	商学院 2011 级国际商务班
钱宗鑫	财政金融学院 2012 级本科金融 2 班
曹　斌	历史学院 2012 级文博硕士班
张辉锋	新闻学院 2010 级新闻学本科 1 班
吴壹香	文学院 2012 级本科基地班

优秀班主任名单（154 人）

学院	姓名
哲学院	张　磊　裘江杰　原　理　臧峰宇
文学院	吴壹香　章　欣　杨　贺　孙天琦
历史学院	曹　斌　周施廷　宋　瞳　高　波
国学院	辛亚民　张立香
经济学院	韩　松　黄　隽　王孝松　苏汝劼　张　晨　陆方文　李　聪　罗来军 陈占明　撒　莉　文余源　陈　朴
财政金融学院	钱宗鑫　张顺明　刘　芳　张　鹤　李时宇　张俊岩　宋　燕　李世银 刘晓龙　蔡　泓　何　青　郭　颖　俞平康　田　洪
汉青经济与金融高级研究院	肖　刚
统计学院	蒋　妍　高敏雪　许王莉
农业与农村发展学院	毛　飞　于亢亢　高　佳　吕　捷　阮荣平　尤　婧　柯水发
法学院	喻文光　郑维炜　邓矜婷　曹文华　尤陈俊　高仰光　李　钧　李修棋 路　磊　程　雷　竺　效　娜鹤雅　王　旭　王　莹　孟　涛　徐　飞 陈　璇
马克思主义学院	赵淑梅　沈江平　陈　浩
社会与人口学院	陶　涛　杨　凡　李　丁　张会平
国际关系学院	刘　鹏　李　凡　史小宁　徐　莹　韩冬临　张广生　夏　敏
新闻学院	张辉锋　任　悦　张　迪　周　俊　何文静　刘海龙　王莉丽　罗建晖
艺术学院	吴虚弢　吴文越　李剑月　宁　祎
外国语学院	田　园　申淑子　陈晓慧　钱昕怡　庞建荣　陈世丹　来　炯
环境学院	石　磊　朱芬芬　靳　敏　李　洁
信息学院	张会平　杨　刚　柯媛元　许　伟　黄　伟　柴云鹏

学院	姓名
理学院	于伟强　杜为红　李焕荣　李英武
商学院	易靖韬　柳晓妮　范玉荣　岳楠楠　金　霞　刘洪霞　赵晶晶　姜　明　施晓斌　陈　君　赵燕霞　薛秀娟　曾　琪　苏　畅　王　丹　巢　昱
公共管理学院	唐　杰　谷昆鹏　李传军　曹　琦　刘　鹏　刘　颖　孟繁瑜　施昱年　余华义
劳动人事学院	杨　俊　徐世勇　李　莹　吴清军　陈筱睿　许　倩　韩　玥
信息资源管理学院	任　明　王　丹　赵　京
教育学院	周　详
苏州校区	田　鑫　王友华

2012—2013学年“优秀辅导员”“优秀学生兼职辅导员”名单

“优秀辅导员”名单（34人）

姓名	学院（部门）	姓名	学院（部门）
别　敏	艺术学院	彭　黎	马克思主义学院
蔡立庆	国际关系学院	齐　畅	外国语学院
储著斌	学生处	舒颖岗	教育学院
褚茜茜	汉青经济与金融高级研究院	孙振祥	农业与农村发展学院
杜忠朝	信息学院	唐　颖	社会与人口学院
范维晨	校团委	王　丹	公共管理学院
方玉萍	历史学院	肖　丹	学生处
龚术婷	国学院	邢　姝	法学院
何军鸣	商学院	徐建萍	统计学院
黄彦菲	文学院	徐拥军	信息资源管理学院
靳兴初	苏州校区	徐紫微	学生处
李　洁	组织部	阎　芳	新闻学院
李佩洁	经济学院	杨澜洁	哲学院
李　双	招生就业处	杨　琳	环境学院
刘慧卓	劳动人事学院	臧　虹	理学院
孟　晗	法学院	张红灵	商学院
庞　伟	苏州校区	张润英	财政金融学院

“优秀学生兼职辅导员”名单（139人）

学院	姓名
文学院	袁灿灿　王琪瓅　徐　畅　赵　琰　李　安　程　萍　薛露露　梅　菲　陆德洁　张文浩　曾　楠
历史学院	徐　聪　朱诗婷　王国军　陈　鹏　黑　波　强光美　苏柏玉
哲学院	吴春岩　崔树芝　卢艳波　苏鸿雁
国学院	刁冰洁　鲁雯雪　刘炯鹏　黄原一　赵　依
经济学院	汤　涛　王麒植　张　林　杨连星　唐善才　陈晓瑜　何淑华
财政金融学院	刘　娜　吕天琦　吴　鹏　孙晨正　倪俊波　徐圣楠　张潇文　宋玉颖　兰　青　范龙轩

学院	姓名
汉青经济与金融高级研究院	陈　曦　张　瑜
统计学院	张梦洁　李诗羽
农业与农村发展学院	赵　青　黄　蓓　侯军明　普茣喆
法学院	刘铭君　贾　林　孙琳琳　谢俊杰　董　聪　张艳利　刘旭奕　李　钰　刘方圆　姚保灿　谢　飘　李如冰　高天竹　韩春琴　刘文杰　王新宇
马克思主义学院	聂宇彤　钟　路　龚　艳　黄福特　刘宝达　伍健婷　王　天　刘亚琼　张　帆
社会与人口学院	崔晓旭　曹　杨　程　溪
国际关系学院	余　翔　袁　珂　代华东　王兴华　王启蛟　孙　超
新闻学院	唐　琪　翁之颢　章淦泽　胡杨涓　郎　宇
艺术学院	刘　阳　刘仕奇　黄　鹏
外国语学院	胡希希　张　琪　宋亚洁　唐　婷　贺冠雄
环境学院	郭杏杰　梁　帆　朱　宁　熊芳才　周　琴　方　园　王志凯　龙海涛　姜惠民　任惠国　陈　斌　曲　歌
信息学院	陈　洁　庞有明　殷宏宇　李　晔　谢芳文　李明慧　张小雪
理学院	路　暄
商学院	许　梦　王近思　杭　鑫　赵文文　冯美玲
公共管理学院	肖　益　贾庆光
劳动人事学院	刘书伟　冯　莹　邵艳坤　王海萍
信息资源管理学院	赵　冉　冷元企　高　欢　汤安娜
教育学院	张美丽　和亚林
苏州校区	陈驾驭　沙　鸥

中国人民大学 2012—2013 学年先进班集体名单

所在学院	获奖班级
哲学院	2012 级硕士班
	2010 级本科普通班
	2011 级本科普通班
	2012 级本科班
文学院	2010 级本科班
	2011 级本科班
	2012 级本科基地班
	2012 级硕士班
历史学院	2012 级历史系硕士班
	2012 级清史所硕士班
	2012 级文博班
	2012 级本科班
国学院	2012 级硕士班
	2012 级本科班

所在学院	获奖班级
经济学院	2011 级本科经济学基地班
	2010 级本科经济学数学实验班
	2012 级经济学硕士班
	2011 级能源经济本科班
	2011 级国民经济管理本科班
	2011 级本科国际经济与贸易 2 班
	2012 级国际商务硕士班
	2012 级本科经济学 2 班
	2012 级国民经济管理本科班
	2012 级经济学数学实验班
	2012 级能源经济本科班
	2012 级本科国际经济与贸易 2 班
财政金融学院	2011 级本科税务班
	2012 级本科金融实验班
	2010 级本科金融实验班
	2011 级本科金融 2 班
	2012 级本科金融 4 班
	2010 级本科金融 3 班
	2010 级本科金融 2 班
	2011 级本科金融 1 班
	2012 级本科保险班
	2012 级学术硕士 2 班
	2011 级本科金融实验班
	2011 级本科财税实验班
	2010 级本科金融 1 班
	2012 级博士金融班
汉青经济与金融高级研究院	2012 级金融班
统计学院	2012 级硕士班
	2012 级博士班
	2010 级本科班
	2011 级本科班
农业与农村发展学院	2012 级博士班
	2012 级本科 1 班
	2011 级本科 1 班
	2011 级本科 2 班
法学院	2011 级法学本科 1 班
	2010 级本科法学 1 班
	2010 级本科法学 2 班
	2010 级本科法学 3 班
	2010 级法学—工商管理实验班
	2011 级本科法学 2 班
	2011 级本科法学 3 班
	2011 级本科法学国防班
	2011 级法学—工商管理实验班
	2011 级法学新闻实验班

所在学院	获奖班级
法学院	2012 级本科法学 1 班
	2012 级本科法学 3 班
	2012 级法学—工商管理实验班
	2012 级法律硕士国际商事班
	2012 级法律硕士律师班
	2012 级法律硕士司法法务班
	2012 级法学硕士大班
	2012 级职务犯罪侦查班
	2011 级法律硕士大班
马克思主义学院	2012 级硕士 1 班
	2011 级博士班
	2012 级硕士 2 班
社会与人口学院	2011 级社会学本科班
	2012 级 1、2 班
	2012 级 3、4 班
	2012 级社会学硕士班
国际关系学院	2012 级本科国政 3 班
	2010 级本科国政经班
	2012 级本科国政 2 班
	2012 级国政新闻实验班
	2012 级本科国政 1 班
	2012 级硕士 2 班
新闻学院	2012 级国际新闻传播硕士班
	2012 级新闻—国政实验班
	2012 级新闻—法学实验班
	2012 级硕士 3 班（传播班）
	2012 级国防班
	2010 级国防班
	2010 级新闻学 1 班
	2011 级广播电视新闻班
艺术学院	2010 级美术学班
	2012 级音乐班
	2011 级硕士班
	2012 级硕士班
外国语学院	2011 级本科法语班
	2012 级本科日语班
	2011 级本科俄语班
	2012 级本科法语班
	2012 级本科英语 2 班
	2011 级本科日语班
环境学院	2010 级公共事业管理班
	2011 级公共事业管理班
	2012 级环境工程本科班
	2012 级两年制经济管理硕士班

所在学院	获奖班级
信息学院	2012 级理科试验 6 班
	2010 级理科试验 2 班
	2010 级理科试验 4 班
	2010 级理科试验 5 班
	2011 级理科试验 1 班
	2011 级理科试验 3 班
	2011 级理科试验 4 班
	2012 级理科试验 1 班
理学院	2012 级本科化学班
	2012 级本科物理班
	2012 级本科心理班
商学院	2012 级贸易经济 1 班
	2012 级贸易经济 2 班
	2012 级工商管理类 6 班
	2012 级商英实验班
	2011 级贸易经济班
	2011 级国际商务班
	2011 级会计 1 班
	2011 级会计 2 班
	2011 级会计 3 班
	2011 级财务管理班
	2011 级商英实验班
	2011 级商法实验班
	2011 级管理科学班
	2012 级产业经济硕士班
	2012 级资产评估硕士班
	2012 级企业管理硕博连读班
	2012 级财会博士班
	2011 级产经博士班
公共管理学院	2011 级公共财政与公共政策博士班
	2012 级城市发展与规划硕士班
	2012 级公共财政与公共政策硕士班
	2012 级 MPA 试点班
	2012 级行政管理硕士班
	2010 级行政管理本科班
	2010 级城市发展与规划本科班
	2011 级行政管理本科班
	2011 级城市发展与规划本科班
劳动人事学院	2011 级劳动与社会保障班
	2011 级本科劳动关系班
	2012 级本科人力资源管理 1 班
	2011 级本科人力资源管理 2 班
	2012 级本科劳动关系班
	2012 级本科人力资源管理 2 班

所在学院	获奖班级
信息资源管理学院	2012 级档案班
	2011 级政务班
	2011 级国防班
教育学院	2012 级硕士研究生班
苏州校区	2012 级法律硕士班
	2010 级金融本科班

2012—2013 学年“十佳宿舍”“文明宿舍”名单

“十佳宿舍”名单

序号	宿舍	学院	年级
1	知行五楼 516	财政金融学院	2012 级本科
2	品园六楼 1023	新闻学院、经济学院	2011 级本科
3	知行二楼 410	新闻学院	2010 级本科
4	知行二楼 412	新闻学院	2010 级本科
5	知行四楼 406	文学院	2011 级本科
6	知行二楼 903	法学院	2012 级本科
7	知行五楼 917	新闻学院	2012 级本科
8	原东风五楼 523	信息学院	2012 级本科
9	品园六楼 815	经济学院	2011 级本科
10	知行五楼 106	国际关系学院	2011 级本科

“文明宿舍”名单

序号	宿舍	学院	年级
1	原东风五楼 604	农业与农村发展学院	2012 级本科
2	原东风五楼 608	农业与农村发展学院	2012 级本科
3	东风六楼 201	国际关系学院	2010 级本科
4	东风六楼 228	新闻学院	2010 级本科
5	东风六楼 302	商学院	2010 级本科
6	东风六楼 304	商学院	2010 级本科
7	☆东风六楼 312	商学院	2010 级本科
8	东风六楼 632	法学院	2012 级二学位
9	东风七楼 122	商学院	2011 级本科
10	东风七楼 227	新闻学院、哲学院	2011 级本科
11	东风七楼 325	经济学院	2011 级本科
12	☆东风七楼 510	财政金融学院	2010 级本科
13	东风七楼 511	财政金融学院	2010 级本科
14	东风七楼 622	商学院	2010 级本科
15	红二楼 310	劳动人事学院	2012 级硕士
16	品园一楼 109	法学院	2011 级本科
17	品园一楼 205	艺术学院	2012 级本科

序号	宿舍	学院	年级
18	品园一楼 213	艺术学院	2012 级本科
19	品园一楼 251	国际关系学院	2010 级本科
20	品园一楼 427	信息学院、统计学院	2011 级本科
21	品园一楼 432	理学院	2011 级本科
22	品园一楼 530	环境学院	2011 级本科
23	☆品园一楼 552	农业与农村发展学院	2011 级本科
24	品园五楼 819	新闻学院	2012 级硕士
25	☆品园六楼 845	信息资源管理学院	2012 级本科
26	品园六楼 948	商学院	2011 级本科
27	品园六楼 1007	劳动人事学院、商学院	2011 级本科
28	☆品园六楼 1009	劳动人事学院	2011 级本科
29	品园六楼 1031	新闻学院	2011 级本科
30	品园六楼 1036	新闻学院	2011 级本科
31	☆品园六楼 1115	财政金融学院	2011 级本科
32	品园六楼 1116	财政金融学院	2011 级本科
33	品园六楼 1117	财政金融学院	2011 级本科
34	知行一楼 115	理学院	2012 级本科
35	知行一楼 403	国学院	2012 级本科
36	☆知行二楼 306	新闻学院	2011 级本科
37	知行二楼 312	信息资源管理学院	2011 级本科
38	知行二楼 313	信息资源管理学院	2011 级本科
39	知行二楼 316	哲学院	2011 级本科
40	知行二楼 411	新闻学院	2010 级本科
41	知行二楼 503	信息资源管理学院	2012 级本科
42	知行二楼 505	法学院	2012 级本科
43	知行二楼 509	文学院	2012 级本科
44	知行二楼 510	文学院	2012 级本科
45	☆知行二楼 511	文学院	2012 级本科
46	知行二楼 606	公共管理学院	2011 级本科
47	知行二楼 615	国际关系学院	2011 级本科
48	知行二楼 715	艺术学院	2011 级本科
49	知行二楼 816	哲学院	2012 级本科
50	知行二楼 818	文学院	2012 级本科
51	知行二楼 1006	经济学院	2012 级本科
52	知行二楼 1205	商学院	2012 级本科
53	知行二楼 1210	商学院	2012 级本科
54	知行二楼 1213	商学院	2012 级本科
55	知行二楼 1316	统计学院	2012 级本科
56	知行二楼 1405	劳动人事学院	2012 级本科
57	知行二楼 1406	劳动人事学院	2012 级本科
58	知行二楼 1504	公共管理学院	2012 级本科
59	知行二楼 1507	信息资源管理学院	2012 级本科

序号	宿舍	学院	年级
60	知行二楼 1610	理学院	2012 级本科
61	知行二楼 1611	理学院	2012 级本科
62	知行二楼 1614	理学院	2012 级本科
63	知行三楼 602	法学院	2012 级硕士
64	知行三楼 915	公共管理学院	2012 级硕士
65	知行三楼 1018	公共管理学院	2012 级硕士
66	知行三楼 1203	农业与农村发展学院	2012 级硕士
67	知行三楼 1306	劳动人事学院	2012 级硕士
68	知行三楼 1401	统计学院	2012 级硕士
69	知行三楼 1413	劳动人事学院	2012 级硕士
70	知行四楼 407	文学院	2011 级本科
71	知行四楼 806	农业与农村发展学院、经济学院	2011 级本科
72	☆知行五楼 101	法学院	2012 级本科
73	知行五楼 212	马克思主义学院	2012 级本科
74	知行五楼 408	劳动人事学院	2012 级本科
75	☆知行五楼 520	财政金融学院	2012 级本科
76	☆知行五楼 707	经济学院	2012 级本科
77	知行五楼 712	经济学院	2012 级本科
78	☆知行五楼 802	商学院	2012 级本科
79	知行五楼 816	商学院	2012 级本科
80	知行五楼 906	商学院	2012 级本科
81	知行五楼 918	新闻学院	2012 级本科
82	知行五楼 1006	新闻学院、历史学院	2012 级本科
83	知行五楼 1009	历史学院、社会与人口学院	2012 级本科
84	知行五楼 1217	国际关系学院	2012 级本科
85	知行五楼 1218	国际关系学院	2012 级本科
86	原静园 7—12	汉青经济与金融高级研究院	2012 级硕士
87	静园 16—7	哲学院	2011 级博士

注：“☆”为“十佳宿舍”提名奖。

中国人民大学 2013 届毕业生分院系人数统计表

学院名称	总数	本科生	双学位生	硕士研究生	博士研究生
财政金融学院	641	310	19	249	63
法学院	734	182	17	423	112
公共管理学院	361	98		228	35
国际关系学院	278	141		103	34
国学院	88	39		37	12
汉青经济与金融高级研究院	42			42	
环境学院	124	62		56	6

学院名称	总数	本科生	双学位生	硕士研究生	博士研究生
教育学院	40			36	4
经济学院	575	235		234	106
劳动人事学院	293	141		125	27
理学院	155	103		40	12
历史学院	108	31		55	22
马克思主义学院	136	24		67	45
农业与农村发展学院	170	54		93	23
商学院	1 044	351		605	88
社会与人口学院	274	84		157	33
统计学院	192	90		85	17
外国语学院	245	166		79	
文学院	311	98		188	25
新闻学院	296	148		124	24
信息学院	257	152		94	11
信息资源管理学院	132	56		66	10
艺术学院	127	99		27	1
哲学院	188	70		53	65
总计	6 811	2 734	36	3 266	775

中国人民大学2013届毕业生落实情况表

学历	总人数	就业率	就业			二分		
			签约	升学	出国	拟升学	拟出国	待就业
本科生	2 770	96.06%	35.74%	34.66%	25.66%	2.56%	1.24%	0.14%
硕士生	3 266	98.68%	89.90%	6.12%	2.66%	0.31%	0.90%	0.11%
博士生	775	98.58%	93.29%	4.52%	0.77%	0.26%	0.65%	0.51%
合计	6 811	97.60%	68.25%	17.55%	11.80%	1.22%	1.01%	0.17%

中国人民大学2013届毕业生就业地区分布情况表

学历	重点城市				西部地区	其他省市
	北京	上海	广州	深圳		
本科生	50.47%	3.43%	3.12%	2.81%	10.82%	29.34%
硕士生	59.46%	3.82%	2.35%	3.34%	7.98%	23.05%
博士生	54.25%	1.53%	0.84%	0.98%	14.37%	28.03%
总计	56.78%	3.38%	2.28%	2.86%	9.56%	25.14%

中国人民大学2013届毕业生就业单位性质统计表

学历	国有企业	党政机关	科研单位	高校	其他事业单位	三资企业	其他企业	部队	自由职业自主创业其他
本科生	26.16%	15.05%	0.42%	0.83%	8.79%	9.59%	16.06%	11.01%	12.12%
硕士生	43.44%	19.17%	1.26%	4.30%	14.69%	4.23%	11.92%	0.07%	0.92%
博士生	14.64%	16.76%	6.28%	40.03%	12.97%	0.98%	6.80%	0.98%	0.56%
总计	35.35%	17.94%	1.87%	9.13%	13.19%	4.84%	11.98%	2.49%	3.21%

中国人民大学2013届毕业生就业供需情况表

学历	需求数量	学生数量	供需比
本科（含第二学士学位）	20 590	2 770	1∶7.4
硕士研究生	29 891	3 266	1∶9.1
博士研究生	8 689	775	1∶11.2
合计	59 170	6 811	1∶8.7

说明：就业工作数据均不含港澳台侨学生、留学生。

■ 资产管理工作

一、概况

2013年，资产与后勤管理部门围绕学校“十二五”总体发展目标，以《“十年腾飞”学科建设规划纲要》为指导，有效开展拓展学校办学空间工作，进一步加强房地产管理，不断优化资源配置，提高精细化服务水平，同时积极配合学校“1320行动计划”，推进和协调解决相关问题。

二、拓展办学空间工作

（一）中关村校区北园土地及校舍移交工作

2013年4月1日，学校与首都师范大学举行中关村校区北园（原首都师范大学初等教育学院海淀校区，以下简称“北园”）实物资产移交活动，签署《首都师范大学向中国人民大学移交海淀校区资产备忘录》，接收位于北京市海淀区通慧寺1号的北园土地校舍等资产及相关资料。北园土地占地35 577.06平方米，地上校舍建筑面积为17 716.6平方米。根据北园原有建筑物的过渡使用功能规划，学校于2013年4月至8月进行修缮改造，2013年9月已完成改造的部分建筑物已作为学生宿舍投入使用。

（二）印刷厂腾退移交拈花寺工作

2013年7月，在市领导关心和市政府大力支持下，印刷厂腾退拈花寺补偿方案得以最终确定。2013年8月13日，学校印刷厂与北京市佛教协会签署《拈花寺腾退移交协议书》。2013年9月3日，市佛教协会将首批补偿款支付学校，拈花寺腾退移交工作正式启动。2013年12月1日，在学校印刷厂协助下市佛教协会正式入驻拈花寺办公，印刷厂配合市佛教协会做好厂区租户清退、水电移交及土地房屋移交等各项工作。

（三）黄山学术中心土地开发建设

2013年7月和8月，黄山市黄山区国土资源管理局两次致函学校要求尽快启动黄山土地开发建设工作。为加快推进黄山学术中心土地开发建设工作，学校有关部门积极接洽有关校友，寻求与校友合作开发建设，形成初步合作方案，取得一定进展。

2013年年底，学校就黄山土地开发建设事宜向教育部主管部门征询意见后形成新的工作思路。根据教育部主管部门工作建议，学校基建、资产管理相关部门将合力推动此项工作，尽快启动黄山土地开发建设。

（四）其他拓展办学空间工作

学校与苏州工业园区管委会于2011年5月签订了《代建资产移交协议》，并向教育部递交报告呈请批准学校设立苏州校区和申请进行资产回购工作。2013年年底，学校与教育部就苏州校区资产回购协议进行沟通，根据教育部主管部门建议对原报告进一步修改完善后上报主管部门审批。待教育部正式批复同意后，将启动苏州校区代建资产回购工作。

学校积极与北京市政府、市外联办、市国资委、市财政局等有关部门沟通，推进大华衬衫厂搬迁相关工作。

三、房地产管理工作

（一）教学、科研、行政办公用房管理工作

为适应学校教育事业发展和学科建设要求，满足教学、科研、行政办公需要，工作重点是合理配置办学资源，提高资源使用效率，创造良好办学条件；完善教学、科研、行政办公用房的管理方式，加强办公用房统一管理。2013年，在对中关村校区现有房屋状况及各院系、部处用房需求等情况进行调研和测算的基础上，撰写《中关村校区教学、科研、行政办公用房基本情况分析报告及调整方案》。积极实施学校各单位教学、科研、行政办公用房调整工作，其中包括“环境学院”（老校医院）、“校友之家”办公用房调整工作，知行六楼、人文楼办公用房调整工作，艺术学院腾退办公用房进一步分配工作，北园一楼西配楼办公用房分配工作，理工学科办公用房调整及实验室建设工作，学生活动中心、藏书馆、清华东路甲7号院办公用房调整分配工作，原幼儿园北楼搬迁规划工作，冯其庸学术馆办公用房预留及分配工作。

2013年，为深入落实开展党的群众路线教育实践活动，按照学校党的群众路线教育实践活动领导小组办公室要求，根据中共中央办公厅、国务院办公厅印发《关于党政机关停止新建楼堂馆所和清理办公用房的通知》及《党政机关厉行节约反对浪费条例》文件精神，学校按照原国家计委发布的《党政机关办公用房建设标准》，全面清理党政机关、领导干部的办公用房。在对中关村校区现有办公用房进行全面核查基础上，制定《中国人民大学办公用房清理整顿工作方案（草案）》，修订《中国人民大学教学、科研、行政办公用房管理办法（试行）》，正式启动学校办公用房清理工作。

（二）报销教职工物业费、供暖费、住房补贴，落实房改售房等相关工作

2013年，学校为2 900多户校外购房职工办理物业费、供暖费报销工作，本年度累计支付物业费、供暖费920余万元；为校外产权房住户集中支付物业费、供暖费；为煤改电及其他校外产权房住

户办理物业费、供暖费支付手续 167 人次。

学校按国家有关规定发放 2 700 余名无房职工按月补贴和向职务职级晋升人员发放国家差额补贴等 3 547 万元。

（三）周转房管理工作

2013 年下半年，完成学校校内周转房清理核查工作。为加强周转房规范管理，在全面整理核实学校校内周转房的基础上细化完善周转房数据库，并撰写加强周转房规范管理的请示报告，整理分析周转房使用管理的基本情况，提出加强周转房清理与规范管理的工作建议。

2013 年，根据学校专用现状、有否协议、租金与租赁保证金交纳等基础信息，全面实地核查空置房源并以文字、照片形式记录其基本情况；分类实地核查正在使用的部分周转房，清理整顿违规用房情况。为配合青年公寓 5 单元专家公寓改造相关工作，组织实施青年公寓 5 单元周转房住户的搬迁腾退，并完成 2 户住户的搬迁腾退工作。

2013 年，为解决周转房房源紧张条件下的引进人才住房困难，根据学校工作部署，实施引进人才校外租房房租报销工作，先后 4 次为 37 位引进人才完成校外租房的房租报销工作。

2013 年，学校为 36 位引进人才办理周转房入住手续；为 114 位来学校进修（访学）的教师办理进修教师宿舍入住手续；为出站的 30 位博士后和提前退宿的 3 位在站博士后办理了退宿手续；为新进站的 6 位博士后办理了住宿手续。

（四）加强人防设施管理

2013 年，继续推进全校人防工程及普通地下室核查工作，进一步健全完善相关数据库。2013 年，共完成宜园 2 楼、知行四楼、知行五楼、知行六楼、公共教学一楼、品园 3 楼、品园 4 楼、品园 5 楼、品园 6 楼地下空间面积测绘、平面图绘制及数据库建立工作。共涉及房屋 288 间，使用面积合计 10 758.81 平方米。

做好人防责任书签订工作；对学校普通地下室及人防工程进行检查，现场查看普通地下室及人防工程使用、管理情况，通知有关使用单位加强管理，确保人防工程安全使用；做好人防工程及地下空间防汛工作。

附录

2013 年房屋、土地、教职工住宅汇总表

2013 年房屋基本情况汇总表（按用途划分）

房屋用途	房屋名称	面积（平方米）
一、教学及辅助用房		224 796
教室	求是楼（教室）	65 046
	公共教学一楼	
	公共教学二楼	
	公共教学三楼	
	信息楼（教室）	
	明德楼（教室）	
	国学馆（教室）	
	北园一楼	

房屋用途	房屋名称	面积（平方米）
图书馆	博物馆和艺术学院楼	57 695
	藏书馆	
	求是楼（资料室）	
	明德楼（资料室）	
	信息楼（资料室）	
	人文楼（资料室）	
	知行六楼（资料室）	
	理工楼及配楼（资料室）	
	科研楼 A 座（资料室）	
	图书馆	
	国学馆（资料室）	
	环境学院楼（资料室）	
实验室及附属用房	人文楼（实验室）	67 342
	理工楼及其配楼	
	游泳馆及附属用房（教学 6 楼）	
	求是楼（实验室）	
	信息楼（实验室）	
	明德楼（实验室）	
	明德楼（教师工作室）	
	人文楼（教师工作室）	
	求是楼（教师工作室）	
	科研楼 A 座（教师工作室）	
	科研楼 B 座（教师工作室）	
	理工楼及配楼（教师工作室）	
	信息楼（教师工作室）	
	知行六楼（教师工作室）	
	校友之家	
	体育部楼	
	环境学院楼（教师工作室）	
	博物馆和艺术学院楼	
	北园三楼	
体育馆	世纪馆	21 024
	体育馆	
	风雨操场	
	附小操场	
会堂	八百人大教室（第三会议室）	13 689
	八百人大教室	
	逸夫会堂	
	明德堂	

房屋用途	房屋名称	面积（平方米）
二、行政办公用房	科研楼A座	92 269
	科研楼B座	
	人文楼	
	知行六楼（办公）	
	教学6楼（办公）	
	理工楼及配楼（办公）	
	国际文化交流中心（办公）	
	信息楼（办公）	
	求是楼（办公）	
	贤进楼（办公）	
	明德楼（办公）	
	国学馆（办公）	
	体育部楼	
	校友之家	
	环境学院楼	
	博物馆和艺术学院楼	
三、生活用房		623 511
学生宿舍	西北区学生公寓A栋	210 796
	东风1楼（留学生楼）	
	东风4楼（东风1楼）	
	东风5楼（学3楼）	
	东风6楼（学2楼）	
	东风7楼（学1楼）	
	红1楼	
	红2楼	
	红3楼	
	留学生2楼（二招）	
	留学生3楼（老干部楼）	
	培训1楼	
	品园1楼（学9楼）	
	品园2楼（学8楼）	
	品园3楼（研1楼）	
	品园4楼（研2楼）	
	品园5楼（研3楼）	
	学生公寓B—E栋	
	国际文化交流中心	
	品园6楼	
	北园二楼	
	北园五楼	
	北园六楼	

房屋用途	房屋名称	面积（平方米）
学生食堂	东区食堂	26 563
	西区食堂	
	中区食堂	
	西北区食堂	
	京港连线茶餐厅	
	集天小吃（南区食堂）	
	留学生餐厅	
	韩国餐厅	
	南区食堂（八百碗）	
	北园四楼	
教工集体宿舍	青年公寓	20 000
教工食堂	无	0
生活福利及其他附属用房	兴发大厦	366 152
	校内生活福利配套用房	
	张自忠路铁一号生活福利配套用房	
	清华东路成教院生活福利配套用房	
	北戴河生活福利配套用房	
	文化大厦	
	黄山生活福利配套用房	
	校外产权住宅	
	北园生活福利配套用房	
四、教工住宅	静园 1～22 号楼	124 656
	林园 1～4、12 号楼	
	宜园 1～3、5 楼	
合计		1 065 232

说明：本表包含 2013 年学校接收首都师范大学初等教育学院海淀校区校舍面积 17 716.6 平方米，不含已置换的黄山学术交流中心校舍面积 4 513.21 平方米。

2013 年土地资源基本情况汇总表（按区片划分）

区片	面积（平方米）
校本部（中关村大街 59 号）	604 003.00
老校区（张自忠路 3 号）	43 334.00
东四十条 109 号	4 462.00
志新村 31、38 号楼	702.90
清华东路甲 7 号	8 582.00
二里庄 1 号楼	696.90
芙蓉里 7 号楼	427.50
塔院迎春园 11 号楼	470.20
知春里小区 13 号楼	20.00
北戴河学术交流中心	6 867.00
黄山环境经济教学科研基地	52 586.26

区片	面积（平方米）
中关村校区北园（海淀区通慧寺 1 号院）	35 577.06
合计	757 728.82

■ 财务与审计工作

☞ 财务工作

一、概况

财务管理工作以保障高素质、高层次、多样化、创新型人才培养为根本任务，牢固树立为学科建设服务、为教学科研服务、为师生员工服务的理念，按照“权责明确、行为规范、管理严格、监督到位、运行有效”的管理目标，在“严肃纪律、规范管理”上狠下工夫，加强内部控制和监督，解决管理中存在的问题和不足。学校经济运行总体平稳有序，财务状况良好，财务风险较低，为学校拓展办学空间、拓宽学科领域、加强学科建设、实现“十年腾飞”规划奠定了一定的经济基础。

二、年度收支及预算执行情况

2013 年度学校收入总额 301 953 万元，支出总额 339 341 万元。总收入中，中央财政拨款 136 204 万元，占 45.11%；事业收入 118 165 万元，占 39.13%；其他收入 47 569 万元，占 15.75%；上级补助收入 15 万元，占 0.01%。总支出中，基本支出 202 970 万元，占 59.81%，项目支出 136 371 万元，占 40.19%。

2013 年度收入预算总批复 346 770.75 万元（含“985 工程”、“211 工程”、修购专项、基本建设等），实际收入 301 952.77 万元，比预算批复减少 44 817.98 万元，主要是科研项目经费和其他收入比预计有所减少；支出预算总批复 346 770.75 万元（含“985 工程”、“211 工程”、中央高校改善基本办学条件、基本建设等），实际支出 339 341.10 万元，比预算批复减少 7 429.65 万元，基本与预算持平。

2013 年学校基本建设实际到位投资 69 490 万元，实际完成投资 72 322 万元（含支出以前年度结转资金）。

三、财务状况专题分析

（一）年末财务状况分析

2013 年末，学校资产总额 970 253 万元，比 2012 年增加 51 055 万元，增长 5.55%。其中，流动资产年末余额 366 094 万元，比 2012 年减少 32 099 万元，减少 8.06%；固定资产年末余额 379 170 万元，比 2012 年增加 11 730 万元，增长 3.19%，主要包括大学本级净增一般设备 4 914 万元、专用设备 3 422 万元、图书 1 487 万元、软件 970 万元；对外投资无变动；因支付通州校区地价款等因素影响，2013 年年末在建工程余额 171 285 万元，比 2012 年增加 71 474 万元。

2013 年年末负债总额 60 171 万元，比 2012 年增加 4 653 万元，增长 8.38%，其中应付账款增加 7 322 万元，暂存款增加 23 526 万元，应缴款增加 347 万元，预收账款减少 26 542 万元。2013 年末净资产总额 910 082 万元，比 2012 年增加 46 402 万元，增长 5.37%，主要原因是事业基金减少 28 153 万元，非流动资产基金（固定基金）增加 74 545 万元，专用基金增加 793 万元，财政补助结转减少 8 816 万元，非财政补助结转增加 8 032 万元。

2013 年末基本建设占用资金和基本建设来源资金均为 171 285 万元。

（二）年度收支情况分析

1. 年度收入情况总体分析

2013 年度学校获得财政拨款 136 204 万元，比 2012 年减少 10 593 万元，减少 7.22%，主要是减少“985 工程”专项、附属中小学改善基本办学条件、捐赠配比资金（财政部政策调整，将 2012 年 9—12 月捐赠配比纳入 2014 年预算，不在 2013 年追加）、预算执行绩效奖励等。事业收入 118 165 万元，比 2012 年增加 19 052 万元，增长 19.22%。上级补助收入 15 万元，比 2012 年减少 3 万元。其他收入 47 569 万元，比 2012 年减少 28 354 万元，减少 37.35%。

2. 年度支出情况总体分析

2013 年度基本支出 202 970 万元，比 2012 年增加 30 340 万元，增长 17.58%，项目支出 136 371 万元，比 2012 年增加 38 948 万元，增长 39.98%。主要是结转自筹基建支出和其他支出增长，其中结转自筹基建支出是学校按照与北京市通州区人民政府签订的协议，在 2013 年支付了地价款。

四、财务管理

2013 年，学校财务管理方面的工作以财务制度建设为抓手，扎实推进整改落实工作，具体包括：

（一）进一步加强对二级单位的财务管理和监督

根据中央巡视组 9 月 26 日反馈的意见，学校进一步加强对二级单位的财务管理和监督，制定《关于加强二级单位财务管理工作的若干规定（试行）》《关于加强二级单位经济责任制的规定（试行）》《关于加强二级单位财务决策工作的规定（试行）》等文件。文件就二级单位贯彻执行民主集中制和“三重一大”制度，落实经济责任制，健全内部控制制度，强化内部监督制约机制，依法组织、管理收入，厉行节约、严格支出管理，有序推进财务公开等方面进行了详细规定。

（二）推进落实中央八项规定，厉行勤俭节约工作

学校发布《关于落实中央八项规定，厉行勤俭节约，严格开支标准，控制经费支出的通知》，并要求校内单位认真贯彻中央“八项规定”精神，严格执行国家规定开支标准，控制各项经费支出，经费支出纳入单位财务公开范围，接受群众监督开展自查并制定本单位的实施细则。

（三）陆续修订和完善多项制度

2013 年学校陆续修订和完善了《中国人民大学经济合同管理办法》《中国人民大学财务管理办法》《中国人民大学经济责任制》《中国人民大学收入管理办法》《中国人民大学二级核算单位财务管理办法》《中国人民大学预算执行和决算审计规定》《中国人民大学财务收支工作审计实施办法》《中国人民大学国有资产管理办法》《中国人民大学会计基础工作规范》《中国人民大学会计信息化管理办法》等多项学校制度。制度完善适应了学校各项事业发展需求，健全了符合学校业务特点和管理要求的制度体系，在决策机制、内部控制、岗位分离、监督检查等方面均制定了切实有效的管理规定，各项经济活动的管理流程和控制措施明确、条理清晰，基本形成了相互监督、相互制约、行之有效的内部控制管理机制。

（四）进一步加强科研项目经费管理

修订《中国人民大学科研项目经费管理办法》，制定《中国人民大学横向科研项目管理办法》，为加强学校科研项目经费管理，规范学校教职工开展科研项目的行为，提高科研项目经费使用效益，促进学校科研事业持续健康发展提供了制度基础。

（五）加强学校收费管理工作

为加强学校收费管理工作，减少现金收费，降低资金风险，强化内部控制，自 2013 年 7 月起，学校在原有的银行划转、汇款缴费、刷卡缴费、现金缴费的方式之外，新增网上收费方式，使缴款人能在非办公时间及时缴纳学费、培训费等费用。累计已有 7 000 余人次通过网上收费平台成功缴费。

☞ 审计工作

一、概况

2013 年，审计工作以经济责任审计和基建修缮工程审计为工作重点，全年共完成各类审计项目（不包括科研审签）269 项，审计资金总额 462 007 万元。

二、主要工作

（一）基建、修缮工程审计

1. 基建、修缮工程结算审计工作

2013 年度审计处完成送审的基建、修缮工程结算审计共计 254 项，其中基建、修缮改造工程结算审计项目 85 项，小型修缮工程结算审计项目 146 项，附中基建、修缮改造工程结算审计项目 23 项。除 40 项大宗基建、修缮工程结算为审计处委托工程造价咨询公司协助审核外，其余 214 项累计结算审计金额 4 752 万元均由审计处自行审计完成。送审结算总金额为 64 725.90 万元，审定结算总金额 61 086.69 万元，审减金额 3 639.21 万元，平均审减率 5.62%。

2. 新建锅炉房工程全过程跟踪审计

锅炉房工程的全过程跟踪审计工作自 2012 年 1 月施工招标阶段开始，由审计处委托经招标选择的工程造价咨询公司协助进行，至 2013 年 9 月随锅炉房工程的竣工及冬季正常供暖的开始，跟踪审计工作告一段落。

3. 部分修缮改造工程项目招标阶段的审计工作

完成 2013 年度暑期开工的工程造价 200 万元以上工程项目的工程量清单及招标控制价的审核工作 9 项，审核资金约 3 300 万元。对相关招标项目的招标文件进行了审核，提出了书面审核修改意见。

（二）经济责任审计及其他项目审计

1. 完成中层领导干部经济责任审计 10 项，审计资金总额合计 386 840.97 万元，提出审计建议 34 条，对于问题突出的单位出具《审计整改通知书》，并与相关职能部门配合，监督被审计单位及时进行整改。

2. 对继续教育学院、国际学院（苏州研究院）、中法学院 2012 年度财务收支进行了审计，审计资金总额为 10 080.08 万元，发现问题 24 个并提出相应的审计建议。

3. 制定《中国人民大学预算执行和决算审计工作办法》和《中国人民大学财务收支审计工作实施办法》并经校长办公会讨论通过正式发文执行，《中国人民大学中层领导干部经济责任审计实施办法》和《中国人民大学审计结果运用管理办法》经学校党委常委会讨论通过正式发文执行。

4. 妥善处理校属企业2012年度审计中出现的各类问题，督促有关校属企业根据会计师事务所出具的管理建议书进行整改。

5. 完成对学校全资、控股企业共计5家公司以及人大附中的1家控股公司进行的内部控制审计评价工作。

6. 对全国金融专业学位研究生教育指导委员会秘书处2011年至2013年6月的财务收支情况进行审计，审计资金总额为360.9万元，提出审计建议1条。

7. 完成科研审签共116项，审签经费总额为1 840.65万元。完成学校银行对账单审签工作。

■ 后勤工作

一、概况

2013年，后勤工作根据学校总体部署，结合学校实际情况，从现代化、精细化、人文化角度出发，在保障各项服务的基础上，着力开展“精细化管理，人性化服务”，推出了13个“精细化管理”项目（产品），获得广泛好评。同时，持续落实学校“1320行动计划”的总体部署，切实关注并解决师生最为关心、关注的实事，后勤保障始终服务于教学、科研一线，更加贴近师生、惠及师生。

二、后勤社会化改革

2013年2月、8月，学校先后设立家属区物业管理中心和北园校区综合管理办公室，分别负责校园环境综合治理、家属区物业管理工作和北园校区综合管理。

三、后勤经营管理和服务保障工作

（一）开展学生公寓“夏季降温工程”，为全校学生公寓安装空调

学校将学生公寓安装空调工作列为改善学生在校生活条件重大改造工程。后勤集团受学校委托牵头负责具体落实。

2013年暑假期间，后勤集团与相关职能部门通力合作，完成了学生公寓空调安装工程的前期调研、基础条件摸底以及征求学生意见等可行性研究工作，形成了学生公寓安装空调的整体实施方案。8月，学校批准“由学校出资、集中采购、统一安装”的方案，要求在2014年6月以前安装到位。

暑期，中关村校区北园三栋宿舍楼完成空调安装。

9月，相关部门开始空调安装设计、电力改造工程设计及空调设备选型招标等前期工作，并通过各种校内媒体向师生广泛宣传。11月下旬起，中关村校区学生公寓空调安装工程的空调安装、楼内外电力系统改造、建筑物外墙改造等陆续启动。

后勤集团按照“精细化管理，人性化服务”思路，做到：细致制定计划，有序安排施工；“快半拍”、多位一体，做好施工通知；合理安排施工时间，最大限度降低对学生的影响；现场协调，及时

把握施工进度；注重安全施工，做好安全提醒及防护；强调规范施工、文明施工。保证了空调安装工作的顺利有序进行，确保按时保质完成任务。

（二）探索教学楼精细化管理模式，优化制度流程，完善服务细节，提升教学楼综合管理服务质量

制定《教学楼精细化管理实施方案（第一阶段）》，在公共教学一、二、三楼和求是楼共4栋楼进行试点，重点在管理制度与工作流程规范、教学服务环境改善、教师休息室改造三个方面下功夫：

1. 完善管理制度和工作流程

集中梳理教学楼管理岗位的设置和人员结构，优化管理队伍；补充修订工作制度，进一步规范工作流程；根据各层级岗位职责和业务类别，建立履职情况、卫生保洁、设施设备、楼内安全四个层面的巡查机制；开展员工岗位培训、消防安全培训等；统一更换工装；重塑服务形象。

2. 改善教学楼服务设施和环境

统一设计制作教学楼各类标识，包括楼宇平面水牌、楼层平面图、教室疏散图、安全提示、秩序指引维护标识、各类温馨提示等共1 880张；教室内统一悬挂自动对时功能的电波钟共174个；改造了公教二、三楼教室内挂衣板共137块；教学楼大厅增设报刊栏5个；悬挂师生互动宣传板40块；卫生间均张贴保洁标准和每天的清洁记录，专设保洁工具间；进行垃圾分类试点，引导并培养学生垃圾分类和节能环保意识。

张贴电源开关标识，方便师生准确控制楼内、教室内电器；为缓解下课高峰拥堵，公教二楼每天在上下课高峰时段开启东侧楼门；利用微博平台发布失物招领信息，帮助学生找回丢失物品，据统计本年内共捡拾电脑106台、手表16块、手机172部、现金万余元；配合学生会在公共教学一、二、三楼大厅设置爱心伞72把，方便学生雨天借用。

3. 改造教师休息室

设计教师休息室改造方案和效果图，进一步优化教师休息室环境及服务。

（三）广泛开展特色餐饮服务，大力推进民主办伙进程，多措施推动“光盘行动”常态化，提升餐饮服务质量，保障校园安全稳定

1. 开展贴心、特色餐饮服务

四大食堂根据自身特色和学生需求，分别开展了不同的特色餐饮服务：西区食堂开设低脂低糖菜窗口、家乡菜窗口；北区食堂推出病号餐，开设营养配餐窗口；中区食堂优化风味菜品品种，开设素菜窗口，升级免费汤；东区食堂征集并制作学生最想吃菜品。各风味餐厅及教师中心从改善就餐环境、优化菜品、提升服务等方面也做出了诸多尝试，多功能多层次的校园餐饮服务稳步提升完善。

2. 继续推进“民主办伙”

继续做好及时更新服务监督窗和采购信息公示、邀请学生代表参与食堂原材料采购招标等工作。在此基础上，开展学生食堂开放日、邀请学生参加学生食堂大锅菜评比活动，进一步增强了师生对食堂工作的参与性以及对食堂工作的监督，促进了食堂菜品质量的提升。中区、西区食堂还分别开展了服务之星评选活动，邀请学生对工作人员的服务进行打分评选，促进食堂服务质量的提高。

3. 推进“光盘行动”，并常态化开展

积极响应教育部“光盘行动”进校园号召，在全校食堂餐厅开展“光盘行动”宣传，营造氛围，号召师生共同参与“光盘行动”。为进一步推动“光盘行动”常态化开展，学校从提高饭菜质量、细化饭菜分量、监控饭菜余量等方面入手，积极采取有效措施，不断改进生产服务环节，切实将“光盘行动”落到实处。

4月10日《人民日报》对若干高校的调查结果显示，学校“光盘行动”执行效果最好，晚餐光盘率达到91.2%。

（四）提高学生公寓管理服务的人性化、科技化、规范化水平，强化文化氛围的营造，打造环境育人、服务育人、管理育人的“第二课堂”

加强与其他高校的交流互访，学习并借鉴其他学校好的管理服务经验，开拓学校学生公寓管理新思路、开创新方法、采取新措施，从软件和硬件两方面提高学生公寓管理与服务。

采用“小贴士”等方式温馨提醒，柔化管理方式，探索情感式服务；逐步推进门禁识别管理，提高公寓楼技防水平；优化公寓楼服务空间与设施，进一步开拓服务间、会客区功能；开辟暖壶存放区、晾衣区，解决学生需求；美化和规范公寓楼内外环境；与学生工作部门配合，加强学生行为规范的引导，促进学生良好行为的养成；继续积极创建并申报北京市标准化学生公寓。

加强留学生公寓和专家公寓设施检修力度，及时维修更换老旧设施；坚持双语通知服务，方便外籍师生；采取一站式服务模式，简化外籍师生入住手续办理流程。强化与相关部门的沟通，及时处理学生晚归、醉酒、破坏公物等事项，化解住宿师生之间、学生之间的矛盾与冲突。

（五）积极配合学校开展家属区环境综合治理，收集家属区相关资料及数据，制定基础设施改造方案建议，配合清理游商摊贩，制定并实施疏导措施

积极参与学校校园环境综合治理工作，成立家属区物业管理中心，对家属区实施综合管理，并提供家属区相关物业服务，做好家属区环境整治和维护等。

家属区物业管理中心成立以来积极发挥其职能，开展了非法摊贩劝阻与清理，公共区域杂物集中清理等环境治理工作；配合学校相关部门进行绿化改造、道路改造，改善环境；结合日常巡查，提出路灯改造、垃圾存放点改造、车棚改造、规范楼宇标识标牌多项建议及方案，旨在进一步完善家属区服务设施；摸底测量、排查各项基础数据，建立数据库及图库。

进一步加大家属区综合环境治理力度，协商海淀区政府工商、城管等执法部门驻校联合执法，清理游商摊贩、打击群租群居等。同时，充分考虑游商摊贩清理后，学生对餐饮服务、生活服务等多方面的需求，积极思考并采取疏导措施，在北区食堂开设夜宵服务窗口，对便民市场进行改造、优化服务项目等，尽力满足学生日常需求。

（六）引入第三方快递代理机构，开创自助领取快件方式，延长取件时间，规范校园快递管理与服务

3月，在2012年对校园快递进行场地集中的基础上，引入第三方快递代理企业进驻校园，承担校园快递“最后一公里”的派送服务。与10多家快递公司达成合作，日处理快递量达3 000～5 500件，占校园快递量的80%。

自助取件系统的应用，一方面延长取件时间，可通过预约实现24小时取件，师生可以根据自己的日程安排自由掌握取件时间，取件更方便、更灵活；另一方面，也限制了各类快递车辆进入校园，消除了快递车辆在校园内快速行驶、无序停靠和快件成堆、随地摆放的现象，有利于维持校园环境整洁和确保校园交通安全；另外，也改善了服务环境，提高了取件效率，保证了师生快件的整洁卫生、不受污损。

（七）建立校园桶装水站，指定可靠供应商，规范校园桶装水市场，确保师生饮用水质

规范管理校园桶装水销售，成立后勤集团水站，统一标识、统一配送车辆、统一配送服装，规范服务。自运行以来，可靠的品牌、水质，良好的服务态度，以及根据不同时段推出订水优惠、圣诞节礼包等活动，受到广大师生好评。

（八）迎新工作展亮点，集中规划商贸摊位、创新住宿安排方式、浴室开水房免费开放，方便新生入校生活

在9月的迎新工作中，后勤集团完善“温馨人大”微博与微信功能，推出微信自动查询，后勤服务“早知道”，经统计，9月6、7日两天，“温馨人大”微信公众账号的自动查询和其他咨询互动实时信息达到1 200余条；在新生住宿区较多的品园区，集中规划商贸摊位，购物方便集中，且在每摊

位前公示商户信息，使购买商品质量可追溯；暑期提前安排本校考取本校硕博学生住宿，解决暑期周转住宿难题，妥善安排行李寄存与发放近2 000件；博士住宿安排可自选室友，打破班级分块促进沟通交流；在一卡通下发之前，全部公共浴室、开水房免费并延长时间开放，通过调试感应器不需插卡即可使用，最大限度方便新生入校生活。

（九）全程参与中关村校区北园改造工程，成立北园后勤保障机构，完善北园住宿、物业、餐饮管理与服务

北园校区改造工程完工验收后，仅用了半个月时间，后勤集团就完成了楼宇开荒保洁、学生宿舍家具配置、电话门禁等系统安装调试、逐间宿舍的细节检查检修、食堂开餐筹备、浴室开水房运行、服务队伍组建等工作。迎新前两天，所有干部员工均加班加点，加紧完成调试、检修和环境布置工作。迎新结束后，北校区公寓住宿学生达870人。另有附中1 500名学生从9月16日起在食堂就餐。

（十）安全管理中渗透精细化管理理念，以点带面、以防为主、以查促管，全面确保校园安全

1. 提前做好各项突发事件处理预案，以点带面加强巡查巡修

后勤集团及所属物业、公寓等部门制定并完善了各种不可抗力自然灾害及突发事件的应急预案，如防震抗震预案、夏季防汛预案等；根据多地出现的H7N9流感疫情的情况，紧急制定《中国人民大学后勤集团防控H7N9禽流感工作预案》；明确责任分工，根据实际情况和以往经验制定相关防范及处理措施，加强校园井盖巡修和电梯巡修，提高对灾害和事故的防范、预警能力。

2. 加强校内餐饮单位监管和培训，做好饮用水检测，确保食品卫生安全

根据《后勤集团餐饮管理部监控考核办法》对学校餐饮单位进行全面监督检查，每周编印《餐饮情况反映》通报检查中发现的问题及整改落实情况。

举办食品卫生知识培训，从各项卫生制度、从业人员个人卫生、清洗消毒、食品存放等方面，加强餐饮从业人员对食品卫生安全和环境卫生管理重要性的认识。

按照惯例对学校自备井进行水质监测和卫生许可证更换，并签报学校请专业监测机构对学校自备井水质进行常规项目外的其他项目进行全面检测，确保自备井地下水水质达到安全饮用标准。

3. 加强消防设施检修维护，加强员工消防安全知识与技能培训，确保消防安全

4月起，后勤集团餐饮、公寓、物业、商贸等部门分别对辖区内的消防器材、安全指示灯、烟感等进行排查检修，并更换了即将到达使用年限的灭火器。

各部门先后开展员工消防安全培训，通过消防安全视频短片加强员工对火灾的危害性和严重性的认识，提高员工防火意识；从火灾的预防、安全隐患的排除、疏散逃生事项、消防器材使用等方面普及并强化员工的消防安全知识；通过消防器材使用的演示、学习和实际操作提高员工消防安全技能。

4. 以检查促管理，加强节假日及重大活动安全检查，确保后勤系统安全生产与安全运行

加强对餐饮、物业、公寓等重点部位的检查。重大活动、节假日前，后勤集团安全工作领导小组对集团管辖范围内的配电室、学生食堂、消防中控室、家属区、地下空间、学生公寓、商业网点、锅炉房等的安全运行情况和卫生状况进行全面检查，促进安全工作的落实到位，确保节日期间后勤系统有效运行和校园安全、稳定。

（十一）开通官方微博、公众账号，拓宽与师生沟通渠道，加强交流互动

2013年3月和7月相继开通“温馨人大”官方微博和微信公众账号，均已通过官方认证。微博的内容和栏目主要有：师生意见征集、答疑与投诉处理、后勤服务措施介绍和工作动态展示、温馨提示与提醒、人大后勤史上的今天等。微信则通过后台主动向关注群体展示并推送后勤服务内容，为师生提供后勤服务信息自动查询，同时还可以与师生进行一对一互动交流，即时回答师生疑问。

后勤集团官方微博和微信公众账号的管理实行三级管理模式，专人负责日常管理与运行，协调处理特殊重大问题及回复，及时向集团总经理、党委书记通报情况。此外，集团总经理办公室定期对微博、微信上学生反映的问题及处理结果进行摘要汇总，向集团领导汇报、传阅。

自运行以来，集团微博现有有效粉丝4 000多人，发布微博近900余条；每天处理各类意见建议回复10余条。微信现有粉丝1 800余人，共推送信息50余期，其中后勤服务介绍专栏共12期（如食堂餐厅介绍、原材料采购、菜肴制作，学生公寓管理与服务，公寓安全常识，教学、水电、节能等物业服务等内容）。及时、有效的微博、微信反馈，获得师生及学生社团媒体的称赞。

（十二）圆满完成学校重点工作和重大活动的后勤保障服务工作

1. 圆满完成第五届暑期学校境内、境外学生住宿安排、餐饮接待等工作，及暑期各学院夏令营活动的接待工作。

2. 圆满完成第十八届全国大学生网球锦标赛暨全国高校“校长杯”网球比赛的住宿、餐饮等服务保障接待工作。

3. 圆满完成校园开放日、运动会等学校重大活动的服务保障工作。

四、专项改造与维修工作

2013年学校对中关村校区内老旧建筑物进行改造，对教学、科研、办公室内环境及周边室外环境进行了大规模修缮，努力将中关村校区打造成一个理念领先、环境幽雅、建筑精美、色彩和谐、绿色环保的世界一流大学校园。

完成学校老旧建筑物外立面改造工程，主要包括公共教学二楼、公共教学三楼、东区食堂、人文楼等4幢楼宇，改造面积约3.4万平方米，铺贴石材约7 300平方米，墙面喷刷真石漆涂料约10 100平方米，安装室外空调架3 900平方米，改造门窗约6 500套。

完成北园正式移交后的整体修缮工作，主要包含教学楼、宿舍楼（3栋，即原宿舍楼、音乐楼、培训中心）、食堂、浴室、开水房整体修缮，如建筑内外装修、电气系统、消防系统、给排水系统、屋面防水翻新，以及学生宿舍智能远传用电平台采购等，并对北园体育设施、浴室空气源热泵、基础设施（含市政道路、电力增容、通信广播、天然气）进行修缮改造，修缮面积约17 717平方米。

完成清华东路甲7号院整体修缮工作，主要包含宿舍楼、多功能厅、车库、锅炉房、教学楼外立面及楼内整体修缮，如室内外装修、窗户制作及安装、消防改造、屋面防水、弱电改造等，并对清华东路甲7号院室外基础设施、消防水泵房、变配电室等进行改造，修缮面积约3 904平方米。

完成学生宿舍修缮工作，主要包含暑期毕业学生宿舍粉刷，品园2楼（学生宿舍）大修改造、智能远传用电平台采购、室外电缆敷设，以及学生宿舍屋面防水等。共粉刷学生宿舍约1 600间，墙面、顶面粉刷面积约15万平方米，品园2楼室外敷设电缆约1 600米，安装智能电表270块。

完成学生活动中心修缮改造，建筑面积约3 000平方米，完成工字楼改造为校友之家和环境学院实验室，建筑面积约1 500平方米，完成明德楼教学区公共部位粉刷，墙面粉刷及墙裙油漆面积约24 400平方米。

完成藏书馆（档案馆、图书馆）修缮改造，建筑面积约10 928平方米，主要包含大厅、公共区域及室内墙面、顶面粉刷，地面铺装，局部吊顶安装，卫生间改造，电气、给排水、安防及消防系统（含地下室气体灭火系统）改造。

完成环境学院（原校医院）修缮改造，建筑面积约3 487平方米，主要包含大厅、公共区域及室内墙面、顶面粉刷，地面铺装，局部吊顶安装，卫生间改造，电气、给排水、安防及消防系统改造。

完成人文楼、知行六楼、游泳馆配楼及科研楼部分科研、办公用房调整后的修缮改造，包含墙面、顶面粉刷，地面铺装，局部吊顶，卫生间改造，以及人文楼安装门禁系统等。

完成校园体育设施修缮工作，包含世纪馆二层吊顶拆除恢复，拆除恢复吊顶约1 500平方米。完成世纪馆运动场地局部修缮及世纪馆粉刷、设备维修等工程。

完成校史博物馆上厅、中厅陈列布展及调整，布展面积约1 400平方米。完成时雨园周转房装修改造。

完成清陆军部和海军部旧址主楼加固修缮工程项目方案及测绘工作，完成老校区灰二至三楼、东平房、西厢房临时抢修加固修缮，完成老校区配电室改造箱式变压器采购及安装，完成老校区约200户居民天然气入户工程。

五、节能管理工作

1. 师生参与的节约型校园建设。

（1）贯彻教育部《关于深入开展节粮节水节电活动的通知》精神，持续开展“光盘行动”宣传活动，广泛宣传和强化师生节粮、节水、节电及资源综合利用的意识，全力建设“三节”校园文化。

（2）继续大力推广新能源、新技术改造，完成东区学生浴室空气源热泵供热改造工程施工的前期工作。在知行区学生浴室空气源热泵供热改造工程竣工交付使用的基础上，继续探索推广新能源、新技术改造，完善东区学生浴室空气源热泵供热改造工程的选址、设计方案论证，完成施工招标工作。

（3）完成中国人民大学能源监管平台建设的深化论证和调研工作。通过对北京大学医学部的实地考察调研，完成能源监管平台建设的深化论证和调研工作。

（4）完成对新图书馆、国学馆等学校重点耗能建筑的能耗监测，统计整理每月能耗数据，编制重点建筑物能耗情况分析报告。

（5）在环境学院等相关单位支持下，启动学校校园垃圾分类收集处理的调研论证和方案制定。

（6）完成2013年全年水指标的申请，开展节水产品在部分楼宇的试装试用。

（7）启动品园2楼卫生间水房中水分层回收利用试点，采集翔实的数据，完成中水分层回收节水效果的分析报告。

2. 积极协调首都师范大学和海淀区供电局、燃气总公司等有关单位，解决前期北园资产移交过程中的遗留问题，按期完成北园配电室电力设备及总电表、燃气设备及燃气表的全部过户工作，有力保障了北校区校舍修缮改造工程的顺利进行。

3. 完成中关村校区新建地下锅炉房的验收移交工作，积极协调联系燃气五所，完成新锅炉房燃气表报装和原锅炉房燃气表的销户等一系列工作。

4. 与北京市排水集团污水处理费征收部门签署协议，完成学校2013年下半年污水处理费的缴纳工作。

5. 积极配合市发改委等有关单位，委托第三方机构完成了学校2009—2012年度二氧化碳排放核查报告，参加北京市碳排放权交易试点的培训学习。

6. 完成老校区用水超指标的罚款缴纳工作。

7. 完成国管局节能灯财政补贴和实物的申领工作、教育部直属高校节约能源资源改造项目需求调查和北京市发改委组织的重点用能单位节能技术改造工程项目申报。

六、后勤管理工作

（一）校园综合治理工作

学校与海淀区政府成立区校综合治理指挥部，对家属区游商、违章建筑、群租房和无照经营等非法行为进行综合治理。

学校成立家属区物业管理中心，与中国人民大学社区居委会合署办公；联合海淀街道相关职能部门成立校园联合执法站。同时，疏堵结合采取综合治理措施，结合家属区居民实际需求和功能定位，学校后勤管理部门制定《中国人民大学中关村校区家属区发展规划》，并积极筹措资金对家属区进行公共区域绿化2 000平方米，硬化道路近千米，安装更新路灯若干。

(二) 校园绿化景观改造及校园植被补植工作

2013年暑期，学校开展校园绿化景观二期改造项目，对公共教学二楼南侧、人文楼南北两侧绿地进行改造。

改善国学馆、图书馆建筑环境景观，降低“热岛效应”，提高建筑工程构造（尤其是防水工程）寿命，对国学馆和图书馆屋顶实施绿化改造，草种主要选定佛甲草和景天，屋顶绿化面积共计4 100平方米左右。

对家属区静园15楼—静园20楼之间绿地、汇贤园、一勺池等绿地进行补植改造。

(三) 环境学院、校友之家、藏书馆投入使用

2013年6月，环境学院办公楼（原校医院）内部改造装修完成，正式投入使用。同月，校友之家（原工字楼一部分）改造完成，投入使用。11月，藏书馆（原图书馆东馆）正式投入使用。

(四) 开展无烟校园评估验收工作

2013年，学校积极参与北京市高校控烟检查评估工作。通过建立健全各项规章管理制度，完善控烟管理组织机构建设，进一步健全校园控烟标识体系，在校门、办公楼、教学楼、学生活动场所、运动场所、食堂等主要建筑张贴禁烟标识，建立室外吸烟区等举措，大力加强控烟工作。11月26日，学校顺利通过北京市控烟工作检查组的验收评估。

(五) 申报北园校区学生宿舍住宿费标准

2013年9月，北园2楼、北园5楼和北园9楼作为学生宿舍正式投入使用，北京市发展和改革委员会、北京市财政局《关于北京地区部分高校2013年新建学生公寓收费标准的函》正式批复北园2楼、北园5楼和北园6楼的收费标准为每学年900元/人。

七、幼儿园工作

(一) 不断提高教师素质，创新并巩固幼教模式

中国人民大学幼儿园、中国人民大学朝阳幼儿园在教育教学方面，秉承张雪门行为课程理念，整体提升教师教育观念；科学合理地制定教学目标；开展基于图画书类型分析的早期阅读指导研究，提升绘本分析与教学能力、青年教师教学活动基本设计能力；发挥资源优势，配合社区开展早期教育，加强与社区的深入合作等。

继续开展“以幼儿为本”的“小青蛇”及“大黄鸭旅行记”等主题运动会，逐步形成项目教学的园本模式，邀请家长参与，巩固“家园共育”的教育模式。

(二) 做好幼儿安全管理，消除教职工后顾之忧

重视幼儿安全，通过消防培训、安全检查等活动强化“安全第一、预防为主”的工作意识；认真落实安全制度，定期开展设备设施的维保工作；做好幼儿卫生保健、营养膳食；确保幼儿在园内的人身、饮食等各方面安全。

■ 安全保卫和医疗保障工作

一、概况

2013年，安全保卫工作紧密围绕“平安校园”建设，以“精细化管理”改革为中心，坚持政治

保卫和打击犯罪，校园安全稳定工作持续巩固。学校被评为“国家安全人民防线建设工作先进集体”。保卫处 8 位同志分别获得海淀区高校系统交通安全工作先进个人、中国人民大学后勤保障系统精细化管理工作先进个人、校级工会工作先进个人等荣誉。

校医院被北京市海淀区评为“2013 年海淀区围产保健工作先进单位”“2013 妇女病防治先进单位”，荣获“社区医务人员岗位练兵大赛”海淀区第一名、北京市二等奖；医院医疗护理党总支荣获 2013 年度“校级优秀党支部”荣誉称号。校医院共 6 位同志分别获得中国人民大学安全保卫先进个人、校级工会优秀工会工作者、校工会工会积极分子、海淀区卫生系统优秀护理管理工作者、北京市高等教育学会优秀学会工作者等个人荣誉。

二、治安、消防、交通安全等工作

（一）治安工作

2013 年，共接报各类案件 123 起，比 2012 年增加了 12 起；共查破各类案件 33 起，查破率为 26.8%，共抓获各类违法犯罪嫌疑人 37 人；共接报警电话 628 个，调动警力 488 人次。

2013 年，共处理捡拾遗失物品事件 628 起，接收各单位转交的捡拾物品 1 014 件，帮助失主找回遗失物品 661 件，为师生挽回了大量的经济损失。

（二）消防工作

2013 年，共发生火情 3 起，比 2012 年减少了 4 起。3 起火情中，2 起因外来火源引起，1 起因未切断电源插座短路引起。

2013 年，共更换灭火器 1 172 具，检修灭火器 1 641 具，更换应急照明灯 38 具，更换疏散指示标志灯 104 具。为具有外保温层的建筑物、锅炉房、配电室安装消防安全警示牌 99 块。

2013 年，共组织开展各类安全检查 49 次，落实隐患整改措施 45 处。

2013 年，共组织开展各类安全宣传培训活动 17 次，参加培训的师生近 3 000 人。主要活动包括组织开展“青年安全营”体验式安全教育活动、知行区学生宿舍消防安全疏散演习活动，前往国家地震紧急救援训练基地与国家地震局合作开展安全教育活动等。

（三）交通安全工作

2013 年，起草《西区校园交通整治工作方案》，从增加路面通行能力，交通流线设计，交通指示标识，地面地下停车位规划等几个方面，进一步加强校园交通治理，主要包括：

不断完善交通标识和设施。在图书馆和国学馆地下车库、明德楼地下车库安装行人指示牌 30 块；对校医院周边道路上的减速带进行改造，方便老年人坐轮椅通过减速带；对校园内 317 片交通护栏进行刷漆更新；在北校区门前道路上安装减速带 2 条，施划人行横道线 2 条；在校园内车速较快的主要路口施划了 6 条立体斑马线和 9 条立体减速带。

规划地面和地下停车位。在艺术学院教学楼西侧、游泳馆南侧、理工楼西侧、拳道馆东侧、藏书馆东北侧、图书馆东南侧、求是园西侧等处新划停车位 112 个，使学校停车位增加至 1 300 余个，车位供求基本处于平衡状态。

启用新版校园罚单、废旧自行车三色告知单。对校园内乱停乱放的机动车张贴《违规通知单》51 张；对非法摩托车、电动车张贴《告知单》260 余张；对校园内停放的长期不动及残旧自行车张贴蓝、黄、红三色告知单共计 5 000 余张；先后两次对校园内非法摩托车、电动车张贴中、英、韩文字《非法摩托车、电动车禁止进入校园告知单》共计 150 余张。

（四）其他工作

1. 后勤保障系统精细化管理工作

2013 年初以来，积极开展后勤保障体系精细化管理工作，制定《保卫处（部）关于推进精细化管理的工作方案》，陆续推出师生受益的、可感受的服务产品 9 大类 29 项。主要包括校园安全信息服务平台建设、学生自主安全教育、校园交通工作新模式、校园安全立体防控体系和“平安人大”微博与微信等。“校园立体斑马线”“保安哥考取硕士研究生”“人大女神代言校园安全”等成为公众关注热点，在社会上引起广泛好评。

2. 集体户籍和流动人口基本信息管理工作

2013 年，办理 2013 级新生户籍迁入 5 302 人。其中，本科生 2 354 人、硕士生 2 481 人、博士生 467 人；共办理 2013 届毕业生户籍迁出 4 041 人。截至 2013 年底，学校历年学生滞留户籍共计 1 733 人。

截至 2013 年底，《中国人民大学流动人口基本信息总台账》上共有流动人口 6 200 人，其中体制内流动人口 2 123 人，体制外流动人口 4 077 人。2013 年，协助海淀派出所办理外来人员暂住证 441 个。

3. 安全保卫服务工作

2013 年，共制定大型勤务活动安保方案 10 个，服务大型活动勤务 215 场次，出动安保人员1 510 人次，加班达 1 万余小时。

4. 维护稳定及校园环境综合管理工作

2013 年，在中央巡视组进驻学校期间，通过严密部署和防控，切实维护校园的安全稳定。

2013 年，学校与部处、院系、直附属单位分别签订《维护校园安全稳定任务书》69 份。在迎接市委教育工委“平安校园”验收工作中，积极推动安全稳定制度体系建设和组织建设，制定《中国人民大学“平安校园”创建工作方案》《中国人民大学“平安校园”创建工作任务分解表》等文件。

2013 年，学校进一步加大校园环境综合治理力度，清理违章张贴广告 23 037 份，收缴广告 13 622份；劝阻在学生宿舍楼前兜售盒饭人员 1 831 人次；劝阻在教学区遛狗、跳舞、健身等影响到教学秩序的人员 1 507 人次。多次协助海淀城管、公安部门对家属区私搭乱建、无照经营等进行了集中清理，共清理无照经营游商 11 处，使家属区环境整治取得了阶段性成效。

5. 保安队伍培训工作

2013 年，严格执行保安服务值班、加班、缺员和考勤制度，继续为学校节省经费。对保安员进行专题培训 8 次，参训保安员达 220 余人次，进一步提高了保安队伍的整体素质。2013 年，学校保安中队获北京市保安服务总公司文安分公司集体三等功。

三、医疗保障工作

（一）以提升医疗服务质量为核心，提高医疗水平

1. 医疗方面

聘请院外专家出诊，先后聘请了国家级名老中医和心内科、神经内科等方面的专家；结合师生员工人群特点，医院开设了镇痛门诊、骨质疏松门诊。

1—12 月完成门诊 174 087 人次，急诊 11 053 人次。各科门诊量如下：内科 70 246 人次；中医科 18 630 人次；外科 27 660 人次；骨科 1 972 人次；镇痛门诊 966 人次；感染科 496 人次；理疗科 1 741 人次；推拿按摩科 1 653 人次；妇科 5 623 人次；针灸科 6 708 人次；耳鼻喉科 7 586 人次；眼科 7 877 人次；皮肤科 8 606 人次；口腔科 10 693 人次；心理咨询及精神卫生 131 人次。

2. 医技方面

检验科新开展了肿瘤筛查、甲状腺功能检查、抗 HCV 抗体检查、抗 HIV 抗体检查、梅毒抗体检查等。

放射科新开展数字拍片、口腔数字化曲面断层摄影、骨密度扫描等业务。门诊透视、摄片 3 000 多人次，体检检测 26 600 多人次，门诊和体检合计 29 600 多人次。

超声科新开展下肢动脉和下肢静脉超声、肾动脉超声业务。门诊检测 3 300 多人次，门诊和体检共计检测 17 000 多人次。

药剂科总处方数 216 276 张，销售 24 865 314.32 元，其中西药 13 572 931.11 元（基药 6 000 501.24 元），中药 10 021 255.39 元（基药 5 170 692.66 元）；零差药销售平均 45%；草药处方占 1.8%，中成药处方占 47.5%。2013 年购药品 625 种，其中基本药物 329 种，非基本药物 296 种，中成药 245 种，其中零差 145 种；西药 380 种，其中零差 171 种；新增 86 种，饮片 456 种，购药总金额 23 927 837.76 元，其中基药 11 460 637.89 元。

3. 护理方面

积极发挥护理团队的健康宣教功能；新增上门服务项目，如打针、输液、下胃管、插尿管等。全年门诊共完成静脉输液 7 598 人次；静脉抽血 3 569 人次；肌肉及皮下注射 7 493 人次；出诊 76 人次；外科换药 2 086 人次；雾化吸入 66 人次；配合手术 32 例，配合疼痛治疗约 300 例；供应室消毒物品 2 400 件，洗衣房洗各种被服 6541 件，且供应室和洗衣房全部做到下收下送。

4. 公共卫生服务方面

（1）传染病管理。

管理社区全年新发传染病 82 例，包括结核 15 例、水痘 34 例、细菌性痢疾 14 例、其他感染性腹泻 14 例。

（2）慢病管理。

2013 年医院慢病管理科对高血压、糖尿病、冠心病、脑卒中等慢性病的管理在数量上、质量上都有了很大提高。2013 年 12 月底，慢病管理例数达到高血压 878 例，较 2012 年增加了 264 例，其中糖尿病 301 例，增加了 91 例；冠心病 95 例，增加了 45 例；脑卒中 58 例，增加了 20 例。

（3）体检服务。

完成硕博复试体检 4 549 人，2013 级本科生、硕博研究生和培训学院新生体检 9 216 人；完成职工体检 5 787 人，入职体检、个人体检和外单位体检共 1 247 人次。

（4）完成各类疫苗接种 29 266 针次。

（5）完成围产期保健及散居儿童保健等工作。

全年管理孕产妇数 154 人，孕产妇保健 616 人次，孕产妇访视 28 人次；为 426 人次的婴幼儿进行健康指导；新生儿访视 28 人次；全年管理辖区内在册儿童 146 人。

（6）完成健康教育工作。

大学生健康教育课全年共计安排 64 课时；组织健康教育讲座 52 场（其中学生 24 场），受众 5 165 人；组织健康教育宣传活动 15 场，受众 7 095 人；培养了 15 位居民家庭保健员和 50 位学生家庭保健员，并完成对往年家庭保健员的随访工作。

（7）完成军训等各类活动的保健任务。

5. 家庭医生式服务方面

医院组建了 5 个规范化家医服务团队，结合自身服务特点，创新性开展“骨干教师保健计划”，对一级、二级教授和骨干教师开展一对一服务，受到广泛好评。总签约率达 46.57%，老年人签约率 88.51%，慢病签约率 55.07%。

完善数字化健康管理平台建设，对 4 539 名教职工的健康状况进行了评估并予以健康指导。

（二）以精细化管理为重点，规范医院管理

1. 开展精细化管理项目，切实落实学校“1320 行动计划”

（1）有效解决主校区外师生员工的医疗服务需求。

筹建苏州校区医务室，驻派医务人员。确立苏州校区医务室服务方式、规模、内容，制定工作规范、流程及规章制度，建立建档档案，协助做好苏州校区师生员工的健康宣教工作、医疗费用报销工作等。

为世纪城离退休职工、附小和幼儿园在职职工选择“北京世纪城综合门诊部”就近就医。

（2）开展骨干教师保健计划。

开展对一级教授（39人）、二级教授（98人）一对一健康指导与服务。5个家庭医生式服务团队通过健康信息采集、健康评估、健康危险因素干预，负责一级、二级教授的基本医疗、健康教育、康复指导、急重症的三甲医院绿色通道等一对一服务。

医院为一级教授建立健康档案39人，门诊138人次，上门服务33人次，电话随访和咨询135人次，外院专家会诊13人次，三级医院住院4人，健康评估41人，健康体检20人。

为二级教授建立健康档案90人，短信、电话随访和健康咨询292人次，安排预约就诊15人次，上门服务7人次，安排73名教授来我院进行健康体检，为14位存在慢病（高血压、冠心病、糖尿病等）的教授进行慢病的随访和管理。

（3）按照《中国人民大学后勤保障系统精细化管理指导纲要》，通过推进精细化管理重点服务项目，以点带面，促进医院工作向前推进（见下表）。

校医院精细化管理工作产品进度一览表

序号	产品名称	产品完成情况	产品后续运行安排
1	骨干教师保健计划	已完成	继续做好一级、二级教授保健服务工作； 继续开展骨干教师保健服务工作。
2	“健康人大”微博管理	已完成	新增栏目，拟开设医院电子报、健康服务手机报。
3	心理健康评估服务系统	已完成	已完成系统安装工作，购置账户后可使用。
4	满意度测评系统	已完成	已完成平台安装工作，进入试运行。
5	一卡通实时结算	已完成	部分科室进入试运行。
6	数字化健康管理平台	已完成	继续做好新学期体检职工的健康评估。

2. 做好人才队伍建设

继续完成医院招聘工作。2013年医院招聘各类人员29人。当前医院共有职工101人，其中事业编制63人，聘任制38人。

3. 改善医院硬件设施

购置了多功能X射线诊断仪、心电图机、病床等仪器设备，总价值2 443 125元。

4. 加强医院环境建设

医院新综合楼的建成极大地改善了师生员工就诊环境，医院通过打造温馨、舒适、整洁的诊室环境，设置候诊区域，建立新医院标识系统，更新公告栏，设立意见箱等措施，关注环境建设细节，为师生员工提供方便。

5. 完善制度化、信息化建设

对医院200余项制度进行更新修改，新增行政、人事、党务等管理制度及工作流程；建立满意度测评体系，拟实行校园一卡通实时结算，为师生提供一站式方便就诊。

6. 规范医院财务管理

规范财务流程，严把财务出口，完成公费医疗报销等工作。财务室门诊报销12 149人次，报销门诊医疗费1 379万元；住院报销1 560人次，报销住院医疗费1 911万元。

（三）以师生满意为前提，提升服务品质

1. 细化体检项目，提供人性化服务

（1）增加体检服务项目，制定多种类型体检套餐。

（2）合理安排日服务人次，优化服务流程，减少师生员工体检等候时间。实行指引服务，随到随检。

（3）为当日体检师生员工提供免费早餐；为师生员工提供休息区，优化服务环境。

（4）推进从“健康体检”到“一体化健康服务”的模式转变。

2. 延长服务时间

延长门诊时间至晚 8 点。医院延长内科、外科、护理、药房门诊工作时间，为师生员工提供服务。

3. 关注服务细节

设立导诊护士，新增收费系统智能语音显示，提供轮椅租借等，开设“健康人大”官方微博，为新生发放《学生服务手册》等，在细节上体现服务品质。

■ 档案馆、博物馆工作

一、概况

档案馆档案资源分为陕北公学、华北联合大学、北方大学、华北大学、中央财经学院和山西大学财经学院、中国人民大学等 6 个全宗，馆藏文书和科技档案 110 233 卷、人事档案 34 413 卷、照片档案 23 181 张、缩微平片 936 张、缩微卷片 3 888 米、光盘档案 678 张、实物档案 888 件以及其他类型和载体的档案材料。

二、档案馆工作

2013 年度，档案馆馆舍扩大为藏书馆一层和地下一层，面积约 1 500 平方米。完成了档案馆（东图书馆一层）改善基本办学条件修购项目，共安装档案密集架 705.78 立方米、五节柜 61 组，装备了气体灭火系统，购置了恒温恒湿设备、档案专业化消毒设备、专业化档案保存设备和办公家具。

2013 年，收集文书、科技类档案 8 975 卷，接收教职工档案 189 卷、学生档案 7 685 卷，转出人事档案 5 143 卷，补充人事档案材料 3 533 件。

2013 年，共接待查档人员 3 041 人次，办理存档证明及各类公证证明 69 人次，调阅档案 5 349 卷，复印文件 8 711 页，提供文件、照片扫描共计 598 张，回复学位与研究生教育发展中心及就业中心学历与学籍认证查询 368 人次共 435 份。学生档案证明办理中心共认证学历学位证书、成绩单 71 670 份，接待学生出国认证 7 201 人次。

2013 年度共录入、导入档案管理系统数据 104 350 条，完成了部分档案的整理、装盒、排架共计 10 546 卷，整理照片档案 7 287 张，完成 2012 届、2013 届本科学生成绩单及 2008 届、2009 届硕士成绩单扫描、挂接共计 14 482 页。

三、博物馆工作

2013 年 4 月初博物馆新馆正式开放，同时推出北方文物展、古代于阗文书展、徽州文书展、中国百年股票陈列展、中国传统家书展、沈鹏书法作品展、王小波生平展等 7 个馆藏常设展览，此后又陆续举办了胡适文物图片展、老钟表相机展、中国人民大学画院毕业作品展、首都高校博物馆巡展、西德尼·甘博摄影图片展、培训学院师生作品展等 6 个专题展览。

2013 年底，完成了 1 500 平方米的校史展主体部分建设，推出了校史通史展览。

2013 年度共接待校内外参观者 126 批次 24 255 人，为历史学院、艺术学院相关学科提供了实践教学场所，被评为海淀区未成年人思想道德建设教育基地。

本年度共征集家书 1 905 封，照片、图书、书法作品等 96 件，曾氏家谱 10 册，核雕作品 10 件。代表学校接受冯其庸先生捐赠石刻墓志 21 块，均已登记造册并妥善安置。

6 月，启动徽州文书整理工作，暑期组织完成了约 3 万件文书的整理、编号、测量、分装工作。

10 月，制定实施《中国人民大学博物馆藏品管理办法》《中国人民大学博物馆库房管理办法》《中国人民大学博物馆展览及展厅管理办法》。

2013 年度，博物馆家书研究中心申报的“中国民间家书的文化价值和抢救性收藏研究”获批 2013 年国家社科基金年度重点项目。家书研究中心与中国方正出版社签订《廉政家书》出版协议，并于 12 月中旬交稿。家书研究中心与国家图书馆出版社就编辑出版《中国民间家书集成》达成合作意向，正式签订出版协议并于 12 月启动第一批家书原件的拍照工作。

附录

2013 年中国人民大学档案馆馆藏档案和档案利用情况统计表

类名	目次		单位	基本数据
馆藏档案	全宗		个	6
	案卷		卷	110 233
	案卷排架长度		米	2 051
	照片档案		张	23 181
	光盘		张	678
本年度进馆			卷	8 975
本年度档案利用情况	总计		卷次	5 349
	利用目的	编史修志	卷次	1 587
		工作查考	卷次	1 069
		学术研究	卷次	49
		其他	卷次	2 644
本年利用资料			册次	12
本年复印档案、资料			页	8 711

说明：此表统计数据不含人事档案。

■ 网络信息管理工作

一、概况

2013 年，信息技术工作根据学校精细化管理的具体要求，探索互联网时代的服务管理新模式。

在“精心规划，网络基础，应用为上，一流品质，五星服务”这一理念的指导下，校园信息化建设取得显著进展，校园网性能不断提高，无线网络实现全面覆盖，“微人大”服务平台全新推出，综合服务能力逐步提升。

经7月3日校长办公会讨论通过，“网络与教育技术中心”更名为“信息技术中心”（英文缩写为“ITC”）。更名后，“信息技术中心”职能不变。为更好体现职能定位和发展方向，重新划分部门职能，采取“管理层次化，业务扁平化”的模式，实行大部制管理。

美国东部时间8月30日至9月3日，图片视频中心制作的中国人民大学形象片在美国纽约时报广场纳斯达克广告屏上播出，形象片强调人文精神与中国元素，深刻解读了学校的办学理念和大学精神。形象片引起了包括校内外师生、各类媒体、海外留学生、外籍游客以及广大网友在内的各界人士的热烈反响。

二、常规工作

（1）3月5日，开通“微人大—中国人民大学IT服务”新浪微博，为师生提供快捷的服务通道。截至12月31日，发布微博149条，评论和转发量达3 373人次。

（2）4月，教育部督建的电子巡考系统经试运行后，正式开启使用。全校共有196个标准化考场，均安装有电子巡考设备。

（3）在2013届博士、硕士、专业硕士和学士学位授予仪式上为毕业生拍摄学位照片，采用二维码技术，颁发学位照片时学生自行上网或扫描二维码下载照片，解决了多年来由教务人员颁发照片导致人工工作量大的问题。

（4）8月25日，图片视频中心制作的华北大学介绍短片及《习近平总书记四次考察中国人民大学》纪录片在“弘扬华北大学光荣传统”群众路线教育实践主题活动座谈会上播放，得到了与会领导的充分肯定。

（5）暑假期间更换公共教学二楼全楼、明德楼部分教室共100余间教室的投影机和网络中控设备，解决了因设备老旧影响教学效果的问题。

（6）完成北校区30间公共多媒体教室、1间计算机机房、1间控制室的改造工程。

（7）语言文化学院13间专用教室改为公共教室后，完成公共教室改造。

（8）理工配楼机房UPS电源实现双电源双机互备供电，提高机房供电安全性。

（9）全年完成新闻摄像、摄影628次。完成了澳大利亚总督来访以及芬兰总理来访等重要活动的摄像和摄影；录制名师沙龙1期、新生研讨课3期、教师发展工作坊5期、党课10期；录制岗前培训34期；录制国家京剧院优秀青年演员展演10期；领导、教授肖像拍摄28次，摄影专题制作30个，设计制作4个。同时，做好所有视频和图片资料的保存工作，所有资料均由电脑存储、磁带和刻制DVD光盘三种形式保存。

（10）截至12月31日，综合服务台全年共计受理用户各类服务需求电话32 160次，处理网上申报事件2 428个，用户现场故障处理986次。用户抽样回访241次，现场填单评价631人。

（11）做好信息安全保护工作。定期对校内的155个网站系统进行安全监测，及时通报监测结果，每周提供《信息安全周报》，为系统管理员提供参考。继续推进信息安全等级保护工作，以三级系统测评和整改为主，制定整改方案，完成整改工作。

三、“微人大”建设

（1）“微人大”服务中心开发。

“微人大”是学校探索校园数字化管理服务新模式的全新平台。“微人大”服务中心是一个自由、灵活的校内服务供需平台，不仅能够满足师生日常事务处理的需要，更是学校精细化管理的保障。各部门可以随时创建和发布各类服务，由主管部门审核通过即可上线。服务中心为全校用户提供了一个统一的服务获取渠道，服务内容涵盖学校教学、科研、管理和生活的各个层面。服务中心拟于2014年1月2日开始试运行。

(2) 7月底，完成无线校园网学生宿舍区工程建设，新建无线校园网覆盖了学生宿舍、环境学院等21座楼宇，部署无线接入点（AP）总计1 400个。网络开通运行后，最高同时在线终端数达到1万个，最高流量达1.2G。

(3) 暑假前完成全校各主要楼宇的链路结构调整、路由调整，调整后区域核心设备采用双链路方式连接核心路由器，路由转发性能更强，并减少了链路的单一故障点，保障了网络的稳定性和安全性。实现全校出口核心设备由千兆到万兆的升级。使用万兆防火墙，每月抵御过亿次攻击事件，增强了网络访问的安全性。

(4) 8月末，完成上网计费认证系统登录界面与数字校园认证界面的整合，原有计费系统客户端认证关闭。

(5) 设计学校新闻网 iPad 版登陆 App Store，已完成先期准备工作，待正式上线。

(6) 系统的开发、维护和完善。

完成户籍管理系统的开发。此外，全年共新增功能点45个，修改模块309个。

服务与支持学校多个重大业务的完成，主要包括：学生电子注册，每学期注册学生2.7万人；后勤管理全年为6 548名学生分配床位；国际交流管理完成1 113人的出国审批；本科教学评估问卷调查；留学生网上申报；推荐免试研究生；毕业生审核；教师科研考核；人事职称评定及岗位聘用；组织部干部考核等。

(7) 邮件系统迁移至数据中心，其网络及系统结构与数据中心虚拟化环境一致，其存储由数据中心统一分配，可按需增加。在邮件系统中安装 SSL 数字证书，增加系统访问的安全性。邮件系统页面重新设计上线，与“微人大”风格一致。

(8) 虚拟化平台运维建设。在服务器上安装部署虚拟化软件及管理软件，实现了服务器资源的集中管理，提高了 IT 资产的利用率，为校内各应用系统提供了高可用性、稳定的系统运行环境。全年累计开通虚拟机系统40多个。

(9) 2013年度校园卡管理中心累计发卡22 407张；累计交易1 207 000万人次；累计消费流水70 980 303元，同比增长18.9%。

■ 校友工作

一、概述

2013年，校友工作继续配合学校中心工作，在促进省校合作方面取得重大进展，同时深化校院二级校友工作模式，扩大校友联络网络；利用新落成的校友之家，开展多样性活动；海内外校友会建设继续取得重大进展；继续利用新媒体等平台增强与校友的互动和交流，扩大校友会影响力，增强校友凝聚力。

二、主要工作

(一) 2013年，利用校友资源，促成福建省和学校签订省校合作战略协议，推动该合作协议的有效落实，打造省校合作典范，双赢合作成效显著：福建省成为人大师生理论联系实际、开展社会实践活动的重要基地；学校成为福建省重要的干部教育和人才培养基地

2013年2月22日至23日，时任校党委书记程天权、校长陈雨露率团访问福建省，福建省委书记尤权会见了程天权书记、陈雨露校长一行，并共同出席学校与中共福建省委组织部的《人才战略合作协议》签字仪式，陈雨露校长和姜信治部长分别代表双方签字。2013年6月、10月，福建省宁德市政府、福州市政府也先后与学校签订战略合作协议。

学校和福建省签订省校合作协议之际，汇丰投资集团有限公司董事长蔡子宜先生捐赠中国人民大学人民币300万元，用于设立“汇丰投资财政金融学科奖励基金”（100万元，财金学院）、“汇丰投资国际交流资助基金”（200万元，资助金融、法律、新闻等专业杰出学生赴国际一流大学交流学习）。汇丰投资集团有限公司董事、法学院2010届本科毕业生蔡惠绵校友捐赠中国人民大学人民币100万元，用于设立“迎宾馆法学学科奖励基金”（法学院）。

2013年，福建省选拔引进9位人大优秀硕博毕业生出任副县长、副镇长，目前全省最年轻的副处级干部为25岁的人大博士毕业生，人大入选福建引进生人数居全国高校第二位。苏素华校友募集捐赠人民币200万元并已到账100万元人民币，重点用于支持学校与福建省合作的福建引进生项目，帮助解决福建引进生校友的工作和生活问题，促进其健康成长。在福建省建立人大学生社会实践基地；协调挂职教师和教授考察团赴福建进行课题合作；福建省先后选送160余位厅处级干部到学校研修学习；福建省在学校举办大型人才招聘会。

（二）修复华北大学旧址并在此建立中国人民大学正定教育基地

积极协调与河北的省校合作。2013年8月24日，华北大学开学65周年纪念日，学校与河北省以省校合作形式初步修复华北大学旧址并在此建立中国人民大学正定教育基地。8月25日，学校在此举行“弘扬华北大学光荣传统”群众路线教育实践主题活动座谈会，“根植人民群众，培育建国英才——华北大学展览馆”同时揭幕。

（三）配合做好人大形象片在纽约时报广场播放的舆论宣传工作

2013年8月下旬—9月初，在高强校友的无偿支持下，人大形象片在纽约时报广场播放。人大成为首个在纽约时报广场播出形象片的中国高校。

（四）依托校友之家，筹备举办值年返校活动和其他各类校友活动

9月，校友之家正式落成并投入使用。校友之家位于校园中心、操场北侧，建筑面积近800平方米，校友工作办公条件和活动场所得到极大改善。陆续举办“地方校友会周”、“学院周”、校友讲座、校友单位招聘会和展示推介会等活动。自9月中旬至12月底，各年级校友、各学院已举办各类会议数十次，参会人数超过千人次。

主要活动包括：

1. 1989级本科毕业20周年返校活动，1 000余位校友返校。

2. 1983级本科入学30周年返校活动和1979级毕业30周年返校活动，约500位校友返校。

3. 1999级毕业10周年返校活动，约300人返校。

4. 2003届博士毕业10周年返校活动，约120人返校。

5. 新闻本科1998届毕业15周年活动举行。

6. 继续做好陕公联大老校友敬老祝寿会，本年度共有50位老校友返校参加活动。

7. 与深圳校友会、商学院和信息学院合作，举行了深圳校友会主题展览、商学院校友工作主题展、商学院校友摄影作品展及信息学院建院35周年成果展。

8. 10月3日，校庆日暨校友返校日当天举办校友足球赛、校友合唱团演出。

9. 10月16日，康奈尔大学劳工学院院长Harry C. Katz到访“校友之家”，与全校各院系校友工作者分享自己在大学校友工作、捐赠工作等方面的管理经验。副校长伊志宏出席并会见Harry

C. Katz。

10. 11月17日，校友工作研讨会暨校友会理事会在“校友之家”举行，会议邀请各地校友会会长和秘书长出席交流校友工作，听取专家讲座，当天上午参观通州新校区规划地等。陈雨露校长会见参会的各地方校友会代表和专家学者，副校长伊志宏、中国校友会网总监赵德国、大学研究团队首席专家蔡言厚出席。会后，赵德国总监和蔡言厚教授就“校友与高校排名”做了专题讲座。

（五）深入学院调研，继续完善校友工作的校院二级管理模式

自3月起，分别调研商学院、国际关系学院和哲学院等的校友工作，继续完善校友工作的校院二级管理模式。

6月上旬，校友办召集全校本科、硕士和博士各专业班代表（以班长和团支部书记为主）举行了2013年毕业班级联络人会议，邀请与会代表担任各班联络人。在毕业生离校后，校友办通过班级联络人系统向新校友发送学校信息、各地校友会接待人等，保持互动与沟通。

（六）编辑出版《校友》杂志、《人大传声》电子月刊，利用校友会官方微博、微信加强与校友的互动交流，促进校友联络、服务基础体系建设

1. 印制《校友》第27/28期合刊和29/30期合刊。

2. 编辑制作《人大传声》电子刊月刊，通过电子邮件平台定期发送给校友。

3. 继续通过微博新媒体，打造24小时全方位的校友互动交流平台。截止到2013年底，“中国人民大学校友会”官方微博已有近7万校友关注，成为校友会发布信息的重要平台，在校内各部门微博中关注人数保持第一，在全国高校同类微博中排名前五。

4. 通过发送校友杂志季刊、电子月刊及微博消息，组织相关校友活动，联络、服务校友。本学期通过邮件、短信形式，组织校友返校观看京剧《智取威虎山》，听星云大师讲座，举办青年校友交友活动等。

5. 开通“中国人民大学校友会”公众微信号，定期进行最新新闻、信息推送，截止到2013年底，订户已达3 000余人。

（七）与学院联合策划举办特色活动

1. 5月，与苏州校区联合召开长三角地区校友代表座谈会，邀请江苏、浙江、上海、安徽和福建等地校友会负责人到会，伊志宏副校长出席会议并做重要讲话，推动长三角地区校友会与苏州校区的合作和交流，促进苏州校区发展。

2. 5月29日，国家京剧院来校演出经典现代京剧——《智取威虎山》，邀请上百位校友返校观看。

3. 6月19日，策划举办并联系邀请校友出席纪念习近平同志考察人大一周年暨“学理论、走基层、长才干”师生座谈会。

4. 10月21日，台湾宗教界知名人士、佛光山开山宗长星云大师来校访问，接受名誉教授聘任并做学术演讲，同时邀请上百位校友返校听讲。

（八）继续做好校史馆校友（毕业生）数据信息查询系统工作

稳步推进1950—1970年本科生、研究生、专科生、进修生和1978—2005年研究生的原始档案扫描、录入和校对，以及2005年以后本科和研究生电子数据的导入，共涉及22万条数据的合并与更新。

（九）积极推动成立海内外校友会

1. 5月29日，美国芝加哥校友会成立。中国驻芝加哥总领事馆副总领事王淑英校友，总领事馆教育组陈维嘉参赞出席成立大会。

2. 9月28日，湖南省中国人民大学校友会在长沙举行成立大会暨第一届校友大会，成为第二家经湖南省民政厅批准成立的省外高校校友会。2010年9月，在湘校友代表开始推动校友会筹备报批

工作，2013年4月26日，湖南省民政厅正式批复同意筹备成立湖南省中国人民大学校友会。

3. 12月21日，香港校友会在港举办2014年元旦联欢会暨第六届理监事会就职仪式，同时宣布组建新闻、财金和法律三大专业团队，推动这些行业校友的深度交流与合作。

（十）校友年度动态

1. 1月，中国校友会网正式发布《2013中国大学评价研究报告》，学校位列2013年中国大学中央委员校友排行榜（第十八届）首位，杰出人文社会科学家校友排行榜第二位，杰出校友排行榜、杰出政要校友排行榜和校友捐赠排行榜第三位。

2. 3月，当选第十二届全国人大代表和第十二届全国政协委员的校友总人数超过140位。

3. 9月，国务院批准中国人民银行货币政策委员会成员调整，15位委员中三分之一是学校校友，包括校长陈雨露和国务院副秘书长肖捷、中国证监会主席肖钢、中国保监会主席项俊波和中国人民银行副行长潘功胜等4位校友。

4. 10月，全国妇联选举产生第十一届主席和14位副主席，党委书记靳诺和孟晓驷、程红、宋鱼水等3位校友当选全国妇联副主席。

■ 教育基金会工作

一、概况

2013年，教育基金会秉承“筹集、接受、管理捐赠基金，促进学校教育和科研事业发展，为建设一流大学创造有利条件”的宗旨，凝聚力量，汇聚资源，将工作重点放在提高自身建设，制定和修改各项制度与办法，理顺工作流程；加强队伍建设，招募和组织了具有专业素质的人员队伍。

2013年，基金会接受捐赠共计11 086.3万元，其中500万元以上捐赠收入6 078.56万元，100万至500万元的捐赠收入3 720万元。捐赠总支出9 446.95万元，其中公益性支出总额9 191.03万元。

二、捐赠工作

基金会始终把募集资金工作放在首位，2013年度成功募集资金超过1亿元，其中到账100万元及以上的大额捐赠主要有：

闫志国捐赠200万元人民币，设立“大学生体育协会发展基金”。

辽宁省营口市熊岳华旭热力有限公司捐赠200万元人民币，其中100万元用于支持学生就业指导；100万元用于支持文学创作。

东海证券有限责任公司捐赠110万元人民币，用于“中国宏观经济论坛发展基金”，资助经济研究所举办中国宏观经济论坛，开展宏观经济研究分析。

福建泉州迎宾馆有限公司捐赠100万元人民币，设立“迎宾馆法学学科奖励基金”，用于支持法学院的教学科研和人才培养工作。

新奥公益慈善基金会捐资设立“新奥国际教席”，本年度到账600万元人民币，支持面向海外延揽杰出学者，推动国际型人才培养步伐。

云南炜瑞投资有限公司捐赠200万元人民币，设立“炜瑞法学基金”，用于支持法学院学科建设及人才培养工作。

汇丰投资集团有限公司捐赠300万元人民币，其中100万元设立“汇丰投资财政金融学科奖励基金”，用于支持财政金融学院的教学科研和人才培养工作；200万元人民币设立“汇丰投资国际交流资助基金”，用于资助金融、法律、新闻等专业杰出学生赴国际一流大学交流学习。

张兴英捐赠200万元人民币，设立“体育场地建设基金”。

北京东方光大安装工程集团有限公司捐赠100万元人民币，设立“公共治理研究基金”，用于支持教育事业发展，为中国公共治理实践提供战略指导、政策咨询、人才培养等高端服务。

萃英文化发展（天津）有限公司捐赠100万元人民币，设立“传统文化发展基金”，用于支持孔子研究院开展传统文化学术研究。

东旭集团有限公司捐赠100万元人民币，用于支持教育学院。

贾力先生捐赠500万元，用于支持学校高等教育事业发展。

北京京东世纪贸易公司捐赠1 000万元设立“京东奖助学金”，用于支持全校品学兼优和家境困难的学生，本年度到账300万元人民币。

京东创始人兼首席执行官刘强东捐赠100万元人民币设立“强东奖学金”，用于推动社会与人口学院开展社会实践及科学创新。

北京嘉源置业投资有限公司捐赠200万元人民币，其中：100万元用于支持“纪宝成国学教育基金”；100万元人民币用于设立“党史研究院科研基金”。

北京康达律师事务所捐赠100万元人民币，用于支持法学院“彭真民主思想研究与教育基金”，深入研究彭真同志的民主法制思想，奖励、鼓励和扶持法律工作者、法学研究教育者。

香港经纬集团有限公司捐赠1 500万元人民币用于设立“中国人民大学经纬校长奖学金”，本年度到账300万元。同时，捐赠100万元人民币用于支持新闻学院学科建设。

深圳华商世纪企业管理顾问公司捐赠240万元，用于支持国学院华商基金。

浙江永通纺织品进出口有限公司董事长兼总经理裘菊兰捐赠500万元，支持学校智库建设和高端国际学术交流活动。

段永平、刘昕校友募集捐赠650万美元，折合人民币3 965.34万元，用于继续支持“心平等额配比基金”。

心平公益基金会捐赠613.22万元，继续支持“心平贷学金”。

林清渠先生捐赠200万元人民币，设立“林清渠人大基础法学理论研究基金”，用于支持法学院基础法学理论研究工作。

超达（北京）国际网球运动推广有限公司捐赠100万元，设立“大体协网球分会活动基金”。

上海睿信投资管理有限公司捐赠150万元人民币，继续支持“睿信老教师关爱基金”。

三、其他工作

2013年度，教育基金会按照《基金会管理条例》和《北京市中国人民大学教育基金会章程》的规定，分别于11月29日和12月31日，召开了第二届第七次理事会和第八次理事会。

（一）建立健全各项规章制度，加强规范化管理

基金会根据实际工作需要和相关法律法规要求，对原有制度进行梳理和修订，优化各项工作流程；对欠缺的制度进行制定和补充。修订了《项目管理办法》，起草了《人事管理制度》《信息公开办法》和《重大事项报告制度》等。

（二）以项目执行单位为载体，深化项目管理，完善向捐赠人汇报的制度

2013年，基金会加强捐赠项目落实管理，完善项目跟踪及年末资金核对制度，畅通项目管理各

个环节，做好项目跟踪服务工作。同时，本着对捐赠人负责的态度，加大捐赠项目在执行中的监督及向捐赠人汇报的力度。

（三）合理使用捐赠资金，做好年度审计、年检及专项审计

2013 年 3 月，接受北京市民政局指定的中宣育会计师事务所对 2012 年度经费收支、资产的管理与核算、财务状况等进行年度审计，出具了充分肯定的审计意见。同时，接受了北京市民政局对基金会捐赠工作、公益活动、内部制度建设等进行年检，得到北京市民政局年检工作的充分肯定。

根据财政部和民政部《关于加强和完善基金会注册会计师审计制度的通知》，基金会对重阳金融研究院和汉青研究院的重大项目进行了专项审计并得到充分肯定的意见。

基金会在管好用好捐赠资金的同时，更加注重统筹利用各种金融工具，实现捐赠资金的保值增值，为学校事业的发展提供更多的资金支持。

（四）广借媒体平台，提升教育基金会社会知名度

2013 年，教育基金会积极参与北广传媒数字电视有限公司推出的“北京市社会组织示范基地系列节目”，宣传基金会的各项公益活动，树立公益形象，提升社会影响。

（五）加强队伍建设，探索建立专业化的执行团队

2013 年，基金会秘书处注重加强队伍建设，提高人员素质，组建 4 人工作团队。

附录

2013 年社会捐赠大额汇总表

单位：人民币（元）

捐赠项目	捐赠金额
心平等额配比基金	39 653 437.64
心平贷学金	6 132 200.00
大学高等教育事业发展	5 000 000.00
大学智库建设和高端学术交流	5 000 000.00
中国人民大学经纬校长奖学金、新闻学院学科建设	4 000 000.00
京东奖助学金	3 000 000.00
国学院华商基金	2 400 000.00
大学生体育协会发展基金	2 000 000.00
汇丰投资国际交流资助基金、汇丰投资财政金融学科奖励基金	3 000 000.00
炜瑞法学基金	2 000 000.00
体育场地建设基金	2 000 000.00
林清渠人大基础法学理论研究基金	2 000 000.00
新奥国际教席	6 000 000.00
中国宏观经济论坛发展基金	1 100 000.00
文学创作、学生就业指导	2 000 000.00
社会人口学院人口学系强东奖学金	1 000 000.00
迎宾馆法学学科奖励基金	1 000 000.00

捐赠项目	捐赠金额
传统文化发展基金	1 000 000.00
教育学院教师队伍建设	1 000 000.00
纪宝成国学教育基金、党史研究院科研基金	2 000 000.00
彭真民主思想研究与教育基金	1 000 000.00
大体协网球分会活动基金	1 000 000.00
睿信老教师关爱基金	1 500 000.00
公共治理研究基金	1 000 000.00
图书购置项目	525 000.00
法学院发展基金	500 000.00
校园安防能力提升	500 000.00
桑坦德奖学金	441 677.25
劳动科学教育基金	300 000.00
光华奖学金	300 000.00
89 财金助困基金	277 300.00
中国 MBA 师资开发及办学能力建设计划	274 216.43
“求是思源”优秀学生培养计划、明德思源领袖学生培训计划	495 858.00
中国石油奖学金	240 000.00
蒋震奖学金	200 253.60
大体协网球分会发展基金	200 000.00
吕世伦教授理论法学科研基金	200 000.00
宝钢奖学奖教金	151 300.00
基督教所 PESI 基金	147 762.07
平安励志奖学金	130 000.00
89 级校友基金	120 000.00
西方政治哲学研究	100 000.00
社保中心 30 人论坛	100 000.00
财金毕业生就业专项基金	100 000.00
财金学院就业专项资金	100 000.00
胡乃武助学金	100 000.00
佛学中心琉璃光明学术研究基金	100 000.00
商学院 MBA 校友基金	100 000.00
千禧助学金	100 000.00
道纪忠华基金	100 000.00
西方伦理思想研究	100 000.00
“中伦杯”首届全国国际商事仲裁征文大赛	100 000.00
华岩学术基金	100 000.00
商学院 MAM 奖助学金	100 000.00
华夏聚龙奖学金	100 000.00
其他捐赠	8 673 952.80
合计	110 862 957.79

校办产业

一、概况

2013年，在产业规范化建设初步完成的基础上，在资产经营管理委员会（以下简称“经资委”）、产业管理处（经资委办公室）和人大资产经营管理公司（即人大世纪科技发展有限公司，以下简称“人大资产经营管理公司”）的三级管理体制框架结构下，学校产业管理工作以实现国有资本市场化、专业化运行为目标，继续推动人大资产经营管理公司及其全资子公司完善法人治理结构和相关制度体系。2013年，校办企业向国家缴纳税金4 599.23万元，向财政部上缴国有资本收益261.52万元，支付校方股东利润或股利1 086.29万元①。

二、校办产业管理工作

1. 清理核实，打好基础。根据财政部《关于核实纳入中央国有资本经营预算实施范围企业情况的通知》（财办企〔2013〕37号）要求，重新核实学校纳入中央国有资本经营预算实施范围企业（人大资产经营管理公司、中国人民大学出版社印刷厂②、北京时代网格科技发展有限

① 本数据指2013年度校办企业上缴到人大资产经营管理公司的以前年度利润或股利。

② 中国人民大学出版社印刷厂为非法人企业，根据《关于出版社印刷厂停止生产经营活动及腾退拈花寺的通知》（2013—2014学年校办字1号）要求，中国人民大学出版社印刷厂现已停止运营。

公司[①]），为学校国有资本市场化、专业化运行奠定了基础。

2. 继续开展校办产业发展战略研究和咨询服务工作，营造良好的政策环境。2013 年，进一步提升《中国人民大学产业发展动态》《中国人民大学产业发展参考》两个刊物与产业管理重点工作的结合度和针对性，继续开展出版行业经营效益分析工作，并在此基础上进一步尝试开展校办企业半年报工作。

3. 进一步加强企业国有资产的规范化管理和风险防范，确保企业国有资产的安全增值。在 2012 年对人大资产经营管理公司及其 4 家在京全资子公司进行内控检查的基础上，由人大资产经营管理公司对其所属京外全资子公司，即苏州世纪明德文化科技园有限公司和黄山市黄山区世纪太平文化科技有限公司开展内控检查，撰写《关于对资产公司及全资企业进行内控检查有关情况的报告》。

4. 继续推动做实人大资产经营管理公司。完成人大资产经营管理公司国有产权变更登记手续，于 2013 年 12 月 18 日获得《企业国有资产产权变更登记证》，明确人大资产经营管理公司国有资本经营管理的主体地位，为建立以资本为纽带的现代企业制度奠定了基础；继续推动人大资产经营管理公司完善治理结构建设，规范管理与运营，编订《人大世纪科技发展有限公司制度手册》，涵盖公司治理结构、企业行政人事管理、财务投资管理等一系列管理制度；推动人大资产经营管理公司全面加强对投资企业的管理：继续针对人大资产经营管理公司全资子公司开展年度报告评审工作，及时发现各子公司在法人治理结构方面存在的缺陷并督促其及时整改；在内控检查工作基础上，对 6 家全资子公司出具了《内控评价意见通知书》，要求其限时整改；以年报评审和内控评价检查工作为基础，编制《资产公司及全资子公司经营情况主要情况一览表》，信息涵盖资产公司及全资子公司的业务职能、治理结构、内控情况、财务情况等，向学校领导全面反映校办企业综合情况。

5. 按照财政部《关于申报 2013 年度文化产业发展专项资金的通知》（财办文资〔2013〕4 号）文件要求，组织学校相关单位申报 2013 年国家文化产业发展专项资金。中国人民大学出版社有限公司申报的数字化教材建设平台（一期）获批 1 000 万元专项资金。

6. 稳步推进将学校持有的中国高科集团股份有限公司的股票划转至人大资产经营管理公司的各项审批和协调工作。

7. 决定由人大资产经营管理公司将所持有的 ChinaEDU 股票出售给回购方并启动该项工作。

附录

中国人民大学校办产业名录[②]

（截至 2013 年 12 月 31 日）

人大世纪科技发展有限公司（中国人民大学出版社有限公司、北京人大文化科技园建设发展有限公司、北京世纪明德物业管理有限公司、北京世纪方兴商贸发展有限公司、苏州世纪明德文化科技园

① 北京时代网格科技发展有限公司为中国人民大学附属中学所属国有独资公司。

② 本名录的统计口径自 2012 年起调整为学校直接投资的全资企业（含企业化管理的事业单位）及人大世纪科技发展有限公司（人大资产经营管理公司）投资的全资子公司。中国人民大学出版社印刷厂为非法人企业，不再列入统计范围。

有限公司、黄山市黄山区世纪太平文化科技有限公司）

中国人民大学书报资料中心（事业单位企业化运作）

■ 出版社

一、概况

2013 年人大出版社出书品种 3 065 种，与 2012 年的 3036 种同比增长了 0.9%；2013 年印制码洋达 8.59 亿元，与 2012 年的 8.1 亿同比增长了 6%；2013 年发货码洋 9.48 亿元，与 2012 年的 8.35 亿元同比增长了 13.5%；销售收入（回款）4.57 亿元，与 2012 年的 4.1 亿元同比增长了 11.5%。截至 2013 年底，净资产总额 69 640.44 万元，较 2012 年增长 7 139.26 万元；总资产 76 265.07 万元，较 2012 年增长 8 359.87 万元；2013 年主营业务利润率 10.93%，较 2012 年上升 3.07%，资产增值保值率为 111.42%。到 2013 年底全社从业职工 527 人，其中事业编制人员 93 人，企业编制人员 434 人，编辑技术人员 269 人，具有高级职称人员 56 人，具有中级职称人员 168 人。

二、选题策划工作

2013 年出版社积极优化出书结构，出精品、出好书，坚持一体两翼选题战略，以教材精品为主体，以学术精品和大众精品为两翼，提高策划含量，加强精细化管理，控制品种规模，提高单品效益，取得了良好的社会效益和经济效益。

1. 彰显“学术沃土，思想摇篮”，立意文化传承、理论创新和文化普及，策划出版有社会影响力和学术辐射力的理论著作、学术著作、大众精品。

2013 年 3 月，出版李瑞环同志的重要著作《看法与说法》。这是自 2005 年以来，出版李瑞环同志的《学哲学　用哲学》《辩证法随谈》《务实求理》之后的又一部重要著作。4 月 16 日，学校召开《看法与说法》学习座谈会。该书被誉为“当代中国的《资治通鉴》，公务员的《百科全书》”。

此外，还陆续出版《不要因为走得太远而忘记为什么出发》《胡华文集》《中国经济双重转型之路》等著作。

2. 彰显“教育为本，教材立社”，继续涵养经济、管理、法律等人文社科优势品牌系列，加强和巩固人文社会科学教材出版中心的出版地位。

2013 年，北京市教委评选出北京市高等教育经典教材 14 项，北京市高等教育精品教材 406 项。出版社《金融学》（第三版）入选北京市高等教育经典教材，《逻辑与批判性思维》《汉语史纲要》等 32 种教材获评北京市高等教育精品教材。2013 年 8 月，140 种教材符合“十二五”职业教育国家规划教材选题立项要求，正式立项。

2013 年，出版社集中力量，组建“新编 21 世纪系列教材”调研小组，计划打造 21 世纪系列教材的升级版，各项工作进展顺利。

3. 把品牌战略作为发展道路上的生命线和核心竞争力，坚持精品战略、品牌战略，涵养中国人文社会科学第一品牌，出版社策划的图书获得了国家各类大奖。

1 月，《天国的陨落——太平天国宗教再研究》《郭店竹简与思孟学派》两部著作荣获“第四届郭沫若中国历史学奖（提名奖）”。

4月，《你永远都无法叫醒一个装睡的人》《正义的理念》入选“第八届文津图书奖”推荐图书（社科类）；教育部第六届高等学校科学研究优秀成果奖（人文社会科学）评奖结果揭晓，出版社28部图书入选，其中一等奖5项，二等奖6项，三等奖16项，成果普及奖1项；《中国传统法律文化研究》（10卷）获第四届中华优秀出版物图书奖，贺耀敏总编辑的论文《建设新闻出版强国的战略思考和措施》获得出版科研论文奖。

12月，4种图书入选第四届“三个一百”原创图书出版工程（人文社科类）：吴易风主编的《马克思经济学数学模型研究》，郭庆旺、贾俊雪著的《中国地方政府规模和结构优化研究》，庄福龄、杨瑞森、余品华主编的《毛泽东哲学思想史》以及冯惠玲、刘越男等著的《电子文件管理国家战略》。

三、管理改革工作

1. 牢固树立忧患意识、机遇意识、改革意识、发展意识，扎扎实实推进管理创新、制度创新和流程改造，促进工作流程更加科学化、规范化。

2013年，出版社在编辑业务方面重新厘定分社社长的签字权限，简化签字流程，从总社向分社放权。对各类合同的签字权限和流程，稿费、外编费的签字权限和流程，样书签字权限，云因编务系统劳务费审批程序等，都做出了更有效率、更大放权的调整。在财务管理方面，取消现金支付，提高支付效率；继续完善单品种利润考核工作，提高计算方法的科学性和合理性，调整财务支付流程，完善社内管理流程和风险防范。在出版印制方面，新制定了《工价审核分工及流程》《纸张材料档案制度的规定》等，修订了《印制合同》《纸张材料采购合同》等，通过了《出版部相关事项审批流程》，对出版部所涉业务的审批流程进行了简化和规范。在质量管理方面，加大编校质检覆盖面，占比从20%提高到30%；提高付印样检查的比重，比上年翻了一番。在办公行政方面，加强科学管理，提高使用效率，降低企业成本，对现有用房进行局部装修和整体调整，节约房租直接支出33万元。

2013年9月，举办主题为“向管理要效益，用管理促发展”的首届出版发展创新论坛活动，通过全社大讨论，支持和鼓励改革创新的企业文化氛围得以初步形成。

2. 把教育内容和学术内容、专业内容的集成者、供应商与服务商作为主要定位，把数字化教学支撑平台建设作为重点对象，把数字出版的思维贯穿于出版的全流程，实现数字出版与传统出版优势互补、和谐共生。

2013年，出版社数字出版项目从财政部申请到1 000万元的资金，开展数字化教学支撑平台建设。规划以数字化教材平台建设项目带动大课数字化教学平台的建设，在出版社原有教材资源库的基础上，大力发展数字教材的出版业务。数字教材建设平台（一期）项目的目标是建成集合立体化的教学资源、互动性的教学平台、个性化的教学环境、智能化的教学服务、易操控的个人中心、多终端的系统支持的数字教学支撑体系，涵盖出版社所有重点教材和人文社会科学重要课程，初期计划完成20～30门，展开20～30门课程的数字教材建设工作。

2013年，数字出版继续坚持抓核心重点、抓平台建设、抓流程改造、抓部门协作。定位为教育内容和学术内容、专业内容的集成者、供应商与服务商，把核心竞争力和主要盈利点从传统出版领域延伸到数字出版领域。着力建设数字出版产业平台，突出重点图书和重点学科的带动作用，覆盖案例教学、配套资源、数据资料库等资源，形成独立自主的教育数字产品开发、运营渠道。加强各分社、市场部与数字公司的协作，形成一套能激励各方的方案和制度，真正把平台研发、资源管理、营销分成结合起来，把数字出版的思维贯穿于出版的全流程，以创新的思维和文化氛围促进数字、纸质出版的互动互应，和谐共进，共同寻找新的盈利点。2013年度出版社的数字出版业务稳步增长，实现销售收入550万元。

3. 争取立项，按期结项，加强项目管理，管理好国家重大项目工程，以重大项目储备技术、培养队伍、寻找机遇、开拓市场、补贴出版、创新机制、带动改革、促进转型。

出版社“十二五”规划做出“依托重大项目，创新机制，推动转型”的制度设计。2013 年 1—10 月，组织申报各类资助项目及储备项目共计 10 个门类，申报项目合计 148 项，获批 45 项，累计到账资金 733.8 万元。项目管理制度不断完善，为出版社的改革发展注入了新的动力。

2013 年，《社会主义荣辱观研究》（吴潜涛）、《内需可持续增长的结构基础与政策选择》（杨瑞龙）、《大国经济发展理论》（欧阳峣）3 种图书入选 2013 年度“国家哲学社会科学成果文库”；《马克思主义研究论库》（第一辑）、《袁宝华文集》2 种项目入选 2013 年度“国家出版基金资助项目”；8 种选题入选国家社科基金后期资助项目，14 种图书入选中华学术外译项目；“马克思主义研究论库（第一辑）”“当代世界学术名著政治学系列”“国外社会建设比较丛书”“行为和实验经济学经典译丛”4 套丛书入选国家新闻出版广电总局 2013 年“‘十二五’国家重点图书、音像、电子出版物出版规划”增补项目；“全面建设小康社会系列丛书”（10 卷本）入选国家新闻出版广电总局“深入学习宣传贯彻党的十八大精神主题出版重点选题”，并获得国家出版基金资助。

4. 发行销售工作继续加强渠道拓展建设与创新管理，保障出版物科学发货，安全回款。

2013 年，发行公司通过新制定的绩效管理方案，进一步明晰了自身在整体出版流程与利润实现流程中的责任和义务，将发行公司的整体绩效和全社的发货、回款、退货三项核心指标直接挂钩，上不封顶、下不保底。继续深入终端、精确制导，切实提高终端市场份额，加强新品首发工作和添货的细化管理工作，不断提升个人的业务水平和营销素养，有效提升整个发行团队的市场开拓和协同作战能力。

同时，根据网络和信息化对发行渠道的影响，在原有第一、第二、第三销售部的基础上，将所有实体书店系统设立为第四销售部，加强本版、外版书的规范销售；网店业务获得持续发展，2013 年通过互联网发行的出版物码洋达 1.5 亿元。此外，正在根据业务发展需要，积极设计馆配业务组，以有效扩大出版社在全国图书馆和公共文化事业市场的份额。

四、对外合作和版权贸易工作

2013 年，据“中国图书对外推广计划”统计，出版社全年输出版权 159 种，引进版权 310 种。4 月，出版社以 2012 年版权输出 88 种、合作出版 79 种、获选推荐图书 42 种，在“中国图书对外推广计划”成员单位的单体出版社中排名第一。12 月，在第六届中国版权年会年度评选中，出版社总编辑贺耀敏获评“中国版权事业卓越成就者”荣誉称号。

2013 年，出版社在版权贸易和对外交流方面继续稳步发展，培生、麦格劳-希尔、圣智等大型国际出版集团，耶鲁大学出版社等英美大学出版社的版权负责人多次来访，商谈版权输出和引进并达成多项合作协议。

6 月，《中国文化与中国宗教》《明代哲学史》《新中国财政金融事件解读》《中国的工资：经济学分析》《社会主义和谐社会核心价值体系研究》等 5 种图书入选 2013 年“经典中国国际出版工程”。8 月，与劳特里奇出版社联合举办《人民币国际化报告 2012》英文版新书首发式。出版社出版的胡鞍钢的《中国集体领导体制》入选向世界传播“中国梦”首批图书，全国仅有 6 种图书入选。

五、其他重要事项

1. 5 月 15 日，“马克思主义研究论库”专家研讨会在校举行。丛书主编、校党委书记靳诺，丛书编委、国家教育行政学院院长顾海良，中国社会科学院马克思主义研究院党委书记、副院长侯惠勤，中共中央党史研究室前副主任石仲泉，北京大学马克思主义学院院长郭建宁，清华大学马克思主义学院常务副院长艾四林等校外专家和陈先达、吴易风、郝立新、秦宣、张雷声等知名学者出席会议。会议回顾了“马克思主义研究论库”第一辑的编撰出版工作，并就马克思主义理论的研究普及，马克思主义理论优秀学术著作的编辑出版和“马克思主义研究论库”丛书的后续编辑工作进行深入研讨。

2. 8月17日，出版社主办的“中国制度书系出版研讨会”在学校召开。北大、清华、人大、社科院等院校多位著名学者在会上讨论了中国制度书系的学术价值和社会意义。这套丛书立足中国本土，运用严谨的学理分析阐释中国体制的特色和优越性，从中国政治现实而不是从理论和教条出发，理性总结中国政治经验，展示中国政治智慧，展现了作者们引领潮流的学术创造力。

3. 2013年是毛泽东同志诞辰120周年，出版社出版“国外毛泽东研究译丛（典藏本）”《毛主席和我们这些孩子们》《独领风骚：毛泽东心路解读》等图书。11月，出版社与首都图书馆联合邀请《毛泽东传》作者特里尔先生，作题为《一个传记作家眼中的毛泽东：生平、个性及思想》的讲座。

4. 出版社在多种评奖推优活动中屡获嘉奖：2月，费小琳、杨宗元、于波在“2013中国好编辑推选”活动中，入选中国好编辑；11月，黄蓉、段向民、龙明明在“第二届韬奋出版人才高端论坛”征文中分别荣获二等奖、三等奖、优秀论文奖；12月，在第四届韬奋杯全国出版社青年编校大赛中，出版社获得团体一等奖，毛术芳获得编辑一等奖，李伟获得编辑优秀奖，龙明明获得校对二等奖。

5. 2013年，出版社共推出37本“诺贝尔经济学奖获得者丛书”；继续出版大型学术系列图书“中国近代思想家文库”。

6. 开拓培训业务，7月在香港组织编辑出版业务培训班，海峡两岸暨港澳40多位出版人参加。

7. 积极参加国内外大型书展。1月11日至13日，参加北京图书订货会；4月19日至22日，参加在海南省海口市举办的第二十三届全国图书交易博览会（全国书市）；8月，参加上海书展，出版社的图书展示取得良好效果。阎连科的散文集《一个人的三条河》、梁衡的《文风四谈》、高善文的《经济运行的逻辑》等深受欢迎。8月28日至9月1日参加北京国际书展；10月17日至19日，参加在云南省昆明市举办的第26届全国大学出版社图书订货会。同时，出版社还陆续参加了4月的英国伦敦书展、6月的美国BEA书展、7月的香港书展、9月的俄罗斯莫斯科书展和10月的德国法兰克福书展。

附录

2013年度获奖图书目录
（只汇总省、部级以上奖项）

序号	奖项（及国家重点项目）名称	作品名称	出版时间	作者
1	第四届中华优秀出版物奖图书奖	中国传统法律文化研究（十卷本）	2011年2月	曾宪义
2	第六届高等学校科学研究优秀成果奖（人文社会科学）一等奖	精神交往论	2008年7月	陈力丹
3	第六届高等学校科学研究优秀成果奖（人文社会科学）一等奖	电子文件风险管理	2008年4月	冯惠玲

序号	奖项（及国家重点项目）名称	作品名称	出版时间	作者
4	第六届高等学校科学研究优秀成果奖（人文社会科学）一等奖	康德著作全集（九卷本）	2010年4月	李秋零
5	第六届高等学校科学研究优秀成果奖（人文社会科学）一等奖	实质刑法观	2009年8月	刘艳红
6	第六届高等学校科学研究优秀成果奖（人文社会科学）一等奖	行政伦理的观念与视野	2008年12月	张康之
7	第六届高等学校科学研究优秀成果奖（人文社会科学）二等奖	走向多元话语分析：后现代思潮的社会学意涵	2009年9月	谢立中
8	第六届高等学校科学研究优秀成果奖（人文社会科学）二等奖	中国伦理思想史（上下卷）	2008年1月	罗国杰
9	第六届高等学校科学研究优秀成果奖（人文社会科学）二等奖	侵权责任法立法研究	2009年9月	张新宝
10	第六届高等学校科学研究优秀成果奖（人文社会科学）二等奖	判例刑法学（上下卷）	2009年5月	陈兴良
11	第六届高等学校科学研究优秀成果奖（人文社会科学）三等奖	新闻道德论	2010年6月	杨保军
12	第六届高等学校科学研究优秀成果奖（人文社会科学）三等奖	农民中国——后乡土社会与新农村建设研究	2010年1月	陆益龙
13	第六届高等学校科学研究优秀成果奖（人文社会科学）三等奖	20世纪中国修辞学（上下卷）	2008年1月	宗廷虎
14	第六届高等学校科学研究优秀成果奖（人文社会科学）三等奖	犹太哲学史（上下卷）	2008年3月	傅有德
15	第六届高等学校科学研究优秀成果奖（人文社会科学）三等奖	郭店竹简与思孟学派	2008年5月	梁　涛
16	第六届高等学校科学研究优秀成果奖（人文社会科学）三等奖	近代中国商会、行会及商团新论	2008年9月	朱　英
17	第六届高等学校科学研究优秀成果奖（人文社会科学）三等奖	林则徐大传（插图本）	2010年4月	杨国桢
18	第六届高等学校科学研究优秀成果奖（人文社会科学）三等奖	《回回馆杂字》与《回回馆译语》研究	2008年10月	刘迎胜
19	第六届高等学校科学研究优秀成果奖（人文社会科学）三等奖	耦合经济法论	2010年5月	徐孟洲
20	第六届高等学校科学研究优秀成果奖（人文社会科学）三等奖	侵权责任分担论——侵权损害赔偿责任数人分担的一般理论	2009年12月	王　竹
21	第六届高等学校科学研究优秀成果奖（人文社会科学）三等奖	马克思主义经济学与西方经济学比较研究（共3卷）	2009年9月	吴易风
22	第六届高等学校科学研究优秀成果奖（人文社会科学）三等奖	社会主义和谐社会利益关系研究	2010年7月	胡乃武
23	第六届高等学校科学研究优秀成果奖（人文社会科学）三等奖	中国上市公司盈余质量研究	2008年2月	王化成
24	第六届高等学校科学研究优秀成果奖（人文社会科学）成果普及奖	身边的法律顾问：劳动合同与社会保障	2008年12月	黎建飞
25	国家出版基金项目	“以人为本”安全观的一种社会学探索——个体安全的理论与实证研究	2013年7月	杨　敏

序号	奖项（及国家重点项目）名称	作品名称	出版时间	作者
26	国家出版基金项目	毛主义的崛起：毛泽东、陈伯达及其对中国理论的探索（1935—1945）	2013年6月	［美］雷蒙德·F·怀利
27	国家出版基金项目	中共元勋家书品读（历史回眸）	2013年1月	唐洲雁
28	国家出版基金项目	余家菊卷（中国近代思想家文库）	2013年3月	余子侠
29	国家出版基金项目	包世臣卷（中国近代思想家文库）	2013年3月	刘　平
30	国家出版基金项目	魏源卷（中国近代思想家文库）	2013年3月	夏剑钦
31	国家出版基金项目	林则徐卷（中国近代思想家文库）	2013年4月	杨国桢
32	国家出版基金项目	晏阳初卷（中国近代思想家文库）	2013年4月	宋恩荣
33	国家出版基金项目	皮锡瑞卷（中国近代思想家文库）	2013年4月	吴仰湘
34	国家出版基金项目	中国特色社会主义核心价值体系建设研究	2013年6月	赵爱玲
35	国家出版基金项目	马克思主义党建理论在当代中国的新发展	2013年9月	吴美华
36	国家出版基金项目	发展中的社会主义理论与实践	2013年9月	张雷声
37	国家出版基金项目	中国式共识型决策	2013年7月	王绍光
38	国家出版基金项目	胡华文集（六卷本）	2013年5月	胡　华
39	国家出版基金项目	为什么要坚持马克思主义	2013年1月	张雷声
40	国家出版基金项目	为什么要信仰共产主义	2013年1月	王向明
41	国家出版基金项目	为什么要拥护中国共产党	2013年1月	杨德山
42	国家出版基金项目	为什么要坚持中国特色社会主义道路	2013年1月	秦　宣
43	国家出版基金项目	中国革命道德	2013年1月	罗国杰
44	国家出版基金项目	马克思主义如何改变世界	2013年1月	顾海良
45	国家哲学社会科学成果文库	国家调整农民工社会政策研究	2013年3月	潘泽泉
46	国家哲学社会科学成果文库	制度、市场与中国农村发展	2013年3月	陆益龙
47	国家哲学社会科学成果文库	国家哲学社会科学成果文库概要2012	2013年3月	全国哲学社会科学规划办公室
48	国家哲学社会科学成果文库	信赖保护原则及其在民法中的构造	2013年3月	朱广新
49	国家哲学社会科学成果文库	建设公正高效权威的社会主义司法制度研究（全四卷）	2013年3月	陈卫东
50	国家哲学社会科学成果文库	地方人大监督权论	2013年3月	任喜荣
51	国家哲学社会科学成果文库	大金融论纲	2013年4月	陈雨露
52	国家哲学社会科学成果文库	中国对外直接投资与全球价值链升级	2013年3月	张　宏
53	国家社科基金后期资助项目	边疆、民族、国家：《禹贡》半月刊与20世纪30—40年代的中国边疆研究	2013年5月	孙　喆
54	国家社科基金后期资助项目	道体的失落与重建：从《庄子》、郭《注》到成《疏》	2013年5月	李延仓
55	国家社科基金后期资助项目	刑法分则专题研究	2013年5月	王作富
56	国家社科基金后期资助项目	现代商法：理论基点与规范体系	2013年6月	郑曙光
57	国家社科基金后期资助项目	合同法分则研究（下卷）	2013年7月	王利明
58	国家社科基金后期资助项目	俄罗斯犯罪构成理论研究	2013年10月	庞冬梅

序号	奖项（及国家重点项目）名称	作品名称	出版时间	作者
59	国家社科基金后期资助项目	公共投资项目绩效评估研究	2012年12月	潘　彬
60	国家社科基金后期资助项目	中国近代银行制度变迁及其绩效研究	2013年7月	兰日旭
61	国家社科基金后期资助项目	政府情报与近代日本对华经济扩张	2013年6月	王　力
62	国家社科基金后期资助项目	转售价格维持的经济效应与反垄断政策	2013年9月	唐要家
63	国家社科基金后期资助项目	中国金融市场统计与评估	2013年9月	蒋　萍
64	国家社科基金后期资助项目	竞争力财务经济学	2013年9月	王跃武

■ 书报资料中心

一、概况

2013年，书报资料中心（以下简称“中心”）扎扎实实做好纸本期刊编辑、销售工作，着力提升学术评价及排名发布工作的实效性、权威性，继续大力推进中心数字化改造；对内进一步深化改革、规范管理，实现中心组织架构的合理优化，在经营管理面临重重困难的情况下，多项工作仍取得了进展。

2013年全年中心共编辑出版各类期刊148种，共计1 536期，比2012年同期减少3.3%；编辑总页码15.8万页，比2012年同期增长1.9%；编辑年度索引26.2万条，比2012年同期减少1.87%。2013年中心纸本期刊总印量602.51万册，总发行量577.04万册。

2013年，中心在职职工总数201人，其中，事业编制在职职工62人，合同编制在职职工139人，高级职称人员22人。

二、管理工作

2013年，中心深入学习践行党的群众路线实践教育活动，做好各方面工作。对于中央巡视组在巡视工作中查出的问题，按照高标准严要求进行了认真逐条对照，从不同方面，分不同层次制定整改措施，整改结果得到了中央巡视组的基本肯定。

2013年，中心平稳完成机构改革、管理干部竞聘和领导班子调整。为提升管理效率，中心将原有的16个部门精简整合为12个，同时成立学术编辑委员会，设立学科编辑组，创新编辑模式，提高经营管理效率。7月，开展中层管理干部竞聘，在民主测评的基础上，任命12个部门的18位管理干部。本年，中心完成了领导班子调整。

三、期刊编辑出版与销售

期刊编辑出版方面，在努力提高期刊编校质量、确保不出出版事故的同时，中心同校内院系合作办刊取得新成果。2013年，《社会学评论》（与社会与人口学院合作办刊）和《创新人才教育》（与附中合作办刊）两本原发刊先后创刊出版，中心原发期刊数量达到12本。

期刊销售方面，中心进一步加强纸本期刊营销力度，采取多种营销手段，加强市场推广和活动营销，积极参加和参与组织学术会议。2013 年，在纸本期刊行业销量整体下滑的大趋势下，纸本期刊年度销售收入仍获增长：全年纸本期刊销售收入 4 249.74 万元，同比增长 442.08 万元，增幅 11.6%，高于全行业 6%的平均增长水平。

四、学术评价研究

坚持同行评议与文献计量相结合，科学开展学术评价研究工作。2013 年 3 月 26 日，发布“2012 年度‘复印报刊资料’转载学术论文指数排名”，受到国内各学术科研单位、期刊社的高度重视，中心的社会影响力日益提高。

五、数字化建设与改造

2013 年 4 月，“学者在线——国家学术数字出版平台”入围第五届中国数字出版博览会“数字出版年度最佳作品”；“中国共产党专题数据库”入选“北京市新闻出版工程”；“中国人文社科知识精品库”入选“2013 新闻出版改革发展项目库”。

中心进一步加强编辑流程和行政管理的信息化建设，“原发学术期刊协同编撰系统”投入使用，提高了原发学术期刊编撰效率；办公系统数字化改造提上日程，完成了业务流程梳理、软件架构建设等前期工作。

六、相关重要活动

3 月 23 日上午，《社会学评论》杂志首发式在学校逸夫会堂举行。校领导陈雨露、冯惠玲，上级主管机关代表和学校相关部门负责人出席了首发式和座谈会。《社会学评论》的创办意在打造“我国社会学领域新的航母”。《社会学评论》将秉承“崇尚学术，追求真理，理论自觉，建设反思”的信念，刊发高质量、前沿性的社会学研究成果，以严谨的学术精神保证学术质量，关注社会学理论与实践，为推进兼具世界眼光和中国风格的社会学发展做出应有的贡献。

3 月 26 日，2012 年度“复印报刊资料”转载学术论文指数排名及相关分析报告正式发布。“复印报刊资料”转载学术论文指数排名由中国人民大学人文社会科学学术成果评价研究中心联合中国人民大学书报资料中心共同研制，以创新和质量评价为导向，采取论文同行评议方法对我国人文社科期刊和教学科研机构进行评价，受到人文社科领域的广泛关注。基于“复印报刊资料”转载学术论文指数的《2012 年度我国人文社会科学学术创新力分析报告》同时发布，该报告即以该排名 2012 年度的数据作样本，重点分析了我国人文社会科学总体和部分学科论文、期刊和科研机构的创新力。

5 月，中心出版的《复印报刊资料：教育学（2012 年合订本）》等 15 种“复印报刊资料”系列刊及光盘产品入选《2013 年中小学图书馆（室）推荐书目》，该书目由教育部基础教育课程教材发展中心发布，印发全国各地教育部门，用于加强中小学图书馆建设，提高书刊配备质量。

5 月 21 日，“书报资料中心学术期刊网”开始试运行。“原发学术期刊协同编撰系统”的功能包括原发学术期刊在线投稿、编辑、审稿等协作以及期刊内容介绍、展示等。该系统平台的运行，将使书报资料中心原发学术期刊的约稿、投稿、编辑、审稿等工作均在线完成，对方便作者投稿与拓展稿源、加强作者与编辑之间的及时沟通、提高稿件及刊物内容质量、提升刊物学术影响力都将发挥重要作用。

6月23日，由书报资料中心与中国作协创研部、四川省作协联合主办，《当代文坛》杂志社承办的“2013中国文艺评论年度论坛”在成都举办。中国作协、四川省作协领导，中国社会科学院、四川省社会科学院、北京大学、南京大学、吉林大学、四川大学、西南交通大学、杭州师范大学等科研院所知名专家学者，以及《文艺报》《文学报》《四川戏剧》等报刊同行出席了论坛。该论坛的成功举办，宣传了中心学术品牌，提升了中心文艺类刊物的影响，同时也是编辑参与学术活动的一次良好尝试。

6月29日，书报资料中心与《中国职业技术教育》杂志社联合主办的“职教期刊深化改革、协同创新暨庆贺人大书报资料中心成立55周年”研讨会在江苏常州召开。研讨会在交流各自办刊经验的同时，围绕在我国产业转型升级背景下，职教期刊如何改革转型、协同创新的主题进行了深入研讨。

7月10日，中国人民大学人文社会科学学术成果评价研究中心、人大数媒科技（北京）有限公司和中国新闻出版研究院、钟书国际出版网联合主办的“维基出版与数字出版2.0”高端论坛暨战略合作签字仪式在北京国际会议中心顺利举办。协议各方将为了“中国人文社会科学学术评价指标体系”建设，在资源、业务等多方面展开合作，共同推动这一学术评价体系建设与学术评价研究成果在整个行业的应用。

10月，书报资料中心编辑出版的《语言文字学》《中国现代、当代文学研究》《中国古代、近代文学研究》3种“复印报刊资料”期刊荣登“最受海外机构用户青睐的中国期刊发行排行榜”。

12月14日，2013年度“中国十大学术热点”评选（北京）专家研讨会在书报资料中心召开。中国社会科学院、中国人民大学、北京大学、北京师范大学、对外经贸大学、中国传媒大学、《教育研究》杂志社、《新华文摘》杂志社等单位的专家学者参加了会议。与会专家不仅就自身研究领域对2013年度的研究成果进行了客观、准确的梳理，而且打破学科界限，从不同角度热烈地讨论了跨学科研究热点，推选出2013年度“中国十大学术热点”备选选题。

■ 文化科技园

一、概况

中国人民大学文化科技园（以下简称“人大文化科技园”）于2004年成立运营，依托中国人民大学的学科优势，率先建立文化科技园区，开始了文化创意产业基地建设及人文社科成果转化的探索之路。园区在文化创意产业园区建设领域开创了四项“第一”：全国第一家以文化创意为主题的国家级大学科技园；全国第一家专门服务文化创意企业的留学人员创业园；全国第一家国家版权贸易基地；全国唯一依托大学建设的国家文化产业示范基地。

2013年，园区获得科技部文化科技创新工程、北京市科委大学科技园专项、中央文化创新专项资金等各级相关主管政府部门扶持资金1 012万元。

据不完全统计，2013年园区企业总收入达到55亿元，上缴税收总额超过5.7亿元。园区运营公司——北京人大文化科技园建设发展有限公司荣获“2013年中国版权最具影响力企业”奖；园区被认定为首批“海淀区文化科技园区”；园区编辑出版的《中国版权年鉴2012》获第七届全国年鉴编校质量检查评比一等奖；园区承办的“2012文化创意产业与品牌城市国际论坛”荣获第七届北京文博会“单项活动优秀组织奖”；园区承担的国家级文化和科技融合示范基地办公室荣获第九届深圳文博会“优秀组织奖”；园区建设运营的“中国文化产业项目服务平台”上线；园区第四次发布“中国省市文化产业发展指数”，首次发布“中国文化消费指数”。

二、企业孵化机制与公共服务平台建设

人大文化科技园建立由基础服务和专业服务构成的综合性孵化服务体系，打造以“创业导师+创业服务+创业投资”为核心的孵化体系，提供全流程孵化服务。一是孵化前服务。包括创业项目筛选和诊断、创业政策咨询、创业企业入驻咨询。二是孵化中服务。包括基础服务：工商、税务、人事、商业、物业；增值孵化体系：创业诊断+创业沙龙、培训+创业导师+创业投资。三是加速成长服务。包括政府资金申报、规模化投融资、专业化管理咨询、高级定制服务。

园区不断提升并创新孵化模式，为园区企业的健康发展提供了强有力的支撑，企业对园区的认同感、归属感不断增强，企业与园区已形成良性互动、共赢发展的格局。截至2013年12月，累计入园企业575家，累计孵化企业253家，其中留创企业158家，一般孵化企业50家，大学生创业企业45家。目前在园企业130家，在园孵化企业88家，其中留创企业47家，一般孵化企业20家，大学生创业企业21家。2013年度新入园留创企业28家。园区现有建筑面积67 000平方米，其中孵化面积18 600平方米。在园企业获得的自主知识产权数量超过300项。

目前在园留创企业、文化创意类企业占园区企业总数的85%，分布于数字出版、动漫游戏、云计算等多个新兴文化行业；在版权领域有安德鲁·纳伯格、麦克米伦、泰勒·弗朗西斯等全球出版15强的企业入驻。2013年，园区推荐的博如德、量邦信息、云华软件、华诚睿光获得中关村“金种子企业”称号；博如德公司法人代表孟鸿博士获得“2013年度自主创新和产业发展专项资金‘创新领军人才’”奖；华诚睿光、石山科技获得“2013中国创新创业大赛（北京赛区）优秀奖”。

2013年，人大文化科技园以企业全程跟踪服务为基础，通过针对全园企业的基础服务体系建设和针对孵化企业的孵化服务体系建设，完善文化创意特色服务体系。园区全年组织企业参加深圳文博会、北京文博会、北京书展等大型活动3次，为企业组织投资推介会5次，为企业提供创业培训、创业者沙龙、版权人沙龙共计54次。

2013年园区进一步加强公共平台建设。目前在建和运营的平台有：

（一）建成国家级文化和科技融合示范基地服务平台

科技部、中宣部委托园区承担国家级文化和科技融合示范基地管理办公室的部分工作，协助开展国家级基地的日常管理、绩效评定、年度巡检、命名授牌等服务工作，并作为重要的智库全面参与“国家文化科技创新工程”的建设。园区已协助主管部委组织了“国家文化和科技融合示范基地管理高级研修班”，落实了第八届深圳文博会国家文化科技创新工程展览并开展了文化科技融合产业系列问题的研究工作。园区还建设了“国家级文化和科技融合示范基地服务网”，打造了基地的信息资源共享平台。

（二）建设文化科技融合集成服务平台

园区作为牵头单位承担了国家文化科技创新工程项目——大学科技园文化科技服务综合集成与应用示范，项目将研发大学科技园文化科技服务综合集成系统，在集成系统内，建设完成版权评估、文化科技金融、文化产业项目展示、文化企业信用评级、文化科技融合人才培养、文化科技企业孵化服务、文化产业数据库服务等7个服务功能，通过该项目的研发和应用助力国家文化科技创新工程的建设与发展。

（三）运营国家文化产业公共服务与推广平台

园区承担文化部委托的“文化产业公共服务平台建设标准与服务规范”课题的研究工作，并在文化部产业司的指导下直接推进了该课题成果的转化，创建了“国家文化产业项目服务平

台”，充分应用新一代信息技术，为文化产业项目提供资产评估、信用评级、综合评价和融资对接服务。通过该平台的运营，人大文化科技园更好地发挥了国家文化产业公共服务平台建设者的作用。

（四）建成文化产业数据平台

受国家版权局委托，园区自2009年起每年编撰一期《中国版权年鉴》，通过出版四卷《中国版权年鉴》，园区建成了中国版权业近年来最为权威的数据库。2010年以来，园区每年度发布“中国省市文化产业发展指数”，该指数已经连续发布四年；2013年起，园区每年度发布“中国文化消费指数”。上述两个指数的研究与发布，使人大文化科技园建成了国内文化产业领域最为权威的数据库，国家级文化产业数据平台雏形已初步建成。

（五）建成教师成果转化平台

建立教师成果转化平台——“创意及创意技术转移中心”。与北京市人民政府共建“中国人民大学创意产业技术研究院”，打造学校科研成果的转化平台，促进教师科研成果产业化，建设成为学校人文社会科学成果的转化基地。

（六）建成学生创业实践平台

打造学生“双实双业”（实习、实践、创业、就业）平台，为学生创业提供“零成本”优惠政策。与招生就业处举办“创业之星”大赛，着力培养优质项目和优秀创业人才。与教务处举办“学生创业训练计划”，优秀项目进入创业实践计划。

三、国家版权贸易基地建设

2013年，国家版权贸易基地编辑出版《中国版权年鉴2012》，并获得第七届全国年鉴编校质量检查评比一等奖；开展国有文化企业版权资产管理等课题研究；举办第一期文化产业版权运营与管理高级研修班；举办4期版权人沙龙活动；继续推动中关村版权联盟工作，联盟成员增加至102家；推动国家版权交易网建设，截止到2013年底，网站注册用户数达到15 000多个，遍布全球30多个国家和地区，综合访问量突破10万，网站总挂牌额超过15亿元；基地运营公司——北京人大文化科技园建设发展有限公司荣获“中国版权最具影响力企业”奖。

四、创意产业技术研究院工作体系建设

2013年，创意产业技术研究院启动国家科技支撑计划项目“大学科技园文化科技综合服务系统研发及应用示范”研发工作，完成文化产业项目展示平台、文化企业信用评级项目研发工作，组建“文化品牌实验室”，获得中央文化专项资金支持启动“文化产业网络学院”项目。

五、文化产业研究院工作体系建设

2013年11月9日，学校和文化部文化产业司联合举办“文化中国：中国文化产业指数发布会”，在会上文化产业研究院第四次向社会公开发布“中国省市文化产业发展指数（2013）”，并首次向社会发布“中国文化消费指数”，引起了媒体的争相报道和社会各界的广泛关注。

2013年度，文化产业研究院受中宣部、科技部、文化部等国家部委，以及北京市教委、北京市海淀区、江西省发改委、新疆生产建设兵团第六师、合肥市发改委、福建省龙岩市宣传部等地方政府和机构委托，开展了二十余项研究咨询业务。

六、其他重要活动

(一)《中国版权年鉴2012》(总第四卷) 正式出版

2013年2月,《中国版权年鉴2012》(总第四卷) 正式出版发行。《中国版权年鉴》由国家版权局组织编纂,中国人民大学出版社和中国人民大学国家版权贸易基地编辑出版,是中国唯一全面系统反映中国版权创造、运用、保护和管理基本概貌的大型专业工具书,每年一卷,连续出版。《中国版权年鉴2012》主要汇集了2011年全国版权保护与版权相关产业发展的综合概况、动态信息、文献资料和统计数据。2012年《年鉴》不仅新增新闻出版业、广播影视业和软件产业三个版权产业的统计资料,还增加了若干知识产权教学研究机构、版权协会及相关机构名录。同时加大了版权相关企业的宣传力度,使《年鉴》内容更丰富、信息量更大,且更具研究、使用价值。

(二) 第八届"春晖杯"中国留学人员创新创业大赛启动

2013年4月20日,由教育部、科技部共同主办的第八届"春晖杯"中国留学人员创新创业大赛(以下简称"'春晖杯'创新创业大赛")在中国人民大学留学人员创业园举行了启动仪式。校党委常务副书记牛维麟,科技部火炬中心、教育部国际司、教育部留学服务中心的相关领导出席了此次启动仪式。"春晖杯"创新创业大赛是吸引留学生归国创业的重要平台,该平台充分调动了海外优秀留学人员回国创业的积极性,激发了留学人员申报创新创业项目的热情,也实现了参赛者与留学人员创业园、大学科技园和创业企业的全面对接。自2006年以来,"春晖杯"创新创业大赛已经成功举办了七届,遴选出1 184个中国留学人员的回国创新创业项目,帮助300多名在外留学人员顺利走上回国创业的道路。为响应国家大力发展文化产业的号召,大赛组委会采纳中国人民大学留学人员创业园的建议,从2012年开始增设"文化创意产业"的创业项目类别。

(三) 举办首届北京调解论坛

2013年4月27日,由中关村版权争议调解中心与北京市仲裁委、中国互联网协会调解中心、工信部电子知识产权中心争议解决中心等7家调解机构共同主办,中国法律咨询中心调解中心等9家机构协办的首届北京调解论坛在中国人民大学国家版权贸易基地举行。中央社会管理综治委综治二室副主任卢仓报、最高人民法院司改办副主任蒋惠岭、香港和解中心太平绅士萧咏仪、北京市高级人民法院副院长翟晶敏,以及来自首都法律界、企业界、行业组织和各类调解机构的代表150余人出席论坛。论坛围绕"推广调解理念、交流调解经验、共享调解技巧、建设调解团队"的主题展开讨论。论坛期间,北京调解联盟宣布成立,首批16家成员单位共同发布联盟宣言。

(四) 参展第九届中国(深圳)国际文化产业博览交易会

2013年5月17—20日,中国人民大学文化科技园偕园区企业参展了在深圳举办的第九届中国(深圳)国际文化产业博览交易会(以下简称"深圳文博会")。园区在二号馆显著位置搭建展台,集中展示了国家版权贸易基地、文化科技企业孵化器、文化产业研究院、文化金融事业部等业务板块。作为参展的唯一一家大学科技园,吸引了众多政府部门、文化企业的关注,并与200多家政府机关、企业和金融机构建立联系,取得了丰硕的成果。在5月17日的央视《新闻联播》节目"第九届文博会开幕"新闻中,园区的展位得到报道。参展第九届深圳文博会对于提升园区品牌影响力、促进行业交流和市场推广具有重要意义。

(五) 参加北京地区高校大学生创业展开幕式

2013年5月24日,由北京市教育委员会、北京高校毕业生就业指导中心等共同组织的2013年北京地区高校大学生创业展开幕式在世纪馆举行。中国人民大学文化科技园参加了此次开幕式,并作为大学生创业场地提供方代表与创业团队卓艺酷乐艺术文化有限公司签约。中国人民大学文化科技园学生创业园于2010年被认定为"首批国家级高校学生科技创业实习基地",是全国首家依托大学建设的专门针对文化创意产业的大学生科技创业实习基地。一方面，充分发挥中国人民大学的学科特点，培育依托人文社会科学成果开展科技创业的学生创业企业；另一方面，依托园区的企业资源，为中国人民大学学生提供实习实践机会，培育复合型、实干型人才。截至2013年6月，园区共吸引大学生创业企业40余家，其中有10家企业参加过中国人民大学的“创业之星”大赛，累计毕业学生企业9家。

（六）举办中国人民大学第五届学生“创业之星”大赛总决赛

2013年6月5日，由学校招生就业处、校友工作办公室、文化科技园与中国创业天使孵化工程组委会联合主办的“天九幸福杯”中国人民大学第五届学生“创业之星”大赛总决赛暨颁奖典礼在文化科技园举行，此次大赛最终评出“创业之星”最高奖、最具创业潜能奖、最具成长价值奖、最佳创业方案奖、最佳社会效益奖、最佳团队合作奖等10个奖项。大赛为获奖团队提供创业启动资金40万元。中国人民大学学生“创业之星”大赛自2009年以来已成功举办了五届，旨在通过比赛选拔优秀的创业团队、创业项目，培养学生创新意识，提高学生创业能力。

（七）举办2012大学生创业训练项目结项表彰暨2013大学生创业训练项目立项大会

2013年6月7日，2012大学生创业训练项目结项表彰暨2013大学生创业训练项目立项大会召开，杨慧林副校长为即将进入创业实践阶段的两个项目颁发了项目启动经费，文化科技园负责人为首批项目的负责人颁发了结项证书和获奖证书。在教育部的支持和指导下，中国人民大学于2012年启动“中国人民大学大学生创业训练计划”项目训练体系。该项目由中国人民大学教务处与文化科技园合作实施，由文化科技园负责具体的项目运行。作为学生实践教学体系的新内容、新平台，“大学生创业训练计划”的实施对于推动学校创业教育，培养学生实践创新能力发挥了重要作用。

（八）赴欧洲宣讲归国创业政策

2013年6月8—18日，学校留学人员创业园赴法国、德国、比利时、意大利等欧洲四国开展交流、考察、学习活动。其中，在法国巴黎和德国柏林举办的“中国人民大学留学人员创业园归国创业政策宣讲会”有近百位留学生参加。此外，还参观拜访了布鲁塞尔生物医药园、新鲁汶大学科技园、法国里尔工业园区以及德国柏林Adlershof科技园区，了解发达国家科技园区及孵化器的运营模式。该活动重点在于吸引欧洲优秀留学生回国创业、鼓励海外优质项目回国落地。

（九）举办“中关村留学人员企业精品项目推介会”（三三会）

2013年8月21日，由中关村管委会主办，中国人民大学留学人员创业园、北京工业大学留学人员创业园承办，中关村留学人员创业园协会协办的“中关村留学人员企业精品项目推介会（三三会）人大、北工大留创园专场”在中国人民大学文化大厦成功举办。此次“三三会”的主题是文化科技融合，推介的项目涵盖移动互联网内容服务、数字出版等文化与科技融合的新兴产业领域，共有6家企业获得路演资格。中关村创投、中海投资、红杉资本、九合创投、绿桥资本、金陵投资、浙商创投、北京银行、民生银行、交通银行、北京中小企业再担保等40余家投融资机构代表共80余人，10余家媒体、各留创园领导、留学创业人员等100余人参与了此次活动。中国人民大学留学人员创业园成立于2005年12月，是全国首家文化产业特色的留学人员创业园，园区内聚集了文化创意类、版权类优秀留学人员创业企业数十家，园区企业享受房租优惠、文化创意产业特色创业服务等。8年来，园区在推动北京市文化创意产业发展和创新创业人才培养上做出了积极的贡献。

（十）举办“文化中国：中国文化产业指数发布会”

2013年11月9日，由学校与文化部文化产业司共同主办，中国人民大学文化科技园承办的“文化中国：中国文化产业指数发布会”成功举办，会上发布了2013年度“中国省市文化产业发展指数”及“中国文化消费指数”。2013年度“中国省市文化产业发展指数”从综合指数、生产力指数、影响力指数、驱动力指数四个方面对各省市进行了排名，全面展示了全国各省市文化产业发展指数平均值基本呈正增长的态势。在覆盖全国的文化消费专项调研数据基础上经过系统计算和分析得出的“中国文化消费指数”也在会上首次发布，从总体情况、城乡差异、区域差异、消费结构、消费偏好和影响因素等方面勾勒了中国文化消费的现状。

（十一）“中国文化产业项目服务平台”上线

2013年11月9日，由文化部主办，文化科技园建设运营的中国文化产业项目服务平台正式上线。该平台是中国第一家提供全方位文化产业项目服务的国家级公共服务平台，致力于整合政府、文化企业和金融机构三方资源，汇集海量项目数据，提供智能精准分析，实现动态立体展示。中国文化产业项目服务平台汇聚了数千个覆盖全国、全行业、全产业链的文化产业精品项目，为文化产业项目提供全方位全天候数字化展示服务，提供文化产业线下项目对接、文化金融专业培训、文化金融决策咨询、文化产业课题研究、文化企业融资解决方案等专业的增值服务。

（十二）举办“文化创意产业集聚区项目推介会暨2013文化和科技融合产业年会”

2013年11月10日，由北京市文化创意产业促进中心、海淀区委宣传部主办，文化科技园承办的“文化创意产业集聚区项目推介会暨2013文化和科技融合产业年会”在中国人民大学文化大厦举行。年会邀请了国内文化科技融合领域的知名专家、学者，大型文化科技融合企业负责人就如何推动文化和科技融合产业发展建言献策。此外，此次年会还邀请了10余家国内知名投资机构对“好戏网”等7个文化和科技融合项目做了精彩评介，为精品项目、投融资机构提供一个交流展示的平台。

（十三）举办“文化产业版权运营与管理高级研修班”

2013年12月6—8日，国家版权贸易基地成功举办第一期文化产业版权运营与管理高级研修班。来自全国各地文化企业、版权交易机构、版权服务组织的近40名学员进行了为期3天的培训与交流活动。此次研修班邀请6位文化产业和版权领域的资深专家授课，从版权保护、产业化运营与管理、价值评估、投融资等角度深入讲授了全球化与数字化背景下文化产业版权运营和管理的基础知识、前沿理论及方法技巧，为文化企业制定版权战略、提升核心竞争力提供了智力支撑。

党建和思想政治工作

■ 综合工作

一、概况

2013 年，学校党建和思想政治工作坚持以马克思列宁主义、毛泽东思想、邓小平理论、“三个代表”重要思想和科学发展观为指导，深入开展党的群众路线教育实践活动，紧密围绕学习贯彻十八大和十八届三中全会精神的中心任务，不断推进领导班子思想政治建设和理论学习、民主办学和依法治校、安全稳定工作、保密工作等，为学校各项事业的科学发展提供强有力的思想保证、政治保证和组织保证。

二、领导班子思想政治建设和理论学习

2013 年，学校党委坚持把思想理论建设放在首位，认真学习贯彻党的十八大和十八届三中全会精神，着力提高领导班子的马克思主义理论水平和政策水平，在重大问题上头脑清醒、立场坚定，在各种思潮涌动中始终高举马克思主义旗帜，弘扬社会主义核心价值体系。

领导班子坚持党委中心组理论学习制度，7 月 31 日，召开党委理论学

习中心组（扩大）会，进行群众路线教育实践活动专题学习，中国社会科学院党组成员、副院长兼当代中国研究所所长、党组书记李捷应邀做专题报告“马克思主义群众观与中国共产党的群众路线”；9月5日，召开党委理论学习中心组（扩大）群众路线教育实践活动专题讨论会，查摆“四风”方面存在的问题。

领导班子坚持民主生活会制度，针对群众反映的问题，开展批评与自我批评，着力解决存在的问题。校领导先后在《光明日报》《中国教育报》《中国社会科学报》等报刊上发表了多篇理论文章，在社会上产生了重要影响。

三、民主办学和依法治校

2013年，学校“民主办学，依法治校”工作继续扎实推进。2013年下半年开始，学校党委认真贯彻落实中央要求，深入开展党的群众路线教育实践活动，并以此为契机，进一步拓展民主办学渠道。学校法律事务室积极为学校的重大活动和重要工作提供法律咨询，有效防范和化解各种法律风险，切实维护了学校的合法权益。2013年，法律事务室共处理各种法律事务32件（次）。其中，协调诉讼案件办理或代表学校出庭应诉7次，审查学校重要合同5件，为校内各单位提供法律咨询服务16次，办理其他法律事务4件。同时，学校坚持“发展是第一要务，稳定是第一责任”的思路，将信访工作作为一项关系全局的基础性工作，进一步建立健全信访工作的长效机制，完善学校信访工作网络。信访办公室全年共接待信访群众、接听信访电话、接收信函、电子邮件共计534件（次），初信初访办结率为86%；安排校领导接待日活动11次；增设“书记信箱”；注重对信访工作的规律和特点进行研究与总结，定期对各类信访信息加以汇总、分类，并在此基础上编印了4期《信访工作季报》。

四、安全稳定工作

2013年，学校及时处理、有效应对了各类突发事件，维护了校园安全稳定和校园秩序。全年共报送《情况反映》40期，及时与教育部、北京市委教育工委、市教委和海淀区等有关部门沟通信息。

学校办公室（党委办公室）、党委宣传部、学生工作部、保卫部和各单位党政领导、学生骨干等，发挥了了解和掌握师生思想动态主渠道与生力军的作用。2013年，学校办公室共向上级部门报送有关信息材料200余份（件）；党委宣传部完成相关思想动态调查，深入开展教师特别是青年教师思想政治工作，完成《北京高校哲学社会科学理论动态》每月上报工作。党委学生工作部每周撰写学生思想动态周报，编制《学生工作动态》7期。编制《学生思想政治教育工作简报》8期，每学期进行一次大规模的学生思想状态调查；党委保卫部通过各种渠道密切关注学生对敏感和热点问题的反应，并协助有关单位妥善处理，圆满完成了全国“两会”召开、国庆64周年、校庆76周年、十八届三中全会等重大政治活动及敏感时期的校园稳控任务。

五、其他工作

2013年，保密工作办公室继续坚持做好机要文件的收发、传阅、管理工作及学校毕业论文的保密审核工作；主动开展保密工作宣传教育，加强重点保密部门的监督管理；配合相关部门进行保密检查；定期监控网络，保证涉密内容不上网。

■ 组织工作

一、概况

2013年，学校组织工作坚持以马克思列宁主义、毛泽东思想、邓小平理论、“三个代表”重要思想和科学发展观为指导，深入开展党的群众路线教育实践活动，紧密围绕学习贯彻十八大和十八届三中全会精神的中心任务，不断推进基层组织建设、领导班子和干部队伍建设、党员和干部教育培训以及部门自身建设等，为学校各项事业的科学发展提供强有力的思想保证、政治保证和组织保证。

二、开展党的群众路线教育实践活动

（内容详见本书5～16页“特载”）

三、干部工作

截至2013年年底，全校共有处级中层干部322名，平均年龄46.7岁，其中正处级120人，平均年龄49.6岁，副处级202人，平均年龄43.9岁；男性干部240人，占74.5%，女性干部82人，占25.5%；党员干部281人，占87.3%，党外干部41人，占12.7%；双肩挑干部166人，占51.6%，专职干部156人，占48.4%。中层干部中具有博士学位的174人，占54%；具有硕士学位（研究生学历）的91人，占28.3%；具有大学学历的54人，占16.8%；具有大专及以下学历的3人，占0.9%。中层干部中具有副高级及以上职称的247人，占76.7%；具有中级和以下职称的75人，占23.3%。

干部基本情况统计表

（截至2013年12月31日）

	总人数	男		女		专职		兼职	
		人数	比例（%）	人数	比例（%）	人数	比例（%）	人数	比例（%）
正处级	120	96	80	24	20	48	40	72	60
副处级	202	144	71.3	58	28.7	108	53.5	94	46.5
总人数	322	240	74.5	82	25.5	156	48.4	166	51.6

干部学历情况统计表

（截至2013年12月31日）

	总人数	博士		硕士（研究生学历）		大学		大专及以下	
		人数	比例（%）	人数	比例（%）	人数	比例（%）	人数	比例（%）
正处级	120	68	56.7	31	25.8	20	16.7	1	0.8
副处级	202	106	52.5	60	29.7	34	16.8	2	1
总人数	322	174	54	91	28.3	54	16.8	3	0.9

干部职称情况统计表

(截至2013年12月31日)

	总人数	正高级		副高级		中级及以下	
		人数	比例(%)	人数	比例(%)	人数	比例(%)
正处级	120	79	65.8	26	21.7	15	12.5
副处级	202	74	36.6	68	33.7	60	29.7
总人数	322	153	47.5	94	29.2	75	23.3

干部年龄情况统计表

(截至2013年12月31日)

	总人数	55岁及以上		51～54岁		46～50岁		41～45岁		36～40岁		35岁及以下	
		人数	比例(%)	人数	比例(%)	人数	比例(%)	人数	比例(%)	人数	比例(%)	人数	比例(%)
正处级	120	37	30.8	12	10	42	35	19	15.8	7	5.8	3	2.5
副处级	202	18	8.9	21	10.4	53	26.2	36	17.8	41	20.3	33	16.4
总人数	322	55	17.1	33	10.2	95	29.5	55	17.1	48	14.9	36	11.2

(一)巡视整改工作

2013年6—8月，在中央巡视组和中组部选人用人工作专项检查组进驻期间，配合做好有关服务保障和材料报送工作。9月以后，按照学校整体部署，从加强干部管理、规范干部选拔任用、落实干部交流轮岗入手，积极落实了整改要求。

(二)学校领导班子建设工作

4月和12月配合上级开展了学校党委书记宣布、学校副职干部调整推荐工作。

(三)制度建设工作

经学校党委常委会研究决定，正式出台《中国人民大学学院(系)行政正职负责人遴选工作实施办法(试行)》《中国人民大学中层党政正职职务任期暂行规定》和《中国人民大学领导干部因私出国(境)管理办法(试行)》三个文件。

(四)干部选拔任用工作

2013年，校党委常委会就中层党政领导干部队伍建设、各学院中层干部和后备干部队伍工作听取了专题汇报。在机构设置方面，先后调整了人才工作领导小组及其办公室、党委学生工作部(学生处)、招生就业处的职能，并对高校对外合作联络机构设置情况进行了调研。

全年共召开有关人事问题的党委常委会13次，提拔干部41人，平级调整41人次，试用期满考核干部19人。完成了文学院、历史学院、国际关系学院、马克思主义学院、法学院、农业与农村发展学院、理学院物理学系和化学系的行政领导班子换届工作。上半年还组织校内公开选拔1次，公选岗位包括：学校办公室副主任、教务处副处长兼教师教学发展中心主任、博物馆副馆长、苏州校区教学一部主任、后勤集团副总经理、老校区综合管理办公室主任、数据工程与知识工程教育部重点实验室办公室主任等。

(五)干部考核工作

1. 中层干部学年考核

2013年9—10月结合党的群众路线教育实践活动，组织了2012—2013学年度中层干部考核。285名处级干部(含调研员)接受了群众测评打分。考核新采取了“领导测评”+“群众测评”的方式，以进一步丰富评价角度，使对干部的评价更趋客观。

2. 学院班子的任期目标考核

2013 年，结合学院换届工作，在信息资源管理学院、历史学院、法学院等十多个学院（系）中推行领导班子任期目标责任制。

（六）干部教育培训工作

1. 新上岗处级干部培训

2013 年 4 月中旬到 7 月初，举办第 20 期新上岗处级干部培训班，学员共 38 人。培训内容分为“理论与形势政策教育”“领导者能力与素质”“学校工作实务”“研讨交流”“实践活动”等部分。在集中培训阶段，靳诺书记、陈雨露校长分别为学员做了专题辅导报告。全体学员还赴延安探访陕北公学旧址、寻访革命遗迹、聆听专家讲座，进一步了解了党的群众路线提出的过程、延安精神的内涵以及人大校史，接受了深刻的革命传统教育。

2. 管理干部海外培训

2013 年度，通过教育部的各类干部培训项目、国家留学基金委的“高等教育行政管理人员出国研修项目”、学校的“影子处长”培训项目累计派出 8 名处级干部到美国、英国、澳大利亚、西班牙等国高校学习。党委组织部、人事处、国际交流处总结梳理了管理干部海外培训项目启动以来的情况，向学校领导呈报专题报告。

3. 其他方式培训

2013 年，按要求做好了 5 位校领导参加上级调训的服务保障工作。推荐 2 位教授参加中组部主办的“两院院士和中央联系专家班”，推荐 1 名处级干部参加国家教育行政学院举办的第 39 期高校中青年干部培训班。

本年度，还利用与国家教育行政学院共建的在线培训平台，组织全校中层干部通过选学课程开展党的十八大精神自学。

（七）干部挂职、输送工作

1. 校内外干部交流

2013 年度，先后输出 4 名处级干部到中央机关和北京市任职，调入 2 名处级干部，推荐 2 位专家学者参加最高人民法院面向社会的公开选拔。

在校内管理干部岗位交流方面，经学校批准，党委组织部、人事处合作启动机关与院系管理干部双向交流工作。5 月底第一批交流干部业已到岗。

2. 挂职锻炼

2013 年，共计派出 10 名教职工、38 名博士研究生和博士后到新疆、云南、陕西、福建、四川、山西、广西、宁夏、北京、安徽、江苏挂职。

2013 年，根据上级计划和校际协议，接收广西民族大学 1 名干部、河北省高校 2 名干部、新疆财经大学 6 名干部、河南理工大学 4 名干部到学校挂职锻炼。

四、深入学习贯彻党的十八大和十八届三中全会精神

学习贯彻党的十八大和十八届三中全会精神是当前各级党组织和广大党员的中心任务。学校党委严格按照中央和北京市委的有关部署，组织全校党员和各级基层组织开展十八大和十八届三中全会精神学习教育活动，取得明显效果。一是发出《关于组织开展学习党的十八大报告和党章知识竞赛活动的通知》，组织全校师生党员踊跃参加中组部党员教育中心的知识竞赛活动，提高自学热情；二是发出《关于在全校党支部中开展“中国梦、我的梦”主题党日活动的通知》，引导学生党员为实现“国民表率、社会栋梁”的“青春梦”做出更大成绩；三是在日常党员教育管理和服务工作中，通过向全校基层党组织下发《中共中央关于全面深化改革若干重大问题的决定》、向全校院系级党组织下发

《辅导读本》等方式，把学习贯彻十八大和十八届三中全会精神与学校日常工作相融合。

五、基层党组织建设

截至2013年12月31日，学校共设学院级分党委28个、党总支7个，学生党总支3个，党支部669个，其中：本科生党支部123个，研究生党支部261个，混合学生党支部4个，在职教职工党支部203个，离退休党支部78个。

学校党委按照中央的部署要求，积极加强服务型、学习型和创新型党组织建设。上半年开展基层党建工作创新案例征集活动，向全校基层党委征集了几十个活动形式较为新颖、特色比较鲜明的支部工作创新案例并加以推广，以进一步促进基层党建工作的创新力度。为进一步凝聚力量，夯实基础，党委组织部发出了《关于进一步发挥学院专职组织员作用的意见》，探索加强规模较大学院党建自主创新的有效路径。

着力推进学生党员先锋工程建设。为深入贯彻落实党的十八大精神，进一步加强学生党员队伍建设，引导广大学生党员自觉为实现“中国梦”而努力奋斗，根据《北京高校学生党员先锋工程实施方案》精神，学校制定《中国人民大学学生党员先锋工程实施方案》。通过实施“学生党员先锋工程”，积极探索新形势下大学生思想政治教育和大学生党建工作的新途径、新方法，以“坚定信念、提高素质、树立形象、发挥作用”为主要目标，坚定理想信念，增强党性观念，把学生党员培养成为坚定的青年马克思主义者；提高党员素质，彰显党员的先进性，使学生党员成为大学生中的表率和先锋；加强组织建设，树立良好形象，增强基层党组织在学生中的凝聚力；推进工作创新，建立长效机制，健全新形势下学生党员长期受教育、永葆先进性的工作机制。

继续深入开展红色“1＋1”主题教育活动。把引导大学生到基层就业与党的群众路线教育实践活动密切结合，不断探索大学生党员教育和学生党支部活动的新形式。学校有多个党支部提交申请并开展活动，相关活动材料和图片经推荐在北京市委教育工作委员会网站“宣教之窗”展出。其中财政金融学院2010级本科第二党支部与昌平区天通苑社区东二区党支部开展的红色“1＋1”支部共建活动在2013年北京高校红色“1＋1”示范活动评选中荣获三等奖。

加强党建工作理论研究和总结。完成北京市教育工委重大项目“事业单位改革视域下的高校领导体制机制完善研究”。还组织力量，以“新形势下高校不合格党员处置和退出机制研究”为题，申报年度市委教育工委的党建研究课题，并获得重大项目立项审批。设立2012—2013党建课题经费，以“贯彻党的十八大精神、提高学校党建科学化水平”为主题，在全校范围内开展党建课题研究。

六、党员队伍建设

截至2013年12月31日，学校有正式组织关系的党员共12 306名，其中，正式党员10 921人，占党员总数的88.75%，预备党员1 385人，占党员总数的11.25%；女性党员6 702人，占党员总数的54.46%。少数民族党员767人，占党员总数的6.23%。全校全年共发展党员944名，其中，在职教工17名（含工人1名），学生927名。到2013年年底，全校共有申请入党人员9 660名，入党积极分子4 087名，发展对象990名。

从党员的职业（身份）构成看，全校在职教工党员2 538人，占全校在岗职工的43.03%（其中，教师党员1 088名，占教师总数的59.2%；管理干部党员627名，占干部总数的69.4%；其他专业技术人员党员338名，占专业技术人员总数的34.1%；工人党员51名，占工人总数的4%；附中附小教职工党员434人，占附中附小教职工总数的49.2%），离退休党员1 614名，占全校离退休职工总数的67.6%，学生党员8 144名，占全校学生总数的33.4%（其中，研究生党员5 767名，占研究生总数的47.7%；本科生党员2 377名，占本科生总数的19.4%)，其他党员10人，属于毕业未就业的学生党员或党组织关系暂未转出的教职工。

全校党员年龄分布情况为：35岁及以下党员8 982名（其中在岗教职工911名），36岁至45岁党员840名（其中在岗教职工757名），46岁到54岁党员614名（其中在岗教职工593名），55岁到59岁党员403名（其中在岗教职工218名），60岁及以上党员1 467名（其中在岗教职工59名）。

全校党员的学历分布情况为（已取得的最高学历）：研究生学历党员3 472名，大学本科学历党员5 654名，大学专科学历党员381名，中专学历党员121名，高中学历党员2 570名，初中及以下学历党员108名。

2013年，学校按照北京市委组织部2013年度发展党员总数再降低12%～15%的总体要求，根据北京市教工委的指导意见，出台了《2013年中国人民大学学生党员发展数量指导意见》。要求各学院按照指导意见要求，落实“控制总量、优化结构、提高质量、发挥作用”的总要求，有领导、有计划地推进发展工作。

严格执行在多年实践中形成的推优、培训、考察等工作程序，确保新党员的质量。坚持“立足教育，重在培养”，扎扎实实做好教育引导工作。根据入党申请人、入党积极分子、发展对象、预备党员的成长不同阶段开展入党动机教育、党性党风教育和组织纪律观念教育，帮助学生在思想上真正入党。

加强学校党员发展工作制度执行情况的监督检查。通过对发展对象材料的审查，检查制度执行落实的情况，发现问题，及时进行工作指导，把党中央提出的“控制总量、优化结构、提高质量、发挥作用”的工作目标贯穿于学校党员发展工作每一个环节。

全年共完成接转党员组织关系5 204人，其中转入党员组织关系2 176名，转出党员组织关系3 028名。

七、评优表彰

4月3日，学校党委下发《关于评选表彰先进基层党委（党总支）和先进党支部的通知》（人大校党字〔2013〕13号），对2013年党内表彰工作进行部署。经评审委员会初步评审，学校党委审查通过，最终评选出先进基层党委（党总支）6个，先进党支部60个，并于6月27日在学校纪念中国共产党成立92周年表彰大会上予以表彰，同时，会上为40年党龄党员代表颁发了证书和纪念奖牌。

八、党校工作

2013年，学校党校共举办“学校党校第21期学生发展对象培训班”等各类培训班5期，总共培训学员1 456人。其中，3—4月，举办学校党校第21期学生发展对象培训班暨第14期本科新生党员培训班，培训学生发展对象616人，本科新生党员319人。4月，举办2013年学校党校工作部署会，出台《2013年中国人民大学学生党员发展教育培训指导意见》，根据北京市委精神，对2013年全年学校发展培训教育党员工作作出部署和业务培训。9—10月，举办学校党校第22期学生发展对象培训班暨第27期教工入党积极分子培训班，培训学生发展对象443人，教工入党积极分子40人。10月，开展“‘红船领航’——新生党员先进性熔铸计划”活动。11月，开展了2013年度党校优秀辅导员评选活动，评选出6名优秀辅导员，并举办表彰活动。

九、全国干部教育培训基地工作

按照《2013—2017年全国干部教育培训规划》和全国干部教育培训工作会议精神，继续做好全国干部教育培训基地的建设工作，动员学校的主要学科资源和保障力量支持干部选学工作。

2013年，共组织中央和国家机关司局级干部选学专题班8个，实际选学人数854人，课程总体满意率为95.03%。圆满完成教育部机关和直属单位干部选学4个专题班、北京市干部培训2个专题班的选学任务。

2013年，配合中组部录制干部在线学习课程5门，配合北京市干部教育网录制课程2门。推荐入选《中国干部大讲堂》第三、四卷课程6门，推荐专家评审中国干部网络学院课程25门。

11月，按照中组部、教育部的部署，对2013年干部教育培训工作进行总结，开展重点班次情况、高校基地建设情况、特色品牌建设情况、学风情况等相关数据的统计上报工作。

12月，组织召开专家咨询会、2014年中央和国家机关司局级干部选学工作研讨会，进行多轮课程设计和工作安排，遴选出10个专题班代表学校进入中组部选学课程目录。

附录

2013年中国人民大学先进基层党委（党总支）、先进党支部名单

一、先进基层党委（党总支）（6个）

财政金融学院党委
法学院党委
马克思主义学院党委
商学院党委
后勤集团党委
附属中学党委

二、先进党支部（60个）

哲学院外国哲学党支部
哲学院2011级硕士生党支部
文学院2010级本科班党支部
文学院2011级硕士班党支部
历史学院行政党支部
历史学院历史系2011级硕士党支部
国学院本科一、二年级联合党支部
经济学院行政人员党支部
经济学院2010级国际经济与贸易一班本科党支部
经济学院2010级国际经济与贸易二班本科党支部
经济学院2011级国际经济与贸易一班本科党支部
财政金融学院财政系教师党支部
财政金融学院2010级本科第三党支部

汉青研究院 2012 级党支部
统计学院 2010 级本科生党支部
统计学院 2011、2012 本科生联合党支部
农业与农村发展学院 2011 级博士党支部
农业与农村发展学院资源经济教研室与行政联合党支部
法学院实验班党支部
法学院职务犯罪侦查研究生党支部
法学院国防班党支部
马克思主义学院中国革命史与中共党史教工支部
马克思主义学院马克思主义与思想政治教育教工支部
社会与人口学院 2010、2012 级本科联合党支部
国际关系学院 2010 级本科党支部
国际关系学院国际政治系与俄罗斯东欧中亚研究所联合党支部
新闻学院新闻系党支部
新闻学院行政党支部
艺术学院研究生党支部
外国语学院英语专业教工党支部
外国语学院 2011、2012 本科学生联合党支部
环境学院 2011 级三年硕党支部
信息学院数学系教工党支部
信息学院 2011 级本科党支部
商学院教工行政党支部
商学院本科低年级师生联合党支部
商学院 2011 级管科班党支部
商学院 2011 级本科贸经、国商班联合党支部
商学院工企离退休党支部
商学院 2011 级产经博士班党支部
公共管理学院行政管理学系本科学生党支部
公共管理学院土地管理系本科学生党支部
劳动人事学院 2012 级社保班研究生党支部
劳动人事学院 2012 级劳动经济硕士研究生党支部
信息资源管理学院本科生党支部
教育学院 2012 级研究生党支部
继续教育学院工商教研室党支部
离退休党委离退休第三党支部
体育部教职工第二党支部
图书馆系统多媒体党支部
校医院医疗护理部党支部
后勤集团物业管理部党支部
出版社离退休支部
书报资料中心第三党支部
附中党委附小党支部

国际学院2010级中法金融本科党支部
学校办公室党支部
党委宣传部党支部
研究生院党支部
人事处党支部

2013年中国人民大学党校培训班一览表

培训班名称	举办时间	培训人数（人）
第21期学生发展对象培训班	3—4月	616
第14期本科新生党员培训班	3—4月	319
第20期新上岗处级干部培训班	4—7月	38
第22期学生发展对象培训班	10—11月	443
第27期教工入党积极分子培训班	10—11月	40

■ 宣传工作

一、概况

2013年，学校宣传思想工作认真学习贯彻党的十八大和十八届三中全会精神，紧紧围绕学校中心工作，以学校改革发展为主线，牢固坚持正确的思想舆论导向，大力加强对内对外宣传，进一步增加工作主动性和创造性，圆满完成了工作计划，为学校实施“十年腾飞”目标、创建“人民满意、世界一流”大学营造了良好的舆论环境和氛围。

二、理论宣传工作

理论教育工作围绕学校中心工作，结合国内外重大理论热点和前沿问题，依托学校雄厚的学科力量和突出的理论优势，积极主动地完成了教职员工的理论学习、研究和宣传工作。

（一）深入开展党的十八大和十八届三中全会精神的学习、宣传与研究工作

组织以学习贯彻党的十八大和十八届三中全会精神为主题的党委理论学习中心组扩大会议、理论专家座谈会；制定并下发《中国人民大学深入学习贯彻党的十八届三中全会精神的通知》；购买《党的十八届三中全会精神辅导读本》等十余种重要的理论读物，并下发给教职工作为学习参考资料。同时，积极把握社会和理论热点，起草重要理论文稿多篇，先后在《光明日报》《中国教育报》《中国社会科学报》等报刊上发表。

（二）积极参与学校党的群众路线教育实践活动

参与学校党的群众路线教育实践活动前期调研及《中国人民大学深入开展党的群众路线教育实践

活动实施方案》的起草工作，组织中国人民大学党的群众路线教育实践活动专题报告会；策划并创建中国人民大学党的群众路线教育实践活动专题网站。

（三）组织或参与多项上级部门调研工作

根据中宣部、教育部、北京市委宣传部、北京市委教育工委等单位要求，先后撰写中国人民大学师生对“2013年全国‘两会’召开”、“习近平总书记五四讲话”、“神十”发射、“党的十八届三中全会”等热点舆情的反响情况汇报；完成中国人民大学2013年春秋两季教师思想动态调查报告、中国人民大学青年教师思想政治工作总结等汇报材料的撰写工作；组织了中国人民大学2013年青年教师春季思想状况座谈、教师思想动态滚动调查等。

（四）围绕理论热点，参与部分重要调研报告和课题调研、撰写工作

参与教育部“关于新形势下大中小学开展中华优秀传统文化教育研究”、北京市委宣传部“中国梦研究”、北京市委教育工委“高校学习型党组织建设的理论与实践研究”等重要课题的申报、研究、撰写及结项工作。按照市委教工委要求，完成《北京高校哲学社会科学理论动态》每月上报工作，得到了市委教育工委的充分肯定。

三、新闻宣传工作

（一）做好日常新闻编辑工作，不断增强新闻报道水平

截至2013年12月，在百度上搜索到本年度关于中国人民大学的新闻约2 060 000篇（含重复报道）。配合年内学校中心工作和大型活动积极进行宣传报道，新闻网共采编新闻2 626篇，编辑图片6 562张；日均发布新闻30余条、约4万字，图片80余张。

（二）加强深度报道与主题策划，不断提升舆论影响力

加强报道选题策划和约稿工作，突出关于学术、学生、学者的报道比重，新闻网推出全新专题栏目“光阴人大”，刊发专题报道13篇；在“人大之子”栏目推出人物深度报道近40篇；制作推出专题网页9个。编印完成《传媒人大》(2012)，制作“校友会新闻专业委员会2013冬季论坛纪要”、本科人才培养路线图报道专辑、中国人民大学形象片亮相纽约时报广场媒体辑录等5册专辑。

（三）统筹校内重要活动报道，搭建与主流媒体长效交流平台

协助举办校内各类大型活动50余次，邀请和接待中央电视台、新华社、《人民日报》、《光明日报》、《经济日报》、《中国教育报》、中央人民广播电台、人民网、新华网等60余家媒体的记者逾600人次，召开新闻发布会及小型通气会近20次。加强与社会主流媒体的合作交流，组织召开校友会新闻专业委员会2013冬季论坛、博鳌亚洲论坛2013“公共外交与跨文化交流”分论坛媒体餐叙会、中国人民大学本科人才培养路线图新闻发布会、2013新闻宣传工作研讨会、人大形象片亮相纽约时报广场媒体餐叙会、“大学汉语”课程改革媒体通气会、《中国人民大学章程》发布媒体通气会等活动。

（四）校报编辑工作

2013年，校报编辑部以人才培养、学科建设为核心，明确各版面常规栏目及特稿版面设置，围绕本版定位和学校中心工作、各阶段宣传工作重点进行策划、组稿。通过约请名家撰写专栏、专访专家学者、发表师生心得体会等方式，宣传党的十八大及十八届三中全会精神。与此同时，配合做好中央巡视工作及深入开展党的群众路线教育实践活动系列报道，反映学校践行群众路线，服务教学科研一线，办好“人民满意”的教育的探索与实践。围绕一级学科评估、实施本科人才培养路线图、纪念习近平总书记考察人民大学一周年座谈会、博鳌亚洲论坛举办等重点工作，实现了专刊、专栏、专稿三位一体的立体宣传。重点组织了“中青年骨干教师”和“高水平引进人才”系列报道，集中采写了30多名教师和中外学者。进一步做活校园版，开设“诸子争鸣”等栏目，刊登对学生全面发展有所导向的评论稿件。

■ 统战工作

一、概况

按照中央统战部、教育部党组和北京市委统战部、北京市教育工委的工作部署，学校党委统战工作贯彻落实上级有关文件精神，紧密结合学校中心工作，全面加强统战工作，在日常工作、制度建设、理论研究、人才培养等方面取得显著成效。

二、各级人大代表和政协委员工作

按照上级组织的统一安排，完成第十二届全国政协委员人选推荐、考察、公示等工作。2013 年 2 月，产生中国人民政治协商会议第十二届全国委员会委员名单，学校有 3 人当选，名单如下：

汤维建　民革　教授　法学院法学诉讼法教研室副主任、民事诉讼法研究室主任

张风雷　无党派　教授　中国人民大学佛教与宗教学理论研究所常务副所长

孙　萍　无党派　教授　中国人民大学国剧研究中心主任、公共外交研究院执行院长

至 2013 年年底，学校有 30 位全国、北京市和海淀区人大代表、政协委员。其中全国人大代表 3 人，全国人大常委 1 人，全国政协委员 3 人；北京市人大代表 4 人，北京市政协委员 6 人；海淀区人大代表 3 人，海淀区政协委员 11 人。其中民主党派成员、无党派人士 23 人。

国务院参事 2 人：刘彭芝、时殷弘。

“两会”期间，学校人大代表、政协委员立足于专业知识和社会调研，积极建言献策，服务社会，受到了广泛关注。他们接受了人民网、新华网、《半月谈》、《中国日报》、《人民政协报》、《中国教育报》、《北京青年报》、美国《华尔街日报》等中外媒体的采访。

3 月，北京市政协副主席闫仲秋，市政协经济委员会主任吴杰、副主任祝明扬一行 7 人，来学校走访北京市政协经济委员会委员庄毓敏、季东生，与校党委书记程天权、原统战部部长周淑真、财政金融学院党委书记王宏伟进行座谈。

三、各民主党派基层组织建设及侨联工作

9 月，召开“党的群众路线教育实践活动”党外人士征求意见座谈会，各民主党派和无党派人士代表 19 人参加。

关注各民主党派组织发展工作。2013 年各民主党派发展新成员 5 人，其中民进发展新党员 1 人，农工党发展新党员 1 人，九三学社发展新社员 2 人，民盟发展新盟员 1 人。

协助民主党派开展组织活动。7 月，民盟部分盟员到北京市通州区潞城镇座谈交流，并参观学校东校区建设现场；11 月，民盟召开组织生活会，传达民盟北京市委常委会会议精神；12 月，学校与民盟北京市委联合举办第三届“民生”论坛，邀请各界代表共同探讨养老与健康产业发展。

选派党外人士参加上级统战部门组织的培训、调研及社会考察活动：1 名参加 2013 年党外中青年干部培训班；1 名参加中央统战部第 17 期无党派人士理论研究班；1 名参加北京市第六期党外代表人士培训班；1 名参加中央统战部组织的全国无党派人士考察团，赴湖北省考察调研；2 名参加 2013 年北京高校党外代表人士高级研修班。

协助民主党派中央、市委完成换届工作，推荐人选出任专门委员会委员。郑功成任民盟中央常委，郭国庆任民盟中央委员，汤维建任民革中央常委；郭国庆任民盟北京市委常委，彭丽红任民盟北京市委委员，汤维建任民革北京市委副主委，刘太刚任民建北京市委委员，殷强任民进北京市委委员，季冬生任农工党北京市委委员；李艳芳任民建海淀区委委员，汤维建任民革海淀区工委主委，张秀智任民革海淀区工委委员，季冬生任农工党海淀区委委员，殷强任民进海淀区委副主委，陈小沁任民革石景山区工委委员。

季冬生任农工党第十五届中央妇女工作委员会副主任、农工市委经济专委会主任、农工市委经济第二工作委员会副主任；李海彬任九三学社中央教育委员会副主任、九三北京市委理论研究会副会长；项贤明、程方平任民进中央第十三届教育委员会副主任；韩波任民进中央第十三届教育委员会委员；卜健军任北京市农工党教育工作委员会副主任。

为各党派市委推荐后备干部。推荐3位九三社员为九三市委委员后备人选；推荐5位盟员为民盟市委干部后备人选；推荐1位致公党党员为致公党市委中青年干部人选。

加强党外干部培养，推荐党外代表人士参加北京市教工委组织的挂职锻炼。完成3位挂职人员的考察工作，其中民盟成员郑功成完成挂职北京首汽集团副总经理工作；民盟成员彭丽红完成在中国农业银行挂职工作；无党派代表人士李贞实完成北京市教委挂职工作。新推荐民盟成员李丽林挂职北京市人力资源和社会保障局调解仲裁处。

无党派代表人士、财政金融学院教授庄毓敏当选为北京市党外高级知识分子联谊会第二届常务理事。

推荐5人担任政府特约工作人员，并完成相关考察事宜。其中民建成员李艳芳、民盟成员汪昌云被聘为国家审计署特约审计员；民盟成员彭丽红被聘为海淀区政府第七批特约监察员、北京市政府特约人员；民建成员邹正方被聘为北京市检察院特约监督员、北京市国税局特约监督员；无党派代表人士张风雷被聘为中纪委监察部特约监察员、北京市检察院特约监督员。协助民建人大支部完成负责人的改选工作。

推荐3位同志为北京高校全国无党派人士重点人物。推荐1位同志为中华海外联谊会内地理事提名人选。

四、侨联工作

完成学校侨联换届工作，成立中国人民大学留学归国人员联谊会。

7月，召开中国人民大学侨联代表大会暨归国留学人员联合会成立大会。新选出中国人民大学归国华侨联合会第六届委员会顾问：许征帆、邬沧萍、叶毅、何家弘、许皓、彭和平；名誉主席：陈一兵；主席：伊志宏；常务副主席：殷强；副主席：杜小勇、沈卫荣、林美茂。新选出中国人民大学侨联归国留学人员联合会第一届理事会会长：伊志宏；常务副会长：殷强；副会长：毛基业、阳庆节、杜小勇、沈卫荣、宋东霞、林美茂、林隽、孟虹、黄华三、程鑫、蓝志勇。

9月，中国侨联副主席、北京市人大常委会副主任、北京市侨联主席李昭玲一行来到校，就学校侨联工作进行检查指导，同时就北京市侨联“党的群众路线教育实践活动”向校侨联征求意见。

校侨联荣获北京市侨联先进集体、全国侨联系统先进组织荣誉称号。殷强当选北京市侨联工作先进个人、第九次全国归侨侨眷代表大会代表、中国侨联第九届委员会委员，荣获全国侨联系统先进个人荣誉称号。

12月，根据民主推荐和评议产生鲍同、程鑫、杜小勇等15名“2013年侨联和留联会工作先进个人”。

推荐伊志宏担任北京市海外交流协会副会长。

完成学校留学归国人员初步统计与分析工作；帮助归侨办理归侨证，落实归侨子女入学政策及归侨子女的高考加分问题。

五、理论研究工作

进一步加强中国统一战线理论研究会北京基地建设。12月，中央统战部副部长陈喜庆考察基地工作，并出席基地建设的工作会议。政党理论基地新一届管理机构如下：主任：靳诺、牛有成；副主任：张建明、张洋、周淑真；秘书长：陈勇、齐鹏飞。

党委统战部被评为2012年度北京市统一战线理论研究和调查研究优秀组织单位。中国统一战线理论研究会北京基地获得2012年度中国统一战线理论研究会研究基地流动奖杯，并荣获2012年度中国统一战线理论研究会研究基地成果奖。《中国参政党认同问题及对策研究》一文被评为2012年度北京市统一战线理论研究和调查研究优秀成果一等奖，《当代中国政党制度价值构成分析》一文被评为2012年度北京市统一战线理论研究和调查研究优秀成果二等奖。12月，全国港澳研究会成立，齐鹏飞当选为副会长。

六、信息工作

紧密结合国家重大决策和方针，结合社会的发展状况，及时将党外人士的意见建议报送上级有关部门，2013年上报信息40余篇。

5月，党委统战部荣获中央统战部“2012年度党外知识分子建言献策信息工作先进单位”称号。郑功成、汤维建荣获“优秀党外知识分子建言献策信息员”奖。

郑功成等10人担任中央统战部党外知识分子建议献策信息员。

七、其他工作

为统战对象做实事，解决实际困难，并在节假日送祝福，与党外人士建立了牢固友谊。1月，探望慰问老归侨、政协委员及离退休老干部。

完成基地工作用房整体性装修、设备家具更新等工作。

附录

2013年中国人民大学全国人大代表、政协委员议案提案一览表

	姓　名	议案提案
全国人大代表	陈雨露	无
	郑功成	关于采取特别措施固民守边的建议 关于为罕见病患者建立完整的社会保护体系的建议 关于加快制定《中华人民共和国慈善事业法》的议案 关于降低住房空置率的建议 关于尽快修订《中华人民共和国红十字会法》的议案 关于解决职业病人享受国家残疾人待遇的建议
	庄毓敏	关于我国过剩产能走出去的建议

	姓　名	议案提案
全国政协委员	汤维建	关于充分发挥专门法院的体制优势、确保司法公正的提案 关于创设巡回法院，强化统一司法的提案 关于强化司法民主，完善人民陪审制度的提案 关于实行司法审判与司法行政的“二权分离”，克服司法行政化的提案
	张风雷	关于调整宗教学为一级学科的提案 关于依法加强对宗教事务进行社会化管理的提案
	孙　萍	无

2013年中国人民大学北京市人大代表、政协委员议案提案一览表

	姓　名	议案提案
北京市人大代表	史际春	从个案着手，打造、提升人民法院的司法公信力 调涨出租车运价是解决“打车难”问题的唯一办法 治理大气污染：行动比计划更重要 把法治作为首都治理的基本方式，重在民主参与和权力担当 乘用地铁和公共汽车非“刚需”，无需财政补贴 打造美丽北京，以冬季空气污染治理为新突破口
	刘彭芝	关于线上线下结合开展中小学教师培训的议案 关于加强青少年法制教育的议案 关于大力加强青少年文化事业建设的议案 关于弘扬家庭养老文化增进社会和谐的议案 关于建立规范的“养老护理员”培训制度的议案 关于建立互助式养老机制的议案 关于建立各种措施促进老有所为的议案
	彭　翊	关于建设区域文化消费平台、提升海淀区文化消费水平的提案
	乌云毕力格	无
北京市政协委员	齐鹏飞	无
	袁济喜	关于大力推进北京市人口、资源与环境合理布局的建议 关于大力整治大兴区郁花园部分地段环境脏乱差问题的建议 关于加强北京市交通路面执法力度的建议
	庄毓敏	无
	彭丽红	关于进一步助推科技金融发展的几点建议 关于进一步加强行风政风热线工作的建议
	季冬生	关于加强电动助力车交通安全隐患防范的建议
	张丽华	无

2013年中国人民大学各民主党派组织机构情况

党派	委员会	支部（支社）	成员数	备注
中国国民党革命委员会		1	17	联合支部
中国民主同盟	1	5	112	联合支部

党派	委员会	支部（支社）	成员数	备注
中国民主建国会		1	24	联合支部
中国民主促进会		1	19	联合支部
中国农工民主党		1	24	
中国致公党		1	10	
九三学社		1	31	
总计	1	11	237	

2013年中国人民大学民主党派成员在其党内任职情况

类　别	所在党派	姓　名
全国（3人）	民盟中央委员（常委）	郑功成
	民盟中央委员	郭国庆
	民革中央委员（常委）	汤维建
北京市（7人）	民盟北京市委委员（常委）	郭国庆
	民盟北京市委委员	彭丽红
	民革北京市委副主任委员	汤维建
	民建北京市委委员	刘太刚
	民进北京市委委员	殷　强
	农工北京市委委员	季冬生
海淀区（5人）	民建海淀区委委员	李艳芳
	民革海淀区工委主委	汤维建
	民革海淀区工委委员	张秀智
	农工海淀区委委员	季冬生
	民进海淀区委副主委	殷　强
石景山区（1人）	民革石景山区工委委员	陈小沁

■ 纪检监察工作

一、概况

2013年，学校纪检监察部门结合学校中心工作，认真贯彻落实党的十八大精神，按照中央纪委第二次全会精神以及上级有关工作部署，深入推动党风廉政建设责任制工作全面落实，开展以“三个体系”建设试点工作为抓手的廉政风险防控工作，注重党风廉政建设宣传教育，坚持日常教育和集中教育相结合，强化对领导干部的监督考核工作，扎实落实中央巡视组整改工作意见，进一步加强信访查办工作力度，夯实纪检监察干部队伍。

二、党风廉政建设

（一）落实党风廉政建设责任制工作

2013年年初，认真组织学习党的十八大精神和十八届中央纪委第二次全会的总体部署，组织全校各单位负责人参加教育部党风廉政建设视频工作会议学校分会场会议。

3月27日，学校召开2013年党风廉政建设工作会议，校党委书记程天权出席并对各级领导干部在新形势下加强党风廉政建设工作提出了具体要求。会上下发《中国人民大学2013年纪检监察工作要点》和《中国人民大学2013年党风廉政建设和反腐败工作任务分工》，对2013年党风廉政建设工作进行具体部署，对各项工作进行任务分解，明确主管校领导、主责单位和相关责任单位，为各项工作落到实处提供了机制保障。

11月25日至12月15日，在全校范围内组织开展2013年党风廉政建设责任制落实情况专项检查。结合党的群众路线教育实践活动，增加领导班子认真落实中央八项规定和领导干部个人"四风"问题为主要内容，并要求各单位采取有针对性的具体措施，实事求是地做好本次专项检查工作。

（二）廉政风险防控管理"三个体系"建设工作

按照《中国人民大学关于开展廉政风险防控管理"三个体系"建设试点工作的实施方案》总体安排，4月下旬，启动在学校办公室等6个单位开展的廉政风险防控管理"三个体系"建设的试点工作，本着突出重点、积累经验的试点工作方针，各单位试点的任务侧重点各有不同。学校办公室的试点任务是完成校级决策权的清理确认和科学配置工作；人事处和图书馆的试点任务是完善权力运行规范化监督体系；科研处、财务处和公共管理学院的试点任务是建设廉政风险信息化防控体系。

9月26日，针对中央第十巡视组对学校反馈意见中提到的惩防体系建设不到位，以及招生、财务等重要部门缺乏有效监督的问题，校纪委将招生就业处和体育部新增为廉政风险防控试点单位。

截至11月26日，全部试点单位按照"职权法定、权责一致"的原则，完成清理和确认权力工作，编制出权力目录共计114项，并积极着手下一步权力流程图的梳理和绘制工作。

（三）宣传教育工作

5月27日至6月27日，集中组织开展"中国人民大学2013年党风廉政建设宣传教育月活动"。活动期间，组织开展"四个一"专项活动，即上一堂主题党课、开展一次廉政文化建设提案征集活动、阅读一本廉政读物、组织一次参观活动。

充分利用学校作为北京市首批廉政文化创建活动联系点的有利条件，扎实推进学校廉政文化建设，及时向上级部门报送有关工作信息，组织师生参加教育部、北京市纪委、市委宣传部开展的廉政公益广告平面设计作品和微小说作品征集活动。

通过部门主页及时传达上级有关文件精神，展示学校党风廉政建设的工作动态，并设有近期热点、廉政文化和政策文件等栏目。

组织编印《党纪政纪条规汇编（八）》，作为学习材料下发全校中层干部。利用新入校教职工培训、重点单位专题讲座等契机，多次开展党风廉政专题教育活动。

（四）领导干部廉洁自律工作

落实新上岗干部廉政谈话制度，对25位新上任的副处级以上领导干部进行廉政谈话，并签订廉政勤政承诺书。认真完成对领导干部选拔任用及考核工作的监督，认真执行领导干部任前书面征求纪委意见函的制度，为审计处在对领导干部进行经济责任审计过程中提供审计建议。

三、纠风和执法监察工作

（一）认真开展对落实中央八项规定的监督监察工作

4月，校党委制定《中国人民大学贯彻落实中央改进工作作风、密切联系群众〈八项规定〉和〈实施细则〉的实施办法》，对改进文风会风、厉行节俭、控制出国计划等工作提出了明确要求。9月，在全校中层干部中开展会员卡专项清退活动并按期完成。10月，监察处与财务处制定《关于落实中央八项规定，厉行勤俭节约，严格开支标准，控制经费支出的通知》，要求各单位对2013年1月至9月的支出开展自查，并制定本单位实施细则，严格控制公款消费，严格执行规定标准。11月，纪委办公室、监察处下发《关于在元旦春节期间落实中央八项规定精神的通知》，对继续落实好中央八项规定、坚决反对“四风”问题提出了明确要求并严肃了责任追究。

（二）加大对党员领导干部的监督考核

2013年3月，完成领导干部报告个人有关事项的统计工作，并以领导干部个人有关事项报告制度为重点，有侧重、有目的地加强对领导干部的管理监督。

4月10日，校党委印发《中国人民大学关于组织开展2013年中层以上领导干部兼职情况检查工作的通知》，对全校中层干部兼职情况进行检查。12月，对所掌握的干部兼职情况进行了限期清理。

（三）开展对各类招生考试和录取工作的监察

顺利完成对2013年自主招生、保送生招生、高水平运动员招生、艺术特长生招生、艺术类专业测试等各种特殊类型招生，以及普通本科招生、硕士研究生、博士研究生和留学生招生等各种类型招生的监察工作，确保相关招生工作公平、有序进行。还按照上级部门的要求参与英语国家四、六级考试的监察工作。

（四）深入开展科研经费管理自查自纠工作

4月至6月，在全校范围内开展科研经费管理与使用的自查自纠工作。5月上中旬，约谈学校15位项目负责人，并限期要求项目负责人对其所涉及项目的经费使用情况进行书面说明和整改。建立科研经费管理联席会议制度，探索对科研经费管理的有效监督模式。

（五）开展对基建工程和物资设备采购等项目招投标的监察

全年共参与各类招投标监察93次，招投标小组会议4次。进一步健全和规范基建（修缮）工程和物资设备采购招投标的监管制度。

四、信访信息和查办案件工作

根据中央第十巡视组对学校巡视情况的反馈意见中指出的有关问题，按照学校整改工作部署和要求，纪委办公室、监察处对2005年至2013年上半年受理的458件次信访举报，从信访举报的基本情况、信访举报反映的问题、线索分析与处理结果等三个方面进行系统梳理，对信访举报反映的问题和查处情况进行了认真分析，有针对性地提出了具体的整改措施。

截至12月24日，共受理信访举报41件次，其中上级机关转来9件次，直接受理32件次，目前已办结38件次，正在办理3件次，办结率92.7%。通过“信访动态反映”和信访监督联席会议制度，及时沟通信息，反映问题，为学校领导决策提供参考。

五、其他工作

做好中央巡视组对学校巡视意见的整改落实工作。2013年6月初至9月中旬，中央第十巡视组对学校进行巡视。在巡视期间，校纪委认真做好协调和接待工作，确保巡视组在校期间各项巡视任务顺利完成。9月26日，中央巡视组反馈了对学校的巡视意见，要求学校一方面承担学校整改办的工作，做好对各主责单位落实整改任务的组织协调工作，另一方面认真抓好对本部门承担整改任务的落实工作。学校整改工作基本完成，转入对重点问题的深入和持续整改工作中。

落实党的群众路线教育实践活动督导工作。根据学校深入开展党的群众路线教育实践活动总体安排，成立6个督导组，分别对全校55家二级单位学习实践活动进行督导检查，督导工作办公室设在纪委办公室、监察处。从7月初至11月底，检查督导工作以处级以上领导班子和领导干部为重点，以着力解决各级组织和领导干部个人在作风方面存在的突出问题为核心，以制定整改措施和确保整改取得实效为目标，实现了全覆盖，贯穿了教育实践活动全过程。

进一步加强廉政理论研究和相关调研工作。2月28日至3月2日，学校纪检监察干部和专家一行4人赴港参加“香港及内地廉政建设与管理”研讨会。充分发挥廉政建设研究中心的作用，认真开展专题调研和理论研究工作，承担北京市教育纪工委、北京教育纪检监察工作研究会的调研课题。

加强专职干部队伍力量。2013年，学校研究决定进一步充实纪检监察专职干部队伍，增加一名正处级领导（兼任）以及一名专职干部，为纪检监察工作的开展提供组织保障。此外，还多次参加教育部、北京市教育纪工委等上级部门组织的业务培训，进一步提高专职干部的业务能力和工作水平。

■ 工会与教代会工作

一、概况

2013年，教代会、工会高举中国特色社会主义伟大旗帜，深入贯彻党的十八大和工会十六大精神，认真学习领会习近平总书记系列重要讲话精神，按照学校的总体工作任务和目标要求，围绕中心，服务大局，全面履行各项职能，为实现中华民族伟大复兴的“中国梦”凝聚人心。

二、教代会工作

1月4日，召开教职工代表座谈会，十余位代表就进一步提高学校综合管理水平、优化教师评价体系与提升校园合作氛围等方面对学校工作提出了意见和建议。

1月10日，教代会代表们参观东校区总体规划概念性方案设计成果征求意见会，并对五个方案提出具体建议及投票。

3月21日，校第六届教代会提案审查处理工作委员会召开第六次提案审查工作会议，通报教代会代表提案征集情况，并对提案进行了认真审查。

6月21日，教职工代表听取学校年度财务工作报告及学科建设发展报告。学校财务处处长顾涛做《中国人民大学2012年度财务工作的报告》，校长助理、研究生院常务副院长吴晓求汇报学校第三轮学科评估的相关情况及未来学科建设发展的工作，并对下一轮的学科评估进行分析。

7月6日，教代会代表参观东校区总体规划概念性方案深化成果征求意见展览，并提出具体建议。

12月20日，制定《中国人民大学教职工代表大会规定》以及《中国人民大学二级教职工代表大会工作细则》，同时发布《关于认真组织召开二级教职工代表大会的通知》。

三、校园文化建设和文体社团工作

为贯彻落实学校“1320 行动计划”，校工会在全校范围内组织实施全员健身计划。包括深入开展健身宣传教育，强化教职工全员健身意识；举办健康、健身、养生知识系列讲座，提高教职工科学健身兴趣；依托体育社团开展系列体育活动，打造健身活动品牌等，力争达到“天天有运动、月月有比赛、人人有特长”的活动目标。3 月 6 日，庆“三八国际妇女节”趣味运动会举行；4 月 3 日，教职工双升比赛顺利举行；4 月 17 日，教职工第五十四届运动会成功举行；5 月 15 日，教职工网球比赛顺利开展；5 月 18 日，教职工春季登山活动顺利举行；5 月 31 日，“白羽惜别”大型师生羽毛球赛举行；6 月 22—23 日，教职工游泳比赛成功举办；9 月 25 日，教职工拔河比赛成功举办；10 月 21 日，教职工足球联赛顺利开展；10 月 26 日，组织教职工奥林匹克森林公园健步走；10 月 29 日，教职工乒乓球比赛成功举办；11 月 27 日，第一届教职工智力运动会举办，比赛内容包括：中国象棋、围棋、桥牌等；12 月 8 日，教职工羽毛球“1＋1”团体联谊赛成功举办。

此外，还举办 6 场关爱师生讲座，为教职工提供职业病防治知识、养生知识、育儿知识、心理健康指导等。

序号	时间	讲授人	主题
1	3 月 29 日	张海珍医生	约会春天，做健康女性
2	4 月 24 日	北京市海淀区妇幼保健院徐文副主任医师	更年期防治
3	5 月 10 日	体育部顾扬副教授	破解瘦身密码——运动减肥理论与方法
4	5 月 22 日	中国农业大学范志红教授	科学饮食与养生
5	6 月 6 日	校心理健康教育中心侯瑞鹤博士	发现而不是改变——父母如何偷偷影响孩子
6	9 月 27 日	体育部吴广亮博士	高校教师腰部的护理与治疗

四、妇女、计划生育及职工互助保险工作

2013 年，学校妇女工作围绕中心，服务大局，深入调查研究，倾听广大女教工声音，反映她们的意愿，关心和了解女教工不同层次的需求，有针对性地开展工作，调动女教工参与教育教学改革的积极性。

2013 年，计划生育工作稳步开展，全年共为 114 人办理了生育服务证，同时对全校妇女、计划生育委员进行工作培训。

7 月 11 日，校工会承办由国家卫生和计划生育委员会、共青团中央、中国计划生育协会联合主办的“2013 年‘世界人口日’主题宣传活动”。国家卫生和计划生育委员会主任李斌，缅甸移民和人口部部长吴钦伊，国家卫生和计划生育委员会副主任崔丽，中国人民大学党委书记靳诺、副书记马俊杰，共青团中央书记处书记汪鸿雁，中国计划生育协会常务副会长杨玉学，联合国人口基金驻华代表何安瑞等出席活动。

继续推进教职工健康立体保障体系的建设。大力推动办理“京卡·互助卡”工作，深入实施送温暖工程，积极走访慰问重疾重困职工、劳模；探索完善工会帮扶工作的长效机制，建立健全关爱教职工的立体保障机制，增强教职工抵御意外风险的能力，关心维护教职工健康权益。2013 年共为教职工办理京卡 241 张。关爱师生基金共发放补助人民币 472 561.18 元，资助了 22 位师生员工，其中学生 5 人，在职教职工 9 人，离退休教职工 8 人；补助原因包括因患重大疾病补助 21 人，因发生重大车祸补助 1 人。2013 年共为 81 名教职工办理爱心互助金入会手续，为 1 009 人次教职工办理了爱心

互助金的续保手续。

继续开展北戴河休养工作，共组织 5 批次教职工休养活动，549 名教职工及家属参与活动。

五、师德建设工作

3 月 27 日，中国人民大学第七届青年教师教学基本功比赛举行。经评选，劳动人事学院刘松博、新闻学院翁昌寿、社会与人口学院陶涛、物理系张威四位教师荣获第七届青年教师教学基本功比赛特等奖和一等奖，并代表学校参加北京高校第八届青年教师教学基本功比赛。

5 月 22—28 日，北京高校第八届青年教师教学基本功比赛举行。学校四位教师发挥出色，获得 2 个一等奖、2 个二等奖以及最佳演示奖、最受学生欢迎奖等奖项。学校荣获优秀组织奖。

9 月 11 日，学校举行第 29 个“教师节”庆祝表彰会。会上表彰了北京市优秀教师奖、北京市优秀教育工作者、第九届北京市高等学校教学名师奖、2012 年北京市高等教育教学成果奖、2013 年中国人民大学十大教学标兵、2013 年中国人民大学优秀教学奖、2012 年宝钢优秀教师奖、从教 30 年教职工等奖项获得者。

六、组织宣传和其他工作

宣传信息工作不断加强，各分会风采得到充分展示，学校工会也积极向市教育工会通报工作，投稿数量稳居前三；财务工作的收支管理更加规范完善；与其他兄弟院校的交流不断深入。

4 月 1 日，校工会开通官方微博“幸福人大”，结合工会日常工作、与教职工密切相关的校园文体活动等重点工作内容传递三类信息：一是发布校工会的主要工作信息；二是回应与教职工密切相关的热点问题；三是介绍校工会举办的重大活动。

4 月 22 日，四川美术学院工会同仁来校进行交流学习。双方就学校民主管理、青年教师教学基本功大赛、教职工爱心互助金运行状况、教职工互助保险的管理情况、工会创新工作等进行了深入交流。

5 月 17 日，北京市教育工会主席史利国应邀来到校，为教职工做题为《怎样写调研报告》的专题报告。全校各学院、机关部处和直（附）属单位办公室主任，各分会主席、宣传委员到场听取报告。

5 月 31 日，首都经济贸易大学工会来校进行交流学习，就职工小家建设及创新教代会、工会工作机制等内容交流经验。

7 月 12 日，校工会召开党的群众路线教育实践活动部署会。

9 月 5 日，校工会为新入职教职工做题为《凝心聚力、构建幸福人大》的工会工作介绍讲座。

10 月 21 日，北京高校工会第一片组工作例会在校举行，片组各成员单位负责人全部到会，商讨关于 2013 年北京市先进职工小家的评选事宜。

12 月 4 日，“教科文系统知识分子民主政治权益、精神文化权益状况及其诉求调研报告”调研课题工作研讨会在中国人民大学召开。会上，课题组专家就前期课题的开展情况、问卷调研的结果及分析、调研报告大纲做了详细汇报。与会的领导和专家就问卷调研结果分析与调研报告大纲进行了仔细研讨。

12 月 18 日，以“小善大爱，从我做起”为主题的“道德讲堂”活动在学校举行。海淀区区委常委、宣传部长陈名杰，副校长刘向兵出席活动。“全国道德模范提名奖”获得者、海淀区培智中心学校校长于文，经济学院学生特木钦讲述了个人先进事迹。哲学院党委书记、教育部伦理学重点研究基地主任葛晨虹教授进行了点评。马克思主义学院王易教授讲解了小善大爱经典故事。

获得的主要荣誉：

集体类：

1. 中国人民大学财政金融学院货币金融系荣获 2013 年全国工人先锋号；

2. 中国人民大学工会荣获 2013 年综合考评奖；

3. 中国人民大学工会荣获 2013 年特色工作奖；

4. 中国人民大学法学院、图书馆荣获北京市先进职工小家；

5. 中国人民大学图书馆荣获北京市模范职工小家；

6. 中国人民大学工会获得北京市教育工会第八届青年教师教学基本功比赛优秀组织奖；

7. 中国人民大学工会荣获经审工作规范化建设考核优秀单位；

8.《中国人民大学非事业编制职工入会及权益维护状况的调研报告》荣获北京市教育工会理论调研工作（调研报告类）一等奖；

9.《教职工代表大会制度与现代大学制度建设的思考》荣获北京市教育工会理论调研工作（论文类）一等奖。

个人类：

1. 社会与人口学院陶涛获得第八届北京青年教师教学基本功比赛文史类一等奖（第一名）；

2. 劳动人事学院刘松博获得第八届北京青年教师教学基本功比赛文史类一等奖；

3. 新闻学院翁昌寿获得第八届北京青年教师教学基本功比赛文史类二等奖；

4. 物理系张威获得第八届北京青年教师教学基本功比赛理工类二等奖；

5. 社会与人口学院陶涛获得第八届北京青年教师教学基本功比赛最佳演示奖；

6. 新闻学院翁昌寿获得第八届北京青年教师教学基本功比赛最佳演示奖；

7. 劳动人事学院刘松博获得第八届北京青年教师教学基本功比赛最受学生欢迎奖；

8. 外国语学院江晓丽获得第八届北京青年教师教学基本功比赛优秀指导教师称号；

9. 科研处谷曙光获得第八届北京青年教师教学基本功比赛优秀指导教师称号；

10. 孙华玲荣获全总女职工委员会“女职工劳动保护特别规定”知识竞赛优秀个人；

11. 林嘉、宋莉芳、胡树刚荣获 2013 年北京市优秀工会工作者。

■ 共青团工作

一、概况

2013 年，共青团在学校党委和上级团组织的领导下，深入学习贯彻党的十八大精神和十八届三中全会精神，紧紧围绕“1320 行动计划”与“本科人才培养路线图”的重点工作，把握培养“厚重”人才的育人核心不动摇，坚持对广大青年学生的思想引领，营造良好的校园文化环境，积极培养青年全面综合的个人素质，为促进建设“人民满意、世界一流”大学做出努力和贡献。

2013 年，校团委坚持贯彻“两个全体覆盖”的工作理念，扎实开展各项组织工作，全面推进共青团组织建设，为组织发展提供了动力与支持。校团委坚持思想引领的基本职能，推进理论学习与工作交流长效化。组织全校共青团系统干部学习实践党的群众路线，贯彻落实中央八项规定，切实改进工作作风、密切联系群众，把思想和行动统一到中央和学校的各项精神上来。紧紧围绕学校建设发展的大局和服务青年学生成长成才的需要，校团委结合党的群众路线教育实践活动要求，开展了旗帜鲜明、主题突出、层次丰富、富有特色的宣传思想工作。同时，积极探索青年工作的规律变化，创新活动载体、繁荣校园文化氛围，坚持以“文化育人”为核心目标，不断强化当代青年理想信念教育，建设具有崭新时代特征的校园文化。

2013 年，校团委不断完善工作制度，积极服务推动广大青年学生成长成才，课外学术科技工作取得新成绩，社会实践育人实现新突破，志愿服务工作开拓新领域。

二、组织建设

2013 年，校团委积极同上级团组织和兄弟院校开展工作交流。9 月 26 日，团中央书记处书记傅振邦来校调研，先后参加了团学工作汇报会、青年学生座谈会、青年教师座谈会，参与了“千人百村”社会调研活动分享会，参观了商学院学生活动中心。他对学校的共青团工作给予了充分肯定。12 月 16 日，福建团省委副书记兰明尚率福建高校团委书记学习考察团来校调研工作。此外，校团委还积极与北京大学团委及其他高校团委进行相关工作的合作和沟通，共享课外活动资源，共创互利共赢模式，通过多种形式加强了相互之间的交流与合作。

2013 年，在团干部培养方面，校团委拓展机制，加大团干部推荐培养力度，加强青年团干部队伍建设，助力团学干部发展成长。高度重视优秀团干部培训工作，积极组织讲座和活动加强对广大专兼职特别是新任职团干部的培训，认真做好 2013 年团干部定级与任免工作，积极推荐优秀团干部赴全国和北京市相关部门和单位挂职锻炼；成功举办高阶团校，组织开展了一系列增长才干、丰富知识、践行理论的培训和活动，对培养优秀学生骨干具有积极推动作用。

三、宣传工作

2013 年，校团委坚持深入学习贯彻党的十八大精神，扎实开展党的群众路线教育实践宣传活动，坚持理论与实践相结合，围绕党和国家的要闻大事，切实有效地开展重点宣传。有效利用《青年人大》报纸及其新媒体等宣传载体，充分发挥深度报道和理论评论优势，组织开展了“两会热点盘点”“两会里面的人大好声音”“三中全会决定公报盘点”“人大学者带你解读全会”等多版重点专题；以《青年人大》报纸及其新媒体等为载体，围绕团的十七大、全国高校共青团工作研讨等共青团重大活动做好宣传报道，及时传达上级团组织的工作要求，积极推动学校共青团工作理论宣传与研究。

2013 年，校团委贯彻传承与创新并举的思路，坚持做好信息报送，创新手段推动共青团宣传工作发展，进一步改进提升《团学工作简报》和《青年人大》报纸信息的采写质量，各类信息及时有效、生动鲜明、重点突出。全年发行《团学工作简报》50 余期，发布人大青年网新闻消息 1 000 余条；报送稿件 200 余篇，其中近 50 条被作为人大要闻在新闻网首页或信息电子屏报道，还有多篇报道被校报及校内外新闻媒体采用。出版发行校团委机关报《青年人大》报纸 18 期 360 版，适时推出迎新特刊、“千人百村”特刊、元旦特刊等；制作青人影像播报 14 期、青人快讯 9 期并在人大信息电子屏上播放，累计编辑发送《青人手机报》170 余期。进一步丰富和创新信息宣传载体，指导青年人大创办设立了公共微信平台，定期推送校园重要新闻和团学活动信息，加强了对世界艾滋病日、郁慕明人大演讲会等重点活动的线上报道与互动，着力使微信主题鲜明、重点突出、内容丰富、图文并茂，充分发挥新媒体覆盖面广、互动性强、传播速率快等优势，增强宣传报道的力度和有效性。

四、课外学术活动

2013 年，校团委坚持“科技创新、学术育人”的指导目标，围绕本科人才培养路线图努力搭建学生课外学术活动创新平台，积极培养学生厚重的人文精神，引导学生“崇尚科学、追求真知、勤奋学习、锐意创新、迎接挑战”。学校在各类高校学生课外学术科技作品竞赛中屡获佳绩：在第十五届

"创新杯"学生课外学术科技作品竞赛中，学校参赛作品数量再创新高，参赛学生数量继续增加。在第七届"挑战杯"首都大学生课外学术科技作品竞赛（2013）中获得优秀组织奖，有7件作品获得特等奖，并以团体总分第一名的成绩成功捧得首都"挑战杯"。此外，在第九届"挑战杯"中国大学生创业计划大赛中共有5件作品入围全国"挑战杯"决赛答辩，并最终捧得"优胜杯"。

五、社会实践

2013年，校团委坚持"学生工作学生做"的理念，加强组织管理体系建设。组建包括80余名在校博士研究生和硕士研究生的辅导员团队，进一步优化学生社会实践的过程管理，加强学生社会实践的专题辅导，促进实践团队的交流和互助。同时，着手邀请多名知名专家和青年教师参与学生社会实践工作，就参与机制和制度建设形成初步方案。完成学生社会实践服务中心的换届，进一步优化组织结构。

2013年，继续做实"千人百村"社会调研活动，构筑实践育人新高地。围绕农村生活基础设施、居住与社会关系、土地使用流转、收入与支出、公共文化服务、教育与就业服务、基层政权建设等重大现实问题，在经科学抽样产生的162个行政村进行田野调查、问卷调查、深度访谈和资料搜集等四项主体活动。1 200余名师生深入田间地头、了解乡村风貌、调研基层民生、体悟农民生活，深入开展与中国农村和农民零距离接触的社会实践活动，最终调查样本超过10 000户，覆盖全国29个省级行政区。同时，坚持优化实践项目选题，稳步提升学生社会实践立项规模。根据学生社会实践专家委员会意见，在选题指南上增加"新型城镇化""农村民生""公共服务""社会治理"等选题的数量，鼓励学生深入基层开展形式多样、内容丰富的实践活动。校团委共组织662支团队、5 630名学生赴全国34个省级行政区，以及美国、英国、俄罗斯等海外地区开展社会实践活动，参与规模更大、范围更广、成果更多、影响更深远。此外，校团委进一步细化社会实践过程管理与服务机制，继续大力加强社会实践的安全管理和质量管理，制定细化安全教育、制作实践宝典等十大措施。

六、校园文化

2013年，校团委以"我的中国梦"为主题，统筹各项校园文化活动。在"五四"文化艺术节中，校团委举办"我的中国梦"主题青年日、"中国梦·我的梦"青春火炬接力、"梦想跃动"户外运动嘉年华、"梦想话筒"主持人大赛、"梦想舞台"校园达人比赛、"歌颂梦想"诗歌朗诵比赛、"舞动梦想"舞蹈比赛、"影动梦想"微电影大赛等各项活动。在"一二·九"合唱音乐节中，精简曲目、简化形式、合理安排，减轻学生负担，着力突出师生共同参与，邀请各学院老师与同学一起参与合唱。在迎新晚会中，首次采用新生文艺汇演的形式，24个学院的新生自编、自导、自演节目。

2013年，校团委也着力在原有校园文化活动基础上进一步创新形式，推陈出新、与时俱进。首次举办"五四"主题青年日活动；在"让梦出发"毕业晚会中突出毕业特色，选择2013届优秀毕业生代表风采秀《我们毕业啦》作为开场节目，以"人大号"梦想2013次列车造型作为谢幕表演，还精心为毕业生制作"人大号"梦想2013次列车车票和毕业戒指。

2013年，校学生艺术团积极参加各项活动，屡获佳绩。10月，校学生艺术团参加北京市第四届大学生艺术展演活动，共获得舞蹈、器乐、戏曲三个大类的金奖。艺术团青年话剧团在大学生戏剧节荣获最佳导演奖、最佳人物造型奖、优秀编剧奖和优秀剧目奖四项大奖。同时，学校还获得了第四届北京市大学生戏剧节优秀组织奖。8月14日至28日，学生艺术团和来自中央民族大学、北京航空航天大学、中国戏曲学院、怀柔区渤海镇中心小学的学生一起组成北京大学生艺术团，代表中国赴希腊参加第51届莱夫卡斯民俗艺术节。艺术节期间，学校学生艺术团表演了《五彩云霞》《赛马》《茉莉花》、《花好月圆》等节目，展示了中华民族绚丽多姿的艺术。

七、学生社团

2013年，校团委扎实开展社团调研，梳理社团发展现状。重新注册后的学生社团共六大类151家，其中，交流实践类社团38个，学术科研类社团30个，社会公益类社团31个，文化娱乐类社团24个，体育健身类社团26个，理论研究类2个。同时，校团委积极推动交流合作，先后与清华大学、北京大学等高校开展社团工作交流，促进校内外资源整合，为学生社团“走出去、请进来”搭平台。

2013年，学生社团联合会及全校学生社团举办了多场丰富多彩的社团活动。5月19日，在“我的中国梦”中国人民大学2013年嘉年华社团展示活动中，武术协会、彩虹编坊、自由舞者协会等42个社团以多彩社团活动诠释了人大学生独特的“中国梦、人大梦、青春梦”。6月11日，爱乐人协会承办的“我的中国梦”社团文化季第八届吉他音乐节暨毕业音乐会举行。9月25日，2013年学生社团集体招新活动举行，全校六大类近一百个学生社团参加，参与社团数量再创新高。校党委副书记马俊杰来到活动现场，观看了各社团精彩的招新表演。12月12日，学校魔术协会承办的“魔光幻影”暨人大魔协十周年魔术专场晚会举行，知名魔术师刘子豪、孙峥与魔术协会同学一道参与演出。

八、志愿者工作

2013年是中国青年志愿者行动20周年，学校志愿者工作长效机制不断完善，志愿服务精神和文化得到培养和发扬。以重大活动为载体深化志愿服务。在第九届中国（北京）国际园林博览会、第十八届全国大学生网球锦标赛暨全国高校“校长杯”网球比赛以及“12·1艾滋病日”主题活动中，志愿精神得到集中、广泛的宣传，大量师生参与到志愿事业中。同时，突出常规活动特色，组织实施同伴教育、社区服务、扶贫支教、文化助残、环境保护、献血急救、校友服务等各项具有特色的志愿服务活动，着重宣传了青春健康系列活动、海淀社区支教、社区文化节等一系列品牌活动。

2013年，在组织和管理机制方面，推进制度化、规范化、信息化建设，在开展广泛调研的基础上，改进《中国人民大学青年志愿者志愿服务时数认证办法》，推动青年志愿工作制度建设；同时利用“志愿北京”平台，将全校的志愿活动统一纳入系统管理。在激励和评价方面，采取常规表彰与年终表彰相结合的方式，定期评选“志愿者之星”“优秀志愿项目”等。

九、学生会和研究生会工作

（一）学生会

学生会始终把握正确政治方向，引导广大青年学生坚定跟党走中国特色社会主义道路。先后组织观看2013年全国“两会”开幕式，召开多次理论学习会学习习近平总书记五四讲话精神、团十七大精神、党的十八届三中全会精神以及秦宜智书记在全国高校共青团工作研讨班上的讲话精神；相继组织“与信仰对话、飞young中国梦”“部长将军话改革”“金融知识大讲堂”等主题讲座活动，邀请了金一南、张茅等专家学者为全校师生解读时事热点、传播专业知识、传递正能量。

积极开展各项形式多样，丰富多彩的校园文体活动，丰富校园文化生活。2013年，以“青春·梦想”为主题，第九届“你的舞台”校园歌手大赛、第十七届服饰文化节、第十四届健美操大赛、第二十一届辩论赛等各项品牌活动全面铺开；第二届智力运动会、第二届五人制足球赛、第一届汉字听写大赛以及女生节、母亲节、光棍节、感恩节等特色节日活动先后举行。

关注学生权益维护，多种方式收集同学提议。设立“权益服务日”，通过问卷调查、走访、网络微信平台等形式收集同学们的权益意见，并向相关部门反映。免费发放“爱心伞”，设置“网络失物招领平台”，切实解决同学实际困难，方便同学生活。

（二）研究生会

6月14日，校第十五次研究生代表大会在逸夫会堂举行。会议审议并通过中国人民大学第十四届研究生会委员会工作报告，选举产生中国人民大学第十五届研究生会委员会，通过新修改的研究生会章程。校党委书记靳诺、校长陈雨露、党委副书记马俊杰、全国学联执行主席张天羽啸出席大会。靳诺书记代表学校党委对广大研究生提出希望和要求。会上，361名研究生代表投票选举产生新一届研究生会委员会，陈浩当选研究生会主席。

2013年，研究生会举办一系列学术活动、社会实践和文体竞技活动：先后邀请国家工商总局原副局长李东生、外交部非洲司原司长程涛、著名军事理论家乔良将军、住建部城建司司长陆克华等嘉宾做客“明德论坛”，邀请北京大学王立彦教授、清华大学阎学通教授等剖析热点话题；邀请温铁军、胡锦光、毛基业、孙毅等八位知名院长做客院长论坛，与广大同学进行深入交流。

2013年，研究生会坚持“调研实践对接地方政企，志愿服务对接社会需要”，先后组织调研团奔赴河北、福建、山东等地，围绕产业转型、文化事业、社会管理等问题，深入农村、社区和企业进行调研，受到各级政府和相关单位的高度重视和一致好评；积极开展“职业发展月”系列活动，帮助同学增强规划意识，提高求职技能。

2013年，校研究生会继续编辑《研究生时代》《研究生通讯》等刊物，同时开设“RUC360”学生导航网站和官方微博、微信平台。

十、社会勤工助学工作

2013年，校团委加大力度支持勤工助学工作，帮助困难同学寻找勤工助学机会，提升广大同学的职场素质和就业能力。举办了模拟面试大赛、“名企励志行”等活动为同学们提供实践锻炼平台；开展兼职信息服务，全面提供勤工俭学信息；勤工助学服务中心共为人大学生提供各类家教、兼职岗位1 037个（其中各类家教岗位142个，兼职岗位895个）。举办第三届家教论坛、“学长的火炬”、“非常6+1”模拟面试大赛、文化衫大赛、“人大·泥好”软陶泥设计制作大赛等学生活动。全年共举办9个定期常规活动，合计53场，包括12场“阅读时光”活动、13场主题书市活动、2场名企励志行活动、3场兼职招聘会及18场便利学生服务活动和5个大型品牌活动，重点体现“服务”的理念。在各项活动中，都得到校内外同学、老师以及合作机构的大力支持和积极响应。

附录

中国人民大学2013年“创新杯”竞赛情况统计

第十五届“创新杯”学生课外学术科技作品竞赛（2013）	
特等奖（件）	21
一等奖（件）	51

第十五届“创新杯”学生课外学术科技作品竞赛（2013）	
二等奖（件）	91
三等奖（件）	160
获奖学生（人）	1 229
获奖总数（件）	323
参赛作品（件）	398
参赛学生（人）	约 1 400

中国人民大学 2013 年首都“挑战杯”竞赛获奖统计

第七届“挑战杯”首都大学生课外学术科技作品竞赛（2013）		
	作品数	人数
特等奖	7	35
一等奖	2	10
二等奖	4	18
三等奖	2	6

中国人民大学参加 2012—2013 年全国“挑战杯”竞赛获奖情况统计

第十三届“挑战杯”全国大学生课外学术科技作品竞赛（2013）	
	作品数
特等奖	0
一等奖	2
二等奖	3
三等奖	1

人　物

■ 中国共产党全国代表大会代表、全国人大代表和政协委员

全国人大代表

第十二届　郑功成（常委）　陈雨露　庄毓敏

全国政协委员

第十二届　汤维建　张风雷　孙　萍

■ 中国共产党北京市代表大会代表、北京市人大代表和政协委员

中国共产党北京市代表大会代表

第十一届　陈雨露　伊志宏　唐传英

北京市人大代表

第十四届　史际春（常委）　刘彭芝　彭　翊　乌云毕力格

北京市政协委员

第十二届　齐鹏飞　袁济喜　庄毓敏　彭丽红　季冬生　张丽华

■ 民主党派中央委员、北京市委委员

民盟中央第十一届中央委员会常委	郑功成
民盟中央第十一届中央委员会委员	郭国庆
民革中央第十二届中央委员会常委	汤维建
民盟北京市第十一届委员会常委	郭国庆
民盟北京市第十一届委员会委员	彭丽红
民革北京市第十四届委员会副主任委员	汤维建
民建北京市第十届委员会委员	刘太刚
民进北京市第十四届委员会委员	殷　强
农工北京市第十二届委员会委员	季冬生

■ 第七届国务院学位委员会委员

陈雨露

■ 国务院学位委员会第六届学科评议组成员

（以姓氏笔画为序）

王子今　王利明　冯惠玲　纪宝成　吴晓求　张　法　张成福　张雷声　陈力丹
林　岗　徐二明　袁　卫　黄嘉树　温铁军　焦国成　韩大元　翟振武

■ 第四届北京市学位委员会委员

杨慧林　吴晓求

■ 北京市学位委员会第二届学科评议组成员

王利明　刘大椿　杨瑞龙　杨慧林　吴晓求　徐二明　秦　宣　秦惠民　黄朴民

■ 第二届教育部社会科学委员会委员

顾　问：	黄　达
副主任：	罗国杰（哲学）
	曾宪义（法学）
委　员：	
马克思主义理论学部：	张雷声（马克思主义基本原理）
哲学学部：	陈先达（马克思主义哲学史、召集人）
	方立天（佛教哲学、中国哲学史）
	罗国杰（伦理学）
	郭　湛（马克思主义哲学）
语言文学、新闻传播学和艺术学学部：	郑保卫（新闻学）
经济学学部：	杜厚文（世界经济）
	袁　卫（统计学）
法学学部：	曾宪义（法律史）
	王利明（民商法）
	余劲松（国际经济法）
政治学、社会学和民族学学部：	郑杭生（社会学）
管理学学部：	纪宝成（商业经济管理）
	冯惠玲（档案学）

■ 第五届教育部科学技术委员会委员

王　珊

■ 教育部社会科学委员会学风建设委员会委员

秦惠民（秘书长）　顾海兵

■ 中央“马克思主义理论研究和建设工程”成员

（截至2013年12月31日）

马克思主义哲学教材编写课题组：

罗国杰　陈先达

社会学教材编写课题组：
郑杭生（首席专家）　洪大用（首席专家）
法学教材编写课题组：
许崇德（首席专家）　朱景文
史学教材编写课题组：
李文海（首席专家）　戴　逸　徐兆仁
新闻学概论（教材）：
何梓华（首席专家）　成　美　郑保卫
文学教材编写课题组：
陆贵山
马克思主义政治经济学教材编写课题组：
纪宝成（首席专家）　张　宇（首席专家）　林　岗　张雷声　卫兴华　吴易风
科学社会主义教材编写课题组：
许征帆　刘建军
高校思想政治理论课教学大纲和教材编写课题组——马克思主义基本原理组：
许征帆（首席专家）　刘建军（首席专家）
高校思想政治理论课教学大纲和教材编写课题组——毛泽东思想、邓小平理论和“三个代表”重要思想概论组：
秦　宣（首席专家）
高校思想政治理论课教学大纲和教材编写课题组——中国近现代史纲要组：
王顺生
高校思想政治理论课教学大纲和教材编写课题组——思想道德修养与法律基础组：
罗国杰（首席专家）　吴潜涛（首席专家）（调走）　王　易（首席专家）
马克思主义哲学史：
庄福龄（首席专家）　梁树发
西方政治思想史：
王乐理
当代国际政治（中共中央宣传部）：
李景治（首席专家）　陈　岳　叶卫平　李世安
世界经济概论：
杜厚文（首席专家）　关雪凌
西方经济学：
吴易风（首席专家）　吴汉洪　刘凤良
宪法学：
许崇德（首席专家）　韩大元（首席专家）　胡锦光
当代中国政治制度（中共中央宣传部）：
杨光斌
中国共产党史（中共中央宣传部）：
杨凤城
西方社会学理论评析：
刘少杰（首席专家）

伦理学：
焦国成（首席专家） 葛晨虹
中国政治思想史：
宋少鹏
中国哲学史：
彭永捷
西方哲学史：
张志伟
马克思主义经济学说史：
姚开建 孟 捷 张 旭
马克思主义发展史：
张雷声（首席专家） 张 新
《资本论》导读：
林岗（首席专家） 邱海平 杨 志
中国文化概论：
陈先达 张 法
马克思主义哲学经典著作导读（中国社会科学院）：
郝立新（首席专家）
世界现代史：
李世安（首席专家）
马克思主义史学经典著作导读：
李文海（首席专家） 王顺生

第五届吴玉章基金委员会名单

名誉主任：李 鹏 宋 平 袁宝华
主任委员：马 凯
副主任委员：（按姓氏笔画排序）
王伟光 冯惠玲 纪宝成 陈雨露 赵启正 袁贵仁 黄 达 程天权 蔡 武 蔡赴朝 雒树刚
委 员：（按姓氏笔画排序）
马绍孟 方汉奇 王伟光 王利明 冯其庸 冯惠玲 叶 朗 刘大椿 刘向兵 孙 毅 庄福龄 纪宝成 邬沧萍 齐世荣 吴树青 吴晓求 张文显 张东刚 张卓元 李 扬 杜 鹏 杜厚文 杨瑞龙 杨慧林 陈雨露 罗国杰 郑杭生 洪银兴 贺耀敏 赵启正 郝立新 秦 宣 秦惠民 袁宝华 袁贵仁 顾 涛 顾明远 顾海良 曹明新 黄 达 黄朴民 傅璇琮 温铁军 程天权 程恩富 谢维和 蔡 武 蔡赴朝 雒树刚 戴 逸

秘 书 长：冯惠玲（兼）
副秘书长：刘向兵　杜　鹏
司　　库：顾　涛

■ 北京市人民政府专家咨询委员会委员

刘彭芝　温铁军　翟振武

■ 中国人民大学荣誉教授

哲学院：

萧　前　罗国杰　黄顺基　夏甄陶

历史学院：

戴　逸　王思治

经济学院：

宋　涛　吴大琨　卫兴华　高鸿业　胡　钧

财政金融学院：

黄　达　王传纶　周升业　陈　共

农业与农村发展学院：

周　诚　严瑞珍

法学院：

高铭暄　许崇德　孙国华　王作富

马克思主义学院：

许征帆　庄福龄　何　沁　彭　明　刘佩弦　彦　奇　林茂生

社会与人口学院：

邬沧萍

国际关系学院：

高　放

新闻学院：

方汉奇　蓝鸿文　甘惜分

商学院：

李占祥

公共管理学院：

钟契夫

■ 中国人民大学荣誉一级教授

首批：

（按姓氏笔画排序）

卫兴华　王传纶　方汉奇　甘惜分　邬沧萍　罗国杰　夏甄陶　高　放

高铭暄

注：2009 年 5 月 20 日，学校印发《关于授予卫兴华等 9 人中国人民大学首批荣誉一级教授称号的决定》（2008—2009 学年校政字 19 号）。

第二批：

（按文件顺序排序）

黄顺基　孙国华　陈　共　许征帆　周　诚　何　沁　李占祥　周升业

王作富　胡　钧　许崇德　庄福龄　严瑞珍

注：2013 年 1 月 11 日，学校印发《关于授予黄顺基等 13 位退（离）休老专家荣誉一级教授称号的决定》（2012—2013 学年校政字 18 号）

■ 中国人民大学首批一级教授

（按姓氏笔画排序）

方立天　刘大椿　纪宝成　李文海　吴易风　宋　涛　张立文　陈先达

周新城　郑杭生　胡乃武　黄　达　曾宪义　戴　逸

注：2009 年 5 月 20 日，学校印发《关于聘任中国人民大学首批一级教授的决定》（2008—2009 学年校政字 20 号）。

■ 2013 年中国人民大学教授

（以聘任年月为序，包括党政、教辅正高职，截至 2013 年 12 月 31 日）

哲学院：

张立文　方立天　陈先达　刘大椿　郭　湛　段忠桥　焦国成　李秋零

张　法　王鸿生　郝立新　马俊峰　张志伟　龚　群　向世陵　李　燕

陈慕泽　张风雷　葛晨虹　肖群忠　欧阳谦　何光沪　温金玉　刘敬鲁

牛宏宝　干春松　何建明　彭永捷　李　萍　刘晓力　韩东晖　张文喜

罗安宪　杨武金　王伯鲁　吴　琼　彭新武　温海明　张立波　聂敏里

曹　刚　王宇洁　姚新中

（注：陈慕泽于 2013 年 8 月退休）

文学院：

程光炜　金元浦　杨慧林　李炳海　许　鹏　李　泉　贺　阳　冷成金

王贵元　卢铁澎　罗青松　劲　松　李　今　王家新　马俊杰　张永青

耿幼壮　刘小枫　孙　毅　阎连科　梁　坤　陈满华　曾艳兵　高旭东
徐正英　朱万曙　王　昕　刘震云　Leeb Leopold　杨联芬　陈前瑞
陈奇佳
（注：金元浦于2013年2月退休，李炳海于2013年8月退休）

历史学院：

徐兆仁　孙家洲　徐　浩　王皖强　牛润珍　郭双林　孟广林　魏　坚
马克锋　刘后滨　包伟民　许海云　韩树峰　赵　珍　李梅田　吕学明

清史所：

戴　逸　李文海　黄爱平　陈　桦　何　瑜　黄兴涛　刘凤云　杨念群
张世明　华林甫　夏明方　祁美琴　张永江　朱　浒
（注：何瑜于2013年8月退休，李文海于2013年6月去世）

国学院：

黄克剑　袁济喜　黄朴民　诸葛忆兵　杨庆中　沈卫荣　乌云毕力格
王子今　梁　涛　孟宪实　李　肖　韩　星　Solonin Kirill

经济学院：

吴易风　胡乃武　黄泰岩　黄卫平　顾海兵　林　岗　杨瑞龙　陈　建
叶卫平　方福前　贺耀敏　高德步　彭　刚　韩小明　刘　瑞　姚开建
孙久文　吴汉洪　张　宇　陈享光　雷　达　李义平　赵国庆　于同申
刘凤良　张可云　陈勇勤　郑超愚　韩玉军　陈　璋　关雪凌　方竹兰
侯景新　邱海平　孟　捷　杨　志　关　权　卢　荻　刘元春　周业安
贾根良　方　芳　李军林　王晋斌　黄　隽　郭　杰　陈彦斌　陶　然
黎玖高　杨其静　杨天宇　胡　霞　郑新业　宋利芳　谢富胜　聂辉华
（注：孟捷于2013年1月调出，李义平于2013年2月退休，于同申于2013年8月退休）

财政金融学院：

黄　达　吴晓求　郭庆旺　任淮秀　陈雨露　赵锡军　朱　青　林清泉
庄毓敏　张　杰　吴晶妹　汪昌云　何　平　刘振亚　瞿　强　岳树民
关　伟　王小龙　岳希明　涂永红　陈忠阳　张成思　张顺明　郑志刚
石晓军　魏　丽　吕冰洋　许　荣　贾俊雪

法学院：

王利明　刘春田　朱景文　龙翼飞　何家弘　史际春　赵秀文　徐孟洲
陈卫东　韩大元　胡锦光　董安生　黄京平　朱力宇　叶　林　杨建顺
谢望原　吴宏伟　周　珂　赵晓耕　郭　禾　杨立新　林　嘉　姚　辉
范　愉　汤维建　莫于川　朱文奇　邵沙平　余劲松　冯　军　王云霞
史彤彪　张新宝　马小红　李艳芳　黎建飞　张志铭　张小虎　刘明祥
田宏杰　王　轶　刘俊海　朱大旗　肖中华　冯玉军　韩立余　肖建国
朱　岩　李学军　邵　明　李　琛　时延安　张　翔
（注：董安生、吴宏伟于2013年8月退休）

马克思主义学院：

周新城　梁树发　张雷声　王　东　秦　宣　刘建军　齐鹏飞　徐志宏
杨凤城　赵　汇　张　新　程天权　吴美华　黄继锋　陶文昭　张云飞
杨德山　何虎生　张　旭　王　易　辛　逸　郑吉伟　王向明　靳　诺
侯衍社

社会与人口学院：

郑杭生　翟振武　潘绥铭　李路路　林克雷　夏建中　杜　鹏　于显洋
李迎生　段成荣　洪大用　郭星华　刘　爽　俞国良　刘少杰　陈　卫
杨菊华　郝大海　姜向群　陆益龙　赵旭东　宋　健　冯仕政

（注：夏建中于2013年2月退休）

国际关系学院：

黄嘉树　宋新宁　陈　岳　张　鸣　李宝俊　金正昆　周淑真　张惟英
时殷弘　陈新明　金灿荣　杨光斌　刘青建　王续添　蒲国良　查道炯
闫润鱼　庞中英　黄大慧　李庆四　任剑涛　保建云　王英津　郭春生
刘文秀　房乐宪　王义桅　韩彩珍　吴征宇

（注：张惟英于2013年2月退休）

新闻学院：

喻国明　涂光晋　蔡　雯　周建明　倪　宁　郑保卫　周小普　盛希贵
陈立丹　高　钢　彭　兰　陈　绚　匡文波　杨保军　张　征　钟　新
王润泽　赵永华

艺术学院：

郑晓华　徐庆平　徐唯辛　闫　平　祝东平　陈传席　王克举　赵　方
黄华三　丁　方　王家增　王英健

外国语学院：

钱晓蕙　成同社　张勇先　田育英　陈世丹　于素秋　任国强　吴红云
刁克利　赵蕾莲　贾国栋　王建平　郭　军　李铭敬　张　威　张　意
代显梅　朱　源　杨　敏

环境学院：

马　中　马忠玉　曾凡刚　宋国君　张景来　王洪臣　沈大军　曾贤刚
张光明　吴　健

信息学院：

王　珊　朱来义　杜小勇　陈　红　孟小峰　林　勇　龙永红　张伦传
张庆彩　杨小平　李德英　左美云　石文昌　梁　循　李翠平　杨云雁
文继荣　王　伟

（注：王珊于2013年8月退休）

教育部数据工程与知识工程重点实验室：

周晓方　陆嘉恒

（注：周晓方于2013年7月调出）

理学院：楼元

物理学系：王孝群　李　涛　胡　辉　王善才　卢仲毅　刘玉良　张清明
于伟强　王　雷　鲍　威　陈根富　朱传界　魏建华　曹永革
张　芃　Bruce Normand　李茂枝　郭　茵

化 学 系：郭志新　于澍燕　艾希成　张建平　林　隽　李志平　徐立进
金朝霞

心理学系：雷　雳　胡　平　张积家　张清芳

商学院：

郭国庆　徐二明　戴德明　包　政　荆　新　耿建新　王利平　马珑珑

王化成　李　平　徐　泓　王凤彬　于富生　林　钢　宋远方　刘凤军
纪宝成　李　焰　吕一林　伊志宏　陈　冠　宋　常　杨　杜　谷克鉴
赵　苹　江　林　张瑞君　成　栋　刘国山　秦志华　孙茂竹　宋　华
吕景胜　王亚星　徐经长　毛基业　刘晓梅　章　凯　蔡荣生
陈甬军　王晓东　赵西卜　周庭锐　王保林　刘向东　姜付秀　刘　刚
王刊良　曹　伟　况伟大　彭　翊　Kenneth Andrew Kim　李先国
刘　军　宋建波
（注：吕一林于2013年2月退休）

公共管理学院：

董克用　陈秀山　许光建　张成福　张康之　杨　健　叶剑平　毛寿龙
叶裕民　严金明　吴春波　吕　萍　魏　娜　孙柏瑛　康晓光　谢　明
方振邦　李　珍　刘　昕　黄燕芬　蓝志勇　刘太刚　孙玉栋　张占录
王虎峰　祁凡骅　崔　军　刘云华　杨开峰　李家福

劳动人事学院：

曾湘泉　彭剑锋　郑功成　孙健敏　潘锦棠　常　凯　仇雨临　程延园
张丽华　周文霞　杨伟国　林新奇　赵　忠　石　伟　易定红　唐　鑛
周　石　杨立雄　韩克庆

信息资源管理学院：

冯惠玲　赵国俊　张辑哲　胡鸿杰　周晓英　卢小宾　王　健　王英玮
安小米　张　斌　侯卫真　索传军　张美芳　刘越男

统计学院：

袁　卫　赵彦云　易丹辉　何晓群　金勇进　高敏雪　张　波　王晓军
彭　非　孟生旺　杜子芳　田茂再　胡飞芳　陈一兵　张景肖

农业与农村发展学院：

唐　忠　孔祥智　郑风田　马九杰　曾寅初　温铁军　汪三贵　张利庠
刘金龙　王志刚　周　立　朱信凯　Reardon Thomas Anthony
生吉萍　谭淑豪　王西琴　仇焕广

教育学院：

秦惠民　牛维麟　胡　娟　申素平　李立国　程方平　周光礼　项贤明
曹淑江

继续教育学院：

陈兴滨　张　践　王琪延　顾宗连　缪代文　王国元　刘利兰　喻志军
（注：张践于2013年8月退休）

体育部：

李树旺

培训学院：

李　湘　刘京建

图书馆：

武继山

档案馆：

张世林

出版社：

沈小农　刘　志　孟　超　费小琳　刘　晶　潘　宇　马学亮　杨宗元

郭燕红　李永强
（注：沈小农于2013年2月退休）
书报资料中心：
高自龙　宣小红　王立君　钱　蓉
学术期刊社：
杨万东　武京闽　林　坚　李淑英　孔　伟　王碧峰
学校办公室：
刘向兵　查显友
党委宣传部：
郑水泉
研究生院：
李　霞　宋东霞
学生处：
文书锋
国际合作与交流处：
张晓京
后勤集团：
林建荣
审计处：
赵永奎
附属中学：
许作良　刘彭芝
汉青高级经济与金融研究院：
梁　晶　叶光亮　汤　珂
人员流动中心：
詹杭伦

■ 2013年逝世人员名单

2013年逝世人员（离休）
（以逝世时间先后为序）

单位	姓　名	性别	出生年月	参加工作时间	逝世年月
后勤集团	刘秉文	男	1922.03	1949.06	2013.01
档案馆	高奎智	女	1931.06	1948.08	2013.01
文学院	王国璋	男	1925.03	1949.01	2013.01
法学院	力康泰	男	1933.01	1948.10	2013.01
后勤集团	李梦北	男	1926.10	1949.03	2013.02
学校办公室	刘　光	女	1921.08	1940.02	2013.02
体育部	王在武	男	1928.08	1949.05	2013.03
后勤集团	李　震	男	1927.01	1948.06	2013.04

单位	姓　名	性别	出生年月	参加工作时间	逝世年月
附属中学	杨爱瑜	女	1925.01	1949.04	2013.04
继续教育学院	田　余	男	1926.05	1948.12	2013.04
法学院	程荣斌	男	1930.11	1946.12	2013.04
出版社	齐俊成	男	1923.04	1949.03	2013.05
文学院	石　崎	女	1932.08	1948.03	2013.05
商学院	张　洁	女	1928.02	1948.07	2013.05
离退休工作处	王肖山	男	1924.10	1938.05	2013.05
历史学院	韩　蒲	男	1928.01	1948.08	2013.06
外语学院	蒋春雨	男	1929.12	1948.01	2013.07
档案馆	李　铭	女	1927.04	1949.03	2013.08
校园建设管理处	马铎民	男	1926.11	1949.03	2013.08
资产与后勤管理	王绍泰	男	1930.06	1945.11	2013.08
国际关系学院	乔增锐	男	1923.03	1948.06	2013.09
后勤集团	李　季	男	1926.01	1948.12	2013.10
出版社	冯富光	男	1928.01	1945.11	2013.10
历史学院	罗　明	男	1933.02	1949.02	2013.11
出版社	陈维生	女	1931.04	1949.06	2013.12
马克思主义学院	李光谟	男	1927.10	1949.03	2013.12
国际关系学院	郑建邦	男	1927.06	1948.10	2013.12

2013年逝世人员（退休）

（以逝世时间先后为序）

单位	姓　名	性别	出生年月	工龄工作年月	逝世年月
附属中学	梁玉珍	女	1937.06	1963.09	2013.01
新闻学院	于素娜	女	1935.02	1954.07	2013.02
外语学院	唐也平	女	1931.06	1952.09	2013.02
出版社	王道宏	男	1924.05	1952.07	2013.02
校园建设管理处	张广理	男	1938.07	1965.08	2013.02
商学院	马英麟	男	1929.10	1952.09	2013.02
外语学院	李兴春	男	1925.12	1952.08	2013.03
信息学院	张汝元	男	1942.02	1966.07	2013.05
哲学院	汤群英	女	1935.07	1965.08	2013.07
社会与人口学院	卓静荃	女	1933.07	1952.09	2013.07
马克思主义学院	段榜元	男	1937.09	1960.08	2013.08
马克思主义学院	于乃敏	女	1933.08	1952.08	2013.08
统计学院	吴汉炎	女	1932.11	1949.12	2013.08
校医院	巴特尔	男	1948.10	1968.06	2013.09
法学院	宋金波	男	1928.03	1954.08	2013.09
历史学院	潘向明	男	1951.10	1986.07	2013.09
文学院	梁式中	男	1931.11	1951.07	2013.10
体育部	郭　堃	男	1928.01	1951.06	2013.10
历史学院	马汝珩	男	1927.11	1952.06	2013.11
出版社	刘良基	男	1940.03	1956.09	2013.12

说明：表中列出的是副教授、副处级以上逝世人员。

附属学校

■ 附属中学

一、概况

中国人民大学附属中学占地面积 94 557 平方米，建筑面积 95 995 平方米，体育场（馆）面积 22 760 平方米。图书馆藏书 15 万册。普通教室 130 个，专用教室 30 个，实验室 21 个。学校现有教职工 496 人，其中，具有正高级职称 15 人、副高级职称 239 人、中级职称 151 人；专任教师 401 人，包括特级教师 32 人（含退休）、北京市学科教学带头人 7 人、市级骨干教师 16 人。开设教学班 127 个，其中，初中班 57 个、高中班 70 个。在校生 5 207 人（含外籍学生，不含早培六年级 171 人），其中，初中 2 468 人（不含早培六年级 171 人）、高中 2 739 人。2013 年高中录取分数线 540 分（海淀区）。学校网址 http://www.rdfz.cn。

二、学校建设

（一）学校整体建设概要

2013 年，附中在大学党组织的领导下，熔铸中外精华，驱动综合创新。进一步规范教育教学各项管理制度，促进学校内涵式发展，努力提高办学质量；加强校本研修与培训，搭建高端平台，建设高素质教师队伍；

继续坚持以人为本的管理思想，爱护和尊重每一位教职员工；提升科技教育水平，培养学生的创新意识和实践能力；为具有体育、艺术及各类特长的孩子搭建发展平台；积极履行社会责任，通过多元途径分享优质教育资源，让更多地区、更多孩子享受优质教育；大力拓展国际交流，提升学校办学的国际化水平。

（二）2013 年度大事记

1.“引领·担当：人大附中教育家办学实践研讨会”隆重召开

1 月 20 日上午，由北京市海淀区教工委、海淀区教委主办的“引领·担当——人大附中教育家办学实践研讨会”在人大附中综合楼学术报告厅举行。海淀区各中小学校的校长书记、中国基础教育卓越校长卓越教师培养基地第二期校长班学员、人大附中及其联合学校的部分教师以及学生家长和校友代表等参加了会议。研讨会还特邀部分国务院参事出席。研讨会由海淀区教委主任孙鹏主持，人大附中校长刘彭芝发表了主题演讲，中国人民大学校长陈雨露、海淀区教工委书记张卫光对刘彭芝校长引领下的人大附中教育思想与办学实践给予了高度评价。

2. 刘彭芝校长参加印度 G20 校长峰会

2 月 15—21 日，G20 校长峰会在印度举办，共有来自全球 12 个国家的 25 所顶尖学校参加，包括英国伊顿公学、英国惠灵顿中学、美国菲利普斯埃克塞德学校、美国哈佛西湖学校、新加坡莱佛士书院、澳大利亚国王学校等。刘彭芝校长对于教育改革与创新的真知灼见得到了各国校长以及参会领导的充分赞誉。

3. 美国博瑞学校来校交流访问

美国博瑞学校是美国明尼苏达州最好的中学之一，也是附中在美国的友好校之一。4 月 1 日，博瑞学校的师生及家长一行 47 人来附中交流访问。他们参观了附中的实验楼和校史馆，和附中学生一起上了英语课，欣赏了艺术团的演出，还和附中篮球队打了一场友谊赛并与附中领导座谈。在与刘校长的座谈中，对方对于这些年附中推荐去博瑞学校读书的学生表示了高度的赞誉，说“他们都是博瑞最优秀的学生”，并且表示愿意继续为附中学生提供奖学金。

4. 海淀区校园足球研讨会在人大附中举行

4 月 2 日，海淀区校园足球研讨会在人大附中举行，会议主要就海淀区校园足球展开研讨。国安足球俱乐部副董事长张路发言，他指出要想改变中国足球面貌，必先改变当前足球发展的方向路线。他高度评价了人大附中三高足球训练基地取得的成果，希望其成为海淀校园足球的引路人。

5. 附中两个课题顺利通过“探索拔尖创新人才培养模式的研究”项目答辩

4 月 23 日，北京市教委课题评审组召开海淀区国家级体制改革实验项目“探索拔尖创新人才培养模式的研究”项目结题报告会。专家组对人大附中承担的两个子课题“拔尖创新人才培养师资队伍建设的研究”“校际间跨校选修平台的建立及学分共享制度研究”取得的研究成果给予了充分肯定，对人大附中在拔尖创新人才培养方面所做出的探索和努力给予高度评价。

6.“六一儿童足球节”活动在附中三高足球训练基地举行

6 月 1 日，由全国中学生足球协会、人民大学附属中学三高足球俱乐部组织主办的“六一儿童足球节”活动在人大附中三高足球训练基地举行。国家体育总局副局长蔡振华，国务院参事、人民大学附属中学校长刘彭芝，总局青少司司长郭建军，总局足球运动管理中心党委书记、副主任魏吉祥，教育部学生体育协会副秘书长张彦君等领导出席了活动。

7. 人大附中太空授课创伟绩

6 月 20 日 10 时 04 分，人大附中学术报告厅地面课堂，来自北京各学校的 300 多名学生，全国 8 万余所中学 6 000 余万名师生，同上一堂课，航天员王亚平为全中国的中小学学生太空授课。附中物理教师宓奇老师作为地面课堂教师，与太空“天宫一号”中三名宇航员王亚平、聂海胜、张晓光共同完成了长达 50 分钟的天地互动授课任务。附中在教育部、北京市教委指导下，与中国科协、中国载人航天办公室、解放军总装备部等众多部门协同努力，为此项活动进行了大量的场地设施维修、视频通信转播保证、电力保障、安全保障、授课演练、组织学生观看等工作，为太空授课活动的顺利实施做出了贡献。

8. 李岚清同志和教育部郝平副部长等领导来附中音乐厅欣赏满天星交响乐团排练

6月15日下午，李岚清同志和教育部副部长郝平等领导一同来附中音乐厅欣赏满天星交响乐团的排练，人大校党委书记靳诺、校长陈雨露及人大附中校长刘彭芝陪同。排练进行了一个小时，李岚清同志给予高度评价并提出了殷切的期望。随后，李岚清同志在人民大学国学馆报告厅进行了一场关于篆刻的报告会，满天星的全体团员及人大附中的100名师生参加了报告会。会上，李岚清同志用自己生动的生活例子向大家展示了篆刻艺术的美妙及乐趣。

9. 美国GSB学校校长来附中参观

6月21日，美国GSB学校校长来附中参观，并与刘彭芝校长进行了1个半小时的会谈。会谈过程中，两位校长介绍了双方的基本情况，刘校长就美国学生的学习生活与GSB学校校长进行了深入探讨，为今后两校友好学校关系的建立奠定了良好基础。

10. 双卓基地第二期校长班暨人大附中教职员工暑期培训隆重举行

7月13—20日，中国卓越校长卓越教师培养基地（简称“双卓基地”）第二期校长班第三次校长培训大会暨人大附中2013年暑期教职员工培训在人大附中举办。本次培训为期七天，主题是“熔铸中外精华，坚持综合创新，创办具有中国特色的未来教育”，内容主要分为七个板块：国务院参事、人大附中校长刘彭芝主持的导师论坛，国际教育改革优秀案例，国内教育改革优秀案例，人大附中创新之路系列报告，专家引领系列报告，创新人才培养学术研讨，分享交流等。

11. 开展科学和人文实验班的改革实验

8—9月，在刘彭芝校长的倡导下，人大附中在高中部设立了科学实验班和人文实验班。利用暑期召开了新高一家长和学生说明会、专家研讨会，开展了选拔面试工作。科学实验班和人文实验班是附中深化高中课程改革的实验田，聘请了美国托马斯-杰佛逊高中的保罗先生进行课程建设、教学方式、评价方式等方面的深入探索，创立新的课堂模式，熔铸中美先进教育理念，探索未来教育。

12. 双师教学项目启动

8月23日，由国家基础教育资源共建共享联盟、中国人民大学附属中学、友成基金会常青义教专项基金和正保远程教育四方主办，多地地方教委及学校协办的“双师教学项目启动仪式暨教学研讨会”在中国人民大学附属中学举行。“双师教学”项目是一种旨在促进教育均衡的、公益性的、创新型的教学模式，即利用网络把中国人民大学附属中学等学校的优质课程同步直播到广西、重庆、内蒙古、河北、北京等省市区的10余所试点推广学校。“双师教学”项目将采用慕课（MOOCs）教学模式，进一步在“国家基础教育资源共建共享联盟”的网络平台上推广，惠及更多贫困地区学校教师和学生，促进教学质量的提高和教师专业化水平的提升。该项目旨在利用先进的网络技术，使各地学校共享优质教育资源，促进城乡教育的均衡发展，使“教育公平”的梦想逐步成真。

13. 人大附中实验小学成立

经海淀区教育委员会与人大附中联合总校、人大附中协商同意，并报请海淀区人民政府、中国人民大学批准备案，人大附中承办北京市海淀区知春里小学。8月31日，知春里小学正式更名为人大附中实验小学。更名之后的人大附中实验小学承担着早培班学生的学籍管理以及小学阶段拔尖创新人才培养的研究任务，为国家的拔尖创新人才培养做出贡献。

14. 第一届全国中学生学术辩论总决赛开幕式在人大附中举行

9月14—15日，由创新人才教育研究会、创新方法研究会主办，中国教育电视台、哈佛辩论委员会和全美演讲与辩论联盟（NFL）协办的“第一届全国中学生学术辩论联赛”在人大附中举行。国务院参事、人大附中校长、创新人才教育研究会会长刘彭芝致辞。来自北京、上海、江苏、浙江、广东、山东、湖北、陕西、黑龙江、宁夏等全国20个省市区55所全国知名中学的82支参赛队伍，在这里进行最终对决。

15. 第 27 届学生会及 2014 届学理会正式成立

10 月 23 日，人大附中第十七届团员暨学生代表大会闭幕式暨第三次全体会议召开，会上，人大附中第 27 届学生会、2014 届学生理事会正式成立，刘充担任学生会主席。本次团员暨学生代表大会投票折合票数 438 票，选举产生了 17 名学生会干部。当选第 27 届学生会干部和 2014 届学生理事会总干事的同学，来自全校所有非毕业年级，全校参与度之高是历年之最。10 月 28 日起，学生会各部门进行盛大招新。

16. “影子校长”培训及“课程领导力”校长培训工作拉开帷幕

11 月 7—16 日，人大附中承接了来自 2013 年“教育部—中西部中小学校长影子培训项目”和北京教育学会中小学校长“课程领导力”高级研修班的学员。本次培训从教学教务管理、德育管理及安保工作、学校文化、教师发展、高中教学工作与管理、教师专业培养和校长基地工作、党务和艺术教育、科技和课程改革、学校管理创新、“三高”足球基地体育后备人才培养、学生活动管理等方面入手，全面深入展开研修活动，解读学习人大附中，为中西部地区培养优秀校长。

17. 人大附中与恒大集团合作共建人大附中恒大皇马足球学校

11 月 20 日中午，中国人民大学、中国人民大学附属中学、恒大集团三方在中国人民大学签署合作协议。中国人民大学校长陈雨露，恒大集团董事局主席许家印，国务院参事、人大附中校长刘彭芝参加签约仪式，并分别代表各方正式签约。双方合作后，恒大皇马足球学校挂牌“中国人民大学附属中学恒大皇马足球学校”，恒大集团与人民大学将共建“中国人民大学恒大足球学院”。至此，恒大集团通过与名校合作，实现了小学、中学、大学一条龙式的足球教育模式，为中国足球教育开启了新篇章。

18. 人大附中组织实施“国培计划（2013）”骨干教师高端研修项目

11 月 18—22 日，“国培计划（2013）”——骨干教师高端研修人大附中高中数学班在人大附中举办。该次培训为首次集中面授，为期五天。培训结束后，从学员中遴选 48 名学员，再进行为期十天的集中面授，此后，48 名学员组成三人工作坊，培训各地 4 800 名基层教师。这是人大附中第四次获得承办数学骨干教师研修项目资质，本次培训共有来自北京、上海等八个地区的 91 名数学方面的教授、副教授、特级或高级教师。

本次研修围绕“提高高中数学骨干教师的教育教学能力和专业化水平，使他们在实施素质教育、推进基础教育改革和教师培训中发挥带头辐射作用，推动全国中小学教师培训的开展”这个总目标组织实施，开发和形成高中数学骨干教师研修的优质课程与案例资源，采取集中培训与教师工作坊研修相结合、“种子”教师培训与研修团队打造相结合的方式，培养名师候选人，组建教师工作坊，引领带动全国骨干教师的专业成长，并推动“种子”教师从优秀迈向卓越，同时探索骨干教师常态化研修的新型培训模式。

19. 刘彭芝校长被评为“2013 中国教育功勋人物”

12 月 4 日，由新华网主办的 2013 年新华教育论坛——“大国教育之声”活动在国家会议中心圆满结束，刘彭芝校长被评为“2013 中国教育功勋人物”。同获此殊荣的还有国家教育咨询委员会委员、国家总督学顾问陶西平，西安外事学院董事长黄藤，中国教育学会中小学信息技术专业委员会副理事长王本中，中国教育学会初中专业委员会理事长李锦韬，中国教育学会小学教育专业委员会理事长姚文俊。

20. 刘彭芝校长获第十六届宋庆龄樟树奖

12 月 5 日，由中国福利会主办、上海仪电集团倾力支持的第十六届宋庆龄樟树奖颁奖活动在中国妇女活动中心举行。获得本届奖项的共有 5 人，他们是：中国人民解放军优秀航天员、中国首位太空授课教师王亚平；坚持改革创新，探索具有中国特色的基础教育创新发展之路的中国人民大学附属中学校长刘彭芝；30年坚守在宋庆龄开创的校外教育阵地，致力于校外教育研究与发展的中福会少年宫主任陈白桦；心怀祖国，十几年如一日奔波在祖国的大江南北，推广无创助产技术和国际产科服务模式的美籍妇产科专家范渊达以及在中国少儿新闻出版界具有一定国际影响力的代表人物海飞。

三、各类成绩

（一）学生获奖

——国际类大奖

1. 2月19—22日，人大附中学生在第九届亚洲区空间站设计大赛暨第十九届国际空间站设计大赛——亚洲区赛中获得亚军，高二13班的郭彦哲同学，获得了Dick Edward's Award for excellent display of leadership。

2. 4月7—16日，第41届国际发明展在瑞士日内瓦成功举办。附中6位同学经过5天的紧张答辩与展示，最终以出色的表现、突出的创意获得三金两银的优异成绩。

3. 4月17—21日，VEX机器人世界锦标赛在美国阿纳海姆会议中心举行，附中的RDFZ代表队是北京唯一参加高中组角逐的队伍，获得最佳设计奖。

4. 7月27日—8月5日，第七届IOAA在希腊沃洛斯举行。IOAA是世界12项中学生奥林匹克竞赛之一，本届IOAA附中高一14班学生孟舜英获得银牌。

5. 8月2—5日，附中学生获第二十届国际空间站设计大赛全球总决赛团体亚军。

6. 9月，杨蕙钰获国际青少年天文奥林匹克竞赛（IAO）金奖。

7. 11月，潘雁楠获亚洲和太平洋地区青少年天文奥林匹克竞赛（APAO）银奖；伍依然、郭筱玥、罗敬怡、宋文菲、张思思等获亚洲杯韩国公开赛银牌。

8. 12月，孙唯、杨兴禹、王迪获得British Physics Olympiad（BPhO）金牌；王迪、杨兴禹、郑初凡获得American Mathematics（AMC）全部优胜奖。

——全国类大奖

9. 1月，附中桥牌队捧得首届“知好乐杯”全国中学生桥牌精英赛冠军流动奖杯，并获得5 000元冠军大奖。

10. 2月14—17日，第九届泛珠三角物理竞赛中，共有来自海峡两岸暨香港的500多名选手参加比赛，附中高二年级张昊同学获得一等奖金奖，白岸斯、石经天、朱宇森、宋逸伦获得一等奖，同时人大附中获得团体总分一等奖。

11. 3月2—3日，第34届世界头脑奥林匹克中国区决赛暨第26届中国上海头脑奥林匹克创新大赛中，人大附中代表队获得了一等奖第一名的好成绩。

12. 3月3日，FIRST机器人技术挑战赛（FTC）中国赛区总决赛在上海同济大学嘉定校区落幕，附中的“Lightning Project”队获得了此次中国区总决赛的亚军联盟。

13. 4月28日—5月2日，人大附中桥牌队代表北京参赛，夺得全国青年赛亚军，魏宏济同学成为中国最年轻的桥牌国家终身大师。

14. 4月，人大附中模联社荣获北京大学全国中学生模拟联合国大会最佳团队奖。

15. 5月18日，在“2013全国青少年电子信息创新大赛”中，附中学生分别获得初中组和高中组二等奖。郭晓宇、王敦诚获最实用作品奖，吴杰宬获最具创意作品奖。

16. 5月21日，附中“学苑π”代表队获得全国青少年创意工程挑战赛暨世界机关王选拔赛一等奖第一名的好成绩，两个参赛队均获得了参加世界机关王大赛的资格。

17. 6月，“第十八届全国中小学生绘画书法作品比赛”中，“人大附中书画社”学生12人分获书法、绘画组全国一等奖，取得多年来参赛最好成绩。

18. 7月14—20日，第30届全国青少年信息学奥林匹克竞赛中，人大附中的赵晟宇同学获得金牌，陈紫茵和张子禾同学获得铜牌。

19. 7月18—25日，第十一届“全国中小学信息技术创新与实践活动”竞赛决赛中，附中学生在视频创作项目决赛中全部获得一等奖，其中石浩然同学获得了国务院奖励办审批奖项——“恩欧希教育信息化发明创新奖”。

20. 7月19—24日，第十四届“我爱祖国海疆”全国青少年航海模型教育竞赛总决赛中，附中学生获得3个一等奖、2个二等奖、2个三等奖。

21. 7月26日—8月1日，人大附中足球队荣获2013年第三届北京杯国际中学生足球赛团体第一名。

22. 7月，王梓漪荣获中国业余高尔夫冠军赛冠军。

23. 7月，徐家玺荣获2013年健美操联赛个人金牌，施潇津、张舒然、刘畅、蔡泽坤、殷晴荣获团体金牌。

24. 8月1—7日，第28届全国青少年科技创新大赛中，附中辛琦、荣之昊、赵若辰、傅彤均获得一等奖，辛琦、傅彤两人获得英特尔英才奖，辛琦获得了本届比赛的最高奖项“中国科协主席奖”殊荣。

25. 8月24日，曹毅荣获2013年全国体育传统项目学校武术比赛自选拳第一名；曹毅、白津箐获团体第一名。

26. 8月，人大附中荣获全国中学生桥牌锦标赛双人赛冠军、季军。

27. 8—9月，童辉、乔晰及《北京时刻》团队，张晴及《小时光》团队，宋笑颜及《遇见》剧组荣获第二届全国中学生原创影片大赛最佳影片奖。

28. 10月23—31日，人大附中足球队荣获2013年中国高中足球联赛团体第一名。

29. 11月9日，人大附中学生获得第五届“柯桥杯”全国中学生地理奥林匹克竞赛团体一等奖。

30. 11月，张昊、孙雨东、戴必玮、白岸斯获得第30届全国中学生物理竞赛决赛一等奖；胥晓宇、陈煜、朱宇森荣获二等奖。

31. 11月，潘雁楠荣获亚洲和太平洋地区青少年天文奥林匹克竞赛（APAO）银奖；伍依然、郭筱玥、罗敬怡、宋文菲、张思思荣获亚洲杯韩国公开赛银牌。

32. 12月16日，第十三届“明天小小科学家”奖励活动中，附中七人获得一等奖。

33. 12月，朱飞宇、赵韦弦、谭弈凡、张书豪、杨宇前、雷炎橦等荣获2013—2014DI创新思维亚太区北京国际邀请赛一等奖第一名。

34. 12月，人大附中代表队荣获第十八届全国青少年建筑模型教育竞赛总决赛中学男子组金牌（一等奖第一名）、中学女子组金牌（一等奖第一名）、中学女子组二等奖、中学女子组三等奖。

35. 12月，伍依然获得第十五届世界中学生运动会银牌。

36. 12月，刘德临荣获“北京市优秀团员”称号。

（二）教师及学校获奖（市级以上）

1. 1月，刘彭芝校长荣获“中国好校长”荣誉称号、“翱翔计划优秀指导教师”称号；2月，被评为“中国教育功勋人物”；5月，荣获“科技教育专家型校长”称号；11月，在庆祝北京市学生金帆艺术团成立25周年活动中，被授予感动金帆特殊贡献奖；12月5日，被授予宋庆龄樟树奖。

2. 9月，周建华副校长被评为“北京市优秀教师”；10月，被评为“北京市魅力教师”。

3. 10月，人大附中被评为“北京市中小学校传统文化教育基地校”。

4. 9月，刘秀清获得第二十六届北京市中小学紫禁杯优秀班主任一等奖。

5. 12月，王小顺被评为“2013年北京公安出入境外国留学生管理工作先进个人”。

6. 1月，袁继平荣获北京市青少年创新学院“翱翔计划”优秀指导教师奖；7月，荣获第十四届全国中小学电脑制作活动全国优秀指导教师一等奖、第十一届“全国中小学信息技术创新与实践活动”全国优秀指导教师奖。

7. 10月，王纯荣获2013年全国历史优质课评比一等奖。

8. 4月，黄文君荣获全国基础教育化学新课程实施成果（第8届）优质课（教学录像）一等奖。

9. 4月，王珊珊荣获全国基础教育化学新课程实施成果交流大会现场说课比赛特等奖、全国基础教育化学新课程实施成果优质课（教学录像）一等奖；7月，所授课被收录到人教版义务教育教科书化学九年级培训光盘。

10. 7月，胡展翅主导课题在“第五次全国物理科学方法教育学术研讨会”上被评为优秀课题一等奖、“物理科学方法教育”先进个人。

11. 12月，郑晓获得2013—2014DI创新思维亚太区北京国际邀请赛优秀领队老师。

12. 1月，赵威在北京市英特尔未来教育项目表彰及应用成果展示活动中获得一等奖，论文获中国教育学会“语文教育资源的开发和运用”课题论文评比一等奖；5月，主持的市级课题获得课题研究成果评选北京市一等奖。

13. 7月，魏二明获得“国家名厨称号”；凌天被评为2013年全国中学生乒乓球锦标赛全国优秀教练员。

14. 6月，张诚获得第十八届全国中小学生书法绘画大赛指导教师一等奖。

15. 4月，叶娜获得北京市中小学生群舞比赛一等奖第一名和优秀辅导老师

16. 1月，王珊珊获得北京市初中教师实验技能展示1等奖，黄文君获二等奖。

17. 2月，胡继超获得第九届泛珠三角物理竞赛优秀指导教师奖；5月，获得北京市桥牌优秀教练员；12月，被评为北京市智力运动先进工作者。

18. 7月，许东霞被国家体育总局评为全国优秀教练员；11月，被评为北京市优秀教练员。

19. 10月，雷杨获得2013年全国中学生生物学联赛一等奖辅导老师；12月，温婷婷获得北京市学生机器人智能大赛FLL项目一等奖。

20. 6月，张继锋荣获第十八届全国中小学生书法绘画大赛书法类指导教师一等奖；7月，获得第五届中国青少年书法美术大赛书法少年组优秀指导教师奖。

■ 附属小学

一、主要工作

1月20—22日召开人大附小第二届德育工作会——特教专题研讨会。

2月6日，海淀区教委孙鹏主任来校视察工作；20—21日，召开人大附小第四届教职工代表大会第二次会议；27日，北京市教委委员王定东副主任来校视察工作。

3月18日，教育部退休司局干部组成的北京市小学教育调研组及区陪同领导一行20人到校调研；29日，郑瑞芳校长陪同人民大学马俊杰副书记考察人大附小东校区；30日，附小53位教师参加海淀区“世纪杯”教师基本功大赛。

4月9—24日，郑瑞芳校长携七彩教育同盟校校长及老师代表赴美国休斯敦独立学区与当地的中国语言普通话磁石学校（MANDARIN CHINESE Language Immersion Magnet School）签订友好协议，这次签约也是建校59年来首次赴外签约；13日，一年级779名学生赴顺义区七彩蝶园举行入队植“亲子树”活动；22日，北京市教育学院新疆“双语”培训班的9位老师来校跟岗学习六周；26

日，附小举行第三届“小小奥运会”。

5 月 4 日，承办“优质小学教育家成长工程基地联盟启动仪式”；13 日，郑瑞芳校长携科研主任参加“北京市中小学课程创新实验遨游计划项目”实施方案会并进行项目申述；16 日，郑瑞芳校长代表附小与门头沟教委正式签署“人大附小京西分校”合作办学协议，人民大学马俊杰副书记出席签约仪式；20 日，附小举办第二届“班主任节”，表彰附小劳动模范、青年先锋；21 日，头脑风暴中心学生赴美国参加世界头脑奥林匹克大赛；27 日，附小第二届“霓之星”电影节启动仪式；29 日，人民大学党委书记靳诺到校视察工作。

6 月 1 日，庆祝六一儿童节暨人大附小第三届“小妙会”；6 日，承办“北京市中小学融合教育行动计划启动仪式暨培训会”；13—16 日，毕业课程之六年级上海毕业旅行；19 日，承办北京市教委节能减排宣传周启动仪式；21 日，海淀区教委对人大附小银燕分校进行优质校教育督导，听取了郑瑞芳校长的汇报，查阅档案，召开了银燕师生座谈会并进行问卷调查，走进银燕教师课堂；27 日，六年级毕业课程之学生毕业展演；28 日，篮球明星马布里为附小“马布里篮球训练基地”揭牌；30 日，附小 2013 届毕业典礼暨北京市融合教育现场会。

7 月 6—8 日，附小党支部开展“中国梦、附小梦、我的梦”浙江嘉兴南湖红色之旅活动，李峥、刘凯、王斌、李海燕四位教师光荣加入中国共产党；12 日，魏稹老师、梁葛妹老师在美国完成一年的学业，学成回国汇报；15—30 日，附小首次被批准为国家级青少年体育俱乐部——阳光体育俱乐部，开展首次暑期运动夏令营。

8 月 24—27 日，举办“走进七彩名家讲堂中国人民大学附属小学 2013 教师培训”，邀请 5 位名家做精彩讲座；31 日，“走进彩虹门　放飞七彩梦”人大附小京西校区开学典礼，人民大学陈雨露校长出席并讲话。

9 月 1 日，举办“走进彩虹门　放飞七彩梦”人大附小东校区一年级新生入学典礼，航天英雄景海鹏出席并讲话；2 日，人大附小本校区举办“绿色梦　附小梦　我的梦”开学典礼；4 日，附小东校区举办首届“玩具节”；13 日，人大附小举办“烛丹奖”表彰会；22 日，附小东校区举办首届“泡泡节”；29 日，附小东校区举办首届“数字节”活动。

10 月 14—29 日，“七彩游学”京西校区四、五、六年级学生分别走进人大附小本校游学一周；24 日，郑校长携部分教师赴林大附小参加“七彩教育同盟”数学教学研讨活动；25 日，接受北京市教育收费专项检查小组到校检查义务教育收费情况；走进树仁学校参加“七彩教育同盟”班主任沙龙；29 日，承办全国少先队辅导员培训会议；30 日，附小东校区举办首届“苹果节”。

11 月 5—8 日，一年级家长进课堂；6 日，承办海淀区教委第 23 届 119 消防安全宣传教育“认识火灾，学会逃生”主题活动；8 日，附小举办第四届“男士节”；14 日，附小东校区举办首届“树叶节”；20 日，承办海淀区进修学校师训部青年教师培训；27 日，郑校长携部分领导、教师参加“全国小学语文自主识字教学观摩研讨会”，并回访深圳友好学校荔园小学。

12 月，郑瑞芳校长出版专著《做一件幸福的事》；4—6 日，第四届“彩虹杯”教师基本功展评活动；19 日，附小代表海淀区小学接受北京市教委“学校文化建设示范校”验收检查；24 日，附小东校区举行首届“亲子阅读节”；30 日，首届三校区学生“阳光杯”跳绳挑战赛。

二、主要成绩

2013 年，人大附小开办门头沟京西分校（西校区）和人大附小银燕分校（东校区），开创了人大附小一校三址的新局面。目前学校 123 个教学班，5 093 名师生。

2013 年，学校在北京市、海淀区大会上做典型发言 9 次，并应邀参加教育部、市政委等组织的 4 次座谈会。

2013年，学校荣获北京市第四届教学成果二等奖（学校发表课）、北京市教育科研先进学校、海淀区2010—2013年教育科研工作先进学校、北京市中小学艺术教育特色学校、北京市资源教室建设与运作示范学校、“牵手计划”教育公益项目志愿学校、北京市生活垃圾分类社会单位贡献奖、中国人民大学先进党支部、中国人民大学第五十四届田径运动会教工男子女子团体第一名、首都教育系统教职工运动会突出贡献奖、海淀区中小学心理健康教育示范校、海淀区教育事业统计工作优秀集体一等奖、海淀区文明单位、海淀区中小学食堂管理先进学校、海淀区教育系统工会工作先进单位等22项荣誉。

2013年，附小接待来自国内的教育团体、专家、教师共1 588人到校参观学习，接待美国、新加坡、以色列等地的友好学校及教育团体共99人到校参观交流。

2013年，附小共有教师505人次在国际、国家、市、区等各种级别比赛中获奖。

2013年，附小学生在国际、国家、市、区比赛中荣获奖项：国际级4项29人次；国家级13项55人次；市级45项290人次；区级70项1 174人次；团体奖41项，其中国际级6项、国家级1项，市级24项，区级10项。

2013年，中央电视台、北京电视台、北京人民广播电台、《人民日报》、《中国日报》、《北京青年报》、《北京晚报》、《新京报》等媒体23次报道了附小的办学成绩及相关活动。

附　录

附录一　中国人民大学 2013 年大事记

1 月 1—5 日，伊志宏副校长赴美国出席全美经济学会和全美社联年会，期间先后在旧金山、圣迭戈看望在美校友。

1 月 4 日，北京市教委高校物业专业委员会专家组一行来校进行校园环境标准化评估，刘向兵副校长出席评估会。经过评估，学校顺利通过验收。

1 月 5 日，苏州独墅湖高教区管理办公室常务副主任蒋卫明一行访问学校，陈雨露校长、王利明副书记兼副校长会见并就进一步推进学校苏州校区建设等相关事宜进行商谈。

1 月 5 日，2012 年北京市数学会年会暨北京市第 23 届大学生数学竞赛颁奖大会在逸夫会堂举行，查显友副校长出席。

1 月 6 日，学习贯彻十八大精神中央宣讲团“走基层”宣讲活动在校举行。王利明副书记兼副校长出席，中国社会科学院副院长李捷、山东大学校长徐显明、清华大学马克思主义学院常务副院长艾四林三位专家做辅导报告，与首都高校师生互动交流。会前，程天权书记会见宣讲团专家，各位专家还参观了法学院学生辅导室。

1 月 7 日，台湾南台科技大学副校长吴新兴一行访问学校，杨慧林副校长会见，双方就两校合作相关事宜进行商谈。

1月8日，范曾《国故三讲》新书发布会暨学术讲座在学校举行，范曾先生、冯惠玲常务副校长、杨慧林副校长出席。

1月8日，“新京报走进人大校园”活动正式启动，新京报社社长戴自更、执行总编辑王跃春、编委王爱军，校党委副书记兼副校长王利明出席仪式。在中国石油、中国平安、北京龙湖等企业的支持下，新京报社将在2013年向人大学生赠阅《新京报》3 000余份。

1月9日，学校召开调整完善教师职务评聘制度专题座谈会，王利明副书记兼副校长、杨慧林副校长出席。会议就调整完善教师职务评聘制度向学院及有关部处征求意见。

1月9日，北京高校后勤2012年总结会在中国地质大学（北京）召开，刘向兵副校长出席。

1月10日，中国人民大学东校区总体规划概念性方案设计成果征求意见会在世纪馆北大厅举行，牛维麟常务副书记出席。

1月11日，西班牙桑坦德银行大学部主管安娜（Ana）一行访问学校，马俊杰副书记会见，双方就中国人民大学——桑坦德银行合作项目的相关事宜进行商谈。

1月11日，学校举办2012年学生公寓工作总结联谊活动，马俊杰副书记出席。

1月11日，2012年度学生工作研讨会在教师中心召开，马俊杰副书记出席。公共管理学院、理学院、法学院、新闻学院和苏州校区等围绕人才培养体系改革，结合各自学院特色，重点就所开展的精致化学生成长与发展项目等话题进行了专题发言。

1月12日，《人民币国际化报告·2013》专家咨询会在明德主楼举行，陈雨露校长出席并致辞。会议对2013年人民币国际化报告进行了介绍与解读，并征求与会专家学者意见。

1月14日，2012—2013学年第一学期进入期末考试周，杨慧林副校长前往教学三楼、教学二楼看望监考教师和参考学生，并巡视考场秩序。在考试周期间，全校共有884个考场，其中，必修课程考场815个，全校选修课程考场69个。

1月15日，延安大学党委副书记王亚森、副校长马柏林一行访问学校，程天权书记、冯惠玲常务副校长会见，双方就加强人才培养、科学研究等相关问题进行商谈。

1月17日，“第二期高礼英才培养计划企业领袖讲坛第三讲”在明德商学楼举办。泰康人寿保险股份有限公司董事长兼CEO、嘉德拍卖和宅急送创始人陈东升为主讲嘉宾，高瓴资本董事长兼CEO、高礼研究院理事长张磊担任主持。陈雨露校长于会前会见陈东升董事长、孔东梅女士和张磊理事长，就高礼研究院人才培养等问题进行商讨。

1月17日，社会转型与社会管理协同创新中心管委会在校召开年度工作会议，陈雨露校长应邀出席并向中心管委会成员颁发聘书，冯惠玲常务副校长主持会议。社会转型与社会管理协同创新中心首席专家袁卫、复旦大学副校长林尚立、南京大学副校长杨忠、国家人口和计划生育委员会政策法规司司长于学军、国家统计局统计科学研究所所长潘璠等中心管委会成员参加会议。

1月17—20日，程天权书记赴深圳考察深圳研究院并会见深圳市市长许勤，双方就加强深圳市与学校的进一步合作交换了意见。

1月18日，教育部与北京市签署共建中国人民大学及其他四所在京直属高校新校区协议。陈雨露校长、查显友副校长和北京师范大学、北京交通大学、北京中医药大学、北京化工大学等高校的负责人，教育部副部长鲁昕，北京市副市长洪峰，教育部有关司局领导，北京市有关委办局及区县政府负责人出席签字仪式。陈雨露校长代表五所高校发言。

1月18日，2012年北京大学生艺术团工作总结研讨会在北京航空航天大学举行，马俊杰副书记出席会议。会上，校青年舞蹈团获“北京大学生艺术团”荣誉称号。

1月18日，刘向兵副校长到学校老校区（张自忠路三号院）和印刷厂（拈花寺）检查安全、消防工作并慰问单位干部职工。

1月18日，2013年后勤保障系统老干部新春团拜会举行，刘向兵副校长出席团拜会并慰问后勤系统老干部。

1月19日，中国人民大学重阳投资教育基金第一次理事会在文化大厦召开，陈雨露校长、查显友副校长出席，中国银监会主席助理阎庆民、中国证监会主席助理张育军、上海虹口区区长吴清、上海证券交易所总经理黄红元、上海重阳投资管理有限公司董事长裘国根、上海重阳投资管理有限公司CEO莫泰山等参加会议。

1月19日，商学院校友理事会年终大会暨商学院首届校友突出贡献奖颁奖典礼在逸夫会堂举行，查显友副校长、伊志宏副校长出席。

1月21日，学校召开2012年本科新生导师座谈会，陈雨露校长、杨慧林副校长出席会议，与本科新生导师代表、各学院主管教学副院长及相关部门负责人座谈，就新生研讨课开设情况及课程建设建议进行交流。

1月22日，学校召开科级管理干部岗位交流动员暨工作部署会议，陈雨露校长出席并讲话，牛维麟常务副书记做动员，王利明副书记兼副校长主持会议，全校各学院、机关部处和直（附）属单位党政相关负责人参加。会议强调了科技管理干部岗位交流工作的重要意义，要求全校各单位从促进干部培养、加强学院基层工作、推进精细化管理、发扬团结友爱作风四个方面落实此次工作，并介绍此次交流岗位的设置情况及岗位任职条件，就后续工作及其他事宜进行了安排。

1月22日，马俊杰副书记看望并慰问全国劳动模范、中国人民大学哲学院教授方立天。

1月23日，学校举行荣誉一级教授称号授予仪式，校领导程天权、陈雨露、冯惠玲、王利明出席，相关学院和部门负责人、二级教授代表、中青年教师代表、学生代表等参加。黄顺基、孙国华、陈共、许征帆、周诚、何沁、李占祥、周升业、王作富、胡钧、许崇德、庄福龄、严瑞珍等13人获荣誉一级教授称号，9名新授荣誉一级教授代表、5名荣誉一级教授代表、6名一级教授代表出席仪式。

1月24日，学校召开第三届校务委员会第十五次会议暨新年茶话会，程天权书记、陈雨露校长、马俊杰副书记出席。

1月24日，学校召开人才工作汇报会，校领导程天权、陈雨露、冯惠玲、王利明、查显友、伊志宏出席。人文学部、社会学部、经济学部、法政学部、理工学部各学院（系）负责人分别介绍了2012年学院（系）人才引进工作基本情况，汇报了2013年人才引进计划，并就加强人才引进工作提出意见与建议。

1月25日，校领导程天权、陈雨露、冯惠玲、查显友、伊志宏、刘向兵看望慰问老校长、原国家经委主任袁宝华和老校长黄达，并汇报学校事业发展近况。

1月25—27日，中国大学生体育协会网球分会换届工作会议在广西桂林举行，牛维麟常务副书记、杨慧林副校长出席。中国人民大学成功当选第五届网球分会主席挂靠学校，牛维麟常务副书记当选网球分会主席。

1月25—27日，学校举办“2013年全国中学生艺术冬令营”活动，来自全国各地的千余名考生参加测试。杨慧林副校长到测试现场进行了视察。

1月26日，由校友会、财政金融学院主办，海南校友会承办的“江山论坛”（2013）在海口举行，陈雨露校长出席并致辞。来自学校及中国人民银行、银监会的领导、专家、学者和金融业界人士围绕“地方中小金融机构的可持续发展”等问题进行探讨。陈雨露校长在出席论坛期间分别会见海南省省长蒋定之、副省长林方略，就双方建设发展情况和加强省校合作等问题进行交流。

1月28日，出版社举行“国家未来与学者责任”暨胡鞍钢教授系列著作学术研讨会，冯惠玲常务副校长出席会议并致辞。

1月29日，2013年度教育管理科学研究基金项目评审会在明德主楼举行，冯惠玲常务副校长、杨慧林副校长、刘向兵副校长出席会议。会上专家从43项申报书中评审出32个项目予以立项，其中重点项目 15 项，一般项目 17 项；加上常设项目 1 项，本年度共拟批准立项 33 项。

1 月，程天权书记一行考察珠海，对珠海坚定不移地走生态文明发展道路、力做中国生态文明建设引领者的做法给予充分肯定和高度赞赏。珠海市副市长刘嘉文会见了考察团一行。

1 月，利用 2013 年美国经济学年会召开的契机，伊志宏副校长率经济学院、商学院、财政金融学院、劳动人事学院、汉青经济与金融高级研究院相关负责人和教师二十余人前往美国圣迭戈现场招聘，积极延揽经济、管理类海外优秀人才。在美期间，伊志宏副校长还出席约翰霍普金斯大学胡颖尧副教授受聘汉青经济与金融高级研究院副院长仪式，并代表学校向胡颖尧副教授颁发了汉青研究院副院长聘书。

2 月 1 日，陈雨露校长看望并问候荣誉教授许征帆、庄福龄、何沁，代表学校为其颁发荣誉一级教授证书，王利明副书记兼副校长等陪同看望。

2 月 4 日，2013 年师生春节团拜会在中区食堂举行，校领导程天权、陈雨露、马俊杰、刘向兵出席，近 300 师生参加，共迎农历蛇年春节。

2 月 4 日，北京市教委主任姜沛民一行来校访问，慰问寒假留校学生，并赠送新春大礼包和通信补助金。陈雨露校长会见了姜沛民主任一行，马俊杰副书记陪同看望。

2 月 22—23 日，学校与福建省在福州签订人才战略合作协议。程天权书记，陈雨露校长，牛维麟常务副书记，福建省省委书记尤权，省委常委、组织部长姜信治等出席签字仪式；姜信治部长与陈雨露校长分别代表双方签字，根据协议双方将在金融服务研究与实践、教育培训等方面展开合作。其后学校代表团赴宁德市参观考察，双方建议将宁德市列为此次省校合作内容优先落地的重点地市。

2 月 23 日，福建校友会 2013 年新春茶话会在福州召开，程天权书记、陈雨露校长、牛维麟常务副书记出席，300 多位校友到会。经福建校友会的协调促成，汇丰投资集团蔡子宜董事长与泉州迎宾馆公司蔡惠绵校友分别向学校捐款人民币 300 万元和 100 万元，用于设立“汇丰投资财政金融学科奖励基金”“汇丰投资国际交流资助基金”和“迎宾馆法学学科奖励基金”，两人分别受聘校董事会常务董事和董事。

2 月 25 日，陈雨露校长、冯惠玲常务副校长在 2012—2013 学年第二学期开学第一天分别查看课堂教学情况并问候上课师生。开学第一天教学秩序整体良好。

2 月 25 日，中国人民大学关爱师生基金管理委员会召开第二次全体会议，马俊杰副书记、查显友副校长出席，关爱师生基金管理委员会各委员参加。会议通报了 2012 年度关爱师生基金使用情况，审核通过了申请补助人员名单，对罹患相关规定以外病种师生的申请是否应予以鉴定和补助提出了意见，讨论、修订了《中国人民大学关爱师生基金管理办法》相关条款。

2 月 28 日，中国学位与研究生教育学会会长赵沁平、中国高等教育学会会长瞿振元、中国教育学会会长钟秉林兼职教授聘任仪式在教育学院举行，陈雨露校长，中国职业技术教育学会会长、中国人民大学老校长纪宝成，刘向兵副校长等出席仪式。

3 月 1 日，新学期学生座谈会在明德主楼举行，程天权书记与各学院、部分学生组织和学生社团的学生代表进行了交流。

3 月 1 日，教育部办公厅召开教育系统党风廉政建设工作视频会议，校领导牛维麟、马俊杰、王利明、查显友、刘向兵参加会议。

3 月 1 日，《青岛市人民政府与中国人民大学金融发展战略合作协议》签约仪式在山东青岛举行。陈雨露校长，伊志宏副校长，青岛市委副书记、市长张新起等出席仪式，伊志宏副校长、青岛市副市长刘明君长代表双方签订《青岛市人民政府与中国人民大学金融发展战略合作协议》。根据协议，双方将在金融发展多个领域加强合作。在青岛期间，陈雨露校长应邀在青岛市金融工作会议做《人民币国际化》辅导报告，并赴青岛海尔集团进行深度考察，学校办公室、财政金融学院相关负责人共同参加活动。

3月2日，中国人民大学公共政策座谈会暨中国人民大学公共政策咨询中心成立大会在钓鱼台大酒店召开。全国人大常委会副委员长司马义·铁力瓦尔地到会祝贺，校党委书记程天权、中国社会科学院副院长李慎民、中国政府公共关系委员会主任武和平、第二炮兵原副政委程宝山等领导和嘉宾围绕公共政策进行了演讲。校党委副书记兼公共政策研究院院长马俊杰为公共政策研究院名誉院长、十届全国人大常委会副委员长顾秀莲等高级顾问、顾问、研究员和专家团队颁发了聘书并宣布中国人民大学公共政策咨询中心成立。

3月2日，“会计改革与发展协同创新中心”培育启动仪式暨研讨会在上海财经大学举行，伊志宏副校长出席并代表学校致辞，对协同创新中心的培育成立表示祝贺。

3月4日，牛维麟常务副书记主持召开全国大学生网球锦标赛协调会，马俊杰副书记、杨慧林副校长、刘向兵副校长参加会议。

3月4日，以学校为项目依托单位的国家重大科研仪器设备研制专项“冷中子非弹性散射谱仪的研制”项目启动会在明德主楼召开，国家自然科学基金委员会计划局孟宪平局长、教育部科技司雷朝滋副司长、中国原子能科学研究院柳卫平副院长、冯惠玲常务副校长出席。

3月4日，国土资源部耕地保护司司长严之尧一行来校访问，查显友副校长会见，会后严之尧应邀为公共管理学院师生做题为《征地制度改革的问题剖析与探索》的讲座。

3月4—8日，商学院组织国际游学周（Immersion Week）系列活动，伊志宏副校长出席欢迎活动并致辞。

3月5日，牛维麟常务副书记、查显友副校长视察锅炉房工地和国学馆，检查工程建设情况。

3月5日，学校举行硕士生复试工作专题会，冯惠玲常务副校长出席会议。

3月5日，法学院举办反垄断法学术研讨会，王利明副书记兼副校长出席。

3月6日，苏州校区召开本学期第一次全体教职工会议，宣布相关人事任命，程天权书记、伊志宏副校长出席。

3月6日，学校在世纪馆举行庆“三八”妇女节趣味运动会，冯惠玲常务副校长、马俊杰副书记出席开幕式。全校46个工会分会组织参加比赛，近千名教职工参与活动。

3月7日，学校在逸夫会堂召开2012—2013学年春季学期本科教学工作部署会议，杨慧林副校长出席并主持会议。

3月7日，比利时布鲁塞尔自由大学（Vrije Universiteit Brussel，VUB）副校长詹·科尼力斯（Jan Cornelis）教授一行来校访问，杨慧林副校长会见，双方就两校以布鲁塞尔当代中国研究所（BICCS）为平台的合作计划进行商谈。

3月7日，学校召开关于制定贯彻落实中央改进工作作风、密切联系群众《八项规定》和《实施细则》的实施办法的意见会，刘向兵副校长主持会议。

3月8日，牛维麟常务副书记、查显友副校长赴天津大学对新校区筹建工作进行调研。

3月8日，英国萨塞克斯大学（University of Sussex）副校长克里斯·马林（Chris Marlin）教授一行来校访问，伊志宏副校长会见并与对方就两校进一步交流合作相关问题进行商谈。

3月8日，澳大利亚驻华大使孙芳安举办早餐会，伊志宏副校长出席。

3月8—9日，学校举办2013年度科学研究基金项目评审会，冯惠玲常务副校长参加会议。

3月11日，牛维麟常务副书记、查显友副校长会见北京市通州区副区长崔志成。

3月11日，敦煌研究院党委书记纪新民一行访问艺术学院，刘向兵副校长会见，双方就学校和中国敦煌石窟研究保护基金会合作项目相关事宜进行了沟通探讨。

3月11—14日，伊志宏副校长一行四人赴香港参加亚太国际教育协会（APAIE）2013年年会及展览。伊志宏副校长参加年会校长圆桌会议，并主持主题为“理解中国的高等教育”的分论坛。在港期间，代表团与多所大学就建立和加强合作等事项进行了深入探讨。

3月12日，中南大学党委常务副书记徐建军一行来校访问，牛维麟常务副书记会见。

3月12日，商学院与国资委干部教育培训中心签署战略合作仪式。伊志宏副校长、国资委干部教育培训中心主任张志强出席签字仪式，并就下一步深化战略合作进行了交流沟通。

3月12—15日，冯惠玲常务副校长参加国家自然科学基金项目中期评审会议。

3月13日，学校召开全校分党委书记会，程天权书记、马俊杰副书记、刘向兵副校长出席会议。

3月13日，学校在逸夫会堂召开东校区（通州校区）建设工作情况通报会，牛维麟常务副书记主持会议，查显友副校长通报东校区建设重要情况。

3月13日，财政金融学院在国学馆举办“2013金融投资论坛”，上海重阳投资管理有限公司董事长裘国根校友做题为《二十年：从校园到市场》的演讲。杨慧林副校长出席论坛并致辞，各金融机构代表及师生200余名共同参加。

3月13日，查显友副校长、刘向兵副校长主持召开校园环境综合治理第八次专题办公会。

3月14日，云南省副省长高峰一行来校访问，程天权书记、查显友副校长会见并与对方就开展省校合作事宜进行了探讨。

3月14日，北京教育系统召开党风廉政建设工作会，北京市委常委、秘书长、教育工委书记赵凤桐，副市长苟仲文出席，牛维麟常务副书记参加。

3月15日，学校召开后勤保障系统推进精细化管理研讨会，刘向兵副校长主持会议。相关专家围绕《中国人民大学后勤保障系统精细化管理指导纲要》和各部门方案先后提出评价与建议。

3月15日，查显友副校长视察青年公寓周边校园环境。

3月16日，国家社科基金重大项目“清史地图集”开题会议在逸夫会堂举行，程天权书记出席并致辞。会上，项目组从项目由来、学术价值、研究方法与技术路线等方面对课题工作方案进行了介绍，来自故宫博物院、中国社科院边疆史地研究中心、中国社科院城市研究所等单位的与会评议专家高度评价了课题的学术意义和现实意义。

3月16日，中国低碳发展宏观战略研究项目“中国低碳技术发展战略研究”启动会在汇贤大厦召开，程天权书记出席会议并致辞，来自国家发改委应对气候变化司、国家应对气候变化战略研究和国际合作中心、国家发改委能源研究所等单位的专家参加会议。

3月16日，中国宏观经济论坛（2013年第一季度）在逸夫会堂举办，发布了《中国宏观经济形势报告（2013年第一季度）》，冯惠玲常务副校长出席会议并致辞。

3月18日，中国人民大学金铁霖中国声乐艺术研究院揭牌仪式暨音乐会在明德堂举行，校领导程天权、陈雨露、冯惠玲、刘向兵出席。教育部副部长郝平、市委教育工委常务副书记刘建、陈雨露校长与金铁霖教授共同为研究院揭牌，金铁霖教授同时受聘担任学校博士生导师。

3月18日，查显友副校长出席北京市政府研究中国人民大学通州校区建设专题办公会。

3月18日，加拿大女王大学（Queen’s University）副教务长詹姆斯·李（James Lee）一行来校访问，伊志宏副校长会见并与对方就加强两校合作事宜进行商讨。会谈后，双方签署《中国人民大学与加拿大女王大学本科学生交换协议》。

3月19日，学校召开全国第三轮一级学科评估工作总结及表彰大会。校领导程天权、陈雨露、冯惠玲、王利明、查显友、伊志宏、刘向兵及纪宝成老校长出席；校学位评定委员会委员、各校部机关和学院相关负责人参加。

3月19日，北京市委召开高层次党外代表人士挂职锻炼总结交流会，马俊杰副书记出席会议。

3月19—22日，牛维麟常务副书记赴广州调研，并与华南理工大学设计院何镜堂院士就中国人民大学东校区规划设计方案工作交换意见。

3月20日，校党校第21期学生发展对象暨第14期本科新生党员培训班在明德堂举行专题报告会，程天权书记做题为《中国共产党与中国先进青年》的报告。

3月20日，学校举行《资本论》教学与研究中心发展建设研讨会暨2013年中国政治经济学发展论坛，陈雨露校长出席会议。会议对《资本论》教学与研究中心发展建设进行规划，并发布《2013年中国政治经济学发展报告》。

3月20日，学校在公共教学一楼举办“通识教育大讲堂·跨文化沟通系列公开讲座”第二季首场报告，中央社会主义学院党组书记、学校兼职教授叶小文做题为《大国崛起的文化底气》的讲座，会后陈雨露校长会见叶小文教授对其表示感谢。开讲仪式由杨慧林副校长主持，近200名学生到场听讲。

3月20日，印尼驻华大使易慕龙应邀来校访问，陈雨露校长会见并与对方就两国教育、学术交流等问题进行探讨，伊志宏副校长陪同会见。会后，易慕龙大使在国际关系学院做题为《中国—印尼在全球问题中的战略伙伴关系》的演讲。

3月21日，程天权书记赴重阳金融研究院与芝加哥大学北京中心考察，调研两所机构在智库建设、人才培养、国际交流平台建设方面的运行情况。

3月21日，程天权书记、陈雨露校长听取环境学院工作汇报。

3月21日，冯惠玲常务副校长赴上海财经大学调研。

3月21日，学校举行基本科研经费工作小组会第一次会议，冯惠玲常务副校长、查显友副校长参加。

3月21日，芝加哥大学本科生学院院长约翰·博耶（John Boyer）一行来校访问，杨慧林副校长会见并与对方就加强两校交流合作事宜展开讨论。

3月21日，英国约克大学（University of York）艺术与人文学科副校长马克·阿莫诺（Mark Ormrod）一行来校访问，伊志宏副校长会见并与对方就加强两校进一步合作事宜进行商讨。

3月21日，艺术学院“西游——2012年暑假考察图片展”开幕式在图书馆一层大厅举办，刘向兵副校长出席。

3月22日，世界贸易组织（WTO）总干事帕斯卡尔·拉米（Pascal Lamy）一行来校访问并发表演讲，陈雨露校长会见并与对方就世界贸易组织与中国人民大学开展研究合作的相关问题交换意见，伊志宏副校长陪同会见。

3月22日，后勤保障系统推进精细化管理汇报会召开，陈雨露校长在会议上发表讲话，刘向兵副校长主持会议。

3月23日，2012级公共管理硕士（MPA）（春季）开学典礼在求是楼举行，程天权书记出席并致辞，中直机关事务管理局、国务院新闻办、国家互联网信息办公室和学校等相关负责人参加。

3月23日，学校举办《社会学评论》首发式暨提高办刊质量座谈会，陈雨露校长、冯惠玲常务副校长、中国社会学会名誉会长郑杭生、中国社会学会常务副会长李培林、《新华文摘》总编辑喻阳以及教育部社科司、新闻出版总署新闻报刊司等有关部门负责人出席。《社会学评论》由教育部主管，中国人民大学主办，书报资料中心和社会学理论与方法研究中心共同编辑出版。

3月23—24日，第五届世界中国学论坛在上海举行，杨慧林副校长出席，近500名中国问题研究专家、知名学者参加，围绕“中国现代化：道路与前景”主题展开讨论。

3月25日，新加坡驻华大使罗家良（Stanley Loh）先生来校访问，陈雨露校长会见并与对方就加强中新高校学术交流等问题进行深入探讨。

3月25日，中国人民大学学生社会实践工作总结表彰暨“千人百村”社会调研主报告发布大会在逸夫会堂举行，陈雨露校长出席并致辞。大会对2012年度学校学生社会实践工作进行总结，并发布“千人百村”社会调研活动主报告《2012中国农村民生状况调查》。

3月25日，教育部在京召开高等教育系统“中国梦”教育活动座谈会，教育部副部长杜玉波出席会议并讲话，马俊杰副书记参加并做题为《实现中国梦，大学要先行》的交流发言。

3月25日，美国罗德岛设计学院教务长罗赞·萨默森（Rosanne Somerson）、国际战略部主任格文·法莱利（Gwen Farrelley）来校访问，刘向兵副校长会见并与对方就艺术教育和加强合作事宜进行商讨。

3月25—28日，首届“澳门论坛”在澳门举行，杨慧林副校长出席并参与分论坛“跨学科的多元文化研究”的主题研讨。

3月26日，学校非营利组织研究所和中国扶贫基金会共同在逸夫会堂举办中国第三部门观察·2013年度论坛暨《中国第三部门观察报告（2013）》新书发布会，程天权书记出席论坛并致辞。

3月27日，北京市政协副主席闫仲秋，市政协经济委员会主任吴杰、副主任祝明扬一行来校走访北京市政协经济委员会委员庄毓敏、季冬生，程天权书记会见并与对方就市政协会议相关问题进行探讨。

3月27日，学校2013年党风廉政建设工作会在汇贤楼召开，程天权书记、牛维麟常务副书记兼纪委书记、王利明副书记兼副校长出席会议。会议传达了第十八届中央纪委第二次全会、2013年全国教育系统党风廉政建设工作会等会议精神，学习了习近平同志、王岐山同志等的重要讲话。牛维麟常务副书记报告了学校2012年党风廉政建设工作情况，并对2013年工作任务进行了部署。

3月27日，学校第七届青年教师教学基本功比赛初赛在公共教学一楼举办，陈雨露校长、马俊杰副书记到场慰问参赛选手和大赛评委，来自19个学院的37名青年教师参加比赛。

3月27日，冯惠玲常务副校长、刘向兵副校长到北区食堂检查学生食堂“光盘行动”落实情况，号召师生减少餐桌浪费。

3月27日，“北美能源独立对中国的影响”国际会议在学校召开，会议由学校国际能源战略研究中心与英国牛津能源研究所（OIES）共同举办。伊志宏副校长出席会议并致辞，来自国家发改委、国家能源局、英国驻华大使馆等几十家单位的专家学者参加。会议就北美能源独立的影响及中国政策反应对世界的影响等问题展开了讨论。

3月27日，商学院举办“商学院大讲堂”，牛津大学赛德商学院前院长柯林·梅尔（Colin Mayer）教授做题为《后危机时期治理创新》的主题演讲，伊志宏副校长出席并致辞。

3月28日，校领导程天权、陈雨露、牛维麟、查显友分别与华南理工大学建筑设计院和美国晋思（Gensler）公司就东校区深化设计工作进行会商。

3月28日，学校召开《中国城市空气质量管理绩效评估报告》发布会，牛维麟常务副书记出席，相关科研机构的专家学者、项目资助方能源基金会（美国）代表参加。该报告是国内首次全面系统的城市空气质量管理绩效评估。

3月28日—4月1日，第三轮第四期“香港领袖生内地交流计划”在校举办，伊志宏副校长出席开班仪式并致辞。本次共有100名香港高中生和10名导师参加活动。

3月29日，学校举行公开选拔处级领导干部面试测评会，对学校办公室副主任等7个岗位进行公开选拔。校领导程天权、牛维麟、冯惠玲、王利明、杨慧林、查显友、伊志宏、刘向兵出席，相关单位负责人和有关专家作为评审小组成员参加。

3月30—31日，第二十七届世界大学生运动会中国大学生网球队选拔赛在学校网球场举行，牛维麟常务副书记赴比赛现场观赛。来自8个高校的25名运动员参加了此次比赛，劳动人事学院2011级学生孟冉最终入围中国大学生网球队集训大名单。

3月31日，程天权书记应邀出席广州地区校友会年会并受聘担任名誉会长。

4月1日，学校与首都师范大学在北校区举行实物资产移交活动，查显友副校长与首都师范大学副校长马常出席并代表两校签署《首都师范大学向中国人民大学移交海淀校区资产备忘录》。

4月2日，历史学院在人文楼举办“人大史学讲堂系列讲座”第四十一讲和第四十二讲，土耳其马尔马拉大学塞伊菲·凯南教授和美国俄亥俄州立大学吴妙（Meow Hui Goh）教授分别应邀做题为《近代早期奥斯曼帝国对中国的认识：卡提卜·察拉比在他的17世纪世界史中的叙述》和《如何成'文'：汉文帝及魏文帝的丧葬修辞》的学术讲座。

4月2日，艺术学院和美国乔治城大学东亚语言文化系在乔治城大学"多元文化中心"联合举办"中国书法赴美交流展"，展出"四期书法高研班"师生作品35幅。

4月3日，学校第七届青年教师教学基本功大赛复赛在明德法学楼举行，杨慧林副校长出席并讲话。复赛共有来自14个院系的18名青年教师参赛，优秀选手将参加北京市青年教师教学基本功大赛。

4月3日，学校"通识教育大讲堂·跨文化沟通系列公开讲座"第二季第二讲在公共教学一楼举行，哲学院张立文教授做题为《大学应造就大思想家》的演讲。

4月3日，学校台湾法律问题研究所、武汉大学两岸及港澳法制研究中心、北京联合大学台湾研究院合作举办的台湾法律问题学术研讨会在校召开，有关单位负责人及两岸关系法律研究领域的四十余位专家学者出席。

4月3日，信息资源管理学院与国家信息中心网络政府研究中心在京举行签约仪式，正式建立战略合作伙伴关系。

4月4—5日，学校诉讼制度与司法改革研究中心与中国政法大学刑事司法学院联合举办刑事诉讼法实施研讨会，来自相关部门和高校的50余名代表参加。

4月6—7日，法学院和日本北海道大学法学院、韩国国立首尔大学法学院联合举办的第一届东亚知识产权论坛在苏州校区举行。来自中国大陆、日本、韩国、中国台湾、中国香港等国家和地区的70余位专家、学者出席论坛，围绕"知识产权法实施"展开讨论。

4月6—7日，学校残疾人事业发展研究院在四川成都举办"残疾人个性化服务模式研讨会"，来自20余家学术单位及组织的专家学者60余人出席。

4月7日，由学校承办的博鳌亚洲论坛2013年年会"公共外交与跨文化交流"分论坛在海南举行。陈雨露校长担任分论坛主持人，新闻学院院长、国务院新闻办原主任赵启正，国剧研究中心主任、京剧表演艺术家孙萍，库恩基金会主席罗伯特·劳伦斯·库恩（Robert Lawrence Kuhn），英国48家集团副主席麦启安（Alistair Michie），胡智荣文化基金发起人、爱浪凯旋集团董事长胡智荣，北京师范大学教授于丹担任讨论嘉宾。本次分论坛是博鳌亚洲论坛历史上首次由中国高校承办的活动，也是公共外交与跨文化交流议题首次进入博鳌论坛。

4月7日，博鳌亚洲论坛期间，陈雨露校长分别会见悉尼大学校长麦克尔·斯彭斯（Michael J. Spence）和三星电子集团副总裁兼博鳌亚洲论坛理事李在熔。陈雨露校长与斯彭斯校长就两校交流合作展开讨论，与李在熔先生探讨了中国宏观经济形势、人民币国际化等相关问题。

4月7—9日，伊志宏副校长赴美国芝加哥出席国际高等商学院协会（AACSB）举办的国际认证2013年度国际会议。会上正式宣布商学院获得AACSB国际认证。

4月7日，教育部第六届高等学校科学研究优秀成果奖（人文社会科学）评奖结果揭晓，出版社28部图书入选，其中一等奖5项，二等奖6项，三等奖16项，成果普及奖1项。

4月7日，江苏省人民检察院与法学院在江苏南京召开检校合作座谈会并签订检校合作协议。合作协议包括深化人员交流、检察理论与实务研究、检察官培训、开展国际、国内高层次学术交流活动合作、信息共享等内容。

4月7日，第八届全美高中生"汉语桥"中文演讲比赛决赛在美国麻州大学波士顿校区举行，来自全美14个州22所学校的23名高中学生通过演讲与才艺表演展示了其中文水平和对中国文化的深刻了解。

4月7日，由学校承办的美国麻州大学波士顿孔子学院在校园中心举办田庆新教授中国书画作品展。

4月7—9日，学校北京室内乐团出访美国，在南加州大学和加州大学汉伯特校园举办两场室内乐音乐会，受到当地观众的热烈欢迎和同行的高度评价。此次巡演是北京室内乐团第二次代表学校访美。

4月8—11日，陈雨露校长率团赴美，出席哥伦比亚大学孔子学院揭牌典礼并访问芝加哥大学。访问期间，陈雨露校长与芝加哥大学校长锦穆尔进行会谈并签署了两校学生交流协议，据协议学校每年将有两名本科学生获得免费在芝加哥大学学习一年的机会。

4月8日，由福建省委组织部委托培训学院主办的“第一期福建省处级干部服务型政府与科学发展培训班”开班，牛维麟常务副书记、福建省委省直机关工委副书记黄青出席开学典礼，牛维麟常务副书记做题为《文化产业园区的建设与运营》的首场讲座。

4月8日，学校承担的2013年中央和国家机关司局级干部选学正式开学，首个专题班“中国改革发展重大问题研究”开班，冯惠玲常务副校长出席开学典礼并致辞。

4月8日，博物馆新馆面向全校师生员工和社会各界部分开放。博物馆新馆位于原西图书馆二、三层，建筑面积5 000多平方米，二层为规划中的校史展，三层为馆藏专题展览，同时推出7个常设展览。

4月8日，全国政协委员、国务院参事、孔子学院总部总干事、国家汉办主任许琳到美国麻州大学波士顿校区考察，与麻州大学波士顿校区续签共建孔子学院协议，并出席麻州大学波士顿校区举办的午餐会。

4月9日，学校体育运动委员会全体会议召开，牛维麟常务副书记主持会议，马俊杰副书记、杨慧林副校长及体委会常委、委员单位负责人出席。

4月9日，学校“奥林匹克研究与学科建设”研讨会举行，冯惠玲常务副校长出席。会前，冯惠玲常务副校长前往人文奥运研究中心办公室进行参观。

4月9日，北京市各部门及县区主管政府调研工作的干部集体到社会转型与社会管理2011协同创新中心参观学习。

4月10日，中国图书对外推广计划（CBI）工作小组第九次工作会议在广州召开，会上公布了2012年度成员单位综合评比获奖单位名单，出版社以综合考评98.5分的成绩在成员单位的单体出版社中排名第一。

4月11日，北京市教育纪工委廉洁文化创建活动专题研讨会在学校召开，北京市教育纪工委书记王文生出席，学校及中国矿业大学、国际关系学院、北京工商大学、北京印刷学院、首都师范大学6所高校的纪检监察部门负责人参加。会前，程天权书记会见了王文生书记和与会人员。

4月11日，《中国人民大学对口支援延安大学协议书》签署仪式在延安大学举行，牛维麟常务副书记与延安大学党委副书记王亚杰代表双方共同签署。在延安期间，牛维麟常务副书记一行考察了陕北公学旧址暨中国人民大学延安教育基地、延安新闻纪念馆、延川县文安驿镇梁家河村等地。

4月11日，银川市委常委、组织部长周云峰一行来校访问，冯惠玲常务副校长会见并出席座谈。

4月11—12日，北京市高教学会研究生教育研究会召开2013年学术年会，国务院学位委员会办公室副主任、教育部学位管理与研究生教育司副司长黄宝印，北京市教委副主任付志峰教授，北京市高教学会常务副会长兼秘书长陈锡章教授，冯惠玲常务副校长出席。

4月12—13日，商学院国际顾问委员会2013年年会在北京召开，陈雨露校长、伊志宏副校长、纪宝成老校长出席。会议进行了委员换届，由纪宝成老校长担任主任、陈雨露校长担任副主任。伊志宏副校长向委员做题为《新起点，新征程》的主题汇报。

4月12日，学校举办中央和国家机关司局级干部选学培训，白岩松做题为《新闻媒体与社会发展》的讲座，冯惠玲常务副校长出席并会见。

4 月 12 日，“希望工程激励行动 2012 总结分享会暨 2013 启动仪式”在学校逸夫会堂举行，共青团中央书记处书记贺军科、校党委副书记马俊杰、中国青少年发展基金会常务副理事长顾晓今、秘书长涂猛以及英国驻华大使馆文化教育处社会与发展总监马湄丽出席活动。

4 月 12 日，学校举办第一届“对话文理”校园活动月，新闻学院院长赵启正教授、理学院院长解思深院士展开文理对话。杨慧林副校长出席开幕式。

4 月 12—13 日，刘向兵副校长赴河南安阳参加高等教育“质量·内涵·发展”论坛并做主旨发言。

4 月 12 日，新闻学院和武警驻校选培办联合组织 35 名新闻专业国防生前往中央人民广播电台军事宣传中心参观见学，中央人民广播电台军事宣传中心主任李真大校接待并以“优秀军事新闻工作者的素质要求”为主题和同学们进行座谈。

4 月 12 日，深圳市新闻人才基金会理事长、曾任深圳报业集团主要领导的吴松营先生在新闻学院做题为《1992 年邓小平南方谈话与中国新闻报道新突破》的讲座，学院师生代表近 200 人参加。

4 月 12 日，深圳市新闻人才基金会携手美国美亚国际总商会向新闻学院捐赠图书《深圳传媒业的崛起》（吴松营主编）共 500 本。

4 月 13—14 日，国家社会科学基金重大项目“中国档案事业史”2013 年学术讨论会在信息资源管理学院举行，会议主题为“档案事业与中华文明”，冯惠玲常务副校长、国家档案局原副局长刘国能、中国第一历史档案馆原副馆长秦国经、青海省档案局原局长牛创平、中国档案学会原常务副理事长王德俊、国家档案局政策法规司原司长王景高出席，项目首席专家周雪恒教授、课题组成员及信息资源管理学院参与项目的部分学生等共 40 余人参加。

4 月 13 日，商学院 EMBA 中心举办“智慧人生系列论坛”——“新经济新模式，中国企业战略突围”，香港利丰发展（中国）有限公司副总裁林至颖出席。论坛上举行了商学院 EMBA 中心与香港利丰集团教学基地签约授牌仪式，并聘请香港利丰集团执行董事张家敏为商学院客座教授，聘任林至颖为商学院 EMBA 项目客座教授。

4 月 13 日，第十二届北极泉“歌影年华”校园原创音乐会在明德堂举办。音乐会分为“枯”和“荣”两幕，多个校园歌手及乐队进行了现场表演。

4 月 13 日，文学院在公共教学三楼举办“回归阅读”第七届文学节第六场讲座，李萌昀老师做题为《从朱熹到金圣叹——重温古典阅读》的讲座。

4 月 13 日，由中国人民大学国际货币研究所与野村控股集团共同主办的 2013 年春季货币金融圆桌会议在校举行，该论坛围绕“日本财政的现状及其未来的展望”的议题展开讨论。

4 月 13—14 日，西域历史语言研究所在国学馆举办“吐火罗问题”学术座谈会，来自考古、历史、语言、体质人类学、分子人类学等学科的多名专家学者就新疆早期居民是否为来自欧洲的“吐火罗”这一问题展开讨论。

4 月 14 日，中国人民大学党员先锋营实践基地合作签约暨挂牌仪式在北京军区某装甲部队驻地举行。马俊杰副书记出席，学校党员先锋营 200 余名学生党员及 200 余名部队官兵代表参加。仪式上，马俊杰副书记分别向部队长邵金华、政治委员瞿卫国授“中国人民大学党员先锋营实践基地”牌匾和赠送锦旗。

4 月 14 日，中国就业研究所在校举办 2013 年第一季度中国就业季度分析会，国家发展和改革委员会就业和收入分配司胡德巧副司长、国家人力资源和社会保障部就业促进司张莹副司长、国家统计局人口和就业统计司彭永涛副司长、智联招聘公司产品运营执行总监郝健出席，中国人民大学就业指导中心及劳动人事学院相关负责人和研究人员参加。

4 月 14 日，由法学院朱景文教授担任首席专家的 2012 年度国家社科基金重大项目“法治评估创新及其在中国的推广应用研究”开题报告会在法学院召开，来自学校及司法部、中共中央党校、中国社会科学院、中国法学会、北京市人大常委会、北京师范大学、中国政法大学、中国青年政治学院、中国劳动关系学院等单位的40余位专家学者出席会议。

4月15日，由耶鲁大学管理学院发起的“全球高端管理联盟”（Global Network for Advanced Management）北京年会在商学院召开，来自全球23家商学院的联盟成员就联盟发展与治理等内容进行了讨论。其间，陈雨露校长出席午餐会并致辞，伊志宏副校长发表题为《应对全球化挑战，培养有国际视野的商业领袖》的文章。

4月16日，学校举办李瑞环同志新作《看法与说法》学习座谈会，程天权书记、陈雨露校长出席，部分中央国家机关、全国政协机关、北京市等有关部门负责人等约50人参加。

4月16日，国家社会科学基金重大项目“云计算环境下的信息资源集成与服务研究”开题报告会在信息楼举行，冯惠玲常务副校长、中国社会科学院学部委员黄长著研究员、课题组成员及相关领域专家学者出席会议。

4月16日，上海市金山区委常委、组织部长陈正安来校出席招聘活动，马俊杰副书记会见。

4月16日，德国艾伯特基金会驻中国与蒙古国代表处首席代表师文杰先生及德国宏观经济政策研究院高级经济学家、柏林工业大学原教授、德国政府顾问专家团成员鲁道夫·茨威纳教授等一行四人来校访问，与社会保障专业部分教师就中德社会保障问题进行了深入交流。当日，鲁道夫·茨威纳教授还为社会保障专业师生做了题为《德国的人口结构发展与社会保障：资本积累问题》的报告。

4月16—25日，经济学院代表团访问意大利罗马大学和佛罗伦萨大学、希腊雅典大学、土耳其卡迪尔·哈斯大学等四所世界著名高等学府，与部分院校签署了相关合作协议，推进了经济学院与上述高校的交流合作。

4月17日，程天权书记到公共管理学院调研，深入了解学院学科建设、人才培养、师资队伍、科研工作、国际交流等工作情况，对学院建院以来取得的突出成就给予肯定。

4月17日，学校第二届董事会第二次全体会议召开，会议通报了新一届董事会职务调整情况和2012年学校事业发展状况。十届全国政协副主席、民进中央原常务副主席、校董会名誉副董事长张怀西出席，董事会60多位成员参加。校领导程天权、陈雨露、牛维麟、冯惠玲、查显友、伊志宏、刘向兵出席，董事会董事长纪宝成老校长做大会致辞。

4月17日，教师发展中心工作会议在明德主楼召开，王利明副书记兼副校长、杨慧林副校长出席。会议公布了中心《章程》，讨论了《教师发展中心建设规划纲要》（讨论稿），布置了各分支机构编制本年度工作计划，并协调了中心宣传工作事宜。

4月17日，国学院举办“中国人民大学国学论坛”，来自斯坦福大学的艾朗诺教授做题为《才女的累赘：李清照的重塑历程》的学术讲座。

4月17日，学校在体育场举行第五十四届教职工运动会趣味项目比赛，来自学校44个工会分会的1 500余名教职工参与插秧收割、背夹球、运球接力、沙包掷准等比赛项目。

4月17日，信息学院学科开放首次活动，计算机系八个实验室团队进行了展示，百余名校内外同学参加活动。

4月17日，由商学院、中国人力资源理论与实践联盟、中粮集团联合主办的“2013中国人力资源管理春季论坛暨中国人力资源理论与实践联盟理事大会”在忠良书院召开，近百名中国企业的人力资源负责人和十几位专家学者参与两场主题演讲、分组讨论与专家点评等活动。

4月18日，中国人民大学党委书记任免宣布大会在逸夫会堂举行。中组部副部长潘立刚宣读了《中共中央关于中国人民大学党委书记调整的决定》并讲话：批准靳诺同志任中国人民大学党委书记（副部长级），由于年龄原因免去程天权同志党委书记职务。教育部党组书记、部长袁贵仁，北京市委常委、秘书长、教育工委书记赵凤桐，中国人民大学原党委书记程天权、新任党委书记靳诺分别讲话，陈雨露校长主持会议，校领导牛维麟、冯惠玲、马俊杰、王利明、查显友、伊志宏、刘向兵出席。

4 月 18 日，陈雨露校长会见中国人民大学董事会副董事长、兼职教授、世纪金源集团董事局主席黄如论先生，牛维麟常务副书记、查显友副校长陪同会见。

4 月 18—20 日，由法学院发起创立并具体组织，韩国高丽大学法学院和韩国法制研究院共同主办的第四届亚洲法学院院长论坛在韩国首尔举行，主题为“法学教育内容及课程模式的改革”。来自中国、韩国等 11 个国家及地区的近 50 位法学院院长参加。

4 月 19 日，全国政协经济委员会副主任、全国工商联副主席、香港中国商会主席、经纬集团主席陈经纬向学校捐资 1 600 万元用于支持学科建设和人才培养工作，同时受聘中国人民大学董事会副董事长。陈雨露校长、查显友副校长、伊志宏副校长，国家行政学院出版社社长陈炎兵出席聘任仪式。仪式上，陈雨露校长与陈经纬先生签署协议，并向陈经纬先生颁发董事会聘书和纪念锡盘。据协议，1 600 万元捐资中将有 100 万元用于支持新闻学院学科建设，1 500 万元用于设立“中国人民大学经纬校长奖学金”。

4 月 19—20 日，学校第 54 届田径运动会在校田径场举行。校领导陈雨露、牛维麟、王利明、杨慧林、查显友、刘向兵，各部处、学院负责人出席开幕式。本届运动会共打破两项校级纪录：经济学院学生芦安以 10.6 秒的成绩打破男子 100 米纪录；历史学院学生付宇晨以 15 分 23 秒 09 的成绩打破男子 5 000 米纪录。商学院获男子团体、女子团体和总成绩第一名三项桂冠，财政金融学院和经济学院分获亚军和季军。经济学院、商学院、财政金融学院等 8 个学院获道德风尚奖。

4 月 20 日，中国人民大学公共治理研究院成立大会暨“中国公共治理新视角研讨会”在校举行。陈雨露校长，学校原党委书记、公共治理研究院院长程天权，中国行政体制改革研究会会长、国家行政学院原党委书记、常务副院长魏礼群，中央统战部原常务副部长朱维群共同为公共治理研究院成立揭牌。冯惠玲常务副校长及各相关单位负责人、专家学者出席会议。大会同时举行公共治理基金捐赠仪式，沈阳军区前进文工团独唱演员李菲菲为公共治理研究基金捐赠人民币 100 万元，程天权教授代表研究院接受捐赠，陈雨露校长颁发捐赠证书和校董会董事聘书。

4 月 20 日，“中国人民大学 2013 年校园开放日暨本科招生咨询会”在明德广场举行，招生就业处、各学院（系）等相关单位设专门展位，向千余名考生及家长提供招生政策咨询，介绍学校学科建设、教学培养和本科生招生就业等情况。活动期间，冯惠玲常务副校长到现场检查工作。

4 月 20 日，四川省雅安市芦山县发生 7.0 级地震。校领导高度重视，学生工作部（处）、校工会等有关部门立即启动应急排查机制，及时了解有关川籍特别是雅安籍教师、学生家庭情况。全校有 1 名雅安籍学生家中受灾情况较为严重，另有 2 名学生反馈家中房屋出现轻微损毁，2 名学生反映家中遭受少许财产损失，绝大部分四川籍学生家庭未出现人员伤亡和重大财产损失情况。

4 月 20 日，“中国人民大学第四届大学生创新论坛”在公共教学一楼举行。论坛以“研究、实践与创新”为主题，设立经济、社会、人文、法政和理工五个分论坛，共邀请 12 名中国人民大学大学生创新实验计划 2011 优秀项目的项目负责人就创新实验计划的实施情况和心得体会做专题报告。

4 月 20 日，中国社会保障研究中心与华北电力大学人文社会科学学院联合主办的“中国农村贫困与社会发展论坛（2013）”在华北电力大学举行，来自 40 余所国内外高等院校、研究机构的专家学者和各相关单位、组织代表共 100 余人出席。

4 月 20 日，学校在明德法学楼举行朋辈学业辅导语言类系列活动之“写意丹青”英语交流会，部分留学生及国内学生共同参加。

4 月 20—21 日，由历史学院主办，历史学院唐宋史研究中心承办的“徐谓礼文书与宋代政务运行学术研讨会”在校举行。中国宋史研究会会长邓小南，北京大学中古史研究中心主任荣新江等来自北京、上海、武汉、广州、日本多所知名高校的学者以及中华书局、《光明日报》、《中国史研究》、《中国人民大学学报》的数位编辑与会。

4 月 21 日，2013 年首都高校排球超级联赛最后一轮比赛在中央财经大学体育馆举行，学校男子排球队以 3∶0 的比分战胜北京工业大学队。至此，中国人民大学男排在本届联赛中五战全胜，夺得冠军。

4 月 22 日，学校召开动员大会，部署实施本科人才培养路线图，面向本科教育教学推进“研究型学习制度体系”建设。校领导靳诺、陈雨露、牛维麟、冯惠玲、马俊杰、王利明、杨慧林出席，校人才培养委员会全体组成人员、各学院相关负责人、各部处和直属单位主要负责人、教代会主席团成员、校学生会和研究生会主席、各学院学生会主席参加。

4 月 22 日，学校召开 2013 年科研工作会暨加强科研经费管理专题报告会，校领导靳诺、陈雨露、冯惠玲、王利明、杨慧林、查显友、伊志宏出席，新一届校学术委员会委员、各院系负责人、各职能部门领导、各科研机构负责人、部分科研项目负责人和科研秘书等 200 余人参加。会议为新当选的第十一届校学术委员会委员颁发聘书，总结 2012 年科研工作，并部署 2013 年工作重点。

4 月 22 日，外国语学院兼职教授聘任仪式暨《中国人民大学英语口语能力标准》专家论证会在校举行，伊志宏副校长出席。

4 月 22 日，学校“寻访历史古迹”摄影大赛颁奖仪式在公共教学二楼举行。本次摄影大赛共收到来自 50 多名同学的 200 多张照片，公共管理学院 2010 级吴凌燕的组照《冬至紫禁城》获一等奖。

4 月 23—27 日，杨慧林副校长率团赴比利时布鲁塞尔参加中欧高等教育合作与交流平台第一次会议。来自中欧 60 余所大学的负责人和教育官员与会，会议介绍了 17 项中欧高教合作项目，总结了合作的成功经验与现存问题。

4 月 23 日，学校在求是广场举行“雅安加油”——人大学子祈福活动。参与学生在印有“雅安加油”的横幅上签名并向灾区所在方向献花，于 8 时 02 分集体默哀三分钟，最后放飞带有祝福的白色气球。当夜，学校公寓学生自我管理委员会的同学在公共教学二楼旁甬道上点燃蜡烛，与学校雅安籍同学等近百人共同为灾区祈福。

4 月 23 日，武警选培办在北区食堂四层主持召开国防生见习代职经验交流会。

4 月 23 日，由学校教工佩兰社与北京钧天坊、度一学堂联合举办，学生号钟琴社协办的“钧天云和”古琴音乐会在逸夫会堂举行。

4 月 23 日，2013 年第三期吴玉章青年学术沙龙“建筑·中轴线·城市规划——漫步北京历史街区，感受会呼吸的‘城市轴线’”举行，艺术学院唐克扬副教授带领 20 余名青年教师徒步穿过“安定门—旧鼓楼大街—后海—银锭桥—万宁桥—神武门”城市轴线，探讨了北京建筑和城市规划的脉络演进与存在的问题。

4 月 24 日，河北省副省长许宁率团来校访问，校领导陈雨露、牛维麟、查显友会见代表团并座谈，双方就推进省校合作等问题进行商讨，学校办公室、党委组织部、招生就业处、附属中学相关负责人参加座谈。

4 月 24 日，中国人民大学学报举办“学科建设与学报建设”研讨会，王利明副书记兼副校长出席。

4 月 24 日，2013 年中国人民大学计算机设计大赛暨中国大学生计算机设计大赛中国人民大学选拔赛闭幕式暨颁奖典礼在公共教学三楼举行。本次大赛设计主题为“水”，评委由信息学院和艺术学院老师担任，最后评选出一等奖 2 名，二等奖 5 名，三等奖 7 名，获奖选手直接入围全国大赛北京赛区比赛。

4 月 24 日，英国社会科学院院士、伦敦大学国王学院地理系克里斯·哈姆内特（Chris Hamnett）教授访问公共管理学院，并做题为《中国崛起与西方的相对下降》的讲座。

4 月 24 日，信息学院青年志愿者协会组织信息学院师生 40 余人赴微软亚洲研究院进行参观学习，并与在微软校友开展交流。

4月25—28日，纪宝成老校长赴河南郑州出席中国职业技术教育学会2013年度工作会议，并在河南省教育厅副厅长尹洪斌等陪同下考察了安阳、郑州两地的职业教育发展情况。中国职教学会秘书处、教育学院相关负责人随同参加会议并考察。

4月25—28日，法学院教授代表团赴澳门、香港展开学术交流访问。代表团参加了内地—港澳法治发展高峰论坛，并访问了澳门基金会、澳门立法会、澳门廉政公署、中央人民政府驻香港特别行政区联络办公室等机构。

4月25—30日，"红船领航——新生党员先进性熔铸计划"选拔的十名新生党员与马克思主义学院2010级本科生一同赴陕西省延安市进行参观学习。

4月26日，附小举行"小小奥运会"（即春季运动会），马俊杰副书记出席。

4月29—30日，2013年首都高校羽毛球锦标赛在北京大学举行，北京市50所高校的700余名大学生参赛，中国人民大学羽毛球队获普通组男子团体、普通组女子团体、女子双打单项赛三项冠军，教工运动员取得团体季军。

4月30日—5月5日，杨慧林副校长率学校代表团赴以色列特拉维夫出席由特拉维夫大学主办的"中以国际学术会议"，会议围绕"中以经济与外交前景""中国文化与学问""佛教的未来""以色列、中国与世界经济"四个议题进行了充分讨论。

4月，2013年度国家自然科学基金项目申报工作结束，学校共申报187项，包括国家杰出青年科学基金8项、重点项目5项、国际（地区）合作与交流项目3项、海外及港澳学者合作研究基金2项、面上项目104项、优秀青年科学基金8项、青年科学基金56项、联合基金项目1项。

4月，由公共管理学院土地管理系张正峰副教授主持编制的《上海市土地整治规划（2011—2015年）》经国土资源部审核通过，由上海市人民政府批准发布实施。这是上海市首次发布实施市级土地整治规划。

4月，2013年春季学期住宿辅导专题工作会召开，学生工作部住宿辅导中心和后勤集团国内公寓部有关负责人，各学院住宿辅导专职辅导员，校学生会、校研究生会和自管会代表参加会议。

4月，教育部公布《关于颁发第六届高等学校科学研究优秀成果奖（人文社会科学）的决定》，中国人民大学共40项成果获奖，其中一等奖8项，二等奖10项，三等奖21项，普及奖1项，一等奖总数居全国高校第一。

4月，学校组织召开专家评审会遴选"新奥学者"，经评审，首批新奥国际教席共入选31人，其中，新奥国际杰出教席16人，新奥国际中青年教席15人。新奥国际教席面向对华友好、科学道德高尚、学风严谨、为人正派、身体健康的非华裔外国专家设立，分为"新奥国际杰出教席"和"新奥国际中青年教席"。

4月，中宣部社科规划办（全国哲学社会科学规划办公室）内参《成果要报》2013年第24期刊发财政金融学院张成思教授《货币政策应从总量调控向利率调控转变》的政策建议文章。该文发表后引起学术界以及社会各界广泛关注，先后被"人大复印报刊资料"全文转载、中国社会科学网全文转载、《中国社会科学文摘》转载，并被《21世纪经济报道》（2013年4月8日）以《稳通胀、促增长：改进货币政策的路径选择》为专题进行报道。

4月，于伟国校友任福建省委副书记。于伟国，1979年9月—1983年7月在中文系中国文学专业本科学习；1994年1起历任中央办公厅秘书局副局长级干部、正厅级巡视员，厦门市副市长，市委常委、秘书长、组织部部长，市委副书记，福建省委组织部副部长、部长；2006年11月任省委常委、组织部部长；2009年6月任省委常委、厦门市委书记、市人大常委会主任。

4月，中国人民大学出版社图书《你永远都无法叫醒一个装睡的人》《正义的理念》入选"第八届文津图书奖"推荐图书（社科类）。"国家图书馆文津图书奖"设立于2004年，每年评出获奖图书10种。本届文津图书奖共评选出获奖图书10种，推荐图书58种。

4 月，在中央统战部“关于 2012 年度党外知识分子建言献策信息工作先进单位及个人的通报”表彰中，学校统战部获“党外知识分子建言献策信息工作先进单位”，郑功成教授、汤维建教授获“优秀党外知识分子建言献策信息员”奖。

4 月，校婧云女生发展俱乐部发起“光盘行动”系列主题宣传活动。活动以“我是光盘族，我为节约代言”为主题，采取寻找“光盘使者”、拍摄宣传海报、录制主题歌曲、制作宣传短片等形式，向全校师生推广“光盘”理念，倡导节约意识。

5 月 1—3 日，由民政部、全国老龄工作委员会办公室、北京市人民政府联合主办的“第二届中国国际养老服务业博览会暨发展论坛”在北京国家会议中心举行，中国人民大学中国社会保障研究中心相关负责人、师生代表出席，郑功成教授做主题报告，部分学生承担论坛志愿服务工作。

5 月 2 日，由共青团中央、中国电信集团主办，学校与北京团市委承办的“与信仰对话，飞 young 中国梦”名家报告进校园活动启动仪式暨首场报告会在明德堂举办。团中央书记处书记卢雍政、团中央学校部部长陈光浩、团中央学校部副部长杨松、北京市团市委副书记杨海滨、陈雨露校长和马俊杰副书记出席仪式，近千名师生参加活动。启动仪式前，陈雨露校长会见了出席活动的领导和嘉宾。

5 月 3 日，靳诺书记、陈雨露校长看望老校长袁宝华，汇报了学校党委书记调整及近期工作情况。

5 月 3 日，中国人民大学移动图书馆启动仪式在图书馆举行，王利明副书记兼副校长出席并讲话。

5 月 3 日，由法学院与复旦大学法学院联合主办、法学院基础法学教研中心承办的“法学学科的融合与发展：基础法学的定位”研讨会在明德法学楼举行，来自相关高校和科研机构的 30 余位专家学者出席。

5 月 3 日，信息学院计算机系青年教师周春来以独立作者撰写的论文“Belief Functions on Distributive Lattices”被国际人工智能研究领域顶级期刊《人工智能》（*Artificial Intelligence Journal*）接收，该刊为中国计算机学会推荐的 A 级国际期刊，2011 年影响因子为 2.252，每年仅刊文约 50 篇。此次是中国人民大学教师第一次在该刊上发表论文。

5 月 4 日，由中宣部、教育部、团中央联合主办，中央电视台承办的“五月的鲜花——我们的中国梦”2013 全国大学生校园文艺会演在中央电视台一号演播大厅举行，由来自法学院、商学院、新闻学院、农业与农村发展学院等学院的 40 名学生组成的演出团队与清华大学、北京师范大学学生共同表演了诗朗诵《我们的“中国梦”》和合唱《走向复兴》。靳诺书记看望慰问了参演学生，校团委、相关学院负责人陪同。

5 月 4 日，《中国法律发展报告 2012：中国法律工作者的职业化》发布会暨学术研讨会在法学院举行，王利明副书记兼副校长出席并致辞，来自相关单位的法律职业者、专家学者和新闻记者 100 余人参加。本报告是中国人民大学法律发展研究报告系列的第三部，论述了新中国成立以来各类法律工作者的历史沿革、法律规定、组织机构、人员及其构成、执业纪律监督、职能和经费收入等内容。

5 月 4 日，学校举行纪念五四运动九十四周年升旗活动，武警国防生国旗护卫队承担升旗任务，“红船领航”计划党员先锋营全体新生党员和辅导员、青年求是研究社社员参加。

5 月 4—12 日，2013 年首都高校大学生网球联赛团体赛在清华大学举行，来自 20 余所高校的男子团体 40 支队伍、女子团体 16 支队伍参赛。学校网球队取得女丙亚军、女甲第三名佳绩，并在男乙团体赛中突破性地获得冠军。

5 月 5 日，校团委在学生活动中心举行“我的中国梦”中国人民大学 2013 年“五四”主题青年日活动启动仪式，校领导靳诺、陈雨露、马俊杰出席，全校近 500 名青年师生代表参加。靳诺书记在仪式上致辞，陈雨露校长启动了“中国梦 · 我的梦”青春火炬接力活动，校领导随后与同学们参加

“五四”主题青年日展示活动。

5月5日，来自全国青联多个界别的委员在学校组织召开“我的中国梦”主题座谈会，深入学习习近平总书记“五四”重要讲话精神。陈雨露校长，团中央统战部部长、全国青联秘书长刘佳晨出席座谈会。

5月5日，劳动人事学院在求是楼举行30周年院庆校友座谈会，各界校友代表、在校生代表等80余人参加。

5月5—12日，由林安之教授和菲利普·波特助理教授带领的美国密歇根大学福特公共政策学院师生代表团访问公共管理学院。访问期间，林安之教授做题为《美国移民政策与中国户口制度的比较》的讲座。

5月6日，中国人民大学亚洲研究中心举行2013年理事会，陈雨露校长、伊志宏副校长出席并致辞。会上，理事会审议并通过了新一届亚洲研究中心理事会和学术委员会人选，陈雨露校长和韩国高等教育财团事务总长朴仁国签署了《中国人民大学与韩国高等教育财团关于运营亚洲研究中心协议》。据协议，亚洲研究中心理事长由陈雨露校长和朴仁国总长共同担任，伊志宏校长担任理事及中心主任。

5月6日，全国MPA研究生教育指导委员会验收专家组访问公共管理学院，听取学校MPA综合改革试点情况汇报并进行验收。冯惠玲常务副校长出席汇报会并致辞。听取汇报后，验收专家组认定学校MPA教育综合试点改革通过验收。

5月6日，西藏民族学院党委副书记扎西次仁一行来校访问，冯惠玲常务副校长会见，双方就2013年对口支援相关工作进行座谈交流。

5月6日，经济学院与台湾政治大学社会科学院联合举办“第五届海峡两岸财经前沿问题学术研讨会”，与会人员就两岸经贸发展、收入分配以及财政政策等问题进行了探讨。会前，冯惠玲常务副校长会见了庄奕琦一行。

5月6日，北京社会科学界联合会党组书记韩凯、副书记陈之昌，北京市社会科学理论著作出版基金办公室主任郑宏霞一行来校访问出版社开展调研并指导工作。

5月7日，学校召开党委常委会扩大会议，传达《中共教育部党组关于教育系统学习贯彻习近平总书记五四重要讲话精神的通知》（教党〔2013〕8号）文件精神，就总书记五四重要讲话展开讨论，并部署学校下一阶段学习活动。校领导靳诺、陈雨露、牛维麟、冯惠玲、马俊杰、王利明、杨慧林、查显友、刘向兵出席，学校办公室、党委宣传部、学生工作部和校团委相关负责人参加。会议由靳诺书记主持，陈雨露校长传达中共教育部党组的相关指示精神，牛维麟常务副书记、冯惠玲常务副校长和其他与会者围绕主题进行发言。

5月7日，学校召开第三轮参评一级学科整体及结构状况分析大会，部署全校一级学科分析工作。校领导陈雨露、冯惠玲、王利明出席，各一级学科主责人和相关职能部门负责人参会。

5月7日，本科人才培养路线图工作小组召开路线图重点项目落实专题会议，围绕本科人才培养路线图的重点项目实施进行交流和讨论。校领导马俊杰、王利明、杨慧林出席，各相关部处院系负责人参加。

5月7日，学校召开2013年学籍管理工作会议，总结了近三年学校学籍管理工作概况和存在问题。杨慧林副校长出席并讲话。

5月7日，美国伦斯勒理工学院一行来校访问，伊志宏副校长会见，双方就合作事宜进行了商讨。

5月8日，胡乃武教授从教五十周年暨八十寿辰学术研讨会在逸夫会堂举行，胡乃武教授捐资十万元人民币设立“胡乃武助学金”。校长陈雨露，原校长纪宝成，荣誉一级教授卫兴华、胡钧，一级教授陈先达、吴易风，原副校长李震中、杜厚文，财政金融系原系主任韩英杰，校领导冯惠玲、马俊杰、刘向兵等出席致贺。50余位专家学者和高校、科研机构、政府部门负责人以及胡乃武教授培养的历届学生约90人参加研讨会。

5月8日，“中国梦·我的梦”系列活动之“理想人生”名家讲坛在明德法学楼举办，新东方教育科技集团高级副总裁沙云龙校友做题为《成长选择的智慧》的讲座。马俊杰副书记为沙云龙颁发“求是思源”优秀学生培养计划校友导师聘书。

5月8日，北京市中国特色社会主义理论体系研究中心重大项目——“中国梦：中华民族的伟大复兴”课题组在校举行理论座谈会，王利明副书记兼副校长、北京市委宣传部副部长崔耀中出席并讲话。

5月8日，由学校博物馆和北京新文化运动纪念馆共同主办的“胡适文物图片展”开展，杨慧林副校长、北京新文化运动纪念馆副馆长安来顺、外语教学与研究出版社人文社科分社社长吴浩出席。此次展览展期为一个月，展品包括博物馆馆藏陈独秀致胡适信札在内的文物130余件，图片99张，并配合展映纪录片《胡适先生在台湾》。

5月8日，美国斯坦福大学国际发展研究中心主任 Nicholas Charles Hope Am 教授访问商学院，伊志宏副校长会见并与对方就商学院国际顾问委员会的发展及两校间交流合作进行探讨，并为4月应邀加入商学院国际顾问委员会的 Nicholas Hope 教授颁发聘书。

5月8日，刘向兵副校长为体育部做题为《中国人民大学校史12345》的专题校史讲座。

5月8日，“通识教育大讲堂·跨文化沟通系列公开讲座”第二季第四讲在公共教学一楼举行，新闻学院高钢教授做题为《网络信息传播的发展趋势及对社会运行的影响》的演讲。

5月9日，由中共中央书记处书记、全国政协副主席杜青林，全国政协副主席、中共中央统战部部长令计划担任编委会主任，中央统战部、中央党校、国家行政学院、中央社会主义学院联合编写的《中国统一战线教程》出版座谈会在京召开，靳诺书记出席并致辞，有关负责同志和参与教程编写工作的相关专家学者共同参加。

5月9日，“我的中国梦”学生艺术团五四专场演出在明德堂举行，校领导靳诺、陈雨露、马俊杰出席，千余名学生共同观看。

5月9日，美国肯恩大学校长达伍德·法拉希（Dawood Farahi）率团来校访问，陈雨露校长会见，双方就进一步推进合作交流等事宜进行商讨。刘向兵副校长陪同会见。

5月9日，杨慧林副校长率队到清华大学参观交流体育工作，并参加清华大学关于体育工作基本情况的专题座谈会。

5月9日，教育基金会和校友会就联合开展推动公益事业发展举行座谈会，20多位与会公益界校友对社会公益事业发展进行了研讨。

5月9日，教育基金会、成美慈善基金会与世青创新中心合作举办的中国青年公益论坛在逸夫会堂举行。论坛发布了2013年中国青年创想计划，公益领域专家、青年代表以“新时代，青年参与公益的机遇与挑战”为主题共同探讨青年参与社会公益话题。

5月10日，学校与新疆大学举行合作协议签约仪式，校领导靳诺、陈雨露、王利明及新疆大学党委书记李中耀、副校长贾殿赠等出席。陈雨露校长和李中耀书记代表双方签署协议，就合作事宜进行了交流。

5月10日，北京市科委副主任朱世龙、伍建民一行来校访问，就科技创新、成果转化应用、创新平台建设、面向科技创新的战略研究等问题进行调研考察，冯惠玲常务副校长会见。

5月10日，“2013桑坦德日暨中国人民大学—桑坦德银行国际合作项目颁奖仪式”在明德主楼举行，马俊杰副书记、西班牙桑坦德银行北京代表处首席代表周伟、西班牙驻华使馆教育参赞玛丽亚出席。

5月10日，法学院海关与外汇法律研究所成立大会暨首届国际学术研讨会举行，王利明副书记兼副校长出席并致辞，海关总署、国家外汇管理局、商务部及其他相关机关、团体的有关领导及业内专家学者、律师、企业界人士近百人参加，就“海关与外汇管理法制建设的展望”议题进行了学术研讨。

5 月 10 日，由国家减灾委专家委员会主办，中国人民大学中国社会保障研究中心和四川大学灾后重建与减灾学院、北京师范大学减灾与应急管理研究院承办的第四届“国家综合防灾减灾与可持续发展论坛”在成都市举行，80 余名专家学者及有关方面的数十位非正式代表出席。

5 月 12 日，2013 年中国人民大学重大基础研究项目“朝阳大学先贤文集和法学文库：点校出版、学术研究与数据库建设”开题会举行。

5 月 12 日，在美国印第安纳州瓦尔帕来索大学伯尔美术馆历时一个半月的中国人民大学艺术学院绘画系师生当代水墨作品展落幕，此展是继 2012 年中国人民大学艺术学院中国画专业研究生赴美国亚利桑那州立大学举行“反相对话——中美师生作品展”后，第二次在美国高等学府举办作品展。

5 月 13 日，以色列耶路撒冷希伯来大学校长莫那森·本·萨松（Menahmem Ben-Sasson）教授一行来校访问，陈雨露校长会见并与对方就进一步加强合作事宜进行了讨论，双方共同签署了两校框架合作协议。伊志宏副校长参加会见。

5 月 14 日，靳诺书记、陈雨露校长先后前往原校长黄达、李文海，原党委书记马绍孟家中，专程看望慰问他们，并汇报学校近期发展情况。

5 月 14 日，靳诺书记、牛维麟常务副书记到书报资料中心调研，看望书报资料中心编辑室工作人员并听取中心工作汇报。

5 月 14 日，靳诺书记、牛维麟常务副书记到文化科技园考察，听取文化科技园工作汇报并参观园区部分入驻企业。

5 月 14 日，陈雨露校长邀请部分学院本科教育教学工作人员座谈，就实施本科人才培养路线图和制定本科生培养方案听取意见建议。与会代表分别从公共课教学、专业课双语教学、学生国际交流、辅修及副修制度、双选认证、本科研究型人才培养等方面介绍了学院实践经验，提出了存在问题和改进建议。

5 月 14 日，武警选培办组织专家对 2009 级武警国防生进行心理健康评估。

5 月 14 日，国务院法制办公室副主任甘藏春应邀为公共管理学院土地管理系师生做题为《中国土地管理制度改革》的讲座。

5 月 15 日，靳诺书记到出版社考察，听取出版社工作汇报并在编辑室和读者服务部实地了解工作情况。

5 月 15 日，“马克思主义研究论库”专家研讨会在逸夫会堂举行，靳诺书记及校内外相关专家学者出席。会议回顾了论库第一辑的编撰出版工作，就后续编辑工作进行了深入研讨，并颁发了主编及编委聘任证书。

5 月 15 日，学校第六届“公管杯”网球友谊赛开幕，牛维麟常务副书记出席开幕式并致辞。

5 月 15 日，2013 年高阶团校开学典礼举行，马俊杰副书记出席并做首场报告。

5 月 15 日，后勤集团举办“学生食堂开放日”活动。

5 月 15 日，艺术学院迁址后的第一个专业展览场馆“灰白空间”在新艺术楼四层揭幕，著名中国画家史国良与百余名师生共同参加。由雷子人担纲学术支持的“26 人速写展”同时开幕，参展作品均为艺术学院绘画系一年级本科生习作。当日，史国良还为艺术学院师生开展了速写讲座。

5 月 16 日，靳诺书记、冯惠玲常务副校长到经济学院调研，了解经济学院近年来在人才培养、学科建设、科学研究、社会服务、“智库”建设、提升国际性等方面情况。

5 月 16 日，中央电视台寻找最美“村官”启动仪式在北京梅地亚中心举行，陈雨露校长作为活动组委会特邀评委出席并致辞，5 名即将走上“村官”岗位的人大学生接受了主持人采访。

5 月 16 日，美国驻华使馆公使王晓岷一行来校访问，陈雨露校长会见，双方就学校发展及美国使馆支持等事宜进行了讨论。伊志宏副校长陪同会见。会见前，代表团与学生代表进行了座谈，就中美教育交流进行了讨论。

5 月 16 日，学校在如论讲堂举办“理想人生”名家讲坛“六小龄童带你重走西游路”主题讲座，央视版《西游记》孙悟空扮演者、艺术学院荣誉教授六小龄童（章金莱）主讲。马俊杰副书记在讲座前会见章金莱，并聘请他担任“中国人民大学学生成长与发展辅导特聘专家”。

5 月 16 日，中国人民大学附属小学与门头沟区政府合作办学签约仪式在门头沟区政府举行，马俊杰副书记出席并讲话。门头沟区政府副区长洪家志与附小校长郑瑞芳代表双方在协议上签字。附小京西分校位于门头沟区石门营棚改安置地块，建筑面积 10 963 平方米，总投资 4 927 万元。学校设置 24 班，可招收 960 个学位，将于 9 月开学。

5 月 16 日，福建江夏学院郑建岚校长、屈广清副校长一行来校访问，刘向兵副校长会见，双方就加强两校合作问题进行了商讨。

5 月 16 日，《我的职场，我做主——入职菜鸟修行记》新书发布会在劳动人事学院召开。该书为中国第一本以职场新人就业经历为题材的案例教材，由中国社会出版社于 2013 年 5 月初正式出版发行，参与本书编写的主要专家学者均为人大教师，主要作者为 2010 级学生。

5 月 16 日，北京市西城检察院与法学院举行检学共建框架协议签字暨赠书仪式，双方相关负责人及法学院教授代表出席。根据协议，双方合作包括共同进行课题研究、开展科研项目、举办研讨会、提供专家咨询意见、选派教师骨干挂职、建立学生实习基地等。

5 月 17 日，2013 年专业技术职务评聘与岗位聘用工作部署会在逸夫会堂召开，校领导靳诺、陈雨露、王利明出席并讲话，全校各单位主管领导、人事干部等近 150 人参加。会议介绍了本年度职务评聘和岗位聘用工作的指导思想、基本原则和相关事项，并就相关政策及工作中存在的共性问题进行了阐述。

5 月 17 日，靳诺书记、王利明副书记兼副校长到图书馆调研，考察场馆设施建设，详细了解图书馆的借阅、维护、运行情况。

5 月 17 日，北京市教育工会主席史利国应邀来校为教职工做题为《怎样写调研报告》的专题报告。活动开始前，马俊杰副书记会见了史利国，并与对方就学校工会、教代会工作等问题进行了交流。

5 月 17 日，刘向兵副校长到中国人民大学朝阳幼儿园调研。

5 月 17 日，法国驻上海总领事馆总领事卢力捷（Emmanuel Lenain）一行访问中法学院，并就中法外交关系发表演讲。

5 月 18 日，商学院 EMBA 中心举办“中国实践管理领袖教育项目（CMPM）回归/体验日”活动，商学院相关负责人、CMPM 项目模块主要负责人及项目毕业生共同参加。

5 月 18 日，王利明副书记兼副校长一行赴苏州校区调研人事工作。

5 月 18 日，27 名国际实践管理硕士项目（IMPM）学员到商学院 EMBA 中心进行为期十天的访问学习，伊志宏副校长出席第一堂课并进行开篇致辞。

5 月 18—19 日，由学校与日本科学协会主办，外国语学院、日本人文社会研究中心和樱花社承办的“2013 年笹川杯全国高校日语语言文化知识大赛”在逸夫会堂举行，伊志宏副校长出席开幕式。来自全国 60 所高校的近 200 名参赛选手参赛，最终东华大学、安徽大学和北京邮电大学分获团体赛一、二、三等奖，中国人民大学谭浩获个人赛一等奖。

5 月 19 日，“法学与文学”——何家弘教授著作展在图书馆新馆开幕，王利明副书记兼副校长及来自法学界、文学界的数十名专家学者出席开幕式。此次展览展期为一个月，展品为何家弘教授迄今出版的全部著作及一系列手稿、照片与实物。

5 月 19 日，刘向兵副校长代表学校在第 51 届首都高等学校田径运动会闭幕式上接过大会会旗，第 52 届首都高等学校田径运动会将于 2014 年 5 月在举行。首都高等学校田径运动会始办于 1955 年，由北京市教育委员会、北京市体育局主办，是历史最悠久、规模和影响力最大的北京高校田径盛会，学校曾于 1956 年承办第二届赛事。

5 月 19 日，由校团委主办，信息资源管理学院分团委承办的“我的中国梦”中国人民大学五四文化艺术节“歌颂梦想”诗歌朗诵比赛在逸夫会堂举行，来自 13 个学院的 8 个群体朗诵队伍及 8 名独诵选手参赛。最后，评委评选出最具声音魅力奖、最佳风采奖、最佳创作奖、最具表现力奖等单项奖，以及独诵组、群诵组的一、二、三等奖与入围奖。

5 月 19 日，“我的中国梦”中国人民大学五四文化艺术节——第八届二十院院际友谊辩论赛总决赛暨明星赛在如论讲堂举行。外国语学院和公共管理学院辩论队就“社会越进步，人类越坚强还是越脆弱”辩题展开辩论，最后外国语学院获得冠军。

5 月 20 日，陈雨露校长到学生宿舍与学生亲切交流，深入了解学生的学习和生活情况，马俊杰副书记陪同走访。

5 月 20 日，学校资产公司召开董事会，牛维麟常务副书记、查显友副校长出席。

5 月 20 日，教育部关于经济类专业学位“经济类联考综合能力”考试科目改革研讨会在校召开，冯惠玲常务副校长出席并致辞，全国金融、应用统计、税务、国际商务、保险、资产评估六个经济类专业硕士教育指导委员会秘书长、教育部学生司研招处处长李强及来自多所高校研究生院和相关学院的负责同志参加。

5 月 20 日，由英国苏格兰学历管理委员会（SQA）、中国留学服务中心（CSCSE）联合主办，培训学院承办的英国苏格兰高等教育文凭（HND）项目十周年庆典颁奖典礼在如论讲堂举行，刘向兵副校长出席并致辞，来自国外 16 所大学的首席代表及 25 所国内 HND 项目院校的领导参加。典礼前，刘向兵副校长在如论讲堂贵宾室会见了英国苏格兰学历管理委员会首席行政官杰尼特·布朗博士和中国（教育部）留学服务中心（CSCSE）主任白彰德先生。颁奖仪式上，培训学院获“十年庆典杰出贡献奖”。

5 月 20 日，由学校港澳台交流发展协会与广西师范大学出版社“理想国”主办，国学院学生会、历史学院学生会协办的“当历史可以观看——那些历史书上没有的老照片”主题讲座在公共教学三楼举办，《老照片》杂志主编冯克力、学者丁东做主题演讲。

5 月 20 日，由校团委主办、文学院承办的“我的中国梦”中国人民大学五四文化艺术节——校园才艺达人比赛决赛在逸夫会堂举行。经过评委评选，《击鼓独奏》《神算》《四手联弹》摘得入围大奖，《乐动双琴》《双黄蛋》《我是魔术师》获三等奖，《民乐合奏》获“根正苗红奖”，《轻声合唱》获“勇敢追梦奖”，《花式玩球》获“过目不忘奖”，《武之韵》获“喜闻乐见奖”。

5 月 20 日，信息资源管理学院举办“构建数字记忆”在线实习项目系列讲座，美国纽约州立大学的四位数字记忆专家担任主讲嘉宾。

5 月 20—21 日，由国务院发展研究中心、财政部和世界银行联合主办的“城镇化问题国际研讨会”在京举行，劳动人事学院曾湘泉教授应邀出席并做题为《准城镇化向真实城镇化转变——推动实施更高质量的就业》的发言。

5 月 21 日，陈雨露校长到文学院调研，全面了解文学院在学科建设、科学研究、人才培养、提升国际性等方面的发展建设情况，杨慧林副校长陪同调研。

5 月 21 日，著名作家张承志做客文学院“著名作家论坛”，马俊杰副书记主持论坛。

5 月 21 日，体育部举办离退休教职工返校联谊活动。

5 月 21 日，2013 年度“汉青两岸暨中美关系研究奖学金”颁奖仪式在校举行，来自校内外的 18 名学生获颁奖学金，汉青两岸基金会创始人、台湾中国文化大学美国研究所所长陈毓钧与国务院台湾事务办公室研究局局长黄文涛、中国社会科学院台湾研究所副所长朱卫东为获奖学生颁奖。“两岸政治对话前景”学术研讨会同期举行，陈毓钧教授同时受聘中国人民大学客座教授。

5月22日，“文科计算机基础课程教学指导分委员会主任会议暨文科计算机基础课程研讨会”在校召开，会议讨论了本届教指委的工作规范、工作目标、工作内容、组织结构、工作分工、近期计划等问题。会后，靳诺书记到会场看望了全体与会代表。

5月22日，高校文化传承创新研究座谈会在校召开，教育部党组成员、副部长李卫红，校领导靳诺、陈雨露、杨慧林出席，教育部社科中心主任杨河主持会议，京津两地10余所高校的专家学者参加。会议围绕如何提高高校哲学社会科学发展质量、更好发挥文化传承创新功能等议题进行了深入探讨。

5月22日，由校工会、体育部联合主办，公共管理学院、教工网球协会承办的第六届“公管杯”教职工网球友谊赛闭幕。牛维麟常务副书记等出席闭幕式，并为获得单打和双打前八名的运动员颁奖。

5月22日，学校科研机构工作会在逸夫会堂举行，冯惠玲常务副校长出席，各学院主管科研的副院长和科研秘书及校、院属科研机构负责人参加。会议介绍了2012年学校院系属科研机构评估及新版管理细则的制定情况，并邀请三位机构负责人介绍机构工作经验。

5月22日，信息资源管理学院兼职教授聘任仪式在逸夫会堂举行，冯惠玲常务副校长出席并为受聘专家颁发聘书、校徽及院徽，信息资源管理学院相关负责人共同参加。仪式上，8位受聘兼职教授共同探讨了“实业兴邦”与授道育人的融合之道，从专业视角阐述了信息化对社会发展的作用。

5月22日，北京市大学生体育协会篮球分会换届会议在校举行，马俊杰副书记、北京市大学生体育协会主席杜松彭、篮球分会名誉主席张建祥出席，来自北京各高校的20余名代表及相关企业代表参加。经表决，会议选举产生了第四届篮球分会主席团成员，马俊杰副书记当选新一届篮球分会主席。

5月22日，由校团委和经济学院共同主办，经济学院分团委承办的青年经济论坛暨经济学院第二届本科生学术论坛在明德主楼举行，马俊杰副书记出席。论坛以“人大学子纵论中国经济：中国梦·发展梦·民生梦”为主题，以学生做报告、教师点评的方式进行。

5月22日，“通识教育大讲堂·跨文化沟通系列公开讲座”第二季第五讲举行，杨慧林副校长做题为《关于基督教的“非宗教”诠释》的演讲。

5月22日，教务处组织召开学生科研实践座谈会，杨慧林副校长出席，大学生创新实验计划优秀项目成果奖获得者参加座谈。

5月22日，根据《“文明过马路，安全伴我行”——海淀高校文明交通主题日活动方案》的要求，学校组织10名在校大学生志愿者与北京体育大学、首都体育学院的志愿者在四通桥路口开展交通协管志愿服务活动。

5月22日，校团委和历史学院学生会在教二草坪前联合举办“我的中国梦”中国人民大学五四文化艺术节之“梦的积淀——春风游园会”活动，组织学生开展“投壶”“升官图”“敲诗”“押宝”和“击壤”等古典游戏。

5月22日，校工会举办教师关爱系列讲座第五讲，中国农业大学营养专家范志红教授做以“科学饮食与养生”为主题的讲座。

5月22日，台湾无党团结联盟主席林炳坤访问经济学院，并就两岸经贸关系、经济政策、经济安全等问题进行交流讨论。

5月22日，学校首届公寓辅导员技能大赛在国学馆举行，人事处、学生处、后勤集团相关负责人出席并担任评委，15名学生兼职公寓辅导员分五队参赛。最终，“疯狂品园人”队、“节·洁·杰”队和“人文行”队分获前三名。

5月23日，由信息资源管理学院主办的“大数据·大战略·大未来——2013（首届）中国CIO论坛”在国学馆召开，冯惠玲常务副校长、国家信息中心常务副主任杜平先生出席，来自政府、企业和高校科研机构的专家学者学生近200人参加。论坛上，冯惠玲常务副校长与杜平先生为中国人民大学CIO研究中心揭牌，并为中心首批研究员颁发聘书。

5月23日，出版社在逸夫会议厅举行记录已故媒体人陈虻经历及言论的作品《不要因为走得太远而忘记为什么出发》读书会。该书编著者徐泓，中央电视台主持人白岩松、敬一丹，《看见》栏目制片人李伦，中央电视台新闻中心策划部制片人庄永志等陈虻生前同事、好友参加。活动前，王利明副书记兼副校长与到场嘉宾见面并会谈。

5月23—26日，由生态史研究中心、德国慕尼黑大学蕾切尔·卡森环境与社会中心联合主办的“旱暵水溢：世界历史上的河流、洪涝与旱灾”国际学术研讨会在京召开，杨慧林副校长出席开幕式，来自30余所国内外高校及文化学术机构的专家学者共70余人参加。开幕式上，杨慧林副校长向被正式聘请为学校客座教授的克里斯多夫·毛赫颁发了证书。

5月23日，艺术学院2013届毕业生系列作品展在艺术楼开幕，刘向兵副校长出席，有关部处负责人及艺术学院百余名师生参加。此次展览展示了2013届视觉传达专业15位本科生的11件毕业设计作品。

5月23日，澳大利亚及新西兰政府学院治理研究中心（ANZSOG Institute for Governance）中澳公共管理研究项目主任张晏辄博士访问公共管理学院，双方就科研发表、项目开发、教师互访、培训合作及建立“中国人民大学公共管理学院——澳新政府学院治理研究中心战略合作联盟”等方面的合作事宜达成了初步合作共识与意向，并签订合作备忘录。

5月23—27日，“励志成才看世界——苏州行”活动举行，自强生和少数民族学生代表一行23人前往苏州校区交流。

5月24日，第八届中国人民大学模拟联合国大会在逸夫会堂举办。陈雨露校长，联合国前副秘书长陈健大使，中国联合国协会会长卢树民大使，联合国系统驻华协调员特别助理帕伯罗先生（Pablo Barrera），中国人民争取和平与裁军协会副秘书长陶涛，中国联合国协会副总干事刘华等出席开幕式，来自中美63所高校的308名代表参加活动。

5月24日，湖北文理学院党委副书记王化凯率该校中层干部党建研讨班来校交流党建和思想政治工作，牛维麟常务副书记会见。

5月24日，由学校承建的芝加哥大学孔子学院第四次理事会召开，杨慧林副校长出席。理事会以芝加哥—北京视频会议的形式举行，双方回顾了2012—2013年孔子学院运行和经费情况，就2013—2014年孔子学院项目审批、发展方向等事宜进行了深入探讨，并就学生交换、孔子新汉学计划等交换了意见。

5月24日，日本神户大学副校长井上典之一行来校访问，伊志宏副校长会见，双方就继续开拓合作领域等相关事宜进行了商讨。

5月24日，德国社会保障法专家、汉堡应用科技大学沃尔夫冈·舒特教授应邀来校访问并讲学，为劳动人事学院社会保障专业师生分别做题为《德国长期护理保险制度》和《德国医疗保险自治管理和医疗保险纠纷仲裁机制》的两场学术讲座。

5月24日，由校团委主办，商学院团委承办的“我的中国梦”中国人民大学2013五四文化艺术节“影动梦想”微电影比赛颁奖典礼在明德堂举行。

5月25日，重阳金融研究院举办《走向核心国家——中国的“大金融”战略与发展路径》研究报告发布会，报告中提出应将金融提升至国家战略层面，构建中国的“大金融”宏观调控体系。会前，重阳金融研究院理事举行会议深入讨论《走向核心国家——中国的“大金融”战略与发展路径》研究报告，陈雨露校长、查显友副校长以及来自中国银监会、中国证监会、上海证券交易所、上海重阳投资管理有限公司、高华证券、美国哈佛大学费正清研究中心等单位的相关专家出席。

5月25日，重阳投资教育基金理事、美国哈佛大学费正清中国研究中心主任柯伟林（William C. Kirby）教授来校访问，陈雨露校长会见，双方就全球高校教育发展等相关问题进行讨论交流。

5月25日，由法学院主办的《中国法学前沿》（*Frontiers of Law*）首届编委会会议在校召开，王利明副书记兼副校长及20余名校内外法学专家出席会议。会议以促进刊物国内外编委的交流和合作为中心，探讨了如何在全球化背景下提升中国法学英文期刊的国际地位及期刊质量等话题。

5月25日，"红船领航"新生党员马克思主义经典研习会在国学馆举办，近两百名新生党员到场参加。研习会上，十位新生党员小组代表依次向评委和观众展示小组研习经典的心得成果并回答现场提问，最终评委评选出各级优秀研习成果奖项。

5月25日，由中国商业联合会主办的"纪念'服务与品牌'国标实施一周年"大会在钓鱼台国宾馆召开，中国商业联合会和中国人民大学信息分析研究中心在会议上联合发布了《2012中国品牌发展报告》和《2012中国企业售后服务发展报告》。

5月25日，"中国梦·信息情"信息学院特色展示活动在学生活动中心广场举行，活动设置了特色游园闯关和学生作品体验环节，并开展了计算机协会提供的电脑义诊服务及"情暖信息"精美明信片免费寄送等活动。

5月25日，2013年乒乓球团体赛暨联通"乒乓在沃"杯高校乒乓球选拔赛在世纪馆举行，来自17个学院的85名选手参赛。最终，法学院、培训学院、外国语学院依次获团体赛一至三名。

5月25日，国学院第二届青年学术论坛暨第二届研究生学术会议在国学馆召开，议题为"蜕变与传承——当代国学的学术重构"。国学院师生及来自北京大学、清华大学、北京师范大学、台湾大学等高校的研究生参加会议。

5月25—26日，第九届海峡两岸暨港澳公共管理学术研讨会在台湾召开，公共管理学院教师参加。

5月25—26日，由北京市教委主办的"第二届北京市大学生科学研究与创业行动计划成果展示与经验交流会"在北京工业大学举办，近3 000名北京高校师生代表参加。学校共有6个项目入选交流会，其中5个项目入选会议展览，1篇论文入选大会论文交流环节。

5月26日，由校友工作办公室和苏州校区主办的长三角地区校友座谈会召开，伊志宏副校长、校友工作办公室、华东地区四省一市的校友会负责人及苏州、无锡两地校友代表出席，就招生宣传、人才培养、科研基地建设、校友会建设、省校合作、校企合作等事宜交换了意见。

5月26日，第五届"汉语桥"世界中学生中文比赛德国区决赛在柏林举行，来自德国7个联邦州的11位选手参赛。其中，由学校承建的莱比锡大学孔子学院推荐的秋芳在比赛中表现突出，最终获得冠军。

5月27日，美国参议员本·卡丁（Ben Cardin）先生一行来校访问，陈雨露校长会见，双方就中美两国青年学生交流等相关事宜进行讨论。伊志宏副校长、国际交流处负责人陪同会见。其后，卡丁先生与师生代表就国际关系领域热点问题进行了座谈。

5月27日，中俄议会合作委员会第六次会议在人民大会堂举行，会议围绕中俄战略合作与经济、社会立法及大项目合作展开交流与讨论。劳动关系学院郑功成教授出席会议，在会议第三节中与俄罗斯国家杜马预算和税收委员会第一副主席什托格林、俄罗斯国家杜马社会与宗教事务委员会主席尼洛夫就社会立法问题进行专题交流讨论。

5月27日，商学院EMBA中心的"合作模块"学习正式结束。本次模块学习从历史、文化、商业三个角度进行了课程安排，包含利益相关者的合作、企业间的合作、中国特色的关系合作、跨文化合作、城乡合作等主题，受到了来自10多个国家的近30名第17届IMPM（国际实践管理硕士项目）学员的广泛认同。

5月28日，萃英集团总裁杨晓勇捐资100万元设立中国人民大学传统文化发展基金，同时受聘学校董事会董事、孔子研究院兼职研究员。陈雨露校长出席仪式，代表学校接受捐赠，并向杨晓勇总裁颁发捐赠证书和校董证书；孔子研究院相关负责人向杨晓勇总裁颁发孔子研究院兼职研究员证书。

5月28日，联合国贸发会议秘书长素帕猜博士来校访问，伊志宏副校长会见，双方就开展合作事宜进行商讨。其后，素帕猜博士就经济全球化问题与师生进行了演讲交流。

5月28日，由出版社与学生团体联合举办的“人文咖啡馆”系列活动之“张柠对谈梁鸿：我的乡土我的中国”在北京师范大学举行，文学批评家张柠和青年女作家梁鸿就乡村观察、乡村经验等话题开展了讨论。

5月28日，公共管理学院案例中心在求是楼召开“MPA综合改革试点教学示范案例验收暨经验交流会”，评审组对MPA教学示范案例进行评审，六项示范案例均通过验收。

5月28日，2013年第4期吴玉章青年学术沙龙在教师发展中心举行，数据工程与知识工程教育部重点实验室陆嘉恒教授、中国调查与数据中心的王卫东副教授、信息学院许伟副教授三人以“统计调研数据与大数据的最新进展与挑战”为主题介绍了数据获取、融合与应用的最新前沿，学校30余名青年教师参加。

5月28日，由全球老龄联盟（Global Coalition on Aging）、学校老年学研究所及社会转型与社会管理协同创新中心共同主办的“中国老龄化与发展政策对话研讨会”在校召开，来自全球老龄联盟、全国老龄工作委员会、世界卫生组织、联合国人口基金会、亚洲开发银行、跨国企业以及国内外高校的30余位中外学者、专家和基层老龄工作者出席，就老龄政策的热点议题进行专题讨论。

5月28日，由《经济观察报》举办，以商学院为支持单位的2013年度中国低碳典范评选评审会暨“低碳背景下的企业社会价值创新”研讨会在明德商学楼举办。与会专家学者就“企业的低碳优势能不能转化为行业竞争优势”及“企业如何利用低碳实现企业社会责任价值的创新”等话题进行了交流。

5月29日，靳诺书记前往附属小学和幼儿园调研，看望师生并了解办学情况，马俊杰副书记、刘向兵副校长陪同。

5月29日，国剧研究中心在明德堂举办京剧专场演出《智取威虎山》，第十一届全国人大常委会副委员长、第十一届民革中央主席周铁农，校领导陈雨露、刘向兵，老领导纪宝成、程天权等出席活动。

5月29日，财政部教科文司司长赵路、副司长霍步刚一行三人到文化科技园和图书馆考察，校领导靳诺、陈雨露、查显友等陪同。

5月29日，芝加哥校友会在芝加哥市中心宣布成立并进行首届职员选举，美国中睿公司CEO赵兢当选首届会长。中国驻芝加哥总领事馆副总领事王淑英校友，总领事馆教育组陈维嘉参赞出席成立大会。

5月30日，教育部召开“繁荣发展高校哲学社会科学、推动中国特色新型智库建设”座谈会，陈雨露校长、王利明副书记兼副校长出席会议。

5月30日，由学校讲座教授、著名文教专家马克林（Colin Patrick Mackerras）撰著，出版社出版的《我看中国》发布会在校举行。发布会上，马克林教授分享了自己在中国工作生活的丰富经历并与现场专家、学者及师生进行了交流。

5月31日，学校召开公共教学楼精细化管理教师座谈会，会议由杨慧林副校长、刘向兵副校长主持，来自9个学院的10名教师代表和教代会代表以及教务处、研究生院、实验室建设与设备管理处、资产与后勤管理处、网络与教育技术中心、后勤集团、世纪明德物业管理公司、校工会等单位负责人参加。

5月31日—6月2日，哲学院与美国耶鲁大学全球正义研究中心（Global Justice Center）在逸夫会堂举行“全球正义：中国在21世纪的道德领导力角色”学术研讨会，杨慧林副校长出席并致辞。

5 月 31 日，全国高校房地产管理专业委员会 2013 年工作会议在中国海洋大学召开，来自全国十个片区 24 所高校的房专会主任、副主任、秘书长、副秘书长参加，原副校长陈一兵作为嘉宾出席会议。

5 月 31 日，信息资源管理学院和绍兴市档案馆合作共建教学科研实践基地签约与挂牌仪式在绍兴举行，绍兴市市委常委、市委秘书长魏伟，绍兴市档案局（馆）局（馆）长车炼钢及信息资源管理学院相关负责人出席仪式。

5 月，原校党委书记程天权教授率代表团访问印度尼西亚大学（Universitas Indonesia，UI）、柬埔寨皇家科学院（Royal Academy of Cambodia）和柬埔寨金边皇家大学（Royal University of Phnom Penh，Cambodia）。此次访问为学校代表团首次出访印度尼西亚和柬埔寨两国。

5 月，学校举办第一届全英文授课展示交流活动，陈雨露校长、王利明副书记兼副校长到活动现场与师生进行交流。本次共有包括外籍教师在内的 52 名教师参加展示交流，包括教师授课、嘉宾点评和师生互动三个环节。

5 月，学报编辑部召开“学术前沿与期刊建设研讨会”，校领导王利明、杨慧林、伊志宏出席，来自相关院系的 50 余名人文社科学者参加。

5 月，教育部下发《关于成立 2013—2017 年教育部高等学校教学指导委员的通知》（教高函〔2013〕4 号文件），公布本届教学指导委员会组成人员名单。学校共有 40 位学者入选，入选人数在全国高校位居前列；其中 18 人担任主任委员或副主任委员，在人文社会科学领域位居全国高校第一。其中，陈雨露校长受聘担任金融学类专业教学指导委员会主任，冯惠玲常务副校长担任档案学专业教学指导委员会主任，社会与人口学院李路路教授担任社会学类专业教学指导委员会主任，农业与农村发展学院唐忠教授担任农业经济管理类专业教学指导委员会主任，信息学院杜小勇教授担任文科计算机基础教学指导分委员会主任。教学指导委员会是教育部聘请并领导的专家组织，接受教育部的委托，开展高等学校本科教学的研究、咨询、指导、评估、服务等工作。

5 月，教育部数据工程与知识工程重点实验室陆嘉恒教授团队的论文“String Similarity Measures and Joins with Synonyms”被国际数据库顶级会议 ACM SIGMOD（Association of Computing Machinery Special Interest Group on Management of Data，美国计算机协会数据管理专业委员会）2013 录取。ACM SIGMOD 数据管理国际会议是数据库领域具有最高学术地位的国际性学术会议，会议的平均论文录取率约为 14%～15%。

5 月，经济学院团委、研究生会举办题为《从名校生到职场精英的跨越》的职业规划讲座，香港大学 SPACE 中国商业学院客座副教授黄元山主讲。

5 月，武警选培办开展 2009 级武警国防生“军政训练月”活动，根据武警总部统一部署从政治理论、军事理论、军事基础、法规常识等 4 个方面开展包括军政、法规理论学习，队列、基础体能以及擒敌术等多项内容的学习和训练。

5 月，北京市委宣传部下发《关于确定 2012 年度北京市新世纪社科理论人才“百人工程”新增培养人选的通知》，本年度入选学者共 56 名，农业与农村发展学院朱信凯教授、经济学院谢富胜副教授、国际关系学院田野副教授、国学院谷曙光副教授入选。“百人工程”计划由市委宣传部牵头，市社科联、市社科规划办等部门配合实施，自 1995 年实施以来学校共 95 位学者入选，居北京高校之首。

5 月，学生工作部（处）与艺术学院、外国语学院、信息学院协作在全校本科生中开展“手拉手”艺术教育、外语辅导和数学辅导相关课程，项目师资全部来自高年级本科生或研究生。

5 月，由全校师生募资援建的“抗震希望学校”板房教室正式投入使用，四川省雅安市芦山中学高二（2）班的 56 名同学搬入教室全面复课。资金来自 4 月开展的“有你，救有力量——为雅安募捐”募捐活动，由教育基金会拨付给中国青少年发展基金会全部用于“希望工程紧急救灾助学行动”。

学校是唯一一所参与“希望工程紧急救灾助学行动”的部属高校。

5月，出版社美编室提交的设计方案中标“国家社会科学基金徽标设计方案”征集活动，由全国哲学社会科学规划办公室正式公布。

5月，中国法学会在友谊宾馆召开“中国特色社会主义法学教育改革研究”项目评审鉴定会。该项目为“中国法学会十大专项研究规划”项目之一，由法学院承担。经评审，该项目顺利结项并获评优秀。

5月，由经济学院和韩国汉阳大学经济金融学院联合举办的“第六届中国人民大学——汉阳大学联合学术研讨会：新兴市场经济下的政策问题”（The Sixth RUC-HYU Joint Symposium on Policy Issues in Emerging Market Economics）在明德主楼召开。双方学者展开学术研讨，并对研讨会的未来发展进行展望。

5月，国家新闻出版广电总局2013年“向全国青少年推荐百种优秀图书”活动评选结束，出版社的《中共党史青少年读本》、《影响中国历史的十篇政治美文》、《创意写作书系》（7册）三种图书入选。

5月，教育部批准2013年研究生教育创新计划，经济学院“微观计量经济学及其在产业组织理论中的应用”项目获选。该项目由经济学院和微观数据与实证方法研究中心联合主办，以暑期学校的形式面向全国招收在学研究生和少量青年教师作为学员，聘请相关领域经济学家进行微观计量经济学和产业组织理论的前沿授课，自2011年创办以来已连续运行三年。

5月，后勤集团对集团管辖范围内的电梯全面加强巡查检修。人文楼、中区食堂、国际交流中心、品园楼群等楼宇到达年检时限的22部电梯顺利通过海淀区技术监督局年检，验收合格。

6月1日，由学校与刘鸿儒金融教育基金会联合举办的2013年度“中国金融学科终身成就奖”颁奖典礼暨中国金融学科发展论坛在世纪馆举行。著名经济学家、学校荣誉一级教授周升业荣获此项殊荣，成为学校获此奖项的第三人。刘鸿儒金融教育基金会名誉理事长刘鸿儒、首届“中国金融学科终身成就奖”获得者黄达老校长、陈雨露校长等近百位国内金融学术界和政府部门的专家、学者出席典礼。

6月2日，陈雨露校长察看校友之家、环境学院、校史展施工现场以及艺术学院新大楼，并听取校史展布展设计及施工情况的汇报，刘向兵副校长及有关部门负责人陪同视察。

6月2日，法学院与印第安纳大学法学院在明德法学楼联合举办“2013世界法科学生论坛”，来自世界各个国家和地区法学院的学生针对法律学科的前沿问题展开了深入探讨。

6月2日，由学生处主办、自强社承办的“2013届自强毕业生欢送会”在学生活动中心举行，自强社社员、2013届自强毕业生代表和学生处老师共同参加。

6月3日，中央第十巡视组巡视工作动员会在逸夫会堂召开。中央第十巡视组组长陈际瓦、副组长张化为等巡视组成员，中央巡视工作领导小组办公室副主任张本平，靳诺书记、陈雨露校长等领导班子成员出席会议。学校党委委员、纪委委员、校务委员会委员、省级以上人大代表和政协委员、二级以上教授、全体中层干部（含处级调研员）、民主党派负责人、教代会主席团成员等列席会议。巡视组就即将开展的巡视工作作动员讲话，提出巡视工作的总体要求；靳诺书记、陈雨露校长就学校配合中央巡视组工作提出具体要求。

6月4日，由国家商务部主办、经济学院承办的“2013年发展中国家贸易便利化研修班”在校举行结业典礼。伊志宏副校长、巴基斯坦伊斯兰共和国驻华大使馆经济公使 Muhammad Salim 先生、尼日利亚联邦共和国驻华大使馆经济参赞 Eche Abu-obe 先生等出席。

6月4日，刘向兵副校长到艺术学院调研，对“金铁霖中国声乐艺术研究院”建设工作推进事宜进行专题研究。

6月4日，等离子体物理国际龙头企业 Tekna 公司与理学院物理系在理工楼举行合作协议签字仪式，双方多名代表出席。协议内容包括合作成立中加联合研发中心、提供奖学金等。

6月4日，劳动人事学院在学生活动中心举办欢迎美国罗格斯大学来访联谊晚会，欢迎罗格斯大学社会关系学院凯思琳·波蒂克（Kathleen J. Pottick）教授一行。

6月4日，由经济学院能源经济系主办第二十七期能源经济研讨会，美国未来资源研究所（RFF）王忠民博士做题为《美国页岩气革命：起因、发展以及对中国的启示》的学术报告。

6月5日，福建省人民政府副省长李红一行来校访问，陈雨露校长会见，双方就进一步推进落实省校合作协议、加强人才培养工作、推动福建省改革发展和中国人民大学建设世界一流大学进程进行深入交流。杨慧林副校长出席会见，学校办公室、招生就业处、校友工作办公室相关负责人参加座谈。

6月5日，第五届学生"创业之星"大赛总决赛暨颁奖典礼在文化科技园举行，教育部高校学生司副司长荆德刚、杨慧林副校长出席并致辞。

6月5日，英国贝德福特大学（University of Bedfordshire）校长兼首席执行官比尔·拉梅尔（Bill Rammell）一行来校访问，查显友副校长会见，双方就两校基本情况与发展计划等事宜进行了交流。

6月5日，英国伦敦国王学院外事副校长柯斯·霍加特（Keith Hoggart）一行来校访问，伊志宏副校长会见，双方就合作交流等事宜进行商讨。

6月5日，由中国金融博物馆主办的"中国青年金融学者奖"（第二届）评选结果揭晓，财政金融学院张成思教授排名第一，荣获第二届"中国青年金融学者奖"。

6月5日，"通识教育大讲堂·跨文化沟通系列公开讲座"第二季最后一讲在公共教学一楼举行，国际关系学院时殷弘教授做题为《周族的崛起、创新和奋斗：民族特性/政治文化的塑造和"改换天下"的大战略进程》的演讲。

6月5日，学生公寓管理委员会办公室（后勤集团国内公寓部、学生工作部（处）住宿辅导中心）组织召开2013年春季学期公寓事务师生恳谈会，各学院和校学生会、校研究生会、公寓学生自我管理委员会的学生代表20余名参加。

6月5日，武警选培办组织国防生在公共教学一楼召开模拟大中队换届选举大会，武警选培办相关负责人及2010、2011和2012级全体国防生参加。

6月5日，"人大校友大讲堂：83级校友系列讲座"启动仪式及第一讲在明德商学楼举办，1983级新闻系校友孙虹钢主讲题为《中国梦之天时、地利与人和》的讲座。

6月5日，由法学院主办、劳动法和社会保障法研究所承办的"'中国社会法的定位与展望'研讨会暨中国人民大学法学院社会法教研中心成立仪式"在明德法学楼召开，70余名相关领域的专家、学者代表与会。会议上举行了中心揭牌仪式，仪式后与会专家学者就"社会法的基本理论""国际视野下的社会法定位""中国社会法实践"等主题进行了分单元讨论。

6月6日，2012—2013学年春季学期本科教学期末工作会议在逸夫会堂召开，相关部处负责人、各学院主管本科教学领导以及教务秘书参加会议。

6月7日，南开大学龚克校长一行来校访问，靳诺书记、冯惠玲常务副校长会见。

6月7—9日，2013年欧洲部分孔子学院联席会议在意大利博洛尼亚大学举行，陈雨露校长应邀出席会议并在开幕式上致辞，会议期间与博洛尼亚大学校长伊万诺·迪奥尼基（Ivano Dionigi）代表两校签署了《中国人民大学与博洛尼亚大学共建孔子学院执行协议》。

6月7日，"大学生创业训练计划"2012项目结项表彰会暨2013项目立项启动会在文化科技园举行，杨慧林副校长及教务处、文化科技园相关负责人出席会议。

6月7日，原海南省副省长、国家工商总局副局长，现任中国广告协会会长李东生做客第36期明德论坛，做题为《财富新思路：智慧种出摇钱树》的讲座。讲座前，查显友副校长会见了嘉宾李东生。

6月7日16时30分，学校原校长、一级教授李文海同志，因突发心脏病医治无效，在北京逝世，享年81岁。学校成立以靳诺书记、陈雨露校长为主任的李文海同志治丧委员会。

6月8日，查显友副校长到老校区调研，并到国际关系学院高放教授家中走访。

6月8日，2013年首都高校游泳冠军赛在北京工业大学举行，学校游泳队以总分155分荣获乙组（非体育特招生组）冠军，其中男子团体获得第一名，女子团体获得第二名，收获4枚金牌、1枚银牌和2枚铜牌。梁艺馨、张昊为和吴昊被评为优秀运动员，陆峰被评为优秀教练。

6月8—9日，2013中国留美经济学会年会在四川成都举行，中国经济与发展改革研究院陈甬军教授应邀与会并发表专题演讲。

6月8—12日，美国公共行政学会主席刘国材（Kuotsai T. Liou）访问公共管理学院，并于6月9日为公共管理学院师生做题为《金融危机与公共治理的挑战》的讲座。

6月9日，靳诺书记到新闻学院调研，了解学院近年来改革发展基本情况，王利明副书记兼副校长陪同调研。

6月9日，体育部在拳道馆举办“青春征途·梦想启航——2013届学生运动员毕业生欢送会”，教师代表、运动队教练，2013届学生运动员毕业生及在校生代表，教务处、学生处、体育部相关负责人及部分学院代表参加。

6月9日，信息资源管理学院举办“国际档案日”暨北京市第五届“档案馆日”系列宣传教育活动，20余名师生参观北京市城市建设档案馆。

6月10日，欧洲管理发展基金会（EFMD）召开年度大会，伊志宏副校长当选为该基金会理事会理事，成为进入该理事会的首位中国学者。

6月13日，中国共产党的优秀党员，我国著名的历史学家、教育家，中国人民大学原校长李文海同志遗体送别仪式在北京市八宝山革命公墓举行。校领导靳诺、陈雨露、牛维麟、冯惠玲、马俊杰、王利明、杨慧林、查显友、伊志宏、刘向兵，老领导袁宝华、黄达、马绍孟、纪宝成、程天权、李震中、郑杭生、李昭公、杜厚文、沈云锁、袁卫、林岗、陈一兵、周建明，学校部机关和各学院负责人参加送别仪式并敬献花圈。张腾霄、罗国杰、杨德福、周新城、许征帆、郝彦桐、徐志宏以及附属中学校长刘彭芝等向李文海同志敬献花圈。参加李文海同志遗体送别仪式的还有毕业学生代表，李文海同志生前好友和亲属以及各界人士。

6月13日，“中国人民大学公共管理学院——密歇根大学福特公共政策学院学术交流十周年：回顾与展望”活动在逸夫会堂举办，纪宝成老校长、杨慧林副校长等出席并发表讲话。

6月13日，由国学院等单位联合主办的《天道——荀子传奇》校园巡讲首场报告会在国学馆举行，国学院副教授宋洪兵以“道德重建的历史追寻——荀子思想的当代意义”为主题做发言。

6月13日，苏州独墅湖科教创新区金融专业产学研对接会在苏州校区举办，来自园区金融办、科教创新区管委会、相关高校以及中国银行、交通银行、工商银行、建设银行、光大银行、邮储银行等大型金融机构以及保险、证券、融资担保、会计事务所等园区各类金融机构的负责人和代表与会。

6月14日，第十五次研究生代表大会在逸夫会堂举行。全国学联执行主席张天羽啸，校领导靳诺、陈雨露、马俊杰出席。会议审议并通过了第十四届研究生会委员会工作报告，选举产生了第十五届研究生会委员会，并通过了新修改的研究生会章程。

6月14日，学校召开2013年新闻宣传工作研讨会，就推进大学形象建设、加强与媒体的交流合作展开交流讨论。靳诺书记、王利明副书记兼副校长出席研讨会，来自国务院新闻办公室、《中国青年报》、《人民日报》、《光明日报》等十余个新闻宣传单位的相关负责人、专家参加会议。

6月14日，学校召开本科人才培养路线图新闻发布会，陈雨露校长、杨慧林副校长出席并介绍了学校在人才培养体系改革中面向本科教育教学推进“研究型学习制度体系”建设的理念和举措。

6月14日，“中国人民大学2014届毕业生生源信息发布会暨用人单位需求研讨会”举行，全国人才流动中心副主任陈军、杨慧林副校长出席。

6月14日，“人大史学讲堂”系列讲座第四十五讲“军事情报与福柯的治理术”在国学馆举行，美国著名中国研究学者何伟亚（James L. Hevia）教授应邀发表演讲。

6月15日，由经济研究所、东海证券有限责任公司、中国诚信信用管理有限公司主办，经济学院承办的“中国宏观经济论坛（2013年中期）”在逸夫会堂举行，靳诺书记出席并致辞。

6月15日，由学校国际并购与投资研究所、中国财政金融政策研究中心共同举办的首届中国企业国际化与兼并重组论坛在逸夫楼召开，冯惠玲常务副校长出席并致开幕辞，来自国内外的上市公司董事长、基金公司CEO及券商机构负责人等机构代表逾200人共同参加。

6月15日，由国学院主办的首届“韩非子与子学”国际学术研讨会在校召开，杨慧林副校长、北京师范大学刘家和教授以及来自美国得克萨斯大学奥斯汀分校、台湾政治大学、香港城市大学、日本爱智教育大学等高校的专家学者出席会议。

6月16日，国际货币研究所发布《人民币国际化报告2013》，陈雨露校长出席发布会并对报告进行了解读。

6月16日，美国威斯康星大学密尔沃基校区鲁巴商学院（Lubar Business School）院长Timothy L. Smunt访问苏州校区，双方就友好合作等议题进行了交流。

6月16日，纪宝成老校长应九江学院邀请，前往江西省九江市出席2013陈寅恪研究学术研讨会暨陈寅恪夫妇归葬庐山十周年纪念活动，并在研讨会开幕式上致辞。

6月17日，首都高校大学生征兵工作启动仪式在世纪馆举行，靳诺书记出席。仪式前，靳诺书记、陈雨露校长会见来宾，马俊杰副书记等陪同会见。

6月17日，全国人大常委会原副委员长、公共政策研究院名誉院长顾秀莲到公共政策咨询中心视察，陈雨露校长、马俊杰副书记等陪同。

6月17日，全国哲学社会科学规划办公室公布2013年度国家社会科学基金项目评审结果。本年度全国共立项3 826项，学校共申报174项，获批立项40项，立项率为22.99%，立项中包括重点项目11项，一般项目21项，青年项目8项，立项数量位居全国高校第四；吉林大学（42项）、南京大学（42项）、武汉大学（41项）位列高校前三。

6月17—19日，中国人民政治协商会议第十二届全国委员会常务委员会第二次会议在京举行，其中18日大会围绕“大力推进生态文明建设”建言献策进行了专题分组讨论，法学院周珂教授、竺效副教授应邀列席“加强生态文明建设的法律和制度保障”专题分组讨论。

6月18日，冯惠玲常务副校长率队赴南京大学考察交流，与南京大学副校长杨忠及相关部门负责人进行座谈，双方就国家“2011协同创新中心”的评审认定及建设工作开展交流。

6月19日，“学理论、走基层、长才干”师生座谈会举行。校领导靳诺、陈雨露、马俊杰出席座谈会，各部门相关负责人、校友代表、“红船领航”计划师生代表、“千人百村”社会调研项目师生代表参加座谈。

6月19—20日，学校分经法、理工、管理、人文学科片（学部）召开学科建设座谈会，咨询学院院长对未来学科建设的具体思路和办法。校领导靳诺、陈雨露、冯惠玲、王利明、杨慧林、伊志宏分别出席座谈会，各学院院长交流讨论了主责一级学科与国内主要竞争对手相比存在的主要不足，提出了未来学校学科建设和发展的工作重点及具体措施。

6月19日，2013年“千人百村”社会调研活动出征仪式在明德堂前广场举行。陈雨露校长，马俊杰副书记，“千人百村”社会调研活动总顾问、社会学家郑杭生教授，1981、1982级校友代表及学校各部处领导出席仪式，参与社会调研活动的千余名学生代表参加活动。

6月19日，后勤集团党委举办2013年党风廉政建设主题讲座，后勤集团党政领导班子成员出席，集团所属8个党支部全体党员和入党积极分子共100余人参加。

6月20日，首都大学生“学理论·读经典”活动启动仪式暨《资本论》研习读书会在世纪馆举行，靳诺书记、北京市委教工委副书记唐立军等出席。

6月20日，学校召开第七届青年教师教学基本功比赛表彰座谈会，陈雨露校长、马俊杰副书记及一级教授胡乃武出席，本届比赛评委、指导老师、主办单位和学院负责人代表以及参赛教师参加。会议宣布了比赛获奖名单并举行颁奖仪式，参赛青年教师代表和评委、指导老师代表分别发言。

6月20日，北京市科学技术委员会下发了《关于公布2012年度北京市重点实验室和北京市工程技术研究中心认定名单的通知》，学校申报的“光电功能材料与微纳器件北京市重点实验室”获得认定并得到本年度科技创新基地专项的优先部署安排计划的专项经费资助。该实验室主要由物理学系负责建设，是学校获得的第二个省部级重点实验室。

6月21日，外交部副部长谢杭生受聘学校兼职教授，靳诺书记出席聘任仪式并颁发聘书。聘任仪式后，谢杭生副部长以“变化了的和变动中的世界”为主题与经济学院师生进行学术交流。

6月21日，苏州校区管理委员会第二次会议在明德主楼召开，校领导靳诺、陈雨露、王利明、杨慧林、伊志宏出席，学校办公室、党委组织部、研究生院、发展规划处、教务处、人事处、招生就业处、国际交流处、财务处、资产与后勤管理处、苏州校区等单位负责人参加。

6月21日，金铁霖中国声乐艺术研究院大师班在艺术学院音乐厅首次授课，金铁霖教授为大师班学员和艺术学院师生讲授了中国声乐艺术理论与实践运用。刘向兵副校长旁听授课，金铁霖教授学生宋祖英等参加现场教学。讲座前，靳诺书记与金铁霖教授进行会谈，就进一步办好金铁霖中国声乐艺术研究院等事宜进行交流。

6月21日，人文奥运研究中心研究员聘任仪式暨中国国家射击队奥运冠军报告会在体育之家举行，冯惠玲常务副校长出席并致欢迎辞。中国国家队总教练王义夫校友被聘为人文奥运研究中心研究员，并和奥运射击冠军庞伟、易思玲一道与50余名师生进行了交流。

6月21—30日，艺术学院在学院展厅举办绘画系中国画专业2013届毕业生作品展，展出20名毕业生的60幅绘画和书法作品。刘向兵副校长以及学院师生100余人参加展览开幕式。

6月21日，学校召集教职工代表，听取学校年度财务工作报告及学科建设发展报告。会议上，财务处做《中国人民大学2012年度财务工作的报告》，研究生院汇报学校第三轮学科评估的相关情况及未来学科建设发展工作。

6月21日，昆士兰科技大学 Uwe Dulleck 教授访问经济学院，并为经济学院师生做题为“The Good，the Bad and the Naive：Do Fair Prices Signal Good Types or Do They Induce Good Behaviour?”的学术演讲。

6月22日，由校团委主办的“让梦出发”中国人民大学2013年毕业生文艺晚会暨“我的中国梦”2013五四文化艺术节颁奖典礼在明德堂举行。校领导陈雨露、马俊杰、刘向兵出席活动，学校相关部处负责人、学院教师及1 000余名2013届毕业生代表共同观看演出。

6月22日，宁德市市委书记廖小军率宁德市党政代表团来校访问，陈雨露校长会见，双方就推进人才合作进行座谈，并在明德主楼签署《中国人民大学——宁德市人民政府人才战略合作协议》，冯惠玲常务副校长、宁德市政府副市长刘建飞分别代表双方签署协议。

6月22日，首届金融图书“金羊奖”颁奖典礼在第二届广州金融交易·博览会开幕式上举行，财政金融学院黄达教授的《金融学》（第三版）（中国人民大学出版社2012年版）、陈雨露教授的《世界是部金融史》（北京出版社2011年版）和张杰教授的《中国金融制度的结构与变迁》（中国人民大学出版社2011年版）荣获该奖项，在全部10种获奖金融图书中占据三席。

6月22日，2013中国大学生“三对三”篮球联赛全国总决赛在世纪馆举行，来自全国的七支队伍参赛。最终上海东华大学队获得总冠军，代表学校出战的东亚联盟队获得亚军。

6月22日，中国人民大学福特班校友会2013年年会在深圳举行，60余位来自海内外的福特班校友参加。本次年会是福特班校友会成立以来的第三届年会，也是首次由中国人民大学福特班校友与复旦福特班校友共同承办的年会。

6月22日，由法学院、知识产权学院及民商法研究中心共同举办的“第一届创新中国与知识产权保护论坛暨专利法修改研讨会”在明德法学楼举行，来自各级人民法院的30名法官、10余名政府官员及近50名来自学术及产业界的专家参加研讨。

6月23日，著名历史学家、教育家、学校原校长李文海同志追思会在明德法学楼601国际报告厅举行。李文海同志遗孀、清史研究所原党总支书记吴孝英，国家清史编纂委员会主任、中国史学会原会长戴逸，中共中央文献研究室原常务副主任、中国史学会原会长金冲及，校领导靳诺、陈雨露、刘向兵以及来自各单位的李文海同志生前好友、同事和学生共100余人参加。

6月24日，2013年博士学位授予仪式在明德堂举行，783名毕业生获授博士学位。校领导陈雨露、冯惠玲，王利明、杨慧林、伊志宏，校学位评定委员会委员袁卫、刘大椿、吴晓求、胡乃武、郑杭生、刘春田、董克用、孙家洲、曾湘泉、陈岳、杨瑞龙、孙郁、郝立新、杜小勇、洪大用等出席仪式，2013年全体博士学位获得者、各学院院长、博士生导师代表参加。

6月24日，2013年学士学位授予仪式在世纪馆举行，授予2013届本科毕业生3 064人学士学位。校领导陈雨露、冯惠玲、王利明、杨慧林、伊志宏，校学位评定委员会委员吴晓求、郝立新、陈岳、杨瑞龙、孙郁、杜小勇、洪大用等出席仪式。

6月25日，2013年硕士学位授予仪式在世纪馆举行，3 735人获授硕士学位。校领导陈雨露、冯惠玲、杨慧林、伊志宏，校学位评定委员会委员吴晓求、刘春田、孙家洲、曾湘泉、杨瑞龙、郝立新等出席仪式，硕士研究生导师代表、2013届全体硕士学位获得者参加。

6月25日，2013年硕士专业学位授予仪式在世纪馆举行，2 083人获授硕士专业学位。校领导陈雨露、冯惠玲、王利明、杨慧林、伊志宏，校学位评定委员会委员袁卫、吴晓求、董克用、杜小勇、洪大用等出席仪式，硕士研究生导师代表、2013届全体硕士专业学位获得者参加。

6月25日，世界信用评级集团（Universal Credit Rating Group，UCRG）成立大会在香港举行，财政金融学院吴晶妹教授参加相关活动。

6月25日，中国税务学会第七届会员代表大会暨全国税收理论研讨会在北京召开，财政金融学院郭庆旺教授再次当选为中国税务学会副会长。

6月26日，2013届毕业典礼在世纪馆举行。校领导靳诺、陈雨露、牛维麟、冯惠玲、马俊杰、王利明、杨慧林、伊志宏、查显友、刘向兵，老领导纪宝成原校长，程天权原党委书记，荣誉一级教授代表、著名经济学家陈共，校友代表、中央电视台副台长魏地春出席。各学院、部处负责人和2013届毕业生、学生家长代表观礼。

6月26日，由中国调查与数据中心主持的“中国博士追踪调查”项目启动会在明德楼召开。来自校内外各相关单位的教师与研究人员参加，对项目的设计、执行方案等进行了讨论。

6月26日，重阳金融研究院发布《近期中国金融形势和未来走势》大型调查报告，报告就“中国发生金融危机了吗?‘钱荒’是否会恶化? 央行需要立即出手救市吗?”三个问题电话问询了31位国内外知名金融专家和业内人士，调查结果显示绝大多数受访专家否认中国已经发生金融危机，并认为中国目前“钱荒”问题不会继续恶化。该报告与央行频繁释放的“市场维稳信号”相呼应，国内主流媒体也纷纷引用报告数据。

6月26日，由商学院和《新理财》杂志社联合主办的“2013（第二届）中国财务管理全球论坛”在逸夫会堂举行，本次论坛以“经济周期波动下的财务管理：挑战与应对”为主题，内容涵盖7场主题演讲和2场主题讨论。

6月27日，学校举办2013年党风廉政建设宣传教育月主题党课，靳诺书记以《深刻把握高校哲学社会科学发展新形势，加快建设“人民满意、世界一流”大学》为题，就进一步贯彻落实党的十八大精神，科学推进学校事业发展提出了思考意见，并就深入开展群众路线教育实践活动，加强党风廉政建设提出了要求。

6月27日，学校召开纪念中国共产党成立92周年表彰大会，校领导靳诺、陈雨露、牛维麟、冯惠玲、马俊杰、王利明、杨慧林、伊志宏、刘向兵，北京市教育工会常务副主席刘欢出席，学校全体中层干部、先进基层党组织代表、老党员代表、基层党组织负责人和党员代表参加。大会上，66个先进基层党组织和一批老党员受到表彰，财政金融学院货币金融系获中华全国总工会授予“全国工人先锋号”荣誉称号。

6月28日，商学院CMPM举办特色课堂学习交流活动，方正集团近30名高层管理人员全程参与，通过“友好咨询”的课堂形式，以“知识管理策略和持续优化领导能力”为主题展开了深入讨论和交流。

6月28日，挪威卑尔根大学法学院院长斯庄特巴肯教授一行访问法学院，并共同举办博士生圆桌讨论会。

6月28—29日，第九届中国新疆——中亚东亚商品博览会及中国经济特区——喀什论坛在新疆喀什举行，中国经济改革与发展研究院副院长陈甬军教授应邀与会并发表专题演讲。

6月29日，中国人民大学国家发展与战略研究院成立，校内外近40名专家学者受聘出任学术委员会委员，靳诺书记、陈雨露校长、国务院研究室副主任宁吉喆、教育部社会科学司司长张东刚为研究院揭牌。研究院作为由学校主办的独立的校级研究机构，将通过学术委员会和院务会分别对重大学术和行政事务进行决策，院长由陈雨露校长担任，纪宝成教授担任名誉院长和学术委员会主任，刘元春教授担任执行院长。

6月29日，由亚太交流与合作基金会、联合国电视台、中国社会经济文化交流协会及等机构联合主办的“联合国与中国·电影之旅”联合国电影节启动仪式在明德堂举行。联合国副秘书长彼德·朗斯基-蒂芬索（Peter Launsky-Tieffenthal），原商务部副部长、中国国际经济交流中心副理事长魏建国，亚太交流与合作基金会执行副主席肖武男，全国政协常委、中国社会经济文化交流协会会长叶小纲，中国电影基金会会长、中国电影家协会主席李前宽，联合国电视台台长查姆·莱特斯基（Chaim Litewski）以及校领导陈雨露、伊志宏、刘向兵出席仪式。仪式上播放了7部联合国纪录短片，反映中国自重返联合国以来在国际事务中发挥的积极作用。启动仪式前，陈雨露校长会见了彼德·朗斯基-蒂芬索副秘书长和查姆·莱特斯基台长，伊志宏副校长陪同会见。

6月29日，哈佛大学法学院院长Martha Minow教授一行来校访问并发表学术演讲，陈雨露校长会见，双方就两校深入合作等事宜进行交流。演讲结束后，王利明副书记兼副校长与Minow教授进行交流，并一同参观法学院“我们在路上”法律援助主题展览。

6月29日，艺术学院举行仪式，聘任12位著名艺术家为首批学院特聘教授。陈雨露校长、刘向兵副校长及著名作曲家、中国音乐家协会分党组书记、常务副主席徐沛东等9位特聘教授出席仪式。

6月29日，第六届曾宪梓助残奖学金在逸夫会堂颁发，中国残联副主席王乃坤、冯惠玲常务副校长为获奖者颁发证书及奖金。本次是残疾人事业发展研究院第六次组织实施对为残疾人事业发展做出突出贡献的在校学生进行奖励。

6月29—30日，由残疾人事业发展研究院、北京市残疾人联合会、中国康复研究中心联合主办的“残障与发展论坛（2013）：中国残疾人事业制度创新与战略规划”在逸夫会堂举行。冯惠玲常务副校长代表学校出席并致词，中国残联副主席、党组副书记、常务副理事长王乃坤发表开幕讲话，中国残联研究室主任陈新民、中国康复研究中心主任李建军、北京市残联理事长吴文彦等领导及来自全国、北京市残联系统和20多所高校的120多名正式代表参加。

6月29—30日，“典籍·社会与文化国际学术研讨会暨中国历史文献研究会第34届年会”在国学馆举行，杨慧林副校长、中国历史文献研究会会长周少川、全国高等院校古籍整理研究工作委员会委员卢伟等出席会议并致辞。

6月30日，中国人民大学中国共产党历史与理论研究研究院成立。中共中央党史研究室主任欧阳淞、副主任张树军，中共中央文献研究室副主任陈晋，中国社会科学院副院长、当代中国研究所所长李捷，中共中央编译局局长贾高建，教育部副部长李卫红，原教育部党组成员、原国家教育行政学院院长顾海良，国防大学少将徐焰，教育部社会科学司副司长徐艳国，校领导靳诺、陈雨露、冯惠玲，以及中央党校和部分高校中共党史党建博士点学科带头人、新闻媒体代表出席成立大会。陈雨露校长代表学校与中央党史研究室、中央文献研究室、中国社会科学院当代中国研究所、中央编译局等四个支持、指导单位负责人签订合作框架协议书，并与靳诺书记等代表共同为研究院揭牌。

6月30日，中国教育后勤协会成立大会暨第一次会员代表大会在国家教育行政学院召开，教育部副部长鲁昕、发展规划司司长谢焕忠、发展规划司副巡视员葛华、中国高等教育学会会长瞿振元、中国教育装备行业协会会长王富、学校原党委书记程天权等出席，来自全国各地高等学校、职业院校、中小学及教育行政部门、社会服务企业等近500名代表参加。大会表决通过了协会章程、会费管理办法，选举产生了中国教育后勤协会理事会理事240名，原书记程天权当选为中国教育后勤协会会长。

6月30日，出版社在单向街图书馆举办“人文咖啡馆”系列活动之“张柠　李洱：中国乡土文化漫谈”。

6月，第七届“挑战杯”首都大学生学术科技作品竞赛评选结果揭晓，学校夺得团体总分第一名并捧得“首都挑战杯”。

6月，出版社出版的《中国文化与中国宗教》《明代哲学史》《新中国财政金融事件解读》《中国的工资：经济学分析》《社会主义和谐社会核心价值体系研究》5种图书入选2013年“经典中国国际出版工程”。

6月，出版社送审的《织梦人——一个男孩穿越现实的哲学之旅》《大量阅读的重要性》《韧性——寻找压力之下的韧性》《青春期心理手册》等21种图书入选《2013年中小学图书馆（室）推荐书目》。

6月，美国大学生数学建模竞赛（MCM/ICM）结果出炉，学校共13个队伍获一等奖（Meritorious Winner），16个队伍获二等奖（Honorable Mention），获奖学生总数达49人。

6月，由校团委主办、公共管理学院承办的2013年五四文化艺术节“梦想中国·大话青春”优秀短剧作品展演暨颁奖晚会在如论讲堂举行，相声演员曹云金、中国人民解放军民族声乐演员陈雨琪参加晚会。最后，短剧作品《手机的故事》《周国梦的中国梦》《我有一个梦》获三等奖；《说出你的愿望》《面试》获二等奖；《因为我是国防生》获一等奖。

6月，教育部批准学校四个申报项目入选教师队伍建设示范项目，其中“推动教师职业发展计划”入选“高等学校教师发展中心建设”示范项目，“外国专家队伍建设计划”入选“高校教师选聘与人才储备”示范项目，“健全教师考核评价制度”入选“教师考核评价”示范项目，“着眼于建设一流教师队伍的收入分配制度改革”入选“高校教师收入分配制度改革”示范项目。

6月，书报资料中心出版的《复印报刊资料：教育学（2012年合订本）》等15种“复印报刊资料”系列刊及其光盘产品入选《2013年中小学图书馆（室）推荐书目》。该书目由教育部基础教育课程教材发展中心发布，印发全国各地教育部门，用于加强中小学图书馆建设，提高书刊配备质量。

6月，北京市外国专家局转来《关于下达2013年高端外国专家项目（文教类）计划的通知》，确定2013年度国家外国专家局“高端外国专家”项目聘请计划。统计学院、农业与农村发展学院、历史学院、汉青经济与金融高级研究院、外国语学院推荐的6名教授入选。本年度全国共有83位“高端外国专家”项目入选者，其中人文社会科学类入选者不足20人，学校项目入选者人数位居全国前列。

6月，2012年全国大学生数学建模比赛颁奖仪式举行，经济学院参赛学生取得2项全国奖以及9项市级奖。其中，来自2010级国际经济贸易专业的林垚与2010级国民经济管理专业的江亦薇组成的代表队获得全国一等奖。

6月28日—7月5日，第20期新上岗处级干部培训班顺利完成集中培训阶段的任务。在此阶段，学校组织全体学员赴延安学习考察，并在集训中安排三场由校领导主讲的报告会；6月28日，靳诺书记为新上岗处级干部做题为《坚定信念敬业自律：以高度的责任感、使命感推动学校事业发展》的首场报告；7月5日，陈雨露校长与新上岗处级干部亲切座谈，牛维麟常务副书记为新上岗干部做报告。

7月1日，2013届武警国防生毕业典礼在逸夫会堂举行，靳诺书记、马俊杰副书记、武警北京总队政治部主任拓成祥少将出席。

7月1日，原外交部部长、第十六届中共中央委员、第十一届全国人大常委会委员、中国公共外交协会会长、中国人民外交学会名誉会长、中国国际友好联络会会长李肇星来校参加重阳论坛第九期学术活动，并做题为《漫谈中国复兴》的主题讲座。陈雨露校长会见了李肇星，查显友副校长主持讲座并陪同会见，学校150多名师生参加讲座。

7月1日，欧洲经济学会会长、西班牙货币金融中心Manuel Arellano教授作为"第三届全国高校青年骨干教师微观计量经济学高级研修班"主讲教授之一来校讲学，冯惠玲常务副校长会见，双方就中国和欧洲经济学研究发展进行交流。

7月1日，由经济学院、微观数据与实证方法研究中心举办的"第三届全国高校青年骨干教师微观计量经济学高级研修班"举行开班仪式。欧洲经济学会会长、西班牙货币金融中心Manuel Arellano教授、日本东京大学Hidehiko Ichimura教授、范德比尔特大学李彤教授和中国社科院数经所所长汪同三研究员出席。仪式后，Arellano教授做题为《非线性面板数据计量经济学》的讲座。

7月1日，萨师煊大数据研究中心2013年暑期研究夏令营开幕式在信息楼举行，来自信息学院、纽约州立大学、香港中文大学、丹麦奥尔胡斯大学的专家学者及参加夏令营的青年教师和研究生60余人参加。

7月1—5日，第37届ACM国际大学生程序设计竞赛世界总决赛（ACM-ICPC World Final）在俄罗斯圣彼得堡举行，由信息学院朱青老师指导，2010级唐迪、2011级刘均和欧阳典组成的ACM队与来自世界各高校的120支参赛队伍同场竞技，最终荣获第65名。此次参赛是继2005年上海总决赛、2006年美国得州总决赛后，学校ACM队第三次参加世界总决赛。

7月2日，蒙古国和平友好联合会主席德·扎格德扎布率团来校访问，伊志宏副校长会见，双方就蒙古国学生留学等相关事宜进行了商讨。

7月3日，2013年国际小学期开学典礼举行，校领导陈雨露、杨慧林、伊志宏出席。

7月3日，浙江永通纺织品进出口有限公司董事长兼总经理裘菊兰向学校捐资500万元支持学校智库建设和高端国际学术交流活动，同时受聘学校董事会常务董事。陈雨露校长，查显友副校长，香港新乐国际投资集团有限公司、浙江兴发典当有限责任公司、浙江兴发贸易有限公司董事长、董事会常务董事傅岩梅出席聘任仪式，查显友副校长与裘菊兰董事长共同签署捐赠协议，陈雨露校长代表学校接受捐赠并向裘菊兰董事长颁发校董会常务董事聘书、董事纪念牌。

7月3日，信息资源管理学院党委组织开展"诚实守纪、务实清廉"主题党日活动，集体参观焦庄户地道战遗址纪念馆和国家博物馆"复兴之路"大型展览。

7月3日，由信息学院主办，高等教育出版社、北京数学会经济数学分会共同协办的"网络时代的数学教学理念、教学方式与课程建设研讨会"在学校召开。会议主题为数学教学理念转变、教学方式改革以及教材修订。

7月3—24日，暑期国际小学期书法班顺利完成教学结业，本次书法班共有来自英国、芬兰、瑞士、墨西哥、哥斯达黎加等11个国家和地区的19名学生参加。

7月4日，学校在逸夫会堂召开深入开展党的群众路线教育实践活动动员部署大会。党的群众路线教育实践活动中央第42督导组组长、中山大学原党委书记李延保，副组长、教育部思想政治工作司副巡视员俞亚东及督导组其他成员，校领导靳诺、陈雨露、牛维麟、冯惠玲、马俊杰、王利明、杨慧林、查显友、伊志宏、刘向兵出席动员大会。近期退出校级领导班子的老同志，校党委委员、纪委委员，全体中层干部，一、二级教授，教代会主席团成员，民主党派负责人，无党派人士代表，各学院党支部书记代表共300余人参加大会。靳诺书记做动员报告，陈雨露校长主持大会。

7月4日，靳诺书记到公共管理学院调研，听取学院工作汇报，实地了解公共政策实验室建设情况并看望学院教职工。牛维麟常务副书记陪同调研。

7月4日，公共管理学院MPA教育中心在逸夫会堂举办“首届华北地区MPA教育发展研讨会”，纪宝成老校长、冯惠玲常务副校长出席开幕式，来自北京大学、清华大学等华北地区28所院校的MPA教育负责人及青年教师近80人参加本次研讨会。

7月4日，刘向兵副校长组织学校安全生产工作领导小组成员单位负责人对校园内部分场所的安全情况进行检查。

7月6日，“首都经济”学科群建设项目结项评审暨首都可持续发展战略国际研讨会在逸夫会堂举行，国内外20余名专家学者出席，围绕首都可持续发展重大问题展开研讨，并对“首都经济”学科群建设项目成果进行评议。冯惠玲常务副校长会见与会专家学者。

7月6日，公共管理学院医改研究中心在校医院举办“公立医院改革：试点及其成效评估”研讨会，刘向兵副校长出席并致辞，来自有关部委的主管领导、知名专家学者、试点地区领导和医院代表等70余人参会。

7月6—7日，第五届临床评价方法与应用国际研讨会暨第四届东亚地区生物统计会议在逸夫会堂举办，陈雨露校长、袁卫原常务副校长、澳大利亚国立大学教授Alan Welsh、密歇根大学生物统计系Richard D. Remington学院教授Roderick J. A. Little、华盛顿大学生物统计教授周晓华等出席，来自美国、日本、印度、新加坡、韩国、泰国、中国等多个国家及地区的专家学者参会。

7月6日，由国务院国有资产监督管理委员会研究中心和中国人民大学中国社会保障研究中心联合主办的第三届国民收入分配与企业总体薪酬制度高峰论坛在国家会议中心举行，来自全国人大、国务院国资委、中国社科院、中国劳动学会及中国人民大学等单位与部分大型国有企业的管理人员400余人出席。

7月6日，2013夏季青岛人大校友联谊，共商注册成立青岛校友会，校友工作办公室工作人员代表学校出席。

7月6日，出版社在字里行间书店举办20世纪最重要德语诗人保罗·策兰与英格褒·巴赫曼的书信集《心的岁月》新书发布会，该书译者之一、诗人王家新，德国著名汉学家、诗人顾彬，中国诗人多多、蓝蓝，以及中国社会科学院德国文学专家、德国诗歌译者贺骥，戏剧导演曹克非等共同参加座谈。

7月6日，由国际关系学院主办，全国高校国际政治研究会协办，中国17家国际问题教学与研究机构发起的“中国国际问题论坛2013：中国外交新动向”在明德国际楼举行。论坛以“中国外交新动向”为主题，旨在探讨新一届领导集体执政以来中国外交的新动向，来国内外20余家有关单位的50多位国际问题专家参加。

7月6—7日，由国学院和北京四海孔子书院联合举办的“本体、诠释与实践——成中英哲学思想学术研讨会”在国学馆举行，来自中国大陆、香港、台湾地区，以及美国、英国、澳大利亚等国家的学者共50余人出席。与会学者围绕成中英教授的本体学说、逻辑学、伦理学、美学以及管理哲学的研究等进行了研讨。

7月7日，由经济学院和国家行政学院经济学教研部新型城镇化研究中心主办、方塘智库承办的第三期“新型城镇化”论坛——新型城镇化进程中的城乡统筹发展在明德主楼举行，来自经济学院、国家行政学院经济学部、国务院国资委中国煤炭城市发展联合促进会、住房和城乡建设部住房改革与发展司、民生证券研究院的专家学者等参加。

7月7日，民盟中国人民大学委员会常务副主委彭丽红带领部分盟员参观东校区校址。

7月7—9日，纪宝成老校长应邀赴日本北海道出席第八届东北亚名人会，就提交会议的“中日韩共同常见800汉字表”草案进行说明与论证，并就后续工作提出安排建议。该草案获得通过，成为本次东北亚名人会取得的重要成果之一。

7月8—9日，学校召开2013年学院工作会议，靳诺书记、陈雨露校长出席并做讲话，牛维麟常务副书记、冯惠玲常务副校长主持会议，校领导马俊杰、王利明、杨慧林、查显友、伊志宏、刘向兵出席，各学院院长、党委（党总支）书记，各部处负责人，校务委员会、学位评定委员会、教代会主席团代表和本科人才培养委员会成员参加。

7月8日，萨师煊大数据研究中心第二届“大数据视点”研讨会在逸夫会堂召开，多位国内外大数据领域专家学者与会。会议以“大数据视点”为主题，围绕不同领域中大数据应用的挑战、大数据的基础科学和技术问题、如何进行大数据学术研究等议题进行了深入探讨。

7月10日，“2013年国际小学期教师招待会”举行，杨慧林副校长出席。

7月10—12日，由法国巴黎索邦大学（巴黎四大）、保罗-瓦莱里大学（蒙彼利埃三大）和马赛商学院共同承办的中法学院第二次理事会在法国召开，伊志宏副校长及中法学院、国际交流处、农业与农村发展学院相关负责人应邀赴法参会。其间，伊志宏副校长一行访问中国驻法国大使馆教育处、巴黎高等商学院、巴黎二大等机构和学校，就如何开展庆祝中法建交50周年文化交流活动及如何加强与法国有关高校的国际交流合作进行会谈。

7月11日，国家卫生和计划生育委员会、共青团中央、中国计划生育协会联合主办的“2013年‘世界人口日’主题宣传活动”在学校举行。来自国家卫生和计划生育委员会、缅甸移民和人口部、共青团中央书记处、中国计划生育协会等单位的有关负责人及靳诺书记、马俊杰副书记出席活动。

7月11日，美国加州大学洛杉矶分校副教务长Cindy Fan女士来校访问，杨慧林副校长会见，双方回顾了两校在文学、外国语、农业经济等方面的合作，并商定进一步推进合作细节。

7月11日，学校主办的英文学术刊物《经济与政治研究》（*Economic and Political Studies*，*EPS*）在京召开“经济与政治研究前沿问题”国际研讨会（Seminar on Cutting-edge Issues in Economic and Political Studies），来自哥伦比亚大学、丹佛大学、哥本哈根大学、墨尔本大学、早稻田大学、澳门大学等美洲、欧洲、大洋洲、亚洲知名学府的近20名专家学者与会，围绕经济学或政治学研究中的前沿问题及《经济与政治研究》刊物发展等议题展开讨论。

7月13—14日，清史研究所满文文献研究中心举办“首届国际满文文献学术研讨会”，来自美国、俄罗斯、日本、韩国、蒙古国、捷克、匈牙利等国以及中国台湾地区的50余名中外学者作为正式代表参会，其中41名学者提交论文或作学术报告，杨慧林副校长出席并代表学校致辞。

7月13日，中国书法家协会《中国书法》杂志社、中国书法家协会培训中心和艺术学院联合举办“第三、四届书法高研班毕业典礼暨毕业展开幕式”。刘向兵副校长出席并致辞。

7月15日，公共管理学院举行MPA兼职教授聘任仪式，聘任江苏省淮安市地方税务局陈建浦局长担任MPA专业方向兼职教授。陈建浦为公共管理学院MPA研究生就税收征管改革和组织创新做专题报告。

7月17日，牛维麟常务副书记赴安徽省合肥市开展合肥市新兴文化产业调研，并与安徽省委常委、合肥市委书记吴存荣进行会谈，双方就合肥市与在人才培养、课题研究等方面开展合作有关事宜进行了讨论。

7月17日，美国肯塔基大学助理副教务长苏珊·卡瓦洛女士一行来校访问，王利明副书记兼副校长会见，双方就两校在健康传播、危机传播及学生交流方面深入合作有关事宜进行商讨。

7月18日，第十届“中国市场最具领导力EMBA”排名在京揭晓，商学院EMBA获评中国市场最具领导力EMBA，跻身全国前五名，同时获“最具创新能力”奖。

7月18日，邓子基财经学术论文奖颁奖典礼在京举行，共评出获奖论文17篇，公共管理学院崔军副教授的论文《基于“调高”、“提低”目标的我国直接税体系建设》获此殊荣。“邓子基财经学术论文奖”自2010年设立，在我国财经理论界和实务部门具有一定影响力，发挥着奖掖英才、鼓励学术、鼓励创新的积极作用。

7月18日，由教师教学发展中心与汉青研究院联合举办的“教学发展工作坊”落幕，汉青研究院全体教师，公共管理学院、统计学院和历史学院等院系的部分教师以及来自上海交通大学、中央财经大学等高校的教师代表参加本次工作坊活动。

7月19日，陈雨露校长视察公共教学二楼、人文楼、藏书馆等施工现场，并听取施工情况汇报。查显友副校长、刘向兵副校长陪同视察。

7月19—20日，由伦理学与道德建设研究中心联合湖北工程学院中华孝文化研究中心、韩国圣山孝大学院大学孝文化研究所、韩国孝学会共同主办的“传统孝道的当代意义与多元对话”国际学术会议在学校召开，冯惠玲常务副校长出席会议并致辞，来自中国大陆、台湾、香港、韩国、美国等国家和地区的50余位学者莅会，会议收到论文42篇。

7月20日，2013年全国高校体育（网球）科研论文报告会在国家奥林匹克中心举行，中国大学生体育协会网球分会主席、第十八届大网赛组委会主席、学校常务副书记牛维麟出席报告会开幕式并致辞，来自全国18个省市、36所高校的负责人和专家学者以及体育管理部门负责人150余人参加研讨。

7月20日，学校归国华侨联合会代表大会暨侨联归国留学人员联合会成立大会在明德主楼举行，学校侨联全体委员、归侨侨眷代表、归国留学人员代表出席大会并参加侨联的换届选举和人大“留联会”的成立仪式。校领导靳诺、牛维麟、伊志宏出席大会，伊志宏副校长当选为新一届的侨联主席和新成立的“留联会”会长。

7月20—21日，由学校参与主办的生态文明贵阳国际论坛2013年年会在贵州省贵阳市举行，年会主题为“建设生态文明：绿色变革与转型——绿色产业、绿色城镇和绿色消费引领可持续发展”。陈雨露校长担任年会青年先锋论坛主席，纪宝成老校长担任儒学生态分论坛主席。本次年会正式通过“2013贵阳共识”，4 000余名中外与会代表认为需要重新思考和审视现在的政策、规章、制度等，以保证绿色转型的有效实施。

7月20日，由公共管理学院青年领导力与行动力开发中心主办的第二期“纵横学堂”暑期项目结营，贺丹等5名同学获得优秀学员称号。

7月21日，第十八届全国大学生网球锦标赛暨全国高校“校长杯”网球比赛赛前联席会暨技术会议在汇贤大厦举行，刘向兵副校长出席会议并致辞。组委会成员介绍了本届锦标赛在信息发布、赛制以及抽签上的新变化，并进行了大赛分组抽签。

7月21日，由今日美术馆主办的“2013艺术院校大学生年度提名展”颁奖典礼在今日美术馆举行，艺术学院油画专业研究生马文哲作品《我们，2013》获得银奖。“大学生提名展”启动于2006年，是中国首个由民营非营利美术馆创办的针对大学生群体的公益艺术奖项，2013年共收到来自全球百余所艺术院校3 000余学生的7 000多幅报名作品，157件作品入围，入围作品展出后由评委评选获奖者。

7月21日，由社会学理论与方法研究中心与中国社会学年会经济社会学专业委员会、贵州大学人口社会法制研究中心联合主办的“转型与创新：中国经济社会学发展的新阶段”论坛在贵州举行，刘少杰教授担任论坛召集人之一，来自国内大学和科研院所的40余名专家学者出席论坛。

7月23日，靳诺书记在求是楼为MPA研究生做题为《深化中国特色社会主义认识》的专题讲座。

7月23日，由工业和信息化部中小企业发展促进中心、商学院主办，知名培训咨询品牌国培机构、商学院EMBA中心、《中小企业融资高层参考》承办的“首届中国小微企业融资发展论坛”在国学馆举行。伊志宏副校长出席会议并致辞，200余名相关机构、单位代表参加论坛。

7月23日，工信部中小企业国际合作协会执行副会长、原广东省委副书记、深圳市委书记刘玉浦率工信部一行到商学院参观考察，伊志宏副校长会见，并介绍了商学院在学科建设、人才培养、国际合作等方面的详细情况。

7月23日，由中国大学生田径协会主办，西北民族大学承办的第十三届大学生田径锦标赛在兰州开幕，来自全国126所高校的1 275名运动员参赛。学校共有11名运动员参加，其中经济学院2009级学生芦安获男子100米专业组第一名，打破了学校纪录并创造个人最好成绩；劳动人事学院2012级学生邓若男获女子高水平组400米第四名。

7月24日，第十八届全国大学生网球锦标赛学生组团体赛决赛举行，学校男子网球队获男子甲组团体冠军，女子网球队获女子甲组团体冠军。

7月24日，由商学院主办的研究工作坊在明德商学楼召开，来自清华大学、北京大学、南京大学、大连理工大学等院校的30多名学者参会。工作坊以质性研究及国际商务为主要讨论主题及领域，以商学院教师的6篇英文论文为主要报告内容，邀请了美国杜克大学富卡商学院的Arie・Y・Lewin教授和香港科技大学的Sam　Garg助理教授作为论文点评专家。

7月25日，靳诺书记到通州区走访，会见通州区王云峰书记、岳鹏区长，并就东校区筹建工作进行了深入沟通，就下一阶段工作推进达成一致意见。通州区委常委、常务副区长崔志成，副区长崔松光，查显友副校长，刘向兵副校长出席会议。

7月25日，学校召开2013年度管理职员岗位聘用会议，校领导靳诺、陈雨露、牛维麟、冯惠玲、马俊杰、王利明、查显友、伊志宏、刘向兵出席，学院、部（处）、直附属单位和教代会主席团等方面的代表组成的学校管理职员聘用委员会全体委员参加。靳诺书记、陈雨露校长在会上发表讲话。

7月25日，学校召开2013年度教师以外专业技术职务评聘与岗位聘用会议，校领导靳诺、陈雨露、牛维麟、冯惠玲、马俊杰、王利明、查显友、伊志宏、刘向兵等出席，学院、部（处）、直附属单位和教代会主席团等方面的代表组成的学校教师以外专业技术职务评聘与岗位聘用委员会全体委员参加。

7月25日，学校召开2013年度教师职务评聘与岗位聘用委员会会议，校领导靳诺、陈雨露、牛维麟、冯惠玲、王利明等出席，相关学者、学院院长及教代会主席团等方面的代表组成的教师岗位聘用委员会委员参加。

7月26日，新一届教育部高等学校农业经济管理类专业教学指导委员会（农经教指委）第一次工作会议在校召开，陈雨露校长出席会议开幕式并致欢迎辞，来自全国42所高校的新一届农经教指委委员研讨农业经济管理类专业本科人才培养问题，讨论商议新一届农经教指委的主要任务，并对今年的工作进行安排部署。

7月26日，第十八届全国大学生网球锦标赛暨全国高校“校长杯”网球比赛开幕式在国家网球中心钻石球场举行，校领导陈雨露、牛维麟、杨慧林等出席。本届比赛由中国大学生体育协会网球分会主办、中国人民大学承办，是该项赛事首次在“985工程”高校举办，来自全国159所高校的1 684名运动员、教练员参赛，其中参加“校长杯”网球比赛的校级领导有236人，规模创历届之最。

7月26日，商学院戈壁挑战赛筹委会发起的“中国人民大学商学院戈友颁奖典礼暨戈九启动仪式”在鸟巢金色大厅举行。

7月27日，商学院校友会西北分会（陕甘宁青）成立仪式暨中国宏观经济走势分享会在陕西省西安市举行。

7月27日，经济学院1999级经济学基地班院友毕业十周年座谈会在明德主楼召开。

7月28日，2013孔子学院总部理事座谈会在贵阳召开，陈雨露校长、纪宝成老校长出席，孔子学院总部总干事许琳，贵州省委副书记李军，贵阳市委副书记、贵阳市市长李再勇和来自我国、英国、美国、德国、韩国、西班牙、肯尼亚等国的孔子学院总部理事、荣誉理事、高级顾问、特邀代表等共同参加。

7月28日，第十八届全国大学生网球锦标赛暨全国高校“校长杯”网球比赛圆满落幕。比赛共决出学生组和校长组共22个冠军，学校共获得男子甲组团体、女子甲组团体、男子甲组单打、女子甲组单打和女子甲组双打五个冠军，成绩取得历史性突破，同时获得本届比赛最佳组织奖和道德风尚奖。

7月28日，《政治经济学评论》编辑部、复旦大学思想史研究中心、复旦大学新政治经济学研究中心在经济学院联合举办“新时期深化经济体制改革战略研讨会”，20余位来自全国各高校和科研机构的专家学者围绕新时期深化经济体制改革的相关问题进行讨论。

7月30日—8月1日，由学校与韩国高等教育财团共同主办、延安大学协办的第九届国内亚洲研究中心主任联席会议在延安举行，陈雨露校长出席开幕式并致辞，伊志宏副校长主持开幕式。其间，陈雨露校长与韩国高等教育财团事务总长朴仁国进行会谈，双方就亚洲研究中心的进一步发展进行了深入交流。

7月30日，中国华融资产管理股份有限公司人力资源管理专题培训班开学典礼在求是楼举行。

7月30—31日，公共管理学院医改中心王虎峰教授率队应邀前往北京市朝阳区和昌平区进行实地调研和座谈。

7月31日，学校党委理论学习中心组召开学习（扩大）会，进行群众路线教育实践活动专题学习，中国社会科学院党组成员、副院长兼当代中国研究所所长、党组书记李捷应邀做专题报告《马克思主义群众观与中国共产党的群众路线》。会议由靳诺书记主持，在校领导牛维麟、马俊杰、王利明、查显友、刘向兵，各学院党政负责人、机关各部处和直（附）属单位全体中层干部参加学习。

7月31日，国家出版基金项目《胡华文集》出版座谈会在世纪馆举行，靳诺书记、刘向兵副校长等出席，来自各有关单位与机构的相关负责人及学者、胡华教授亲属和学生代表、马克思主义学院师生代表以及馆藏单位代表和社会媒体代表参加座谈。

7月，马俊杰副书记赴辽宁省铁岭市，与广大师生深入农村地区开展调研，并看望在辽宁开展实践活动的“千人百村”调研团队。

7月，全国哲学社会科学规划办公室公布了2013年上半年国家社科基金后期资助项目暨中华学术外译项目立项名单，出版社2种选题入选国家社科基金后期资助项目、6种图书入选中华学术外译项目。其中，中华学术外译项目入选数量在全国各出版单位中位列第一。

7月，北京市哲学社会科学规划办公室公布第三批北京市哲学社会科学规划重大项目招标评审结果，学校获得2项专家评审建议立项项目、2项委托北京市社会科学界联合会招标重大项目，立项总数居北京市第一位。

7月，北京市哲学社会科学规划办公室公布北京市哲学社会科学“十二五”规划项目2013年度立项名单。学校申报年度项目35项，立项18项，获得资助经费78万元，包括重点项目2项、一般项目10项、青年项目6项（其中2项为自筹经费项目），立项率为51.43%；研究基地项目申报16项，立项10项，获得资助经费97万元，包括特别委托项目3项、重点项目2项、一般项目3项、青年项目2项，立项率为62.5%。年度项目与研究基地项目立项数均位居北京市第一位。

7月，中国高等教育学会成立30年纪念大会在北京举行，会上对从事高教工作30年、高教研究有重要贡献学者和第八次优秀高等教育科研成果进行了表彰，教育学院纪宝成教授、秦惠民教授获“全国从事高教工作逾30年、高教研究有重要贡献学者”称号。全国共30位学者荣获该项称号。

7月，在全球知识产权界享有盛誉的英国《知识产权管理》（*Managing Intellectual Property*）杂志公布《2013年全球50位最具影响力知识产权人物榜单》，法学院刘春田教授入选。这是该杂志连续第11年推出《全球50位最具影响力知识产权人物榜单》，入选者皆为全球知识产权领域最具影响力、对知识产权发展贡献最大的学者、法官、律师、政府官员、企业高管、影视明星等。

7月，国务院任命田世宏校友为国家质量监督检验检疫总局党组成员、国家标准化管理委员会主任（副部长级）。田世宏，男，汉族，1964年9月生，1983—1987年在工业经济系本科学习。曾担任国家质量技术监督局政策法规宣传教育司副司长，国家质量监督检验检疫总局法规司副司长、人事司巡视员兼副司长、质量管理司司长。

7月，据中联部网站“部领导”栏目信息显示，周力校友已于2013年5月出任中联部副部长。周力，男，汉族，生于1955年6月，于1979—1983年在经济学专业本科学习。曾历任外交部三秘、二秘、一秘、处长、参赞、副司长、司长，中国驻俄罗斯联邦大使馆参赞，中国驻俄罗斯联邦大使馆公使（正司级），中国驻乌克兰特命全权大使，中国驻哈萨克斯坦共和国特命全权大使。

7月，校团委围绕2013年“千人百村”社会调研活动的重点工作，组织百余名青年教师、青年团干部和青年学生党员赴全国29个省市参与“千人百村”社会调研活动，与各地“千人百村”社会调研团队共同开展入户调查、社会考察、交流研讨、社会服务等活动。

7月，北京市科委通告2013年北京市科技新星入选情况，信息学院许伟副教授入选，其申报项目名称为“网络大数据智能挖掘理论与应用研究”。该计划是北京市科学技术委员会组织实施的青年科技人才培养计划，自1993年开始实施，面向35岁以下青年科技人才进行选拔，每年约有110人入选。

7月，国土资源部发布《国土资源部关于公布第一批国土资源高层次创新型科技人才培养工程入选人员名单的通知》（国土资发〔2013〕68号），公共管理学院副院长严金明教授入选国土资源部国土资源科技领军人才。

7月，由共青团中央主办的“首期全国高校青年马克思主义理论工作者培训班”在全国青少年井冈山革命传统教育基地开班，校团委进行重点发言，介绍学校在新的人才培养路线图框架下以“培养厚重之人”为核心组织实施“千人百村”社会调研活动等一系列社会实践活动的基本情况。

7月，由信息学院举办的信息讲坛举行，中国科学院科技政策与管理科学研究所研究员李建平做题为《银行业系统性风险与风险集成度量》的学术报告。

7月，由法学院朱景文教授和韩大元教授担任主编的教育部985工程“中国特色社会主义法律体系创新平台”项目《中国特色社会主义法律体系研究报告》英文版 *Research Report on the Socialist Legal System with Chinese Characteristics* 由 Enrich Professional Publishing 出版发行，是国内学界第一部向海外出版发行的全面研究中国特色社会主义法律体系的著作。

7月，公共管理学院城市管理专业21位2010级本科生在老师带领下赴成都温江规划局实习。

7月，信息学院教师孙辉担任第二十五届国际信息学奥林匹克竞赛（IOI2013）中国队副领队，率队参加在澳大利亚布里斯班大学举行的IOI 2013世界大赛，中国队四名选手参赛获得4枚金牌，分列金牌榜第一、第二、第三和第十一名，为历史最好成绩。

8月1日，北京市发展和改革委员会举行聘请法律专家、顾问机构仪式，首次组建由10位法律领域的权威专家组成的法律咨询专家组。法学院朱大旗教授受聘担任法律咨询专家。

8月1日，由文学院与中国社会科学院语言研究所联合举办的第十一届全国语言学暑期高级讲习班开幕式在逸夫会堂举行。本届讲习班为期21天，来自全国（含港澳台）和韩国、日本的近200名硕、博士生和青年教师参加。

8月1日，中国社会科学院财经战略研究院院长高培勇来校为MPA研究生做题为《中国税收的现实格局与改革走向》的专题讲座。

8月1—5日，由刑事法律科学研究中心主办的“暑期德国刑法讲习班”在法学院举行，德国刑法学家，图宾根大学法学院刑法、刑事诉讼法与法哲学教授克里斯蒂安·屈尔（Kristian Kühl）担任主讲人，来自全国多所高校与科研机构的近50名教师和研究生参加了讲习班。

8月2—6日，陈雨露校长率队赴福建省访问，推进省校合作项目，看望福建校友、学校董事和2013年毕业生、新生代表及挂职教师并座谈交流，参观学校重点生源基地校福州一中，慰问正在宁德市开展社会实践服务的研究生及宁德市周宁县纯池镇三门村开展“千人百村”社会调研活动的师生并座谈交流。冯惠玲常务副校长陪同参加活动。

8月2日、6日、8日，牛维麟常务副书记前往博物馆校史展施工现场检查施工进展情况。

8月2—5日，刘向兵副校长一行赴甘肃省庆阳市，深入“千人百村”社会调查样本村进行调研，看望和慰问人民大学学生暑期社会实践团队。其间，刘向兵副校长与庆阳市领导进行了会谈，探讨双方合作事宜，并在南梁革命纪念馆进行了简单的“中国人民大学学生社会实践基地”挂牌仪式。

8月2日，国家行政学院研究生部主任郭晓来校友来校为公共管理学院参与暑期集中学习的MPA研究生做题为《公共行政的历史反思与中国公共行政的道路选择》的学术讲座。

8月2—7日，由劳动人事学院主办的以“One Summer，Two Countries，Many Friendships”为主题的中日青年学术文化交流活动举行，劳动人事学院学生与来自日本早稻田大学、立命馆大学和立教大学的23名同学共同参加。

8月3日，中国行政管理学会执行副会长兼秘书长高小平研究员为2012级MPA研究生做题为《突发事件的应急管理》的专题讲座。

8月4日，由公共管理学院非营利管理方向双证MPA项目举行的“非营利组织前言问题研究”系列讲座圆满结束，该系列讲座在2013年暑期小学期举行，邀请8位公益领域实务界领袖及专家学者授课，针对公益领域前沿问题、热点和难点及行业工作实际情况开展教学。

8月6日，海淀区第四届社区医务人员岗位练兵大赛在中国气象局气象会堂举行，校医院选派代表参赛并获一等奖。

8月6日，莫斯科鲍曼技术大学教授谢尔盖·A·列通率团访问公共政策咨询中心。

8月7—9日，公共管理学院医改研究中心一行6人就提高医疗保险统筹层次问题赴江苏进行专题调研，全国人大常委、人大财经委副主任乌日图作为课题组专家参加调研和座谈。

8月8—9日，公共管理学院董克用教授和刘昕教授赴新疆石河子大学参加中国人力资源开发教学与实践研究会第十四届年会，董克用作为学会会长在开幕式和闭幕式上讲话，刘昕教授以《人力资源管理的新趋势：循证人力资源管理》为题做大会主题演讲。

8月8—18日，“求是思源”优秀学生培养团队34名师生赴内蒙古自治区准格尔旗民族中学、十二连城乡以及内蒙古大学等地，开展了一系列支教、调研活动。

8月9日，牛维麟常务副书记查看北校区改造工程进展情况，查显友副校长、刘向兵副校长一同前往。

8月9日，“食品安全治理协同创新中心签约暨食品安全面临挑战研讨会”在明德法学楼举行，冯惠玲常务副校长、清华大学副校长姜胜耀等相关领导与学者出席。会上举行“食品安全治理协同创新中心”签约仪式，冯惠玲常务副校长和姜胜耀副校长代表双方签约。随后，学校分别与中国农科院、中国法学会、中国科学院所属的科研机构签署协议。

8月9日，教育部社科司副司长徐艳国一行到中国高校教材图书网调研指导工作。

8月12日，学校与国家食品药品监督管理总局关于食品安全治理协同创新合作框架协议签约暨

《食品安全法》修改专家研讨会在世纪馆举行，国务院副秘书长、国家食品药品监督管理总局局长张勇，国家食品药品监督管理总局副局长滕佳材，校领导陈雨露、冯惠玲、王利明等出席。冯惠玲常务副校长主持签约仪式，滕佳材副局长与王利明副书记兼副校长代表双方签订协议。

8月12日，河北大学副校长李小亭一行到文化科技园参观考察。

8月14日，冯惠玲常务副校长一行到山西省孝义市下堡镇槐树园村看望开展“千人百村”社会调研活动的学生，并一起进入村民家中调研。

8月15日，教育部召开部分直属高校党的群众路线教育实践活动工作座谈会。部党组书记、部长、部教育实践活动领导小组组长袁贵仁主持会议并讲话。校党委书记靳诺参加会议并发言。

8月15日，学校与北京市地方税务局在明德主楼举行《北京市地方税务局与中国人民大学合作框架协议》签约仪式。校领导陈雨露、查显友、刘向兵以及北京市地方税务局局长杨志强，副局长朱元广、卜祥来出席，查显友副校长、朱元广副局长分别代表双方签署协议，协议旨在促进首都地税事业科学发展，加强高校与地方政府部门的协作。

8月15—16日，由学校中国社会保障研究中心主办的第五次中国社会保障史专题研讨会召开，来自中国人民大学及华中科技大学、南京大学、河北师范大学、西南大学、苏州大学等高校的部分历史学者与社会保障学者出席会议，集中讨论中国社会保障简史编著中的重大问题，同时兼及中国社会保障历史经典文献与案例。

8月15—19日，信息资源管理学院暑期学生社会实践团赴延安进行为期4天的实践调研，开展参观学习、交流座谈、一线走访等活动。

8月16日，教育部鲁昕副部长一行来访调研指导党的群众路线教育实践活动，校领导靳诺、陈雨露、牛维麟、王利明、杨慧林、查显友、伊志宏、刘向兵参加调研活动，陈雨露校长主持汇报会。

8月16日，中宣部出版局局长郭义强一行到出版社调研，王利明副书记兼副校长出席座谈会并陪同调研。

8月17日，出版社组织召开“中国制度书系出版研讨会”，来自相关高校和科研机构的专家学者就中国制度书系的学术价值和社会意义开展讨论。

8月17日，由香港“中国文化院”主办，国学院、香港大学饶宗颐学术馆、香港浸会大学饶宗颐国学院等机构参与合办的“中华国学论坛（2013. 香港）”在香港会展中心举行，国学院黄朴民教授作为论坛合办方代表、演讲嘉宾出席论坛，并做题为《“儒”的文化史考察》的专题演讲。

8月18日，由出版社举办的“流光溢彩，传载文化——珠宝新老品种鉴赏及流行趋势分析”讲座在西单图书大厦举行，中国地质大学（北京）郭颖为主讲嘉宾。

8月19日，法学院、亚太法学研究院在明德法学楼共同举办“未来领袖——首届中国国际法律精英夏令营”开学典礼，来自亚太地区17所高校的营员和来自国内5所高校的志愿者参加。

8月19日，出版社《茶艺理论与实践》等140种教材正式立项“十二五”职业教育国家规划教材。立项教材编写完成后将接受全国职业教育教材审定委员会的规划教材审定，通过项目将作为“十二五”职业教育国家规划教材发布。

8月20日，“中国人民大学申报翻译硕士专业学位授予权专家论证会”在明德国际楼召开，伊志宏副校长会见评审组专家并致辞。专家组就申报翻译硕士专业学位授予权的相关问题提出了指导性建议。

8月21日，“大金融、大合作、大治理”国际智库研讨会在校召开，校领导陈雨露、冯惠玲、伊志宏出席，国家政要、驻华使节、国际组织代表、专家学者、中外企业家代表以及20国智库代表等100余人参会，就“后金融危机时代的全球治理”“新兴经济体的作用”“中国的发展与G20的未来”等议题展开讨论。本次会议是中国首次举办20国智库会议。

8月21日，陈雨露校长分别会见到校参加“大金融、大合作、大治理”国际智库研讨会的全球中小企业联盟主席卡洛斯·马格里诺斯、原中国外交部部长李肇星以及诺贝尔经济学奖得主罗伯特·蒙代尔，伊志宏副校长等陪同会见。

8月21日，由全国金融专业学位研究生教育指导委员会主办、财政金融学院承办的“全国金融专业学位研究生教育指导委员会暨培养单位院长（系主任）2013年度工作会议”在北京召开，陈雨露校长等近150位嘉宾出席会议。

8月21—23日，王利明副书记兼副校长应邀率团应访问芬兰拉普兰大学和芬兰赫尔辛基大学，并召开了芬兰赫尔辛基大学孔子学院理事会。

8月21日，由中关村管委会主办，学校留学人员创业园、北京工业大学留学人员创业园承办，中关村留学人员创业园协会协办的“中关村留学人员企业精品项目推介会人大、北工大留创园专场”在文化大厦举行。40余家投融资机构代表共80余人，10余家媒体、各留创园领导、留学创业人员等100余人参与本次活动。

8月21日，由法学院和亚太法学研究院主办的第三届亚太地区企业并购模拟竞赛在法学院举办，来自中国人民大学及北京大学、清华大学、上海交通大学、台湾政治大学、台湾大学、台北大学、香港大学的八支代表队参赛。最终，台湾政治大学与香港大学获得攻方冠军，台北大学获得守方冠军。香港大学和上海交通大学并购团队，以及台湾政治大学和北京大学获得最佳并购团队称号。

8月22—25日，公共管理学院范永茂副教授参加第二届国际青年学者公共管理和政策研讨会，并做题为“Academic Resources Allocation in the Chinese University Sector：Excellence，Hierarchy，or Both”的大会发言。

8月23—24日，刘向兵副校长率教授考察团一行10人赴河北正定考察调研，先后参观考察正定新区规划馆、小蜜蜂工具集团、正定小商品展馆、常山生化和塔元庄村，并参加正定县文联举办的书法笔会，考察华北大学旧址，观看华北大学办学成就展览。

8月23日，受全国哲学社会科学规划办公室委托，由《经济理论与经济管理》编辑部主办、吉林大学经济学院承办的“经济学论文的思想性与技术性的关系”专题学术研讨会在吉林省集安市召开。

8月24日，华北大学旧址保护暨中国人民大学华北研究院一体化建设项目可行性研究座谈会在原华北大学旧址解放军256医院活动中心举行，冯惠玲常务副校长、刘向兵副校长等嘉宾出席。考察团对正定县的考察调研情况进行汇报，为华北大学旧址保护以及河北省、石家庄市、正定县经济社会发展思路提出相关建议。

8月24日—9月4日，2012级本科学生在北京盛华学生军训基地参加军训，杨慧林副校长出席开营仪式并致辞。本次共有近2 900名学生参训，进行政治教育、条令教育、基本队列、紧急集合等各项军事教育和训练。

8月24日，经济学院1993级国际经济与国际贸易专业本科班入学20周年座谈会在明德主楼举行，原学校副校长、1993级国际经济与贸易班班主任杜厚文教授及30余位1993级国经系同学参加。

8月25日，“弘扬华北大学光荣传统”群众路线教育实践主题活动座谈会在华北大学旧址河北省正定县解放军256医院举行，原校长黄达，校领导靳诺、陈雨露、牛维麟、刘向兵等嘉宾出席座谈会。会上，与会人员观看了华北大学专题片、习近平同志近期赴正定考察的新闻视频和习近平同志新世纪四次来学校考察的视频。

8月25—27日，2013年教育部高等学校档案学专业教学指导委员会年会暨第二十二届全国档案学专业系主任联席会议在广西民族大学召开，冯惠玲常务副校长出席会议。

8月25日，艺术学院2011级国际小学期书法班学生、来自芬兰赫尔辛基大学的江莎娜同学参加由中国出版集团主办的“首届华文国际书法大赛”颁奖仪式，并代表国际获奖者在大会上发言。

8月25—26日，由中国社会保障30人论坛、浙江大学公共管理学院共同主办的第三届全国社会保障教学研讨会在杭州举行，来自中国人民大学及北京大学、清华大学、北京师范大学、浙江大学、南京大学、武汉大学、复旦大学、中山大学、南开大学、吉林大学等近百所高校的社会保障学科教师代表140多人出席。

8月25—26日，由浙江大学等主办、浙江大学公共管理学院与中国人民大学中国社会保障研究中心等承办的第九届社会保障国际论坛在杭州举行，来自180多个重要学术机构的268名正式代表及部分列席代表出席，以“社会保障可持续发展”为主题开展交流。

8月27日，经济学院2013年经济学夏令营开营式举行，来自全国各重点高校的近70名经济学专业优秀学生参加。

8月28日，教育部高等学校金融学类专业教学指导委员会成立大会暨第一次年度工作会议在明德主楼召开，教育部高教司副司长刘贵芹、陈雨露校长等出席，杨慧林副校长主持会议，来自全国各高校的45名新一届委员共同参加。与会人员就金融学类专业本科人才培养、新一届教指委的主要任务、教育部“金融学类专业教学质量国家标准”编制等问题进行了讨论。

8月28日，出版社与劳特里奇出版社在北京国际展览中心联合举办《人民币国际化报告2012》英文版新书首发式。国务院新闻办公室三局局长张雁彬、新闻出版广电总局对外交流与合作司副司长陈英明、王利明副书记兼副校长出席。

8月28—30日，信息资源管理学院2010级本科生赴南京开展专业实习调研活动，先后在江苏省档案局（馆）、中国第二历史档案馆、江苏省高级人民法院、国家电网江苏省电力公司四家单位进行调研参观。

8月29日—9月3日，重阳金融研究院执行副院长王文受法中基金、中国人民外交学会邀请，作为首届中法青年领袖项目的成员访问巴黎、波尔多两地，先后拜访法国参议院、外交部和总统府，受到法国总统奥朗德，法国外长、前总理法比尤斯，法国前总理、参议员拉法兰接见。

8月30—31日，中国社会保障研究中心与德国艾伯特基金会在逸夫会堂联合举办中德社会保障法制研讨会，王利明副书记兼副校长和德国艾伯特基金会驻中国及蒙古国代表师人杰先生先后致辞，德国驻华使馆社会文化参赞施伯德先生出席，来自20多所高校和有关机构的代表60多人参加。

美国东部时间8月30日—9月3日，学校形象片在美国纽约时报广场纳斯达克广告屏上播出。形象片时长30秒，内容为由一支毛笔滴落在纸上的墨滴依次晕染变化出“厚”“德”“博”“雅”“是”五个汉字，并穿插景观标识，逐字解读办学理念和大学精神。该片的播放由校友、亚太第一卫视执行总裁高强联系并提供全额资助，引发热烈反响。

8月31日，学校与日本一桥大学在学校举行第四届亚洲政策论坛。一桥大学常务副校长大芝亮、副校长高桥滋，一桥大学大学院法学研究科长山部俊文，独立行政法人国民生活中心理事长松本恒雄，王利明副书记兼副校长出席论坛。来自中国和日本的宪法学、行政法学、法理学、民法学、经济法学以及金融学等各个学科的专家参加本次论坛，进行跨学科学术交流。

8月31日，第五届中韩大学校长论坛在韩国外国语大学举行，韩国教育部长徐南洙、中国驻韩国大使张鑫森出席开幕式并致辞。来自中国人民大学、北京大学、复旦大学等中方25所大学和韩国成均馆大学、梨花女子大学、汉阳大学、高丽大学等韩国32所大学校长及相关单位代表约150人参会。伊志宏副校长应邀主持分论坛并就“中韩大学间的教职员工、学生互换和学术交流”议题，做题为《中韩大学学生交流：挑战与行动》的发言。

8月，文学院教授、当代著名作家阎连科获第十二届马来西亚“花踪世界华文文学奖”，该奖被誉为马来西亚最高华人文学奖。马来西亚《星洲日报》自1990年开始举办两年一届的“花踪文学奖”评选，自2001年起增加“花踪世界华文文学奖”，该奖项以世界华文作家为对象，每两年评选一次。

8月，国家自然科学基金委员会公布2013年度集中受理部分项目的评审结果，在已公布结果中学校共获 64 项资助，其中国家杰出青年科学基金 1 项，国际（地区）合作与交流项目 1 项，重点项目 1 项，面上项目 39 项，青年科学基金项目 22 项，获资助总金额为 3 512.7 万元（去年同期为 69 项共 3 432 万元）。

8 月，出版社《中国革命道德》一书入选“中国高校出版社书榜”2013 年 7 月榜单，《心的岁月》入选 8 月榜单。该榜单是《光明日报》“光明书榜”的同类项目，由教育部社科司与《光明日报》图书出版部联合主办，每月选出 10 种高校出版社出版的人文社科类精品图书入榜。

8 月，由全国公共管理专业学位研究生（MPA）教育指导委员会主办、四川大学承办的“全国第一、第二批 MPA 培养单位教学经验交流会”在成都举行，公共管理学院代表学校与会。

8 月，农业与农村发展学院朱信凯教授随团中央农青部、农业部青年联合会代表团考察西藏。

8 月，出版社参加 2013 上海书展暨“书香中国”上海周活动。

9 月 1—4 日，公共管理学院公共组织与人力资源研究所全体教师赴韩开展学术交流。

9 月 1—6 日，企业与组织研究中心课题组赴湖北省调研。

9 月 2 日，由食品安全治理协同创新中心与最高人民法院民一庭联合主办的“食品药品安全纠纷案件司法解释研讨会”在学校举行。王利明副书记兼副校长，最高人民法院民一庭冯小光副庭长、张进先审判长，研究室陈龙业处长等出席研讨会。

9 月 2 日，学校 98 名新职工参加了为期一天的房山青龙湖人众人素质拓展基地的拓展活动。

9 月 2 日，由学校及中国社会科学院外国文学研究所、中国出版集团对外翻译公司和柏林文学论坛联合举办的“2013 中德作家论坛”在国学馆举行，来自中国、德国的多名作家及专家学者参加。论坛以“全球化时代文学的使命和作家的责任”为主题，深入探讨了两国当代文学、文化现状。

9 月 2 日，由法学院、中国宪法学研究会与牛津大学法学院、伦敦大学学院法学院以及英国宪法学研究会共同举办的“公法与现代法治”中英研讨会在学校法学院举行，会议主题为“现代立宪主义中的法治”，来自中英两国公法学界的 60 余位学者与会。

9 月 3 日，2013 年新职工岗前培训开班仪式举行，王利明副书记兼副校长出席并致辞。随后，刘向兵副校长做题为《中国人民大学校史 12345》的校史讲座，从“一所名校、二个特点、三大贡献、四个时期、五个传统”等方面为新职工介绍了学校的历史、传统、特点和文化。

9 月 3 日，由国家商务部主办、经济学院承办的“2013 年《亚太贸易协定》研修班”举行结业典礼，来自 5 个发展中国家的 19 名司处级经贸官员出席典礼。

9 月 4 日，中国侨联副主席、北京市人大常委会副主任、北京市侨联主席李昭玲一行来校，就学校侨联工作进行检查指导，同时重点就北京市侨联党的群众路线教育实践活动向学校侨联征求意见。靳诺书记、陈雨露校长在专题座谈会前会见李昭玲一行，刘向兵副校长陪同调研并参加专题座谈会。

9 月 4 日，2012 级本科学生军训闭营、2013 年参军入伍学生欢送大会在北京昌平盛华学生军训基地举行，靳诺书记、马俊杰副书记等出席，近 2 900 名参训学生及 11 名参军入伍学生参加大会。

9 月 4 日，陈雨露校长前往资产与后勤管理处、后勤集团，分别听取资产与后勤管理处暑期工作成果及后勤集团迎新工作汇报，慰问资产与后勤管理处、后勤集团干部员工，刘向兵副校长陪同。

9 月 5 日，党委理论学习中心组（扩大）召开群众路线教育实践活动专题讨论会，查摆“四风”方面存在的问题。会议由靳诺书记主持，中央第 42 督导组副组长俞亚东、成员陈进出席会议，校领导陈雨露、牛维麟、冯惠玲、马俊杰、王利明、杨慧林、查显友、刘向兵，校长助理，学校群众路线教育实践活动领导小组办公室各成员单位负责人参加讨论学习。

9 月 5 日，澳大利亚首都领地首席部长凯蒂·加拉赫女士（Katy Gallagher）和堪培拉大学校长斯特芬·帕克教授（Stephen Parker）一行来校访问，陈雨露校长会见，就加强合作等事宜进行了商讨，查显友副校长陪同会见。

9 月 5 日，宁吉喆校友出任国务院研究室党组书记、主任职务。宁吉喆校友 1983 年考入计划经济系，攻读硕士、博士学位，师从著名经济学家钟契夫；1989 年毕业，获经济学博士。

9 月 5 日，艺术品金融研究所与雅昌艺术网签署合作协议，旨在优化和提升艺术品价格指数的研究。

9 月 5—6 日，中国城市化国际研讨会在新加坡举行，陈甬军教授应邀与会并发表英文演讲。

9 月 6 日，2013—2014 学年第一学期全校工作部署会在逸夫会堂召开，靳诺书记主持会议并讲话，陈雨露校长出席并讲话，牛维麟常务副书记就学校下一阶段开展党的群众路线教育实践活动进行部署，冯惠玲常务副校长做新学期学校行政工作整体部署。校领导马俊杰、王利明、杨慧林、查显友、刘向兵出席会议，校务委员会、校学位评定委员会、教代会主席团代表和各院系、各部处及直（附）属单位负责人参加会议。

9 月 7 日，由商法研究所主办、德恒律师事务所协办的“2013 年中国资本市场法治论坛：公司法与证券法联动修改的前沿问题”在明德法学楼召开，王利明副书记兼副校长出席并致辞。

9 月 7—9 日，由国家发改委国际合作中心联合财政部财政科学研究所共同举办的“中青年改革开放论坛”（莫干山会议）在浙江省召开，会议主题为“创建公平、开放与可持续发展的社会——财税体制改革再突破”，公共管理学院地方财政研究中心博锐财税沙龙承办此次会议的第三分论坛：税收征管的现实思考与未来展望。

9 月 8 日，2013 级新生班主任、班级辅导员岗前培训会在公共教学一楼举行，马俊杰副书记出席。

9 月 8—14 日，法学院朱景文教授与刘俊海教授应邀赴印度尼西亚日惹市，出席 2013 年亚洲法律信息网（ALIN）年会暨国际研讨会。本次研讨会上，法学院应邀成为 ALIN 新会员。

9 月 9 日，陈雨露校长、杨慧林副校长前往公共教学二楼迎接新学期第一天上课的师生，巡视本科课堂教学。教务处和各学院主管教学副院长、教学秘书当天也到教学楼查看本学院的本科课堂上课情况。

9 月 9 日，校领导靳诺、陈雨露、马俊杰、杨慧林一行先后来到明德广场迎新工作区，了解新生报到情况并与新生交流。下午，冯惠玲常务副校长、马俊杰副书记与学校相关职能部门负责人分别前往北园和品园生活社区看望入住新生。

9 月 9 日，信息资源管理学院举办 1965 级校友座谈会，冯惠玲常务副校长出席。

9 月 9 日，英国伯恩茅斯大学（Bournemouth University）常务副校长 Matthew Bennett 教授一行来校访问，查显友副校长会见，双方就两校概况和合作意向进行了交流。

9 月 9—10 日，美国芝加哥大学视觉艺术系主任 Geof Oppenheimer 教授和 Laura Letinsky 教授一行 10 人访问艺术学院，展开学术访问和师生交流，并做题为“Ways of Seeing”的学术讲座。

9 月 10 日，芬兰共和国总理于尔基·卡泰宁来校访问，并发表题为《芬兰与欧盟前景展望》的演讲。陈雨露校长主持演讲会，芬兰环境部长维勒·尼尼斯托致辞。演讲会前，陈雨露校长会见卡泰宁总理，就进一步推进中芬两国的教育、文化交流开展交谈，杨慧林副校长陪同会见。

9 月 10 日，苏州校区 2013—2014 学年开学典礼在苏州校区举行，王利明副书记兼副校长、法国 KEDGE 商学院 Philip Mclaughlin 副校长，蒙彼利埃三大 Yann Bisiou 副校长，巴黎索邦大学 Pascal Aquien 副校长及中法学院法方院相关负责人出席。

9 月 10 日，学校心理健康教育与咨询中心举行题为《新生适应与家长角色转换》的心理健康知识普及讲座。

9 月 10 日，瑞典哥德堡大学经济系副教授、欧洲中国经济学会当选会长郑京海访问经济学院，并做题为“Institutions and Development：In the case of China Comparative Perspectives”的学术报告。

9 月 11 日，2013—2014 学年开学典礼在世纪馆举行，校领导靳诺、陈雨露、牛维麟、冯惠玲、马俊杰、王利明、查显友、刘向兵，荣誉一级教授代表、农村发展经济学家严瑞珍，一级教授代表、社会学家郑杭生等出席；各学院、部处负责人，教师代表，在校生代表，学生家长代表以及 8 081 名来自海内外的 2013 级新生参加。

9 月 11 日，中宣部出版局会同新闻出版广电总局出版管理司、新闻报刊司在京召开重点时政社科出版单位负责人专题座谈会，出版社相关负责人与会并做题为《探索学术出版规律，促进理论繁荣发展》的主题发言。

9 月 12 日，学校开展 2013 级本科新生入学教育第一课，靳诺书记讲授以“规划成就人生”为主题的专题课程，为学生解读大学使命、明确发展要求、提供成长建议。

9 月 12 日，以色列特拉维夫大学校长约瑟夫·克拉夫特（Joseph Klafter）一行来校访问，陈雨露校长会见，双方就两校概况与合作前景进行交流。会见后，约瑟夫·克拉夫特校长访问汉青经济与金融高级研究院和商学院。

9 月 12 日，学校和国家食品安全风险评估中心召开商讨共建“食品安全治理协同创新中心”座谈会，双方就如何合作开展食品安全风险管理理论和法律法规研究、联合培养复合型研究生、建设食品安全治理案例数据库等进行沟通交流。

9 月 12 日，武警选培办组织 2010 级申请保送研究生的国防生在田径场开展 3 公里体能测试。

9 月 13 日，2013—2014 学年第一学期本科教学工作部署会议召开，杨慧林副校长主持会议并发表讲话。

9 月 13 日，巴黎第一大学（先贤祠—索邦大学）外事副校长、巴黎一大国际事务委员会主席让-马克·伯尼索（Jean-Marc Bonnisseau）一行来校访问，杨慧林副校长会见，双方就硕博学生交流项目、国际小学期项目、两校学者间的互动等合作事宜进行讨论。

9 月 13 日，劳动与发展经济学第八次研讨会在明德主楼举行，中国社会科学院世界与政治经济研究所涂勤研究员报告了他和国外的两位学者 Erwin Butle、John List 合作的论文“Battle of the Sexes：How Sex Ratios Affect Female Bargaining Power”。

9 月 14 日，第四届北京高校国旗仪仗队升降旗仪式比赛在北京农学院举行，包括国旗护卫队在内的北京高校 29 支参赛队参赛。

9 月 14 日，“中国人民大学 2013 级双证 MPA 新生见面会”在求是楼举行。

9 月 14—15 日，由世界侵权法学会主办，学校民商事法律科学研究中心、欧洲侵权法与保险法研究中心和欧洲侵权法研究所（奥地利）共同承办，黑龙江大学中俄人文合作协同创新中心协办的“世界侵权法学会成立大会暨第一届学术研讨会”在黑龙江省哈尔滨市召开，此会议是国际性学术组织世界侵权法学会的成立大会，60 位中外嘉宾与会。

9 月 15 日，第十一届中国食品安全年会在成都举行，食品安全治理协同创新中心担任本届年会的学术支持单位。本次年会以“食品安全保民生 共筑美丽中国梦”为主题，法学院专家学者与会。

9 月 16 日，英国彼得·曼德尔森勋爵来校访问，陈雨露校长、王利明副书记兼副校长会见，双方就中国金融体制和法制状况等问题进行交流。

9 月 16 日，第十一届学术委员会召开第一次全体会议，校领导冯惠玲、王利明、杨慧林出席，讨论审议《中国人民大学学术委员会章程（修订稿）》，并对科研业绩奖励、跨学院研究机构和院系属科研机构的管理、科研项目（经费）管理和横向科研项目管理的相关文件讨论提出修改建议。

9 月 16 日，由中国敦煌石窟保护研究基金会与艺术学院主办的敦煌壁画艺术精品高校公益巡展首展在艺术学院美术馆开幕，刘向兵副校长出席开幕式并致辞。此次展览选取自魏晋南北朝以来的敦煌石窟及周边榆林石窟的部分壁画精品，利用数字技术复制展示 40 余幅壁画。

9 月 16 日，出版社举办的当代世界学术名著《理性市场谬论》新书发布会在经济学院举行，该书作者贾斯汀·福克斯先生在会上发表主题演讲并为同学签名、赠书。

9 月 17 日，澳大利亚墨尔本大学人文学院（Faculty of Arts，The University of Melbourne）发

展部主任 Amber Perry 女士应邀访问公共管理学院。

9 月 18 日，2013 级博士生大会在明德堂召开，校领导靳诺、陈雨露、冯惠玲出席。

9 月 18 日，校党校第 22 期学生发展对象暨第 27 期教工入党积极分子培训班在明德堂开班，牛维麟常务副书记兼纪委书记主持报告会，国防大学公方彬教授做题为《理想信念与青年成长》的首场报告。

9 月 18 日，信息资源管理学院在公共教学一楼召开 2013 级新生开学典礼暨暑期赴美实习报告会，冯惠玲常务副校长出席。

9 月 18 日，国学院举行“静聆叶落，月夕花圆”师生中秋茶话会，纪宝成老校长来到现场与师生共度佳节。

9 月 18 日，学校举行纪念“九一八”事变八十二周年升国旗仪式，2013 级新生党员及在校生两百余人参加活动。

9 月 18 日，由经济学院和企业与组织研究中心（CFOS）共同主办的 2013 年第十期组织经济学研讨会在明德主楼召开，上海财经大学高等研究院副研究员孟大文博士做题为《存在两个代理人时的防范合谋机制设计》的报告。

9 月 18 日，由法学院、德国法兰克福歌德大学法学院主办的中德规制法学术研讨会在明德法学楼举行，来自中德两国高校、研究机构的 40 余位专家学者及学生参加。

9 月 22 日，我国著名外交家、联合国前副秘书长沙祖康来校参加商学院论坛，并做题为《联合国的中国管理智慧》的演讲。活动前，靳诺书记会见沙祖康一行，双方就高等教育在中国社会发展中的作用等问题进行沟通交流。

9 月 22 日，学校与国家食品安全风险评估中心举办共建“食品安全治理协同创新中心”签约仪式，国家食品安全风险评估中心技术总顾问、中国工程院院士陈君石教授受聘为食品安全治理协同创新中心名誉主任，陈雨露校长为陈君石院士颁发食品安全治理协同创新中心名誉主任聘书，王利明副书记兼副校长与国家食品安全风险评估中心主任刘金峰代表双方签订合作框架协议。

9 月 22—25 日，陈雨露校长率团访问首尔国立大学、高丽大学及韩国高等教育财团等高校和教育机构，推动学校与两所高校以及韩国高等教育财团深化交流合作，扩大相关校际交流合作项目。23 日上午，陈雨露校长一行访问首尔国立大学，校长吴然天主持会见并宴请陈雨露校长一行。23 日下午，陈雨露校长一行来到高丽大学，与高丽大学校长金炳喆、外事副校长廉载镐、主管国际事务副校长姜晟振以及中国项目主任田明花等举行正式会谈。24 日，陈雨露校长出席由韩国高等教育财团主办的国际学术会议——“习近平政府的中国经济——挑战与展望”，并以《中国货币金融形势与政策》为题做大会主旨演讲。25 日上午，陈雨露校长一行顺访韩国农协总部和其下属单位，考察韩国城镇化与农业现代化、新农村建设之间的关系，深化人民大学有关学科与该组织的合作。

9 月 22 日，“中国宏观经济论坛（2013 年第三季度）”在逸夫会堂举行，冯惠玲常务副校长出席论坛并致辞。

9 月 23 日，由医改研究中心主办的第五届卫生事业发展和改革高峰论坛在逸夫会堂举行，会议主题为“公立医院改革新公立医院改革新视角：有管理连续的医疗服务体制及付费机制研讨会”。牛维麟常务副书记出席并在开幕式上致辞。来自国家卫生计生委、人社部的领导和专家，英国驻华使馆代表，北京及其他地方卫生部门领导，公立医院高级管理人员，国内外专家学者，政府门户网站、国内核心期刊及行业报刊等 110 多位代表出席会议。

9 月 23 日，德国哥廷根大学（University of Goettingen）副校长何艾烨（Hiltraud Casper-Hehne）教授一行来校访问，王利明副书记兼副校长会见，双方就两校合作事宜进行商讨。

9 月 23 日，芝加哥大学国际事务副校长 Ian Solomon 教授一行来校访问，杨慧林副校长会见，双方就国家汉办、国家留学基金委分别资助的项目进行深入探讨，并就未来在学生互派等领域的合作交换意见。

9 月 24 日，中国人民大学研究报告系列《中国能源国际合作报告 2012/2013》发布会暨中国能源国际合作二十年研讨会在北京召开，此次会议由学校主办，国际能源战略研究中心（CIEESS）与中国国际贸易促进委员会《新能源经贸观察杂志》承办。研讨会包括以中国能源国际合作二十年为契机，探讨中国能源国际合作的可持续发展，未来能源国际合作的模式，以及国际能源治理的再构建三个议题。靳诺书记出席会议并致辞，国内来自专业研究机构、政府、企业的能源专家参与议题讨论。

9 月 24 日，由大卫·科维教授率领的苏富比艺术学院代表团来校访问，杨慧林副校长会见，并与来访客人就艺术品金融市场的发展和科研合作计划交换了看法。

9 月 24 日，由中宣部宣教局、中央外宣办网络新闻宣传局会同有关部门共同举办的“中国梦网上系列谈”第六场活动在京举行，法学院 2013 级硕士生刘文杰与来自北京大学、清华大学、北京师范大学的学生代表就“中国梦”主题进行交流。

9 月 25 日，华中科技大学副校长罗俊教授率团来校访问，冯惠玲常务副校长会见，双方就学科建设、人才培养、学术组织管理及运行、人才培养委员会设置、本科教学管理模式、教学质量监控及评价等进行交流，并就促进两校优势互补、合作交流交换意见。

9 月 25 日，学校牵头的“水体污染控制与治理”国家科技重大专项“城市污水处理厂优化设计与运行技术研究及示范”项目启动暨专家咨询会召开。冯惠玲常务副校长、住房和城乡建设部副司长郭理桥出席会议，5 位业内知名专家组成的专家组对项目实施方案进行了质询和咨询。

9 月 25 日，由校工会举办的教职工拔河比赛在学校田径场举行，共有 25 个分会、近 400 名教职工参加。

9 月 26 日，中央第十巡视组向学校领导班子和在职校务委员会成员反馈巡视情况。中央第十巡视组组长陈际瓦代表巡视组作反馈，教育部党组成员、纪检组组长王立英代表教育部党组对学校抓好整改工作提出要求，靳诺书记代表校党委做表态发言，会议由陈雨露校长主持。中央第十巡视组副组长张化为，中央巡视办负责同志及巡视组其他成员、学校党政领导班子成员出席会议。中央党的群众路线教育实践活动督导组第 42 组副组长俞亚东应邀参加会议。教育部纪检组、巡视办相关负责同志，校长助理、没有退出领导岗位的在职校务委员会委员及有关部（处）负责人列席会议。

9 月 26 日，根据共青团中央深入开展党的群众路线教育实践活动安排，团中央书记处傅振邦书记专程来到学校就基层共青团工作进行调研。靳诺书记、陈雨露校长会见傅振邦书记一行，马俊杰副书记陪同会见。共青团中央学校部副部长李骥等参加调研活动。

9 月 26 日，中法学院教学事务管理委员会第一次会议在苏州校区召开。

9 月 26 日，物理学系季威副教授与国家纳米科学中心裘晓辉研究员和程志海副研究员等在《科学》杂志以“Science Express”的形式在线发表论文《原子力显微镜实空间观测分子间相互作用》，并于几周后在正刊上正式发表。

9 月 26 日，澳门特别行政区政府政策研究室首席顾问米健教授一行访问我校纠纷解决研究中心。

9 月 27 日，荷兰阿姆斯特丹自由大学校长 René Smit 教授一行来校访问，陈雨露校长会见，并向 Smit 校长介绍了“校长奖学金项目”及全英文硕士项目，表示将全力支持学者学生的国际交流。伊志宏副校长参加上述活动。

9 月 27 日，由校团委主办的“梦想起航”2013 级新生文艺汇演在明德堂举行，1 000 余名 2013 级新生现场观看演出。整场晚会共分为“人大，那梦想的光芒”“成长，携手踏向远方”和“从此，母校与你同在”三个篇章，分别展现了新生从期盼进入人大、启程来到人大和从此生活在人大的心路历程。

9 月 28 日，纪念《教学与研究》创刊 60 周年座谈会在逸夫会堂举行，靳诺书记、国家哲学社会科学规划办主任余志远、中宣部出版局局长郭义强、中宣部理论局副局长王心富、教育部社科司司长张东刚、教育部社科中心主任杨河、冯惠玲常务副校长以及来自中共中央党校、中央编译局、中国社会科学院当代中国研究所、北京大学、清华大学、北京师范大学等科研院校的专家学者共近60人出席了此次会议。会议分两阶段进行，与会嘉宾高度肯定了《教学与研究》60年来为高校马克思主义理论教学与研究所做的贡献，一致认为《教学与研究》是研究中国马克思主义传播史和理论课教学史的重要文献，在政治理论课教学方面具有引领的作用，并对《教学与研究》的下一阶段发展提出了意见和建议。

9月28日，湖南省校友会在长沙举行成立大会暨第一届校友大会，成为第二家经湖南省民政厅批准成立的省外高校校友会。陈雨露校长出席成立大会并致辞，湖南省委副书记孙金龙校友会见陈雨露校长一行，并委托湖南省委副秘书长徐宏源校友到会表示祝贺。

9月28—30日，第一届美国孔子学院联席会议在美国肯塔基州鲍灵格林市西肯塔基大学开幕。杨慧林副校长应邀出席，并访问西肯塔基大学孔子学院。

9月28日，国学院与贵阳孔学堂在贵阳签订战略合作框架协议，共同搭建国学文化交流平台。双方今后将在资源共享、师资交流、搭建国学文化平台等方面进行广泛合作。

9月29日，学校召开2013—2014学年第一学期分党委书记会议。会议通报了中央第十巡视组巡视反馈意见，部署了下一阶段党的群众路线教育实践活动安排，并对平安校园建设及国庆长假期间安全工作提出要求。靳诺书记主持会议，牛维麟常务副书记、刘向兵副校长出席，党委各部门主要负责人，各分党委、党总支书记参加。

9月29日，总政治部调研组一行在逸夫会堂召开国防生思想工作座谈会。马俊杰副书记、总政干部部培训局鲁向禹干事、北京武警总队政治部副主任孟鸣大校、武警选培办主任马海伟大校出席会议。

9月，由深圳研究院举办的“深圳市重点民营企业家卓越领导力研修四班”结业典礼在学校举行，查显友副校长出席并致辞。

9月，理学院曹睿教授在《自然》子刊《自然通讯》（*Nature Communications*）杂志发表题为《三核锌化合物结合三桥连含氧生物阴离子以及催化二氧化碳固定的性质》（DOI：10.1038/ncomms3375）的论文，这是第一篇以学校为第一通讯单位署名的自然系列期刊论文。

9月，北京市教育委员会公布了第九届北京市高等学校教学名师奖获奖名单，社会与人口学院郭星华教授、环境学院马中教授、财政金融学院何平教授、经济学院陈享光教授获此殊荣。评奖由北京市教委组织，北京市共有97名教师获此称号。截至目前，学校共有38名北京市级教学名师，6名国家级教学名师。

9月，第三届中国大学出版社图书奖和高校出版人物奖评奖结果公布，其中优秀图书奖获奖图书494种，高校出版人物奖获奖人22名。出版社14种图书获优秀图书奖，其中7种图书获优秀教材奖，5种图书获优秀学术著作奖，2种图书获优秀畅销书奖；出版社副社长孟超获得“第三届中国大学出版社高校出版人物奖”。

9月，商学院EMBA项目加入全球EMBA理事会（EMBA Council），正式成为该组织成员。全球EMBA理事会成员包含超过25个国家的200家院校，是在AACSB帮助下成立于1981年的非营利EMBA国际联盟组织，其宗旨是致力于推动世界范围内的高端管理教育。

9月，新闻学院完成对用人单位与毕业校友的抽样调查，形成《媒介融合时代的新闻传播教育——新闻学院人才培养抽样调查报告》。

9月，公共管理学院许光建教授课题组申报的“中国梦视域下的温州民营经济转型发展研究”获准2013年度温州市社会科学重大课题立项。

9月，出版社获国家出版基金办通知，《马克思的事业》《中国革命道德》《社会主义和谐社会核心价值体系研究》《中共元勋家书品读》《马克思如何改变世界》《为什么要信仰共产主义》《为什么要坚持中国特色社会主义道路》《为什么要坚持马克思主义》《为什么要拥护中国共产党》9个图书项目顺利结项。

9月，由中国出版协会年鉴工作委员会主办的第七届全国年鉴编校质量检查评比结果揭晓，文化科技园编辑的《中国版权年鉴2012》荣获一等奖。

9月，公共管理学院张占录教授率领课题组一行赴日本山形县进行实地考察。

9月，全国哲学社会科学规划办公室对2013年《国家哲学社会科学成果文库》名单予以公示，经济学院院长杨瑞龙教授的《内需可持续增长的结构基础与政策选择》入选。

9月，由学校与中山大学、复旦大学三家单位联合承担的国家自然科学基金重点项目“网络信息融合与知识服务的理论与方法研究”年度进展汇报与学术交流会在苏州举行，来自三所高校的课题组成员出席会议。

9月，公共管理学院接国际行政科学学会通知，正式被接纳成为国际行政科学学会（International Institute of Administrative Sciences，IIAS）会员。IIAS成立于1930年，是一个旨在促进行政科学发展及各级行政机关更好运作的国际学术组织，会员分布在世界各地区100多个国家，主要以各国政府部门为代表。

10月3日，1989级校友毕业20周年返校活动举行，陈雨露校长、伊志宏副校长出席。

10月3日，值76周年校庆之际，经济学院举办了“杰出院友论坛”之“首席经济学家论坛：世界经济新格局与中国经济”。陈雨露校长、杜厚文原副校长、中国银行首席经济学家曹远征等出席本次论坛。

10月4—12日，国学院代表团一行四人应邀赴美国参加“中美对话：核心价值与世界秩序”研讨会，并应加州大学伯克利分校东亚系、斯坦福大学东亚系的邀请顺访华盛顿大学、斯坦福大学和加州大学伯克利分校，建立学术联系，从事学术交流，开展学术合作。纪宝成老校长出席研讨会并做主题演讲。

10月6—11日，英国爱丁堡大学神学院院长Stewart J. Brown教授来校访问，并以“启蒙运动”为中心做了三次系列讲座。

10月8日，复旦大学陆昉副校长率团来校访问，杨慧林副校长会见并出席交流讨论会。

10月9日，靳诺书记、陈雨露校长与海淀区委书记隋振江，区委副书记、区长孙文锴在海淀区政府举行座谈会。

10月9日，京东集团及京东创始人兼首席执行官刘强东向学校捐资，设立“京东奖助学金”和“强东奖学金”，陈雨露校长出席捐赠仪式并颁发捐赠证书。

10月10日，靳诺书记、陈雨露校长会见全国政协副主席、香港首任特首、中美交流基金会主席董建华，双方就提高高等教育质量、提升中国国际形象、推进人才交流等进行了亲切交谈。

10月10日，全国政协副主席、香港首任特首、中美交流基金会主席董建华来校做题为《中美交流及中美关系的重要性》的演讲，并与来自人民大学、清华大学、北京大学的高礼英才学员交流。靳诺书记、陈雨露校长、伊志宏副校长出席。

10月10日，陈雨露校长会见了来访的爱尔兰都柏林大学校长休·布雷迪（Hugh Brady），杨慧林副校长参加会见。

10月11日，2013年气候传播国际会议中文专场在学校举行，中国气候传播项目中心专家委员会同时成立。陈雨露校长出席会议并致辞。

10月11日，意大利都灵大学校长、知名法学家阿贾尼（Gianmaria Ajani）教授一行来校访问，王利明副书记兼副校长会见。

10月11日，本科人才培养路线图实施工作专题会议召开，陈雨露校长出席会议听取汇报并就加快推进教师教学发展中心建设做出指示，会议由杨慧林副校长主持。

10 月 11—13 日，第三届“全国亿万学生阳光体育运动”大学生羽毛球挑战赛在中国政法大学举行，学校羽毛球队获得女子团体亚军。

10 月 12 日，靳诺书记到劳动人事学院调研，亲切看望教师，并对劳动人事学院建院 30 周年表示祝贺。

10 月 12 日，由学校中国社会保障研究中心和中国社会福利协会联合举办的首届老年节研讨会在北京举行，第十一届全国政协副主席张梅颖为本次会议致辞。来自全国人大、全国老龄办、民政部、人力资源和社会保障部的有关领导和中国社科院、北京大学等多所著名高校的知名专家学者，以及中国社会福利协会等单位负责人约 100 人出席会议。

10 月 12 日，“中国人民大学老年体验中心”成立。这是我国建立的首个老年体验中心，为学生、教师、研究者和老龄服务者提供了一个集教育与实践、教学和研究于一体的多功能平台。冯惠玲常务副校长和北京市老龄协会副会长陈谊为老年体验中心揭牌。

10 月 12 日，2013 气候传播国际会议在北京举行，来自联合国系统相关机构、国内外高等院校、研究机构、新闻媒体、非政府组织、企业界的 100 余名代表出席了会议。会议由中国气候传播项目中心、耶鲁大学气候传播项目、中国人民大学新闻与社会发展研究中心、乐施会、新闻学院联合主办，环境学院、统计学院、欧洲学院、联合国气候变化与环境主题工作组、中国新闻出版研究院协办。冯惠玲常务副校长在开幕式上致辞。

10 月 12—13 日，中国劳动学会劳动科学教育分会 2013 年年会在校召开，人力资源和社会保障部副部长何宪、副部长胡晓义应邀出席中国劳动学会劳动科学教育分会年会。牛维麟常务副书记兼纪委书记、王利明副书记兼副校长出席会议，并分别为何宪副部长、胡晓义副部长颁发兼职教授聘任证书。

10 月 12—16 日，陈雨露校长率团访问了美国耶鲁大学和加州大学伯克利分校，借参加耶鲁大学第二十三任校长彼得·萨勒维（Peter Salovey）就职典礼之机，进一步强化学校与耶鲁大学的伙伴关系；同时顺访加州大学伯克利分校，与之签署校级合作协议。

10 月 13 日，劳动人事学院举行三十周年院庆联欢会。靳诺书记为院庆三十周年题词，陈雨露校长发表寄语。

10 月 13 日，中国人民大学、清华大学、复旦大学、厦门大学、吉林大学等五校“思源计划”暑期实践总结会通过视频会议的方式顺利举办。

10 月 13 日，庆贺中国人民大学老校友赴疆工作五十年大会在乌鲁木齐举行，106 名在疆工作、生活 50 年以上的老校友受到表彰奖励。

10 月 14 日，由劳动人事学院和美国康奈尔大学产业与劳动关系学院联合主办的第三届“全球劳动科学院长论坛”在校召开。来自 30 多所国内外高校和研究机构的劳动科学院长及相关负责人，就劳动科学的发展未来、国际合作研究以及人才培养模式，进行了深入的交流与讨论。

10 月 15 日，杨慧林副校长会见参加东北亚森林与景观恢复国际研讨会的外国专家代表。

10 月 15 日，由国家发展与战略研究院与中央人民广播电台经济之声共同主办的“大国大时代——中国经济十月谈”报告会之“增长谈——大国增长的极限到了吗?”在校举行。

10 月 15—17 日，教育学院与澳大利亚迪肯大学“教育与教育研究共同提升”学术研讨会召开。刘向兵副校长出席开幕式。

10 月 16 日，学校组织召开 2013 年专利培训交流会。

10 月 16 日，“通识教育大讲堂——跨文化沟通系列公开讲座”第三季的首场报告举行。中国社会科学院文学所所长陆建德教授以“文学中的个人与城邦：从伍子胥的故事谈起”为主题进行了演讲，杨慧林副校长主持开讲仪式，200 多名学生到场听讲。

10 月 16 日，康奈尔大学劳工学院院长 Harry C. Katz 到访校友之家，与全校各院系校友工作者分享自己在大学校友工作、捐赠工作等方面的管理经验，伊志宏副校长参与会见。

10 月 16 日，中国宽带资本董事长田溯宁一行来校访问，伊志宏副校长会见。

10 月 16 日—10 月 27 日，由北京市委教育工委、市教委组织的北京市第四届大学生艺术展演活动举行，学生艺术团代表学校分别参加了器乐、舞蹈、声乐和戏剧的四个大类共十项市级专项展演活动。

10 月 17 日，第十三届“挑战杯”交通银行全国大学生课外学术科技作品竞赛决赛在江苏苏州落下帷幕。学校两件参赛作品获得一等奖，三件作品获得二等奖，一件作品获得三等奖，并凭借团体总分优势再次捧得“优胜杯”。

10 月 17 日，澳大利亚总督昆廷·布赖斯来校访问，参观澳大利亚研究中心，并发表题为《中国的澳大利亚研究》的演讲。演讲前，靳诺书记会见布赖斯总督，就推进中澳两国教育和文化交流进行交谈。

10 月 17 日，国学院与北京育英学校西翠国学书院签订合作协议。

10 月 17—19 日，信息系统协会中国分会（CNAIS）在贵州贵阳举办第五届全国大会，全国高校信息管理和信息系统相关专业的 350 多位代表出席了会议。会议期间，商学院接任信息系统协会中国分会主要领导工作，学会秘书处随后将从清华大学迁至学校。

10 月 18 日，学校与福州市签署全面合作协议，双方将发挥各自优势，在人才培养、社会服务、协同创新等方面开展全面合作。靳诺书记，福建省委常委、福州市委书记杨岳出席签约仪式并讲话，陈雨露校长主持签约仪式。

10 月 18 日，荷兰蒂尔堡大学校长 Koen Becking 博士一行来校访问，陈雨露校长会见。

10 月 18 日，麦考瑞大学（Macquarie University）副校长 Sakkie Pretorius 教授一行来校访问，伊志宏副校长会见。

10 月 18 日，卡尔顿大学（Carleton University）校长 Roseann O’Reilly Runte 教授一行来校访问，伊志宏副校长会见。

10 月 18 日，后勤集团在中区食堂举行“食堂开放日”活动。

10 月 18 日，2013 年度中国富布赖特学友会（筹）全体大会在校召开。大会的主题是“中美构建新型大国关系”，中国教育国际交流协会会长、世界自然保护联盟理事会主席章新胜，中国富布赖特学友会（筹）会长陈雨露校长，教育部国际合作交流司副司长杨军，中国富布赖特学友会（筹）主要负责人，美国驻华大使馆代表和富布赖特学者近 200 人出席。

10 月 18 日，汉青经济与金融高级研究院与加拿大女王大学商学院签署进一步合作意向书，继续推进联合举办金融硕士项目，同时明确未来双方开展全方位、多层次的战略合作。受习近平主席邀请访华的加拿大总督约翰斯顿和加拿大外交部部长约翰·贝尔德、能源部部长乔·奥利弗以及加拿大驻华大使赵朴一起见证了这一过程。

10 月 19 日，“中国人文社会科学论坛 2013”在校举行，第十一届全国人大常委会副委员长华建敏出席开幕式并致辞。论坛的主题是“挑战与创新——社会转型与社会管理”，来自海内外知名院校的专家学者参加研讨。陈雨露校长出席主论坛并致辞，杨慧林副校长主持开幕式及主论坛。

10 月 19 日，第二届体育文化节开幕式暨 2013 级新生田径运动会在学校体育场举行。靳诺书记、陈雨露校长、牛维麟常务副书记、马俊杰副书记、杨慧林副校长、刘向兵副校长出席开幕式。

10 月 19 日，陈雨露校长与经济学院客座教授筱原综一会面，探讨教育与人才培养问题。

10 月 20 日，马克思主义理论研究和建设工程工作座谈会在北京召开，中共中央政治局常委、中央书记处书记刘云山出席会议并讲话。中共中央政治局委员、中央书记处书记、中宣部部长刘奇葆主持会议，中共中央政治局委员、国务院副总理刘延东出席会议。中央宣传思想工作领导小组成员、工程主管单位负责人、工程咨询委员和课题组首席专家、部分省市党委宣传部和教育部直属高校党委主要负责人、中央主要新闻单位负责人参加会议。校党委书记靳诺参加会议并发言。

10月20日，2013年首届全国校园铁人三项邀请赛总决赛在环保部北京会议培训中心举行，学校代表队获得大学生组团体第四名。

10月20日，历史学院考古文博系成立暨学科建设研讨会在校举行，冯惠玲常务副校长出席大会。来自全国各地高校考古文博专业、考古研究院所，及其他相关文物机构的50余位考古文博领域知名专家学者应邀与会，考古文博系百余名师生及校友参加大会。

10月20日，“中国企业法治论坛（2013）”在校拉开帷幕。本次论坛的主题为“创新发展与企业法治”。来自国资委、司法部、国务院发展研究中心、中国航空集团公司、中国钢研科技集团公司等部分国企的法务负责人、法学界专家、律师等80多位嘉宾参加了本届论坛。王利明副书记兼副校长为本次论坛致辞。

10月21日，台湾宗教界知名人士、佛光山开山宗长星云大师来校访问，接受名誉教授聘任并做学术演讲。陈雨露校长、台湾佛光大学校长杨朝祥等出席，伊志宏副校长主持聘任仪式。

10月21日，金融学类专业教学指导委员会“国标小组”第一次工作会议在校召开。陈雨露校长、对外经济贸易大学副校长刘亚、西南财经大学副校长卓志等小组成员参加了本次会议。

10月21日，中共中央政治局委员、中宣部部长刘奇葆在率团访问以色列期间，参观由学校参与共建的以色列特拉维夫大学孔子学院。杨慧林副校长参加访问活动。

10月21日，学校与浙江省衢州市签署人才战略合作协议。浙江省委组织部人才办、浙江省衢州市等有关单位负责人出席。校党委副书记马俊杰、衢州市组织部部长陈玲玲分别代表双方签署《浙江省衢州市——中国人民大学人才战略合作协议》，并共同为“浙江省衢州市中国人民大学人才工作站”揭牌。

10月22日，新一届国际档案理事会档案教育培训处（ICA/SAE）指导委员会（2012—2016）工作会议在校召开。SAE主席Geir Magnus Walderhaug（挪威）、副主席王健（中国）、秘书Sigrid McCausland（澳大利亚），SAE指导委员会委员等参加会议。

10月23日，中国人民大学西部受援高校本科交流生座谈会举行。来自新疆财经大学、西藏民族学院、延安大学的27名本科交流生及来自福建省属高校的5名交流本科生参加座谈。

10月23日，“理想人生”名家讲坛主题报告举行，海淀区法院副院长宋鱼水校友以“做经济时代与法律时代的耕耘者”为主题，为在场的2012、2013级“红船领航”新生党员先进性熔铸计划学员和“求是思源”优秀学生培养计划的学员做演讲。

10月23日，国家版权贸易基地召开教材与教辅法律关系问题研讨会，来自国家版权局版权管理司、最高人民法院、北京市一中院、海淀法院、中国人民大学、清华大学、出版机构以及律所的专家出席此次会议，进行了深入探讨和交流。

10月23日，由经济学院主办的题为“能源价格改革：路在何方?”的公共政策评论在校举行。国家发展改革委价格司原副司长刘振秋及经济学院教授等分别从政府、产业、学术三个角度对我国能源价格改革进行了深入的对话式探讨。

10月23日，“北京科技政策法规宣讲团走进中国人民大学”科技政策专题宣讲会在校举行，冯惠玲常务副校长会见了北京科技政策法规宣讲团成员一行。

10月23—24日，中日韩共用常见汉字国际学术研讨会在校召开，纪宝成老校长、杨慧林副校长以及共用常见汉字课题组成员参加会议，中国新华社、日本经济新闻社、韩国中央日报社有关人员列席会议。

10月24日，学校远程视频系统培训会议召开。

10月24日，海淀区民政局、海淀区医院管理协会到校医院调研指导居家养老服务工作。

10月24日，陈雨露校长会见学校董事会常务董事朴英祚先生。

10 月 24 日，“中国人民大学第三届全国法学博士后学术论坛”举行，来自国内外数十所高校和科研院所的共 70 余名博士后共同参加了论坛，王利明副书记兼副校长出席论坛并致辞。

10 月 25 日，由中宣部《党建》杂志社、《光明日报》理论部主办，出版社协办的“群众路线理论研讨会暨图书《人民观》出版座谈会”在京召开。来自中宣部出版局、解放军总后勤部、中国社科院、中国作协、北京市委宣传部、中国人民大学等单位的专家学者，结合全党正在开展的群众路线教育实践活动，对中华文明源流中宝贵的民本思想和中国共产党人的马克思主义群众观进行了深入研讨，靳诺书记与会并发言。

10 月 25 日，由艺术学院与韩国驻华文化院联合主办，学校东方艺术研究所和韩国东方文化交流协会共同承办的“第 8 届中韩书法名家邀请展”在北京韩国驻华文化院开幕。韩国驻华公使兼韩国文化院院长金辰坤，刘向兵副校长，全国政协委员、国家行政学院副院长周文彰，以及中韩书法家代表、艺术学院师生、韩国留学生和媒体代表约 200 人参加了开幕式。

10 月 25 日，文化科技园协办的“2013 中国・中关村文化和科技融合产业峰会”在北京中关村举行。会上，文化科技园等 12 家海淀区文化科技园区及孵化器被认定为首批“海淀区文化科技园区、孵化器”。

10 月 25—27 日，由学校就业研究所（CIER）和德国劳动研究所（IZA）共同举办的“第五届 CIER/IZA 劳动经济学学术研讨会”在校召开。

10 月 25—31 日，经济学院本科生代表团赴日进行了学术交流。

10 月 26 日，苏州校区召开第二次学生代表大会。

10 月 26 日，由新闻学院联合主办的“面临新媒体挑战的传媒教育”论坛顺利举办。作为在四川成都进行的 2013 亚洲教育论坛年会的重要组成部分，本次论坛吸引了来自传媒学界与业界的 100 多位国内外代表，共同探讨新媒体环境下传媒教育的发展路径与理念。

10 月 26—27 日，第九届北京—东京论坛在北京举行。北京—东京论坛每年在中日两国交替举行，是中日两国最高层次的公共外交平台之一。新闻学院院长赵启正教授出席论坛并发表演讲。

10 月 27 日，教育部副部长、党组成员杜占元来校巡视 2013 年在职攻读硕士专业学位全国联考考试组织工作，并向考务人员表示慰问。国务院学位办主任郭新立，国务院学位办副主任孙也刚，教育部学位与研究生教育发展中心主任李军，北京市教育考试院院长、党委书记王健，北京市教委副主任叶茂林，常务副校长、研究生院院长冯惠玲等陪同巡视。

10 月 29 日，学校首届爱国宗教界人士硕士研究生班座谈会在中央统战部举行。中央统战部副部长斯塔，陈雨露校长，杨慧林副校长，一级教授、佛教与宗教学理论研究所所长方立天教授，中央统战部二局局长赵学义等出席座谈会。

10 月 29 日，中以学术交流促进会主席 Carice Witte 一行来访，陈雨露校长会见。

10 月 29 日—11 月 1 日，法学院代表团访问法国，与图卢兹第一大学、巴黎二大法学院、巴黎五大法学院等多所高校达成合作协议。

10 月 30 日，中华全国妇女联合会第十一届执行委员会举行第一次全体会议，选举全国妇联第十一届主席、副主席和常务委员。靳诺书记和孟晓驷、程红、宋鱼水三位校友当选全国妇联副主席，徐伟新、甄贞两位校友当选常务委员。10 月 31 日，中共中央总书记、国家主席、中央军委主席习近平在北京同全国妇联新一届领导班子成员进行了谈话。

10 月 30 日，由农业部青年联合会主办，农业与农村发展学院承办的首届“中国大学生村官年度人物”遴选工作会议在校召开，会议遴选产生了首届“中国大学生村官年度人物”。

10 月 30 日，美国华盛顿大学校长迈克尔・杨（Michael K. Young）教授一行来校访问，陈雨露校长会见，伊志宏副校长陪同会见。

10 月 30 日，由学校保卫处、学生处、校医院、青年安全协会共同组织的中国人民大学青年安全营活动正式启动。活动邀请北京市海淀区消防支队双榆树中队的消防官兵们配合指导，马俊杰副书记、刘向兵副校长到现场指导并参与体验项目。

10月30日，纪宝成老校长、杨慧林副校长看望国学院名誉院长、著名学者冯其庸先生，认真听取冯老对学校相关学科的建设发展问题提出的建议，并与冯老就共同关心的问题进行了交流。

10月30日，住宿辅导中心、公寓学生自我管理委员会联合各学院学生会和青年安全协会成功举办“住宿辅导中心成立暨自管会组建三周年开放日”活动，马俊杰副书记、刘向兵副校长、后勤集团以及学生工作部、保卫处等单位负责人参加活动。

10月30日，2012—2013学年北京市市级先进班集体述评交流会举行，全校各学院共推荐25个先进班集体作为市级先进班集体候选班级参加述评交流。

10月31日，西班牙巴塞罗那自治大学外事副校长 Lluis Quintana 教授一行来访，伊志宏副校长会见。

10月，2013年度“新世纪优秀人才支持计划”入选人员确定，学校17位教师入选，其中海外人选4位。截至目前，学校入选教育部“新世纪优秀人才支持计划”的教师共有187位，其中海外人选19位。

10月，第五届全国大学生广告艺术大赛北京赛区完成了最终评审，新闻学院成绩突出，获得了2个金奖、2个银奖、2个铜奖以及若干个优秀奖、入围奖。

10月，“新媒介环境下广播电视产业转型与传播模式变革”论坛暨中国广播电视年会在校召开，来自全国高校、媒体、出版社近百人参加会议。会上，“中国高等教育学会新闻学与传播学专业委员会广播电视学与新媒体研究分会”揭牌。

10月，教育部公布了2013年度“创新团队发展计划”拟资助名单，物理学系鲍威教授“稀土—过渡金属化合物量子关联新功能材料及其新奇量子效应的研究”团队入选，资助期限为2014年至2016年，资助额度为300万元。

10月，由新华社发起的“中国网事·感动2013”第三季度网络人物评选结果揭晓，2011届毕业生亓俊先获评“中国网事·感动2013”第三季度网络人物称号，成为中国网民心目中的“草根英雄”。

10月，北京市教育委员会、北京市人力资源和社会保障局以及北京市财政局联合发布“关于表彰北京市教育教学成果奖的决定”，学校共有34项教学成果获第七届北京市高等教育教学成果奖，其中特等奖1项，一等奖14项，二等奖19项。

10—11月，“寓学实践，乐在创新”——大学生创新实验计划2013—2014学年调研方法系列的4场讲座顺利举办，来自公共管理学院、社会与人口学院、统计学院和农业与农村发展学院的4位教师分别担任主讲。

11月1日，辽宁方大集团实业有限公司董事、党委书记何忠华来访，靳诺书记会见，王利明副书记兼副校长陪同会见。

11月1日，深圳校友主题周活动启动，深圳校友会同时向学校捐赠助学金。伊志宏副校长、深圳校友会会长周小雄出席启动仪式并为主题展揭幕。

11月1日，学校高尔夫球队成立。球队以学生高尔夫球俱乐部为基础，有队员31人。

11月1日，首届纪宝成国学教育基金奖学金颁奖典礼暨国学讲座在校举行，来自国学院、武汉大学国学院等国内八所国学院的10名获奖学生参加颁奖典礼并领取证书和奖金，老校长、国学院院长纪宝成，杨慧林副校长等出席典礼并为获奖者颁奖。

11月1日，意大利前总理、欧洲进步研究基金会主席马西莫·达莱马来校访问，参加由国际关系学院和中联部当代世界研究中心共同主办的“当代世界讲坛”。活动开始前，陈雨露校长会见了达莱马先生以及出席讲坛的意大利驻华大使白达宁、当代世界研究中心副主任金鑫教授。

11月2—8日，冯惠玲常务副校长率美国智库调研团一行8人访问纽约和华盛顿两地的20多家著名智库及相关机构，了解美国智库内部运营管理机制。

11月3日，2013年首都高等学校大学生网球精英赛落下帷幕，学校网球队获得6项冠军。

11月3日，“微型金融在中国”高峰论坛在校举办。

11月4日，英国雷丁大学校长David Bell爵士一行来访，伊志宏副校长会见。

11月4日，国际行政科学学会（IIAS）主席吉尔特·波科特教授（Professor Geert Bouckaert）访问公共管理学院，并进行主题为“经合组织国家公共部门改革战略：经验与教训”的交流。

11月4日，荷兰Clingendael研究所的高级研究员梅利森（Jan Melisen）教授来访，以新公共外交为主题，与新闻学院、国际关系学院师生交流。

11月4日，土耳其伊斯坦布尔大学校长Yunus Söylet教授一行来校访问，陈雨露校长会见，双方商议深化学生及教职工交换项目合作，尽快完成合作备忘录与合作协议的筹备及签署。

11月5日，欧洲联盟就业、社会事务和机会均等委员拉兹罗·安德副教授一行来校访问，陈雨露校长会见。

11月5日，2013年中国汉语水平考试（HSK）国内考点工作会议在校召开，孔子学院总部副总干事、国家汉办副主任胡志平及来自全国161个考点的共285名代表参加本次会议。

11月5日，德国斯图加特大学中国委员会主席Nico Sneeuw教授来访，伊志宏副校长会见。

11月5日，广西2014年定向中国人民大学招录选调生宣讲会在校举行，杨慧林副校长、广西壮族自治区党委组织部副部长曾艳、广西民族大学校长谢尚果及自治区和学校相关部门负责人出席会议，近百名2014届毕业生参会。

11月5—6日，“中国与法国的合宪性审查”国际学术研讨会在校召开。本次研讨会由法学院、中国宪法学研究会、法国宪法学研究会与艾克斯-马赛大学法学院共同举办。来自国内外大学和研究机构的50多位宪法学者应邀与会。

11月6日，学校组织开展2013消防安全演习活动。

11月7日，由经济学院、日本九州大学经济学部、南京大学商学院联合举办的第八届中日三校国际学术会议在校举行，本次会议的主题为东亚经济发展的挑战，来自中日三校的近20位学者参加会议。

11月8日，信息资源管理学院和航空工业档案馆在北京签署战略合作协议。

11月9日，“中国企业管理案例与质性研究论坛（2013）”暨“第七届中国人民大学管理论坛”在校召开，来自清华大学、北京大学、中欧国际工商学院、新加坡国立大学、丹麦哥本哈根商学院等海内外105所院校的300多名专家、学者参加会议。

11月9日，由学校与文化部文化产业司共同主办的“文化中国：中国文化产业指数发布会”在北京举行，此次指数发布会是今年北京文博会的主要亮点之一。常务副书记、文化产业研究院院长牛维麟出席发布会。

11月9日，学校组织学生开展的应急避难和救援安全教育实践活动在国家地震紧急救援训练基地成功举办。

11月9—11日，“2013年全国博士生学术论坛（法学）”在校举行。教育部学位管理与研究生教育司副司长、国务院学位委员会办公室副主任黄宝印，司法部司法考试司副司长姜晶、王利明副书记兼副校长出席开幕式并致辞。

11月10日，2013年首都大学生阳光体育体能挑战赛——大学生体能热力操比赛暨《大学生体质健康标准》测试赛在北京工商大学举行。学校健美操队一队夺得甲组一等奖，二队获得甲组三等奖。

11月10日，由北京市文化创意产业促进中心、海淀区委宣传部主办，文化科技园承办的“文化创意产业集聚区项目推介会暨2013文化和科技融合产业年会”在校举行，科技部高新司副司长胡世辉、北京市文促中心主任梅松和北京市贸促会副会长于海波出席并致辞。

11月12日，“中国人民大学财政金融学院——方正金融战略合作签约仪式”在校举行。

11月12日，学校召开会议，部署学习贯彻十八届三中全会精神，王利明副书记兼副校长在会上做学习活动部署。

11月13日，学校党委理论中心组召开扩大会议，认真学习十八届三中全会精神，靳诺书记和陈雨露校长发表讲话。校领导牛维麟、冯惠玲、马俊杰、王利明、杨慧林、查显友、伊志宏、刘向兵，校长助理及相关学院和部处负责人出席会议。

11月13日，2013“汉语桥——美国校长访华之旅”闭幕式在校举行。陈雨露校长，国家汉办副主任静炜，杨慧林副校长，美国校长访华团团长、美国大学理事会副总裁詹姆斯·M·蒙托亚等出席闭幕式。

11月13日，2012—2013学年“十佳班主任”述评交流会顺利召开。

11月14日，首场新生研讨课交流研讨会举行，杨慧林副校长出席研讨会，本科新生导师代表、学生代表、相关职能部门负责人与报名参会的教师分享了开设课程的经验体会，提出了改进、优化课程的建议思路。

11月15日，艺术学院与美国密歇根大学孔子学院、密歇根大学艺术与设计学院主办的艺术学院教师作品展览“当代中国的画像”在安娜堡市中心的密歇根大学Work画廊开幕。

11月16日，福建省2013年人才招聘会在校举行。冯惠玲常务副校长与福建省人力资源和社会保障厅厅长、福建省公务员局局长钟维平视察招聘会现场，与用人单位、毕业生交流。

11月16日，2013年宝钢教育基金优秀教师奖和优秀学生奖评选结果揭晓，学校4名教师获宝钢优秀教师奖，1名学生获宝钢优秀学生特等奖，另有22名学生获宝钢优秀学生奖（其中港澳台学生13名）。

11月16日，2013高校田径精英邀请赛在武汉华中科技大学举行，学校派出14名运动员参赛。

11月16日，由出版社举办的厉以宁教授“中国经济双重转型”报告会暨新书发布会在校举行。

11月16—17日，以“知识产权制度的全球化及本土化”为主题的第一届亚太知识产权论坛在苏州校区举办。来自世界知识产权组织以及中国、美国、加拿大、日本、韩国、新加坡等国家和地区的专家学者、官员及企业界人士200余人参加了此次论坛。陈雨露校长、世界知识产权组织副总干事王彬颖女士、美国专利与商标局高级顾问马克·柯恒、江苏省知识产权局局长朱宇在开幕式上致辞。

11月16—17日，第38届ACM-ICPC国际大学生程序设计竞赛亚洲区长沙赛区比赛在湖南大学举行，学校代表队夺得金牌，将于2014年6月参加世界总决赛。

11月16—17日，第六届全国大学生创新创业年会在中南大学举办，学校两个本科生创新训练项目入选，并进行现场报告和展示交流。

11月16—17日，由商学院和中国人力资源理论与实践联盟联合主办的“2013（第六届）中国人力资源管理年会”在校召开，本届年会以“变革时代的人力资源转型升级”为主题，邀请400多名中国领先企业的人力资源高级管理人员现场参与。

11月16—18日，由团中央学校部、教育部新闻办、新浪微博主办，中国扶贫基金会支持的2013年“圆梦中国”专项社会实践活动研讨暨总结表彰会在全国青少年井冈山革命传统教育基地举行，学校“农村青年生殖健康同伴教育”项目荣获“圆梦中国公益我先行”暑期社会实践专项活动暨第一届全国大学生微公益大赛优秀团队奖。

11月17日，2013年校友工作交流研讨会暨校友会理事会召开，陈雨露校长会见参会的各地方校友会代表和专家学者，副校长伊志宏出席。

11月18日，学校领导班子召开党的群众路线教育实践活动专题民主生活会。教育部副部长、党组成员鲁昕，中央第42督导组组长李延保、副组长俞亚东和全体成员，教育部人事司副司长魏士强，教育部纪检组监察局副局长侯慧君，北京市委教育工委委员、市教委副主任郑萼到会指导，靳诺书记主持会议。

11月18日，“东亚合作论坛2013——东亚区域合作：困境与出路”在校举行。本次论坛由国际关系学院东亚研究中心主办，来自中国、日本、韩国、蒙古国、俄罗斯、英国等多国专家学者围绕当今东亚区域合作所面临的困境及未来应有的出路进行了探讨。

11月19日，2013年文化大厦消防安全疏散演习举行。

11月19日，信息资源管理学院学者代表团赴台参加“海峡两岸数位资源建设学术论坛”。

11月19日，为推动兴起学习宣传贯彻党的十八届三中全会精神热潮，中央决定由中宣部会同中央有关部门组成中央宣讲团，5位人大校友出任宣讲团成员。

11月20日，靳诺书记、马俊杰副书记在逸夫会堂会见中共中央文献研究室副主任陈晋，中共中央党史研究室副主任、中国中共党史学会副会长高永中，北京市哲学社会科学界联合会党组书记韩凯。

11月20日，学校与恒大集团签署合作协议，共建中国人民大学恒大足球学院。陈雨露校长、恒大集团董事局主席许家印分别代表双方签署协议。牛维麟常务副书记、王利明副书记兼副校长、人大附中校长刘彭芝和恒大集团相关人员等参加签约仪式。

11月20日，“青春·前行”——中国人民大学学生艺术团参加第四届北京市大学生艺术展演优秀节目专场汇报演出举办。

11月20日，“舍采缤纷”——第二届十佳宿舍展评会在校举行。刘向兵副校长出席。

11月21日，韩国银行货币政策委员会委员郑淳元来校访问，陈雨露校长会见，并就十八届三中全会决议、中国经济发展模式转型、金融改革和中韩经济合作等问题与郑淳元委员交换了意见。

11月21日，河南省高级人民法院党组书记、院长张立勇大法官做客法学院“大法官讲坛”，并与法学院院签署合作共建协议。

11月22日，由中国就业研究所主办的“第五届劳动力市场工资价位调查研讨会”在校召开，来自人力资源和社会保障部工资福利司、北京社保局、中粮置地有限公司的相关专家和领导应邀出席会议。

11月23日，由经济研究所、中国诚信信用管理有限公司主办的“中国宏观经济论坛（2013—2014）”在逸夫会堂举行，陈雨露校长出席论坛。这是经济研究所自2006年创办“中国宏观经济论坛”以来举办的第28期论坛。

11月23日，“中国人民大学——加拿大女王大学金融硕士项目”宣讲会在国学馆举行，加拿大驻华大使赵朴、伊志宏副校长等中、加双方代表参加了本次宣讲会。

11月23日，由文学院、《文学评论》杂志社、《文学遗产》编辑部联合主办的“中国古代文学研究：视野与方法”学术研讨会在校举行。杨慧林副校长、国家社会科学基金办公室副主任杨庆存、中国社会科学院文学所党委书记刘跃进、国家图书馆馆长詹福瑞等出席开幕式。

11月23日，由北京市教育委员会主办，清华大学和北京化工大学承办的第五届北京市大学生人文知识竞赛决赛在清华大学落下帷幕。学校代表队以总分第二的成绩荣获大赛一等奖。

11月24日，经济学院国际商务专业硕士项目新一批兼职教授聘任仪式举行。原副校长、国际商务硕士专业学位专家委员会主任杜厚文参加仪式并致辞。

11月25日，十八届三中全会社会领域改革与创新研讨会举行，社会转型与社会治理协同创新中心专家学者结合《中共中央关于全面深化改革若干重大问题的决定》，对社会治理领域改革创新做了解读和分析。常务副校长、社会转型与社会治理协同创新中心主任冯惠玲，中心首席专家袁卫教授与有关部门、院系负责人出席研讨会。

11月26日，学校聘任欧洲专利局局长伯努瓦·巴迪斯戴利先生名誉教授仪式在法学院举行。会前，靳诺书记与欧洲专利局局长伯努瓦·巴迪斯戴利、副局长拉姆德·路兹，以及国家知识产权局田力普局长、国际合作司冯小兵副司长进行了会谈。

11月26日，美国财政部代表团一行访问经济学院等。

11月26—27日，由劳动人事学院与加州大学伯克利分校社会福利学院联合组织的“东亚政策论坛：社会政策、项目和实践的创新”在校举办。

11月26—27日，由中国劳动学会劳动人事争议处理专业委员会、国际劳工组织（ILO）联合主办，劳动人事学院承办的“劳动争议预防调解制度创新研讨会”在校举行。

11月27日，国际比较文学学会会长、荷兰乌特利支大学Hans Bertens教授应邀来校访问，并做题为《21世纪后现代（灾难）文学》的学术讲座，杨慧林副校长出席。

11月27日，“本科人才培养路线图暨2013级本科生培养方案学生宣讲会”召开，杨慧林副校长出席会议并讲话。

11月27日，“通识教育大讲堂·跨文化沟通系列公开讲座”第三季第四讲举行，中国农业银行首席经济学家、学校国际货币研究所副所长向松祚以《大转折时代的中国经济——十八届三中全会的改革路线图》为题做演讲。

11月27日，第六届中国日本学研究“CASIO杯”优秀硕士论文奖颁奖仪式在北京外国语大学举行。哲学院博士生赵森荣获“社会文化类”一等奖（只设1名），指导教师林美茂获得优秀论文指导奖。外国语学院日语系苗志娟获得语言类二等奖。

11月27日，纪宝成原校长出席教育部推动地方高校转型发展专家座谈会，并就地方高校转型发展相关问题提出建设性意见。

11月27—30日，教育学院代表团赴日本北海道参加“现代东亚教育的现状与变革”学术研讨会，这是教育学院和日本北海道大学教育研究院首次联合举办的学术研讨会。

11月27日—12月4日，校工会举办首届教职工智力运动会。

11月28日，教育部组织召开新闻发布会，正式发布首批包括中国人民大学、东南大学、东华大学、上海外国语大学、武汉理工大学、华中师范大学在内的6校章程。《中国人民大学章程》成为我国首批由教育部核准的大学章程之一。

11月28日，国际商学院联合会（AACSB）执行副总裁、首席运营官Dan LeClair访问商学院，了解学院各项目的创新实践，并就“全球商科教育的前景”做了演讲，伊志宏副校长参与会谈。

11月28日，中国经济学家年度论坛暨中国经济理论创新奖（2013）颁奖典礼在武汉大学举行。黄达老校长的“财政信贷综合平衡理论”高票获得2013年“中国经济理论创新奖”。杨慧林副校长以《解析西方神学与经济学间对话》为题做主题演讲。

11月28日，农业部青年联合会遴选的2013年中国优秀大学生村官走进中国人民大学活动举行，陈雨露校长参加活动并致辞。农业部财务司副司长、农业部青年联合会主席冀名峰介绍了首届中国大学生村官年度人物遴选的程序及过程，入选年度人物代表做了典型发言。

11月29日，国家自然科学基金委主任杨卫一行来校调研理工学科建设和协同创新工作。靳诺书记、陈雨露校长与杨卫一行会谈，牛维麟常务副书记、冯惠玲常务副校长陪同调研。

11月29日，由学校与韩国高等教育财团联合主办的第十届“国际儒学论坛”在逸夫会堂开幕，来自韩国、日本、俄罗斯、美国、荷兰、中国大陆、香港、台湾等国家和地区的近百名学者参加会议。陈雨露校长、杨慧林副校长及中外著名专家学者参加了开幕式。

11月29日，为纪念毛泽东同志诞辰120周年，中国共产党历史与理论研究院与中国中共党史学会学科建设专业委员会、中华人民共和国国史学会高等院校教学研究专业委员会和北京市中共党史学会在京召开“新世纪以来毛泽东研究的回顾与前瞻高层学术研讨会”。来自中央文献研究室、中央党史研究室、中央党校、中国社会科学院、中国人民大学、北京大学、清华大学、北京师范大学、华东师范大学、北京行政学院及美国的国内外党史研究领域的专家学者参加会议。

11月29日，东海证券董事长朱科敏兼职教授聘任仪式暨学术报告会举行，冯惠玲常务副校长出席仪式。

11月29—30日，中国法学会第七次全国会员代表大会在人民大会堂召开，中央政法委委员、中央和国家机关有关部门负责人以及来自全国各地法学界、法律界的代表参加会议。经过大会选举，王利明副书记兼副校长当选为第七届中国法学会副会长。

11月30日，2013年世界艾滋病日主题宣传活动在校举行。国家卫生计生委主任李斌，世界卫生组织艾滋病/结核病防治亲善大使、国家卫生计生委预防艾滋病宣传员彭丽媛，中国性病艾滋病防治协会会长张文康，全国工商联副主席谢经荣，国家卫生计生委副主任崔丽，靳诺书记，陈雨露校长，国家卫生计生委预防艾滋病宣传员濮存昕、蒋雯丽，共同点亮爱心红丝带，倡议全社会共抗艾滋，共担责任，共享未来。

11月30日，由国家版权局指导、中国版权协会主办的“第六届中国版权年会”在北京召开，北京人大文化科技园建设发展有限公司荣获“2013年中国版权最具影响力企业奖”。

11月30日，“2013年中国信息资源管理论坛”在校召开。来自工业和信息化部、国家信息中心、北京信息资源管理中心、中国人民大学、北京大学、北京师范大学的近50位专家、学者参加了本次论坛。冯惠玲常务副校长参加会议并向大会做了报告。

11月30日—12月1日，2013年首都高校羽毛球锦标赛在清华大学举行，学校羽毛球队夺得普通学生组男单冠军、女双冠军和混双冠军。

11月，教育部科技发展中心公布了2013年高等学校博士学科点专项科研基金批准项目，学校8个课题获得立项资助，包括优先发展领域类课题1个，博导类课题4个，新教师类课题3个，合计资助金额52万元。与2012年相比，本年度立项率由33％增长至44％，资助金额增长20万元，优先发展领域类课题取得零的突破，首次获得资助。

11月，由新华社发起的“中国网事·感动2013”第四季度网络人物评选结果揭晓，2011届毕业生王树光获评“中国网事·感动2013”第四季度网络人物称号，成为中国网民心目中的“草根英雄”。

11月，人力资源和社会保障部、教育部下发通知，公布了2013年国家百千万人才工程入选人员名单。财政金融学院汪昌云教授入选，并获得“有突出贡献中青年专家”荣誉称号。截至目前，学校共有21位国家百千万人才工程项目入选者。

11月，北京市委教育工委、市教委下发通知，公布了首批北京高校青年英才计划入选人员名单，学校共有61名青年教师入选。

11月，由文化部主办、文化科技园建设运营的中国文化产业项目服务平台正式上线。该平台是我国第一家提供全方位文化产业项目服务的国家级公共服务平台，致力于整合政府、文化企业和金融机构三方资源，汇集海量项目数据，提供智能精准分析，实现动态立体展示。

11月，段永平、刘昕校友募集捐赠资金等额配比基金第四期资金250万美元（折合人民币15 214 408.71元）已拨付学校教育基金会账户。至此，段永平、刘昕校友已拨付人民大学募集捐赠资金共计2 400万美元，其中包括全部等额配比基金1 530万美元、心平贷学金400万美元、新图书馆建设资金400万美元、摄影和视觉传播研究发展基金50万美元及高鸿业学术奖励基金20万美元。

11月，第一届青年管理干部岗位技能大赛举行。本次比赛共吸引了来自34个单位90余名青年管理干部的参与。大赛分为单项和综合两种赛制。单项赛分为3个单项组别：英语技能组、计算机应用组和公文写作组；参加综合赛的选手在参加全部3个单项赛基础上，加赛情景模拟项目。

11月，北京市教委公布了2013年度北京高等学校教育教学改革立项项目名单。本年度共批准北京市教改立项289项，其中，重点项目13项，面上项目256项，联合项目20项。学校有4个面上项目、1个联合项目获得立项批准。

11月，北京市教委公布了2013年北京高等教育精品教材及经典教材评审结果，共确认406种教材为2013年“北京高等教育精品教材”，14种教材为“北京高等教育经典教材”。学校共有26种教材获选北京高等教育精品教材，1种教材获北京高等教育经典教材称号。

12月1日，台湾新党主席郁慕明来校访问，在明德堂发表题为《两岸共圆中国梦》的演讲，陈雨露校长与郁慕明主席会见并出席演讲会。

12月1日，北京市经济法学会第三次会员代表大会在校召开，来自北京各高校、法院、检察院、政府部门等单位的嘉宾和会员代表120余人出席本次会议。

12月1日，中国人民大学CIO研究中心学术委员会暨研究员年度工作会议在校召开，工信部信息化推进司徐愈司长、冯惠玲常务副校长参加会议。

12月1—5日，由理学院化学系主办的第六届“国际催化和精细化工研讨会”在校举行。

12月2日，巴西南里奥格兰德州州长塔尔索·任罗代表团一行来访，伊志宏副校长会见。

12月2日，第九次全国归侨侨眷代表大会在北京人民大会堂开幕。中共中央总书记、国家主席、中央军委主席习近平，中共中央政治局常委、国务院总理李克强与张德江、俞正声、刘云山、王岐山、张高丽等党和国家领导同志出席大会。学校获“全国侨联系统先进组织”表彰。

12月3日，哲学院郭湛教授为中共中央政治局集体学习讲解历史唯物主义基本原理和方法论。

12月4日，由法律与宗教研究中心和国家发展与战略研究院社会转型与治理研究中心联合主办的“宗教事务管理和宗教慈善法治化研究”研讨会于校举行。

12月4日，12·9学生长跑接力赛暨第二届体育文化节闭幕式举行，来自22个学院的近200名学生参加了本次活动。信息资源管理学院、劳动人事学院和新闻学院等分别获得了本次比赛的冠、亚、季军。

12月5日，“部长将军话改革”——十八届三中全会精神宣讲系列活动启动，国家工商行政管理总局党组书记、局长张茅校友以《加强市场监管，完善社会主义市场经济体制》为题做首场讲座。靳诺书记、马俊杰副书记出席宣讲活动。

12月5日，学校召开党的群众路线教育实践活动校级领导班子专题民主生活会情况通报会，靳诺书记通报相关情况，牛维麟常务副书记主持会议。

12月5日，耶路撒冷希伯来大学校长Menahmem Ben-Sasson教授来校访问，伊志宏副校长会见。

12月5日，中国侨联第九届委员会第一次全体会议在京召开，董中原校友、乔卫校友当选专职副主席，汪毅夫校友、邵旭军校友担任兼职副主席。

12月6日，瑞士日内瓦大学副校长伊夫·弗吕克格尔（Yves Flückiger）率团来校访问，杨慧林副校长、伊志宏副校长分别会见。

12月6日，美国哥伦比亚大学人文学部院长、哥伦比亚大学孔子学院理事会副主席皮埃尔·福斯（Pierre Force）一行来校访问，杨慧林副校长会见。

12月6日，首届“人大健康学子”大赛暨本科生体质测试成果展示活动举行，信息学院等10个学院获得“人大健康团队”称号，10名学生获得“人大健康学子”称号。

12月6日，教育部召开2014年全国普通高校毕业生就业工作网络视频会议，学校在明德主楼设立分会场，杨慧林副校长、相关部处负责人及各学院主管学生就业工作负责人参加会议。

12月6日，港澳研究的国家级“智库”——全国港澳研究会在北京举行成立大会暨第一次会员代表大会，马克思主义学院齐鹏飞教授当选副会长，伊志宏副校长参加成立大会。

12月6—8日，国家版权贸易基地举办第一期文化产业版权运营与管理高级研修班，来自全国各地文化企业、版权交易机构、版权服务组织的近40名学员进行了为期三天的培训与交流活动。

12 月 7 日，北京农业经济学会 2013 学术年会在学校举行，来自北京地区的大学、科研机构和政府部门的专家学者与青年学生共 110 多位与会代表，围绕当前我国农业农村改革与发展的重点问题进行了学术交流。王利明副书记兼副校长、北京市社科联党组副书记梁立新、北京市农委副主任李海平等出席会议开幕式并致辞。

12 月 7 日，第四届独墅湖人大金融论坛暨浦江金融论坛（2013・秋季）联手独墅湖科教创新区湖畔论坛在苏州校区举办。

12 月 7—8 日，第八届全球孔子学院大会在北京国家会议中心召开。教育部部长、孔子学院总部理事会副主席袁贵仁主持开幕式，国务院副总理、孔子学院总部理事会主席刘延东出席并致辞，并为全球孔子学院先进个人和先进单位颁奖。此次大会共有来自 120 个国家和地区的大学校长、孔子学院代表 2 000 余人出席，覆盖全世界 440 所孔子学院和 646 个孔子课堂。陈雨露校长，杨慧林副校长参加大会。

12 月 8 日，第二十七届“一二・九”合唱音乐节在明德堂落幕，来自全校 23 个学院的 21 支代表队参加了本届合唱音乐节。靳诺书记、马俊杰副书记等参加活动。

12 月 8 日，由新型城镇化协同创新中心主办的“新型城镇化：整体规划与突破重点”高级研讨会在校举行，陈雨露校长出席研讨会并致辞。

12 月 8 日，苏州独墅湖高教区 2013 年秋季足球联赛展开决赛，人大中法足球队以全胜的战绩赢得独墅湖高教区足球联赛冠军，创下该赛事三连冠的成绩。

12 月 9 日，津巴布韦大学校长拉维・尼亚古拉（Levi Nyagura）率团来校访问，伊志宏副校长会见代表团并出席津巴布韦大学孔子学院理事会。

12 月 9 日，美国密歇根大学常务副教务长莱斯特・蒙茨（Lester P. Monts）率团来校访问，杨慧林副校长、刘向兵副校长分别会见代表团。此次来访旨在召开两校共建的密歇根大学孔子学院理事会。

12 月 9 日，学校举办 2013 年“承建海外孔子学院 Family Gathering”，来自学校承建海外孔子学院合作院校的校长、孔子学院中外方院长以及学校首批国家汉办“孔子新汉学计划”项目博士留学生及部分导师等 40 余人齐聚一堂，陈雨露校长、杨慧林副校长参加活动。

12 月 9 日，韩国特许厅厅长金荣敏一行来校访问，伊志宏副校长会见。

12 月 9 日，中国红丝带北京论坛 2013 研讨会在校召开，近百名政府相关部门负责人，艾滋病预防专家和法律专家，NGO 组织工作者等列席。

12 月 9 日，学校举行升旗仪式纪念“一二・九”抗日救亡运动 78 周年。

12 月 10 日，“高雅艺术进校园”系列活动之“舞动军魂”专场演出在校举行。演出开始前，靳诺书记、陈雨露校长会见了解放军艺术学院舞蹈系主任刘敏、政委张湘东等，马俊杰副书记参加会见。

12 月 11 日，美国纽约州立宾汉顿大学哈波文理学院院长安妮・麦考尔（Anne McCall）一行来校访问，杨慧林副校长会见。

12 月 11 日，汉青研究院反垄断与竞争政策研究所揭牌成立，并成功举行反垄断与竞争政策高端论坛，国家发展改革委员会价格监督检查与反垄断局局长许昆林、冯惠玲常务副校长等出席成立仪式并致辞。

12 月 11 日，后勤保障系统召开精细化管理工作学生新闻通气会，刘向兵副校长出席。

12 月 11 日，研究生教育综合改革方案专题会召开，靳诺书记、陈雨露校长、冯惠玲常务副校长、查显友副校长、伊志宏副校长及学校相关部门主要负责人参加。

12 月 12 日，全国高校校园网站联盟正式成立，靳诺书记担任首任理事长，并兼任中国大学生在线理事会理事长，学校担任理事长单位。

12月12日，博物馆被授予“海淀区未成年人思想道德建设教育基地”称号。

12月12日，《2013中国高校通用就业力白皮书》正式发布。在2013年度中国高校通用就业力排行榜总榜单中，学校首次获得排名第一。

12月13—14日，中欧完善媒体法律保护项目媒体从业人员培训研讨会在北京举行，研讨会由民商事法律科学研究中心、新闻与社会发展研究中心、英中协会主办，欧盟提供资助。来自全国各大新闻媒体的约30名媒体从业人员受邀参加了本次培训研讨会。

12月14日，第三届全国教育改革创新典型案例推选活动颁奖暨中国教育创新论坛在京举行，教育部副部长李卫红出席会议并讲话，中国教育学会原会长顾明远，全国政协副秘书长、民进中央副主席朱永新，中国高等教育学会会长瞿振元等出席。陈雨露校长因主持制定和实施本科人才培养路线图，探索建立研究型学习制度，推动本科人才培养体系改革而获教育改革创新杰出校长奖。杨慧林副校长在论坛上介绍了学校本科人才培养路线图的制定和实施情况。

12月14日，学生会品牌活动季落下帷幕。自10月以来，先后有8 000余人次参与各项活动。

12月15日，由出版社与西北大学中国西部经济发展研究中心联合主办的《中国西部经济发展报告（2013）》发布会在京举行。

12月15日，第八届中国人力资源管理新年报告会在校召开，陈雨露校长、中共北京市委组织部副部长闫成等出席本届新年报告会开幕式并致辞。

12月15日，2013年（首届）中国MPAcc学生案例大赛全国总决赛在校举行。

12月15日，由信息资源管理学院与中国电子学会、电子工业出版社共同发起的中国首席信息官联盟在北京成立，全国政协副主席、全国工商联主席王钦敏，中国国际经济交流中心副理事长、国资委原主任李荣融，工业和信息化部副部长杨学山，第十二届全国政协委员、中国工商银行原行长杨凯生，第十二届全国政协委员、中国电子学会秘书长徐晓兰，冯惠玲常务副校长等参加成立大会。

12月15日，“中国地政系列论坛——集体土地制度改革理论与实践”在校举行。

12月15日，2013首都高校游泳锦标赛在北京市育英学校举行，学校游泳队蝉联乙组冠军。

12月16日，学校召开专业学位研究生教育工作会，研究学校专业学位研究生教育的发展战略，明确发展特色与定位，构建教育体系，启动教学案例库建设，推动培养模式改革。陈雨露校长、冯惠玲常务副校长、伊志宏副校长出席会议。

12月16日，九三学社西北地区干部培训班在校开班，来自陕西、甘肃、青海、宁夏、新疆、内蒙古6省区的60名学员及北京市委部分社务骨干参加学习，学社中央常务副主席邵鸿、查显友副校长出席开班仪式并讲话。

12月16日，共青团福建省委副书记兰明尚一行来校，调研考察共青团工作。北京团市委副书记杨海滨陪同调研，马俊杰副书记会见了兰明尚副书记一行。

12月17日，2013年北京高校“我的班级我的家”优秀班集体创建评比活动在北京科技大学举行，劳动人事学院2010级人力资源管理2班成功入围20强，并荣获北京市“优秀示范班集体”称号。这是我校自2010年参加首届评比后第三次获得该荣誉，是人大“三班建设”的又一重要成果。

12月17日，第二届吴玉章人文社会科学终身成就奖颁奖典礼在校举行。本届终身成就奖分别授予著名历史学家、历史学院戴逸教授和著名经济学家、中国社会科学院张卓元研究员，每人奖金100万元人民币。中共中央政治局委员、国务院副总理马凯为获奖者颁奖并讲话。

12月17日，《台北—北京》“流行交响夜2013”双城新年音乐会首场演出在校举行，本场音乐会由艺术学院音乐系师生与台湾师范大学音乐系师生联袂演出。音乐会开始前，陈雨露校长会见了台湾师范大学张国恩校长一行。

12月17—18日，“中国政府监管改革学术研讨会”分别在学校和芝加哥大学北京中心隆重举行。此次国际学术研讨会由公共管理学院、芝加哥大学孔子学院和芝加哥大学北京中心三方联合主办。

12月18日，“全面深化改革与中国特色社会主义”理论研讨会举行，靳诺书记出席研讨会并致辞。

12月18日，2012—2013学年学生奖励暨“三班建设”表彰会举行。靳诺书记、陈雨露校长、马俊杰副书记、刘向兵副校长出席表彰会并颁奖。

12月18日，由商务部外贸发展局主办、经济学院承办的“12335”一站式服务校园系列活动暨校企对接会在校举行。

12月18日，以“小善大爱，从我做起”为主题的“道德讲堂”活动在校举行，海淀区区委常委、宣传部长陈名杰，刘向兵副校长出席活动。

12月18日，“亚太食品安全治理圆桌会议”在校举行，此次会议由食品安全治理协同创新中心、联合国开发计划署（UNDP）、法学院共同主办。陈雨露校长，联合国开发计划署副国别主任何佩德，联合国环境署驻华代表张世钢，国家食品药品监督管理总局法制司司长徐景和，中国工程院院士、食品安全治理协同创新中心名誉主任陈君石，党委副书记兼副校长、食品安全治理协同创新中心主任王利明，国家食品安全风险评估中心主任刘金峰，以及来自美国哈佛大学等众多国内外院校的食品法研究专家学者近100人出席了会议。

12月20日，出版社图书“创意写作书系”入选2013年度“影响教师的100本书”。

12月21日，香港校友会在港举办2014年元旦联欢会暨第六届理监事会就职仪式，同时宣布组建新闻、财金和法律三大专业团队，推动这些行业校友的深度交流与合作。

12月21日，第四届“韬奋杯”全国出版社青年编校大赛结果揭晓，出版社获团体一等奖。

12月22日，信息学院成立35周年暨“信火相传”第五届萨师煊精英基金颁奖会顺利举行。

12月22日，由公共治理研究院和公共管理学院行政管理学系共同主办的“国家治理能力现代化与政府改革”学术研讨会在校举行。

12月24日，2013—2014学年秋季学期本科教学期末工作会召开，杨慧林副校长出席会议并做总结讲话。

12月25日，食品安全治理协同创新中心在清华大学法学院召开学术研讨会，共同研讨“人文社会科学在食品安全治理中的作用”。

12月25日，中国人民大学、北京工业大学“2011计划”协同创新中心校际合作协议签约仪式暨学术研讨会在校举行。两校将按照“国家急需、世界一流”的要求，以国家重大需求为牵引，以体制机制创新为核心，共同建设“社会转型与社会治理协同创新中心”和“首都社会建设与社会管理协同创新中心”，积极联合创新力量，聚集创新要素和资源，形成协同创新的新优势，并服务于地方区域经济发展和社会建设。

12月25日，2012—2013年度国防生总结表彰大会召开。

12月26日，学校举行仪式，聘请中央统战部副部长陈喜庆担任马克思主义学院兼职教授，陈雨露校长宣读了聘任决定并为陈喜庆副部长颁发聘书，靳诺书记出席仪式并致辞。

12月26日，学校与民盟北京市委联合举办第三届“民生”论坛，邀请各界代表共同探讨养老与健康产业发展。靳诺书记，北京市政协副主席、民盟中央副主席、民盟北京市委主委葛剑平出席论坛并致辞，民盟北京市委专职副主委刘玉芳、秘书长赵雅君、参政议政部部长徐荧等出席。

12月26日，北京高校“我的梦·中国梦”主题教育活动总结暨2012年度宣传思想专项课题评审交流会在中国地质大学举行。会上，首届北京高校“美丽校园”推选展示活动评选结果揭晓，学校荣获北京高校“十佳美丽校园”称号。

12月27日，党的群众路线教育实践活动中央第42督导组对学校教育实践活动整改落实情况进行督导检查。靳诺书记、陈雨露校长与督导组组长李延保、副组长俞亚东一行进行了会谈，马俊杰副书记、刘向兵副校长等陪同检查。督导组当天考察了法学院教师休息室及学生发展辅导室、新闻传播实验中心、商学院职业发展中心及学生活动中心、心理健康中心、校友之家、校史馆、图书馆、财务处和公共政策实验室，走访了学生宿舍和食堂，了解服务于师生学习、工作、生活的各项设施举措，以及结合开展教育实践活动，实施“1320 行动计划”和精细化管理的有关情况。督导组对于学校认真贯彻落实群众路线，积极落实整改措施，注重解决师生群众反映强烈的学习、工作、生活问题，加强制度建设，推进精细化管理等工作给予充分肯定，同时提出了进一步改进工作的意见和建议。

12 月 27 日，由艺术学院主办的“中国人民大学 2014 新年音乐会”举行，陈雨露校长、刘向兵副校长与 600 多位师生一同参加。

12 月 28 日，北京市大学生第三十届田径精英赛在先农坛体育馆举行，学校共选派了 22 名运动员参加，其中两人在其项目中表现出色获得冠军。

12 月 29 日，“中国马克思主义论坛 2013”在中央党校举行。论坛期间，举行了中国马克思主义研究基金会“第三届马克思主义中国化研究优秀成果奖”颁奖仪式。庄福龄、杨瑞森、余品华教授主编的《毛泽东哲学思想史》和石仲泉教授主编的《中国共产党与马克思主义中国化》两本著作获中国马克思主义研究基金会“第三届马克思主义中国化研究优秀成果奖”三等奖，出版社获优秀组织奖。

12 月 30 日，学校在逸夫会堂举行仪式，聘任中央农村工作领导小组副组长兼办公室主任、中央财经工作领导小组办公室副主任、农业经济系本科 1978 级校友陈锡文同志为农业与农村发展学院名誉院长，陈雨露校长代表学校向陈锡文同志颁发了名誉院长聘书，并发表讲话。王利明副书记兼副校长主持聘任仪式。

12 月 30 日，中国调查与数据中心向社会发布中国发展指数（2013）与中国发展信心调查（2013）结果。

12 月 30 日，中国校友会网发布《2014 中国大学评价研究报告》，学校入选 2014 中国顶尖大学，荣膺“中国六星级大学”美誉。

12 月 30 日，学校召开“孔子新汉学计划”博士生奖学金项目专家座谈会，杨慧林副校长就“孔子新汉学计划”博士生奖学金项目的招生、培养与管理工作及其具体要求等征求了参会博士生导师的意见与建议，并解答相关疑问。

12 月 30 日，“2013 年度彭真民主法制思想研究与教育基金研究成果奖、彭真奖助学金颁奖仪式”在校举行。基金理事长、十届全国人大法律委员会主任委员杨景宇先生，基金副理事长、十一届全国人大法律委主任胡康生先生，基金副理事长、王利明副书记兼副校长，基金学术委员会委员、获奖嘉宾、《彭真传》编写组代表马建女士以及来自中国人民大学、清华大学、北京大学、中国政法大学等四所院校的师生代表共近百位嘉宾出席仪式。

12 月 30 日，人大校友黄志坚教授为中共中央政治局集体学习讲解提高国家文化软实力。

12 月 31 日，北京市哲学社会科学规划研究基地特别委托项目“‘北京城市记忆’数字资源库建设”开题会在校召开。北京市社科规划办王祥武主任、首都图书馆倪晓健馆长、北京市档案局李立军副局长、北京学研究基地主任张妙弟教授、著名学者陈徒手先生等专家，常务副校长、人文北京研究基地主任冯惠玲教授等参加了开题会。

12 月，中国行政管理学会公布关于表彰第五届行政管理科学优秀成果的决定，共评出第五届“优秀成果奖”36 项，其中著作 5 项，论文 31 项。公共管理学院唐钧教授主编的社科院蓝皮书《形象危机应对研究报告（2012）》获得著作类优秀成果奖；张成福教授的《变革时代的中国政府改革与创新》、孙柏瑛教授的《政策网络治理：公共治理的新途径》获得论文类优秀成果奖。

12 月，教育部公布 2012 年度“长江学者”特聘教授、讲座教授人选，马克思主义学院刘建军教授、商学院王化成教授、历史学院包伟民教授、经济学院刘元春教授、物理系卢仲毅教授 5 人入选特聘教授。截至目前，学校已有 34 位“长江学者”，其中特聘教授 22 位，讲座教授 12 位，在人文社会科学领域位居全国高校首位，入选人数占人文社会科学领域全部入选人数的十分之一。

12月，传承危机管理研究中心与民政部紧急救援促进中心签订战略合作协议，双方将在紧急救援、危机管理、风险管理等相关领域，在科学研究、教学培训、行业发展等多方面开展广泛合作。

12月，第四届“三个一百”原创图书出版工程评选结果揭晓，出版社4种图书获得人文社科类奖项，其中包括“国家哲学社会科学成果文库”中吴易风、白暴力主编《马克思经济学数学模型研究》，郭庆旺、贾俊雪著《中国地方政府规模和结构优化研究》，庄福龄、杨瑞森、余品华主编《毛泽东哲学思想史》，以及冯惠玲、刘越男等著《电子文件管理国家战略》。

12月，2013年度全国大学生数学建模竞赛成绩公布，学校共有48支队伍获奖，其中3支队伍获全国一等奖，5支队伍获全国二等奖，20支队伍获北京市一等奖，20支队伍获北京市二等奖。

12月，全国哲学社会科学规划办公室对国家社科基金资助的200家期刊进行了2013年度的考核，学术期刊社的《经济理论与经济管理》在2013年度考核中获优秀。

12月，北京市委教育工委公布了2014年度首都大学生思想政治教育及一线思政教师专项课题立项结果，经专家评审，学校共有10项课题分获一般、支持及专项课题立项。

12月，学校党委下发《中共中国人民大学委员会关于认真学习贯彻党的十八届三中全会精神的通知》，就全校学习宣传贯彻全会精神做出安排部署。

附录二 2013 年中国人民大学党发、校发文件目录

2013 年校党字文件

人大校党字〔2013〕12 号	中国人民大学 2013 年党风廉政建设和反腐败工作主要任务分工
人大校党字〔2013〕15 号	中国人民大学关于组织开展 2013 年中层以上领导干部兼职情况检查工作的通知
人大校党字〔2013〕16 号	中国人民大学贯彻落实中央改进工作作风、密切联系群众《八项规定》和《实施细则》的实施办法
人大校党字〔2013〕17 号	关于组织开展全校中层干部学习贯彻党的十八大精神集中轮训工作的通知
人大校党字〔2013〕18 号	中国人民大学关于开展廉政风险防控管理“三个体系”建设试点工作的实施方案
人大校党字〔2013〕25 号	中国人民大学关于学习贯彻习近平总书记五四重要讲话精神的通知
人大校党字〔2013〕26 号	中国人民大学关于组织开展 2013 年党风廉政建设宣传教育月活动的意见
人大校党字〔2013〕27 号	关于印发《中央第十巡视组组长陈际瓦在巡视中国人民大学工作动员会上的讲话》的通知
人大校党字〔2013〕29 号	中共中国人民大学委员会关于表彰先进基层党委（党总支）和先进党支部的决定
人大校党字〔2013〕30 号	中国人民大学深入开展党的群众路线教育实践活动实施方案
人大校党字〔2013〕36 号	关于在全校中层以上领导干部中开展会员卡专项清退活动的通知
人大校党字〔2013〕40 号	中国人民大学关于中央巡视组反馈意见的整改方案
人大校党字〔2013〕41 号	中国人民大学学生党员先锋工程实施方案
人大校党字〔2013〕43 号	关于印发《中国人民大学领导干部因私出国（境）管理办法（试行）》的通知
人大校党字〔2013〕44 号	关于印发《中国人民大学中层党政正职职务任期暂行规定》的通知
人大校党字〔2013〕45 号	关于印发《中国人民大学学院（系）行政正职负责人遴选工作实施办法（试行）》的通知
人大校党字〔2013〕46 号	关于加强马克思主义学科教师队伍建设的若干意见
人大校党字〔2013〕49 号	中国人民大学关于开展 2013 年党风廉政建设责任制落实

	情况专项检查工作的通知
人大校党字〔2013〕52 号	关于印发《中国人民大学领导干部因公出国（境）管理办法（试行）》的通知
人大校党字〔2013〕54 号	中国人民大学“平安校园”创建工作方案
人大校党字〔2013〕55 号	中国人民大学关于在元旦春节期间落实中央八项规定精神的通知
人大校党字〔2013〕56 号	中国人民大学关于组织开展 2013 年领导干部个人有关事项报告工作的通知
人大校党字〔2013〕60 号	中共中国人民大学委员会关于认真学习宣传贯彻党的十八届三中全会精神的通知
人大校党字〔2013〕61 号	关于印发《中国人民大学中层领导干部经济责任审计实施办法》的通知
人大校党字〔2013〕62 号	关于印发《中国人民大学审计结果运用管理办法》的通知
人大校党字〔2013〕65 号	关于进一步规范我校中层以上领导干部兼职问题的通知
人大校党字〔2013〕66 号	关于调整中国人民大学人才工作领导小组及其办公室的决定

2013 年校政字文件

2012—2013 学年校政字 18 号	关于授予黄顺基等 13 位退（离）休老专家荣誉一级教称号的决定
2012—2013 学年校政字 19 号	关于印发《中国人民大学学生公寓管理办法（修订）》的通知
2012—2013 学年校政字 20 号	关于同意办理中国高科集团股份有限公司股权无偿划转事项的决定
2012—2013 学年校政字 21 号	关于印发《中国人民大学专利管理办法（试行）》的通知
2012—2013 学年校政字 22 号	关于引导和鼓励我校 2013 届毕业生面向西部、面向基层就业的意见
2012—2013 学年校政字 25 号	关于印发《中国人民大学关于进一步加强科研经费监督管理工作的若干意见》的通知
2012—2013 学年校政字 26 号	关于印发《中国人民大学科研经费管理联席会议制度工作规程（试行）》的通知
2012—2013 学年校政字 27 号	关于调整中国人民大学学生征兵工作领导小组成员单位名单的通知
2012—2013 学年校政字 28 号	关于陈雨露同志兼任中国人民大学深圳研究院法人代表的通知
2012—2013 学年校政字 29 号	关于印发《中国人民大学 2012—2013 学年第二学期工作计划要点》的通知
2012—2013 学年校政字 30 号	关于印发《中国人民大学“1320 行动计划”工作方案》的通知
2012—2013 学年校政字 31 号	关于成立中国人民大学本科人才培养委员会的决定

2012—2013 学年校政字 32 号	关于印发《中国人民大学合同管理办法（试行）》的通知
2012—2013 学年校政字 33 号	关于印发《中国人民大学基本建设管理办法》的通知
2012—2013 学年校政字 34 号	关于印发《中国人民大学预算执行和决算审计工作办法》的通知
2012—2013 学年校政字 35 号	关于印发《中国人民大学财务收支审计工作实施办法》的通知
2012—2013 学年校政字 36 号	关于印发《中国人民大学经济责任制》的通知
2012—2013 学年校政字 37 号	关于印发《中国人民大学财务管理办法》的通知
2012—2013 学年校政字 38 号	关于印发《中国人民大学收入管理办法》的通知
2012—2013 学年校政字 39 号	关于印发《中国人民大学国有资产管理办法》的通知
2012—2013 学年校政字 40 号	关于印发《中国人民大学固定资产管理办法》的通知
2012—2013 学年校政字 41 号	关于成立中国人民大学金铁霖中国声乐艺术研究院的决定
2012—2013 学年校政字 42 号	关于公布中国人民大学第十一届学术委员会组成人员名单的通知
2012—2013 学年校政字 43 号	关于“网络与教育技术中心”更名为“信息技术中心”（ITC）的通知
2012—2013 学年校政字 44 号	关于印发《中国人民大学教师发展中心章程》的通知
2012—2013 学年校政字 45 号	关于成立食品安全治理协同创新中心的决定
2013—2014 学年校政字 1 号	关于印发《中国人民大学 2013—2014 学年第一学期工作计划要点》的通知
2013—2014 学年校政字 2 号	关于对校区、校门、部分楼宇命名的决定
2013—2014 学年校政字 3 号	关于印发《中国人民大学本科学生副修制度实施办法（修订）》的通知
2013—2014 学年校政字 4 号	关于印发《中国人民大学科研项目经费管理办法》的通知
2013—2014 学年校政字 5 号	关于印发 2013 级本科生培养方案的通知
2013—2014 学年校政字 6 号	关于印发《中国人民大学横向科研项目管理办法》的通知
2013—2014 学年校政字 7 号	关于印发《中国人民大学非教师系列人员转为教师系列人员暂行办法》的通知
2013—2014 学年校政字 8 号	关于印发《中国人民大学校级领导干部薪酬管理办法（试行）》的通知
2013—2014 学年校政字 9 号	关于印发《中国人民大学本科生招生工作章程》的通知
2013—2014 学年校政字 10 号	关于印发《中国人民大学本科生推荐免试攻读硕士学位研究生实施办法（修订）》的通知

2013 年校长字文件

2012—2013 学年校长字 72 号	关于解思深职务聘任的通知
2012—2013 学年校长字 73 号	关于冯惠玲免职的通知
2012—2013 学年校长字 76 号	关于批准 2012 年中国人民大学优秀博士学位论文的决定
2012—2013 学年校长字 79 号	关于宋大我、武龙生职务任免的通知
2012—2013 学年校长字 80 号	关于李海彬任职的通知

2012—2013 学年校长字 81 号	关于孙毅（郁）等职务任免的通知
2012—2013 学年校长字 82 号	关于安志伟职务任免的通知
2012—2013 学年校长字 83 号	关于蒋利华任职的通知
2012—2013 学年校长字 84 号	关于李贞实任职的通知
2012—2013 学年校长字 85 号	关于王清源、肖群忠免职的通知
2012—2013 学年校长字 86 号	关于沈晓春职务聘任的通知
2012—2013 学年校长字 87 号	关于胡颖尧职务聘任的通知
2012—2013 学年校长字 90 号	关于陈雨露等任职的通知
2012—2013 学年校长字 91 号	关于王利明、伊志宏免职的通知
2012—2013 学年校长字 92 号	关于杨伟国、陈甬军职务任免的通知
2012—2013 学年校长字 93 号	关于表彰 2012 年度安全稳定综合治理工作先进集体和先进个人的决定
2012—2013 学年校长字 96 号	2012—2013 学年第一学期期末考试监考情况通报
2012—2013 学年校长字 101 号	关于赵锡军免职的通知
2012—2013 学年校长字 102 号	关于雷志明任职的通知
2012—2013 学年校长字 103 号	关于宋香荣任职的通知
2012—2013 学年校长字 104 号	关于鞠文雁任职的通知
2012—2013 学年校长字 105 号	关于贾长胜任职的通知
2012—2013 学年校长字 106 号	关于徐惠敏任职的通知
2012—2013 学年校长字 107 号	关于左美云免职的通知
2012—2013 学年校长字 108 号	关于徐利免职的通知
2012—2013 学年校长字 109 号	关于陈雨露任职的通知
2012—2013 学年校长字 135 号	关于王建平等职务任免的通知
2012—2013 学年校长字 136 号	关于张建平等任职的通知
2012—2013 学年校长字 137 号	关于卢仲毅等职务任免的通知
2012—2013 学年校长字 138 号	关于郝立新等职务任免的通知
2012—2013 学年校长字 139 号	关于唐忠等职务任免的通知
2012—2013 学年校长字 140 号	关于王志丹任职的通知
2012—2013 学年校长字 141 号	关于贾铁英任职的通知
2012—2013 学年校长字 142 号	关于黄粤涛任职的通知
2012—2013 学年校长字 143 号	关于杨志刚免职的通知
2012—2013 学年校长字 144 号	关于孙水任职的通知
2012—2013 学年校长字 145 号	关于王轶职务任免的通知
2012—2013 学年校长字 146 号	关于李军林等职务任免的通知
2012—2013 学年校长字 147 号	关于胡平任职的通知
2012—2013 学年校长字 148 号	关于秦宣、齐鹏飞职务任免的通知
2012—2013 学年校长字 149 号	关于王志成任职的通知
2012—2013 学年校长字 150 号	关于刘在波任职的通知
2012—2013 学年校长字 151 号	关于田宏杰任职的通知
2012—2013 学年校长字 152 号	关于张清明免职的通知
2012—2013 学年校长字 158 号	关于梁晶、汤珂试用期满任职的通知
2012—2013 学年校长字 159 号	关于高江涛、王海玲试用期满任职的通知

2012—2013 学年校长字 160 号	关于方长平试用期满任职的通知
2012—2013 学年校长字 170 号	关于陈健等职务任免的通知
2012—2013 学年校长字 171 号	关于陈锡文等职务任免的通知
2012—2013 学年校长字 172 号	关于韩大元等职务任免的通知
2012—2013 学年校长字 173 号	关于黄兴涛等职务任免的通知
2012—2013 学年校长字 174 号	关于刘彭芝等职务任免的通知
2012—2013 学年校长字 175 号	关于严爱军免职的通知
2013—2014 学年校长字 4 号	关于信息技术中心负责人职务更名的通知
2013—2014 学年校长字 5 号	关于张晓京等职务任免的通知
2013—2014 学年校长字 6 号	关于补利军免职的通知
2013—2014 学年校长字 8 号	关于姚新中等职务任免的通知
2013—2014 学年校长字 9 号	关于左美云任职的通知
2013—2014 学年校长字 10 号	关于刘震任职的通知
2013—2014 学年校长字 11 号	关于吴健免职的通知
2013—2014 学年校长字 12 号	关于谢尚果任职的通知
2013—2014 学年校长字 13 号	关于孙照勇任职的通知
2013—2014 学年校长字 14 号	关于木合塔尔·帕塔尔任职的通知
2013—2014 学年校长字 15 号	关于贾长胜免职的通知
2013—2014 学年校长字 19 号	关于同意单智勇辞职的决定
2013—2014 学年校长字 43 号	关于表彰 2013 年本科生招生工作先进集体和先进个人的决定
2013—2014 学年校长字 46 号	关于王利明免职的通知
2013—2014 学年校长字 47 号	关于郭洪林、刘凤良等职务任免的通知
2013—2014 学年校长字 48 号	关于冯诗松职务任免的通知
2013—2014 学年校长字 49 号	关于白连永、宋大我职务任免的通知
2013—2014 学年校长字 50 号	关于王鹏、蔡荣生职务任免的通知
2013—2014 学年校长字 51 号	关于表彰 2012—2013 学年“十佳宿舍”、“文明宿舍”和“十佳宿舍长”、“优秀宿舍长”的决定
2013—2014 学年校长字 52 号	关于毛基业、伊志宏职务任免的通知
2013—2014 学年校长字 53 号	关于卢仲毅、张建平等职务任免的通知
2013—2014 学年校长字 54 号	关于张文飞试用期满任职的通知
2013—2014 学年校长字 55 号	关于王小虎任职的通知
2013—2014 学年校长字 56 号	关于李遵清等职务任免的通知
2013—2014 学年校长字 57 号	关于刘向兵、徐唯辛职务任免的通知
2013—2014 学年校长字 59 号	关于黎玖高、林建荣职务任免的通知
2013—2014 学年校长字 60 号	关于武宝瑞、盛希贵职务任免的通知
2013—2014 学年校长字 61 号	关于林建荣、黎玖高职务任免的通知
2013—2014 学年校长字 62 号	关于表彰 2012—2013 学年优秀辅导员、优秀学生兼职辅导员的决定
2013—2014 学年校长字 65 号	关于表彰 2012—2013 学年中国人民大学十佳班主任及提名奖和优秀班主任的决定
2013—2014 学年校长字 66 号	关于表彰 2012—2013 学年中国人民大学先进班集体的

决定

2013—2014 学年校长字 70 号　关于林媛任职的通知
2013—2014 学年校长字 71 号　关于李明、张卯职务任免的通知
2013—2014 学年校长字 72 号　关于刘元春免职的通知
2013—2014 学年校长字 73 号　关于刘元春、杜鹏职务任免的通知
2013—2014 学年校长字 74 号　关于杨海燕任职的通知
2013—2014 学年校长字 75 号　关于张卯任职的通知
2013—2014 学年校长字 76 号　关于陈忠阳等职务任免的通知
2013—2014 学年校长字 77 号　关于张江涛试用期满任职的通知
2013—2014 学年校长字 78 号　关于张斌、刘越男试用期满任职的通知
2013—2014 学年校长字 79 号　关于刘牲试用期满任职的通知
2013—2014 学年校长字 80 号　关于黄一顺试用期满任职的通知
2013—2014 学年校长字 81 号　关于张成思试用期满任职的通知
2013—2014 学年校长字 82 号　关于表彰 2013 年毕业生就业工作先进集体、先进个人的决定

2013 年校办字文件

2012—2013 学年校办字 35 号　关于加强各学院（系）教育培训校外合作单位规范管理的通知
2012—2013 学年校办字 36 号　关于做好 2013 年寒假及春节期间安全稳定工作的通知
2012—2013 学年校办字 37 号　关于成立中国人民大学重阳金融研究院的决定
2012—2013 学年校办字 38 号　关于农业与农村发展学院增设科级机构的通知
2012—2013 学年校办字 39 号　关于转发《教育部财政部关于加强中央部门所属高校科研经费管理的意见》、《教育部关于进一步加强高校科研项目管理的意见》和《教育部关于进一步规范高校科研行为的意见》的通知
2012—2013 学年校办字 40 号　关于印发《中国人民大学居民生活用电试行阶梯电价实施细则》的通知
2012—2013 学年校办字 41 号　关于调整我校电费销售价格的通知
2012—2013 学年校办字 42 号　关于做好我校 2013 年毕业生就业工作的通知
2012—2013 学年校办字 43 号　关于启动《中国人民大学年鉴》（2013 版）编纂工作的通知
2012—2013 学年校办字 44 号　关于 2013 年清明节、春假、劳动节及端午节放假安排的通知
2012—2013 学年校办字 45 号　关于印发《中国人民大学与海淀区“共建文明校园，同创文明城区”行动计划工作方案》的通知
2012—2013 学年校办字 46 号　关于开展非法摩托车、电动车整治行动的通知
2012—2013 学年校办字 47 号　关于加强校内标语宣传品管理建设节约型校园的通知
2012—2013 学年校办字 48 号　关于做好 2013 年春假及“五一”期间校园安全稳定工作的通知

2012—2013 学年校办字 49 号	关于印发《中国人民大学 2012—2013 学年第二学期重要统计数据》的通知
2012—2013 学年校办字 50 号	关于印发《中国人民大学银行贷款管理办法》的通知
2012—2013 学年校办字 51 号	关于印发《中国人民大学房屋资产管理办法》的通知
2012—2013 学年校办字 52 号	关于印发《中国人民大学国有资产权证管理办法》的通知
2012—2013 学年校办字 53 号	关于印发《中国人民大学二级核算单位财务管理办法》的通知
2012—2013 学年校办字 54 号	关于印发《中国人民大学财务管理专用章管理办法》的通知
2012—2013 学年校办字 55 号	关于印发《中国人民大学会计基础工作规范》的通知
2012—2013 学年校办字 56 号	关于印发《中国人民大学校园卡系统财务管理办法》的通知
2012—2013 学年校办字 57 号	关于印发《中国人民大学纳税申报工作管理办法》的通知
2012—2013 学年校办字 58 号	关于印发《中国人民大学会计信息化工作管理办法》的通知
2012—2013 学年校办字 59 号	关于后勤集团成立家属区物业管理中心的通知
2012—2013 学年校办字 60 号	中国人民大学关于开展科研经费管理自查自纠工作的通知
2012—2013 学年校办字 61 号	关于进一步加强汉青经济与金融高级研究院建设的意见
2012—2013 学年校办字 62 号	关于审计处增设科级机构的通知
2012—2013 学年校办字 63 号	关于做好 2013 年暑期学校（国际小学期）及暑假期间安全稳定工作的通知
2012—2013 学年校办字 64 号	关于 2012—2013 学年暑期放假的通知
2012—2013 学年校办字 65 号	关于印发《中国人民大学年度数据 2012（内部版）》的通知
2012—2013 学年校办字 66 号	关于 2013 年中秋节、国庆节放假安排的通知
2012—2013 学年校办字 67 号	关于后勤集团成立北校区综合管理办公室的通知
2012—2013 学年校办字 68 号	关于印发《中国人民大学“青年教师发展支持计划”实施方案》的通知
2013—2014 学年校办字 1 号	关于出版社印刷厂停止生产经营活动及腾退拈花寺的通知
2013—2014 学年校办字 2 号	关于学生工作部（处）增设科级机构的通知
2013—2014 学年校办字 3 号	关于落实中央八项规定，厉行勤俭节约，严格开支标准，控制经费支出的通知
2013—2014 学年校办字 4 号	关于设立中国人民大学关心下一代工作委员会办公室的通知
2013—2014 学年校办字 5 号	关于印发《中国人民大学科学研究基金项目（理工类）实施细则（修订）》的通知
2013—2014 学年校办字 6 号	关于印发《中国人民大学本科学生赴境外大学学习及课程学分认定管理办法（修订）》的通知
2013—2014 学年校办字 7 号	关于印发《中国人民大学本科生招生档案管理办法》的通知
2013—2014 学年校办字 8 号	关于印发《中国人民大学本科生招生网上录取工作管理办法》的通知

2013—2014 学年校办字 9 号	关于印发《中国人民大学高水平运动员招生管理办法》的通知
2013—2014 学年校办字 10 号	关于调整中国人民大学关心下一代工作委员会人员的通知
2013—2014 学年校办字 11 号	关于印发《中国人民大学 2013—2014 学年第一学期重要统计数据》的通知
2013—2014 学年校办字 12 号	关于心理学系增设科级机构的通知
2013—2014 学年校办字 13 号	关于进一步落实《教育部等五部门关于 2013 年规范教育收费治理教育乱收费工作的实施意见》的通知
2013—2014 学年校办字 14 号	关于开展在校全日制本科生体质测试暨首届“人大健康学子”大赛工作的通知
2013—2014 学年校办字 15 号	关于成立中国人民大学佛教艺术研究所的决定
2013—2014 学年校办字 16 号	关于东风 7 楼 327 宿舍火情的情况通报
2013—2014 学年校办字 17 号	关于印发《关于加强二级单位财务管理工作的若干规定（试行）》的通知
2013—2014 学年校办字 18 号	关于印发《关于加强二级单位财务决策工作的规定（试行）》的通知
2013—2014 学年校办字 19 号	关于印发《关于二级单位经济责任制的规定（试行）》的通知
2013—2014 学年校办字 20 号	关于印发《关于规范二级单位财务审批手续的规定（试行）》的通知
2013—2014 学年校办字 21 号	关于印发《关于加强二级单位财务公开工作的规定（试行）》的通知
2013—2014 学年校办字 22 号	关于印发《关于加强二级单位支出管理的规定（试行）》的通知
2013—2014 学年校办字 23 号	关于印发《二级单位津补贴发放管理办法（试行）》的通知
2013—2014 学年校办字 24 号	关于历史学院增设科级机构的通知
2013—2014 学年校办字 25 号	关于印发《中国人民大学自主选拔录取招生管理办法》的通知
2013—2014 学年校办字 26 号	关于印发《中国人民大学艺术类本科生招生管理办法》的通知
2013—2014 学年校办字 27 号	关于印发《中国人民大学本科生招生信息公开公示办法》的通知
2013—2014 学年校办字 28 号	关于 2014 年元旦、寒假（含春节）放假安排的通知
2013—2014 学年校办字 29 号	关于校医院科级机构调整的通知
2013—2014 学年校办字 30 号	关于纪委办公室（监察处）成立信访科的通知
2013—2014 学年校办字 31 号	关于做好 2014 年寒假及春节期间安全稳定工作的通知

2013 年校办人字文件

2012—2013 学年校办人字 13 号	关于 2012 年博士后研究人员聘任讲师职务的通知

2012—2013 学年校办人字 14 号	关于印发《2012 年第四季度人事任免简报》的通知
2012—2013 学年校办人字 15 号	关于印发《2013 年第一季度人事任免简报》的通知
2012—2013 学年校办人字 16 号	关于印发《2013 年第二季度人事任免简报》的通知
2013—2014 学年校办人字 1 号	关于 2013 年教师职务评聘结果的通知
2013—2014 学年校办人字 2 号	关于 2013 年教师岗位聘用结果的通知
2013—2014 学年校办人字 3 号	关于季美君等同志专业技术职务评审结果的通知
2013—2014 学年校办人字 4 号	关于 2013 年教师以外专业技术岗位聘用结果的通知
2013—2014 学年校办人字 5 号	关于 2013 年管理职员岗位聘用结果的通知
2013—2014 学年校办人字 6 号	关于 2013 年教师以外专业技术职务评聘结果的通知
2013—2014 学年校办人字 7 号	关于 2013 年教师以外专业技术职务代评结果的通知
2013—2014 学年校办人字 8 号	关于 2013 年附属中学正高级教师评聘结果的通知
2013—2014 学年校办人字 9 号	关于 2013 年附属中学教师职务评聘结果的通知
2013—2014 学年校办人字 10 号	关于 2013 年附属中学教师岗位聘用结果的通知
2013—2014 学年校办人字 11 号	关于 2013 年代评西颐实验学校教师职务结果的通知
2013—2014 学年校办人字 12 号	关于通过杨立雄教授职务的通知
2013—2014 学年校办人字 13 号	关于杨立雄岗位聘用结果的通知
2013—2014 学年校办人字 14 号	关于印发《2013 年第三季度人事任免简报》的通知
2013—2014 学年校办人字 15 号	关于 2013 年工勤技能岗位聘用结果的通知
2013—2014 学年校办人字 16 号	关于 2013 年附属小学教师职务评聘结果的通知
2013—2014 学年校办人字 17 号	关于 2013 年附属小学、幼儿园教师岗位聘用结果的通知

2013 年校聘字文件

2012—2013 学年校聘字 3 号	关于聘任解思深院士为中国人民大学教授的决定
2012—2013 学年校聘字 4 号	关于查显友职务聘任的通知
2012—2013 学年校聘字 5 号	关于伊志宏职务聘任的通知
2012—2013 学年校聘字 6 号	关于杜小勇、赵国俊职务聘任的通知

附录三 2013 年报刊报道中国人民大学的部分文章目录索引

1 月

阅读成为关注科技发展的主要途径：高校文科工作者的科学素养状况调研报告	中国教育报，2013/01/07
李义平：实现两个“百年目标”需要怎样的速度	北京日报，2013/01/07
多方营造大学生创业良好氛围	中国教育报，2013/01/07
纪宝成：中国应设两套高考系统	环球时报，2013/01/08
法国财长：中国仍担心欧元区	新浪财经，2013/01/08
French finance minister encourages more Chinese investment	新华社，2013/01/08
法国财长：欢迎更多中国企业赴法投资	新华网，2013/01/08
Measures put eurozone on more solid footing	中国日报，2013/01/09
法国财长人大演讲欢迎中国到法投资	中国新闻社，2013/01/09
中国人民大学河北校友会主题年会畅谈“中国梦”	长城网，2013/01/13
中国人民大学网络教育免费开放课程	西安晚报，2013/01/14
人民大学教授姚辉等六博导首次挂职最高法	人民日报，2013/01/15
喜鹊困树枝 学生凑钱雇吊车救下	新京报，2013/01/16
汤维建就修改后民诉法谈——检察院法律监督权的拓展	法制网，2013/01/16
学术为本 多元化发展现代高校图书馆——访中国人民大学图书馆馆长刘大椿	中国教育装备采购网，2013/01/17
2013 年中国经济展望	新闻联播，2013/01/19
周淑真：谈中央转变工作作风“八项规定”	人民网，2013/01/22
人大国学院：人人配专业导师 培育新国学人才	北京晨报，2013/01/24
教育部发布“2012 年学科评估” 官方“排行榜”矫正民间“排名”	北京晚报，2013/01/29
新一轮学科“体检报告”出台 SCI 不再一家独大	中国青年报，2013/01/29
391 所高校完成学科“体检” 初步摸清“家底”	新华网，2013/01/29
教育部公布学科评估结果 北大清华人大居前三	中国新闻社，2013/01/29
391 所高校不同学科各有榜单 多高校排名第一	人民日报，2013/01/30
2012 年学科评估结果发布	中国教育报，2013/01/30
学科评估北大清华人大居前三 一级学科数量占总量约 4 成	中国青年网，2013/01/30

大学学科排名北大清华人大列前三　新京报，2013/01/30
教育部公布官方高校排名　北大清华人大位前三甲　财新网，2013/01/30
高校学科“国家排名”公布　北大清华人大 39 项排名第一　北京日报，2013/01/30
刘震云：出席温家宝主持召开的听取各界人士对政府工作报告稿的意见座谈会　中央电视台，2013/01/30
王利明就民法典谈——制定统一民法典意义重大　法制网，2013/01/30

2 月

陈传仁：北大清华人大为何“牛”　环球时报，2013/02/04
留在人民大学过春节　光明日报，2013/02/11
陈雨露：《感动中国》是社会教育的成功创新　中央电视台，2013/02/20
许崇德：学而为宪六十载　光明日报，2013/02/21
杨瑞龙：收入分配改革与经济发展方式转变　人民日报，2013/02/21
福建省与中国人民大学签订人才战略合作协议　福建日报，2013/02/23
第 11 届“杰塞普国际法模拟法庭”全国选拔赛开幕式在人民大学举行　环球网，2013/02/25
建设一流学科要有一流思维：对话北大、清华、人大一级学科负责人　中国教育报，2013/02/25
金灿荣　段皓文：重要战略机遇期的变与不变　光明日报，2013/02/26
发展社会教育　学校教育才能搞好　中国青年报，2013/02/28
人民大学发布《中国农民工“生存感受”2013 年度报告》　21 世纪经济报道，2013/02/28

3 月

京剧译本走出国门　瞭望，2013/03/04
青岛与人民大学签约将加强金融战略合作　青岛日报，2013/03/04
高考制度需要根本性变革　网易新闻，2013/03/04
金融创新至关重要：陈雨露谈人民币国际化战略　青岛日报，2013/03/05
养老金改革箭在弦上　老有所养先迈这道坎　云南日报，2013/03/05
让京剧影响下一代影响世界　央视网，2013/03/05
郑功成、贺铿解读政府工作报告　人民网，2013/03/05
代表声音陈雨露：呼吁制定出台《社会教育法》　千龙网，2013/03/06
全国政协委员谈“转会风”：从上到下取得共识　中国新闻网，2013/03/06
汤维建委员：中国应该制定专门的个人信息保护法　人民网，2013/03/06
陈雨露：推动社会教育立法　北京日报，2013/03/06
郑功成：社会保障制度建设取得巨大成就　光明日报，2013/03/07
郑功成：积极理性地推进我国城镇化　人民政协网，2013/03/07
郑功成：收入分配改革该动谁的“奶酪”　中国青年报，2013/03/07

中国央行顾问：加息与否取决于第一季度经济数据 汇通网，2013/03/07
人大代表庄毓敏：宏观调控有待增强 经济日报，2013/03/07
孙萍委员：应发展以城镇为单位的城市化 北京晚报，2013/03/07
陈雨露：青少年健康成长需要大教育观 北京晨报，2013/03/07
养老钱救命钱首次纳入预算管理 中国青年报，2013/03/08
两会密集发出货币政策收紧信号　料加息几率不大 中国新闻网，2013/03/08
人大代表郑功成：如何保证一个合理的社保制度 中国日报，2013/03/08
孙萍："山西是负责任的文化大省" 山西日报，2013/03/08
张宇：全面深化经济体制改革若干重大问题的思考 红旗文稿，2013/03/08
庄毓敏代表：向阳光财政迈出重要一步 人民日报，2013/03/08
郑功成：专家解读《政府工作报告》 人民网，2013/03/09
孙萍：合力推动我国的公共外交 新华网，2013/03/11
孙萍：京剧在世界觅知音 艺术中国，2013/03/11
陈雨露：简政放权，有所为有所不为 光明日报，2013/03/11
政府要抓大事、管宏观、抓好公共服务——全国人大代表、中国人民大学校长陈雨露谈国务院机构改革 光明日报，2013/03/11
郑功成代表建议加快制定慈善事业法 法制日报，2013/03/11
大部制改革没有"完成时"（热点聚焦） 人民日报，2013/03/11
刘元春：大部制改革方案尚属边际微调 网易财经，2013/03/11
学者用制度消除干扰 民主与法制时报，2013/03/11
再度呼吁制定人民检察院监督法 检察日报，2013/03/12
专家权威解读国务院机构改革亮点 中国网，2013/03/12
陈雨露：人大专业不随大部制改革调整 北京晨报，2013/03/13
弘扬先进传播理念提升中国学术价值——访中国人民大学新闻学院副院长喻国明教授 今传媒，2013/03/13
政府监管部门要跟消费者一条战线 观点中国，2013/03/14
自助取件箱搞定快递最后 100 米 北京青年报，2013/03/14
输入密码自助取快递 新京报，2013/03/14
学者称铁路改革应以成本公开为先 财新网，2013/03/14
南海争端将成东亚峰会议题专家：反制重在发展自身力量 国际在线，2013/03/14
翟振武：应逐步平稳实现放开二胎 财新网，2013/03/14
最高国家权力机关的专职委员面孔 中国青年报，2013/03/15
龚曙光中国人民大学谈文化产业：机会在"虚实"之间 红网，2013/03/15
陈雨露：加快设立人文社科国家奖 人民日报，2013/03/15
张风雷：重视和推进佛教教育的正规化 中国民族报，2013/03/15
汤维建：司法"去行政化"是治理司法腐败的良药 世纪经济报道，2013/03/15
正在崛起的中国 MBA 教育 人民网，2013/03/15
企业界金融界人大代表谈金融体系完善 新华网，2013/03/18
刘元春：不要用口号代替改革行动 新浪财经，2013/03/18
研究报告：中国经济应通过深化改革降低"增长依赖" 新华网，2013/03/18

宋祖英出席人民大学金铁霖中国声乐艺术研究院音乐会	网易娱乐，2013/03/19
中国人民大学成立金铁霖中国声乐艺术研究院	凤凰网，2013/03/19
中国人民大学成立金铁霖中国声乐艺术研究院	中国新闻社，2013/03/19
金铁霖中国声乐艺术研究院在人民大学成立	新华网，2013/03/20
金铁霖中国声乐艺术研究院在中国人民大学成立	中国教育新闻网，2013/03/20
陈雨露：重视并加强大学章程建设	光明网，2013/03/20
人大学生摆自助小摊验诚信	新京报，2013/03/20
黄朴民：历史学研究中的“四个误区”	光明网，2013/03/21
人大校园无人小摊：播种诚信传递温暖	中央电视台，2013/03/22
周淑真：政治活动有效公开，党际监督才能遏制腐败	21世纪经济报道，2013/03/25
孔祥智：家庭农场是回归但不宜盲目做大	新金融观察报，2013/03/25
人大教授：用“名单管理”监控官员财产	光明网，2013/03/25
中国人民大学学术期刊《社会学评论》举行首发式	中国教育新闻网，2013/03/25
《中国传统法律文化研究（10卷）》获第四届中华优秀出版物（图书）	中国新闻出版网，2013/03/25
李义平：市场经济为什么是创新的机器——基于马克思《资本论》相关论述的思考	人民网，2013/03/25
2012年度复印报刊资料转载排行榜发布	新浪，2013/03/26
“复印报刊资料”转载论文排名发布	中国新闻出版网，2013/03/26
2012年度“复印报刊资料”转载学术论文指数排行榜发布	中国网，2013/03/26
2012年度“复印报刊资料”转载学术论文指数排行榜发布　人大居榜首	光明网，2013/03/26
陈彦斌：人口老龄化不会对中国宏观经济产生灾难性影响	光明日报，2013/03/27
赵启正：推动公共外交高校责无旁贷	人民网，2013/03/27
方立天：笃学尚行　止于至善	光明日报，2013/03/28
马俊杰：实现中国梦大学要先行	中国教育报，2013/03/28

4月

赵启正：推广公共外交，高校责无旁贷	环球时报，2013/04/01
劳动科学博士生论坛举办	京华时报，2013/04/01
李军林、姚东旻：扩大服务业开放是个重点	经济日报，2013/04/02
小摊铺传递大诚信	北京人民广播电台，2013/04/02
中国公共外交始自周恩来时代	香港文汇报，2013/04/06
推动公共外交政协成果丰硕	香港文汇报，2013/04/06
孙萍用京剧巧塑中国形象	香港文汇报，2013/04/06
博鳌年会增实践公共外交升层次	香港文汇报，2013/04/06
陈雨露：推动高校扩人文交流	香港文汇报，2013/04/06

人民大学学报位居高等院校学报转载论文排行榜首　光明网，2013/04/07
经济性论坛搭起博鳌公共外交大平台　中国新闻社，2013/04/07
公共外交与跨文化交流分论坛实录　新浪财经，2013/04/07
聚焦博鳌：公共外交风生水起跨文化交流需智慧　中国新闻网，2013/04/08
赵启正：跨文化交流没那么难　中国经济网，2013/04/08
赵启正：希望外界能够认识真正的中国　新华网，2013/04/08
人大，首个承办博鳌分论坛的高校　光明日报，2013/04/08
博鳌首次举办“公共外交”论坛　新京报，2013/04/08
博鳌论坛讨论公共外交与跨文化交流　人民日报，2013/04/08
陈雨露：合作应对困难改革谋划发展　中央电视台，2013/04/08
博鳌论坛讨论公共外交与跨文化交流　人民日报，2013/04/09
陈雨露：公共外交的三个核心元素　中央电视台，2013/04/09
文稿作风是形象，更是力量　红旗，2013/04/11
盛希贵：基于同行评议的学术期刊评价新体系　新华网，2013/04/11
黄朴民：魏孝文帝“全盘汉化”的不归之路　中华读书报，2013/04/11
文理学者对话“文理”称跨越与融合最重要　中国新闻网，2013/04/15
中国人民大学举办首届“对话文理”校园活动月活动　新华网，2013/04/15
周石：招聘不该有“本科出身歧视”　人民网，2013/04/17
中国人民大学成立公共治理研究院　新华网，2013/04/17
中国人民大学成立公共治理研究院　凤凰网，2013/04/21
Renmin University opens research center　中国日报，2013/04/23
中国人民大学公共治理研究院成立　力求打造高端智库借鉴国际机制　香港文汇报，2013/04/23
陈雨露：建设中国智库给力中国梦想　中国教育报，2013/04/24
中国人民大学公共治理研究院揭牌　新型公共治理要求多元主体共同参与　中国社会科学报，2013/04/25
消费者权益保护法修订　消费者或将告别霸王条款　中国广播网，2013/04/25

5月

中国人民大学成立公共治理研究院　中国科学报，2013/05/03
共享知识传递爱心——陕西洛川培育新型农民纪实　农民日报，2013/05/03
与信仰对话飞 Young 中国梦　中国青年报，2013/05/03
SOEs need to look at the bigger picture　中国日报，2013/05/06
张杰：美主导二次全球化想排斥中国　环球时报，2013/05/09
四高校党委书记学习习近平讲话体会　中国教育报，2013/05/13
赵启正：珍视我们自己的信仰　人民日报，2013/05/14
宿舍集体生活不可缺失的美好　人民日报，2013/05/14
国务院新闻办发表第十部中国人权白皮书　人权连着“中国梦”　人民日报，2013/05/15
招生与就业系列访谈：报志愿不要怕“亏高分”　光明日报，2013/05/16

朱信凯：中国梦属于每一个中国人　中央电视台新闻联播，2013/05/17
李义平：正确认识当前经济发展的阶段性特征　人民日报，2013/05/20
人民大学第三届读书文化节 13 位学界泰斗当顾问　人民网，2013/05/20
中国人民大学第三届读书文化节全面启动　新浪，2013/05/22
卫兴华：我国发展到了依靠创新驱动的阶段　人民日报，2013/05/22
国学人才培养模式新探索——中国人民大学国学院经典读书班纪实　中华读书报，2013/05/22
国学科班生：没想到冷门专业忽变热门　广州日报，2013/05/22
杨慧林：人民大学努力让学生实现满意就业　人民网，2013/05/24
韩大元：宪法实施是实现中国繁荣的前提　人民网，2013/05/27
专家称墨西哥需提升本地产业　中国这方面能力很强　中国新闻网，2013/05/28
走进大学生宿舍：无学习，不青春　人民日报，2013/05/28
陈雨露：人民币 30 年内将替代美元　中国应创立金融失衡指数　人民网，2013/05/27
人大校长预计我国 2017 年前完成利率市场化　人民币将在 30 年内替代美　京华时报，2013/05/27
中国央行陈雨露：未来 30 年人民币将替代美元　环球外汇，2013/05/27
人民大学携手国家京剧院举办专场演出　新华网，2013/05/30

6 月

周升业获 2013 年度中国金融学科终身成就奖　金融时报，2013/06/03
周升业获"中国金融学科终身成就奖"　第一财经日报，2013/06/03
发挥高校优势为建设中国特色新型智库贡献力量　光明日报，2013/06/03
中国法律元素将使现代性更加丰富合理　中国社会科学在线，2013/06/04
春平爱心行动送京剧进人大　京华时报，2013/06/04
人民大学举行学生"创业之星"总决赛　中国新闻社，2013/06/05
中国人民大学财政金融学院首次颁发"宜信信用管理实践奖学金"　凤凰网，2013/06/06
中国人民大学首次颁发"宜信信用管理实践奖学金"　中国经济网，2013/06/06
中国人民大学金灿荣谈"习近平会晤奥巴马"　人民网，2013/06/09
"历史并不遥远"　光明日报，2013/06/13
国学生或成职场红人　北京日报，2013/06/13
中国人民大学发布新本科人才培养路线图　中国新闻网，2013/06/14
攀西域研究的珠峰——记人大国学院西域历史语言研究所　光明日报，2013/06/17
陈雨露：大金融战略的内涵和实践路径　中国金融，2013/06/17
陈雨露：人民币国际化肩负双重使命　人民日报，2013/06/19
中国人民大学金铁霖中国声乐艺术研究院正式开课　新华网，2013/06/21
金铁霖公开授课得意弟子宋祖英亲自范唱　中国新闻社，2013/06/21
廖小军应邀在中国人民大学作专题讲座　闽东日报，2013/06/24

宁德市与中国人民大学签署人才战略合作协议	闽东日报，2013/06/24
调查显示：八成受访专家不认为中国会发生“金融危机”	新华网，2013/06/26
超8成金融专家认为央行不应该救市	新浪财经，2013/06/26
央行“放水”引发市场争议　近八成专家认为不需要救市	北京商报，2013/06/27
央行施救钱荒引热议　反对者称未到雷曼时刻	北京晨报，2013/06/27
国学生逆袭“史上最难就业季”	燕赵都市报，2013/06/27
首届“反贪硕士”毕业　一半考进检察院	检察日报，2013/06/28
中国人民大学创办国家发展与战略研究院	新华网，2013/06/29

7月

中国共产党历史与理论研究院在中国人民大学成立	光明日报，2013/07/01
“联合国与中国：电影之旅”电影节在京启动	人民网，2013/07/01
中国共产党历史与理论研究院在京成立	中国社会科学报，2013/07/01
人民大学成立“中国共产党历史与理论研究院”	中国新闻社，2013/07/01
中国人民大学成立中国共产党历史与理论研究院	中国教育报，2013/07/03
张杰：主动参与TPP，倒逼中国经济转型	环球时报，2013/07/04
竺效：用法制保障生态文明建设	人民日报，2013/07/05
人民大学首批近30人报名参军　每年奖励5 000元	人民网，2013/07/05
中国人民大学国际新闻学子赴嘉兴、常熟开展暑期实践	中国记协网，2013/07/08
中央和国家机关第六批援藏干部支援西藏高校发展小记	西藏日报，2013/07/08
纪宝成：培养造就世界一流的劳动力大军	人民日报，2013/07/09
中日韩800个共用常见汉字表草案公布　纪宝成主编	新华网，2013/07/09
刘元春：低通胀为改革提供更大空间	人民日报，2013/07/10
专访金灿荣：构建新型大国关系是首要战略议题	新华网，2013/07/11
人民大学试水本科生教学改革	中国科学报，2013/07/11
学界热议“秦是否亡于法家”	中华读书报，2013/07/11
重新发现“轴心时代”的思想资源　首届“韩非子与子学”国际学术研讨会在京举行	中国社会科学在线，2013/07/11
李义平：发展观、发展的衡量指标与路径	光明日报，2013/07/12
刘元春：经济健康与否核心还是结构	经济日报，2013/07/16
第十八届全国大学生网球锦标赛开赛	新浪，2013/07/19
刘元春：如何看待结构调整	人民日报，2013/07/22
第十八届大学生网球全锦赛暨高校“校长杯”网球比赛开赛	人民网，2013/07/22
大学生网球全锦赛在京开拍	北京日报，2013/07/22
郑功成：搞好养老保险制度改革的顶层设计	人民日报，2013/07/23

郑功成：关于我国职工基本养老保险地区分割统筹状况的调查	光明日报，2013/07/23
李义平：中国下一步经济改革需有战略性视野	人民网，2013/07/24
黄朴民：历史的相似性——“三间大学”的镜子	中华读书报，2013/07/26
陈先奎：大国外交需有价值观输出	环球时报，2013/07/29
在基层触摸真实的中国——中国人民大学“新闻学子走基层”活动纪行	中国青年报，2013/07/29
人大教授入选“2013 全球 50 位最具影响力知识产权人物”	人民网，2013/07/30

8 月

廖小军隋军会见中国人民大学校长陈雨露	闽东日报，2013/08/07
“蜗牛也能爬上金字塔”——人大“保安哥”素描	新华网，2013/08/08
中国作家阎连科获马来西亚花踪世界华文文学奖	新华网，2013/08/09
阎连科获马来西亚花踪世界华文文学奖	东方卫视，2013/08/09
阎连科获马来西亚最高华人文学奖	新京报，2013/08/09
阎连科获世界华文文学奖	西安晚报，2013/08/09
人民大学校园首现“3D 斑马线”	北京日报，2013/08/09
“3D 斑马线”现身人大校园	北京晚报，2013/08/09
人大校园 3D 斑马线亮相　效果待检验	法制晚报，2013/08/09
黄朴民：萨孟武讲《红楼》《水浒》的启示	中华读书报，2013/08/09
中国人民大学启动“大学生村官 MPA 圆梦计划”	人民网，2013/08/10
为人大“保安哥”喝彩：有梦最美，希望相随	人民网，2013/08/10
人民大学“千人百村”社会调研活动走进西湖骆来村	江津网，2013/08/12
人民大学等 6 所高校章程公开征求意见	人民网，2013/08/13
人大等六所高校公布治校章程	北京日报，2013/08/13
食品安全治理协同创新中心在京成立构建食品安全治理国家智库	人民网，2013/08/13
食品安全治理协同创新中心在京成立	新华网，2013/08/13
学界共建食品安全治理中心推动行业体制改革	正义网，2013/08/13
国家食品药品监管总局与人民大学开展合作	新华网，2013/08/14
国家食药总局与人民大学开展食品安全治理协同创新合作	人民网，2013/08/16
刘俊海：禁食品安全违法者“入市”	法制晚报，2013/08/16
人民大学李义平教授谈“改革推动中国经济转型升级”	人民网，2013/08/18
“中国制度书系”出版研讨会在人民大学举行	人民网，2013/08/19
陈雨露：“大金融”：探寻整体性的经济学方法论	第一财经日报，2013/08/19
刘元春：经济回落尚未触底	小康·财智，2013/08/19
陶然：土地制度改革是推行城镇化建设的核心	人民网，2013/08/20

郑水泉韩宇：干部选拔：敢于破格，绝不出格 红旗文稿，2013/08/20
陈雨露：应建立全口径国际金融监管体系 中国证券报，2013/08/21
人大校长陈雨露：各国竞争性货币贬值是死胡同 中国新闻社，2013/08/21
美国诺奖得主预言中国 2025 年将成为世界最大经济体 中国新闻社，2013/08/21
李肇星：各国应摒弃“你输我赢你穷我富”思维 中国新闻社，2013/08/21
李肇星：全球经济仍有再次陷入衰退的危险 人民网，2013/08/22
陈雨露：全球金融治理要吸收中国经验 人民网，2013/08/22
前国际组织负责人：不应用“两极模式”看待中美关系 新华网，2013/08/22
洪大用：坚持“调高扩中保低”调整收入分配格局 人民网，2013/08/22
陈雨露：金融发展必须服务于实体经济 解放军报，2013/08/24
中国人民大学在正定举行“弘扬华北大学光荣传统”活动 中国日报，2013/08/26
中国人民大学将与我省共建华北研究院 河北日报，2013/08/26
王琪延：中国将迎来休闲经济时代 燕赵都市报，2013/08/26
中国首届国际法律精英夏令营在中国人民大学举办 法制网，2013/08/27
《人民币国际化报告 2012》英文版新书发布会举行 新浪，2013/08/30

9 月

中国一流大学形象片首次亮相纽约时报广场 中国新闻社，2013/09/02
2013 中德作家论坛开讲　中国作家放下身段掏心窝子 北京日报，2013/09/02
2013 中德作家论坛开讲　中国作家放下身段掏心窝子 北京 CN，2013/09/02
2013 中德作家论坛开讲　中国作家放下身段掏心窝子 中国作家网，2013/09/02
2013 中德作家论坛开讲　中国作家放下身段掏心窝子 中国网/资讯中心，2013/09/02
人民大学形象片国内开播：在纽约时代广场首播　即将登陆京沪户外大屏 北京日报，2013/09/03
中国人民大学形象片登陆世界金融中心 优酷视频，2013/09/03
人大形象片亮相纽约时代广场 北京青年报，2013/09/03
人大形象片亮相纽约时代广场 京华时报，2013/09/03
人大形象片亮相纽约时代广场 新京报网，2013/09/03
中国一流大学形象片首次亮相纽约时报广场 中国新闻网，2013/09/03
人民大学形象片亮相纽约时报广场　校友免费提供时段 北京日报，2013/09/03
人民大学形象片亮相纽约时报广场 中国教育电视台，2013/09/03
人大形象片亮相纽约时报广场　校友提供时段 人民网，2013/09/03

人大形象片亮相纽约时报广场　校友提供时段 新华网，2013/09/03
人大形象片亮相纽约时报广场显国际影响力 网易，2013/09/03
任剑涛：今天该如何反“官僚主义” 新京报，2013/09/04
黄朴民：读《孙子兵法》心得 光明日报，2013/09/04
陈雨露：详解中国“大金融”战略 经济日报，2013/09/04
大学不妨大胆做广告 人民网，2013/09/04
周淑真：手机软件，让民众参与反腐更主动 光明日报，2013/09/06
人大海外广告国内也要播 法制晚报，2013/09/06
郝立新：如何建构当代中国的文化形象 南京日报，2013/09/09
郝立新：如何建构当代中国的文化形象 江苏卫视，2013/09/09
芬兰总理卡泰宁：愿推进芬中清洁技术合作 新华网，2013/09/10
芬兰总理访问中国人民大学 中国新闻网，2013/09/10
人大开学新生报到博士可自选室友（组图） 人民网，2013/09/10
人大博士新生可自选室友 北京日报，2013/09/10
双胞胎网球少年人大报到 北京晚报，2013/09/10
双胞胎网球少年人大报到 人民网，2013/09/10
芬兰总理卡泰宁访问中国人民大学并发表演讲 中国教育报，2013/09/11
叶剑平：新一轮土改必须脱钩土地财政 中国证券报，2013/09/12
中国侨联副主席李昭玲赴人民大学侨联走访调研 中国新闻社，2013/09/12
曾湘泉：剖析典型案例助力职场新人——评《我的职场我做主——入职菜鸟修行记》 中国教育报，2013/09/16
大学国际化不应回避“广告” 明日报，2013/09/17
“敦煌壁画艺术精品高校巡展”首展人民大学开幕 艺术中国，2013/09/17
复制敦煌壁画进人大 新京报，2013/09/17
34件敦煌壁画高清复制品首次对外展出　“九色鹿”走出敦煌露真容 北京日报，2013/09/18
传承中华民族的历史文脉 光明日报，2013/09/18
人大千名学生走访乡村调研 北京青年报，2013/09/22
人民大学：应最大限度减少产业结构扭曲因素 财经网，2013/09/23
人民大学报告建议：根本上改革数量型调控模式 经济参考报，2013/09/23
卢荻：中国或超西方“黄金时代” 人民网，2013/09/25
向松祚：为什么中国不会爆发系统性金融危机 第一财经日报，2013/09/25
人民大学报告建议尽快开征房产税分阶段征环境税 21世纪经济报，2013/09/25
中国人民大学与国家食品安全风险评估中心举行共建“食品安全治理协同创新中心”签约仪式暨学术交流会 卫生部网站，2013/09/25
郑功成：对迟延退休者应有补偿 新京报，2013/09/25
德国进入“默克尔主义时代” 南方日报，2013/09/26
靳诺：中国人民大学将发挥优势推动中国能源的战略研究 新华网，2013/09/25
人民大学：应最大限度减少产业结构扭曲因素 财经网，2013/09/26
中国能源国际合作20年：已建成5大国际油气合 中国新闻网，2013/09/27

作区

王文：可适时提出“沙漠强国”战略 中国社会科学报，2013/09/27
郑风田：逆城市化在中国不会成为主流 环球时报，2013/09/29
刘俊海：旅游法，能给游客带来什么 人民法院报，2013/09/29
黄朴民做客贵阳孔学堂讲授兵儒异同 贵阳日报，2013/09/29

10 月

张杰：中国何处“例外”，何处“不例外” 环球时报，2013/10/08
人大教授郑保卫：让气候传播能够真正“形成气候” 中国新闻社，2013/10/09
中国将掀“头脑风暴” 为应对气候变化支招 中国新闻社，2013/10/09
京东将向人民大学捐赠 1 000 万元设“京东奖助学金” 中国新闻社，2013/10/09
改革设计师刘鹤：从插队知青到中南海智囊 凤凰财经，2013/10/10
改革设计师：从插队知青到中南海智囊，揭秘中国改革蓝图设计者传奇人生 凤凰财经，2013/10/10
陈卫东：纠正冤错案不能靠偶然 法制晚报，2013/10/10
人大学子特木钦：助人为乐自己更快乐 新华网，2013/10/10
李义平：经济理论对经济政策设计的意义 光明日报，2013/10/10
李义平：正确处理政府与市场的关系已成重中之重 中国经济时报，2013/10/11
走向世界的劳动人事学院 光明日报，2013/10/12
独家探访首个老年体验中心：穿上衣服瞬间“变老” 北京晚报，2013/10/12
人大老校友赴疆工作五十年大会在乌鲁木齐市召开 亚心网，2013/10/13
百名中国人民大学新疆老校友获殊荣 天山网，2013/10/13
106 位人大在新疆校友喜获奉献奖 光明网，2013/10/13
百余名在疆工作 50 多年中国人民大学毕业生重阳节获奖 新华网，2013/10/13
徐唯辛：艺术家首先应该是知识分子 中国文化报，2013/10/16
澳总督昆廷·布赖斯访问中国人民大学 中国新闻社，2013/10/18
澳大利亚总督对话中国大学生：欢迎你们来澳大利亚学习 新华网，2013/10/18
人大大四国防生为进入军营冲刺开展强化训练 新华网，2013/10/18
“中国人文社会科学论坛 2013”在人民大学举行 新华网，2013/10/20
中国人民大学武警国防生积极参加北京马拉松比赛 新华网，2013/10/20
星云大师受聘人大名誉教授 勉励学生爱国爱社会 中国新闻社，2013/10/21
星云大师与人大师生共话佛家文化 新华网，2013/10/21
陈彦斌：资产价格的可预测性——2013 年诺贝尔经济学奖评述 光明日报，2013/10/23
群众路线理论研讨会暨《人民观》出版座谈会召开 光明日报，2013/10/24
中国人民大学 2013 级武警国防生入学训练进行时 新华网，2013/10/25
中日韩共用常见汉字国际学术研讨会在人民大学召开 新华网，2013/10/31

11 月

张杰：中国要做全球贸易体系的捍卫者	环球时报，2013/11/01
陈彦斌：中国贫富悬殊的体制原因和改革思路	凤凰网，2013/11/02
人大海南校友会赠送三亚光彩小学学生万元物品	南海网，2013/11/02
陈先奎：住房问题决定人心向背和天下兴亡	环球时报，2013/11/04
人大国防生的大四“三部曲”	新华网，2013/11/07
张杰：安倍“抗衡”中国的底气何来	环球时报，2013/11/07
2013 年法学博士学术论坛在京开幕	中国新闻社，2013/11/09
中国人民大学首次发布“中国文化消费指数”	中国经济网，2013/11/11
中国智库初显国际影响力　知识生产进入“智库时代”	中国网，2013/11/13
人民大学教授谈全面深化改革将给百姓带来什么？	新华网，2013/11/13
赵锡军：十八届三中全会全局勾勒中国全面深化改革的总路线	中国新闻社，2013/11/13
人民大学教授：建立城乡统一建设用地市场	新京报，2013/11/13
熊丙奇：教育改革应突破“形式主义”	海外网，2013/11/14
大学语文从必修到选修不是倒退	新京报，2013/11/14
李义平：“两个都是”为非公有制经济发展扫清意识形态障碍	人民网，2013/11/14
人民大学专家称推进国家治理体系和治理能力现代化受期待	中国新闻社，2013/11/14
中共拉开全面深化改革大幕　啃硬骨头要勇气更需智慧	中国新闻社，2013/11/15
毛寿龙：三中全会关注国家的治理体系和治理能力	网易，2013/11/15
靳诺：体现“三个自信”展现“三个自觉”	中国社会科学报，2013/11/17
张宇：坚持和完善基本经济制度新思想新部署	经济日报，2013/11/18
人民大学新媒体研究所所长彭兰：门户要做减法	腾讯网，2013/11/20
张宇：朝着“更成熟更定型”的制度推进	人民日报，2013/11/21
郑风田：沉睡的资产开始苏醒	中国证券网，2013/11/21
食品安全社会共治中律师的角色论坛在京举办	搜狐网，2013/11/22
人民大学经研所：全面深化改革将在短期内使经济承压	中国新闻社，2013/11/23
中国经济或迎改革阵痛专家称关键闯“四大关”	和讯网，2013/11/23
人民大学经研所：全面深化改革短期会带来阵痛	联合早报，2013/11/24
人大报告：今年中国经济料增 7.8%	澳门日报，2013/11/24
大学语文：重在语文素养的培育	中国教育报，2013/11/25
人大专家谈单独二孩等社会领域改革热点：落实是关键	中国新闻社，2013/11/25
人大预测今年 GDP 增速为 7.8%	经济参考报，2013/11/25
人民大学报告预测今年 GDP 增速 7.8%	京华时报，2013/11/25

从制度上赋予农民更多权利　农民日报，2013/11/25
人大专家学者在京举行十八届三中全会专题研讨会　新华社，2013/11/26
人大教授建言延迟退休：每年延 2—6 个月　2017 年施行　大公报，2013/11/26
人大专家建议男女 65 岁同龄退休　京华时报，2013/11/26
人民大学研判 2014 年宏观经济大改革将重构中国经济增长源泉　21 世纪经济报道，2013/11/26
积极理性看待渐进式延迟退休　经济日报，2013/11/27
社会领域改革为发展创造红利　中国社会科学报，2013/11/27
汉武帝“建元改制”的风波　中华读书报，2013/11/27
让“农民”成为一种职业　经济日报，2013/11/28
中国农村是一本读不完的书：中国人民大学“千人百村”社会调研活动侧记　中国青年报，2013/11/29
大数据将引领公共管理大变革　光明日报，2013/11/30

12 月

专家：“单独二孩”符合现阶段国情　中国经济网，2013/12/03
新世纪以来毛泽东研究的回顾与前瞻研讨会举行　中国教育报，2013/12/06
张杰：中国外交可多用“以利服人”　环球时报，2013/12/07
人大“食堂主任”上微博吆喝新菜获好评　人民网，2013/12/12
北京高校“食堂主任”上微博吆喝新菜获好评　中国新闻网，2013/12/12
2013 中国高校通用就业力排行：人大超北大夺魁　网易，2013/12/12
“中国艾滋及相关法律政策”全国咨商会召开　人民网，2013/12/13
2013 年中国高校通用就业力排行榜研究综述　网易，2013/12/12
人民大学“食堂主任”上微博吆喝新菜获好评　千龙网，2013/12/13
2013 中国高校通用就业力排名揭晓人大首次夺冠　千龙网，2013/12/13
市场在资源配置中起决定性作用是一场革命　中国青年报，2013/12/16
吴玉章人文社会科学终身成就奖揭晓　中央电视台新闻联播，2013/12/17
历史学家戴逸和经济学家张卓元获吴玉章人文社会科学终身成就奖　新华网，2013/12/17
戴逸、张卓元获吴玉章人文社会科学终身成就奖　新京报，2013/12/17
戴逸、张卓元获第二届吴玉章人文社科终身成就奖　中国新闻网，2013/12/17
戴逸张卓元获吴玉章人文社科终身成就奖　中国青年报，2013/12/18
戴逸张卓元获吴玉章奖　光明日报，2013/12/18
耄耋二老各获百万人文社科奖　新京报，2013/12/18
吴玉章人文社会科学终身成就奖在京颁奖　中国社会科学报，2013/12/18
两学者获“吴玉章终身成就奖”　北京晨报，2013/12/19
九三学社西北地区干部培训班在京开班邵鸿出席　中国网，2013/12/19
亚太食品安全治理圆桌会议在人大法学院举行　法制日报，2013/12/25

专题部分

1. 2013博鳌专题

赵启正：推动公共外交高校责无旁贷　人民网，2013/03/26
赵启正：推广公共外交，高校责无旁贷　环球时报，2013/03/30
博鳌年会增实践　公共外交升层次　香港文汇报，2013/04/04
聚焦博鳌：经济性论坛搭起博鳌公共外交大平台　中国新闻社，2013/04/04
博鳌论坛2013年年会“公共外交与跨文化交流”分论坛专题　人民网，2013/04/07
陈雨露：合作应对困难　改革谋划发展　中央电视台新闻联播，2013/04/07
赵启正：希望外界能够认识真正的中国　新华网，2013/04/07
聚焦博鳌：公共外交风生水起　跨文化交流需智慧　中国新闻社，2013/04/07
陈雨露：公共外交方式是什么最重要　新浪网，2013/04/07
博鳌论坛2013年年会“公共外交与跨文化交流”分论坛专题　腾讯网，2013/04/07
博鳌论坛讨论公共外交与跨文化交流　人民日报，2013/04/08
赵启正：跨文化交流没那么难　人民日报，2013/04/08
公共外交：表达真实的中国故事　中央电视台新闻直播间，2013/04/08
人大，首个承办博鳌分论坛的高校　光明日报，2013/04/08
博鳌首次举办“公共外交”论坛　新京报，2013/04/08
人民大学承办“公共外交与跨文化交流”分论坛　中国日报，2013/04/08
赵启正：互联网已经是公共外交的一个重要渠道　人民网，2013/04/08
中国需要什么样的公共外交　中国青年报，2013/04/08
国务院新闻办原主任赵启正谈公共外交与跨文化交流　中国网，2013/04/08
赵启正：现在是中国公共外交的最好时机　人民网，2013/04/08
国内外嘉宾博鳌对话：中国跨文化交流需“理直气和”　海口网，2013/04/08
赵启正：讲真实故事　中国公共外交无需特意“整容”　中国政协新闻网，2013/04/09

2. 十八大学习专题

人民大学贯彻落实十七届七中全会精神：公益讲座传播党史　光明日报，2012/11/06
“人民大学建国学院”入《新京报》2002—2012年100件大事　新京报，2012/11/08
“100个人的10年”之纪宝成：国学什么时候上“户口”　新京报，2012/11/08
“100个人的10年”之王利明：期待民法典诞生　新京报，2012/11/08
高校师生热议十八大报告：勾画蓝图　增强信心　凝聚力量　光明日报，2012/11/09
理论界专家学者解读十八大报告之张宇：全面深化经济体制改革　光明日报，2012/11/10

人大学子：十八大报告是最好的学习教材 中国教育电视台，2012/11/10
中国人民大学李义平教授解读十八大报告 人民网，2012/11/10
八位专家学者热议党的十八大报告　八个新表述传递了什么信号 检察日报，2012/11/12
中国人民大学李义平教授——把 GDP 和群众收入增长紧密联系 广州日报，2012/11/13
高铭暄：法治建设成就非凡 光明日报，2012/11/14
李义平：创新驱动与转变经济发展方式 光明日报，2012/11/16
陈雨露：加快建设“人民满意、世界一流”大学 光明日报，2012/11/23
陈雨露：党的十八大为哲学社会科学未来发展指明方向 中国社会科学报，2012/11/26
张宇：以构建更加成熟定型的经济制度为目标 光明日报，2012/12/07
李义平：实现两个“百年目标”需要怎样的速度 北京日报，2013/01/07
张宇：全面深化经济体制改革若干重大问题的思考 红旗文稿，2013/03/07

3. 2013 年“两会专题”

金融创新至关重要：陈雨露谈人民币国际化战略 青岛日报，2013/03/04
陈雨露：呼吁制定出台《社会教育法》 千龙网，2013/03/05
陈雨露：加息与否取决于第一季度经济数据 汇通网，2013/03/06
陈雨露：推动社会教育立法 北京日报，2013/03/06
十面“围堵”(图) 北京青年报，2013/03/07
陈雨露：青少年健康成长需大教育观 北京晨报，2013/03/07
交流：北大、人大、清华的校长（图） 北京日报，2013/03/08
陈雨露：控制货币供应量很有必要 中国新闻网，2013/03/08
陈雨露：政府要抓大事、管宏观、抓好公共服务 人民日报，2013/03/11
陈雨露：简政放权，有所为有所不为 光明日报，2013/03/11
陈雨露：解读国务院机构改革亮点 中国网，2013/03/12
陈雨露：人大专业不随大部制改革调整 北京晨报，2013/03/13
陈雨露：今年人大自主招生增加体质测试 北京晚报，2013/03/13
陈雨露：加快设立人文社科国家奖 人民日报，2013/03/15
郑功成：养老金改革箭在弦上　老有所养先迈这道坎 云南日报，2013/03/04
郑功成：积极理性地推进我国城镇化 文汇报，2013/03/05
郑功成：专家解读《政府工作报告》 人民网，2013/03/06
郑功成：社会保障制度建设取得巨大成就 光明网，2013/03/06
郑功成：积极理性地推进我国城镇化 人民政协网，2013/03/07
郑功成：收入分配改革该动谁的“奶酪” 中国青年报，2013/03/07
郑功成：如何保证一个合理的社保制度 中国日报，2013/03/07
郑功成：社会保险基金纳入预算全口径管理 中国青年报，2013/03/08
郑功成：建议加快制定慈善事业法 法制网，2013/03/10
郑功成：“破解养老金困境，全国统筹是牛鼻子” 新京报，2013/03/14
郑功成：最高国家权力机关的专职委员面孔 中国青年报，2013/03/15
庄毓敏：宏观调控有待增强 经济日报，2013/03/05
庄毓敏：M2 余额预期增 13%意味啥 新华日报，2013/03/07

庄毓敏："国五条"细则应考虑不同需求主体　新华日报，2013/03/07
庄毓敏：向阳光财政迈出重要一步　人民日报，2013/03/07
汤维建：中国应该制定专门的个人信息保护法　人民网，2013/03/05
汤维建：建立良好司法体制，打造公共法律队伍　人民网，2013/03/06
汤维建：热议两高报告，代表们谈的都是"老问题"　南方都市报，2013/03/11
汤维建：谈用制度消除干扰　民主与法制时报，2013/03/11
汤维建：再度呼吁制定人民检察院监督法　检察日报，2013/03/12
汤维建：司法"去行政化"是治理司法腐败的良药　21 世纪经济报道，2013/03/15
张风雷：重视和推进佛教教育的正规化　中国民族报，2013/03/15
孙萍：委员谈"转会风"　从上到下取得共识　中国新闻网，2013/03/04
孙萍：应发展以城镇为单位的城市化　北京晚报，2013/03/04
孙萍："山西是负责任的文化大省"　山西日报，2013/03/04
孙萍：让京剧影响下一代，影响世界　央视网，2013/03/05
孙萍：合力推动我国的公共外交　新华网，2013/03/08

4. 人大形象片亮相纽约

中国一流大学形象片首次亮相纽约时报广场　中国新闻社，2013/09/02
人民大学形象片亮相纽约时报广场　校友免费提供时段　北京日报，2013/09/02
人大形象片亮相纽约时报广场　校友提供时段　人民网，2013/09/02
人民大学形象片亮相纽约时报广场　校友提供时段　新华网，2013/09/02
人大形象片亮相纽约时报广场显国际影响力　网易，2013/09/02
人民大学形象片国内开播：在纽约时报广场首播即将登陆京沪户外大屏　北京日报，2013/09/03
人大形象片亮相纽约时代广场　北京青年报，2013/09/03
人大形象片亮相纽约时报广场　未用学校经费　由一名校友提供全额资助　京华时报，2013/09/03
人民大学形象片亮相纽约时报广场　新京报，2013/09/03
大学不妨大胆做广告　人民网，2013/09/04

5. 1958 餐厅

人大校内开设俄式餐厅网友：大气上档次（高清组图）　人民网，2013/10/27
俄式餐厅进人大　吃一餐需半月伙食费　北京青年报，2013/10/28
人大西餐厅"玩穿越"　"高端贵气"引发争议　北京晚报，2013/10/28
人大校内开设俄式西餐厅为师生提供多元就餐环境　新华网，2013/10/29
人民大学回应"高端西餐厅"：主要面向外籍教师留学生　京华时报，2013/10/29
人大西餐厅推出平价学生餐价格 48 元让学生终于能吃得起了　北京晚报，2013/10/29
"土豪"还是"高大上"：走进人大俄式西餐厅 1958　人民网，2013/11/03

6. 大学汉语

《大学汉语》退出人大必修课　北京青年报，2013/11/06
误解求证人大没撤《大学汉语》课　北京晚报，2013/11/07

语文不会因选修而“身价大跌”	中国教育报，2013/11/08
跳出“必修课”思维惯性看《大学汉语》	网易，2013/11/08
中国人民大学发布消息：教学改革《大学汉语》退出必修课	中央电视台，2013/11/09
大学里该不该上语文？多数理工科学生：该，但我没选修	扬子晚报，2013/11/10
排名垫底　大学汉语沦为选修课	新民晚报，2013/11/11
别指望靠高校必修课来拯救汉语	重庆晨报，2013/11/11
大学汉语退出高校必修课　语文教育“边缘化”引忧虑	中国新闻社，2013/11/12
人大回应语文变选修：加强教学针对性更重人文素养	中国新闻社，2013/11/12
人民大学回应语文变选修：放入通识教育更重人文素养	中国新闻社，2013/11/12
人大回应“汉语课变选修课”：提升母语教育水平　尊重学生个体差异	新华网，2013/11/13
人大回应语文变选修：加强教学针对性　更重人文素养	人民网，2013/11/13
大学汉语改选修≠弱化母语教育	新京报，2013/11/13
人大回应大学汉语改选修：正是为强化母语教育	新浪，2013/11/13
人大汉语课必修变选修　看各国大学如何对待母语教学	中国广播网，2013/11/13
大学语文从必修到选修不是倒退	新京报，2013/11/14
孙郁：大学语文改革可以让作家参与	中国教育报，2013/12/02
中国教育报大学语文：怎样减负增效	中国教育报，2013/12/02

7. 大学章程

我国首批高校章程颁布	中央电视台，2013/11/28
办学自主权等热点问题有章可循	中央电视台，2013/11/28
教育部核准首批6所高校章程高校立宪获实质性进展	中国新闻网，2013/11/28
教育部将设专项资金保障高校章程建设	人民网，2013/11/28
中国首批大学章程发布含中国人民大学等六所院校	新华网，2013/11/28
人大等6所大学首批公布章程	北京青年报，2013/11/29
将改革探索融入大学章程	中国青年报，2013/12/02

图书在版编目（CIP）数据

中国人民大学年鉴. 2014/《中国人民大学年鉴》编辑委员会编. —北京：中国人民大学出版社，2015.12
ISBN 978-7-300-20513-7

Ⅰ.①中… Ⅱ.①中… Ⅲ.①中国人民大学-2014-年鉴 Ⅳ.①G649.281-54

中国版本图书馆 CIP 数据核字（2015）第 000495 号

中国人民大学年鉴（2014）
《中国人民大学年鉴》编辑委员会
Zhongguo Renmin Daxue Nianjian（2014）

出版发行	中国人民大学出版社		
社　　址	北京中关村大街 31 号	**邮政编码**	100080
电　　话	010－62511242（总编室）		010－62511770（质管部）
	010－82501766（邮购部）		010－62514148（门市部）
	010－62515195（发行公司）		010－62515275（盗版举报）
网　　址	http://www.crup.com.cn		
	http://www.ttrnet.com(人大教研网)		
经　　销	新华书店		
印　　刷	涿州市星河印刷有限公司		
规　　格	210 mm×285 mm　16 开本	**版　　次**	2015 年 12 月第 1 版
印　　张	40.75 插页 25	**印　　次**	2015 年 12 月第 1 次印刷
字　　数	1 216 000	**定　　价**	188.00 元

版权声明

编辑部地址： 北京市中关村大街59号
中国人民大学学校办公室
邮 政 编 码： 100872
电　　　话： 86-10-62511084
传　　　真： 86-10-62515263
电 子 信 箱： xxk@ruc.edu.cn